ISBN 978-1-5283-6788-2
PIBN 10929334

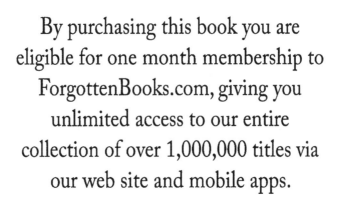

English
Français
Deutsche
Italiano
Español
Português

www.forgottenbooks.com

Mythology Photography **Fiction**
Fishing Christianity **Art** Cooking
Essays Buddhism Freemasonry
Medicine **Biology** Music **Ancient**
Egypt Evolution Carpentry Physics
Dance Geology **Mathematics** Fitness
Shakespeare **Folklore** Yoga Marketing
Confidence Immortality Biographies
Poetry **Psychology** Witchcraft
Electronics Chemistry History **Law**
Accounting **Philosophy** Anthropology
Alchemy Drama Quantum Mechanics
Atheism Sexual Health **Ancient History**
Entrepreneurship Languages Sport
Paleontology Needlework Islam
Metaphysics Investment Archaeology
Parenting Statistics Criminology
Motivational

*7

JOURNAL

DES

ÉCONOMISTES

REVUE

DE LA SCIENCE ÉCONOMIQUE

ET

DE LA STATISTIQUE

(37ᵉ ANNÉE DE LA FONDATION)

4ᵉ SÉRIE. — Nᵒ 1

1ʳᵉ ANNÉE. — Nᵒ 1

JANVIER 1878

PARIS

LIBRAIRIE GUILLAUMIN ET Cⁱᵉ, ÉDITEURS

De la Collection des principaux Économistes, des Économistes et Publicistes contemporains,
de la Bibliothèque des sciences morales et politiques, du Dictionnaire
de l'Économie politique, du Dictionnaire universel du Commerce et de la Navigation, etc.

Rue Richelieu, 14.

1878

BULLETIN BIBLIOGRAPHIQUE ET COMMERCIAL

BIBLIOTHÈQUE UNIVERSELLE et
REVUE SUISSE
  VUE Géographique Internationale.

LA CRITIQUE PHILOSOPHIQUE
Librairie GUILLAUMIN.
DUMONT. et Cᵒ.

JOURNAL

DES

ÉCONOMISTES

JOURNAL
DES
ÉCONOMISTES

REVUE

DE LA SCIENCE ÉCONOMIQUE

ET DE LA STATISTIQUE

37ᵉ ANNÉE DE LA FONDATION

4ᵉ SÉRIE. — 1ʳᵉ ANNÉE

TOME PREMIER

(JANVIER A MARS 1878)

—————— ♦♦♦ ——————

PARIS

GUILLAUMIN ET Cᵉ, ÉDITEURS

De la Collection des principaux Économistes, des Économistes et Publicistes contemporains
de la Bibliothèque des sciences morales et politiques, du Dictionnaire
de l'Économie politique, du Dictionnaire universel du Commerce et de la Navigation, etc.

RUE RICHELIEU, 14

—

1878

1875, Feb. 7 — June 16.

JOURNAL

DES

ÉCONOMISTES

PRÉFACE

DE LA QUATRIÈME SÉRIE

Le *Journal des Économistes* a achevé, avec le numéro de décembre 1877, sa trente-sixième année, la douzième et dernière de sa TROISIÈME SÉRIE DUODÉCENNALE.

Il commence avec le présent numéro sa **quatrième série.**

Nous reproduisons, comme nous le faisons chaque année, quelques indications bibliographiques sur la Collection du journal, de plus en plus importante par le nombre croissant de ses volumes, autant que par la multiplicité des questions qui y sont traitées à diverses reprises, sous divers aspects et par des auteurs différents, bien que la direction et la rédaction soient toujours restées fidèles au drapeau de la science, au milieu de tant d'événements de toutes sortes.

La *première série duodécennale* se compose de 153 livraisons ou numéros, de décembre 1841 jusqu'à décembre 1853, formant 37 volumes et quatre périodes triennales, terminées chacune par une table alphabétique raisonnée des matières et des auteurs qui ont concouru à la Revue.

Les 153 livraisons et les 37 volumes de cette première période duodécennale, ou *première série*, sont distribués comme suit:

9 volumes,	numéros	1 à 36,	décembre 1841 à novembre 1844			
9	—	—	37 à 72,	—	1844 à —	1847
9	—	—	73 à 116,	—	1847 à —	1850
10	—	—	117 à 153,	—	1850 à décembre 1853	

Les livraisons ont été mensuelles jusqu'en mars 1848. Après les événements de février, le *Journal* parut deux fois par mois (pour suivre la rapidité des événements économiques) jusqu'à la fin de l'année ; il reprit alors sa forme ordinaire, pour la conserver jusqu'en mai 1852, époque à laquelle la nouvelle législation sur la presse nécessita, pendant quelques mois, la réunion de deux livraisons en une seule, pour éviter la dépense et la maculation du timbre.

A partir de janvier 1863, par suite de nouvelles dispositions, les numéros eurent au moins 10 feuilles, afin d'échapper au fisc, et n'ont pas cessé d'être mensuels.

La *deuxième série duodécennale* a commencé en janvier 1854. Les 12 livraisons ont dès lors correspondu aux douze mois de l'année. C'est aussi à partir de cette époque qu'au titre de *Journal des Économistes* a été ajouté le sous-titre de « Revue de la science économique et de la statistique », qui précise encore mieux l'objet de la publication.

Cette deuxième série se compose donc de 144 livraisons mensuelles, soit de 48 volumes, à raison de 4 volumes par an, distribués, à cause des *tables*, en deux périodes quinquennales et une période biennale.

20 volumes, numéros	1 à 60,	janvier 1854 à décembre 1858
20 —	— 61 à 120,	— 1859 à — 1863
8 —	— 121 à 144,	— 1864 à — 1865

La *troisième série duodécennale* a commencé en janvier 1866 et vient de se terminer avec la fin de 1877.

Les douze années parues de cette troisième série forment 144 numéros, soit 48 volumes, distribués, à cause des *tables* analytiques, en quatre périodes triennales :

12 volumes, numéros	1 à 36,	janvier 1866 à décembre 1868
12 —	— 37 à 72,	— 1869 à — 1871
12 —	— 73 à 108,	— 1871 à — 1873
12 —	— 109 à 144,	— 1874 à — 1877

Indépendamment des tables de chaque volume, les années 1875, 1876 et 1877 sont terminées par une *table alphabétique* des matières et des auteurs.

En résumé, la COLLECTION COMPLÈTE du *Journal des Économistes* comprend en ce moment, au début de la trente-septième année de la fondation, **trois séries** contenant 441 numéros ou livraisons, formant 132 volumes.

La fondation du *Journal des Économistes* a été le point de départ d'une nouvelle ère pour l'Économie politique. Sa création, qui remonte à décembre 1841, a été moins une entreprise commerciale qu'une œuvre scientifique destinée à la défense et à la vulgarisation de cette belle science sur laquelle les Quesnay, les Turgot, les Adam Smith, les Malthus, les J.-B. Say, les Ricardo, les Rossi, les Mac Culloch, les Dunoyer, les Bastiat, les Mill, etc., ont jeté un si grand éclat, et qui importe tant au progrès de la civilisation.

Sa haute impartialité, la sévérité de ses doctrines, le mérite de sa rédaction, les noms et le nombre de ses collaborateurs lui ont conquis rapidement les suffrages de tout ce que l'Europe compte d'hommes éminents, d'esprits judicieux et éclairés.

« En parcourant les tables analytiques du journal, on voit qu'il n'est pas une seule des questions fondamentales de l'Economie politique qui n'ait été abordée. Les principes ont reçu de féconds développements, des aperçus nouveaux ont été présentés, la marche progressive de la science a été suivie, et souvent même heureusement hâtée. Les faits présents, les modifications proposées ou introduites dans la législation économique ont été discutés et appréciés... En un mot, le *Journal des Economistes* a été fidèle à sa mission (1). »

Les lecteurs trouvent, parmi les collaborateurs de ce recueil, les noms des publicistes et des hommes d'État qui se sont le plus occupés de nos jours des questions économiques. Ce remarquable concours d'écrivains éminents se rencontrant sur le terrain neutre de la science, l'indépendance qui a toujours présidé à sa rédaction, les soins qui ont été donnés à sa publication, ont, nous le répétons, non sans quelque orgueil pour la mémoire du fondateur, M. Guillaumin, créateur de la librairie d'économie politique, fait du *Journal des Économistes* une Revue hautement appréciée de tous les hommes d'étude et de savoir (2).

Les lecteurs de ce recueil y rencontrent, dans une judicieuse proportion, soit l'exposition des théories et la discussion des faits et des questions d'application, soit le texte et l'analyse des Lois économiques, des Documents, des Publications nouvelles, des diverses Controverses économiques ou sociales.

---

(1) Horace Say, *Introduction à la deuxième série.*

(2)... A periodical which has no rival as a medium of discussions confined exclusively to questions which can be solved only by the aid of economic science, in the highest acceptation of that term., (THOMAS TOOKE. *On the bank charter act.* 1856.)

La Revue de la science économique se distingue des autres Revues françaises qui s'occupent plus ou moins de questions économiques : d'une part, en ce qu'elle n'a pas besoin de sacrifier le fond des questions à de certaines exigences de forme ou de polémique auxquelles sont tenus les recueils plus littéraires ou plus politiques ; et d'autre part, en ce qu'elle est la seule qui embrasse l'ensemble des questions économiques. Elle ne se propose pas non plus le même but que diverses feuilles hebdomadaires venues après elle, se publiant en divers pays avec un titre analogue, qui ont un cadre tout différent et sont consacrées en partie aux affaires commerciales et financières courantes.

LES ÉDITEURS.

L'ANNÉE 1877

SOMMAIRE : La guerre d'Orient. — La crise européenne. — La crise politique en
France. — Les acquisitions de la science.

L'année qui vient de s'écouler n'a été bonne ni pour la politique
ni pour les affaires. A l'intérieur une tentative de réaction engagée
à l'étourdie et terminée par un échec ridicule, au dehors, une
guerre entreprise sans motifs suffisants, entre deux nations presque également à court. de capitaux, enfin, une crise générale et
persistante des affaires, voilà les principaux articles du bilan de
1877.

Un mois environ avant que s'ouvrît la crise politique de la
France, le 24 avril, l'empereur de Russie lançait un manifeste
par lequel il déclarait la guerre à la Turquie en vue d'améliorer
le sort des Bulgares opprimés. D'après les relevés officiels,
publiés par les journaux russes, cette guerre avait coûté dans les
premiers jours de décembre au delà de 80,000 hommes à la Russie,
et on évalue les dépenses qu'elle avait occasionnées à la même
époque, à 700 millions de roubles en métal (2 milliards 800 millions
de francs) ; en outre, la difficulté et la cherté des emprunts à l'intérieur et à l'étranger ayant obligé le gouvernement impérial à
recourir à un surcroît d'émissions de papier-monnaie, le change est
tombé de fr. 3,40 environ avant la guerre à fr. 2,40. En admettant
que la guerre arrive promptement à son terme, — ce qu'il est heureusement permis d'espérer au moment où nous écrivons, — on estime à 60 millions de roubles, au minimum, la somme qu'il faudra
demander à de nouveaux impôts ou à l'augmentation des anciens
pour combler le déficit creusé par cette guerre humanitaire. Déjà
on a élevé de près de 20 0/0 la généralité des droits de douanes, en
exigeant que le payement de ces droits ait lieu en roubles métalliques en métal (1). Les protectionnistes russes n'en sont pas fâchés ;
on prétend même que cette mesure a contribué à développer d'une
manière sensible les sympathies qu'ils éprouvent pour les Bulgares, mais il est douteux qu'elle contribue à augmenter le bien-
être des consommateurs et leur capacité à supporter le fardeau de

___

(1) En Russie, le rouble actuel en papier s'appelle rouble métallique. C'est une
politesse qu'on fait au métal, mais qui n'augmente pas la valeur du papier.

la guerre, dans le présent et dans l'avenir. Si la guerre est à ce point onéreuse à la Russie victorieuse, combien ne doit-elle pas coûter à la Turquie envahie et battue, malgré l'énergique résistance des défenseurs de Plevna? Il est vrai que le matériel de premier choix qui lui a permis de soutenir honorablement l'assaut de sa colosale ennemie lui a été fourni par la foule de ses prêteurs occidentaux. Sans les subsides qu'ils lui ont accordés avec un zèle auquel les événements se sont chargés de donner le caractère du désintéressement le plus pur, la Turquie aurait été obligée de satisfaire aux réclamations légitimes de ses sujets chrétiens, exploités par les politiciens de Constantinople, et il y a apparence que la guerre aurait pu être évitée. Maintenant, peut-on espérer que le but de cette guerre sera atteint? La condition des Bulgares opprimés sera-t-elle améliorée? Quand les armées russes sont arrivées en Bulgarie, les correspondants des journaux slavophiles eux-mêmes ont constaté avec stupéfaction que la condition des paysans bulgares, en dépit des exactions des pachas, était généralement supérieure à celle des paysans russes; qu'ils possédaient non-seulement plus de bien être matériel, mais encore plus d'instruction. Cela n'a pas suffi, bien entendu, pour convaincre ces correspondants et leurs journaux de l'inutilité de la guerre. Au contraire! Quelques-uns d'entre-eux ont affirmé que le bien-être dont jouissaient les Bulgares rendait leur situation d'autant plus intolérable qu'il les empêchait d'en sentir toute l'amertume. Au surplus, ce bien-être funeste n'existe plus qu'à l'état de souvenir. La Bulgarie est maintenant couverte des ruines : chaque fois que les armées turques étaient obligées de battre en retraite, les Bulgares chrétiens se faisaient un devoir et un plaisir de massacrer les Bulgares mahométans et d'incendier· leurs maisons après les avoir pillées; chaque fois que les Russes à leur tour étaient contraints de se replier devant un retour offensif des Turcs, ceux-ci ne manquaient pas de venger leurs frères mahométans en pendant les Bulgares chrétiens et en rasant leurs villages. Ce mouvement de va et vient qui constitue le noble jeu de la guerre s'étant continué depuis le printemps jusqu'à l'hiver, la question de l'amélioration du sort des Bulgares s'en est trouvée fort simplifiée, car il y a beaucoup moins de Bulgares. Si la guerre se poursuivait encore pendant un an ou deux, il n'y en aurait plus, et la question serait à jamais vidée. Voilà les résultats d'une guerre entreprise cependant dans des intentions absolument désintéressées et humanitaires. N'est-ce pas le cas de répéter que la plus mauvaise paix est préférable à la meilleure des guerres? Combien de progrès on aurait pu réaliser en Russie aussi bien qu'en Turquie en employant à des fins utiles l'énorme capital de forces et de ressources que la guerre vient de dévorer « pour améliorer le sort des Bulgares? »

Ce sont encore, à y regarder de près, les conséquences des guerres passées que nous retrouvons dans la crise qui continue à sévir plus ou moins dans les différentes parties du monde civilisé. Cette crise nous est venue principalement des Etats-Unis et de l'Allemagne, où elle a eu la guerre pour première cause. On sait dans quelles folles entreprises les capitaux allemands se sont jetés après la guerre de 1870 ; c'est au point qu'un journal humoristique pouvait mettre ce petit colloque dans la bouche de deux bons bourgeois berlinois : — Si les Français nous attaquent, comment nous y prendrons-nous cette fois pour les affaiblir et les ruiner ? — Rien de plus simple, nous leur payerons cinq milliards! — Aux Etats-Unis, la guerre de la Sécession en implantant le régime prohibitif a provoqué dans les Etats manufacturiers du Nord un mouvement d'entreprises de tous genres, exploitations minières, création d'usines, de voies de transport, et en particulier de chemins de fer, d'autant plus démesuré que la ruine des Etats du Sud avait rétréci le débouché intérieur, tandis que le renchérissement des frais de la production, qui est la suite naturelle de l'exhaussement du tarif douanier, empêchait les industries protégées de trouver une compensation au dehors. Comment cette disproportion entre le développement du matériel de la production et le débouché ouvert aux produits n'aurait-elle pas engendré une crise? Cette crise a éclaté en 1873, et au commencement de l'année dernière elle n'avait rien perdu de son intensité. Elle s'était même compliquée des grèves des mineurs et des employés des chemins de fer, qui, ayant été attirés par l'appât de salaires excessifs dans des entreprises fondées sur les illusions du régime prohibitif, ne voulurent pas se résigner à des réductions devenues nécessaires. Heureusement la crise politique qui entraînait et aggravait le malaise des affaires a pris fin grâce à l'élection d'un président intelligent et honnête homme, M. Hayes. Dès son avénement au pouvoir, il s'est appliqué à effacer dans le Sud les dernières traces de la guerre civile ; il a mis résolûment à l'ordre du jour la réforme de l'administration civile et la reprise des payements en espèces, que ne tardera pas à suivre, assure-t-on, l'abaissement du tarif des douanes. Les résultats de cette sage politique ne se sont pas fait attendre ; les passions politiques se sont apaisées, et toute l'énergie intelligente du peuple américain s'est tournée de nouveau vers les affaires. Une abondante récolte a contribué à remettre les choses sur un bon pied, et la crise américaine peut être considérée comme à peu près

terminée. Grâce à la solidarité qui unit maintenant toutes les parties du vaste marché du monde, nous ne manquerons pas de sentir
le contre-coup du rétablissement de la santé financière des Etats-
Unis comme nous avons subi le contre-coup de leurs maladies.
Nous pouvons donc nous bercer de l'espérance de voir renaître en
même temps que la paix en Orient la prospérité dans notre Occident.

En France, la crise politique qui s'est prolongée pendant sept
mois, du 16 mai au 14 décembre, a jeté dans tous les intérêts
une perturbation qui commence seulement à s'apaiser. Cette crise
a été l'œuvre d'une coterie de *politiciens* dont le langage et les procédés ont une ressemblance singulière avec ceux des médecins de
Molière: —Vous êtes malade, ont-ils dit à la France, très-malade,
et vous avez besoin d'une médication énergique. — Moi, malade! Allons donc! je ne me suis jamais mieux portée; j'ai une
santé de fer. On m'a saignée à blanc, il y a quelques années, on
m'a même enlevé un morceau de ma chair. Tout le monde croyait
que je n'en reviendrais jamais. J'en suis revenue. — Il n'y a rien
de dangereux comme les apparences de la santé. — Mais je ne me
sens aucun mal, je travaille avec entrain, je consomme, je... —
Vous êtes d'autant plus malade que vous ne sentez pas votre mal.
—Ah! et quel est donc mon mal? — Il s'appelle le *radicalisme
latent*. C'est une rougeole intérieure de la pire espèce. — Va pour
une rougeole intérieure! quand il en paraîtra quelque chose sur
la peau je vous ferai appeler. — Non pas! alors il sera trop tard.
Nous allons vous soigner d'office. — Mais je ne veux pas de vos
soins, et j'ai bien le droit d'être consultée, je pense, car, enfin, vous
ne me traiterez pas gratis? — A quoi serviraient les malades si on
les traitait gratis? Mais soyez tranquille, vous serez consultée.
Seulement, nous vous en prévenons, si vous n'êtes pas de notre
avis, ça ne comptera pas. — Ah! vous m'agacez à la fin. Voulez-
vous bien vous aller impertinents, faquins... — Vous aurez beau
crier, nous y sommes, nous y resterons, et nous allons bien voir
si vous résisterez à nos ordonnances. Nous avons entrepris de
vous guérir et nous vous guérirons, dussiez-vous en... mourir. —
Et là dessus nos matassins politiques d'administrer toutes les drogues de leur pharmacie à ce malade récalcitrant. Rien n'y a fait. Le
malade a résisté à toutes les drogues et il a fini par mettre les
médecins à la porte.

Cependant cette crise que la France a supportée avec une patience
merveilleuse n'a pas été inutile. Elle a montré à ce pays naguère
si prompt à recourir à l'arme dangereuse et coûteuse des révolu-

tions toute l'efficacité de la résistance légale. L'exercice paisible du droit de suffrage et la simple menace du refus de l'impôt ont suffi pour mettre en déroute les politiciens du 16 mai. Le régime républicain se trouve maintenant consolidé grâce aux fautes de ses adversaires, il n'a plus à craindre que celles de ses amis, et il est permis d'espérer que la France, remise d'une « alarme si chaude », pourra faire en paix au monde civilisé les honneurs de l'Exposition universelle qui s'ouvrira à Paris le 1er mai prochain. La crise ne lui en aura pas moins coûté cher : si on ne peut la rendre entièrement responsable de la dépression des affaires, elle y a certainement contribué pour sa part : le commerce extérieur des onze premiers mois de 1877 n'a été que de 6,556 millions contre 6,993 mill. dans la période correspondante de 1876, soit une diminution de 426 millions; les recettes des chemins de fer ont baissé d'environ 4 0/0, et le produit des impôts est resté inférieur de 12 millions à celui de 1876, quoique cette dernière année eût été relativement mauvaise. La rente seule a haussé de fr. 2 environ, mais cette hausse ne saurait malheureusement être considérée comme un signe de prospérité : malgré tout, la France continue à épargner, et comme, d'une part, la stagnation de l'industrie réagit naturellement sur la demande des capitaux, comme d'une autre part, les mésaventures, au surplus bien méritées, des spéculateurs, petits ou gros, en fonds turcs, péruviens ou haïtiens ont déconsidéré les emprunts étrangers, les épargnes disponibles affluent vers la rente française, et lui confèrent un véritable monopole.

Si l'année 1877 ne se recommande, du moins en Europe, ni au point de vue politique, ni au point de vue commercial, elle demeurera marquée dans la science par une grande invention : celle du téléphone, complément de la télégraphie électrique, et par une expérience qui élargit le domaine de la chimie, la liquéfaction de l'oxygène et de l'azote. Ces acquisitions de la science ont sur les conquêtes de la politique et de la guerre le double avantage de se faire à petits frais et d'être impérissables. On oubliera le 16 mai et ses auteurs; on perdra même le souvenir de la défense de Plevna et de l'amélioration sommaire du sort des Bulgares, mais on profitera dans tous les siècles à venir des découvertes actuelles de la chimie, et on se servira du téléphone aussi longtemps que retentira la voix humaine.

L'ÉVOLUTION ÉCONOMIQUE DU XIXᵉ SIÈCLE

4ᵉ ARTICLE (1)

DES CAUSES QUI RETARDENT LE PROGRÈS

SOMMAIRE. — Résumé des conséquences bienfaisantes de l'évolution économique issue de l'avènement de la grande industrie. — Progrès acquis : augmentation en diffusion du bien-être. — Diminution de la somme de travail nécessaire pour l'acquérir. — Que le perfectionnement du matériel et des procédés techniques de la production n'est cependant qu'un des éléments du problème de l'amélioration du sort du grand nombre. — Discordance entre le développement des moyens de créer de la richesse et l'augmentation de bien-être effectivement réalisée ; le paupérisme. — Causes de cette discordance. — Date récente de l'apparition de la grande industrie. — Des crises qu'engendre tout progrès et, en particulier, la substitution de la concurrence au monopole.—Action perturbatrice des monopoles qui subsistent sous un régime de concurrence.

Dans les précédents articles, nous avons esquissé les principaux caractères de l'évolution économique issue de l'avénement de la grande industrie et donné un aperçu de ses conséquences. Nous avons constaté qu'en substituant au vieil outillage mis en œuvre par la force physique de l'ouvrier un matériel mu par des forces mécaniques, la grande industrie n'avait pas seulement augmenté presque sans limites la puissance productive de l'homme, mais qu'elle avait encore engendré une série de phénomènes d'une portée considérable : transformation de la nature du travail, dans lequel l'action de l'intelligence, aidée des forces morales, remplace celle de la force physique ; changement dans la proportion du capital et du travail, impliquant encore une intervention plus active des forces morales dans la production ; agrandissement des entreprises et progrès de leur mode de constitution ouvrant un débouché aux capitaux de toute dimension et aux capacités de toute provenance ; extension de la solidarité des intérêts à tous les membres de l'Etat économique, incessamment élargi ; développement illimité de la concurrence, ayant pour conséquences l'établissement d'un ordre plus parfait dans la produc-

(1) Voy. le *Journal des Économistes* de janvier, avril et octobre 1877.

tion, d'une justice plus exacte dans la distribution de la richesse et rendant, dans toute la sphère soumise à son influence, le progrès nécessaire.

L'amélioration générale, continue et indéfinie de la condition matérielle et morale de l'homme, voilà, en résumé la tendance de cette évolution qui a inauguré une nouvelle époque de la vie de l'humanité. En effet, si l'accroissement de la puissance productive rend la richesse plus abondante, et si la concurrence substituée au monopole agit de son côté pour en rendre la distribution plus équitable ne pourra-t-on pas obtenir jusque dans les couches sociales les plus basses une quantité croissante des matériaux du bien-être en échange d'une somme de travail qui ira s'amoindrissant à chaque progrès de l'industrie? Si la nature du travail de l'ouvrier se transforme, si ses facultés intellectuelles et morales sont demandées au lieu de sa force musculaire, ne se développeront-elles pas de manière à faire prédominer, dans cette nouvelle ère, l'être moral sur la brute? Si la sphère de la solidarité s'élargit, si l'humanité entière finit par ne plus former qu'une grande famille, dont tous les membres seront liés par des intérêts communs, une barrière de plus en plus haute et solide ne sera-t-elle pas opposée aux passions malfaisantes qui poussent à la guerre? Enfin, si la concurrence rend le progrès nécessaire dans le domaine de plus en vaste qu'elle est appelée à régir, cette vision consolante d'une société où règnent le bien-être, la justice et la paix n'apparaît-elle pas comme le terme final de l'évolution industrielle?

Que quelques-uns de ces résultats soient déjà acquis et que nous nous trouvions en voie d'en acquérir d'autres, on ne saurait le contester. Les créations puissantes et ingénieuses de la grande industrie, manufactures, usines métallurgiques, bateaux à vapeur, chemins de fer, télégraphes se sont multipliées avec une rapidité merveilleuse, la richesse s'est accrue dans des proportions sans précédent et le bien-être s'est vulgarisé. Dans tous les pays où la grande industrie s'est implantée depuis la fin du siècle dernier, la consommation des articles de confort, le froment, le café, le thé, le sucre, le tabac s'est progressivement développée. Pour les articles servant au vêtement le progrès a été plus marqué encore, et si l'amélioration des logements a été moins sensible et moins générale, elle est cependant incontestable. Les villes se sont assainies et embellies, les rues ont été pavées, élargies, éclairées au gaz, l'aménagement des habitations est devenu plus commode et le mobilier du plus petit bourgeois est aujourd'hui sinon plus luxueux du moins plus confortable que ne

l'était autrefois celui du plus grand seigneur. Les consommations
intellectuelles, à leur tour, se sont vulgarisées et jusqu'à un certain point raffinées, la lecture est devenue un besoin général et au
premier rang des industries de création moderne qui ont réalisé
les progrès les plus saisissants figure la presse, qui apporte une
alimentation quotidienne à l'esprit d'une classe de plus en plus
nombreuse.

D'un autre côté, quoique la durée du travail à l'aide duquel la
multitude achète les matériaux de l'existence et du bien-être n'ait
pas cessé d'être excessive, elle a subi des réductions notables dans
les pays qui donnent l'impulsion au mouvement industriel, en
Angleterre et aux États-Unis. De 11 heures et même de 12 et
13 heures, la durée effective de la journée de travail dans les manufactures a été réduite à 10 heures ou même à 9 et il est permis
d'espérer qu'elle descendra, dans un avenir peu éloigné, à 8 heures.
On peut donc affirmer que les masses qui vivent du produit de
leur travail quotidien se procurent actuellement, en échange
d'une moindre somme d'efforts une quantité accrue des matériaux de l'existence et du bien-être. On peut affirmer encore que
tous les progrès nouveaux qui viendront grossir le capital des
progrès déjà réalisés agiront dans le même sens, autrement dit
qu'ils élèveront successivement et dans une mesure indéfinie la
valeur ou le pouvoir d'échange du travail. Ajoutons que cette
transformation des conditions de l'existence humaine ne peut
plus être arrêtée et encore moins reculée. Les acquisitions faites
sont indestructibles. On peut rêver les bouleversements politiques et sociaux les plus radicaux; on ne peut pas imaginer que le
monde civilisé renonce à se servir de l'imprimerie, des métiers à
filer et à tisser à la mécanique, des chemins de fer, des télégraphes et de l'éclairage au gaz pour en revenir à l'industrie des
copistes, à la filature au rouet, au tissage à la main, aux dili-
gences et à la chandelle. S'il cesse un jour d'employer son matériel actuel, ce sera parce qu'il aura à son service un matériel
encore plus parfait. Non-seulement tout progrès demeure acquis,
mais il ouvre la voie à un nouveau progrès, en sorte qu'on ne
peut assigner aux acquisitions futures de l'humanité d'autres
limites que celles des forces et des éléments de production qui
constituent son patrimoine.

Est-ce à dire cependant que le bien-être des générations futures
doive s'augmenter en quelque sorte mécaniquement, en raison
directe des progrès de la *machinery* de la production ? Non sans
doute. Nous pouvons acquérir en plus grande quantité et avec
moins de peine les matériaux de l'existence et du bien-être, mais

il ne s'ensuit pas que la somme de notre bonheur ou même de notre richesse doive s'accroître nécessairement quelle que soit la manière judicieuse ou folle, honnête ou vicieuse dont nous usions de ces matériaux que le progrès a mis à notre portée. Nous pouvons être plus riches et plus heureux que ne l'ont été nos pères, mais ce n'est qu'une simple possibilité. Notre situation est anologue à celle d'une famille en possession de la fortune acquise par une longue succession d'ancêtres laborieux et économes : il est évident que les chances de bonheur de la dernière génération dépassent celles de la première, mais ce ne sont que des chances. Si elle ne sait point conserver son patrimoine héréditaire et le faire fructifier, si elle le gère mal, elle est exposée à perdre tous le fruit du travail et de l'économie des générations précédentes et à se retrouver dans une condition inférieure à celle des premiers artisans de la fortune de la famille. De même, quand on considère l'ensemble des nations et des familles entre lesquelles une génération se partage, on s'aperçoit que si *toutes* peuvent grandir et prospérer, il n'en est cependant aucune qui se trouve à l'abri de la décadence et de la ruine. Leur destinée est entre leurs mains aujourd'hui comme elle l'a été de tous temps, comme elle le sera toujours. Les nations et les familles qui se montrent incapables de faire fructifier leur patrimoine déclinent et disparaissent, tandis que d'autres nations et d'autres familles plus énergiques et plus laborieuses s'étendent, se multiplient et s'enrichissent. On peut dire même qu'à mesure que le prix de la lutte s'élève, cette lutte devient plus serrée, et les risques qu'elle comporte deviennent plus grands. Les concurrents sont plus nombreux, la compétition est plus active, le prix est plus disputé. Ceux qui arrivent au but sont mieux récompensés, mais il est plus difficile d'y arriver et malheur à ceux qui restent en chemin !

Que les progrès de la *machinery* de la production ne soient qu'un des éléments et non point le propulseur unique de l'amélioration du sort de l'espèce humaine, c'est un fait que démontre suffisamment la condition actuelle des sociétés civilisées. Il est impossible, en effet, de n'être pas frappé de la discordance qui existe entre les moyens dont elles disposent pour acquérir du bien-être et ce bien-être même. ,

Si l'on considère, d'une part, dans quelle proportion énorme s'est augmentée depuis l'invention de la machine à vapeur, la puissance productive de l'homme, si l'on mesure la distance qui sépare nos moyens d'acquérir de la richesse de ceux que l'on possédait au commencement du xviiiᵉ siècle, et si, d'une autre part, on envisage le changement effectif qui s'est accompli dans la condition du grand nombre, on reconnaîtra que l'amélioration obtenue ici, quelque visible qu'elle soit, n'est pas en proportion avec le progrès réalisé là ; on s'apercevra que la transformation de la *machinery* de la production et de la distribution de la richesse est loin d'avoir donné tous les fruits qu'il était permis d'en attendre ; qu'une portion considérable de ces fruits est gaspillée sans profit pour le grand nombre ou même à son détriment ; que la répartition de la richesse a continué de s'opérer de la façon la plus inégale en dépit du régulateur de la concurrence, que les résultats de la production devenue plus féconde s'accumulent par masses entre les mains d'une minorité, tandis que la multitude se trouve non moins qu'elle l'était autrefois exposée aux extrémités du dénûment ; que si l'on ne peut nier que sa part se soit augmentée dans la distribution des matériaux du bien-être cette augmentation n'est pas proportionnée à celle de la richesse générale, qu'en tous cas, sa condition au lieu de devenir plus stable est devenue plus précaire. Le débordement du paupérisme est contemporain de l'avénement de la grande industrie. Après avoir mis en lumière la face brillante de la médaille du progrès, si nous voulions en montrer le revers, si nous esquissions le tableau des misères et des maux de tous genres qui affligent la masse du peuple, ce tableau ne serait-il pas des plus sombres quand même nous nous abstiendrions scrupuleusement de le pousser au noir ? Au sein des nations qui ont pris l'initiative du mouvement industriel, les couches inférieures de la société sont ravagées par le paupérisme ; elles fournissent un contingent régulier à la prostitution et au crime, sans qu'on puisse signaler dans leur condition avilie et précaire aucune amélioration profonde et durable, sans que la somme de leurs souffrances semble s'être amoindrie sous l'influence du progrès industriel. Ces classes misérables qu'entretient le budget grossissant de la charité publique et privée, toujours impuissante à les relever, n'étaient représentées, dans l'ancien état de choses, que par de faibles échantillons, et, comme la richesse, la pauvreté se manufacture aujourd'hui par masses.

D'où provient cette discordance entre les moyens et les résultats, entre le progrès possible et le progrès réalisé ? Elle provient de causes nombreuses et diverses, les unes tenant à l'imperfection naturelle des choses et à l'état de transition où nous sommes ; les autres, — et celles-ci de beaucoup les plus importantes, — ayant leurs racines dans l'imperfection des hommes.

Passons-les rapidement en revue en commençant par les premières.

Nous sommes, ne l'oublions pas, encore au début de l'évolution de la grande industrie. Même dans les pays les plus avancés, la petite industrie est encore prédominante. Si la production manufacturière s'y est presque entièrement transformée, il n'en est pas de même de la production agricole, commerciale, scientifique, littéraire, artistique. La culture exercée sur de vastes espaces, au moyen d'appareils mécaniques mus par la vapeur n'existe encore qu'à l'état d'exception. Si le commerce en gros des denrées alimentaires s'est étendu et agrandi, le commerce de détail et la préparation des aliments sont demeurés généralement des entreprises et des travaux individuels. Le commerce en détail des articles manufacturés n'est en voie de transformation que depuis une époque récente. La fondation des magasins du *Louvre*, du *Bon Marché* et autres analogues ne date que d'hier, et malgré la supériorité économique de ces nouveaux appareils commerciaux, ils rencontrent de telles difficultés soit dans les résistances de la routine, soit dans l'insuffisance professionnelle et morale de leur personnel qu'ils ne pourront supplanter de sitôt, entièrement, le petit commerce, soutenu d'ailleurs par l'habitude enracinée de l'achat à crédit. C'est tout au plus si, dans les pays qui tiennent le tête du mouvement industriel, on peut évaluer à un quart de la production totale la part de la grande industrie. Les trois autres quarts n'ont pas cessé d'appartenir au vieil outillage, et bien des gens sont persuadés qu'il en sera toujours ainsi. Mais si nous ne sommes qu'au début de l'évolution industrielle pouvons-nous, dès à présent, lui demander les fruits qu'elle portera seulement plus tard ?

D'un autre côté, la transformation de l'industrie est, par elle-même, une cause de perturbation. Le progrès supprime ce qu'il remplace, et cette suppression ne s'opère pas, elle ne peut pas s'opérer, quoi qu'on en dise, sans dommages et sans souffrances. Les métiers mécaniques, en remplaçant les métiers à la main, ont anéanti le capital matériel que ceux-ci représentaient, avec le capital professionnel du personnel qui les mettait en œuvre. Ce personnel exproprié de son industrie séculaire a dû en chercher une autre. De là, une « crise » dont les effets se sont fait sentir d'une part jusqu'à ce que l'industrie transformée eût reconstitué le capital anéanti, d'une autre part, jusqu'à ce que le personnel exproprié eût retrouvé des moyens d'existence. Chaque progrès, petit ou grand, a sa crise. Cette crise est plus ou moins étendue et intense, mais elle implique toujours des pertes, des perturbations et des souffrances.

Parmi les machines que le progrès à mises en branle, la concurrence est, sans contredit, la plus puissante et la plus bienfaisante. Elle agit à la fois comme un propulseur et un régulateur

dans l'appareil perfectionné et agrandi de la production et de la
distribution de la richesse. Cela n'empêche pas qu'elle ne provoque une crise au moment où elle vient remplacer le monopole.
Malgré les précautions extraordinaires que l'on prend d'habitude
pour amortir son premier choc, les entreprises d'une constitution
débile et malsaine n'y résistent pas, et elles entraînent, directement ou par contre-coup, une foule d'intérêts dans leur chute. Par
une action en sens inverse, la concurrence procure un accroissement de pouvoir et de profits aux branches de la production qui
demeurent en dehors de sa sphère, soit que le monopole dont elles
continuent à jouir ait un caractère naturel ou artificiel. Que la population vienne à s'augmenter par exemple avec la richesse dans
un pays où les terres propres à la production des subsistances sont
peu étendues et médiocrement fertiles, où, en même temps, les
propriétaires fonciers ont assez d'influence pour entraver l'importation des subsistances produites au dehors, qu'arrivera-t-il? C'est
que l'augmentation de la population et de la richesse provoquera
une demande croissante des denrées alimentaires et qu'entre les
divers agents nécessaires pour les produire, la terre, le capital et le
travail, le premier étant naturellement limité tandis que les deux
autres ne le sont point, la rente de la terre s'élèvera dans une proportion plus forte que le profit du fermier et le salaire de l'ouvrier
agricole. Citons encore un exemple emprunté à un genre de production tout différent. Une *étoile* du chant ou de la danse possède
un monopole naturel, qu'elle doit à la rareté de l'offre et à la surabondance de la demande. Qu'en résulte-t-il? C'est qu'à mesure que
les recettes des théâtres augmentent, grâce à l'affluence du public
et aux subventions des municipalités ou des gouvernements « protecteurs des arts, » on voit monter à une hauteur extraordinaire
les appointements et les *feux* de ces étoiles pourvues d'un monopole, tandis que les salaires du commun des artistes et de la masse
de leurs auxiliaires, figurants, choristes, machinistes, demeurent
stationnaires ou du moins ne s'élèvent qu'avec la masse des autres
salaires de concurrence et dans la même proportion. Or, si l'on
songe qu'un grand nombre de branches de la production n'ont pas
cessé d'être investies d'un monopole plus ou moins complet, que la
concurrence est rarement illimitée dans les autres, que des
douanes, des privilèges, l'insuffisance des moyens de communication et d'information la restreignent presque toujours, on reconnaîtra qu'il existe ici encore une cause puissante d'inégalité dans la
répartition des fruits du progrès, en même temps qu'un obstacle
au développement de la production. Cette cause d'inégalité et de
retard ira s'amoindrissant sans aucun doute, à mesure que la con-

currence gagnera du terrain ; mais aussi longtemps qu'un monopole subsistera, il obtiendra, en vertu de la nature même des
choses, au delà de la rétribution nécessaire à ses services, et cette
rétribution s'élèvera d'autant plus que les industries de concurrence, ses tributaires, seront plus nombreuses et plus fécondes.

S'il était possible de faire le compte de la masse de richesses,
dont la limitation de la concurrence à des degrés divers ralentit la
production et trouble la distribution, on arriverait à un total
énorme, surtout si l'on y comprenait le « passif » du plus gros des
monopoles, celui du gouvernement. Depuis un siècle, les dépenses
publiques se sont élevées dans une progression plus rapide que
celle de l'accroissement de la richesse, accroissement assez correctement indiqué par l'augmentation graduelle du produit des impôts indirects. Les revenus ordinaires ne suffisant pas à la dépense,
il a fallu combler la différence au moyen de l'emprunt, et l'on sait
à quelle somme formidable s'élèvent aujourd'hui les dettes des
Etats civilisés. Si l'on observe encore que la plus grosse part de
leurs dépenses a été employée à des fins improductives ou nuisibles, à armer la paix au delà du nécessaire et à déchaîner la guerre,
on pourra se faire une idée de l'étendue du déficit que subit, de ce
chef, la multiplication de la richesse.

Voilà bien des causes qui expliquent pourquoi le bien-être n'a
pas suivi la même progression que la puissance productive, d'ailleurs encore dans sa phase initiale d'expansion ; pourquoi aussi la
distribution de la richesse a échappé jusqu'à présent, en bien des
points, à l'action régulatrice de la concurrence. A ces causes, qui
tiennent principalement à l'imperfection des choses, viennent se
joindre celles qui tiennent à l'imperfection des hommes, et celles-
ci sont encore bien autrement actives et persistantes. Elles se résument dans l'insuffisance ou la perversion des forces physiques,
intellectuelles et morales à l'aide desquelles l'homme crée les matériaux du bien-être et les applique à l'entretien de son existence.

II

SOMMAIRE. — Cause la plus importante du retard du développement du bien-
être. — Le personnel de la production n'a pas progressé du même pas que le
matériel. — Aperçu sommaire de la production et de la distribution de la richesse.
— Les entreprises, les agents productifs et les revenus. — Analyse des fonctions
du personnel de la production, personnel dirigeant, capitaliste et ouvrier. —
Opérations et obligations impliquées dans la formation des revenus. — Facultés
intellectuelles et morales nécessaires pour les accomplir. — *Nuisances* qui
naissent de leur non accomplissement. — Que la multiplication de la richesse et
le développement du bien-être dépendent encore du bon emploi du revenu. —
Obligations et nuisances. — Objet et résultats de la capitalisation.

La richesse se crée par la coopération des agents naturels, du capital et du travail, constituant le *matériel* et le *personnel* de la production. L'évolution économique issue de l'avénement de la grande industrie s'est opérée principalement, sinon exclusivement, grâce aux perfectionnements mécaniques et autres qui ont accru la puissance productive du matériel. On ne saurait constater un progrès équivalent ou même approchant dans le personnel. Si l'on compare, d'une manière générale, le matériel de la civilisation du xix° siècle à celui du xvii°, on sera frappé de l'énorme distance qui les sépare; si l'on compare le personnel des deux époques, sous le triple rapport des forces physiques, des facultés intellectuelles et morales et de leur culture, la différence paraîtra beaucoup moins sensible. Nous sommes en possession d'un matériel de production incomparablement plus puissant et plus parfait que celui dont disposaient nos ancêtres; nous n'avons réalisé en nous-mêmes que des progrès relativement insignifiants, et, à part l'augmentation extraordinaire de nos connaissances technologiques, nous ne sommes guère supérieurs aux hommes des siècles passés; nous n'avons ni plus de vertus ni moins de vices. Nous ne sommes pas plus capables qu'ils ne le seraient à notre place de gouverner nos affaires et notre vie, quoique ce double gouvernement exige, sous le nouveau régime de la grande industrie et de la concurrence, une dose d'intelligence et de moralité fort supérieure à celle qui suffisait sous le régime de la petite industrie et du monopole.

Si nous voulons apprécier toute l'importance de cette cause de retard et nous rendre compte de la façon dont elle agit, rappelons-nous comment la richesse se crée. Toute création de richesse implique une *entreprise*, et toute entreprise, à son tour, implique la coopération d'un *personnel* et d'un *matériel* associés ou combinés dans des proportions qui varient suivant la nature de l'entreprise. Tantôt les résultats de l'entreprise ne suffisent pas pour rétablir entièrement le personnel et le matériel qui y sont engagés, et, dans ce cas, il y a diminution et non point augmentation de richesse; tantôt, et c'est le cas le plus fréquent dans une société en progrès, ils suffisent et au delà, la richesse se trouve accrue et la production peut se développer. Toutefois son développement est subordonné à l'accomplissement d'une condition essentielle, c'est que l'excédant des résultats de la production soit *capitalisé* et employé à la formation d'une quantité supplémentaire de personnel et de matériel, qui serviront à agrandir les entreprises existantes ou à en fonder de nouvelles.

La richesse créée dans cette multitude d'officines que l'on nomme des entreprises, est distribuée entre les détenteurs des agents productifs investis dans chaque entreprise, personnel et matériel, et elle constitue leur *revenu*. Tout homme tire ses moyens d'existence d'un revenu provenant directement ou indirectement d'une entreprise, et il pourvoit à son entretien aussi bien qu'à celui des êtres dont il est responsable par l'emploi ou la consommation de ce revenu. L'ensemble des revenus d'une société représente donc exactement la somme de richesses que fournit la production, et cette somme dépend, en premier lieu, de la quantité et du degré de perfection du matériel et des procédés techniques, en second lieu, du nombre et de la capacité du personnel qui met le matériel en œuvre. La production de la richesse s'accroît par l'agrandissement et la multiplication des entreprises; mais celles-ci, à leur tour, ne peuvent s'agrandir et se multiplier que par la capitalisation d'une partie des revenus, et l'investissement du capital ainsi constitué en un supplément de personnel et de matériel dans la proportion nécessaire.

Ces conditions du développement progressif de la production et de la richesse sont-elles remplies autant qu'elles peuvent l'être? Nous avons constaté à quel point le matériel de la production s'est perfectionné depuis un siècle. Le personnel actuel possède-t-il la capacité nécessaire pour en tirer le meilleur parti possible? Est-il au niveau des fonctions qu'il est chargé de remplir? L'analyse de ces fonctions peut seule nous permettre de résoudre cette question d'une manière positive.

Les fonctions du personnel de la production sont de deux sortes : les unes concernent la création, et les autres l'emploi de la richesse. Occupons-nous d'abord des premières.

Nous avons déja eu l'occasion de remarquer que les fonctions du personnel engagé dans la multitude des branches de la production sont plus ou moins divisées selon la nature et les dimensions des entreprises ; qu'elles sont le plus souvent réunies dans la petite industrie, tandis qu'elles sont séparées dans la grande; mais séparées ou réunies, elles se partagent en trois catégories. Toute entreprise, quelles qu'en soient la nature et les dimensions , implique: 1ᵉ l'intervention d'un entrepreneur qui la fonde et d'un personnel qui la dirige et l'administre; 2ᵉ le concours d'un personnel de propriétaires ou de capitalistes qui lui fournissent le capital nécessaire pour constituer son matériel et pourvoir à l'entretien de ceux qui le desservent, en attendant la réalisation des produits; 3ᵉ le concours d'un personnel auxiliaire de travailleurs qui mettent en œuvre, sous la conduite et la surveillance du personnel dirigeant, le matériel fourni par les capitalistes. Outre la vigueur et la santé physiques, chacune des fonctions qui appartiennent soit au person-

nel dirigeant ou capitaliste, soit au personnel ouvrier, depuis la
plus élevée jusqu'à la plus humble, exige la mise en activité d'un
certain ensemble de facultés intellectuelles et morales qui lui soient
adaptées. Cet ensemble varie quant à l'espèce et au degré de puissance des facultés : 1° suivant la nature et l'importance des opérations intellectuelles que la fonction nécessite; 2° suivant le
nombre et l'étendue des obligations morales qui y sont attachées.

Étudions à ce point de vue les trois catégories de fonctions que
nous venons d'énumérer, à commencer par celles de fondation et
de direction.

Une entreprise doit, pour être productive, répondre à un besoin
qui ne soit pas pleinement satisfait par les entreprises déjà existantes. Il faut que l'entrepreneur sache découvrir et discerner ce
besoin ; qu'il apprécie les chances de bénéfices d'un établissement
nouveau, et s'assure qu'elles dépassent les risques de pertes; qu'il
choisisse le moment et l'endroit le plus propices pour le fonder ;
qu'il lui assigne les proportions réclamées par l'état d'avancement
de l'industrie sans dépasser l'étendue du débouché ; qu'il réunisse
un capital suffisant pour lui permettre de fonctionner d'une manière régulière et sûre; enfin qu'il se procure le concours d'un
personnel pourvu de la capacité et de la moralité nécessaires, pour le
diriger. Toutes ces opérations exigent, surtout lorsqu'il s'agit d'une
entreprise importante, la mise en œuvre d'un ensemble peu commun de qualités intellectuelles : esprit d'investigation, sinon d'invention, jugement exercé et sain, tact fin et sûr dans la connaissance des hommes. Elles n'exigent pas, à un degré moindre l'intervention des qualités morales. Il ne suffit pas qu'une entreprise
couvre ses frais et réalise des bénéfices pour contribuer à l'augmentation de la richesse publique; il faut encore qu'elle n'ait point
un but et qu'elle ne recoure point à des pratiques nuisibles à autrui.
Sinon, — si elle se propose, d'une manière ou d'une autre, pour
objet l'appropriation indue du bien d'autrui ou la satisfaction d'une
passion malsaine, ou bien encore si elle s'efforce d'élever ses profits au moyen de pratiques abusives telles que la falsification de ses
produits ou la tromperie sur la qualité de ses marchandises, en un
mot si elle commet des « nuisances, » elle contribue à diminuer la
richesse au lieu de l'accroître. Il faut donc qu'aux qualités intellectuels nécesaires pour fonder des entreprises utiles, l'entrepreneur
joigne les qualités morales qui détournent de les employer à la
création d'entreprises nuisibles. Les fonctions du personnel dirigeant se résolvent de même dans l'accomplissement d'une série
d'opérations intellectuelles et d'obligations morales. Les premières
exigent, avec l'art de conduire les hommes, cette réunion de quali-

tés auxquelles on a donné le nom d'*esprit des affaires* ; les secondes
imposent l'application assidue de toutes les forces et de toutes les
connaissances que l'on possède au bien de l'entreprise, tout en défendant de chercher ce bien dans le mal d'autrui. Sans doute une
entreprise peut prospérer par des voies malhonnêtes, quoique ce
genre de prospérité soit naturellement précaire ; mais dans ce cas
le profit qu'elle usurpe n'est jamais équivalent au dommage qu'elle
cause, et la différence se traduit par un amoindrissement de la
richesse. Un certain nombre d'industriels réalisent des fortunes
rapides en falsifiant leurs produits ou bien encore en profitant de
l'imprévoyance et de la misère des ouvriers dans des moments où
la concurrence est insuffisante, pour réduire à l'excès le taux des
salaires ; mais si ces deux pratiques nuisibles peuvent contribuer
à édifier des fortunes particulières, elles agissent, en revanche,
pour diminuer la richesse générale ou ralentir son essor. — N'en
déplaise aux socialistes, les fonctions du personnel capitaliste ne sont
pas plus que celles des autres coopérateurs de la production de
simples sinécures. Il faut que le capitaliste sache défendre son
argent, ce qui n'est pas toujours une tâche aisée, qu'il possède le
tact et les connaissances nécessaires pour choisir les bons placements, éviter les mauvais, et surveiller l'emploi de ses fonds.
Comme il est dans la nature des choses que les vices de la fondation et de la gestion retombent sur le capital, chargé des risques
des entreprises, le capitaliste est tenu d'exercer un contrôle
attentif et efficace sur toutes les affaires dans lesquelles ses fonds
sont engagés s'il ne veut point s'exposer à la ruine. Analysez ce
contrôle, et vous verrez qu'il se décompose en une série d'opérations qui demandent des qualités peu ordinaires d'intelligence et
de caractère. La fonction du capitaliste implique encore des obligations morales, en d'autres termes elle lui impose des responsabilités
dépassant de beaucoup celles qui pèsent sur les autres catégories
du personnel de la production. Le fondateur ou l'entrepreneur,
par exemple, conçoit une affaire, mais le capitaliste seul possède
les moyens de faire passer son idée du domaine de la spéculation
dans celui des faits, seul il peut appeler une entreprise à la vie et
lui fournir les moyens de subsister. Il est donc principalement responsable des maux et des dommages qu'elle cause. S'il a entre les
mains un instrument investi d'une puissance extraordinaire, sa
responsabilité est proportionnée à cette puissance. On s'explique
ainsi que la conscience de tous les peuples aient flétri l'usure, c'est-
à-dire l'abus que le capitaliste fait de son pouvoir en exploitant, en
l'absence du régulateur de la concurrence, le besoin ou l'imprévoyance de l'emprunteur. Un jour viendra aussi où cette même

conscience publique, éclairée par la science, fera peser sur les capitalistes qui commanditent ou subventionnent des guerres et d'autres « nuisances » une réprobation analogue à celle dont elle a justement flétri les usuriers. —Les fonctions du personnel ouvrier comportent, de même, avec l'exécution d'opérations pour lesquelles le progrès industriel exige de plus en plus le concours de l'intelligence, l'accomplissement d'obligations qui sont du ressort des facultés morales. L'ouvrier doit s'acquitter *bona fide* de la tâche qui lui est assignée, et pour laquelle il reçoit un salaire, sinon il *exploite* son patron, et cette exploitation n'est pas moins nuisible et condamnable que celle de l'ouvrier par le patron investi d'un monopole ; l'inexactitude, l'incurie, le défaut de conscience avec lesquels il remplit ses obligations professionnelles, nuisent à l'entreprise en occasionnant une déperdition de capital, en empêchant le patron de s'acquitter de ses engagements en provoquant des accidents. D'un autre côté, si la responsabilité de l'ouvrier qui contribue à l'exécution d'une entreprise malfaisante est moindre que celle du personnel qui la dirige ou la commandite, on ne saurait dire cependant qu'elle soit nulle : l'obéissance passive elle-même, malgré ce qu'elle a d'impérieux et de nécessaire, ne couvre pas entièrement la responsabilité du soldat ; si on lui commande d'égorger des prisonniers ou bien encore de s'insurger contre la loi en participant à une émeute ou à un coup d'État, son devoir lui commande de désobéir, quel que soit le risque auquel il s'expose. Bref, les fonctions du personnel ouvrier révèlent à l'analyse, aussi bien que celles du personnel dirigeant et capitaliste, quoique dans une sphère plus restreinte, des opérations qui ne peuvent être exécutées et des obligations auxquelles il ne peut être satisfait sans le concours de l'intelligence et des forces morales.

Supposons maintenant que les diverses fonctions que nous venons de passer en revue soient remplies comme elles doivent l'être ; supposons que le personnel qui fonde, dirige et administre les entreprises, le personnel capitaliste qui les alimente, le personnel ouvrier qui les dessert exécutent correctement toutes les opérations qui constituent leur « travail » et s'acquittent non moins correctement de toutes les obligations qui constituent leur « responsabilité, » quel sera le résultat? C'est que toutes les entreprises seront productives et qu'il n'y en aura point de destructives ; c'est que la production de la richesse sera aussi abondante que le comporte le degré d'avancement de l'industrie. Cependant, même dans cette hypothèse, à coup sûr fort éloignée de la réalité, la production ne pourra croître qu'à la condition que l'on constitue et que l'on mette à son service un supplément de *matériel* et de *personnel* dans la proportion nécessaire. Or, la création de ce supplément d'agents productifs ne dépend pas seulement de la manière dont la richesse est produite et distribuée, elle dépend encore de la manière dont elle est consommée. Ceci nous amène à la seconde partie de la tâche qui incombe au personnel de la production, et qui consiste à bien employer un revenu bien acquis.

A son tour, le bon emploi du revenu implique l'accomplissement d'une série d'obligations qui dérivent de la nature même de l'homme et des conditions de son existence.

Non-seulement la vie de l'homme est courte, mais encore elle se partage en deux périodes d'une durée à peu près égale, celle de la jeunesse et de la maturité qui est productive, celle de l'enfance et de la sénilité qui ne l'est point. Il ne peut donc subsister dans la seconde qu'à l'aide des moyens d'existence acquis et accumulés dans la première. Un autre phénomène dont il faut aussi tenir compte, c'est que tout revenu est naturellement précaire. Il peut diminuer ou tarir, en premier lieu par suite de l'amoindrissement ou de la perte de l'emploi qui le procure; en second lieu de l'affaiblissement ou de la ruine de la capacité à remplir cet emploi. Ces deux phénomènes exercent une influence déterminante sur les obligations auxquelles l'emploi du revenu doit pouvoir et qui peuvent être ainsi résumées. Tout homme doit : 1° pourvoir à son entretien actuel de manière à conserver en bon état, et, s'il se peut, à augmenter son capital de forces et de facultés productives; 2° s'assurer contre les risques de chômage, d'accidents et de maladies; 3° subvenir, s'il a pris la charge d'une famille, à l'entretien de sa compagne, à l'élève, à l'éducation et à l'établissement de ses enfants ; 4° mettre en réserve de quoi subsister dans la période improductive de la vieillesse ; 5° assister dans la mesure de ses ressources ceux de ses semblables qui n'ont pas été autant que lui favorisés dans la distribution des biens et des avantages de ce monde; enfin 6° en remplissant ces diverses obligations, se garder d'élever sa dépense au-dessus de sa recette.

Toutes ces obligations ont un caractère de nécessité en ce sens que leur non accomplissement engendre toujours une *nuisance* pour soi ou pour les siens, et, directement ou indirectement, pour autrui. — Si l'on ne règle point sa consommation actuelle de manière à maintenir en bon état ses facultés productives, on subit une déperdition prématurée de forces, on ne peut plus contribuer, dans la même mesure, à la création de la richesse et on ne peut plus prétendre à en recevoir la même part. On perd ainsi une partie de sa capacité à remplir ses autres obligations. — Si l'on ne s'assure point d'une façon ou d'une autre contre les risques de

chômage, d'accidents et de maladies, on s'expose soi et on expose
les siens aux dommages attachés à l'échéance de ces risques. Le
fardeau de ces conséquences naturelles de l'imprévoyance peut, à
la vérité, être rejeté sur autrui, mais dans ce cas non moins que
dans l'autre, il y a nuisance. — Si l'on ne pourvoit point à l'entretien de sa compagne, on la met dans la nécessité de se livrer à
des travaux incompatibles avec les soins du ménage et les obligations de la maternité. Nuisance ! En tout cas, même lorsque la
femme mariée apporte à la communauté un revenu qui suffit à sa
dépense, il reste à pourvoir à l'entretien des enfants. Ceux qui mettent un enfant au monde contractent par là même l'obligation de
l'élever et de lui donner une éducation appropriée à ses facultés,
et cette obligation se résout en une dépense plus ou moins forte.
Cette dépense se grossit encore de celle qu'occasionnent les enfants
qui meurent avant d'avoir atteint l'âge d'homme. De quelques
centaines de francs dans les couches inférieures de la société, elle
monte à 10,000 fr., 20,000 fr., 30,000 fr. et davantage dans les
couches supérieures ; mais, faible ou forte, elle doit être prise sur
le revenu des parents, à moins qu'ils ne s'en déchargent sur la
charité publique ou privée, en d'autres termes, sur les revenus
d'autrui. S'ils ne s'acquittent qu'incomplètement de ce genre d'o-
bligations, s'ils ne procurent pas à leurs enfants un entretien suffisant avec l'éducation nécessaire, s'ils entravent leur développement
physique et moral en les assujettissant à un travail hâtif et trop
souvent meurtrier, il en résulte une autre nuisance. Celle-ci n'atteint pas seulement les enfants qui ne se développent pas autant
qu'ils auraient pu le faire, elle atteint encore la société à laquelle ils
rendent de moindres services, à laquelle ils finissent même généralement par être à charge. — Si l'on ne contribue point dans la
mesure de ses ressources à secourir les misérables, de deux choses
l'une : ou on laisse des souffrances sans soulagement ou l'on aggrave pour autrui le fardeau de l'assistance. — Enfin, si, en remplissant ces obligations qu'implique le bon emploi du revenu, on
ne maintient point rigoureusement sa dépense au niveau de sa
recette, on entame son capital, à moins qu'on n'ait recours aux
revenus ou aux capitaux d'autrui. Dans l'un et l'autre cas, on nuit
à soi-même et aux autres.

Parmi les obligations qui viennent d'être énumérées, les unes
concernent le présent, les autres l'avenir. Les premières donnent
lieu à la *consommation actuelle* et elles absorbent généralement la
portion la plus considérable du revenu, les secondes ne peuvent
être satisfaites que par la mise en réserve, l'accumulation, ou pour
nous servir de l'expression consacrée, la *capitalisation* de l'autre

portion, en vue de la consommation future. Cette mise en réserve, cette capitalisation, s'accomplit au moyen d'une opération à laquelle concourent à la fois l'intelligence et les facultés morales et qui porte le nom d'*épargne*. Ainsi les résultats de la production distribués sous forme de revenus fournissent, en quelque sorte, la matière première de la capitalisation, et cette matière première, l'épargne la transforme en capital. Le capital constitué, que devient-il? A quelle destination est-il appliqué? Une portion est incorporée dans la nouvelle génération qui continue le personnel de la production; une autre portion s'ajoute, sous une forme ou sous une autre, au matériel existant. Tantôt elle demeure provisoirement inactive jusqu'à ce que les obligations en vue desquelles elle a été créée la réclament, tantôt elle est mise immédiatement au service de la production. Grâce aux progrès de la *machinery* du crédit, cette dernière éventualité devient de plus en plus le fait général: les capitaux inactifs ne sont plus aujourd'hui que l'exception; à peine la moindre fraction du revenu est-elle saisie par l'épargne qu'elle est aussitôt placée, ou ce qui revient au même investie dans le matériel d'une entreprise.

Selon que les revenus qui fournissent la matière première de la capitalisation sont plus ou moins nombreux et élevés, selon que l'épargne est plus ou moins active, la création du capital est rare ou abondante. Les revenus sont essentiellement inégaux, et ils doivent l'être, puisqu'ils répondent à des participations inégales à l'œuvre de la production. Ils se différencient en raison du contingent de forces et de ressources, en personnel et en matériel, que chacun apporte à cette œuvre. Les uns se chiffrent par centaines de milliers de francs et même par millions; ceux qui jouissent de ces grands revenus peuvent non-seulement pourvoir amplement à leur consommation actuelle, mais encore capitaliser bien au delà des sommes nécessaires à leur consommation future; ils peuvent augmenter à leur gré le personnel de leur famille et lui léguer cependant une fortune accrue. A l'autre extrémité sociale se présente une situation opposée: les revenus n'y suffisent point ou y suffisent à peine pour remplir les obligations auxquelles ils doivent pourvoir, l'épargne y est difficile et rare, et trop souvent le capital y diminue au lieu de s'augmenter. Mais le plus grand nombre des revenus s'échelonnent entre ces deux extrêmes, et c'est surtout grâce à l'activité de l'épargne dans cette région moyenne qu'on voit, en dépit de tant de causes de retard, les sociétés civilisées croître rapidement en nombre et en richesse. Il est incontestable, et nous pouvons même nous dispenser de citer des chiffres à l'appui d'un fait si évident, il est incontestable, disons-nous, que

cet accroissement a eu lieu depuis l'avénement de la grande industrie, dans une proportion plus considérable qu'à aucune période antérieure de l'histoire, sauf peut-être à l'époque reculée qui
a vu naître l'agriculture et les premiers arts. Seulement il présente des inégalités extraordinaires suivant les peuples, et plus
encore suivant les classes et les familles. Tandis que les uns ont
profité largement de l'accroissement de la puissance productive,
les autres sont demeurés dans la condition misérable où ils se
trouvaient auparavant, parfois même ils sont descendus plus bas
encore, et la paupérisation de ceux-ci a formé un contraste saisissant et douloureux avec l'enrichissement de ceux-là. Quelle conclusion tirer de ce spectacle, sinon que le perfectionnement du
matériel et des procédés techniques de la production n'est qu'un
des éléments du problème du progrès, sinon encore que le personnel est demeuré en arrière du matériel, qu'il est resté au-
dessous des fonctions et de la tâche qu'imposent, sous le nouveau
régime de la grande industrie et de la concurrence, la création et
le bon emploi de la richesse?

III

SOMMAIRE. — Insuffisance intellectuelle et morale du personnel de la production. — Vices et vertus. — Leur influence sur la multiplication de la richesse. —
Analyse des effets économiques de l'incontinence et de l'intempérance. — *Nuisances* causées par le vice. — Accord de la morale et de l'économie politique.
— Le sophisme de Mandeville. — Ce qu'il faut penser du luxe.

Quand on examine, en effet, même dans les pays où la culture
physique, intellectuelle et morale de l'homme a réalisé le plus de
progrès, comment sont fondées, dirigées, commandités et mises en
œuvre les entreprises qui créent la richesse et la distribuent ensuite, directement ou indirectement, sous forme de revenus à tous
les membres de la société, comment les revenus sont employés,
trop souvent, sans que ceux qui les dépensent au jour le jour paraissent posséder la plus légère notion des obligations dont ils sont
tenus de s'acquitter, sous peine de nuire à eux-mêmes et à autrui,
on ne tarde pas à se convaincre que le plus grand nombre des
hommes demeure, sous le double rapport de la production et de
l'emploi de ses moyens d'existence, singulièrement au-dessous de
sa tâche. Son insuffisance à la remplir s'est montrée de tout temps
et dans toutes sociétés, mais peut-être n'a-t-elle jamais été aussi
sensible que de nos jours. Non que l'étalon de l'intelligence et de
la moralité ait baissé, mais parce que la transformation de l'industrie et l'extension de la concurrence exigent, de la part de ceux qui

mettent en activité un matériel perfectionné dans un milieu agrandi, un étalon d'intelligence et de moralité plus élevé.

Toute individualité se compose d'un ensemble de forces physiques, intellectuelles et morales qu'il s'agit de dresser et d'utiliser en vue du plus grand bien de chacun et de tous. C'est un mécanisme puissant mais compliqué et délicat, dont on peut tirer un parti bon ou mauvais, selon l'usage qu'on en fait. A cause précisément de sa complication et de sa délicatesse, ce mécanisme n'est jamais parfait dans toutes ses parties, et chacune de ses imperfections ou de ses lacunes en diminue l'effet utile. Mais on peut le corriger, et même jusqu'à un certain point le perfectionner. Si nous savons contenir, discipliner et diriger les puissances de notre être, si nous les employons conformément à leur nature et dans leur mesure, nous en tirerons tous les services qu'elles sont capables de rendre ; mais si nous sommes incapables de les gouverner, si nous les abandonnons à leurs propres impulsions, elles empièteront les unes sur les autres, les plus fortes paralyseront et dévoreront les plus faibles, et par le fait de l'excès de celles-là et de l'insuffisance de celles-ci, toute l'économie de la machine humaine se trouvera viciée et affaiblie : l'attrait des sexes nécessaire à la conservation et à la multiplication de l'espèce étouffera par son exubérence et sa perversion toute prévoyance et tout sentiment de responsabilité, il deviendra de l'incontinence ou de la luxure ; le besoin de l'alimentation dégénérera en gourmandise et en ivrognerie ; le sentiment fortifiant et légitime de la valeur que l'on possède produira, en s'exagérant, la bouffissure de l'orgueil, le désir d'être apprécié par autrui comme on s'apprécie soi-même passera à l'état maladif et prendra le nom de vanité ; l'abus de la prévoyance donnera naissance à l'avarice ; enfin, la nécessité de satisfaire des passions déréglées et excessives fera taire les scrupules de la conscience et transformera le penchant à acquérir en une source inépuisable de fraudes et de violences. Bien équilibrées et dirigées, nos forces intellectuelles et morales produisent les vertus qui président à l'accomplissement des obligations inhérentes à la condition humaine ; abandonnées sans règle et sans frein à leurs propres impulsions, elles produisent des vices qui rendent l'homme impropre à s'acquitter de ses obligations ou le poussent à en rejeter le fardeau sur autrui ; elles contribuent ainsi tantôt à augmenter la richesse et le bien-être, tantôt à les diminuer.

On pourrait entrer dans le détail, montrer comment et même dans quelle mesure toutes les vertus qui sont le fruit d'un bon *self government* agissent pour élever le niveau de la richesse et du bien-être ; comment, au contraire, tous les vices qu'engendre un

mauvais *self government* agissent pour l'abaisser. Quelque statisticien ingénieux mettra sans doute un jour cette vérité en pleine
lumière, en dressant le budget de chacune de nos vertus et de chacun de nos vices. Cette statistique économico-morale fera toucher
du doigt mieux qu'aucune autre démonstration la cause principale
de la discordance qui existe entre le progrès réalisé et le progrès
possible. Sans entreprendre une tâche aussi vaste, et simplement
pour donner un exemple de la méthode à suivre, essayons de faire
apprécier le dommage que causent à l'humanité deux vices que
l'Eglise a rangé au nombre des péchés capitaux : l'incontinence et
l'intempérance.

Les forces physiques et morales dont le débordement ou la perversion engendre le vice de l'incontinence ont pour fonction nécessaire de renouveler et d'augmenter le *personnel* de la production.
Ce personnel n'a qu'une durée très-bornée, la vie de l'homme est
renfermée dans le cadre d'un siècle et la période productive de sa
carrière dépasse rarement 30 ou 40 ans ; en moyenne, c'est tout au
plus même si elle atteint la moitié de cet espace de temps. Quant
aux entreprises d'où il tire ses moyens d'existence, leur durée qui
s'étend de quelques jours à quelques siècles n'a aucune relation
avec celle de la vie humaine. Mais qu'elles soient durables ou
éphémères, elles exigent la coopération *continue* du personnel,
qui s'y case comme les abeilles dans les alvéoles d'une ruche. A
mesure qu'une génération prend sa retraite ou disparaît, elle laisse
vacantes des alvéoles qui sont aussitôt remplies par la génération
suivante jusqu'à ce que le personnel de la ruche humaine soit entièrement renouvelé. Si la reproduction de l'espèce était toujours
réglée d'après le nombre des alvéoles existantes ou en voie de formation, si le personnel ainsi perpétuellement renouvelé était pourvu
des facultés et des connaissances requises par les fonctions qu'il
est appelé à remplir, ce renouvellement s'opérerait comme celui du
matériel, aussi économiquement que possible. Mais l'incontinence,
à laquelle se joignent le défaut de prévoyance et l'absence du sentiment de la responsabilité, intervient, et elle occasionne dans la
reproduction de l'espèce des *nuisances* qui non-seulement ralentissent le progrès de la richesse, mais encore celui de la population
elle-même: 1° elle donne le jour à une multitude d'êtres qui n'arrivent point à l'âge d'homme, soit qu'ils manquent d'une dose suffisante de vitalité, soit que les moyens de les élever fassent défaut
ou ne leur soient point appliqués ; 2° elle met au marché de la population plus d'hommes qu'il n'y a d'emplois disponibles, ou, ce
qui est plus fréquent, elle y met un personnel impropre à s'acquitter de la tâche et des obligations qui lui sont départies, au

double point de vue de la production et de la consommation, de la création et de l'emploi du revenu. On peut se rendre aisément compte de la nature et de l'étendue des dommages causés par ces *nuisances*. En premier lieu la société perd tout le capital investi dans l'entretien et l'éducation des enfants qui n'arrivent pas à l'âge productif; en second lieu, elle perd encore tout ce que coûte un excédant de population sans emploi ou une population imparfaitement préparée à remplir les emplois auxquels elle est destinée. Additionnez ces deux pertes pendant la durée d'une génération, et vous arriverez à un total véritablement colossal. Supposons que la reproduction de la population cesse de subir l'influence perturbatrice de l'incontinence et des autres vices qui lui font cortège, supposons qu'elle soit réglée de manière à renouveler en nombre et en qualité, avec le moins de déchet et le moins de non-valeurs possibles, le personnel de la production, non-seulement de cruelles souffrances seront évitées, mais encore le capital de la société n'ayant pas à supporter les frais de ce déchet et de ces non-valeurs s'augmentera plus vite, les entreprises pourront se multiplier davantage et les emplois avec eux, le débouché qu'elles ouvrent au *personnel* sera plus large, et, en dernière analyse, la population croîtra plus rapidement en nombre et en richesse.

Si nous étudions de même la « nuisance » causée par l'intempérance, nous constaterons une perte de forces et de richesses moindre sans doute, mais encore énorme. L'intempérance n'est autre chose que le dérèglement et l'abus d'un besoin de première nécessité : celui de réparer ses forces par l'absorption régulière d'une certaine quantité d'aliments, à l'état solide ou liquide. Les boissons spiritueuses, dont le goût immodéré produit la variété la plus malfaisante de l'intempérance, les boissons spiritueuses, disons-nous, prises dans la mesure qui convient au tempérament et aux occupations de chacun peuvent, comme d'autres stimulants, avoir un effet utile et entrer dans un bon régime alimentaire; prises avec excès elles agissent comme un poison. L'ivrognerie, qui s'est particulièrement propagée depuis que les classes inférieures ont acquis le droit de se gouverner elles-mêmes, cause une double nuisance : 1° elle donne lieu à une dépense que des statisticiens ont évalué, en Angleterre, aux deux tiers du budget du Royaume-Uni; 2° en affaiblissant et en dégradant ceux qui s'y livrent, elle détermine à la fois une perte de forces productives et une incapacité à remplir des obligations nécessaires, qui coûtent à la société bien au delà de la somme dépensée en boissons enivrantes.

Soumettez tous les autres vices, l'orgueil, la vanité, la paresse, la cupidité, l'avarice au même procédé d'analyse, examinez chacune des *nuisances*, qu'il est dans leur nature de produire, faites le compte des dommages causés par l'ensemble de ces nuisances, et vous comprendrez pourquoi le bien-être est demeuré à toutes les époques, mais surtout depuis l'avénement de la grande industrie, infiniment au-dessous des moyens de le créer. En même temps, une conclusion d'une importance capitale se dégagera de cette analyse, c'est que tout progrès de la moralité est la source d'un progrès correspondant dans la multiplication de la richesse, c'est que la morale est d'accord avec l'économie politique, on pourrait dire même qu'elle n'en est qu'une branche.

Est-il nécessaire de remarquer que cette vérité d'observation, qui nous paraît maintenant si évidente, a été longtemps contestée, et même que le sophisme contraire subsiste encore à l'état de croyance populaire? Il n'y a pas deux siècles qu'un précurseur de Fourier, Mandeville, se faisant l'écho de l'opinion générale, soutenait dans sa célèbre *fable des abeilles* que nos vices: l'orgueil, la vanité, la gourmandise, etc., sont les principaux véhicules de la multiplication de la richesse ; une société qui n'aurait que vertus, disait-il, serait, sans contredit, moralement supérieure à la nôtre, mais elle lui serait inférieure au point de vue économique ; elle n'aurait point de luxe, et par conséquent elle ne posséderait aucune des industries que le luxe alimente : ce serait une société de pauvres.

Si l'auteur de la *fable des abeilles*, au lieu de se contenter d'une observation superficielle, avait jeté sur la société un regard plus profond, il ne serait pas tombé dans une erreur analogue à celle du vulgaire sur les mouvements des corps célestes ; il se serait aperçu qu'en économie politique comme en astronomie l'apparence ne donne qu'une indication trompeuse de la réalité. Il aurait vu que les vices qui *semblent* les promoteurs de la richesse en sont au contraire les destructeurs, et qu'en admettant que la ville de Londres, objectif de sa fable, eût renfermé moins de gens adonnés aux sept péchés capitaux, elle n'en eût été que plus florissante. En effet, la richesse d'une société dépend du nombre et de la capacité physique, intellectuelle et morale du personnel de la production aussi bien que de la quantité et du degré de perfection du matériel. Or, quelle est l'action naturelle des vices que l'auteur de la *fable des abeilles* considérait comme les sources de la richesse publique? C'est d'affaiblir, de dégrader et de diminuer le personnel de la production, et par contre-coup de faire obstacle à l'augmentation du matériel. Nous venons d'analyser l'action délétère qui est propre à l'incontinence et à l'intempérance. Le luxe engendré par l'orgueil et la vanité, que l'auteur de la *fable des abeilles* avait surtout en vue, produit des *nuisances* analogues quand il n'est pas mesuré aux ressources de ceux qui le déploient, et c'est précisément l'effet des penchants vicieux de rompre cette mesure.

Est-ce à dire qu'il faille condamner le luxe? Cette question qui a provoqué au xviiiᵉ siècle des dissertations si fastidieuses ne comporte, on le conçoit, aucune solution absolue. C'est une affaire de situation. Si vous possédez un revenu suffisant, vous pourrez, après avoir satisfait à toutes vos obligations, après vous être assuré contre les risques qui menacent vos capitaux et vous-même, mis en réserve les sommes nécessaires à l'éducation et à l'établissement de vos enfants, etc., vous pourrez, dis-je, consacrer l'excédant de votre revenu à des dépenses de luxe. Si ce luxe est de nature à développer l'intelligence, à élever et à raffiner le goût, et, par là même, à augmenter la valeur personnelle de ceux qui participent à ses jouissances, il agira comme une cause d'accroissement de la richesse, et on ne saurait le condamner. Mais, même dans ce cas, même quand le luxe n'est pas employé à alimenter des appétits grossiers ou pervers qui dégradent ou affaiblissent, il ne doit venir qu'après que toutes les obligations auxquelles l'emploi du revenu doit pourvoir sont exactement remplies, sinon les *nuisances* qu'il cause dépassent les avantages qu'il procure.

Une observation superficielle ne démêle point ces différences : que le luxe soit grossier ou raffiné, sain ou malsain, qu'il se trouve mesuré ou non au revenu, il alimente de nombreuses et importantes industries; on peut donc s'imaginer qu'il contribue quand même à l'augmentation de la richesse ; mais supposons que dans la société la plus industrieuse et la plus prospère les vices qui poussent au *déréglement* du luxe, le goût des plaisirs sensuels, le désir de briller viennent à croître et à se généraliser, qu'arrivera-t-il ? C'est que les revenus, si élevés qu'ils soient, cesseront bientôt de suffire aux dépenses ; c'est qu'une classe de plus en plus nombreuse s'habituera à sacrifier l'accomplissement de ses obligations les plus nécessaires à la satisfaction immodérée de ses appétits ; c'est que l'incontinence multipliera des fruits qui ne viendront pas à maturité ; c'est qu'une élève et une éducation insuffisantes ne formeront qu'un personnel incapable de remplir sa tâche et qui ira se gâtant de génération en génération ; c'est que les entreprises moins bien desservies deviendront moins productives, fussent-elles protégées contre la concurrence étrangère ; c'est enfin que la société tombera en décadence. A la vérité, cette décadence pourra être ralentie par les progrès de la *machinery* de la production, soit que ces progrès viennent du dedans ou du dehors, mais si une réforme morale ne porte point remède au mal, le développement de la puissance productive, quelque abondant qu'on le suppose, sera impuissant à en arrêter les effets destructeurs, et l'édifice social finira par tomber en ruines.

Supposons, au contraire, que toutes les obligations qu'impliquent la production et le bon emploi de la richesse soient scrupuleusement remplies, ou du moins que la part du vice soit réduite autant qu'elle peut l'être, les entreprises croîtront en nombre et en importance, grâce à la multiplication et à l'amélioration des agents qui leur sont indispensables, personnel et matériel, la source des revenus deviendra plus abondante, la société s'enrichira et elle pourra, en conséquence, accorder une part de plus en plus large aux dépenses de luxe.

C'est donc une erreur de croire avec l'auteur de la *fable des abeilles* que les vices de la civilisation créent de la richesse ; c'est une autre erreur de s'imaginer qu'en encourageant les dépenses de luxe on contribue à enrichir une nation. Le luxe n'a pas besoin d'être encouragé : il ne présente par lui-même que trop d'attraits, et il est bien rare qu'il ne remplisse pas toute la place qu'il peut utilement remplir. Si on l'encourage en subventionnant des théâtres et en donnant des fêtes publiques, il en résulte une double *nuisance*. En premier lieu, une partie de l'impôt qui pourvoit à ces prodigalités, et non la moindre, tombe sur des contribuables dont le revenu ne suffit pas même à l'accomplissement de leurs obligations les plus urgentes. En second lieu, les dépenses de luxe, artificiellement excitées, empiètent sur les dépenses nécessaires que l'on ne peut réduire sans dommage pour soi-même ou pour autrui. Est-il besoin d'ajouter que si les encouragements donnés au luxe contribuent à faire aller un certain nombre de branches spéciales d'industrie et de commerce, c'est aux dépens de la prospérité de toutes celles qui servent à satisfaire les obligations qu'un luxe déréglé fait négliger ?

IV

SOMMAIRE. — Résumé des obstacles qui retardent le développement du bien-être et engendrent le paupérisme. — Le mauvais gouvernement des entreprises. — Insuffisance du personnel dirigeant, capitaliste et ouvrier à remplir ses obligations professionnelles. — Résultats, la faillite, les crises. — Solidarité des crises. — Le mauvais gouvernement de la vie privée. — Contagion du vice et de la misère. — L'ensemble des causes du mal. — Que le progrès ne peut s'improviser. — Absurdité des panacées socialistes et des théories rétrogrades. — Comment s'accomplit le progrès. — Stimulant de la concurrence.

Si nous jetons un coup d'œil d'ensemble sur le tableau que nous venons d'esquisser, si nous considérons, d'une part, les progrès de tous genres qui, depuis l'avénement de la grande industrie, ont accru la puissance productive de l'homme, étendu les conquêtes de la civilisation et assuré leur avenir, si, d'une autre part, nous constatons combien faibles et insuffisants sont demeurés, en présence d'une tâche devenue plus compliquée, les progrès de l'intelligence et de la moralité, si nous énumérons et mesurons les obstacles que l'ignorance et les vices de l'immense majorité des hommes opposent à leur bien-être, sans parler de ceux qui proviennent de l'imperfection des choses, nous nous expliquerons les inégalités et les antithèses désolantes et redoutables que présente l'état actuel de nos sociétés, nous comprendrons que l'augmentation prodigieuse de la richesse ait pu être accompagnée du débordement du paupérisme et qu'au milieu de ces sociétés, en possession de tous les moyens de satisfaire les besoins les plus raffinés, des classes entières semblent fatalement condamnées à la misère et au crime. Nous disposons d'un outillage d'une puissance incomparable et qui va se perfectionnant chaque jour, mais comment en usons-nous? Comment les entreprises qui sont les sources de notre richesse sont-elles conduites et mises en œuvre? Comment le monde des affaires est-il gouverné ou, pour mieux dire, se gouverne-t-il? Si nous examinons les différentes branches de la production à commencer par celles que le progrès a agrandies et transformées, ne serons-nous pas frappés de l'insuffisance du personnel qui s'y trouve engagé, personnel dirigeant, capitaliste et ouvrier? On fonde les plus vastes entreprises à la légère, sans s'assurer si elles ont des chances sérieuses de réussite, on y engage ses capitaux et surtout les capitaux d'autrui sur la foi de promesses mensongères et d'informations suspectes, en se laissant amorcer par l'appât décevant de bénéfices extraordinaires, puis l'affaire engagée, on cesse de s'en occuper, sans avoir même l'idée que l'on encourt de ce chef une responsabilité. Possède-t-on d'ailleurs la capacité et la moralité réquises pour exercer sur sa gestion une influence salutaire? On l'abandonne à la merci d'un personnel dirigeant qui ne voit dans toute entreprise que des positions lucratives à accaparer pour lui et les siens, sauf à se décharger sur des subalternes des devoirs qu'elles imposent. Sans aucun souci de l'avenir il s'efforce d'éblouir les intéressés et de maintenir son ascendant sur eux en grossissant les dividendes au moyen d'opérations hasardeuses, de pratiques malhonnêtes et d'économies mal entendues. Le personnel ouvrier vaut-il mieux que les deux autres? N'en déplaise aux courtisans du peuple, il vaut, presque toujours, encore moins. Il se plaint d'être exploité, mais laisse-t-il jamais passer une occasion d'être exploiteur? Que des commandes pressées surviennent

se fait-il scrupule d'exploiter le besoin urgent qu'on a de lui pour
exiger une augmentation de salaires? Combien peu d'ouvriers
tiennent à honneur de remplir leurs engagements : ils multiplient
au gré de leurs fantaisies les jours de chômage et ne prennent le
chemin de l'atelier que sous la pression inexorable de la nécessité.
Qu'ils aient le droit de demander une retribution aussi élevée que
possible, soit! mais leur vient-il jamais à la pensée qu'ils *doivent*
un bon travail en échange? Que la surveillance à laquelle on les
soumet se relâche, aussitôt le travail se ralentit, on dégrade le
matériel, on gaspille la matière première quand on ne la vole pas.
Qui ignore combien la pratique du *piquage* d'once est répandue
dans les villes manufacturières? Faut-il donc s'étonner si des
entreprises fondées à l'aventure, dirigées, commanditées et desservies par un personnel d'une capacité et d'une moralité au-dessous
de sa tâche aboutissent à la faillite? Constituées pour la plupart
avec un capital trop réduit, vivant des ressources ou des expédients précaires du crédit, elles périssent communément parce
que ce crédit vient à leur être retiré ou cesse de suffire à combler
leurs déficits croissants. La chute des unes ne manque pas d'entraîner celles des autres. Tantôt c'est une banque qui, en suspen-
dant ses payements pour avoir immobilisé imprudemment ses
capitaux, détermine la chute de toutes les entreprises industrielles
qu'elle alimentait, tantôt c'est une ou plusieurs de ces entreprises
qui, en succombant, provoquent l'effondrement des banques, et ce
désastre, agissant par répercussion, en amène d'autres. Par suite
de la solidarité que l'extension illimitée des échanges a établie
entre les différents marchés du monde, cette répercussion se pro-
longe au loin : en succombant, des entreprises américaines, par
exemple, ont compromis les intérêts européens qui s'y trouvaient
engagés directement ou indirectement par des prêts de capitaux
ou des fournitures de marchandises ; d'un autre côté, leur chute en
privant du revenu qu'il tirait d'elles un personnel dirigeant, capitaliste et ouvrier plus ou moins nombreux, a contraint ce personnel à
restreindre sa dépense; d'où un resserrement du débouché de toutes
les industries qui lui fournissaient des articles de consommation,
d'autres diminutions de profits et de salaires, se répercutant encore
de marché en marché jusqu'à ce qu'un retour de l'esprit d'entreprise et de nouveaux apports de capitaux aient comblé le vide de
la production et remplacé les ateliers dont les ruines jonchaient le
sol. Des événements fortuits et extérieurs à l'industrie, des guerres,
des révolutions, de mauvaises récoltes contribuent, sans doute, à
précipiter les crises ou à les aggraver, mais ils sont presque toujours impuissants, l'expérience l'atteste, à renverser des entre-

prises sainement constituées et mises en œuvre par un personnel capable et honnête.

Ces crises du monde des affaires seraient moins désastreuses si tous ceux qu'elles atteignent étaient mieux préparés à supporter les maux qu'il est dans leur nature d'infliger. Mais des hommes qui n'ont ni la capacité ni la moralité nécessaires pour gouverner leurs affaires en manquent aussi pour gouverner leur vie. Cette insuffisance, qui aboutit là à des catastrophes, se fait sentir ici dans une sphère plus restreinte, mais comme ces petites entreprises que l'on nomme des ménages sont innombrables, la somme des nuisances qu'elle y cause n'est pas moindre. Examinez comment les « affaires de ménage » sont conduites du haut au bas de l'échelle sociale, et vous serez aussi frappé de l'imperfection du gouvernement de la vie privée que de celle du gouvernement de l'industrie. En général, l'esprit d'économie et la prévoyance font défaut : la prédominance des appétits matériels jointe à la faiblesse du sentiment de la responsabilité fait sacrifier aux besoins du jour la satisfaction des obligations du lendemain ; encore ces besoins sont-ils trop souvent déréglés et malsains : dans les couches inférieures de la société, l'ivrognerie ; dans les couches supérieures, la vanité, l'ostentation, le goût immodéré du luxe ; dans toutes, l'incontinence et la paresse vicient l'emploi du revenu, en diminuent les sources et amoindrissent la capacité productive de la génération en exercice. Comment se forme et se prépare celle qui est destinée à la remplacer ? Parmi les classes inférieures, une proportion considérable d'enfants, fruits d'unions de hasard, périt faute de soins ; une autre, traitée comme une matière exploitable à merci par ceux qui ont la charge de l'élever, est affaiblie par un travail prématuré et ne reçoit qu'une éducation insuffisante, tout en se pervertissant par les plus détestables exemples ; parmi les classes supérieures, où la vigueur de la race se ressent fréquemment des considérations pécuniaires qui déterminent les unions, l'éducation est meilleure ; cependant combien elle est encore routinière et mal adaptée aux besoins de ceux qui la reçoivent! Combien enfin l'esprit d'intrigue, le monopole des relations plus que l'aptitude influent sur le classement de la nouvelle génération dans la hiérarchie économique! Ajoutons que le mauvais gouvernement d'une famille agit directement ou indirectement sur la condition de toutes les familles ambiantes par la contagion naturelle du vice, de la misère en bas, du luxe déréglé en haut. L'appauvrissement des uns devient enfin une cause d'appauvrissement pour les autres, en rétrécissant le débouché d'où ils tirent leurs moyens d'existence.

A l'action affaiblissante et corruptrice du mauvais gouverne-

ment de la production et de la consommation, des affaires et de la
vie, joignez celle des crises inhérentes au progrès, des perturbations et des nuisances provenant des monopoles, de la direction
vicieuse des affaires publiques, des guerres, etc., et vous aurez un
aperçu des causes qui empêchent le bien-être de se multiplier en
raison du développement de la puissance productive. On pourrait
s'étonner même que la population et la richesse aient pu croître
malgré tout, et il faut en tirer cette conclusion consolante, qu'en
dépit de tant de vices destructeurs, de passions effrénées et dissol-
vantes, il reste encore, dans toutes les classes de la société, un fond
solide et sain de bon sens, d'intelligence et de vertu. On ne saurait
cependant se dissimuler l'intensité du mal et même sa tendance à
s'étendre et à s'aggraver : si les causes qui le produisent ont agi
de tous temps, elles se sont manifestées avec une énergie particulière depuis que chacun est devenu plus libre de gouverner ses
affaires et sa vie. La liberté est un puissant véhicule de progrès,
mais ceux qui la possèdent savent-ils toujours trouver en eux-
mêmes les freins qu'elle a détruits sans les remplacer?

En dernière analyse, la source principale des « nuisances » qui
ralentissent la diffusion générale du bien-être, en réduisant une
portion trop nombreuse de la société à une condition misérable et
précaire, réside dans l'imperfection native de la nature humaine,
dans l'insuffisance de son développement intellectuel et moral,
insuffisance devenue relativement plus grande à une époque où
les progrès extraordinaires du matériel de la production *demandent*
chez ceux qui le mettent en œuvre un supplément d'intelligence
et de moralité. Supposons que ce supplément vienne à être acquis,
supposons que le niveau de l'intelligence et de la moralité monte,
ne verra-t-on pas aussitôt baisser le niveau des « nuisances »
causées par l'ignorance et le vice? Supposons par impossible que
l'homme s'élève à un degré d'intelligence et de moralité tel qu'il
remplisse exactement toutes les obligations impliquées dans le
gouvernement de ses affaires et de sa vie, ne verra-t-on pas, sauf
la part à faire aux causes qui tiennent à l'imperfection des choses,
la richesse croître et le bien-être se répandre dans toute la mesure
que comporte l'état de perfectionnement du matériel de la production?

Mais ce progrès peut-il s'improviser? Peut-on élever du jour au
lendemain, d'une quantité appréciable, le niveau général de l'intelligence et de la moralité? Peut-on imaginer un système de réorganisation sociale ou autre qui réalise un tel prodige, — un prodige qui laisserait à coup sûr, loin derrière lui les miracles des
thaumaturges les plus vantés? Il est bien clair que cela n'est pas

possible. Songez donc à l'immensité et à la difficulté du problème
à résoudre ! Quelque vaste génie que l'on possède, à moins d'être
uh Dieu, — encore Dieu lui-même, en pourvoyant l'homme des
rudiments de l'intelligence et de la moralité lui a-t-il laissé le soin
de les développer, et l'homme a mis des centaines de siècles, peut-
être des milliers, à les amener au point où nous les voyons, — de
quelque vaste génie que l'on soit doué, disons-nous, peut-on faire
que tous les fondateurs et directeurs d'entreprises ne commettent
jamais d'erreurs et de fautes? que les uns ne fondent que des
entreprises utiles et que les autres les dirigent d'une manière
toujours irréprochable? que tous les capitalistes deviennent à la
fois intelligents, honnêtes et prudents? qu'ils s'abstiennent de
participer à des entreprises nuisibles, d'exploiter l'imprévoyance
et le besoin? Peut-on faire que tous les ouvriers, devenus instantanément laborieux, sobres et consciencieux s'appliquent à remplir leur tâche d'une façon exemplaire? Peut-on, enfin, changer
les hommes au point qu'ils cessent de s'adonner à la paresse, à
l'incontinence, à l'ivrognerie et à tous les autres péchés capitaux
pour se transformer, comme par un coup de baguette, en des
modèles de sagesse et de vertu ? Tout cela n'est-il pas parfaitement
chimérique, et cependant à moins d'accomplir tant de prodiges,
un système quelconque de réorganisation sociale ne demeurerait-il
pas absolument inefficace? Quelle ignorance et quelle infatuation
les plans destinés à refaire d'emblée la société ne laissent-ils pas
supposer chez leurs auteurs et quelle crédulité naïve dans le troupeau de leurs sectaires! Il y a mieux : non-seulement aucune
panacée ne pourrait, à moins de transformer les hommes en séra-
phins, guérir instantanément les maux de l'humanité, mais encore
tout système communiste ou égalitaire qui transférerait par voie
de confiscation ou par quelque autre procédé sommaire une partie
des biens des classes supérieures aux classes inférieures agirait
comme une cause immédiate d'appauvrissement pour tout le
monde, en ce qu'il placerait cette portion du capital de la société
en des mains moins capables de le conserver et de le faire fructifier.

Mais si le remède aux maux de l'humanité ne doit point être
cherché dans les utopies socialistes ou communistes, peut-on le
trouver davantage dans les conceptions rétrogrades qui veulent
reconstituer l'ancien régime? Pour que cette reconstitution fût
possible, ne faudrait-il pas replacer préalablement la société dans
les conditions économiques où elle se trouvait jadis, c'est-à-dire supprimer toutes les acquisitions du progrès industriel, l'imprimerie,
la machine à vapeur, les chemins de fer, les télégraphes, avec la

plus puissante et la plus indestructible des machines que le progrès ait suscitées : la concurrence? N'est-ce point là une conception plus chimérique qu'aucune des utopies du socialisme ?

Ce n'est donc point par la vertu d'une panacée, ce n'est pas davantage par un retour au passé que l'on peut remédier aux« nuisances » causées par l'imperfection des hommes et des choses, c'est au moyen d'une série ininterrompue de réformes et de progrès adaptés chacun au défaut ou au mal particulier qu'il s'agit de faire disparaître ou d'atténuer. Ces réformes ou ces progrès nous les voyons s'opérer tous les jours ; ils sont inégalement importants et efficaces, il en est aussi un grand nombre qui ne résistent pas à l'épreuve de l'application. A cet égard, ils ne diffèrent pas de ceux qui ont pour objet d'améliorer le matériel et les procédés techniques de la production. Ils procèdent d'ailleurs du même principe: ils sont provoqués par le besoin de remédier à l'insuffisance ou à l'imperfection de ce qui existe, et ils sont créés par le travail assidu des facultés de recherche et d'invention : inventer des machines ou des procédés destinés à accroître la puissance du matériel de la production, ou bien chercher et combiner des lois, des institutions ou des méthodes qui perfectionnent le personnel, en augmentant son aptitude à remplir sa tâche, en prévenant ou en écartant les « nuisances » auxquelles donnent lieu ses défauts et son ignorance, n'est-ce pas, en définitive, participer à la même œuvre : l'amélioration du sort de l'espèce humaine ? De même encore que l'augmentation de la puissance productive du matériel est le résultat d'une multitude innombrable de progrès qui viennent, chaque jour, remplacer un outil, une machine ou un procédé en usage par un outil, une machine ou un procédé plus efficace ; de même le perfectionnement du personnel se résumant dans l'élévation de son niveau physique, intellectuel et moral est le résultat d'une autre multitude de progrès qui substituent à une méthode de tutelle et d'éducation, à un système de répression, à une pratique ou à une habitude établie, une méthode, un système, une pratique ou une habitude moins imparfaite.

Ces deux sortes de progrès trouvent également dans l'extension de la concurrence un stimulant de plus en plus énergique. A l'époque encore récente où chaque peuple n'avait avec les autres que des relations rares et intermittentes, où la guerre était presque le seul mode d'action de la concurrence internationale, une société pouvait conserver impunément pendant des siècles un matériel arriéré, — à l'exception toutefois de son matériel de guerre; elle pouvait de même supporter longtemps un mauvais régime politique, des pratiques et des habitudes morales vicieuses. Il n'en est plus ainsi, nous l'avons remarqué déjà, et l'on ne saurait trop insister sur cette observation capitale, depuis l'avénement de la grande industrie et la généralisation de la concurrence. Ce n'est plus seulement un choc à intervalles plus ou moins éloignés, venant d'un petit nombre de points de l'horizon et portant sur un seul point de son organisme, choc dont elle était préservée d'ailleurs le plus souvent par des barrières naturelles, la distance, les mers, les fleuves, les montagnes, qui menace une société arriérée et affaiblie, c'est un choc de tous les instants, qui vient de tous les points de l'horizon et qui l'atteint par tous les points de son organisme : aucune de ses molécules n'échappe plus à l'action de la concurrence généralisée, aucune barrière ne peut plus l'en préserver; il faut qu'elle progresse ou qu'elle périsse. Et, comme nous avons essayé de le démontrer encore, il ne lui suffit pas d'élever son matériel de production au niveau de celui de ses concurrents, il faut qu'elle y élève aussi son personnel, sinon elle est condamnée à succomber, dans un délai que le progrès lui-même rapproche davantage chaque jour, à la lutte pour l'existence.

G. DE MOLINARI.

LA

CHARITÉ LÉGALE ET EA LÉGISLATION CHARITABLE

EN ANGLETERRE

SOMMAIRE : Histoire de la *Poor Law* ; la loi d'Elisabeth ; le statut de George II ; le Gilbert's Act.— Le workhouse et le secours à domicile. — L'enquête de 1832 et la réforme de 1834. — Mécanisme de l'organisation actuelle, ses effets matériels et financiers. Les conséquences morales de la charité légale. — Les naissances illégitimes; la perversion des sentiments naturels, la dégradation des caractères. — Nécessité d'abroger la *Poor Law* et les moyens d'y arriver. — La charité légale et les lois terriennes, double source de danger social.

« A aucune époque, depuis l'*Act* de 1834 pour la réforme de nos *Poor Laws*, le sujet de l'assistance publique n'a occupé l'attention publique comme il l'a fait dans ces dernières années. Des controverses sur le principe qui doit présider à cette assistance, que l'on croyait assoupies, se sont réveillées, et on y met autant de zèle, sinon et heureusement autant de passion et d'esprit de parti qu'il y a quelque soixante ans... »

Ainsi s'exprime M. Andrew Doyle, attaché comme inspecteur au Bureau du gouvernement local en Angleterre, dans sa très-intéressante introduction à un livre qui est à lui seul une preuve de cette assertion. Il se compose, en effet, d'une suite de rapports sur la législation charitable des divers pays de l'Europe, rapports qui avaient été demandés, sur l'initiative du *Local Government Board*, aux agents diplomatiques ou consulaires, par lord Granville, quand il était ministre des affaires étrangères de son pays (1). Depuis les publications du même genre, qui furent faites en 1834 par la Commission des *Poor Laws*, il n'avait rien paru d'aussi complet sur la matière, et, pour s'en tenir aux généralités, on y apprend qu'il n'y a que deux pays en Europe, — le Danemark et la Grande-Bretagne, — où la misère soit soulagée au moyen d'une taxe spéciale, et quatre,— la Prusse, le Danemark, la Suède et la Grande-Bretagne, — qui aient proclamé le *droit légal* des pauvres à l'assistance. A la vérité, M. Doyle fait remarquer qu'il n'est point tout à fait exact de prétendre que la législation anglaise ait reconnu ce droit, en ce sens que l'impétrant du secours reste dépourvu, si sa paroisse venait à le lui refuser, de tout moyen de faire triompher sa requête devant un tribunal quelconque. Mais il n'attache à cette remarque qu'une importance purement grammaticale, et il reconnaît volontiers que sous le système anglais le pauvre invoque *péremptoirement* le droit d'être secouru, et que *tacitement* les administrateurs de la charité publique. le lui reconnaissent. C'en est assez pour ranger la Grande-Bretagne, comme on le fait sur le continent et comme le font les Anglais eux-mêmes, parmi les pays de charité légale, et nulle part on n'est mieux placé pour juger des effets économiques ou moraux de cette charité. Elle s'y pratique, en effet, depuis environ trois siècles, sur la plus vaste échelle ; elle a eu tout le temps·et toute la latitude nécessaires pour y donner sa mesure, et cette expérience, aussi ample que prolongée, ne laisse subsister aucun doute sur sa portée et sur son caractère.

I

Quelques écrivains anglais ont fait remonter jusqu'aux lois du saxon Athelstane ou du danois Canut la première origine de la lé-

---

(1) Le livre est intitulé : *Poor Laws in Foreign countries :* Reports communicated to the Local Government by Her Majesty's secretary of State for foreign affairs, with introductory remarks by Andrew Doyle, Esquire, Local Government inspector, London, 1875. Le *Journal des Économistes* contient dans son numéro du 15 février 1876 une analyse du volume.

gislation charitable de leur pays, tandis que d'autres se contentent d'en découvrir le germe dans des statuts antérieurs au règne de Richard II. Mais ces statuts visaient beaucoup moins le soulagement de la misère que la répression de la mendicité ou du vagabondage, et ils faisaient preuve à cet égard d'une sévérité qui méritait le nom de barbarie. Le fouet était la moindre de leurs pénalités : on ésorillait le mendiant ; on lui coupait la main ; on le marquait d'un fer rouge ; en un mot, pour employer l'expression du docteur Burn rappelée par M. Doyle, « il n'était guère de torture qu'on ne lui infligeât, si ce n'est qu'on ne le scalpait pas. » Il ne faudrait pas croire d'ailleurs que ces moyens cruels fussent le triste monopole du législateur anglais. Un édit général de 1351, qui porte la signature du roi Don Pedro, punit de quarante coups de fouet pour la première et de soixante pour la seconde fois tout délit de mendicité, s'en remettant pour la troisième à la *discrétion* du magistrat, et ce qu'était cette discrétion, les ordonnances municipales nous le disent : c'était le bannissement, l'ésorillement, et en fin de compte, la potence. En France, nos rois ne se piquaient pas d'une douceur plus grande, comme en témoignent leurs édits de 1350, de 1536, de 1547, qui infligent aux mendiants valides le fouet, le pilori, la marque, le bannissement, les galères, dispositions que Louis XIV eut soin de renouveler et que la Révolution seule fit disparaître de nos codes, avec tant d'autres, qui les déshonoraient.

Si l'objet d'une législation charitable est de soulager l'indigence et non de la châtier seulement, le statut de Richard II (treizième année de son règne) est la première *Poor Law* qu'ait eue l'Angleterre. On sait que ce prince, à peine âgé de seize ans, eut à combattre une insurrection terrible, à la tête de laquelle s'étaient placés le tuilier Wat, le prêtre John Ball, le boucher Jack Straw, et qu'avait provoquée la misère des populations pliant sous le faix des impôts levés par les ducs d'York, de Lancastre et de Gloucester, ses trois oncles, quand ils exerçaient en son nom le pouvoir. Si l'authenticité du statut qu'on attribue à Richard II était à l'abri de tout doute, on pourrait y voir un acte à la fois de réparation et de prévoyance, qui, eu égard aux temps surtout, ne laisserait pas d'honorer la mémoire d'un roi, plus connu d'ailleurs par son tempérament voluptueux et ses goûts arbitraires que par ses vertus. Quoi qu'il en soit, le statut, s'il fut rendu, fut peu ou point exécuté. Il n'eut pas la puissance d'empêcher de nouveaux soulèvements populaires, puisqu'on vit 23,000 paysans joindre la bannière de Jack Cade, qui se prétendait issu des Clarence, et qui s'empara, en 1452, de la tour de Londres ; et les mendiants et vagabonds, qui ne vivaient que de rapines, pullulèrent tellement dans la première moitié du XVIᵉ siècle, qu'au témoignage de Harisson, il n'y eut pas moins de 72,000 coquins grands ou petits (*Great Thieves*, *Petty Thieves and Rogues*) de pendus pendant les vingt-sept ans du règne de Henri VIII.

En ce *bon vieux temps*, la loi aimait les moyens expéditifs : la pendaison ou la roue était le remède universel aux maux nombreux et aux désordres variés qu'enfantait un ordre social, assis, de sa base à sa cime, sur la violence, l'iniquité et le privilége. Elisabeth, qui avait sa bonne part du tempérament paternel, continua sous ce rapport les traditions d'Henri VIII ; elle fit pendre, pendant les premiers temps de son pouvoir, environ 400 mendiants, vagabonds et voleurs par année. Elle régularisa cette façon de faire par un *Act* qui les condamnait pour la première fois à une fustigation vigoureuse et à la marque au fer rouge sur l'oreille, *to be grievously whipped and burned to the gristle of the right ear with a hot iron*, et qui, en cas de deuxième récidive, les envoyait au gibet. Rendu, dans la XIVᵉ année de son règne, cet *Act* précéda conséquemment de vingt-neuf années la *Poor Law*, si célèbre de 1602, dans laquelle il est évident que le souci de la sûreté sociale l'emporte sur tout autre, mais qui néanmoins trace les grandes lignes d'un système complet d'assistance publique, en impliquant le principe même de la charité légale, c'est-à-dire l'obligation pour l'Etat d'assister, en tout temps et en toutes circonstances, les personnes valides momentanément sans travail et les invalides nécessiteux.

On a souvent dit, et cette assertion a trouvé un écho parmi les écrivains protestants eux-mêmes, qu'Elisabeth n'avait pas la liberté du choix et que la suppression des monastères, qui avait été l'œuvre du roi, son père, la mettait dans la nécessité ou d'exterminer en masse les pauvres, ou de leur allouer sur le fond commun une maigre pitance quotidienne. Il ne viendra certainement dans la pensée de personne, quelque opinion qu'on puisse avoir sur l'institution conventuelle elle-même, de défendre les brutalités d'Henri VIII, ou d'absoudre les motifs qui l'animaient lui et les cupides barons, ses complices, dans la confiscation des biens de l'église romaine. Les faits cités tout à l'heure ne permettent guère d'affirmer toutefois que les charités périodiques des monastères anglais eussent été d'un grand secours contre la misère, et quant, au caractère coercitif que les écrivains catholiques reprochent à l'*Act* de 1602, il n'avait rien de nouveau en lui-même : par rapport aux errements du passé, la *Poor Law* d'Elisabeth affectait même une allure quasi-débonnaire. Comme le fait très-bien remarquer

un éminent publiciste d'outre-Manche, la pensée originelle de cette
loi était de contraindre les fainéants et les vagabonds de travailler,
et ce n'est que, dans la suite des temps, qu'elle est devenue « un
mécanisme pour les nourrir sur les gains des gens laborieux (1). »
Mais les principes, dans leur développement régulier, obéissent à
une logique inflexible : si le législateur anglais tenta de remédier
parfois aux fâcheux effets du nouveau régime, le plus souvent il
n'intervint que pour les aggraver. Ainsi le statut de George Ier
(1723) décida que le refus d'entrer au *Workhouse* supprimerait
le droit au secours, et il s'ensuivit quelque diminution dans le
paupérisme. Mais quarante-six ans plus tard, un nouvel *Act* amoin-
drissait beaucoup la valeur du *Workhouse Test*, et le statut connu
sous le nom de *Gilbert's Act*, rendu en 1782, le rendit à peu près
nulle, en dispensant les impétrants valides de cette épreuve,
comme en ordonnant aux curateurs des pauvres « de leur trouver
de l'ouvrage près de leurs logis et de pourvoir sur les taxes publiques à l'insuffisance de leurs salaires. »

Passons sur la loi de 1796, rendue sous le double coup de la
famine et d'un état d'excitation révolutionnaire, laquelle allouait
à chaque travailleur occupé ou non, un secours proportionnel au
nombre de ses enfants (2) et venons à la législation de 1814, qui porte
le nom d'*East's Act* et que M. Pretyman, l'auteur d'un tout récent
travail sur la paupérisme, appelle le point culminant du système(3).
L'*East Act* dépouilla entièrement le Workhouse de son caractère
menaçant et permit aux juges de paix d'accorder, à leur discrétion,
des secours à domicile, *out door relief*. Cette imprévoyance ne
tarda point à trouver sa punition : dix-sept ans ne s'étaient pas
encore écoulés qu'une commission parlementaire jetait le cri
d'alarme, et, devant le budget toujours grossissant de la charité publique, prononçait les mots de « ruine nationale. » Ce
prétendu remède au paupérisme avait agi en sens inverse : il
l'avait développé à tel point, que dans la paroisse de Sunderland,
qui à cette époque ne comptait pas plus de 17,000 habitants, il y

---

(1) M. W.-R. Greg dans le morceau intitulé *Unsound social Philosophy* qui
fait partie du volume intitulé : *Mistaken aims and attainable Ideals of the
Artisan class* (Les poursuites fallacieuses de la classe ouvrière et ses revendications
réalisables ; Londres, Trubner, 1876).

(2) Ce secours était calculé d'après les fluctuations des prix du blé, de façon à
ce que chaque famille reçût la différence entre le prix ordinaire et les prix extraordinaires d'une quantité de farine calculée selon le nombre des personnes à sa
charge.

(3) Ce travail est intitulé *Dispauperization*, substantif qu'il faut traduire en
français par ces mots : *du remède au paupérisme*. Il a paru, à la fin de 1876.

en avait 14,000 d'inscrits sur les rôles de la bienfaisance publique. L'exécution de la *Poor Law* absorbait une somme annuelle de 8,000,000 à 9,000,000 de livres sterling, soit de 200 à 225 millions de francs ; les agriculteurs se plaignaient de la désertion de leurs terres, les manufacturiers des progrès constants parmi les masses ouvrières de cette cynique imprévoyance que le refrain des mineurs de Newcastle exprime si bien :

> Hang sorrow, cast away care !
> The parish is bound us for ever(1).

Voilà les conditions dans lesquelles intervint la loi réformatrice, *Poor Law Amendment Act*, de 1834. Elle avait eu pour préface une de ces enquêtes minutieuses et topiques qui précèdent d'habitude chez les Anglais les grands changements législatifs, et dont les résultats se trouvent condensés dans un rapport parlementaire publié en cette même année. « Aucun extrait de ce précieux document, » dit M. Pretyman, « ne saurait donner une idée juste du mal matériel ou moral que l'ancienne législation charitable avait développé; par malheur il n'est pas facilement accessible, et dès lors : il peut n'être pas inutile d'en détacher quelques données pour l'édification du lecteur. » Elles attestent uniformément la désastreuse action que cette législation avait exercée sur l'agriculture, de même que sur la moralité publique, en même temps qu'elles s'accordent à faire ressortir qu'il y avait eu un développement parallèle du paupérisme et des ressources destinées à le soulager ou à le prévenir. Elles justifient pleinement le mot énergique d'Arthur Young, « que le degré d'indigence et de misère d'un pays se proportionne exactement à l'assistance que les pauvres reçoivent de l'impôt : *the degree of indigence and misery is exactly proportionate to the assistance given to the poor by rates* (2). »

Ainsi dans quelques paroisses du comté de Buckingham, une grande partie des terres étaient tombées en friche, et dans celle' de Cholesbury, c'était même la totalité : on les avait offertes en partage aux *paupers* réunis en assemblée générale, et ils avaient refusé cette libéralité, disant « qu'ils aimaient mieux continuer le vieux système. » Il arriva néanmoins un jour où ils durent se repentir de cette conduite : la taxe des pauvres ayant dépassé le montant des rentes foncières, les *Guardians* fermèrent, en effet, leurs registres, et toute cette population famélique vint un matin,

---

(1) Au diable le chagrin; au diable le souci ! La paroisse n'est-elle pas chargée de nos besoins ?

(2) Cette phrase sert d'épigraphe au livre de M. Pretyman.

qu'il était encore au lit, trouver son recteur et lui demander des
conseils et de la nourriture. Le cas de Cholesbury était sans doute
un cas extrême, mais le mal pour ne pas atteindre de telles proportions ailleurs n'en était pas moins significatif. A Lenham,
dans le comté de Kent, M. Majendie, l'un des commissaires-ad-
joints, avait trouvé un domaine de 420 acres, franc de dîmes et
bien situé, que son propriétaire avait délaissé parce que la taxe
des pauvres le frappait d'une charge annuelle de 7,500 francs. A
Granden, dans le Cambridgeshire, une ferme restait sans tenan-
cier, même au bas taux de 5 shillings par acre, et le Downing
College, qui possédait un tenant de 5,000 acres dans ce même
comté, ne pouvait l'affermer, quoiqu'il en eût baissé la rente
d'année en année, à des gens solvables. M. Pilkington, autre
commissaire-adjoint, déclarait qu'à Hinckley, dans le Leicester-
shire, la taxe des pauvres s'élevait à une livre sterling par acre, et
l'on prévoyait que sous peu de temps elle engloutirait la rente
tout entière. A Wigston Magna, en ce même comté, la valeur vénale
de la terre était tombée de moitié depuis 1820, et même à ce
dernier taux, il était rare de trouver un acquéreur. Enfin, à
Loughborough, toute vente de cette sorte était presque impossible,
et dans le voisinage d'Aylesbury, il y avait, en 1832, quarante-
deux fermes sans locataires depuis plusieurs mois.

Quant à l'action morale de la vieille loi des pauvres, le *Report*
de 1834 la montrait sous des traits pires encore. L'imprévoyance
qu'elle développait chez les assistés avait grandement favorisé les
progrès de l'ivrognerie ou du libertinage. Les choses en étaient
venues à ce point d'immoralité que les femmes qui avaient eu
des enfants illégitimes étaient recherchées de préférence en
mariage, à raison des secours qu'elles recevaient ainsi de la paroisse, et dans la statistique des naissances irrégulières le Royaume-
Uni tenait le premier rang. Au sein de la population rurale,
le jeu de la *Poor Law* avait altéré les liens sympathiques qui unis-
saient jadis les fermiers à leurs domestiques : s'il imposait aux
uns d'intolérables sacrifices, les autres n'en montraient pas, loin
de là, plus de gratitude. En un mot et pour employer l'énergique
langage des commissaires, « si l'Angleterre avait jeté annuellement à la mer deux fois autant de millions qu'elle en percevait au
compte de la loi des pauvres, elle aurait pu se flatter de rester
encore une nation morale, industrieuse et prospère, mais en supposant que le montant des *Poor rates* pût être levé sans souffrances, sous la forme, par exemple, d'un tribut servi par l'étranger,
et qu'il continuât d'être employé comme auparavant, il n'y avait

ni excellentes lois, ni excellentes institutions par ailleurs qui pussent la sauver d'une ruine finale. »

De telles paroles annonçaient plus que le *Poor Law Amendment Act*, de 1834, n'a réellement donné. Elles laissaient entendre que le législateur allait hardiment porter la hache sur le vieil édifice : de fait, il s'en tint à des palliatifs qui eurent bien le pouvoir d'indiquer le mal, s'il est permis d'ainsi dire et de le restreindre, mais qui avec le temps ont perdu de leur efficacité et sont finalement devenus tout à fait impuissants. Le principe général de la législation d'Elisabeth demeura intact : seulement par un retour au statut de 1723, on disposa que l'entrée au Workhouse serait la règle et le secours à domicile l'exception. C'était sage, c'était logique : à un système dont le penchant inéluctable, comme disait Ricardo, est de *développer plus de misère qu'il n'en saurait jamais secourir*, il faut [un contre-poids ; il faut quelque chose qui demêle la pauvreté réelle de la pauvreté feinte, qui distingue entre l'indigent accidentel et l'indigent volontaire, qui serve à effrayer celui-ci et à le châtier au besoin. Ce quelque chose, c'est le Workhouse, la prison beaucoup plus qu'hospice ; le Workhouse, avec sa maigre nourriture, ses châtiments corporels et son *Tread Mill*. Seulement le Workhouse répugne à des mœurs qui se sont fort adoucies, depuis les temps de la grande Elisabeth et même ceux du premier des Georges : assez volontiers, le tient-on aujourd'hui pour un reste de la vieille barbarie pénale et le qualifie-t-on de tache honteuse dans les lois du pays. Aussi, l'*out door relief*, le secours à domicile, dont le législateur de 1834 voulait limiter l'octroi aux cas exceptionnels, est-il devenu la règle et l'on y recourt, selon M. Pretyman, cinq fois contre une au Workhouse. « L'homme qui pourrait, s'il le voulait bien, assurer sa subsistance par le travail ; celui que sa prodigalité et sa mauvaise conduite ont réduit à l'indigence peuvent toujours taxer le public pour leur entretien. La femme qui a fait litière de sa vertu peut toujours rejeter sur les contribuables la charge de sa progéniture. La loi encourage toujours les mariages prématurés et imprévoyants ; le mari, en abandonnant sa femme et ses enfants se décharge d'eux sur la Société. »

On verra tout à l'heure ce tableau se dérouler sous des plumes anglaises ; en attendant, quelques détails sur le mécanisme administratif du système ne paraissent pas hors de propos. Ce n'est ni le comté, ni la municipalité, ni la paroisse civile, qui est le centre et le pivot de l'assistance publique : c'est une circonscription administrative créée *ad hoc*, et qui a pris le nom d'union charitable, *Poor Law Union*. En 1875, on comptait, dans l'Angleterre et le pays de Galles seulement, 647 de ces circonscriptions, dont 25 seulement n'embrassaient que le territoire d'une paroisse isolée, tandis que les autres se groupaient généralement autour des villes de marchés et englobaient en moyenne 25 *Parishes* ou *Townships*. Chacune d'elles est administrée par un conseil que l'on appelle le bureau des curateurs, *Board of Guardians* et qui se compose tant de membres de droit que de membres électifs. Les premiers, dont le nombre ne peut excéder un tiers du total des curateurs, sont les magistrats du comté ; les autres sont choisis par les contribuables et renouvelés annuellement. Le nombre de votes attribué à chaque contribuable ou propriétaire s'échelonne d'après le montant de ses taxes ou la valeur fiscale de ses propriétés : il va de un à six votes. Le sens de cette disposition est manifeste : les gens les plus riches ayant à supporter le plus lourd de la taxe des pauvres, on a voulu les garantir, dans les limites du possible, contre sa mauvaise distribution. Mais, on s'est défié en même temps de l'égoïsme de certains propriétaires terriens qui ne craignaient pas de rejeter sur la paroisse l'entretien de leurs paysans, et c'est pourquoi l'*Union Chargeability Act*, de 1865, a fait porter sur le fond commun des Unions le principal coût de l'assistance que la loi de 1834 laissait entièrement à la charge de chaque paroisse prise en soi.

La mission des *Boards of Guardians* est celle qui incombait jadis aux assemblées paroissiales ; seulement la *Vestry* jouissait d'une plus grande liberté de mouvements. Ces corporations sont placées, en effet, sous le contrôle supérieur et permanent du Bureau du gouvernement local, qui peut non-seulement constituer des nouvelles Unions ou agglomérer les anciennes, mais encore tracer à la distribution des secours tant intérieurs qu'extérieurs des règles impératives et pourvoir à l'éducation des enfants pauvres, attributions qu'une loi récente, celle du 15 août 1876, a confirmées et agrandies encore, tout en apportant à la législation antérieure quelques modifications sur la portée desquelles on aura bientôt lieu de s'expliquer. Dans ces conditions, la besogne secondaire des *Guardians* est la surveillance du workhouse, et leur grosse affaire, l'administration de l'*Out door Relief*, et suivant les localités ils s'en acquittent d'une façon très-différente. Dans telle Union, la quotité pour cent des assistés valides est, grâce à leur vigilance, tout à fait minime ; dans telle autre, au contraire, parfois touchant à la première ou placée dans des circonstances analogues, le mode de distribuer les secours constitue une vraie prime à l'imprévoyance. On ne peut même dire que cette malfaisante prodigalité a toujours l'excuse d'être désintéressée : ainsi, il arrive parfois qu'un membre du Bureau, qui appartient à la classe du petit commerce, se trouve être le créancier d'un impétrant, et aime mieux le satisfaire que de l'envoyer au workhouse en perdant sa clientèle. En tant que dispensateurs de la charité publique, les *Boards of Guardians* tiennent donc une très-grande place dans l'économie générale de la société anglaise : ils possèdent sur le caractère des classes pauvres et leur condition un pouvoir supérieur à celui de tout autre corps constitué (1).

L'Irlande resta sans *Poor Law* jusqu'en l'an 1771. A cette époque, son Parlement, qui était encore indépendant, investit les autorités de comté du droit de consacrer au soulagement des pauvres une somme annuelle de 400 liv. st. dans les comtés ruraux et de 200 dans les comtés urbains ou dans les villes. On décréta, en outre, l'établissement de maisons industrielles (*Houses of Industry*) pour la réception des pauvres; mais il n'y en eut jamais d'installées dans le Connaught ou dans l'Ulster, et lors de l'acte mémorable qui réunit sous la même autorité législative les trois royaumes, il n'en existait que onze, dont huit dans le Munster et trois dans le Linsister. Leur dépense totale ne dépassait pas 4,000 liv. st. par an (100,000 fr.), et n'aurait pu, en tous les cas, s'élever au delà de 14,400 liv. st. (3,300,000 fr.), tandis qu'en 1873 les frais de l'asssistance publique en Irlande n'ont pas été moindres de 790,000 liv. st., soit de 19,750,000 fr. A deux reprises différentes, en 1806 et en 1818, le Parlement impérial s'efforça de stimuler le zèle des autorités locales en agrandissant leurs pouvoirs; mais ce fut en vain, et les choses restèrent à peu près en l'état jusqu'à la *Poor Law* de 1838. Cette loi introduisit en Irlande les Unions charitables et les constitua sous une forme qui ne diffère que par de légers détails de celle des Unions anglaises, et les plaça sous l'autorité de commissaires spéciaux appelés *Poor Law Commissionners* et assistés d'un grand nombre d'inspecteurs. Elle investit ces commissaires du pouvoir, expressément confirmé par le *Vice-Guardians Act* de 1849, de dissoudre les bureaux de curateurs qui leur paraîtraient mal remplir leurs devoirs et de les remplacer par des comités spéciaux. C'est ce qu'ils firent à l'époque de la famine et sur une grande échelle, puisqu'il n'y eut pas moins de trente-trois bureaux de dissous et remplacés sur cent trente qui existaient alors (2).

Comme on le voit, la situation des *Guardians* n'est pas moins considérable d'un côté du canal Saint-Georges que de l'autre; elle

(1) George C. Brodrick : *Local Government in England*, dans le volume du Cobden club intitulé : *Local Government and Taxation*.

(2) *Local Government and Taxation, Ireland*, dans le recueil précité.

l'est même davantage sur le bord irlandais, en ce sens que de nombreux *Acts* les ont associés, à titre d'autorités locales, aux lois sur l'assistance médicale (1851), sur les logeurs publics (1851-1860), sur les boulangeries (1863), sur les ateliers (1867), sur les cimetières (1869). Au nord de la Tweed, la paroisse demeure toujours la base du système. Son exécutif est le *Parochial Board* ou bureau paroissial, composé de membres de droit et de membres électifs. Les uns sont le ministre et les membres, jusqu'à concurrence de six, du conseil de fabrique (*Parish Kirk Session*), ainsi que tous les propriétaires d'une terre ou d'une maison d'un rapport annuel de; les autres sont élus par les contribuables. Nous retrouvons ici le principe du vote multiple et gradué suivant la fortune foncière de l'électeur, un vote seulement au contribuable ne *valant*, suivant le mot caractéristique de nos voisins, que 500 fr.; deux à celui qui vaut de 500 à 1,000 fr.; trois de 1,000 à 1,500 fr.; quatre de 1,500 à 2,500 fr.; cinq de 2,500 à 12,500; six de 12,500 fr. à toute autre somme. La propriété foncière s'est ainsi fait la part du lion, d'autant qu'elle siége déjà de droit dans le *Parochial Board*, et qu'il n'est pas rare de voir le Bureau de surveillance supérieure (*Board of Supervision*), dans sa défiance sans doute du suffrage populaire, limiter souvent à quatre, à trois, voire à deux le nombre des membres élus dans une assemblée, qui compte, outre ses fabriciens, tous les propriétaires jouissant d'un revenu annuel de 500 fr. Il semble également étrange qu'une seule des congrégations religieuses de la paroisse, et qui est loin d'en être toujours la plus nombreuse, possède un pouvoir supérieur de taxation et de dépense.

M. Alexander Mac Neel-Caird, qui fait ces réflexions, regarde le faible recours des paroisses rurales à la *Poor House* comme le principal défaut de leur système d'assistance. Il calcule qu'en moyenne annuelle, elle ne reçoit que les 11,8 0/0 du nombre total des assistés, proportion inférieure même à celle de l'Angleterre, qui est de 20 0/0, comme déjà on l'a dit. Encore les deux tiers de ces hôtes de la maison des pauvres proviennent-ils de la ville (1). Ces établissements étaient en 1875 au nombre de soixante-deux et fondées à frais communs par des groupes de paroisses; elles en pouvaient desservir trois cent quatre-vingt-dix-neuf, renfermant une population de 2,388,286 âmes, c'est-à-dire les deux tiers de toute la population écossaise. Le coût d'entretien d'un pauvre n'y avait pas dépassé en 1873 la somme hebdomadaire de 4 fr. Toute modique qu'elle fût, elle faisait reculer un grand nombre de pa-

(1) *Local Government and Taxation, in Scotland.*

roisses, qui préféraient comme plus économique le secours à domicile.

Deux grandes paroisses d'Edimbourg et deux de Glasgow se sont réunies en uniqns bénévoles pour tout ce qui concerne l'assistance publique : sauf la création des asiles communs dont il vient d'être question, les autres agissent isolément. A côté des paroisses *assessed*, c'est-à-dire où il existe une taxe officielle des pauvres, on en rencontre 81 où l'assistance revêt un caractère tout à fait volontaire. Ce ne sont pas celles qui comptent relativement le plus de pauvres et qui dépensent le plus pour leur entretien. Sous ce double rapport, elles restent d'un cinquième au-dessous de la moyenne générale du pays. Ce n'est pas cependant que la fabrique, dispensatrice des aumônes, s'y montre particulièrement sévère, puisqu'on n'y comptait qu'un refus de secours par 1,478 habitants, alors que cette même proportion est de 1 à 789 dans les paroisses où prévaut la *Poor Rate* et qui forment environ les neuf dizièmes de la circonscription. Le fonctionnement de cette charité libre n'a donné lieu, en 1873, dans 68 localités, à aucune plainte de la part des intéressés, et dans les autres, s'il y a eu 6 réclamations après vérification, elles ont été reconnues mal fondées.

II

Tels sont l'histoire de la charité légale sur l'autre bord de la Manche et son mécanisme administratif : il reste à relever ses résultats économiques et à constater son action morale.

Le dernier compte rendu annuel de la *Poor Rate*, qui est le soixante-huitième de cette publication et qui s'applique à l'année paroissiale finissant au jour de l'Annonciation évalue la dépense des pauvres, dans l'Angleterre proprement dite et le pays de Galles, à la somme de 7,448,481 liv. st. C'est donc un tribut de 187,000,000 de francs, soit 7 fr. 80 par tête de contribuable que le paupérisme impose à la richesse publique; encore dans ce total ne figurent pas les importants crédits que le Parlement vote chaque année pour l'inspection ou l'assistance médicale et pour divers autres objets de même espèce. L'auteur de *Dispauperization* n'exagère donc rien quand il porte à 8,000,000 de liv. sterl., soit 200,000,000 de francs en chiffres ronds le montant total de ce budget hideux de l'immoralité et de la misère. On se rappelle d'ailleurs qu'il s'agit seulement ici de l'une des trois parties qui forment le Royaume-Uni. Or, l'Ecosse a dépensé de ce chef une moyenne annuelle de 815,575 liv. sterl. et l'Irlande de 774,332 pendant la période quadriennale 1870-1873, et l'on arrive ainsi pour tout le Royaume-Uni à un sacrifice annuel de 240,000,000 de francs qui est fort loin de porter sa compensation avec lui-même et de suffire à sa tâche. Le Dʳ Hawkesley nous informe, en effet, qu'à Londres la charité libre s'impose un tribut annuel de 125,000,000 de francs, et dans les circonstances mêmes où son secours serait le plus nécessaire, la charité légale fait faillite, si l'on peut ainsi dire. C'est le spectacle qu'elle donna, en 1866, à Londres, et plus encore dans le Lancashire, lors de la *Cotton Famine* de 1863. La *Poor Rate* étant arrivée à un chiffre qu'il lui était impossible d'excéder sans suffire aux besoins du moment, force fut bien d'en appeler à la charité bénévole : elle s'émut facilement à ces lamentables récits d'ouvriers qui mouraient de faim avec leurs familles, et fit preuve d'une telle libéralité que, la crise passée, ses distributeurs se trouvèrent encore à la tête de ressources considérables.

Le rapport des assistés à la population entière était, en 1873, de 1 sur 31 pour l'Angleterre, de 1 sur 29 pour l'Ecosse, et la comparaison serait encore plus défavorable au dernier de ces pays si, du compte de l'Angleterre, on déduisait les assistés valides qu'il est de règle absolue en Ecosse de ne point secourir. Cette moyenne générale ne donne, d'ailleurs, aucune idée de l'intense paupérisme qui sévit dans certaines localités. A cet égard, les documents qui ont passé sous nos yeux ne disent rien, quant à l'Angleterre proprement dite ; mais ils précisent ce qui se passe dans les paroisses écossaises. Dans le comté de Wigton, la proportion des assistés au reste des habitants était d'un peu moins du dixième, et, dans la paroisse de Stoneykirk, elle était de 1 sur 8 et demi. Tel était aussi le cas de Glenshiel, dans le Rosshire, tandis qu'à Kilchrennan et à Dalavich, dans le comté d'Argyll, comptait 1 *pauper* par 7 habitants et un quart. Eh bien, M. Mac Neel Caird, qui fournit ces détails, ajoute qu'en Irlande il y a des districts où le paupérisme se révèle sur une échelle plus grande encore. Ainsi, dans le comté de Meath, on l'avait vu à Onnshlaughan et à Mavan, atteindre, en 1873, le chiffre de 2 assistés par 7 habitants, ce qui fait ressortir pour des populations respectivement de 11,697 et de 19,311 habitants, 3,356 pauvres d'une part et 5,547 de l'autre.

Un publiciste anglais a pensé que la suppression de la *Poor Rate* rendrait les neuf-dixièmes de son montant au marché du travail. A ce compte et sur le pied de 200,000,000 fr., ce serait 180,000,000 par an que gagnerait la rémunération actuelle de ce travail. Cette somme, de son côté, ne demeurerait pas improductive, et mettant les profits qu'elle procurerait au taux annuel de 10 pour cent, au bout de deux ans le travail disposerait d'un capital de 360,000,000 plus le dixième de ce même chiffre. Qu'on étende ce calcul à une période de dix années, et on aura une idée de l'immense perte que la charité légale impose aux ressources nationales. En toute hypothèse, comme le dit très-bien M. Pretyman, il est certain que le fonctionnement de la *Poor Law* coûterait 2,000,000,000 pour ce même laps de temps, et qu'évidemment si elle n'existait point, une bonne portion de ces deux milliards viendrait grossir à la fois les salaires et les épargnes des classes laborieuses. L'encouragement qu'elle donne à leurs habitudes dépensières ou libertines n'est pas fait non plus pour rehausser la capacité productive de ces classes ; il tend au contraire à diminuer leur vigueur physique en même temps que leur volonté morale, et de ce côté encore la charité légale ne pourrait qu'encourir la sévérité de l'économiste, quand même son principe ne serait pas marqué à ses yeux d'une tache originelle et indélébile.

Taxer les plus riches au profit des plus pauvres, comme le fait la charité légale, c'est moins immoral que d'imposer la masse des consommateurs au profit de quelques gros industriels comme le font les droits protecteurs, mais c'est toujours du communisme. La seule différence est que le système, poussé à l'extrême conséquence dans le second cas enrichirait quelques-uns en ruinant tous les autres, tandis que dans le premier il ferait des misérables de tout le monde. On est heureux de voir qu'à en juger du moins par le langage d'un de leurs représentants officiels, les ouvriers anglais ne se sont pas laissé prendre au même piége que les ouvriers français de 1848, et que loin de revendiquer le *droit de l'assistance* ou le *droit au travail*, qui en est l'équivalent sous un autre nom et sous une autre forme, ils en redoutent le malfaisant caractère et les suites désastreuses. « Si on prélève aujourd'hui un vingtième sur le revenu des riches pour secourir les pauvres, un temps peut bien venir où tout le revenu des portions prévoyantes de la population s'absorbera dans l'assistance des parties imprévoyantes, » s'écriait, dans la séance du 22 juin 1874 des Communes, M. Macdonald, membre pour Stafford et ouvrier lui-même. Aussi bien imprévoyance et pauvreté sont-ils des termes trop souvent synonymes, et le déclin des *Friendly Societies* ou sociétés de secours mutuels, en est une preuve frappante. M. Macdonald les envisageait « comme un excellent moyen d'apprendre aux gens de se passer de la *Poor Law*. » mais c'est bien plutôt celle-ci qui leur apprend à se passer de ces sociétés, desquelles on ne retire rien si d'abord on n'y a mis quelque chose. Assurément, un assez grand nombre de *Friendly Societies* dépérissent parce que leur gestion financière est détestable; mais il en est d'autres qui, après avoir prospéré pendant une vingtaine d'années, se sont dissoutes sous l'empire de cette idée que l'union charitable ou la paroisse remplissait gratuitement leur office, et ce sentiment fait son chemin, paraît-il, même chez les Ecossais, beaucoup plus économes cependant que leurs compatriotes du sud de la Tweed.

En Écosse, un autre effet au moins probable de la *Poor Law* a été de multiplier les naissances illégitimes, au point que dans certaines paroisses, telles que Dalry et Kirkowan, le rapport de ces naissances aux autres est de 1 sur 2,5 et de 1 sur 3, proportion qui n'est plus forte qu'en une seule capitale de l'Europe, Stockholm, où elle dépasse 41 0/0. Si M. Mac Neel Caird qui relève ces faits, se refuse à en conclure d'une façon positive une relation d'effet à cause entre le paupérisme et la bâtardise, il admet du moins qu'ils autorisent à en supposer la corrélation. La moyenne générale des naissances illégitimes pour toute l'Écosse n'est, en effet, que de 1 sur 10 5/12, tandis que dans les seize paroisses dont il s'est occupé, et qui sont de tout le pays les plus infectées de paupérisme, elle est environ de 1 sur 6. Dans l'une on comptait parmi les assistées neuf filles-mères, réunissant ensemble 21 enfants, et ces femmes formaient, avec leurs enfants, à peu près le huitième des personnes à la charge du public. On eût pu, à titre d'épreuve, les enfermer dans la maison des pauvres de l'endroit; mais elles recevaient chez elles un secours hebdomadaire, et rien, selon M. Pretyman, plus affirmatif que l'écrivain écossais, ne constitue plus que l'*out door relief* un encouragement direct à l'impudeur et au libertinage. Il s'appuie, d'ailleurs, sur une anecdote fort caractéristique, que rapporte, comme lui ayant été personnelle, un propriétaire écossais. Il se trouvait un jour dans la cuisine de sa ferme, momentanément transformée en fourneau économique pendant un rude hiver, et remarqua qu'une jeune femme recevait une portion de soupe tout à fait exceptionnelle; curieux d'en savoir la raison, il interrogea la jeune femme elle-même, et sa réponse, faite « avec le plus grand *sang-froid* » fut qu'elle avait quatre enfants et qu'elle n'était pas mariée. Elle ajouta que dans son *commerce* un ou deux enfants ne suffisaient pas, et qu'il en fallait davantage pour qu'il fût productif. Cette coquine recevait pour chacun de ses enfants illégitimes 2 shillings, 6 deniers par semaine, soit 50 francs par mois, 600 par année, tandis qu'une honnête mère de famille avait peine à gagner la moitié de cette même somme.

S'il est vrai « que les cas semblables se comptent par milliers et par dizaines de milliers en Écosse, » ne doutons plus que la loi des pauvres ne soit fatale à une des grandes fondations de la société civile. Tous ceux qui ont pu lire le remarquable travail qu'un périodique anglais publiait il y aura bientôt trois ans sous le titre

de *The Poor Law and the Peasantry*, et qui a été reproduit ici-
même (1) savaient déjà combien l'habitude de vivre en tout ou en
partie aux crochets de la charité publique avait émoussé le sens
moral du paysan anglais, comment il avait endurci son cœur et
rendu muette la fibre de ses sentiments naturels. M. Williams
Roberts a suivi le laboureur de son berceau à sa tombe ; il a montré la Loi des pauvres le prenant par la main dès son adolescence
et le suivant à chacun de ses pas, pendant sa vie entière ; il nous
l'a fait voir perdant, à chacune de ses étapes dans cette voie de
la mendicité légale, un peu plus de son honnêteté native, de
son énergie personnelle, de ses affections domestiques. Au début,
l'assisté est timide dans son rôle et maladroit dans ses tentatives
frauduleuses ; petit à petit, il boit sa honte, et ses mensonges deviennent aussi audacieux que ¡persistants. Ils sait qu'en déroulant
devant le bureau de charité l'état réel de ses ressources, il courrait
fort souvent lo·risque d'être éconduit ; il plaide donc l'*insuffisance*
de revenu, et quand il gagne à la semaine de 15 à 20 shillings il
en accuse dix. Il frappe à toutes les portes et reçoit de toutes les
mains. Le manoir lui envoie ses reliefs de festin ; la paroisse du
mouton, du vin et de l'argent. Seulement, avec l'ingratitude et
l'esprit rusé du mendiant professionnel qu'il s'est alors assimilés,
il ravale au château les dons de la paroisse, et près de la paroisse
les libéralités du château. Les glaces, les pâtisseries, les gelées de
celui-ci deviennent « de misérables victuailles; » le vin et la viande
de celui-là « quelques pauvres miches de pain ! »

Comment les pensionnaires du *Board of Guardians* se comportent
comme fils ou bien comme grands-pères, M. W. Roberts va également nous l'apprendre. Que de fois n'a-t-il pas vu des jeunes gens
encore célibataires et gagnant de 22 à 25 francs par semaine, non-
seulement ne contribuer en rien à l'entretien de leurs vieux parents, mais encore vivre gratuitement sous leur toit, leur extorquer tout ce qu'ils pouvaient de leur subside public ! Il n'est pas
rare de voir un fils qui garde chez lui un père assisté solliciter un
supplément de secours, si celui-ci vient à tomber malade et quand
ce supplément lui est refusé, par hasard, l'envoyer au workhouse.
Si le laboureur anglais a perdu pour ses vieux parents cette piété
filiale qui persiste chez l'Irlandais, même réduit au dernier degré
de l'abjection, devenu vieux et aïeul, il ne fait pas preuve vis-à-vis
de ses petits enfants d'une sensibilité plus vive. A la vérité, il est
souvent infirme, indigent lui-même et partant incapable de soutenir autrui. En pareil cas, il a des raisons matérielles pour justifier

(1) Voy. le *Journal des Économistes* du 15 juillet 1874.

sa conduite. Mais que dire de ce grand-père en état de subvenir à ses propres besoins comme à ceux de ses petits-enfants, et qui rejette sur la société l'accomplissement de son devoir ? Que penser de cette grand'mère aisée qui expédie ces pauvres petits êtres au workhouse, déclarant, au milieu de leurs larmes et de leurs sanglots, qu'elle ne peut ni ne veut les entretenir !

On parle de donner au laboureur une voix dans les affaires de son pays, d'améliorer sa demeure et d'augmenter ses gages ; tout cela n'en fera point « un homme au vrai sens de ce noble mot, tant qu'on le laissera sous le joug de la loi des pauvres actuelle. » S'imaginer que mieux salarié et mieux logé, il renoncera de son plein gré à l'exercice de ce qu'il regarde comme un droit strict, c'est ignorer jusqu'à quel point l'esprit du paupérisme l'a pénétré, a infecté ses habitudes. On a, il est vrai, la ressource de déployer dans la distribution des secours extérieurs, autant de juste sévérité qu'on a montré jusqu'à ces derniers temps de prodigalité imprudente, et ce qui s'est passé dans un autre pays de charité légale, à Brême, à Crefeld, à Aix-la-Chapelle, à Elberfeld, semble attester que le système est efficace. Il se passe du workhouse qu'il remplace par une enquête si minutieuse, et tranchons le mot, si inquisitoriale, que c'est déjà comme une honte de s'y soumettre, et qu'il faut être pour ainsi dire abandonné de Dieu et des hommes pour solliciter dans des conditions et des circonstances pareilles l'aide de la charité publique. Il est né à Elberfeld, dont il porte le nom, et l'année qui précéda sa mise en œuvre, sur un total de 50,000 habitants, il y avait en cette ville 4,000 assistés, tandis que trois ans plus tard, c'est-à-dire en 1857, il n'y en avait plus que 1528, la dépense annuelle de leur entretien étant tombée de 175,000, à 65,675 francs. Ces chiffres, assurément, ne manquent pas d'éloquence : par malheur, le système exige de la part des personnes qui s'y associent à titre purement gratuit, mais pas toujours volontaire, une perspicacité, un dévouement, une persévérance et des loisirs dont la réunion est rare en tout pays, fût-ce dans la vertueuse Germanie. Aussi ne sommes-nous pas fort étonné d'apprendre de M. Doyle qu'à Elberfeld les yeux se tournent vers le workhouse; il commence à paraître un complément indispensable de ce terrible *Fragebogen* ou questionnaire, auquel on avait trop vite prêté les terreurs du glaive de l'archange aux portes de l'Eden.

Au surplus, M. Doyle n'est nullement convaincu que le système d'Elberfeld aurait des chances de s'acclimater en Angleterre. Les pauvres ne se soumettraient pas volontiers à ses exigences par trop prussiennes, et d'autre part les administrateurs de la charité n'auraient ni le goût ni le temps d'y pourvoir à ses détails, avec

cette continuité et cette attention minutieuse qu'il exige. Par
d'autres motifs, M. Roberts ne se montre pas favorable à un trop
brusque changement dans les vieux us de la charité légale. Il est
certain que les *Guardians* en restreignant l'octroi du secours extérieur aux seuls cas de dénouement réel, rempliraient seulement
leur devoir ; mais beaucoup d'entre eux sont des propriétaires terriens, et leur nouvelle attitude pourrait bien revêtir, aux yeux de
leurs laboureurs, le cachet d'une mesure de représailles. Déjà ils
se plaignent de ce que les bureaux de charité ne tiennent pas la
balance égale entre les membres de l'*Union agricole*, et ceux qui ne
le sont point. Et quand il existe déjà tant de ferments de discorde
entre les landlords ou les fermiers et leurs gugistes, la prudence
politique ne s'oppose-t-elle point à ce qu'on jette au milieu d'eux
une nouvelle pierre d'achoppement, un nouvel élément de discorde?

III

La conclusion de M. Roberts est que la *Poor Law* réclame un
remaniement profond : il y a déjà cinquante-sept ans que le rév.
Sidney Smith en réclamait l'abolition totale, quoique graduelle :
« Deux choses sont absolument évidentes pour tout homme de
sens, » écrivait-il alors dans la *Revue d'Edimbourg* : c'est qu'il faut
l'abroger, mais l'abroger par des gradations très-lentes. Si on
l'avait écouté en 1819, on ne serait pas, en 1877, aux prises avec
ce fâcheux dilemme : ou conserver la législation actuelle, avec son
énorme déperdition d'argent et ses odieux stigmates moraux, ou
bien la détruire, au risque de froisser des habitudes invétérées et
de soulever des inimitiés populaires. C'est à ce dernier parti qu'il
faudra toutefois en venir, comme le seul moyen efficace et le moins
dangereux en somme. Le sentiment public semble s'y préparer, et
de diverses parts, on discerne les symptômes d'un *Anti Poor Law
Movement*, pour parler le langage de nos voisins. Il est même con-
solant de voir que cette perspective ne paraît pas offusquer la
classe qu'elle intéresse davantage. Un jour, c'est M. Macdonald, le
représentant ouvrier du Staffordshire, qui s'écrie en plein Parlement « qu'il faut enseigner aux travailleurs la haine de la loi des
pauvres, non en déclamant contre elle, à la vérité, mais en leur
inculquant les semences d'une indépendance virile. » Une autre
fois, c'est le professeur Francis Newmann qui, dans un meeting
agricole, se fait applaudir de ses auditeurs en qualifiant le système
d'assistance anglais de maladie morale, tandis que dans une autre
de ces réunions, un des principaux orateurs l'appelle « le fléau
le plus grand du pays. »

Un certain nombre d'adversaires de la *Poor Law*, sous sa forme actuelle, se contenteraient toutefois d'en voir disparaître l'*out door relief*, tout en conservant le Workhouse et les secours hospitaliers. On compte parmi eux un homme qui jouit, même de ce côté de la Manche, d'une véritable notoriété économique : dans les *Lectures on Pauperism*, M. Fawcett se montre fort préoccupé des entraînements irréfléchis de la charité privée et manifeste la crainte que l'abrogation complète de la loi des pauvres ne vînt leur communiquer une impulsion dangereuse. Selon la très juste remarque de M. Pretyman, la question, posée en ces termes, se réduit à celle-ci, de savoir quel est de la charité volontaire ou de la charité légale le système le plus nuisible, et il démontre sans peine que de beaucoup c'est le second. La charité volontaire est exposée sans doute à de regrettables erreurs, mais elle ne laisse pas de conserver dans tous ses mouvements une liberté d'allures et une faculté de résispiscence qui manquent totalement à la charité légale. Elle n'est nécessairement ni aveugle dans ses libéralités, ni contrainte de les faire : elle est susceptible de créer entre le riche qui donne et le pauvre qui reçoit des rapports sympathiques. La charité légale n'est point en mesure de se renfermer dans les limites qu'elle s'est tracées à elles-mêmes : elle donne, d'une main souvent prodigue mais toujours froide, et le pauvre ne lui sait aucun gré de son aide, parce que cette aide, il l'invoque à titre de droit et qu'il la regarde comme l'acquit pur et simple d'une dette.

Quant aux effets de la suppression du droit à l'assistance, l'Angleterre a pour se rassurer l'exemple de la Norwége. Ce droit, une loi de 1845 l'avait pleinement sanctionné dans ce royaume : il a fonctionné pendant quinze années, et, dans ce laps de temps, le paupérisme s'est accru d'un tiers ; la dépense a presque doublé, bien que la population elle-même ne se fût accrue que d'un tiers. En 1863, une loi nouvelle est intervenue : l'assistance a cessé d'être obligatoire même pour les malades et les vieillards ; elle ne conserve plus ce caractère qu'à l'égard des orphelins et des aliénés. Après six ans du nouveau système, le paupérisme était tombé au taux très-minime de 10 1/2 pour 1000 habitants et les dépenses se réduisaient à 6,267,000 francs, soit, pour 1,720,500 habitants à 3,70 fr. par tête d'habitant. En Danemark, la constitution de 1866 a conservé, au contraire, le droit à l'assistance tel qu'il résultait de la loi fondamentale du pays établie, en 1683, par le roi Christian V, et, si l'on manque de données générales sur ses résultats, on peut les apprécier par ce que l'on sait de la charité publique à Copenhague. En 1859, les frais officiels du paupérisme ne dépassaient pas 6,25 francs par tête d'habitant ; huit ans plus tard, ils étaient arrivés à 10,90 francs et le faubourg de Frederickhavn renfermait de 5 à 6000 pauvres sur 12 ou 15,000 habitants.

Beaucoup d'adversaires de la loi des pauvres estiment qu'un grand pas serait fait vers sa disparition, si on touchait enfin au vieil édifice de la propriété terrienne, demeurée, par un étrange contraste, féodale dans la libre Angleterre, alors qu'elle est affranchie jusque dans la féodale Allemagne. Par contre, les partisans des *Land Laws*, le sont généralement de la *Poor Law*, qu'ils semblent considérer comme une annexe naturelle des premières et qui en serait le rachat, si un mal pouvait jamais en compenser un autre et si les frais de la charité légale retombaient exclusivement sur les Landlords. Mais la vérité est qu'ils atteignent un grand nombre d'autres contribuables et que, parmi ceux-ci, il s'en rencontre beaucoup qui ne sont guère plus aisés que ces pauvres même aux besoins desquels ils sont légalement obligés de subvenir. Quoi qu'il en soit, loin de favoriser cette accession des laboureurs anglais, à la possesion en leur nom propre d'une partie de ce sol qu'ils labourent seulement à cette heure pour le compte d'autrui, qui est aujourd'hui un vœu de tant de publicistes et d'économistes d'outre-Manche, la loi des pauvres aurait plutôt favorisé la concentration de ce sol en un plus petit nombre de mains. Les habitudes d'imprévoyance qu'elle a développées au sein des paysans pourraient bien n'être pas étrangères à la diminution progressive de cette classe jadis si florissante de petits propriétaires terriens, que la vieille Angleterre connut sous le nom de Yeomen, et dont il reste à peine quelques échantillons, alors que, selon Macaulay, elle formait encore le septième de la population dans la seconde moitié du xvii⁰ siècle. En tous les cas, fort des données que la *Pall Mall Gazette* a condensées dans son numéro du 12 février 1876, M. Pretyman l'accuse d'avoir singulièrement ébréché la masse des biens communaux, au seul avantage de ces gens bien pourvus d'argent dont la passion est d'ajouter un champ à un champ et une maison à une autre.

Pour le dire en passant, ce dernier méfait nous paraîtrait en lui-même assez véniel, si l'Angleterre était comme la France un pays de petite propriété et de paysans propriétaires. Les communaux sont chez nous si peu productifs, si mal gérés et si facilement usurpés qu'une loi qui décrèterait, d'une façon générale, leur aliénation pure ou simple ou leur allotissement, selon les circonstances, serait loin de nous paraître une mauvaise mesure économique. L'argument sentimental qu'on tire en faveur de leur conservation de la *vache du pauvre*, du *mouton du pauvre* nous trouve peu sensibles parce qu'en réalité et en vertu même de la loi d'octobre 1791, les pacages communaux et les bois communaux profitent beaucoup plus au paysan aisé qu'au paysan pauvre. C'est ce qu'il nous a été donné de constater de *visu* dans un département du plateau central de la France, celui de ia Haute-Loire, où la main destructive de l'homme a, comme partout, dénudé de bois les pentes des montagnes, mais où l'on rencontre toujours d'abondants pâturages communs. Avec la constitution terrienne du Royaume-Uni, on comprend mieux les regrets que la disparition progressive des *Enclosures* communales peut inspirer à M. Pretyman ou à l'écrivain de la *Pall Mall Gazette*. Les terrains ainsi cédés à de riches particuliers ne sont pas, en effet, restitués pour la plupart, à l'agriculture : ils vont grossir la superficie, déjà si menaçante en certaines parties du Royaume-Uni, particulièrement en Écosse, des parcs de chasse et des *Pleasure Grounds*. Mais, d'autre part, on s'étonne moins du penchant que montrent les communes à se séparer de leurs propriétés terriennes, lorsqu'on se rappelle qu'elles sont plus exposées à d'audacieuses et gigantesques usurpations de l'autre côté de la Manche que de celui-ci.

Comme moyen de transition entre un nouvel état de choses et la *Poor Law* actuelle, M. Pretyman pencherait assez volontiers vers un système d'émigration que le gouvernement et les unions charitables s'entendraient pour favoriser et alimenter. Les colonies réclament un surcroit de main-d'œuvre, tandis qu'il y en a excès sur divers points de la métropole, pourquoi ne point transférer là bas ce qui est en surplus ici, et ne pourrait-on pas offrir un passage gratuit pour une des colonies qui ont le plus grand besoin d'immigrants aux parasites valides de la charité publique? M. Pretyman ne se dissimule pas les objections auxquelles un pareil plan est sujet : à ce propos, il rappelle même l'opinion de M. Fawcett sur l'émigration d'État que cet économiste accuse de partager le vice inhérent à la charité légale, c'est-à-dire de décourager la prévoyance, et de taxer les gens prudents pour « venir en aide aux imprudents. » Mais cette imprévoyance n'est plus à créer : D'ores et déjà elle existe ; elle florit de par la loi, sous son égide, et s'effrayer « de l'émigration d'État comme favorable à l'imprévoyance, tandis qu'on entretient cette imprévoyance, cela fait l'effet d'un homme qui craindrait d'avaler un moucheron et qui, sans sourciller, avalerait un chameau ». Dans ces limites et à titre d'expédient temporaire, il pourrait y avoir, en effet, quelque avantage à placer les pauvres valides devant l'alternative ou d'émigrer ou de se passer de secours. Resterait à savoir ce que les colonies autonomes de la Grande-Bretagne, les seules qui demandent du travail blanc, penseraient de la combinaison, et si

elles souscriraient aisément à l'introduction chez elles d'émigrants
d'une énergie et d'une vocation également problématiques.

Aussi bien n'est-ce là qu'un palliatif. Le vrai, le grand moyen de
préparer le rappel de la loi des pauvres se trouve dans les progrès
de l'éducation populaire, dans la diffusion de la culture de soi-
même, comme dit un américain illustre, et c'est à éteindre l'esprit
« du paupérisme, *Spirit Pauper*, » lit-on dans le rapport de
M. l'inspecteur Clutterbuck pour 1874-75 « en suscitant chez le
pauvre le respect de soi-même, qu'il faut s'appliquer dans tous les
plans qu'on se propose pour l'amélioration de son lot. Tout plan
d'éducation qui n'adhère pas fermement à cette fin spéciale est
condamné, plus ou moins à l'impuissance finale. » Et l'un des
effets les plus funestes de la pauvreté permanente est précisément de diminuer le respect de soi-même. « Il est difficile, » disait
Channing, « de demander l'aumône sans que l'esprit se courbe ; la
dépendance engendre la servilité et celui qui s'est abaissé devant
autrui ne peut être juste envers lui-même (1). » Dégradé à ses
propres yeux et à ceux d'autrui, le pauvre ne connait pas le frein
salutaire de l'opinion ; sans rang à perdre, sans point d'honneur
à compromettre, il s'abandonne insoucieusement aux désordres les
plus grossiers. A mesure qu'il s'enfonce dans cette dégradation,
il la ressent de moins en moins : il n'éprouve plus de besoins
moraux ; ses besoins physiques eux-mêmes se resserrent et toute
son énergie se concentre à la fin dans la satisfaction de la fainéan-
tise ou de sa sensualité brutale.

IV

Le grand satirique romain nous a laissé le tableau de la corruption patricienne et de l'avilissement plébéien, sous les Empereurs.
Le peuple-roi n'était plus que le peuple mendiant : un morceau de
pain quotidien et les jeux du cirque l'avaient amplement consolé
de la dispersion des comices et de la fermeture du forum :

> .... Jam pridem ex quo suffragia nulli
> Vendimus, effugit curas; nam qui dabat olim
> Imperium, fasces, legiones, omnia, nunc se
> Continet, atque duas tantum res anxius optat:
> Panem et circenses (2).

---

(1) *Œuvres sociales* du ministère des pauvres (trad. Laboulaye).

(2) Depuis longtemps, depuis qu'on ne vend plus les voix,
    Rien ne le touche, et lui qui donnait autrefois
    Licteurs, faisceaux, soldats, tous les droits de l'empire,
    A deux choses sans plus maintenant il aspire :
    Du pain, les jeux du Cirque !...
                    (C. Juvénal, sat. X; traduction de M. Bunzique.)

A Dieu ne plaise que nous établissions un parallèle entre la plèbe oisive qui courait sur les bords du Tibre aux distributions de la Congiaire et le peuple actif et industriel qui se presse dans les ateliers de la vieille Angleterre et déchire les entrailles de son sol pour en arracher la houille nourricière ! Le grand peuple anglais ne s'est pas désintéressé, tant s'en faut, de la vie politique : cette vie loin de s'être tarie dans ses sources, comme il advint dans la Rome impériale, s'avive chez lui et se fortifie au courant des idées nouvelles, qui ont pénétré sa masse et la remuent déjà, à son insu peut-être. Ce peuple n'est point assez artiste, d'ailleurs; il vit sous un climat trop rude et ses appétits sont trop développés pour que jamais il se contente, physiquement, du pain et des spectacles de Juvénal. Ceux-ci ne l'attirent qu'à moitié, et celui-là leur paraîtrait bien fade, s'il n'était assaisonné de quelques tranches de mouton et de bœuf, relevé de quelques verres au moins de petite bière. Pour tout dire, il est assez porté sur sa bouche et à défaut de la *purée septembrale* que la nature lui refuse, il recourt volontiers au brandy et au gin, ses déplorables substituts.

Il y recourt assez pour qu'une énorme portion de ses salaires s'engloutisse au fond du verre. Les bêtes sont bien plus malheureuses que nous, disait une *impure* du dernier siècle à qui Beaumarchais a volé son mot, en l'affadissant: elles ne peuvent ni boire sans soif, ni manger sans faim, ni faire l'amour en toute saison. De ces trois plaisirs, il en est deux tout au moins que le travailleur anglais ne se refuse guère ; il s'est même trouvé des gens d'esprit pour lui dire que la conservation des forces physiques était à ce prix chez les hommes du Nord, et il s'en faut de peu que ces *sentimentalistes musculaires*, comme le *Times* les a dénommés un jour, ne voient dans cette ivrognerie et dans cette gloutonnerie un signe d'énergie particulier, un gage de courage supérieur. John Stuart Mill était fort éloigné de cet optimisme; il n'hésitait point à déclarer que, sous ce rapport, ses concitoyens des classes laborieuses le cédaient, d'une façon très-malheureuse, aux ouvriers français, bien que ceux-ci assurément ne s'adonnent eux aussi que beaucoup trop aux boissons spiritueuses. Seulement cette maladie morale n'a point pris chez nous les proportions gigantesques qu'elle affecte en Angleterre; nos ouvriers et nos paysans n'en sont pas venus encore à dépenser comme le peuple anglais 3,275,000,000 et même 3,550,000,000 par an en. boissons fortes et en liqueurs spiritueuses.

Tels sont du moins les chiffres donnés pour 1872 et pour 1875, par M. Rathbone, dans le discours qu'il prononçait, au mois de janvier 1876, devant le cercle ouvrier de Londres. Cet établisse-

ment se fondait en 1863 dans le dessein exprès de fournir aux
unionistes le moyen de traiter leurs affaires et de discuter leurs
intérêts dans un endroit plus convenable que la *Public House* et
dans un milieu mieux soustrait aux influences dangereuses ou malsaines. L'honorable membre pour Liverpool avait bien auguré de
cet essai, mais il a eu le chagrin de le voir piteusement échouer :
les unionistes, comme l'a dit le *Times* en un langage humoristique, ne
se rendent point au cercle de *Duke's Street;* « ils ne se soucient point
de ses jeux paisibles, de ses entretiens fortifiants, de ses lectures
instructives; ils méprisent même son café, son thé, ses gâteaux et
son beurre. » C'est là, il faut bien en convenir, un fâcheux symptôme, surtout au moment où les classes ouvrières de la Grande-
Bretagne jouissent à la fois de plus forts salaires et de plus de
loisirs, en même temps qu'elles aspirent à prendre une part plus
grande à la vie publique de leur pays. Il n'est pas un esprit généreux et libéral qui ne se félicite de leur double conquête ; sur ce
point le marquis de Huntly, qui est un nobleman, ne tient pas un
autre langage que M. Rathbone, qui est armateur. Mais, pour
employer les expressions mêmes du premier, ne serait-ce pas
grand'pitié que des salaires supérieurs et un travail plus absorbant n'eussent abouti qu'à plus « d'habitudes intempérantes,
plus d'égoïsme, plus d'indifférence cynique à l'égard des épouses
et des enfants. »

La loi des pauvres, comme on l'a vu, est en grande partie responsable de tout cela ; il est temps, grand temps de l'abroger, tant
à raison de ses vices intrinsèques que du ferment de discorde sociale qu'elle renferme et qui ne peut avec le temps que grandir et
s'envenimer. Dans un pays où il y a cependant peu de misère, et
où les démarcations de classes factices demeurent tout à fait inconnues, Channing se préoccupait beaucoup de l'isolement des
pauvres; il ne faut pas, s'écriait-il, qu'ils forment une *caste*.
Dans la Grande-Bretagne, où les rang sociaux sont encore si strictement délimités, où d'immenses fortunes coudoient les existences
les plus misérables, le mot est grandement à méditer. Lord Huntly
disait encore à l'avant-dernier Congrès de la science sociale qu'il
ne redoutait pas pour l'Europe contemporaine les grandes invasions de barbares qui la bouleversèrent au IV° siècle, mais que le
corps social restait toujours exposé à l'action de forces dissol-
vantes, lentes à venir, mais promptes à éclater à une heure, à un
moment donné. Si cette heure, si ce moment venaient, par malheur, à sonner promptement pour l'Angleterre, elle regretterait
bien vivement son obstination à maintenir la charité légale d'une
part et ses lois terriennes de l'autre.

AD. F. DE FONTPERTUIS.

DES MONOPOLES NATURELS

On distingue généralement les *monopoles* en *naturels*(1)et en *arti-ficiels*; ces derniers étant ceux qui sont le résultat de prescriptions législatives ou administratives faites en dehors du droit naturel.

Des monopoles artificiels. — Nous admettons, avec la plupart des Économistes, que les monopoles artificiels sont contraires à la justice, nuisibles à la production des richesses, et qu'on ne doit y avoir recours que dans des cas exceptionnels.

Des monopoles naturels. — C'est exclusivement de la légitimité des monopoles naturels que nous voulons parler aujourd'hui. Quelques explications nous semblent nécessaires pour bien faire comprendre cette légitimité et pour en bien faire voir les limites.

Classification des monopoles naturels. — On peut partager les monopoles naturels en cinq classes :

1° Monopoles personnels, brevets, brevet d'invention;

2° Monopoles provenant de la limitation des capitaux ;

3° Monopoles fortuits ;

4° Monopoles fonciers ;

5° Monopoles de concentration.

Des monopoles de concentration. — Parlons d'abord de ces derniers dont nous n'avons qu'un mot à dire. Nous pensons, avec M. A. Clément (2), que l'autorité doit empêcher les grandes entreprises d'abuser de leur puissance, en ruinant les petits établissements rivaux, par des réductions temporaires sur le prix des produits.

Des monopoles personnels et des brevets d'invention. — Les monopoles personnels ont une légitimité parfaite. Ils résultent de ce que tout homme a, dans ses facultés, une propriété première que nul ne peut lui contester ; c'est la plus sacrée des propriétés, la mère de toutes (3).

---

(1) Le mot Monopoles reçoit, en économie politique, une acception beaucoup plus large que celle indiquée par son étymologie ; il ne s'applique pas seulement aux cas assez peu nombreux où la faculté de vendre est réservée à un seul, mais à toutes les situations où la production et la vente, sans être l'apanage exclusif d'un seul, n'admettent qu'une concurrence restreinte par des causes naturelles ou artificielles.

(2) Dict. d'écon. pol. — T. II, p. 225.

(3) Nous supposons ici que l'instruction, *utile à la production des richesses*, est donnée gratuitement à tous, aux frais de l'Etat, comme nous avons eu déjà l'occasion de constater que cela devait être. (*Journ. des écon.*, livraison de décembre 1869.)

Chaque inventeur ayant un droit naturel à profiter seul des résultats de sa découverte, si la société juge utile de laisser à tous ses membres la faculté d'user d'une découverte, elle doit à l'inventeur dépouillé le paiement du droit dont on l'exproprie. L'indemnité d'expropriation, payée ainsi, doit, pour être juste, n'être autre chose que l'*espérance mathématique* qu'avait l'inventeur, relativement au profit qu'il pouvait tirer de son idée, dans l'hypothèse que la propriété lui en eût été garantie jusqu'à ce qu'un autre individu ait eut la même idée de lui-même. Cette *espérance* est la *somme des espérances* de l'inventeur pour tous les cas possibles ; cas où d'autres individus, venant à avoir la même pensée, seraient en droit de partager les bénéfices de l'invention ; où quelques personnes lui achèteraient le droit d'exploiter son idée, concurremment avec lui, etc., etc.

L'indemnité pourra être donnée sous des formes diverses, de telle sorte, toutefois, que la valeur actuelle de toutes ces sommes payées soit la même. C'est ainsi que la loi pourra accorder à l'inventeur le droit exclusif d'exploiter son idée, *pendant un temps donné*, ce que l'on fait généralement ; elle pourra lui donner le droit exclusif d'exploiter son idée à perpétuité, dans une région *limitée et suffisamment restreinte ;* la loi devra, en un mot, toutes les fois que cela sera possible dans la pratique, accorder à l'inventeur une portion des bénéfices que lui procurerait la propriété de son idée, reconnue à l'exclusion des inventeurs à venir, portion convenablement limitée, suivant les chances que cette idée sera découverte, par d'autres, dans un avenir plus ou moins rapproché.

Des monopoles provenant de la limitation des capitaux. — Dans un pays où les institutions de crédit sont assez bien organisées pour que les capitaux aillent naturellement là où ils seront le mieux exploités, les monopoles, provenant de la limitation des capitaux ne sont que la conséquence forcée du droit de propriété, et n'ont rien que de très-légitime. Il n'en serait pas de même dans une contrée où, faute de crédit, la possibilité de produire n'appartiendrait qu'à certains capitalistes ; mais, dans ce dernier cas même, l'État ne pourrait, sans injustice, empêcher le possesseur d'un capital de l'employer de la manière qui lui convient. Tout ce que l'État peut faire, c'est d'activer le développement des institutions de crédit.

Des monopoles fortuits. — Si l'on considère l'ensemble des richesses produites dans la société, on voit qu'en vertu d'une série de circonstances fortuites, c'est-à-dire impossibles à prévoir, de nombreux priviléges existent nécessairement dans les conditions de la production générale. Il n'y a certainement rien d'inique à tolérer que certains individus retirent, de leur industrie, beaucoup plus qu'un profit moyen, du moment qu'ils ont couru des risques de pertes ; mais, il est, d'autre part, incontestablement plus juste et plus utile, pour la société, de réduire, autant que possible, la part aléatoire de toute industrie. En principe, il faudrait que chacun pût s'*assurer* contre tous les risques de pertes qu'il peut avoir dans son industrie, indépendants de lui-même. L'assurance repose exclusivement sur ce principe, que la même somme d'argent (ou la même quantité de richesses) a une *valeur morale* (1) différente, suivant la fortune totale de celui qui la possède, la même somme d'argent valant plus alors qu'elle est destinée à procurer des choses plus nécessaires à la vie. Cette *valeur morale est impossible à jauger exactement*, comme l'a fort bien fait remarquer M. Baudrillart (2), et comme nous l'avons dit nous-même (3) ; mais il n'en est pas moins vrai qu'il est important de constater qu'elle existe, et l'*assurance qui y puise sa seule raison d'être*, a une utilité incontestable. En pratique, la chose est fort difficile ; il existe des risques très-grands et très-fréquents contre lesquels nulle compagnie ne serait assez riche pour assurer. Il est cependant possible de concevoir des compagnies, dans divers pays, s'assurant les unes les autres, et pouvant ainsi risquer de grandes opérations. L'État a pour devoir de favoriser le développement de tous les genres d'assurances ; il doit même subventionner les compagnies qui les font, en les forçant à abaisser leurs tarifs. Il importe d'ailleurs de noter que bien des risques tendent à se répartir, par portions égales, entre tous les individus ou leurs descendants, dans un temps assez court pour que l'assurance contre de tels risques ait une importance minime.

Parmi les monopoles fortuits, l'un des plus importants a son origine, dans la situation plus ou moins rapprochée des producteurs, par rapport au marché, et les priviléges de situation ne tardent pas, avec le temps, à se repartir par portions égales entre tous. Il est incontestable que celui qui a choisi un emplacement, de préférence à tout autre, pour y établir son industrie, parce qu'il avait prévu qu'il avait là plus de chances, qu'autre part, d'y faire des bénéfices, a un droit naturel à jouir *momentanément ou en partie* de son privilége ; mais on conçoit, d'autre part, que la concession à perpétuité de l'emplacement qu'il a choisi peut devenir, en certains cas, un privilége très-grand.

(1) La notion de la valeur morale a été établie par les plus grands mathématiciens, parmi lesquels on peut citer Laplace et Paisson.

(2) *Revue des Deux-Mondes*, nº du 15 novembre 1871, p. 356.

(3) *Journal des économistes*, livraison de mars 1869, p. 398.

L'Etat a donc pour devoir de réduire les priviléges de situation à de justes proportions, en faisant en sorte que les communications, entre tous les points du territoire, soient *faciles et peu coûteuses.*

Les dépenses faites par l'État pour réduire les monopoles fortuits sont le complément forcé, pour être juste, de la confirmation légale du droit de propriété; elles doivent être supportées par cha-cun, non pas en raison du bénéfice qu'il en retire, mais conformé-ment aux règles que nous avons données pour la répartition de l'impôt (1). Ces dépenses se trouvent d'ailleurs forcément restrein-tes. Il est, en effet, d'une très-grande difficulté de répartir l'impôt suivant les règles de la justice, et l'on conçoit que, si l'on vient à établir de nouvelles taxes d'une répartition mauvaise, pour amé-liorer la distribution des richesses dans la société, on risque, pour remédier à un mal, d'en créer un plus grand. Cette vérité est sur-tout incontestable dans un pays chargé d'impôts, comme la France depuis ses désastres.

Des monopoles fonciers. — Il nous paraît aisé de comprendre, d'après ce qui précède, que les monopoles fonciers sont de nature mixte, et rentrent dans les trois premières classes de ceux dont nous avons parlé. Ajoutons cependant qu'ils renferment un autre genre de monopoles par suite de la limitation de l'espace sur cette terre. Le sol primitif, avant toute culture, indépendamment de toute valeur de situation, avant que des capitaux y aient été enga-gés, avait une valeur très-minime ; cette valeur a augmenté à me-sure que la population s'est accrue et que les terres ont été plus recherchées ; ce qu'il nous importe de constater, c'est qu'il n'y aurait rien eu que de très-légitime dans une loi qui aurait cédé à un individu la propriété complète d'un lot de terre, en raison de l'idée qu'il avait eue de s'y installer préférablement, et moyennant l'abandon qu'il faisait de l'usufruit d'une portion inculte du sol beaucoup plus grande (2).

Des priviléges en général. — Du moment qu'il existe, dans la société, certains priviléges qui procurent des bénéfices trop élevés à ceux qui en jouissent, on peut se demander si le législateur n'a pas le droit de fixer des *prix maximum* pour limiter les effets de certains monopoles. Il nous paraît incontestable que la liberté des transac-

---

(1) Voir *Journal des économistes*, livraison de mars 1869.

(2) On explique également la justice de l'appropriation du sol en admettant un droit naturel de propriété d'un peuple sur les terres qu'il occupe, et en suppo-sant que les terres ont été adjugés à chacun, en raison de services rendus par lui à l'Etat. Mais n'oublions pas que de toutes les raisons que l'on peut donner pour justifier la propriété foncière, la meilleure c'est que lorsque la terre n'est à per-sonne, elle ne produit rien, ainsi que l'a dit M. Say.

tions donne habituellement la justice ; le législateur ne doit intervenir ici que comme en droit commun lorsque la liberté trop grande d'un individu nuit à l'exercice du même droit chez autrui. Remarquons toutefois que le droit qu'a le législateur de fixer des prix maximum, en certaines circonstaces, n'implique nullement la nécessité pour lui de les établir ; c'est qu'en pratique ces taxes ont eu souvent des effets tout autres que ceux que l'on en attendait (1).

Notons, en finissant, que si le vol et la fraude ont malheureusement créé trop souvent des priviléges, ce n'est pas au principe de la propriété que l'on doit s'en prendre. Beaucoup de priviléges, indûment conquis, ont été d'ailleurs transmis à des acquéreurs qui les ont payés de deniers honnêtement acquis, et qui en sont devenus légitimes propriétaires.

Nous sommes amenés à conclure que les priviléges naturels, existant dans la société actuelle, n'ont rien d'*illégitime*, et que, *pour plus de justice et dans l'intérêt général,* le devoir de l'État est de favoriser, autant que cela est en son pouvoir, le développement des compagnies d'assurance et des institutions de crédit, de faciliter les communications, enfin d'améliorer l'assiette de l'impôt, en choisissant le moment le plus opportun pour accomplir cette grande tâche.

G. FAUVEAU,

Ancien élève de l'Ecole polytechnique,

REVUE DES PRINCIPALES PUBLICATIONS ÉCONOMIQUES

DE L'ÉTRANGER.

—

---

(1) Voir dans le Dict. d'écon. pol. l'article Maximum, par M. Joseph Garnier.

cour: ce qu'on peut dire en sa faveur. — Les écoles professionnelles. — Les ouvrières aux États-Unis. =*M. Mayr,*|*Statistique des infirmités.* =*Les finances de la ville de Leipzig, par M. Hasse.* = *Bremer Handelsblatt,* les impôts communaux en Prusse. = *M. Budde, les chemins de fer français en 1870-71.* = *John Prince-Smith,* la collection de ses œuvres. =*M. de Bilinski, les impositions communales et leur réforme.* En quoi son système consiste. —Arguments contre les centimes additionnels. =*La statistische Monatschrift,* de Vienne. Le divorce. L'octroi et le prix des denrées. = *L'instruction publique en Hongrie.* ▬ M. Kőrosi: la mortalité dans la ville de Budapest. L'impôt sur le revenu dans la capitale hongroise. La proportion idéale entre la grande et la petite fortune. = *Le Giornale degli Economisti.* — *L'Archivio di statistica.* Les sceptiques de la statistique. Les moyennes en statistique. Les ports rivaux de la Méditerranée. — La salubrité publique. — La statistique électorale. —L'émigration italienne. = *L'Italia.* = *M. F. Mosser:* L'esprit de l'économie politique. = *M. Cognetti di Martiis:* les États-Unis en 1876. = *M. Tullio Martelli:* la question des banques en Italie. — *La Conférence des chemins de fer.* = *La Russische Revue.* L'enquête sur la situation des paysans. — Articles divers.

Le dernier numéro trimestriel, septembre 1877, du *Journal of the statistical Society*, nous fournirait de quoi remplir bien des pages, si nous en disposions ; le lecteur se contentera donc de peu, mais nous espérons pouvoir lui offrir du substantiel. Nous commencerons donc par raconter un petit scandale, cela n'est jamais mal vu, surtout quand on en emprunte les éléments au procès-verbal de 43ᵉ réunion annuelle d'une société aussi grave, aussi importante et aussi méritante que la *Statistical Society*. On devine que le scandale n'a été produit, ni par, ni chez cette société, il y a été seulement divulgué. Voici de quoi il s'agit. Parmi les membres de la *British Association*, le congrès scientifique bien connu, il s'est trouvé 3 ou 4 membres, —nous en tairons les noms, *for shame* —qui ont osé proposer la supression de la section F, *Économie politique et statistique.* On voulait réserver toutes les forces du congrès à la physique, à l'histoire naturelle et probablement aussi à l'astronomie.

Mais, comme l'a très-bien fait remarquer le Dʳ Farr, « si les animaux, les poissons, les insectes, les minéraux sont très-intéressants au point de vue scientifique, assurément les phénomènes de la société, de la population, de la vie, de la propriété, sont d'une importance bien plus grande encore. » Sir Rawson-Rawson ajoute, avec non moins de raison, que beaucoup de personnes n'assistent au congrès que pour entendre les mémoires économiques et statistiques; supprimer ces mémoires, c'est diminuer le nombre des membres, c'est-à-dire l'éclat de la fête scientifique. Mais le fin mot a été dit par le président, et nous signalons cette observation comme aussi sagace que profonde ; selon lui, on veut supprimer la section d'économie politique, parce que les *reporters* envoyés par les journaux passent rapidement sur les mémoires traitant de physique, de mathématique, etc., soit parce qu'ils ne les jugent pas assez intéressants pour leurs lecteurs, soit parce qu'ils ne sont pas suffisamment au courant de ces matières : ils aiment mieux s'arrêter sur les questions économiques et statistiques, qui sont d'un intérêt général. Les gentlemen que nous n'avons pas nommés seraient donc jaloux de la publicité dont ils sont privés? M. le Président se défend de le *dire*, mais il nous permet de soupçonner qu'il le pense. Selon lui, le remède consisterait à avoir des *reporters* pour les sciences mathématiques et d'autres pour les sciences économiques.

Nous espérons que l'affaire s'arrangera, si ce n'est pas déjà fait, et qu'on ne commettra pas la.... faute de supprimer la section F. Passons maintenant aux articles de fond.

M. Cornelius Walfond a présenté un travail très-remarquable sur l'assurance contre l'incendie, considérée à tous ses points de vue, et sur les moyens de prévenir les incendies. L'auteur commence par l'histoire des mesures prises pendant une série de siècles pour protéger les propriétés contre les ravages causés par le feu. Ce long chapitre est rédigé sous la forme un peu sèche d'une chronique, mais la sécheresse n'exclue ici nullement l'intérêt. L'auteur remonte très-haut en arrière, mais nous allons donner, à titre de spécimen, deux passages empruntés au xviie siècle, en abrégeant le premier et en donnant le second *in extenso*. On verra que ces passages relatent des faits curieux.

1643. Le Lord mayor ordonne de faire imprimer une feuille en placard (imprimé d'un côté) pour être affichée dans chaque maison habitée, laquelle feuille donnant un « *Avertissement opportun pour prévenir le dommage causé par le feu et provenant de la négligence, de la malveillance ou autrement.* » L'affiche indique, en entrant dans beaucoup de détails, comment le feu peut éclater et comment on prévient les accidents, la combustion spontanée, etc... (Ajoutons que l'affiche n'a pas prévenu le grand incendie de Londres de 1666).

1650. J'ai déjà parlé de l'utilité des premières pompes à incendie. Elles étaient manœuvrées à bras, mais il paraît qu'il s'est fallu de peu que nous eussions eu, dès cette époque, une pompe mue par la vapeur. Voici, en effet, ce que raconte Lord Macaulay : « Le marquis de Worcester avait récemment observé la force expansive de l'humidité sous l'action d'une grande chaleur. Après avoir tenté plusieurs expériences, il réussit à construire une machine à vapeur plus ou moins rudimentaire, qu'il nomma pompe à feu, et qu'il déclara être un puissant instrument de propulsion, mais on tint le marquis pour fou, il était d'ailleurs connu comme papiste. Par conséquent,́son invention ne fut pas reçue avec faveur. » (Histoire d'Angleterre, t. I, chap. 3.)

Etait-ce le premier essai de machine à vapeur ?

L'auteur procède de la même manière pour raconter l'histoire de l'introduction en Angleterre de l'assurance contre l'incendie, et il fait passer ensuite sous nos yeux de nombreux chiffres, parmi lesquels nous ne reproduisons que les suivants (l'auteur les emprunte à M. Coode qui les a calculés d'après le montant d'un impôt qui a été supprimé en 1869).

Montant total des propriétés (immeubles et meubles) *assurées en Angleterre et dans la principauté de Galles.*

1785	133,777,330 l.	1815	389,232,000 l.	1845	681,888,872 l.
1790	144,748,000	1820	396,841,300	1850	738,106,239
1795	177,563,300	1825	427,700,000	1855	844,252,857
1800	211,392,300	1830	482,215,300	1860	956,876,279
1805	248,200,000	1835	521,183,303	1868	1,504,164,000
1810	324,829,000	1840	625,106,328	(1872	1,900,000,000 (1)

Il paraît qu'il reste encore bien des propriétés qui ne sont pas assurées, combien ? On l'ignore, les évaluations vont du 1/3 ou 4/5 du chiffre de 1872; il convient d'adopter le minimum ici.

Après avoir accumulé ainsi une masse de matériaux, l'auteur en tire des conséquences que nous allons résumer, on en appréciera l'importance, malgré l'absence de développements.

L'assurance contre l'incendie ne convient (comme entreprise) ni à l'Etat, ni à la commune; lorsqu'une entreprise municipale s'est trouvée en concurrence avec une compagnie privée, c'est (en Angleterre, du moins) toujours l'entreprise municipale qui a été battue. D'ailleurs, l'autorité publique pouvait tout au plus s'occuper de l'assurance des immeubles, jamais elle n'a tenté l'assurance mobilière. Nous ajouterons, qu'en Allemagne, où l'autorité s'est longtemps réservé le monopole des assurances contre l'incendie, elle a laissé libre, de bonne heure, l'assurance des objets mobiliers. L'auteur entre dans de très-curieux détails sur les services rendus par les compagnies, il constate qu'elles ont envoyé leurs *watermen*, qui s'appellent aujourd'hui des *firemen*, éteindre le feu, même dans les maisons non assurées, qu'elles ont contribué à faire établir des conduites d'eau, à améliorer la construction des

(1) Evaluation du professeur Anderson Kirkwood.

maisons, etc. Mais — on voit que l'auteur ne cache pas le revers de la médaille — s'il n'y avait pas eu d'assurances, il y aurait eu moins d'incendies par négligence ou par... spéculation.

Après avoir dit encore différentes choses qui mériteraient d'être méditées, l'auteur pose des problèmes qu'il voudrait voir résoudre par la société londonienne; il voudrait notamment savoir quels sont les devoirs de l'Etat en matière d'assurance contre l'incendie. Nous résumons :

1° L'Etat ne devrait-il pas établir annuellement une statistique complète et exacte des incendies ?

2° L'Etat ne devrait-il pas, après chaque incendie, faire une enquête sur les causes du feu?

3° Ne serait-il pas utile d'évaluer le montant des pertes causées par les incendies?

M. Walford rattache à ces questions de très-sages considérations. Il s'établit une discussion sur cet important *paper*. Quatorze orateurs ont pris la parole et M. Walford a répondu à chacun d'eux, nous nous bornerons à relever quelques points saillants.

M. Washburn, l'ancien ministre des Etats-Unis à Paris, expose le système adopté à Boston pour arrêter un incendie presque dans son germe. Un réseau de fils télégraphiques est étendu sur la ville, au moindre indice de feu, l'alarme est donnée, en *une* minute ; toutes les stations de police sont averties, et au bout de 20 secondes les pompes les plus proches sont attelés et se mettent en route. La même étincelle électrique qui apporte la nouvelle, détache les chevaux, et ces animaux sont dressés à se mettre immédiatement et tout seuls devant la pompe, chacun à sa place, et ils sont ainsi attelés en un clin d'œil. Si les premières pompes ne suffisent pas, au bout de 10 minutes la sonnette électrique est de nouveau mise en branle et un second peloton de pompes accourt, etc.

Ce système existe en Europe. En 1863, au Congrès de statistique de Berlin, M. de Bleichrœder qui était l'un des chefs de la *Feurwehr* a fait fonctionner le télégraphe et les pompes devant les membres du Congrès. Nous venons de lire dans les journaux qu'on établit en ce moment une organisation analogue à Paris.

Le Dr Farr mentionne un système — fonctionnant à Manchester — qui consiste à visser des tuyaux de pompe directement sur les conduites d'eau. Ces conduites sont sous une forte pression qui lance par sa propre force l'eau à la hauteur voulue (ou du moins remplit les pompes); on économise ainsi les chevaux et bien des bras. On gagne sans doute aussi du temps. Nous croyons qu'à Paris la pression est assez forte pour qu'on puisse adopter ce système. Le feu s'éteint ainsi bien plus sûrement et facilement.

Nous ne pouvons accorder qu'une simple mention au travail de
M. Ravenstein sur *Les populations en Russie et en Turquie*, bien que
ce travail ait donné lieu à une intéressante causerie; nous aurions
eu cependant plus d'une réserve à faire, si nous avions eu à
prendre part à la conversation.

The Economist a été si souvent l'objet de nos éloges que nous
saisissons volontiers l'occasion, — elle est un peu tirés par les
cheveux, — de lui lancer quelques critiques. Il s'agit du numéro
du 1ᵉʳ décembre, et de l'article dans lequel *The Economist* examine
notre situation politique. Nous y rencontrons l'expression de ce
préjugé très-répandu, que les Français sont plus friands, de fonctions publiques que les citoyens des autres Etats. Ce reproche, et
jusqu'à nouvel ordre nous avons le droit de dire, cette calomnie est
originaire de France,— on n'est trahi que par les siens ; — c'était
une arme de guerre dont on se servait de bonne fois, mais d'une
manière irréfléchie. L'étranger s'empare toujours avec empressement des assertions de l'opposition, dont il lit de préférence les
feuilles parce qu'elles sont plus piquantes, elles lui permettent
d'ailleurs de satisfaire ses petites haines ou jalousies internationales. Tous les pays en agissent ainsi avec toutes les autres contrées. Donc, on a dit que nous courions après les places, et *The
Economist* se fait l'écho de cet *on dit*. Mais qui, jusqu'à présent, a
pu présenter l'ombre d'une preuve en faveur de cette assertion?
— Absolument personne. — *A priori*, nous pouvons dire que le
nombre proportionnel des amateurs de place est à peu près le
même dans tous les pays, c'est une affaire de tempérament industriel. Partout nombre de personnes préfèrent un petit revenu fixe
et certain à un revenu plus grand, mais soumis à des aléas. Et les
honneurs, et les pouvoirs? Les dédaigne-t-on en Amérique, en
Angleterre, en Suisse, en Allemagne, en Italie et ailleurs? —
Personne ne le croira. — Nous nous proposons de montrer un jour
que plus d'un pays entretient, pour tel ou tel service un nombre
de fonctionnaires plus grand que nous, mais nous craignons bien
que ce sera peine perdue : le préjugé est *indéracinable*. Nous
venons de constater qu'une erreur historique réfutée par une autorité comme Thucydide, — on sait qu'il n'en est pas de plus grande,
— et il y a de cela plus de deux mille ans, continue à être débitée
de nos jours malgré ce démenti; n'est-ce pas à désespérer de la
vérité ?

De l'*Economist* à M. Robert Giffen, son ancien rédacteur, la
transition est aisée. Quoique directeur de la statistique au *Board
of Trade*, M. Giffen n'a pas cessé de suivre le mouvement du marché
financier, et le résultat de ses études, il vient de le déposer dans

un livre intitulé : *Stock exchange securities* (Des valeurs de bourse, Essais sur les causes générales des fluctuations de leurs prix. Londres, George Bell and Sons, 1877). Le prix des valeurs de bourse, rentes, actions, obligations s'élève à une époque où le bas prix des objets de première nécessité permet au grand nombre de faire des économies et de former une épargne. A mesure que l'épargne grossit, elle court d'avantage après les placements et en fait ainsi monter le prix nominal. Cette hausse du prix est équivalant à une baisse du revenu ; cette baisse tend à réduire la consommation et en même temps l'épargne. Et comme la quantité des valeurs de bourse s'accroît par diverses causes, l'offre l'emporte sur la demande, il en résulte que le prix nominal baisse, et ainsi s'accomplit le cycle des fluctuations. Ce que nous avons essayé d'indiquer en quelques lignes. M. R. Giffen l'expose et le prouve en une série de chapitres, non sans ajouter de nombreux et très-sages conseils aux capitalistes qui se proposent de faire des placements. Le dernier chapitre de son volume est plus particulièrement destiné à avertir les personnes qui ne sont pas dans les affaires, des dangers quelles courent en consultant un banquier ou un agent de change, même l'homme le plus honnête du monde : c'est que la solidité des valeurs se modifie et leurs prix changent fréquemment. Si vous demandez un avis, on ne peut vous indiquer que la situation actuelle; dans un an cette situation aura changé, le banquier l'aura appris à temps et aura pris ses mesures, mais il ne songe pas à vous avertir. Se rappelle-t-il seulement qu'il vous a donné un conseil! Il faut donc que chacun voit par lui-même et se rende parfaitement compte de ses opérations. Mais combien de personnes veulent se donner cette peine? Ne sont-elles pas aussi *un peu* coupables en ajoutant foi aux circulaires qui leur promettent 10 0/0?

La *Revue trimestrielle d'économie politique* (Vierteljahrschrift, Berlin, Herbig, n° 55), que M. Jules Faucher a créée il y a quatorze ans avec le concours de M. O. Michaélis, passe sous la direction de M. Edouard Wiss. M. Michaélis, appelé à des fonctions de plus en plus élevées, est maintenant directeur dans l'agglomération de services qu'on appelle la *Chancellerie de l'Empire ;* depuis longtemps il a abandonné la Revue; M. Jules Faucher, de son côté, aime les voyages. Quand, après avoir fait son livre sur les quatre grandes capitales, vous le croyez à Rome, vous apprenez qu'il est à Smyrne; et de Smyrne où est-il passé? — Qui le sait? — Envoyez donc des manuscrits à la recherche d'un pareil rédacteur en chef! Le savant distingué qui lui succède, M. E. Wiss, a fait ses preuves.

Lui aussi a vu du pays, mais il reste maintenant dans le sien; il a écrit des livres et des articles, il est donc parfaitement préparé à diriger une Revue. Parlons donc du premier numéro qui paraît sous sa direction.

Dans un premier article, M. O. Wolf exprime ses réserves contre une opinion émise par M. Hertzka dans un numéro antérieur de la Revue, sur les applications données à la théorie de la concurrence. Il est évidemment des cas où la concurrence ne saurait agir, mais cela ne prouve rien contre le principe. Les chemins de fer doivent-ils être rangés parmi les faits rebelles à la concurrence? M. Hertzka le croit, M. Wolf n'en est pas convaincu, mais il ne nous semble pas avoir donné des arguments assez bons, du moins ne sont-ils pas assez nets et caractérisés pour se résumer aisément en quelques lignes. Quant à l'argument tiré de l'octroi, nous y reviendrons plus loin en parlant du travail de M. Laspeyres.

Le second article est de M. Bruno Bauer; il traite *de la civilisation* (Kultur) *allemande dans le dernier tiers du siècle précédent*. C'est le premier d'une série qui promet de devenir curieuse. L'auteur se propose de peindre les effets du réveil des esprits en Allemagne vers la fin du XVIII⁰ siècle, en comparant ce mouvement au travail de décomposition subi par les corporations urbaines (des anciennes municipalités indépendantes). L'auteur fait passer sous nos yeux, comme dans un diorama, les Basedow, les Barth, Cagliostro, Weishaupt, Knigge et tant d'autres prétendus réformateurs, inspirés, illuminés, rose-croix, charlatans, esprits détraqués, plus souvent trompeurs que trompés. Nous ne trouvons pas ce tableau bien gai, à peine instructif; il montre seulement que les humeurs étaient en mouvement, ce qui peut passer pour malsain, mais cela aboutit à une crise qui peut produire une nouvelle vigueur. Il serait curieux de comparer la société française d'alors à la société allemande; on constaterait les effets de la centralisation en France et de la décentralisation en Allemagne. Le mal était plus aigu en France, mais aussi la guérison fut peut-être plus rapide. Nous n'aurons l'histoire des villes que dans le prochain numéro.

Le troisième article est intitulé : *Le commerce international des céréales*; il a pour auteur M. le baron de Danckelmann. C'est un excellent travail. L'auteur fait l'histoire de ce commerce, en remontant assez haut en arrière. Selon lui, c'est la création des chemins de fer qui lui a donné tout son essor. Il cite, comme d'une utilité marquée, les grandes foires internationales de grains organisées à Leipzig, Vienne et Budapest, et il demande qu'on emploie, lors de la récolte, le réseau télégraphique pour en communiquer partout les résultats, comme on l'a fait pour annoncer les changements météorologiques. L'auteur insiste ensuite sur l'influence de la législation et des mesures prises lors des chertés. Il n'oublie ni le maximum de 1793, ni l'échelle mobile anglaise et la *cornlaw-ligue*, ni les grandissimes précautions des tout petits princes allemands. C'est ainsi que le prince Henri LII de Reuss-Greiz défendit en 1847 de laisser sortir les pigeons et de ramasser les os dans les champs. La municipalité d'une grande ville allemande, ayant décidé à la même époque d'envoyer une commission acheter du blé à Stettin, publia fièrement la décision dans les journaux ; aussi, lorsque huit jours après la commission arriva à Stettin et se mit avec ostentation en rapport avec les courtiers, les prix avaient haussé de 20 0/0 et dépassé ceux de la ville en question. La commission quitta Stettin sans faire d'acquisition, mais à son retour elle n'en reçut pas moins un vote de remerciment. Nous passons le reste.

Mentionnons le quatrième article ; il est de M. Braun, et donne une histoire complète de Céphalonie, l'une des îles ioniennes. L'auteur commence à la guerre de Troie, —elle est postérieure au déluge ; — mais si le récit s'étend sur un long espace de temps, il n'est nullement ennuyeux ; M. Braun est le humour même ; il sait d'ailleurs mettre des bottes de sept lieues, et en un clin d'œil il arrive à l'époque moderne. Son récit est vraiment curieux.

Der Arbeiterfreund (l'ami des ouvriers) est une excellente publication périodique, organe de la Société d'encouragement, présidée par M. Gneist à Berlin et rédigée par M. Victor Bœhmert, chef de la statistique à Dresde. Toutes les propositions utiles aux ouvriers, émises n'importe où, trouvent leur place dans cette Revue, et lorsqu'on n'a rien de mieux, on donne de bonnes paroles, c'est quelque chose. Il ne faut pas dire trop de mal de ce qu'on appelle vulgairement l'*eau bénite de cour*. Et puisqu'on en a dit tant de mal (et avec raison), pour changer, nous allons en dire *un peu* de bien. Nous venons de lire dans le *Bremer Handelsblatt* que la société précitée s'est réunie, qu'elle a discuté les moyens de travailler contre l'extension de la « démocratie-socialiste » et affirmé la nécessité de se placer au point de vue de la réforme sociale. Eh bien ! voilà l'eau bénite de cour. Au fond, ces messieurs savent très-bien qu'il est des maux, — économiques ou autres, —sans remède, et selon le cas, que le seul remède consiste dans l'énergie, l'intelligence et la moralité individuelles. Ils savent cela ; mais au lieu de faire comme quelques-uns d'entre nous, qui tiennent toutes les vérités bonnes à dire, et les disent peut-être un peu crûment, ces messieurs se font optimistes, recherchent les petits adoucissements, les amélio-

rations infinitésimales et ajoutent d'amples bonnes paroles. Et ils
font bien. Ils tentent de consoler ceux qui souffrent; ils ne réussissent guère, mais ne donneraient-ils du baume qu'à un sur
mille que ce ne serait pas à dédaigner. Pour aimer et pratiquer les
réformes plus que nous, quant à cela, nous ne leur accordons
pas. C'est nous qui avons inventé le mot progrès, et nous avons le
droit de dire que de grands progrès nous sont dus. Il s'agit maintenant de montrer que nous ne dédaignons pas trop les petits progrès, les petites réformes, et surtout habituons-nous à en parler
en optimistes; les paroles encouragent(1).

Le 3ᵉ fascicule de la XVᵉ année de l'*Arbeiterfreund* renferme une
série d'intéressantes notices sur des écoles professionnelles. Il paraît que cette idée prend en Allemagne; elle tend à se réaliser sur
une certaine échelle et dans des formes variées. On trouvera dans le
même numero un bon article de M. Bœhmert sur l'assurance contre
les accidents dans les fabriques, et un autre de M. de Studnitz
sur la situation des ouvrières aux Etats-Unis. Nous signalerons
un détail. La confection des vêtements d'homme se fait dans les
campagnes du Massachussets. Autrefois l'argent était rare loin des
villes, et les marchands étaient payés en nature. Pour faire circuler du numéraire, ils imaginèrent de demander à Boston des vêtements à coudre, de les distribuer à leurs clientes, et de leur transmettre ensuite le payement. Cette pratique a eu de petits commencements, mais maintenant elle s'exécute sur une très-grande
échelle et permet de vendre les vêtements relativement à bon marché. — Avant de passer à une autre publication, nous tenons à
dire que M. Bœhmert est un grand collectionneur de documents
relatifs aux salaires, etc., et que c'est une œuvre méritoire que de
l'aider; il ne dédaigne aucune communication, quelque petite
qu'elle soit.

Nous devons maintenant signaler en passant un grand et bel
ouvrage de M. Mayr, chef de la statistique bavaroise, sur la cécité,

---

(1) Qu'on nous permette de signaler un renversement des rôles, ou plutôt un
emploi abusif des mots. Les Kathedersocialistes se disent réalistes et nous taxent
d'idéalistes ou d'idéologues se contentant d'abstractions. Eh bien! nous croyons
aux lois naturelles et présentons l'économie politique comme une science d'observation; nous prétendons exposer *ce qui est.* Les Kathedersocialistes nient les
lois naturelles, mettent en avant « l'idée éthique, » et s'imaginent qu'ils font
de la science en disant *ce qui devrait être.* Ils nous qualifient aussi d'optimistes,
parce que nous croyons devoir nous borner, — en tant qu'économistes, — à constater l'action des lois, le rapport de cause à effet; et que sont-ils donc, eux-mêmes
qui espèrent régénérer le monde avec les petits moyens que nous dédaignons
d'employer, ayant éprouvé leur peu d'effet!

le susdit-mutisme, l'aliénation mentale, l'idiotie. L'auteur a réuni les statistiques publiées par les divers pays et les a présentées en très-bon ordre; nous nous bornons à en informer les amateurs, parce qu'il faudrait entrer dans trop de détails pour qu'une analyse devienne intéressante ou instructive.

Des *Finances de la ville de Leipzig* (1), de M. Hasse, chef de la statistique municipale, nous pourrons au moins extraire quelques chiffres. L'ensemble des recettes de cette ville de 127,000 habitants est d'environ 4 millions de marks ou 5 millions de francs. Dans la période décennale 1865-74, 37 0/0 de ce chiffre provenaient des impôts directs (en 1875, 54 0/0); soit 14 à 15 fr. par habitant, 0,75 0/0 des impôts indirects; 39 0/0 de ses propriétés immobilières et mobilières; 4 0/0 des droits de place; 5 0/0 de taxe; 4 0/0 l'excédant de l'usine à gaz; le reste de diverses sources.

Les dépenses comprennent : instruction publique, 25 0/0; assistance publique, y compris les hôpitaux, 22 0/0; intérêts des dettes, 15 0/0; police (et pompiers, 2 1/2 0/0), 13 0/0; voirie, 9 0/0; administration, 6 2/3 0/0; éclairage, 4 0/0; le reste se divise entre divers.

Puisque nous en sommes aux finances communales, disons, d'après le *Bremer Handelsblatt*, que les communes du royaume de Prusse sont chargées de 139 millions de marks (1 fr. 25) d'impositions communales, dont 63 0/0 en centimes additionnels et 37 0/0 en autres impôts. La moyenne par tête des impositions de toutes sortes est de 5,44 marks.

Le livre de M. le lieutenant Budde, *Die französischen Eisenbahnen im Kriege* 1870-1871 (Les chemins de fer français dans la guerre de 1870-1871 et leurs développements jusqu'à nos jours. Berlin, F. Schneider et C., 1877), est un peu hors de notre compétence. Nous étudions les chemins de fer, mais nous n'étudions pas la guerre; nous détournons même la tête, — autant que possible, — pour ne pas la voir. Mais ce que nous ne faisons pas, d'autres s'en chargent; c'est à eux que nous recommandons le livre de M. Budde. Ils trouveront p. 98 un grand éloge de notre talent d'organisation et p. 99 l'indication d'une chose que « l'Europe nous envie, » — ou du moins l'Allemagne, — c'est la réunion de nos chemins de fer en six grandes compagnies, ce qui offre, en temps de guerre, d'énormes facilités.

Nous voici arrivé à une publication qui mérite une attention toute particulière : ce sont les travaux d'un maître, John Prince-Smith, qu'on réunit en deux volumes pour les publier sous le titre

---

(1) Leipzig, chez Duncker et Humblot.

de *Gesammelte Schriften* (Berlin, F. A. Herbig, t. Ier, 1877).
J. Prince-Smith est d'origine anglaise, mais il a vécu en Allemagne depuis sa jeunesse et s'y est fait naturaliser. Il y a conquis la
première place parmi les économistes allemands contemporains, —
quoiqu'il ne fût pas professeur d'économie politique. — Il avait encore un défaut qui nuisait beaucoup à sa popularité dans une certaine région : sa logique était inexorable et ne ménageait aucune
illusion ; — ce n'est pas lui qui jamais aurait donné l'eau bénite de
cour sociale. Il n'avait pas l'habitude de mettre un gant de velours
avant de frapper.

   Nous avons déjà dit que les *Gesammelte Schriften* (œuvres complètes) de J. Prince-Smith paraîtront en deux volumes. Le premier, qui a été édité par son ami M. O. Michaélis, renferme une
série d'essais, tous remarquables, sur : le Marché ; la prétendue
Question ouvrière ; l'Incidence ; les Monnaies et Banques ; le Crédit ;
le Cours forcé. L'un des plus étendus porte le titre de : *l'État et
l'organisation économique de la nation.* Une fois engagé dans la lecture de ce travail, il faut aller jusqu'au bout, car il est attachant
par le fond et par la forme. Il y est question d'économie, mais plus
encore de politique ; peut-être y aurait-il des réserves à faire relativement à une, deux ou trois propositions, cela dépend du parti
politique ou religieux auquel on appartient, mais on en trouvera
toujours beaucoup qu'on sera forcé d'admettre comme marqué au
coin du bon sens. Nous nous proposons d'y revenir quand nous
disposerons d'un peu plus d'espace.

   Les livres se suivent et ne se ressemblent pas. Voici celui que
vient de publier M. de Bilinski, sous le titre de *Die Gemeinde-
besteuerung,* etc. (Les impositions communales et leur réforme.
Leipzig, Duncker et Humblot, 1878, 1 vol. in-8°.) L'auteur est un
ardent partisan du mouvement de la politique sociale, dit *Katheder-
socialisme,* mais un homme de bonne foi qui cherche, qui étudie
et qui aime à ériger des systèmes. Chez ses adversaires, il blâme
l'esprit de système, sans doute parce qu'ils n'acceptent pas le sien.
Or, le sien, le voici en deux mots : point de centimes additionnels ;
que la commune prenne le cadastre et impose les immeubles
d'après des principes à elles, sans se préoccuper des règles que
l'État peut juger à propos de suivre ; qu'elle ajoute à l'impôt foncier un impôt personnel basé sur le loyer ou la valeur locative, et
que cet impôt (qui est identique à notre contribution mobilière)
soit progressif ; qu'on complète le tout par un impôt de luxe, équivalant à peu près au dixième de l'impôt personnel, et assis sur les
voitures, les chevaux, les domestiques et les chiens. Il doit être interdit aux communes de lever des contributions indirectes.

Ces idées n'ont rien d'extraordinaire, et si M. de Bilinski, contrairement aux tendances du groupe d'économistes dont il fait partie, n'avait pas établi un « système, » on aurait pu ajouter que ces idées n'ont rien de nouveau. L'espace, bien entendu, ne nous permet pas d'exposer ce système en détail, mais nous nous bornerons à indiquer les arguments de l'auteur contre l'emploi des centimes additionnels. Nous résumons :

1° Des centimes communaux, surtout en petit nombre, s'imposent avec tant de facilité qu'on les adopte avec légèreté ; la facilité devient ici une cause de prodigalité ;

2° Le contribuable, — lors même que la distinction en est faite sur l'*Avis* que lui adresse le percepteur, — confond les impôts généraux et les impôts communaux, et se plaint amèrement des charges que l'*État* fait peser sur lui ;

, 3° Une charge divisée est plus facile à porter que la même charge concentrée ; par conséquent, si la commune avait d'autres impôts que l'État, chaque somme paraîtrait plus petite et on la payerait plus facilement (c'est un singulier argument pour un adversaire des contributions indirectes dans les communes) ;

4° Certains adversaires des centimes additionnels les attaquent, parce qu'ils « mettent les communes dans la dépendance de l'État. » C'est plutôt le contraire qui est vrai. La préoccupation de ménager les ressources communales empêche souvent l'État de réformer ses impôts ;

5° Les centimes ne sont pas toujours la meilleure source de revenu pour une commune donnée ; il ne faut donc pas que toutes soient soumises à la même règle ;

6° Si la loi ne prescrit pas que le même nombre de centimes doit être ajouté à tous les impôts à la fois, l'autorité communale peut charger abusivement une classe de contribuables aux dépens de l'autre ;

7° On croit aussi que dans les contrées où la répartition des impôts généraux est confiée à la commune, il s'établira des inégalités choquantes : dans les communes ayant beaucoup de biens patrimoniaux, l'autorité municipale tendrait à réduire les impôts généraux et les centimes, et dans les localités ayant peu de biens, elle tendrait à les élever (?) ;

8° Là où les impôts généraux sont illogiques, défectueux, injustes, les centimes additionnels ne font qu'aggraver les défauts.

Il y a dans ces arguments du bon et du contestable, il y en a encore bien davantage dans les développements, mais l'espace ne nous permet pas de les discuter et de séparer le grain de l'ivraie. En prenant congé de l'auteur, nous lui conseillerons de ménager un peu plus les « Manchestériens » (les économistes non-kather-socialistes), il évitera ainsi de les blâmer ici, parce qu'ils auraient dit *blanc*, et là, parce qu'ils auraient dit *noir*. Ils ne peuvent pas avoir tort dans les deux cas.

La *Statistische Monatschrift* (Revue mensuelle de statistique) est publiée par le bureau de la Commission centrale de statistique autrichienne et sous la direction effective de MM. de Neumann-Spallart et G. A. Schimmer (Vienne, chez Alfred Hölder). Chacun des numéros (le 9e, le 10e et le 11e) que nous avons sous les yeux, renferme des articles curieux et dignes d'être médités. Nous nous bornerons à mentionner les articles sur les céréales, de M. B. Weisz et de M. Heck, ainsi que la statistique des institutions de crédit, de M. Ehrenberger, et consacrerons quelques lignes aux deux articles qui suivent, en passant les autres sous silence.

L'un, de M. Guillaume Löwy, traite des divorces à Vienne, pendant les six années 1871-1876. Parmi les nombreux chiffres reproduits dans ce travail, nous citerons celui-ci : Durée *moyenne* des unions dissoutes par les tribunaux : en 1871, 9 années et 4 mois; en 1872, 8 années et 6 mois ; en 1873, 9 années et 5 mois ; en 1874, 8 années et 3 mois ; en 1875, 8 années et 11 mois ; en 1876, 8 années et 4 mois. Cette coïncidence n'est-elle pas curieuse? Une pareille coïncidence se constate aussi pour l'âge des époux. Rappelons que, dans notre *Europe politique et sociale* (Paris, Hachette), nous avons reproduit des chiffres de la Bavière montrant que, dans une série d'années, les divorces ont augmenté parmi les catholiques, qui ne peuvent pas se remarier, et diminué parmi les protestants que rien n'empêche de convoler à de nouvelles noces. Les documents saxons nous permettent de constater qu'il y a « sur 100 plaintes, pour l'ouvrier comme pour les personnes exerçant des professions libérales, non-seulement la même proportion d'adultères, mais encore la même proportion de sévices, voire même d'ivrognerie. » En France, pour les séparations de corps, les mêmes proportions se reproduisent tous les ans, tant dans les causes que dans les professions. Nous ne plaidons pas ici la cause du divorce, mais ces chiffres suffiraient pour prouver que la possibilité du divorce n'a aucune influence sur la durée des unions; s'il en avait une, ce ne pourrait être que celle de les resserrer. N'oublions pas, d'ailleurs, que le divorce existe en Amérique, en Angleterre, en Allemagne, en Russie, en Belgique, en Hollande, en Danemark, Suède et Norwége, en Suisse, en Autriche. On se sert un peu du divorce en France, d'épouvantail politique et social ; cela ne mérite ni tant d'honneur, ni tant d'indignité.

L'autre article est de M. Étienne Laspeyres, professeur à Giessen.

Ce savant recherche si la suppression de l'octroi en Prusse a fait diminuer le prix des denrées autrefois imposées. Les chiffres semblent favorables à la suppression, mais ils ne sont pas encore concluants, il en faut davantage pour que la preuve soit complète, mais la méthode de M. Laspeyres est bonne. Seulement, s'il trouve que le prix du blé a baissé plus à Breslau que dans telle petite ville, il oublie qu'on ne peut pas comparer, pour le commerce des grains, une grande ville à une petite. Les cités vers lesquelles convergent plusieurs chemins de fer deviennent de grands centres de commerce et sont bien plus sensibles au mouvement du marché international ou universel, qu'une localité peu importante perdue au milieu des terres.

Mentionnons quelques documents hongrois. On sait qu'une noble émulation anime les statisticiens de la *Cis*-et de la *Transléithanie*. Le ministère de l'instruction publique de la Hongrie a publié un beau volume sur la situation de 1875, dans lequel on trouve des chiffres et des lois, et l'infatigable M. Körösi, le statisticien de la municipalité de Budapest, a fait paraître récemment deux nouvelles publications. L'une, *Die Sterblichkeit*, etc. (la mortalité dans la ville de Budapest et ses causes) est une excellente monographie sur les causes des décès dans la capitale hongroise. On sait que les monographies sont un instrument de progrès pour la science, parce qu'elles doivent pénétrer au fond des choses et épuiser la matière. C'est ce que fait aussi la publication de M. Körösi, seulement, pages 23 et 24, le savant auteur présente les chiffres de façon à faire ressortir un accroissement de la vie, de 3 à 4 ans, de 1872 à 1874, nous le regrettons, car les mauvais plaisants pourraient se mettre à calculer dans combien d'années les Hongrois arriveront à vivre aussi longtemps que Mathusalem. Les chiffres cités par M. Körözi n'indiquent qu'une de ces fluctuations habituelles dont il faut rechercher les causes sociales temporaires, sans prétendre que la vie moyenne a *augmenté*. Elle n'augmente pas tant, ni aussi vite que certains s'imaginent. La seconde publication de M. Körösi étudie en détail l'impôt sur le revenu et l'impôt sur les maisons et trouve de très-satisfaisants rapprochements à faire. L'auteur a la satisfaction de constater, et ici il de peut très-légitimement, que la moyenne des revenus s'est élevée, mais — et dut-on nous reprocher de taquiner le laborieux savant de Budapest, — nous le saisissons en flagrant délit d'hérésie et nous élevons vite un bûcher. Il faut bien se montrer zélé pour la science ! M. Körösi, après avoir trouvé que les classes riches et moyennes ne fournissent que 15 0/0 et la classe la moins riche 85 0/0, ajoute, que l'idéal serait qu'il y ait peu de grands et peu de petits revenus, et

que les revenus moyens formassent la majorité. Nous ne savons
pas bien ce que veut dire ici *idéal*. Si c'est un simple vœu poétique,
nous allons plus loin que M. Korosi, nous demandons que les
grands revenus forment la majorité, et même qu'il n'y ait absolument que de grands revenus. Si, au lieu de faire un souhait poétique, M. Körösi veut seulement comparer la situation de ses compatriotes avec ceux d'autres pays, nous lui rappellerons que partout, en France, en Allemagne, en Angleterre, en Italie, les moins
riches forment la très-large base de la pyramide des revenus, les
revenus moyens se distribuent sur la partie étroite, et les gens
opulents en forment la pointe dorée. En Angleterre, de l'impôt sur
le sucre, — c'est l'administration qui l'a constaté, — 80 0/0 environ
étaient payés par les classes inférieures, 18 0/0 par les classes
moyennes. près de 2 0/0 par les classes riches. En Prusse, le fameux Lassalle a beaucoup usé ou plutôt abusé du fait que les
riches ne forment qu'une faible minorité dans l'État. Qu'est ce
qu'il en concluait ? Que les pauvres devaient être les maîtres,
puisqu'ils sont les plus nombreux. Les statisticiens se sont mis à
marchander quelques pour cent ; pourquoi n'ont-ils pas plutôt démontré que s'il y a si peu de riches, il n'y a aucun intérêt à partager leurs fortunes, la part de chacun serait si petite. Nous avons
un jour calculé, — en nous appuyant sur les évaluations courantes,
que si l'on divisait également toutes les propriétés françaises entre
les 36 millions de Français, la part de chacun serait de 3,000 fr.
Mais il faudra diviser en 333 parts 1/3 tel château porté en compte
pour 1 million, chaque part vaudra-t-elle encore 3,000 francs ? Et
cette maison, cotée à 12,000 francs, divisez-la donc en quatre, et
nous verrons ce qu'en vaut le quart. — Nous n'avons pas perdu de
vue M. Körösi, nous voulions seulement lui dire qu'être statisticien et écouter les Kathedersocialistes, c'est contradictoire :
les uns recherchent les lois naturelles et les autres les nient.

Le *Giornale degli Economisti* de Padoue vient seulement de nous
arriver, après un retard inexpliqué. N'ayant pas eu le temps de la
lire, nous nous bornons aujourd'hui à marquer sa place.

L'*Archivio di Statistica* a fait successivement paraître les numéros 1 et 2 de la seconde année. Le numéro 1 renferme plusieurs
articles dignes de nous arrêter un moment. Le premier, dû à
M. Aristide Gabelli, est intitulé : Les sceptiques de la Statistique (*gli Scettici della Statistica*). M. Gabelli a autant d'esprit que
de science : s'il dit leur fait aux sceptiques, il leur rive leur clou
avec humour; ils ne se lâcheront pas d'être battus. Récemment,
un député lui rapporte les plaisanteries faites à la Chambre sur les

moyennes. *Il signor C.*..., aurait dit un de ses collègues, possède un million, moi, je n'ai pas un centime ; tout compte fait, nous possédons donc en moyenne chacun un demi-million ; seulement le millionnaire roule carrosse et moi je vais à pied, et je puis mourir de faim à mon aise. Et toute la Chambre de rire. Interpellé par le député, M. Gabelli répond : *La Camera abbia fatto benissimo*, la Chambre a très-bien fait. Le rire, dit le curé Yorik, ajoute un fil à la trame de la vie. Mais voudriez-vous bien me dire, continue M. Gabelli, comment sans cette« inutile» et « fallacieuse moyenne» une assurance sur la vie ferait son affaire? Et l'assurance maritime et l'assurance contre l'incendie?... » Et M. Gabelli se met à citer les nombreux cas où les moyennes sont indispensables, tout en insistant bien sur cette vérité qu'une moyenne raisonnable ne peut être prise que sur de grands nombres, tandis que celui qui prend une moyenne sur de petits nombres, fait quelque chose de risible. M. Gabelli montre très-bien qu'un grand nombre de nos actes individuels sont fondés sur des moyennes: non pas toujours sur des moyennes chiffrées, rigoureuses, « brutales, » — mais sur des moyennes ondoyantes, approximatives, tels que nous les avons dans l'esprit, pour nous servir de guide. Ce travail mériterait d'être traduit.

Après cet article, qui appartient au domaine de la théorie, voici des articles d'application. Celui de M. Ellena sur *les ports rivaux de la Méditerranée* est très-instructif; le travail de M. le docteur E. Rey sur les mesures sanitaires dans les différents pays, renferme de bonnes choses dont nous ferons à l'occasion notre profit, seulement nous lui conseillons de puiser ses notions économiques dans les traités de vrais économistes et non dans les pamphlets de quelques kathedersocialistes allemands ou italiens. Où a-t-il vu que les économistes appliquent la *teoria del lasciar fare* (p. 73), la doctrine de laisser faire aux questions de salubrité publique. Tous les disciples de Turgot et d'Adam Smith, sans exception, reconnaissent que la police sanitaire est dans les attributions de l'État ou des communes, selon le cas. — Signalons aussi une statistique électorale accompagnée d'une belle carte, due à M. L. Bodio, le savant et zélé directeur de la Statistique italienne. Nous avons constaté que dans les pays à cens la proportion des votants est souvent inférieure à celle des pays à suffrage universel. Cela nous paraît psychologiquement remarquable. Le même L. Bodio a fait également une étude sur l'émigration italienne, où l'on trouve autre chose encore que des chiffres. L'auteur sait prendre un point de vue élevé pour mieux voir.

Le second fascicule renferme deux articles de fond — nous passons sous silence les articles moins étendus, — qui mériteraient d'être analysés, mais l'espace dont nous disposons ne le permet pas. L'un de ces articles est relatif à l'hydrographie de l'Italie, l'autre à la législation et à la répartition de la propriété foncière en Angleterre.

L'*Italia* de M. Charles Hillebrand, à Florence (chez Lœscher, à Rome, chez Hartung et fils, à Leipzig, 4ᵉ année), est une publication annuelle, un *Annuaire*. Cet annuaire se propose de donner un tableau de la vie sociale et politique en Italie et les auteurs des différents articles dont la réunion compose le tableau comptent parmi les meilleurs écrivains de la Péninsule. Des hommes politiques importants ne dédaignent pas d'y exposer leurs vues. C'est ainsi, par exemple, que M. Bonghi y a fait insérer un article sur l'instruction secondaire. D'autres ont traité la question religieuse (L. Witte), l'organisation judiciaire (O. Luchini), la situation financière (J. Pesaro Maurogonata). On trouve aussi des études sur la musique italienne, sur les auteurs lyriques de l'Italie et un travail étendu sur l'acquisition par la France de la villa Médicis.

Cet *Annuaire* fait honneur à ses auteurs.

Lo spirito dell' Economica politica (L'esprit de l'économie politique), par Francesco Mosser (Naples, 1877), est une publication qui se présente sous l'étiquette d'une *Introduction* à un traité *ex professo*, mais qui est en réalité un résumé du système de l'auteur, du moins quant à «l'idée de la valeur. » Nous sommes un juge prévenu contre les spéculations sur la *valeur*, car nous ne les aimons pas ; nous n'aimons pas, en effet, qu'on nous explique longuement que 2 + 2 font 4, il ne faut pas non plus vouloir donner plus de clarté, plus de lumière que le soleil. Celui auquel une page d'explication ne suffit pas pour comprendre la valeur fera bien de ne pas devenir économiste. Nous ne rejetons cependant pas la spéculation, mais qu'elle n'ait pas pour base ou pour point de départ un mot, une idée même, mais un ensemble de faits *bien observés*. Disons en terminant que des exercices de l'intelligence, tels que l'*Introduction* de M. Fr. Mosser, sont très-utiles aux jeunes gens, mais simplement comme « Introduction » : le fond du livre doit être le résultat de l'observation.

M. le professeur S. Cognetti de Martiis a publié : *gli Stati Uniti d'America, nel* 1876. Cette publication fait connaître la situation actuelle des États-Unis, telle qu'elle résulte surtout du grand et beau travail de M. Francis Walker, le directeur du récensement décennal de 1870. M. de Martiis a cependant encore puisé à d'autres sources ; car il fait une statistique complète de la grande république et traite, en même temps, l'organisation communale, les rapports de l'Église et de l'État, la question ouvrière, les programmes des partis, et d'autres problèmes du jour. Nous ne pouvons que louer ce travail pour la forme et pour le fond ; nous pouvons d'autant mieux le juger que nous avons publié assez récemment des études analogues.

· *La Questione dei banchi in Italia*, de M. Tullio Martello, est un éloquent plaidoyer en faveur de la liberté des banques. Ses arguments sont tous tirés de la situation italienne et font connaître bien des faits et bien des opinions. Nous recommandons ce travail aux hommes spéciaux sans prendre parti. Nous ne considérons pas la question comme assez simple pour la résoudre en quelques mots.

Puisque nous sommes en Italie, disons un mot de la *Conférence des chemins de fer*, qui a eu lieu à Rome en octobre dernier. Cette réunion, qui a été une émanation du congrès international de statistique, a eu un caractère officiel ; divers pays y avaient envoyé des délégués, car il s'agissait de s'entendre sur la rédaction d'un cadre uniforme pour les statistiques des chemins de fer. M. le conseiller aulique Brachelli, de Vienne, rédigea un projet qui devint la base des délibérations de la réunion. On s'est mit complètement d'accord sur tout ce qui concerne la voie, sa longueur en voie simple, double et de garage, ainsi que de service, sur l'écartement des rails (entre champs), sur le métal employé pour les rails (fer ou acier), sur les longueurs horizontales et en pente (ou rampe) et sur les lignes droites et les courbes. Le premier tableau du programme est donc adopté.

Le second tableau peut également être considéré comme arrêté ; il s'agit du matériel et du parcours. Le nombre des locomotives et des wagons de toutes sortes ; le nombre des places de voyageurs, la capacité des wagons à marchandises, la longueur du parcours des locomotives, des trains ; le nombre des trains par année et par jour sur chaque ligne, celui des voyageurs par classes et ensemble, le poids des marchandises et bagages, etc.; tous ces renseignements sont publiés déjà par quelques pays, mais tous vont se faire un devoir de les mettre sous les yeux du public.

La classification des marchandises est réservée.

C'est le troisième tableau qui n'a reçu encore qu'une rédaction provisoire. Ce tableau renferme les renseignements les plus importants et, à quelques égards, les plus délicats. En effet, il s'agit du capital et de ses charges sous leurs formes multiples. Le capital, — et la conférence a pris ce mot dans le sens que lui donne la science économique, — se compose d'action et de subventions, même d'immunités ; il y a aussi les garanties d'intérêts, les charges du capital

sont les obligations et les emprunts sous toutes ses formes. Le
tableau dissèque ensuite les recettes, qui peuvent provenir des
voyageurs (divisés par classes) ou des marchandises (grande et
petite vitesse) ou de sources accessoires. Quant aux dépenses, les
grandes divisions admises sont : administration, surveillance et
entretien de la voie, mouvement et service commercial, dépenses
spéciales. Les grandes divisions se distinguent aisément, mais de
quels éléments doit-on les composer, voilà ce qui n'est pas encore
déterminé. On tâchera de s'entendre sur ce point dans la prochaine
réunion, qui aura lieu à Paris; en attendant, chacun suivra les
usages reçus dans son pays, mais les fera connaître, de sorte qu'on
pourra décomposer les colonnes et recomposer les chiffres d'après
d'autres principes.

Les procès-verbaux des délibérations seront très-instructifs, car
la discussion a touché à bien des points et à contribué à les élucider. La réunion était composée de hauts fonctionnaires des États,
de directeurs de chemins de fer, de statisticiens, tous les points de
vue étaient donc représentés. Les membres, envoyés par les divers
pays, ont rivalisé de zèle pour rendre le travail fructueux. M. Brachelli (Autriche) et les deux vice-présidents MM. Perl (Russie) et
Bodio (Italie), puis MM. de Vassart-d'Hozier et Charles Baum
(France), Janssens et Callewaert (Belgique), Pearson (Angleterre),
Schrader, Schwabe, Jencke (Allemagne), Annenski, de Wendrich
(Russie), Kéleti, Ivànku (Hongrie). Mannheimer (Autriche), mais
surtout les italiens MM. Branca, Valsecchi, d'Amico, Biglia,
Perucca, Crosa, Paria et d'autres ont pris une part active au travail. Il est juste aussi de dire que les Italiens ne se sont pas con-
tentés d'être utiles, ils ont encore su être agréables. Leur réputation
d'amabilité est faite. Le gouvernement a donné un banquet et a
offert une incomparable excursion à Naples, à Pompéi, Capri, mais
les splendeurs du golfe, la beauté des sites et des monuments, le
luxe de l'hospitalité n'ont certainement rien perdu par l'empressement gracieux des hôtes et la cordialité qui n'a cessé de régner
entre les convives.

La *Russische Revue*, année 1877, fascicules 9, 10 et 11, donne
une très-intéressante analyse de la grande enquête russe (1872)
sur la situation des paysans, surtout dans les communes où la
possession collective du sol est établie. La commission d'enquête
a réuni de très-nombreux documents, des avis, des rapports, des
dépositions émanant de toutes les classes de la population, hauts et
bas fonctionnaires, magistrats, nobles, paysans, marchands de
blé, éleveurs, grands propriétaires; elle a publié 4 gros volumes

avec rapport général, procès-verbaux, et annexes nᵒˢ 1, 2, 8 et suivants, tout comme ailleurs, bien que ce fût la première enquête solennelle opérée en Russie. Elle a été dirigée, il faut bien le dire, avec
fermeté, habileté et dans un excellent esprit par M. Valujeff. Le
résultat de l'enquête a été très-défavorable à la propriété collective des terres communales. Les défenseurs de cette organisation
surannée ne formaient qu'une infime minorité, divisée en deux
groupes, celui des slavophiles qui veulent conserver un usage
national, et celui des socialistes et semi-socialistes, qui prétendent
empêcher la formation d'un prolétariat, en maintenant tout le
monde dans la pauvreté. Car, et tous les déposants à peu près sont
de cet avis, la possession collective du sol arrête le progrès, maintient le peuple dans la misère et cause bien des vices. Les reproches
faits au système se résument à peu près ainsi :

1. Le cultivateur ne peut pas introduire d'amélioration dans sa
culture, il est tenu de faire comme tout le monde. Par exemple,
il ne pourrait pas labourer sa jachère à d'autres époques que ses
voisins, car ce serait empêcher le bétail d'y chercher sa nourriture.
La même restriction s'applique à la fauchaison des prairies. Quant
à introduire des plantes inconnues dans la commune, il n'y a pas
à y songer.

2. Les terrains changeant fréquemment de mains, ou fume peu
ou point. On fume le jardin, dont on n'est pas dépossédé, mais
les champs qu'on ne cultivera qu'une année, on ne songe pas à y
transporter de l'engrais. Lorsque la répartition des terres a lieu à
de longs intervalles, par exemple tous les 10 ans, on fume pendant
7 ans et l'on épuise la terre pendant les trois autres. Un paysan
qui soignerait son lot, se le verrait sûrement enlever par un de ces
tyranneaux locaux qu'on appelle « Dévoreurs de village. » Ce sont
les meneurs, les *politicins* de l'endroit.

3. Une influence pernicieuse semble être exercée par les dévoreurs de village (*miroiédié*), qui abusent de leur supériorité pour
faire prendre à la commune des décisions qui leur sont personnellement favorables.

4. Personne ne s'occupe de drainage ni d'autres améliorations.

5. Le cultivateur ne s'attache pas à sa propriété, souvent même
il cherche à s'en défaire; mais comme la commune a des droits sur
lui, ces droits deviennent par lui une chaîne qui le retient au
fond de la misère sans lui permettre de surnager.

Il y aurait eu encore beaucoup d'autres griefs à relever, mais
nous n'en signalerons que deux. L'un, c'est la solidarité envers le
fisc. La commune est imposée, et non l'individu, donc les gens
laborieux, économes, intelligents payent pour les paresseux, les

ivrognes. Dans presque tous les pays la solidarité communale existe,à des degrés différents,mais nulle part elle n'est aussi intense que sous le régime de la communauté des terres. L'autre grief consiste dans l'intérêt qu'on a d'empêcher les jeunes gens à s'établir, ou comme on le dit, àpartager. Chaque famille,—chaque feu, — reçoit un lot de terre d'autant plus grand qu'elle est plus nombreuse, le père garde volontiers autour de lui ses fils mariés, les belles-filles sont autant de servantes travaillant sous les ordres de sa femme. A la mort du père, c'est le frère aîné qui devient le chef du ménage collectif, mais les cadets désirent à leur tour devenir indépendants. C'est un désir naturel et légitime, seulement, les ménages sont en général si pauvres, que le partage devient parfois désastreux, s'il ne se fait pas dans une année de bonne récolte.

Par toutes ces raisons, et d'autres que nous avons dû omettre, beaucoup de cultivateurs, et des meilleurs, font des efforts pour se constituer une exploitation agricole en dehors de la commune, soit en achetant une terre libre, soit en cherchant à dégager, contre indemnité, leur lot du bien communal, soit de toute autre manière. Il en est qui, de guerre lasse, sont allés au loin exercer un métier quelconque.

Aussi, lorsque la commission a eu à délibérer sur les mesures à prendre, elle a mis en tête de ses délibérations la question suivante :

1° Doit-on faciliter aux paysans leur dégagement des liens de la propriété communale, tout en les maintenant membres de la commune administrative? (C'est une situation analogue à celle des propriétaires de biens nobles dans le canton.)

On discuta, en outre, les questions qui suivent :

2° Doit-on prendre des mesures pour restreindre l'usage de la répartition périodique des terres communales, et quelles peuvent être ces mesures?

3° La cessation de l'indivis dans les familles doit-elle subir des restrictions, et convient-il que la législation intervienne pour régler les partages ?

Sur le premier point, on a décidé que le paysan doit pouvoir se dégager des liens de la possession commune, soit en achetant une propriété, soit en devenant fermier, soit en allant exercer une profession dans une autre localité. Relativement aux répartitions périodiques on a été unaniment d'avis, qu'elles ne doivent avoir lieu qu'à de longs intervalles fixés par le gouvernement, en facilitant la stabilité de la possession des mêmes parcelles par le même cultivateur, et en faisant surveiller l'opération par une autorité déterminée, autre que la commune. Ces mesures n'ont été considérées que comme des moyens de faciliter la transition à la propriété individuelle. Enfin, le partage est admis quand il s'agit de faire cesser l'indivision entre collatéraux, mais il ne peut aller jusqu'à établir un avancement d'hoirie. La législation aura à intervenir sur ce point.

Nous nous sommes si longtemps arrêté sur la question de la propriété communale, qui est d'ailleurs de premier ordre, elle intéresse plus de 63 millions d'âmes, que nous devons nous borner à signaler quelques-uns des autres articles. La statistique des mines, insérée au nº 9, est très-détaillée, elle semble indiquer que la crise n'a pas sévi en Russie, du moins dans cette branche de l'industrie. Le même numéro renferme aussi une intéressante notice sur les universités, des articles sur les fouilles archéologiques dans le territoire de Vot, sur les chants et les cérémonies diverses en usage dans les mariages. Ces chants sont bien tristes, il ne paraît pas qu'il y ait, en Russie, une lune de miel. Le nº 10 donne une statistique judiciaire et des travaux d'anthropologie et d'histoire, par exemple des documents relatifs aux premiers jours du règne de Nicolas Iᵉʳ. Enfin, dans le nº 11 nous signalons un article sur l'histoire de Riga et diverses notices ethnographiques, notamment sur la Sibérie orientale.

MAURICE BLOCK.

BULLETIN

—

HISTOIRE DE LA CUISSON

I

L'histoire des nombreux procédés dont l'homme a fait usage pour transformer les aliments par la cuisson, ne peut être établie qu'en partie, soit à l'aide des documents déjà recueillis, soit par des recherches directes. Beaucoup de ces procédés remontent en effet aux temps préhistoriques et antérieurs à toute tradition. S'il est incontestable que l'art de cuire, c'est-à-dire l'ensemble des perfectionnements successivement apportés à la préparation des mets, appartient surtout aux peuples historiques, on est forcé de reconnaître que le point de départ de tous procédés, de toutes ces recettes, a été la cuisson elle-même ; ce qui revient à dire que la cuisson est une notion préhistorique et qu'elle était depuis longtemps connue lorsqu'on songea pour la première fois à fixer le souvenir des progrès accomplis, pour le transmettre à la postérité.

Quand je dis que l'idée même de la cuisson des aliments a été le point de départ, la clef de l'art culinaire, mon intention n'est pas seulement de faire observer que dans toutes les branches des connaissances humaines la découverte du principe est l'essentiel, et que tous les perfectionnements ultérieurs n'en sont que des conséquences naturelles. Cette vérité se montre encore bien plus évidente dans la question qui nous occupe, car il est certain qu'aucun des progrès accomplis dans l'art culinaire n'a de valeur comparable, même de très-loin, à celle de la découverte de la cuisson pure et simple. Mais si je tiens surtout à insister sur ce point, c'est que cette découverte a une autre importance bien plus considérable : elle sépare l'une de l'autre les deux grandes époques de civilisation qu'a traversées l'humanité.

Un physiologiste irlandais, Graves, a dit d'une manière significative que « l'homme est le seul animal cuisinant. » De fait, on pourrait dresser un singe ou un chien et lui faire préparer quelques mets simples. Mais de tous les animaux, pas un n'est capable d'apprendre l'ensemble des procédés que comporte la cuisine actuelle, et encore bien moins de les comprendre ou de les trouver. D'ailleurs, l'homme seul éprouve le besoin de soumettre ses aliments à l'action du feu. Il y a certains animaux, tels que les oiseaux et les ruminants, que la nature a pourvus d'organes (gésiers et panses), destinés à faire subir en partie aux aliments les modifications préalables que nécessite leur complète digestion ; mais on n'en connaît pas qui, privés de ces organes naturels, aient jamais fait un effort pour y suppléer artificiellement L'instinct si vanté de quelques-uns ne va pas plus loin que de rechercher certaines substances ayant la propriété de se décomposer naturellement et dont la digestion est par cela même plus facile. Le génie de l'homme était seul capable de réaliser ce grand progrès : la cuisson des aliments.

Arrêtons-nous un moment sur ce progrès, et tâchons d'en saisir toute l'importance. Il est indifférent que nous manquions de renseignements écrits sur l'état des peuples qui ont imaginé de soumettre les aliments à l'action du feu, sans se douter des bienfaits immenses qui devaient en résulter plus tard. L'ethnologie supplée à ce défaut en nous faisant connaître certaines populations qui, de nos jours même, ignorent l'usage de la cuisson. Leur nombre toutefois n'est pas aussi grand qu'on se l'était figuré jusqu'à ces derniers temps. Ce sont de petites peuplades, pour ne pas dire de simples tribus, qui habitent des îles reculées, qui n'ont jamais connu de civilisation, et qui se nourrissent exclusivement des substances toutes préparées que la nature leur met sous la main. Tels sont certains Polynésiens des petits îlots de l'Océan Pacifique, qui trouvent une nourriture suffisante dans les arbres à fruits de leurs pays, ou dans les plus simples produits de la mer, comme les coquillages, les crustacés et le menu poisson.

Sur les grands continents, l'usage de la cuisson est à peu près universellement connu ; et, dans les contrées où cet usage n'a pas reçu tous les perfectionnements désirables, comme en Australie, par exemple, il faut reconnaître qu'il a déjà fait quelques pas dans les digressions ; ce que je viens de dire montre suffisamment en quoi diffèrent les pays où la cuisson est usitée, de ceux où elle n'est pas connue.

Remarquons maintenant combien la préparation des aliments au moyen du feu rend l'homme indépendant des hasards de la nature. Ce sont précisément les produits naturels dont se compose en général notre nourriture qui ont surtout besoin de préparation spéciale. Il est difficile d'admettre qu'il y ait jamais eu un temps où le froment, le millet, le riz, la pomme de terre, le maïs, tout à fait à l'état de nature, aient pu servir à l'homme de moyen régulier d'alimentation. Même aujourd'hui, l'Australien qui ne connaît pas la cuisson passe avec indifférence devant les rizières qui sont, du moins dans le nord de la Nouvelle-Hollande, des productions naturelles du sol. Là, au contraire, où l'on écrase les grains, où on les moud, on les fait ordinairement détremper dans l'eau, puis on les soumet, d'une façon quelconque, à l'action du feu, pour les rendre mangeables.

L'opinion d'après laquelle l'humanité aurait, à l'origine, exclusivement vécu de matières végétales qui ne subissaient aucune espèce de préparation, et que, sous l'influence de ce régime, elle aurait fait des progrès remarquables dans la civilisation, appartient à ces hypothèses, émises à une époque où l'on était occupé, avec raison sans doute, mais avec une connaissance imparfaite de l'antiquité, à ramener les hommes du cercle enchanteur d'une civilisation raffinée, vers un état bien plus conforme à l'état naturel des choses.

L'introduction de l'agriculture dans les usages de l'humanité présuppose la connaissance de la cuisson des aliments. — Le but principal de l'agriculture devait consister alors, tout comme à présent, à cultiver des plantes qui, seulement après une préparation artificielle, pouvaient servir à l'alimentation de l'homme. Cette remarque se trouve justifiée par l'habitude que l'on prit de faire des provisions pour l'hiver, et ces provisions ne purent être amassées en quantité suffisante qu'après que l'on fut parvenu à un certain degré de perfection agricole. Il fallut que l'on commençât par souffrir de la disette, ce qui fit que l'on s'inquiéta d'assurer, d'une manière quelconque, l'alimentation de la famille. On commença donc à raisonner, et à supputer le nombre des besoins qui pouvaient se faire sentir aux différentes époques de l'année.

II

C'est à partir de ce moment que la femme a pris, au centre de la famille, la place honorable qu'elle y occupe encore, et ce nouveau rôle de la femme caractérise particulièrement la civilisation nouvelle. A partir de ce moment, l'épouse est constituée l'économe du trésor amassé ; elle est chargée d'en ordonner le mode et la mesure de distribution et, par cela même elle est désormais responsable de l'entretien de la famille, en proportion de la récolte amassée.

Assurément ce n'est point par un effet du hasard que la femme est devenue maîtresse de maison, dans les pays froids des zones tempérées, où règne un hiver véritable. L'hiver a été le grand maître de discipline, qui non-seulement a resserré les liens domestiques, mais qui a procuré à la femme, en sa qualité de gardienne du trésor alimentaire, une place honorable et reconnue vis-à-vis de l'homme, le nourrisseur proprement dit de la famille. Ce n'est que tout exceptionnellement que l'on voit çà et là un peuple, dans les régions tropicales ou sous-tropicales, atteindre ce point élevé de civilisation sociale. Plus la nature s'est montrée libérale, plus le souci du lendemain a été nul, et plus les liens de famille ont été relâchés ; plus la famille elle-même a souffert du fléau de la polygamie et de l'esclavage des femmes.

Et cependant, même au sein de ces organisations primitives de la vie sociale, même en ces climats heureux où l'agriculture n'engendre pas des soucis continuels, même là, disons-nous, la femme conserve en partie son importance ou sa considération, parce qu'elle donne aux soins agricoles le temps que la préparation des aliments ne lui absorbe pas. En aucun lieu du monde, plus qu'en pleine Afrique méridionale, la femme n'est à la fois maraîchère et paysanne, chargée non-seulement de cultiver la terre à la sueur de son front, mais encore de ramasser et de rentrer les céréales qui sont le fruit de son labeur. Au contraire, la tâche habituelle de l'homme, excepté dans ses heures de plaisir, consiste à chasser ou à guerroyer.

Et plus les hommes se consacrent à la chasse ou à la guerre, plus la vie de famille tend à s'effacer. La chasse exige de vastes territoires pour fournir des moyens suffisants de nourriture. Il s'ensuit qu'un peuple chasseur est par là même astreint à changer de résidence, quand il a détruit les animaux qui peuplaient la contrée où il s'est établi. La vie de maison est abandonnée et, par conséquent, le sentiment de patrie ne saurait s'établir ou se conserver ; tout ce qui fait que l'on s'attache à son foyer et que l'on s'y plaît, non-seulement ce qui sert à l'embellir, ou à lui donner commodité tant en meubles qu'en ustensiles, mais la propreté même, l'ordre et l'économie, en un mot les vertus domestiques, disparaît ou, pour nous exprimer plus rigoureusement, n'a pas le temps de s'acquérir. Les habitudes moins importantes, bien qu'également caractéristiques, telles que, par exemple, la régularité dans les repas, font aussi presque totalement défaut. Y a-t-il quelque chose de plus significatif, à cet égard, que le sentiment exprimé par ce sauvage Tehuelche, que nous relevons dans le *Voyage en Patagonie*, de M. Musters : « Les Chiliens, dit-il, mangent à des heures régulières : c'est insensé ; nous ne mangeons, nous autres, que quand nous avons faim. » La conséquence naturelle, c'est que chacun mange là où la faim le prend, et où il trouve l'occasion de l'apaiser. Nulle part cette dissolution des liens de la famille n'apparaît de façon plus frappante que dans la Nouvelle-Hollande, et ce n'est pas sans raison, sinon sans exagération, qu'un Français enthousiaste, M. Foley, assurait dernièrement que, sous le rapport des soins et de l'attachement témoignés à sa femme et à son enfant, l'Australien lui paraît moins estimable que le chien sauvage de sa région, le dingo, et même ne venir qu'après l'ornithorhynque. « Au point de vue, dit-il, des soins que tout être vivant, quelque peu sociable, doit à sa femme et à son petit, le papou de la côte est australienne ne vaut pas encore l'ornithorhynque. »

En quelque endroit du monde que nous regardions, pour ce qui est du temps passé, partout nous voyons que les progrès de la civilisation, le développement du sens moral sont en quelque sorte subordonnés à la possession d'un intérieur. Partout aussi nous voyons la maison de celui qui maintient cette civilisation, de l'homme sédentaire, toujours à proximité de son champ. L'arboriculture, la viticulture et le jardinage procurent plus tard les moyens d'améliorer et même d'embellir l'existence ; le symbole particulier de ce degré de civilisation, c'est le champ avec sa moisson dorée. C'est à partir de ces temps meilleurs que l'on commence à honorer la mère de famille et le foyer ; c'est à cette époque également que l'on songe à *veiller* sur le feu. Le sanctuaire de Vesta, dont les gardiennes sont des vierges, et qui est comme un témoignage de la contemplation particulière aux peuples jeunes, affirme qu'ils considèrent le foyer comme la base de tout ordre moral social.

III

On ne saurait aucunement prétendre que l'agriculture ait fait naître l'idée de cuire les aliments. Mon avis là-dessus serait que la cuisson des aliments eût pour résultat de faire de l'agriculture un objectif plus soutenu de l'effort humain. Les peuples pasteurs, chasseurs, pêcheurs, au moins pour la plupart, n'ignorent pas la cuisson, et bien qu'ils ne la connaissent que très-imparfaitement, ils en font une application des plus variées. Mais il ne peut y avoir de doute sur ce point, que la vie pastorale, la vie de chasse ou de pêche marque un état inférieur de culture, et que dans la suite des temps, ce genre d'existence a précédé l'existence agricole. C'est ce que ne songent pas à nier les orthodoxes, et si j'avais à redouter une contradiction, ce serait bien plutôt de la part des végétariens.

Parmi les articles de foi des végétariens, se trouve d'abord celui-ci :
« L'homme, en raison de sa nature et de son organisation, est un her-
bivore. Pour ce motif, l'alimentation végétale est la seule vraie, la seule
naturelle. L'homme se place tout à côté du singe, et notamment du
singe anthropoïde. » Il n'y a qu'un tout petit malheur à cela : c'est
qu'une observation plus exacte a démontré que les singes anthropoïdes
sont à l'occasion de vrais carnassiers, et qu'ils dévorent volontiers aussi,
quand ils sont à l'état de liberté, les œufs, les jeunes animaux et une
foule d'êtres inférieurs. Encore moins, chez les peuples à l'état sauvage,
trouvons-nous les végétariens désignés. Précisément « les plus naturels, »
ou, si l'on veut, les plus éloignés de notre état de civilisation, les Boto-
kudos, les Boshimans, les Australiens, sont de remarquables omnivores,
des *mange-tout*, qui ne font pas même fi d'animaux assez rebutants, et
pour lesquels, en conséquence, un bon morceau de viande constitue un
parfait régal. *Le vrai végétarianisme n'est pas l'état primitif de l'humanité*,
mais au contraire un état qui a fait son apparition très-tard. Des végétariens, tels que le brahmanisme nous les montre, ne furent possibles
qu'après que l'agriculture eut mis à la disposition des hommes les
moyens d'alimentation que leur refusait la nature. Le végétarianisme
ne constitue donc pas un genre de vie naturel, mais bien plutôt artificiel. On ne saurait en citer un seul exemple, pris chez les peuples à
l'état de nature, si ce n'est parmi ceux des petites îles coralliennes des
mers du Sud. Encore est-il présumable, au sujet des habitants de ces
îles, Polynésiens d'origine malaisienne, que leurs ancêtres sont venus
là avec de tout autres habitudes; ce n'est que petit à petit, par le
manque d'aliments, et par une espèce de dégradation progressive, qu'il
s'est introduit chez eux un végétarianisme qui, ne manquons pas de
l'observer, se mélange très-également avec l'ichthyophagie.

Non certainement, je le répète, l'homme des premiers temps n'était
pas végétarien. L'on se rapprocherait bien plus de la vérité en affirmant
qu'il était surtout carnivore. Pour se procurer de la chair, il ne dut pas
être uniquement chasseur ou pêcheur; nous accordons volontiers pourtant qu'il fut l'un et l'autre de très-bonne heure. Les bords de la mer
offrent encore aujourd'hui, surtout dans les pays chauds, une très-
grande quantité de mollusques, crustacés, et d'autres animaux marins
qui sont très-faciles à prendre ; les marais et rivières de ces pays sont
également riches en tortues et en amphibies qu'il n'est pas non plus
difficile d'atteindre ; au pis aller, qui ne se rebute pas des chenilles, des
araignées ou des escarbots, est assuré de ne pas mourir de faim dans
une forêt. Or, telle a été en réalité la nourriture de beaucoup d'hommes
à l'état sauvage. S'ils sont devenus avec le temps pêcheurs et chasseurs,
l'on ne doit pas oublier que la pêche et la chasse n'ont été que les
résultats d'un développement progressif. La vie pastorale n'a pu naître

évidemment que de la chasse, et c'est aussi par conséquence que le pasteur est devenu l'agriculteur.

IV

Qui peut avoir inventé la cuisson? Au déplaisir probable des végétariens, je dois dire que le laboureur, bien qu'il ait consacré toute son activité à la production des végétaux et céréales, ne doit pas avoir néanmoins consommé tels quels les aliments qu'il en tirait, mais qu'il connaissait déjà, par ses ancêtres les pasteurs, une préparation artificielle quelconque de ces mêmes aliments. Après avoir trouvé le moyen d'assouvir en tout temps sa faim par ces procédés, l'agriculteur, d'abord indigène d'un pays, a pu fort bien se faire émigrant et colon sur un sol étranger. Là, tout comme en son premier pays, il retirait de ce sol en le travaillant, des produits qui pouvaient nourrir et lui-même et sa famille et son bétail. Cependant il importa des semences dans sa nouvelle patrie, il s'occupa de les y acclimater, autrement dit, il se mit à semer pour récolter. Mais remarquons que tout cela est déjà de l'art et de la civilisation.

L'ancêtre du laboureur et du colon, le pasteur, vivait bien plus à l'état de nature. Etait-ce là du végétarianisme? Assurément non. Ou bien devons-nous admettre que ces hommes se bornaient à vivre de fromage ou de lait? Un regard jeté sur les peuples pasteurs contemporains suffit à montrer que l'usage de la viande, cuite ou saignante, s'est introduit partout Qu'on interroge les Lapons ou les Tunguses, les Kalmouks ou les Kirgises, les Caffres ou les Hottentots, qu'on leur demande si la viande de leurs animaux domestiques ne leur convient pas, et s'ils en peuvent supporter le goût, on se convaincra qu'ils sont tous des carnivores accomplis. Beaucoup d'entre eux le sont même plus complètement que les peuples chasseurs, qui le sont pourtant à un si haut degré. Mais il est bien évident que le chasseur, qui ne tire sa proie que du hasard, ne peut se nourrir de viande avec autant d'abondance, ou tout au moins avec autant de régularité que le pasteur, qui élève lui-même son bétail, et qui peut en tout temps, à moins d'accidents ou d'épizootie, le conduire à l'abattoir. Si l'on veut savoir maintenant quels sont les peuples qui ont la plus grande tendance à se nourrir de viande absolument crue, nous dirons qu'il n'y a pas un seul peuple chasseur qui se puisse comparer aux Kirgises. Tous les peuples chasseurs préparent leur nourriture artificiellement, et même autant qu'il leur est possible, au moyen du feu.

Pour ce dernier motif, je crois que le procédé de la cuisson des aliments est dû aux chasseurs, et qu'il était déjà depuis longtemps en usage, avant que l'agriculture fût nulle part pratiquée. Je soumettrai plus tard quelques observations, puisées à la source des temps préhis-

toriques. Pour le moment, je me contenterai de remarquer que ce développement antique et primitif de l'*art de cuire* a eu lieu par degrés, et
qu'il faut y rapporter l'histoire primitive de quelques découvertes particulières.

V

Je mentionne tout d'abord la découverte du feu, de son action et de
ses effets. Sans le feu, l'on ne peut ni cuire, ni commencer aucune des
préparations de la viande ou du blé qui sont du ressort de la cuisson.
Actuellement, les moyens de faire du feu sont tellement répandus et
connus, qu'on peut se demander s'il existe un seul peuple qui les ignore.
Peschel, que la science a récemment perdu, dans son remarquable
ouvrage : *De l'Ethnologie,* a développé logiquement cette vérité : que sur
toute la terre, le peuple qui n'aurait aucune connaissance du feu reste
encore à trouver.

Reconnaissons toutefois que les raisons qu'il en donne, et notamment
les arguments qu'il oppose à sir John Lubbock, qui, dans son livre sur
les *Temps préhistoriques*, a émis une opinion contraire, ne sont pas
inattaquables. En particulier, l'assertion de quelques voyageurs, établissant que dans la Nouvelle-Hollande et chez les Tasmaniens, il y a encore des peuples ou plutôt des tribus indigènes, qui ne savent que
conserver le feu, et qui ignorent les moyens de le produire, n'est pas en
contradiction formelle avec l'observation faite, au moment de la découverte de ces pays, à savoir, que d'autres tribus australiennes ou tasmaniennes connaissaient les moyens de faire du feu. Sur le premier point,
il est établi par les relations de témoins dignes de foi, que dans leurs
migrations, ces tribus australiennes et tasmaniennes portent avec elles
du feu à l'état de braise allumée. Ce n'est pas sans un grand intérêt
psychologique que l'on peut remarquer que même ici, dans l'état le
plus inférieur de la vie sociale, les femmes sont les gardiennes attitrées
du feu. Toutefois, cette sollicitude apportée à la conservation du feu une
fois obtenu, ne prouve pas absolument qu'on ignore les moyens de
l'obtenir à nouveau, puisque ces moyens se trouvent partout sous la
main, et que presque tous les peuples à l'état de nature connaissaient
l'action du frottement d'un bois contre un autre. A moins que l'on
admette que, privés des moyens ordinaires d'obtenir le feu et forcés de
se livrer pour se le procurer à un travail difficile, ils préfèrent se
charger du soin de l'entretenir une fois qu'ils l'ont obtenu. C'est peut-
être pour ne pas s'être rendu compte de ce fait, que MM. Stuart et
Angas ont cru que certaines tribus australiennes se bornaient à tirer le
feu des tribus voisines, soit à titre gracieux, soit comme articles de
commerce.

Il n'est pas essentiel, au point de vue où nous nous sommes placé
dans cette étude, de déterminer exactement s'il existe quelque part une

tribu qui sache ou non produire le feu. Aussi bien, les exemples que nous venons de citer, des tribus qui se le procurent par elles-mêmes, ou qui le tirent de leurs voisins, ne sont pas de grande valeur pour notre démonstration. Nous constaterons seulement ce fait, qu'elles possèdent le feu, et qu'elles savent l'utiliser. Mais personne ne conclura de ce fait que si actuellement il n'y a pas un peuple qui ne connaisse le feu, il a dû toujours en être de même. Au contraire, il fut un temps où l'humanité tout entière vivait privée de cet élément. Ceci est tellement incontestable qu'à toutes les époques la tradition populaire s'est efforcée de faire envisager la découverte du feu comme un événement capital dans l'histoire de la civilisation.

La vieille fable hellénique de Prométhée, bien que liée dans une certaine mesure avec le Caucase, nous renvoie chercher dans le ciel la source du feu, et nous montre dans l'éclair le premier inflammateur de la matière terrestre, et cela, bien qu'il existe dans le voisinage du Caucase, vers la région sud de la mer Caspienne, à Baka, des sources de pétrole qui dégagent des gaz spontanément inflammables. Bien des siècles avant que le christianisme n'eût changé en enfer le royaume de Pluton, il avait surgi dans les idées de l'homme une certaine opposition entre le feu souterrain et le feu céleste. Il considérait volontiers le premier comme un élément impur et destructeur, tandis qu'il voyait dans le second un élément pur et vivifiant. Il est parfaitement admissible que le feu du ciel ait apporté à l'homme la conception de la flamme, tandis qu'au contraire les feux terrestres étant rares, et les volcans actifs espacés sur la surface du globe, on ne les voit pas facilement donner, comme le fait l'éclair, le beau spectacle de la flamme.

Mais l'homme ne devint pas pour cela maître du feu, et Prométhée sans doute, tout comme le sauvage australien de nos jours, dut emporter le bois, à l'état de braise, dans un récipient quelconque, pour en tirer une flamme nouvelle, qui fut ensuite indéfiniment propagée de foyer en foyer. L'*élément* ne fut réellement en la possession de l'homme, que le jour où l'homme sut le produire. Ce fut alors le renommé feu nouveau, auquel on a, jusqu'en des temps assez rapprochés de nous, attribué des effets tout particuliers. Dans le temple de Vesta, quand le feu sacré venait à s'éteindre par la négligence d'une vestale, on ne pouvait le rallumer avec une flamme existante apportée du dehors; on en produisait de nouveau par le procédé du frottement. Ce serait ainsi dans le frottement, non dans le choc, qu'il faudrait voir la cause primitive de la production du feu; ce fait est d'autant plus significatif que l'homme ne l'a pas connu par voie d'imitation, mais par voie d'observation et de raisonnement.

Qui pourrait dire quand et comment il s'est produit? Dans toutes les habitations préhistoriques de l'homme que l'on a découvertes, quelle

que soit l'antiquité qu'on leur attribue, on a pu recueillir des traces de
charbon de bois, qui permettent d'établir, et même d'affirmer qu'il y a
été allumé des feux domestiques. Le plus grand nombre des cavernes
préhistoriques, en France, en Angleterre, en Belgique et en Allemagne,
y compris celles qui remontent à la période glaciaire, contiennent des
vestiges de charbon de bois, à côté des ossements du renne ou des autres
animaux contemporains. Dans la caverne de Balve, en Westphalie, j'ai
constaté moi-même la présence de charbons végétaux parmi des ossements de renne, et tout récemment aussi, M. Ecker, dans certaines
couches du diluvium de la vallée du Rhin, a découvert tout ensemble
des charbons, des os de renne sculptés, et des silex taillés. Dans les
cavernes plus anciennes encore de l'hyène, où l'on a constaté, avec les
restes des hyènes et des animaux qu'elles y entraînaient pour les dévorer, des traces de l'homme, les charbons ne font pas défaut davantage. Si, dans une caverne de cette époque, à Lindenthal, près Géra, que
M. Liebe a tout récemment explorée, ce savant n'a pu signaler la présence que d'un seul fragment de charbon, en revanche M. Boyd Daw-
kins, dans l'exploration d'une autre caverne de hyènes, qu'il a faite à
Wells, dans le comté de Somerset, a constaté des traces évidentes de
feux domestiques, et il en conclut que l'homme a dû les allumer, pendant un séjour plus ou moins prolongé dans ces cavernes, dans le but
d'en interdire l'accès aux fauves de l'époque.

On peut donc affirmer que l'antique race de chasseurs qui occupait
le continent européen, aux époques du renne et de l'hyène, et même à
l'époque du mammouth, se trouvait en possession du feu, bien que
toute sa science industrielle consistât à travailler grossièrement le silex
et à se façonner quelques ustensiles avec les os des animaux. On ne
saurait déterminer avec certitude, ou s'ils emportaient avec eux le feu
obtenu, ou s'ils s'entendaient à le produire à nouveau par le frottement.
Je pencherais·pour cette dernière hypothèse, parce qu'il me semble que
la façon dont ils s'y prenaient pour se fabriquer des outils ou des ustensiles, devait les amener à découvrir le feu par ce procédé. En effet,
l'une des méthodes employées par les sauvages de nos jours pour obtenir
du feu de cette manière, méthode qui paraît la meilleure, consiste à
prendre un morceau de bois taillé en pointe, et en forme de pèrçoir, à le
placer sur un autre morceau, et à le faire tourner sur lui-même le plus
rapidement possible. Il est incontestable que des opérations de ce genre
ont dû être faites de bonne heure, car ce ne sont pas seulement des
dents et des os percés que l'on trouve, mais aussi des pierres et des
coquilles percées, qui sont ce que l'âge de la pierre nous a laissé de plus
ancien. On est donc naturellement conduit à admettre que cet échauffement rapide, qui se développe sous l'action du forage et du frottement,
a dû être continué, dans ces opérations primitives, jusqu'à la produc-

tion de la flamme. Une autre réflexion qui se présente, à savoir que les étincelles que l'on fait si facilement jaillir du silex, ont pu être utilisées ponr la production du feu, est beaucoup moins justifiable par la raison que ces étincelles, étant *froides,* n'ont pas d'action sur les matières ordinaires. Tout ce que l'on pourrait admettre à cet égard, c'est que les hommes de l'âge de la pierre, après avoir constaté l'échauffement des pierres sous la double action du forage et du frottement, ont fort bien pu pousser plus loin l'expérience, afin de voir si cet échauffement amènerait, ainsi que dans l'échauffement du bois, la production d'une flamme.

VI

Si ce sont là seulement des hypothèses, il reste néanmoins un fait acquis : l'homme, à l'époque du renne et à celle de l'hyène, se trouvait déjà en possession du feu. Il connaissait par conséquent la condition essentielle à remplir pour la cuisson des aliments. Restait dès lors à inventer des ustensiles de cuisine, et l'on pourrait supposer que la chose était facile. Et pourtant il y a beaucoup de foyers remontant aux temps préhistoriques, il y a surtout beaucoup de stations et de lieux de sépultures de ces temps, où l'on n'a pu trouver des restes de ces ustensiles. Ce n'est qu'après l'époque de l'hyène qu'apparaissent les débris de poterie, lesquels nous fournissent un témoignage certain de la vie de famille primitive. Ce fut vers l'époque du renne et de l'ours de cavernes que l'on fabriqua les premiers pots ou vases. M. Dupont a presque entièrement reconstruit un vase avec les débris d'argile recueillis au Trou du frontal, dans la vallée de la Lesse, en Belgique, et M. Fraas a recueilli des fragments en formes de coupes, dans le Hohlefels, près Blaubeuren. J'ai trouvé moi-même, dans les interstices des stalactites, qui constituent le sol de la grotte d'Einborn, au sud des montagnes du Hartz, une grande place à feu, où des débris d'argile était placés à côté d'ossements d'*ursus spelœus.* Parmi les plus anciens vestiges que les hommes de l'âge de la pierre ont laissés, dans les *Kjökkmödding* des côte de Seeland et du Judland, qui sont surtout constitués par des coquilles d'huîtres, se trouvent également des débris de poterie; ce qui montre combien l'industrie des potiers est d'origine ancienne.

La poterie de cette époque n'était pas de nature à servir pour la cuisson, car il est démontré qu'un grand nombre des vases les plus anciens étaient si peu cuits et si poreux, qu'on n'y pouvait même pas conserver de l'eau. On ne doit pourtant pas dédaigner, au point de vue de l'histoire de la cuisson des aliments, le premier pot que l'on connaisse. Je ferai tout d'abord observer qu'il y a différence, entre préparer de la soupe et cuire de la viande ; je suppose d'ailleurs que les cuisinières de ce temps-là ne tenaient pas pour bien grave le fait de la déperdition de l'eau,

causée par une exsudation du vase pendant la cuisson. Si nous prétendions placer la première marmite au temps seulement où nous trouve-
rions des pots entièrement cuits, de couleur jaune ou rouge, si nous les
exigions même à peu près vernis, nous serions forcés d'enlever la cuisson
des aliments à toute la période préhistorique. Et comme nous y trouvons
partout de nombreux pots en terre incomplètement cuite, mais noircie
par l'usage du feu, nous aurions à nous demander dans quel but on aurait
mis ces ustensiles sur le feu. Personne évidemment ne voudra contester
que ce but était bien la préparation des aliments.

VII

Nous ne devons pas trop, sous ce rapport, prendre nos habitudes
comme terme de comparaison. M. Hartt a vu, chez les Indiens Micmacs
de Nouvelle-Ecosse, des vases fabriqués avec l'écorce de certains bouleaux
(*Betula papyracea*), et avec lesquels ils cuisent à feu nu. Hérodote, parlant
des Scythes qui habitaient de son temps les steppes sans forêts de la
Russie méridionale actuelle, dit qu'ils employaient les os des animaux
comme combustible, et qu'ils faisaient bouillir les animaux eux-mêmes
dans de l'eau, placée dans les peaux dont ils les dépouillaient.

Des procédés analogues sont utilisés encore de nos jours chez certains
peuples chasseurs, avec cette particularité que ces peuples ne cuisent
pas sur le feu même, mais qu'ils emploient des pierres excessivement
chauffées, qu'ils placent au-dessous et au-dessus de la substance à
cuire, ou bien dans l'eau qui doit servir à la cuisson. Dans l'ouvrage
déjà cité sur les Patagons, M. Musters nous a renseignés très-exactement
sur cet usage, quand il nous a décrit la façon dont ils préparent les
autruches tuées à la chasse. « Lorsque la chasse est terminée, dit-il, on
allume le feu, et pendant que les pierres chauffent, l'autruche est plu-
mée, placée sur le dos et vidée ; les jambes sont désossées et la peau est
soigneusement coupée en lanières. Le corps est ensuite partagé en deux
moitiés, et la colonne vertébrale enlevée ; on découpe la viande en
tranches, de façon que l'on puisse placer chaque tranche entre deux
pierres brûlantes. On fait ensuite du tout un paquet, on le ficelle avec
les lanières ci-dessus, lesquelles sont retenues par de petits os employés
en guise d'épingles. On place le paquet sur la cendre encore brûlante,
et quand on juge la viande cuite à point, on allume un feu de flammes,
afin de la rôtir extérieurement. On retire le tout du feu, on coupe les
lanières, on enlève les pierres et il se trouve que la viande et le jus sont
cuits aussi bien que possible. »

Ce procédé de cuisson, au moyen de pierres brûlantes, se prête naturellement à des préparations très-variées. On peut placer la pierre,
ainsi que font certaines tribus de l'Amérique septentrionale et du nord-
est de l'Asie, dans des vases de bois, d'écorce d'arbres ou d'écales de

fruits ; mais on procède encore plus simplement dans l'Australie du sud, où l'on creuse en terre de simples trous que l'on enduit d'argile. On a même conservé chez nous une sorte d'usage qui est comme un vestige des temps primitifs ; en Allemagne on se sert d'une pierre ou d'un fer à repasser pour chauffer le punch. M. Tyler a de même établi, d'après une description du « vrai sauvage irlandais » publiée, en 1600, par Fyne Morisson, que l'on attiédissait alors en Irlande, au moyen d'une pierre chauffée, le lait que l'on voulait boire, et que l'on y préparait des morceaux de viande de bœuf ou de porc en les mettant sur le feu dans le creux d'un arbre, après les avoir préalablement enveloppés dans une peau de vache, entourée elle-même de boyaux non lavés.

En réfléchissant, d'après ces descriptions des voyageurs, à cette forme assez singulière de cuisson, il devient difficile de ne pas admettre que la cuisson au moyen de pierres chaudes a été comme le prélude de la cuisson actuelle. On admettra de même que ce procédé n'a pas été de sitôt abandonné, malgré la découverte et l'usage des marmites. L'homme se plaît à conserver certaines traditions du passé, tantôt matérielles et tantôt morales, et cela jusque dans des temps où ces traditions et ces usages sont devenus tout à fait incompréhensibles. Aussi ne devons-nous pas grandement nous étonner de ne trouver chez les races reculées aucun ustensile de terre qui réponde à notre exigence actuelle en fait de marmite. Il ne s'ensuit plus que la cuisson par des procédés de ce genre leur était chose inconnue. Pöppig nous apprend que les Pehuenches du Chili n'emportent pas leurs poteries avec eux lorsqu'ils abandonnent un campement, mais que leurs femmes en fabriquent de nouvelles dès qu'ils se sont fixés dans un autre pays. Ce ne sont, pour eux, que des préparations de peu de valeur et toujours provisoires, analogues à celles dont les débris abondent dans les forteresses et les habitations préhistoriques de notre pays.

VIII

Cependant la véritable cuisson, avec tous ses détails et, si l'on me permet ce terme, avec l'individualité d'action de l'eau bouillante, est étroitement liée à la découverte de la marmite. A l'apparition de cet ustensile se rattache l'organisation définitive du foyer, que nous ne devons pas supposer avoir été exclusivement installé dans la cuisine, mais aussi bien dans le salon, la chambre à coucher et le cabinet de toilette. Il est intéressant de constater qu'à partir de l'époque où cet événement s'est produit, la femme a pris possession de la marmite et n'a plus laissé à l'homme que la perspective, pour employer un bon mot germanique, de n'être plus qu'un tatillon, un *chauffe-les-pots*.

Dans une intéressante brochure sur la poterie chez les races sauvages, M. Hartt a tout récemment fait voir que dans la plus grande partie de

l'Amérique, de l'Afrique et de la Polynésie, la fabrique de la poterie fait
partie du travail des femmes. Ce n'est que beaucoup plus tard, quand
elle devient un article de commerce, quand on la porte au marché, pour
l'exposer au regard attentif de l'étranger, que la poterie s'élève au rang
d'industrie et passe dans les mains des hommes. Autrement, c'est l'occupation des femmes, même dans le village où il n'y en a que quelques-
unes capables de la fabriquer.

Un stade plus loin, nous revenons en arrière, c'est-à-dire au temps où
la poterie est inconnue et où la femme est esclave. Cet état de choses
existe encore chez maintes tribus sauvages. Bien que le nombre n'en
soit pas aussi grand qu'on le croit communément, sir John Lubbock cite,
en dehors des Australiens et des Tasmaniens, les Andamaniens, les
Maoris de la Nouvelle-Zélande, les Tahiliens, les Veddas de Ceylan, les
Patagoniens et les sauvages de la Terre de Feu, auxquels il faut ajouter,
dans une certaine mesure, les Esquimaux du Groënland et des pays
arctiques. Chez nombre d'entre eux, par exemple, chez les Andamaniens
et les Patagoniens, on trouve des ustensiles de terre ou d'argile, mais
si rares ou si imparfaits, que l'on serait tenté de croire que l'on a devant
soi les vestiges de civilisations antérieures. Il est certain que les Kjökken
moddings des Andamaniens renferment des fragments d'une espèce de
pot assez curieusement travaillé, et que les indigènes de nos jours
paraissent absolument incapables de reproduire. Au même point de vue,
les grandes urnes funéraires que renferment d'anciennes nécropoles de
l'Amérique du Sud sont des preuves bien frappantes qu'il y a eu là, dans
les temps passés, des populations dont l'habileté était bien supérieure.
au moins dans cet art, à celle des populations qui leur ont succédé.

Exceptons, si l'on veut, quelques-unes des peuplades désignées ; il
n'en reste pas moins un très-grand nombre de tribus sans poterie, et
c'est assez vraiment pour décourager tous ceux qui se laissent prendre
aux charmes de l'état de nature. Quand sa position sociale est telle que
la femme se trouve avilie et réduite au servage, tout l'ordre de choses
qui l'entoure est lui-même en un tel état d'abaissement que l'on n'y voit
plus rien surgir de remarquable et de significatif. Il n'y a plus ni histoire,
ni progrès, ni développement.

IX

Le foyer domestique marque la limite la plus certaine entre ces deux
états contraires, de même que l'ustensile de poterie caractérise le mieux
l'époque nouvelle où l'humanité vit son existence assurée par son ini-
tiation à l'agriculture. Mais avant même qu'elle s'occupât de poterie,
avant qu'elle marquât sa place au foyer, la femme, selon toute
apparence, était partout la gardienne du feu. Elle s'initiait ainsi au rôle
qui devait lui incomber plus tard, celui de gardienne et maitrese du foyer

domestique. L'homme poursuivait encore avec une ardeur sauvage les animaux du steppe et de la forêt, que la femme avait commencé déjà à se préparer à l'organisation d'un intérieur assuré. Déjà apparaissent en elle les premiers germes de cet effort supérieur, qui devait plus tard produire le métier artistique. Elle put alors confectionner les vêtements de l'homme et les enjoliver d'ornements de couleurs variées ; elle tissa l'étoffe et l'ajusta en modèles agréables à l'œil. Elle tira de même la poterie de son état primitif, incommode et disgracieux, en lui donnant des formes plastiques, en la recouvrant de lignes et d'enjolivements, où elle représenta dans leur état primitif le tissu, la chaine et la navette, ainsi que le dessin des trames de laine et de lin.

De la plastique de ces pots d'argile sortirent et se développèrent plus tard, entre les mains des hommes, le bas-relief et la sculpture. Mais leur origine remonte à l'histoire de la cuisson. (*Revue scientifique* de MM. Yung et Alglave.)

R. WIRCHOW
Professeur à l'Université de Berlin,
Membre de la Chambre des députés de Prusse.

L'incertitude qui règne dans le sujet permet toutes les explications et nous autorise à donner les suivantes :

Une fois le feu trouvé, rien de plus naturel que la mise au feu des fruits, des légumes, des animaux, pour voir, par simple curiosité, la transformation opérée. Rien de plus naturel ensuite que le désir de goûter et que le fait de trouver bon ce que l'odorat indiquait comme tel.

Autre explication plausible. De bonne heure, le plus fort a tué le plus faible, soit pour le faire souffrir, soit pour le manger. Or, l'idée de faire souffrir par le feu est une idée du premier âge que l'on trouve constatée dans les livres sacrés. En brûlant, la victime sentit bon, on la fit cuire. Ce procédé fut successivement appliqué dans divers climats et l'art culinaire fut un des premiers à se perpétuer par la tradition.

J. G.

LES COMPTABILITES OCCULTES (1).

Discours de M. Petitjean, procureur-général à la cour des comptes.

Messieurs, on se méprend souvent dans le public sur le véritable caractère de ces gestions de fonds d'une nature exceptionnelle que la loi défère au jugement de la Cour des comptes sous le nom, quelquefois

(1) Discours prononcé à la Cour des comptes, 3 novembre 1877, dans l'audience solennelle de rentrée.

impropre, de comptabilités occultes. Peut-être ne sera-t-il pas sans intérêt de donner ici une définition exacte de ces sortes d'affaires et
d'indiquer sommairement les questions qu'elles soulèvent, ainsi que les
dispositions de lois et de règlements qui leur sont applicables.

Ce n'est pas assurément pour vous, messieurs, qu'une pareille étude
pourrait avoir quelque utilité. Je n'ai pas à vous rappeler les principes
généraux d'après lesquels vous statuez sur les comptabilités occultes.
Il n'est pas d'affaires qui soient de votre part l'objet d'un plus sérieux
examen.

Il n'en est pas qui donnent lieu dans vos chambres à des discussions
plus approfondies. Mais votre jurisprudence sur ces matières n'est pas
suffisamment connue au dehors de ceux-là mêmes qu'elle intéresse le
plus. La faire connaître, c'est en faire apprécier l'utilité et la sagesse;
c'est montrer l'influence qu'elle est appelée à exercer sur la gestion de
la fortune publique, et c'est éclairer en même temps les administrateurs et les comptables sur les responsabilités que peuvent encourir,
dans certains cas, et quelquefois à leur insu, les auteurs et les complices des infractions commises.

Il faut se demander d'abord, messieurs, ce qu'est en réalité une comptabilité occulte, et si ce mot exprime d'une manière juste le genre
d'abus dont nous voulons parler.

Le décret du 31 mai 1862, dans son article 25, qui rappelle la législation antérieure sur la matière, et notamment l'article 64 de la loi du
18 juillet 1837, contient les dispositions suivantes :

« Toute personne autre que le comptable qui, sans autorisation légale, se serait ingérée dans le maniement des deniers publics, est par
ce seul fait constituée comptable, sans préjudice des poursuites prévues par l'article 258 du Code pénal, comme s'étant immiscée sans titre
dans les fonctions publiques. »

Et l'article ajoute :

« Les gestions occultes sont soumises aux mêmes juridictions et
entraînent la même responsabilité que les gestions patentes et régulièrement décrites. »

Telle est la loi, et telles sont les premières conséquences du principe
qu'elle a posé. On voit par là, messieurs, que le législateur, en qualifiant d'occultes les comptabilités exceptionnelles qu'il voulait soumettre
au contrôle judiciaire, les a frappées indistinctement d'une sorte de
suspicion ou de réprobation préalable que la réalité des faits est loin
cependant de justifier dans beaucoup de circonstances. Une comptabilité
occulte peut, en effet, par sa nature délictueuse ou abusive, mériter le
nom que la loi lui assigne. Elle peut être l'œuvre d'une pensée non
avouable, plus ou moins intéressée à se dérober au contrôle.

Mais elle peut aussi n'avoir d'autre cause que la négligence ou l'erreur. Elle peut renfermer des opérations que leur auteur n'a jamais songé à dissimuler, et qui, loin d'être blâmables en elles-mêmes, témoignent au contraire de son honnêteté et de sa bonne foi. Elle peut enfin avoir été plutôt utile que nuisible. Ces diverses sortes de comptabilités occultes seraient plus proprement appelées extra-réglementaires, et c'est en effet sous cette dénomination plus exacte que les arrêts de la Cour les désignent assez souvent.

Il y a plus, messieurs, des circonstances impérieuses, des nécessités urgentes peuvent donner lieu à ces gestions de fonds, pour aiasi dire improvisées, qui s'organisent au grand jour, en dehors des prescriptions légales, et que l'administration des finances, par respect des principes, a dû, pour la forme de la procédure et du jugement, assimiler aux comptabilités occultes. C'est ainsi qu'en 1870 et 1871 des circulaires de la comptabilité générale ont dû rappeler que les opérations faites pendant la guerre pour le compte de l'État, des départements ou des communes, par toutes personnes autres que les agents en titre, devaient être soumises à l'examen de l'autorité judiciaire dans les formes prévues par l'article 25 du décret de 1862. Nous n'avons pas besoin de dire que les comptabilités de cette catégorie ne sont pas jugées par la cour avec une grande sévérité.

Le nom de comptabilités occultes, appliqué sans distinction à des opérations d'une nature souvent très-dissemblable, ne caractérise donc pas exactement ce genre d'irrégularité. Il en donne une idée à la fois exagérée et incomplète. C'est à la juridiction spéciale qu'appartient le soin de corriger par ses arrêts ce que la loi peut avoir de trop absolu dans ses termes; et le décret de 1862 lui a donné cette latitude, en conférant au juge, « à défaut de justifications suffisantes, et lorsqu'aucune infidélité ne se sera révélée à le charge du comptable, le pouvoir de suppléer par des considérations d'équité à l'insuffisanee des justifications produites. »

Toute similitude étant ainsi écartée entre des opérations qu'il importe de ne pas confondre, nous n'avons plus à nous occuper, messieurs, que des gestions de fonds plus ou moins répréhensibles que la loi a particulièrement désignées sous le nom d'occultes. A quels signes peut-on les reconnaître, et quels moyens possède la justice financière pour réprimer un abus grave, heureusement rare de nos jours, et dont la trace est à peine sensible dans la masse des opérations au milieu desquelles on le découvre, mais qui, s'il venait jamais à se propager en dépit des mesures prises pour le combattre, aurait pour résultat inévitable de jeter le trouble dans nos services administratifs et d'ébranler la confiance du pays dans l'efficacité de ses contrôles financiers?

Une comptabilité occulte, messieurs, peut se produire de diverses manières. Sa forme la plus usuelle et, pour ainsi dire, la plus élémentaire est la création d'une caisse particulière au moyen de ressources cachées dont l'emploi échappe à tout contrôle extérieur.

A une époque déjà très-reculée, ces caisses étaient appelées caisses noires, et c'est encore sous ce nom qu'on les désigne aujourd'hui dans des documents de comptabilité.

L'abus des caisses noires en France se rattache aux plus mauvais jours de nos révolutions. Les abus financiers sont toujours inséparables des désordres et des agitations politiques. L'anarchie de 1793, l'impuissance administrative du Directoire, les usurpations de la Convention et du premier empire sur le domaine municipal, eurent pour résultat d'introduire dans un grand nombre de communes l'habitude de dissimuler une partie de leurs revenus pour les soustraire aux exactions du pouvoir central. Il en fut de même dans beaucoup de départements dont les finances avaient à lutter contre un système de centralisation sans limites, où les exigences croissaient avec les nécessités de la guerre. Une multitude de produits locaux appartenant aux budgets des départements et des communes furent ainsi détournés de leur affectation légale pour subvenir à l'entretien des caisses particulières, qui formèrent autant de comptabilités occultes.

Un pareil état de choses ne pouvait durer. D'autres principes de gouvernement, d'autres procédés administratifs rendirent confiance à la propriété communale. La loi du 28 avril 1816, en protégeant contre toute atteinte les biens des municipalités, l'institution d'une caisse de dépôts ouverte à tous les fonds disponibles des localités pour les mettre à l'abri des spéculations abusives, tout un ensemble de mesures d'ordre destinées à faire pénétrer la lumière dans tous les services financiers, eurent pour effet de supprimer peu à peu, dans la gestion des revenus locaux, ces habitudes de dissimulation que des régimes de terreur ou d'oppression avaient fait naître.

M. de Chabrol, en 1830, dans son rapport au roi sur l'administration des finances, évaluait à quinze millions le produit annuel de diverses valeurs que la suppression récente d'un certain nombre de caisses occultes venait de faire rentrer aux budgets des départements ou des communes, et même au budget de l'État; car les caisses noires n'étaient pas seulement pour les communes un moyen de défendre leurs revenus contre l'avidité du Trésor; elles servaient aussi quelquefois à cacher les soustractions qui lui étaient faites. On voit par ce seul chiffre l'importance de ces restitutions de fonds qui s'opéraient alors si rapidement sous l'action combinée des contrôles administratifs et judiciaires.

Loin de se ralentir depuis 1830, la recherche des gestions occultes est devenue de jour en jour plus rigoureuse, et le nombre des caisses noires a dû nécessairement diminuer de plus en plus, à mesure que les vrais principes de la comptabilité publique ont été mieux compris et que leur inobservation a rencontré des juges plus sévères.

Pourrions-nous dire néanmoins, messieurs, que les caisses noires aient entièrement disparu aujourd'hui dans nos trente-six mille communes de France ! Les rapports de l'inspection des finances nous donneraient à ce égard un démenti que les arrêts de la Cour des comptes et les jugements des conseils de préfecture viendraient malheureusement confirmer. Il faut reconnaître toutefois que l'abus, dans les localités où il persiste, présente généralement peu de gravité. Il consiste souvent à ne pas comprendre dans le budget d'une commune de faibles excédants de recette, des produits accidentels et imprévus, qui viennent alimenter une caisse à part, et servent à effectuer, sous la garantie personnelle d'un maire, d'un adjoint, d'un agent quelconque de l'administration municipale, des dépenses minimes, ainsi soustraites à tout examen comme à toute sanction de l'autorité supérieure.

Est-ce par ignorance ou par oubli des règles que l'on commet ces infractions ? Est-ce le vieil esprit de résistance locale qui lutte encore contre l'ordre établi, qui proteste contre les règlements et les circulaires, qui aime à se passer des autorisations prescrites, et à éluder au besoin les vérifications judiciaires ? Ce sont là, dans tous les cas, des pratiques dangereuses, et dont les auteurs, souvent plus imprudents que coupables, assument sur eux des responsabilités qu'ils sont loin de prévoir. La loi sur les comptabilités occultes, on ne saurait trop le redire, contient un principe applicable à quiconque s'est ingéré sans droit dans un maniement de deniers publics. Que son ingérence ait été avouée ou secrète, qu'elle ait été reconnue blâmable ou utile, peu importe au point de vue de la procédure à suivre. Par le seul fait qu'il n'était pas le mandataire réel, légalement chargé de recevoir et de manier les fonds, la situation qu'il a prise ou acceptée le rend responsable de ses opérations devant l'autorité qui juge les comptes, au même titre que le serait un comptable régulièrement institué ; et cette responsabilité, si légère qu'on la suppose, peut lui créer des difficultés ou des ennuis qu'il ne devra imputer qu'à lui seul.

Nous n'avons parlé jusqu'ici, messieurs, que de ces gestions occultes qui se constituent au moyen de capitaux ou de revenus publics non portés dans les comptes, et nous avons considéré cet abus comme un reste d'anciennes habitudes locales qui ont pu se conserver exceptionnellement dans un certain nombre de communes, mais pas ailleurs. Il y a bien des années, en effet, que de pareilles irrégularités ont cessé d'exister dans l'administration du Trésor. Pour les y rencontrer il faudrait remonter à l'époque où quelques services spéciaux, en dépit des règles modernes de centralisation financière, se prétendaient autorisés à s'administrer eux-mêmes et à vivre indépendants du budget.

Les lois de finance les ont forcés depuis près d'un demi-siècle à reverser dans la bourse commune les fonds qu'ils conservaient indûment ; et s'il est arrivé, dans ces derniers temps, que la Cour des comptes ait eu à signaler dans ses rapports tel ou tel service administratif comme ayant détenu temporairement des fonds qui appartenaient à l'Etat, le fait n'a pu se produire qu'accidentellement et dans des circonstances où l'erreur était admissible. La vérification de ces caisses n'a eu, d'ailleurs, d'autres résultats que de démontrer l'entière bonne foi de ceux qui les avaient gérées sans contrôle.

Mais ce n'est pas seulement sous la forme de dissimulation de recettes que peuvent se produire les comptabilités occultes. Elles emploient quelquefois pour se constituer un procédé moins simple et beaucoup plus difficile à découvrir. Nous voulons parler de ces mandats fictifs dont l'objet, comme on sait, est de créer entre les mains d'un ordonnateur infidèle des ressources détournées de leur affection régulière pour les appliquer à des dépenses sans crédit, qu'aucun pouvoir légal n'a autorisées et qui sont volontairement soustraites à tout examen administratif ou judiciaire.

Un mandat fictif, en langage de comptabilité, est un mandat parfaitement régulier en apparence, qui est présenté à une caisse publique appuyé de justifications faussement établies, c'est-à-dire de mémoires s'appliquant à des dépenses simulées, de quittances supposées, d'attestations et de déclarations mensongères.

Les pièces produites étant régulières dans la forme, le payeur n'en peut refuser le payement et l'autorité judiciaire ne peut reconnaître la fraude, à moins d'indices particuliers ou de circonstances fortuites qui viennent la lui révéler.

En nous servant ici du mot de fraude, messieurs, il est bien entendu que nous ne le comprenons pas dans son sens juridique. Un détournement de crédits budgétaires destiné à dissimuler des dépenses non revêtues des autorisations légales n'est pas nécessairement un acte délictueux ou criminel. L'emploi de pièces fictives dans une comptabilité occulte ne constituerait un faux qu'autant que la substitution ou la falsification des pièces auraient été faites dans un but de profit personnel ou de préjudice à autrui.

La comptabilité occulte, dès qu'elle est criminelle ou dolosive, n'appartient plus à la juridiction financière ; elle est justiciable de la loi pénale.

Il y a donc, si l'on veut apprécier le caractère des actes, plus d'une distinction à faire, même entre les comptabilités occultes où se révèle l'abus des pièces fictives. Elles ne sont pas toutes également répréhensibles. Ici encore il convient, pour être juste, de faire la part des circonstances.

Quoi qu'il en soit, messieurs, au point de vue des principes de la comptabilité, les seuls dont nous ayons à nous occuper ici, l'emploi de pièces fictives dans une gestion de deniers publics sera toujours un grave désordre. Chez un ordonnateur surtout, le procédé est des plus blâmables. Il a pour effet de modifier arbitrairement les crédits d'un budget. Il dénature ou il supprime les volontés d'un conseil électif. A des opérations mûrement délibérées et dont l'exécution a été confiée à sa fidélité et à sa bonne foi, l'ordonnateur substitue de son autorité privée des dépenses dont il se constitue le seul appréciateur et le seul juge, et qui, revêtues de la forme illusoire dont il les recouvre, sont destinées à n'être connues que de lui seul et de ceux qui l'ont aidé dans ses manœuvres. Parmi les abus qui peuvent se rencontrer dans la gestion des intérêts publics, il n'y en a pas assurément de plus grave et qui puisse avoir de plus funestes conséquences.

Ici, messieurs, je dois aller au-devant d'une objection. Comment la Cour des comptes, juridiction exclusivement financière, se trouve-t-elle appelée à intervenir dans les affaires de cette nature, qui, à première vue, semblent plutôt du ressort de l'autorité administrative ou des tribunaux de droit commun ?

Quelques explications suffiront pour bien préciser le rôle qui appartient ici à la juridiction financière, et comment, dans les affaires dont nous parlons, elle a une attribution spéciale dont l'exercice se concilie avec le respect de tous les principes.

En règle générale, la Cour des comptes n'a pas de juridiction sur les ordonnateurs; elle ne juge que les comptables. L'ordonnateur, pour tout ce qui regarde l'administration qui lui est confiée, ne dépend que du ministre responsable dont il exécute les ordres. Mais cette indépendance relative ne lui est garantie qu'à la condition qu'il ne sortira pas de la sphère réservée à son action; s'il la dépasse, il rentre dans les conditions de la loi commune.

C'est une règle de droit commun, en comptabilité, que tout maniement de deniers publics suppose un agent comptable légalement institué. Par une conséquence de ce principe, la loi a établi une séparation absolue entre les fonctions d'ordonnateur et celles de comptable. Elle n'a pas voulu, et l'on comprend pour quels motifs, que les fonds destinés à payer les services publics dans des limites et dans des conditions déterminées, fussent dans les mains du fonctionnaire qui a pour mission d'en diriger l'emploi.

Or, que fait un ordonnateur, lorsque, au moyen de pièces fictives, il change arbitrairement la destination légale des crédits d'un budget, pour les employer lui-même à des dépenses qu'il dissimule au contrôle ? Il commet un acte doublement illicite ; il s'ingère dans un maniement de fonds qui lui est interdit, et il aggrave le fait de cette ingérence en la rendant occulte. Par là, il perd devant la Cour sa qualité d'ordonnateur, pour en devenir le justiciable au même titre que le serait un comptable réel.

L'ordonnateur, devenu comptable occulte et justiciable des tribunaux
financiers, échappe-t-il, pour la responsabilité de ses actes, à l'autorité
administrative et aux tribunaux du droit commun? Nullement, messieurs. L'administration supérieure reste maîtresse d'appliquer à son
délégué les peines administratives qu'il aura pu mériter. Quant à l'action pénale, elle pourra toujours s'exercer indépendamment de l'action
financière. La juridiction financière n'intervient ici qu'en laissant les
autres intactes. Pour elle, nous le répétons, l'ordonnateur a disparu :
elle ne juge dans l'ordonnateur que le comptable.

Mais, dira-t-on encore, la juridiction financière, en statuant sur une
comptabilité occulte, ne peut-elle pas y rencontrer des faits qui échappent
à son appréciation? Une Cour des comptes, un Conseil de préfecture
pourront-ils valablement juger du mérite et de l'opportunité des opérations faites par un ordonnateur?

Leur appartient-il de décider si ces opérations ont profité ou non
à l'intérêt public? Que le maire d'une commune, qu'un préfet, qu'un
administrateur quelconque, agissant dans des vues désintéressées, aient
substitué à des dépenses ordonnées par un budget d'autres dépenses
qui leur ont paru plus utiles, est-ce à la juridiction financière qu'il
appartient de leur donner tort ou raison sur ce point? La question
n'est-elle pas plutôt administrative ou politique que judiciaire?

Vous savez, messieurs, comment la jurisprudence a résolu cette difficulté au moyen d'une combinaison fort sage sur laquelle vous me
permettrez d'insister.

Aux termes d'un arrêt du Conseil d'Etat du 18 avril 1842, dont le principe a été reproduit par l'article 842 de l'instruction générale du 20
juin 1859, les dépenses portées dans le compte de la gestion occulte
doivent, avant la présentation du compte à la juridiction compétente,
avoir été admises, sur l'avis du conseil municipal, par un arrêt du préfet, comme ayant été faites dans un véritable intérêt communal. L'application du principe a été étendue par analogie aux comptabilités occultes de fonds départementaux : avant d'être examinées par la cour,
elles sont soumises, quant à l'utilité des dépenses, à l'appréciation du
conseil général; et rien ne s'opposerait théoriquement à ce que le
même principe fût appliqué aux comptabilités occultes qui concernent
les fonds de l'Etat, c'est-à-dire à ce que le pouvoir législatif fût consulté, si la gravité des circonstances rendait son intervention nécessaire.

Ainsi, par ces mesures préliminaires qui doivent précéder, à peine de
nullité, tout jugement de comptabilité occulte, se trouvent soigneuse-

ment écartées toutes causes de conflit entre des pouvoirs dont l'action ne peut être garantie qu'en les maintenant dans la sphère de leurs attributions respectives. Il était essentiel, avant tout, de faire observer le principe qui veut qu'aucune dépense ne soit admise dans un compte si elle n'a été l'objet d'un crédit régulièrement ouvert. L'autorité qui ouvre les crédits a seule le droit d'en déterminer l'emploi. Or, c'est le fait d'une comptabilité occulte de porter atteinte à ce principe en modifiant arbitrairement la destination légale des crédits d'un budget. Il faut donc que le préjudice causé au principe soit au plus tôt réparé, et c'est pour arriver à ce résultat que la juridiction appelée à juger un comptable occulte doit le renvoyer devant l'autorité dont il a méconnu les droits ou transgressé les ordres, afin qu'il obtienne d'elle, s'il y a droit, une sorte d'absolution qu'elle seule peut lui donner.

Si le conseil électif de la commune ou du département refuse de ratifier les dépenses faites sans son aveu, le comptable occulte en demeurera chargé ; le juge le déclarera débiteur. Si, au contraire, les dépenses affirmées par lui dans le compte qu'il présente à la justice financière, sont préalablement admises par l'autorité budgétaire comme n'ayant pas été contraires au bien du service, le juge devra les considérer comme telles. Il n'aura pas à les discuter, moins encore à les approuver où à les blâmer. Elles seront pour lui comme si elles avaient été inscrites dans un budget régulier. Il lui restera seulement à examiner, chose importante, si les dépenses décrites au compte ont été réellement faites, si les pièces produites s'accordent avec les déclarations du comptable, si ces pièces sont en bonne forme, si même il y a des pièces ; en un mot, il aura à vérifier le compte, et quiconque a vérifié un compte de gestion occulte peut dire ce qu'un tel travail exige souvent d'études réfléchies et de recherches opiniâtres.

Mais je n'ai pas à vous parler des difficultés de ce travail. Elles ne vous sont déjà que trop connues. Quant aux procédés à suivre pour le faire selon les règles, il me suffira de rappeler à MM. les conseillers référendaires et à MM. les auditeurs qu'ils trouveront dans les excellents rapports de plusieurs de leurs collègues des modèles de discussion. Les notes de la première présidence, toujours si claires et si méthodiques, leur offrent un commentaire raisonné de la législation sur les comptabilités occultes; et la lecture attentive des arrêts leur fournira, sur une foule de questions souvent embarrassantes, des solutions précises qui forment aujourd'hui jurisprudence.

J'aurais voulu, messieurs, pouvoir étudier devant vous et en détail cette jurisprudence, que nous aurions pu croire perdue, il y a sept ans, dans l'incendie de nos archives, et qui s'est en quelque sorte reconstituée si rapidement grâce au zèle et à l'expérience des magistrats. Je dois me borner, pour le moment, aux réflexions sommaires que vous ve-

Le projet que j'ai l'honneur de vous soumettre a pour objet de réaliser la délimitation des deux réseaux.

Les économistes et les ingénieurs ont vainement cherché une formule qui permît de définir avec précision le chemin de fer d'intérêt général et le chemin de fer d'intérêt local. Je ne crois pas que cette formule existe. On a, tour à tour, essayé de faire reposer la définition sur la considération des grands courants commerciaux, sur l'intérêt de la défense du territoire, sur l'importance des centres mis en communication, sur la longueur des lignes tracées, enfin sur la nature des concours engagés dans l'exécution; mais il est visible que toutes ces considérations, justes en elles-mêmes, sont susceptibles de fréquentes exceptions, et qu'aucune ne peut être envisagée comme une règle absolue de classement. Le problème ne comporte pas, en outre, la prépondérance exclusive d'un seul élément; c'est le plus souvent l'intervention simultanée de plusieurs d'entre eux, à des degrés divers, qui détermine le caractère définitif de la ligne à établir.

Il est donc vrai de dire que la question du classement des chemins de fer est, avant tout, une question d'espèce. Elle ne peut être abordée et résolue que sur chaque cas isolément. C'est en étudiant chaque fois le chemin projeté, en examinant toutes les circonstances dans lesquelles il se présente, le caractère complexe de la région qu'il traverse, l'ensemble des éléments économiques ou militaires auxquels il correspond, qu'on est en droit de prononcer si ce chemin est véritablement d'intérêt général ou s'il est d'intérêt local.

Le problème d'ensemble se trouvant ainsi ramené à une série de problèmes particuliers, le seul moyen d'arriver rapidement à la solution, c'est de la poursuivre à la fois sur tous les points du territoire. Je propose, en conséquence, d'instituer plusieurs commissions régionales chargées chacune d'élaborer la question dans un certain nombre de départements. Il m'a paru que la division la plus naturelle était celle qui correspond à l'établissement de nos grandes compagnies de chemins de fer. On y trouve l'avantage d'entrer immédiatement en relations avec un ensemble administratif bien déterminé, de rencontrer des courants commerciaux déjà dessinés, afin de profiter d'études faites et d'hériter de matériaux accumulés depuis longues années.

Les commissions projetées seraient au nombre de six et prendraient respectivement le nom de : commission du Nord, commission de l'Ouest, commission du Centre et Sud-Ouest, commission de l'Est, commission du Centre et Sud-Est, et commission du Midi. Elles embrasseraient les régions desservies principalement par les compagnies du Nord, de l'Ouest, de Paris à Orléans, de l'Est, de Paris à Lyon et à la Méditerranée et du Midi. Les commissions du Centre et du Sud-Ouest

et du Centre et Sud-Est, à cause de l'étendue de leur territoire, devraient
se subdiviser en deux sous-commissions.

Quant à leur composition, je ne saurais mieux faire, pour réunir
toutes les conditions de compétence et de zèle, que de faire appel aux
inspecteurs généraux des ponts et chaussées de la région, à l'inspecteur
général des ponts et chaussées ou des mines, directeur du contrôle de
l'exploitation des voies ferrées, à l'un des inspecteurs principaux de
l'exploitation commerciale attachés au contrôle, et aux ingénieurs en
chef ayant pris une part importante à la construction ou à l'exploitation
des chemins de fer. Je propose également d'y adjoindre un maître des
requêtes au Conseil d'État, pour éclairer encore plus complètement la
partie administrative du sujet.

L'objet de ce travail serait, comme je l'ai déjà dit, de désigner nomi-
nativement toutes les lignes qui, à raison de leur importance économique ou militaire, paraîtraient devoir être rangées dans le réseau d'intérêt général. Le conseil général des ponts et chaussées centraliserait
les résultats et opérerait un classement par ordre de priorité d'exécution. Après m'être concerté, en ce qui concerne les lignes d'intérêt
stratégique, avec mon collègue du département de la guerre, je conver-
tirais le travail définitif en un projet de loi qui serait soumis aux
Chambres. La loi qui sortirait de ces délibérations aurait pour effet de
définir rigoureusement le réseau d'intérêt général composé désormais
des lignes déjà concédées à ce titre, et de celles figurant dans la nouvelle loi. Toutes celles qui n'y seraient pas expressément comprises
feraient naturellement partie du réseau d'intérêt local, en laissant,
bien entendu, de côté, pour le moment, les chemins d'une nature et
d'une destination spéciales, comme les chemins industriels.

J'estime que tout ce travail pourrait être terminé en quelques mois et
que les Chambres auraient à voter la loi dans le courant de la présente
année.

Il n'est pas impossible ni dépourvu d'intérêt de chercher à prévoir le
développement que cette étude pourra assigner au réseau complémentaire d'intérêt général.

Ce réseau complémentaire comprendra :

1° Diverses lignes décidées en principe (lois du 3 juillet, du 16 décembre et du 31 décembre 1875), mais non encore concédées ; ensemble,
2,897 kilomètres.

2° Un certain nombre de lignes aujourd'hui concédées à titre d'intérêt
local qui figureraient plus justement dans le réseau d'intérêt général.
A mon avis, ces lignes devront être reprises par l'État et incorporées
dans le classement projeté (1). D'après un relevé fait avec soin pour la

(1) Que l'État ait le droit d'opérer cette transformation, c'est ce qui ne fait plus

région du Centre et du Sud-Ouest, et étendu ensuite, par prévision conjecturale, sur les mêmes bases au reste de la France, le total sera d'environ 2,100 kilomètres.

3° Enfin, des lignes entièrement nouvelles et qui n'ont figuré jusqu'ici dans aucun document officiel. Elles se trouvent principalement dans les régions pauvres et déshéritées, pour lesquelles le moment semble venu de faire un acte notable de justice distributive. Les évaluations varient à cet égard, entre 4,000 et 6,000 kilomètres. Je ne crois pas m'éloigner de la vérité en prenant la moyenne, soit 5,000 kilomètres.

L'ensemble de ces trois groupes atteint, en nombre rond, 10,000 kilomètres.

Ce chiffre ne représente pas la totalité de l'effort qui s'impose à l'activité du pays pour compléter son réseau d'intérêt général. Il faut tenir compte en outre des lignes déjà concédées, mais qui restent à construire, soit par les six grandes compagnies, soit par des compagnies secondaires. Ces lignes ont une longueur de 5,751 kilomètres (1).

Il resterait donc encore près de 16,000 kilomètres à construire pour compléter le réseau d'intérêt général, qui se trouverait ainsi porté au chiffre de 37,000 kilomètres. Il est à remarquer que ce chiffre est légèrement supérieur à celui des routes nationales (36,000 kilomètres) de la France continentale, et s'écarte peu de celui qui a été à diverses reprises émis à la tribune (28,000 kilomètres) comme représentant le terme final d'une semblable entreprise.

On ne doit pas estimer à moins de 200,000 francs en moyenne le coût total kilométrique de ces nouvelles lignes. La dépense serait ainsi un peu supérieure à trois milliards (2). Quel sera le délai nécessaire pour réaliser les ressources correspondantes et quels seront les voies et

---

de doute pour personne. L'avis suivant du Conseil d'Etat, en date des 20-21 décembre 1876, l'a nettement consacré :

« Dans le cas où l'État croit nécessaire d'incorporer au réseau des chemins de fer d'intérêt général une ligne d'intérêt local, régulièrement concédée à ce dernier titre, le refus d'adhésion du département ne peut suffir pour empêcher l'exécution de cette mesure ; s'il en était ainsi, ce seul département pourrait faire obstacle à une décision prise dans l'intérêt de l'ensemble du pays. — Seulement, ajoute le conseil d'Etat, cette incorporation ne peut être prescrite que par une loi spéciale rendue après que les conseils généraux ont été appelés à en délibérer, et réglant les conditions dans lesquelles sera fixée, s'il y a lieu, l'indemnité qui peut être due, soit au concessionnaire, soit au département. »

(1) Le développement des chemins de fer d'intérêt général régulièrement concédés aux six grandes compagnies ou à des compagnies secondaires est de 26.773 kil.

Sont actuellement exploités.................................... 21.022

Reste à ouvrir à l'exploitation............................. 5.571 kil.

(2) Moins les sommes déjà dépensées sur les parties en construction.

moyens? Je n'ai pas à le rechercher ici. La loi à rendre sur le classement ne le préjugera pas non plus ; car cette loi ne fera que fixer le caractère des lignes, sans rien déterminer quant à la déclaration d'utilité publique du tracé, au mode et à la date d'exécution, à l'exploitation et s'il y a lieu, à la concession, qui seront l'objet de lois ultérieures, rendues au fur et à mesure que l'opportunité s'en fera sentir.

Ce grand objet ne doit pas faire perdre de vue la deuxième partie du réseau national, à savoir le réseau des chemins de fer d'intérêt local, qui est encore à peine ébauché (1). Cependant, ce réseau est destiné à prendre un développement considérable, et certains esprits, peut-être un peu aventureux, ne craignent pas d'avancer le chiffre de 40,000 kilomètres. Quoi qu'il en soit, on ne saurait se dissimuler qu'il y a là une tâche considérable à accomplir et que le pays doit s'y préparer résolûment. Les moyens mis en œuvre jusqu'à ce jour sont évidemment insuffisants ; l'appareil législatif dont on dispose est imparfait ; l'État a le devoir d'étudier un ensemble de mesures nouvelles qui permettront une extension plus rapide et plus sûre de ce réseau intéressant. Je m'en occupe activement et j'espère pouvoir proposer dans le courant de cette session une loi destinée à prendre la place de la loi du 12 juillet 1865 sur les chemins de fer d'intérêt local et industriel.

Si les vues exposées dans le présent rapport ont votre approbation, je vous prie, monsieur le Président, de vouloir bien le revêtir de votre signature, ainsi que le projet de décret ci-joint.

Veuillez agréer, etc.

Le Ministre des travaux publics,
C. DE FREYCINET.

Le Président de la République française,

Vu : le rapport du ministre des travaux publics ; les lois des 12 juillet 1865, 27 juillet 1870, et 12 août 1871 ; les lois des 16 et 31 décembre 1875, décrète :

Art. 1er. — Il est établi six commissions techniques et administratives, correspondant aux régions du Nord, de l'Est, de l'Ouest, du Centre et du Sud-Est, du Centre et du Sud-Ouest et du Midi.

Ces commissions seront chargées :

1° De dresser pour chacune de leurs régions respectives la liste des voies ferrées restant à établir pour compléter le réseau d'intérêt général en dehors de celles qui ont été déjà concédées, déclarées d'utilité publique ou prévues par la loi ;

2° De rechercher les lignes qui font aujourd'hui partie du réseau

_____

(1) Le réseau d'intérêt local concédé mesure...................... 5.251 kil.
Et celui des chemins industriels.................................. 255
Total.......... 5.506 kil.

d'intérêt local, régulièrement concédé en vertu de la loi du 12 juille
1865, et qu'il conviendrait d'incorporer au réseau d'intérêt général ;

3° De classer, en une liste unique, par ordre de priorité d'exécution,
toutes les lignes du réseau complémentaire, tant celles que l'Etat s'est
chargé de construire, en vertu des lois des 16 et 31 décembre 1875, que
celles qui seraient proposées par ces commissions, en vertu des paragraphes 1 et 2 du présent article.

A l'appui de ces listes, chaque commission devra dresser une ou
plusieurs cartes et présenter un rapport justificatif.

Art. 2. — Chacune de ces commissions sera composée de l'inspecteur
général des ponts et chaussées ou des mines, directeur du contrôle de
la région, et des inspecteurs généraux des ponts et chaussées de
2° classe, dont la circonscription s'étend sur cette région.

Elle pourra comprendre, en outre, un maître des requêtes au Conseil
d'Etat, un inspecteur principal de l'exploitation commerciale et un ou
plusieurs des ingénieurs en chef ayant pris une part importante à la
construction ou à l'exploitation des chemins de fer.

Art. 3. — Des arrêtés ministériels nommeront les membres de ces
commissions, désigneront leur président, définiront les limites exactes
du territoire de leur étude, et assigneront le délai dans lequel chacune
d'elles devra avoir terminé ses travaux.

Art. 4. — Pour les lignes intéressant à la fois plusieurs régions limitrophes, les commissions de ces régions pourront se concerter et délibérer en commun.

Art. 5. — Les rapports et documents à l'appui, produits par les commissions régionales, seront soumis au conseil général des ponts et
chaussées, appelé à donner son avis sur l'ensemble de ces propositions.

Art. 6. — Le ministre des travaux publics prendra l'avis du ministre
de la guerre, en ce qui concerne l'intérêt stratégique, sur le classement proposé par le conseil général des ponts et chaussées; puis, après
avoir arrêté ce classement, il le convertira en un projet de loi et le
portera devant les Chambres, sans préjudice des décisions ultérieures
que les pouvoirs compétents auraient à prendre sur la déclaration
d'utilité publique, sur les voies et moyens, sur le mode d'établissement
et d'exploitation, enfin sur la concession, s'il y a lieu.

Versailles, le 2 janvier 1878.

Mal DE MAC MAHON,
duc de Magenta.

— Ces diverses commissions ont été nommées par un décret du 2 janvier publié dans le *Journal officiel* du 8 janvier.

LE VOYAGEUR HENRY STANLEY.

Parmi les personnalités contemporaines, Henri Stanley, quoique jeune encore, tient une très-grande place, et ce n'est pas d'aujourd'hui que le reporter du *New-York-Herald* est célèbre. L'œuvre qu'il a accomplie est de celles qui exigent un grand courage et une grande âme. La façon même dont le hardi journaliste s'est mis en campagne, il y a quelques années, est assez originale pour qu'on la rappelle en quelque mots.

Reporter attaché à la rédaction du grand journal américain le *New-York-Herald*, dont M. Bennett, premier du nom, a fait une des plus puissantes machines de propagation du monde entier, Henri Stanley suivait, pour le compte de cette feuille, les diverses événements de l'Europe et se rendait où l'appelaient les hasards des circonstances. D'une énergie à toute épreuve, d'une activité sans bornes, il fut remarqué par son directeur, un homme à la piste de tout ce qui pouvait donner à son journal une importance exceptionnelle, et toujours en peine de tenir en haleine ses lecteurs, par quelques nouveautés imprévues.

Un jour, M. Bennett fils, aujourd'hui directeur du *New-York-Herald*, télégraphia à son reporter, qui se trouvait je ne sais plus où, lui recommandant de ne pas perdre une minute et de venir prendre ses instructions. Stanley arriva, et reçut la mission de se rendre, aux frais du journal, à la recherche de Livingstone. Après quelques correspondances successives qui mettaient le public européen au courant des explorations de Livingstone dans l'Afrique centrale, un silence de mort s'était fait tout à coup autour du célèbre voyageur. L'opinion publique en était très-émue, principalement en Angleterre, où la mort supposée du docteur était un deuil public.

Stanley, sans insister sur les périls et les difficultés d'une pareille mission, se mit en route, et l'on ne fut pas peu étonné d'apprendre, par la suite, que le reporter américain avait retrouvé le docteur Livingstone, lui avait parlé, avait reçu son hospitalité dans ces contrées perdues du centre de l'Afrique, qui semblaient s'être entr'ouvertes sous les pas de l'explorateur anglais, pour engloutir jusqu'à sa mémoire.

Je ne connais rien de plus beau, je voudrais presque écrire, rien de plus vraiment solennel, que la rencontre de ces deux hommes au milieu de ces solitudes africaines : l'un, déjà vieux, cassé par les fatigues, les privations, les maladies incessantes d'un climat mortel, trouvant dans son dévouement complet à l'humanité et à la science une compensation sublime de tous les biens qu'il a volontairement délaissés : la patrie, la famille, les amis, le sol natal qui, dans les heures crépusculaires, semblent se montrer à travers les horizons vagues aux yeux de l'exilé volontaire et peser, sur son imagination accablée, de tout le

poids des souvenirs; poursuivant avec une abnégation sans égale le but
qu'il s'est promis d'atteindre, sans nouvelles des siens, presque sans
espoir de leur en faire parvenir, haletant sous les cieux embrasés de
l'Equateur et laissant, jour par jour, quelques heures de sa vie le long
des chemins qu'il parcourt et qu'il est obligé, la plupart du temps, de
se frayer lui-même. L'autre, plus jeune, riche d'avenir et plein d'enthousiasme, qui s'est mis en route sans objections, sans restrictions,
avec l'impassibilité d'un soldat qui reçoit un ordre et qui se jure de
l'accomplir ou d'y laisser ses os; courant, à travers des obstacles sans
nombre, au-devant de l'homme qu'il cherche, sans autre indication que
les mensonges de tribus hostiles, sans autre force qu'une indomptable
énergie qui doit l'aider à lutter contre la fièvre et contre les naturels,
et cet ascendant incontestable de l'homme blanc sur ces races inférieures de l'Afrique, malheureuses, abruties, perverties, astucieuses et
craintives, qui fuient en face et tuent par derrière.

Dans la relation du voyage, écrite par Stanley lui-même, la première
entrevue est d'une simplicité imposante, et dès l'abord, tout à fait
formaliste.

— C'est au docteur Livingstone que j'ai l'honneur de parler? —A lui-
même; monsieur Henri Stanley, je suppose?

Et après ces indispensables formules de la politesse anglo-américaine,
le jeune reporter, au terme de sa mission, salue le vieux pionnier, qui
mourra bientôt à la peine, et les mains s'étreignent dans une effusion
de joie facile à comprendre pour tous ceux dont le cœur bat au récit
des émotions véritablement grandes.

Dans notre Europe, si préoccupée par d'autres événements, cette découverte de Livingstone, qui fut une date, eut un retentissement immense. Il y en eut qui crièrent à l'invraisemblance, et il fallut, pour les
convaincre, preuves palpables et démonstrations précises. Partout,
Henri Stanley fut fêté avec enthousiasme, dette légitime pour tant de
courage et tant d'énergie, comme si chacun des pays qu'il traversait
prît une part de fierté dans cette grande chose qui venait d'être simplement accomplie.

Mais ce premier voyage avait mis en goût le jeune et hardi voyageur.
La solitude et ses dangers de tout instant ont, paraît-il, un charme spécial pour les natures aventureuses. Ce charme, Henri Stanley l'avait
subi, dans son premier voyage, et ne demandait pas mieux que de se
lancer une seconde fois dans l'inconnu et dans la découverte. C'est
ainsi qu'il vient d'accomplir, au milieu de difficultés sans nombre et de
périls qui naissaient à chaque pas, la traversée de l'Afrique, d'un Océan
à l'autre, avec une audace inimaginable et un sang-froid qui ne s'est pas
démenti un instant, sans cesse en lutte contre les hommes, les éléments
et les monstres de toute sorte qui fourmillent dans ces contrées vierges,

où l'on respire un air mortel et où les moindres bruits semblent autant de menaces de mort.

Le journaliste américain, dont le nom honore la presse universelle, a fait cette traversée terrestre auprès de laquelle les plus longues traversées maritimes ne sont que jeux d'enfants. Si tous ceux qui s'intéressent aux choses des voyages veulent bien se rappeler les épisodes terribles, et parfois d'un dramatique sans exemple, que nous ont récemment fait connaître quelques publications, comme les notes du commandant Cameron, le récit du colonel Chaillé-Long, etc., ils pourront se faire une idée très-vague de ce voyage de trois années à travers la fièvre, la chaleur torride, la lutte de tout instant et contre tout, tous les genres de mort, en un mot, que recèlent ces contrées, où la civilisation n'a pas encore fait un pas, et dont les richesses futures dorment aujourd'hui sous la protection d'un climat impitoyable.

Henri Stanley a bravé tout cela. Ces trois années d'explorations périlleuses, sans doute fécondes pour l'avenir, ont vieilli prématurément cet audacieux et ce fort qui s'est jeté sans regarder en arrière dans des périls que l'on ne soupçonne pas, laissant peut-être derrière lui l'espérance et se perdant avec calme dans ces solitudes africaines où les plus hardis ont laissé leurs ossements et où chaque étape est marquée par des cadavres. Parti de la côte orientale, Stanley a poussé, sur les bords de l'Atlantique, son cri de triomphe, et l'on saura bien ce qui lui est dû d'admiration et de sympathies, le jour seulement où, comme Cameron, il détaillera, jour par jour, les péripéties de son voyage.

En attendant, nous tenons à lui témoigner toute notre admiration sympathique et à saluer, dans cet homme encore jeune, puisqu'il n'a pas quarante ans, une des plus nobles expressions du courage humain, dans son acception la plus digne, la plus haute et la plus vraie. (*Soleil.*)

ÉPHÉMÉRIDES DE L'ANNÉE 1877.

Janvier. 1. — La reine d'Angleterre est proclamée, à Calcutta, impératrice des Indes.

— 9. — Rentrée des Chambres françaises. Trois jours après, le 12, la Chambre des députés vote, par 395 voix contre 2, l'ordre du jour demandé par le cabinet Jules Simon.

— 10. — Élections au Reichstag allemand. Succès relatif des candidats socialistes, qui comptent un million de voix; succès absolu, en Alsace-Lorraine, des candidats de la « protestation. »

— 14. — Mandement de l'évêque d'Avranches.

— 18-20. — Clôture des conférences de Constantinople. La Porte accepte les chances de la guerre.

— 26. — M. Gambetta est nommé président de la commission du budget.

— 31. — Circulaire du prince Gortschakoff.

Février. 9. — Les deux Chambres repoussent la proposition des « funérailles du général Changarnier aux frais de l'Etat. »

— 17. — Lettre pastorale de l'archevêque de Toulouse.

Mars. 1. — Election de M. Hayes comme président des Etats-Unis.

— 8. — Nouveau manifeste du comte de Chambord.

— 19. — Ouverture du premier parlement turc.

— 23. — Visite des ultramontains au duc Decazes.

— 31. — Mandement de l'évêque de Poitiers.

Avril. 3. — Ouverture du Congrès catholique. — Adresse A. Chesnelong. — Circulaire de M. Martel aux évêques.

— 6. — Protocole de Londres relatif à la question d'Orient.

— 7. — Lettres et circulaires de l'évêque de Nevers.

— 10. — Pétition ultramontaine au maréchal de Mac-Mahon.

— 29. — Mandement de l'évêque de Nîmes.

Mai. 1. — Rentrée des Chambres. Le 4, la Chambre des députés adopte l'ordre du jour demandé par le cabinet Jules Simon.

— 7. — Note relative à la neutralité de la France dans la question d'Orient.

— 16. — Lettre du président de la République à M. Jules Simon. — Réunion des Gauches au Grand-Hôtel. — Démission du ministère.

— 17. — Nouveau cabinet, ayant à sa tête le duc de Broglie.

— 18. — Message du président de la République. — Prorogation des Chambres.

— 19. — Manifeste de la gauche, dit « Protestation des 363. »

Juin. 8. — Entrée de l'empereur de Russie à Bukarest.

— 9. — M. Gambetta prononce un discours à Amiens.

— 16. — Rentrée des Chambres. Message présidentiel.

— 19. — Ordre du jour voté, à la Chambre des députés, contre le cabinet du 16 mai. Le 24, elle refuse la discussion de la loi sur les impôts.

— 21-22. — Le Sénat discute et vote la dissolution.

— 26. — Manifeste des gauches du Sénat.

Juillet. 2. — Revue de Longchamps.

— 27-28. — Le président de la République se rend au camp d'Avord et à Bourges.

Août. 6. — Réunion au château de Stors. Discours de MM. Thiers, Senard, Léon Say et Léon Renault.

— 15. — M. Gambetta prononce un discours à Lille.

— 16-26. — Le président de la République se rend à Evreux, Caen, Saint-Lô, Cherbourg et Boën-sur-Lignon.

Septembre. 3. — Mort de M. Thiers.

— **4.** — Le président de la République visite Montbrison.

— **8.** — Funérailles solennelles et toutes nationales de M. Thiers.

— **10-16.** — Le président de la République visite Bordeaux, Périgueux, Ribérac, Angoulême, Poitiers, Tours.

— **19.** — Le président de la République adresse un manifeste au peuple français.

Octobre. 12-23. — Nouveaux manifestes des gauches du Sénat.

— **14.** — Élections législatives. Résultats en chiffres ronds : 325 républicains, 208 monarchistes (1).

Novembre. 4. — Élections des conseils généraux. 200 siéges gagnés par le parti républicain.

— **7.** — Rentrée des Chambres. Dès le 8, s'organise le comité des Dix-Huit.

— **15.** — 312 voix, contre 205, votent la Commission d'enquête, de 33 membres, sur les actes du cabinet du 16 mai.

— **21.** — M. Gambetta est réélu président de la Commission du budget. — Démission du cabinet Broglie-Fourtou.

— **23.** — Nouveau cabinet présidé par le général de Rochebouët, renié, dès le 24, par 322 voix à la Chambre des Députés.

Décembre. 6-13. — Crise ministérielle. Nouveau cabinet présidé par M. Dufaure.

— **11.** — Prise de Plevna.

— **14.** — Message présidentiel. Dès le lendemain, la Chambre vote les quatre contributions et deux douzièmes provisoires pour les dépenses.

— **18.** — Les Chambres sont prorogées jusqu'au 6 janvier 1878.

— **23.** — Le czar rentre à Saint-Pétersbourg.

— **28.** — Prise de Sofia, qui prépare l'armistice du 8 janvier 1878.

NÉCROLOGIE (2).

M. Adolphe Thiers, né en 1797, mort le 3 septembre 1877; le premier président de la troisième République française.

Sénateurs. — MM. Ernest Picard; — Edmond Adam; — Alphonse Lepetit; — Pierre Lanfrey; — le comte de Tocqueville; — le marquis de Franclieu; — le général d'Aurelles de Paladines.

Députés. — MM. Pierre Sanzas; — Le Pommelec; — Alexis Lambert; — François Brasme; — Alfred Adrian; — Pierre Lefranc; — Duvergier de Hauranne; — Castelnau; — Louis Mie; — Eugène Ducamp; — Henri Lefèvre.

---

(1) Ainsi décomposés : 321 républicains; 107 bonapartistes; 101 royalistes.

(2) Pour la *Nécrologie économique*, voir la table de l'année 1877, numéro de décembre dernier.

Glais-Bizoin, l'un des membres du gouvernement du 4 Septembre.

Changarnier, une des gloires militaires de la France.

Institut. — Thiers, le poète marseillais Autran, de l'Académie française; — M. Boutaric, de l'Académie des inscriptions; — l'astronome Le Verrier, de l'Académie des sciences; — le graveur Achille Martinet, de l'Académie des Beaux-Arts; — le docteur Lelut, Eugène Cauchy, des sciences morales et politiques.

Sciences. — Les docteurs Cap, Caventou, Kerkaradec, tous trois de l'Académie de médecine, et le docteur Thémistocle Lestiboudois, un des théoriciens du parti protectioniste.

Littérature. — MM. Taxile Delord, l'auteur d'une sérieuse *Histoire du second Empire*; — Pierre Lanfrey, le sénateur qui venait de terminer une *Histoire de Napoléon Ier*, également conforme à la réalité de l'histoire; — N. Villiaumé, dont l'*Histoire de la Révolution* a eu six éditions en douze ans; — Buloz et Amédé Pichot, directeurs de deux revues des plus importantes du xixe siècle; — Théodore Barrière, dramaturge d'une grande valeur, auteur des *Filles de Marbre* et des *Faux Bonshommes*; — l'artiste auteur, acteur et dessinateur Henry Monnier, le peintre et l'écrivain des *Scènes populaires*; — le peintre Auguste Jeanron, qui eut son heure de gloire en 1848; — le poète chansonnier Gustave Mathieu.

Divers. — Les imprimeurs Lahure et Delalain; — le fondeur Derriey; — le comte Branicki, le polonais francisé qui donnait un demi-million aux victimes du siége de Paris; — Blanc, le richissime directeur des jeux de Hambourg, puis de Monaco; — Vincent du Bochet, l'administrateur de la Compagnie du gaz; — Fr. Bravay, qui remua des millions pour finir presque dans la misère, et qu'un roman récent (*le Nabab*) fera peut-être plus vivre que toutes ses opérations financières.

E. R.

SOCIÉTÉ D'ÉCONOMIE POLITIQUE

RÉUNION DU 5 JANVIER 1878.

COMMUNICATIONS: Avis relatif aux lettres de Cobden. — Les publications du Club Cobden. — Le rapport sur l'éloge de Bastiat fait à la Chambre de commerce de Bordeaux. — Les industries sacrifiées par le système protecteur. — Fin du papier-monnaie en France. — L'enseignement économique voté par le Conseil général de Seine-et-Marne. — Mort de M. Émile Bères et du marquis de Franclieu.

DISCUSSION : Les octrois.

OUVRAGES PRÉSENTÉS.

M. Frédéric Passy, membre de l'Institut, a présidé cette réunion à laquelle avaient été invités M. Bayley-Potter, membre du Parlement, fondateur du Cobden-Club, et M. Auguste Raynaud, fondateur de la Société d'études économiques pour les réformes fiscales.

M. LE PRÉSIDENT, en ouvrant cette première séance de 1878, adresse à la réunion quelques paroles de circonstance, et exprime l'espoir que l'année qui commence, moins troublée que celle qui vient de finir, sera pour la France, et aussi pour le reste du monde, une année d'apaisement, de progrès et de liberté.

Il donne ensuite connaissance d'une circulaire du Club Cobden reçue le matin même par quelques-uns des membres de la Société, et par laquelle les personnes qui possèdent des lettres de M. Cobden sont priées de les faire parvenir à M. T. Bayley-Potter, membre du Parlement (*Réforme Club Chambers*, 105, *Pall Mall, London, S.-W.*). L'objet de cette enquête est de permettre aux filles de notre illustre et à jamais regrettable maître et ami de mener à bonne fin une édition de la correspondance de leur père.

Par une heureuse coïncidence, M. T. Bayley-Potter, fondateur du *Club Cobden*, est ce soir même l'invité de la Société, et M. FRÉDÉRIC PASSY, en lui souhaitant la bien-venue au nom de la Société, le remercie de ce qu'il a fait et de ce qu'il continue de faire pour la mémoire de M. Cobden et pour les idées dont ce grand homme a été le représentant. Il le prie de ne pas oublier, en rentrant dans son pays, les coopérateurs lointains avec lesquels il est venu passer cette soirée, et il se fait l'interprète des sentiments communs de la Société en saluant, en la personne de l'hôte distingué qu'il a à sa droite, toute cette grande nation britannique, qui a déjà donné au monde tant de nobles exemples et qui, il faut l'espérer, continuera à mériter l'estime et l'admiration du monde en continuant à répudier les vieux errements de l'ancienne politique de restriction, d'égoïsme national et d'intervention violente pour faire prévaloir en elle et autour d'elle les fécondes pratiques de la politique nouvelle de justice, de solidarité et de paix, qui était celle de Cobden et qui devient, grâce à ses fidèles disciples, celle de la partie la plus éclairée du monde civilisé.

M. T. BAYLEY-POTTER se lève à son tour, et dans une ferme et chaude allocution (qu'il croit devoir prononcer en anglais, bien qu'il se soit montré fort en état de converser en français), il remercie la Société de l'accueil qu'elle fait en sa personne à la Société sœur dont il est le représentant.

Le but de la fondation de celle-ci, dit-il, a été, comme son nom l'indique, d'honorer la mémoire d'un grand homme de bien, d'un

de ceux dont la gloire réellement bienfaisante n'est pas l'honneur
exclusif d'un peuple, mais le patrimoine commun de l'humanité
entière, et de l'honorer par le plus véritable des hommages, en
développant et propageant ses idées. C'est à cela que pour sa part,
et sans autre prétention que de suivre en soldat fidèle la bannière
pacifique du chef, il a voué tous ses efforts (*all his exhaustions*),
dit-il, en marquant par ce mot énergique comment les Anglais,
lorsqu'ils se donnent à une tâche, savent s'y donner tout entiers et
sans réserve.

Le Club Cobden s'applique surtout, comme chacun sait, à
repandre des idées justes et à faire connaître la vérité sur les faits.
Dans cette vue, il n'a pas distribué, dans sa carrière encore bien
courte, moins de 250,000 exemplaires de publications diverses,
qu'il a fait répandre, comme une bonne semence, dans les différentes parties du globe. Il y a lieu d'espérer que tout ne tombe
pas sur la pierre aride, et qu'une partie au moins portera son fruit
en son temps

Parmi les publications ainsi répandues, et à côté d'importants
travaux d'histoire économique, de législation, de statistique
qu'il a eu le mérite de faire mettre au jour, le Club Cobden a fait
une large place aux écrits de celui qu'on a si justement appelé
le Cobden français, F. Bastiat; et M. Potter est heureux de pouvoir affirmer que les excellents écrits de notre compatriote sont au
premier rang parmi ceux dont on a pu constater l'influence. Nulle
part le bon sens si fin et si persuasif dont ils sont empreints n'a
trouvé les esprits rebelles, et le nom de Bastiat ne se sépare pas,
dans la pensée de ses collaborateurs et dans la sienne, du nom de
celui qu'il a eu la bonne fortune de faire connaître à la France et
qui lui a conservé jusqu'à son dernier jour un si fidèle souvenir.

M. T.-B. Potter termine en faisant pour la France les vœux les
plus sincères et les plus cordialement sympathiques. « Votre pays a
fait beaucoup lui aussi, dit-il; il fera davantage encore, nous en
avons l'espoir et, plus que jamais, depuis ces derniers temps la
ferme confiance. Toutes les libertés se tiennent; et la liberté du
commerce, qui est, comme l'a si bien dit M. Michel Chevalier, une
des faces économiques de la liberté morale, ne peut que gagner au
développement et à l'affermissement des libres institutions que
vous vous êtes montrés si dignes de conserver. »

Ce discours, écouté avec un vif intérêt et vivement applaudi par
tous ceux des assistants qui entendent l'anglais, est immédiatement
traduit, avec un rare bonheur d'expression, à la demande de ceux
qui n'ont pu le suivre, par M. Frédéric Passy, et salué de nouveau par l'approbation la plus unanime et la plus chaleureuse.

Avant de donner la parole au Secrétaire perpétuel pour les présentations d'usages, le Président prend occasion de l'hommage qui vient d'être rendu à Bastiat pour annoncer que le *prix Bastiat*, fondé par la Chambre de commerce de Bordeaux pour le meilleur travail sur la vie et les droits de notre grand économiste, vient d'être décerné, après un concours dans lequel il n'a pas été produit moins de huit mémoires, à M. Auguste Bouchié de Belle, avocat à la Cour de Paris. Le rapport de la Commission, qui n'a pas moins de 45 pages, et qui est lui-même un travail économique des plus sérieux, vient d'être imprimé.

Il est dû à M. Marc Maurel, armateur et membre de la Chambre de Commerce de Bordeaux, qui est, comme MM. Alexandre Ledon, Armand Lalande et plusieurs autres de ses collègues, de ceux qui mettent en pratique le mot de Bastiat : « Le bon négociant doit savoir l'économie politique. »

M. Frédéric Passy présente ensuite, en quelques mots, un livre de M. O. Noel, membre de la Société intitulée: *Autour du foyer* (voir plus loin), et fait connaître que le Conseil général d'Eure-et-Loir, dans sa dernière session, a voté mille francs pour des conférences départementales d'économie politique qui seront faites, non-seulement à Chartres, mais dans les chefs-lieux d'arrondissement, et dont doit être chargé M. L. Rabourdin, élève diplômé du cours de la Chambre de commerce de Bordeaux, déjà chargé depuis 1876 d'un cours analogue à Bordeaux.

Cette bonne nouvelle est suivie d'une communication analogue, par MM. Foucher de Careil et Ménier, conseillers généraux de Seine-et-Marne, qui viennent enfin de faire adopter en principe l'établissement d'un enseignement économique dans ce département.

Inutile de rappeler que le concours ouvert par le Conseil général de Seine-et-Oise pour un « Manuel élémentaire d'économie politique, » demeure ouvert malgré l'interdiction dont l'avait voulu frapper un des derniers ministres de l'instruction publique.

Après quelques présentations, M. le Secrétaire perpétuel annonce à la réunion que M. Émile Bères (du Gers), un des plus anciens économistes de notre génération, vient de mourir à Saint-Mandé. Il était un des principaux collaborateurs du *Journal des Économistes* à son début, il y aura bientôt quarante ans, lauréat de l'Académie des sciences morales et politiques, et le concurrent d'Adolphe Blanqui à la chaire du Conservatoire des Arts-et-Métiers. Il a publié un volume sur les classes ouvrières, un Manuel de l'emprunteur et du prêteur, divers écrits sur les questions agricoles.

Longtemps absent depuis, il se proposait de demander son admission à la Société d'économie politique ; mais il ne voulait le faire qu'après la publication d'un livre qu'il méditait et dont il avait recueilli les idées en allant étudier les banques d'Ecosse. Malheureusement, cet excellent homme avait 82 ans et il est mort avant d'avoir exécuté son projet, emportant le regret et l'estime de tous ceux qui l'ont connu.

M. le Secrétaire perpétuel croit aussi de son devoir de mentionner la disparition de M. le marquis de Franclieu, bien connu parmi les politiciens de la droite, un des plus anciens correspondants du *Journal des Économistes*; c'était un très-galant homme, mais un adversaire fougueux de la liberté commerciale; il a publié un volume intitulé: *les Libres échangistes ne sont pas des économistes !*

M. le Secrétaire perpétuel, ayant signalé à la réunion une vigoureuse communication libre-échangiste de M. Nottelle aux chambres syndicales de Paris, qui se préoccupent du renouvellement des traités de commerce, M. Nottelle donne quelques explications à cet égard.

Cette communication aux chambres syndicales, qui est une reproduction développée de celle qu'il a eu l'honneur de faire à la réunion du 5 septembre, indique un nouveau mode de propagande antiprotectioniste, dont les circonstances récentes lui ont donné l'idée, et qui doit avoir une efficacité pratique sur les masses industrielles restées hostiles ou réfractaires à la vérité économique.

Il consiste à s'adresser à leur intérêt, non de consommateurs mais de producteurs, celui auquel elles attachent avec raison la plus grande importance. Par quelques exemples pris dans le courant de la vie industrielle, et qu'on peut indéfiniment multiplier, on démontre que le protectionisme, pour créer des priviléges au profit de quelques grandes industries qui impriment aux matières leur première transformation, spolie et dégrade toutes les autres.

Ce qui doit surtout intéresser les économistes, c'est le résultat immédiat qui est poursuivi.

Parmi les industries sacrifiées, et qui se font encore une idée fausse ou confuse du protectionisme, un très-grand nombre néanmoins ont, chacune en ce qui la concerne, le sentiment très-vif du préjudice qu'il leur inflige ou dont il les menace.

M. Nottelle a des raisons d'espérer que l'*Union nationale*, le groupe syndical le plus nombreux des industries parisiennes, se fera le centre de toutes les réclamations industrielles qui se produiront en France contre le protectionisme. Ces réclamations, différemment motivées, mais tendant au même but, acquerraient en se groupant une force collective, suffisante peut être, pour prévaloir sur les prétentions protectionistes dans les traités de commerce que la France aura bientôt à renouveler.

Après ces communication s, M. le Président procède au choix d'une question pour l'entretien de la soirée.

M. Courtois, à propos d'une question du programme ainsi formulée : « De la nécessité, par suite de l'abondance de l'argent, de supprimer le cours forcé en France et même en Italie, » fait remarquer que le cours forcé en France n'existe plus depuis le 1er janvier, et qu'ainsi l'énoncé de la question se résume à l'Italie seulement. Il propose donc de modifier en conséquence cette question, si on juge à propos de la discuter à cette séance ou dans une prochaine. (Assentiment.)

M. Chérot appelle l'attention de la société sur la question du programme posée par M. J. Garnier : « La marine marchande est-elle en décadence? Que peut-elle demander à l'Etat? » C'est une très-grosse question, tout à fait à l'ordre du jour, et dont les Chambres sont saisies. Dans une prochaine séance, M. Chérot proposera de la mettre en discussion.

Sur la proposition de M. Limousin, secrétaire général de la Société d'études économiques pour les réformes fiscales, la réunion choisit pour sujet de conversation « le remplacement des octrois par un impôt sur les maisons. »

M. Limousin annonce qu'il a fait à cette Société d'études économiques une proposition ayant pour objet le remplacement des octrois, dont les inconvénients et l'impopularité ne font plus aucun doute, par un impôt sur les maisons. La proposition, étudiée de concert avec M. Raynaud, fondateur de cette association, est devenue l'objet d'un rapport, dont il fait l'analyse sommaire, et qui contient un curieux tableau du revenu des diverses catégories de contribuables.

Divers membres prennent successivement la parole : MM. Limousin, Ménier, Courtois, Juglar, Nottelle, Joseph Garnier. Mais comme la discussion n'a pas été suffisamment circonscrite, elle pourra être reprise dans une réunion ultérieure, et nous ne croyons pas qu'il soit utile de la reproduire.

OUVRAGES PRÉSENTÉS.

Lo spirito dell' economia politica, per FRANCESCO MOSSER. Introdu-
zione (1).

Considérations sur la valeur, la production, la consommation,.le numéraire, l'é-
conomie du travail, l'accessibilité des_biens, etc.

Atit della Academia olympica di Vicenza, 1er et 2me semestres 1876 (2).

Contenant d'intéressantes notices variées.

Concours pour le prix Bastiat fondé par la Chambre de commerce de
Bordeaux. *Rapport de la Commission* (31 juillet 1877) (3).

Voir ce qui est dit plus haut, p. 131.

Canal d'irrigation du Rhône. *Documents officiels*, avec une carte du
canal (4).

Société d'études économiques pour les réformes fiscales. *Projet tendant à la suppression des octrois et à leur remplacement par un impôt
nouveau* (5).

Voir ci-dessus, p. 133.

BIBLIOGRAPHIE

ORGANISATION JUDICIAIRE ET ADMINISTRATIVE DE LA FRANCE ET DE LA BEL-
GIQUE, par M. ÉMILE FLOURENS.—Paris, Garnier frères, 1875, 1 vol. in-8°.

L'ignorance de ce qui se passe autour de nous, des mœurs, des sentiments et des institutions des peuples nos amis, nos rivaux ou nos ennemis, cette ignorance nous a coûté assez cher pour que nous ayons le
droit de la maudire et le devoir de la faire cesser. Au sortir de la frivolité et de la pourriture impériales, une belle voie presque inexplorée de
fructueuses recherches s'ouvre aux jeunes gens de la génération présente, et des livres tels que celui de M. Flourens, maître des requêtes
au conseil d'État, sur les institutions judiciaires et administratives de
la Belgique comparées à celles de la France, sont bien faits pour la ja-
lonner, comme pour servir de point de repère à l'étude des réformes que

(1) Napoli, 1877. In-8, de 96 p.
(2) Vicenza, 1877. 2 vol. in-4, de 172 et 332 p.
(3) Bordeaux, 1877. In-8, de 46 p.
(4) Paris, 1877. In-4, de 16 p.
(5) Paris, 1877. In-4, de 28 p. Aux bureaux de la Société, 22, rue Neuve-Saint-
Augustin.

tant de bons esprits appellent dans notre organisation administrative et communale ou notre système judiciaire.

Le vénérable Hanrion de Pansey, écrivant en 1825 un livre dont le titre seul, le *Pouvoir municipal*, était significatif, « reculait d'effroi » à l'idée d'un régime où tous les intérêts locaux seraient à la merci du pouvoir exécutif, où la lutte serait organisée, pour ainsi dire, entre les libertés garanties par le pacte fondamental et la bureaucratie administrative. Tel était pourtant le régime qu'avait établi le premier empire et auquel le législateur n'a encore apporté que des correctifs trop timides. En Belgique, les libertés communales reposent, au contraire, sur une base solide : elles fonctionnent d'une façon pacifique et régulière sans gêner l'action du pouvoir central, tout en servant aux libertés générales d'assise inébranlable. Ce n'est pas que le principe qui a inspiré en Belgique la loi municipale du 20 mars 1836 ne paraisse avoir passé dans nos lois du 22 mars 1831 et du 18 juillet 1837 sur l'organisation des conseils municipaux et sur leurs attributions : ces trois textes reconnaissent également l'initiative et la liberté de mouvement du pouvoir municipal dans toutes les questions d'intérêt local. Seulement, la loi française énumère ces questions d'une façon avare et en ramène la solution définitive autant qu'elle peut aux agents du pouvoir central, tandis que la loi belge ne prend conseil que de la nature des choses et ne cherche nullement à retirer d'une main ce qu'elle a paru concéder de l'autre. En Belgique, les délibérations des conseils communaux *valables par elles-mêmes* forment la règle ; en France, elles sont l'exception, et une exception limitée à des cas fort rares. La différence, on le voit, est essentielle, et elle suffirait à expliquer la débilité chez nous du régime municipal comme sa vigueur chez nos voisins.

Le droit de suspendre les conseils municipaux ou de les dissoudre, met encore plus chez nous la liberté locale à la merci des préfets et du ministre de l'intérieur, leur chef hiérarchique. On n'a jamais songé à ce droit en Belgique ; mais en France on en a fait longtemps le plus scandaleux usage. La loi du 5 mai 1855 permettait de remplacer pour une période de cinq ans un conseil municipal élu par une simple commission administrative : celle de 1868 crut être libérale en réduisant à trois années ce terme. Et cependant, que d'abus, que de périls, que de dilapidations, pour parler comme M. Flourens, cette faculté n'avait-elle pas entraînés dans l'intervalle qui sépare ces deux lois! Lyon et Paris avaient été livrés sans défense à des préfets bien en cour, dont les procédés rappellèrent souvent toute la fantaisie et tout l'arbitraire d'un pacha turc ; les conseils municipaux de presque toutes les grandes villes avaient été suspendus sans aucun motif plausible, dans le seul désir de permettre aux préfets de faire du faste. On taillait dans le vif alors : on faisait grand, selon le mot d'un ministre qui depuis a eu... des malheurs. Mais cette grandeur, notre armée, notre territoire, nos finances savent ce qu'elles ont coûté.

Marquons encore avec M. Flourens d'importantes différences entre les deux organisations, et qui ne sont point à l'avantage de la nôtre. En France, les fonctions municipales sont gratuites et virtuellement irresponsables; en Belgique, elles sont salariées et vraiment responsables; Le bourgmestre belge est institué par le roi, mais à charge d'être pris au sein du conseil communal, sauf avis contraire de la députation permanente du conseil provincial; le maire français est redevenu l'homme de l'administration, du moins dans tous les chefs-lieux d'arrondissement et de canton, et peut ne pas être conseiller municipal. Ses fonctions ont toutefois une importance qui n'appartient pas à celles du bourgmestre, puisqu'en Belgique, conformément à la pratique des peuples les plus libres, tels que les Anglais et les Nord-Américains, le pouvoir exécutif du municipe s'exérce par un *collège échevinal*, au lieu d'être concentré, comme chez nous, en une main seule. M. Flourens à très-bien vu les graves abus qui s'attachent sur ce point à nos errements actuels : les maires transformés en agents dociles de l'autocratie bureaucratique et en courtiers électoraux, ou bien prenant encore l'attitude de simples surnuméraires aux emplois rétribués de préfet, sous-préfet, receveur des finances dans les grandes villes, de juge de paix, de directeur des postes, de débitant de tabac dans les petites. Cet édifiant spectacle s'est étalé pendant toute la durée du second empire; les hommes de l'*ordre moral* l'ont en partie ramené, et il reparaîtra tout entier si l'on n'y prend promptement garde. Pour en rendre le retour impossible, il ne suffirait point de prendre les maires exclusivement au sein des conseils municipaux, ainsi que le désire M. Flourens; il faudrait restituer à toutes ces assemblées l'élection de leurs chefs, ou au moins démembrer le pouvoir de ceux-ci, à la façon belge.

L'espace ne nous permet pas de suivre notre auteur dans ses développements, tout instructifs qu'ils soient, sur les institutions provinciales de la Belgique et les institutions départementales de la France, qui portent d'ailleurs la marque d'une parenté étroite depuis notre loi du 10 août 1871. Mais nous voulons dire quelques mots des idées de M. Flourens sur la constitution de la magistrature, son recrutement et son rôle. Il se montre très-favorable à l'institution du jury, peu sympathique à cet auxiliaire de l'ordre, brutal et bête, comme disait Cavour, qu'on appelle l'état de siége; résolûment hostile à l'ingérence de la magistrature dans la politique. Après avoir fait un mérite à la Restauration et à la monarchie de juillet d'avoir su faire de la magistrature *un instrument de justice et non un instrument de combat*, il réprouve les errements tout contraires du régime né le 2 décembre 1851. « Loin d'éviter de compromettre l'autorité judiciaire dans la lutte des partis, ce gouvernement

chercha à se faire une arme de ce pouvoir, et non-seulement un moyen
de répression, mais encore, dans une certaine mesure, par les considérants de ses jugements un moyen d'agression. Aussi s'efforça-t-il de
placer l'autorité judiciaire sous la dépendance de l'autorité administrative. » On sait ce qu'il advint de cette tentative; elle ne sauva point
l'empire, qui, en glissant dans la boue sanglante de Sedan, ne fit que
dévancer l'heure certaine de sa chute, mais elle jeta sur la magistrature un discrédit qui dure encore et qui s'est traduit par certains projets de réforme plus radicaux que méritoires. Des réformes, soit, dit
M. Flourens, mais de révolution pas, et de ces réformes, il formule les
plus importantes, comme suit : réduction du nombre des cours et tribunaux; augmentation des traitements; recrutement plus difficile des
jeunes magistrats; diminution de la prépondérance de l'autorité judiciaire dans la confection des listes du jury; indépendance plus grande
des juges de paix. Certes, ces réformes ont leur prix ; mais elles nous
paraîtraient volontiers empreintes de quelque timidité, en ce sens surtout qu'elles laissent intact le mode actuel d'avancement, qui annule
en grande partie l'avantage de l'inamovibilité, cette précieuse garantie
de l'indépendance judiciaire.

Nous ne concevons pas non plus comme M. Flourens la composition
du Conseil d'État et son rôle. Il ne devrait être, à notre sens, que le tribunal suprême du contentieux administratif, la cour de cassation de la
juridiction administrative, et non comme il l'a toujours été, sous les divers gouvernements qui se sont succédé depuis le premier empire, un
corps hybride, à la fois politique, administratif et judiciaire. Mais la discussion d'une pareille thèse ne serait pas ici à sa place. Nous préférons
clore cette courte analyse sur l'impression décidément favorable que
nous a laissée la lecture du livre lui-même. L'Académie des sciences
morales et politiques l'a couronné sur le rapport d'un juge très-autorisé,
M. Renouard, alors procureur général près de la Cour suprême, et nous
ne pensons pas que le public intelligent révise cette récompense. M. Flourens a publié un travail érudit, consciencieux, méthodique, animé en
outre d'un esprit généralement libéral : de pareilles œuvres ne sont point
par malheur assez communes à cette heure pour que la critique leur
fasse un froid accueil ou que les lecteurs les regardent avec indifférence.

AD. F. DE FONTPERTUIS.

———

LA COOPÉRATION OUVRIÈRE EN BELGIQUE, par M. LÉON D'ANDRIMONT. —
Decq et Duhent, Bruxelles, 1876. 1 vol. in-8°.

Parmi les problèmes économiques qui préoccupent notre époque,
figure au premier rang la question ouvrière. Elle s'impose aux esprits

sérieux par sa gravité et par la diversité confuse des solutions présentées.

Il a récemment paru en Belgique un livre qui, à ce point de vue, mérite de fixer l'attention du public français. Son titre est : *La Coopération ouvrière en Belgique*. L'auteur, M. Léon d'Andrimont, appartient à l'une des familles les plus considérables de la province de Liége, et sa fortune repose principalement sur de riches mines de houille, à l'exploitation desquelles il consacre ses soins. Le milieu où il a vécu a naturellement dirigé ses idées du côté des besoins des classes ouvrières. Ce chef d'industrie a considéré ses ouvriers comme des auxiliaires qui avaient droit à sa sollicitude, et non comme des instruments passifs de production, et c'est aux combinaisons coopératives qu'il a demandé les moyens d'améliorer et d'élever leur condition.

M. Léon d'Andrimont a fort sainement apprécié les éléments de la question. Tandis que le socialisme, bien que le premier en date, en soit encore à chercher une théorie précise et des formules pratiques, la coopération, née des besoins populaires et développée par la science, est en pleine voie d'expansion dans la plupart des contrées de l'Europe, où elle a déjà considérablement amélioré l'état physique, intellectuel et moral de millions d'individus. Seule, la France est restée en arrière de ce mouvement, et, pour en déterminer les causes, il faudrait se livrer à une étude qui ne saurait trouver ici sa place.

Il y a lieu, cependant, de signaler chez nous une reprise bien entendue de l'idée par le nombre croissant des sociétés de consommation.

Le plan du livre, à la fois théorique et pratique, de M. d'Andrimont est bien conçu. L'auteur retrace d'abord à grands traits l'histoire des anciennes corporations ouvrières ; puis, il fait celle de la coopération en général et de sa raison d'être ; ensuite, il entre dans le vif de son sujet, en traitant spécialement de la coopération en Belgique. Chacune des formes de société qu'il passe en revue est précédée des statuts et des règlements qui lui sont propres, et des tableaux synoptiques, très-clairement établis, nous font connaître la marche de chaque société depuis sa création.

On peut, en parcourant ce livre, suivre les phases diverses du mouvement qui se produit chez nos voisins, et s'initier aux principes et à a pratique des combinaisons coopératives. Aussi, sera-t-il consulté avec fruit par les hommes politiques autant que par les ouvriers eux-mêmes.

Après cet aperçu général, l'auteur commence ses études spéciales par les Banques populaires.

Rien n'est plus intéressant, dans le livre de M. d'Andrimont, que le récit des humbles débuts et des rapides développements de la Banque populaire de Liége, la première en date de la Belgique.

« Le local primitivement occupé par la Banque, nous dit l'auteur, consistait en une chambre située au fond d'une cour et gratuitement prêtée par un des administrateurs. » Le nombre des adhérents était de 200 environ, et le capital versé de 6,350 fr.»

Deux ans après, il fallut s'agrandir. Le nombre des adhérents s'était élevé à plus de 400, et l'on dut prendre un loyer de 500 francs ; mais, après une période de trois années, les sociétaires dépassaient le nombre de mille.

La Banque put alors acheter un terrain et faire construire un local approprié à ses services. Enfin, en 1875, on avait réuni 2,007 sociétaires, le capital versé était de 335,000 francs, le chiffre des dépôts versés en compte-courant atteignait 568,818 francs, tant la confiance des petits capitalistes s'était affermie, et le chiffre des avances, faites aux sociétaires pendant l'année, était de deux millions cinq cent vingt-et-un mille quarante-quatre francs.

C'est par ce moyen qu'ont pu s'approprier les ressources du crédit plus de 2,000 personnes qui, avant l'établissement de la banque populaire, ne jouissaient d'aucun crédit en banque ni de moyens de trésorerie propres à leur venir en aide dans les mauvais jours, dans les jours de chômage ou de maladie, ou pour leurs besoins industriels. Cette puissance du groupe, pourvu qu'il soit composé d'hommes honnêtes et laborieux, n'est-elle pas une démonstration irrécusable de la fécondité du principe coopératif? Aujourd'hui, la Belgique, grâce à l'initiative de M. d'Andrimont et de ses amis et adhérents, possède 22 banques populaires qui réunissent près de dix mille sociétaires. Le capital versé est de 1,649,000 francs, et les avances faites en 1875 forment un total de quinze millions trois cent cinquante-cinq mille cent douze francs.

Nous voudrions pouvoir suivre l'auteur dans ses études sur les sociétés de consommation, d'alimentation, de construction, de vente en commun et de production ; nous ne pouvons que constater la bonne direction donnée à ces diverses sociétés et leur marche progressive . Nous ne saurions, cependant, résister au désir de parler de la société d'alimentation, une des subdivisions de la société de consommation, tant nous voudrions voir ce genre d'association entrer dans nos mœurs.

« Cette société a pour but, dit l'auteur, de préparer dans une cuisine commune des aliments sains et substantiels, à des prix si restreints qu'un repas complet ne dépasse pas 75 centimes. »

Les aliments peuvent être emportés par ceux qui préfèrent s'en nourrir en famille, ou sont consommés sur place dans des salles vastes, aérées et d'une propreté parfaite.

On peut être membre de la société, en souscrivant une action de 5 francs et en remplissant des conditions de moralité et de bonne conduite déterminées.

« L'avantage de cette société ne consiste pas seulement dans l'économie, il est aussi, dit l'auteur, dans la distraction salutaire que les
employés ou les ouvriers trouvent à se réunir en groupes d'amis et à se
reposer ensemble des fatigues du travail. »

Si l'on cherche quel est le bénéfice réalisé par les actionnaires, malgré la modicité des prix de consommation, on trouvera que la période
comprise entre les années 1868 à 1875 leur a produit 105 0/0 du capital
versé, soit en moyenne 13 0/0 par an.

En résumé, nous félicitons M. d'Andrimont d'avoir publié ce volume
qui éclaire d'un jour nouveau les associations coopératives. Il est
appelé à rendre de nombreux services, dont un des plus éminents sera
de rassurer les esprits timides qui, faute d'avoir étudié suffisamment
la coopération, n'y voient qu'une forme déguisée du socialisme.

Ajoutons que ce n'est pas seulement à son pays que M. d'Andrimont
aura été utile. Les États de l'Europe centrale et occidentale vivant
d'une vie commune au point de vue économique, les améliorations
sociales qui se réalisent chez les uns ne tardent pas à s'introduire chez
les autres. C'est ainsi que nous voyons les combinaisons coopératives,
après avoir reçu de la forte race qui peuple l'Angleterre le développement pratique le plus frappant, rayonner par l'exemple en Allemagne, où le génie organisateur de Schulze-Delitzsch et de ses adhérents
les a acclimatées sous d'autres formes. C'est ainsi que, transmises par
l'Angleterre à la Suisse et aux États-Unis, et par l'Allemagne à l'Italie
et à la Belgique, ces combinaisons nous offrent, sur nos frontières
mêmes, l'exemple de la seule évolution économique qui puisse répondre
aux besoins des sociétés démocratiques. Preuve sans réplique de la
solidarité puissante qui unit les nations les plus civilisées du globe !

C'est surtout à la France qu'est profitable l'exemple de la Belgique,
par ses nombreuses analogies de mœurs, de lois et d'état social.
Notre pays est las des utopies qui lui ont fait subir le funeste retour
du césarisme, et il semble parfois les redouter jusqu'à méconnaître la
portion de vérité qu'elles contiennent. La science et la pratique, qui
rectifient tout, sont les remèdes auxquels il doit recourir dans les
difficultés présentes.

Quel siècle n'a pas les siennes et pourrait se croire dispensé du
devoir de les résoudre, sans mériter d'être relégué dans les landes de
l'histoire?

Benjamin Rampal.

COCHINCHINE FRANÇAISE ET ROYAUME DE CAMBODGE; par M. CHARLES
LEMIRE. Paris, Challamel aîné, 1877, 1 vol. in-18. — LES PREMIÈRES
ANNÉES DE LA COCHINCHINE, par M. F. VIAL. Paris. même librairie,
1874, 2 vol. in-18.

Ce qu'on appelle la Cochinchine française est la réunion des six provinces, — Saïgon, Mitho, Ving-Long, Bassac, Chaudoc, Hatien, — qui ont
été, de 1859 à 1867 successivement arrachées à l'empire d'Annam. Elles
forment aujourd'hui quatre grandes circonscriptions — Saïgon, Mitho,
Ving-Long, Bassac, — peuplées de plus de 1 million et demi d'habitants,
embrassant une superficie de 56,520 kilomètres carrés, délimitées au
nord et à l'ouest par le Cambodge, au sud par la mer de Chine et le
golfe de Siam, à l'est.

Ainsi que M. Charles Lemire n'a pas manqué d'en faire la remarque
dans l'étude substantielle et très-attachante qu'il a consacrée sous le
titre de *Cochinchine française et royaume de Cambodge*, à un pays dont il
est l'habitant depuis une quinzaine d'années, ce n'est pas d'aujourd'hui
que la France a tourné, pour la première fois son regard vers ces parages
lointains. Dès 1760, l'intendant de l'île Bourbon Poivre, qui savait la
langue cochinchinoise, fondait au nom de la Compagnie des Indes
Orientales un comptoir à Faï-Fo, près de Tourane, et à 17 ans de distance, on voyait Pigneau de Behaine, le célèbre évêque d'Adran, se faire
l'instigateur d'un traité d'amitié et de commerce avec la Cour de Hué,
traité destiné sans doute, dans la pensée de Louis XVI et celle de M. de
Vergennes, son patriotique ministre des affaires étrangères, à compenser
la ruine des magnifiques plans de Dupleix dans l'Inde. Ce fut encore à
l'évêque d'Adran que l'empereur Gialong dut ces officiers de marine et
ces ingénieurs, parmi lesquels étaient les Dayot, les Ollivier, les Chaigneau, les Vannier qui l'aidèrent à remonter sur son trône renversé, lui
construisirent des vaisseaux et lui bâtirent des forteresses. La révolution anéantit les projets de la Cour de Versailles; mais le souvenir des
Français et de la France y survécut, puisque, vers 1822, l'empereur
Minh-Mang communiquait son avénement à Louis XVIII, et qu'en retour
il en recevait des présents. Toutefois ces bons rapports étaient sur le point
de s'interrompre : environ deux ans plus tard, le commandant de la
Thétis, porteur des cadeaux du roi de France au souverain de l'Annam,
ne pouvait se faire recevoir à Hué ; en 1871, M. Chaigneau ne réussis-
sait pas davantage à s'y accréditer comme consul, et enfin, en 1855 ni
le commandant du *Catinat* ni M. de Montigny, envoyé extraordinaire,
ne trouvaient un meilleur accueil.

On n'a point à relater ici les événements qui décidèrent le gouvernement français à intervenir d'une façon armée dans les affaires intérieures de l'Annam, ou les causes réelles de cette intervention, objet
d'appréciations très-diverses. Toujours est-il que le 17 février 1859,

une poignée de marins et de soldats commandés par l'amiral Rigault
de Genouilly plantait le drapeau tricolore sur ces rivages, et ce jour est
pour M. Lemire, une date à la fois heureuse et mémorable. Il ne s'agissait plus comme en Chine d'une démonstration imposante, mais stérile,
d'une marche triomphale, mais inutile. « C'était la fondation d'un grand
établissement colonial entre les Indes, le Japon et la Chine, sur la grande
route suivie par l'Europe et par l'Asie, mais que fréquentaient seuls, il
y a peu d'années encore, les pavillons de la Grande-Bretagne, de la
Hollande et des Etats-Unis. » On peut ajouter que la Cochinchine française est un pays d'une grande fertilité, facile à défendre contre une
attaque étrangère, dont la population aborigène, enfin, n'est infectée ni
de fanatisme religieux, ni d'orgueil de race. Si l'annamite est superstitieux, très-superstitieux même, il ne tient point assez à ses idoles pour
ambitionner en leur honneur la palme du martyre, et son courage n'est
pas de ceux qui recherchent, comme à plaisir, les hasards de la guerre
et les dangers du champ de bataille.

En somme, nous nous trouvons là-bas en face de données excellentes
pour une colonisation large et fructueuse. La question est maintenant
celle de savoir si nous saurons mieux les mettre en œuvre qu'autrefois
au Canada et que de nos temps au début de notre occupation algérienne.
Elle équivaut à celle-ci : l'administration française est-elle susceptible de
montrer en Cochinchine plus d'intelligence des intérêts du pays et des
conditions élémentaires d'une colonisation quelconque qu'il n'est malheureusement dans ses habitudes séculaires d'en donner la preuve ?
Disons de suite qu'à cet endroit, les renseignements fournis par M. Lemire sont assez rassurants, et que le voisinage des Hollandais semble
ici avoir porté bonheur à nos officiers de marine et à nos bureaucrates.
La domination française a délivré les Cochinchinois du joug absolu de
leur monarque et de l'arbitraire aussi vexant que cupide de leurs man-
darins : ils paraissent lui en avoir été reconnaissants, d'autant qu'elle
a eu la sagesse de maintenir ce système communal, qui faisait contre-
poids jadis au mandarinat, et de conserver à la tête de chaque *Huyen*
ou arrondissement, un *Quan Huyen*, ou chef indigène de cet arrondissement. Elle a eu, en outre, le bon esprit de laisser les Chinois et les
Annamites libres de choisir pour être jugés entre la loi indigène et le
Code français. A côté de dispositions barbares, en matière pénale, que
les Français ne se sont pas crus obligés de respecter, d'ailleurs, le Code
annamite renferme des dispositions fort équitables, et qui avaient assis
la propriété foncière sur ces bases solides et logiques que la propriété
arabe ne connaissait pas. Nous retrouvions là-bas le principe de l'égalité des enfants devant la succession de leur père, avec cette différence
toutefois que les filles étaient exclues de cette succession et qu'une
part en plus était réservée à l'aîné, à charge par lui de veiller aux

tombes des ancêtres. Seulement tout le monde n'était point apte à posséder, et il s'en fallait de beaucoup que la propriété fût inviolable : elle l'est devenue sous la loi française, et chacun, Chinois ou Annamite, immigrant ou régnicole, en semble très-satisfait.

Outre que le Français n'est ni voyageur ni migrateur de son naturel, le climat de la Cochinchine, qui est en somme fort malsain, n'est pas fait pour l'attirer, il faut bien le reconnaître. Nos compatriotes se sont si peu hâtés de s'y rendre qu'après dix-huit années d'existence, la colonie ne compte pas encore, en dehors de sa garnison et de ses fonctionnaires publics, plus de 1,200 européens, soit un millième de la population totale. M. Lemire nous apprend que, par bonheur, la présence des Européens, en tant que colons, n'est pas nécessaire dans un pays où la besogne de coloniser est déjà faite, les indigènes s'étant approprié le sol, et les Chinois, qui sont au nombre d'environ 50,000, y faisant l'office de capitalistes. Les armements maritimes, les banques locales, les agences internationales de commission, les exploitations industrielles, voilà, selon lui, le rôle qui sollicite l'européen, voilà l'élément réservé à son activité propre. Il doit laisser aux indigènes les rizières, les caféières, les plantations de coton, d'indigo, de cannelle, etc., la pêche du grand lac du Cambodge ; mais il peut, très-avantageusement pour lui-même et pour le pays, s'emparer de la préparation du poisson salé, de la fabrication de l'huile de coco, de l'élève du bétail et du cheval ; de l'exploitation des carrières de Bienhoa et de Poulo-Condor, des salines de Baria et de Ba-xuyen, des bois de construction, qui recouvrent dans les seuls provinces de l'Est, une superficie de 800,000 hectares et desquelles on ne retirait pas plus de 15,000 stères il y a dix ans. Et n'est-ce pas une sorte de honte pour la colonie que, faute d'une scierie mécanique elle en soit encore réduite à importer un grand nombre de planches pour la construction de ses édifices privés ou publics ?

Il n'est donc pas nécessaire que les Français prennent ici comme aux Antilles et en Afrique, une racine solide dans le sol, et que, par des croisements avec les Aborigènes, ils forment le premier noyau d'une population créole, c'est par des voies tout autres que l'assimilation des deux races est destinée à se faire, et l'école paraît devoir en être le grand instrument : c'est œuvre à elle de faire connaître aux jeunes enfants annamites la France, sa civilisation, ses mœurs, son génie et de les leur faire apprécier, aimer. La grande difficulté à cet égard paraissait être l'idiôme annamite, idiôme monosyllabique et dont l'écriture, empruntée à la Chine, est figurative, c'est-à-dire idéographique. On l'a tournée, en prescrivant, dans les écoles publiques instituées sur le modèle européen, l'emploi de l'alphabet français, et ce procédé a si bien réussi que des écoliers à qui jadis il fallait plusieurs années avant de déchiffrer, encore était-ce en ânonnant, un livre écrit en caractères

figuratifs, se trouvent en état aujourd'hui de lire couramment, au bout
de quatre mois, le *Giah Ding Bao*, journal qui se publie à Saïgon, ou
tout autre document de la langue indigène, traduit en caractères phoné-
tiques. Cette simplification, qui s'étend de jour en jour, aura pour effet
d'initier plus vite les Annamites à nos idées et à nos connaissances.
C'est dans le même dessein que la colonie envoie chaque année un
certain nombre de jeunes indigènes fréquenter nos écoles métropolitaines, et l'on ferait bien, toujours dans la même intention, de rendre
public les cours de langue annamite, qui sont professés à Saïgon au
collège des interprètes.

Les écoles publiques sont au nombre de 60, qui en 1866 recevaient
1,400 élèves et qui en ont reçu 2,060, en 1876. De ce côté, comme de
bien d'autres, il reste évidemment beaucoup à faire; mais il serait fort
injuste de contester que beaucoup a été déjà fait. La preuve en est dans
cette circonstance remarquable que la Cochinchine française, non contente de se suffire dès à présent à elle-même, verse au Trésor français
un tribut annuel de 3,500,000 francs, en déduction des frais d'entretien
de sa garnison et de la flotille chargée de protéger ses côtes contre les
pirates Malais. Son revenu public a offert, pour parler comme notre
auteur, l'étonnante progression que voici : 1,344,000 francs en 1862;
4,083,000 en 1865; 8,802,000 en 1869, et 14,500,000 en 1874. Le port de
Saïgon, où il n'entrait en 1860 que quelques navires européens avec
un certain nombre de jonques chinoises ou annamites, a été fré-
quenté en 1875 par 455 navires européens, dont 207 anglais et 90 français, sans parler de 5,628 barques ou joncques birmanes, siamoises,
chinoises ou japonaises. Il est devenu l'entrepôt général des produits
du Laos, du Cambodge et du Tong-Kin, le grand centre commercial
de la colonie, dont le trafic se chiffrait en 1873, par une importation
valant 67,000,000 de francs et une exportation évaluée à 88,000,000. Un
seul article, le riz, constitue environ les 37 centièmes de cette exportation : il prend la route non-seulement de la Chine, ou de l'Indo-Chine,
mais encore du Japon, de l'Australie, de Maurice, de la Réunion, de la
Guadeloupe, du Brésil, de l'Angleterre, de la France, de Brême, de
Hambourg, et, en tenant compte de sa consommation intérieure, il
représente une valeur annuelle de 80,000,000 de francs.

Cent pages du volume, et ce ne sont pas les moins intéressantes, conduisent le lecteur dans le Cambodge, pays qui n'est plus peuplé que de
500,000 habitans placés sous notre protectorat, mais qui formait primitivement un grand royaume et où florissait une civilisation d'origine
bouddhique dont les débris jonchent le sol, entre le 8e et le 15e degré
de latitude nord et du 101e au 107e de longitude est. Dans le nombre
figurent ces incomparables ruines d'Ongkor, ou plutôt de Nagkor (de
l'indien *Naggara*, la ville) que le portugais Rios de Mançanedo découvrit

en 1570, mais dont le monde ne savait plus ni le nom, ni le site, lorsque l'infortuné Mouhot, notre compatriote, les lui révéla pour la seconde fois. Elles ont été depuis lors l'objet d'une ample description, écrite et figurée, que l'on doit aux membres de notre grande expédition du Mékong de 1866, et M. le lieutenant de vaisseau Delaporte en a rapporté de magnifiques moulures, ainsi qu'un grand nombre d'inscriptions, écrites en ancien cambodgien, dialecte que les plus savants lettrés du pays ou de Siam ne comprennent plus, mais dont un linguiste français, M. Jeanneau, espérait se rendre maître, lorsqu'une mort prématurée est venue le surprendre.

Le mystère qui pèse sur ces ruines n'est donc pas levé et ce n'est point la tradition locale qui aidera à l'éclaircir : consulté sur l'édification des palais et des temples d'Ongkor, l'indigène vous répond uniformément que c'est l'œuvre de Pra-Renn, *le roi des Anges*, ou bien encore de ce *roi lépreux* dont la statue se dresse toujours dans l'enceinte de l'ancienne capitale Kmer et n'en est pas une des moindres curiosités. Il y a cependant des indices qui permettent d'assigner à ces monuments une origine hindoue : la figure du roi lépreux est d'un type essentiellement arien ; les bas-reliefs semblent inspirés par la mythologie indienne, et les statues colossales du Bouddha, taillées dans le roc, rappellent, d'une façon étonnante les colosses de Bâmian dans l'Asie centrale. Dans leur ensemble, ces constructions remémorent les édifices bouddhiques de Java, et il ne paraît point téméraire de les rapporter à la période de la grande prospérité du bouddhisme dans l'Inde, qui fut aussi celle de sa grande propagation extérieure, ce qui conduit au IIIe ou au IIe siècle avant notre ère.

Dans son livre, M. Lemire décrit ce qu'est aujourd'hui la Cochinchine: dans le sien, qui est paru en 1874, M. le capitaine de frégate Vial en avait raconté les premières années. Elle furent très-agitées sous le rapport militaire, et ne justifièrent que trop sous le rapport économique l'ironie avec laquelle, en 1861, les journaux anglais se demandaient ce que nous allions faire en ce pays : *What do the French desire to make in that Country ?* Le récit de M. Vial, fort intéressant et fort instructif, au point de vue historique surtout, se terminait par des réflexions sur nos institutions d'outre-mer, que cet officier de marine n'hésitait point à trouver pour son compte entachées de deux grands vices : une centralisation excessive de tous les services et une uniformité à peu près complète de régime, qu'il s'agit des Antilles, de la Réunion, du Sénégal ou de la Nouvelle-Calédonie. Rien de plus sensé que cette remarque, et si e ministère de la marine se soucie du développement futur de la Cochinchine, dans le sens des promesses de son développement actuel, il fera bien de la méditer, comme au besoin de s'en souvenir.

AD. F. DE FONTPERTUIS.

EGYPT AS IT IS, par M. J. C. MAC COAN. (L'Egypte comme elle est).
LONDRES, Petter, Cassell et Galpin ; 1877. Un vol. gr. in. 8°.

Grâce à la merveilleuse découverte de notre Champollion, le monde
savant n'est plus exposé à chercher dans l'épigraphie colossale qui recouvre les monuments de l'ancienne Egypte ou les oracles d'Hermès,
comme au XVIII° siècle, ou les psaumes de David, comme on l'a fait
dans celui-ci. On a la clef de ces hiéroglyphes si longtemps mystérieux,
et si on ne sait pas encore tout ce qu'ils renferment on sait du moins
tout ce qu'ils ne renferment pas. On a lu les noms des Pharaons sur les
monuments élevés par Sésostris et celui de Tibère sur le portique de
Denderah, de sorte qu'il n'est plus possible de nier ni la haute antiquité
des uns, ni la jeunesse relative des autres.

Mais il n'y a point en Egypte que des hiéroglyphes à déchiffrer : on y rencontre à chaque pas des sujets de méditation et d'études qui s'imposent,
pour parler comme J.-J. Ampère, au voyageur quel qu'il soit, s'il a des
yeux pour voir, une mémoire pour se souvenir et un peu d'imagination
pour rêver. Tout est grandiose sur cette terre, tout depuis son fleuve à
la source qui se cache encore et son désert de sable jusqu'à ses pyramides gigantesques, ses sphinx mutilés, ses palais en ruines, ses sombres hypogées. Et pour les esprits moins curieux du passé que soucieux
du futur, n'est-ce donc rien que cette tentative hardie qui se poursuit là-
bas, depuis une cinquantaine d'années, de greffer la civilisation occidentale
sur la barbarie musulmane ? Elle a donné naissance à d'assez nombreux
ouvrages, dont quelques-uns sont assurément très-intéressants et très-
instructifs, tels, par exemple que L'*Aperçu général* de Clot Bey, qui
n'a pas encore vieilli, malgré ses quarante ans; les *Lettres* de M. Bar-
thélemy Saint-Hilaire et celles plus récentes M. de Gellion-Danglars, les
statistiques de MM. De Regney-Bey et Dor-Bey, etc. Il restait, toutefois, à
dresser un tableau de l'ensemble de l'Egypte contemporaine telle que l'ont
façonnée, sous le rapport économique et social, et l'implacable volonté
de Méhémet Ali et les douze ans de régne de celui des petits-fils de ce
despote qui la gouverne actuellement, sous le nom d'Ismaïl I°ʳ et le titre
de Khédive.

Telle est la tâche que s'est proposée un anglais, M. J.-C. Mac Coan, qui
s'y était préparé par de longs séjours dans le pays et qui, sans négliger
de se servir de ce que ses prédécesseurs lui avaient laissé, a été en
bonne position de recevoir, de première main ou par le canal de personnages officiels, une foule de renseignements de toute sorte. Son
livre, l'*Egypte comme elle est*, s'ouvre par une description détaillée et
fort bien faite du pays, que suit une étude ethnographique et statistique
de sa population. Naturellement M. Mac Coan renonce à supputer la
population de l'Egypte qu'on pourrait appeler équinoxiale, fruit des

conquêtes d'Ismaïl Pacha et des dernières annexions du Khédive régnant, laquelle comprend toute la côte occidentale de la mer Rouge, ainsi que celle de l'océan Indien jusqu'à Berbera, et le bassin du Haut-Nil, entre Khartoum et l'équateur. Il se borne, prenant pour base les estimations des divers voyageurs, depuis Bruce et Burkhardt jusqu'à Baker et Nachtigal, à lui attribuer de 10 à 12 millions d'habitants, et recherche le nombre des Egyptiens proprement dits, c'est-à-dire de ceux qui peuplent l'ancienne Egypte, l'Egypte des Pharaons, des Césars, des Califes arabes et des Turcs, quadrilatère à peu près régulier que délimitent au Nord les rivages méditerraniens, à l'Est le canal de Suez et la mer Rouge, au Sud la première cataracte du Nil, à l'Ouest le désert Lybien.

Acceptant pour exact le seul recensement officiel qui ait été encore fait et qui portait la population à 5.125.000 personnes, et calculant l'augmentation de 1859 à 1877, selon le taux que manifeste l'excès des naissances sur les décès, il arrive au chiffre actuel de 5.500.000 habitants. Ils se composent d'une dizaine d'éléments : Bédouvers nomades, Turcs, Abyssiniens, Nubiens, Soudaniens, Juifs, Rayahs Grecs, Cophtes, Fellahs ou Arabes fixes, parmi lesquels les anciens maîtres du pays ne comptent que pour 10,000 et les Européens pour 90,000, dont 40,000 Grecs, 15,000 Français, 10,000 Italiens et 7,000 Anglais. Les Cophtes et les Fellahs, c'est-à-dire les aborigènes se chiffrent les premiers par 500,000 et les seconds par 4,500,000. Les Fellahs descendent des Cophtes, et ceux-ci sont à leur tour les vrais descendants des Egyptiens de l'époque pharaonique, dont malgré leurs croisements avec les Perses de Cambyse et les Grecs d'Alexandre, ils rappellent tout à fait le type physique, tel qu'il est sculpté sur toutes les tombes et sur tous les temples, depuis Beni-Hassan jusqu'à Philé. Les Fellahs qui en proviennent sont de leur côté une race belle et vigoureuse au physique, douce, intelligente, gaie et honnête au moral, quoiqu'au témoignage de Lane dont le livre, tout vieux d'une quarantaine d'années qu'il est (1) demeure toujours classique, leurs femmes ne donnent que trop raison au double mot célèbre de François 1er et de Shakespeare. Ce n'en est que plus grand dommage de les voir ployer sous le faix d'impôts mal répartis et exigés de la façon la plus brutale, opinion qui est celle de presque tous les voyageurs et d'un grand nombre d'Anglais eux-mêmes. Il est vrai que M. Mac Coan ne la partage pas : il convient bien que les impôts égyptiens sont lourds, mais il ne les trouve pas oppressifs, et quant au bâton, qui est là-bas le grand percepteur, il en regarde la logique, *Stick Logic*, comme indispensable vis-à-vis de con-

---

(1) *An account of the manners and costums of the modern Egyptians.*

tribuables disposés à ne desserrer les cordons de leurs bourses qu'après
l'infliction de quelques douzaines de coups de Kourbahe.

Laissons-lui l'entière responsabilité de ce sentiment, sans lui demander
ce qu'il penserait de cette discipline appliquée à lui-même et s'il est de
l'avis du vieux Kellermann, qui, avant de vaincre à Valmy, avait servi
dans les troupes allemandes et qui déclarait s'être toujours très-bien
trouvé des nombreux coups de bâton qu'il y avait ou donnés ou reçus,
et passons à ce qu'il nous dit de l'agriculture, le grand moyen d'existence des Fellahs égyptiens. Au temps de notre grande expédition, on
n'évaluait point à plus de 24,760 kilomètres carrés, soit 2,476,000 hectares,
toute la superficie arable du pays, mais les progrès de l'irrigation l'ont
portée à 2,298,000 hectares, dont environ 1,800,000 sont dès aujourd'hui
sous culture. Les céréales, le coton et le sucre, voilà les principales productions du sol. La récolte des premières représentait en 1875 un total
de 25,670,000 *ardebs*, valant chacun 2 hect. 76 centilitres, dont
10,502,000 pour le *dhoura* ou maïs, 6,662,000 pour le froment et 3,103,000
ponr l'orge. Cette même année, les statistiques officielles annonçaient
pour le coton une récolte de 131,269,000 kilogrammes, les plantations
embrassant alors une superficie de 348,728 hectares, et ce n'était pas,
tant s'en faut, le dernier mot de cette culture que des juges très-compé-
tents regardent comme susceptible de s'élever en moyenne annuelle à
1,000,000 de balles, de 374 kilos chacune.

Quoique le célèbre *Byssos* d'Hérodote fut du lin et non du coton, il est
certain que les anciens Egyptiens cultivaient la dernière de ces plantes,
mais il y avait bien longtemps qu'on n'en parlait plus lorsqu'en 1821 un
médecin français, qui visitait au Caire le palais d'un Bey, rencontra
dans les jardins un plant de coton longue soie croissant à l'état sauvage.
La découverte vint aux oreilles de Méhémet-Ali, qui saisit avidement
la perspective de s'ouvrir un nouveau monopole et qui donna l'ordre de
semer immédiatement des graines de ce plant sur l'une de ses fermes.
L'essai réussit à merveille, et, fortement stimulé par le chômage prolongé du marché américain pendant la guerre de sécession, la culture
cotonnière n'a cessé de se développer dans la vallée du Nil. Celle de la
canne, du moins sur une certaine échelle, ne remonte guère qu'à une
douzaine d'années, mais à l'essor qu'elle a pris dans ce laps de temps,
il est permis de la croire destinée à devenir l'une des grandes richesses
de l'Égypte. Elle ne se cultivait pas il y a quarante ans sur plus d'une
centaine d'hectares : elle l'est aujourd'hui sur plus de 30,000 dont les
cinq sixièmes appartiennent au khédive. Les cannes sont manipulées
dans dix-neuf usines, qui sont également sa propriété et pour l'édification desquelles il n'a pas dépensé moins de 150,000,000 francs, selon
M. Stephen Cave, dans son *rapport.* Il est évident que ces usines ont été
installées sur un pied beaucoup trop grandiose, et on peut également

leur faire le double reproche d'être trop nombreuses et d'être mal placées, ce qui occasionne, en transport de la matière première, des frais considérables, mais inutiles.

Au surplus, ce cachet de faste superflu, quand il n'est point extravagant, n'est-il pas particulier aux sucreries du Daïra, ou domaine privé d'Ismaïl Ier. Il serait souverainement injuste de confondre ce prince avec les tyrans à la fois hébétés et sanguinaires dont l'Orient a le triste privilège, et dont Abbas-Pacha, l'un des petits fils de Méhémet fut en Égypte même l'un des plus tristes types. Ismaïl est un prince éclairé, très-laborieux, point du tout cruel ; seulement il n'a point su rompre avec cette manie de travaux grandioses, mais d'une utilité et d'une opportunité incertaine, inaugurée par son grand-père et continuée depuis, en grand dam des finances égyptiennes qui ont failli en sombrer. M. Mac Coan l'avoue, tout en insistant sur le caractère rémunérateur qu'il assigne à la plupart de ces travaux : chemins de fer, télégraphes, docks, ports, canaux. Il donne d'intéressants détails sur le réseau ferré de l'Égypte, — lignes au nord du Caire et lignes au sud, — lequel embrasse un développement de 1812 kilomètres ; sur les travaux du port d'Alexandrie, sur le grand barrage du Nil exécuté d'après les plans de notre compatriote l'ingénieur Mougel ; sur le canal Ismaïlieh et le canal Mahmoudieh, dont l'un part de Boulak pour joindre le canal Zaganzig à Suez et l'autre relie Alexandrie au Caire. Le Mahmoudieh, commencé en 1819 fut achevé dans l'année même et ne coûta que 7,500,000 francs et...... 20,000 hommes, Méhémet-Ali avait fait faire des battues dans la Haute et dans la Basse-Égypte : il avait *pressé* les hommes faits comme les vieillards, les enfants comme les femmes. Ayant réuni de la sorte 250,000 travailleurs, il leur fit creuser, sans abris et parfois sans nourriture ce sol pestilentiel : le bâton stimulait leur zèle et faisait justice de leurs plaintes.

C'était la vieille méthode : Cheops, Cephrem, Mencheris n'ont poin bâti autrement les pyramides qui portent leurs noms, et dans sa vindicte traditionnelle, le fellah n'adresse point à quelqu'un d'injure plus atroce que celle de *Ebn Faraoun*, ou fils de Pharaon. L'optimisme évident que M. Mac Coan nourrit à l'endroit des hommes et des choses de la Nouvelle-Égypte ne lui fait pas taire, rendons-lui cette justice, de telles énormités, pas plus que sa qualité d'Anglais ne le rend injuste pour M. de Lesseps, dont il exalte à diverses reprises l'indomptable énergie : qu'il appelle « le grand Français, au nom désormais inséparable de sa grande œuvre. » Il fait ressortir les avantages au point de vue commercial d'un percement qui a raccourci de 7,740 kilomètres la distance entre l'Angleterre et l'Inde, qui a rapproché de 9,500 Marseille de Bombay et New-York de 5,760. Les chiffres enfin qu'il donne sur la fréquentation du canal par les divers pavillons attestent combien, sincères ou non, les patriotiques et bruyantes alarmes de lord Palmerston étaient chimériques ; sur 7,522 navires qui l'avaient franchi, au moment où M. Mac Coan écrivait, il y en avait en effet 74, 16 0/0 portant pavillon anglais.

Par crainte de trop s'étendre on ferme ici ce livre : il est d'une lecture fort attachante, et le seul reproche un peu sérieux qu'on soit en droit de lui adresser est un optimisme marqué vis-à-vis des hommes et des choses dont il traite, bien que cette disposition ne paraisse nullement aller jusqu'à ce parti pris et jusqu'à ce manque de sincérité matérielle qui tronquent les faits ou les déguisent. Avec un peu plus d'espace, on eût aimé à parcourir ici les chapitres que notre auteur consacre aux *Daïras*, à l'administration, à l'instruction publique, au Soudan, à l'esclavage. Comme là-bas, l'*Etat c'est le Khédive*, on doit savoir un gré spécial à Ismaïl Ier de ses goûts progressifs, quoique beaucoup trop dispendieux, et le féliciter de son vif souci pour la diffusion parmi ses sujets du savoir à tous les degrés. M. Mac Coan est de ceux, d'ailleurs, qui se montrent très-persuadés de son bon vouloir pour la suppression de l'esclavage africain. Une fois rendus en Égypte, ces malheureux que d'odieux traitants vont recruter dans le Sennaar, le Darfour et le Kordofan, ne sont point malheureux sans doute, car l'esclavage en ce pays n'est guère qu'une variété de la domesticité et d'une domesticité assez douce. Lane à cet égard est très-explicite, et l'intérieur d'un riche Égyptien demeuré fidèle aux us nationaux est aujourd'hui ce qu'il était en 1835, ou pour mieux dire au temps des *Mille et une Nuits*. Mais les *Gillabs*, ou marchands d'esclaves n'ont pas cessé non plus d'être ces bêtes brutes que Livingstone, Speke et Baker s'accordent à maudire. Dans la route qu'ils suivent de l'Afrique équinoxiale à la première cataracte, que de souffrances leurs captifs n'ont-ils point à subir ! que d'ossements blanchis ne marquent-ils pas la trace de chacune de leurs étapes à travers le désert !

Voilà ce qui fait que l'honneur du Khédive est fortement intéressé, selon M. Coan, à la cessation absolue d'un trafic officiellement aboli dans ses Etats, mais qui ne laisse pas de s'y pratiquer d'une façon interlope et assez active. Il ne faudrait pas cependant qu'un zèle en soi fort louable poussât Ismaïl Ier à de nouvelles expéditions lointaines. Il a trop cédé déjà à ce goût, qui est moins innocent mais tout aussi dispendieux que celui des bâtisses et plus improductif. Il en sait quelque chose par sa guerre d'Abyssinie, et il serait d'un bon naturel de ne rien ajouter aux soucis qui assiégent déjà ses créanciers et qui troublent leur sommeil aux approches de chaque échéance d'un coupon de sa dette.

AD. F. DE FONTPERTUIS.

LA GUERRE CONTINENTALE ET LA PROPRIÉTÉ, par M. E. ROUARD DE CARD. Paris, Durand et Pedone-Lauriel, 1877. 1 vol. in-8°.

L'auteur de ce volume est un jeune avocat déjà couronné par l'École de droit de Paris pour un mémoire important sur l'arbitrage international. Son esprit a été attiré vers les problèmes que soulève le fait de la guerre, vers ce droit imparfait en ce sens qu'il ne connaît ni législateur pour le définir et le perfectionner, ni juge pour en appliquer les principes, et qui pourtant existe, se développe même en bien ou en mal, suivant les mouvements de l'opinion publique, malgré les nombreuses violations qu'il a subies et qu'il subit encore.

Imposer aux belligérants, dans les limites du possible, le respect de la propriété, tel est le but du droit international. Pour atteindre ce but ou du moins pour s'en approcher, il faut examiner en détail les questions de propriété si nombreuses que soulève la guerre et poser des règles aussi claires, aussi justifiées, aussi indiscutables que possible. C'est ce que s'est efforcé de faire dans ce volume M. Rouard de Card. Voici en quels termes il indique le points de vue auxquels il s'est placé pour étudier les questions diverses que présentait son sujet :

« Partant de cette idée que la guerre est un conflit entre deux États et non entre les citoyens d'un État et ceux d'un autre, nous serons amenés à séparer les propriétés publiques, qui restent exposées aux chances des combats, et les propriétes privées qui doivent toujours être respectées. Dans chacune de ces classes, il y a lieu d'opérer des divisions secondaires basées sur la nature et la destination des biens, car les règles doivent ici varier à l'infini.

« Nous examinerons donc successivement les droits des belligérants sur les immeubles, les meubles et les biens incorporels, soit de l'État, soit des particuliers. Nous indiquerons les cas dans lequels le belligérant ne peut ni prendre ni détruire des objets qui appartiennent cependant à l'État. Nous préciserons aussi à l'inverse les limites dans lesquelles il est permis de causer quelque préjudice ou quelque dommage à la fortune des habitants. Enfin, nous nous demanderons quels moyens nous pouvons admettre pour assurer l'efficacité des règles que nous aurons tracées.... Il faut aussi tenir compte des faits et demander à l'histoire l'appui de ses enseignements. »

En suivant cette marche, l'auteur a divisé son sujet en trois chapîtres : 1° de l'occupation d'un territoire; 2° des propriétés publiques; 3° des propriétés privées. Les deux derniers chapitres se subdivisent nécessairement en sections nombreuses. Ainsi, quant au second, il a fallu étudier successivement les questions relatives aux propriétés immobilières de l'État, puis celles relatives aux propriétés mobilières, aux biens incorporels et enfin les exceptions. Il a fallu diviser de la même manière le chapitre relatif à la propriété privée.

Sans doute ces divisions sont arbitraires, et il semble impossible d'en établir qui ne le soient pas : celles-ci ont l'avantage, et peut-être aussi l'inconvénient, d'être conformes aux traditions de l'école avec lesquelles le lecteur est d'avance familiarisé. En pareille matière, et justement parce qu'elles sont arbitraires, les grandes divisions importent assez peu. On attache plus d'intérêt aux questions particulières et aux solutions qu'elles suscitent.

C'est là un détail dans lequel nous ne pouvons entrer ici. Disons seulement qu'autant que nous en pouvons juger, l'auteur a traité chacune d'elles avec sobriété, tout en rappelant en passant un assez grand nombre de faits historiques qui s'y rapportent. Il a rappelé aussi les violations des règles, et Dieu sait si elles sont nombreuses, surtout dans la guerre de 1870-71 !

En pareille matière, il servirait peu de procéder par vues théoriques et personnelles. Il importe, au contraire, de procéder avec lenteur en rattachant soigneusement les travaux que l'on exécute à ceux de ses devanciers. Puisque le droit international n'est qu'une tradition, il importe beaucoup de ne pas la rompre. M. Rouard de Card n'a eu garde de donner sur cet écueil ; il s'est appuyé le plus souvent sur les opinions des jurisconsultes qui l'avaient précédé, de telle sorte que son livre présente un résumé intéressant de doctrines et de faits. C'est une bonne thèse, à la hauteur des connaissances actuelles et des doctrines régnantes. Il est difficile d'exiger davantage.

Car les temps ne sont pas favorables aux travaux ayant pour objet de restreindre la guerre et d'assurer le règne du droit international. Depuis trente ans environ, le monde souffre d'un retour offensif de la sauvagerie, qui s'étend peu à peu sur le globe tout entier et semble annoncer des événements plus tristes encore que ceux qui ont rempli cette dernière période. Il est visible que l'idée du droit qui a éclairé d'une si vive lumière la fin du xviiie siècle, s'affaiblit et semble sur le point de subir une éclipse. Cette éclipse aura-t-elle lieu? Sera-t-elle partielle ou totale? Nous ne saurions le dire. Ce que nous pouvons assurer, c'est qu'elle n'aura qu'un temps et ne durera pas, car le monde a plus que jamais besoin du droit et ne saurait manquer d'y être ramené par un sentiment de conservation. Il faut donc applaudir ceux qui, comme M. Rouard de Card, en entretiennent le culte par des travaux conservatoires et cherchent à résister, dans la mesure de leurs forces, à l'abominable fléau de la guerre.

COURCELLE SENEUIL.

ÉTUDES HISTORIQUES ET MORALES SUR LES PRISONS DU DÉPARTEMENT DE LA
SEINE ET DE LA VILLE DE LONDRES, par A. REGNAULT, ancien bibliothécaire du Conseil d'État. 1 vol. in-18, Guillaumin et Cie, 1877.

On n'écrira jamais assez sur les prisons. Les statistiques officielles ne
sont que des recueils de chiffres et des livres de caisse; elles sont bonnes
pour apprendre ce qu'un prisonnier vit en moyenne, ce qu'il coûte et
quelquefois ce qu'il produit. Et, quant aux enquêtes périodiques, les
témoignages d'apparat qu'elles renferment ne valent pas ce qu'un prisonnier pourrait lui-même nous apprendre, s'il était capable d'écrire la
vérité au sortir de sa captivité. Ce qu'il nous faudrait surtout, ce serait le
récit des visites d'un philanthrope éclairé, qui ressentirait la passion de la
réforme pénitentiaire, sans partager les illusions de la philanthropie pure,
et qui aurait eu longtemps les moyens de visiter les prisons, non pas à
date fixe et à jours annoncés d'avance, mais selon son gré et avec une
fréquentation véritable du personnel qui les habite.

Les crimes et les délits sont des maux qui vivront probablement aussi
longtemps que l'humanité, mais dont le caractère dangereux doit aller
s'affaiblissant comme celui des maladies dont les peuples modernes
apprennent peu à peu à se préserver et même à se guérir. L'hygiène
morale n'en est qu'à ses débuts, mais elle pourra dans l'avenir marcher
plus vite. Il faudrait, pour que dans les prisons même elle fît des progrès
plus sensibles, que ces instruments de répression ne fussent pas uniquement placés sous la main administrative. Nos dernières lois témoignent
du désir qu'ont enfin exprimé des esprits sages de ne pas se borner à
placer auprès des directeurs et des gardiens de soi-disant comités de
surveillance qui ne fonctionnent jamais ou n'ont aucune idée de leur
mission, mais d'ouvrir autant qu'il se pourra l'asile des prisonniers à la
bonne volonté des particuliers résolus à y entrer pour y faire du bien et
en état de s'y appliquer avec un esprit de suite. Ce ne sont ni les loisirs,
ni même les lumières qui marquent, jusque dans nos moindres centres
de population; c'est l'esprit d'initiative et le mépris du qu'en dira-t-on.
Il ne serait pas difficile d'encourager les dévouements qui s'ignorent et
de les intéresser même au succès de léurs efforts. Mais on s'obstine à
gouverner, à réglementer, à administrer à outrance, et la timidité des
honnêtes gens ne sait que devenir au milieu de toute cette agitation
perpétuellement compressive.

Le livre de M. Regnault est justement un recueil de notes prises dans
des visites bénévoles. Ce n'est pas un traité de la matière pénitentiaire;
il est plus anecdotique que didactique, mais il n'est pas sans intérêt.
Nous y voyons surtout dominer cette idée, que nous croyons juste, que
l'on a trop peut-être travaillé, dans ces temps-ci, à l'amélioration physique
du sort des prisonniers et que c'est de leur moralité que nous devrions
plutôt entreprendre la culture. P. B.

CHRONIQUE ÉCONOMIQUE

—

La situation si pleine de périls que les politiciens du 16 mai 1877 avaient créée en France s'est subitement améliorée à partir du 14 décembre. On a senti un soulagement général tant à l'intérieur qu'à l'extérieur, car on redoutait les plus graves perturbations.

Les aventures dans lesquelles on voulait engager le chef du pouvoir exécutif auraient pu provoquer la guerre civile et la division de l'armée, ainsi que l'occupation des frontières par les armées étrangères. Tout ce qu'on apprend sur ces projets, aussi audacieux que peu sensés, montre que cet effroyable cauchemar de sept mois n'avait rien de trop imaginaire.

Aussitôt installé, le nouveau ministère s'est empressé de suspendre les ordres des agents du 16 mai, de prendre des mesures réparatrices, de changer le personnel des préfectures et des sous-préfectures. Le Président a très-positivement, paraît-il, renoncé au rôle de chef de parti qu'on voulait lui faire jouer pour celui de président constitutionnel. Les Chambres ont repris leurs travaux interrompus depuis sept mois. L'opinion publique est rassurée, et les affaires se sont presque aussitôt ressenties de l'ordre et du calme revenus dans les régions gouvernementales.

La première mesure, prise d'accord entre le ministère et les Chambres, a été le vote d'urgence des quatre contributions directes pour permettre aux Conseils généraux leur travail de répartition, ainsi que le vote d'un crédit de 559 millions pour les dépenses des deux premiers mois de 1878.

Les Conseils généraux, convoqués à la hâte, se sont réunis à partir du 21 décembre. La majorité de ces conseils a nommé des présidents sympathiques aux institutions républicaines. Leurs discours, ainsi que ceux des préfets qui venaient d'arriver à leurs postes, ont témoigné de l'apaisement général et des sentiments de confiance et de satisfaction faisant suite aux appréhensions causées par la politique de réaction à outrance.

Il a fallu également se hâter pour les élections municipales, systématiquement ajournées par les politiciens du 16 mai. Elles ont eu lieu le 6 janvier, dans un ordre parfait, et à l'avantage des institutions républicaines. Cette grande opération avait une triple importance. D'abord, elle a été une nouvelle manifestation de l'opinion qui consolide moralement et politiquement la République. En second lieu, elle donne à la presque universalité des communes des maires électifs qui seront l'expression des sentiments actuels de la population. Enfin, les conseils municipaux qui viennent d'être élus seront appelés à désigner les délégués pour les élections sénatoriales, lors du renouvellement du premier tiers sortant des sénateurs départementaux.

On ne pouvait espérer un succès plus complet. La presse de l'Europe en a exprimé une satisfaction générale ; elle a surtout été frappée de ce résultat obtenu par le seul triomphe du scrutin, sans bruit et sans tumulte, par l'effet d'une volonté silencieuse et tenace. La France aura l'honneur d'avoir donné un grand exemple depuis le commencement de cette crise ; à quelque chose malheur est bon.

— La guerre d'Orient arrive à la période prévue de l'armistice. Les insuccès militaires des Turcs ont continué. Après la prise de Plevna le 11 décembre, est venue celle de Sofia, le 28, qui a déterminé une demande d'armistice le 8 janvier. Le lendemain, le gros désastre de Chipka a amené la reddition de 41 bataillons, 10 batteries, plus un régiment de cavalerie, évalués à 10,000 hommes, si tant est qu'ils y fussent. La Serbie elle-même, à laquelle son prince et le czar ont fait jouer un si piteux rôle, a obtenu un petit avantage sur les Turcs : la prise de Nisch qui avait une garnison insuffisante.

Au fond le gouvernement russe, et la Russie, cela va sans dire, aspirent à la paix, aussi bien que la Turquie et le gouvernement turc. L'empereur Alexandre a reçu des dépêches victorieuses de ses deux frères les grands ducs, commandant l'un en Bulgarie, l'autre en Asie. Lui-même est rentré triomphalement à Saint-Pétersbourg. C'est ce qu'on a vu ; mais ce qu'on n'a pas vu et ce qui suivait le cortége impérial, c'est le besoin de nouveaux emprunts, la misère des peuples, la statistique des morts et des mourants, et dans le lointain les difficultés diplomatiques et la future constitution politique que vont réclamer les divers peuples russes, comme un des moyens de prévenir le retour de ces saturnales autocratiques.

A Constantinople, il y a, de plus, les intrigues du harem qui font et défont les ministères, neutralisent l'action des hommes intelligents tout comme au xviii° siècle, quand Montesquieu écrivait des lettres *persanes* qui étaient aussi bien des lettres turques. Le souverain gouverne l'empire, les favorites gouvernent le souverain, tel ou tel autre eunuque gouverne les favorites, le grand vizir et autres personnages doivent lui faire la cour.

Il y a toutefois une diplomatie qui, certes, 'a donné des preuves d'intelligence et de finesse, mais qui aura fort à faire pour résister à la magnanimité, au désintéresse ment et à l'humanité de la politique russe.

— En Angleterre, cette marche des événements préoccupe l'opinion. Les classes ouvrières s'inquiètent, comme les classes moyennes. La mésintelligence est entrée dans le conseil des ministres. M. Disraëli prend des airs belliqueux, qui ne plaisent guère à Lord Derby et contre lesquels Lord Casnavon, ministre des colonies, vient de faire un discours pacifique. Les meetings se succèdent et la réunion du Parlement, avancée pour affaires « urgentes », aura lieu le 17 janvier.

— La mort imprévue du roi Victor-Emmanuel, le 9 janvier, vient de produire la consternation au sein de l'Italie constitutionnelle et de jeter un élément d'anxiété de plus dans toutes les affaires de l'Europe. Le nouveau roi, dont le manifeste est conçu en excellents termes, a confirmé le ministère, le second ministère Depretis, récemment remanié (1). Probablement les Chambres, prorogées par un décret du 3 janvier, ne tarderont pas à être convoquées.

---

(1) Ce ministère remanié ne date que du 26 décembre : il se compose de M. Depretis, président du conseil et ministre des affaires étrangères ; de M. Crispi à l'intérieur ; du général Mezzacapo à la guerre ; de l'amiral Brin à la marine ; de M. Mancini à la justice ; de M. Magliani aux finances ; de M. Villa Thomas à l'instruction publique ; de M. Perez aux travaux publics; MM. Mezzacapo, Brin et Mancini conservent leurs portefeuilles. On n'avait pas l'intention de renouveler le portefeuille du commerce et on projetait un ministère du trésor. M. Nicotera a quitté l'intérieur, M. Melegari les affaires étrangères ; M. Depretis les finances, M. Coppino l'instruction publique, et M. Majorana l'agriculture et le commerce. La démission de M. Zanardelli, ministre des travaux publics, en désaccord avec M. Depretis sur la question des chemins de fer, avait amené le remaniement du ministère

Le premier roi d'Italie avait conquis l'estime universelle. Il a
mérité son titre de « galant homme » ; il a été le modèle des rois
constitutionnels.

— M. de Bismarck n'est plus malade ! Il a quitté sa retraite de
Varzin où il boudait en faisant ses petites affaires, pour que l'empereur sentît le besoin de le rappeler. — On se demande toujours ce
que veut exactement ce Richelieu de la Sprée. En politique extérieure, la réponse se trouve dans une équation à force inconnue.
En politique intérieure, il voudrait, dit-on, des auxiliaires plus
« nationaux-libéraux », pour mieux prussifier l'empire allemand.
En politique économique, il virerait vers un protectionnisme plus
accentué. Mais le sphinx n'a pas encore parlé.

— Dans tous ces changements politiques on n'a pensé aux traités
de commerce que pour les proroger ; celui de 1865 entre la France
et l'Italie a été prorogé jusqu'au 31 mars ; il en est de même de
celui de 1867 entre l'Italie et l'Allemagne.

— Nous avons à mentionner ici la mort de M. Emile Bères, un
de nos collaborateurs de la première heure, dont il a été question
à la Société d'économie politique.

Jph G.

Paris, ce 14 Janvier 1877.

Bibliographie économique.

PUBLICATIONS DÉCEMBRE 1877.

ACOLLAS (Emile). *Philosophie de la science politique* et commentaire de la Déclaration des droits de l'homme de 1793. In-8°, VII-534 p. Marescq aîné.

Annuaire des lignes télégraphiques, 1er juin 1877. In-8°, 234 p. Imp. nationale.

Annuaire officiel des chemins de fer, publié par A. Chaix et Ce, contenant un résumé analytique des documents législatifs, historiques, statistiques, etc., par Frédéric Dubois, 27e année. Exercice 1875. In-18 jésus, XVI-370 p. A. Chaix et Ce.

BOCA. *Examen critique du projet de loi sur les patentes* présenté par M. Léon Say, au point de vue des industries textiles du département de l'Aisne. In-8°. 16 p. Saint-Quentin, imp. Moureau.

BONNAFONT. *Du degré de responsabilité légale des sourds-muets*. In-8, 12 p. Paris, imp. Hennuyer.

BONNE (L. Ch.). *Notions élémentaires d'économie sociale populaire*. Lois fondamentales de la Société. 6 brochures (n° 1 à 6). In-18, 216 p. Librairie Delagrave.
Les lois fondamentales de la Société. Le travail. La propriété. Le capital. Comment on devient propriétaire. Successions. Les machines. Les salaires. Répartition des bénéfices entre les ouvriers et les patrons.

BONNET. *Rapports du délégué des ferblantiers, tourneurs et repousseurs* de Paris, par Bonnet. In-8°, 76 p. Ve A. Morel et Ce.

BONVALOT (Ed.). *Les plus principales et générales coutumes du duché de Lorraine*. Texte inédit, précédé d'une introduction. In-8°, 137 p. Durand et Pédone-Lauriel.

CAMERON (V. L.). *A travers l'Afrique*. Voyage de Zanzibar à Benguela; traduit de l'anglais, avec l'autorisation de l'auteur, par Me H. Loreau, et contenant 139 grav. sur bois, 1 carte et 4 fac-simile. Gr. in-8°, 568 p. Hachette et Ce.

CHARBALIÉ (A.). *A B C du contribuable en matière d'enregistrement et de timbre*, contenant tout ce qui est relatif aux actes sous signatures privées, aux déclarations de successions, aux ventes de meubles et d'immeubles, etc.; suivi d'un tarif complet des droits d'enregistrement. In-12. 252 p. Fayard.

CHEVALLIER (E.). *Une nouvelle forme de société alimentaire*. L'économat du Closmortier, près Saint-Dizier (Haute-Marne). In-8°. 67 p. Marescq aîné.
9e cahier: Les réformes nécessaires. 10e cahier: Création d'un journal des travailleurs. (Fin.)

Compte général de l'administration de la justice civile et commerciale en France, pendant l'année 1875 présenté au président de la République par le garde des sceaux, ministre de la justice. In-4°, XXV-195 p. Imp. nationale.

COUTEAU (E.). *Du bénéfice de l'assurance sur la vie*, 1re partie. In-8°, 30 pag. Lib. Anger.

CUZACO, de Tarnos (Landes). *Des concessions de terrains communaux* dans le département des Landes. Loi du 19 juin 1857 relative à l'assainissement et à la mise en culture des Landes de Gascogne, Jurisprudence. In-8°, 71 p. Bayonne, imp. Lasserre.

DAIREAUX (Emile). *Buenos-Ayres. la Pampa et la Patagonie*. Etudes, races, mœurs et paysages, industrie, finances et politique. In-18 jésus, XI-391 p. Hachette et Ce.

DEFRANOUX. *Eléments d'économie sociale* sous forme de préceptes détachés, puisés aux meilleures sources et mis à la portée de la plupart des intelligences. In-8°, 78 p. Epinal, imp. Collot.

DEFRÉNOIS (A). *Répertoire général pratique de notariat, de droit civil et fiscal*, et de formules d'actes. Recueil périodique : 1° de lois et décrets, avec commentaire ; 2° de jugements, arrêts, solutions, etc. ; 3° et de formules d'actes notariés ; faisant suite au Traité pratique et formulaire général du notariat. T. II. n⁰⁰ 1073 à 2171. In-8°, ɪx-504 p. lib. Delamotte et fils.

Degranges (Edmond). *Traité de correspondance commerciale.* 10⁰ édition. In-8°, 336 p. Hachette et C⁰.

Demante (Gabriel). *Principes de l'enregistrement* en forme de commentaire de la loi du 22 frimaire an VII. 3⁰ édition, dans laquelle a été refondue l'explication des lois récentes. T. I. In-8°, xx-553 p. Lib. Co'illon et C⁰.

Desdevises du Dézert. *Claude Le Pelletier*, ministre d'État, contrôleur général des finances (1630-1711). In-8, 22 p. Caen, Le Blanc-Hardel.

Des sciences positives et du surnaturel, en particulier de l'idée du miracle et de sa possibilité en présence des doctrines scientifiques modernes ; par L..., ancien élève de l'école polytechnique. In-8, xɪ-200 p. Palmé.

Dréolle (Ernest). *Question de la marine marchande.* In-32, 4 p. Bordeaux, imp. Lamarque.

Ducurtyl (L.). *L'instruction gratuite.* Rapport présenté en 1876, en 1877 à la Société nationale d'éducation de Lyon. In-8, xɪ-178 p. Lyon, lib. Palud. .

Du Rouquet (Jean). *Congrès des économistes gascons.* Compte-rendu de la nouvelle réunion tenue à X... le... In-8, 45 p. Bordeaux, imp. V⁰ Péchade.

Dusuzeau. *Rapport de la commission des soies* sur ses opérations de l'année 1876. Suivi du compte-rendu des opérations de la condition des soies de Lyon pendant l'année 1876. In-8, 51 p. Lyon, imp. Pitrat aîné.

Faure (Hippolyte). *Considérations sur la population*, la mortalité et les dépenses des hospices de Narbonne imp. Caillard.

Ferdinand (A.). *Rapport du délégué des facteurs de pianos* à l'exposition de Philadelphie. In-8, 52 p. V⁰ A. Morel et C⁰.

François (Emile). *Rapport du délégué des compositeurs typographes* à l'exposition de Philadelphie. In-8, 56 p. V⁰ A. Morel et C⁰.

Hervé (Valère). *Le notariat belge et le notariat français.* Réformes nécessaires. In-12, 22 p. Poitiers, imp. Oudin frères.

Huɛ (Théophile). *La Martinique.* Études sur certaines questions coloniales. Gr. in-8, ɪɪɪ-147 p. Lib. Cotillon et C⁰.

Instructions du 1ᵉʳ octobre 1877, sur le service et la comptabilité des payeurs d'armées. Ministère des finances. Direction générale de la comptabilité publique et direction du mouvement général des fonds. In-8, 345 p. Imp. nationale.

Jacquème. *Impôt sur l'alcool.* Législation fiscale des Etas-Unis d'Amérique. In-4°, 213 p. et 6 pl. imp. nationale.

Lacombe. *L'Angleterre.* Géographie, climat, industrie, agriculture, commerce, gouvernement, société, famille. Avec 9 gravures et une carte. In-32, 120 p. Lib. Hachette et C⁰.

Ladame (J.). *Les compagnies de chemins de fer devant le Parlement.* Bases et interprétation des contrats. Rachat au prix réel. Rachat au prix légal. In-8, 79 p. A. Chaix et C⁰.

Laurent. *Des pertes de l'agriculture*, par la négligence ou l'insouciance d'un grand nombre de cultivateurs. In-12, 47 p. Bar-le-Duc, imp. Coutant-Laguerre.

Lavergne (Claudius). *Rétablissement d'une corporation au XIX⁰ siècle.* In-8, 11 p. Tours, imp. Bonserez.

Le Cesne (Jules). Discours aux séances des 23 janvier, 26 février, 15, 17, 22 mars et 14 mai. Chambre des députés, session de 1877. *Loi sur le taux de l'intérêt de l'argent ; représentation des colonies à la Chambre des députés, convention passée avec la ligne d'Orléans, suppression de l'impôt intérieur sur les savons, réduction des taxes télégraphiques.* In-8, 133 p. Paris, imp. et lib. A. Wittersheim et C⁰.

— Rapports. *Marine marchande ; modification à la loi sur l'hypothèque maritime ;* modification de plusieurs articles du livre 2 du Code de commerce. Chambre des députés, session de 1877. In-8, 239 p. Paris, imp. et lib. Wittersheim et C⁰.

Lecouteux (E.). *L'Econome rurale.* Leçon d'ouverture du cours d'économie rurale à l'Institut national agronomique, le 5 novembre 1877, gr. in-8, à 2 col., 18 p. Lib.

agricole de la Maison rustique.

LEGRAND (Ch.). *De l'organisation judiciaire musulmane* en Algérie. 1830-1877. In-8, 77 p. Imp. Seringe frères,

LEMIRE (Charles). *Cochinchine française et royaume de Cambodge,* avec l'itinéraire de Paris à Saïgon, une carte de la Cochinchine française, un plan du canal de Suez et des villes de Suez. de Port-Saïd et d'Ismaïlia, 2ᵉ édition, revue et considérablement augmentée. In-18 jésus, 491 p. Challamel aîné.

LIÉGROIS. *La monnaie et le billet de banque.* Discours de réception à l'Académie de Stanislas, le 24 mai 1877. In-8, 25 p. Nancy, imp. Berger-Levrault et Cᵒ.

LOUIS (Georges). *Droit international.* Des devoirs des particuliers en temps de neutralité. Commentaire de la neutralité officielle du gouvernement français du 6 mai 1877. Cotillon et Cᵉ.

LOUOT. *Tarifs des droits de circulation,* de consommation et de détail, à l'usage des receveurs-buralistes et des marchands en gros. In-8, 40 p. Oudin frères.

LURO (É.). *Le Pays d'Annam.* Etude sur l'organisation politique et sociale des Annamites. In-8, 255 p. et carte. Lib. Leroux.

MARTIN (Auguste). Rapport du délégué de *la Corporation des chapeliers de Paris* à l'Exposition universelle de Philadelphie de 1876, précédé de l'aperçu historique de la corporation. In-12, 125 p. Imp. Turlin et Juvet.

MARTIN (Charles). *Liberté ou communisme.* In-12, 101 p. Ghio.

MANGUIN. *Etudes historiques sur l'administration de l'agriculture en France.* T. III. In-8, 476 p.

MAURIN (Dʳ S.-É.). *Rapport des lois et des mœurs avec la population.* Conférence faite le 12 octobre 1877 dans la salle de la Société d'encouragement pour l'industrie nationale. In-8, 23 p. Vᵉ A. Delahaye et Cᵉ.

MAZAROZ. *La Genèse des sociétés modernes.* Etude économique dédiée aux hommes de science. In-8, 192 p. A. Lévy.

MONY (S.). *Etude sur le travail.* In-8, x-557 p. Lib. Hachette et Cᵉ.

NOEL (Octave). *Autour du foyer.* Causeries économiques et morales. In-18 jésus. VIII-387 p. Lib. Charpentier.

OLIBO. *L'Octroi de Lyon,* son histoire, son organisation, ses recettes. In-8, 55 p. Lyon, imp. Portier.

PAYER (J.). *L'Expédition du Tegetthoff,* voyage de découvertes aux 80ᵉ-83ᵉ degrés de latitude nord. Traduit de l'allemand, avec l'autorisation de l'auteur, par M. Jules Gourdault, et contenant 68 grav. sur bois et 2 cartes. Gr. in-8, 385 p. Hachette et Cᵉ.

RAUTLIN DE LA ROY (de). *Les Banques populaires en Allemagne.* In-18, 36 p. Paris, lib. Reichel.

Résumé des travaux statistiques de l'administration des mines en 1870, 1871 et 1872. Ministre des travaux publics. Direction des mines. Statistique de l'industrie minérale. In-4, CVIII, 338 p. et 1 carte. Imp. nationale.

REY (William). *L'état présent et l'avenir des assurances sur la vie en France.* In-8, 20 p. Vᵉ Ethiou-Pérou et A. Klein.

REYNAUD (George). *Etude de législation comparée.* Question de nationalité. Cour d'appel de Rouen. Audience solennelle de rentrée du 3 novembre 1877. In-8, 66 p. Rouen, imp. Lecerf.

RIVIÈRE (Albert). *De furtis* en droit romain. *Du vol* en droit français. In-8, 216 p. Paris, imp. et lib. Pichon.

Société technique de l'industrie du gaz en France. Compte-rendu du quatrième congrès tenu dans la salle des séances de la Société libre d'émulation, etc., de la Seine-Inférieure, à Rouen, le 19 juin 1877. In-8, VII-265 p. et 34 pl. Paris, 21, rue Abatucci.

Le Gérant: PAUL BRISSOT-THIVARS.

Paris. — Typ. A. Parent, rue Monsieur-le-Prince, 29-31.

DERNIÈRES PUBLICATIONS

Librairie GUILLAUMIN et Cⁱᵉ, rue Richelieu, 14.

LE JOURNAL DES ECONOMISTES

REVUE DE LA SCIENCE ÉCONOMQUE ET DE LA STATISTIQUE

Paraît le 15 de chaque mois par livraisons de dix à douze feuilles (160 à 192 pages), format grand in-8, dit grand raisin, renfermant la matière d'un volume in-8 ordinaire.

Chaque Trimestre forme un volume et l'Année entière 4 beaux volumes.

CONDITIONS DE L'ABONNEMENT :

36 francs par an et 19 francs pour six mois pour toute la France et l'Algérie.

35 francs par an et 20 fr. pour six mois pour : *Allemagne, Autriche, Belgique, Danemark Espagne, Grande-Bretagne, Finlande, Grèce, Hongrie. Italie, Luxembourg, Malte, Montenegro, Norwége, Pays-Bas, Portugal,* y compris *Madère et les Açores, Roumanie, Russie, Serbie, Suède, Suisse, Turquie, Egypte, Tanger, Tunis.*

40 francs par an et 21 pour six mois pour : *Etats-Unis, Canada, Colonies françaises (Guadeloupe, Martinique, Guyane, Sénégal, Ile de la Réunion, Cochinchine, Etablissements français dans l'Inde).*

42 francs par an et 22 francs pour six mois pour : *Chine, Confédération argentine, Cuba, Haïti, Indes-Orientales, Mexique, Nouvelle-Grenade, Paraguay, Uruguay, Vénézuéla.*

46 francs par an et 24 francs pour six mois pour : *Australie, Bolivie, Brésil, Chili, Equateur, Pérou, Etats de l'Amérique du Centre : Costa-Rica, Guatemala, Honduras, Nicaragua, San-Salvador.*

Pour s'abonner, envoyer un mandat sur la poste ou sur une maison de Paris. Les abonnements partent de janvier ou de juillet.

On ne fait pas d'abonnement pour moins de *six mois.*

Chaque numéro séparément, 3 francs 50.

COLLECTIONS ET TABLES :

Le prix de la 1ʳᵉ série, comprenant les 12 années de 1842 à 1853 inclus, et formant 37 volumes grand in-8, est de 366 francs.

Le prix de la 2ᵉ série, comprenant les 12 années de 1854 à 1865 inclus, et formant 48 volumes grand in-8, est de 432 francs.

Le prix de la 3ᵉ série, comprenant les 12 années de 1866 à 1877 inclus, et formant 48 volumes grand in-8, est de 432 francs.

Le prix total de la **Collection**, formant, à la fin de 1877, 132 volumes gr. in-8, est donc de 1230 fr.

La Collection forme, à elle seule, une *Bibliothèque* facile à consulter à l'aide de TABLES analytiques et détaillées.

La librairie GUILLAUMIN ne possède plus qu'un très-petit nombre de Collections complètes de chacune des deux séries, qui se vendent séparément.

ON TROUVE A LA LIBRAIRIE GUILLAUMIN ET Cᵉ

Les TRAITÉS GÉNÉRAUX, les TRAITÉS ÉLÉMENTAIRES et les ouvrages de théorie relatifs à l'Economie sociale ou politique ou industrielle;

Les TRAITÉS SPÉCIAUX, les MONOGRAPHIES et un grand nombre d'Ecrits sur les diverses questions relatives à l'ÉCONOMIE POLITIQUE ou SOCIALE, à la STATISTIQUE, aux FINANCES, à la POPULATION, au PAUPÉRISME, à l'ESCLAVAGE, à l'ÉMIGRATION, au COMMERCE, aux DOUANES, aux TARIFS, au CALCUL, à la COMPTABILITÉ, aux CHANGES, au DROIT DES GENS, au DROIT ADMINISTRATIF, au DROIT COMMERCIAL et au DROIT INDUSTRIEL.

Les DOCUMENTS STATISTIQUES et autres : Tableaux de douane, Enquêtes, Tarifs, etc.

Paris. — Typ. A. PARENT, rue Monsieur-le-Prince, 29 et 31.

DES

ÉCONOMISTES

REVUE

DE LA SCIENCE ÉCONOMIQUE

ET

DE LA STATISTIQUE

(37ᵉ ANNÉE DE LA FONDATION)

4ᵉ SERIE. — Nᵒ 2

1ʳᵉ ANNÉE. — Nᵒ 2

FÉVRIER 1878

PARIS

LIBRAIRIE GUILLAUMIN ET Cⁱᵉ, ÉDITEURS

De la Collection des principaux Économistes, des Économistes et Publicistes contemporains,
de la Bibliothèque des sciences morales et politiques, du Dictionnaire
de l'Économie politique, du Dictionnaire universel du Commerce et de la Navigation, etc.

Rue Richelieu, 14.

1878

AVIS. — Ceux de nos abonnés dont l'abonnement est expiré
vec le numéro de décembre dernier sont prévenus que nous ferons
ecevoir à Paris, à domicile, et en province, par une traite, la somme
e 36 fr. montant de l'abonnement pour 1878

SOMMAIRE DU NUMÉRO DE FÉVRIER 1878.

BULLETIN BIBLIOGRAPHIQUE ET COMMERCIAL

LIBRAIRIE DE LA JURISPRUDENCE GÉNÉRALE.
LIBRAIRIE DE C. REINWALD ET Cᵒ.
LA CRITIQUE PHILOSOPHIQUE

LIBRAIRIE ANDRÉ SAGNIER.
LIBRAIRIE GUILLAUMIN ET Cᵒ.
DUMONT ET Cᵒ.

JOURNAL

DES

ÉCONOMISTES

CONJECTURES

SUR

L'HISTOIRE DU DROIT DE PROPRIÉTÉ

Nous ne connnaissons avec quelque apparence de certitude l'origine de quoi que ce soit, et les origines que nous ignorons le plus sont celles des institutions sociales. A mesure que nos connaissances augmentent, notre incertitude devient plus grande ; nous voyons par expérience que les témoignages écrits sont loin de mériter la confiance que leur accordaient nos aïeux, que ces témoignages sont fréquemment viciés par le mensonge et presque toujours par l'erreur provenant de la difficulté, pour les hommes d'une époque, de comprendre exactement les pensées des hommes d'une époque antérieure. Nous voyons, en effet, les sentiments, les idées et les formes même de la pensée se transformer sous nos yeux au point que les mots d'une langue ont changé de sens à un siècle et moins d'intervalle. Tantôt, par le progrès en avant, les hommes analysent des notions que leurs pères avaient trouvées simples, et tantôt, par un progrés rétrograde, les notions qui avaient paru simples et claires à une génération, sont obscurcies par des sophismes pour la génération suivante.

C'est contre ces difficultés multiples que doit lutter la science, chaque fois qu'elle s'attaque à l'histoire d'une institution ou d'une coutume, et il lui est difficile d'espérer qu'elle atteindra la vérité pure et complète. Mais, sans élever ses prétentions si haut, elle peut s'approcher de la vérité par des conjectures successives, en contrôlant avec soin les témoignages directs de l'histoire par l'étude des nécessités rationnelles et en essayant de suppléer avec

cette étude aux lacunes que laissent les témoignages directs. C'est
ainsi que nous allons procéder dans ce travail sommaire sur l'histoire de la propriété.

I

Les débuts du genre humain ont été bien humbles. C'est une
vérité que nous ne pouvons méconnaître en présence des monuments laissés par les âges préhistoriques, dont le témoignage est
confirmé par les récits des voyageurs qui ont visité les peuplades
sauvages encore existantes. On nous montre, par exemple, en
Australie et dans la Terre de Feu, des individus presque isolés,
sans coopération entre eux et sans autre communication que celle
d'une langue rudimentaire, errant dans les forêts ou sur les rivages de la mer, en quête d'une nourriture qu'ils ont bien de la peine
à se procurer, au moyen d'outils et de procédés semblables à ceux
des hommes des temps préhistoriques, n'ayant ni le temps ni
l'énergie nécessaires pour comparer leur état à un état meilleur ou
pour se souvenir des événements d'une vie monotone et malheureuse.

Chez ces hommes, la peuplade même n'existe pas encore : l'état
de paix et l'état de guerre sont confondus, et il est impossible de
distinguer l'existence d'une coutume, d'un droit primitif qui la
consacre. Ils vivent en quelque sorte à la manière des bêtes, et
cependant ce sont déjà des hommes, puisqu'ils ont des procédés
industriels et des instruments fabriqués par eux pour atteindre leur proie ; ils se font la guerre entre eux pour la possession de
ces instruments ou des aliments acquis, peut-être aussi pour la
possession d'un emplacement plus giboyeux ou plus poissonneux
que les autres.

Ailleurs, on voit les commencements de la peuplade. On se
réunit et on s'allie pour la chasse, ou pour la pêche, ou pour la
guerre ; on choisit des chefs et on les suit jusqu'à ce qu'on ait atteint le but de l'alliance conclue : plus tard, cette alliance, fortuite
et temporaire au commencement, devient permanente et a pour
objet l'occupation et la défense d'un territoire déterminé : les
coutumes s'établissent en vue de la paix intérieure et de la discipline ; le droit est fondé.

Telles sont, la raison et les témoignages directs nous l'enseignent
également, les premières étapes parcourues par le genre humain.
C'est de là, selon toute probabilité, que sont parties les races les
plus anciennement civilisées, et c'est là que se trouvent encore de
nos jours des races qui, pour une cause ou pour une autre, sont
demeurées en retard pendant que les autres passaient par une

série de coutumes, de mœurs, d'institutions que l'imagination a bien de la peine à reconstruire, d'autant plus que, selon toute apparence, les étapes de cette série n'ont été les mêmes, ni pour les diverses races, ni· pour les hommes de la même race, une fois séparés par la diversité des climats et par l'interruption des communications.

Ce qui semble hors de doute, c'est que, partout où l'industrie a été limitée à la cueillette des fruits spontanés de la terre, à la chasse et à la pêche, la propriété du sol a été collective. La propriété des outils et des armes a pu être personnelle, mais non dans le sens rigoureux que nous connaissons aujourd'hui. Des témoignages positifs nous attestent l'usage de mettre en commun ou d'emprunter en certaines circonstances les engins de chasse et surtout de pêche. En général, à cet égard, comme sous une infinité d'autres rapports, l'indéterminé domine dans les sociétés primitives, et c'est une cause qui en rend l'intelligence difficile pour les hommes des sociétés plus avancées. Mais le raisonnement permet de supposer que les usages relatifs à la propriété mobilière ont varié selon l'état de l'industrie particulière de chaque peuplade et selon que le caractère des relations intérieures y était plus ou moins pacifique ou guerrier.·Il nous conduit aussi à penser que, plus les avantages de la coopération ont été compris, plus on a tendu, dans les sociétés primitives, à la communauté de tous les instruments de travail.

Ce qui est hors de doute, c'est que dès cette première période industrielle de la cueillette, de la chasse et de la pêche, la société commence à se former, soit par le simple développement d'une famille, soit par des confédérations ayant pour but des opérations militaires. La propriété commence à poindre, collective pour la terre, presque individuelle pour tout le reste.

Vers la fin de cette période sociale, l'industrie pastorale a été introduite. Les hommes, jusqu'alors en état de guerre avec les animaux, ont établi avec quelques espèces des relations presque pacifiques en les domestiquant, en vivant avec eux pour se nourrir de leur lait et de leur chair. Grâce à l'introduction de l'industrie pastorale, un plus grand nombre d'hommes ont pu vivre sur une même superficie de terrain; ils se sont rapprochés, ont établi entre eux une coopération plus intime et plus suivie, des communications plus régulières. En même temps, leur subsistance étant infiniment plus assurée que dans l'état antérieur, ils ont eu quelques loisirs et ont pu les utiliser pour un commencement de méditation. Alors probablement ont commencé les religions et, chez certaines races, les sciences d'observation; partout les coutumes ont pris plus de fixité, et la notion du droit, plus ou moins confondue avec les idées religieuses, a commencé à s'accentuer et à se dégager. Dans la famille patriarcale règne l'autorité du chef, bientôt tempérée et réglée par la coutume et il en a été de même dans la tribu patriarcale, conservée, puis étendue par des adoptions et par des accessions de toute sorte.

Dans cet état social, dont on trouve des restes en Asie, la propriété de la terre est encore collective. Une portion donnée de territoire appartient à la tribu, soit qu'elle reste isolée, soit qu'elle établisse une confédération entre elle et d'autres tribus pour l'utilité commune.

Pendant cette période historique, la société se fixe, les idées s'étendent et les préoccupations d'avenir se font sentir d'une façon très-forte. Chaque groupe commence à se souvenir du passé et à porter ses espérances vers l'avenir : il veut distinctement croître et durer. Et comme la terre devient étroite par les progrès de la population, les luttes entre les hommes prennent un caractère d'extermination attesté par la Bible. C'est la lutte pour l'existence dans toute son horreur.

Cependant cette période appartient encore à l'âge d'or. La propriété de la terre est collective et le travail nécessaire pour vivre est relativement médiocre. Mais il faut soutenir des guerres d'extermination, soit pour s'étendre, soit même pour conserver la terre, les troupeaux que l'on possède, et en un mot la vie.

Malgré tout, l'industrie a fait pendant cette période des progrès considérables sous l'empire des chefs de tribu. L'existence des troupeaux a fourni la matière de plusieurs industries et d'une propriété mobilière importante. Mais était-ce la propriété privée? On ne saurait le dire. Il y eut probablement des formes de possession variées et plus ou moins précaires, que nous pouvons entrevoir sans qu'il soit possible d'en déterminer exactement les traits.

Dans cet état social, la guerre n'est pas continue. Il y a des périodes de paix pendant lesquelles les hommes des diverses tribus communiquent ensemble dans des conditions assez semblables à celles qui existent entre les membres d'une même tribu; ils contractent des échanges et établissent entre eux un commerce pour l'utilité commune.

Avec le commerce, la notion de propriété prend une forme distincte et sort de l'indéterminé dans lequel elle avait flotté jusqu'alors. Seulement elle demeure restreinte et ne s'applique qu'aux objets mobiliers, matière du commerce entre les diverses tribus. Peu à peu, l'industrie maritime se crée et donne lieu, par son développement, à la formation de groupes dont le commerce est le principal moyen d'existence. Ce qué les navigateurs font d'un côté, des groupes réunis en caravane l'entreprennent de l'autre.

Toutefois, il est probable que le commerce est resté dans un état embryonnaire tant que les hommes n'ont pas dépassé l'industrie pastorale. Mais l'industrie agricole est survenue lentement, partiellement, avec des difficultés infinies, dans quelques localités plus favorisées. A mesure que cette industrie s'est développée, la société a pris une assiette stable, et chaque groupe s'est fixé sur un territoire pour y vivre et pour y mourir. Les hommes se sont encore rapprochés, leur industrie s'est encore étendue, leurs institutions ont pris un caractère plus arrêté, plus distinct, et leur pensée s'est portée sur un temps plus long, jusqu'à ce qu'enfin, l'invention de l'écriture étant survenue, l'histoire a commencé.

Il faut bien remarquer que pendant cette période si longue des temps préhistoriques, rien ne nous autorise à supposer que l'industrie ou la société aient rétrogradé un seul instant. Les progrès ont dû être lents, presque imperceptibles, limités à quelque peuplade, à quelque tribu, dont le développement aura plus d'une fois causé la ruine et la destruction des peuplades ou des tribus voisines. C'est aussi avec une extrême lenteur que les inventions auront pu passer, par la guerre ou par le commerce, d'un pays à un autre. Quoi qu'il en soit, il faut noter que partout où les nouvelles industries se sont établies, elles se sont ajoutées aux anciennes sans les détruire. Ainsi les industries primitives, cueillette, chasse et pêche existent encore de nos jours, et l'industrie pastorale, loin d'être détruite par l'introduction de l'agriculture, n'a fait que subir une transformation par laquelle elle s'est étendue plutôt qu'elle n'a été restreinte. Il est bien probable qu'à aucune époque le territoire occupé par les peuples les plus civilisés n'a contenu autant de têtes de bétail qu'il en contient aujourd'hui.

Les institutions ont suivi la transformation lente de l'industrie, se modifiant peu à peu d'une façon presque imperceptible. L'introduction de l'agriculture n'a donc fait disparaître ni la tribu, ni la propriété collective de la terre. L'une et l'autre ont continué d'exister en se transformant lentement, par voie d'accroissement, pour satisfaire à des besoins plus grands et à des combinaisons plus compliquées. Ainsi, en conservant à la propriété de la terre le caractère collectif qu'elle avait dès l'origine, il a fallu établir des règles pour en déterminer l'usage selon le degré d'avancement de l'industrie agricole, ou suivant la nature du terrain possédé par le groupe auquel la terre appartenait. De même, à mesure que les autres branches d'industrie s'étendaient, il fallait déterminer les conditions de ceux qui les exerçaient dans l'intérieur de la communauté,

comme nous le voyons par la belle étude de M. Sumner Maine sur
les villages hindous.

L'avénement de l'industrie agricole a bientôt procuré aux hommes
des moyens de subsistance abondants, en ce sens que le produit,
surtout dans les terrains fertiles, fournissait bien au delà du nécessaire pour la subsistance du cultivateur. Cette circonstance a
été la cause de bien des guerres, de violences sans nombre et de
bouleversements infinis, parce qu'il est devenu possible à un petit
nombre d'hommes armés de faire travailler leurs semblables à leur
profit, soit en les assujettissant à des tributs, soit en leur imposant
des conditions plus dures, comme celles des Hilotes ou des Penestes
ou des colons romains, soit en les réduisant simplement en esclavage. C'est aussi cette circonstance qui a rendu possible l'érection
des vastes empires asiatiques et de celui d'Egypte, la fondation de
villes populeuses et le développement des arts qui y a eu lieu.
Progrès considérable, acheté au prix de souffrances infinies et d'injustices sans nombre.

Les grands empires et les villes ont contribué à augmenter les
communications entre les hommes, à rendre plus fréquentes et
plus durables entre eux les relations pacifiques et à en faire sentir
plus vivement les avantages dans des rapports plus intimes et un
rapprochement plus grand. Ç'a été l'époque du développement des
religions, des clergés bien dotés et des cultes dispendieux.

On se demande naturellement pourquoi les divers groupes
d'hommes qui ont peuplé la terre ont eu des destinées si diverses,
pourquoi le développement de quelques-uns a été si rapide et celui
des autres si lent, pourquoi, par exemple, plusieurs milliers d'années après la ruine de Babylone et de Thèbes, il existe des
hommes de l'âge de pierre? Pourquoi, d'autre part, des groupes qui
avaient brillé d'un vif éclat ont eu peu de durée et se sont éteints
misérablement après une courte existence?

La réflexion nous indique que si certains groupes se sont développés plus tôt que les autres, ils ont dû sans doute cet avantage
à une supériorité de constitution physique et morale, et plus encore à des circonstances dont les unes, comme le climat et la nature
du terrain, pourraient être connues, tandis que les autres, comme
le hasard des rencontres qui ont amené des inventions et qui les
ont amenées dans un certain ordre, échapperont toujours à nos
recherches. Nous remarquons seulement que les progrès ont été
rapides pour les groupes établis sur les grandes voies de communication et mêlés par le commerce ou la guerre. La raison de ce fait
est fort simple : là où communiquent ensemble un grand nombre
de groupes d'hommes, ils mettent en commun les idées et les in-

ventions de chaque groupe, les comparent, les jugent et le meilleur l'emporte; or, il est évident que l'invention est plus facile et plus fréquente pour mille groupes placés dans des conditions diverses de sol, de climat, d'industrie et d'institutions domestiques ou politiques que dans un groupe immobile et isolé.

Les causes qui ont amené la chute des premières sociétés civilisées nous semblent assez apparentes. Pour se constituer, chacune de ces sociétés devait inventer des formes et des institutions nouvelles; or, qui dit invention, dit tâtonnement et erreur. La plupart de ces sociétés ont dû périr par un vice de constitution intérieure. Tantôt on aura réuni dans un même régime des populations arrivées à des états inégaux et différents de civilisation, ou on aura persisté à faire des conditions inégales à des populations égales en fait; tantôt les liens administratifs auront été imparfaits et trop relâchés; tantôt, et le plus souvent, on aura poussé à outrance l'exploitation des faibles, multiplié et exagéré les injustices.

Il existe encore une autre cause de décadence et de mort qui a dû plusieurs fois produire de désastreux effets : c'est l'infatuation. L'homme qui a réussi s'enivre facilement de son succès, qu'il attribue toujours à son mérite propre, ou, plus sottement encore, à son mérite de race ou de caste. Arrivé là, il se repose et n'invente plus, pendant que le reste du genre humain vit et marche : et non-seulement l'infatué n'invente plus, mais il devient incapable même de profiter des inventions d'autrui; ses facultés s'affaissent et finissent par se paralyser. Cependant ses prétentions ne diminuent pas; on dirait même qu'elles croissent avec son imbécillité. Qu'arrive-t-il? C'est qu'à un moment donné, un voisin plus vigilant, qui a cultivé sa force militaire ou l'a augmentée par quelque événement heureux, lui fait sentir le poids de ses armes; alors l'empire, tout puissant naguère, est tout à coup renversé.

La forme d'infatuation la plus dangereuse est celle qui tend à immobiliser une société. On rencontre dans l'histoire de la civilisation des peuples qui ont été emprisonnés en quelque sorte par leur religion, ou par un ensemble d'institutions civiles ou politiques dont ils ne peuvent se défaire. Cela tient à ce que les classes qui profitent de cette religion ou de ces institutions en enseignent l'admiration ou en inculquent le respect à la masse de la popula-lation, à ce point que, loin de les réformer, elle en aggrave les défauts. Un peuple arrivé à ce degré d'admiration béate, pour la caste ou pour le mandarinat, par exemple, est fort exposé à périr.

C'est ainsi que le progrès a eu lieu fréquemment par des peuples demi-barbares que les accidents de leur développement historique avaient tenus longtemps éloignés du grand courant de la

civilisation et qui, après y être entrés, s'infatuaient et périssaient
à leur tour. Il est probable que de nombreuses révolutions de ce
genre ont eu lieu bien avant les temps historiques.

Insistons sur la différence profonde qui distingue les groupes
d'hommes placés dans le grand courant de la civilisation de ceux
que les accidents de leur histoire ou de leur territoire en ont tenu
éloignés. Aux premiers, les institutions nouvelles, les tâtonnements du progrès ; aux seconds, les institutions et les mœurs archaïques. C'est ce qu'on peut remarquer notamment pour le sujet
qui nous occupe. La propriété collective de la terre a subsisté longtemps chez la plupart des peuples ; elle existe encore dans un grand
nombre de contrées plus ou moins éloignées des grands courants
et dans lesquelles prédominent encore les industries primitives de
la cueillette, de la chasse, de la pêche ou du soin des troupeaux, et
où l'agriculture conserve encore ses procédés primitifs. Comme
ces institutions ont été, de la part de M. de Laveleye, l'objet d'un
travail récent remarquable et remarqué, nous nous dispenserons
d'insister sur ce sujet.

Rappelons seulement que là où la terre est encore la matière de
la propriété collective, tantôt on cultive en commun et on partage
les fruits, tantôt on partage périodiquement les terres pour être
cultivées en particulier. Plus souvent encore la commuauté ne
porte que sur des terres sans culture, marais, pâturages ou forêts,
dont les communiers se partagent les produits spontanés.

II

Venons maintenant aux temps historiques et voyons comment
a pu naître et se former la propriété individuelle que nous connaissons et qui, de nos jours, semble se dégager enfin des nuages de
l'histoire dont elle est encore couverte.

Tous les peuples chrétiens descendent de la civilisation gréco-
romaine et c'est dans cette civilisation qu'est née la propriété individuelle de notre temps. Il semble donc que ce soit dans cette
partie de l'histoire que nous devons chercher ses origines.

Cependant, il n'est pas du tout certain que ce soit en Grèce ou
en Italie que la propriété individuelle a commencé. On trouve
dans les monuments étudiés par les égyptologues des faits qui indiquent l'existence de cette propriété, mais ces faits ne sont ni
assez nombreux ni assez clairs pour autoriser des conclusions positives. Comment distinguer, en effet, si ce qui ressemble à la propriété individuelle chez les Egyptiens n'est pas la propriété d'un
groupe, d'une corporation, par exemple? Toutefois, il y a bien des

motifs de croire que la propriété, telle qu'on la trouve chez les Grecs, est d'origine égyptienne.

On peut rencontrer des traces de propriété individuelle dans les poëmes d'Homère et d'Hésiode, au moins pour le peu d'industrie qui existait à cette époque. Hésiode décrit même en termes énergiques les effets de la concurrence. Mais nous croyons que cette propriété individuelle ne s'appliquait pas à la terre : elle était née des inventions ou importations d'industrie que la coutume ne pouvait avoir prévues.

Les poëmes homériques nous montrent les peuples conduits comme des troupeaux par les rois ou chefs de clans, à peu près indépendants le uns des autres, et investis d'une autorité religieuse. Ce sont de vrais patriarches, sous le commandement desquels la propriété de la terre est collective et la propriété mobilière très-réglementée. Il y avait aussi un commerce international relativement important, quoiqu'il ignorât la monnaie, ayant pour matière des marchandises possédées par des individus. Ce commerce, ayant le caractère [presque militaire des premiers temps, confinait de très-près à la'piraterie, laquelle était encore honorable, comme on le voit au témoignage d'Homère et comme le rappelle plus tard Thucydide.

Au sortir de la période obscure pendant laquelle a duré le groupe religieux, le γένος grec, nous voyons apparaître distinctement avec Solon la propriété personnelle à peu près telle que nous l'avons encore aujourd'hui. Son avénement dans les lois coïncide avec l'affaiblissement du pouvoir patriarcal ou paternel, avec la décadence de l'ancienne législation religieuse et l'introduction des Codes. Mais, en supposant même que les lois de Solon aient reconnu les premières la propriété privée, il est évident qu'elles ont dû être précédées par la formation *en fait* de cette propriété, et surtout par l'idée que l'adulte valide, l'individu, pouvait posséder personnellement en dehors des liens de la famille.

La propriété personnelle apparaît moins distincte dans les fragments de la loi des Douze-Tables, bien que ces lois soient postérieures à Solon. Toutefois, à Rome comme dans l'Athènes de Solon, le testament existe et constate l'existence déjà ancienne de la propriété individuelle. Ni cette propriété, ni le testament ne sont des choses qui s'inventent en un jour et prennent rang dans l'histoire sur la proclamation d'un législateur. Déjà la loi des Douze-Tables considère comme inférieur l'*intestatus*, ce qui prouve que, dès cette époque, le testament était ancien, aussi bien que la διαθήκη athénienne.

D'où pouvait être née cette idée, si étrange dans la cité antique, d'une propriété personnelle complète, tellement personnelle que le propriétaire pouvait aliéner entre-vifs et même transmettre après sa mort par un testament? Est-elle née directement de la mise en pièces de l'antique clientèle ou n'est-ce pas plutôt cette idée qui a fait tomber l'institution de la clientèle pour généraliser un fait déjà existant, qui exerçait sur l'esprit des hommes une irrésistible attraction? Nous croyons cette dernière opinion plus exacte que la première.

Cherchons par conjecture d'où a pu s'introduire à l'origine la propriété individuelle? Il est évident tout d'abord qu'elle n'a pu naître dans la Cité même, où tous les droits étaient réglés de façon à l'exclure absolument.

Elle a dû naître hors de la Cité par le commerce international, terrestre ou maritime, qui était, dans ces siècles reculés, une sorte de brigandage. De hardis aventuriers, à l'énergie desquels l'organisation rigide de la Cité ne pouvait convenir, des bannis, des meurtriers, des sacriléges, s'expatriaient pour aller chercher fortune, pillant, lorsqu'ils le pouvaient, possédant individuellement et pratiquant l'échange, lorsqu'ils y trouvaient plus de profit. La cause de leur possession était la valeur personnelle de l'individu; dès lors la fortune entre eux devait être personnelle; ils partageaient et tiraient au sort entre eux seulement ce qui était le fruit d'efforts communs, butin ou profits.

Les guerriers faisaient de même : on le voit dès les poëmes homériques où l'on trouve que l'usage de partager le butin régnait de temps immémorial. Entre le butin, étaient les esclaves faits par les pirates ou les guerriers et entre les esclaves, les femmes. On conjecture avec assez de vraisemblance que de là est venue, non la monogamie, mais la monandrie pour les femmes, c'est-à-dire le premier rudiment de notre mariage.

L'histoire nous enseigne qu'on ne s'est pas borné au partage des objets mobiliers qui constituaient le butin. On a aussi, après des guerres d'extermination, partagé les terres conquises et ces terres ont été tirées au sort, tout comme le butin ordinaire : c'est la clérouquie grecque.

Des témoignages relativement récents nous disent que les terres ont été partagées de même (*viritim*) à Rome par le fondateur légendaire. D'autres attribuent à Numa seulement la plantation des bornes. Sans y ajouter foi absolument, nous sommes portés à penser que dès l'origine, la propriété romaine a eu le caractère individuel. En effet, Rome, l'histoire l'atteste, a été fondée par une horde de ces commerçants pillards, déjà nombreux dans l'ancien monde. C'étaient des adultes valides réunis pour le brigandage et

le commerce, si bien que, nous dit la tradition, ils n'avaient pas
de femmes, partant, pas de famille. Entre gens de cette espèce, le
droit de propriété ne pouvait être attribué qu'à la valeur individuelle, à celui qui avait la force de prendre et de garder. Voilà ce
que dit la vraisemblance : que disent les témoignages?

Le premier et le plus grave est la langue. Quel est le mot qui
désigne l'héritage chez les Athéniens, c'est-à-dire l'ensemble
des biens que possède un individu? Κλῆρος, c'est-à-dire la part
attribuée à l'individu par le tirage au sort. A Rome, quel est le
mot qui est exprime à l'origine l'idée de pleine propriété? *manci-
pium*, ce qui est pris avec la main, comme on le voit dans le vers
de Lucrèce :

Vitaque *mancipio* nulli datur, omnibus usu.

La forme primitive de la vente est la *mancipatio*. Les choses qui
avaient été l'objet de la propriété pendant que ces façons de parler
restèrent en usage se sont appelées jusqu'à la fin *res mancipi*.
D'ailleurs le témoignage de Gaïus est positif et formel : dans l'action par laquelle on réclamait la propriété d'une chose, le demandeur prenait la chose avec la main et la touchait d'une baguette
appelée *vindicta*. Cette vindicta, dit Gaïus, représentait une lance
ou pique. « C'était, ajoute-t-il, *le signe de la propriété de droit
(justi dominii), parce que l'on croyait que la propriété par excellence
était celle des choses prises aux ennemis.* » Le demandeur en mettant
sur la chose revendiquée la main et la lance devait dire selon la
formule : « *meum esse aio ex jure quiritium*, j'affirme que ceci est
mien d'après le droit de ceux qui portent la lance», c'est-à-dire des
Romains. La prise ou saisine était tellement la cause de la propriété qu'on la retrouve dans un autre mode d'acquérir, l'acquisition par possession (*usucapio*).

La propriété individuelle vient donc de la guerre et des conditions de la guerre à l'époque où elle a été fondée. Si les témoignages que nous venons de citer permettaient le doute, nous pourrions
trouver, dans l'histoire même du droit romain, un exemple remarquable de propriété individuelle née de la guerre. C'est le pécule
militaire (*peculium castrense*). On sait que Rome ayant conservé
plus longtemps que la Grèce l'autorité patriarcale, le fils de famille
en puissance de père ne pouvait, pas plus que l'esclave, rien posséder en propre. Cependant les mœurs établirent et les lois consa-
crèrent une exception à ce principe, au profit du fils de famille qui
acquérait des biens au service militaire. La règle légale avait cédé
devant le fait, en reconnaissant la capacité d'acquérir à l'homme
capable, en fait, d'acquérir et de conserver par les armes.

Une fois introduite en fait, la propriété individuelle a dû se
généraliser par des voies différentes. Ainsi à mesure que le patrimoine des clans primitifs s'est étendu en quelque sorte par les
progrès de la culture et de la population, les membres inférieurs
de cette association primitive, les clients, par exemple, et même les
esclaves ont pu être admis à posséder individuellement, sous des
redevances et à des conditions onéreuses, déterminées par l'intérêt
respectif des patrons et des clients ou affranchis, et passées en
coutume. C'est ce qu'on a vu à Rome, sous la République comme
sous l'Empire, et dans toute l'Europe au moyen âge, qui fut,
il ne faut pas l'oublier, une restauration de la Cité primitive,
avec l'adjonction de quelques éléments nouveaux. Avec le temps
et pour des causes que chacun peut conjecturer, les liens de la
clientèle se sont relâchés et, à la fin, les redevances ont disparu.
On peut conjecturer aussi qu'après avoir partagé longtemps périodiquement les terres communes, les possesseurs de lots aient fini
par abolir les partages et demeurer propriétaires, ou que, comme
à Rome, les fermiers d'un domaine public composé de terres conquises soient devenus propriétaires par usurpation. Tous ces
modes de transformation de la propriété collective en propriété
individuelle ont peut-être et probablement existé. Le κλῆρος
peut avoir été le tirage au sort d'un lot de terres communes aussi
bien que le tirage au sort d'un lot de terres conquises. A Rome on
partageait et on tirait au sort les terres sur lequelles on établissait
des colonies, et sous l'Empire le mot *sort* était devenu synonyme
d'héritage comme chez les Grecs. Toutefois, le point de départ,
l'avénement en fait de la propriété individuelle nous semble la
conquête.

Mais c'est une cause tout autre que la conquête qui a développé et généralisé l'institution : ce sont les nécessités d'une culture meilleure et plus intense, capable de subvenir aux besoins
d'une population plus nombreuse. Les terres possédées individuellement ont produit davantage que les terres possédées en commun
et, sans s'en rendre compte ni s'en apercevoir en quelque sorte,
les sociétés se sont laissées aller sur une sorte de pente qui les
conduisait à la propriété individuelle.

Toutefois cette propriété, venant s'imposer en fait, subreptice-
ment, et combinée trop souvent avec un régime qui opprimait le cultivateur dans le monde ancien, n'a jamais eu pour elle la sanction
générale de l'opinion, ni l'assentiment des penseurs. La propriété
collective est demeurée l'idéal, le signe distinctif de l'âge d'or jusqu'à notre temps. Les poëtes, les philosophes, les théologiens, les
jurisconsultes même l'ont célébrée sur tous les tons et lors même

qu'on était obligé de reconnaître en fait l'utilité et la légitimité de
la propriété individuelle, on ne pouvait lui constituer une théorie,
et on la considérait au fonds comme irrégulière.

Si l'on réfléchit à l'origine de la propriété quiritaire, on ne sera
pas surpris de voir qu'elle a conservé dans tout son développement
historique un caractère dur, exclusif, qui l'a fait regarder comme
constituée au profit de quelques-uns contre le droit naturel de tous.
Lorsqu'on a voulu en exposer les conditions, on n'a pu y parvenir
ni par des considérations d'utilité publique, ni par des raisons sérieuses tirées de l'histoire, et elle a été si peu comprise que de nos
jours encore les jurisconsultes, prenant l'histoire à rebours, font
dériver les lois de succession de la volonté présumée du défunt
intestat, tandis que les lois de succession sont antérieures au testament et avaient été établies dans de tout autres vues que le
testament.

Pour combattre le caractère égoïste et excessif de la propriété
quiritaire, on a imaginé des théories de morale et de justice idéale
contraires à la nature des choses : on a supposé que l'intérêt personnel était la source du mal moral et on s'est efforcé, non de le
régler et de le diriger, comme on l'aurait dû, mais de le supprimer.
On a supposé que chaque individu devait abandonner son intérêt
propre pour se sacrifier au prochain, de manière à revenir par sa
volonté, à défaut de prescription législative, vers le vieil idéal de
la propriété collective. De là la théorie de la perfection chrétienne et
les innombrables sectes communistes. Comme on ne comprenait pas
du tout l'institution nouvelle, on s'efforçait de l'arrêter ou du
moins de lui faire obstacle, sans chercher un instant quelles étaient
les lois et les règles morales que son introduction rendait nécessaires. On sait que ces tentatives ont abouti à la prédication d'une
morale ascétique, acceptée de bouche, mais universellement réprouvée dans la pratique.

Quoi qu'il en soit, il nous semble indubitable que la propriété
quiritaire, mère de la nôtre, est née de la conquête. A l'origine
on pouvait lui appliquer le mot de Proudhon : elle était le vol.
Cependant on ne saurait méconnaître que dès les temps les plus
reculés, elle est née très-souvent, à Athènes surtout, de l'industrie
et du commerce, de ce monde inconnu et sans histoire d'où est
sortie la notion du contrat et où sont nées les diverses formes de
contrat, l'échange, l'achat-vente, le prêt, le mandat. C'était le
monde des relations pacifiques, en dehors de la loi civile, dans
lequel ont été inventés ces agents puissants de la civilisation, par
lesquels la propriété individuelle s'est étendue, purifiée et
agrandie.

Toutefois il faut reconnaître que pendant les siècles qui ont précédé l'ère chrétienne, cette propriété n'a guère été respectée : elle a
presque constamment subi les atteintes de la violence ou de la
fraude dans les luttes implacables des riches et des pauvres au sein
des républiques grecques et à Rome même, où les riches ont constamment envahi l'héritage des faibles ou usurpé, à titre de fermiers, les terres du domaine public, jusqu'à ce que le parti des débiteurs, commandé par César, a fini par l'emporter. Alors encore,
malgré les belles pages écrites par les jurisconsultes, la propriété
privée a subi de nombreuses atteintes, jusqu'à ce qu'elle ait été
en grande partie dévorée par le fisc et par une administration trop
arbitraire.

Pendant les troubles dans lesquels s'est dissous en quelque sorte
l'empire romain d'Occident, nous ne trouvons pas dans l'histoire
un partage de terres analogue aux clérouquies grecques et à la fondation des colonies militaires de Rome. A cette époque, en effet,
ce n'était pas la terre qui manquait, c'étaient les cultivateurs. Les
terres du fisc suffisaient amplement au petit nombre de barbares qui
avaient renversé l'empire et qui ne songeaient pas du tout à les
cultiver. Leur affaire était de tirer le plus grand profit des rares
colons qui restaient à cette époque attachés au sol. Quant à la propriété mobilière, elle fut traitée probablement comme dans les
guerres des siècles antérieurs : ce fut un butin de guerre partagé
et tiré au sort, si nous nous en rapportons à l'anecdote historique
ou légendaire de Clovis et du vase de Soissons.

En entrant dans la Cité romaine, les barbares apportèrent une
partie de leurs institutions archaïques, des inaliénabilités et des
indivisibilités oubliées depuis longtemps dans le monde gréco-
romain et des règles de succession à peu près préhistoriques. Cependant le clergé développait rapidement la propriété collégiale ou
universitaire des Romains ; après avoir ramené en puissance la
femme mariée, il étendait les droits de la veuve auxquels il prenait
un intérêt particulier très-vif et défendait le testament, dont il
profitait sans mesure. Mais les contrats tombaient dans une sorte
de désuétude avec le commerce qui les avait enfantés et les arrangements plus ou moins volontaires conclus pour la culture de la terre
se transformaient rapidement en coutume. Un régime de fonctions
héréditaires prévalait dans tous les détails de la société et venait
aboutir à la constitution féodale.

Sous cette constitution, il y eut de nouveaux partages de terre à
la suite de conquêtes militaires, en Angleterre, en Orient et en
pays albigeois. Mais ces partages, analogues à plusieurs de ceux
que mentionne l'histoire primitive de la Grèce, en différaient à

quelques égards : la soumission des populations vaincues semble moins absolue et moins arbitraire ; elle reconnaît des règles d'une douceur relative. A la suite des croisades, le commerce renaît, le droit romain de Justinien reparaît et vient offrir aux jurisconsultes un idéal vers lequel ils marchent péniblement avec une constance qu'aucun obstacle n'a pu vaincre ni même rebuter et qu'ils ont fini par atteindre.

On peut dire que depuis huit cents ans que s'est ouverte cette période historique, le monde n'en est pas positivement sorti. La propriété foncière s'est dégagée peu à peu de ses formes barbares et féodales pour revenir à peu près au point où elle était à la fin de l'empire romain. On y est arrivé par une suite de tâtonnements successifs, en suivant le droit romain, considéré comme idéal ou raison écrite, suivant l'expression consacrée, sans avoir d'ailleurs une théorie rationnelle de la propriété. Vainement on a essayé d'en établir une sur le droit de premier occupant et autres doctrines qui ne tiennent ni devant la raison ni devant l'histoire. Il a fallu finir par dire que la propriété était de droit naturel ou de droit divin, ce qui, traduit en langage intelligible, veut dire qu'on veut la maintenir sans savoir exactement pourquoi.

III

Si nous essayons de résumer les considérations qui précèdent, nous trouvons à l'origne la terre sans propriétaire ou possédée en commun, d'une possession vague. Cet état dure tant que les hommes vivent exclusivement de la cueillette, de la chasse et de la pêche.

Avec l'industrie pastorale, le groupe patriarcal se forme et devient propriétaire d'un territoire ; mais sa propriété n'est pas encore bien certaine et n'a pas de bornes bien déterminées.

L'agriculture donne une résidence plus fixe aux groupes sociaux et leur fait sentir la nécessité de limites précises. Que le groupe social soit petit ou grand, on possède d'abord en commun. S'il est grand et comprend plusieurs familles, on prend des arrangements pour la culture de la terre commune. Ces arrangements assignent à chaque famille une part des produits.

Cependant, l'industrie manufacturière naît et grandit sous un régime qui semble avoir été de propriété privée à l'origine, puis de corporation, cette industrie étant toujours appuyée ou incorporée à un groupe agricole. Le commerce semble aussi avoir admis, dès l'origine, la propriété privée et la corporation ou compagnie, pour la protection des droits de chacun de ses membres.

L'appropriation a toujours pris la forme que lui imposait l'art industriel de chaque époque et a obéi à ce qu'on appelle quelquefois les besoins de l'exploitation. Elle a suivi aussi la famille dans ses transformations dont elle a été plus d'une fois la cause.

Le progrès ayant eu pour effet d'agrandir le groupe social et de réduire le groupe familial jusqu'à ses limites physiologiques, la propriété a suivi le sort de la famille et est devenue individuelle en ce sens que le père de famille a pu aliéner, comme on l'a vu en Grèce, à Rome et chez nous; mais la propriété n'est devenue tout à fait personnelle ni en Grèce, ni à Rome, ni chez nous; elle est demeurée sous l'empire d'une dernière forme collective que le droit appelait « quasi-propriété des enfants » chez les Romains et qui chez nous porte le nom de « réserve héréditaire. »

La notion de la propriété purement personnelle semble venir de la guerre et d'un commerce primitif qui ressemblait fort à la guerre. Elle s'est développée dans les arrangements pris pour la culture des terres communes et a été bien comprise, lorsque, plusieurs fois dans le cours des temps historiques, le cultivateur est devenu propriétaire. Cette notion si simple s'est développée surtout depuis quatre siècles. Comme, pendant cette période, malgré d'interminables guerres, la propriété mobilière et commerciale a pu se développer, grâce à la diversité des Etats et des régimes, grâce surtout à la découverte de l'Amérique et aux communications maritimes plus fréquentes entre les hommes, un nouvel idéal s'est montré et dès le siècle dernier, on a conçu une théorie nouvelle, la théorie moderne de la propriété.

Cette théorie consiste surtout en ceci, qu'en dehors de la possession de longs temps et de l'héritage, la propriété ne reconnaît pour origine que le travail libre et l'échange : elle est fondée sur la liberté du travail et avec grande raison, car aux yeux des modernes, la propriété naissant du travail d'esclaves ou d'hommes asservis à un titre quelconque est encore le vol. C'était au fond le caractère et le vice originel de la propriété gréco-romaine sortie des violences de la guerre, entretenue et renouvelée par les voleurs d'hommes asservis.

Sans répudier en quoi que ce soit la possession de long temps et l'héritage, les anciens économistes, que nous appelons physiocrates, ont eu la gloire de formuler les premiers avec netteté la théorie de la propriété moderne, naissant du travail libre et des contrats et se renouvelant sans cesse par le travail libre et par les contrats librement consentis.

Dans cette théorie, la propriété individuelle a pour fin, non tant l'intérêt du propriétaire que l'intérêt social. Elle consiste dans la faculté la plus ample reconnue au propriétaire d'user des choses qu'il possède, de les prêter, de les engager, de les aliéner, d'en disposer librement en un mot, comme de son travail propre, dont ses biens ne sont qu'une sorte de prolongement. Plus de butin, plus de pillage militaire, plus d'exactions administratives ou fiscales au delà de la perception d'un impôt librement consenti et affecté aux besoins légitimes de la communauté.

Telle est la théorie dont les principes ont été distinctement posés depuis plus d'un siècle et qui tend, on le voit, à ne faire du monde qu'un atelier et qu'un marché dans lesquels tous les hommes se présentent en concurrence, sans violence ni fraude, les uns en face des autres, satisfaisant leurs besoins chacun au mieux, selon qu'il peut et selon qu'il sait, librement, à conditions égales.

Sans doute ce n'est là qu'une théorie et, comme il arrive toujours, les faits n'y répondent que très-imparfaitement. Nous rencontrons, des obstacles innombrables opposés à la liberté du travail et des échanges, mais ces obstacles, plus ou moins attaqués par l'opinion, ont diminué considérablement depuis cent ans et sont visiblement en voie de décroissance. Nous trouvons dans l'opinion et dans les mœurs une notion plus dangereuse, héritée de l'antiquité : l'idée que la propriété est constituée dans l'intérêt exclusif du propriétaire, que, parce que, en droit, il n'est soumis à aucune règle pour l'administration et l'usage de ses biens, il n'est soumis, pour cette administration et cet usage, à aucune règle morale. A cet égard, nos mœurs ne diffèrent guère de celles que devaient avoir les compagnons de Romulus, ou même les hommes des temps' primitifs, de l'âge de pierre, par exemple. Ces mœurs sont en retard sur nos institutions économiques et juridiques, qui commencent à s'imprégner de la théorie moderne, et tant que les mœurs resteront en cet état, la théorie de la propriété ne pourra faire que des progrès lents et contestés.

D'ailleurs, nous gardons dans nos idées, dans nos sentiments, dans nos lois bien des débris archaïques, dont quelques-uns, comme les communaux, ont conservé une raison d'être, tandis que d'autres sont en l'air, en quelque sorte, comme les ruines d'anciennes constructions détruites par le temps. Ainsi la propriété collective des temps anté-historiques nous a laissé la réserve héréditaire, le rapport des cohéritiers, le retour dans certains cas des biens aux branches d'origine, le conseil judiciaire. Nous devons à des époques postérieures la persistance des anciennes règles relatives aux immeubles après l'introduction de règles plus libérales relatives aux meubles, la conservation d'une législation civile lente, subtile, hérissée de difficultés et de formes après l'adoption de règles commerciales plus larges, plus souples, plus favorables au développement de la liberté du travail. Enfin il faut noter l'acharnement avec lequel les légistes s'attachent à l'idéal romain dans l'enseignement du droit et repoussent les idées modernes.

Mais lorsque l'on considère l'écart immense qui existe entre la théorie moderne et la pratique, il faut se rappeler la lenteur avec laquelle les idées et les institutions se transforment et le peu de lumières que possèdent les spéculateurs les plus clairvoyants sur les conditions complexes de ces transformations. Il faut songer que les hommes ne changent guère leurs idées et leurs coutumes par raisonnement ou par conseil et n'obéissent volontiers qu'à l'irrésistible nécessité. S'il a fallu huit cents ans pour revenir de la propriété féodale à la propriété romaine, idéal déjà connu et différant par quelques détails seulement du régime qu'il fallait remplacer, combien de temps faudra-t-il pour établir un régime fondé sur un autre principe, celui du travail libre? Sans doute la pensée moderne est plus prompte que celle des temps anciens, elle dispose d'instruments et d'appareils dont nos aïeux ne pouvaient concevoir une idée, même lointaine; mais, d'autre part, les communications plus intimes et plus rapides que jamais entre les hommes introduisent sans cesse dans les sociétés civilisées des multitudes arriérées, remplies d'idées et de sentiments qui remontent jusqu'aux âges préhistoriques et opposent à la civilisation un obstacle qu'elle ne peut surmonter qu'après de longues années d'efforts soutenus. Nous ne disons rien des chances d'événements violents et perturbateurs qui peuvent naître de la résistance et peut-être du triomphe momentané des masses arriérées et de leurs idées archaïques.

Quoi qu'il en soit de l'avenir et des accidents possibles ou même probables que l'on peut prévoir, il nous semble que, pour les penseurs, il ne peut rester aucun doute sur la direction et sur la continuité du mouvement. On marche à la propriété issue du travail libre et l'œuvre de chaque jour consiste à lui créer lentement des instruments, des moyens d'organisation dans les idées, dans les mœurs, dans les lois et institutions de toute sorte. Cette œuvre est longue et ne peut s'accomplir que lentement. Ce n'est pas une raison pour l'abandonner : c'en est une pour y apporter du calme, de la patience, des espérances modérées jusqu'à la résignation, sans laisser fléchir en quoi que ce soit la confiance dans le succès définitif des efforts qui nous sont imposés par notre rang dans l'existence.

COURCELLE-SENEUIL.

L'UNIFICATION MONÉTAIRE

DEVANT L'EXPOSITION UNIVERSELLE DE 1878

L'expansion des idées a des résultats aussi inévitables que celle de certaines forces physiques. Si une pensée de nature à favoriser les intérêts de l'humanité est mise suffisamment au jour, il s'opère un travail presque incessant pour sa réalisation.

Ici on l'aborde directement, ailleurs d'une façon indirecte, plus loin elle sera comprimée par des obstacles supérieurs, mais elle attendra son heure, et il dépendra de l'intelligence des hommes appelés à agir sur l'opinion publique de fortifier sur tel ou tel, point l'action des éléments qui militent pour le service d'une réforme utile.

C'est sous cet aspect qu'on doit considérer la question de l'unification monétaire posée publiquement, pour la première fois, dans le monde, en 1867, à l'occasion d'une Exposition qui réunissait à Paris les chefs-d'œuvre de l'activité humaine dans les diverses nations. La grandeur et la fécondité de l'idée séduisirent tous les esprits et parurent supérieures à la puissance irrécusable des obstacles. Le commerce du monde facilité, la statistique comparée devenue plus limpide, les voyages plus agréables et plus faciles, les nations plus rapprochées par un fil économique commun, qui pouvait fermer les yeux à de pareils résultats?

Le gouvernement français convoqua une conférence monétaire internationale à laquelle ne manqua aucune nation commerciale du monde civilisé; une conférence libre s'organisa à côté de la conférence officielle où siégeaient dans notre Ministère des affaires étrangères les délégués de plusieurs États d'Europe et d'Amérique.

On fut unanime sur la grandeur, la fécondité, la possibilité du but, mais on ne ferma pas les yeux sur l'importance des obstacles, la divergence des nations sur l'emploi des métaux monétaires communs ou séparés, l'affection des populations pour certains types plus ou moins liés à certaines dénominations monétaires, l'amour-propre des gouvernements préférant imposer leurs traditions à subir les traditions des autres.

Cependant, après avoir reconnu la force du rempart à détruire, la conférence de 1867 marqua aussi avec précision la manière d'y faire brèche. Elle convint pour le métal monétaire, ses coupures, son alliage, de certains principes dégagés par la prépondérance des doctrines scientifiques, et du vœu relatif des populations.

Ce fut une grande manifestation dans l'unité des vues pouvant présager la formation d'une fédération monétaire générale dans un lointain avenir.

Dix ans se sont écoulés depuis, et au moment où la France prépare à la production du monde un rendez-vous nouveau, analogue à celui de 1867, il est naturel d'appeler à la barre de l'opinion la grande idée économique de l'unification monétaire, de se demander ce qu'elle est devenue, ce qu'elle a fait, et ce que les hommes ont commencé et pourront continuer pour elle.

L'observation démontre qu'après la séparation de la conférence de 1867 et après la publication de ses travaux, des groupes très-divers se sont formés entre les nations auxquelles les résultats de la conférence commune étaient rapportés.

Il est d'abord certains pays qui se sont en quelque sorte saisis des conclusions de la conférence de 1867, mais pour les scinder et pour en faire une application particulière à certains territoires, en dehors de la pensée d'unification générale.

Les faits passés en Allemagne et dans les États Scandinaves sont, sous ce rapport, très-remarquables. La conférence de 1867 avait proclamé comme premières bases d'unification maritime l'étalon d'or et l'alliage décimal. L'Allemagne et la Scandinavie se sont emparées de ces deux principes, mais ont rejeté la troisième base de la conférence de 1867, c'est-à-dire la coordination simple avec les types monétaires de la France, alliée avec la Belgique, la Suisse et l'Italie sous le rapport monétaire.

De là vient qu'en Allemagne et en Scandinavie se sont établis deux systèmes monétaires nouveaux, supprimant diverses particularités locales et ayant même quelques traits communs, mais cependant en dehors de tout rapport facile avec le système choisi pour centre en 1867 et également aussi différents entre eux quoique mis en vigueur sur des territoires rapprochés. Nous n'avons pas à nous étendre sur ces faits remarquables, surtout en ce qui concerne l'Allemagne où des émissions considérables ont eu lieu en espèces d'or, d'argent et en métal inférieur, et où après de longs efforts l'accomplissement de la réforme est attendu pour 1879 (1).

_____

(1) Voir sur ce point le supplément de la *Bœrsen Halle* d'Hambourg du 10 septembre 1877.

Les émissions métalliques de l'Allemagne jusqu'au 15 décembre 1877, sont ré-

En dehors de ce premier groupe, qu'on peut considérer comme un groupe de dissidence décidée par rapport à la synthèse du plan de 1867, bien que certains principes de ce plan aient été utilisés à côté de la dissidence et pour ainsi dire à son profit, on aperçoit un second groupe d'États dans lesquels depuis 1867 s'est manifestée une agitation sans but précis relativement aux conclusions de la conférence de 1867.

Les Pays-Bas qui avaient, en 1867, l'étalon unique d'argent, ont reconnu la nécessité de sortir de ce système suranné, mais ils hésitent entre l'étalon d'or unique et le double étalon, et ils ont déjà introduit chez eux une certaine quantité d'or. Ils n'ont fait du reste aucun pas sérieux vers la modification de leur unité monétaire par rapport à la législation de l'Europe occidentale.

La position des Etats-Unis est, sous le rapport qui nous occupe, analogue à celle des Pays-Bas. L'étalon d'or a pris un instant le dessus aux États-Unis, mais les discussions relatives à la précision du rôle de la monnaie d'argent n'y sont point terminées. Les commissions des diverses assemblées délibérantes et le pouvoir exécutif y obéissent à des tendances diverses.

Bien différente est la situation d'États assez nombreux chez lesquels la question monétaire est restée absolument en suspens depuis 1867. Telle est la Grande-Bretagne, telle est aussi la Russie, telle est la Turquie; et quelques États de moindre importance sont dans la même situation.

Un quatrième et dernier groupe offre un aspect tout différent. Les principes de la conférence de 1867 dans leur synthèse y ont fait une impression palpable, et l'intention de se rapprocher de la législation de l'Europe occidentale, telle qu'elle est précisée par la convention du 23 septembre 1865 entre la France, la Suisse, la Belgique et l'Italie y est évidente.

La Grèce a accédé à la Convention de 1865.

---

sumées dans la *Gazette d'Augsbourg* du 9 décembre 1877, p. 1215, ainsi qu'il suit.

En doubles couronnes d'or.	1,157,000,460 marcs.
En couronnes.	363,851,280 —
En demi-couronnes.	22,573,405 —
En pièces de 5 marcs d'argent.	71,653,095 —
En pièces de 2 marcs	97,724,606 —
En pièces de 1 marc.	143,845,863 —
En pièces de 50 deniers	70,561,908 m. 50 d.
En pièces de 20 deniers.	35,717,922 m. 80 d.

Suit le détail des pièces de nickel de 10 et de 5 deniers et des pièces de cuivre en pièces de 2 et de 1 denier pour 35,169,344 marcs en nickel et 9,575,930 en cuivre.

La Roumanie l'a imitée presque complètement.

L'Espagne a fait de même et ne s'en est écartée qu'en choisissant comme base de sa circulation d'or la pièce de 25 francs au lieu de la pièce de 20 francs (1).

Enfin, tout en se tenant plus loin de notre législation monétaire, l'Austro-Hongrie a fait vers elle un pas sérieux en greffant sur son étalon d'argent, trop souvent remplacé par le papier, une émission de pièces d'or internationales (8 florins ou 20 francs, 4 florins ou 10 francs), qui sont admises dans nos caisses publiques et qui témoignent l'intention par ce grand Etat de réaliser un jour avec nous une alliance monétaire ébauchée dans une convention provisoire de 1867 trop oubliée, depuis dans les deux États (2).

Voilà le bilan du travail d'unification monétaire opéré depuis 1867. Et pour ne parler que du dernier groupe d'États dans lesquels des pas sérieux ont été faits pour adhérer un jour au système de la conférence de 1867, cinquante à soixante millions d'âmes ont rapproché leur législation monétaire de celle des soixante-douze millions d'âmes que gouverne monétairement la convención de 1865.

Ce recensement du résultat décennal des mouvements de la législation, d'après la conférence internationale de 1867, conduit naturellement à certains vœux que nous indiquerons avec beaucoup de réserve, mais qui se présenteront peut-être avec un caractère plausible pour les esprits qui attachent quelque prix à la bonne direction d'un mouvement d'idées, vers un but dont la grandeur et les bienfaits éventuels sont incontestables.

L'Exposition de 1867 a eu pour l'unification monétaire sa conférence libre et sa conférence officielle.

L'une et l'autre seraient possibles et peut-être utiles encore en 1878. Une conférence libre mais générale manifesterait qu'en définitive tous les changements de législation monétaires depuis

---

(1) L'Espagne avait frappé à la fin de 1877 pour 250 millions de ces pièces de 25 francs, très-conformes aux visées de la conférence de 1867, mais qui pourront, isolées, être entre l'Espagne et d'autres États continentaux une source de difficultés dans les échanges, quoique ces pièces aient reçu avec raison un module qui permet de les distinguer aisément des pièces de 20 francs. Quelques changeurs de Paris paraissent les recevoir sans difficulté au pair, et il serait à désirer qu'il en fût ainsi dans tout le domaine de l'Union monétaire latine.

(2) Nous hésitons à rappeler l'adoption par la Finlande de l'étalon d'or résumé dans l'imitation de notre pièce de 10 francs. Cette intéressante mesure a été fort bien exposée dans une lettre de M. Wallenberg publiée par l'*Economiste français* du 17 novembre 1877. Mais elle est présentée comme paralysée par le gouvernement russe, suivant l'*Economist* anglais du 22 septembre 1877.

1867 ont gravité vers la justification totale ou partielle des conclusions de la conférence de 1867. Les États qui ont repoussé formellement un des principes de la même conférence en ont souvent adopté quelques autres. Dans la législation de l'étalon, si un petit nombre d'États ont monté du double étalon à l'étalon d'or, quelques autres ont quitté l'étalon d'argent exclusif et se sont au fond, par cela même, associés au mouvement en faveur de l'extension de la circulation d'or. Une conférence générale pourrait donc utilement remettre en lumière et fortifier quelques résultats des travaux de 1867.

Le champ d'une conférence officielle se dessine moins clairement à cause des divergences qui, tout en fortifiant ces principes isolés de la conférence de 1867 en ont sur quelques points de l'Europe combattu l'*ensemble*. Mais quels heureux résultats aurait probablement une conférence restreinte entre les États qui ont donné une adhésion indirecte ou partielle à l'extension du type monétaire de l'Europe occidentale, de ce type qui est en définitive en vigueur d'Anvers à Cadix et à Brindisi! Comme ce groupe, auquel appartient la majorité relative de la circulation monétaire du globe se fortifierait par l'examen des dissidences du détail qui se manifestent encore dans son vaste territoire, et par l'adoption de mesures provisoires destinées à resserrer des liens naissants, à régler et encourager des progrès communs!

Convaincu, quant à nous, de l'utilité de la réforme tendant à l'uniformité des types monétaires, persuadé que ses bienfaits peuvent être partiellement réalisés par des groupements qui prépareront un jour l'unification générale, et qui dès à présent assureront divers avantages aux populations associées; certain que la France est encore, dans toute l'Europe, le pays qui peut servir le plus à cet ordre de progrès par l'ascendant déjà acquis à son type monétaire, mais qui est encore susceptible d'extension, nous voudrions la voir donner suite à ces prémisses, reprendre sans distinction de souvenir politique le flambeau allumé par elle en 1867, et de ne pas laisser sur ce point les initiatives qu'en matière internationale elle verrait recueillir par d'autres (1). Mais pour ce résultat il ne faut pas qu'elle se laisse aller à ce sentiment qui répudie

---

(1) Plusieurs journaux ont donné les détails sur les communications entre les cabinets de Berlin et de Rome afin d'étudier une législation uniforme sur les lettres de change, question que nous avons, il y a plusieurs années, posée dans la presse économique française par une correspondance publique avec M. Le Touzé et sur lequel ce dernier est revenu dans un article récent (*L'Ordre et la Liberté* de Caen, 30 novembre 1877).

aveuglément les fruits des efforts sortis des gouvernements précédents. Cette tendance mesquine serait la ruine morale d'une nation
dont la vie ne peut grandir qu'à l'aide des travaux de générations
successives. Combien de fois avons-nous entendu depuis 1870
mettre en question l'utilité de la convention de 1865 elle-même,
cette base de l'union latine, ce noyau autour duquel diverses imi-
tations lointaines ou voisines se sont dessinées? Les étrangers im-
partiaux sont plus justes pour nos œuvres, et contre certain dédain
dont la convention de 1865 avait été l'objet comme tendant à une
pure démonstration philanthropique. Un grave journal britannique répondit à ce préjugé, il y a quelques années (1), en appréciant
dans les termes suivants fort expressifs et auxquels il est inutile
de rien ajouter, l'expérience de la monnaie internationale réglée
entre la France, la Suisse, la Belgique et l'Italie.

« Cela a été un bien et un avantage sans mélange pour le commerce de tous; il en est résulté une meilleure intelligence des
contrats et plus d'entreprises entre voisins; ça été un moyen de
multiplier et d'économiser l'usage profitable des métaux précieux;
ça été un bon service pour le commerce et le traitement honnête
des voyageurs entre les quatre pays; ça été l'abolition de monnaies
incommodes et discordantes, qui ne pouvaient franchir une frontière sans perdre une partie de leur pouvoir d'achat. Sûrement si
nous internationalisons des monnaies purement nationales ou
locales, nous donnons à chaque million de valeurs circulantes une
plus large zone d'activité; ce sont là des avantages supérieurs à
ceux d'une philanthropie spéculative et cosmopolite. C'est notre
atmosphère pratique dont les bornes sont utilement reculées :
Largior hic campos œther vestit! »

                                              E. DE PARIEU.

LE LUXE ET LA DÉMOCRATIE

L'ÉCONOMIE POLITIQUE DANS LES ÉCOLES DE DROIT

A la suite d'une lecture de M. H. Baudrillart, sur le luxe et les
formes de gouvernement, il s'est engagé, au sein de l'Académie des
sciences morales et politiques, une discussion, dans laquelle MM.
Joseph Garnier, Baudrillart, Ch. Giraud et Valette ont échangé
les intéressantes observations que nous allons reproduire.

(1) *Economist* anglais du 31 janvier 1874.

Les conclusions de l'élégant et savant travail de M. H. Baudrillart sur *le luxe et les formes de gouvernement* ont paru à M. Joseph Garnier défavorables à la démocratie. Avec celle-ci se développeraient, selon M. Baudrillart, des convoitises et une émulation malsaine dans la poursuite du luxe et des honneurs; avec elle aussi surgiraient les doctrines socialistes, dont la propagation suscite des troubles et met la société en péril; et M. Baudrillart paraît tirer de ces circonstances un argument contre la démocratie. M. Garnier répond à son savant confrère que les effets que ce dernier signale sont dus, non à la démocratie, mais aux progrès de la civilisation, à la nature de l'homme et au mouvement en quelque sorte fatal des idées, et qu'ils sont indépendants des institutions politiques. Ce n'est point dans des Etats démocratiques qu'il s'est produit le plus d'utopies sociales et, de nos jours, les Etats monarchiques ou aristocratiques ne sont pas moins troublés par l'agitation socialiste que les Républiques. '

Le désir de s'enrichir, de donner l'aisance à sa famille, de parvenir, l'ambition, la vanité même sont de tous les temps et de tous les pays. La démocratie les rend-elle plus dangereux, ou au contraire ne les réduit-elle pas à leur rôle normal de stimulants du travail? Ne leur assure-t-elle pas une voie plus large et plus unie en supprimant les abus et les priviléges, et en protégeant également tous les intérêts légitimes? M. Garnier n'hésite pas à adopter cette dernière opinion. Selon lui, sous un vrai régime démocratique, les populations ne se sentent plus opprimées; car elles sont gouvernées et administrées par des magistrats et des fonctionnaires de leur choix ou du moins contrôlés. La justice est la même pour tous; les abus et les priviléges disparaissent; les besoins des masses sont mieux étudiés et leurs droits plus respectés. Chacun acquiert, grâce au développement de l'instruction et à l'adoucissement des mœurs, grâce à l'application générale de la grande loi de la liberté du travail, une perception plus saine et plus claire des vraies conditions de l'ordre social et des attributions des pouvoirs publics.

Ce progrès s'accomplit par le perfectionnement des institutions publiques, par l'amélioration des mœurs et la connaissance de la nature des choses au sujet de la richesse, de sa production, de son emploi, de sa répartition inégale parmi les hommes. Il en résulte moins de troubles moraux, moins de socialisme, moins de perturbation. L'ensemble de ces notions, c'est l'économie politique.

Il serait à désirer seulement que ces notions fussent l'objet d'un enseignement plus spécial et plus populaire, en d'autres termes, que l'enseignemet de l'économie politique, c'est-à-dire des lois sur

lesquelles reposent la propriété, la liberté du travail et de
l'échange, l'ordre social en un mot, fût beaucoup plus répandu
qu'il l'est. Malheureusement, les classes supérieures, et même
les hauts fonctionnaires qui dirigent l'instruction publique, se sont
montrés et se montrent généralement, en France du moins, peu
favorables à cet enseignement. Si l'on s'occupait sérieusement de
vulgariser les principes de l'économie politique, le régime démocratique et républicain serait, avec cet adjuvant, un modérateur
efficace des aspirations déréglées que M. Baudrillart semble l'accuser de provoquer et d'entretenir.

M. Ch. Giraud, comme membre du conseil supérieur de l'instruction publique, affirme que M. Joseph Garnier se trompe lorsqu'il
croit que le haut personnel de ce département est hostile à l'enseignement de l'économie politique. Le précédent ministre (1) s'est
rendu au désir exprimé à cet égard par les Chambres, et le conseil
supérieur a décidé que l'économie politique figurerait désormais,
avec le caractère obligatoire, au programme des examens dans les
écoles de droit.

M. Baudrillart déclare que son mémoire ne contient rien qui
soit, au fond, contraire aux vues énoncées par M. Joseph Garnier.
Loin de là; il a tenu compte, dans la première partie de son mémoire, des éléments modérateurs du luxe que renferme la démocratie. Seulement, il a remarqué souvent dans les écrits et dans
les discours des partisans de la démocratie une sorte de morgue
hautaine qui leur fait considérer ce régime comme un idéal de perfection, au détriment de tous les autres. C'est contre cette prétention exclusive qu'il s'est élevé, en montrant qu'il n'y a pas de forme
politique ou sociale irréprochable, et que, si la monarchie et l'aristocratie ont leurs tentations à l'endroit du luxe, la démocratie a aussi
les siennes.

Montesquieu a traité la question au point de vue idéal en donnant
« la vertu » pour fondement à la démocratie; ce qui signifierait
que dans la démocratie la vertu est plus nécessaire que dans les
autres États politiques. Mais à Montesquieu, il y a à opposer Tocqueville, qui n'a pas le génie de Montesquieu, mais qui a observé les
choses de près et les a jugées avec autant de sagacité que d'impartialité. Or, Tocqueville constate que l'égalité politique et civile se
traduit par ce fait moral; la tendance à s'élever, à s'enrichir. L'égalité, en effet, cela ne signifie pas que tous doivent se ranger sous le
même niveau et se contenter de la même médiocrité; cela signifie,

_____

(1) M. Waddington.

au contraire, que chacun peut prétendre à tout : richesse, honneur, pouvoir. L'égalité est donc un principe d'ambition dans la démocratie ; le citoyen pauvre ou peu aisé supporte impatiemment la condition où le sort l'a placé ; il se dit que d'autres, qui ne le valent pas, sont arrivés à la fortune, au pouvoir, et il se plaint de l'injustice qui l'a empêché d'avoir le même bonheur. Le développement de la grande industrie contribue aussi à répandre ces sentiments, ainsi que l'ont constaté ceux qui ont étudié de près les classes ouvrières (voir à ce sujet les rapports si remarquables de M. L. Reybaud). Il est vrai que, d'autre part, l'industrie et l'art modernes ont créé aussi un luxe démocratique, que le bon marché a mis à la portée de tout le monde. C'est là le bon côté de la démocratie ; mais cette médaille, comme toute autre, a son revers : ce sont les convoitises, c'est la surexcitation qu'éveille dans l'esprit des masses le spectacle des jouissances, du luxe acquis par quelques-uns, l'envie, la haine contre toute supériorité, et surtout contre la supériorité de la richesse.

Malheureusement, ajoute M. Baudrillart, l'histoire des démocraties n'a guère été jusqu'ici que celle des excès qu'elles ont produits : presque toutes ont abouti à l'anarchie ou au despotisme. M. Baudrillart ne dit pas qu'il en doive être toujours ainsi, que la démocratie du présent et de l'avenir ne puisse avoir une destinée autre que celle des démocraties d'autrefois ; mais l'expérience, selon lui, est encore à faire.

Pour ce qui est de l'utilité d'enseigner, de vulgariser l'économie politique, ce n'est pas lui certes qui la contestera ; mais il ne croit pas que cela suffise, car on a à combattre, non-seulement des erreurs, mais aussi des passions. Au fond, ce que demande M. Joseph Garnier a toujours existé ; le bon sens enseigne une certaine économie politique rudimentaire et imparfaite, qui devait suffire, si l'on en tenait compte, pour préserver de bien des écueils. De tout temps le luxe a été combattu, quelquefois même flétri, ce qui n'a pas empêché l'humanité de le poursuivre, et l'on peut craindre qu'il en soit ainsi à l'avenir. On aura beau dire aux femmes que les folles dépenses qu'elles font pour leur toilette sont condamnées par les principes économiques, elles n'en continueront pas moins de vouloir se parer quoi qu'il en coûte, et l'économie politique échouera devant leur coquetterie, comme ont échoué la religion et la morale.

M. **Joseph Garnier** répond d'abord à cette dernière partie de l'argumentation de M. Baudrillart.

Sans doute, dit-il, ce sont des passions que l'on a à combattre,

mais le moyen de les combattre, c'est de les éclairer. Cela est vrai
aussi bien lorsqu'il s'agit des convoitises populaires que de la coquetterie et de la vanité féminines. Si les ouvriers se plaignent de
leur condition inférieure; s'ils revendiquent les droits du travail
contre le capital; s'ils réclament leur part de jouissances que donne
la richesse, c'est qu'ils se croient victimes d'une injustice systématique; ils sont convaincus que la société est mal organisée et que
tout irait au mieux si on la refaisait de fond en comble; ils croient
enfin à la possibilité de niveler les conditions et d'assurer le bien-
être à tout le monde. Au fond de toutes ces manifestations des passions populaires, il y a le sentiment erroné, aveugle, mais le plus
souvent sincère, d'une injustice subie. Or, ce sentiment procède
précisément de l'ignorance des lois économiques. Les trois quarts
des questions publiques sont compliquées par l'ignorance des principes économiques; la plupart des passions populaires sont sur-
excitées par des erreurs économiques. Faites comprendre ces lois
et ces principes aux ouvriers, ils reconnaîtront que, pour améliorer leur condition, ils n'ont d'autres moyens efficaces que la liberté,
la sécurité, le travail, l'ordre et l'épargne, et ils cesseront de revendiquer de prétendus droits dont l'inanité leur aura été démontrée.

Quant aux femmes, si les prédicateurs et les moralistes ont
échoué auprès d'elles, c'est peut-être aussi parce que leurs arguments n'étaient pas suffisants, parce qu'ils n'étaient pas non plus
toujours conformes à la nature des choses. Les théologiens, les
moralistes chrétiens ont presque tous proscrit le luxe; ils ont
tonné contre les vanités mondaines; ils ont prêché le renoncement
sans mesure, sans distinction entre le bon et le mauvais luxe.
L'économie politique permettrait aux confesseurs et aux prédicateurs de donner de meilleures raisons.

M. Joseph Garnier, répondant ensuite à M. Giraud, rappelle les
longues résistances qu'a rencontrées l'introduction de l'économie
politique dans l'enseignement supérieur, la défiance avec laquelle
cet enseignement a été accueilli par les Facultés de droit et une
partie du personnel dirigeant de l'université. C'est à grand'
peine que les Chambres ont voté des fonds pour la création de
chaires d'économie politique dans les écoles de droit; et ce n'est
qu'*à une seule voix de majorité* que le conseil supérieur a, tout
dernièrement, décidé que les aspirants à la licence seraient interrogés sur l'économie politique ; ce n'est qu'en 1865 qu'un cours
facultatif a été créé à l'Ecole de droit de Paris; et ce n'est que l'an
prochain (en 1878) que toutes les Facultés auront un enseignement régulier et obligatoire.

M. **Giraud** affirme de nouveau qu'il n'y a, de la part de l'administration supérieure de l'instruction publique, nul mauvais vouloir à l'égard de l'économie politique. Le nouvel enseignement rencontre seulement des difficultés d'application. Ces difficultés tiennent surtout au choix qu'on a fait des écoles de droit pour l'y établir, et qui n'était peut-être pas le meilleur. Il est de règle dans les Facultés de droit — et cette règle est nécessaire — que tout professeur doit être docteur en droit, afin de pouvoir enseigner au besoin une branche quelconque de la science juridique, et interroger aussi sur toutes les matières du programme. Or lorsqu'on a cherché des titulaires pour les chaires d'économie politique, on n'a trouvé que des économistes qui n'étaient ni docteurs ni même licenciés en droit, ou des docteurs et des agrégés qui ne savaient pas l'économie politique. Il faut donc avoir patience et laisser le temps, soit aux économistes de prendre leurs grades, soit aux gradués de devenir économistes.

M. **Valette**, à l'appui de ce que vient de dire M. Giraud, cite quelques paroles prononcées à la dernière distribution des prix de la Faculté de droit de Paris par M. Bonnier, et qui témoignent de l'intérêt que les jurisconsultes prennent à l'enseignement de l'économie politique. M. Valette avoue, du reste, être de ceux qui pensent que cet enseignement peut être bon comme accessoire de l'enseignement du droit, mais qu'il eût été préférable de ne point l'ajouter au programme déjà très-chargé des examens. L'économie politique est sans doute un intéressant objet d'études; ce n'est pas une science juridique.

M. **Baudrillart** croit que M. Joseph Garnier n'a pas rendu justice aux prédicateurs chrétiens et aux moralistes. Les premiers, il est vrai, ont eu le tort de méconnaître parfois la nécessité sociale et la légitimité du bien-être matériel; mais ils n'ont pas fait une œuvre vaine en combattant les passions au nom de principes supérieurs à celui de l'intérêt, même bien entendu. Sans doute les passions souvent s'autorisent de doctrines erronées, et ces doctrines, en tant qu'elles ont trait aux intérêts, à la justice distributive, l'économie politique a toute compétence pour les combattre. Mais au-dessus des intérêts, au-dessus du droit strict, il y a quelque chose, il y a des vérités supérieures à celles qu'enseigne l'économie politique, et ces vérités-là, c'est à la religion, à la philosophie et à la morale qu'il appartient de les faire pénétrer dans les esprits.

M. **Joseph Garnier** répond encore quelques mots à M. Giraud, relativement aux objections qui ont été faites à l'introduction dans les écoles de droit, de professeurs n'ayant point le titre de docteur ou celui d'agrégé. Ces grades, selon M. Garnier, ne sont point indispensables, les nouveaux professeurs n'ayant à enseigner que l'économie politique et ne devant à la rigueur aussi interroger que sur cette matière. En tout cas, il est plus facile aux économistes de se familiariser avec les principes du droit, en admettant qu'ils les ignorent, qu'à des agrégés ou des docteurs d'apprendre l'économie politique qu'ils ignorent presque toujours. En fait, des économistes, licenciés en droit et même docteurs en droit, ont été systématiquement écartés.

M. Joseph Garnier ne veut pas suivre M. Baudrillart sur la théorie des principes moraux; il se borne à rappeler la parole de M. Droz, qui a fait un bon livre pour le démontrer : « L'économie politique est le meilleur auxiliaire de la morale ».

Enfin, M. Garnier croit que M. Valette ne se fait pas une idée suffisante des rapports qui existent entre l'économie et le droit. Ces rapports sont beaucoup plus étroits qu'il ne semble au savant professeur; l'économie politique est une science au vrai sens du mot, puisqu'elle s'appuie sur l'expérience, l'observation et l'induction, pour découvrir entre les phénomènes sociaux des rapports constants, des lois, pour déterminer les principes généraux qui président à ces phénomènes et pour en déduire les applications. C'est, a-t-on dit, la science de l'utile. Oui; mais l'utile n'est et ne peut être en opposition avec le juste; en sorte que si le droit est la science de la justice écrite et codifiée, l'économie politique est au moins, dans un certain ordre de faits et d'idées, la science de la justice naturelle qui est et doit être l'idéal de la science du droit.

La plupart des jurisconsultes de nos jours ont méconnu l'importance de l'économie politique; en France, il en sera tout autrement dans quelques années, lorsque l'enseignement des Facultés aura produit son effet et aura des défenseurs dans leur sein (1).

(1) Séances et travaux de l'Académie des sciences morales et politiques, janvier 1878.

LES INTÉRÊTS DES COLONIES
ET LE PROTECTIONNISME

SOMMAIRE : Le pacte colonial, sa suppression et ses conséquences. — Le sénatus-consulte de 1866, la suppression des douanes aux colonies et leur remplacement par l'octroi de mer. — Les plaintes des protectionnistes contre le nouveau régime. — Enquête prescrite par le Ministre de la marine. — Témoignages des conseils généraux et des chambres de commerce de la Martinique, de la Guadeloupe et de la Réunion. — Situation économique de ces colonies et leur vœu ardent pour le maintien de leur liberté commerciale.

Vraiment nos pauvres établissements d'outre-mer ne jouent pas de bonheur : certaines gens sont toujours prêts à troubler la sécurité dont ils peuvent bien jouir, et il ne dépend pas de certains tenants de la bonne vieille économie politique qu'à peine sortis d'une crise, ils ne soient précipités dans une autre.

Il y a quelques années seulement qu'ils ont conquis le droit de commerce comme bon leur semble et avec qui bon leur semble, à condition de faire face à tous leurs besoins intérieurs avec leurs propres ressources. Ils se louent de ce nouveau régime; ils lui attribuent leur relèvement pour une bonne part, ils établissent que la métropole n'en a subi aucun dol. Mais il y a dans nos ports de l'ouest des armateurs qui avaient contracté la douce habitude du monopole de leurs fournitures alimentaires, et il existe à Rouen des manufacturiers qui les regardent comme un débouché par destination de leurs tissus bons ou mauvais, de ces derniers surtout. Ces armateurs et ces négociants, *par nobile fratrum* sont partis en guerre contre la liberté commerciale des colons, et s'ils ont trouvé jusqu'ici un adversaire décidé dans le ministère de la marine, ils ont, par contre, toutes les sympathies du Conseil supérieur de l'industrie et du commerce, avec celles du département du commerce et de l'agriculture.

I

Jusqu'à une époque encore récente, nos colonies transatlantiques ont vécu sous le régime qui s'appelait le pacte colonial et qui, antérieur à la révolution, y fut, sauf quelques modifications de détail, remis en vigueur lorsque les traités de 1814-1815 les eurent restituées à leur ancienne métropole. On sait en

quoi il consistait : les *produits coloniaux* devaient être portés sur
le marché français, et ils en avaient le monopole; les *produits
français*, par contre, étaient les seuls admis sur le marché colonial,
double transport dont le bénéfice était assuré au pavillon national, à l'exclusion de tout autre. A cette époque, ces colonies,
— c'est-à-dire la Martinique, la Guadeloupe et la Réunion — car
nos autres possessions d'Afrique et de l'Inde n'étaient pas soumises
au pacte colonial, recevaient pour 25,000,000 de francs de produits
français et importaient en France pour 40,000,000 des leurs,
dont les neuf dixièmes environ consistaient en sucres. C'était cette
denrée qui avait fait avant 1789 la grande prospérité de nos Antilles
et surtout de Saint-Domingue ; mais cette splendide folie de Napoléon Ier que l'on connaît sous le nom de blocus continental l'avait
chassée, pendant les premières années de ce siècle de l'Europe presque entière, et la canne à sucre avait.vu, à la même époque, se dresser un rival destiné à devenir formidable dans un tubercule, la bet-
terave qui jusqu'alors n'avait servi qu'à la nourriture du bétail. L'industrie du sucre indigène prenant peu à peu de l'essor, sa concurrence fit baisser le prix du sucre colonial, les planteurs de cannes
firent entendre des plaintes, et il fallut bien se relâcher quelque
peu des rigueurs du vieux pacte. De l'année 1825 à l'année 1845
pour les Antilles et à 1846 pour la Réunion, diverses dispositions
législatives autorisèrent donc l'importation dans ces îles de certains articles étrangers, de même que le transport par navires
étrangers de certains produits coloniaux destinés à d'autres pays
que la France.

La révolution de 1848 survint, et l'un de ses premiers effets fut
l'abolition entière et immédiate de l'esclavage des noirs. La mesure
était souverainement juste ; elle réparait un outrage trois fois séculaire à l'humanité, qui était en même temps une grosse erreur
économique, et si elle revêtit par sa brusquerie un caractère
offensif pour les planteurs, ceux-ci ne purent s'en prendre qu'à
eux-mêmes, puisqu'en 1839, ils avaient fait échouer le plan d'émancipation progressive, avec une large indemnité préalable, qu'avait
élaboré la Commisssion dont deux hommes illustres, le duc Victor
de Broglie et Lamartine étaient l'un président et l'autre secrétaire.
Quoiqu'il en soit, le coup était rude et l'on vit l'exportation tomber
subitement de 16 à 9 millions à la Martinique, de 18 à 8 à la
Guadeloupe, de 14 à 9 à la Réunion. Les colons toutefois ne s'abandonnèrent pas eux-mêmes : ils tâchèrent de remplacer les noirs
libres qui avaient déserté en masse leurs anciens ateliers, par des
engagés qu'on fut chercher d'abord sur la côte d'Afrique, puis dans
l'Inde anglaise. La métropole porta de son côté, à 7 francs par

barrique la protection du sucre colonial, et détaxa de 3 francs les sucres venant d'au delà du Cap. L'exportation reprit alors une marche ascendante, elle atteignit, dès 1854, le chiffre de 57 millions pour les trois colonies réunies, et, six ans plus tard, elle arrivait à 86 millions, dont 78 pour la production sucrière. Les frais de cette production continuaient toutefois d'être excessifs, et les sucriers continuaient de dénoncer comme abusive l'obligation où ils étaient de tirer exclusivement de la métropole leurs machines et leur combustible, à des prix très-élevés et qui pour la houille, par exemple, étaient doubles de ce qu'ils étaient en Europe. Ils réclamaient donc pour les colonies une complète assimilation commerciale avec les départements français, en d'autres termes le droit de trafiquer directement, et par tous pavillons, avec les nations étrangères, soit pour l'exportation de leurs propres produits, soit pour l'importation des autres.

Ce fut l'œuvre de la loi du 3 juillet 1861, acte officiel de décès du pacte colonial. Le nouveau régime ne répondit pas aux espérances qui s'y étaient attachées : loin de là, l'exportation baissa et les revenus coloniaux diminuèrent. La cause en était dans les anciens tarifs douaniers, auxquels la loi de 1861 n'avait pas touché, et qui rendaient nominale la nouvelle faculté concédée aux colonies, puis qu'ils en excluaient, par une surélévation de droit, les produits étrangers et que partant ces colonies ne pouvaient ni s'approvisionner sur les marchés les plus avantageux, ni s'ouvrir de débouchés à elles-mêmes. Vainement chercha-t-on un remède dans la continuation de la détaxe, qui devait expirer en 1864 et qu'une loi du 3 mai, de cette même année prolongea jusqu'en 1870, au taux de 5 francs. Il fallut bientôt recourir à des moyens plus libéraux, ce qui eut lieu en 1866, par la présentation du sénatus-consulte du 4 juillet. M. de Chasseloup-Laubat, son auteur, prévint les trois colonies qu'elles devaient renoncer pour l'avenir à toute détaxe ; il leur imposa, dans les dépenses afférentes jadis au budget de l'Etat une somme de 370,050 francs pour la Martinique, de 474,400 pour la Guadeloupe et de 196.950 pour la Réunion. En compensation, il réclamait pour elles le droit de régler, par l'entremise de leurs conseils généraux, les tarifs des taxes et contributions de toute espèce nécessaires pour l'acquittement de leurs dépenses intérieures, les tarifs d'octroi de mer sur les objets de toute provenance, les tarifs de douane, sur les produits étrangers, et stipulait, en même temps, qu'aucune taxe nouvelle ne serait établie sans le consentement des mêmes conseils généraux.

Le Conseil général de la Martinique fut le premier à user de ces droits nouveaux, et la délibération par laquelle il remplaçait les tarifs de douane, par un octroi portant sur les articles de toute provenance, fut rendue exécutoire, comme le voulait le sénatus-consulte, par un décret portant règlement d'administration publique rendu le 6 novembre 1867 en Conseil d'État. La Guadeloupe suivit l'exemple par des délibérations de son Conseil général que des décrets du 25 avril 1868 et du 2 août 1870 homologuèrent. La Réunion prit le même parti, mais en 1871, et ce fut seulement le 12 août 1873 que le Conseil d'État approuva ses tarifs. Seulement le nouveau régime avait le grand tort de toucher à l'arche sainte du protectionisme, et, dans la séance du 1er mai 1868, du Corps législatif, M. Pouyer-Quertier le fit bien voir, quoique d'une façon incidente et avec une certaine timidité assez étrangère à sa manière habituelle. L'année suivante, le 17 avril, il revenait à la charge et se plaignait nettement de la fausse interprétation que les Conseils généraux des colonies avaient faite selon lui du sénatus-consulte de 1866, en soumettant les produits *français*, au même titre que les *étrangers*, aux taxes de l'octroi de mer. Quoi ! s'écria-t-il : « Les tarifs étrangers nous enserrent de toutes parts ; les nations étrangères se font de toutes parts des armes considérables pour soutenir leurs industries, et vous voudriez encore nous enlever le débouché de nos colonies ! » Parmi les collègues de l'orateur, il y avait un certain nombre de francs protectionnistes, qui acclamèrent ces paroles, mais plus encore de protectionnistes honteux, et ceux-ci se turent. Députés officiels avant tout, pouvaient-ils, en présence du ministre d'État, du vice-empereur, s'associer à la moindre velléité de résistance à la volonté du Maître ? Dans l'espèce, cette volonté avait été par hasard sensée et bienfaisante. Quand M. Rouher eut pris la parole, dissipé les confusions volontaires de M. Pouyer-Quertier entre la douane et l'octroi de mer, fait justice de ses fallacieux effets oratoires, en montrant qu'en 1869 il n'y avait plus dans le monde entier que deux États protectionnistes, — la Russie et l'Amérique du Nord, — le vote de la section coloniale du budget eut lieu haut la main.

A un an environ de distance, le 11 juin 1870, la question s'agitait également devant le Sénat à l'occasion des pétitions par lesquelles cinquante-huit armateurs de Saint-Malo, de Saint-Servan et de Granville réclamaient « des garanties pour la création de tout impôt dans les colonies de la Martinique, de la Guadeloupe et de la Réunion, » pétitions que M. le comte de Sartiges, leur rapporteur, proposait de renvoyer au ministre de la marine et au ministre du commerce. Cette fois, ce fut un éminent économiste, un intrépide champion du libre-échange, le véritable promoteur des célèbres traités commerciaux de 1860, qui se chargea de la ré-

ponse. M. Michel Chevalier n'eut pas de peine à établir en quelques phrases que l'octroi, s'il ne pouvait atteindre que des catégories de denrées parfaitement définies, — les subsistances, spécialement la viande, les légumes, les œufs et le beurre, les fourrages,
les matériaux de construction et les combustibles, — il était admis qu'aux colonies il pouvait porter sur toutes les marchandises, les articles manufacturés comme les autres. Le Conseil
général de la Guadeloupe avait donc usé de son droit incontestable
en taxant ces articles, et il n'en avait point abusé du moment qu'il
n'avait imposé qu'à 2 francs par 100 kilogrammes sur des articles
valant plutôt 50 francs que 40, soit un droit de 4 0/0. M. Michel
Chevalier « remarquait dans la pétition un sentiment et une idée
peu dignes d'encouragement, c'est la résistance à ce que les colonies établissent des droits sur les produits d'origine française, »
et il y démêlait une arrière-pensée protectionniste. Bref il conseil-
lait au Sénat de voter l'ordre du jour pur et simple, « la pétition ne
méritant pas mieux, » et le Sénat suivait son conseil.

Le débat semblait clos lorsqu'en juillet 1872, des industriels de
diverses villes manufacturières et des membres des chambres de
commerce tant de Paris que de Rouen, encouragés peut-être par
les sympathies bien connues de l'illustre président de la République d'alors, portèrent devant l'Assemblée nationale une dénonciation des plus vives des conséquences du régime commercial des
colonies. Ils l'accusaient de favoriser l'introduction des articles
anglais et suisses, à l'exclusion presque complète des articles français, notamment des tissus de Normandie, de Bretagne, du Nord,
des Vosges ; ils évaluaient à 20 millions la perte annuelle qui en
résultait pour notre commerce, et terminaient en réclamant l'abrogation du sénatus-consulte de 1866, avec l'assimilation de la métropole et des colonies sous le rapport douanier. Le ministère du
commerce et de l'agriculture n'allait pas tout à fait aussi loin ; il
se contentait de contester que le droit reconnu aux Conseils généraux des colonies, par l'article 2 du sénatus-consulte, de voter les
tarifs de douane sur les produits d'origine étrangère, les autorisât
à supprimer complètement ces tarifs en les remplaçant par la taxe
unique de l'octroi de mer, applicable à toutes les marchandises,
quelle que fût leur provenance ; il soutenait qu'en toute hypothèse
l'octroi de mer ne pouvait atteindre d'autres objets que ceux qui
sont énumérés dans l'art. 16 du décret du 17 mai 1809, et reven-
diquait finalement pour l'autorité métropolitaine, à l'égard des
tarifs coloniaux, le droit d'examen et de contrôle que lui avait concédé le sénatus-consulte de 1854, mais dont l'avait dépouillée celui
de 1866.

C'est dans ces termes que la question a été portée et débattue le 10 mars 1876 devant le Conseil supérieur de l'agriculture et du commerce présidé ce jour-là par le protectionniste M. Ancel, et qui compte dans son sein, comme on le sait, plusieurs grands industriels, protectionnistes aussi, et de plus matériellement intéressés à sa solution dans un sens plutôt que dans un autre. M. Schœlcher, aujourd'hui sénateur et alors député de la Martinique, qui avait demandé à être entendu, ne manqua pas d'en faire la remarque tout en se déclarant prêt, malgré ce désavantage, à plaider la cause des colonies et de leur liberté commerciale, en compagnie de ses deux collègues, M. de Mahy, de la Réunion, et M. Laserve, de la Guadeloupe, également présents à la séance. C'est ce qu'ils firent d'une façon assez péremptoire pour la gagner devant un auditoire moins prévenu et plus impartial, énergiquement soutenus dans leurs efforts par MM. Livois et Jouin, delégués de la Chambre syndicale de commerce d'exportation et de commission de Paris. Ces honorables négociants ne niaient pas que le commerce de Rouen, « l'un de ceux qui avaient principalement inspiré les idées qu'ils venaient combattre », n'eût plus aux colonies sa position privilégiée d'autrefois; mais à qui en était la faute, si ce n'est à une fabrication arriérée, qui ne tenait pas compte des goûts de ses clients, qui leur vendait fort cher et se faisait payer trop vite? D'autre part, si les colonies importaient moins de leurs denrées en France, si leurs sucres prenaient en partie la route de l'Australie, de l'Angleterre et des États-Unis, n'était-ce pas aussi que grevés comme ils l'étaient de frais de production, de transport, de chargement, etc., considérables, ils trouvaient dans le sucre de betteraves métropolitain un concurrent trop formidable?

Aux yeux des délégués du commerce d'exportation parisien, le débat portait plus haut et plus loin que l'intérêt colonial proprement dit. « Ils croyaient voir derrière la pétition l'essai des forces protectionnistes; elles cherchaient à se compter, à essayer leur influence, » et, obtenant gain de cause en ce cas particulier, elles se sentiraient plus fortes, lorsqu'il s'agirait du renouvellement des traités de commerce. Mais cette dernière perspective n'était pas faite pour déplaire au conseil supérieur, et son siége était fait : sur le rapport de M. Teisserenc de Bort, il s'appropria les conclusions du ministre du commerce. Le ministère de la marine n'était pas disposé, toutefois, à décliner, pour se servir de son expression même, la lutte qui se rouvrait, et dès le 6 avril 1875, il prescrivait aux gouverneurs de la Martinique, de la Guadeloupe et de la Réunion d'établir une enquête sur le régime de 1866, enquête à laquelle il conviait les conseils généraux des colonies, ainsi que leurs chambres de commerce ou d'agriculture, et qui, outre les points cités par le département du commerce et le conseil supérieur, devait porter sur les résultats de l'immigration indienne et la création des sucreries centrales quant à l'agriculture coloniale. Les témoignages qu'on y a recueillis ont été récemment publiés dans un volume, qui est sous nos yeux, et d'après lequel nous allons maintenant les résumer pour l'édification du lecteur (1).

II

Comparons d'abord le résultat du régime de 1861 à celui du régime de 1866, au point de vue des intérêts coloniaux ; nous ferons ensuite la même comparaison en ce qui concerne l'intérêt métropolitain.

Voici ce résultat pour la Martinique, tel que l'établit le rapporteur de la commission spéciale du conseil général de cette île. Pendant la période de 1862-1867, la moyenne d'exportation annuelle n'a été que de 18,367,000 francs, tandis que pour la période 1868-1874, elle s'est élevée à 25,886,000, soit une augmentation de 7,519,000 en faveur de la seconde, au lieu de la perte annuelle de 2,577,000fr. que la loi de 1861 avait infligée à la colonie par rapport à la période 1856-1861. Les mêmes faits se sont produits à la Guadeloupe : sous le régime de la loi de 1861, la moyenne annuelle de l'exportation avait baissé de 3,479,000 francs, tandis que depuis la suppression des douanes, elle a augmentée de 3,117,000. Cette suppression a favorisé l'entrée des produits métallurgiques, des cotonnades étrangères, des huiles d'olive, dont l'emploi au graissage des machines s'étend tous les jours, des pétroles pour l'éclairage, du guano et des animaux de trait, du riz, pour la nourriture des engagés Hindous, des farineux et des viandes d'Amérique. Et il n'y a pas moyen de s'y tromper, c'est à cette mesure tant critiquée par des intérêts égoïstes, que la production coloniale a dû de renaître. Avant 1861, elle consistait presque entièrement en sucres bruts, et le marché français leur était fermé ou à peu près. La loi de 1861 permettait sans doute de les expédier sur les marchers étrangers; mais le régime protecteur rendait cette opération impossible, puisqu'on n'avait rien à prendre en échange. Ces barrières douanières une fois tombées, l'écoulement de leurs produits une fois assuré, les colons reprirent courage : ils hypothéquèrent leurs biens pour se procurer de l'argent, ils fumèrent leurs cultures, ils achetèrent

---

(1). Il est intitulé : *Enquête sur le régime commercial des colonies françaises* (in-4. Paris, Berger-Levrault, 1877).

un meilleur outillage, et ces courageux efforts ne sont pas restés sans récompense.

Quant au commerce d'importation avec la métropole, il est certainement en décroissance, mais point dans les proportions qu'on a dites, et la cause n'en est point à la seule suppression des tarifs de douane. Ainsi, à la Guadeloupe, sa moyenne annuelle présente même, pour la période 1868-1874 une augmentation de 237,000 fr. par rapport à la période 1862-1867, laquelle avait manifesté, par rapport à 1856-1861, une diminution de 2,959,000 fr., qu'expliqueraient, d'ailleurs, en grande partie les événements calamiteux : sécheresse, ouragan, épidémie, survenus pendant ces six diverses années. Telle quelle, la décroissance a principalement porté sur les farineux alimentaires venant de la France, ses viandes salées, ses sucres raffinés, ses huiles de graines grasses, ses bougies et chandelles, ses tissus, et elle reconnaît en grande partie des causes étrangères à la suppression des douanes. Ainsi, ce sont les cours relativement élevés des viandes salées, farines et riz de provenance française qui restreignent toujours l'importation de ces produits qu'une mesure antérieure à 1860 avait permis aux colons de tirer d'autre part moyennant l'acquit de droits très-modérés. Les sucres raffinés du Havre et de Marseille ont à soutenir, sur le marché colonial, la concurrence des sucres turbinés fabriqués sur les lieux mêmes, et les engrais chimiques se sont graduellement substitués aux tourteaux de graines oléagineuses. Quant aux tissus de coton et aux huiles grasses de la métropole, plus chers que ceux de l'étranger, la suppression des tarifs douaniers les a réellement atteints. De 1872 à 1874, l'importation de ces tissus a diminué annuellement de 530,000 fr. sur la période 1859-61, et de 177,000 fr. sur la période 1865-1867. Par contre, d'importantes augmentations apparaissent dans les engrais chimiques, les matériaux, les métaux, les boissons, les fers ouvrés, les machines et mécaniques.

A la Martinique, la moyenne annuelle des importations françaises ayant été de 13,374,000 fr. pour la période 1862-67, et de 12,561,000 seulement pour la période suivante, c'est une diminution de 813,000 fr. qui ressort. Parmi les articles qu'elle a frappés, il en est, d'ailleurs, — les eaux-de-vie, les verreries, les bougies, les chandelles, les meubles, les effets à usage, — dont la moindre consommation ne saurait s'imputer à la concurrence étrangère, puisque la colonie n'a point reçu leurs similaires étrangers. La même observation s'applique à la houille qu'elle emploie en moindres quantités, bien que depuis 1868 des usines se soient installées parce que la compagnie générale des transatlantiques, le principal acheteur de ce combustible, a substitué le condenseur à surface de Wolf à ses anciennes machines. L'influence de la concurrence étrangère est visible, au contraire, sur les beurres, les graisses et les farines de froment. Sur ce dernier article, la valeur des importations étrangères s'est accrue d'environ 747,000 fr., tandis que celle des importations métropolitaines diminuait de 609,000 fr., et bien qu'il faille remarquer que la diminution a surtout porté sur la période de la guerre franco-allemande, époque de suspension presque entière des rapports entre la colonie et sa métropole, il est certain qu'ici les effets de la suppression du droit producteur sont patents et indiscutables.

Cependant les négociants de Bordeaux, qui étaient les pourvoyeurs de la Martinique en l'espèce, dit très-justement l'organe de son Conseil général, n'ont fait entendre à ce propos aucune plainte. Quels sont ceux qui se plaignent, ajoute-t-il? Ce sont les fabricants rouennais, et à les croire, il ne s'agirait point pour la métropole d'une perte moindre de 20 millions sur les seuls tissus et merceries. Or, que disent à ce sujet les tableaux de l'importation française : c'est que, pour les tissus, la moyenne annuelle de cette importation a été de 1868 à 1874 de 2,049,749 fr. contre 1,903,350 de 1862 à 1866 — soit une augmentation de 144,399 fr. — et que, pour la mercerie, ces deux mêmes chiffres sont respectivement de 546,623 fr. et de 399,334 fr., soit une augmentation de 206,689 fr. « Ainsi, cette industrie qui pousse des cris d'alarme a bénéficié d'une augmentation annuelle de 353,088 fr., c'est-à-dire de 2,471,616 fr. pour les sept premières années du nouveau régime, et cela malgré la privation des excellents tissus de l'Alsace, malgré la mauvaise exécution des commandes de Rouen, dont les négociants se plaignaient et se plaignent encore. »

Le conseiller général de la Martinique a bien raison de dire que de tels chiffres « n'admettent pas de réplique; mais il a prévu que ses adversaires s'empresseraient « d'en détourner les yeux », et que pour donner le change, ils dénonceraient l'accroissement dans l'importation des similaires étrangers. Il ne la conteste nullement, elle existe et se traduit par un chiffre annuel de 235,138 fr., qui porte précisément sur la spécialité de la fabrique rouennaise. A un moment donné, l'importation des tissus étrangers atteignit la valeur de 1,086,959 fr.; c'était en 1871, alors que beaucoup de créoles « saisis d'un engouement passager », fondaient de nouvelles maisons dans l'espoir que les produits anglais trouveraient un débit d'autant plus facile que leur prohibition avait été plus longue. Mais l'événement n'a pas ratifié ce calcul ; la plupart de ces maisons ont croulé, au grand dommage des fabricants anglais qui

leur avaient ouvert d'importants crédits. Dès l'année suivante, la
dégringolade s'accusait, et sa marche a été si rapide qu'en 1874,
l'importation étrangère s'est trouvée inférieure à celles de 1862,
1863, 1866, 1867 ; inférieure même à la moyenne de cette période,
tandis que l'importation française, qui avait subi un important
déchet pendant l'année de la guerre, se relevait immédiatement,
pour arriver, en 1874, au plus haut chiffre qu'elle ait jamais atteint. Eh bien ! s'écrie notre conseiller général, « c'est ce million
de rencontre qui a ébloui nos bons amis les Rouennais ; c'est lui
qui les a empêchés de se contenter de l'accroissement de nos commandes ; c'est lui qui a excité cette convoitise malsaine qui se manifestait dès l'année suivante, car leur pétition date de 1872. Ils ont
cru à une augmentation de nos besoins, et ils ont réclamé le monopole de la fourniture. »

A la Réunion, que se passe-t-il ? La moyenne annuelle de l'exportation qui fut de 3,219,000 fr. de 1862 à 1867, s'est élevée à
4,122,000 fr. sous le régime du 4 avril 1868, privatif à cette île,
et à 5,350,000 fr. depuis la suppression du droit de douane, qui
ne date, comme on l'a dit, que de l'année 1873. Il y a trop peu de
temps que cette mesure est pratiquée pour qu'on puisse sainement juger de son action probable sur l'avenir de la colonie ; toutefois, les chiffres précédents témoignent que tout au moins elle
n'a nullement nui à son commerce extérieur. En ce qui concerne
l'importation, on arrive à une conclusion analogue : elle a subi une
énorme diminution de 1862 où elle se traduisait par une valeur de
25,062,008 fr. à 1868, où on la voit tombée à 8,971,000 fr., et si
elle s'est un peu relevée plus tard, sa moyenne annuelle n'a plus
été, pendant la période 1868-1872, que de 9,715,000 fr., au lieu de
17,503,000 fr. pendant la période 1862-67. En 1873-74, elle est
arrivée cependant à 9,885,000 fr., et toute légère que soit l'augmentation, elle témoigne en faveur du nouveau régime. En ce qui
concerne les tissus, merceries et vêtements, on constate pour les
articles français, depuis la suppression des douanes, une diminution moyenne de 242,000 fr., et pour les articles étrangers une
autre diminution de 896,000 fr. par rapport à la période antérieure. A un moment donné, et à la suite de la suppression des
droits différentiels, le marché de la Réunion fut inondé de tissus
anglais, inférieurs en qualité à leurs similaires français, et dont
le seul avantage était de pouvoir se vendre à meilleur marché.
Leur valeur fut de 1,955,000 fr. en 1871, et de 2,998,000 fr. l'année suivante, mais en 1873, elle n'était déjà plus que de 1,222,000
francs, pour tomber à moitié moins en 1876 (600,000 fr.). L'importation des similaires français, qui n'était que de 1,978,000 fr. en
1873, est arrivée au contraire à 2,537,000 fr. en 1874.

II

Que reste-t-il de l'echafaudage laborieusement construit par ces conservateurs, *per fas et nefas*, de fortunes plus ou moins acquises au détriment du gros des consommateurs, par des moyens parfaitement légaux, on le veut bien, mais parfaitement spoliatoires aussi?

Après cela, il est aisé de concevoir la réponse qu'ont faite les colonies par l'organe de leurs conseils électifs et de leurs chambres de commerce à la question que leur posait le ministre de la marine, à savoir si elles désiraient maintenir leur situation actuelle, ou bien consentir aux modifications proposées. Sur ce point elles ont été unanimes pour répondre affirmativement à la première partie de cette interrogation et négativement à la seconde; on n'a point tenu un autre langage à la Réunion qu'à la Martinique et à la Guadeloupe. Ce n'est pourtant pas, comme le déclare la chambre de commerce de la Réunion, que le libre-échange ait eu jusqu'ici pour cette île les avantages qu'elle en attendait : elle n'a point vu de nouveaux débouchés s'ouvrir, l'étranger lui envoyer plus de navires et de produits. La Chambre « se prononce néanmoins résolument pour le *statu quo* qu'elle considère comme ce qu'il y a de mieux pour les parties, pour la métropole notamment, celle-ci en effet ayant gardé à peu près le monopole du commerce de l'île et ne pouvant, en simple équité, rétablir, pour complaire à certains gros industriels, la taxe différentielle sur les produits étrangers ou venant par navires étrangers, sans reprendre à sa charge le million qu'elle a rejeté sur les colonies et sans revenir à la détaxe antérieure de 5 francs, ce qui lui enlèverait 4,000,000 de recettes.

La Réunion se débat toujours sous une crise intense. La proximité de l'Inde lui permettait de se procurer rapidement des immigrants libres, à la place des esclaves qu'elle avait perdus en 1848, et elle eut bientôt repeuplé ses ateliers de façon qu'en 1860, sa production sucrière atteignait le chiffre de 75,000,000 de kilogrammes. On se crut revenu aux plus beaux jours de la prospérité coloniale; mais cette grosse erreur ne tarda point à se dissiper, et deux ans plus tard, le voile, pour parler comme un des journaux de l'île, le voile était déchiré tout entier. Un défrichement excessif et une dénudation imprudente avaient mis la surface arable à la discrétion des pluies qui l'entraînaient; la culture de la canne, pratiquée sans interruption et sans restitution au sol de ses sucs pendant près de trois siècles, était devenue impossible sans le concours d'amendements coûteux; son rendement était tombé

à 20,000,000 de kilos et, malgré le bas prix du travail, malgré
plusieurs années de récoltes splendides, tout le monde ou à peu
près se trouvait ruiné. Aux Antilles, les choses ont marché d'un
pas moins rapide, mais plus égal. A la Réunion, où règne un
climat tempéré et où l'on trouve bon nombre de travailleurs
blancs, l'introduction d'engagés de couleur n'était pas forcée : elle
a constitué même, aux yeux de juges compétents, une faute
économique, que ses planteurs expient aujourd'hui. Mais, dans
les îles du golfe du Mexique, sous un ciel torride, les blancs ne
pouvant ou ne voulant pas travailler, l'épineux problème du travail libre ne comportait guère une solution différente. Leurs producteurs de sucre ont donc fait venir des coolies de l'Inde, et dès
leurs premiers arrivages, ils ont senti renaître une confiance que
la crise de 1848 leur avait fait perdre à *peu près* totalement et que
ne leur avait pas rendue le décret-loi de 1852, qui ressuscitait
une sorte d'esclavage, mais que la dureté même de ses prescriptions rendait inexécutable.

Cet afflux de nouveaux travailleurs, venant remplacer les anciens, qui ressentaient de plus en plus le désir bien naturel de
troquer leur condition de simples journaliers contre celle de petits
cultivateurs, cet afflux a fait successivement monter les 18,000,000
de kilos à 40,000,000, la récolte de sucre à la Guadeloupe, et la
Martinique lui a dû de la voir s'élever à 65,000 barriques d'abord
et aux environs de 95,000, en 1875. Il faut bien reconnaître,
cependant, que le mérite de ce relèvement n'appartient pas à
l'immigration seule, et qu'une bonne part en revient à ces grandes
usines qui ont remplacé le moulin mû par le vent ou par l'eau,
par des mulets parfois dont chaque habitation était pourvue
autrefois, et dont l'appareil inventé par le P. Labat remontait
au XVIIᵉ siècle. Broyées par cet engin primitif, les cannes ne
donnaient en jus que 40 ou 50 de leurs poids : elles en donnent,
avec le nouveau système, jusqu'aux 70 centièmes, et ce jus se cris-
tallise dans de bien meilleures conditions que l'ancien. Ce grand
progrès avait commencé de s'accomplir à la Guadeloupe, dès l'année 1843 à la suite du terrible tremblement de terre qui détruisit
presque tous les moulins de la Grande-Terre. Comme leur réédi-
fication paraissait trop coûteuse, la pensée vint de construire des
sucreries centrales, où plusieurs habitations apporteraient leurs
cannes. C'est ainsi que naquirent les usines d'Acomat au Moule,
de Duval au Canal, et à cette heure la colonie, avec Marie-Ga-
lante, sa dépendance, ne compte pas moins de vingt établissements pareils parmi lesquels l'usine d'Arbousier, dans un des
faubourgs de la Pointe-à-Pitre, et celle de la Basse-Terre méritent

bien, par leurs importantes opérations, par leur excellente installation et leur parfait outillage, une mention spéciale.

La Martinique, suivant l'exemple de sa voisine, s'est dotée à son tour d'une quinzaine de sucreries. Mais tout cela ne s'est pas fait sans de grandes dépenses : il en a coûté une trentaine de millions à la Guadeloupe et vingt-cinq à la Martinique. Ces sommes, les créoles ne les possédaient pas : ils durent, pour se les procurer, faire appel à des bailleurs de fonds, partant hypothéquer leurs domaines. Ils ne se repentent point assurément d'avoir tenu cette conduite : ils se félicitent même du succès « patent, irrécusable » qu'ils en ont obtenu. Ce succès, néanmoins, ils ne le tiennent pas pour définitif, « ils réalisent des revenus », disent-ils, « mais leur situation n'est pas liquide; il leur reste à désintéresser leurs prêteurs; il leur faut supporter encore, pendant quelques années, l'immobilisation des capitaux consacrés à l'édification des usines centrales. » Et c'est dans de pareilles circonstances qu'on viendrait leur ravir cette liberté commerciale qui a été l'instrument de leur première rédemption et qu'ils considèrent comme le gage de leur relèvement définitif? C'est là une perspective qu'ils ne sont pas disposés à envisager de sang-froid, une perspective qui les effraye autant qu'elle les indigne. « Alors », s'écrient-ils, « il nous faudrait désespérer de mener notre liquidation à bonne fin ; la catastrophe sera d'autant plus effroyable que nos efforts auront été multipliés, et les quelques individualités de la métropole auxquelles notre prospérité naissante a inspiré les convoitises qui se font jour en ce moment, n'auront pas même à tirer bénéfice de cette mauvaise action. »

HENRY TACHÉ.

LES CONSÉQUENCES

DE

L'ABOLITION DES OCTROIS EN BELGIQUE

I

Il y a vingt ans, les administrations des principales villes et communes de la Belgique pourvoyaient encore aux divers besoins du service municipal au moyen d'impôts de consommation, établis notamment sur les boissons distillées : telles que la bière, le vin, les eaux-de-vie; sur les comestibles, le bétail, les combustibles, les matériaux de construction, le foin, l'avoine, etc.

Dans un certain nombre de ces localités, on allait même jusqu'à imposer les fruits, les oranges, les citrons, les denrées coloniales, les fromages, tous objets d'un transport facile et dont le produit était d'autant insignifiant qu'on arrivait plus aisément à les soustraire à la vigilance du fisc.

C'était alors le bon temps de la protection du « *travail communal.* » Bruxelles protégeait, par un droit de quatre francs à l'hectolitre de cuve matière, la bière fabriquée dans son enceinte, contre la concurrence des bières étrangères, c'est-à-dire de celles confectionnées dans ses banlieues et dans les villes voisines.

Celles-ci à leur tour favorisaient leurs produits communaux à l'aide de droits excessifs. On allait plus loin encore. Le carrossier jouissant de quelque influence électorale dans sa résidence, arrivait souvent à faire frapper de droits énormes les voitures fabriquées par ses concurrents des autres localités; les cordonniers urbains se faisaient protéger contre les cordonniers forains; la parfumerie même jouissait de la protection fiscale !

« De nos 2,538 communes, disait M. le ministre des finances, il en est 78 qui forment au sein du pays autant d'États particuliers, de centres qui, au moyen des octrois, se sont créé une existence à part et des intérêts antagonistes au reste du royaume. Une guerre intestine de tarifs, à l'état latent, mais des plus pernicieuses pour la consolidation de l'unité nationale, existe entre nos communes, et cette situation naît fatalement du système des octrois. »

Il ajoutait: « La plupart des communes à octroi ont une enceinte formée de murs, de fossés, de palissades, etc., et un personnel plus ou moins nombreux pour assurer le recouvrement de ces taxes; on ne peut y pénétrer que par un nombre limité de portes ou de rues où sont établis les bureaux des taxes communales. En un mot, on trouve dans ces communes, bien que sur une moindre échelle, un appareil beaucoup plus compliqué que celui que l'État fait fonctionner aux frontières du royaume pour la perception des droits de douane. »

Non-seulement, les différentes communes à octroi se faisaient la guerre à l'aide de tarifs protecteurs, mais par différentes mesures inquisitoriales, armes ordinaires de la fiscalité, elles entravaient à chaque pas la circulation des denrées et elles en faisaient ainsi renchérir les prix d'une manière excessive.

« La franchise du transit n'existe dans aucune ville, disait M. de Brouckère, président de la commission d'État. Il faut se soumettre à six visites pour aller par les routes ordinaires de

Bruxelles à Liége; il faut faire six déclarations, se soumettre à six formalités et payer six fois pour transporter une bouteille de liqueur de l'une à l'autre ville. »

On supposera sans doute que pour subir de semblables tracasseries, il fallait d'impérieuses nécessités; que les ressources de l'octroi étaient tellement abondantes qu'il était possible par ce moyen, et sans trop préjudicier à la production et aux échanges, de largement doter les caisses communales.

Les chiffres ci-après établiront qu'il était loin d'en être ainsi :

De 1840 à 1848, le produit net de l'octroi dans les 69 localités qui avaient été autorisées à établir ces taxes a varié de 8 à 9 millions de francs. A partir de 1850, le nombre des communes à octroi était de 74 et la recette générale se chiffrait par 9 à 10 millions de francs. En 1859, l'année qui a précédé l'abolition des octrois, la recette nette au profit des 78 communes soumises à ce régime n'a atteint que 11,558,145 fr. 80 centimes.

Si nous ajoutons que les quatre plus grandes villes du pays : Bruxelles, Anvers, Gand et Liége, à elles seules, encaissaient, du chef de l'octroi, de 6 à 7 millions de francs annuellement, on aura la preuve que toutes les autres communes de même catégorie au nombre de 74, ne retiraient guère de ces taxes si dispendieuses plus de 4 à 5 millions de francs.

Ce qu'il y a de plus inexplicable c'est qu'un grand nombre de petites villes s'imposaient, par esprit d'imitation, les mille entraves de la douane locale pour une misérable recette de quelques milliers de francs et même de quelques centaines de francs. Ainsi, le produit de l'octroi à Stavelot était de 6 à 7,000 francs annuellement, au Rœulx de 5 à 6,000 francs, à Fontaine-Lévêque de 2 à 3,000 francs, à Hal de 3 à 4,000 francs, il descendait à Bastogne à 12 à 1,500 francs et même à 5 ou 600 francs par an à Bouillon.

Une remarque également utile à faire ici, c'est que la perception de ces taxes exigeait des dépenses considérables s'élevant quelquefois à 15 0/0; en moyenne, à 10 ou 12 0/0 de la recette brute.

Ainsi, en 1858, le produit brut de l'octroi perçu dans les 78 communes s'est élevé à 12,376,086 francs, mais la recette nette n'a atteint que 10,876,000 francs, soit, 1,500,000 francs ou 12 0/0 de frais de perception.

Aussi, un certain nombre de petites communes étaient-elles dans la nécessité d'affermer la perception de l'octroi à des particuliers qui ne se gênaient guère, dans leur exploitation, de vexer les contribuables, de mettre à contribution les importateurs qui bientôt alors allaient porter ailleurs leurs denrées au grand préjudice des consommateurs de la localité.

Bien longtemps avant que le gouvernement prît la résolution de supprimer les octrois, les économistes, les hommes d'Etat les plus considérables du pays en avaient signalé les graves inconvénients. Déjà en 1848, une commission spéciale nommée par le département de l'intérieur et présidée par M. Ch. de Brouckère concluait à l'unanimité à la suppression des octrois, mesure, disait-elle, que réclament à la fois le progrès, l'équité et la nationalité.

Les conseils provinciaux, les conseils communaux, en tête celui de Bruxelles, s'occupaient à chaque instant de cette grave question; ils étaient unanimes à condamner le système, ils ne différaient guère que sur les voies et moyens destinés à remplacer les ressources que produisait l'octroi aux finances communales de nos plus importantes cités.

La législature aussi étudiait avec soin la question, et divers systèmes, en vue du remplacement des octrois, y étaient à chaque session l'objet de longs et sérieux débats.

« La réforme des impôts communaux disait, dans son rapport du 22 janvier 1856, M. Alph. Van den Peereboom parlant au nom de la section centrale de la Chambre des représentants, ne peut se réaliser que par les communes ou du moins avec leur concours ; leur imposer par la loi tout un système nouveau d'imposition, serait attenter à leur liberté la plus précieuse et la plus vitale et leur enlever un droit qu'elles possèdent depuis des siècles. »

Ces graves considérations n'empêchaient pas cependant l'honorable rapporteur de conclure que la suppression des octrois était désirable dans l'intérêt des classes laborieuses, dans l'intérêt même des communes.

« C'est, répondait le gouvernement, une illusion que d'espérer l'abolition des octrois par les conseils communaux sans l'intervention de la législature. Ceux-ci n'accepteront jamais une pareille responsabilité, et, le voulussent-ils, la coalition des intérêts particuliers serait assez puissante pour empêcher toute innovation qui consisterait à substituer des taxes directes aux taxes actuelles de consommation. »

Longtemps, le débat resta engagé sur le terrain des généralités, sur les moyens de supprimer les octrois dont nul ne pouvait se dissimuler les détestables abus, et le gouvernement lui-même ne cessait d'en signaler les dangers pour la bonne gestion des intérêts publics. « Ce régime, disait-il, jette la perturbation dans notre système financier, il met obstacle à l'accroissement des recettes du trésor, en comprimant la consommation. »

D'un autre côté, les recettes de l'octroi devenaient de plus en plus insuffisantes pour satisfaire aux légitimès exigences du service public. Les communes à bout de ressources ne vivaient plus que d'expédients ; elles s'endettaient en contractant des emprunts onéreux. A chaque exercice, elles réclamaient des majorations de taxes, elles frappaient d'impôt communal des articles déjà soumis par l'État à des droits de douane élevés, et l'administration se trouvait dans la nécessité de sanctionner ces déplorables résolutions pour ne pas paralyser la gestion des conseils communaux et mettre ceux-ci à même de remplir leurs obligations.

Après douze ans de tâtonnement, d'hésitation, de longs débats stériles, le cabinet libéral présidé par M. Frère Orban se décida enfin à soumettre au Parlement un projet de loi destiné à résoudre le problème difficile de l'abolition des octrois. Ce projet, devenu bientôt après la loi du 18 juillet 1860, avait pour double but de procurer aux communes qui allaient être dépossédées de leurs principales ressources, un équivalent à charge du trésor public et en même temps de gratifier les autres communes d'une dotation annuelle, en compensation de la charge nouvelle qu'allait imposer à leurs contribuables le transfert aux impôts généraux des droits fiscaux perçus dans le rayon des communes à octroi.

Toute l'économie de la loi en vigueur depuis bientôt dix-sept ans consiste, on le sait, dans la création, au moyen d'aggravations de taxes indirectes, d'un supplément de revenus s'élevant au minimum à 14 millions de francs et susceptible d'augmentation d'année en année par suite du développement de la richesse publique.

La douane devait procurer une majoration de deux millions ; les accises 10,300,000 francs; l'État, en prélevant 41 0/0 du produit net des postes, abandonnait un revenu de 1,300,000 fr. pour parfaire ainsi le minimum nécessaire de 14 millions de francs.

De ce revenu, 11,558,145 fr. 80 étaient acquis, et répartis entre elles, aux 78 communes à octroi pour leur conserver intégralement les ressources qu'elles ont retirées en 1859 de leurs taxes locales ; le surplus est réparti entre toutes les communes indistinctement, au prorata du principal de la contribution foncière sur les propriétés bâties, du principal de la contribution personnelle et des patentes.

Toutes les prévisions de l'exposé des motifs à l'appui du projet de loi présenté en 1860 ont non-seulement été réalisées, dépassées, mais les résultats obtenus sont en contradiction manifeste avec ceux qu'annonçaient la plupart des orateurs qui ont pris part à la discussion.

Ainsi, les douanes qui ne devaient fournir au fonds communal que 2 millions de francs annuellement lui en procurent aujourd'hui 3,500,000 fr., les accises taxées à 10,500,000 francs, lui produisent 18,000,000 de francs, et le revenu du service de la poste est de plus de 4 millions au lieu de 1,500,000 francs.

En résumé, le produit du fonds communal, qui devait être de 14 à 15 millions, s'est élevé :

En 1861, à..................	15,253,570 fr.
En 1865, à..................	17,322,980
En 1870, à..................	22,592,848
En 1875, à..................	25,045,770

En 1876, le gouvernement a pu répartir entre toutes les communes du pays un revenu de 25,461,817 fr. 17, dont 13,910,923 fr. 33 pour les anciennes communes à octroi, 11,550,887 84 pour toutes les autres communes.

Comme nous l'avons dit plus haut, cette répartition s'opère d'après le produit du principal des impôts directs dans chacune des localités ; les communes à octroi figurant dans les rôles pour fr. 12,613,573 12, les autres communes pour 10,950,299 fr.

D'après l'opinion de la plupart des orateurs qui ont pris part à la discussion du projet de loi sur les octrois, des publicistes qui en ont fait l'objet d'un examen attentif, les communes rurales devaient nécessairement supporter sans aucun avantage une grosse part de l'impôt dont le produit devait constituer le fonds communal à distribuer, croyait-on, pour la presque totalité aux villes à octroi.

Ce que repoussaient surtout avec vivacité les adversaires de la combinaison ministérielle, c'était la majoration du droit d'accises sur la bière. Ils passaient aisément condamnation sur la surtaxe des vins, des eaux-de-vie indigènes et étrangères, qui se consomment pour la plus grande quantité dans les villes et les centres industriels ; ils admettaient même qu'on affectât une partie du produit net des postes au fonds communal, les grands centres, dont la correspondance est de beaucoup la plus active, contribuant presque seuls à produire la recette, mais frapper la bière, la boisson de l'ouvrier, du cultivateur, c'était, selon eux, une révoltante iniquité, dont les conséquences devaient être désastreuses, surtout pour les brasseurs établis en dehors de l'enceinte des villes.

Qu'est-il cependant advenu de l'adoption de la loi?

Tous les brasseurs du pays payent aujourd'hui, au lieu de 2 fr. 18, 4 fr. d'accise par hectolitre de cuve — matière dont ils font en moyenne 3 hectolitres de bière marchande. C'est donc en fait une augmentation de droit de 60 cent. à l'hectolitre ou un demi-centime par litre que paye le consommateur rural. Mais en compensation, la suppression des octrois a ouvert l'entrée des villes aux brasseurs des campagnes, et grand nombre s'y sont fait une clientèle importante, qu'ils n'auraient jamais eue sous le régime des octrois. Beaucoup d'autres industriels qui tirent leurs produits des exploitations rurales, ont également été appelés à recueillir des avantages considérables du nouvel état de choses, tels sont les maraîchers, les marchands de fruits, de légumes, de beurre, fromages, volailles, etc., etc.

Contre toute prévision, ce sont les communes sans octroi qui ont toujours été les mieux dotées dans la répartition du fonds communal.

Dès 1861, au lieu de 2 à 3 millions au plus qui leur étaient promis, elles se partagèrent, au prorata des impôts directs au profit de l'Etat, 3,265,485 fr., et toujours depuis, cette progression s'accrut dans de fortes proportions d'année en année.

Ainsi, l'Etat leur distribua :

En 1865	5,198,482 fr.	86	c.
En 1870	7,147,630	58	
En 1872	8,568,855	95	
En 1874	10,100,778	04	
En 1876	11,550,887	84	

Quand on se rappelle qu'avant l'abrogation des octrois toutes les communes rurales de la Belgique avaient pour toutes ressources leurs rôles de cotisation personnelle, qui ne leur ont jamais rapporté au delà de 3 millions, plus 1 million provenant de centimes additionnels aux impôts directs et quelques autres ressources de minime importance, on est amené à reconnaître qu'à ce point de vue spécial, il s'est produit dans les finances de ces communes une véritable révolution. Peu à peu, elles ont pu compléter leurs services essentiels, mieux rétribuer leurs agents, créer des écoles, améliorer considérablement la voierie, jadis dans le plus déplorable état.

Ainsi, par exemple, les communes suburbaines de Bruxelles, privées de toutes ressources avant 1860, retirent aujourd'hui chaque année de 4 à 500,000 fr. du fonds communal, et ces larges dotations ont puissamment contribué à leur développement. Elles ont depuis acquis une importance égale au moins à celle de la plupart des villes importantes du pays, sous le rapport de la population comme sous celui des ressources et de la bonne organisation des services publics; les fossés et les barricades qui les isolaient de la cité mère ont disparu à jamais et les communes suburbaines sont les quartiers les plus riches et les mieux habités de la capitale.

La suppression des octrois et le fonds communal, loin donc, comme on l'avait prédit à tort, de causer préjudice aux communes rurales, ont été pour elles la source de grands et précieux avantages, elles sont largement dédommagées de la légère surtaxe que leurs habitants payent sur l'accise de la bière et autres spiritueux, et loin d'élever la moindre plainte à cet égard, elles sont aujourd'hui unanimes, du moins au point de vue économique, à approuver la combinaison financière qui a été le résultat de la suppression des taxes municipales.

Quant aux communes à octroi, si quelques-unes en sont encore à la portion congrue du temps passé de l'octroi, la plupart ont vu s'accroître rapidement leurs revenus annuels :

Anvers qui percevait de l'octroi, en 1859, 1,350,578 fr. 98, reçoit aujourd'hui du fonds communal 2,242,783 fr. 33, soit en plus près d'un million de francs annuellement.

Un grand nombre d'autres localités moins importantes sont aussi fort avantagées, ainsi qu'on le verra dans le tableau ci-après :

Communes.	Produit de l'octroi en 1859.	Produit du fonds communal en 1876.
Leuze....................	12,137 fr. 12 c.	36,679 fr. 16 c.
Enghien................	7,300 »	24,374 27
Vilvorde...............	7,948 »	35,027 67
Tamise.................	8,606 91	32,440 51
Ecoloo.................	1,340 »	36,556 21
Roulers	24,749 »	67,705 81
Jemmapes et Flénu......	2,303 92	52,225 05

Aujourd'hui déjà 61 communes à octroi sur 78 obtiennent du fonds communal un revenu supérieur à celui qu'elles percevaient jadis des taxes municipales. Le moment ne tardera à arriver où, d'une manière normale, le fonds communal sera uniformément réparti entre toutes les communes du pays sur la base unique des trois impôts directs : foncier, personnel, et patente.

En attendant, outre le revenu fixe de 11,558,145 fr. 80, les villes à octroi se sont partagées :

En 1861.................   17,505 fr. 73 c.
En 1865.................   136,560   »

En 1870................ 294,223   62
En 1872................ 820,498   24
En 1874................ 1,435,694   91
En 1876................ 2,352,783   53

II

Tels sont, au point de vue économique, les avantages que les communes belges ont retirés de l'abolition des octrois ; ils ne sauraient cependant nous faire oublier les graves inconvénients, les dangers même, du système mis en pratique pour doter les communes d'abondantes ressources, pour faire disparaître les entraves que la perception des taxes municipales apportaient à la libre circulation dans le pays des denrées alimentaires, des matières premières les plus indispensables.

La prospérité dont jouissent les communes belges a été, selon nous, trop chèrement achetée par le sacrifice des principes essentiels de leur existence sociale, et ce d'autant plus qu'il était aisé ainsi que nous allons le démontrer, d'abolir les octrois sans recou' rir aux procédés centralisateurs anti-économiques, dont a fait usage le cabinet libéral. Pour arriver au but désiré, il eût suffi de mettre à la disposition des communes d'autres sources d'impôt que celles de consommation, mais il n'était pas nécessaire que l'administration centrale leur enlevât le soin de pourvoir par elles-mêmes aux besoins des services municipaux et de remplir aux dépens du trésor public, les caisses communales.

En Belgique, depuis la création du fonds communal, les administrations municipales n'ont plus à se préoccuper de l'établissement et de la perception des ressources nécessaires aux besoins des différentes branches du service public, c'est désormais l'Etat qui y pourvoit avec largesse.

Il suffit qu'à la fin de chaque trimestre l'administrateur de la commune passe à la caisse de l'État, pour qu'il y touche régulièrement les revenus considérables que fournit aux communes le fonds communal, les centimes additionnels aux impôts directs, les nombreux subsides que leur procure l'État pour des travaux d'utilité publique, construction de voies de communication, d'écoles, d'édifices du culte, pour la salubrité, l'instruction, etc. C'est à ces sources diverses et abondantes que s'alimente le budget des voies et moyens des communes. Le reste est d'un produit insignifiant; il se compose de location de places aux foires et marchés, de taxes sur les chiens, etc., recettes que les agents communaux opèrent à loisir et sans difficulté aucune.

La commune, ainsi pourvue par l'État, perd peu à peu toute vitalité, toute initiative; la population se désintéresse de la chose publique, elle n'exerce plus un contrôle attentif sur les actes de ses élus dont la responsabilité est tellement allégée qu'elle échappe à toutes les critiques. Les administrateurs municipaux ne sont plus que des pensionnaires en curatelle sous la main du pouvoir central, et qui n'ont à se préoccuper que de la manière dont ils dépenseront leurs revenus. Si même parfois il leur prend fantaisie d'exécuter des travaux extraordinaires de quelque nature que ce soit, rien pour eux n'est plus aisé; ils contractent un emprunt à la Société du Crédit communal fondée sous le patronage de l'État et moyennant payement d'une annuité de 5 0/0 l'an pendant 65 ans. que paye encore le fonds communal à la décharge de la commune, celle-ci est complètement libérée de sa dette.

On le voit, dans ces conditions, le pouvoir municipal n'est plus qu'une sinécure que les partis se disputent pour s'en partager les avantages, disposer à leur gré des deniers publics.

« Je crois, disait lors de la discussion du projet de loi abolissant les octrois, M. Rogier, ministre de l'intérieur, qu'il n'est pas indifférent au progrès des mœurs publiques que le contribuable sente le poids de l'impôt; lorsque le citoyen aura à le payer directement, il y regardera de plus près, il surveillera ses magistrats, il sortira de chez lui pour s'assurer que l'impôt qu'il a dû tirer de sa poche, non sans quelque peine, reçoit une bonne application. »

C'était parler d'or, mais par une étrange inconséquence, le même ministre, par la création du fonds communal, dégageait les conseils communaux de toute responsabilité en matière d'impôts. Désormais l'électeur n'aperçoit plus à travers tous les rouages administratifs que la main du percepteur de l'État, instrumentant à la décharge entière de l'autorité communale.

« Le droit de gérer ses biens et ses finances, de voter librement l'impôt, disait plus tard un autre ministre de l'intérieur, M. Alph. Van den Peereboom, est pour la commune comme pour la nation la plus vitale des libertés, la base de toutes les autres. Confier, au contraire, au pouvoir central la mission d'encaisser et de répartir les recettes communales, c'est un système condamné à la fois par la science économique et par les sages principes de droit administratif. »

Non-seulement en Belgique, mais partout où cette question a été traitée, les économistes et les hommes d'État n'ont pas hésité à faire du fonds communal l'objet de vives critiques.

« Le défaut de ce système, disait M. Migneret dans un rapport au Conseil d'État, saute aux yeux. Cette intervention de l'État pour percevoir lui-même et répartir entre les communes un impôt général remplaçant la taxe locale d'octroi est une atteinte grave à la liberté communale. Les dépenses des communes dépendent alors du budget général de l'Etat qui tient dans la main les finances de toutes les communes belges. »

« L'application de ce plan financier, ajoutait M. H. Say, est un pas de plus dans le système de communisme vers lequel ne nous pousse que trop la centralisation administrative. »

En cette matière, la Hollande a été bien mieux inspirée que la Belgique, lorsque le 7 juillet 1865 elle abolissait les octrois en accordant en compensation aux communes les 4/5 de la contribution personnelle, perçus dans leur circonscription.

C'est dans cette voie qu'eût dû entrer le gouvernement belge pour résoudre le problème de l'abolition des octrois, sans compromettre les grands principes de liberté que s'honorent de pratiquer les auteurs de la réforme financière qui nous occupe.

Bien longtemps avant 1860, M. Ch. de Brouckère, alors bourgmestre de Bruxelles, offrait, au nom de l'édilité de la capitale, de renoncer à la perception des impôts d'octroi, si le gouvernement consentait à lui abandonner la contribution personnelle avec faculté d'en modifier les bases, afin d'arriver à une plus équitable répartition des charges publiques.

Si cette sage proposition eût été acceptée, la situation financière de l'État et des communes eût été singulièrement améliorée, les impôts directs eussent été plus équitablement répartis, et l'on eut pu, sans tarder, réduire considérablement les impôts indirects qui frappent encore aujourd'hui d'une manière excessive les denrées les plus nécessaires à l'alimentation publique, comme la bière, le sucre, etc.

D'abord, l'Etat eût fait une excellente opération, en abandonnant aux communes l'impôt personnel qui, en 1860, déduction faite des frais de perception, ne produisait guère au trésor plus de neuf millions de francs annuellement ; il restait alors en possession de l'intégralité des recettes provenant de la douane, de l'accise, de la poste, dont il devait consentir bientôt, pour constituer le fonds communal, à abandonner aux communes un revenu estimé par lui-même à 14 millions, et qui aujourd'hui produit 25 millions.

De l'avis de tous les économistes, l'autorité communale est bien mieux à même que l'administration centrale de répartir et de percevoir les impôts directs dans sa circonscription. « En général, dit l'illustre Jean-Baptiste Say dans son cours d'économie politique, les hommes d'un même canton, d'une même ville, d'un même quartier ne se trompent guère sur les revenus les uns des autres, et je crois beaucoup moins que les agents de l'administration. On sait assez bien, d'après la somme des consommations d'une famille, d'après le plus ou moins de facilité avec laquelle elle pourvoit à ses dépenses, d'après la nature et le nombre de ses relations, d'après les héritages qu'elle a recueillis ; on sait, dis-je assez bien, si elle a de l'aisance, et dans quelle classe on peut ranger ses revenus. »

Ce ne sont certes pas les agents de l'État, étrangers à la localité et n'y faisant qu'un séjour momentané, qui sont capables de remplir en connaissance de cause une tâche semblable, et l'État a tellement conscience de son impuissance, de son incapacité en la matière, que depuis notre émancipation politique, tout en constatant les iniquités de la répartition des impôts directs, la nécessité de réviser à bref délai notamment les bases des taxes mobilières et personnelles, aucun ministère cependant, quelle que fût l'opinion politique de ses membres, n'a osé jusqu'ici aborder la solution de ce problème, d'autant plus difficile qu'il se complique de la grosse question électorale qui domine tout sous le régime censitaire, tel qu'il est encore en vigueur en Belgique.

Déjà, en 1831, M. le baron Duvivier, ministre des finances, annonçait la présentation à bref délai d'un projet de loi sur la matière; ce n'est que dix-huit ans après, le 16 février 1849, que M. Frère Orban se résigna enfin à déposer ce projet qui, sans résistance aucune de la part du gouvernement, fut bientôt ajourné indéfiniment, c'est-à-dire jusqu'après la révision cadastrale.

Nonobstant ce, en 1851, dans le discours de la couronne, le roi disait encore : « Parmi vos premiers travaux, il faut placer la nouvelle loi de la contribution personnelle destinée à asseoir l'impôt sur des bases plus équitables. »

Enfin, en 1870, le parti catholique arrivé aux affaires, promettait, lui aussi, par l'organe de M. le ministre des finances, la révision prochaine de l'impôt personnel.

Huit années encore se sont écoulées depuis, et aucun changement n'a été apporté à la législation sur la matière condamnée avec éclat à la tribune parlementaire, depuis cinquante ans, par tous les hommes d'État qui ont occupé le pouvoir.

Il ne faut pas être grand prophète pour prédire avec certitude qu'il en sera ainsi aussi longtemps que la répartition des impôts directs incombera à l'État, et que le droit de suffrages pour la représentation nationale, sera le privilège exclusif de l'élément censitaire.

Il suffit de jeter un rapide coup d'œil sur les bases de l'impôt personnel pour en constater aisément l'iniquité radicale:

Ainsi, les portes et fenêtres sont frappées d'un impôt de 4 mil-

rès les évaluations consignées au cadastre et dans les rôles per-
onnels : Dans ces conditions, chacun étant intéressé à ce que
haque matière imposable soit estimée à sa valeur réelle, c'est le
ntribuable lui-même qui veillerait avec sollicitude à ce qu'aucun
rivilége ne soit concédé, à ce qu'aucune erreur ne soit commise.

Remarquons aussi que toutes les estimations de valeurs fon-
ères ou mobilières devraient être faites sur la déclaration préa-
ble du propriétaire lui-même. Elles seraient rédigées avec d'au-
nt plus de sincérité, qu'il saurait qu'en cas, par exemple,
xpropriation, de sinistre, il ne pourrait obtenir pour toute
demnité que le montant de sa propre déclaration.

On est certain qu'alors l'impôt direct serait toujours propor-
onné à la valeur des matières imposables.

L'administration centrale elle-même, à l'aide du cadastre com-
unal, des rôles personnels et mobiliers, pourrait désormais
couvrer d'une manière rigoureusement exacte et sans contesta-
n possible, les droits qui lui sont dus du chef des successions, des
utations d'immeubles, etc.

En Belgique, comme on va le voir, la réforme que nous préco-
ons pourrait être aisément réalisée sans perturbation dans le
stème financier, et avec grand avantage pour le trésor public
mme pour les communes.

D'après les prévisions du budget des voies et moyens pour
ercice 1878, les impôts directs produiront à l'État, en prin-
al :

Foncier....................	21,903,000 fr.
Personnel	13,274,000
Patente	5,000,000
Soit....................	40,177,000

n compensation de l'abandon de ces ressources aux
munes, l'État rentrerait en possession du produit du
s communal, soit............................ 25,500,000 fr.

commune percevrait, pour compte de l'État et verse-
au trésor les centimes additionnels déjà aujourd'hui
uvrés à son profit, soit :

centimes sur le personnel.....................	2,000,000 fr.
— sur la patente........................	1,000,000 fr.

communes pourvoiraient désormais, à l'aide de
ressources propres, aux besoins de leur enseigne-
, de la voierie, etc., que l'État subsidie pour une
me de.. 12,000,000 fr.

Soit........................... 40,500,000 fr.

---

lions de francs, tandis que toute la valeur locative des immeubles
ne rapporte au trésor que 3,500,000 fr.

Le gouvernement, de tout temps, a reconnu l'absurdité d'une
pareille tarification : «Les portes et fenêtres disait M. le ministre des
finances dans sa circulaire du 18 août 1871, font partie intégrante
du bâtiment et par conséquent elles sont comprises dans la valeur
locative. Le loyer d'une maison doit se déterminer par les dimensions, la situation, l'élégance de la construction et nullement par
le nombre de ses ouvertures. Entre deux maisons élevées sur des
points différents d'une commune, la plus petite peut avoir une valeur locative supérieure à l'autre; mais si celle-ci a plus de fenêtres
elle contribue de ce chef dans une proportion plus forte que la
première. Il en résulte que cette base, loin de corriger les imperfections existantes dans la valeur locative, va à l'encontre du but
de la loi, en détruisant l'harmonie établie par la taxe sur les
loyers. »

Ce sont là, à coup sûr, des raisons péremptoires irréfutables, et
cependant encore aujourd'hui l'administration des finances continue
à percevoir l'impôt sur les bases si énergiquement condamnées par
son chef.

Tout le revenu de la propriété bâtie ne figure dans les rôles
d'impôt que pour 86 millions de francs. Au droit de 4 0/0, il ne
produit que 3,462,000 f. « Pour obtenir la valeur réelle, disait avec
raison à la Chambre dans la séance du 29 avril 1871 M. Demeur,
député de Bruxelles, il faudrait au moins tripler ces évaluations. »

Depuis quarante ans, la valeur des mobiliers n'a guère varié
comme matière imposable; son rendement a été dans cette longue
période de temps de 1,400,000 fr. à 1,750,000, et la majoration
n'est que le résultat de l'augmentation du nombre des contribuables.

Chacun sait avec quel comfort sont aujourd'hui meublées les
habitations des personnes ne jouissant même que d'une modeste
aisance, avec quelle somptuosité sont garnies les riches demeures
dans les villes et même à la campagne. Le fisc seul n'a rien vu de
ces merveilleuses transformations, il accepte les yeux fermés chaque
année les déclarations du contribuable, pareilles à celles des exercices antérieurs et celui-ci continue à payer l'impôt sur une valeur
mobilière dérisoire de quelques centaines de francs, alors que lui-
même pour se garantir des risques d'incendie, estime son mobilier
à un prix cinq fois, dix fois supérieur à celui de sa déclaration
pour l'impôt.

Enfin, on aura une idée de ce que vaut cette répartition fantaisiste quand nous aurons dit que pour toute la Belgique, où l'ai-

sance et même la richesse est grande au sein des villes et des communes, il n'y a que 477 cotes personnelles au delà de 500 francs et parmi ces cotes.

273 sont de..............	6 à	800 fr.
113 —	8 à 1,000	
46 —	1,000 à 1,500	
6 seulement au delà de..	1,500	

Sur 900,000 habitations que l'on y comptait il y a dix ans, 468,000 étaient exemptées de l'impôt, leur valeur locative étant estimée à moins de 20 fl. P. B (fr. 42, 32). Or, tout le monde est parfaitement convaincu, le fisc tout le premier, que ce sont là pour la plupart des déclarations fictives bien en dessous de la valeur locative réelle :

Ce qui est vrai pour l'impôt personnel ne l'est pas moins pour l'impôt foncier. Rien de plus arbitraire, de plus inexact que la péréquation cadastrale qui sert à la perception de l'impôt. Nous n'en voulons d'autre juge que M. le ministre des finances lui-même.

« Le revenu foncier, disait M. Frère Orban à la chambre des représentants, séance du 15 mai 1867, ne saurait avoir un caractère de fixité absolue, il faut que l'on procède de temps à autre à de nouvelles évaluations. De nos jours, de grands changements s'opèrent partout, de nouvelles industries naissent, des routes, des chemins de fer sont construits, et celà amène incessamment dans le revenu du sol, des modifications qui en accroissent la valeur dans une mesure plus ou moins considérable.

« Pour présenter un caractère de vérité, l'estimation du revenu devrait être faite plus fréquemment. Malheureusement elle exige des travaux très-longs et très-coûteux.

« Les premières opérations du cadastre entreprises en 1815, et terminées en 1835, complétées ensuite pour deux provinces en 1845, ont exigé ce long temps et ont coûté 13,000,000 de francs et ces opérations étaient à peine achevées que l'on faisait entendre des réclamations fort vives, répétées d'année en année, signalant des inégalités réelles indéniables à ce point qu'il était impossible de les repousser et qu'une révision des bases de l'impôt était dès lors reconnue nécessaire. »

Ainsi s'est exprimé l'honorable ministre des finances et nous croyons qu'il serait difficile de mieux démontrer l'incompétence de l'État en matière d'impôts directs.

Il eût pu ajouter que le cadastre de la France commencé en 1808 n'a été terminé qu'en 1847, au prix de plusieurs centaines de

millions de francs et qu'il est tellement défectueux qu'
points du pays, on ne cesse d'en réclamer la complè

C'est en 1866 que pour la dernière fois le gouver
a procédé à la révision de la valeur cadastrale. Une
par ville ou par canton rural a été chargée de procé
avec un agent du cadastre, à ce travail aussi cor
difficile.

C'étaient le plus souvent des agents sans grand
responsabilité, instrumentant dans des localités de
saient imparfaitement les ressources et la valeur f
renseignaient à l'aventure, décidaient selon leurs
moment, souvent même selon la réception, plus
cieuse, que leur faisait le contribuable.

Sauf pour les rectifications générales faites afin
justement la charge totale entre les différentes pro
dire que le cadastre révisé en 1866 n'est guère plu
antérieurement en vigueur, et s'il ne donne pas
réclamations, c'est qu'en fait en Belgique l'impô
faiblement sur le contribuable que jamais, qu
qu'aient pu montrer les agents réviseurs, la propr
à sa valeur réelle. On peut même dire que dans les
dans les centres industriels, elle n'est imposée
même au tiers de son prix marchand.

« L'impôt foncier, dit M. L. de Lavergne, n'est
un impôt général comme les contributions indirect
naturellement local qui retournerait à son origi
l'État à la commune. »

Rien n'est plus exact. Le pouvoir communal e
en meilleure situation que l'administration cent
blement répartir et économiquement percevoir l

Dans la commune, chacun connaît la valeur e
bles, les ventes par recours publics, les bau
donnent des bases certaines d'appréciation aux
déjà d'avance parfaitement renseignés sur la val
ils le seraient davantage encore, surtout pour l'
tous les baux sous seing privés, les contrats
incendie, étaient soumis à la formalité de l'enreg
de ces indications, si le cadastre était dressé
année par les soins de délégués, au choix des co
il ne tarderait pas à acquérir partout une ex
tique.

Chaque commune ayant désormais à percevo
d'impôts, déterminée à l'avance, la répartition

Dans ces conditions, la commune procédant elle-même ainsi que nous l'avons dit, à la répartition des impôts directs par une estimation rigoureusement exacte des valeurs foncières et mobilières, les rendrait par cela même beaucoup plus productifs et le trésor de l'Etat en ressentirait l'heureuse influence par l'augmentation des avances provenant des centimes additionnels aux impôts directs, des droits de successions, des mutations d'immeubles, etc., désormais recouvrés d'après des estimations sérieusement faites et minutieusement contrôlées par les contribuables eux-mêmes intéressés.

Ajoutons encore que la commune étant désormais chargée de la perception des impôts directs, l'administration centrale de ce chef réaliserait une économie annuelle de plus de trois millions de francs.

On le voit, la tâche du gouvernement serait dans ces conditions considérablement allégée; il n'aurait plus à s'occuper de la perception des impôts directs, à s'immiscer dans l'administration des communes pour leur distribuer à l'aide de formalités dispendieuses et absorbantes des subsides de toutes sortes. La commune pourvoirait elle-même à tous ses besoins et aurait charge, après approbation de son budget annuel des dépenses par l'autorité compétente, d'en répartir le montant entre les contribuables sur les bases que nous avons plus haut énumérées.

Seulement, des opérations de cette importance ne sauraient généralement être menées à bonne fin dans des embryons de communes comme on en compte un si grand nombre en Belgique comme en France. Il faudrait pour que ce service fût bien organisé, pour que l'administration de la commune pût se passer de l'incessante intervention de la bureaucratie supérieure et accomplir sa tâche d'une manière féconde, remettre en vigueur l'arrêté des consuls du 6 floréal an X, grouper entre elles les petites localités dans un rayon de 4 à 5 kilomètres pour n'en former qu'une seule municipalité, réunissant toutes les conditions nécessaires, des hommes et des ressources, pour constituer une administration véritablement digne de ce nom (1).

Le jour où en France comme en Belgique, on sera entré dans cette voie féconde, quand partout seront créées de grandes munici-

(1) En Belgique, plus de 450 communes sur 2,540 n'ont pas même 500 habitants, leur territoire ne s'étend guère au delà de 2 à 300 hectares.

Il résulte d'un document administratif communiqué à l'Assemblée nationale, le 11 avril 1871, qu'il existe en France 433 communes qui ont moins de 75 habit-
2,000 communes qui ont moins de 150 —
4,000 communes qui ont moins de 250 —

palités, ayant à leur tête des magistrats élus par leurs concitoyens
armés des pouvoirs et des ressources indispensables pour bien
gérer la chose publique, féconder les institutions, un progrès immense aura été réalisé, l'ordre social même en sera profondément
consolidé.

Toutes les ambitions, toutes les intelligences, au lieu de diriger,
de concentrer toute leur énergie vers le pouvoir central en vue d'y
prendre place parmi la haute lignée de fonctionnarisme, s'épar-
pilleront sur tous les points du pays, elles y trouveront aisément à
occuper fructueusement, honorablement leur activité. Le gouvernement, débarrassé alors de toutes ces compétitions parasites, en
même temps que des services surabondants dont l'absorbe son
intervention incessante dans la gestion des intérêts municipaux,
pourra mieux se consacrer à la direction des intérêts généraux qui
sont de sa compétence.

Henri Marichal.

L'URUGUAY ET LE PARAGUAY

LEURS RESSOURCES ET LEUR SITUATION ACTUELLE

Sommaire. — L'Uruguay : sa population, son agriculture, sa richesse en bétail,
son commerce. — La ville de Montevideo et ses progrès. — Ses chemins de
fer. — Ses finances et sa dette. — Le Paraguay : le docteur Francia, son dictateur perpétuel. — Les anciennes missions et le système des Jésuites. — Le
premier Lopez et son despotisme. — Le deuxième Lopez et sa guerre avec le
Brésil et la Confédération Argentine. — Ruine complète du pays et sa dépopu-
lation. — Ses ressources et son avenir. — Les frais et le produit d'une exploitation agricole sur les bords de la Plata.

L'immense estuaire du Rio de la Plata qui s'ouvre sur l'Atlantique par un évasement de 240 kilomètres, et, qui sur une longueur
égale à celle de l'une de nos moyennes rivières d'Europe, n'est pas
large de moins de 35 à 40, cet estuaire est bordé, sur sa droite,
par la République Argentine et sur sa gauche par la République
de l'Uruguay, à qui sa position, par rapport à l'Argentine, a fait
donner aussi le nom de *Banda oriental* ou lisière orientale.

Son autre nom lui vient de l'Uruguay, cours d'eau dont la
réunion avec le Parana constitue le Rio de la Plata. La Parana a
lui-même pour principal affluent une rivière qui lui est très-infé-
rieure comme parcours, mais qui ne laisse pas néanmoins de l'em-

porter en longueur navigable et qui porte des bateaux à vapeur jusqu'au Brésil. C'est le Paraguay, lequel donne son nom au pays qu'il arrose, pays riche, fertile, au climat sain, qui offrait le curieux spectacle d'une nation indienne prospérant d'elle-même et par elle-même, lorsque le caprice d'un de ses présomptueux dictateurs l'a jetée dans une guerre sanglante, au bout de laquelle étaient sa dévastation et sa ruine. Avec ses dix-huit millions et demi d'hectares et ses immenses plaines si favorables à l'élève du bétail; avec son ciel charmant et son sol si fécond, l'Uruguay pourrait également aspirer à des destinées brillantes. Par malheur, depuis sa séparation d'avec le Brésil, qui remonte à l'année 1828, il s'est consumé dans de perpétuelles discordes civiles, dont l'effet a été d'épuiser ses finances, de paralyser son commerce et de retenir le flot de l'immigration européenne, quelque portée qu'elle soit d'ailleurs à prendre cette route.

Un document officiel, daté de 1860, n'accordait point à l'Uruguay plus de 221,000 habitants, mais les calculs faits, en 1873, par M. Vaillant, chef du bureau de la statistique générale de la république, portent ce chiffre à 450,000, desquels on attribue environ le quart à Montevideo, sa capitale qui n'était il y a soixante ans qu'un bourg de 3,500 âmes, et qui est aujourd'hui une belle et vaste ville, s'élevant en amphithéâtre sur les bords de la Plata, avec de large rues à l'européenne et de belles maisons aux toits en terrasses.

Comme il n'y a plus d'Indiens dans l'Uruguay, toute cette population se compose dans des proportions à peu près égales, de créoles et d'émigrants européens, les premiers ou *Hiyos del Pais* en représentant les 52 centièmes, et les seconds ou *Gringos* les 48 centièmes. Montevideo voit déjà débarquer en son port une moyenne annuelle de 17,000 européens, parmi lesquels la nationalité italienne domine: « Vous vous croiriez transporté dans une colonie italienne, » écrivait, il y a quelques années déjà, le célèbre hygiéniste Paolo-Mantegazza : « le marinier qui vous débarque est Italien ; Italien aussi le portefaix qui transporte vos bagages, Italien encore l'hôte qui vous héberge.» (1) Sur 100 immigrants, on en compte, en effet. 35 qui sont d'origine italienne; les autres sont des Espagnols (27 pour 100), des Français et surtout Basques (14 pour 100), des Anglais (7 pour 100), des Brésiliens de la province de Rio-Grande, qui ont pris l'habitude, depuis longtemps déjà, de fonder des parcs

(1) *Rio de la Plata e Tanarife*; Viaggi e studii (Milano, 1877).

à bétail dans l'Uruguay septentrional. Aussi bien l'empressement des Brésiliens à s'installer dans la *Banda oriental* peut-il paraître suspect, et ce ne sont pas là, croyons-nous, les immigrants que les Uruguéens voient du meilleur œil. Bien que son aire soit cinquante fois plus étendue et sa population trente fois plus considérable, le Brésil convoite cependant ce territoire qu'il posséda jadis, et il regarde le Rio de la Plata comme sa frontière du sud.

Ainsi que le remarque M. Vaillant, dans son mémoire sur l'état économique de l'Uruguay, comparé à celui tant du Chili que de la République Argentine (1), la richesse de la rive gauche de la Plata, comme de l'autre, est essentiellement agricole et pastorale, avec cette différence seulement que, dans l'Uruguay, la production agricole proprement dite l'emporte sur l'élève du bétail, tandis que c'est tout le contraire dans l'Argentine. Mais, si la comparaison se fait au sein de l'Uruguay même, on est frappé de l'énorme différence qui se manifeste entre l'agriculture et la culture pastorale, l'une n'occupant que 2,68 centièmes de la superficie appropriée et l'autre 68,41 centièmes de cette même superficie. Celle-ci n'embrasse d'ailleurs que les deux tiers environ des 18,692,000 hectares du pays entier, et des calculs de M. Vaillant rapprochés de l'estimation du général Reyes, d'une dizaine d'années antérieure, il résulte que la culture n'a dans ce laps de temps opéré que la modeste conquête de 150,000 hectares. On estime à 324,000,000 de francs la valeur des terrains, soit labourés, soit pastoraux et à 642,000,000 celle de la propriété bâtie; qu'on y ajoute 30,000,000 pour la propriété non déclarée et 150,000,000 pour la valeur des chevaux, mulets, bêtes à corne ou à laine, et on arrive à un total de 1,146,000,000 de francs comme représentation approximative de la richesse territoriale de la république.

Pour l'ensemble du territoire, les renseignements manquent sur la distribution de la propriété et sur le nombre des propriétaires : on sait seulement que la province de Montevideo qui à elle seule renferme 120,000 habitants, soit le quart et plus de la population totale, compte 7,946 propriétaires fonciers. Chose remarquable, il n'y en a pas même le tiers (2487) qui soient Uruguéens : les autres sont des Italiens (2329), des Espagnols [1570], des Français (1019), des Argentins (146), des Anglais (133), des Allemands, des Suisses, des Brésiliens, etc, La grande propriété, celle qui représente une valeur de 500,000 à 2,000,000 de francs ne compte que pour 0,30 pour cent du total, et la part des propriétés valent de 200 à 500,000 francs n'est elle-même que de 1,15. La propriété qu'on peut appeler

___

(1) *Comercio Exterior de la Republica del Uruguay,* en 1873, etc.

moyenne celle qui va de 50 à 250,000 francs figure dans cette
répartition pour environ 20 centièmes, tandis qu'un autre cinquième
appartient aux propriétaires possédant de 25 à 50,000 francs et
58,46 pour cent à la petite propriété, celle dont le lot est inférieur
à 25,000 francs, et cette distribution est une preuve qu'à parler
d'une façon générale, la propriété est ici dans les mains de ces
commerçants et de ces capitalistes qui sont venus s'établir dans le
pays depuis 1838, et qui ont su s'y créer une existence aisée et
agréable.

En 1873, l'Uruguay possédait 554,726 chevaux, 6437 mulets,
6,327,500 bêtes à corne, 13,005,244 moutons, avec quelques quarante ou cinquante mille chèvres. C'est un des pays du monde où
il s'abat le plus de bétail et la péninsule de Fray-Bentos, que
forment au-dessus de leur confluent le Rio Negro et l'Uruguay,
n'est qu'une immense tuerie. C'est pour leur peau, leur suif, leur
laine seulement que ces millions de chevaux, de bœufs et de moutons sont massacrés. Depuis quelques temps, dans l'Uruguay,
comme dans l'Argentine, on a bien essayé d'utiliser leur chair, et
il en arrive en Europe quelques faibles quantités sous le nom d'extraits de viande, obtenus par le procédé dit de Liebig, on est parvenu
dans cette voie à d'assez bons résultats, mais forcément limités, et
s'ils aspirent à devenir, en fait de viande conservée, les fournisseurs
attitrés de l'Europe et surtout de l'Angleterre qui, en ce moment
même, regarde du côté du Canada et des États-Unis pour le futur
approvisionnement de ses boucheries, les habitants des deux rives
de la Plata devront trouver plus et mieux. La carne Tasajo, c'est-à-
dire la viande de bœuf, qu'ils découpent aujourd'hui en minces
lanières et font sécher au soleil, après l'avoir imprégnée de sel
est recherchée au Brésil et à Cuba pour l'alimentation des esclaves,
mais elle n'est pas faite pour le marché européen, et celui-ci ne
s'accommoderait pas davantage de la charque dulce, soit de la
même viande, desséchée seulement et non salée d'abord.

Quoi qu'il en soit, ce sont les produits du bétail abattu qui
forment jusqu'ici le fondement du commerce d'exportation de ce
pays : ils en représentent les 92 centièmes, contre environ 5 appartenant au bétail et aux animaux sur pied et pas tout à fait 2 pour
les produits agricoles. Ceux-ci semblent d'ailleurs, diminuer plutôt
qu'augmenter, et c'est là un signe fâcheux, quand on le rapproche
d'une émigration européenne croissante. Pris dans son ensemble,
le mouvement de l'exportation en 1873 avait été, cependant supérieur à celui de l'année précédente, se traduisant par une valeur
de 81,500,000 francs pour l'une de ces années et de 77,500,000 fr.
seulement pour l'autre. Mais cette tendance ne paraît pas s'être

soutenue pendant les deux années suivantes : du moins, le *state-man's year Book* de 1877 fait-il tomber les exportations à 15,240,000 *pesos* (76,200,000 francs) en 1874 et à 14,300,000 en 1875 (71,500,000 francs) en 1875, ce qui d'ailleurs ne doit pas étonner beaucoup, eu égard à la crise qui sévit depuis quatre ans dans toute l'Europe commerciale et qui a éprouvé tout particulièrement l'Angleterre, la grande cliente de l'Uruguay.

L'importation en 1873 avait manifesté une supériorité de 8,000,000 de francs sur l'année° précédente (105,377,000 et 97,355,000 fr.), et on avait tiré un bon augure pour l'avenir industriel et commercial du pays de ce que cet accroissement avait surtout porté sur les machines et instruments agricoles, sur le matériel des voies ferrées, des télégraphes et des conduites d'eau sur la houille, les fers et aciers. Mais, en 1874, la valeur de l'importation est descendue à 81,600,000 francs et à 71,600,000 l'année suivante. Les principaux articles qui l'alimentent sont les matières premières et les machines, les céréales et les comestibles, les cotonnades et lainages, les vins, spiritueux et bières, les habillements et confections. Ici encore l'Angleterre tient la tête, avec une valeur de 26,680,000 fr., mais elle est suivie d'assez près par la France qui se présente avec 16,000,000 de francs, tandis que le Brésil et la Belgique les mieux placés ensuite, n'atteignent l'un qu'à 9,535,000 francs et l'autre à 9,932,000 francs.

Montevideo est le grand centre et le grand entrepôt de ce double commerce et en 1875, il est entré dans son port 1692 navires étrangers, jaugeant 947,197 tonneaux, tandis qu'il en sortait 1723 d'une capacité totale de 980,000. En décomposant ses navires, par pavillons, on trouve 676 Anglais, 630 Argentins, 548 Italiens, 346 Français, 222 Brésiliens, 161 Allemands, 145 Américains du Nord, 34 Hollandais et 26 Portugais, le reste appartenant au Danemark, à la Belgique, à l'Autriche-Hongrie, à la République de l'Équateur. La France, on le voit, n'occupe que le quatrième rang sur cette liste; mais sous le rapport du tonnage, elle vient immédiatement après l'Angleterre (288,724 tonneaux contre 848,409). Le pavillon italien revendique 216,254 tonneaux, le Brésilien 129,207, l'Espagnol 100,245, l'Allemand 83,317, le Suédois-Norvégien 72,380, les Etats-Unis 43,616, la République Argentine 24,732.

Il y a quelques années, il n'y avait guère dans tout le bassin de la Plata qu'une façon de voyager. Habitué à l'équitation dès sa première enfance et à demi-centaure, l'*Hiyo del Pais* faisait, sans s'en apercevoir et au grand galop de son cheval, des traites quotidiennes de trente lieues, et force était au voyageur étranger,

peu fait à ce mode de locomotion de profiter des charrettes qui
allaient d'une province à une autre, traînées par des bœufs et
faisant de 6 à 8 lieues par jour, ou des *tropas de mulas* marchant
plus vite que les charrettes, mais plus fatigantes, pour peu qu'il
ne fût point assez riche pour se procurer une voiture à lui ou tout
au moins une place dans l'un de ces lourds véhicules à la vieille
façon castillane, que l'on appelait *Messageries* et que l'on voyait
de temps à autre se mouvoir sur les grandes routes, au petit trot
de sept chevaux étiques et montés chacun par un postillon spécial.
Rien de plus pittoresque sans doute, comme le dit le professeur
Mantegazza, que cette voiture européenne au milieu d'un désert
américain, mais, comme moyen de locomotion, rien aussi de moins
confortable, et le voyageur, qui arrivé au gîte, voulait refaire ses
forces et reposer ses membres courbaturés devait, de toute nécessité, transporter avec lui sa literie et ses vivres. Aujourd'hui la
locomotive parcourt ces plaines : près de 2,000 kilomètres ferrés
sillonnent les régions au sud du grand fleuve, et il est question
d'un chemin de fer, qui, franchissant la colossale barrière des
Andes et se prolongeant par le Chili jusqu'à Valparaiso, joindrait
ainsi les deux océans. L'Uruguay possède aussi sa voie ferrée.
Commencée en 1871, elle mesure actuellement 205 kilomètres, et
quand elle sera terminée, elle réunira Montevideo à la frontière
brésilienne. En 1875, *el Central* a transporté 386,371 voyageurs et
31,772 tonnes de marchandises. Ses recettes brutes ont été de
1,935,000 francs, c'est-à-dire de 9,440 francs par kilomètre exploité.

Cette voie ferrée avait été d'abord entreprise par une compagnie locale ; mais elle fonctionna si mal qu'il fallut bientôt la
remplacer par une compagnie anglaise, dont le siège social est à
Londres. Ce sont aussi les grands financiers de Lombard-Street
qui détiennent les titres de la dette extérieure de l'Uruguay, et cette
dette est un bien lourd fardeau pour un jeune pays, comme on dit
en Angleterre. De 13,634,000 francs qu'elle représentait seulement
en 1860, elle est arrivée à 88,728,000 en 1870, et à 211,887,000
en 1874, dont 138,472,000 pour la dette dite intérieure. Il y a encore
une dette flottante dont M. Vaillant s'est déclaré incapable, faute
de données suffisantes, de fixer le montant. Tandis que la dette
croissait ainsi, le revenu public périclitait au contraire : il tombait de 49,533,000 francs en 1873, à 43,695,000 l'année suivante,
et, malgré les augmentations d'impôts votées tant en 1875 qu'en
1876, on n'avait pas l'espérance de le voir se relever au delà de
45,000,000 de francs pour ce dernier exercice. Qu'on joigne à cela
la crise politique, qui est venue, pas plus tard que l'an dernier,

compliquer une situation économique déjà fort tendue par elle-même, et l'on ne s'étonnera point de ce que le payement des intérêts de la dette intérieure d'abord, puis de la dette extérieure, aient été suspendus, le service de la dette qu'on appelle internationale, et qui s'élève à 15,000,000 de francs, restant seul maintenu.

On nous annonce que le gouvernement est tout disposé à régulariser cet état de choses et qu'il a déjà pris certaines mesures à cette fin. Ce gouvernement a pour chef, à cette heure, le colonel Latorre et les circonstances l'ont investi d'une autorité dictatoriale : il n'en abuse nullement, nous dit un Anglais qui a résidé depuis 1870 jusqu'à 1876, soit dans le bassin de la Plata, soit au Brésil, et ne fait rien à quoi un bon citoyen, *a loyal citizen* ne puisse se soumettre. Seulement, ajoute immédiatement M. Harfield, la question est celle de savoir si cet esprit turbulent dont les Uruguéens ont multiplié les preuves pourra s'accommoder bien longtemps de ce régime (1). Nous n'entreprendrons point assurément de la résoudre dans un sens ou dans un autre, tout en émettant le vœu très-sincère que ce jeune peuple, très-intéressant à divers égards, ne continue point à gâter de ses propres mains les grands avantages qu'il doit à son sol et à sa position géographique, l'une des plus belles de l'Amérique du sud. Plusieurs personnes estiment qu'il ferait sagement de se fondre dans la nation brésilienne; mais elles ne font pas attention ce semble à la profonde antipathie qui sépare la race espagnole de la race portugaise. C'est pourquoi l'Uruguay se séparait du Brésil, il y a quarante-neuf ans, et ce n'est pas de son plein gré qu'il reviendra sur cette démarche décisive.

II

« Quand on abandonne le Parana pour entrer dans le Paraguay, le paysage perd de sa grandeur, mais il gagne en grâce et en variété. On s'aperçoit, en même temps, que l'on entre dans une terre de servitude, et moi qui ai eu la double bonne fortune d'y entrer et d'en sortir, je propose d'inscrire sur un poteau, à l'embouchure du fleuve, le fameux vers du Dante :

Guarda com'entri et di cui ti fide.

« A peine avez-vous jeté l'ancre à l'entrée du fleuve que vous voyez se détacher de la rive du Chaco une pirogue longue et agile comme une vipère, que font mouvoir, avec une rapidité extraordinaire, les mouvements alternatifs d'une huitaine d'avirons,

---

(1) *Brazil and the River Plate* (London, 1877).

taillés en forme de lance. L'équipage de cette fragile embarcation se compose d'hommes maigres, bruns, d'un visage impassible, qui portent une veste écarlate, avec un pantalon de coton blanc, mais qui n'ont pas de chaussures. L'officier qui les commande n'a rien qui le distingue de ses compagnons, si ce n'est qu'il ne manie pas d'aviron; lui aussi déteste les souliers ou en ignore l'existence. Toute cette troupe monte à votre bord, elle visite votre bâtiment, elle prend note de sa cargaison, des noms et des prénoms de ses passagers. Si ce bâtiment est Paraguayien, soyez sûr qu'à votre nom on joindra une petite notice sur votre caractère et l'indication du motif qui vous amène sur le territoire sacré du manioc. Soyez sûr encore que ces notes seront transmises sur le champ à la capitale et que grâce à l'extraordinaire rapidité des courriers, elles vous y précèderont, quand même vous voyageriez sur un navire à vapeur. A dater de ce moment, il faut vous bien persuader aussi que toute la république du Paraguay s'occupe de votre personne, et que chaque jour, on saura, au *Grand Palais*, ce que vous avez fait et dit, voire ce que vous pensez, ou ne pensez pas. »

Ces lignes que nous empruntons aux *Viaggi* de M. Mantegazza, s'expliquent par la date de son voyage : on était alors en 1855, et la tyrannie que le général Carlo-Antonio Lopez faisait peser sur le Paraguay n'était pas moins lourde que celle de son prédécesseur immédiat, le célèbre médecin Francia. La curieuse esquisse biographique que M. Mantegazza trace de celui-ci peut se résumer en ces mots : il fut mauvais fils, ami perfide et despote implacable. Il n'y eut pendant sa longue domination que deux sortes d'édifices qui servissent à quelque chose : des casernes et des prisons.; il avait décoré l'une d'elles du nom de prison d'État, et c'était dans ses cellules souterraines et infectes qu'il laissait lentement mourir ceux des citoyens qu'il soupçonnait de quelque indépendance d'esprit et qu'il n'avait pas fait fusiller ou envoyés à la potence. Tel était le terrible ascendant de cet homme qu'il le conserva intact jusqu'à son dernier souffle, et l'on raconte que ses serviteurs les plus familiers n'osèrent faire éclater tout d'abord toute leur joie, quand ils virent gisant sans vie, sur sa couche mortuaire, le *supremo dictador perpetuo*, craignant que ce ne fût là un stratagème pour éprouver leurs secrets sentiments.

Francia avait fait du Paraguay une Chine américaine, plus hermétiquement close que la Chine asiatique. Quand il ne les faisait pas massacrer, il retenait prisonniers les quelques étrangers qui s'aventuraient dans ses limites ; c'est ce qui advint à notre illustre Bonpland, ainsi qu'aux voyageurs Rengger et Longchamps à une époque postérieure. Il n'imitait point en cela les premiers maîtres des Guaranis, les Pères jésuites, qui, après avoir eu le mérite de protéger ces bons et inoffensifs Indiens contre les odieux traitements des Paulistes, leurs voisins du Brésil, s'installèrent définitivement dans le bassin du Paraguay et y constituèrent une des sociétés les plus curieuses dont les annales de l'histoire fassent mention. Très-liers de leur œuvre, les fils de Loyola l'auraient au contraire volontiers montrée à tout le monde, et ce qu'ils en racontèrent eux-mêmes ou en firent raconter par d'autres trompèrent jusqu'au grand sens de Montesquieu et à la clairvoyance de Voltaire. Il est moins étonnant que l'auteur du *Génie du Christianisme* s'y soit laissé prendre, et que l'historien ou plutôt l'apologiste des révérends Pères leur ait attribué l'honneur d'avoir transformé en parfaits chrétiens des gens cruels, vindicatifs, enclins à tous les excès, sauvages par nature et avec volupté. Mais cette assertion de M. Crétineau-Joly, qui jamais ne fut en Amérique et ne vit jamais un Guarani, a fait bien sourire les voyageurs sachant combien ces Indiens, pour parler comme M. Mantegazza « forment une pâte humaine docile et malléable, » et dans le livre d'un ton si faux et d'un goût si équivoque de Châteaubriand, l'idylle sur les missions du Paraguay n'est pas la page la moins choquante.

La vérité est que ces missions n'ont droit à l'éloge que des hommes pour qui le communisme est l'idéal de la société humaine. Chaque village Guarani était sous le gouvernement de deux Pères, dont l'un s'occupait exclusivement du spirituel, tandis que l'autre distribuait le travail, administrait les biens de la communauté et en régissait les produits. La terre appartenait à tous en général et à personne en particulier : ses fruits, enfermés dans de vastes magasins, se répartissaient entre les communistes, au prorata de leurs besoins et l'excédant était apporté, pour être vendu, aux ports espagnols. Les veuves et les orphelins, les malades et les infirmes étaient entretenus aux frais du trésor commun. Devançant la conception phalanstérienne, les bons Pères s'étaient efforcé de rendre le travail attrayant : c'était en procession, aux sons du tambour et du fifre, que les Indiens s'y rendaient. Une image de saint précédait la colonne; en arrivant au lieu de travail, on la déposait sur une hutte en branchages et une brève prière récitée, chacun mettait la main à l'œuvre.

Les Jésuites pesaient le coton et le distribuaient à chaque filateur ; ils pesaient également le fil ; ils mesuraient les étoffes et les vivres; ils prescrivaient à tous un vêtement uniforme, et leur manie règlementaire s'exerçait sur les détails les plus personnels et les plus intimes. Une de leurs prescriptions étonna beaucoup le voyageur Doblas, et vraiment elle vaut la peine d'être plus connue qu'elle ne l'est encore. Doblas avait entendu le tambour résonner dans les Missions, à diverses heures de la nuit et surtout aux approches de l'aube. La coutume lui parut singulière, et il eut la curiosité d'en demander l'explication : on la lui donna, et à son tour il nous l'a transmise. La voici, mais traduite en latin par M. Mantegazza, qui a trouvé difficile de la reproduire en langue vulgaire : « Hujus usus originem cognoscere volens », écrit cet auteur, « responderunt propter notam indolem desidiorum In-« diorum qui, labore quotidiano defessi, initi sunt lectum et dor-« miti per totam noctem, hoc modo officiis cunjugalibus non « functis, Jesuitas mandaverunt ut, nonnullis horis noctu, tympa-« num pulsatum esset in hunc modum incitare maritos. »

Doblas ne nous apprend pas, et c'est dommage, comment les révérends pères s'assuraient de l'exécution dudit ordre, et s'ils en punissaient le mépris de leur peine ordinaire, c'est-à-dire du fouet. C'est, avec la délation réciproque, leur grand moyen de discipline scolaire, personne ne l'ignore, et ils traitaient les Guaranis comme de grands enfants. Il est vrai que les Pères ne les fouettaient pas de leurs mains mêmes : ce bas office était rempli par les caciques indiens; mais, la correction reçue, le pénitent était admis à baiser le bas de la robe de ses maîtres. Voilà l'humiliant et abrutissant régime auquel obéissaient près de cent mille créatures humaines. Lorsque le roi Charles III d'Espagne bannit l'ordre de ses Etats et de toutes ses possessions coloniales, ses missionnaires américains avaient fondé, soit dans le Paraguay lui-même, soit dans les vastes territoires qui s'étendent entre le Parana et l'Uruguay, trente-deux villages. Ils étaient peuplés de 88,564 habitants, lesquels possédaient 46,956 bœufs, 34,724 chevaux, 64,353 juments, 13,905 mulets, 7,505 ânes, 230,384 moutons. Tout cela se réduit aujourd'hui à quelques pauvres villages disséminés dans le Brésil, le Paraguay, la Confédération Argentine, et des fameuses Réductions du Paraguay lui-même, il ne reste que 13 communautés qui n'étaient plus peuplées que de 5,800 habitants en 1866, alors que soixante-dix ans plus tôt, lorsqu'elles reçurent la visite d'Azara, elles en comptaient encore 18,815.

Sans persécutions et sans guerre, cette population s'est donc réduite des deux tiers dans l'espace de soixante-dix ans. Les Jésuites l'avaient admirablement façonnée à une absolue servitude, et elle n'a pu supporter le brusque passage de cette servitude à la liberté relative que le renvoi de ses maîtres lui faisait. Le pire de tout a été que les Jésuites ont fait école sur les bords du Paraguay, et l'on a vu comment le Dr Francia, fils d'un Français naturalisé dans les Réductions et d'abord destiné lui-même à la prêtrise, imposa le joug le plus dur aux colons nouvellement séparés de leur métropole. Le señor don Carlo Antonio Lopez, qui lui succéda, avait été son secrétaire, et c'était, si l'on peut ainsi dire, un homme du même bois. Mêlez, écrit M. Mantegazza, qui l'a vu de très-près et qui a souffert de ses caprices, mêlez de l'astuce et un certain degré d'esprit, une grande activité et une avarice plus grande encore, de la luxure et de l'égoïsme, mettez le tout à l'exposant d'un pouvoir illimité, et vous aurez l'homme. Il tenait lieu au Paraguay de codes, de tribunaux, de constitution, et il répondit un jour à un voyageur qui lui demandait comment la justice s'administrait sous son gouvernement, « que le pacte constitutionnel n'était pas complet et qu'on s'occupait de le réviser en ce moment! » Cette révision ne dura pas moins de dix-huit ans, c'est-à-dire tout le temps même de la dictature de don Antonio Lopez : pendant dix-huit ans il put, à son gré et sans rencontrer le moindre obstacle, emprisonner ses sujets, les déporter, les pressurer, les réduire en esclavage, et l'on raconte que le plus clair de son revenu personnel se tirait du travail des prisonniers qu'il faisait sortir de leur geôle pour les envoyer dans ses mines et sur ses propriétés.

On trouve dans le livre de M. Armand du Graty, Belge qui résida douze ans à Buenos-Ayres et qui y remplit même d'importantes fonctions publiques, le texte de quelques-uns des décrets dictatoriaux rendus par Antonio Lopez, entre autres le décret sur la naturalisation des étrangers et celui sur la propriété des inventions (1). Il y a peu de chose à dire sur ce dernier, si ce n'est qu'il limite à un temps très-court, de cinq à dix ans, la durée d'un brevet d'invention, et que, par une disposition qui mériterait peut-être de passer dans les législations européennes, il laisse à l'inventeur le choix entre un brevet et une récompense pécuniaire, lorsque sa découverte est *d'utilité publique, d'exécution simple et facile à imiter.* Le décret sur la naturalisation se ressent beaucoup des préoccupations constantes du Dr Francia, qui avait fait, on le répète, du pays soumis à ses ordres une vraie Chine américaine. Ainsi, il faut pour devenir citoyen de la République, l'habiter depuis six ans, y posséder des biens-fonds ou y participer à une entreprise industrielle, s'engager préalablement à y résider et à *n'en pas sortir* sans l'autorisation du gouvernement. Le décret dispensait de toute déclaration autre que cette dernière, les étrangers mariés à des paraguayéennes, mais ce n'était pas chose facile, paraît-il, sous la présidence de l'illustrissime don Lopez, de remplir cette dernière

_____

(1) *La République du Paraguay*, Bruxelles, 1862.

condition, témoin la mésaventure survenue à l'un de nos compatriotes quelque temps avant l'arrivée de M. Mantegazza. Il courtisait une jeune veuve, laquelle à une grande beauté joignait un petit patrimoine : la dame n'était pas restée sourde à ses avances, et elle s'apprêtait à convoler à un second hymen, comme on disait au temps du premier Empire, lorsque le dictateur intima l'ordre au prétendant de quitter le Paraguay dans les vingt-quatre heures.

N'oublions ici ni les coups de canons tirés contre la *Water Witch* par les forts paraguayéens, quoique ce navire de guerre, que les Etats-Unis envoyaient explorer les fleuves de l'Amérique centrale, naviguât alors dans des eaux neutres, ni les souffrances des mille immigrants du Midi que l'un des fils du dictateur avait embauchés lui-même à Bordeaux. On leur avait promis monts et merveille, suivant l'expression proverbiale, et, au lieu de la fortune qu'ils attendaient, ils ne trouvèrent, arrivés à destination, que des tribulations et des souffrances. Dans un pays où les terrains les plus fertiles abondent, Lopez avait assigné comme l'emplacement où la Nouvelle-Bordeaux, *Nueva-Bordeo*, devait s'élever un sol ingrat et rebelle à toute culture. Dévorés par les moustiques et par les *chiques* (pulex penetrans), manquant de tout, vivres, couvert et abri, nos pauvres compatriotes auraient tous succombé à la peine sans l'active charité du comte Brayer, alors notre consul à l'Assomption.

Il faut rendre néanmoins cette justice à Lopez qu'en passant successivement des traités de commerce avec l'Angleterre, la France, la Sardaigne, la confédération Argentine, le Brésil, les Etats-Unis, la Prusse et le Zollverein, il s'efforça de stimuler le trafic de son pays et son activité productrice. Il y réussit assez bien à en juger par les chiffres que voici : de 1853, date du premier de ces traités, à 1861, date du second, on vit, en effet, les exportations du Paraguay s'élever de 3,450,000 fr. à 10,988,000 fr. et les importations de 1,055,000 à 7,698,000 fr. La République expédiait en Europe et dans toute l'Amérique du sud le *maté* ou feuille de l'*ilex paraguayensis*, qui donne, par voie d'infusion, un breuvage que la plupart des médecins ou des voyageurs en ayant parlé qualifient de diurétique et de diaphorétique, tandis que M. Mantegazza le regarde comme à la fois moins excitant pour les nerfs, mais plus pour le cerveau, que le café et le thé surtout. Il recevait en échange les soieries, les lainages et les cotonnades de l'Europe, ses conserves alimentaires, ses chaussures confectionnées, ses articles de mercerie, de papeterie et de parfumerie, etc. Les tarifs d'importation variaient de 20 à 25 pour cent, les machines et les instruments d'agriculture ou les engins de navigation entrant en franchise, et les tarifs d'exportation embrassaient des droits allant de 5 0/0 pour les cuirs tannés à 20 0/0 pour les bois, en passant par des droits de 6 0/0 pour l'indigo, la cochenille, la farine de manioc, etc., et de 15 0/0 pour le tabac.

Un recensement fait en 1875 portait à 1,350,000 le nombre des Paraguayéens; mais, selon la remarque de M. Onésime Réclus, qui porte dignement un nom illustre dans la science géographique, un pareil chiffre est très-sujet à caution. S'il est vrai que ce pays ne comptât point, en 1799, plus de 100,000 habitants, comment admettre, en effet, qu'en soixante années sa population soit devenue quatorze fois plus nombreuse, surtout lorsque aucune immigration n'y avait eu lieu (1)? Évidemment l'un ou l'autre de ces chiffres est faux et peut-être tous les deux. Quoi qu'il en soit, un document officiel daté de de 1873 ne parle plus que de 221,079 habitants, dont 28,746 hommes, 106,254 femmes au-dessus de quinze ans, et 86,079 enfants. C'est que la guerre, une guerre acharnée et qui n'a pas duré moins de cinq ans, a dévasté le Paraguay et anéanti pour ainsi dire sa population virile. Elle a été la suite de l'ambition insensée d'un autre Lopez, don Francisco Solano, fils d'Antonio et son successeur par voie de disposition testamentaire, lequel, à peine installé au pouvoir, s'empressa de se mettre en lutte avec le Brésil, l'Uruguay et la confédération Argentine. Commencée au mois de juin 1865, cette lutte ne s'est terminée que le 1er mars 1870, sur le champ de bataille d'Aquidaban, où Lopez trouva du même coup la défaite et la mort. Ce fut pour le pays dont il avait été le dictateur une véritable délivrance, mais qu'elle lui coûtait cher et qu'il est à craindre qu'il ne se relève jamais de sa chute profonde!

Qu'on songe, en effet, que ce malheureux Etat n'a plus ni agriculture ni commerce, et que, sans dette avant la guerre de 1865-1870, il a dû, pour la soutenir, emprunter chez lui-même des sommes très-considérables, sans parler des deux emprunts, l'un de 25,000,000 de francs et l'autre de 50,000,000, qu'il a négociés, en 1871 et en 1872, par l'entremise de M. Robinson, Fleming et Cᵉ de Londres. Ce n'est pas tout ; les traités qui ont terminé la guerre lui ont imposé une indemnité de 1,000,000,000 en faveur du Brésil, de 175,000,000 en faveur de la confédération Argentine, et de 5,000,000 en faveur de l'Uruguay (2).

_____

(1) *La Terre à vol d'oiseau*, Paris, Hachette, 1877. Le meilleur traité de géographie élémentaire que nous ayions, selon nous.

(2) Tels sont du moins les chiffres que donne M. Frederick Martin dans son *Statesman's year Book* de 1877. Nous avouons que si le chiffre pour l'Uruguay nous paraît faible, celui pour le Brésil nous semble par contre énorme.

Et quel moyen de faire face à de telles charges avec des recettes publiques que le ministre des finances n'évaluait pas, en 1875, au delà de 550,000 pesos, soit 2,700,000 francs! On n'en viendrait point à bout en effectuant la vente de tous les terrains nationaux qui occupent les deux tiers environ des 147,417 kilomètres carrés auxquels la guerre a réduit le territoire paraguayéen, dont la valeur fut estimée à 500,000,000 en 1872, et une telle opération, en la supposant possible, équivaudrait à tuer la *poule aux œufs d'or*, puisque les maigres ressources du Trésor proviennent des douanes et des ventes annuelles de ces mêmes terrains. La banqueroute présentement et la misère pour de longues, de bien longues années, telle est donc l'inéluctable perspective de cette victime d'un despotisme à la fois inepte et farouche.

III

Après la mort de Lopez, le Paraguay s'est enfin donné des institutions libérales dont il a pris le modèle chez la république Argentine, et il eût été fort intéressant d'assister, si les circonstances s'y étaient prêtées, à l'expérience de la liberté et de la civilisation au sein d'une nation d'origine essentiellement indienne.

Défiant, silencieux, concentré et froidement cruel, quoique sujet à des accès de passion ou de tendresse; très-tenace dans ses desseins et très-attaché à son indépendance personnelle; sobre par nécessité ou par paresse, mais avide à l'occasion des joies de l'ivresse; superstitieux sans religion, peu moral et peu actif, tel paraît l'Abipone, l'Araucan, l'Aymara, le Payagua, le Quichia, et, pour parler d'une façon plus générale, l'aborigène de l'Amérique du sud. A plus d'un égard, les Guaranis diffèrent sensiblement de ce type, et si le goût d'une indépendance virile et le sentiment de la dignité humaine leur ont manqué jusqu'à ce jour, ils ont en partage des vertus plus douces et des instincts plus délicats. La vie de famille les attire : ils sont bons pères, bons maris, bons fils, et vis-à-vis de l'étranger ils aiment à pratiquer une hospitalité aussi généreuse en elle-même qu'ingénue en ses dehors. Entrez dans une de leurs cases, et la *signorita* d'accourir sur le coup, d'allumer un cigare et de vous l'offrir, bientôt suivi d'une tasse de *maté* fumant. Les Paraguayéens ont l'intelligence ouverte et la mémoire tenace : ils savent presque tous lire, même écrire, et ils excellent dans les arts mécaniques. Enfin ils sont tout à fait sobres, et une nourriture purement végétale leur suffit entièrement.

Cette extrême sobriété tient en grande partie, il est vrai, à leur extrême indolence, et c'est pourquoi dans un pays où bien des gens pourraient s'enrichir et où nul ne devrait être indigent, il y a

néanmoins des personnes qui traînent une existence tout à fait
misérable et endurent même la faim. Planter quelques bananiers,
nourrir quelques poules, tirer de temps à autre un coup de fusil
dans des fourrés où les faisans et les chevreuils errent par troupes,
ce serait assez pour s'assurer une grande abondance; mais la paresse est la plus forte, et le Paraguayéen dirait volontiers comme
le Hottentot, « que penser, c'est travailler et que le travail est le
tourment de la vie. » Un peu de maïs roti, une racine de manioc
le font vivre deux ou trois jours, et la faim lui fait-elle trop sentir
ses aiguillons, il allume son cigare et se jette sur son hamac. Aussi
bien le tabac est-il au Paraguay d'une qualité exquise : tout le
monde en use, à part les tout petits enfants, et à cet égard les
femmes ne se distinguent des hommes que par leur prédilection
pour les sortes les plus fortes, si M. Mantegazza ne les calomnie
pas.

Mais notre compatriote, M. Forgues, qui a visité le pays en
1872-73, met son prédécesseur à l'abri de ce reproche. Il a fort admiré la « démarche de déesse » des femmes paraguayéennes, leur
torse « gracieusement cambré », leurs « grands yeux noirs », leurs
« belles formes »; mais les énormes cigares qu'elles tiennent constamment à leur bouche lui ont tout gâté. Il n'y a guère que les
enfants à la mamelle qui s'abstiennent du tabac, encore M. Forgues se souvient-il d'avoir vu une femme guaranie, « son petit
enfant à cheval sur la hanche, essayer d'apaiser les cris du petit
être en lui mettant entre les lèvres, non le sein maternel, mais
l'extrémité à demi-mâchonnée de son ignoble cigare. » Avec cela,
les Paraguayéennes ne laissent pas de constituer la portion de la
communauté de beaucoup la plus active : on loue leur propreté
scrupuleuse, leur grande sobriété de paroles, leur vive intelligence,
et, dans un autre ordre d'idées, leur vif attachement aux compagnons qu'elles se choisissent et auxquels il est rare pourtant que le
lien sacré du mariage les unisse. Leur religion ne paraît pas se
choquer de cette position irrégulière; mais force est bien de reconnaître qu'elle ne consiste qu'en pratiques exaltées et superstitions.
Il n'y a pas une seule maison qui n'ait ses dieux pénates représentés par de grossières images en bois de quelques saints enfermées
dans une caisse vitrée, et devant lesquelles on allume de temps à
autre une chandelle. Prend-il à une famille l'idée de promener son
saint, tout aussitôt les voisins sortent et suivent la procession im-
provisée, en tête de laquelle marchent, d'un pas lent et grave, les
les porteurs, ou plutôt les porteuses de la boîte sacrée.

Quant au pays lui-même, tous les voyageurs, depuis Azara
jusqu'à MM. Forgues et Keith Johnston, s'accordent à louer sa

beauté et la merveilleus fécondité de son sol. Ses forêts abondent
en essences précieuses, soit pour la construction, la menuiserie et
l'ébénisterie, telles que le cèdre (*cedrela Brasiliensis*), le çarandaï
hù (*palma copernica*), le curis (*araucaria bresiliana*), l'ibirapita, ou
bois rouge, le nandipà (*genipa americana*), le nazaré, ou *bois d'Ama-*
ramte, le palo santo (*guayacum sanctum*), l'urundey, de la famille
des mimosées, etc.; soit pour la teinture, l'industrie et la médecine, telles que l'algarubilla (*mimosées*), l'aguara iba (*térébintha-*
cées), le curupicaï (*euphorbiacées*), le cupaï (*copaifera officinalis*), le
catigua (*cuspuris*), l'incienso (*amyris elemifera*), etc., etc. Les mar-
bres et les porphyres abondent ainsi que les argiles ocrenses et
les marnes, le salpêtre et les minerais de manganèse, de cuivre et
de fer. Dès 1854, le gouvernement avait créé, dans le district
d'Ubicuy, une usine pour le traitement au charbon de bois des
minerais de fer de Coapucu, Quiquio et San Miguel. Elle était située au pied de la Cordillère, dans une vallée très-pittoresque
que parcourt un ruisseau qui, retenu par un fort barrage, mettait en mouvement les bocards et la machine soufflante. Le haut
fourneau admettait une charge de 5,000 livres de minerai et de fondant; il donnait toutes les douze heures de 1,000 à 1,100 livres de
fonte. En 1862, l'usine occupait environ 130 ouvriers et prospérait.
Les Brésiliens ont passé là pendant la guerre, et la fonderie d'Ubicuy n'était plus, douze ans plus tard, qu'un monceau de ruines.

Le district d'Ubicuy et toute la partie méridionale du Paraguay
sont très-propres à l'élève du bétail, grâce à leurs *pampas* ou plaines
assez peu boisées. La canne à sucre viendrait admirablement, à
peu près partout, et comme « c'est une culture de fainéants, »
pour parler comme M. Forgues, ce serait la culture par excellence
du pays. Elle a été déjà semée en assez grande quantité, mais pour
l'usage seulement des particuliers qui la plantent, et la façon dont
elle s'exploite est si rudimentaire, que c'est à peine si on utilise
vingt pour cent du sucre qu'elle renferme. Avec la *căna*, ou tafia,
c'est le seul parti que l'on tire de son jus. En attendant qu'il vienne
à quelqu'un l'idée d'établir une sucrerie et une distillerie vraiment
industrielles, les Paraguayéens continuent de consommer les sucres de l'Europe ou ceux du Brésil, qui rompent charge à Buenos-
Ayres et qui n'arrivent à l'Assomption que grevés d'un double
frêt de 50 et de 80 fr. par tonne, sans parler du droit de 25 0/0
ad valorem dont ils sont frappés à l'arrivée, alors qu'il serait si facile de les fabriquer sur les lieux mêmes, sans tribut au fisc et
sans frais de transport.

Dans certains districts, le riz donne trois récoltes par an, et
l'on rencontre très-fréquemment des champs d'indigo sauvage,

que les naturels du pays appellent *anil*. Le coton pousse à merveille, et l'on a déjà parlé de l'*yerba mate*, ainsi que du tabac paraguayéen. Mais qu'attendre de gens qui ont élevé le *farniente* « à la hauteur d'une institution sociale? » Le relèvement de cet infortuné pays et son avenir tout entier semblent donc dépendre d'une immigration intelligemment dirigée et que les hommes intelligents du pays appellent de tous leurs vœux. Elle trouverait, dans la province de Villa Rica, entre l'arroyo Tebicuari et la rivière Pirapara, un coin de terre tout préparé et très-propice à ses efforts. Le seul chemin de fer, long de 72 kilomètres, que possède la République et qui va jusqu'au bourg de Paraguari, pourrait être poussé jusqu'à Villa Rica même, et il serait très-facile, à peu de frais et sans travail, de rendre le Tebucari navigable. Voilà pour les moyens de transport; quant à la main d'œuvre, elle est à très-bas prix comparativement aux salaires qui règnent dans le reste de la Plata : un péon ou journalier se paie deux réaux par jour, et un maître-charpentier cinq, avec la nourriture, il est vrai, mais une nourriture très-sommaire. Les Guayrinos, enfin, comme on appelle les gens de Villa Rica, sont, par exception, industrieux et travailleurs : ils aiment beaucoup les étrangers et les choisissent volontiers pour les parrains de leurs enfants.

« La terre ne manque point aux hommes, » s'écrie à ce propos M. Forgues, « mais on trouve plus simple de réclamer le droit au travail dans des endroits où la multitude des bras est excessive, que de venir travailler là où la nature, dans son vrai rôle de mère, tient des trésors de fécondité à la disposition de l'homme. » Assurément, le droit au travail est, en doctrine, une grosse erreur, et, en fait, une chimère; mais n'est-il pas possible de n'en être pas imbu et de ne pas porter néanmoins ses regards vers le bassin de la Plata comme vers une nouvelle terre promise? M. Forgues nous cite l'exemple d'un Français, nommé Théophile Gauté, qu'il a rencontré à la Trinidad, petit village dans la banlieue de l'Assomption : il était apprenti cordonnier quand il vint, à l'âge de quatorze ans, s'établir au Paraguay, et maintenant on lui connaît une fortune évaluée de cent à cent cinquante mille francs. Elle a été la juste récompense d'un travail opiniâtre et d'une industrie soutenue; mais d'autres immigrants, qui ne manquaient ni de l'une ni de l'autre de ces qualités, n'ont pas aussi bien réussi, et le sort tragique de certains d'entre eux, que M. Forgues enregistre lui-même, fait un bien vilain revers de médaille à l'heureuse chance du cordonnier Gauté.

Ainsi, un autre Français, du nom de Maquelain, s'était bâti une *quinta* dans le Chaco, et, avec l'aide de trois péons, il l'avait entourée de cultures florissantes. Dans son habitation, protégée par des fossés et des palissades, pourvue en outre d'un observatoire, il croyait pouvoir défier impunément les attaques des Indiens qui rôdent dans le Chaco. Par malheur, il se relâcha de sa défiance, et, un matin, on le trouva assassiné à coups de matraque, ainsi que sa femme et ses trois serviteurs, par un cacique qui avait passé la nuit dans sa maison. Un second Français, usurier de son état, fut assassiné en pleine ville de l'Assomption par des voleurs auxquels sa maîtresse, Française aussi, ouvrit la porte; un Anglais, nommé Mac Adam, y fut tué à coups de couteau au moment de monter en wagon. Et l'habitant de l'Assomption qui racontait à notre compatriote toutes ces belles histoires, prenait soin d'ajouter qu'après tout le Paraguay était un pays très-sûr et où il n'y avait rien à craindre ! Rien à craindre en vérité, si ce n'est la matraque de l'Indien et le couteau de ces aventuriers italiens, argentins, brésiliens, voire français, qui se sont abattus sur le Paraguay à la suite des troupes alliées, et qui, eux aussi, le traitent à leur manière en pays conquis.

Le grand malheur des jeunes républiques hispano-américaines a été la prépondérance de l'élément militaire sur l'élément civil. Ces généraux, qui avaient noblement servi la cause de l'indépendance, ne se résignèrent pas à remettre l'épée au fourreau quand elle fut assurée, et, se transformant en *caudiles*, ou chefs de bandes, ils devinrent le fléau de leurs concitoyens. Bien peu se montrèrent capables d'imiter, de comprendre même la conduite du général chilien Bulnes, qui, non-seulement laissa don Manuel Montt le remplacer au fauteuil présidentiel, mais encore mit à sa disposition son épée pour triompher des prétentions du général Cruz, qui était néanmoins son parent. C'était enseigner à ses concitoyens que, dans toute société régulière et libre, l'élément militaire doit être subordonné à l'autorité civile, et vingt et quelques années de prospérité ininterrompue ont dû convaincre le Chili qu'il avait eu raison de répudier l'épée au profit de la toge ou de l'habit noir. Depuis, d'autres républiques sud américaines ont suivi cet exemple. C'est un personnage civil, don Avellanada, qui préside actuellement la Confédération Argentine, et c'est aussi un citadin, don João Bautista Gill, que les Paraguayéens ont donné pour successeur au deuxième des Lopez.

On le dit intelligent et bon patriote. S'il possède réellement la première de ces qualités, il n'en est pas à apprendre sans doute que ni les capitaux, ni les hommes ne sont pressés d'affluer dans un pays où ils ne possèdent pas une sécurité suffisante, et la seconde lui indiquera les milleurs moyens de les en faire jouir. Il y a de par le monde des capitaux qui ne savent pas comment s'employer et qui volontiers courent les aventures. Ainsi, l'*Economist* de Londres gourmandait, il y a peu de temps encore, certains capitalistes anglais que les banqueroutes du Pérou et du Honduras, pas plus que la suspension totale du service de la dette paraguayéenne, ne semblaient effrayer et qui parlaient d'aider le gouvernement de M. Gill à sortir de son impasse. Qu'on les rassure un peu et les capitaux viendront, à la manière des anciens preux, à la rescousse des victimes du deuxième des Lopez. Ils fonderont des sucreries, des indigoteries ; ils établiront des plantations cotonnières autour de l'Assomption et de Villa Rica; des *estancias* à bétail dans les pampas.

L'auteur d'une brochure intitulée : *Sheep and cattle farming in Buenos-Ayres* (l'élève du bétail et du mouton à Buenos-Ayres), M. Frederick Woodgate, a dressé, il y a un an, le bilan du coût d'établissement et d'exploitation ainsi que des recettes d'une estancia bien située. Il évalue à 1,048,000 francs l'achat de six lieues de *campo entreverado*, c'est-à-dire d'un mélange de beaux pâturages et de grossiers, les frais de clôture, les édifices et l'outillage. Il y ajoute 1,293,500 francs pour l'acquisition de 120,000 moutons (à 7 fr. l'un), de 2,400 béliers communs (40 fr.), de 20 beaux béliers (400 fr.), de 10,000 bœuf et vaches (27 et 50 fr.), de 30 taureaux (100 fr.), de 500 juments (15 fr.), et de 100 chevaux (60 fr.). Ce qui porte à 2,341,000 fr. le total du capital fixe. Il y ajoute 110,000 fr. de capital flottant et arrive ainsi à un total général de 2,451,500 fr., soit, en chiffres ronds, 2,500,000 fr. Quant aux frais d'exploitation, dont le plus considérable est le salaire du gérant à qui l'on alloue 24,000 fr. par an, il ne les calcule, pour une période de cinq ans, qu'à 435,200 fr., tandis qu'il porte à 3,100,000 fr., pour ce même laps de temps, les bénéfices de la vente des animaux engraissés. Il y aurait donc un excédant de 2,664,000 fr. des recettes sur les dépenses, sans parler de l'accroissement du capital fixe et de la valeur accrue du cheptel.

Après cela, on peut se demander comment il n'y a à Buénos-Ayres qu'un très-petit nombre d'estancias anglaises, les occupations d'un estancerio étant si sympathiques aux Anglais qui ont presque tous du goût pour la vie rurale. La réponse, suivant M. Woodgate, est que les frais d'établissement sont trop considérables pour une personne seule, et comme moyen de tourner la difficulté, il indique la formation de compagnies par actions. Ce qui est possible dans la confédération Argentine l'est aussi au Paraguay, quoique assurément sur une échelle moindre et dans des conditions moins favorables à raison d'un climat trop torride.

Il ne faut faut pas chercher dans ce pays les immenses pampas de l'Argentine ; mais les vastes plaines qui s'étendent entre la rivière Apa et l'Aquidaban sont très-favorables à l'élève des bêtes à cornes. Les produits en sont beaux, de grande taille, et aucune maladie épizootique ne ravage les troupeaux ; leur croît annuel est de 25 à 27 0/0. L'élève du cheval, quoique moins avantageux, donne encore de bons résultats, et si les espèces ovines les plus fines résistent mal au climat, on élève sans trop de peine et avec de bons résultats les moutons ordinaires. Enfin, une lieue carrée de terrain pour l'élève du bétail (1,743 hectares) ne valait pas plus de 1,800 piastres, soit 9,000 fr., en 1862, tandis qu'à la Plata elle en vaut actuellement 100,000, et un péon ne se payait pas plus de 17 à 24 fr. par mois, avec nourriture.

LOUIS KERRHIS.

LE COMMERCE DANS LE RIO DE LA PLATA

AUX XVIᵉ, XVIIᵉ ET XVIIIᵉ SIÈCLES

ÉTUDE DE STATISTIQUE RÉTROSPECTIVE

Félix Azara dit, au chapitre vɪ de ses *Voyages* en Amérique, que ceux qui se livraient anciennement au commerce dans le Nouveau-Monde n'y allaient qu'à la recherche de l'or et de l'argent, et qu'ils ne faisaient aucun cas des pays qui ne produisaient pas ces métaux précieux. C'était alors l'époque des grands aventuriers, dont quelques-uns devinrent célèbres par leurs découvertes ou leurs conquêtes.

Il y avait aussi d'éminents navigateurs dont les découvertes de Christophe Colomb et d'Americ Vespuce avaient enflammé le zèle.

Les pays qu'arrosent l'estuaire de la Plata et les grandes rivières du Parana et de l'Uruguay n'auraient guère appelé l'attention alors, si ce n'est par les rapports qui s'y établirent successivement avec le Pérou, le pays des mines d'or et d'argent.

En 1508, Vincent Pinson et Jean Diaz de Solis partirent de San Lucar pour aller à la recherche des terres situées au sud de celles découvertes en 1500 par Alvarez Cabral et qui reçurent le nom de Brésil. Ils arrivèrent jusqu'à l'embouchure de la Plata, mais sans reconnaître encore cette rivière qu'ils prirent d'abord pour un grand golfe.

En 1513, Vazco Nunez de Balboa, en traversant l'isthme de Darien, découvrit l'Océan Pacifique, et le pilote Perez de la Rua prit bientôt possession, au nom de la couronne de Castille, des terres au sud desquelles il existait, au dire des indigènes, de riches mines d'or.

En 1526, F. Pizarre, Diego de Amagro et F. de Luque, réunis à Panama, entreprirent la conquête des pays que baigne l'Océan Pacifique, et en 1532 ils s'emparèrent de Cuzco, l'opulente capitale des Incas.

En 1516, Solis, dans une seconde expédition qu'il avait entreprise, découvrit enfin le Rio de la Plata, qu'il remonta jusqu'à la hauteur de la Colonia où, ayant débarqué, il fut pris et tué par les Indiens Charruas.

Le 10 janvier 1520, le célèbre navigateur portugais Magellan, alors au service de l'Espagne, découvrit la baie de Montevideo.

En 1526, Sébastien Gaboto entra dans l'Uruguay et remonta ensuite le Parana jusqu'à son confluent avec le Paraguay.

En 1534, Don Pedro de Mondoza fut nommé *adelantado* du Rio de la Plata, avec juridiction sur 200 lieues de côtes dans la direction du sud, et à la charge par lui d'ouvrir des communications avec le Pérou.

L'année suivante, il jeta les fondements du port de Sainte-Marie de Buenos-Ayres.

Les commerçants de Séville qui avaient le monopole du trafic avec le Pérou, craignant que l'introduction des marchandises par la voie de Buenos-Ayres ne nuisît aux chargements des *flottes et galions* qu'ils y envoyaient par la voie de Panama, réclamèrent auprès du gouvernement espagnol et obtinrent bientôt la prohibition de toute espèce de commerce direct par mer avec le Rio de la Plata.

Il en résulta que les habitants de la Plata, au lieu de profiter de la voie maritime qui mettait Buenos-Ayres à deux ou trois mois de distance de l'Espagne, étaient obligés de s'assortir des articles manufacturés dont ils avaient besoin, par une voie terrestre de plus de mille deux cents lieues de parcours.

« Les marchandises européennes dont on avait besoin dans la Plata, dit le Père Martin de Moussy dans son excellent ouvrage (1), étaient importées d'Europe à Porto-Bello (dans le Venezuela ac-

_____

(1) Description géographique et statistique de la République Argentine. 3 tomes in-8. Paris.

tuel), de là à Panama et ensuite au Pérou, pour être transportées par terre dans l'intérieur et traverser toute l'Amérique du Sud dans sa largeur jusqu'à Buenos-Ayres, ce qui les chargeait de frais considérables et en quadruplait la valeur.

« A l'époque la plus prospère pour ce commerce, les navires qui partaient de Séville une fois par an pour cette destination et plus tard de Cadix, chargeaient environ 27,000 tonneaux de marchandises. Quand ce monopole cessa, cette quantité se vit bientôt réduite à 2,000 tonneaux ».

Les habitants de Buenos-Ayres réclamèrent plus tard contre cette prohibition si onéreuse pour eux. En 1662 on leur concéda la permission d'exporter pendant six ans, sur des navires leur appartenant, 2,000 fanègues (200,000 kilog.) de farine et 500 quintaux de viande salée, mais seulement pour les ports du Brésil et la côte de Guinée, avec autorisation d'introduire en retour les marchandises qu'ils voudraient et, sans doute aussi, des nègres.

Le 6 septembre 1618, on accorda encore aux habitants de la Plata l'autorisation d'armer deux navires du port de 100 tonneaux au plus par an, et pour s'assurer que rien ne pût être introduit librement au Pérou, on établit à Cordova une douane où l'on exigeait 500/0 de droits sur toutes les marchandises destinées à passer les Cordillières. Cette douane avait aussi pour objet d'empêcher l'extraction de l'or et de l'argent du Pérou pour Buenos-Ayres, lors même que ce fût en payement des mules que ce dernier pays fournissait au Chili et au Pérou.

Cette autorisation fut renouvelée le 7 février 1622, et en 1665 on chercha à la mieux réglementer en fondant une *Audience royale*, qui fut supprimée en 1672 comme inutile.

C'est une histoire bien curieuse que celle des prohibitions et des privilèges dictés par le gouvernement espagnol pour s'assurer le monopole du commerce avec l'Amérique.

En 1700, le roi d'Espagne céda le territoire de la Colonia au Portugal; sa situation en face de Buenos-Ayres rendit ce point très-propre au commerce de contrebande qui s'y établit bientôt et contribua beaucoup, avec son trafic, à diminuer les effets des restrictions exclusives du gouvernement espagnol dans la Plata.

La paix d'Utrecht, en 1716, vint enfin ranimer le marché de Buenos-Ayres, par les nouveaux débouchés offerts aux produits de la Plata.

C'est vers cette époque que les Anglais obtinrent de l'Espagne le privilège exclusif de fournir aux colonies qu'on appelait alors les *Indes Espagnoles*, des nègres esclaves dont elle devait poursuivre si énergiquement le trafic 120 ans plus tard. En 1728, ce privilège fut

annulé, mais le chemin de Rio de la Plata était connu, et la contrebande qui se faisait par le port de la Colonia devenait chaque jour
plus active.

Les autorités espagnoles voulant poursuivre plus efficacement
les contrebandiers, établirent, en 1724, un poste de douane sur la
rive gauche de la Plata, au-dessus de la Colonia et dans la baie
même qui avait reçu le nom de Montevideo. Bientôt après, ce petit
poste prit de l'importance, et il commença à se peupler avec les
familles que don Francisco de Alzaibar amena des îles Canaries ;
il fut entouré de murs, protégé par une citadelle, et devint une
place d'armes.   .

A côté de l'administration du premier vice-roi Zeballos, en 1776,
l'industrie de l'élevage du bétail acquit de plus en plus d'importance ; Buenos-Ayres exportait déjà de 700 à 800 mille cuirs par
an. Son successeur, le général Vertiz, étendit plus loin encore le
rayon de son autorité, et beaucoup d'estancias (fermes de bestiaux)
s'établirent jusqu'à 40 et 50 lieues à la ronde.

Zeballos avait d'ailleurs donné, en 1777, le premier élan à ce développement de l'élevage du bétail, en lui procurant des débouchés
assurés, ayant pris sur lui de permettre toute espèce de commerce
dans le Rio de la Plata avec l'Espagne et avec l'intérieur du Pérou.

Jusque-là, on avait bien autorisé de temps en temps des particuliers, par faveur, à charger quelques navires pour leur propre
compte, toujours en destination de l'Espagne ou de la Havane,
mais ce commerce n'avait rien de régulier et ne suffisait pas aux
besoins du pays.   .

On peut donc dire que l'ère commerciale ne commença dans le
Rio de la Plata qu'en 1777 et ne compte guère plus de cent années
d'existence.

«Alors, dit Santiago Arcos (1), la campagne de Buenos-Ayres et
le territoire qui forme aujourd'hui la république de l'Uruguay,
malgré les razzias fréquentes que pratiquaient à la fois les Portugais et les Espagnols, étaient remplies de bétail dont la valeur était
insignifiante, faute de marché et d'exploitation. Une vache ne valait que 5 francs, un cheval de 3 à 4 francs, un mouton 25 à 30 centimes. « Cependant les habitants vivaient pauvrement au milieu
de tant de richesses, et personne ne pensait aux ressources qu'on
aurait pu tirer de ces troupeaux, si le trafic en eût été libre avec
tous les pays. »

Les bœufs et vaches, les chevaux et les moutons avaient été in-

_____

(1) La Plata, étude historique. Paris, 1865.

troduits d'Europe dans la Plata vers le milieu du xvi⁰ siècle, et ils s'y étaient multipliés d'une manière admirable.

La promulgation du règlement appelé du *commerce libre* et daté du 12 octobre 1778, mit enfin le sceau à l'initiative libérale de Zeballos. La majeure partie des manufactures espagnoles étaient déclarées par ce règlement libres de droits d'importation dans les colonies, et les produits du Rio de la Plata soumis à un droit de 3 à 15 0/0 à leur introduction dans tous les ports d'Espagne, abolissant ainsi le privilége exclusif dont celui de Cadix avait joui jusqu'alors.

Comme conséquence de cette disposition furent créées les douanes de Buenos-Ayres et de Montevideo, et c'est depuis lors que cette dernière ville et sa juridiction commencent à prospérer.

La baie de Barragon au-dessous de Buenos-Ayres, aujourd'hui presque abandonnée, avait été jusqu'au milieu du xviii⁰ siècle le seul port de commerce dans la Plata, mais aussitôt que Montevideo vint à être peuplé, ce dernier port avec sa baie spacieuse fut préféré par les navires, et la rade de Buenos-Ayres prit également une grande importance.

M. Izidor de Maria dit, dans son abrégé d'histoire de la république de l'Uruguay, que l'on avait essayé à Montevideo, dès l'année 1754, la préparation des viandes salées, et qu'en 1786 M. F. Medina y établit un *saladero* sur une grande échelle et devint le fournisseur de l'escadre espagnole.

En 1790, la pêche de la baleine et des amphibies fut autorisée sur les côtes par le gouvernement espagnol, et une compagnie anglaise, établie à Maldonado, en obtint l'entreprise.

Félix Azara nous a conservé, dans ses *Voyages*, un tableau représentant *l'Etat du commerce de tous les ports du Rio de la Plata* durant les cinq années de paix qu'il résida dans ces pays, c'est-à-dire de 1792 à 1796.

C'est la première statistique commerciale du Rio de la Plata ; à ce titre elle mérite d'être extraite et analysée.

Durant cette période, il est entré, en terme moyen et par an, dans les ports du Rio de la Plata, 53 navires provenant tous d'Espagne, et dont la valeur des chargements est calculée comme suit :

Marchandises et produits espagnols....... Fr.   7.917.855
          Id.   étrangers 5.572.478
          Total des importations..........   13.490.333

Il est sorti, durant la même période et par an, 47 navires tous
également pour l'Espagne, et dont la valeur des chargements de
retour est estimée par Azara :

Argent monnayé, en lingot et en *vaisselle*...... Fr.   11.376.413
Or   id.   id. 8.757.767
Produits du pays (cuirs, viande salée, laine)...   4.601.799
          Total des exportations.........   24.735 979

Différence en faveur des exportations : fr. 13.490.333 par an.

Il est à remarquer que l'or et l'argent exportés du Rio de la
Plata à la fin du siècle dernier, provenaient du Pérou et du Chili,
car les Etats qui forment aujourd'hui la République Argentine
n'en produisent pas.

Pour pouvoir apprécier mieux l'importance des produits du pays
qui formaient alors la véritable exportation, nous en donnons ici
la liste, d'après Azara. Il est regrettable que chacun de ces articles
n'ait pas été annoté par l'illustre auteur des *Voyages* (1) avec leur
valeur correspondante.

Détail des articles exportés par 47 navires pour les ports d'Espagne.

758.117 cuirs de bœufs et de vaches, secs.
1.626   id.   en lanières et en morceaux.
15.760 cuirs de chevaux.
26.197 *peaux fines*.
231 douzaines de peaux de mouton.
633.300 livres de suif.
1.432 quintaux viande salée.
46   id.   séchée.
323.000 cornes.
3.575 livres de crin de cheval.
18.413 id. *laine de vigogne*.
2.744 id.   id. *d'alpaga*.
68.625 id. id. de mouton.
8.500 id.   d'huile de baleine.
1.350 id.   de *quinquina*.
2.114 quintaux de *cuivre*.
10   id.   *étain*.
701 livres de farine.
10.209 paquets de plumes d'autruche.

(1) *Voyages dans l'Amérique méridionale*, publiés par Walkenær, Paris, 1803.

Tels sont les articles qui figurent dans le tableau d'exportation d'Azara, dont quelques-uns, comme la laine de vigogne et d'alpaga, le quinquina et le cuivre provenaient du Pérou et du Chili, et qu'il estime en bloc à une valeur de 4,601,799 francs.

Aux prix courants actuels, ces mêmes produits représenteraient ici une valeur de 16 millions de francs environ, c'est-à-dire quatre fois plus que ce qu'ils ne valaient alors.

Indépendamment des navires expédiés pour l'Espagne, Azara donne encore le détail des chargements de 4 ou 5 navires partis chaque année pour Lima et pour la Havane avec 39,231 quintaux de viande salée, 3,354 de suif, 67,200 livres de Yerba Mate (du Paraguay), 440 quintaux de farine et divers autres articles, dont il estime la valeur à 498,395 francs.

Il faut compter encore 2 navires négriers ayant apporté 1,338 nègres et 1,420 bêches et pioches, dont la valeur figure pour 1,661, 116 fr., et 2 navires de la Compagnie de la pêche qui ont chargé pour l'Espagne 17,698 peaux de loups marins, une certaine quantité d'huile de baleine, etc., dont la valeur n'est pas indiquée.

Somme toute, et considérant l'exiguïté du territoire exploité alors ainsi que celle de la population, la Plata faisait déjà, à la fin siècle dernier, un commerce relativement considérable.

Azara entre encore à ce sujet dans quelques détails qui complètent les renseignements précédents :

« Une grande partie des articles d'importation que mentionne le résumé qui précède, est expédiée au Chili, à Lima, à Potosi et dans les provinces de l'intérieur ; le reste se consomme dans la juridiction du gouvernement de Buenos-Ayres et du Paraguay ».

Voilà qui explique le commerce d'échange entre le Pérou et la Plata, après l'abolition des mesures restrictives qui empêchaient auparavant ce trafic, ainsi que l'exportation d'or, d'argent, de cuivre, etc., provenant du Pérou et du Chili par les ports de la Plata.

« Les gouvernements de Buenos-Ayres et du Paraguay, dit-il encore, envoyaient annuellement au Chili et au Pérou environ 37,500 quintaux de Yerba (thé du Paraguay) et 60,000 mules ; en échange, Buenos-Ayres recevait 7,515 barils de vin de Mendoza (1), 5,942 barils d'eau-de-vie de San Juan (2), 150,000 *ponchos* (manteaux courts), couvertures et cuirs de Tucuman (3).

« Le gouvernement du Paraguay fait un commerce spécial avec celui de Buenos-Ayres auquel il expédie 46,500 quintaux de Yerba,

---

(1, 2, 3) Provinces argentines de l'intérieur. En 1875, la province de Tucuman a produit 48,500 quintaux de sucre et 48,500 barils d'eau de vie ou rhum.

tabacs, différents bois de construction et autres articles qui
montent ensemble à la somme de 1,736,525 fr. Ce que Buenos-
Ayres envoyait en retour ne montait pas à plus de 826, 285 fr. »
A cette occasion, Azara fait la remarque suivante : « Ceci prouve
que le Paraguay s'enrichira promptement, bien qu'à mon arrivée
dans ce pays *la monnaie n'y fût pas encore connue* ».

Le Paraguay, il est vrai, s'est enrichi. Malheureusement, ces
richesses accumulées par le régime exclusif des Francia et des
Lopez au seul profit de leur autorité suprême, n'ont servi qu'à
exciter l'ambition du dernier de ces potentats absolus qui a précipité dans la ruine tout un immense et magnifique pays, dont la
population est réduite aujourd'hui au tiers de ce qu'elle était en
1857, « la population valide ayant disparu presque entièrement,
après la folle guerre entreprise par Lopez contre le Brésil », ainsi
que le fait observer M. Balansa (1) dans un de ses derniers
écrits.

*
* *

Martin de Moussy constate que durant la période de 20 années
(de 1778 à 1797), dont il a pu examiner les documents, la population de la province de Buenos-Ayres qui était de 38,000 âmes,
s'est élevée à 72,000 et, selon la table d'Azara, la Bande Orientale avait alors 30,685 habitants, dont 15,245 à Montevideo.

« Le commerce d'exportation, dit de Maria, était alors très-limité dans l'État Oriental ; il représentait à peine une valeur de
130,925 fr. en cuirs, viande salée et suif qui étaient expédiés du
port de Montevideo et chargés sur onze navires pour l'Espagne et
la Havane ».

Dès le commencement du siècle, les ports de la Plata étant plus
fréquentés, ce commerce augmenta rapidement. Le même auteur (2) rapporte qu'en 1800 le mouvement commercial se trouve
représenté à Montevideo par 34 navires entrés d'outre-mer, et le
même nombre sortis avec leur chargement. Il est vrai que les navires marchands étaient alors de peu de charge, de 100 à 200 tonneaux au plus. Les marchandises importées d'Espagne en 1800
montaient à la valeur de 6,890,000 fr. et celles d'autres pays à
3,317,800 fr. Total: 10,207,800 fr. L'exportation en produits du
pays ne dépassait pas 3,877, 500 fr, plus 2,420,000 fr. en or et en
argent, provenant presque tout du Chili et du Pérou. Le trafic des

---

(1) M. Balansa est un naturaliste français, membre de la Commission scientifique envoyée en 1873 au Paraguay, où il réside en ce moment.

(2) *Compendio de la historia de la Republica Oriental del Uruguay*, par Izidor
de Maria, 1872.

esclaves était alors assez considérable. En 1795, on avait introduit 960 nègres à Montevideo ; en 1800, le nombre s'éleva à 1,300 dont la valeur était de plus de 1,300 fr. par tête. »

L'action du gouvernement dans la campagne ne s'étendait guère alors au delà d'un rayon de 15 à 20 lieues autour de Montevideo, et cependant l'élevage libre du bétail y faisait de grands progrès. La vente de 3,000 bœufs et vaches au prix de 10 fr. par tête, sur une existence de 9 à 10,000, produisait à leur propriétaire une rente annuelle de 30,000 fr. sans peine ni travail, car il suffisait de 4 hommes pour garder de 4 à 500 têtes de bétail. « La Plata, dit Santiago Arcos, à qui nous empruntons ce renseignement dont la vérité est reconnue par tous ceux qui ont visité ces contrées, se peuplait de bœufs, vaches, chevaux et moutons, mais très-peu de citoyens ».

Lors de la prise de Montevideo par les Anglais, en 1807, « plus de 2,000 marchands, pacotilleurs et aventuriers, dit De Maria, entrèrent à leur suite et introduisirent une si grand quantité de marchandises que les étoffes s'y vendirent à la moitié des prix connus jusqu'alors ».

C'est à cette époque que parut le premier journal publié à Montevideo, il avait pour titre l'Etoile du Sud.

En 1809, le vice-roi Cirseros, fatigué de lutter contre les difficultés économiques qui l'entouraient, décréta la liberté entière du commerce en ouvrant les portes de la Plata aux navires de toutes les nations. Les Anglais furent les premiers à profiter pour leur commerce des effets de cette mesure, et en France les armateurs de Saint-Malo sont les premiers qui les suivirent sur ce terrain.

L'initiative de Cisneros se vit bientôt couronnée d'un succès éclatant.

La douane de Buenos-Ayres, qui n'avait jamais produit plus de 6 millions de francs par an, vit ses rentes s'élever à 30 millions environ, le quart de ce que toutes les douanes de la République Argentine ont produit en 1873.

Depuis cette époque, la production a augmenté considérablement dans la Plata, et les prix du bétail ont successivement acquis plus de valeur, ainsi que la propriété foncière ; le commerce a pris également un développement dont la valeur est aujourd'hui 25 fois plus considérable qu'au commencement du siècle. Pour faire mieux comprendre ces progrès, nous donnons ci-dessous l'état comparé de l'exportation de quelques-uns des principaux produits de la Plata pendant la dernière période que nous venons de résumer, et celle des mêmes articles pendant l'une de ces dernières années, celle de 1873.

Exportation des différents ports de la Plata (Montevideo, Buenos-Ayres, etc.):

		En 1796.	En 1873.
Cuirs secs et salés..........	pièces.	759.743	3.758.283
Viande séchée et salée......	kil.	1.872.614	67.708.471
Peaux de mouton..........	—	1.720	28.274.338
Laine en suint. ...*.........	—	32.476	99.758.825
Crin de cheval.............	—	1.656	2.205.631
Suif et graisse animale.....	—	445.613	50.549.388
Navires entrés et sortis...........		128	7.847
Valeur de l'import. et de l'export. fr.		38.226.312	821.589.895

Quand nous aurons réuni tous les renseignements nécessaires, nous continuerons cette étude en comparant les différents prix que les produits du pays et les articles de consommation ont obtenus successivement dans la Plata, depuis le commencement du siècle jusqu'à nos jours.

A. VAILLANT,
Directeur du Bureau de Statistique de l'Uruguay.

BULLETIN
—

LA CONCURRENCE EN MATIÈRE DE CHEMINS DE FER ET L'INTÉRÊT DES PORTS.

Dans son remarquable ouvrage sur les chemins de fer, M. Couche, ingénieur en chef des mines, dont la haute compétence est universellement admise, a inscrit des paroles qui ne sauraient être trop méditées, dans les circonstances actuelles:

« Il y a un moyen, qui réussit parfois, de faire accepter une proposition fausse: c'est de l'énoncer en termes absolus, en la décorant du nom d'axiome; comme les axiomes ne se démontrent pas, cela dispense de fournir des preuves.

« Tel est le prétendu principe, si souvent répété en France, que la concurrence entre les chemins de fer est impossible. »

Et l'on ajoute: voyez l'Angleterre, voyez les États-Unis; on entasse des faits empruntés à l'un et l'autre pays, où le régime de la libre concurrence a été appliqué aux chemins de fer, faits dont il ressort qu'il y a eu des mécomptes, des abus, des excès, des scandales. Pourquoi les contesterait-on? Pourquoi nierait-on qu'en

matière de chemin de fer, comme dans une foule d'autres industries, la concurrence sans frein et sans mesure a ses dangers et
parfois des conséquences économiques regrettables ? Là n'est pas la
question, en effet. Elle est dans la conclusion que l'on prétend en
tirer en faveur du régime de monopole appliqué en France aux
voies ferrées, monopole formidable dont l'exagération n'a pas de
précédent dans l'avenir. L'histoire dira plutôt, croyons-nous, que
ses abus et ses excès auront été bien plus dommageables à la fortune publique que la libre concurrence ne l'aura été de l'autre côté
de la Manche.

En attendant le jugement de l'histoire, le mécontentement qui
s'accentue de plus en plus contre nos grandes compagnies à monopole, arrive à constituer une situation grave. L'école économique
professe qu'il en est de la libre concurrence comme de la lance
d'Achille : elle guérit elle-même ses plaies. Nul ne l'avait jamais
dit du monopole ; il est de son essence de les envenimer et de les
faire élargir, jusqu'à ce qu'une réaction violente vienne remédier
violemment aux blessures qu'il aura faites à la chose publique. Ce
pourrait être l'œuvre de notre génération de prévenir une pareille
crise, car, entre la concurrence aveugle et désordonnée et le monopole qui paralyse les forces productives d'un pays, il y a un
moyen terme, comme entre tous excès contraires, une concurrence
rationnelle et féconde. C'est ce moyen terme que les esprits pratiques doivent s'attacher à rechercher, à propos de notre régime de
chemins de fer. Pas d'émulation, pas de progrès sans concurrence ;
ceci est un axiome, et peu contestable. C'est dans son application
que doit se trouver le correctif à un monopole qui est arrivé à tendre toute son énergie vers la destruction de toute concurrence, y
compris la ruine de notre navigation intérieure et celle de notre
navigation de cabotage. — Et ceci s'accomplit, on l'oublie trop,
avec l'aide des finances de l'Etat. Il est vrai qu'un projet de loi est
en ce moment soumis aux Chambres, pour, avec les mêmes finances, attribuer des primes d'encouragement au cabotage !

Nous voudrions essayer de préciser comparativement les résultats du régime de concurrence — en étudiant les faits de l'étranger — et ceux de notre régime de monopole appliqué aux chemins
de fer, en nous plaçant au point de vue des grands ports de commerce. Les industriels et le commerce pour l'exportation ont pris
un tel développement, que non-seulement un arrêt dans ce développement est de nature à produire désormais des crises graves,
mais qu'il ne lui est même plus permis de ne pas progresser. Sur
ce terrain, la loi de la concurrence s'impose et de haut. Les gouvernements ont la tâche d'en favoriser les éléments, d'en régula-

riser l'action s'il y a lieu. Parmi ceux-ci, la question des chemins
de fer devient de plus en plus prépondérante; c'est que l'économie
dans les frais de transport devient, chaque jour davantage, la clef
du succès dans la compétition générale du bon marché.

I

Voyons donc, tout d'abord et sans parti pris, les faits produits
par le régime de la concurrence en Angleterre. Nous écarterons
les comparaisons à prendre aux Etats-Unis d'Amérique. Le culte
du dieu dollar y a créé une morale particulière que peu de gens
encore, dans notre vieux monde, oseraient professer ouvertement.
Aux États-Unis, une concurrence effrénée, à propos des chemins
de fer, s'est inspirée de cette morale, et à outrance on peut le
dire. Aussi n'avons-nous rien à voir aux conséquences qui se sont
produites dans ce milieu sans analogie avec le nôtre.

La Grande-Bretagne compte 28,090 kilomètres de chemins de
fer. Il n'y aura bientôt plus un point quelque peu important de son
territoire qui ne soit desservi et fécondé par une voie ferrée. En
France, avec une superficie plus grande, nous avons à peine
23,000 kilomètres en exploitation, et l'on admet qu'il y a encore
20,000 kilomètres à construire pour achever le réseau national.
Nous avons donc marché moins vite, mais, ce qui est autrement
grave, il existe chez nous une foule de marchés, de centres de
production qui sont encore privés des avantages de la circulation
ferrée.

En Angleterre, toutes les villes importantes d'affaires et d'industries sont reliées, non pas par un seul, mais par plusieurs chemins de fer.

Ainsi, Londres est mis en communication avec Birmingham,
Liverpool, Manchester et Leeds, par quatre compagnies distinctes,
avec des parcours qui varient de 330 à 360 kilomètres.

Entre Liverpool et Manchester, il y a également quatre chemins
de fer, traversant des régions différentes pour aboutir à ces deux
centres d'activité commerciale et industrielle.

D'autres localités, et en assez grand nombre, sont desservies par
plus d'une voie ferrée. En France, nos quatre grands ports de
commerce, Havre, Bordeaux, Nantes et Marseille, ne sont en
communication avec Paris et entre eux que par une ligne unique :
ils sont exploités par des grandes compagnies, comme un fief,
dont la propriété et le monopole leur sont acquis pour un siècle.

En Angleterre, ni les compagnies, ni le public n'ont perdu de
vue que le caractère spécial de la voie ferrée, sa raison d'être, c'était
la vitesse : la vitesse qui, en épargnant du temps au voyageur, lui

permet d'en consacrer une plus grande part au travail et à la production ; la vitesse qui, par le transport rapide de la marchandise, économise l'intérêt du capital et permet à l'industriel, au commerçant de renouveler plus souvent ses opérations avec ce même capital, partant de faire à meilleur marché, au moyen d'un bénéfice moindre et plus fréquemment répété.

Ainsi, chez nos voisins, les trains à grande vitesse sont plus nombreux ; il y a des wagons de seconde classe dans tous les express et de troisième dans presque tous ; celui de Londres à Holy-Head, route de l'Irlande, le plus rapide d'Angleterre, ne fait pas exception.

Chez nos grandes compagnies à monopole, les trains express n'ont de voitures que de première classe, c'est-à-dire que la vitesse est le privilége de la richesse. Comme si l'économie du temps n'était pas plus précieuse encore pour le voyageur qui ne peut payer le tarif des premières et même des secondes, et pour qui toutes les heures enlevées au travail sont une perte d'autant plus sensible que ses ressources sont plus bornées. Pour celui-là, les trajets démesurément longs et fatigants sont le lot obligé. — Et cela se passe dans un régime de chemins de fer dont le Trésor public, c'est-à-dire l'argent des contribuables, a fait en partie les frais par un milliard et demi de subventions à la construction, et dont l'exploitation est subventionnée par un subside annuel de 40 millions, à titre de garantie d'intérêt ! En Angleterre, le régime de la concurrence a suffi pour empêcher ces anomalies, qui semblent particulièrement injustifiables dans un pays démocratique comme la France. Il est vrai que si le pays est démocratique, son administration ne l'est guère.

« Si la concurrence, dit encore M. Couche, consiste dans les efforts incessants de tous les producteurs pour prendre part à l'approvisionnement d'un même marché, en luttant contre des conditions relativement défavorables, nulle part elle n'est plus vive, plus alerte et ajoutons plus féconde en avantages pour le public, qu'entre les chemins de fer anglais. »

L'industrie et le commerce français savent cela et l'envient. Chacun peut constater que les marchandises, portées le soir aux gares de Londres par exemple, sont livrées, dès le lendemain, aux destinataires, à Liverpool, à Manchester, etc. Il n'y a pas de petite vitesse, pour ainsi dire, et les compagnies ont admirablement organisé leur service dans ce but. Puis, un des résultats forcés de la concurrence n'est-il pas d'établir entre les compagnies une émulation profitable au public, par les commodités assurées aux voyageurs, la simplification des formalités dans les expéditions, les bons soins de la marchandise, l'aménité des relations de la part des employés des gares et, autre avantage très-sensible, dans le mouvement incessant de la circulation? Chez nous, tout cela est à l'état de desiderata.

En France, en effet, les résultats du monopole autoritaire des grandes compagnies font contraste sur tous les points. Les plaintes des Chambres de commerce, incessamment entassées dans les cartons du ministère, forment des volumes. Mais ce sont toujours des voix criant dans le désert.

« Les compagnies ont fait adopter par l'administration un système de transport qui, pour la plupart des marchandises, abolit la vitesse. Ainsi, pour citer un exemple entre mille, les marchandises, expédiées des départements qui bordent la Méditerranée, mettent, pour se rendre à Paris, 11, 12, 13, 14 et 15 jours. C'est tout simplement la négation des chemins de fer. Les meneurs des compagnies ont imaginé à ce sujet de véritables tromperies, comme la nécessité de ne pas compter le jour de départ ni le jour d'arrivée, et de réclamer un jour lorsqu'on passait d'une ligne à une autre. Bref, le commerce français, grâce au monopole, se débat sous un régime absurde qui le met dans l'obligation de subir ces délais monstrueux ou de prendre la grande vitesse, qui est excessivement chère. Et, comme le plus grand nombre des marchandises ne peut supporter les frais de cette grande vitesse, quand les distances sont grandes, le résultat est d'empêcher le transport des marchandises et par conséquent leur fabrication ou production.

« Il y a des objets à l'égard desquels le système imposé par les grandes compagnies a des effets particulièrement désastreux : ce sont les légumes et les fruits qui, par nature, ne peuvent rester que peu de temps en route. Ils ne peuvent surtout, si le trajet est un peu long, supporter les prix de la grande vitesse ; ils ne peuvent non plus supporter la lenteur de la petite vitesse, ils s'avarient, se flétrissent et se pourrissent. Même pour de très-courts trajets, le service de la petite vitesse, tel que les grandes compagnies l'ont organisé et fait réglementer, exclut cette catégorie de produits naturels, car la moindre durée est de 4 ou 5 jours.

« La compagnie du Midi, et plus encore la compagnie de Paris-Lyon-Méditerranée, perdent par ces injustifiables arrangements le transport de plusieurs centaines de mille tonnes de fruits, légumes, primeurs, fleurs, qui des départements méditerranéens iraient à Paris, en Belgique, en Angleterre, en Allemagne. Aussi le *Journal d'agriculture* constate-t-il une diminution considérable de ces exportations françaises : de 30 millions à 13 millions. L'Italie nous supplante, dit un rapport officiel. Les tarifs des chemins de fer allemands ont été arrangés en conséquence, combinés avec un abaissement considérable des tarifs des chemins de fer italiens. »

Nous empruntons à une note de M. Michel Chevalier ces appréciations caractéristiques d'un état de choses qui alarme justement l'éminent économiste. Est-ce qu'une seule parcelle de ce trafic serait perdu, en Angleterre, avec le régime de la concurrence? Mais qu'importe à la grande compagnie française? Est-ce que la ligne de Marseille ne lui produit pas plus de 200,000 fr. par kilomètre? Ces résultats du monopole se rencontrent dans toutes les régions exploitées par nos grandes compagnies.

Nous le répétons, en parcourant les cahiers de nos Chambres de commerce, on est attristé de voir à quelles conséquences peut conduire l'application d'un principe faux, même entre les mains d'hommes qui sont assurément d'honnêtes gens. Lorsque, en 1842, les pouvoirs publics posèrent les bases du monopole en matière de chemin de fer, — monopole dont l'édifice fut si démesurément développé en 1858, — on agissait en plein inconnu, sans expérience, sans observations, par de simples prévisions. La plupart de ces prévisions n'ont pas supporté l'épreuve des faits, et on voudrait prétendre qu'elles doivent enchaîner, entraver le pays pendant près d'un siècle encore, sous prétexte de droits acquis ! Ce serait un véritable suicide que le respect de ce régime de monopole ; ce serait renoncer au progrès dans l'industrie des transports, la seule qui serait affranchie du stimulant de la concurrence. Or, nous ne nous lasserons pas de le redire, le bon marché des transports est déjà devenu et deviendra de plus en plus un des éléments essentiels de la concurrence en matière de production agricole et industrielle, comme dans le mouvement commercial.

Les avantages de la concurrence, en réalité incontestables, sont de moins en moins combattus, parce que les bons esprits se dégagent de leurs préventions. La thèse favorite de ses adversaires, c'est que ces avantages seraient balancés par des inconvénients d'une gravité égale et même supérieure. Si cette assertion a suffi à intimider trop de gens, elle ne résiste pas à un examen attentif des faits. On a fait grand bruit de la dilapidation de la fortune publique qui, en Angleterre, aurait été la conséquence du régime de libre concurrence, pratiqué en matière de chemins de fer. Un article, non moins triomphalement depuis quelque temps, qu'en résumé les tarifs, de l'autre côté de la Manche, ont fini par s'asseoir à un taux supérieur à celui des tarifs français. Ces deux griefs semblent suffire pour porter condamnation, mais apprécions-les d'un peu près.

On a évalué à deux milliards et demi de francs le capital dévoré par la concurrence en Angleterre. Sans doute, des entreprises nombreuses ont pu succomber. C'est la règle commune dans le monde des industries, d'où la concurrence n'est pas proscrite. Plus d'une, imprudemment conçue, mal dirigée, doit logiquement sombrer. Le plus souvent elles ne laissent que des ruines après elles, et la fortune publique n'y gagne rien, sauf en ce qu'elles ont pu contribuer à la marche du progrès. Est-ce donc que l'industrie des transports par voies ferrées soit, par son essence, tellement en dehors de la règle qu'elle doive progresser sans le stimulant de la concurrence, sans ses inconvénients, ses périls même ? Là, comme ailleurs, le progrès ne peut être que le prix de la lutte. Si d'ailleurs, en Angleterre, on a gaspillé deux milliards et demi à propos de chemins de fer, ce n'est pas la fortune publique qui en pâti, au contraire. Tous les chemins de fer créés ont survécu à l'insuccès de leurs promoteurs. Ils sont restés, ils font partie de l'outillage national, partant de la richesse publique ; ils contribuent chaque jour à son développement.

En résumé, les Anglais auraient dépensé deux milliards et demi au delà du nécessaire pour obtenir les facilités dont ils jouissent en matière de chemin de fer : soit. En a-t-il donc été autrement en France sous le régime du monopole ? N'est-il pas avéré que nos grandes compagnies ont dépensé en trop au moins deux milliards et demi pour la construction des 18.000 kilomètres qu'elles exploitent ? Ces deux milliards et demi ont été pris, sous forme d'impôt, dans la poche des contribuables par l'État dont la munificence les a distribués en subventions à nos compagnies.

En Angleterre, ces milliards sont sortis de la poche des imprudents. Nous ne voyons guère d'autre différence pour le passé, si ce n'est qu'en France les dits milliards, par leur origine et leur emploi, constituent une véritable perte pour la fortune publique. — Pour le présent, cette rosée de millions se perpétue dans une mesure que l'on qualifie sans vergogne de scandaleuse, à l'étranger.

Il est permis, en effet, de juger sévèrement, au point de vue économique, cette subvention annuelle de 40 millions, jetée dans le gouffre des grandes compagnies, pour assurer aux capitaux qui les ont fondées des dividendes de 15 à 25 0/0, — histoire de ces dédoublements d'action auxquels le Gouvernement s'est prêté avec tant de complaisance, — et assurer aussi la quiétude des gros bonnets qui les administrent. Bercées dans leur monopole, sans le souci d'avoir à demander à la lutte des bénéfices que l'État leur garantit, les grandes compagnies françaises proclament que le monde entier, — qui n'a pas cessé, comme chacun sait, d'envier toutes nos institutions,—nous envie le régime de nos chemins de fer. Le monde des actionnaires : oui. Le monde des producteurs : non.

Les tarifs anglais, dit-on, sont restés en définitive plus élevés que les tarifs français, malgré la concurrence ; donc il n'y a pas lieu de regretter celle-ci. Il serait vraiment étrange que les tarifs des compagnies françaises, dont la construction a été si largement subventionnée et dont l'exploitation continue à l'être non moins largement, fussent plus élevés que les tarifs des lignes anglaises, qui, non-seulement n'ont pas été et ne sont pas subventionnées, mais ont eu la lourde charge de se construire sans le bénéfice d'une loi d'expropriation pour cause d'utilité publique. Mais cette différence dans les tarifs n'est, dans la question, qu'un trompe-l'œil, qu'on nous pardonne l'expression. Ce n'est pas le taux du tarif kilométrique qui importe au manufacturier, à l'exportateur, au consommateur, c'est la *somme à payer pour le transport*, c'est-à-dire le prix du tarif multiplié par la distance à parcourir. Qu'importe au fabricant de Manchester que le tarif kilométrique entre Liverpool, port d'arrivage des cotons et port d'exportation des tissus de coton, soit plus élevé que les 50 kilomètres qui séparent ces deux villes, s'il n'a à payer qu'un prix total de transport bien des fois moindre que son concurrent de l'Est de la France, placé à 400 kilomètres du Havre ? Ceci n'est qu'un exemple entre mille. Les distances sont beaucoup plus considérables en France que dans le Royaume-Uni. Pour que notre industrie puisse lutter, il faut logiquement que nos tarifs descendent aux limites les plus modérées. La chose est possible, mais non pas sous le régime du monopole. C'est cependant le but que nous devons inévitablement atteindre pour maintenir dans nos grands ports de commerce le mouvement d'importations et d'exportation qui, à cette heure, est en train de se dérober pour suivre des voies en dehors de la France. Comment en serait-il autrement, pour le Havre, par exemple, lorsqu'on compare les tarifs des chemins de fer à la disposition d'Anvers, tarifs qui sont inférieurs de 25 à 33 p. 0[0 pour les cotons, les savons, les bois de teinture, les soieries, les blés, les fromages, etc. ?

Considérez la carte de l'Angleterre ; voyez les distances entre ses grands ports de commerce et ses centres d'industrie. Faites la comparaison en France, et vous comprendrez que, quand les hommes d'État français se glorifient de ce fait que les tarifs du monopole français sont inférieurs à ceux de la libre concurrence anglaise, nos voisins ne peuvent que sourire et laisser faire.

La liberté des échanges, à laquelle les sociétés modernes ne sau-

raient plus se soustraire, a son ver rongeur, chez nous, dans le
monopole des grandes compagnies de chemin de fer. Aveugle qui
ne le veut pas voir; aveugles et coupables en même temps, les
hommes politiques qui, pouvant s'en rendre compte, — chose peu
malaisée, — ne se rangent pas du côté du pays, contre la féodalité
économique des grandes compagnies.

II.

Un écrivain, dont l'excellent travail sur les *Périls économiques de la
France* ne saurait trop être consulté, avait discerné avec beaucoup
de sagacité les causes principales de l'étonnante prospérité du port
d'Anvers, depuis quelques années. « C'est, dit-il, par la perfection
de ses aménagements et plus encore par sa situation à la tête de
nombreuses et excellentes voies de communications intérieures,
que le port d'Anvers prend, dans la région des côtes de la Manche
et de la mer du Nord, une situation commerciale qui annihile de
plus en plus les ports maritimes et le commerce français. » *Là est
la vérité.* Il faut, en effet, marcher dans cette voie ou accepter la
décadence. C'est en première ligne dans la multiplication des voies
de communication à l'intérieur et dans la modération des frais de
transport que nos ports voient le salut. Cercle éternellement vicieux avec le monopole des compagnies. Celles-ci ont eu et ont
toujours pour objectif la destruction de la concurrence de la batellerie et du cabotage; elles le poursuivent avec sérénité. Quant à la
modération de leurs tarifs, elles font prêcher scientifiquement, et
avec la même sérénité, qu'il y aurait plutôt lieu de les relever.

Nos ports ne s'y méprennent plus, du reste. Si leurs Chambres
de commerce se montrent infatigables dans leurs plaintes et leurs
réclamations, c'est par devoir. Elles se sont rendu compte qu'avec
la perpétuation du monopole, nulle réforme efficace n'est à espérer ; que les administrateurs des grandes compagnies étaient des
hommes comme les autres, et que l'intérêt du dividende avait désormais obscurci chez eux la vue de l'intérêt public. L'intérêt public inscrit en tête de toutes les concessions et base de toutes les
subventions? Ce que veulent donc aujourd'hui les Chambres de
commerce maritime, ce qu'elles réclament, c'est le régime de la
concurrence.

Entre Liverpool et Londres, il y a quatre lignes de chemins de
fer. Il n'y en a qu'une seule entre Paris et Marseille, le plus grand
port français. Il est vrai que cette ligne récolte plus de 200,000 fr.
par kilomètre, qu'elle a écrasé la batellerie du Rhône et que le
commerce de Marseille et de toute la région, depuis Cette jusqu'à
Nice, est à sa discrétion ! Avec une persévérance infatigable, avec

une pénétration et une vigilance qui marqueront dans ses annales, la Chambre de commerce de la grande cité méditerranéenne aura accumulé les preuves du délaissement de son port, pour des ports mieux desservis par des voies de communication à l'intérieur et de transit ; rien n'y fait. Le monopole de la puissante compagnie continue de planer au-dessus de ces griefs et de ces alarmes. Jusqu'à présent, les pouvoirs publics se sont inclinés devant cette conception d'une ligne unique produisant 220,000 francs par kilomètre à ses actionnaires. Ce que coûte ce régime à l'intérêt général du pays et ce qu'il peut lui coûter demain, qui donc en fait le compte ?

Bordeaux est un port privilégié par sa situation. Son fleuve et le canal des Deux-Mers offraient, dans le passé, un écoulement facile aux productions de son sol et à son commerce d'exportation. Puis, sont venus le chemin de fer de Paris à Bordeaux, par Tours, et celui du Midi traversant les riches régions qui s'étendent de Bordeaux à Cette. L'avenir semblait largement ouvert. Mais le monopole était là, avec sa funeste et inévitable influence. Le chemin de fer du Midi s'est emparé du canal qui devait lui faire concurrence et l'a annihilé. La compagnie d'Orléans s'est emparée despotiquement de tout le trafic dérivant vers l'Est et vers l'Ouest. Cela lui vaut, entre Bordeaux et Paris, un produit de plus de 100,000 francs par kilomètre. La cité maritime la plus ardente aux principes du libre-échange devait réagir contre de pareils obstacles à son expansion commerciale. Elle a secondé la création d'une seconde voie ferrée, directe entre Bordeaux et Nantes, et lui ouvrant, par la voie la plus courte, l'accès de la Bretagne et de la Normandie. C'était le chemin de fer des Charentes. Malheureusement cette ligne n'avait entrée à Bordeaux d'une part, et à Nantes de l'autre, que par les voies ferrées de l'Orléans. Cela suffisait pour assurer sa ruine. Des combinaisons de tarifs savamment calculées par la grande compagnie subventionnée par l'Etat viennent de jeter bas la compagnie des Charentes non subventionnée.

Les pouvoirs publics peuvent, en ce moment, faire acte de réparation à l'endroit de cette monstruosité économique, au grand profit de l'intérêt du pays; celui de deux grands ports y est hautement engagé. On est en voie de racheter le réseau des Charentes et quelques lignes annexes. Qu'on le reconstitue en le prolongeant d'un côté, jusque dans le port maritime de Bordeaux, de l'autre jusque dans le port maritime de Nantes. La nouvelle entreprise rendra des services considérables en même temps qu'elle aura les éléments de vitalité nécessaires ; à la condition toutefois que l'Orléans ne soit plus autorisé à lui faire la guerre avec l'argent du Trésor..

La situation faite au port de Nantes caractérise plus nettement encore ce que vaut le régime du monopole en fait d'exploitation des transports. Elle mérite quelques détails.

On sait la prospérité de ce port au siècle dernier. Elle s'est en partie éclipsée, mais elle peut renaître. La position de Nantes, au bas du magnifique fleuve la Loire, fait de cette renaissance une loi d'intérêt public. Sa population, d'ailleurs, s'y applique avec une ténacité toute bretonne. Un port profond en rapport avec l'accroissement incessant du tonnage et du tirant d'eau des navires, était devenu nécessaire. Deux bassins à flot, comprenant ensemble une superficie de plus de 30 hectares, ont été creusés à l'embouchure du même fleuve, à Saint-Nazaire. Puis le commerce a tourné sa sollicitude vers les voies de transport. Il les faut à Nantes nombreuses et économiques pour pourvoir au débouché de ses importations et de son industrie, pour alimenter ses navires de frets de sortie. L'amélioration de la Loire maritime est incessamment poursuivie, mais le problème n'est pas encore résolu. Celle de la Haute-Loire étant impraticable, en raison de la nature même du fleuve, l'attention des pouvoirs publics s'est portée vers la création d'un canal latéral qui assurerait aux produits de son immense et riche bassin un écoulement économique vers la mer. La ville de Nantes enfin a salué avec enthousiasme l'entrée du premier chemin de fer dans ses murs. Elle ne prévoyait guère ce que devrait un jour peser le monopole en matière de chemins de fer.

La ligne de Tours à Nantes a été concédée à la compagnie de Paris à Bordeaux. Elle a été prolongée jusqu'à Saint-Nazaire, lorsque ce port a été ouvert à la navigation. Rien de mieux ; mais une ligne unique ne pouvait suffire. Le commerce de Nantes voulait que les wagons du chemin de fer des Charentes pénétrassent directement dans son port, de même que ceux du chemin de fer de l'Ouest, qui passe à 60 ou 80 kilomètres du Nord. Or, la compagnie considère que les ports de la Loire-Inférieure font partie de son domaine privé. Elle prétend donc enserrer Nantes et Saint-Nazaire dans le cercle de ses voies ferrées, et leur interdire toute communication avec d'autres réseaux, autrement que par ses rails. Les populations qui souffrent durement aujourd'hui du monopole de la grande compagnie, qui voient l'avenir de plus en plus compromis, résistent avec la dernière énergie. La lutte est ardente ; le Conseil général, la Chambre de commerce, les Conseils municipaux sont en tête.

« La compagnie d'Orléans s'est toujours conduite envers le commerce, envers le public, comme une ennemie, » dit un rapport du Conseil général.

« Depuis vingt ans, s'écrie la Chambre de commerce, la compagnie d'Orléans nous maltraite en détruisant notre commerce d'exportation, en faisant, par des pratiques abusives, une injuste concurrence à notre marine. La guerre à la navigation se trouve érigée en principe par elle... En butte aux combinaisons systématiquement hostiles de cette compagnie, nous poursuivons l'œuvre d'affranchissement. »

Eh ! non, messieurs, la compagnie d'Orléans ne vous est ni ennemie, ni hostile. C'est le monopole qui vous tue. Ce monopole lui a été attribué pour le plus grand bien de ses actionnaires, elle en use et en usera encore pendant un siècle, de par sa concession.

Ce n'est pas une raison pour le commerce de Nantes de ne pas lutter énergiquement pour s'y soustraire, puisqu'il a compris que ce n'était qu'à ce prix qu'il pouvait sauver l'avenir. Ses efforts sont vraiment remarquables: ils seraient curieux à suivre dans leurs péripéties, si le cadre de ce travail le permettait. Disons seulement que le Conseil général avait concédé, à titre d'intérêt local, un chemin de fer partant du port même de Nantes pour se relier aux Charentes; il avait concédé, au même titre, deux autres lignes reliant le chemin de fer de l'Ouest, l'une au port de Nantes, l'autre aux bassins de Saint-Nazaire. L'influence de la toute-puissante compagnie a pu les faire revendiquer par l'Etat, au titre d'intérêt général. Aujourd'hui, dans une lutte qu'on peut dire à outrance contre tous les corps représentatifs du département, ses sénateurs, ses députés, ses populations, la compagnie d'Orléans prétend se faire attribuer ces deux lignes, qui isoleraient, définitivement et à son profit, ces deux ports de toute communication directe avec d'autres compagnies. Cette lutte est assurément un des plus curieux spectacles des conséquences de ce régime de monopole.

Qui l'emportera, de la grande cité maritime, des intérêts de son industrie et de son commerce, identifiés dans la circonstance avec l'intérêt général, ou du puissant monopole qui, suivant l'expression de M. Krantz, est arrivé à constituer un État dans l'État, sans que l'honorable ingénieur ait mesuré peut-être toute la puissance de ce pouvoir nouveau? Le résultat ne devrait pas être douteux, et pourtant il l'est.

Un régime économique, si utile que certains esprits veuillent l'admettre dans le passé, est jugé lorsqu'il produit de pareils fruits.

Tous ceux qui considèrent attentivement les phénomènes de la production agricole et industrielle, les nécessités de la liberté des échanges, désormais la règle commune entre les nations, ceux-là diront avec nous : Il est temps que l'élément de concurrence intervienne dans l'industrie des transports. — Et, que les timides se rassurent, cette concurrence sera rationnelle, réglée même. Il ne pourrait pas en être autrement, étant donné le système de subventions gouvernementales adopté en France (1). (*Réforme économique.*)

A. CHÉROT.

CONCOURS DE L'ÉTAT ET DES COMPAGNIES POUR LE TROISIÈME RÉSEAU DES CHEMINS DE FER FRANÇAIS.

Lorsqu'il y a quarante ans, on a commencé à construire les chemins de fer en France, les Compagnies se sont montrées réservées parce qu'elles ignoraient l'avenir de ces voies de communication.

Elles pressentaient bien un accroissement considérable des transports, mais elles ne se rendaient pas un compte exact des dépenses et, par suite, des bénéfices à réaliser.

Aujourd'hui, les Compagnies financières qui se préoccupent de l'avenir des affaires qu'elles entreprennent et non de ce qu'il est possible de gagner en battant monnaie et en léguant la ruine à leurs actionnaires et même à leurs obligataires, doivent se montrer plus réservées encore.

Ce qu'on ignorait, il y a quarante ans, pour les lignes du premier réseau, on le sait actuellement pour les lignes du troisième.

Ces lignes ne seront pas rémunératrices du capital engagé, c'est-à-dire ne donneront pas d'intérêt direct; leur établissement, en augmentant la prospérité des pays traversés, produira des bénéfices indirects incontestables, mais dont il est difficile d'évaluer l'importance.

L'insuffisance des produits directs ne saurait être sérieusement contestée par ceux qui ont étudié la question des revenus kilométriques probables des lignes du troisième réseau. L'expérience des petites Compagnies presque toutes réunies aujourd'hui le démontre surabondamment.

Il est certain, d'un autre côté, qu'il est indispensable de compléter les voies ferrées si, on ne veut vouer à la pauvreté, ou tout au moins à une infériorité relative, certaines régions de la France qui en sont jusqu'à présent privées et qui les réclament avec une légitime impatience.

De ces deux faits indiscutables :

1° Insuffisance de produits directs ;

---

(1) Voir dans la table des matières des trois dernières années la série d'articles publiés dans le *Journal des Économistes*, par MM. Lamé-Fleury, Jacquin, Chérot, Baum, etc.

2° Nécessité de construire de nouvelles lignes qui rétabliront l'équilibre entre les diverses parties du territoire.

‹ Résulte comme conséquence que les dépenses nécessitées pour l'établissement du troisième réseau doivent être supportées par le fonds commun, c'est-à-dire par le budget de l'État, des départements ou des communes.

Cette charge ne sera pas aussi lourde que celle qui résulterait du rachat par l'Etat de toutes les lignes de chemins de fer et au moins, elle ne sera pas improductive comme cette dernière.

M. le Ministre des travaux publics a, en effet, démontré dans le discours si lucide qu'il a prononcé à la Chambre des députés, le 21 mars 1877, que le rachat grèverait le budget de l'Etat d'une somme annuelle de cent trente deux millions au moins.

Or, une partie de cette somme suffirait pour construire chaque année cinq à six cents kilomètres, soit, en dix ans, cinq à six mille kilomètres, qui, ajoutés à ceux que les Compagnies doivent établir en vertu de concessions antérieures, donneraient une suffisante satisfaction aux contrées les moins favorisées jusqu'ici.

Car, il ne faut pas s'y tromper, les reproches adressés à notre pays au sujet du rang qu'il occupe sur le tableau des voies ferrées sont exagérés.

On rapporte en général le nombre de kilomètres construits à la superficie et au nombre des habitants d'un pays.

C'est un mode de comparaison vicieux, car il ne tient pas compte des lignes parallèles qui ont été établies pour favoriser une concurrence dont l'inanité est aujourd'hui démontrée.

Pour se rendre un compte exact des situations relatives, il conviendrait de ne compter qu'une des lignes parallèles, s'il est démontré qu'elle aurait pu suffire aux exigences du trafic.

Ce mode de comparaison serait favorable à la France, où grâce à la sagesse qui a présidé à l'établissement du réseau, peu de lignes parallèles ont été construites.

Si cinq à six mille kilomètres construits en dix ans par l'Etat ne semblent pas suffisants, ce chiffre peut être augmenté sans excéder les ressources du budget, aidé dans cette œuvre par les départements et les communes intéressées.

Ce principe admis, il convient de rechercher comment ces lignes nouvelles peuvent être exploitées et s'il est possible de limiter à leur construction les sacrifices de l'Etat.

L'exploitation des lignes composant le troisième réseau peut être confiée : à l'Etat ; à des Compagnies spéciales ; ou aux six grandes Compagnies régionales.

Nous allons successivement discuter chacune de ces solutions.

Nous ne voulons pas reproduire les arguments qui ont été donnés pour ou contre l'exploitation par l'Etat.

Nous nous bornerons à dire qu'il n'est pas possible d'admettre que l'État ne soit chargé d'exploiter que les lignes improductives. Sur ces lignes, il est indispensable, afin de diminuer les pertes, de maintenir des taxes plus élevées que sur celles à grand trafic. Ce point n'a pas besoin d'être démontré. Or, l'Etat qui demande aux grandes Compagnies l'abaissement des tarifs, peut-il leur donner un exemple contraire? Et, s'il ne le fait pas, il arrive à des déficits si considérables qu'ils condamnent le système.

L'exploitation par l'Etat des lignes improductives ne pourrait donc être tout au plus qu'un mode transitoire qui conduirait, à bref délai, soit au rachat général, soit à l'abandon de ces lignes aux grandes Compagnies régionales.

Des Compagnies spéciales ne pourraient se fonder que si l'Etat leur accordait, non-seulement une garantie d'intérêt pour le capital nécessaire à l'exploitation, mais encore des subventions pour couvrir les différences entre les recettes et les dépenses. L'exemple des chemins des Charentes et de la Vendée permettent d'apprécier l'importance de ce déficit.

Les grandes Compagnies peuvent seules exploiter économiquement le troisième réseau et en obtenir des produits directs.

Elles le peuvent, parce qu'avec elles une grande partie des frais généraux disparaîtrait, parce qu'elles n'auraient à payer aucune redevance pour l'usage des voies et stations; parce qu'elles bénéficieraient du produit que les affluents apporteraient aux lignes du premier et du deuxième réseau, et parce qu'elles seraient garanties contre une concurrence toujours ruineuse.

A raison de ces avantages, nous pensons qu'il leur serait possible d'exploiter les lignes du trosième réseau sans garantie d'intérêt, si elles leur étaient livrées gratuitement, à la seule condition de fournir le matériel mobile.

Mais pour obtenir ce résultat, il serait nécessaire d'autoriser les grandes Compagnies à exploiter logiquement le troisième réseau, c'est-à-dire à subordonner les dépenses à l'importance des recettes, en limitant le nombre des trains à leur vitesse.

Si les départements traversés par les lignes du troisième réseau ne se trouvaient pas satisfaits de ce mode d'exploitation, ils resteraient libres de faire augmenter le nombre des trains et leur vitesse, en garantissant, sur leur propre budget, les dépenses supplémentaires.

Dans cet ordre d'idées, et afin d'éviter que le trafic du 1er et du

2ᵉ réseau ne fût détourné au profit du 3ᵉ, les dépenses d'exploita-tion des lignes de ce dernier réseau devraient être déterminées au moyen de la formule ordinaire; le surplus des recettes serait porté au 2ᵒ réseau.

Par le système du déversoir, en effet, le 1ᵉʳ réseau est destiné à alimenter le second de tout ce qui excède le revenu réservé.

Le troisième, qui ne se compose que d'affluents, ne recevrait rien ni du premier, ni du second réseau, mais il leur apporterait son contingent indirect, et dans le cas où les recettes dépasseraient ses dépenses, le surplus viendrait se déverser sur le second, qui profi-terait de cet appoint.

Ces excédants, s'ils se produisaient dans l'avenir, constitueraient le fermage de l'État; ils diminueraient d'autant les sommes qu'il doit payer pour garanties d'intérêt et avanceraient l'époque du partage des bénéfices.

Des traités devraient, à cet effet, intervenir entre l'Etat et les grandes Compagnies et on pourrait, en même temps, apporter aux tarifs des modifications qui, sans donner à l'Etat d'autres droits que ceux d'homologation, permettraient d'en simplifier l'applica-tion.

Il y aurait à faire sur cette question une étude délicate qui né-cessiterait une enquête et des conférences.

On parviendrait sans doute ainsi à arrêter des bases admissibles par les Compagnies et rendant au public une facilité de vérifica-tion des taxes qui manque aujourd'hui et qui justifie surtout les plaintes du commerce.

Reste une dernière hypothèse, celle où les grandes Compagnies ne pourraient, sans compromettre leurs dividendes réservés, exploi-ter les nouvelles lignes qu'avec une subvention; nous pensons que, dans ce cas, l'Etat aurait encore avantage à se décharger du far-deau de l'exploitation, moyennant subvention en faveur des grandes compagnies.

Les subventions qu'il serait nécessaire de leur accorder seraient, en effet, beaucoup moindres que celles qui devraient être assurées à de nouvelles sociétés financières qui seraient grevées de frais gé-néraux et qui ne recueilleraient aucun bénéfice indirect de l'éta-blissement des nouvelles lignes.

Disons, avant de terminer, que les lignes d'intérêt général ou local qui ont assez de vitalité pour se suffire à elles-mêmes conti-nueraient à être exploitées par leurs concessionnaires.

Quant à celles qui, soit en exploitation, soit en construction, tomberaient en faillite, l'Etat ou les départements, si ceux-ci ne veulent pas céder leur droit à l'Etat, sauvegarderaient les intérêt publics en mettant les lignes en exploitation sous sequestre provisoire ou en continuant en régie les travaux commencés.

L'Etat prêterait, dans la limite du possible, son concours aux intérêts particuliers, en examinant, pour chaque cas, les demandes de rachat qui lui seraient faites.

Il ne faut pas se dissimuler que lorsqu'un chemin de fer a été concédé et que les travaux sont trop avancés pour qu'il soit possible de rétablir les lieux dans leur état primitif, l'Etat ou les départements ont pris devant les populations une sorte d'engagement, au moins moral, dont ils ne sauraient équitablement s'affranchir. L'exploitation des lignes achevées ou la continuation des travaux commencés semblent donc être de droit, sauf règlement ultérieur en cas de rachat.

L'article 37 des cahiers des charges et l'article 12 de la loi du 23 mars 1874 ont déterminé les conditions de rachat lorsque l'Etat exproprie les chemins de fer, mais ces articles ne doivent évidemment s'appliquer qu'au cas où l'Etat prend l'initiative de ce rachat.

Lorsque, afin de diminuer les pertes des Compagnies en liquidation, il consent à se rendre acquéreur des lignes délaissées, ce ne peut être qu'à prix débattu, en tenant compte de la moralité de l'affaire, de la façon dont les travaux ont été exécutés, de l'avenir des lignes, etc. En agissant autrement et en créant un droit au rachat, l'Etat serait exposé à donner aux intéressés des avantages supérieurs à ceux qu'ils auraient obtenus si l'entreprise avait été viable et à racheter pour un prix considérable des lignes qui, passées déjà dans d'autres mains à la suite d'une première liquidation, auraient étés cédées à un prix infime.

Dans le cas où un accord ne pourrait intervenir entre l'Etat et les grandes Compagnies régionales, il serait indispensable de constituer de nouveaux réseaux. Il serait alors préférable de les faire exploiter par l'Etat, afin de réserver l'avenir; l'accord s'établirait sans doute plus tard, lorsque les Compagnies se seraient rendu compte de leurs véritables intérêts.

Les bases qui viennent d'être indiquées pourraient être résumées ainsi qu'il suit :

Article 1er. Mise sous sequestre provisoire des lignes en exploitation délaissées, et continuation en régie des travaux des lignes abandonnés, sauf règlement ultérieur en cas de rachat.

Article 2. Abandon gratuit aux grandes Compagnies régionales, qui devraient les exploiter en fournissant le matériel mobile et sans garantie d'intérêt, des lignes reprises par l'Etat.

Article 3. Réserve absolue du droit de l'Etat, pendant un délai déterminé, de faire construire à ses frais et de faire exploiter par la grande Compagnie régionale qui fournira le matériel mobile, les lignes nouvelles qu'il jugera nécessaires.

Article 4. Traités passés avec les grandes Compagnies régionales, afin de simplifier les tarifs et d'assurer l'exploitation économique des lignes.

ÉDOUARD BRAME,
Ingénieur en chef des ponts-et-chaussées.

COMMISSION POUR LA CLASSIFICATION ET L'ACHÈVEMENT DES VOIES NAVIGABLES.

Rapport du ministre des travaux publics.

Monsieur le Président, par un rapport dont vous avez bien voulu approuver les termes, et qui figure au *Journal officiel* du 3 janvier, il a été institué six commissions techniques et administratives chargées de préparer l'achèvement du réseau ferré d'intérêt général et de définir, du même coup, le réseau d'intérêt local.

Une mesure analogue me semble devoir être prise pour le réseau des voies navigables.

Ces voies, en effet, jouent un rôle important dans la production de la richesse du pays. Si l'on a pu croire un instant que leur utilité allait disparaître et qu'elles céderaient bientôt entièrement la place aux chemins de fer, cette impression, un peu superficielle, n'a pas tardé à se modifier devant un examen plus attentif des faits. On a reconnu que les voies navigables et les chemins de fer sont destinés non à se supplanter, mais à se compléter. Entre les uns et les autres s'effectue un partage naturel d'attributions. Aux chemins de fer va le trafic le moins encombrant, celui qui réclame la vitesse et la régularité et qui supporte le mieux les frais de transport; aux voies navigables reviennent les marchandises lourdes et de peu de valeur, qui ne sauraient se déplacer qu'à peu de frais, qui ne donnent aux chemins de fer qu'une rémunération illusoire et les encombrent plutôt qu'elles ne les alimentent.

Les voies navigables remplissent encore une autre destination. Par leur seule présence, elles contiennent, elles modèrent les taxes des marchandises qui préfèrent la voie ferrée; elles sont pour l'exploitant du railway un avertissement de ne pas dépasser la limite au delà de laquelle le commerce n'hésiterait pas à sacrifier la régularité à l'économie. A cet égard, les voies navigables sont bien plus efficaces que les voies ferrées concurrentes, car celles-ci, par cela même qu'elles luttent entre elles à armes égales, finissent généralement par s'entendre plutôt que de s'entraîner dans une ruine inévitable; tandis que la batellerie et le railway se distribuent naturellement le trafic qui leur est le mieux approprié.

Il y a donc pour le pays un intérêt évident à ne pas négliger ses moyens de transport par eau, pendant qu'il s'occupe de développer les chemins de fer. L'opinion publique l'a ainsi compris, et les Chambres, depuis plusieurs années, ont donné des preuves réitérées de leur sollicitude pour cet objet (1).

La marche à suivre pour aboutir à des résultats certains me paraît être celle qui a été adoptée pour les voies ferrées, et que je rappelais en commençant. Des commissions techniques et administratives seraient pareillement nommées, une pour chacun des cinq bassins naturels de la France. Elles seraient composées d'éléments analogues, sauf, bien entendu, les modifications que commande la dissemblance du sujet.

J'estime qu'il conviendrait d'y faire entrer comme partie essentielle les mêmes inspecteurs généraux des ponts et chaussées ; malgré le surcroît de travail qui en résultera pour ces hauts fonctionnaires, que le service du pays trouve d'ailleurs toujours au niveau de la tâche à accomplir, il me paraît très-important que les voies navigables et les voies ferrées soient envisagées à un point de vue d'ensemble et comme parties inséparables du même tout. Il faut disposer les moyens de transport, non dans une idée d'antagonisme, mais dans une idée de convergence et d'harmonie.

Le rôle de ces commissions consisterait, d'une part, à désigner les lignes nouvelles, soit canaux, soit rivières assimilées, destinés à compléter le réseau d'intérêt général ; d'autre part, à arrêter les bases de la transformation et des améliorations à faire subir aux lignes actuelles pour les mettre en rapport avec les besoins nouveaux de la navigation.

Cette seconde partie du programme ne serait pas la moins importante ; car, tandis que l'on augmenterait à peine de deux mille à deux mille cinq cents kilomètres la longueur du réseau, on aurait à remanier en grande partie les dix mille kilomètres déjà créés.

De pareils travaux impliquent le rachat des canaux concédés ; car les améliorations n'y sont possibles qu'à cette condition. C'est, du reste, un principe admis aujourd'hui, que toutes les lignes d'intérêt général doivent être administrées directement par l'État (2).

(1) En ce moment même, deux commissions parlementaires fonctionnent respectivement au Sénat et à la Chambre des députés, en vue d'améliorer la navigation.

(2) Ce principe est loin d'avoir toujours été appliqué. A d'autres époques, et sous l'empire de circonstances diverses, on a concédé des canaux qui, par suite de leur importance, étaient au premier rang des lignes d'intérêt général. Mais on est revenu peu à peu de ces errements, et déjà une partie des concessions a été rachetée. Il restera, toutefois, une exception à la règle : c'est celle du canal latéral à la

Il faut prévoir, en dehors de ce réseau, la formation d'un certain nombre de canaux d'une utilité plus spéciale, qui pourraient être concédés pour un temps limité, et avec faculté de rachat, à des particuliers, des départements ou des communes. On aurait là le germe d'une sorte de réseau d'intérêt local comparable, à certains égards, avec celui des chemins de fer.

L'amélioration des voies navigables appelle comme complément indispensable celle des ports maritimes, sans lesquels nos canaux et nos rivières ne sauraient rendre tous leurs services. C'est, en définitive, aux ports qu'aboutissent toutes les marchandises qui s'échangent par mer entre le dehors et l'intérieur. Il faut donc que les ports suivent tous les progrès de cet échange et que leurs moyens soient constamment mis en harmonie avec le développement du trafic et la nécessité de soutenir la lutte avec l'étranger.

Il y aura lieu, dès lors, pour chacun de nos principaux ports, d'examiner isolément les agrandissements ou les améliorations qu'il réclame, aux divers points de vue de ses relations avec la marine, avec la batellerie, avec le railway ou avec le commerce local. Pour que les commissions ci-dessus instituées puissent prononcer avec compétence, il conviendra de les éclairer à l'aide d'un travail préparatoire effectué, dans le port même, par une commission locale, dont la composition sera réglée en vertu du même décret.

Dans des ouvrages sujets à autant d'imprévu que ceux qui touchent à a navigation, il est difficile de formuler un chiffre même approximatif. Je crois cependant pouvoir dire, sans crainte d'être démenti par les événements, que la somme de 1 milliard, dont trois quarts environ pour les voies navigables et un quart pour les ports maritimes, ne sera pas dépassée.

Si l'on rapproche ce chiffre de celui que j'ai déjà formulé dans mon rapport du 2 janvier comme nécessaire à l'achèvement du réseau ferré d'intérêt général, on voit que la mise en état de notre grand outillage de transport, soit par terre, soit par eau, entraînerait une dépense totale de 4 milliards.

Les ressources de la France ne sont pas, je crois, au-dessous d'une telle entreprise. Quant à nos services techniques, ils permettaient de la mener à bonne fin dans un délai maximum de dix ans, sans préjudice du développement à donner aux chemins de fer d'intérêt local ou aux canaux secondaires jugés susceptibles de concession.

Si les considérations qui précèdent obtiennent votre approbation, je

Garonne et du canal du Midi, qui sont aux mains de la compagnie des chemins de fer du Midi et qui, d'après la loi du 8 juillet 1852, ne peuvent être rachetés sans le chemin de fer.

vous prie de vouloir bien revêtir de votre signature le présent rapport, ainsi que le décret ci-annexé.

Veuillez, etc.

Le ministre des travaux publics,
C. DE FREYCINET.

Le Président de la République française,

Vu le rapport du ministre des travaux publics, décrète :

Art. 1er. — Il est établi cinq commissions techniques et administratives correspondant aux bassins de la Seine, de la Loire, de la Garonne, du Rhône et des tributaires de la mer du Nord.

Ces commissions seront chargées de dresser pour chacun de leurs bassins respectifs, et par ordre de priorité d'exécution, le programme des travaux nécessaires tant pour améliorer les ports de commerce et le réseau des voie navigables, que pour compléter ce réseau.

Art. 2. — Chacune de ces commissions sera composée des inspecteurs généraux des ponts-et-chaussées de deuxième classe dont la circonscription s'étend sur le bassin correspondant ; elle comprendra, en outre, un maître des requêtes au conseil d'État, un ou plusieurs des ingénieurs en chef ayant pris une part importante à des travaux de navigation.

Art. 3. — Des arrêtés ministériels nommeront les membres de ces commissions, définiront les limites exactes du territoire de leur étude et assigneront le délai dans lequel chacune d'elles devra avoir terminé ses travaux.

Art. 4. — Pour les lignes intéressant à la fois des bassins limitrophes, les commissions de ces bassins pourront se concerter et délibérer en commun.

Art. 5. — Des commissions locales seront constituées dans les ports désignés par le ministère pour préparer le programme spécial des travaux à exécuter dans chacun de ces ports ou dans des ports secondaires voisins.

Ces commissions seront composées de l'ingénieur en chef du service maritime, de l'ingénieur ordinaire du port, de l'officier du port, d'un représentant du conseil municipal et d'un représentant de la chambre de commerce.

Leurs travaux seront transmis aux commissions constituées par les articles 1er et 2, qui les discuteront et dresseront ensuite le programme des améliorations des ports situés dans les régions correspondantes.

Art. 6. — Les rapports et documents à l'appui produits par les diverses commissions seront soumis au conseil général des ponts-et-chaussées appelé à donner son avis sur l'ensemble de ces propositions.

Art. 7. — Le ministre des travaux publics prendra l'avis du ministre de la guerre, en ce qui concerne l'intérêt stratégique, sur le programme proposé par le conseil général des ponts-et-chaussées; puis, après avoir arrêté ce programme, il le convertira en un projet de loi et le portera devant les Chambres, sans préjudice des décisions ultérieures que les pouvoirs compétents auront à prendre sur la déclaration d'utilité publique et sur les voies et moyens.

Versailles, 15 janvier 1878.　　　　Maréchal DE MAC MAHON
　　　　　　　　　　　　　　　　　　duc de Magenta.

Ce diverses commissions se trouvent dans le *Journal officiel* du 20 janvier 1878.

－－－－－－－

CRÉATION D'UN CONSEIL SUPÉRIEUR DES VOIES DE COMMUNICATION.
Rapport du Ministre des Travaux publics.

M. le Président, la commission centrale des chemins de fer, malgré les incontestables services qu'elle a rendus et les hautes capacités qu'elle renferme, ne me paraît pas complétement en harmonie, par sa composition, avec les nécessités de mon département. Il ne me suffît pas, en effet, d'être éclairé sur les questions techniques ou administratives que fait naître l'industrie des chemins de fer; j'ai également besoin d'être tenu au courant des vœux de l'opinion publique, de connaître les réclamations de nos principaux centres de population, de savoir, en un mot, dans quel sens l'administration doit diriger ses efforts pour satisfaire, autant qu'il dépend d'elle, aux justes demandes du pays.

Or, la commission centrale des chemins de fer n'a pas été constituée de manière à atteindre ce dernier but. Sur cinquante-trois membres qui la composent, quatre seulement ont été choisis en dehors de l'administration proprement dite. Les quarante-neuf autres sont tous des fonctionnaires d'un ordre plus ou moins élevé, mais qui, par la nature même de leurs travaux, échappent aux préoccupations directes du commerce et de l'industrie. De là, il suit nécessairement que les questions sont envisagées à un point de vue trop exclusivement administratif et que les décisions n'ont peut-être pas toujours, aux yeux des intéressés, toute l'autorité qu'elles emprunteraient à un débat contradictoire où les parties en cause auraient pu se faire entendre.

Il me paraît donc indispensable de modifier le mode de recrutement de la commission centrale et d'y introduire des éléments qui y ont manqué jusqu'ici.

A mon sens, une composition qui répondrait aux nécessités diverses que j'indiquais serait la suivante :

Seize membres pris dans les deux Chambres du Parlement;

Seize membres représentant la haute administration et les corps spéciaux;

Seize membres représentant le commerce, l'industrie et l'agriculture.

270 JOURNAL DES ÉCONOMISTES.

La présence de personnages en relations directes avec les populations, mêlés aux intérêts du pays, empruntant à leur caractère électif une indépendance et une autorité incontestées, imprimerait aux délibérations de la commission un tour nouveau et me permettrait d'y chercher des enseignements précieux pour la bonne marche de mon administration.

Je pense, en outre, qu'il y aurait avantage à ne pas limiter la compétence d'une pareille assemblée aux faits qui se rattachent à l'exploitation des chemins de fer. Il conviendrait, dans la pensée d'harmonie que j'énonçais dans mon rapport du 15 janvier, de lui déférer aussi toutes les questions du même ordre, relatives aux voies navigables et aux ports de commerce; en un mot, c'est l'industrie tout entière des transports qui viendrait se faire apprécier et contrôler dans la commission nouvelle, à laquelle je propose, en conséquence, de donner le nom de « Conseil supérieur des voies de communication ».

Mais, en même temps, je dois faire remarquer qu'un semblable conseil, par son importance même et à cause des occupations d'une grande partie de ses membres, ne saurait être réuni très-fréquemment. Il est destiné, comme le conseil supérieur de l'agriculture, du commerce et de l'industrie, à ne tenir ses assises qu'à d'assez longs intervalles, et seulement quand il y a d'assez graves questions à lui soumettre.

Il ne pourra donc vaquer à l'examen des affaires courantes. C'était là un des côtés du rôle de la commission centrale, mais auquel, il faut bien le dire, elle ne faisait face qu'imparfaitement; car, lorsqu'il s'est présenté une étude de longue haleine à poursuivre, elle a dû s'en remettre, à peu près exclusivement, à quelques-uns de ses membres; combinaison défectueuse, à mon sens, en ce qu'elle n'engage pas les véritables responsabilités.

Il me paraît préférable de constituer un comité distinct ayant ses attributions propres, ainsi qu'on l'a fait avec succès dans un département ministériel voisin du mien (1).

Je propose, dès lors, de former, en dehors du conseil supérieur, un comité consultatif permanent de douze à quinze membres, chargé d'éclairer constamment mon administration sur les questions qui la touchent de plus près, c'est-à-dire sur celles qui se rattachent au service journalier des chemins de fer.

Cette institution a, du reste, fonctionné utilement de 1844 à 1847 et de 1852 à 1871. C'est bien à tort, selon moi, qu'on l'a fait disparaître et remplacée en dernier lieu par la commission centrale actuelle.

_____

(1) Le comité consultatif des arts et manufactures, qui fonctionne indépendamment du conseil supérieur de l'agriculture, du commerce et de l'industrie, rend, comme on le sait, les plus grands services au ministère de l'agriculture et du commerce pour l'expédition quotidienne des affaires.

En résumé, monsieur le Président, il y aurait désormais dans le département des travaux publics :

1° Un conseil supérieur des voies de communication, appelé à délibérer sur toutes les grandes questions qui intéressent les transports par terre et par eau ;

2° Un comité consultatif permanent des chemins de fer, chargé de l'examen des affaires courantes que fait naître l'établissement ou l'exploitation des voies ferrées. Les questions relatives aux tramways à vapeur rentreraient naturellement dans ses attributions.

Si les considérations qui précèdent obtiennent votre approbation, je vous prie de vouloir bien revêtir de votre signature le présent rapport, ainsi que les décrets ci-annexés.

Veuillez agréer, etc.,

Le Ministre des Travaux publics,
C. de FREYCINET.

Paris, 31 janvier 1878.

PRODUIT DES IMPOTS EN FRANCE PENDANT L'ANNÉE 1877.

Contributions directes.

Le montant des rôles des contributions directes s'élève,
pour 1877, à..................................... 705,836,600 fr.

Les onze douzièmes, échus au 31 décembre 1877, représentent............... 646,744,900 fr.

Les recouvrements se sont élevés, pendant
le courant de l'année, à............... 677,200,300

Ils sont donc supérieurs aux onze
douzièmes échus de.............. 30,458,400 fr., soit de 51 centièmes de douzième.

Les frais de poursuites, qui se sont élevés à 1,261,583 fr., sont dans la proportion de 1 fr. 79 pour 1,000 fr. de recouvrements.

Au 31 décembre 1876, l'anticipation des recouvrements s'élevait à 31,339,600 fr., représentant 54 centièmes de douzième, soit une diminution de 03 centièmes de douzième pour la période correspondante de 1877.

Les frais de poursuites, qui s'étaient élevés à 1,240,977 fr. pour 1876, étaient dans la proportion de 1 fr. 78 pour 1,000 fr. de recouvrements, soit une augmentation de 0 fr. 01 c. pour la période correspondante de 1877.

Impôt sur le revenu des valeurs mobilières.

L'impôt de 3 0/0 sur le revenu des valeurs mobilières, évalué pour l'année 1877 à 35,676,000 fr., a produit, pendant ladite année, une somme de 34,142,000 fr.

IMPÔTS ET REVENUS INDIRECTS

ÉTAT COMPARATIF DES RECETTES DE L'ANNÉE 1877 AVEC LES ÉVALUATIONS BUDGÉTAIRES,
EN MILLIONS ET MILLIERS DE FRANCS.

DÉSIGNATION DES IMPOTS	Produits des impôts indirects de l'année 1877.		Différences aux recouvrem.	
	Recouvrements effectués (a).	Évaluations budgétaires.	En plus.	En moins.
Droit d'enregistrement, de greffe, d'hypothèques, etc..........................	469.698	466.379	3.319	»
Droits de timbre......................	156.078	154.240	1.838	»
Droits de douanes à l'importation, marchandises diverses	181.172	166 844	14.328	»
Id.　　　Sucres coloniaux.........	33.843	39 262	•	5 418
Id.　　　Sucres étrangers.	43.210	24.897	18.313	»
Droits de douanes à l'exportation.......	255	353	»	98
Droit de statistique...................	5.908	5.842	66	»
Droits de navigation..................	5.239	4.715	524	»
Droits et produits divers de douanes	3.400	4.946	»	1.546
Taxe de consommation des sels. Douanes.	23.832	21.496	2.335	»
Id.　　　Contrib. indirectes.	9.743	9.092	650	»
Droits sur les boissons................	399.061	377.889	21.173	»
Droit de fabrication sur les sucres indigènes...........................	85.178	122.842	»	37.664
Droit sur les allumettes...............	16.093	16.030	63	»
Droit sur la chicorée..................	5 339	5.132	207	»
Droit sur le papier....................	14 421	12 177	2.244	»
Droit sur l'huile minérale..............	150	242	»	92
Droit d'entrée sur les huiles	5.843	5.818	25	»
Droit sur les savons..................	5.845	5.744	101	»
Droit sur la stéarine et les bougies......	7.209	6.497	712	»
Droit de consommation sur les vinaigres et sur l'acide acétique...............	2.033	2.552	»	519
Droit de fabrication sur la dynamite.....	320	203	117	»
Produit de 2/10es du prix de transport des voyageurs et des marchandises par chemins de fer en grande vitesse....................	72 685	70.382	2.303	»
Id.　　par voitures publiques.......	5.734	5.608	126	»
Produit de l'impôt de 5 0/0 sur les transports par chemins de fer en petite vitesse......	23.100	22.346	354	»
Droits divers et recettes à différents titres sur les contributions indirectes.......	47.338	50.318	»	2.980
Produit de la vente des tabacs..........	329.443	312.440	17.003	»
Produit de la vente des poudres........	12.757	13.781	»	1.024
Produit de la taxe des lettres, du droit de transport des valeurs déclarées et cotées et du solde des comptes avec les offices étrangers....................	116.908	114.357	2.551	»
Droits perçus sur les envois d'argent....	2.489	1.688	801	»
Recettes diverses des postes...........	56	81	»	25
Totaux..............	2.084.381	2.044.394	89.353	49.366
En plus aux recouvrements......................			39.987	

(a) Y compris les restes à recouvrer de la deuxième moitié de l'exercice 1877
prévus pour 40.214.600 fr.

COMPARAISON DES RECOUVREMENTS DE L'ANNÉE 1877 AVEC CEUX DE L'ANNÉE 1876.

DÉSIGNATION des impôts.	Produits de l'année 1876.			Produits de l'année 1877.	Différences pour l'ann. 1877.	
	Recouvrements effectués. (Voir Journal officiel du 25 janvier 1877.)	A déduire: Bisextilité et 1/2 décime sur les sels (b).	Reste à comparer avec les recouvrem. de 1877.		En plus.	En moins.
Droits d'enregistrement, de greffe, d'hypothèques, etc.	470.569	1.133	469.436	469.698	262	»
Droits de timbre..........	153.979	345	153.634	156.078	2.444	»
Droits de douanes à l'importation, marchand. div.	185.190	506	184.684	181.172	»	3.512
Id. sucres coloniaux.	31.273	39	31.234	33.844	2.609	»
Id. sucres étrangers.	30.667	6	30.661	43.210	12.549	»
Droit de douanes à l'exp...	272	1	271	255	»	16
Droits de statistique.......	5.940	11	5.929	5.908	»	21
Droits de navigation......	5·179	11	5.168	5.239	71	»
Droits et produits divers de douanes.................	3.582	5	3.577	3.400	»	177
Taxe de consommation des sels. Douanes..........	25.343	3.847	21.496	23.832	2.336	»
Id. Contrib. indirectes.	12.345	3.253	9.092	9.743	651	»
Droits sur les boissons....	400.156	981	399.175	399.061	»	113
Droit de fabrication sur les sucres indigènes..	123 099	340	122.759	85.178	»	37.581
Droit sur les allumettes....	16.177	»	16.177	16.093	»	84
Droit sur la chicorée.......	5.377	16	5.361	5.339	»	22
Droit sur le papier........	13.402	38	13.364	14.421	1.057	»
Droit sur l'huile minérale..	101	7	94	150	56	»
Droit d'entrée sur les huiles.	5.735	»	5.735	5.843	108	»
Droit sur les savons.;......	6.156	»	6.156	5.845	»	311
Droit sur la stéarine et les bougies..............	7.247	22	7.225	7.209	»	16
Droit de consommation sur les vinaigres et l'acide acétique..............	2.001	4	1.997	2.033	36	»
Droit de fabrication sur la dynamite............	»	»	»	320	320	»
Produit des 2/10es du prix de transport des voyageurs et des marchandises. par chemins de fer, gr. vitesse.	74.699	12	74.687	72.685	»	2.002
Id. par voit. publiques..	5.680	11	5.669	5.734	65	»
Produit du 5 0/0 sur les transp. par chem. de fer, petite vitesse..........	22.219	4	22.215	23.100	885	»
Droits divers et recettes à différents titres sur les contrib. indirectes......	48.933	117	48.816	47.338	»	1.478
Produit de la vente des tabacs..............	322.349	874	321.475	329.443	7.968	»
Produit de la vente des poudres..............	13.910	31	13 879	12.757	»	1.122
Produit de la taxe des lettres, valeurs déclarées et cotées, solde des comptes avec les offices étrangers.	112.084	298	111.786	116.908	5.122	»
Droits perçus sur les envois d'argent...............	2.032	5	2.027	2.489	462	»
Recettes div. des postes...	63	»	56	56	«	7
Totaux..........	2.105.759	11.917	2.093 842	2.084.381	37.001	46.462

En moins aux recettes de 1877............................ 9.460

(b) Bisextilité............. 4.889
1/2 décime sur les sels. 7.028 supprimé par la loi du 26 décembre 1876.

Somme égale..... 11.917

L'ensemble de ces résultats donne à penser que sans la crise politique qui a passé sur la seconde moitié de l'année, les recettes de 1877 eussent été des plus satisfaisantes.

Les chiffres des contributions directes accusent une moins grande facilité dans la perception : l'anticipation des recouvrements a diminué ; les frais de poursuites ont augmenté.

Pour les impôts et revenus indirects, les recouvrements ont néanmoins dépassé les évaluations budgétaires d'un 40e de million ; toutefois, le progrès sur 1876 n'est que de 9 millions.

Par rapport aux évolutions, c'est-à-dire aux espérances, il y a eu une assez forte augmentation sur les boissons (21 millions), les sucres étrangers (18 millions), sur les tabacs (17 millions) et sur les marchandises diverses (14 millions); mais les pertes sucres indigènes sont venus neutraliser ces avantages.

Par rapport à 1876 les diminutions ont dépassé les augmentations. Les augmentations ont porté principalement sur les sucres étrangers, la vente des tabacs et les lettres; les diminutions, sur les sucres indigènes et les sucres coloniaux.

L'ÉCOLE D'ADMINISTRATION.

Discussion à l'Académie des sciences morales et politiques
(séance du 2 février 1878).

M. Jules Simon, en présentant deux brochures, l'une de M. Antony Roulliet, l'autre de M. Carnot, ancien ministre de l'instruction publique, traitant l'une et l'autre de l'*École d'administration*, rappelle que l'idée de créer une école destinée à préparer les jeunes gens aux hautes fonctions de l'Etat a, depuis plusieurs années, occupé des esprits éminents, et que plusieurs tentatives ont été faites pour la réaliser. En 1844, une proposition avait été présentée dans ce but à la Chambre des députés, et le rapport, rédigé par M. Dufaure, était favorable au projet, qui cependant n'eut pas de suite. En 1848, M. Carnot, alors ministre de l'instruction publique, fit décréter la création de l'*Ecole*, dont le plan avait été tracé par M. Jean Raynaud. Dans la pensée du ministre, l'essentiel était que l'école existât, sauf à se perfectionner par la suite. On établit donc, sans aucun retard, près le Collége de France, un certain nombre de cours; on nomma des professeurs et des examinateurs, parmi lesquels se trouvaient quelques hommes dont M. Jules Simon n'a pas à louer le mérite, puisqu'ils appartiennent aujourd'hui à cette Académie. M. Carnot, dans son ouvrage, en donne la liste complète. L'Ecole eut pour directeurs d'abord M. de Sénarmont, puis M. Alfred Blanche. Elle n'avait cependant qu'une existence provisoire. Le projet de loi qui devait lui donner une existence et une organisation définitives fut présenté à l'Assemblée nationale, puis retiré, puis repris par M. Bourbeau, et obtint encore un rapport favorable, mais toujours sans résultat. M. Roulliet raconte toutes ces vicissitudes. M. Carnot fait plus ; il s'applique à démontrer l'utilité de cette école, qui, pendant sa courte existence, a formé des élèves distingués, et dont Jean Reynaud regardait la création comme un grand service rendu au pays. M. Carnot examine ce qui se fait en Allemagne ; il cite les opinions de Georges Cuvier, du duc d'Orléans, de l'empereur Napoléon III, toutes favorables à cet enseignement spécial, qui compte d'ailleurs parmi ses partisans les plus résolus M. le garde des sceaux actuel. M. Dufaure voudrait qu'on arrivât aux emplois supérieurs de l'administration et du gouvernement autrement qu'en obtenant l'appui de personnes haut placées elles-mêmes, ou en faisant, selon un mot spirituel, « les démarches nécessaires ». Il avait pris, il y a un an, comme ministre de la justice, un arrêté qui établissait des examens pour les aspirants aux fonctions du parquet. Or, ici, les examens sont peut-être moins nécessaires qu'ailleurs, parce que déjà les candidats doivent être pourvus du diplôme de licencié en droit. Ce diplôme est aussi exigé pour certaines fonctions administratives, par exemple pour celles de conseiller de préfecture, tandis que, par une singulière anomalie, on peut être nommé d'emblée préfet ou sous-préfet sans avoir aucun diplôme. En général, il faut le dire, les garanties d'aptitude ne sont que des titres secondaires pour obtenir les emplois ; l'essentiel est d'être appuyé, et la politique joue trop souvent un grand rôle dans cette sorte d'affaires. Il y aurait donc un enseignement nouveau à instituer ; on a pensé à l'ajouter à celui des écoles de droit, mais la plupart des professeurs s'y sont, avec raison, montrés opposés. M. Jules Simon pense même que l'enseignement de l'économie politique, qui figure maintenant sur le programme des écoles de droit, serait mieux placé dans une école d'administration. M. Carnot examine, entre autres questions, celle du diplôme à conférer aux élèves sortant de l'École d'administration, et aussi celle du rôle que peuvent jouer, au point de vue de l'avancement, les examens et les concours. M. Jules Simon considère le concours comme excellent au début de la carrière ; mais il ne le croit pas applicable aux emplois supérieurs ; le véritable concours, c'est alors la somme de talent et de zèle apportée par chacun dans l'accomplissement de sa tâche. Quoi qu'il en soit, une école ou un enseignement spécial lui semble nécessaire pour former des administrateurs et même des hommes d'État et des législateurs. M. Jules Simon rend d'ailleurs justice aux services rendus sous ce rapport par l'École libre des sciences politiques, fondée et habilement dirigée par M. Boutmy.

M. Ch. Giraud ajoute à ce qui vient d'être dit par son savant confrère, que, sous le gouvernement de Juillet, M. de Salvandy avait présenté à la Chambre des pairs un projet de fondation d'une école des sciences camérales. Sous l'empire, M. Duruy avait, à son tour, longuement étudié cette idée, et, après bien des hésitations, il l'avait abandonnée. En ce moment même, il y a un projet soumis au Sénat. M. Giraud estime qu'il est du devoir de l'État de prêter son concours à une création de ce genre. Il importe que les jeunes gens qui se destinent aux carrières administratives et politiques trouvent une école où ils puissent apprendre ce qu'ils ont besoin de savoir, et que l'État ait une école pour ses administrateurs et ses diplomates, comme il en a pour ses officiers de terre et de mer, pour ses ingénieurs. Aujourd'hui, il ne peut que recommander l'École libre dont on parlait il y a un instant.

M. E. de Parieu rappelle à son tour que l'Académie des sciences morales et politiques s'est occupée, elle aussi, de la question dont il s'agit, et que M. Vergé a fait naguère un remarquable travail sur l'enseignement administratif en Allemagne. Or, en Allemagne, cet enseignement fait partie, en général, de celui des universités, bien qu'il y ait aussi des écoles spéciales. Il en est de même en Belgique. M. de Parieu pense que dans l'école fondée par M. Carnot, on avait dépassé le but en créant des cours trop nombreux. M. Duruy avait songé à appliquer aux études juridiques et administratives le système de la bifurcation; c'est ce qui fit rejeter son projet par le Conseil d'État.

M. Levasseur dit que M. Duruy avait ensuite repris sa tentative sous une autre forme, et rédigé un décret dont M. Levasseur lui-même a corrigé les épreuves et qui annexait à l'École pratique des hautes études une section d'administration. C'était en 1868; le décret allait être signé quand M. Duruy quitta le ministère. Du reste, l'École libre des sciences politiques remplace provisoirement, autant que possible, l'école que l'État devra créer. Elle a formé d'excellents élèves, et ses cours sont très-suivis : celui de M. Paul Leroy-Beaulieu, par exemple, ne compte pas moins de soixante auditeurs assidus.

M. Hippolyte Passy pense que l'enseignement donné par l'État soulève de graves objections. Cet enseignement implique nécessairement un ensemble systématique de doctrines officielles qui, vraies ou fausses, s'imposeraient en vertu de la quasi-infaillibilité de l'État. On en a vu la preuve en Allemagne, où les écoles et universités locales ont changé de caractère depuis la concentration des pouvoirs aux mains du gouvernement impérial. On y enseigne maintenant l'omnipotence de l'État et ce qu'on a nommé « le socialisme de la chaire ». Les mêmes doctrines pourraient bien s'introduire en France avec l'enseignement officiel. M. H. Passy estime que l'École libre, dont on a fait un juste éloge, remplit parfaitement la fonction qu'on voudrait donner à une école officielle ; c'est un type à imiter et non pas à remplacer.

M. de Parieu ajoute que ce qui est surtout à craindre, c'est l'enseignement « fermé » tel qu'il se donne dans les écoles militaires; mais il croit qu'un enseignement mixte, incorporé, pour ainsi dire, à l'enseignement des Facultés, n'aurait pas les mêmes inconvénients.

M. Jules Simon prend la défense des écoles de l'État. Il cite notamment l'École normale, où règne, comme chacun sait, la plus entière indépendance, et il affirme que ni dans cette école ni dans aucune autre, l'État n'impose de doctrine officielle. Il pense, d'ailleurs, que la création d'une école spéciale n'empêcherait point d'introduire dans l'enseignement universitaire des notions d'administration et d'économie publiques. Sans doute, si l'initiative privée pouvait suffire aux besoins de ce haut enseignement, l'État pourrait s'abstenir; mais doit-il, en attendant que cette initiative se produise, demeurer inactif? M. Jules Simon ne le pense pas. Il insiste de nouveau sur l'entière liberté laissée en France aux professeurs par tous les ministres de l'instruction publique. M. Jules Simon sait bien, ses prédécesseurs et ses successeurs savent comme lui, que la liberté du maître est la condition de son autorité, et que la jeunesse n'écouterait pas un professeur qui parlerait par ordre.

M. Ad. Franck appuie l'opinion de M. Jules Simon. Que les doctrines d'État soient à craindre dans les États soumis à un gouvernement despotique ou à des classes privilégiées, M. Franck l'accorde; mais ce danger ne saurait exister là où le gouvernement est l'émanation et l'expression de la volonté nationale et le protecteur de la liberté. Il n'y a pas, en France, dans le haut enseignement, de doctrines officielles, et cet enseignement est entièrement libre dans les limites qu'impose le respect des principes fondamentaux de la morale et de l'ordre social.

M. Hippolyte Passy refuse la compétence scientifique à l'État, quand même l'État est, comme on le dit, le représentant de la nation entière. La nation elle-même, que sait-elle? Le fond de ses idées consiste principalement en préjugés; et quant aux pouvoirs publics, on sait combien ils ont de peine, eux aussi, à s'affranchir du joug de la routine, et quelles concessions ils sont obligés de faire chaque jour aux préjugés vulgaires. Il suit de là que l'enseignement officiel ne peut jamais dépasser la limite des idées reçues, tandis que l'enseignement libre peut les devancer. Celles-ci sont l'expression de la science vraie, de la science qui cherche, au risque de se tromper parfois, mais qui ouvre un champ sans limite à tous les esprits investigateurs. Sous prétexte de faire respecter certains principes réputés fondamentaux, mais qui, en réalité, changent selon les époques, l'enseignement officiel, quoi qu'on en dise, n'est jamais que l'expression des idées acceptées par le gouvernement, et il aboutit fatalement à ce qu'on a justement appelé le *mandarinat*, ou à des fluctuations sans fin.

M. Franck répond que le gouvernement ou l'État n'enseigne pas lui-même ; qu'il n'a pas à s'inspirer des idées ou des préjugés qui ont cours dans les masses, mais seulement à exercer sur les maîtres auxquels il confie la mission d'instruire la jeunesse, une surveillance légitime et nécessaire. M. Franck maintient que, sous ce contrôle, les doctrines, — les doctrines honnêtes s'entend, — peuvent jouir, et jouissent en effet, dans nos grandes écoles, d'une entière liberté. (*Journal officiel*).

ARTHUR MANGIN.

LES DERNIÈRES GRÈVES EN ANGLETERRE.

On s'est beaucoup préoccupé en Angleterre, dans ces derniers mois, du mouvement économique et social, des grèves d'ouvriers, du ralentissement des exportations, de l'accroissement des importations, et de différents autres faits qui, pour beaucoup de personnes, sont des symptômes d'un affaiblissement de la puissance industrielle et commerciale de la Grande-Bretagne. Malgré l'intérêt presque exclusif qui s'attache aujourd'hui aux événements d'Orient, on nous permettra de présenter quelques observations et d'entrer dans quelques détails sur des phénomènes économiques qui sont de la plus haute importance et qui peuvent être l'objet, de la part d'esprit peu expérimentés ou légers, de beaucoup de jugement faux ou exagérés.

Il n'est que trop vrai que les grèves ont pris depuis quelque temps en Angleterre une incroyable extension, et que la plupart y ont une durée jusqu'alors inusitée. On a calculé qu'il n'y avait pas eu en 1877 moins de 191 grèves dans le Royaume-Uni ; et ce ne sont pas là des explosions fugitives, des escarmouches passagères limitées à un terrain de peu d'étendue. Sur ces 191 grèves, 154 ont attaqué ce que l'on peut appeler les *industries-mères* de la Grande-Bretagne, c'est-à-dire l'industrie textile, celle de la construction des navires, la métallurgie. La plupart, ou du moins un grand nombre, ont duré de longues semaines, plusieurs mois, parfois plusieurs trimestres ; elles ont eu naturellement des fortunes diverses, mais presque toutes ont échoué, n'ont abouti qu'au maintien du *statu quo* ou même à une situation plus mauvaise qu'auparavant pour les ouvriers. On cite la grève des menuisiers de Carlisle qui a duré vingt-six semaines, juste une demi-année, dans l'espérance d'obtenir une augmentation de salaire, et qui a cessé par lassitude, sur la simple promesse d'une élévation d'un demi-penny par heure, ou de 40 centimes par jour, à dater du 1er mars prochain. C'était là un résultat presque heureux pour les ouvriers ; quoiqu'on puisse se demander si la simple promesse, exécutable dans trois mois, d'une augmentation de 40 centimes, compense suffisamment la dépense d'un chômage de six mois. Les charpentiers de Darlaston eurent moins de bonheur, car, après de longues semaines de grève, il leur fallut accepter une réduction de salaires. Les coalitions prolongées des constructeurs de navires de la Clyde et des fileurs de Bolton n'aboutirent qu'à un échec pour les ouvriers, quoique la dépense des grévistes se soit élevée, dans l'un et l'autre cas, à plusieurs millions de francs.

L'une des grèves les plus intéressantes qui se soient récemment produites en Angleterre est celle des maçons de Londres, qui réclament un salaire de 10 pence ou de 1 fr. par heure, au lieu de la rémunération jusqu'alors admise de 9 pence. Le caractère particulier de cette grève, ce n'est pas tant sa durée, quoiqu'elle ait commencé à la fin de l'été dernier, ce sont les moyens auxquels recourent les patrons et les ouvriers pour arriver à leurs fins. Les patrons ont fait venir à Londres des maçons d'Écosse, puis des maçons d'Allemagne, enfin des maçons d'Amérique. Les frais de transport de ces nouveaux venus leur ont coûté naturellement fort cher. C'est ainsi qu'en une seule journée on amena à Londres 250 maçons d'Allemagne ; puis, en une autre, 164 maçons d'Amérique. Ces renforts, ou plutôt ces suppléants, étaient singulièrement redoutables pour les grévistes ; mais ceux-ci ne se tinrent pas pour battus. Ils avaient des fonds, eux aussi ; ils en employèrent une partie pour désintéresser les ouvriers étrangers et les renvoyer dans leur pays. C'est ainsi que le Comité central de la grève a réexpédié en Amérique 130 environ des maçons américains que les patrons avaient fait venir ; il a fait de même pour les maçons allemands, puis pour les maçons deprovince.

Voilà assurément un genre de guerre tout à fait nouveau, et un singulier emploi des épargnes professionnelles. Les patrons maçons de Londres et leurs ouvriers s'ingénient à faire voyager à leurs frais, d'Allemagne en Angleterre et réciproquement, des États-Unis à Londres et de Londres aux États-Unis, des centaines d'ouvriers vagabonds. Le comité central des grévistes a, d'ailleurs, des ressources importantes. Sur plus de 2,000 maçons qui sont affiliés à ce comité, 1,400 environ ont trouvé de 'ouvrage dans des maisons qui ont accepté après plus ou moins de temps l'ultimatum des ouvriers. Le nombre des grévistes secourus par le comité n'est que de 650, et ce ne sont pas les plus malheureux de la corporation, car ils reçoivent chaque semaine un subside de grève (*strike pay*) de 18 shillings, ou de 22 fr. 50 c. chacun, plus 1 shilling pour les ouvriers mariés et 1 autre shilling par tête d'enfant. Beaucoup de nos ouvriers parisiens, à coup sûr, s'accoutumeraient à ce régime de *far niente* passablement rétribué, et qui est très-supérieur à celui de la garde nationale pendant le siége. Tant que le fonds de grève pourra offrir régulièrement de pareils secours, il n'est pas vraisemblable que les grévistes capitulent.

Ce serait évidemment perdre son temps que de démontrer longuement les inconvénients et les dangers qu'un semblable état de choses entraîne

pour l'industrie nationale, surtout dans un moment de crise presque
universelle et de ralentissement général de la consommation. Il est clair
que ces querelles intestines, prolongées et envenimées entre patrons et
ouvriers, sont un encouragement pour les concurrents extérieurs. Les
maîtres de forges du continent ou des États-Unis, les filateurs de l'Europe
occidentale ou même de l'Inde anglaise ne peuvent que tirer profit
des dissidences sans cesse renaissantes dans le personnel de l'industrie
britannique. La disparition déjà ancienne des chantiers de construction
de Londres, l'amoindrissement d'importance de ceux de la Clyde, sont
une démonstration de cette vérité. La fâcheuse influence des grèves sur
les débouchés de l'industrie britannique est trop incontestable pour que
nous ayons besoin d'y insister.

Quelques inconvénients secondaires de ces grèves si prolongées méritent
au contraire d'être mis en lumière. Le *Times* fait judicieusement
remarquer que des suspensions de travail qui durent souvent six mois
consécutifs doivent notablement diminuer l'habileté professionnelle des
ouvriers. Cette habileté est, en effet, le fruit de l'habitude : dans les métiers
qui demandent quelque adresse de la main, il ne se peut pas qu'un
chômage complet de six mois ne laisse pas quelques traces. Pour le
moins, ce chômage diminue le goût du travail et l'amour-propre professionnel;
il doit aussi amortir la stricte probité, la loyauté ouvrière, si
nous pouvons parler ainsi. Le *Times*, dans le *leading* article, adresse
aux ouvriers britanniques des reproches qui sont sévères, quoiqu'ils ne
semblent pas complètement immérités. Il y aurait, de l'autre côté de la
Manche, une sorte de coalition instinctive, constante, occulte de tous les
ouvriers de différents corps d'état, non-seulement contre les patrons,
mais contre les consommateurs. Le sens du devoir serait chez eux étrangement
perverti; ils considéreraient comme une obligation morale de procurer
par tous les moyens possibles de l'ouvrage aux ouvriers d'une corporation
étrangère. Ainsi, dit le *Times*, qu'un ouvrier plombier aille sur
un toit pour réparer une gouttière, il ne manquera pas d'endommager à
dessein quelques ardoises ou quelques tuiles pour donner de l'ouvrage
au couvreur; et, de son côté, le couvreur payera à son confrère ses attentions
en ayant bien soin, lorsqu'il remettra les ardoises ou les tuiles,
d'endommager les gouttières. Voilà un touchant exemple de procédés
confraternels aux dépens des consommateurs, c'est-à-dire de l'ensemble
de la communauté. Nous laissons au *Times* la responsabilité de ces assertions.
Certes, elles nous montreraient que l'ouvrier anglais est moralement
fort inférieur à l'ouvrier français, qui a, en général, surtout à
Paris, un grand amour-propre professionnel, le goût d'une tâche bien
faite, et qui éprouverait une invincible répugnance pour des expédients
aussi mesquins, aussi déloyaux.

Cette solidarité des diverses corporations se manifeste encore en Angleterre par d'autres moyens moins répréhensibles et plus efficaces, notamment par les secours que les divers corps d'état croient devoir envoyer à un corps de métier différent qui se trouve en grève. Nous parlions tout à l'heure de l'opulente oisiveté des grévistes maçons : c'est que leur caisse est alimentée par des contributions de toutes sortes. Il y a huit jours, par exemple, les menuisiers des quartiers ouest de Londres envoyaient au Comité central des maçons un secours de 50 liv. st. (1,250 fr.), en en promettant un semblable dans quelques semaines; au même moment, les plâtriers de Birmingham adressaient au même Comité une somme égale de 50 liv. st. Ce sont là des exemples de faits journaliers, et non pas des exceptions.

Deux circonstances viennent en Angleterre au secours de toutes les grèves : d'abord la loi des pauvres, l'assistance légale obligatoire, qui fait que les grévistes et leurs familles peuvent sentir la gêne, mais non pas souffrir l'absolu dénûment. C'est, en outre, l'habitude qu'ont prise les ouvriers de confier la plus grande partie de leurs épargnes aux *Trades-Unions*. Celles-ci ont rassemblé, dans les dix années de prospérité de 1865 à 1875, des ressources considérables. Actuellement, elles les emploient ou plutôt elles les gaspillent. Si les vaches maigres, comme il est assez probable, succédaient aux vaches grasses, et que les quelques prochaines années dussent être marquées par un certain ralentissement de l'activité industrielle il ne serait pas étonnant que la plupart des *Trades-Unions* fissent faillite, qu'elles ne pussent tenir leurs engagements, qu'elles fussent incapables, par exemple, de payer les pensions de retraite qu'elles ont promises en échange des lourdes cotisations de leurs membres. Si, au contraire, les *Trades-Unions*, par impossible, continuaient à résister et qu'elles maintinssent indéfiniment leur politique militante, il y aurait une autre solution qui rencontrerait en Angleterre beaucoup de faveur et qui serait grave de dangers : ce serait de faire venir des ouvriers étrangers, non pas d'Allemagne, ni des États-Unis, mais de Chine et du Japon. Le *Times* a publié à ce sujet de longues colonnes de correspondances; c'est là un projet qui n'est qu'à l'état d'embryon, mais qui pourrait, avec le temps et la détresse industrielle, finir par prendre corps. (*Débats.*)

PAUL LEROY-BEAULIEU.

LE JOUR DE PAYE DES OUVRIERS.

Le Congrès réuni à Genève pour la sanctification du dimanche, s'est occupé, entre autres questions philanthropiques, de savoir quel jour de la semaine convient le mieux pour le règlement des comptes entre ouvriers et patrons. Une commission avait été nommée pour étudier le sujet, et présenter un rapport qui pût servir de base de discussion.

Cette commission, composée exclusivement de Genevois, s'est acquittée fidèlement de son mandat, mais elle n'est pas sortie des conditions spéciales au pays et la discussion a montré que ses conclusions, bonnes pour Genève, ne le seraient pas partout.

Trois points étaient à considérer : l'observation du dimanche, l'intérêt des ouvriers, la convenance des patrons.

L'observation du dimanche exige, cela va de soi, qu'aucun règlements de compte ne se fasse ce jour-là ; elle exige de plus que si l'ouvrier touche son argent le samedi, ce soit d'assez bonne heure pour qu'il ne soit pas amené à faire ses emplettes le dimanche.

Quant à l'intérêt de l'ouvrier, la première question à envisager (et la commission s'en était peu occupé), est celle de la fréquence des règlements de comptes. Il est des industries où ces règlements se font tous les huit ou quinze jours, d'autres à la fin du mois, du trimestre ; dans le canton de Neufchâtel même les comptes ne se règlent que deux fois l'an.

L'inconvénient des règlements rapprochés, c'est que multipliant les jours de paye, ils multiplient les jours de déroute, les lundis bleus ; la paie étant le moyen, l'occasion, le point de départ de ces jours néfastes. L'inconvénient des payements éloignés, c'est qu'ils amènent et légitiment une des plus funestes habitudes, celle d'acheter à crédit ; l'ouvrier, à moins qu'il n'ait des avances, ne peut payer que quand il est payé lui-même.

Pour éviter les inconvénients de l'un et de l'autre régime, on a proposé de s'en tenir au dernier, d'espacer les jours de paye autant que les choses le permettent, et de donner à l'ouvrier les à-comptes nécessaires, pour qu'il puisse faire ses emplettes au comptant. L'écueil serait que les à-comptes ne finissent par avoir leur jour attitré, et que ce jour ne fût une occasion de déroute comme le sont les jours de paie. Ce mode, d'ailleurs, complique un peu la comptabilité.

Nous croyons, cependant, qu'il vaut la peine d'être étudié et qu'il peut rendre service pour le paiement des loyers, par exemple, ce cauchemar des familles sans avances. Il leur est si difficile de mettre de côté l'argent voulu, et d'empêcher que les besoins ou les plaisirs ne l'entament, que le patron leur rendrait service, si, fournissant à leurs besoins courants par des à-comptes, il faisait coïncider le moment où ils touchent le plus gros de leur gain, avec l'échéance de leur loyer.

Afin de pouvoir éloigner les jours de paie sans que les ouvriers soient obligés de contracter des dettes, et pour leur procurer une subsistance plus économique, plusieurs sociétés industriels ont ouvert des magasins, et livrent à leurs employés, au prix du gros, les denrées et les objets les plus courants, elles en retiennent la valeur le jour de la paye. Ainsi pourvus, les ouvriers peuvent attendre plus longtemps un règlement définitif.

Mais en Suisse, ce régime est interdit ou va l'être ; il s'élabore à Berne une loi sur les fabriques, qui défend que les ouvriers soient payés autrement qu'en argent. Savoir si cette disposition législative est bien sensée, et si l'on doit interdire un mode de faire parce qu'on en a abusé, n'est pas notre affaire ; si la loi a parlé il faut obéir.

Au surplus, nous n'aurions recommandé ce moyen qu'avec la plus grande réserve, il peut facilement devenir une source de désaccord entre ouvriers et patrons, et il faut rendre ces occasions aussi rares que possible. Cette raison n'est pas la seule, mais elle nous suffit.

D'autres sociétés ont passé des conventions avec le boulanger, le boucher, etc. ; elles les paient directement, et, en raison du chiffre d'affaires et de la parfaite certitude de payement qu'elles leur assurent, elles obtiennent des rabais dont bénéficient leurs ouvriers. Ceux-ci reçoivent des bons, contre lesquels le marchand leur livre ce dont ils ont besoin. Ce mode de vivre fonctionne très-bien dans un grand nombre d'établissements.

On affirme qu'il ne serait pas goûté par nos ouvriers ; que l'usage de ces bons froisserait leur susceptibilité. Mais il nous semble que l'avantage de cet arrangement est indépendant des bons. Si le patron ouvrait à chacun de ses ouvriers chez les fournisseurs un crédit dont il fixerait le maximum et dont il garantirait le payement, cela suffirait pour que, entre règlements, ces employés obtinssent, et à bas prix, tout ce qui leur est nécessaire, et le but serait atteint.

Toutefois, ce moyen ne pouvant être pratiqué que dans les fabriques où il y a un très-grand nombre d'ouvriers, et Genève n'en ayant pas de telles, il est peu probable qu'il joue jamais un grand rôle chez nous.

Nous ne citons que pour mémoire la pensée émise par un des assistants que ce soit la femme qui touche la paye du mari. Que, dans quelques cas exceptionnels, un ouvrier qui se défie de lui-même consente à un semblable arrangement, le patron fera peut-être bien de s'y prêter, mais ce renversement dans le rôle des époux ne saurait être admis en principe.

Quand la paye se fait tous les huit ou quinze jours, ce qui importe à l'ouvrier, c'est qu'elle se fasse la veille du jour du marché, afin que sa femme puisse acheter de première main, c'est-à-dire à meilleur marché et à choix les denrées dont a besoin sa famille.

A Genève, la veille du marché tombant le vendredi, c'est le soir de ce jour qu'avait recommandé la Commission ; mais comme le marché ne se tient pas partout le samedi, il convient de ne pas désigner le jour de paie, autrement que comme veille du jour de marché, avec cette réserve, bien entendu, que le marché n'ait lieu ni le dimanche ni le lundi, ce qui est le cas dans quelques localités.

Quant à la convenance des patrons, ce qui a été surtout recommandé c'est qu'ils ne s'imposent pas l'obligation de faire en une seule et même fois le règlement et la paie de leurs ouvriers. Ainsi, la Commission proposait que la note des travaux faits par ceux-ci fut arrêtée le jeudi soir, et que la paye se fît le vendredi soir, laissant aux comptables la journée entière du vendredi.

Ce n'est pas trop. Le travail de ces comptables est souvent considérable, dans les industries du bâtiment en particulier, le calcul des toisés est laborieux et long, quelquefois le nombre des ouvriers s'accroît spontanément, sans que le nombre des employés de bureau s'accroisse de même, en sorte que le soir du samedi, seul moment dont ils disposent dans l'ordre actuel, ne peut absolument leur suffire.

D'ailleurs, le samedi étant le jour le plus chargé par lui-même, celui où il importerait le plus à l'entrepreneur d'être libre, il y a tout avantage à reporter au vendredi cette partie de la besogne.

On a cité les fabriques de coton qui existaient à Héricourt, où cette disjonction du règlement et de la paie a permis d'établir un excellent régime. Tous les chefs d'industrie se sont entendus pour que la vérification et l'annotation des ouvrages se fassent le samedi soir et la paie le mercredi suivant. De la sorte, les comptables, dont la besogne est parfois aussi compliquée que dans l'industrie des bâtiments, ont pu la faire à tête reposée, les ménagères ont applaudi, parce que le jeudi étant le jour du marché, leurs maris étaient payés la veille ; et l'habitude du lundi bleu a presque disparu.

Ce qu'on peut conclure des discussions qui ont eu lieu dans le Congrès, au sujet du jour de paie; c'est :

1° Qu'il est à désirer que les jours de paye soient plus éloignés qu'ils ne le sont en général, à condition toutefois qu'il soit pourvu aux besoins courants des ouvriers, soit en nature, soit en argent.

2° Que la paye, quand elle se fait, tous les huit ou quinze jours, ait lieu la veille du jour de marché.

3° Enfin, comme moyen de faciliter l'arrangement quel qu'il soit qu'on prendra, de ne pas s'astreindre à faire en même temps le règlement et la paie.

Parce qu'une assemblée de gens, si bien qualifiés qu'on les suppose, a montré le bon chemin, se figurer que ceux auxquels ils le montrent vont y entrer en foule, serait ne pas connaître la nature humaine, mais ce serait la méconnaître également que de croire inutile le travail de cette assemblée. A de très-rares exceptions près, les chefs d'industrie sont désireux du bien de leurs ouvriers, et quelques-uns y mettent la plus honorable sollicitude. Nous ne doutons point que plusieurs parmi eux ne soient frappés des considérations qui ont été présentées, et ne profitent de ce qu'elles peuvent renfermer de bon. (*Bulletin du bureau central de bienfaisance, de Genève.*)

NÉCROLOGIE.

—

PROSPER PAILLOTTET.

———

M. P. Paillottet, un de nos plus anciens collaborateurs dans ce Recueil et dans l'Association pour la liberté des échanges, est mort subitement le 25 janvier à Versailles, à l'âge de 74 ans. Ses obsèques ont eu lieu le dimanche 27. Une nombreuse assistance, grossie de plusieurs sociétés philanthropiques, avait tenu à accompagner jusqu'à sa dernière demeure le généreux donateur de toutes les œuvres de bienfaisance de cette ville.

Au cimetière, M. Rameau, maire de Versailles, et l'un des vice-présidents de la Chambre des députés, a rendu hommage au citoyen. M. Frédéric Passy, membre de l'Institut, a apprécié la vie et le caractère de l'ami de Bastiat. Nous reproduisons ses paroles :

« Avant d'être ce que vous l'avez vu ici, un commerçant retiré, jouissant honorablement d'une aisance honorable, et faisant de ses loisirs et de sa fortune le noble et intelligent emploi qu'il excellait à en faire, M. Paillottet avait connu les difficultés et les épreuves. Et s'il lui était permis, dans cette dernière période de son existence, de donner son temps et son argent avec une générosité dont ses plus intimes amis eux-mêmes n'ont pu qu'en partie surprendre le secret, c'est qu'il avait à l'époque de sa jeunesse et pendant son âge mûr connu le labeur et pratiqué l'économie.

« Dès l'âge de 17 ou 18 ans (il n'y a pas longtemps que son amitié m'a fait cette confidence), il avait dû se suffire à lui-même, et pendant trois ans, à Lyon, il vécut en donnant des leçons d'arithmétique et de mathématiques. C'est à cette époque qu'il avait étudié la *Langue des calculs* de Condillac ; et c'est en souvenir du profit qu'il avait retiré de cette étude que, voulant rendre aux autres ce qu'il avait reçu, il avait tenu, « avant de mourir », comme il me le disait il y a une couple d'années déjà, à faire réimprimer cet ouvrage devenu presque introuvable, et à le faire distribuer (avec sa discrétion ordinaire) à nos instituteurs.

« La plupart de ceux qui l'ont connu plus tard savent qu'il a été à la tête d'un fonds de bijouterie. Il n'était pas, paraît-il, préparé par un apprentissage spécial à cette délicate et difficile industrie ; ce fut le hasard des circonstances qui le poussa de ce côté plutôt que d'un autre. Mais il était de ceux qui réussissent à tout ce qu'ils font, parce qu'il était de ceux qui pensent que tout ce qui mérite d'être fait mérite d'être bien fait ; il mettait en toutes choses ce soin, cette conscience, cet ordre et cette énergie avec lesquels on n'échoue jamais. Je ne crains pas de le dire, en cela comme en son amour ardent et vigoureux de la liberté, c'était un Américain. Il n'en avait pas l'extérieur ; il en avait l'intérieur, et cela vaut mieux.

« Toujours est-il que, secondé comme il l'était par une femme digne de lui, il réussit au delà peut-être de ses premières ambitions. En peu d'années, non-seulement il avait conquis l'aisance, mais il avait gagné la confiance et l'estime de ses pairs. Leur suffrage le porta au Conseil des prud'hommes, et il en devint le vice-président.

« Cependant ses affaires, quelque attention qu'il y donnât, ne l'absorbaient pas tout entier. Pour trouver, sans leur rien enlever de ce qu'il leur devait, le temps de continuer à cultiver son esprit et de s'occuper des intérêts généraux que trop volontiers nous séparons, les uns et les autres, de nos intérêts privés, il se levait à quatre heures. Il a conservé jusque dans sa vieillesse l'habitude d'être matinal ; c'est ainsi qu'au moment où beaucoup commençaient à peine leur journée, il avait déjà rempli la sienne.

« Ayant l'esprit ainsi ouvert sur les choses du dehors ; comprenant, comme l'avait écrit depuis longtemps déjà l'homme éminent dont il devait être l'ami et dont il ne soupçonnait alors ni le talent ni l'existence, que « le bon négociant ne doit pas rester étranger à l'économie politique », il était tout préparé, et par le souci de sa profession et par ses préoccupations d'homme et de citoyen, à comprendre l'importance du grand débat économique qui s'éleva, il y a trente ans, dans notre pays, après avoir passionné et transformé l'Angleterre. Il suivit les discussions de l'Association pour la liberté des échanges, dans laquelle sa notabilité commerciale lui donnait le droit d'être sérieusement écouté ; et il y rencontra, à côté des Michel Chevalier, des Wolowski, des Faucher et de bien d'autres, qui ne tardèrent pas à apprécier la droiture de son esprit et de son cœur et qui lui gardèrent jusqu'au bout la plus sérieuse estime, le nouveau venu auquel je viens de faire allusion et dont il fut l'un des premiers à comprendre la grande et exceptionnelle valeur, Frédéric Bastiat, notre maître à tous et l'une des gloires les plus pures et les plus durables de ce siècle.

« M. Paillottet, avec son esprit net et son âme sincère, fut frappé, dès le premier jour, de ce qu'il y avait d'élevé et de lucide à la fois dans ce talent si soudainement révélé ; il fut touché surtout de ce qu'il y avait de simple et de réellement bon ; et en admirant le génie du penseur et l'esprit de l'écrivain, il aima l'homme

et, bientôt à son tour, il s'en fit apprécier et aimer. On peut dire
qu'à partir de ce moment sa vie fut dévouée, et ce dévouement n'a
pas cessé avec celui qui l'avait inspiré; il s'est continué, sans s'affaiblir jamais, après sa mort, en se reportant sur les disciples et
les continuateurs de Bastiat.

« Bastiat, tombé des Landes, à 45 ans, au milieu de la fournaise
parisienne, ne pouvait, à raison même de ce qu'il y avait en lui
d'activité longtemps concentrée, suffire à la tâche écrasante et
multiple dont l'avaient aussitôt chargé son zèle et la désignation
de ses nouveaux émules. Sa santé s'usait rapidement, et l'œil clair-
voyant de M. Paillottet ne s'y pouvait méprendre. Il se fit son secrétaire, son correspondant, son second corps en quelque sorte.
Recherches, démarches, corrections d'épreuves, rien ne lui coûtait
(mais à combien d'autres n'a-t-il pas depuis rendu de pareils services!) Il apprit même l'anglais, dans l'espoir d'épargner à son
cher malade la peine de rester penché sur les documents qu'il avait
à traduire; et c'est pour cela qu'il a pu faire passer plus tard dans
notre langue d'importants travaux de nos voisins et correspondre
directement avec les plus distingués d'entre eux ; déployant ainsi,
dans son âge mûr, la même énergie laborieuse dont il avait preuve
dans sa jeunesse, et montrant qu'il n'est jamais trop tard, quand
on le veut, pour ajouter à ses connaissances.

« Lorsque, succombant prématurément à l'excès de ses travaux, Bastiat dut aller demander à l'Italie un repos qui fut bientôt
le repos suprême, ce fut M. Paillottet encore qui, laissant tout
pour remplir ce pieux devoir, alla lui porter à Rome le souvenir
de ses amis, recueillit, avec son dernier soupir, l'expression de
ses dernières volontés et l'héritage sacré de ses pensées et de ses
écrits. « Prenez tout, lui dit Bastiat deux jours avant sa mort, en
lui remettant les manuscrits qu'il avait avec lui ; si je ressuscite,
vous me les rendrez ». Mais il savait bien qu'il ne ressusciterait
pas.

« Le legs était en bonnes mains ; et grâce à M. Paillottet, grâce
aussi à un autre ami fidèle, penseur original et écrivain éminent,
dont la collaboration affectueuse ne lui manqua pas un instant,
M. R. de Fontenay, les œuvres de Bastiat, connues et inconnues,
ont été conservées et éditées avec un soin, une intelligence et une
conscience bien rares. Lorsque, rendant justice à ce que cette tâche
avait exigé de qualités de tout genre, ou ce qui n'était pas moins
juste, donnant aux travaux personnels de M. Paillottet la part d'é-
loges qui leur était due, on avait l'air de le traiter lui-même en
écrivain et en économiste : « Moi, disait-il avec son bon et aimable
sourire, je ne suis que l'invalide qui garde le tombeau de Bastiat ».

N'eût-il été que cela, certes, c'était bien quelque chose. Mais il n'était pas que cela, et nous le savons bien, nous tous qui avons reçu tour à tour et ses bons avis et ses services inépuisables.

« Aussi, n'est-ce pas seulement Bastiat qui, en retour du culte dont il se sentait entouré par lui, lui avait voué une affection, une estime, je dirai un respect profond et sincère; bien d'autres ont partagé ses sentiments ; et cet homme que nous avons connu si simple, si modeste, si peu occupé de lui-même, aurait eu le droit, s'il l'avait voulu, de se faire valoir par les plus hautes et les plus illustres amitiés. C'étaient, pour n'en citer que quelques-uns, le célèbre Richard Cobden, qui n'a jamais cessé d'être en correspondance avec lui, et dont je lui ai dû, pour ma part, la connaissance ; c'était Jean Dollfus, le grand industriel, le grand philanthrope et le grand patriote, que, grâce à lui aussi, j'ai pour la première fois rencontré chez Cobden. C'étaient Michel Chevalier, Wolowski, Bersot, Quinet, Michelet. Et n'en avons-nous pas, en ce jour même, une preuve bien touchante? La femme distinguée qui porte si noblement le grand nom que je viens de nommer, Mme Michelet, est venue, n'écoutant que son cœur, apporter elle-même sur ce tombeau une couronne en témoignage de sa douleur et en souvenir des sentiments de celui dont elle garde la mémoire. Nous avons le devoir de le dire, en cette heure où la vérité doit éclater tout entière, celui qui avait su gagner et garder de telles amitiés n'était pas un homme ordinaire, c'était une belle intelligence, et c'était un noble cœur.

« C'était un grand citoyen, me disait il y a quelques instants un de ceux qui sont ici et l'un de ceux qui, comme M. Rameau, ont montré, dans les circonstances les plus difficiles, ce que peuvent le courage civique et le patriotisme, M. Valentin. Oui, c'était un grand citoyen et un grand patriote ; ennemi, comme tous ceux qui ont réfléchi sur les véritables sources de la grandeur des sociétés, des luttes sanglantes, dans lesquelles les nations se disputent la terre ; ennemi de toute ambition injuste et de toute pensée d'agrandissement violent, mais indomptablement jaloux de l'indépendance, de l'honneur et de la dignité de sa patrie, comme il l'était de sa propre indépendance et de sa propre dignité, prêt, pour les défendre, à tous les sacrifices et à tous les efforts. Et c'est là, hélas ! comme à bien d'autres, car qui les comptera jamais, les blessures visibles ou cachées de la guerre, c'est là ce qui lui a porté le premier coup. Surpris par les événements de 1870 dans ce beau et noble pays de Suisse, où il aimait à aller respirer l'air de la liberté, torturé, pendant que tant de maux fondaient sur nous, par des angoisses dont il a conservé la trace dans un volume où l'on en re-

trouve le touchant épanchement ; accablé par cet écrasement et ce
dépérissement de la France dont on put craindre, un moment, que
ce malheureux pays ne se relevât pas ; lorsque, vers le milieu de
1871, nous le vîmes enfin revenir parmi nous, il était difficile, malgré l'effort qu'il faisait pour le cacher à sa femme et à ses amis, de
ne pas reconnaître avec inquiétude que la vie avait diminué en lui.
Il se reprit peu à peu, comme nous tous, à l'espérance, en voyant
la France se relever, en dépit de difficultés nouvelles, par le travail et par la liberté ; et il eut du moins, dans nos dernièresépreu-
ves, le bonheur de garder confiance jusqu'au bout et de voir cette
confiance justifiée par l'événement. Mais le fond était atteint et il
devait suffire, comme cela est malheureusement arrivé, d'un accident ou d'un hasard pour achever de le renverser.

« La mort, du moins, ne nous l'a pas ravi tout entier. Et sans
parler de ces régions d'au-delà de la tombe, vers lesquelles son âme
vraiment religieuse aimait à s'élever par une confiance sereine en
l'ordre éternel et en l'éternelle justice dont il savait entrevoir les
lois à travers le désordre apparent des phénomènes, il nous laisse,
avec ses travaux et son exemple, ce que Bastiat mourant lui disait
d'une façon si charmante, souhaiter de laisser après lui à ses amis :
« un souvenir doux, affectueux ».

« Lorsque, dans ce pèlerinage pieux que je rappelais tout à
l'heure, M. Paillottet eut perdu, comme il le dit lui-même,
« l'homme éminent qui avait vécu si simple et si modeste », il rencontra, dans une église de Rome, sur un monument funèbre une
épitaphe latine qui faisait singulière figure à côté du nom inconnu
qu'elle accompagnait, mais qui lui sembla vraiment faite pour Bastiat et qu'il traduisit ainsi pour la lui appliquer :

Il vécut par le cœur et la pensée. — Il vit dans nos souvenirs.
— Il vivra dans la postérité.

« Pour l'ami de Bastiat, nous serions évidemment trop ambi-
tieux dans notre affection si nous songions à lui appliquer, à son
tour, cette épitaphe tout entière. Nous ne prétendons pas pour
vous, cher et à jamais regrettable ami, à l'une de ces places exceptionnelles que la postérité n'accorde qu'à un très-petit nombre
d'élus. Mais combien le reste est vrai et fait pour vous comme pour
celui que vous allé rejoindre, vous aussi, et autant que qui que ce
soit, vous avez vécu par le cœur et la pensée! Et vous vivez, vous
vivrez aussi longtemps que ceux qui vous ont connu garderont le
pouvoir de penser et de sentir, dans le souvenir affectueux, mélan-
lique et doux de vos amis. »

BIBLIOGRAPHIE

LES ORIGINES DE LA FRANCE CONTEMPORAINE, par M. H. TAINE (l'*Ancien régime*). — Paris, Hachette. 1 fort volume in-8°.

Bien que M. Taine justifie ce titre : *Les Origines de la France contemporaine*, en indiquant le rôle des deux ordres privilégiés : la noblesse et le clergé, au moyen-âge, et la raison des droits exceptionnels qu'on leur avait successivement consentis, son livre est principalement une étude de la situation politique et morale de la France au xviii° siècle, étude poursuivie avec une indépendance d'esprit et une impartialité qui forment le trait caractéristique de la dernière œuvre de M. Taine. Ce mérite trop rare a valu aux *Origines de la France contemporaine* un succès, attesté par trois éditions, promptement épuisées. La presse s'est montrée, peut-être, moins empressée dans son accueil ; elle n'est pas allée jusqu'à l'hostilité ; mais sa bienveillance a été un peu froide, accompagnée de réserves ; elle ne s'est pour ainsi dire occupée que du bout de la plume du livre de M. Taine, et l'impartialité même dans laquelle l'honorable écrivain s'est constamment maintenu, explique cette sorte de contrainte. Quand on écrit sans se soucier de plaire à telle ou telle opinion, quand on ne consent à flatter aucun parti, pour dire sincèrement la vérité à tout le monde, on ne doit guère compter sur une entière équité, encore moins sur une approbation fort chaleureuse : M. Taine a trop de sang-froid et d'expérience pour n'y avoir pas été préparé. Ce demi-silence a, du reste, été largement compensé par l'assentiment sympathique qu'il a reçu de ses nombreux lecteurs.

Pour mettre en pleine lumière cette société, dont l'effondrement était si proche, M. Taine s'est livré aux recherches les plus assidues : il a lu les mémoires des contemporains ; tous les ouvrages de quelque valeur publiés de nos jours sur le xviii° siècle ; il a consulté aux Archives et à la Bibliothèque nationale les travaux si multipliés, rapports officiels ou officieux, comptes-rendus administratifs, états de répartition des impôts, etc., dont toutes les parties de l'administration ont été l'objet au xviii° siècle même ; il a relevé les faits sérieux et en même temps les anecdotes parfois frivoles mais très-significatives néanmoins que fournit la chronique de l'époque : c'est d'après ces informations qu'il décrit d'une main ferme, consciencieuse ce monde où se heurtent dans un contraste bizarre la passion, l'insouciance, les folles prodigalités d'un luxe raffiné et les maximes austères de la philosophie.

Dire que le désordre dépassait toute mesure, ne serait que reproduire une généralité mille fois répétée ; pour se rendre compte de l'étendue du mal, il en faut suivre pas à pas le développement dans l'ouvrage de M. Taine. Il met au vif cette société épicurienne et sceptique, en pleine décomposition, courant à sa ruine au sein des plaisirs de toutes sortes : jamais les catastrophes ne furent préparées avec plus de gaîté et plus d'esprit.

Finances, armée, justice, administration, tout est abandonné aux hasards de l'heure présente. Pendant les dernières années du règne funeste de Louis XV, pendant les premiers jours du règne de Louis XVI, le gouvernement se soutient, marche par la force des choses, par un mouvement pour ainsi dire mécanique, qui n'est pas encore entièrement épuisé. Si on y regarde de près, on reconnaît bien vite qu'il n'y a plus ni règle, ni ordre, ni plans suivis ; on vit au jour le jour, et ce monde expirant semble prendre pour devise, la parole égoïste du roi : « Après moi le déluge ! »

Les conséquences funestes des volontés arbitraires, des caprices de la faveur, se compliquaient d'une singulière confusion des pouvoirs. « Dans les derniers temps de l'ancienne monarchie, ainsi qu'on l'a fait observer avec beaucoup de raison, les institutions qui formaient la constitution du royaume avaient subi tant de modifications et de remaniements, leur autorité ayait été si souvent avouée et étendue, si souvent contestée et restreinte que les attributions de chacune d'elles étaient devenues un objet de doute. » L'incertitude, en effet, régnait partout ; chacun, ignorant la juste limite de ses droits et de ses devoirs, était naturellement disposé à l'étendre au profit de son influence. L'observation s'applique notamment aux parlements qui sortant fréquemment de leur mission spéciale, mêlaient volontiers, sous le prétexte spécieux du droit d'enregistrement, la politique à leur tâche judiciaire. A défaut d'autre, on applaudissait facilement à ce contrôle bien qu'un peu usurpé et parfois tracassier ; mais les prétentions, les intérêts de corps se laissaient trop apercevoir dans cette intervention pour qu'elle eût une grande autorité.

L'Angleterre, placée en ce qui concerne la législation politique et civile dans une situation analogue à celle de la France, offrait un spectacle bien différent. La nation anglaise, avec sa supériorité de bon sens, avait su dégager de son ensemble de lois, de statuts, de bills, de coutumes locales, sinon absolument contradictoires, au moins très-opposées souvent dans leur esprit, quelques principes peu nombreux, mais précis, déterminés qui éclairaient l'obscurité législative. Le Parlement avait soigneusement maintenu et appliqué ces principes en s'attachant à en fixer de plus en plus la portée, à mesure que ses prérogatives s'étendaient et s'affermissaient : c'est en procédant ainsi, en concentrant son action sur les points fondamentaux, que l'Angleterre a fondé son droit public et garanti ses libertés.

La France n'a malheureusement pas suivi cet exemple. Notre histoire rappelle quelques tentatives semblables ; mais elles ont échoué, en grande partie pour avoir voulu trop embrasser à la fois. En prétendant tout faire, en même temps, on risque fort de ne rien faire de durable, et le vieux proverbe : « à chaque jour sa tâche » est particulièrement d'une application utile en politique. Nous, au contraire, au lieu de porter toute notre énergie vers le but essentiel, nous inclinons à la disperser dans toutes les directions et cet éparpillement de force explique certainement bien des échecs. Quoi qu'il en soit, en résultat l'accumulation des coutumes, des traditions, des ordonnances, des lois, avait produit au XVIIIᵉ siècle une législation obscure, mal coordonnée, dont chacun des pouvoirs publics s'emparait afin d'en accroître ses attributions par une interprétation abusive du texte dont on forçait la lettre aux dépens de l'esprit.

Cette anarchie législative ajoutée à tant d'autres causes de décadence, avait produit un malaise profond qui atteignait la Société française tout entière. Il pesait évidemment davantage sur le Tiers-Etat et principalement sur les travailleurs des champs et de l'industrie ; mais les ordres privilégiés, eux-mêmes, n'y échappaient point. Si les princes de l'Eglise, les hauts dignitaires du clergé se partageaient les riches bénéfices, les revenus des abbayes opulentes, les fonctions ecclésiastiques les plus lucratives, on voit, en revanche, dans toutes les provinces de malheureux curés réduits à un état bien voisin de l'indigence, réclamant des redevances qui ne suffisaient pas à les faire vivre, tout en excitant autour d'eux des animosités implacables. Le paysan, en effet, à qui on enlevait sous forme de dîme le plus clair de ses produits, qui après une année de durs travaux demeurait livré aux angoisses de la misère, ne recherchait pas les causes supérieures de ses souffrances ; il en voyait la cause immédiate et la détestait.

Les conditions n'étaient pas beaucoup meilleures pour une partie de la noblesse. Sans doute les grandes charges de cour, les hauts emplois de l'armée, certains ministères tels que ceux de la maison du roi, des affaires étrangères, de la guerre, de la marine, les principales fonctions de la magistrature parlementaire continuaient d'être réservés à l'élite de la noblesse. Les membres des familles moins illustres, encore considérables cependant, s'ils pouvaient approcher du souverain, s'ils avaient quelques liens avec la Cour, s'ils s'y montraient assidûment, obtenaient des faveurs, des positions brillantes. Mais tous ceux qui dans la noblesse, par goût ou par raison de fortune, restaient étrangers à Versailles, n'avaient guère chance de parvenir. « C'est un homme qu'on ne voit pas » cette sentence d'exclusion autrefois prononcée par Louis XIV, demeurait la règle décidant des préférences du maître. En outre, par une politique suivie depuis longtemps déjà, et pratiquée surtout depuis Louis XIV, on choisissait, plus volontiers, dans les rangs élevés du Tiers-État et parmi les anoblis de création récente, sans éclat et sans action dans leur ordre, les agents supérieurs de l'administration et des finances et les officiers judiciaires d'un degré secondaire. Aussi les provinces comptaient, en foule, les nobles appauvris qui, après avoir passé de longues années dans les grades inférieurs de l'armée, avaient à peine de quoi subsister ; quand on étudie de près l'existence de la noblesse de province, au xviiie siècle, on rencontre à chaque instant les témoignages d'une détresse dans laquelle s'effaçaient des familles jadis au premier rang. On peut donc dire qu'il n'y avait plus en France d'aristocratie, si on doit entendre par là une classe supérieure, dirigeante, s'intéressant aux affaires publiques, habituée à les traiter et curieuse de connaître les conditions du Gouvernement. Cette situation laisse aisément pressentir quelle put être l'attitude et la conduite de la noblesse quand éclata la Révolution.

En nous plaçant à un point de vue spécial que M. Taine n'a pas négligé, et qui convient plus particulièrement au *Journal des Economistes*, nous retrouvons dans le régime économique le même désordre que dans l'ordre politique. Il semble que tout ait été conçu, moins afin d'encourager la production que pour entraver son activité. Les impôts, mal répartis, pesaient lourdement sur le contribuable à la fois par leur nature et par leur mode de perception. En même temps, le Trésor qui en escomptait la rentrée à haut prix était loin d'en recevoir la valeur réelle, si rigoureusement perçue. Dans les campagnes, l'absentéisme avait relâché et rompu les liens de patronage entre le grand propriétaire et les cultivateurs de son domaine ; ceux-ci abandonnés aux exigences d'un intendant passaient promptement de l'indifférence à la haine, et le maître, le *seigneur*. oubliait, au loin, les devoirs de protection bienveillante qui auraient maintenu son influence. Les redevances féodales qui suivaient la transmission de la propriété territoriale gênaient les transactions, autant au préjudice de celui qui souhaitait vendre que de celui qui désirait acquérir. Les corvées exigées pour l'entretien des chemins et pour certains transports publics, imposées arbitrairement au paysan achevaient de l'accabler. Aussi ce fut contre elles que s'élevèrent les premières et violentes protestations des campagnes au début de la Révolution.

Les droits variant, de province à province, les péages, les taxes multipliées ; les coutumes locales si diverses ; les prohibitions poussées jusqu'à l'absurde en matière d'échanges, même sur le marché intérieur, rendaient constamment périlleuse toute opération de commerce. L'industrie proprement dite, soumise à des prescriptions minutieuses, em-

prisonnée dans les limites étroites des corporations, était découragée
de toute initiative. Le souvenir des corporations paraît reprendre actuellement quelque faveur ; mais on oublie trop que si elles consacraient
d'une façon plus apparente que réelle le principe de la solidarité, leurs
règlements despotiques, l'isolement où elles plaçaient chaque spécialité industrielle supprimaient ce concours d'efforts, cette réciprocité
d'appui et de lumières auxquels notre époque est redevable de tant de
progrès.

Telle était cette société vers laquelle certains esprits attardés jettent
un regard de regret : sauf au sommet, dans toutes les classes, dans
tous les rangs, chacun y souffrait.

Après avoir tracé ce tableau saisissant des institutions, des mœurs
des habitudes du xviiie siècle, M. Taine examine ce que l'on pourrait
appeler, en employant une expression toute moderne, les théories socialistes de l'école dont J.-J. Rousseau fut le chef éloquent. L'auteur des
Origines de la France contemporaine n'apporte pas à cet examen délicat
moins de sincérité et d'indépendance d'esprit que dans la première partie de son travail. Si au xviiie siècle, la critique des abus fut acerbe,
excessive même ; si au lieu d'une controverse sérieuse elle provoqua
une lutte acharnée qui n'a pas encore pris fin, du moins faut-il reconnaître que ses attaques n'étaient que trop fondées et qu'elles avaient en
général la raison de leur côté. Il n'en fut plus ainsi quand on chercha le
remède à tant de maux : tous les plans de réorganisation sociale, et
notamment les systèmes absolus développés par le philosophe de Genève avec un talent, une force de style auxquels M. Taine ne résiste pas
sans peine, ne furent que de pures utopies, incompatibles avec les conditions d'existence de toute société. Rousseau, en réservant, bien entendu, ces quelques vérités supérieures dont l'affirmation suffit, certes,
à la gloire du célèbre penseur, Rousseau, disons-nous, et les partisans des
idées systématiques se formaient un certain type humain, parfaitement
imaginaire, et sur cette abstraction ils construisaient un monde de fantaisie, doué de tous les mérites, sauf qu'il n'aurait pu subsister un instant, d'une vie réelle. On dénaturait les principes les plus justes en forçant leurs conséquences par les procédés rigoureux de la déduction mathématique que ne comportent guère les rapports entre les hommes.
Ces rêves brillants, mais surtout impossibles, étaient néanmoins fort à
la mode dans les salons de la plus haute aristocratie ; on y parlait, avec
un sentimentalisme de bonne foi, du retour de l'âge d'or. Lorsqu'on
passa, quelques années plus tard, de la théorie à l'application, quand
les intérêts furent directement aux prises, on reconnut qu'il en était
tout autrement.

M. Taine, en signalant ce mouvement des esprits, constate, dans une
savante et solide discussion, à quels sophismes aboutit cette dialectique

en apparence si serrée; il indique, avec une rare sûreté d'appréciation, l'influence de ces conceptions chimériques sur la crise révolutionnaire; bien des entraînements, bien des erreurs qui ont fait souvent dévier la révolution de son cours régulier, et dont la trace subsiste encore aujourd'hui, n'ont pas d'autre origine.

A côté des théoriciens de l'école de Rousseau, des hommes d'un sens plus droit étudiaient des réformes sérieusement pratiques qui, si l'on en avait tenu à propos meilleur compte, auraient peut-être préparé une transaction.

Ainsi dès le milieu du xviii⁰ siècle, on proposait un projet de rachat des droits féodaux, auquel malheureusement il ne fut pas donné suite. A la même époque, l'école économique commençait à se former et s'appliquait à pénétrer les vraies conditions de la production de la richesse et l'équitable répartition de l'impôt. Enfin, de hauts fonctionnaires du gouvernement, préoccupés d'un état de choses dont les vices éclataient de toutes parts, s'inquiétaient d'améliorer l'organisation administrative. Le régime des prisons, celui des hôpitaux, l'hygiène publique et notamment la translation des cimetières loin des centres de population, la facilité des transactions et bien d'autres questions qu'on croit nées d'hier, étaient l'objet d'investigations assidues. Les documents que cette époque nous a transmis fournissent sur ces divers sujets de précieux renseignements. Nous rencontrons, entre autres, dans un recueil de pièces administratives conservées au Département des manuscrits, à la Bibliothèque nationale, un rapport curieux sur la situation des finances et sur les mesures propres à constituer fortement le crédit public. Ce rapport, adressé à Louis XVI, en 1782, au moment où on négociait la paix avec l'Angleterre, est postérieur, par conséquent, au fameux compte-rendu de Necker. Toutefois, pour être moins célèbre que celui-ci, il est encore digne d'attention par les sages mesures qu'il soumet à l'approbation du roi (1). — On regrette d'avoir à ajouter que ce zèle

(1) Voici le programme que ce rapport recommandait à la sollicitude spéciale de Louis XVI:

« Sujets importants dont il faut s'occuper incessamment:

« 1° Liquider les dettes arriérées de tous les départements et de tous les ordonnateurs;

« 2° Fixer les dépenses pour chacun des départements pour le temps de paix;

« 3° Connaître la situation de tous les pays d'Etat, de la ville de Paris et des autres grandes villes du Royaume pour avancer leur libération;

« 4° Avancer le paiement des arrérages des rentes qui se payent tant à la Ville qu'à la Caisse des arrérages;

« 5° Accélérer le remboursement des emprunts dont les époques ont été déterminées lors de leur constitution. »

L'auteur du rapport ajoutait: « Tous ces objets sont instants; on ne peut y pour-

pour le bien était plus platonique qu'effectif ; et le ministre même qui présentait ces considérations judicieuses quitta l'administration en laissant le déficit accru dans une proportion considérable. Les circonstances étaient plus fortes que les volontés : on était pressé par des nécessités auxquelles on essayait de pourvoir à l'aide d'expédients, et les expédients engendraient de nouvelles nécessités plus impérieuses.

En définitive, tandis que les inspirations généreuses se multipliaient, que la pensée du progrès était universelle, les traditions du despotisme et du privilége dominaient partout ; aussi peut-on dire que jamais terrain plus rebelle aux réformes ne fut semé de tant de bonnes intentions. Mais pour les réaliser, il eut fallu une volonté et une action également énergiques qu'on ne rencontrait nulle part. La royauté en attirant à elle toute l'autorité, en absorbant toutes les attributions, s'était en quelque sorte annulée par l'excès même de son pouvoir. Incapable de tout voir par elle-même, de pénétrer dans les détails de la machine gouvernementale afin d'en corriger les défauts, il lui était devenu impossible de discerner exactement les conséquences d'une réforme et les moyens d'amener une entente entre les intérêts divers.

Cette impuissance de la prérogative souveraine a été traduite d'une façon singulièrement expressive par cette parole si connue, de Louis XV :

---

voir trop tôt, si l'on veut soutenir le crédit et inspirer la confiance. » Enfin il mentionnait également diverses questions d'administration qu'il jugeait indispensable de résoudre d'urgence :

« 1° Le traité de commerce ;

. . . .

« 3° Plus d'égalité entre les différentes provinces par rapport aux impositions,

« 4° Revoir la forme d'imposition des vingtièmes, de la taille, de la capitation et autres ;

. . . .

« 6° Établir une nouvelle forme de perception plus simple et moins onéreuse pour le sel, les aides, le tabac, les entrées de Paris ;

« 7° S'occuper des chemins, des canaux, de la navigation, des ports, etc. ;

« 8° Donner de l'activité à la recherche et à l'exploitation des mines ;

« 9° Donner une loi sur les domaines ;

. . . .

« 11° Revoir tous les titres des priviléges d'exemption des droits du Roi ;

« 12° Revoir toutes les charges des états du Roi ;

« 13° Revoir toutes les dépenses du Trésor royal, pour rejeter celles qui n'ont point de titre légitime et reporter sur d'autres objets celles qui ne doivent pas rester à la charge du Roi ;

« Tout d'abord connaître la masse des dettes arriérées ;

« Régler définitivement, suivant les principes de la plus sévère économie, les dépenses des ordonnateurs ».

« Si j'étais lieutenant de police, j'interdirais les cabriolets dans Paris. »

Enfin, la royauté avait ses préjugés personnels, ses scrupules de caste, ses caprices qui troublaient à chaque pas son action et qui livrèrent Louis XVI, malgré son sincère amour du bien public, à de si fatales hésitations.

Dans de pareilles conditions, alors que le malaise devenait de plus en plus intolérable, quelle pouvait donc être la solution. On a reproché à M. Taine de ne l'avoir pas indiquée comme conclusion de son remarquable travail : cette critique nous paraît injuste. Tout ce qu'on est en droit d'exiger de lui, c'est que son étude soit vraie, que les faits qu'il produit fournissent par leur exactitude des éléments sérieux et complets d'appréciation : ceci fait, et nous ne pensons pas qu'il y ait contestation à ce sujet, sa tâche est accomplie et la conclusion en ressort naturellement.

Pour notre compte, il ne nous paraît pas qu'une organisation si compliquée, si défectueuse, si contraire à l'intérêt général et aux intérêts particuliers pût conduire à un autre dénouement que celui qu'elle a eu : à une révolution violente. Ce n'est pas que nous prétendions faire du fatalisme la loi de l'histoire : ce serait nier la liberté et la volonté humaines. Mais lorsqu'un peuple est placé dans certaines conditions et qu'au lieu de réagir, il cède à l'entraînement, le résultat devient alors forcé. Une bille ne se met pas nécessairement en mouvement sur un plan parfaitement de niveau ; sa direction dépendra alors de l'impulsion qu'elle recevra ; inclinez le plan et l'effet est irrésistiblement voulu : la boule se précipitera dans le sens de la pente. Il en était de même à la veille de la révolution ; le règne insouciant de Louis XV avait poussé, en quelque sorte, les événements vers une pente sur laquelle il était à peu près impossible de les retenir, c'est ce que démontre clairement le livre de M. Taine. Certes une solution dans laquelle la conciliation aurait eu part eût été préférable : seulement il ne s'agit pas toujours de ce qui serait préférable, mais de ce qui est possible. Sans doute si les propositions accueillies par l'Assemblée des Notables avaient obtenu l'adhésion des parlements, il est permis d'admettre que le cours des choses en eût été modifié ; peut-être encore si la constitution de 1790 eût été, d'un côté comme de l'autre franchement acceptée et pratiquée, la nation s'en fût-elle satisfaite et eût-elle contenu ses impatiences. Seulement ce sont là de simples hypothèses : les parlements ont tout repoussé pour le profit d'une bien courte popularité et personne n'a voulu sans arrière-pensée, la constitution de 1790. Les passions étaient trop vives, trop excitées pour consentir à des accommodements : les intérêts anciens ne voulaient rien céder ; les intérêts nouveaux se refusaient à rien accorder.

Les ordres privilégiés qui avaient tant applaudi les critiques amères, les spirituels sarcasmes de Voltaire, qui acceptaient complaisamment les doctrines philosophiques tant que ce ne fut qu'une piquante thèse de conversation, se jetèrent dans une résistance obstinée et le Tiers-État ne se contentait plus de la formule de Sièyes; ce n'était plus assez pour lui d'être quelque chose; il prétendait être tout. Il y eut bien quelques heures d'enthousiasme généreux; mais l'enthousiasme n'exerce qu'une influence bien éphémère dans les affaires de ce monde et le lendemain les prétentions reparaissaient inflexibles, de part et d'autre. En résumé, la révolution se présente à la fin du xviiiᵉ siècle comme inévitable; depuis plusieurs années déjà, on la pressentait, sans soupçonner toutefois son caractère radical : on se faisait à cet égard, d'étranges illusions; on chantait une idylle dans laquelle les opprimés recevaient avec une reconnaissance attendrie les concessions de sentiment et de raison que consentiraient les ordres privilégiés : la note fut un peu différente, et l'auteur des *Origines de la France contemporaine* fait justement remarquer combien d'indices menaçants auraient révélé la crise terrible qui se préparait à des esprits plus expérimentés : mais le sens et la prévoyance politiques manquaient également dans toutes les classes; la Royauté s'était appliquée à les étouffer et y avait réussi; elle fut moins habile quand il fallut contenir le soulèvement des passions.

En rappelant les grands aspects de la société du xviiiᵉ siècle, nous nous sommes attaché à présenter une fidèle analyse du vaste tableau tracé par M. Taine d'une touche si vigoureuse et si vraie. C'était, à notre avis, le seul genre d'examen que comportât un livre composé principalement de faits et de faits hors de contestation. On pourra différer sur les conséquences à en tirer; quant aux assertions en elles-mêmes, fondées sur des témoignages si authentiques, sur des pièces officielles, sur les révélations intimes des mémoires contemporains, nous ne pensons pas qu'on essaye de les contredire.

Peut-être aurions-nous à nous excuser d'avoir beaucoup attendu pour parler de l'ouvrage de M. Taine paru déjà depuis quelque temps. Toutefois ce retard a, du moins, eu cet avantage, qu'il nous permet d'en constater le succès mérité et acquis. D'ailleurs ce livre n'est pas de ceux qui passent après un jour de vogue; on y peut revenir à long intervalle sans craindre qu'il soit oublié. Il restera toujours intéressant pour ceux qui souhaiteront connaître dans sa vive réalité, l'état de la France à la veille de la révolution : l'œuvre est complète, tout y est dit et bien dit ; dans toutes ses parties on sent la marque d'un talent éprouvé, d'un esprit libre et judicieux. Aussi sommes-nous assurés que personne ne commencera la lecture des *Origines de la France contemporaine*, sans y demeurer fortement attaché jusqu'à la dernière page.

L. MICHELANT.

ÉTUDE SUR LE TRAVAIL, par E. MONY. — Un vol. in-8°, Paris, Hachette
et Cie.

Ce volume est l'œuvre d'un homme distingué, auquel ne manquent
ni l'instruction, ni l'expérience, rempli de bonnes intentions et qui,
chose merveilleusement rare en ce pays, connaît l'économie politique :
il a voulu apporter son mot dans le débat relatif à ce qu'on appelle « la
question sociale. »

Qu'a voulu M. Mony ? — « Constater par la double et parallèle étude
des sentiments et des faits, des idées et des résultats acquis, la marche
en avant des sociétés modernes et particulièrement de la nôtre, dans les
voies de la production et du travail, sur le terrain de la liberté et de la
charité. » Ce sont là les termes dont il se sert. Mais cette constatation
n'avait-elle pas été faite bien avant ce livre ? Nous le croyons et il nous
semble même qu'elle n'est aujourd'hui contestée par personne. Il en
était autrement dans notre jeunesse, il y a quarante ans, et nous craignons que notre auteur ne se soit préoccupé un peu trop des sophismes
et des erreurs de cette époque, oubliés par les hommes de ce temps-ci.

Même après l'indication donnée par l'auteur et même après avoir lu
son livre, il est difficile de se faire une idée nette du but qu'il a eu en
vue. En effet, il ne se borne pas à constater et à discuter, il prêche, et
non sans violence ; il prêche ce christianisme onctueux et indéterminé,
qui a été de mode il y a quelque quarante ans ; mais qui est remplacé
aujourd'hui par un christianisme autrement impérieux et militant. M.
Mony en est aux évangiles et aux apôtres ; les chrétiens que nous voyons
et qui nous étreignent en sont au petit résumé ou syllabus que chacun
connaît.

Ce livre ne vient donc pas en son temps et il a les défauts du temps
auquel il appartient ; il ne vient pas d'un seul sentiment et d'un seul
jet. C'est un produit complexe, né d'inspirations diverses et quelquefois
peut-être contradictoires, mais sincères et honnêtes. Il a des qualités
qui appartiennent en propre à l'auteur, la connaissance de l'atelier et
des conditions générales de l'industrie, le sentiment de ses besoins et
de ses intérêts.

Cette étude se compose de dix-sept chapitres, dont les sept premiers
traitent de l'esprit chrétien, de la famille, de la propriété, de l'héritage,
du travail, du capital et du salaire. Cette partie théorique ne présente
rien de remarquable ; elle est par trop dogmatique et les dogmes qu'elle
contient sont généralement très-discutables. « Traiter une question sociale en dehors de l'esprit chrétien, dit l'auteur, c'est faire œuvre aussi
vaine que la traiter en dehors de la nature humaine... La famille est
d'ordre divin... La propriété est d'ordre divin... La transmission des
biens à la famille (l'hérédité) est de même ordre que le droit de pro-

priété... Le travail est d'ordre divin... » En vérité, c'est abuser un peu de l'ordre divin, car à ce compte tout ce qui est est d'ordre divin et autant vaudrait ne rien dire. L'auteur nous prévient bien dans son avant-propos qu'il n'a pas eu l'idée de faire œuvre de science. » A sa guise ! Mais il serait bon ce nous semble, lorsqu'on traite de questions qui, par elles-mêmes sont assez difficiles et passablement complexes, de ne pas les compliquer comme à plaisir en faisant entrer dans la discussion, en forme affirmative, d'autres questions choisies entre les plus irritantes.

D'ailleurs, M. Mony résiste fort bien, non seulement aux utopies que l'on qualifie de socialistes, mais aux théories de M. Leplay et de son école. Il se prononce très-nettement pour la liberté du travail qu'il considère comme étant « de droit naturel, » mais il est plus hésitant sur la liberté du prêt à intérêt qu'il n'ose ni affirmer ni nier bien nettement. Il hésite enfin quelque peu sur la question des salaires et se décide pour la liberté, surtout par cette considération empirique que le résultat du régime de la liberté a été la hausse des salaires.

Les huit chapitres suivants exposent ou discutent des faits. Ils traitent du budget des ouvriers, des causes perturbatrices du salaire, des établissements de prévoyance et de charité, des écoles, de la charité privée, de l'association, de la production nationale, de l'ouvier parisien, de l'ouvrier de province et de l'ouvrier des champs. Les deux derniers chapitres sont consacrés à des considérations générales. Nous ne parlerons que pour mémoire d'un appendice de quatorze pièces d'une valeur très-inégale, dont quelques-unes touchent à la métaphysique, d'autres à des excentriques et les meilleures à des faits industriels.

En général, ce sont les études de faits qui sont dignes d'attirer l'attention, parce que ce sont celles dans lesquelles l'instruction de l'auteur est personnelle et solide. Il parle avec moins d'exactitude quand il aborde les questions de doctrine pure ou d'histoire ou de politique, pour lesquelles il a une inclination quelquefois malheureuse. Ainsi, lorsqu'il cite la célèbre formule de Bentham et de Mill sur l'intérêt bien entendu, il omet ces mots « du plus grand nombre », ce qui en altère le sens et facilite la réfutation. Il se figure volontiers que la société payenne était monstrueuse et que la société chrétienne a été charmante, en un mot, il croit aux déclamations des historiens ecclésiastiques.

En politique, il a la haine de ce qu'on appelle la démagogie, du suffrage universel et surtout de Paris, il estime aussi que notre histoire est déshonorée par une multitude de faits révolutionnaires. Cependant, il est l'adversaire résolu de la centralisation et ne semble pas un adversaire de la république. Il a de la passion et des sentiments vifs qui nous semblent quelquefois contradictoires, mais qui de nous ne professe, sans s'en apercevoir, quelques contradictions.

A notre point de vue, M. Mony ne considère que la superficie des choses lorsqu'il voit quatre partis politiques en France. Il n'y en a que deux : le réactionnaire et le libéral, divisés l'un et l'autre en nuances diverses, conciliables dans le dernier et moins conciliables dans le premier. Quant au suffrage universel, nous craignons que sa répugnance tienne à ce qu'il considère les électeurs comme des unités infiniment plus isolées l'une de l'autre qu'elles ne le sont en effet. Oublie-t-il donc que la société est le théâtre d'influences de valeur inégale, mais toutes représentées en raison même de leur valeur dans les votes du suffrage universel ? N'est-il pas frappé de la stabilité des opinions et des sentiments attestés par toutes les élections un peu libres dont nous avons été témoins ?

D'ailleurs, le suffrage universel, donnât-il des résultats pires, il n'y aurait pas lieu de se plaindre, puisqu'il n'a été adopté qu'après une longue et déplorable expérience du suffrage restreint. La France, comme le père de famille de l'évangile, a commencé par appeler quelques invités qu'elle a pris pour une élite, et fini par appeler les passants et tout le monde. Si elle avait rencontré quelque sens politique chez les électeurs censitaires, elle leur aurait probablement laissé la direction de ses affaires. Mais dès qu'ils montraient une incapacité irrémédiable, sans désintéressement ni patriotisme, il fallait bien faire appel à tous. L'électeur du suffrage universel n'est sans doute pas exempt d'ignorance ; mais il n'est pas plus ignorant que l'électeur du suffrage restreint ou même que l'homme des classes lettrées. Et le suffrage universel a sur le suffrage restreint cet avantage que tous prennent part à l'élection, des résultats de laquelle tous sont en définitive responsables.

Au lieu de se plaindre du suffrage universel et de le critiquer sans justice, il vaudrait mieux s'occuper de l'éclairer par l'enseignement, afin qu'il s'améliore.

Sur la question du travail, nous croyons comme M. Mony, qu'il n'y a pas lieu de sortir du régime de la liberté ni de procéder par dispositions législatives. Le problème doit être résolu par les mœurs et l'enseignement. L'enseignement doit dire aux patrons comme aux ouvriers le *pourquoi* des choses, quelles sont, comme disait Pascal, les « bonnes raisons » qu'on a eues pour établir, maintenir et développer la famille, la propriété, l'héritage, etc., et quel rapport ces institutions ont avec le bien-être et le développement de la population. Il ne suffit pas du tout de proclamer qu'elles sont « d'ordre divin », surtout, si, comme il est nécessaire, on veut tirer des motifs d'établissement de ces institutions la théorie des droits et des devoirs qu'il faut reconnaître pour que ces institutions fonctionnent régulièrement.

M. Mony répond à tout au moyen de « l'esprit chrétien, » sans dire à quelle date de l'histoire il le prend. Sur ce point, nous croyons qu'il se trompe. En effet, une des premières conditions pour le bon fonctionnement du travail libre, c'est que les patrons ne prétendent pas à l'*imperium* et que les ouvriers acquièrent le sentiment des contrats. Or, on trouvera l'*imperium* dans les textes chrétiens et on y trouvera aussi un respect médiocre des contrats, notamment du contrat de prestation de travail. M. Mony n'ignore pas sans doute les décisions des casuistes dans le cas où le salarié estime son salaire insuffisant, ni que ces décisions, qui semblaient irrégulières il y a deux siècles, ont été adoptées par la théologie classique de nos jours.

Quant aux déclamations contre les riches, aucun socialiste n'a dépassé en violence les prédicateurs et les pères de l'Eglise, sans remonter jusqu'à l'épître de saint Jacques et à l'évangile même.

Ce n'est pas non plus au christianisme qu'il faut demander des règles pour l'emploi des richesses et pour leur usage, parce qu'on se trouverait entre un ascétisme outré et une tolérance relâchée. Et cependant, les règles morales sur l'usage des richesses sont celles dont nos sociétés modernes ont le besoin le plus pressant, parce que ce sont les plus ignorées dans toutes les classes de la société, à commencer par les premières, qui donnent l'exemple et le ton. Sans doute, on nous dira qu'avec la charité tout est possible. Oui, à deux conditions : 1° que l'on revienne à un sentiment large et éclairé de la charité ; 2° que cette charité soit éclairée par la science, sans quoi saint Vincent de Paul lui-même ne servirait à rien et ferait peut-être du mal en voulant faire du bien.

Voilà les vérités que M. Mony nous semble avoir méconnues. Nous lui reprocherons aussi de n'avoir dirigé ses attaques que contre le socialisme, à l'état d'aspiration, des classes inférieures et non contre le socialisme en action de la classe mandarine, contre les vices d'en bas et non contre ceux d'en haut. Quand on se met à prêcher, il est bon de prêcher pour tout le monde, sans acception de personnes.

Sous ces réserves un peu considérables, l'*Étude sur le travail* est un livre rempli d'excellents renseignements, où l'on trouve d'ailleurs un bon nombre de vues utiles. Il établit très-nettement que, si tout n'est pas pour le mieux dans le monde où nous vivons, on peut, avec de l'énergie, du travail et une économie soutenue, s'y faire une place honorable, dans quelque rang que la naissance vous ait placé. On peut s'y élever plus facilement que dans aucune des sociétés antérieures, et il est probable qu'on le pourra plus facilement encore à l'avenir, lorsqu'on sera éclairé par une plus longue pratique de la liberté du travail et par de meilleures habitudes morales.

COURCELLE-SENEUIL.

MANUEL PRATIQUE POUR L'ORGANISATION ET LE FONCTIONNEMENT DES SOCIÉ-
TÉS COOPÉRATIVES DE PRODUCTION, par M. SCHULTZ-DELITSCH, traduit
par M. SIMONIN, avec une lettre de M. BENJAMIN RAMPAL. Paris,
Guillaumin, éditeurs. — 2 vol. in-18.

La publication de ce manuel est due à M. Benjamin Rampal, qui avait
déjà traduit et publié le cours d'économie politique du célèbre fondateur des banques populaires allemandes.

M. Benjamin Rampal est depuis longtemps chez nous un apôtre désintéressé de la coopération, et dans les travaux auxquels il s'est livré
en cette qualité, il a été naturellement frappé d'un contraste remarquable, celui du peu de développement des sociétés de coopération en
France en face des succès rapides qu'elles obtenaient en Allemagne. Il a
pensé que ce contraste tenait à l'insuffisance de l'instruction technique
chez nos compatriotes, et il s'est appliqué à y rémédier, entreprise
louable, quel que puisse en être le succès.

Ce manuel, réellement pratique, contient quelques mots seulement
sur les généralités, puis il aborde les détails avec beaucoup de soin et
de compétence, de manière à fournir aux fondateurs de sociétés de
coopération à peu près tous les renseignements qu'il est possible de
leur donner. L'auteur a divisé son travail en deux parties, la première,
destinée aux sociétés industrielles, la seconde aux sociétés agricoles.

La première partie se divisée en trois sections : 1° « Bases et conditions
générales communes aux différentes catégories de sociétés coopératives. » Là se trouvent les observations générales, l'indication des
règles légales auxquelles doit être soumis l'acte de société, les principes
de la comptabilité, le tout suivi d'un appendice composé de formules
et de modèles ; 2° « sociétés dont le but est de procurer à leurs membres
les ressources nécessaires à l'exercice de leur industrie. » Ce sont les sociétés pour l'achat de matières premières et les sociétés de consommation. Un chapitre est consacré à chacune d'elles, avec appendice et formules pratiques ; 3° la troisième section est consacrée aux sociétés de
production proprement dites. L'auteur examine successivement les
questions diverses auxquelles peuvent donner lieu leur fondation et
leur fonctionnement, et leur donne toutes les formules qui peuvent leur
être utiles.

La seconde partie du manuel, destinée aux cultivateurs, se divise,
comme la première, en trois parties : 1° sociétés pour l'achat des matières premières ; 2° sociétés d'outillage agricole ; 3° sociétés de commerce et de production. Ces trois chapitres sont suivis, comme ceux de
la première partie, de formulaires pratiques.

Voilà qui est bien et même fort bien. Mais ce manuel sera-t-il fort
utile ? Répondra-t-il aux intentions excellentes de M. Rampal ? Nous en

doutons quelque peu. Malveillance d'économiste, dira-t-on. Hélas! non. Nous n'avons jamais éprouvé de malveillance pour les sociétés coopératives, bien au contraire. Mais nous croyons avoir observé que si elles n'ont pas réussi en France autant qu'on l'avait espéré, ce n'est pas par ignorance de ce que leur enseigne ce manuel, car elles n'ont manqué ni de conseils éclairés, désintéressés et pratiques, ni même de protection. La médiocrité de leur succès tenait à d'autres causes.

M. Rampal a pu remarquer que les Français en général, à quelque classe de société qu'ils appartiennent, sont peu enclins et peu propres à l'association : ils en sentent infiniment plus les inconvénients que les avantages. Pourquoi? peut-être parce que depuis des siècles les lois et les gouvernements de leur pays les ont systématiquement tenus éloignés les uns des autres et divisés peut-être aussi, parce qu'ils sont trop souvent animés d'un amour-propre excessif, susceptible au-delà de ce que l'on peut imaginer et absolument implacable. Mais quelle que soit la cause du fait, le fait lui-même est incontestable.

En Allemagne, les conjonctures sociales sont plus favorables à l'association. Les corporations industrielles du moyen-âge, qui imposaient une si forte discipline, y sont à peine détruites depuis quelques années. La génération actuelle les a connues, tandis qu'en France, deux générations se sont écoulées depuis que ces corporations ont été abolies. Les habitudes des ouvriers français sont devenues infiniment plus individuelles que celles des ouvriers allemands. Ceux-ci voient surtout la protection qu'ils retirent de l'association, tandis que ceux-là, plus sensibles aux charges, aspirent à l'indépendance avec d'autant plus de force qu'ils ont une plus grande capacité technique. Cette tendance a été malheureusement stimulée plus d'une fois par l'envie des ouvriers inférieurs, par la méconnaissance des services rendus à l'association et des conditions même de son existence.

En un mot, dans le domaine de l'association coopérative, comme ailleurs, nous avons porté la peine d'une situation fausse. Emancipés de l'ancien régime, nous n'avons pas encore appris les conditions, et particulièrement les conditions morales du nouveau. Voilà la cause principale de l'insuccès de nos sociétés coopératives, et le manuel qui nous occupe ne saurait y porter remède.

Cette publication n'est pas moins une œuvre méritoire et nous devons la louer, ainsi que les deux lettres placées par M. Rampal en tête de chacun des deux volumes. Ces lettres expriment d'excellents sentiments et de saines doctrines; elles sont pures d'utopies socialistes. Nous devons seulement faire un reproche à leur auteur, celui d'avoir accusé une école d'économistes qu'il qualifie d'anglaise, et à laquelle nous appartenons probablement, d'être hostile aux sociétés coopératives. Cette accusation grave n'est pas méritée.

Les économistes n'ont jamais proposé aucune mesure restrictive contre les sociétés coopératives, par une grande raison, c'est que ces sociétés étaient des sociétés libres, dans lesquelles personne n'était obligé d'entrer, ni de rester. Les défenseurs du laisser faire ne pouvaient sans inconséquence s'élever contre des créations de la liberté, et ils n'ont pas commis cette faute, au moins à notre connaissance.

Pour notre part, nous avons quelquefois et ici même étudié les conditions d'existence des sociétés coopératives, constaté que ces conditions posaient aux ouvriers des problèmes nouveaux, qu'elles exigeaient d'eux plus d'instruction technique, plus de prévoyance, plus d'énergie morale et plus de réflexion qu'on en trouvait généralement chez eux. Nous en avons conclu que la fondation et le fonctionnement de ces sociétés, très-désirables au point de vue de l'enseignement et toujours utiles, présentait des difficultés infiniment plus grandes qu'on ne le croyait dans les périodes d'engouement que nous avons traversées. En effet, l'association ne saurait altérer les fonctions industrielles; elle se borne à les réunir, au lieu de les laisser séparées, comme elles le sont habituellement. Est-ce là attaquer le principe des sociétés coopératives, est-ce là leur être hostile? en vérité, nous ne pouvons l'imaginer. Prévoir les difficultés ce n'est pas les créer. Mais quoi! on a bien accusé Malthus des rigueurs de la loi de la population!

Quoi qu'il en soit, nous félicitons M. Rampal d'avoir publié le manuel pratique dont nous nous plaisons à reconnaître la valeur, sans espérer qu'il soit d'une très-grande utilité et produise tous les résultats que l'on semble en espérer.

COURCELLE-SENEUIL.

TRAITÉ ÉLÉMENTAIRE D'ÉCONOMIE POLITIQUE, par M. H. ROZY, professeur à la Faculté de droit de Toulouse. Paris, 1877. Guillaumin. 1 vol. in-18.

TRAITÉ POPULAIRE D'ÉCONOMIE POITIQUE A L'USAGE DES ÉLÈVES DES ÉCOLES PRIMAIRES, par ISIDORE AMIEUX, chef de section de la voie des chemins de fer de Paris à Lyon et à la Méditerranée. Lyon, Pitule, 1877. 1 vol. in-8°.

AUTOUR DU FOYER, causeries économiques et morales, par OCTAVE NOEL, membre de la Société d'économie politique et de la Société d'histoire de France. Paris, 1877. Charpentier. 1 vol. in-12.

M. Rozy, l'un des professeurs de droit les plus aimés de la Faculté de Toulouse, est en même temps un économiste qui a depuis longtemps fait ses preuves. Il a été, dans cette Faculté même, chargé pendant plusieurs années de la chaire d'économie politique, et il l'a occupée avec une incontestable distinction. Il a, en outre, dès 1873, entrepris

d'enseigner aux élèves de l'école normale du département de la
Haute-Garonne les éléments de cette science, et il l'a fait avec autant
de succès que de dévouement. Il le fait encore après une interruption due à l'un de ces préfets de combat dont le régime, dit par
antiphrase de l'*ordre moral*, avait affligé la France, et pour lesquels
l'autorité semblait n'être que le privilége de faire des fautes. Le petit
volume qu'il nous donne aujourd'hui doit la naissance en partie à cet
enseignement dont il est à peu de chose près la reproduction sommaire,
en partie à un concours ouvert, en 1874, par la Société d'économie politique de Lyon qui crut devoir décerner au manuscrit de M. Rozy l'une
de ses plus honorables récompenses. Revu et en grande partie refait,
c'est aujourd'hui une œuvre réellement digne d'être signalée, et je ne
crains pas de faire acte de complaisance en m'associant hautement aux
éloges dont l'a honoré, en le présentant à l'Académie des sciences morales et politiques, le savant inspecteur général pour l'enseignement du
droit, M. Charles Giraud, non qu'il n'y eût peut-être sur quelques
points, à mon humble avis, quelques légères observations à présenter,
mais qui de nous peut se flatter de faire une œuvre au-dessus de toute
critique? Je ne crois pas, pour ma part, que, même dans sa forme actuelle, le livre de M. H. Rozy soit aussi *populaire* que l'avait demandé
la Société d'économie politique de Lyon; à plus forte raison faudrait-il,
pour répondre au vœu du conseil général de Seine-et-Oise, dont le concours est actuellement ouvert, quelque chose de plus simple et de plus
élémentaire encore. Mais ce n'était pas tout à fait le même but que se
proposait l'auteur, et ce n'est qu'occasionnellement qu'il avait envoyé
à Lyon un travail fait à l'intention de ses élèves de l'école normale de
Toulouse. Ce qu'il avait en vue, à vrai dire, c'étaient les instituteurs
et les futurs professeurs primaires d'économie politique, auxquels il
faut bien songer d'abord si nous voulons que l'on puisse songer ensuite
aux élèves. A ceux-là, je n'hésite pas à le dire, son livre convient parfaitement et peut rendre de grands services. Il ne les dispensera pas
sans doute de revenir aux manuels plus étendus et aux traités plus
complets; mais il leur inspirera le désir de faire connaissance avec ces
ouvrages et il les préparera utilement à les comprendre. On ne peut
que remercier M. Rozy du nouveau service par lui rendu à la science et
souhaiter bon succès à son petit traité.

C'est encore au concours ouvert par la Société d'économie politique
de Lyon qu'est dû le volume de M. Amieux, qui a reçu, avec celui de
M. Rozy, sa part des éloges de la commission d'examen; on voit quelle
est, quoi qu'on en dise parfois, l'efficacité de ces appels. Ce n'est pas
tout : le conseil municipal de Lyon, s'inspirant d'une pensée analogue
et voulant témoigner à son tour de son intérêt pour la vulgarisation de
la science économique, a cru devoir prendre l'initiative de faire impri-

mer ce travail, œuvre d'un habitant de la ville, et il vient de le faire tirer à 3,000 exemplaires dont 1,000 ont été, dès cette année, distribués en prix aux élèves des écoles primaires. Pareille distribution doit, paraît-il, être faite l'an prochain (un tiers de l'édition restant réservée pour la vente). Voilà de bons exemples et que l'on ne saurait trop recommander aux municipalités et aux administrations intelligentes, à celles qui ne pensent pas, comme certains ennemis de la lumière, que tout ce qui fait penser les hommes les pervertit et que l'ordre social ne se peut maintenir que par l'erreur et la compression. A plus forte raison dirai-je que voilà une belle preuve de ce que peuvent l'amour du travail et le désir de se rendre utile. M. Amieux, qui s'est élevé par son mérite à la situation importante qu'il occupe dans l'administration d'une de nos grandes lignes de chemins de fer, n'avait pas été précisément préparé par ses études premières à la tâche qu'il n'a pas craint d'entreprendre, et il ne peut, aujourd'hui encore, au milieu des exigences de son service, disposer que de bien peu de temps. Il a su, cependant, parce qu'il l'a fermement voulu, réussir à faire une œuvre qui atteste, avec beaucoup de lecture, un sentiment profond des vérités fondamentales de la science et qui, d'un bout à l'autre, respire le souffle le plus généreux et le plus ardent amour de l'humanité. Je ne veux pas dire, parce que la véritable bienveillance ne s'accommode pas de la flatterie, qu'on n'y trouve pas, soit dans la composition, soit dans les développements quelquefois, certaines traces d'inexpérience qui ne se rencontrent pas sous la plume exercée de M. Rozy. Mais qui sait, après tout, si, comme le dit dans un compte-rendu très-favorable le *Moniteur judiciaire* de Lyon, il n'est pas quelquefois bon de ne pas prendre le plus court chemin pour arriver au but, et si ce qui est une imperfection à nos yeux, à nous gens du métier, n'est pas une qualité au point de vue des esprits plus novices auxquels l'auteur s'adresse. Le nombre est trop rare encore, d'ailleurs, des bons livres élémentaires d'économie politique pour que nous n'accueillions pas avec empressement tous ceux dans lesquels se rencontrent les mérites essentiels qui ont valu à celui-ci l'attention de la Société d'économie politique et du Conseil municipal de Lyon. Remercions donc M. Amieux d'avoir écrit ces pages honnêtes et sages, et remercions les hommes éclairés qui leur ont assuré la publicité grâce à laquelle nous les connaissons.

Remercions également M. O. Noel qui, sous une autre forme et dans un autre but, nous donne un livre d'un véritable mérite et d'un agrément rare en ces matières. A les considérer comme un exposé didactique de la science économique, les *causeries* de cet aimable écrivain pourraient ne pas paraître irréprochables. Les questions de crédit et de banque y occupent, avec les questions de liberté commerciale, une place *relativement* considérable, et l'on sent que c'est de ce côté

que pénètrent les prédilections ou les études habituélles de l'auteur. Mais ces pages sont en elles-mêmes excellentes, et il ne s'agit
d'ailleurs que de promenades autour du foyer, il nous en a lui-même
averti. Attaché, entre autres journaux, à la rédaction du *Bulletin français*,
M. O. Noel, écrivain délicat et distingué en même temps qu'économiste
instruit, n'a eu d'abord qu'une pensée : faire pénétrer dans le courant
habituel de la presse, en les semant à petites doses dans des articles
détachés, les vérités les plus essentielles de la science. L'art charmant
avec lequel il a su s'acquiter de cette tâche, en apparence ingrate, y a
peu à peu donné plus d'importance, et il s'est vu bientôt ainsi à la tête
d'une sorte de feuilleton économique non moins goûté et plus utile que
bien d'autres. N'eût-il rendu que ce service, on ne saurait lui en savoir
trop de gré : mais sa science pour être aimable n'est pas superficielle,
et ce petit volume est en réalité l'un de ceux que l'on peut, avec le plus
de sûreté, recommander aux personnes qui ne veulent ni risquer de
s'ennuyer à la leçon d'un savant, ni risquer de s'égarer à la suite d'un
amateur.

FRÉDÉRIC PASSY.

SAVINGS BANKS (les caisses d'épargne en Angleterre). Extrait du
British Quarterly-Review, in-8 de 31 pages.

Ce mémoire, dont l'auteur est un des principaux administrateurs
d'Angleterre, résume les rapports et autres documents officiels présentés
au Parlement sur les caisses d'épargne dans ces quinze dernières années:
étude historique, administrative et statistique, non moins intéressante
que bien autorisée, et où nous remarquons plus spécialement comme
français que la France est signalée en tête des pays du continent qui
depuis ces derniers temps ont fait les plus grands progrès pour les institutions d'épargne populaire. Ce mémoire est un des travaux que dans
plusieurs pays on prépare en ce moment pour le Congrès des Institutions de Prévoyance qui aura lieu à Paris en juillet prochain.

J. C.

SOCIÉTÉ D'ÉCONOMIE POLITIQUE

RÉUNION DU 5 FÉVRIER 1877.

COMMUNICATIONS : Mort de MM. Paillottet, Le Cesne, Hildebrandt. — L'accroissement du capital en Angleterre. — Les progrès du Canada et des républiques
hispano-américaines.
DISCUSSION : Des signes d'enrichissement pour les nations. — Les exportations.
OUVRAGES PRÉSENTÉS.

M. le comte d'Esterno, un des vice-présidents, a présidé cette réunion, à laquelle avait été invité M. Joseph Perrault, commissaire général à l'Exposition pour le Canada.

Au début de la séance, M. le secrétaire perpétuel annonce la mort subite de MM. Paillottet et Le Cesne, membres de la Société.

M. Paillottet était un des plus anciens membres de la Société. Il y était entré par le libre-échange dont il fut un des plus zélés promoteurs. Il devint à partir de cette époque l'ami dévoué de Frédéric Bastiat, aux œuvres duquel il a consacré ses soins en collaboration avec M. Roger de Fontenay. Tout récemment, il publiait la traduction du discours religieux de M. Fox, le grand orateur de la Ligue de Manchester, et un promoteur de l'unitarisme. (Voir plus loin le discours de M. Frédéric Passy sur sa tombe.)

En ce qui concerne M. Le Cesne, M. le secrétaire perpétuel cède la parole à M. JACQUES SIEGFRIED, qui rend hommage au vaillant travailleur et à l'excellent citoyen que le Havre avait choisi pour son représentant.

Jeune encore, M. Le Cesne quitta la France et se rendit à la Nouvelle-Orléans, où il acquit dans le commerce, grâce à son intelligence et à son activité, une belle fortune. De retour dans son pays, il entra dans la carrière politique ; en 1869, les électeurs du Havre l'envoyèrent siéger au Corps législatif dans les rangs de l'opposition.

Pendant l'invasion, il se consacra tout entier à l'œuvre de la défense nationale. Investi de la confiance du gouvernement, il put, grâce à ses relations avec l'étranger et à sa parfaite connaissance des affaires, improviser pour nos troupes des armements et des approvisionnements inespérés. Il déploya dans cette tâche patriotique un zèle et un désintéressement auxquels l'ingratitude et la calomnie, comme il est d'ordinaire, n'ont point fait défaut. Il a fallu l'enquête de la commission parlementaire de 1871, peu suspecte, on le sait, de bienveillance envers ceux qui avaient tenté de sauver au moins l'honneur militaire de la France, ne pouvant plus sauver ni son territoire ni son argent, — il a fallu cette enquête pour faire justice des accusations dirigées contre M. Le Cesne, et qui, du reste, n'avaient trouvé aucune créance auprès de ses électeurs, lesquels lui maintinrent fidèlement leur mandat pour l'Assemblée nationale et pour la Chambre des députés.

M. Le Cesne ne cessa pas jusqu'au dernier moment de compter parmi les députés les plus assidus au travail, les plus instruits et les plus utiles. Il s'est surtout signalé au premier rang toutes les fois qu'il s'agissait de questions économiques. Les thèses qu'il a soutenues ont été quelquefois de celles qui sont, aux yeux des économistes, sujettes à la contestation. C'est ainsi que M. Le Cesne

s'était fait le champion du rachat et de l'exploitation des chemins
de fer par l'État et l'interprète des doléances de la marine marchande. Il était pourtant grand partisan, en principe, de la liberté
commerciale, et il apportait d'ailleurs, dans l'examen des questions
qu'il traitait et dans la défense des causes qu'il avait adoptées, autant de conviction que de talent et de sagacité. C'était, avons-nous
dit, un travailleur. De pareils hommes sont difficiles à remplacer.

M. MAURICE BLOCK fait part à la société de la mort de M. Bruno
Hildebrandt, professeur d'économie politique à l'Université d'Iéna,
chef de la statistique de la Thuringe, et il donne des indications
sur ses principaux travaux et la direction de ses idées.

M. Hildebrandt a été l'un des fondateurs de l'école des « socialistes en chaire », ou « de la chaire ». Il publia en 1848 le premier
volume d'un ouvrage qui devait contenir l'exposé complet de la
doctrine. Ce premier volume avait pour titre : *l'Économie politique
du présent*. Le second volume, qui devait révéler au monde « l'Éco-
comie politique de l'avenir », selon Hildebrandt et ses disciples, n'a
jamais paru. M. Hildebrandt voulait bien accorder encore quelque
respect à M. Adam Smith ; mais il accusait les économistes contemporains d'avoir perverti les doctrines du maître, et il n'a point
manqué de leur dire plus d'une fois sa façon de penser dans les
Annales de l'économie politique, organe officiel du *Katheder Socialism*.
Mais M. Maurice Block ajoute que si M. Hildebrandt a fait de la
médiocre économie politique, il a fait de fort bonne statistique.

M. TORRES CAÍCEDO, ministre plénipotentiaire de San Salvador,
membre de la Société, et M. PERRAULT, commissaire général à
l'Exposition pour le Canada, font tous deux, en excellents termes,
un intéressant exposé à l'occasion de l'Exposition.

Le premier appelle l'attention des membres de la réunion sur
les produits envoyés à l'Exposition par les États de l'Amérique du
Sud et en prend texte pour d'intéressantes considérations sur le
passé et le présent des populations hispano-américaines qui sont en
voie de progrès.

Le second parle avec non moins de fierté de la prospérité croissante du Canada.

Nous reproduirons ces exposés dans un autre numéro.

M. PAUL LEROY-BEAULIEU entretient la réunion du mémoire intitulé *Recent Accumulations of Capital in England* et communiqué récemment à la Société de statistique de Londres par M. Robert
Giffen, directeur du *Board of Trade*. Le savant auteur cherche d'a-
bord à évaluer approximativement le capital du Royaume-Uni, et

il l'estime à 212 milliards 1/2 de francs environ. La France serait bien plus riche que cela s'il fallait en croire certain publiciste cité il y a quelques jours, à la tribune de la Chambre des députés, qui a trouvé que le capital de la France dépassait 600 milliards. M. Giffen n'est peut-être pas un aussi habile homme; mais M. Paul Leroy-Beaulieu le tient pour un calculateur moins fantaisiste; et en admettant que la France soit à peu près, non pas tout à fait, aussi riche que l'Angleterre, il croit qu'on approcherait de la vérité en réduisant l'évaluation des deux tiers. M. Giffen constate, du reste, en s'appuyant sur les documents relatifs à l'*Income Tax*, que le capital britannique ne demeure pas stationnaire; il a augmenté de 5 milliards environ chaque année depuis 1865.

Un point essentiel dans le mémoire de M. Giffen est celui qui concerne les placements que le Royaume-Uni fait à l'étranger. Un économiste anglais, M. Rathbone, a développé récemment une thèse bizarre, qui a donné lieu à d'interminables discussions dans la presse anglaise. Selon M. Rathbone, l'Angleterre serait en train de manger son fonds, de se ruiner, et elle serait sur la pente fatale qui conduit à la misère et à la mendicité. Et cela, pourquoi? Parce que ses importations dépassent ses exportations, parce qu'à force d'acheter toujours plus qu'elle ne vend, elle finira certainement quelque jour par n'avoir pas un penny dans sa poche. M. Paul Leroy-Beaulieu ne partage pas les inquiétudes de M. Rathbone sur le sort futur de la vieille Albion; elle n'est point nation à gaspiller ainsi sa fortune; ce qu'elle achète, elle a le moyen de le payer. Mais puisqu'il s'en faut de 3 milliards et demi qu'elle solde ses importations par ses exportations, il est curieux de savoir où elle trouve de quoi compenser cette différence.

Or, M. Giffen indique d'abord certaines circonstances qui réduisent déjà notablement l'écart. Ainsi, il n'y a pas que les produits qui se vendent; il ne faut pas oublier que les services sont aussi un objet d'échange (le seul réel même, si l'on va au fond des choses). Or, l'Angleterre rend aux autres nations, par les transports maritimes, un genre de services dont le prix ne figure pas aux tableaux de douane, et s'ajoute à la valeur des marchandises exportées lorsque celles-ci arrivent sur les marchés étrangers. Mais la principale ressource à l'aide de laquelle les Anglais compensent l'excédant de leurs importations, ce sont leurs placements au dehors en fonds d'Etat ou en valeurs industrielles. Tous ces placements ne sont pas également heureux; cependant, à ne prendre que les bons, on peut admettre que nos voisins en tirent bien annuellement 3 ou 4 milliards, si l'on songe que la Grande-Bretagne possède d'immenses colonies où de riches exploitations agricoles ou minières appartiennent à des habitants de la métropole et leur donnent de jolis revenus. En résumé, les placements au dehors, de quelque nature qu'ils soient, doivent toujours être comptés comme un élément considérable de la richesse des peuples modernes ; et nous en savons bien quelque chose, nous autres Français, qui, au moyen de cette ressource, avons payé à l'Allemagne 5 milliards, sans que cet énorme déplacement de capitaux ait laissé aucune trace sur nos tableaux d'exportation.

Sur la proposition de M. Joseph Garnier, cette communication devient le point de départ de la conversation générale sur laquelle nous reviendrons dans le prochain numéro.

OUVRAGES PRÉSENTÉS.

Lo studio della economia politica unito a quello di giurisprudenza, par M. PIERO TORRIGIANI (1).

Extrait du « Filangieri » de janvier 1878. L'auteur est un des savants professeurs de l'Italie, et membre du Parlement.

Revue générale d'administration, publiée sous la direction de M. MAURICE BLOCK, 1re année, janvier 1878 (2).

Cette revue sera comme la continuation et le complément du Dictionnaire d'administration du même auteur, dont la 2e édition a récemment paru.

O Economista Brasileiro, revista quinzenal. Redactor principal, M. RAMOS DE QUEIROZ. 1re année, 6 janvier 1878 (3).

De la démocratie dans ses rapports avec l'économie politique, par M. H.-C. MAILFER (4).

Troisième étude d'un penseur laborieux, démocrate, économiste et nullement socialiste.

Tableau raisonné de la récolte de blé de 1877 en France, par M. J. LAVERRIÈRE, rédacteur en chef de *l'Echo agricole* (5).

Important travail formant le supplément au numéro du 9 janvier 1878 (5).

Un péril pour l'Algérie. Le déboisement, par M. DE METZ-NOBLAT, ancien élève de l'Ecole Forestière (6).

Extrait du « Correspondant ».

---

(1) Rome, 1878, in-8 de 28 pages.
(2) Paris, in-8, de 160 pages.
(3) Rio, in-4 à 2 col. de 16 pages.
(4) Paris, 1878. Guillaumin et Cᵉ ; in-8 de 512 pages.
(5) In-folio de 12 pages à 4 col.
(6) Paris, 1878. Douniol, in-8 de 32 pages.

Salpêtres et Guanos du désert d'Atacama. Mesures prises par le gouvernement chilien pour en faciliter l'exploitation (1).

Recueil des divers documents.

Annuaire des finances russes. Budget, crédit, commerce, chemins de fer, par A. Vessélovsky, attaché au ministère des finances. VIe année (2).

Règlement définitif du budget de l'empire pour 1876. Rapport du contrôleur de l'Empire (3).

CHRONIQUE

Sommaire : Nouvel aspect de la guerre d'Orient. — La Russie et l'Angleterre. — La Grèce et la Crète se mettent de la partie. — La question des Détroits. — Ce qui reste des traités de 1833, 1841 et 1856. — L'agitation en Angleterre. — Les populations turques de toute religion aux abois. — Attitude du gouvernement allemand. — La mort du pape Pie IX. — Ce qu'a été son règne. — Nouvelles commissions relatives aux voies de communication en France. — Projet de rachat de 5,000 kilomètres de chemins de fer.

Les affaires d'Orient ont changé d'aspect et pris un caractère plus grave pour les Etats de l'Europe occidentale.

Le gouvernement russe n'a accordé l'armistice à la Turquie qu'en imposant ses conditions, dont les termes ne sont pas encore bien connus. En ce moment, les ambassadeurs délégués par les puissances à une sorte de Congrès à Vienne prennent connaissance de ces conditions, qu'ils se borneront probablement à homologuer ; car il semble qu'il n'y ait plus de droit européen ni de traités internationaux qui fassent loi ; la force prime le droit, et la Russie se dispose à tirer de ses victoires tout ce qu'elle en pourra tirer.

La Roumanie, la Serbie, la Bulgarie et l'Herzégovine attendent avec anxiété ce qu'aura décidé le vainqueur. La Grèce n'est pas moins perplexe. Au dernier moment, son nouveau ministère, dirigé par M. Comoundouros, a jugé à propos d'entrer en campagne contre la Turquie. Ce n'est pas grand, mais c'est une manière de

---

(1) Paris (imprimerie de Lambert), in-8 de 84 pages, avec carte.
(2) St-Pétersbourg, 1877, in-4 de 504 pages.
(3) Ibid., 1877, in-4 de 44 pages.

formuler ses prétentions vis-à-vis du Slave redouté qui va remplacer le Turc abhorré.

Les Crétois se sont aussi mis de la partie. Le Parlement grec a voté l'annexion de l'île de Crète, aujourd'hui île de Candie, à la Grèce. Si la ratification de ce vote dépendait uniquement des Candiotes, on pourrait le considérer comme définitif. La population de cette île, qui est généralement grecque d'origine, tend depuis un grand nombre d'années à se rattacher au royaume de Grèce. Mais Grecs et Crétois en sont réduits à attendre comme les Roumains, les Bulgares et autres; la force prime le droit et *a fortiori* les sentiments.

Au moment où nous écrivons, les Russes sont entrés ou vont entrer à Constantinople, soit pour y faire une simple promenade militaire, soit pour y rester. La flotte anglaise se tient à l'ouverture des Dardanelles, avec des ordres du gouvernement anglais et malgré l'opposition du parti de la paix qui s'est trouvé en petite minorité au Parlement pour refuser les subsides. M. Gladstone, et ses amis MM. Bright, Lowe, Fawcet, Goschen, etc., n'ont eu que 124 voix contre 328, pour soutenir ce qu'on appelle la politique de Manchester.

Ce dont il s'agit maintenant, c'est de la question du passage des détroits conduisant de la Méditerrannée à la mer Noire. Les souffrances de la Bulgarie et de l'Herzégovine n'ont été que des prétextes. Le Sultan a la clef de ces détroits qui donne aussi entrée dans l'empire d'Asie. L'Angleterre désire qu'il la garde, mais le gouvernement russe veut la prendre, ou du moins, il voudrait imposer au Sultan un traité par suite duquel ses vaisseaux de guerre pourraient franchir en tout temps le canal de Constantinople et le détroit de Gallipoli, pour, au besoin, faire la loi dans la Méditerrannée.

La Russie atteignit une partie de son but en 1833 par le traité d'Unkiar-Skelessi, conclu entre elle et la Turquie. Dans un article secret, celle-ci s'engageait à fermer le détroit des Dardanelles, c'est-à-dire à n'en permettre l'entrée à aucun bâtiment étranger. Mais, après l'affaire de 1840, l'acte, dit «la convention des détroits», fermait le détroit de Gallipoli et le canal de Constantinople à toutes les nations, de sorte que la marine russe se trouvait confinée dans la mer Noire. Le traité de Paris de 1856 « neutralisait» la mer Noire, c'est-à-dire que Russes et Turcs ne pouvaient avoir aucun arsenal militaire sur les rivages de cette mer. Mais après les désastres militaires de la France, la Russie a recouvré, par un traité consenti à Londres, le droit d'avoir dans la mer Noire des navires de guerre et des arsenaux militaires à volonté ; et il ne reste de ce congrès de

Paris et de l'œuvre laborieuse de 1856 que la convention de 1841 qui ferme les détroits aux navires de la Russie comme à ceux de toutes les nations. Le gouvernement russe va-t-il vouloir revenir au traité de 1833?

Cette tournure des affaires en Orient a produit la plus grande agitation en Angleterre. Dès le début, le gouvernement et l'opposition ont tenu un langage pacifique; toutefois, celle-ci a toujours affirmé que l'Angleterre devait rester neutre en tout état de cause, blâmant l'imprudence de la Turquie et semblant croire aux bons sentiments de la Russie pour des populations chrétiennes et opprimées; tandis que le gouvernement a signifié dans le discours de la Couronne et ailleurs qu'il ne sortirait de la neutralité que si les intérêts de l'Angleterre étaient menacés.

En quoi consistent les «intérêts» de l'Angleterre? C'est ce qui n'a pas été dit. Ne sont-ils pas menacés par l'arrivée des soldats russes près de Constantinople et par la revendication de la diplomatie russe au sujet des détroits? La crise est à son maximum d'intensité.

— Le gouvernement allemand s'est montré pacifique, mais comme toujours passablement obscur, dans le discours lu au nom de l'empereur à l'ouverture des Chambres. Toutefois, les trois hommes qui possèdent le pouvoir (M. de Bismarck, M. de Moltke et Guillaume) ne sont pas restés indifférents; ils ont dû donner des conseils; ils ont dû faire des promesses; ils ont certainement combiné leurs mesures.

— Inscrivons ici, pour mémoire, l'extrait d'un appel fait à l'Europe par les consuls généraux des diverses nations à Constantinople, unis en comité de secours aux victimes de cette guerre qui déshonore ceux qui l'ont entreprise sous prétexte d'humanité.

«... La détresse des réfugiés à Constantinople est épouvantable; plus de 80,000 habitants de diverses provinces de l'empire, de toutes races et de toutes religions, sont arrivés dans la capitale pendant les dix derniers jours, et chaque jour il en arrive encore des milliers; la plupart sont sans abri, insuffisamment vêtus, en présence d'un hiver très-rigoureux; tous sont affamés, les mosquées, les églises, les écoles, les casernes, les caravansérails en sont remplis. Le Sultan leur a abandonné plusieurs de ses palais; les personnages riches en ont recueilli dans leurs maisons, les moyens de les nourrir font presque partout défaut.

« Les rapports parvenus de Bourgas, d'Aïdos, de Rodosto, de

Tchorlu, sont navrants. A Tchorlu notamment, station du chemin de fer, se trouvent plus de 8,000 réfugiés, la plupart femmes et enfants. Un témoin oculaire assure que pendant deux jours qu'il vient de passer avec eux, plus de 200 sont morts de faim et de froid durant le trajet pour arriver ici ; beaucoup de femmes et d'enfants sont morts dans les trains, et leurs corps ont été jetés par les fenêtres dans la neige. Les conditions de ceux qui parviennent jusqu'ici ne sont pas meilleures... »

— La mort du pape est survenue au milieu de ces circonstances ; mais elle ne paraît pas devoir ajouter aux complications résultant des événements d'Orient ; au contraire, il est permis d'espérer que le futur élu du conclave pourra se mieux plier aux faits accomplis et suivre une politique plus sage et plus adroite.

Le pontife Pie IX, dont la mort a suivi à un mois de distance celle de Victor-Emmanuel, jour pour jour, le 7 février, aura porté, pendant les 32 ans qu'il a régné, un rude coup à la papauté et singulièrement diminué l'influence de l'église, en introduisant le système autocratique dans les dogmes, et en déclarant l'anathème aux progrès de la civilisation. Il y aura eu peu de souverains pontifes aussi recommandables personnellement, mais aussi dociles au mauvais génie des dominateurs du catholicisme.

Quoi qu'il en soit, les cardinaux pourront procéder à l'élection de son successeur en toute liberté. Les gouvernements, occupés ailleurs, ne semblent pas devoir cette fois trop peser sur le sacré collége ; et le gouvernement italien mettra une certaine coquetterie à établir autour de lui une profonde sécurité. Dieu veuille maintenant que l'Esprit saint ou la raison, pour parler le langage moderne, éclaire les hauts dignitaires qui se rendent à Rome en ce moment !

— En France, où l'opinion publique est non moins anxieuse que dans le reste de l'Europe, les affaires intérieures suivent leur cours régulier ; la Chambre des députés procède au vote du budget ; les travaux de l'Exposition sont poursuivis avec une activité continue ; M. le Ministre des travaux publics prépare des propositions auxquelles il a prélude par la nomination de nouvelles commissions sur la nature desquelles règne un certain mystère.

Dans le dernier numéro, nous avons reproduit son rapport au sujet des commissions chargées de faire une classification des chemins de fer d'intérêt général et d'intérêt local qu'il s'agit de continuer. Nous reproduisons dans celui-ci un second rapport relatif à la classification et à l'achèvement des voies navigables ; plus un troisième rapport relatif à la création d'un conseil supérieur des voies de communication en remplacement d'une commission centrale des chemins de fer qui n'a jamais été un rouage fort utile. On sait, d'autre part, que des commissions spéciales restent constituées à la Chambre des députés et au Sénat. Si donc la lumière ne se fait pas sur ces grands intérêts, ce ne sera pas faute de commissions, soit administratives, soit parlementaires.

En attendant cette lumière, M. de Freycinet a déposé un projet de loi pour le rachat et la mise en exploitation de 5,000 kilomètres de chemins de fer appartenant à dix compagnies secondaires tombées en faillite ou en déconfiture. — Est-ce à titre d'expédient ou de système? C'est ce qui reste à discuter devant les Chambres.

— Nous reproduisons plus haut les paroles de M. Frédéric Passy prononcées sur la tombe d'un de nos anciens collaborateurs, M. P. Paillottet, dont la mort a été mentionnée à la Société d'économie politique, ainsi que celle de M. Le Cesne, député, et de M. Hildebrandt, directeur de la statistique de Thuringe.

J^{ph} G.

Paris, 14 février 1878.

A ce numéro est joint la **TABLE TRIENNALE** alphabétique et générale des trois années 1875, 1876 et 1877, terminant le volume 48 et dernier de la 3ª série duodécennale.

Bibliographie économique.

PUBLICATIONS DE JANVIER 1878.

Archives parlementaires de 1787 à 1860. Recueil complet des débats législatifs et politiques des Chambres françaises, imprimé par ordre de l'Assemblée nationale sous la direction de M. J. Mavidal, chef du bureau des procès-verbaux de l'Assemblée nationale, et de M. E. Laurent, sous-bibliothécaire de l'Assemblée nationale, 2ᵉ série (1800 à 1860). T. 37. Du 25 juin au 30 juillet 1822. Gr. in-8° à 2 col. 708 p. Lib. P. Dupont.

Almanach financier de la Finance illustrée, 1878. In-12, 140 p. Paris, 19, rue de Grammont.

Annuaire pour l'an 1878, publié par *le bureau des longitudes*. Avec notices scientifiques. In-18, 715 p. Imp. et lib. Gauthier-Villars.

ANTOINE DE GORGOZA. *Canal interocéanique du Darien*. Résumé des faits. Document complémentaire omis par la publication du comité provisoire de direction de novembre 1876. Pièce justificative, lettre contradictoire, résultats obtenus. Protestations. Septembre 1876. In-8, 48 p. Lib. Challamel aîné.

ARNOULD (J.). *La mortalité dans la ville de Lille* en 1876. In-8, 10 p. Lille, imp. Lefebvre-Ducrocq.

AUCOC (L.). Discours prononcé à la *Société de législation comparée*. In-8, 12 p. Imp. Arnous de Rivière.

AUDIGANNE. *Les ouvriers en famille*, ou entretiens sur les devoirs et les droits de l'ouvrier dans les diverses relations de sa vie laborieuse. 8ᵉ édition. In-8, 175 p. Capelle.

BABLOT-MAITRE (E.). *L'Agriculture régénératrice* de la France, 2ᵉ édition. in-8, 126 p. Châlons, imp. Martinet.

BEAUVAIS (E.). *Les Colonies européennes du Markland et de l'Escociland* (domination canadienne) au XIVᵉ siècle, et les vestiges qui en subsistèrent jusqu'aux XVIᵉ et XVIIᵉ siècles. In-8, 60 p. Nancy, imp. Crépin-Leblond.

BLOCK (M.). *Traité théorique et pratique de statistique*. In-8, VII-543 p. Lib. Guillaumin et Cᵉ.

BONNABELLE. *Le département de la Meuse historique, géographique et statistique*. Clermont en Argonne. Notice lue à la Société des lettres, sciences et arts de Bar-le-Duc, dans sa réunion du 4 mai 1876. In-8, 29 p. Bar-le-Duc, imp. Contant-Laguerre.

BONNIOL (Eugène). Etude critique des rapports ou projets présentés en faveur de la création de l'*Entrepôt général des liquides*. In-8, 27 p. Marseille, imp. Cayer et Cᵉ.

BOURROSE (L.). *Les Chemins de fer économiques à voie étroite et sur les accotements*. In-8, 46 p. Lib. Marescq aîné.

BROCKER (C.). *Observations sur le projet de Code pénal italien*. In-8, 32 p. Lib. Thorin.

CERNIÈRES (Albert DE). *Le Propagateur encyclopédique des sciences commerciales*, industrielles et législatives, nouvelle édition, revue et corrigée. Gr. in-8 ; IV-748 p. Tremblay.

CHAMARD (R. P. Dom François). *De l'immunité ecclésiastique et monastique*. In-8, 39 p. Lib. Palmé.

CHOTTEAU (Léon K.). *Le Traité de commerce franco-américaine*. Avec une préface par M. Ménier, député de Seine-et-Marne. In-8, XIX-113 p. Lib. Sandoz et Fischbacher.

Comité international des poids et mesures. Premier rapport aux gouvernements signataires de la convention du mètre sur l'exercice de 1876-1877. In-4, 14 p. Lib. Gauthier-Villars.

Compte-rendu des travaux de la Chambre du Commerce de Lyon. Année 1876. Gr. in-8, 240 p. Lyon, imp. Bellon.

Conférences internationales pour les *négociations commerciales entre la France et l'Espagne* (16 octobre, 8 décembre 1877). Ministère des affaires étrangères. In-4, 97 p. Imp. nationale.

Congrès agricole de la Société d'agriculture de la Haute-Garonne. *Labourage à vapeur.* In-8, 140 p. Toulouse, imp. Douladoure.

Coquelin (Alfred). *Colonisation et Sociétés d'émigration.* Conférence du Congrès de l'association française pour l'avancement des sciences. In-16, 68 p. Challamel aîné.

Dejernon. *La Vigne en Algérie.* In-8, 32 p. Pau, imp. Véronèse.

De la transformation de l'impôt. L'unitaxe. Impôt sur le capital et sur les éléments constitutifs des bénéfices et du revenu. In-8, 74 p. Saint-Quentin, imp. Poette.

Dénombrement de la population des départements de France et d'Algérie, 1876. Ministère de l'intérieur. In-8, 586 p. Paris, imp. nationale.

Delprat (J.). Compte-rendu sur l'Amérique du Nord et sur l'*Exposition internationale de Philadelphie.* In-8, 76 p. et 4 pl. Toulouse, imp. Vialelle et C°.

Dupuy (C.). *Des rapports du droit avec l'économie politique.* Cour d'appel de Montpellier. Audience solennelle de rentrée du 3 novembre 1877. In-8, 61 p. Montpellier, imp. Martel aîné.

Etude sur l'état moral et les conséquences de la société matérialiste de l'avenir. Discours laïque. In-8, 23 p. Moulins, imp. Crépin-Leblond.

Evans (John). *Les Ages de la pierre.* Instruments, armes et ornements de la Grande-Bretagne. Traduit de l'anglais par E. Barbier, revu et corrigé par l'auteur, avec 476 fig. intercalées dans le texte et une planche hors texte. In-8, 698 p. Lib. Germer-Baillière et C°.

Falies (A.). *Etude théorique et pratique sur les chemins de fer à traction de locomotive sur routes.* Accompagnée de deux grandes planches. In-8, 83 p. Lib. Lemoine.

Foursac. Rapport du délégué *de la cordonnerie à l'exposition de Phi-ladelphie.* In-8, 32 p. Toulouse, imp. Sirven.

Gréary (Dr E.). *Hygiène publique.* Mouvements de la mortalité à Marseille pendant l'année 1876. In-8, 45 p. et tableaux. Marseille ; imp. Barlatier-Feissat père et fils.

Guelliot (Dr Charles). *Topographie, histoire, statistique médicale de l'arrondissement de Vouziers* (Ardennes). In-8, 126 p. Lib. Vᵉ Adrien Delahaye.

Guillard (E.). *La Bourse, les agents de change et les opérations de bourse* en Belgique. In-8, 52 p. Lib. Marescq aîné.

Jouault (A.). *L'Epargne et le crédit.* 4ᵉ édition. In-12, 23 p. imp. Roussel.

Jusselain (Armand). *De la mortalité dans les colonies des jeunes soldats venant de France.* Moyen de la faire cesser en augmentant les revenus de ces pays, en temps de paix, et assurant la défense de leur territoire en temps de guerre. De l'établissement du service militaire aux colonies. In-8, 15 p. Dumaine.

Le Play (F.). Œuvres complètes. *Les Ouvriers européens.* 2ᵉ édit., T. 3. Les ouvriers du Nord et leurs essaims de la Baltique et de la Manche. Population guidée par un juste mélange de tradition et de nouveauté, dont le bien-être provient de trois influences principales ; le décalogue éternel, la famille souche, et les productions spontanées du sol ou des eaux. In-8, xlii-513 p. Lib. Dentu.

Lunier (Dr L.). *De la production et de la consommation des boissons alcooliques en France*, et de leur influence sur la santé physique et intellectuelle des populations. In-8, 234 p. et 6 cartes ; lib. Savy.

Lyell (Ch.). Eléments de géologie ou *changements anciens de la terre et de ses habitants* tels qu'ils sont représentés par les monuments géologiques. Traduit de l'anglais sur la 6ᵉ édition, avec le consentement de l'auteur, par M. J. Gineston. 6ᵉ édition, considérablement augmentée et illustrée de 770 gr. sur bois. In-8, vi-647 p. Garnier frères.

Maguin (H.). *Notes et documents sur l'instruction populaire en Suisse.* In-8, xvii-194 p. Delagrave.

MANDEMENT. Rapport du délégué de la carrosserie et des industries suivantes : charrons, forgerons, menuisiers, peintres et garnisseurs à l'*Exposition de Philadelphie*. In-8, 16 p. Toulouse, imp. Sirven.

MÉLIODON (P.). *Des titres au porteur perdus*, volés ou détruits (loi du 15 juillet 1872). In-8, 59 p. Paris, imp. Donnaud.

MOLON (Ch. DE). *L'Agriculture et le phosphate de chaux*. Notice sur les travaux et sur les recherches de M. Ch. de Molon, avec pièces justificatives. In-8, CLXXVIII-120 p. Coulommiers, imp. Bardin.

Moyens pratiques pour gagner de l'argent. Commerce, spéculation, bourse, jeu. In-8, 31 p. Lyon. Lib. Georg.

NIEL (O.). *Géographie de l'Algérie*. 2e édition, T. 2. Géographie politique et littéraire de l'Algérie, avec carte dressée par M. Levasseur, membre de l'Institut. In-8, XV-542 p. Lib. Challamel aîné.

PASCAL. Rapport au délégué de *l'ébénisterie* et des industries suivantes : menuiserie en fauteuils, menuiserie de batisse, pianos et orgues, sculpture, billards, peinture décorative et tapisserie pour meubles, à l'*Exposition de Philadelphie*. In-8, 32 p. Toulouse, imp. Sirven.

PICHOT (J.-A.). *Questions fiscales et sociales*. L'impôt, par le timbre, véritable péréquateur. Retraite générale pour tous. In-8, 36 p. Poitiers, autogr. Robineau.

PIÉDERRIÈRE (l'abbé). *Les petites écoles avant la révolution dans la province de Bretagne*. In-8, 32 p. Nantes, imp. Forest et Grimaud.

PIETRA SANTA (Dr P. DE). Rapport adressé à M. le ministre de l'instruction publique et des beaux-arts (Mission en Italie pour assister au *congrès médical de Turin*, septembre 1876) ; gr. in-8, 41 p. Paris, imp. Parent.

Précis d'un cours de droit naturel, privé, public et international. In-8, 228 p. Chambéry, imp. Chatelain.

RAPPORT présenté à M. le ministre de l'agriculture et du commerce par l'Académie de médecine *sur les vaccinations* pratiquées en France pendant l'année 1875. In-8, 369 p. et 5 pl. Imp. nationale.

REGNAULT (A.). Etudes historiques et morales sur *les prisons du département de la Seine et de la ville de Londres* ; -in-18 jésus, 422 p. Guillaumin et Ce.

RENAUD (A). *Histoire nouvelle des arts et des sciences*. In-18 jésus, IV-497 p. Lib. Charpentier.

RESTIF DE LA BRETONNE. *Histoire des mœurs et du costume des Français* dans le XVIIIe siècle, ornée de 12 estampes dessinées par Freudeberg, gravées par les principaux artistes. Texte par Restif de la Bretonne, revu et corrigé par M. Charles Brunet. Préface par Anatole de Montaiglon. In-folio.

SCHŒLCHER (V.). *Restauration de la traite des noirs à Natal*. In-8, 16 p. Paris, imp. Brière.

Statistique des pêches maritimes. 1876. Marines et colonies. In-8, 153 p. Imp. nationale.

TEYSSIER DES FARGES (G.). *La justice et la législation en Angleterre*. In-8, 86 p. Imp. et lib. P. Dupont.

VAÏSSE (Jean-Louis). *La Bourse tue la charrue*!!! Il faut que la charrue tue la Bourse. In-8, 46 p. Sandoz et Fischbacher.

VANNIER (H.). *Les Changes et les arbitrages rendus faciles et corrects* ; In-18 jésus, XI-280 p. Lib. Delagrave.

VÈNE (Alexandre). *Les Causeries agricoles* d'A. V. de Sainte-Anne, suivies d'une notice historique sur le phylloxéra. Avec une préface en vers par Mlle Marie G***. In-16, XII-292 p. Lib. Tremblay.

AVIS AU RELIEUR

A ce numéro est joint la **TABLE TRIENNALE** alphabétique et générale des trois années **1875, 1876 et 1877** terminant le volume 48 et dernier de la 3e série duodécennale.

Le Gérant : PAUL BRISSOT-THIVARS.

Paris. — Typ. A. Parent, rue Monsieur le-Prince, 29-31.

TABLE ALPABÉTIQUE GÉNÉRALE DES MATIÈRES

CONTENUES DANS LES TOMES XXXVII-XLVIII (1)

Quatrième de la 3° série duodécennale

DU

JOURNAL DES ÉCONOMISTES

Janvier 1875 à Décembre 1877

Concordance des volumes avec les dates de leur publication :

Tomes XXXVII. Janvier à Mars	1875.	
XXXVIII. Avril à Juin	—	
XXXIX. Juillet à Septembre	—	
XL. Octobre à Décembre	—	
XLI. Janvier à Mars	1876.	
XLII. Avril à Juin	—	
Tomes XLIII. Juillet à Septembre	1876.	
XLIV. Octobre à Décembre	—	
XLV. Janvier à Mars	1877.	
XLVI. Avril à Juin	—	
XLVII. Juillet à Septembre	—	
XLVIII. Octobre à Décembre	—	

A

ABD-UL-HAMID. Son discours d'ouverture aux Chambres, XLVII, 132.

Académie des sciences morales et politiques. Séance annuelle (5 déc. 1874), XXXVII, 120. — Revue de l' — (1872 à 1874), par M. J. Lefort, XXXVII, 403. — Revue de l'année 1875, par le même, XLII, 421. — Séance publique annuelle (29 avril 1876), 445. — Revue de l'année 1876, par M. J. Lefort, XLVI, 91. — Prix et concours, 294.

Académies. Les cinq —, ce qu'elles ont été et ce qu'elles sont devenues, par M. Ernest Bersot, XLIV, 161.

Adresse des ouvriers anglais, membres de la Société de la Paix, aux travailleurs d'Europe. L'arbitrage international, XL, 109.

Age d'or. Une vision de l' — ; proposition d'un retour aux institutions archaïques, par M. Courcelle-Seneuil, XLV, 169.

Agriculture. Du crédit agricole et de la création d'un privilége spécial en faveur des marchands d'engrais, par M. Ad. Blaise, XXXVII, 179. — VI° Congrès de la Société des Agriculteurs de France, par M. J. Valserres, XXXVII, 454. — L' — et l'économie politique, discours de M. Wolowski, XXXIX, 118. — Le Crédit agricole et les engrais, lettre de M. Thomas, 395. — L'enseignement agricole, rapport de MM. Besnard et Dampierre, par M. Émion, XLI, 252. Voy. Sol, Tessron.

ALBERDI (J.-B.), ancien ministre de la Confédération argentine, membre de la Soc. d'éc. politique. *Perigrinacion de Luz del Dia, o viage e aventuras de la verdad endel nuevo mundo. — La vida y los trabajos industriales de William Wheebright en la America del Sud*, C. R. par M. Th. Mannequin, XLVI, 289.

Algérie. Voy. Clamagéran.

ALGLAVE (Émile), directeur de la *Revue politique*, membre de la Soc. d'éc. polit. — Son opinion, à la Soc. d'éc. polit., sur la liberté d'enseignement, XXXVII, 141, 144 ; — sur les chemins de fer, XLIV, 466.

Aliénés. Les asiles d' — à Paris et l'état des — en France, par M. Ch. Boissay, XLIV, 37b.

Allemagne. Les agitations des ouvriers en —, par M. L. Reybaud, XXXVII, 7. — L'instruction publique en —, par M. Kerrilis, XXXIX, 173. -- La question monétaire en — ; l'embarras des pièces d'argent, par M. H. Cernuschi, XL, 241. — La question sociale et les partis en —, XLVIII, 292.

Alsace-Lorraine. Le prétendu droit des Allemands, XXXIX, 154.

AMÉ (Léon·, conseiller d'État, membre de la Soc. d'éc. polit. *Étude sur les tarifs de douanes et sur les traités de commerce*, C. R. par M. J. Clément, XLI, 493.

(1) Voir, à la dernière page, la liste des *onze* tables de la collection du *Journal*.

B

C

F

G

J

K

L

M

Q

R

S

WORMS (Emile), de la Société d'économie   politique, sur les chemins de fer, XX
politique. Son opinion, à la Société d'écon.   161.

Y

YVERNÈS (Emile). *De la récidive et du régime pénitentiaire en Europe*, C., R. XXXV

Z

ZABOROWSKI-MOINDRON. *De l'ancienneté de l'homme*, résumé de la préhistoire. C.
M. de Fontpertuis, XXXVIII, 177.

Liste des onze tables des 3 séries :

1re série. *Première table*, première période triennale, de décembre 1841 à novembre 18
M. Eug. Daire. — *Deuxième table*, deuxième période triennale, de décembre 1844 à
bre 1847, par M. Lobet. — *Troisième table*, troisième période triennale, de décembre
décembre 1850, par M. Joseph Garnier. — *Quatrième table*, quatrième période trienn
janvier 1851 à décembre 1853, par M. Joseph Garnier.

2e série. *Cinquième table*, première période quinquennale, de janvier 1854 à décemb
par Edmond Renaudin. — *Sixième table*, deuxième période quinquennale, de janvier
décembre 1863, par M. Paul Boiteau. — *Septième table*, troisième période [biennale],
vier 1864 à décembre 1865, par M. Paul Boiteau.

(Ces *sept* tables des 2 premières séries sont fondues en une **Table générale**, 1841-18

3e série. *Huitième table*, première période triennale, de janvier 1866 à décembre 18
M. Paul Boiteau.—*Neuvième table*, deuxième période triennale, de janvier 1869 à décemb
par Edmond Renaudin. — *Dixième table*, troisième période triennale, de janvier 1872 à
bre 1874, par Edmond Renaudin. — *Onzième table*, quatrième période triennale, de janvi
à décembre 1877, par Edmond Renaudin.

Paris. — Typ. A. Parent, rue Monsieur-le-Prince, 29-31.

DERNIÈRES PUBLICATIONS

LE JOURNAL DES ECONOMISTES

REVUE DE LA SCIENCE ÉCONOMIQUE ET DE LA STATISTIQUE

Paraît le 15 de chaque mois par livraisons de dix à douze feuilles (160 à 192 pages), format grand in-8, dit grand raisin, renfermant la matière d'un volume in-8 ordinaire.

Chaque Trimestre forme un volume et l'Année entière 4 beaux volumes.

CONDITIONS DE L'ABONNEMENT :

36 francs par an et 19 francs pour six mois pour toute la France et l'Algérie.

35 francs par an et 20 fr. pour six mois pour : *Allemagne, Autriche, Belgique, Danemark, Espagne, Grande-Bretagne, Finlande, Grèce, Hongrie, Italie, Luxembourg, Malte, Montenegro, Norwége, Pays-Bas, Portugal,* y compris *Madère et les Açores, Roumanie, Russie, Serbie, Suède, Suisse, Turquie, Egypte, Tanger, Tunis.*

40 francs par an et 21 pour six mois pour : *Etats-Unis, Canada, Colonies françaises (Guadeloupe, Martinique, Guyane, Sénégal, Ile de la Réunion, Cochinchine, Etablissements français dans l'Inde).*

42 francs par an et 22 francs pour six mois pour : *Chine, Confédération argentine, Cuba, Haïti, Indes-Orientales, Mexique, Nouvelle-Grenade, Paraguay, Uruguay, Vénézuéla.*

46 francs par an et 24 francs pour six mois pour : *Australie, Bolivie, Brésil, Chili Equateur, Pérou, Etats de l'Amérique du Centre : Costa-Rica, Guatemala, Honduras, Nicaragua, San-Salvador.*

Pour s'abonner, envoyer un mandat sur la poste ou sur une maison de Paris.
Les abonnements partent de janvier ou de juillet.
On ne fait pas d'abonnement pour moins de *six mois.*

Chaque numéro séparément, 3 francs 50.

COLLECTIONS ET TABLES :

Le prix de la 1ʳᵉ série, comprenant les 12 années de 1842 à 1853 inclus, et formant 37 volumes grand in-8, est de 366 francs.

Le prix de la 2ᵉ série, comprenant les 12 années de 1854 à 1865 inclus, et formant 48 volumes grand in-8, est de 432 francs.

Le prix de la 3ᵉ série, comprenant les 12 années de 1866 à 1877 inclus, et formant 48 volumes grand in-8, est de 432 francs.

Le prix total de la Collection, formant, à la fin de 1877, 132 volumes gr. in-8, est donc de 1230 fr.

La Collection forme, à elle seule, une *Bibliothèque* facile à consulter à l'aide de TABLES analytiques et détaillées.

La librairie GUILLAUMIN ne possède plus qu'un très-petit nombre de Collections complètes de chacune des deux séries, qui se vendent séparément.

ON TROUVE A LA LIBRAIRIE GUILLAUMIN ET Cᵉ

Les TRAITÉS GÉNÉRAUX, les TRAITÉS ÉLÉMENTAIRES et les ouvrages de théorie relatifs à l'Economie sociale ou politique ou industrielle;

Les TRAITÉS SPÉCIAUX, les MONOGRAPHIES et un grand nombre d'Ecrits sur les diverses questions relatives à l'ÉCONOMIE POLITIQUE ou SOCIALE, à la STATISTIQUE, aux FINANCES, à la POPULATION, au PAUPÉRISME, à l'ESCLAVAGE, à l'ÉMIGRATION, au COMMERCE, aux DOUANES, aux TARIFS, au CALCUL, à la COMPTABILITÉ, aux CHANGES, au DROIT DES GENS, au DROIT ADMINISTRATIF, au DROIT COMMERCIAL et au DROIT INDUSTRIEL.

Les DOCUMENTS STATISTIQUES et autres : Tableaux de douane, Enquêtes, Tarifs, etc.

Paris. — Typ. A. PARENT, rue Monsieur-le-Prince, 29 et 31.

DES

ÉCONOMISTES

REVUE

E LA SCIENCE ÉCONOMIQUE

ET

DE LA STATISTIQUE

(37ᵉ ANNÉE DE LA FONDATION)

4ᵉ SÉRIE. — Nᵒ 3

1ʳᵉ ANNÉE. — Nᵒ 3

MARS 1878

C PARIS

LIBRAIRIE GUILLAUMIN ET Cⁱᵉ, ÉDITEURS

De la Collection des principaux Économistes, des Économistes et Publicistes contemporains,
de la Bibliothèque des sciences morales et politiques, du Dictionnaire
de l'Économie politique, du Dictionnaire universel du Commerce et de la Navigation, etc.

Rue Richelieu, 14.

1878

VIS. — Ceux de nos abonnés dont l'abonnement est expiré
: le numéro de décembre dernier sont prévenus que nous ferons
voir à Paris, à domicile, et en province, par une traite, la somme
8 fr.. montant de l'abonnement pour 1878.

BULLETIN BIBLIOGRAPHIQUE ET COMMERCIAL

JOURNAL

DES

ÉCONOMISTES

L'ÉVOLUTION ÉCONOMIQUE DU XIXe SIÈCLE

LIBERTÉ ET TUTELLE

SOMMAIRE: Que la civilisation est le produit du *matériel* et du *personnel* de la production.— Pourquoi il importe qu'ils se développent d'un pas égal. — Que tous les membres des sociétés humaines sont appelés à participer au progrès.— Qu'ils y participent plus ou moins selon les forces et les ressources dont ils disposent et la manière dont ils en disposent. — Manières d'agir *utiles* et *nuisibles*.— Comment elles se reconnaissent. — Régimes divers qui en dérivent, la *liberté* ou le *self-government*, la *tutelle* et la *servitude*.— Supériorité du *self-government*.— Minimum de capacité nécessaire à son exercice. — Raison d'être de la tutelle au-dessous de ce minimum.—Tutelle des enfants, des femmes et des condamnés. — Ce qui la motive.—Autres restrictions au *self-government*.

Ainsi que nous l'avons constaté dans les études précédentes (1), l'amélioration successive de la condition de l'espèce humaine dépend de deux sortes de progrès : progrès du *matériel* et des procédés techniques de la production, progrès du *personnel*, considéré dans ses trois branches maîtresses, auxquelles se rattachent directement ou indirectement tous les membres de la société, personnel dirigeant, capitaliste et ouvrier.

La civilisation est le produit de ces deux sortes de progrès. On ne saurait dire, et il serait oiseux de rechercher lesquels y contribuent davantage, mais on peut affirmer que les uns et les autres sont également nécessaires, en ce sens que la civilisation ne saurait être produite sans leur coopération. Supposons que le

(1) Voyez le *Journal des Économistes* de janvier, avril, octobre 1877 et janvier 1878.

matériel et les procédés techniques de la production se perfectionnent, si le personnel ne réalise pas un progrès équivalent, s'il
n'acquiert pas le supplément d'intelligence et de connaissances
qu'exige la mise en œuvre d'un outillage plus parfait, s'il n'y joint
pas le supplément de moralité que nécessite l'accroissement de
sa responsabilité d'une part, et des moyens de satisfaire ses penchants honnêtes ou vicieux de l'autre, le progrès du matériel demeurera stérile, peut-être même deviendra-t-il nuisible. Admettons, par exemple, que la population actuelle de la Grande-Bretagne vienne à être remplacée par un nombre égal de Peaux
Rouges ou de Boschismen, la perfection même du matériel de la
civilisation britannique empêchera ces peuples inférieurs d'en
tirer parti ; au bout de peu d'années, l'Angleterre ne renfermera
plus que des cités en ruines et des campagnes en friche, parcourues par de rares tribus de chasseurs et de cannibales. Supposons, d'un autre côté, que le *personnel* soit aussi intelligent et
aussi moral que possible, mais qu'il existe dans ses facultés une
lacune qui le rende incapable d'élever son matériel productif au-
dessus de celui des Peaux Rouges ou des Boschismen, il ne pourra
se civiliser non-seulement faute des moyens de se multiplier de
manière à constituer des sociétés suffisamment nombreuses, mais
encore faute des instruments nécessaires pour conserver et accumuler ses connaissances.

Il faut donc que l'un et l'autre progrès se développent pour ainsi
dire du même pas. Si le matériel devance le personnel, ses progrès demeureront en partie stériles, peut-être même auront-ils
des résultats nuisibles. De grandes entreprises, pourvues d'un
outillage perfectionné échoueront si elles sont desservies par un
personnel élevé dans l'horizon étroit de la petite industrie, et fa-
çonné à ses pratiques mesquines. Un accroissement de richesses
survenant à une population mal préparée à en faire usage ne servira qu'à alimenter des guerres suscitées par l'orgueil, la vanité
ou la convoitise, ou bien encore à fournir une pâture plus ample
à des vices grossiers, l'ostentation, la gourmandise, l'ivrognerie,
qui affaiblissent et détériorent précisément les facultés dont une
industrie perfectionnée exige la coopération active. Si le personnel, au contraire, devance le matériel, l'essor prématuré ou dis-
proportionné de ses facultés les plus élevées pourra lui devenir
funeste en le provoquant à se conduire d'après des règles qui, par
cela même qu'elles sont supérieures à sa condition présente, ne
s'y trouvent point adaptées. Une tribu n'ayant pour outillage que
des arcs, des lances ou des javelots, et vivant de la chair des animaux sauvages ne tarderait probablement pas à périr, si, à dé-

faut d'autre gibier, elle s'abstenait de toucher à la chair humaine ; des cannibales moins scrupuleux auraient bientôt raison de cette tribu affaiblie par les privations, et ils ne manqueraient pas de prendre sa place, après en avoir fait le menu de leurs festins.

En tout cas, c'est à ce double progrès que l'espèce humaine est redevable de sa civilisation et de son bien-être. Il a commencé à s'accomplir dès le premier âge de l'humanité ; il s'est poursuivi à travers des obstacles de tous genres, venant de la nature et de l'homme lui-même ; il a eu des défaillances et des retours avant d'arriver à la phase nouvelle et décisive marquée par l'avénement de la grande industrie, et il est destiné, selon toute apparence, à se poursuivre d'une manière indéfinie. Comment s'accomplit-il ? Comment l'espèce humaine accroît-elle incessamment la somme de ses acquisitions matérielles, intellectuelles et morales ? Comment devient-elle plus nombreuse, plus riche, plus éclairée et meilleure ? Par la coopération de tous ses membres, soit qu'ils appartiennent ou se rattachent au personnel dirigeant, capitaliste ou ouvrier, chacun agissant dans une sphère plus ou moins étendue selon la quantité de forces et de ressources dont il dispose, et manifestant son activité au double titre de producteur et de consommateur. A titre de producteur, il crée de la richesse. Il la crée en inventant de nouveaux instruments, de nouveaux procédés, de nouvelles méthodes pour développer et améliorer la production, en dirigeant, en commanditant ou en desservant les entreprises qui sont les officines où la richesse se produit. A titre de consommateur, il emploie la portion de richesse que lui vaut sa participation directe ou indirecte aux entreprises et qui constitue son revenu ou ses moyens d'existence. Il en consacre une partie à la satisfaction de ses besoins actuels, il en accumule une autre en prévision de ses besoins à venir, il en applique une troisième à la formation de la génération qui est appelée, en vertu des lois de la nature, à remplacer la sienne. Selon qu'il s'acquitte bien ou mal des fonctions et des obligations qu'implique sa double qualité de producteur et de consommateur, il s'enrichit ou s'appauvrit, il s'élève ou il décline, et comme une société n'est autre chose que la somme des unités produisantes et consommantes qui la composent, plus elle renferme d'unités aptes à bien gouverner leur production et leur consommation, plus elle se développe, s'enrichit et se civilise.

Dans l'accomplissement de cette double tâche du gouvernement de la production et de la consommation, ou, si l'on veut, des affaires et de la vie, il y a une multitude infinie de manières d'agir *possibles*. Prenez un millier d'individus, et vous n'en trouverez pas deux qui gouvernent de la même manière leur production et leur consommation. Cependant il existe pour chacun, eu égard à ses conditions d'existence, à sa situation, au milieu où il vit, une manière d'agir qui est la meilleure, la plus utile, c'est-à-dire la plus conforme à l'intérêt de la communauté, dont son intérêt propre est une portion intégrante. Au-dessous de celle-là, il y en a une infinité d'autres qui sont de moins en moins utiles, et, après celles-ci, de plus en plus nuisibles. L'homme est appelé à choisir entre elles ; selon le degré de capacité intellectuelle et morale dont il est pourvu, il choisit une manière d'agir qui se rapproche ou s'éloigne plus ou moins de la meilleure.

Mais comment discerner dans cette multitude de manières d'agir *possibles* celle qui est la meilleure. Il est clair que l'*expérience* peut seule servir de guide à cet égard. Toute action a des conséquences. Selon que ces conséquences sont bienfaisantes ou malfaisantes pour la communauté, l'action est réputée bonne ou mauvaise, utile ou nuisible. On la loue et on l'encourage si elle est reconnue utile ; on la blâme, au contraire, et on s'efforce d'empêcher qu'elle ne se reproduise si elle est reconnue nuisible. En agissant ainsi, la communauté ne fait qu'user du droit légitime de défendre ses intérêts, mais elle peut aller et elle va plus loin. Elle ne se borne pas à interdire les manières d'agir qui lui paraissent nuisibles ; elle prescrit, elle ordonne à ses membres d'employer, à l'exclusion de tout autre, la manière d'agir qui lui paraît la meilleure.

Si l'on se borne à interdire les manières d'agir qui sont considérées comme *nuisibles*, en laissant cependant l'individu maître de choisir, à ses risques et périls, celles qui lui conviennent, c'est le régime de la *liberté ;* si on lui enlève ce choix, si on lui prescrit la manière d'agir qu'il est tenu de suivre, c'est le régime de la *tutelle* ou de la *servitude*. L'individu est en tutelle si son intérêt a été pris en considération dans les prescriptions dont ses actes sont l'objet, il est en servitude si ces prescriptions ont été faites en vue d'un autre intérêt que le sien.

Ces deux régimes, appropriés à des états de développement différents de la personnalité humaine, se trouvent associés dans des proportions diverses chez tous les peuples ; mais jusqu'à nos jours, la liberté ou le *self-government* est demeuré l'exception, la tutelle ou la servitude a été la règle. Depuis l'avénement de la grande industrie, au contraire, le *self-government* tend à devenir la règle, la servitude tend à disparaître, sauf dans le cas où elle est pénale, et la tutelle à se restreindre graduellement ; ce qui ne veut pas dire qu'elle ne soit point appelée à jouer encore, sous des formes et avec des modes d'action de plus en plus perfectionnés, un rôle considérable dans le monde.

Que la liberté ou le *self-government* soit le régime le plus parfait sous lequel l'homme puisse vivre, c'est une proposition si évidente qu'il est presque superflu de la démontrer. C'est seulement sous ce régime que toutes les forces qui constituent son être, forces physiques, intellectuelles et morales, peuvent prendre leur plein essor et recevoir leur plein développement ; qu'il acquiert, en un mot, toute la valeur qu'il est capable d'acquérir. Car ce n'est que sous ce régime que les facultés supérieures qui président au gouvernement des affaires et de la vie trouvent leur emploi, qu'elles peuvent, par conséquent, croître et s'accumuler par l'exercice comme croît et s'accumule toute force utilisée.

Mais la liberté ou le *self-government* n'est utile ou même possible qu'à une condition, c'est que l'individu possède le *minimum* de capacité physique, intellectuelle et morale nécessaire pour accomplir les actes et remplir les obligations qu'implique l'entretien de son existence. Nous disons le *minimum* de capacité. S'il fallait, en effet, que cette capacité fût portée à son degré le plus élevé, c'est-à-dire que l'individu fût capable de choisir toujours, dans toute la sphère ouverte à son activité, la manière d'agir la meilleure, il est clair que la liberté demeurerait un idéal inaccessible à l'homme, aussi longtemps qu'il serait ce qu'il a été de tout temps, ce qu'il sera probablement toujours, une créature faillible et imparfaite. Mais ce maximum de capacité n'est pas nécessaire pour rendre la liberté possible ; le minimum suffit.

Nous venons de remarquer que dans l'œuvre complexe de la gestion de ses affaires et de sa vie, l'homme a le choix entre une infinie variété de manières d'agir, les unes plus ou moins utiles, les autres plus ou moins nuisibles. S'il n'a pas la capacité nécessaire pour les distinguer les unes des autres, ou s'il est ignorant et vicieux au point de préférer généralement celles qui sont nuisibles à celles qui sont utiles, il vaudra mieux pour lui et pour autrui que le choix lui soit interdit, et qu'au moins en toutes les choses où son incapacité est notoire, une manière d'agir lui soit imposée, qu'il soit en tutelle ou même en servitude. Si, au contraire, il est capable, dans une mesure suffisante, de discerner ce qui est utile de ce qui est nuisible, et de s'arrêter à ce qui est utile, la liberté devient possible, sauf répression des *nuisances* provenant de l'infériorité de sa capacité intellectuelle et morale. Comment déterminer cependant le minimum de capacité, au-dessous duquel la liberté est funeste ? C'est une affaire d'obser-

vation et d'expérience ; on peut ajouter que c'est une affaire qui
exige beaucoup de tact. S'il s'agit, par exemple, de remplacer
par la tutelle une liberté dont on use mal, il faut se demander si
la tutelle sera exercée de manière à donner des fruits meilleurs
que ceux de ce *self-government* imparfait et vicieux ; si la différence sera assez grande pour compenser le mal inhérent à toute
tutelle, c'est-à-dire la limitation ou la suppression de l'exercice
des facultés que met en jeu le *self-government* ; enfin, si une amélioration du système de la répression des nuisances causées par
le mauvais usage de la liberté ne rendrait pas le maintien de
celle-ci préférable à la mise en tutelle.

Quelle que soit néanmoins la supériorité naturelle du régime
de la liberté ou du *self-government*, l'expérience atteste que de
nombreuses catégories d'individus ne peuvent vivre et se développer sous ce régime ; que la tutelle, soit qu'elle embrasse toute
la sphère de leur activité ou seulement une partie, enfin, que la
servitude elle-même ont leur raison d'être, qu'elles sont nécessaires, dans certains cas, au maintien de l'existence de l'individu et de la société.

La nécessité de la tutelle dérive de l'inégalité naturelle de la capacité physique, intellectuelle et morale exigée pour résoudre ce double problème dont nous avons énuméré et défini les conditions, de
la production et de la consommation, du gouvernement des affaires
et de la vie. Cette inégalité est extrême. Entre l'hercule et l'avor-
ton, l'homme de génie et l'idiot, le saint et le scélérat, quel immense espace et quelle multitude innombrable de degrés intermédiaires ! Cependant, cet espace peut être partagé en deux
régions : dans l'une se rangent toutes les individualités qui possèdent au delà du minimum de capacité indispensable au gouvernement des affaires et de la vie, dans l'autre, celles qui demeurent
au-dessous de ce minimum. Il est nécessaire que celles-là sup-
pléent à ce qui manque à celles-ci en se chargeant de les conduire, au moins dans les directions et dans la mesure où elles ne
peuvent se conduire elles-mêmes, soit qu'elles consentent ou
non à être conduites. Sans doute, il est préférable qu'elles y consentent, la tutelle est en ce cas plus facile et plus efficace, mais,
si elles y résistent, on n'a pas à tenir compte de leur résistance, du
moment où l'expérience a suffisamment attesté leur incapacité à
se gouverner elles-mêmes ; que serait-ce si elles affichaient, en
outre, la prétention de gouverner les autres ?

Parmi les individualités qui demeurent au-dessous du minimum de capacité nécessaire, viennent se placer d'abord les
enfants. Même chez les races les mieux douées la capacité de se

gouverner sans nuire à soi-même et à autrui ne s'acquiert qu'à un certain âge. Cet âge diffère suivant les individus : telle individualité bien douée aura acquis dès l'âge de 15 ans le minimum indispensable au bon gouvernement des affaires et de la vie, telle autre ne l'acquerra qu'à 25 ans, telle autre, enfin, ne la possèdera à aucun âge; mais comme il fallait une règle, on a pris l'âge moyen auquel l'expérience révélait que la capacité à se gouverner avait cru d'une manière suffisante; dans les pays civilisés, cet âge de majorité est aujourd'hui fixé généralement à 21 ans. Jusque-là l'enfant ou l'adolescent est en tutelle. Que cette tutelle soit nécessaire, c'est un point sur lequel il est superflu d'insister. Il est bien clair que l'enfant périrait si ceux qui l'ont mis au monde, ou d'autres à leur défaut ne se chargeaient point de le nourrir, de l'élever et de le gouverner jusqu'à ce qu'il soit en état de se charger de la responsabilité de son existence. Sans doute, la tutelle de l'enfance est toujours plus ou moins défectueuse, mais, si mauvaise qu'elle soit, elle n'en demeure pas moins, dans son ensemble, incomparablement supérieure au *self-government* de l'enfant, même lorsque celui-ci a atteint l'âge dit de raison. Supposons, en effet, une génération d'enfants libres d'aller ou de ne pas aller à l'école, de travailler ou de s'abandonner à la paresse, de se nourrir à leurs heures et d'aliments de leur choix, de boire, de fumer à discrétion, etc., etc.; cette génération arriverait-elle à maturité? Que l'enfant y consente ou non, il faut donc, dans son intérêt comme dans l'intérêt commun, qu'il demeure soumis à une tutelle. Rien de plus difficile à exercer que cette tutelle, et, en particulier, rien de plus difficile que de mesurer la dose de liberté qui doit progressivement être accordée à l'enfant, à partir du moment de sa naissance où il n'est encore capable d'en posséder aucune parcelle jusqu'au moment de son émancipation où il va la posséder tout entière. Le régime de la tutelle de l'enfance a subi des modifications de toutes sortes et il en subira encore; l'autorité des tuteurs peut être diminuée ou étendue, on peut abandonner cette autorité aux parents ou la leur enlever en totalité ou en partie, on peut changer les méthodes d'éducation et d'apprentissage de la vie, mais on ne peut supprimer la tutelle elle-même car elle est nécessitée par l'incapacité naturelle de l'enfant. Ce qui est vrai pour l'enfant ne l'est pas moins pour les individus qualifiés d'incapables, fous, idiots, etc., mais est-ce vrai aussi pour la femme, qui est demeurée jusqu'à nos jours dans un état de demi-tutelle? Plus précoce que l'homme, la femme est émancipée avant lui, mais on ne lui reconnaît qu'une capacité moindre, et on la soumet dans une certaine mesure à la tutelle de son compagnon d'existence. Est-ce en considération de son intérêt, ou bien est-ce exclusivement dans l'intérêt de l'homme? Autrement dit, le régime auquel la femme est soumise a-t-il le caractère de la tutelle ou de la servitude? Enfin, que ce soit tutelle ou servitude, la femme est-elle intéressée à posséder la même dose de liberté que l'homme? Est-elle aussi capable que lui de gouverner utilement pour elle-même et pour autrui ses affaires et sa vie? C'est là une question qui demeure encore pendante. Chez les nations de race anglo-saxonne ou slave, la tendance est aujourd'hui à l'émancipation de plus en plus complète de la femme. Si cette émancipation produit un meilleur gouvernement des affaires et de la vie de la partie féminine de l'espèce humaine, elle constituera un progrès, et à ce titre elle sera durable; si elle produit un gouvernement inférieur à celui qui résulte du régime actuel de demi-liberté, on reviendra à celui-ci jusqu'à ce que la femme ait acquis la capacité exigée pour un entier *self-government*, en admettant qu'il soit dans sa nature de l'acquérir.

- Le régime de la tutelle est encore appliqué, dans les Etats les plus civilisés, à une troisième catégorie fort différente des deux précédentes, celle des individus qui ont commis des *nuisances*, et qui ont été, pour ce motif, condamnés à une peine plus ou moins proportionnée au dommage qu'ils ont causé : ils sont assujettis à la *servitude pénale*. La peine de l'emprisonnement qui leur est communément infligée implique la privation de la plus grande partie de la liberté, et même après l'expiration de cette peine ils ne recouvrent point tous les droits dont ils jouissaient avant de tomber sous le coup de la loi. Cette application du régime de la tutelle ne peut soulever aucune objection raisonnable. Elle est nécessitée et motivée par la défense de la société, contre laquelle ceux qui commettent des nuisances se mettent en état de guerre. Ajoutons que les caractères de la servitude s'y joignent à ceux de la tutelle. En effet, en condamnant un homme à la servitude pénale, ce n'est point son intérêt qu'on a en vue; on ne considère que l'intérêt de la société à laquelle il a nui et qu'il peut menacer encore. Les procédés de la tutelle n'en sont pas moins applicables à cette sorte de servitude : quand il s'agit surtout de pénalités d'une durée temporaire, l'intérêt de la société exige qu'il puisse en devenir un membre utile à l'expiration de sa peine.

Voilà donc trois grandes catégories d'individualités, les enfants, les femmes, les condamnés qui sont demeurés de tout temps sous le régime de la tutelle ou de la servitude. Mais ce régime a reçu bien d'autres applications. Il a été appliqué et n'a pas cessé de l'être, non-seulement aux enfants, aux femmes et aux condamnés,

mais encore dans des mesures diverses, selon les époques, les
lieux et les circonstances, au reste de l'humanité. Dans les pays
les plus avancés en civilisation, la liberté, le *self-government* individuel est toujours restreint par quelque côté en deçà de ses
limites naturelles : ici la liberté d'écrire, de travailler, de s'associer, d'échanger est limitée pour tout le monde, là une classe plus
ou moins nombreuse est privée du droit d'intervenir dans la gestion des affaires publiques. Tantôt ces restrictions au *self-government* sont imposées dans l'intérêt général, et, dans ce cas, elles
constituent une tutelle; tantôt elles le sont dans l'intérêt d'un
groupe ou d'une classe, et elles ont le caractère de la servitude.
Tantôt elles sont utiles et elles doivent être maintenues jusqu'à
ce que le défaut de capacité qui les motive ait cessé d'exister,
tantôt elles sont nuisibles et le progrès consiste à les faire disparaître. Enfin, la servitude, sous les formes primitives de l'esclavage, du servage, du péonat, etc., continue de subsister dans la
plus grande partie du globe.

II

SOMMAIRE: Définition de la liberté. — Liberté générale et libertés spéciales. —
Limites naturelles de la liberté. — Le droit. — Le devoir. — La morale. — Accord de l'intérêt particulier avec l'intérêt général. — Analyse de l'intérêt particulier. — La morale individuelle; qu'elle cesse de suffire à l'individu en société. — Nécessités qui dérivent de l'état de société: reconnaissance et délimitation des droits, définition des devoirs. — Procédés à l'aide desquels on assure
le respect du droit et l'accomplissement du devoir. — L'opinion.— La religion.
— La répression matérielle. — La conscience. — La tutelle et la servitude. —
Des catégories d'individus capables du *self-government* et des incapables. —
Analyse de la tutelle. — Formes et applications. — La tutelle individuelle ou
privée. — La tutelle publique. — La tutelle par voie de restriction à la liberté
ou *système préventif*. — La tutelle par voie de secours et de direction. — En
quelles circonstances et dans quelles limites la tutelle peut être motivée. — La
servitude. — Cas dans lesquels elle est nécessaire.

Ainsi, l'observation de l'homme et de la société nous met d'abord
en présence de ces deux phénomènes : la *liberté* ou le *self-government*, et la *tutelle*, dont la servitude n'est qu'une forme embryonnaire et grossière. Ils nous apparaissent partout et de tout temps
coexistant dans des mesures déterminées par le degré de capacité physique, intellectuelle et morale de la multitude diverse et
changeante des individualités humaines. Analysons-les aussi
complètement que possible.

En quoi consiste la liberté et quelles sont ses limites ? Envisagée dans sa généralité, la liberté consiste dans la faculté ou le

pouvoir d'agir en mettant en œuvre les forces et les matériaux dont on dispose. Mais cette liberté générale se décompose en une série de libertés spéciales, correspondant aux actes et aux obligations que chacun doit accomplir pour subvenir à l'entretien de son existence. Dans une société avancée en civilisation, où la production et la consommation sont extrêmement développées et diversifiées, ce fractionnement de la liberté est poussé fort loin, et « les libertés » se comptent par douzaines. Il y a celles qui concernent particulièrement la production : liberté du travail ou de l'industrie, liberté d'association, liberté du commerce, liberté de l'enseignement, de la presse, des cultes ; il y a celles qui concernent plutôt la consommation ou l'emploi du revenu : liberté de se nourrir, de se vêtir, de se loger, de cultiver son esprit et son moral, de se marier, d'élever ses enfants, de donner, de léguer. Toutes ces libertés partielles et spéciales, que l'on peut encore subdiviser, composent la liberté générale.

Le *self-government* de chacun consiste donc dans l'exercice d'une série de libertés correspondant aux objets de son activité. Si l'individu est entièrement le maître de choisir la manière d'agir qui lui convient dans chacune de ces directions ; si aucune des libertés entre lesquelles se fractionne sa liberté n'est supprimée ou restreinte, on peut dire que le *self-government* est complet.

Mais dans le cas même où la liberté est complète, est-elle sans limites ? Non, la liberté de chacun est naturellement limitée par la liberté d'autrui, et ce qui est vrai pour la liberté générale ne l'est pas moins pour chaque liberté partielle. Cette ligne de démarcation naturelle existe pour toutes les libertés, quoiqu'elle ne soit pas toujours bien facile à reconnaître. Supposons que j'use de la liberté de l'industrie en établissant dans l'enceinte d'une cité populeuse une usine dangereuse ou insalubre, j'infligerai à mes voisins des risques et des inconvénients dont l'effet sera d'amoindrir la valeur de leurs propriétés et de les empêcher d'en tirer le parti le plus avantageux : j'agrandirai ainsi ma liberté aux dépens de la leur. Supposons que j'use de la liberté d'écrire pour propager des imputations fausses et calomnieuses. je porterai atteinte à la liberté des gens que je calomnie en diminuant leur valeur morale. En usant de ma liberté, c'est-à-dire en mettant en œuvre les forces et les matériaux dont je dispose, en *agissant*, il faut donc que je m'abstienne d'empêcher les autres d'agir pareillement ou d'amoindrir la valeur des forces et des matériaux à l'aide desquels ils agissent. En d'autres termes, chaque *self-government* constitue une *propriété* ayant sa sphère d'action propre, dans laquelle elle se meut et qui est celle de son droit. On ne peut user de sa liberté

que dans la limite de son droit, à moins d'empiéter sur la liberté
d'autrui. Le droit est la frontière naturelle de la liberté. Si cette
frontière n'était point marquée et respectée, si chacun usait des
forces et des matériaux dont il dispose, sans s'inquiéter de savoir
s'il empiète ou non sur le domaine d'autrui, aucune société ne
pourrait subsister : ce serait une guerre permanente de chacun
contre tous et de tous contre chacun, dans laquelle s'entre-détrui-
raient et s'épuiseraient bientôt les forces et les ressources de la
société.

Ainsi, chaque liberté implique un droit. La liberté, c'est la faculté ou le pouvoir d'agir et de choisir entre les manières d'agir
celle que l'on préfère pour un motif ou pour un autre. Le droit
c'est la liberté d'agir sans empiéter sur la liberté d'autrui.

Cependant, dans cette sphère d'activité que le droit limite, il y
a encore bien des manières d'agir possibles. Celles qui sont positivement nuisibles à la société dont on fait partie s'en trouvent
écartées, mais parmi celles entre lesquelles on peut choisir, il en
est de plus ou moins conformes à l'intérêt commun. Il en est une
enfin qui lui est conforme au plus haut point. C'est celle-ci que le
devoir commande de choisir. Ainsi, j'ai la liberté d'écrire, ce qui
signifie que je puis écrire tout ce qui me passe par la tête. J'ai le
droit d'écrire tout ce qui ne nuit pas à autrui, et j'ai le devoir
d'écrire ce qui est le plus utile à autrui. En remplissant ce devoir,
j'use de ma liberté de la manière la plus conforme à l'intérêt
commun, dans lequel tous les intérêts particuliers sont contenus,
ce qui revient à dire que l'accomplissement du devoir est la plus
haute expression du droit.

La science du devoir c'est la morale. Elle contient la science du
droit, mais elle est plus vaste et plus haute : plus vaste, en ce que
le droit se borne à délimiter la liberté de chacun, en interdisant
les actes qui franchissent cette limite et en les frappant d'une
peine, tandis que la morale s'occupe de tous les actes de la liberté
humaine. Plus haute, en ce qu'après avoir classé et évalué ces
actes suivant leur caractère plus ou moins prononcé d'utilité ou
de nuisibilité, la morale prescrit de choisir le plus utile.

La liberté, le droit et le devoir bien définis, recherchons ce qu'il
faut entendre exactement par l'intérêt de chacun ou l'intérêt particulier, et l'intérêt d'autrui, ou bien encore l'intérêt commun ou
général, et quels sont leurs rapports naturels. Ces divers intérêts
sont-ils harmoniques ou antagoniques? L'intérêt particulier s'ac-
corde-t-il ou non avec l'intérêt général? Chacun est-il intéressé
ou non à demeurer dans les limites de son droit et à remplir son
devoir?

Que chacun soit intéressé à agir de la manière la plus conforme à l'intérêt général, c'est un point facile à établir. Grâce à l'association des forces et des ressources et à la division du travail, l'individu qui fait partie d'une société se trouve, au double point de vue de la production et de la consommation, dans une condition cent fois, mille fois plus avantageuse que celle de l'individu isolé. Plus la société prospère, grandit, se développe, plus s'accroît la somme de ces avantages, d'où il suit que l'intérêt individuel de chacun des membres d'une société est que l'intérêt général reçoive la satisfaction la plus complète.

Mais si chacun est intéressé à ce que la Société dont il est membre atteigne le *maximum* de puissance et de richesse, il ne l'est pas moins à obtenir, pour lui-même, la quote-part la plus élevée possible dans cette puissance et dans cette richesse. De là, la lutte des intérêts, lutte nécessaire et qui aboutit à l'équilibre par le jeu du mécanisme naturel de l'échange (1) mais qui exige, avant tout, le *fair play*, la libre disposition et la libre action des forces et des ressources de chacun. Or le *fair play* ne peut être réalisé qu'à la condition que la liberté soit contenue dans les limites du droit. Il faut donc que ces limites soient connues, et qu'on ne les dépasse point. Mais, comme on va le voir, l'intérêt privé est naturellement porté à les dépasser.

Si nous analysons l'intérêt privé ou individuel, nous constaterons d'abord qu'il correspond aux deux fonctions économiques de la production et de la consommation. A titre de producteur, l'individu est intéressé à tirer le parti le plus avantageux possible des forces et des ressources dont il dispose, à conserver et accroître son capital et le revenu qu'il en tire, tout en se donnant le moins de peine. A titre de consommateur, son intérêt consiste encore à employer ses moyens d'existence de la manière la plus avantageuse à lui ou aux siens. Etre riche et heureux, rendre heureux les êtres auxquels on est lié par l'affection ou la sympathie, voilà les fins de l'intérêt individuel. Il se meut dans un cercle naturellement borné. Ce cercle est à son *minimum* d'étendue chez l'égoïste qui se préoccupe uniquement de sa personne; chez les individualités mieux douées, il s'étend à la famille et aux êtres avec lesquels elles sympathisent. En thèse générale, l'intérêt représente pour l'individu les jouissances qu'il désire, les privations et les souffrances qu'il redoute. Se procurer les unes, éviter les autres, voilà le double but qu'il s'efforce d'atteindre en poursuivant son intérêt. Même en faisant abstraction des rapports de

---

(1) Voir le 31 octobre *Journal des Économistes*, octobre 1877.

l'individu avec les autres hommes, cette poursuite comporte une grande diversité de manières d'agir, les unes plus ou moins utiles, les autre plus ou moins nuisibles. Il y a des vertus qu'il faut pratiquer, des vices dont il faut s'abstenir. Il y a, pour tout dire même dans l'état d'isolement le plus absolu, une morale individuelle, que l'expérience révèle. Cette morale individuelle, il faut en observer les règles et les prescriptions si l'on veut acquérir la plus grande somme de biens, éviter la plus grande somme de maux, c'est-à-dire arriver à la satisfaction la plus complète de son intérêt.

Mais cette morale isolée est des plus élémentaires. Elle ne concerne que les manières d'agir de l'individu dans ses rapports avec lui-même et avec sa famille, elle ne va pas au delà. Supposons maintenant que cet individu, accoutumé à ne considérer que son intérêt, et à n'observer que les règles de la morale isolée, se joigne à d'autres, en vue d'augmenter sa sécurité ou son bien-être ; voilà la société constituée. N'ayant d'autres notions expérimentales que celles de la morale individuelle, il sera naturellement porté à poursuivre son intérêt sans se préoccuper de celui des autres membres de la société. Il ne connaît point d'ailleurs la limite souvent à peine visible qui sépare la sphère d'action de sa liberté de celle de la liberté d'autrui, et la connût-il, pourquoi s'abstiendrait-il de la franchir s'il croyait y trouver son avantage ? Pourquoi ne s'emparerait-il pas du champ du voisin, de son cheval, de son bœuf ou de son âne, s'ils se trouvaient à sa convenance et s'il était le plus fort ? Pourquoi dans un état de civilisation plus avancé ne s'enrichirait-il pas en abusant de l'ignorance ou de la bonne foi d'autrui, en trompant sur la valeur d'une entreprise, sur la qualité d'une marchandise, etc., etc. Sans doute, cette manière d'agir porte atteinte à l'intérêt d'autrui, mais que lui importe ! qu'est-ce qu'autrui ? autrui se compose d'une masse confuse d'êtres qui lui sont, pour le plus grand nombre, aussi inconnus et aussi indifférents que s'ils habitaient une autre planète. Entre son intérêt et celui de ces inconnus et de ces indifférents pourrait-il hésiter ! Il n'hésite pas et chaque fois qu'il trouve quelque avantage à empiéter sur le domaine d'autrui, il pousse en avant, et s'il s'arrête ce n'est pas devant la limite de son droit, c'est devant la limite de son pouvoir.

Cependant si chacun, suivant l'impulsion aveugle de son intérêt individuel, persistait à agir non dans les limites de son droit mais dans celles de son pouvoir, quel serait le résultat? Ce serait la guerre en permanence entre les intérêts, et l'impossibilité finale de maintenir la société. Mais la société est néces-

saire, même à ceux qui travaillent à la détruire. Car, entre la
somme de bien-être que peut se procurer l'individu isolé et celle
que se procure, grâce à l'association des forces productives et à la
division du travail, l'individu en société, la distance est presque
incommensurable. Il faut donc aviser aux moyens de rendre la
société possible. Quels sont ces moyens? C'est d'abord de délimiter
les libertés ou de fixer les droits, de manière que chacun connaisse
ce qu'il peut faire et ce qu'il ne peut pas faire. L'observation et
l'expérience servent à résoudre ce premier problème. On observe
les manières d'agir des différents membres de la société et on en
apprécie les conséquences ; on reconnaît ainsi celles qui sont conformes à l'intérêt commun et celles qui lui sont contraires, celles
qui sont *utiles* et celles qui sont *nuisibles*. La communauté autorise
les unes et interdit les autres. Est-ce suffisant? Non. L'expérience
ne manque pas de démontrer que cela ne suffit point. L'expérience
démontre qu'il faut intéresser l'individu lui-même à ne pas dépasser son droit, en rendant ses manières d'agir nuisibles moins
avantageuses pour lui que ne le seraient les autres. Comment la
société réussit-elle à atteindre ce but? Elle y atteint au moyen du
triple frein de l'opinion, de la religion et de la répression pénale,
sans parler de la tutelle et de la servitude dont il sera question
tout à l'heure. L'opinion blâme les actes nuisibles, elle jette la
déconsidération, le mépris et la haine sur ceux qui les commettent,
la religion les menace de la colère et des châtiments célestes, la
répression pénale les frappe dans leurs personnes et dans leurs
biens. Si ce triple frein est pourvu de la force nécessaire, si chacun
peut se convaincre par son expérience et celle des autres qu'en
commettant un acte nuisible, il n'échappera point à une souffrance
supérieure à la satisfaction qu'il en tire, il s'abstiendra de le
commettre. Il s'en abstiendra, notons-le, en considération de son
« intérêt bien entendu ». Alors aussi, il prendra l'habitude de se
soumettre à la coutume ou à la loi qui délimite la liberté de chacun,
il s'accoutumera à reconnaître les limites dans lesquelles il peut
agir et à ne point les franchir. Quand cette habitude sera prise et
enracinée, quand la généralité des membres de la société se seront
accoutumés à respecter la loi, le maintien de la société sera
assuré. Sera-ce enfin suffisant? Non, pas encore. Il ne suffit pas,
pour qu'une société soit à l'abri de la destruction, surtout si elle
est entourée d'ennemis acharnés à sa ruine, que les individus
s'abstiennent de commettre des nuisances, il faut encore qu'entre
toutes les manières d'agir utiles, ils sachent choisir la plus utile à
la société, dût-elle être préjudiciable à leur intérêt particulier,
dût-elle impliquer le sacrifice entier de cet intérêt à l'intérêt

commun. Qu'est-ce qui pourra les y déterminer ? Ce ne pourra
être que la perspective assurée d'un bien supérieur à celui qu'ils
sacrifient. Ce sera l'approbation et la reconnaissance de l'opinion,
l'espoir des récompenses de la religion, des honneurs publics pour
leur mémoire ou des avantages que les êtres qui leur sont chers
retireront de leur sacrifice. Mais en s'élevant ainsi du simple
respect du droit à l'accomplissement du devoir, ils obéiront toujours, en dernière analyse, à leur intérêt. Cependant une force
nouvelle surgira, qui s'ajoutera à l'action des freins et des excitants intéressés, qui pourra y suppléer au besoin, pour faire prévaloir l'intérêt général sur l'intérêt particulier, nous voulons
parler de la conscience. S'imprégnant de l'opinion commune,
chacun aimera les actes utiles et détestera les actes nuisibles,
on se reprochera de commettre ceux-ci, on s'efforcera d'accomplir
ceux-là : la notion concrète de l'intérêt, au moins dans les âmes
d'élite, se résoudra dans la notion abstraite du bien et du mal, et
l'amour du bien, la haine du mal agiront, en dehors et au-dessus
de toute considération intéressée pour assurer l'observation du
droit et l'accomplissement du devoir. Supposons maintenant que
tous les membres d'une société arrivent, par ces divers échafau-
dages, non-seulement à s'abstenir des actes nuisibles mais encore
à pratiquer en toutes choses les manières d'agir les plus utiles,
quel sera le résultat ? C'est que la société atteindra le plus haut
degré de développement et de prospérité que comporte, avec la
somme de ses forces et de ses ressources, l'état d'avancement de
son industrie ; c'est, par conséquent, que les intérêts individuels
entre lesquels se décompose l'intérêt social recevront la satisfaction la plus ample possible, en sorte que chacun ayant agi de la
manière la plus conforme à l'intérêt de tous se trouvera avoir agi
de la manière la plus conforme au sien.

Cependant, le *self-government*, quelle que soit la solidité des
freins qui le contiennent dans les limites du droit et l'efficacité des
excitants qui le poussent dans la ligne du devoir, n'est applicable
qu'à une partie des membres de la société. Ça été même une opinion longtemps en crédit qu'il ne convenait, au moins en totalité,
à aucune. Il est nécessaire, pour assurer l'existence et les progrès
de la société, d'y joindre dans une mesure que l'expérience se
charge de révéler, la tutelle et même la servitude. On s'en convaincra en jetant un coup d'œil sur les différentes catégories
d'individus qui composent toute société.

Il y a d'abord les enfants qui sont incapables de pratiquer le
self-government parce que leurs facultés dirigeantes ne sont pas
arrivées à leur plein développement, il y a les idiots et les fous,

qui sont dépourvus de ces facultés ou qui les ont perdues, il y a
enfin les femmes qui ont été jusqu'à nos jours réputées, à tort
ou à raison, incapables de se gouverner entièrement elles-mêmes,
c'est-à-dire près des trois quarts de l'humanité auxquels la tutelle
est naturellement et dans une mesure déterminée par l'insuffisance de leur capacité dirigeante, nécessaire. De quoi se compose l'autre quart ?

Il se compose pour une immense majorité d'individus, les uns
incapables de se soumettre aux règles du droit et de la morale
ou même de les connaître; les autres, qui les connaissent, impuissants à les observer dans toute leur étendue ou disposés de parti-
pris à violer celles qu'il leur paraît avantageux de violer. Dans toute
société, il existe des individus qui ne connaissent pas la limite de
leur droit et chez lesquels la notion du devoir est absente. Ils dépassent donc leur droit sans se douter qu'ils le dépassent, ils n'accomplissent pas leur devoir parce qu'ils l'ignorent. Ils poursuivent sous l'aiguillon de leurs besoins du moment ou de leurs passions sans règle ce qu'ils croient être leur intérêt, et la crainte
du châtiment, à laquelle les animaux eux-mêmes sont sensibles,
est seule capable de les empêcher de porter atteinte à l'intérêt
commun. Au-dessus de cette couche sociale inférieure, et occupant le vaste espace de la région moyenne, apparaissent les individualités qui possèdent d'une manière approximative les notions du droit et du devoir, mais qui manquent de l'énergie morale nécessaire pour résister toujours victorieusement aux assauts
de leur intérêt particulier, et qui n'y sont point aidés d'ailleurs
par une force répressive et des excitants suffisants pour être contenus dans le droit et poussés au devoir. Ceux-ci luttent cependant ; ils ne sont pas accessibles seulement à la crainte des châtiments matériels, ils le sont encore à celle des châtiments célestes, à la réprobation de l'opinion et de leur propre conscience
qui distingue le bien et le mal, qui a l'amour de l'un et l'horreur
de l'autre. Tantôt, dans cette lutte, les impulsions aveugles et
déréglées de l'intérêt particulier sont refoulées, tantôt elles l'emportent. Il en est encore qui, par un calcul cynique, mais le plus
souvent inconscient, trouvent bon de profiter des avantages que
procure la société en se dérobant autant qu'ils le peuvent à ses
conditions et à ses charges. S'ils y réussissent et s'ils parviennent à se soustraire à toute répression, cette manière d'agir pourra
en effet leur être profitable, actuellement du moins ; tandis que
les autres membres de la société sont contenus ou se contiennent
dans les limites du droit et s'appliquent à remplir leur devoir, et
que, grâce à cette conduite morale, la société croît en puissance

et en richesse, ils bénéficient de sa prospérité, sans subir les restrictions, sans participer aux sacrifices par lesquels les autres
l'achètent. On respecte leur droit, on remplit à leur égard les devoirs qu'impose l'intérêt commun. Eux, empiètent sur le droit
d'autrui, et s'épargnent les sacrifices qu'implique le devoir. Outre
leur part légitime dans les avantages de la société, ils jouissent
de ce qu'ils peuvent prendre impunément sur la part d'autrui. C'est un double bénéfice. Il y a mieux. Si en s'entendant et
se coalisant, ils parviennent à imposer leurs manières d'agir nuisibles ou à les faire accepter comme conformes à l'intérêt général,
non-seulement ils jouiront en paix du fruit de leurs rapines, mais
encore ils passeront pour des bienfaiteurs de la société, leur bénéfice sera alors à son maximum. Mais comme ce bénéfice sera
acquis au détriment de l'intérêt général, la prospérité de la société en sera diminuée ; elle sera moins puissante et moins riche ;
si elle se trouve en lutte avec d'autres sociétés, elle courra le risque de succomber, et ceux qui l'auront affaiblie, en faisant prévaloir leur intérêt sur l'intérêt commun seront enveloppés dans
sa ruine. Ainsi donc, on peut dire que ceux-là mêmes qui ne respectent pas le droit et qui se dérobent à l'accomplissement du devoir dans les conditions les plus favorables, agissent contrairement à leur intérêt permanent et bien compris. Cette considération a rarement, à la vérité, le pouvoir de les toucher, et, eu
égard à la brièveté de la vie humaine, ils peuvent s'imaginer et
les victimes de leur manière d'agir vicieuse elles-mêmes s'imaginent qu'une telle manière d'agir est préférable à tout autre, lors.
qu'elle est doublée d'une habileté suffisante pour défier toute répression. Mais de quelque habileté qu'elle soit pourvue, elle n'en
a pas moins des conséquences nuisibles qu'il est impossible de
supprimer, qui se font sentir tôt ou tard et auxquelles nul, si ar-
tificieux qu'il soit, ne peut se soustraire. Enfin, au-dessus de ces
diverses catégories d'individus plus ou moins réfractaires à la
morale sociale apparaît une faible minorité qui s'applique, dans
toute la sphère de son activité, à respecter les droits d'autrui et à
remplir son devoir.

Ces catégories d'individus qui composent la portion de la société capable du *self-government* y sont, comme on vient de le
voir, inégalement propres. C'est pourquoi on a jugé nécessaire,
même au sein des sociétés les plus civilisées, de les soumettre
à un régime dans lequel le *self-government* est plus ou moins mitigé
par la tutelle.

En dernière analyse, toute société présente *nécessairement* la
combinaison dans des proportions déterminées par la quantité et

la répartition de la capacité gouvernante, d'une certaine somme
de *self-government* avec une certaine somme de tutelle.

La tutelle peut être partielle ou totale, temporaire ou permanente, individuelle ou collective, arbitraire ou légale, elle est plus
ou moins efficace, elle est même nuisible quand elle n'est pas nécessaire, ou quand elle est exercée d'une manière vicieuse. Elle
exige des conditions spéciales d'aptitudes et de lumières chez ceux
qui l'exercent, elle exige aussi qu'ils aient un intérêt suffisant à
la bien exercer. Elle a ses procédés et ses méthodes, et doit toujours être adaptée au tempérament et au degré de capacité de
ceux qui y sont soumis. Elle donne naissance à une série d'obligations du tuteur envers le pupille et du pupille envers le tuteur.
Est-il besoin d'ajouter qu'elle est comme toute institution humaine
essentiellement imparfaite, ce qui signifie du même coup qu'elle
est perfectible?

Passons rapidement en revue quelques-unes de ses formes et
de ses applications. La tutelle de l'enfant appartient naturellement au père de famille, et elle constitue une obligation inhérente
à la paternité. C'est à lui que revient le devoir de nourrir et d'élever ses enfants, en supportant les frais qu'implique l'accomplissement de ce devoir. La tutelle fait partie de l'obligation paternelle. Sans doute, cette tutelle est loin d'être toujours intelligente;
en revanche, qui donc est plus intéressé qu'un père à élever le
mieux possible son enfant? L'affection que la nature a mise dans
son cœur est, à cet égard, une garantie dont il serait impossible
de trouver l'équivalent ailleurs. Cependant, cette tutelle peut être
vicieuse et malfaisante : non-seulement la société se charge d'en
réprimer les abus, mais elle met, en quelque mesure, le père lui-
même en tutelle, en limitant son pouvoir de tuteur, en l'empêchant
par exemple d'imposer le travail manufacturier à son enfant avant
un certain âge ou en rendant l'instruction obligatoire. Cette
tutelle du tuteur est plus étendue encore, lorsque, à défaut du
père, un étranger est appelé à remplir les fonctions de tuteur, et
l'on en comprend aisément la raison : un étranger n'offre point
une garantie équivalant à celle du sentiment paternel. — Au-
dessus de la tutelle individuelle ou privée, dont les applications
sont d'ailleurs fort nombreuses, apparaît donc la tutelle collective
de la société, exercée communément, du moins à notre époque,
par les pouvoirs qui la représentent, autrement dit la tutelle publique. Cette sorte de tutelle s'exerce de deux façons différentes :
par voie de restriction, et par voie de direction et de secours.
Dans le premier cas, elle est pratiquée au moyen de coutumes,
de lois ou de règlements qui limitent l'usage de certaines libertés,

telles que la liberté d'écrire, d'enseigner, d'échanger, en spécifiant les restrictions et les conditions que l'Etat-tuteur impose à leur exercice. L'ensemble de ces restrictions et de ces conditions constitue le *système préventif*, lequel apparaît partout combiné, dans des proportions diverses avec le *système répressif*, qui maintient intacte la liberté de l'individu, ou la portion de liberté qui lui est laissée, en se bornant à réprimer les atteintes portées à la liberté d'autrui. Il se peut, quoique la chose soit contestable, que le système préventif ait sa raison d'être, lorsqu'il s'agit d'une liberté nouvelle, que la multitude n'a pas encore appris à pratiquer, et dont l'abus peut être dangereux pour la société, mais il n'en est pas moins une cause de ralentissement et d'amoindrissement de 'activité générale ; comme il ne va point sans un lourd appareil bureaucratique, il détruit la spontanéité des mouvements de l'intérêt privé, et en affaiblissant son action il ralentit l'essor de la richesse publique. Il importe donc de ne le laisser subsister comme au surplus toute autre tutelle, qu'autant que l'expérience en démontre l'absolue nécessité. — La tutelle publique s'exerce ensuite par voie de secours accordés et de directions imposées à certains intérêts, réputés incapables de se suffire à eux-mêmes ou de se diriger eux-mêmes, d'une manière conforme à l'intérêt général. C'est ainsi que, dans la plupart des États civilisés, l'Etat ou la commune qui est un sous-Etat local subventionne l'enseignement, les cultes, les beaux-arts et un grand nombre de branches d'industries, qu'il assiste les pauvres soit en leur distribuant des secours, soit en créant et en entretenant des hôpitaux et des hospices. Ces subventions sont allouées les unes sans condition, les autres sous la condition que l'intérêt subventionné pratiquera les manières d'agir que l'Etat estime les meilleures au point de vue de l'intérêt général et permanent de la société. Ce genre de tutelle a acquis un développement extraordinaire à l'époque où nous sommes, et il est constamment en voie d'accroissement. Cet accroissement peut avoir, comme nous le verrons plus tard, sa raison d'être dans les circonstances particulières et accidentelles où se trouvent les sociétés modernes, mais aucune sorte de tutelle ne soulève plus d'objections et ne s'achète plus cher. Les ressources nécessaires pour la pratiquer sont prélevées sur tous les membres de la société au moyen de l'impôt. Or, qu'est-ce que l'impôt? C'est un tantième perçu d'une manière ou d'une autre, directement ou indirectement, mais presque toujours par des procédés coûteux et grossièrement inégaux, sur la propriété de chacun ; c'est-à-dire sur les forces et les ressources à l'aide desquelles s'exerce son pouvoir d'agir ou sa liberté. Il dimi-

nue donc la puissance d'action des individus pour créer une
puissance d'action publique. La société, laquelle ne l'oublions
pas, n'est pas une abstraction ou une idole mais une réunion
d'individus, et dont l'intérêt n'est autre que la collection des intérêts individuels, la société disons-nous, ne gagne à cette opération qu'autant que la puissance publique agit d'une manière plus
utile à l'intérêt de tous que ne le feraient les pouvoirs particuliers
aux dépens desquels elle est constituée, ceci en tenant compte de
la perte sèche qu'implique la perception de l'impôt. S'il s'agit de
l'enseignement, du culte, des lettres et des arts, l'intervention
tutélaire de la puissance publique ne se justifie en premier lieu
que si la multitude est trop peu capable d'apprécier l'utilité de
ces divers services, pour leur consacrer une part suffisante de ses
revenus; en second lieu, si elle montre encore son défaut de capacité en laissant dépérir les branches supérieures de la culture
intellectuelle et morale pour alimenter de préférence les branches
inférieures. Encore faut-il à cet égard que l'expérience ait été
faite et qu'elle soit décisive. S'il s'agit de secourir les pauvres, ce
qui revient à suppléer à l'insuffisance des pouvoirs d'une catégorie
d'individus aux dépens des pouvoirs des autres catégories, il faut
que cette insuffisance soit bien avérée et que la charité privée se
montre impuissante à y subvenir. Mais dans ces divers cas, qu'il
s'agisse de l'enseignement, du culte, des arts ou de la charité, il
est bien clair que, du moment où un peuple a acquis la capacité
nécessaire pour imprimer à ces branches supérieures de l'activité
humaine un développement et une direction conformes à l'intérêt
commun, l'intervention coûteuse et d'ailleurs toujours faillible de
la tutelle publique cesse d'avoir sa raison d'être, et elle doit faire
place au *self-government*. En revanche, si la société représentée
par les dépositaires de la puissance publique juge opportun de
subventionner certains intérêts, elle a visiblement le droit de
faire ses conditions, et de leur imposer les manières d'agir qu'elle
croit les plus conformes à l'intérêt général.

En résumé, le régime de la tutelle, sous ses diverses formes et
dans la multitude de ses ramifications, est appliqué aux individus qui ne possèdent pas ou sont censés ne pas posséder le *minimum* de capacité physique, intellectuelle et morale nécessaire pour
pratiquer le *self-government*.

Au-dessous de la tutelle, apparaît enfin la servitude Dans nos
sociétés civilisées, la servitude n'existe plus, au moins sous une
forme avouée, qu'à titre de pénalité, et elle a un caractère purement viager. Il en était autrement dans les sociétés anciennes.
A mesure qu'elles avançaient dans les voies de la civilisation,

qu'elles acquéraient de la richesse et du bien-être, elles étaient en butte aux agressions des peuplades ou des sociétés moins progressives et cependant non moins avides de jouissances. Elles étaient obligées de les détruire ou de les asservir sous peine d'être détruites ou asservies pour elles. De là, la nécessité de la servitude. Le progrès a consisté à transformer, dans le cours des âges, la servitude en tutelle comme il consiste à substituer par le développement de la capacité inviduelle à la tutelle, le *self-government* qui est le régime le plus parfait sous lequel l'homme puisse vivre.

III

SOMMAIRE : Nécessité d'un gouvernement, dérivant de la nature de l'homme et des conditions de son existence. — Que le milieu où il vit renferme les éléments et les forces dont il a besoin, mais qu'il doit utiliser. — Il les utilise en créant et en perfectionnant le matériel de la production, en constituant un personnel capable de le mettre en œuvre. — Comment il y parvient. — Discipline à laquelle il doit se soumettre, dans l'état d'isolement et dans l'état de société. — Morale individuelle et morale sociale. — *Machinery* nécessaire pour assurer l'application des règles de la morale individuelle et sociale. — Imperfection originaire de cette *machinery*. — Comment elle se perfectionne et décline dans chaque société. — Causes du progrès et de la décadence des nations. — Progrès général de la *machinery* du gouvernement provenant de l'accumulation des expériences particulières et successives. — Nécessité de se rendre compte de l'influence que la petite industrie a exercée sur elle pour apprécier les changements que l'évolution de la grande industrie est destinée à apporter dans le gouvernement de l'espèce humaine.

Telle a été de tous temps la *machinery* du gouvernement de l'espèce humaine. La nécessité de cette *machinery* réside dans la nature de l'homme et du milieu où il vit. L'homme est obligé de produire toutes les choses nécessaires à l'entretien de sa vie et de les employer de manière à assurer son existence non-seulement dans la période où il peut produire, mais encore dans celle où il ne le peut pas encore et dans celle où il ne le peut plus. Le globe qu'il habite recèle dans son sein des matériaux suffisants pour fournir à l'entretien d'une multitude innombrable d'individualités humaines, en leur procurant tous les éléments du bien-être, pendant un espace de temps indéfini; il recèle, en même temps, ou il reçoit perpétuellement toutes les forces à l'aide desquelles ces matériaux peuvent être mis en œuvre et façonnés aux besoins de l'homme. Mais il faut découvrir ces matériaux et savoir les utiliser, il faut connaître ces forces et les asservir au moyen d'appareils qui leur soient appropriés. Il faut créer le matériel de la production avec les procédés techniques que comporte sa mise

en œuvre. A mesure que ce matériel s'augmente et se perfectionne, à mesure que progresse aussi l'art d'en tirer parti, la
puissance de l'homme sur la nature s'accroît. Il peut se procurer
une plus grande quantité des matériaux de l'existence en échange
d'une peine moindre, s'affranchir progressivement du joug des
nécessités matérielles et s'élever dans une sphère plus haute
de civilisation. Après une longue période de recherches, de
tâtonnements et d'efforts, il crée le matériel de la petite industrie
qui permet à des peuplades errantes clairsemées et misérables de
se transformer en des sociétés nombreuses et riches, au sein desquelles se multiplient et s'accumulent les acquisitions de la
science et de l'industrie. Il est en train de créer aujourd'hui le
matériel de la grande industrie, qui est destiné à mettre à la place
de ces sociétés encore isolées et hostiles une vaste humanité dont
tous les membres, rattachés par des intérêts communs, travailleront en paix à l'œuvre du progrès universel.

Mais il ne suffit pas à l'homme de créer un matériel, d'inventer des procédés et d'accumuler des connaissances techniques
pour se rendre maître des éléments et des forces de la nature. Il
faut encore que l'homme se façonne lui même, qu'il reconnaisse,
assujettisse et discipline ses propres forces pour les utiliser. Il
faut qu'il apprenne à se gouverner s'il veut gouverner le monde
et la *machinery* dont nous venons de décrire les rouages n'est, à
tout prendre, que l'échafaudage qu'il a dû élever pour construire
l'édifice du gouvernement de soi-même.

La première pièce de cette *machinery*, c'est la morale individuelle.
Si nous prenons l'homme à son état primitif d'isolement, avant
la formation des premiers troupeaux humains, nous trouverons
déjà qu'il ne peut subsister sans observer les règles d'une morale
rudimentaire. Il faut qu'il pratique certaines vertus, qu'il s'abstienne de certains vices sous peine de périr. Il est obligé de chercher sa subsistance et celle de sa famille, il faut non-seulement
qu'il pourvoie à la défense commune, mais encore qu'il aménage
économiquement ses ressources et qu'il pratique, à l'égard de sa
femme et de ses enfants, les devoirs élémentaires de la tutelle. L'accomplissement de ces diverses obligations exige de sa part le déploiement d'une certaine somme d'activité, de bravoure et de prévoyance. S'il est paresseux, lâche et imprévoyant, s'il ne protège et
ne guide point les êtres faibles dont il a la charge, la famille naissante n'aura que des chances bien incertaines de ne pas succomber dans la lutte pour l'existence, quels que soient d'ailleurs les
avantages du milieu où elle se trouve placée, l'abondance des
ressources alimentaires, la salubrité et la douceur du climat.

Mais les familles isolées s'accroissent et se réunissent (peu importe d'ailleurs que la famille se soit constituée avant la société ou la société avant la famille), elles forment des troupeaux, des clans ou dès tribus et finalement des nations. La morale individuelle ne suffit plus à cet état nouveau ; elle s'étend, se complique et s'élève en raison des rapports que l'association établit naturellement entre les hommes. L'homme isolé n'a point à s'occuper des limites de son droit, et il n'a de devoirs à remplir qu'envers les siens et envers lui-même. L'homme en société est obligé s'il veut que la société subsiste, — et il y est intéressé dans la mesure énorme de l'accroissement de puissance et de richesse qui résulte de la combinaison des forces productives et de la division du travail, — l'homme en société, disons-nous, est obligé de contenir son pouvoir d'agir ou sa liberté dans les limites du droit et de remplir des devoirs à l'égard d'autrui. Il faut donc qu'il apprenne à connaître son droit afin de pouvoir respecter le droit d'autrui, et ses devoirs envers la société afin de pouvoir les pratiquer. Il doit éviter de blesser l'intérêt des autres s'il ne veut point qu'ils blessent le sien, et agir de la manière la plus conforme à l'intérêt général, s'il veut que la société dont il est membre atteigne le plus haut degré possible de puissance et de prospérité. Cette éducation de la sociabilité ne peut être que le fruit de l'expérience. L'expérience fait reconnaître quels sont les actes nuisibles, les *nuisances* et les actes utiles et parmi ceux-ci quels sont les plus utiles à la communauté. L'intérêt bien entendu de chacun consisterait à s'abstenir des uns et à pratiquer les autres, car le résultat d'une telle conduite serait le développement le plus complet de la prospérité générale dont la sienne fait partie. Mais l'homme est ignorant, faible et vicieux : il est trop souvent incapable de s'abstenir de ce qui lui nuit à lui-même, à plus forte raison de ce qui nuit à autrui ; il ne remplit qu'imparfaitement ses obligations envers lui et les siens, à plus forte raison est-il incapable de l'effort nécessaire pour remplir suffisamment ses obligations envers les autres. Il faut donc le contraindre à se tenir dans les limites de son droit et l'exciter à remplir son devoir. L'opinion, la répression et la religion sont les agents à l'aide desquels se crée et se maintient cette discipline indispensable, la conscience individuelle, successivement formée, joint son action interne à celle de ces agents externes, enfin la tutelle et la servitude mettent sous la direction des plus forts et des plus capables les individualités ou les races inférieures. Grâce à cette *machinery* sociale, l'ordre s'établit, les entreprises de production, qui fournissent la puissance et la richesse, se fondent et elles se multiplient dans la double mesure de l'état d'avancement du *matériel*, du degré de vigueur physique, d'intelligence et de moralité du *personnel*, la société peut subsister et grandir.

Mais comme tous les mécanismes, celui-ci commence par être extrêmement imparfait et grossier, et il ne se perfectionne, de même, que par l'action lente, de l'observation et de l'expérience. L'opinion est ignorante et brutale, la répression est à la fois incertaine et violente, la religion se compose de superstitions basses ou mystiques, la conscience individuelle est vague et confuse, la tutelle vaut ce que valent ceux qui l'exercent, la servitude est cruelle. Le droit de chacun est mal délimité, les forts, en se coalisant, poussent le leur au-delà de ses limites naturelles, les devoirs sont incomplètement définis et ne répondent point aux vrais intérêts de la société; les appareils qui garantissent ces droits mal délimités et qui servent à l'accomplissement de ces devoirs mal définis et mal adaptés, fonctionnent lourdement, avec une énorme déperdition de forces; ils sont sujets à se vicier et à se détraquer.

Le produit de cet organisme imparfait est nécessairement imparfait. Cependant, l'observation et l'expérience agissent incessamment pour remédier à ses défauts, et un moment arrive où il atteint le degré de perfection que comporte le *stock* limité des forces et des ressources de chaque société. Alors le progrès s'arrête et il fait bientôt place à la décadence. De l'imparfaite fixation et de l'insuffisante observation des droits et des devoirs sont issues des manières d'agir nuisibles, qui se sont généralisées et dont les conséquences se sont accumulées dans le cours des générations. Des habitudes vicieuses se sont enracinées et développées. Les mœurs se sont dégradées et perverties. Une hostilité d'abord latente puis ouverte se manifeste entre les classes qui ont usurpé au delà de leur droit et celles qui ont obtenu moins que leur droit. L'orgueil des unes, l'excès de richesses que leurs privilèges leur ont valu provoquent la haine et l'envie des autres. Les luttes intestines commencent à déchirer la société et à l'affaiblir. En même temps, les vices qu'engendre l'oisiveté corrompent les couches supérieures, tandis que la misère avilit les couches inférieures. Les freins sociaux se détendent, la discipline se relâche. Si des éléments de réforme et de progrès ne sont point importés du dehors, si une religion plus pure, une opinion plus éclairée et plus morale, un appareil moins imparfait de répression et de tutelle ne viennent point remplacer ces freins usés, c'en est fait de la société. Les entreprises qui fournissent la puissance et la richesse ne trouvent plus d'intelligences et de caractères pour

les diriger, de capitaux pour les alimenter, de forces pour les desservir. Livrées à un personnel de plus en plus insuffisant et gâté,
elles dépérissent et succombent. Vienne une invasion, un choc
d'une société plus vigoureuse, l'édifice social s'effondrera en ne
laissant que des ruines éparses sur le sol. Tel est le spectacle
qu'offre l'histoire de toutes les sociétés, depuis les temps les plus
reculés jusqu'à nos jours.

' Cependant, les sociétés qui se succèdent profitent des acquisitions, et de l'expérience de leurs devancières. Le capital de la civilisation s'accroît sans cesse : d'une part, le matériel et les procédés techniques de la production se perfectionnent, et leurs
progrès demeurent acquis; il est dans leur nature de se propager
et d'être indestructibles. D'une autre part, les acquisitions qui
concernent le gouvernement de l'homme et de la société se perfectionnent de même, se transmettent et s'accumulent ; la *machinery*
de ce gouvernement est ainsi devenue plus parfaite, quoique les
progrès qu'elle a réalisés ne soient point au niveau de ceux qui
ont transformé le matériel de la civilisation.

Mais c'est le propre de tout progrès d'en susciter un autre. La
création de la petite industrie, en appelant à l'existence des
sociétés nombreuses et riches, a imprimé un essor extraordinaire
aux arts du gouvernement, car une nation ne se gouverne point
comme une tribu. La création de la grande industrie sera, selon
toute apparence, le point de départ d'un progrès analogue. Si
l'on veut se former une idée approximative de ce que deviendra,
dans cette nouvelle phase économique, le gouvernement de
l'espèce humaine, il est nécessaire d'examiner ce qu'il a été dans
les deux phases précédentes, dans celle qui a précédé la naissance de la petite industrie et dans celle qui l'a suivie.

G. DE MOLINARI.

DIALOGUE AVEC UN LÉGISLATEUR

SUR LA

RÉORGANISATION DES CHEMINS DE FER

SOMMAIRE : I. Qu'il est d'abord nécessaire et urgent de racheter les grandes Compagnies. — II. Que les voies et moyens sont simples et n'impliquent aucun sacrifice, mais des économies pour le trésor public. — III. Que l'organisation nouvelle découle naturellement de l'achèvement du réseau national.

I. — *Qu'il est d'abord nécessaire et urgent de racheter les grandes compagnies.*

D. — La question du rachat et d'une organisation nouvelle de nos chemins de fer est généralement considérée comme très-compliquée, très-difficile. De fait, on l'a entourée d'obscurités calculées. Ne pourrait-on la résumer succinctement pour ceux qui n'ont pas le temps de l'étudier dans les nombreux, trop nombreux écrits publiés pour l'éclairer?

R. — Je crois la chose possible : on peut l'essayer. La forme du catéchisme a du bon. Interrogez, je repondrai.

D. — Votre thèse c'est qu'il y a nécessité pour l'État de racheter les concessions des grandes Compagnies de chemins de fer.

R. — Oui, parce que leur monopole détruit de jour en jour les sources de la fortune publique.

D. — C'est une affirmation bien grosse; il importe de préciser des faits.

R. — Il faudrait des pages pour énumérer les griefs accumulés dans les « Enquêtes sur les chemins de fer, » « Enquêtes sur la marine marchande, » « Délibération des chambres de commerce, » « Délibérations des conseils généraux, etc. » Nous ne pouvons qu'en extraire quelques-uns.

Le Monopole des grandes Compagnies :

C'est la guerre à outrance contre la navigation côtière. — Notre marine de cabotage est en pleine décadence.

C'est la guerre à outrance contre la navigation sur les fleuves et les canaux. — La batellerie est à peu près ruinée partout.

C'est la décadence de nos grands ports commerciaux. L'exercice de ce monopole est en voie de déterminer le déplacement de notre commerce d'importation et de transit, au profit des ports rivaux de la mer du Nord et de la Méditerranée.

C'est l'écrasement de toutes les autres entreprises de chemins de fer par l'abus des tarifs de détournement, le refus des tarifs communs, etc.

C'est le déplacement artificiel, à l'intérieur, par le jeu des tarifs, des conditions naturelles du commerce et de la production.

C'est l'annihilation, pour l'immense majorité des voyageurs et des marchandises, des avantages qui sont l'essence même des chemins de fer : la vitesse et le bon marché.

C'est la négation de tous progrès dans l'industrie des transports, et par conséquent un état d'infériorité menaçant, devant la concurrence étrangère, pour notre production agricole et industrielle, pour nos échanges à l'extérieur.

Remarquez que ce n'est pas moi qui affirme, ce sont les organes autorisés, officiels du travail national, sous toutes ses formes et sur tout le territoire.

D. — Les pouvoirs publics ne pourraient-ils donc soutenir notre marine cotière contre cette lutte des grandes compagnies ?

R. — Comment la chose serait-elle possible dans la pratique ? Notre marine marchande est en décadence. Le gouvernement, les Chambres s'en alarment. Ils cherchent à lui venir en aide. Or notre marine de cabotage est le cinquième de notre marine totale. Elle est la préparation des hommes de mer à la grande navigation. Eh bien, tout ce qu'on ferait ne serait-il pas une illusion, une dérision même, tant que les grandes Compagnies seront à même de lui faire une guerre de tarifs, dont les frais leur sont remboursés par le Trésor public, sous forme de garanties d'intérêts ?

D. — Pensez-vous de même pour la batellerie ?

R. — Exactement. La même guerre de tarifs, au moyen des mêmes subsides du Trésor public, a ruiné notre navigation intérieure. Quinze de nos Chambres de commerce les plus importantes seraient syndiquées pour en poursuivre la résurrection, comme mesure de salut pour notre commerce menacé. Le ministre des travaux publics propose d'affecter un milliard et plus à améliorer les rivières et les canaux, à en construire de nouveaux. A quoi bon ? La batellerie ne peut renaître, tant que les grandes compagnies de chemin de fer seront là pour l'écraser avec l'argent des contribuables, sans risques ni pertes pour elles.

C'est également avec l'aide des ressources de la garantie d'intérêt et par les mêmes procédés qu'ont été étranglées les compagnies de chemin de fer secondaires.

On croit rêver en présence d'une pareille monstruosité économique en 1878 et en République.

D. — Le gouvernement propose la construction de 15,000 kilomètres pour compléter notre réseau national. La question de leur exploitation est très-controversée.

R. — Elle ne devrait pas l'être; dans l'état de choses actuel la solution ne saurait être que déplorable. De deux choses l'une : ou elle serait confiée à des compagnies distinctes et les grandes Compagnies à monopole les ruineraient, tout comme elles ont ruiné les compagnies qu'on va racheter; — ou elle serait répartie entre ces grandes Compagnies, et alors le syndicat de celles-ci, maître souverain de l'exploitation de 40,000 kilomètres de chemin de fer, disposerait en fait des destinées du pays, et c'en serait fait de la République.

D. — N'avez-vous pas dit que l'intérêt public était mieux sauvegardé par le régime des chemins de fer à l'étranger?

R. — Oui. Ainsi, en Angleterre, il n'y a pas de monopole, pas de subvention de l'Etat. Le bénéfice de la vitesse — qui est la raison d'être du chemin de fer — est acquis à tous. Il y a des secondes classes toujours, des troisièmes presque toujours, dans les trains express.

En France, le monopole a fait de la vitesse le privilége du riche. — Au non-riche, pour qui l'économie du temps est cependant plus précieuse, on en a fait une denrée trop chère. Au premier, les coussins épais, les compartiments chauffés, les vitesses de 70 kilomètres à l'heure. Au second, les banquettes de bois, le wagon glacial, les parcours de 25 kilomètres à l'heure.

Ceci se passe en pays démocratique et nos voisins passent pour un pays aristocratique. Qu'on nous fasse alors pays aristocratique!

En Angleterre, les marchandises sont transportées en 24 ou 48 heures, sur des parcours pour lesquels le monopole français exige 10, 12 et 15 jours.

En Angleterre enfin, c'est avec l'argent de leurs actionnaires et non avec l'argent du Trésor public que les compagnies de chemins de fer font la concurrence à la navigation ou se la font entre elles.

D. — A quel mobile attribuez-vous donc les agissements des grandes Compagnies?

R. — A un seul, et il est assez puissant pour braver le *tolle* de l'opinion publique: la préoccupation exclusive de l'intérêt de leurs actionnaires. Nos chemins de fer ont été construits pour la plus grosse part avec l'argent des contribuables, sous forme de subventions, de garanties d'intérêt, etc. On les a proclamés œuvres d'utilité publique, exécutées dans l'intérêt général. Les compagnies ne s'en souviennent plus, et tout est rapporté chez elles au culte du dieu Dividende.

D. — Vous n'admettez pas qu'on pourrait arriver à réformer ces abus par des arrangements avec elles?

R. — Non. Leur intérêt restant le même, leurs tendances ne changeront pas. Que pourrait faire le gouvernement? Fixer de nouveaux tarifs généraux. Or, comme jamais les compagnies n'abdiqueraient le droit de se mouvoir dans ces tarifs, et qu'elles sont habiles, très-habiles, le monopole conduirait invariablement aux mêmes résultats.

D. — Que doit donc faire l'Etat?

R. — Redevenir maître des tarifs, pour être constamment libre de les modifier conformément à l'intérêt public, puisque la concurrence en matière de chemin de fer n'a pas été admise en France.

Or, la chose n'est praticable et ne peut avoir d'efficacité qu'en rachetant les concessions.

Le régime actuel de nos chemins de fer a fait son temps. La situation économique générale a marché et s'est transformée sous bien des rapports. Elle réclame un régime nouveau dans nos chemins de fer sous peine de décadence. Nos grands ports de commerce nous crient que cette décadence est en voie de commencer chez eux, sous le régime du monopole des grandes compagnies. Elle se propagera fatalement dans nos centres industriels.

D. — Si l'horizon est si menaçant, comment expliquerait-on la continuation d'un tel état de choses?

R. — Par ce fait que les grandes compagnies sont devenues, suivant une expression trop juste, un État dans l'État; que leur puissance est arrivée à ce point qu'il faut que l'un s'incline devant l'autre. Nous ne croyons pas que ce soit la République qui doive s'incliner.

II. — *Que les voies et moyens sont simples et n'impliquent aucun sacrifice, mais des économies pour le Trésor public.*

D. — Il n'est pas contesté que l'État n'ait le droit de racheter les chemins de fer ?

R. — Non. Ce droit est formellement inscrit dans les cahiers des charges des concessions, et il peut être appliqué après la quinzième année d'exploitation. Or, ce terme est arrivé pour les six grandes compagnies.

D. — Bien des gens s'effrayent de l'exercice de ce droit, croyant qu'il s'agit de 8 à 10 milliards à payer.

R. — C'est une erreur soigneusement entretenue par les clients des compagnies. Elle pèse fâcheusement sur la question. En fait, l'État n'aura rien à débourser, le rachat équivaudra pour lui :

1° A payer aux actionnaires, pendant le reste de la durée de la concession, une annuité représentative du dividende au moment du rachat ;

2° A prendre à sa charge l'amortissement et le service d'intérêt des obligations créées par les compagnies, et pour lesquelles il a donné sa garantie.

Le tout au moyen des produits mêmes des lignes rachetées.

D. — Il serait utile pour fixer l'opinion publique de préciser en chiffres les charges que l'État assumerait par cette opération.

R. — La chose est aisée et peu de mots suffiront.

En combinant l'art. 37 des cahiers des charges des concessions, et l'art. 12 de la loi du 23 mars 1872, les six grandes compagnies peuvent être rachetées moyennant une annuité totale de 470 à 475 millions à servir par l'Etat jusqu'à l'expiration des concessions. Mais la charge du Trésor se trouverait, par contre, allégée des 40 millions inscrits annuellement au budget, à titre de garanties d'intérêts et qu'il n'aurait plus à payer.

D. — L'État est obligé, en outre, à racheter le matériel d'exploitation à dire d'experts.

R. — Sans doute, mais ce ne serait qu'une affaire de forme. Les nouvelles compagnies d'exploitation le lui rachèteraient nécessairement au prix coûtant.

D. — Quelles sont les ressources avec lesquelles le Trésor pourrait faire face aux charges ci-dessus ?

R. — Tout naturellement les recettes des chemins de fer rachetés qui dépassent 800 millions par an, diminuées des dépenses

de l'exploitation qui atteignent la proportion démesurée d'environ
48 pour 100 en moyenne. Cette proportion de 48 pour 100 a pour
résultat de créer les insuffisances prévues par la loi de 1859, insuffisance que le budget doit couvrir par des crédits annuels qui dépassent 40 millions.

Mais, dans le cas de rachat, il n'y aurait plus d'insuffisance ; le
contraire sera même facile à démontrer.

D. — Pouvez-vous expliquer clairement le mécanisme de cette
garantie d'intérêt, dont la complication, à tort ou à raison, est
proverbiale ?

R. — Je puis du moins l'essayer.

L'exploitation, dans chaque compagnie, est divisée en ancien et
nouveau réseau.

L'ensemble des recettes de toute nature constitue le produit brut
de chaque réseau. On en déduit les dépenses de l'exploitation et la
différence constitue le produit net.

Sur le produit net de l'ancien réseau, il est prélevé pour le capital actions un dividende qui a été fixé par l'État lorsqu'on a inventé la période des garanties. La différence est ajoutée au produit
net du nouveau réseau : c'est ce qu'on appelle le déversoir. Si le
produit net de l'exploitation de ce réseau, augmenté du produit du
déversoir est insuffisant pour couvrir l'amortissement et l'intérêt
de son capital de premier établissement, — entièrement formé par
des obligations, — le Trésor public paie l'insuffisance jusqu'à la
concurrence de 4.65 pour cent.

Mais, sous prétexte que 4.65 pour cent étaient bien maigres
pour attirer des obligataires, les Compagnies se sont fait autoriser
à faire un second prélèvement de 1.10 pour cent sur les bénéfices de l'ancien réseau, et à l'ajouter aux 4.65 pour cent de l'État,
ce qui fait 5.75 pour cent. Or, comme elles empruntent à un taux
notablement inférieur, il en résulte un très-joli boni, qui aurait
dû, ce semble, venir en atténuation des charges de l'État. Les compagnies ont obtenu qu'il allât grossir le dividende de leurs actionnaires.

Elles obtiennent bien des choses, les grandes compagnies ! Cependant elles n'ont pas encore obtenu que ce subside fût un don
gracieux. Cela viendra peut-être. A cette heure, il est considéré
comme une *avance* dont l'État doit être remboursé dans un délai
qui ne peut excéder 50 ans. Nous aurons à nous en souvenir.

Quoiqu'il en soit, cet ingénieux système coûte chaque annnée
une quarantaine de millions à l'État. Il est vrai qu'il a permis de
payer la construction de chaque kilomètre du nouveau réseau le

double de ce qu'il aurait dû coûter, et qu'il permet aux Compagnies de faire de l'exploitation en grands seigneurs ?

D. — Si l'État rachète les chemins de fer, il aura en vue de donner satisfaction à l'intérêt public, en régularisant et réduisant les tarifs, améliorant les conditions du transport des voyageurs et de la marchandise. La conséquence ne sera-t-elle pas une diminution dans les recettes?

R. — Non, et par diverses raisons.

Un fait économique, incontesté désormais, c'est que l'abaissement des frais de la circulation a pour conséquence un accroissement dans la circulation qui augmente le produit dans une proportion supérieure. Voyez ce qui s'est produit à propos de la taxe des lettres : les résultats ont été tels qu'on va l'abaisser de nouveau et appliquer aux dépêches télégraphiques le même système de réduction de taxe. Le résultat sera certainement le même, un accroissement du produit. Il n'en saurait être autrement à propos de la circulation sur les chemins de fer.

En second lieu, des économies considérables, — cent millions peut-être,—sont sûrement réalisables dans une nouvelle organisation de l'exploitation des chemins de fer. L'exploitation actuelle est de beaucoup trop chère, surtout celle du deuxième réseau. Nous avons dit que le monopole était presque toujours la négation du progrès. Quel intérêt, quel stimulant pourraient avoir les Compagnies à exploiter économiquement, à s'imposer des soucis et du travail à ce sujet, alors que les économies, plus ou moins péniblement réalisées, ne profiteraient qu'à la caisse du Trésor public ? Hélas ! nos Compagnies de chemins de fer, comme tant de gens qui croient que c'est de la bonne curée, tirent à boulets rouges sur cette caisse.

La cessation du monopole ne conduisît-elle, au début, qu'à une réduction de 10 pour cent dans les dépenses de l'exploitation, — et ce serait chose aisée, — il y aurait une quarantaine de millions de gagnés. Mais l'économie définitive sera de beaucoup supérieure. Personne n'en doute plus. Les Compagnies seules le contestent, et pour cause.

D. — Vous avez dit que l'État aurait à payer des annuités équivalentes aux dividendes des actions, plus le service des obligations. Le rachat ne comporterait-il pas des avantages spéciaux, de nature à diminuer l'ensemble de ces charges?

R. — Sans aucun doute, et on ne saurait trop travailler à le marteler dans la tête des gens. Je ne parle pas de ceux qui ont des oreilles pour ne pas entendre.

D'abord, sur le prélèvement de 1 fr. 10, opéré sur le produit net de l'ancien réseau en faveur des obligations, les Compagnies réalisent un bénéfice de pas mal de millions, qu'elles appliquent à l'augmentation du dividende. C'est une histoire de cuisine intérieure qui coûte pas mal de millions à l'Etat, au chapitre des garanties d'intérêt.

Et puis, chose pas assez connue, les insuffisances couvertes par l'État, à titre de garantie d'intérêts, depuis tantôt vingt ans, représentent une somme considérable dont il doit être remboursé, quelque chose comme 600 millions. Que ce soit par voie de réduction sur le chiffre de l'annuité de rachat ou autrement, il y a là un gros, très-gros capital en réserve, dont l'État profitera nécessairement dans l'opération de ce rachat.]

D. — Divers gouvernements nous ont précédé dans cette voie de rachat de leurs chemins de fer. Il y a là un danger.

R. — Assurément. L'Allemagne, l'Italie, la Hollande et la Belgique sont en voie de devenir propriétaires de toutes leurs lignes ferrées. Et, ce qui est alarmant pour nous, leurs gouvernements se préoccupent, par des combinaisons de leurs tarifs dont ils sont maîtres, de détourner le transit de la France, notamment celui du Havre à Marseille pour lui faire prendre la voie d'Anvers à Gênes. Si le régime des grandes Compagnies à monopole persistait chez nous, cette dérivation serait certainement consommée à l'ouverture du tunnel du Saint-Gothard. Mais il est clair que la chose ne porterait pas atteinte aux dividendes desdites grandes Compagnies. Avec la continuation du système actuel, l'État ne serait-il pas toujours là pour boucher les trous ?

III. — *Que l'organisation nouvelle découle* [*naturellement de l'achèvement du réseau national.*

D. — Admettons le rachat décidé. Il ne saurait être proposé aux Chambres sans être accompagné d'un programme relatif à l'exploitation. Or, le système d'une exploitation par l'Etat paraît universellement repoussé.

R. — Et c'est avec raison, il n'est pas même à discuter. Il faut procéder à une réorganisation générale qui impliquera son mode d'exploitation rationnelle.

L'expérience acquise relativement à la circulation sur nos voies ferrées, sur nos routes, sur nos fleuves, canaux et rivières, conduit à une division fondamentale qui doit logiquement servir de base à l'organisation nouvelle.

1° De grandes lignes *nationales*, artères principales de la circulation ;

2° Des groupes secondaires, affluents de ces grandes lignes, que nous appellerions réseaux *régionaux*, parce qu'ils desserviraient des régions définies.

D. — Comment peut-on comprendre la composition de ces deux catégories de groupements de nos voies ferrées, créées ou à créer?

R. — Les grandes lignes *nationales* seraient celles qui mettent Paris en communication avec nos principaux centres de production, nos places frontières, nos ports militaires et nos grands ports de commerce.

Leur groupement formerait le *réseau national* qui serait directement sous la main du gouvernement sans être exploité par lui.

Les *réseaux régionaux* seraient constitués par la réunion de chemins de fer situés et limités dans les mailles du réseau national, en les groupant non plus par divisions administratives de départements ou autres, mais par régions. Nous entendons par *région* une circonscription territoriale, dans des conditions topographiques homogènes, où celles de la production et du travail soient à peu près similaires, et où, par conséquent, il existe une sorte de solidarité naturelle entre les intérêts.

Pour leur achèvement et leur exploitation, ces réseaux devraient ressortir de l'industrie privée ; car, si l'exploitation par l'État est une illusion, la construction par l'État des milliers de kilomètres qui restent à créer nous en paraît une autre.

D. — Dans ce système combien pourrait-il y avoir de réseaux régionaux?

R. — Les artères principales des cinq grandes Compagnies, qui vont de Paris aux extrémités du pays, complétées par une ou plusieurs grandes lignes transversales, constitueraient le réseau national. Ce réseau pourrait être divisé en six sections ou plus. L'exploitation de celles-ci pourrait être attribuée aux Compagnies actuelles, — bien entendu — sous un régime et dans des conditions nouvelles, en rapport avec l'organisation nouvelle.

Le nombre des réseaux régionaux, intercalés dans les grandes mailles du réseau principal, devra dépendre essentiellement des circonstances de localité, constitutives d'une région rationelle. Toutefois, comme la limitation de leur étendue serait une condition primordiale d'une bonne exploitation, il ne paraît pas qu'il puisse y en avoir moins de 20, ni plus de 30.

D. — Quelle serait cette limitation?

R. — L'expérience a démontré qu'un réseau de chemins de fer, inférieur à 1,600 ou 1,200 kilomètres ou excédant 2,000 à 2,500 kilomètres est dans de mauvaises conditions d'exploitation économiques. Dans le premier cas, la division du travail se fait mal, les frais généraux sont trop lourds. Dans le second, la capacité de l'administrateur est débordée au double point de vue de la direction et de la surveillance. En Angleterre, le Parlement n'autorise pas les groupements ou fusions qui dépassent 2,000 kilomètres.

En admettant que notre réseau total soit porté à 40,000 kilomètres, le *réseau national* comprendrait 8,000 kilomètres environ, qui produisent actuellement près de 600 millions et les *réseaux régionaux* le reste.

D. — Il importerait de bien mettre en relief les avantages généraux de cette division.

R. — A première vue, ne seraient-ils pas les suivants?

Pour le réseau national, une exploitation réglée de façon à le maintenir rigoureusement dans le caractère d'un service d'intérêt public, de collecteur des réseaux régionaux, avec des tarifs uniformes et aussi réduits que le permettra la diminution des dépenses de l'exploitation. J'indique cette limite pour la réduction des tarifs, l'économie générale du projet n'admettant pas que l'État doive être en perte.

Pour chacun des réseaux régionaux, une exploitation unitaire homogène, proportionnée et spécialisée aux besoins du trafic de la région, assurée, par conséquent, de réaliser des économies importantes sur l'état de choses actuel.

De plus, l'intérêt des compagnies régionales à faire surgir et à développer de nouvelles sources de trafic serait tout particulièrement en jeu.

D. — Est-ce qu'on ne peut pas faire l'application du système des réseaux régionaux, sans le rachat préalable des grandes Compagnies?

R. — Non, ce serait absolument impossible. L'exercice de leur monopole étoufferait ces réseaux aussi sûrement qu'il a étouffé tous les chemins de fer secondaires. En outre, et ce point est capital, la formation des réseaux régionaux serait impraticable, si on ne comprenait, dans leur groupement, les lignes secondaires, embranchements, raccordements qui forment la majeure partie du deuxième réseau des grandes Compagnies. La pénétration de ces lignes dans un groupe régional, avec la facilité pour ces Compagnies d'y faire de la concurrence avec l'argent du Trésor, au moyen

de la garantie d'intérêts, serait évidemment aussi désastreuse
qu'illogique.

Enfin, l'exploitation des lignes nationales, dont les réseaux régionaux seront les affluents, doit être faite dans des conditions
d'uniformité, de neutralité et d'impartialité, sans lesquelles il est
facile de concevoir que le développement normal de ces réseaux
ne serait pas possible.

Qui veut la fin, veut les moyens. Tout cela implique la fin du
règne des grandes Compagnies.

D. — Précisons comment se ferait l'exploitation du réseau *national.*

R. —Soit en régie intéressée, pour le compte de l'État ; soit par
des compagnies, assimilables à des compagnies de roulage, entre-
prenant à forfait, avec leur matériel, le transport, les manuten-
tions et percevant la recette pour compte du Trésor.

D. — Arrivons à la formation, la composition et l'exploitation
des réseaux régionaux.

R. — Ceci est du ressort technique et du ressort économique, ce
qui fait souvent reculer le lecteur. Nous tâcherons d'être clair et
bref; bien entendu que les idées que nous allons exposer laissent
la question de principe entière. On pourra en préférer de meilleures.

Une région étant délimitée, d'accord avec les Chambres de Commerce et les Conseils généraux, nous avons expliqué que le réseau
se composerait de toutes les voies ferrées, créées ou à créer dans
son périmètre. Il comprendrait donc, — et nécessairement, — les
lignes secondaires existantes déjà, les lignes détachées des réseaux
actuels des grandes compagnies, enfin celles à construire d'après
le classement général que le gouvernement fait faire en ce moment.

L'exploitation en serait concédée à une compagnie qui serait
chargée, en même temps, de la construction des lignes restant à
construire :

Cette compagnie aurait donc à réunir le capital nécessaire :

1° A cette construction ;

2° A l'acquisition d'un matériel roulant et d'exploitation.

Le gouvernement procèderait à une évaluation du produit brut,
au moment de la concession, d'après le rendement connu des
lignes en exploitation et d'après celui probable des lignes restant
à construire.

Sur ce produit brut, il attribuerait à la compagnie concessionnaire la somme nécessaire à couvrir :

1° L'intérêt et l'amortissement de son capital;

2° Les dépenses de l'exploitation dont le quantum pour cent sur
les recettes serait également fixé.

La différence en plus constituerait la redevance que la compagnie aurait à payer à forfait à l'Etat pendant la durée de la concession. Si cette différence était en moins, l'Etat comblerait le déficit par une subvention également fixée à forfait pour la même
période.

Les bénéfices qui pourraient résulter des économies réalisées.
par l'exploitation sur les prévisions des dépenses et par le développement du trafic appartiendraient à la compagnie pendant toute la
durée de son contrat.

Si l'application de ce système est de nature à fermer la porte à
presque tous les tripotages et scandales du passé, il offrirait par
contre à l'esprit d'entreprise et à l'activité nationale un champ magnifique, large et sûr.

Dans l'ensemble de cette organisation, les excédants d'une partie des réseaux serviraient à couvrir les déficits des autres.

D. — A merveille; mais si la compensation définitive n'existait
pas, comme il est plutôt probable, il en résulterait une charge
pour les finances publiques. L'objection ne manquera pas de se
produire, et gare les fantômes de chiffres !

R. — Sans contredit. Mais si l'on veut bien faire loyalement le
compte des charges actuelles du Trésor; y ajouter celles qui résul-
teront de l'achèvement de notre réseau général, qu'elles proviennent soit de subventions aux grandes Compagnies pour la construction des lignes déjà concédées, soit d'un emprunt de plusieurs milliards pour l'exécution du surplus, — et, si l'on veut en établir la
balance avec celles de cette organisation nouvelle, charges aisées à
calculer lorsque le travail de la division régionnaire aura été fait,
on trouvera une économie de plus de moitié en faveur de l'Etat.

En fait de fantômes, il est permis de s'attendre à tout, lorsqu'on
a vu un ministre des travaux publics, avocat ardent des grandes
Compagnies, épouvanter une assemblée par celui d'un emprunt de
dix milliards, selon lui nécessaire pour le rachat.

Il est vrai que l'épouvantement d'une majorité de législateurs
devant ce fantôme, sur lequel il n'y avait qu'à souffler, est fait
pour autoriser bien des audaces.

D. — Pourquoi, en dehors de la question de la charge à imposer à nos finances, préférer à l'exécution par l'État la construction du complétement du réseau par les compagnies elles-mêmes?

R. — Parce que la meilleure garantie d'un tracé rationnel et productif, d'une exécution vraiment économique, c'est que l'exploitation *soit solidaire et responsable de la construction*. Là est la vraie solution du problème de la construction économique des chemins de fer, dans le sens le plus étendu de l'expression.

L'État ne doit exécuter aux frais du Trésor que les chemins qui ne pourraient trouver de concessionnaires dans les conditions que nous venons de dire.					•

La construction par l'État est la thèse favorite des Ponts et chaussées, et pour cause. Si on la mettait aux voix, elle n'aurait que celles de leur Clan, et encore ne les aurait-elle pas toutes.

D. — Ces concessions devraient-elles avoir lieu par voie d'adjudication et de concurrence?

R. — Il ne faudrait pas écarter ce mode, mais il faudrait se garder d'en faire une règle. Le mode de l'adjudication a l'inconvénient grave d'ouvrir la porte aux faiseurs. Or, l'État aurait besoin d'être assuré, chez ses concessionnaires, des garanties de moralité et de capacités administratives qui sont, dans l'espèce, des conditions indispensables.

D. — La concurrence entre compagnies de réseaux régionaux ferait-elle partie de votre programme?

R. — Assurément. La concurrence est l'aiguillon du progrès. Elle ne pourrait plus avoir lieu, comme dans la situation actuelle, avec l'argent du Trésor, puisé dans la caisse inépuisable de la garantie d'intérêts, mais bel et bien avec l'argent des actionnaires. Une guerre absurde de tarifs serait donc peu à craindre. Ce que l'on obtiendrait, au profit de tous, serait une concurrence de rapidité dans les transports, de bons rapports avec le public, de soins pour la marchandise et le voyageur.

D. — Il faudrait tout prévoir, si possible. Ne pourrait-on craindre que des compagnies en possession de réseaux productifs ne prissent exemple des Compagnies actuelles et ne préférassent s'endormir dans le *far niente* d'une tarification élevée?

R. — La chose n'a rien d'impossible, mais les inconvénients n'en sauraient être graves. Ces régionales compagnies n'auront action que sur des parcours relativement peu étendus. La charge d'une trop grande élévation de tarif s'annihilerait donc le plus souvent, se trouvant répartie sur les longs parcours du réseau national.

L'inconvénient d'ailleurs serait limité par la durée des concessions.

Celles-ci ne devraient guère excéder 20 ans, afin que les pouvoirs publics puissent modifier les tarifs d'accord avec le développement du trafic et les nécessités économiques de la production et des échanges.

D. — Est-ce que les réseaux nationaux et régionaux absorberaient toute la circulation par voie ferrée en France ?

R. — Nullement. Il resterait encore à l'initiative privée toute celle que l'on peut assimiler aux chemins vicinaux et à laquelle peuvent parfaitement s'appliquer les chemins de fer à voie étroite et sur les accotements des routes.

D. — Pour en finir, où voyez-vous les principaux obstacles à un remaniement d'ensemble de notre régime actuel de chemins de fer.

R. — La matière est difficile et on s'est attaché à l'obscurcir. Peu de gens sont disposés à consacrer à son étude le temps et la réflexion suffisantes. Vous savez que les intérêts particuliers ont la voix plus retentissante que l'intérêt général. Et puis nos grandes Compagnies sont si bien fournies, dit-on, d'arguments de nature irrésistible.

Auguste Chérot.

LE REMPLACEMENT DES OCTROIS

PAR UN

ÌMPOT SUR LES VALEURS LOCATIVES ET LE MOBILIER

Sommaire : Inconvénients des impôts indirects et de l'octroi. — Pour abolir l'octroi, il faut le remplacer. — L'impôt sur les loyers ; calculs pour son établissement à Paris. — Comparaison de la répartition actuelle des droits d'octroi et de la répartition de l'impôt proposé. — Projet d'impôt sur les mobiliers des locaux d'habitation.

Nous n'avons pas l'intention d'aborder ici la grosse question de tous les impôts indirects. Nous voulons nous borner à une seule espèce celle: des droits, dits d'octroi, qu'on acquitte à la porte et au profit des villes et communes.

L'Octroi a encore moins de partisans que la Douane. En effet, personne n'a intérêt à ce qu'il soit maintenu. Cela tient à ce que la division du travail et le mouvement d'échanges qui ne se sont pas encore complètement organisés entre les nations se sont produits naturellement entre les villes et les campagnes.

L'octroi n'a aujourd'hui pour partisans sérieux que les routiniers, dont sa suppression dérangerait les habitudes, et peut-être les hommes qui en vivent. Je veux parler des employés de tout grade qui sont occupés à la perception de cet impôt.

A côté de ces peu nombreux partisans déclarés, il faut placer un groupe très-considérable que les progressistes qui demandent l'abolition de l'octroi ont à combattre et qui est composé des plus dangereux adversaires de toute innovation. Nous voulons parler des hommes qui disent : — Sans doute, cet impôt est mauvais, et il seráît désirable de le supprimer, mais pour le supprimer, il faudrait le remplacer.

Tant que l'objection se borne à cela, elle est on ne peut plus raisonnable. Seulement elle se borne rarement à cela. Le plus souvent les membres de ce groupe de *critiqueurs* appartiennent à l'importante catégorie des esprits qui blâment vertement ce qui est, et plus vertement encore ce que l'on propose pour remplacer ce qui est. Il faudrait, pour donner satisfaction à ces esprits, découvrir l'idéal de l'organisation économique en général, et de l'organisation fiscale en particulier.

Malheureusement l'idéal, la perfection, s'ils constituent un but vers lequel l'humanité doit tendre sans cesse, sont en même temps, — peut-être heureusement, — hors de notre atteinte.

Les *critiqueurs* dont nous parlons ont, en vérité, un rôle à la fois très-profitable et très-commode ; ils acquièrent, à peu de frais, une réputation de savants éminents, en même temps qu'ils se soustrayent — ne faisant pas de projets — aux critiques des autres. Mais si ce rôle est profitable pour ceux qui le remplissent, il l'est moins pour le public que l'on empêche ainsi d'obtenir la moindre amélioration.

Ne serait-il pas plus rationnel, surtout plus utile pour la société, quand il s'agit de questions économiques, de se demander quelquefois si les systèmes proposés ne constitueraient pas une amélioration comparativement à ce qui existe.

C'est à ce point de vue de l'amélioration et non de la perfection et de l'idéal que nous désirons traiter ici la question des impôts indirects, et particulièrement celle des octrois. La perfection idéale, en matière fiscale, consisterait à abolir toutes les taxes. Mais comme c'est là un programme irréalisable, il faut se contenter du mieux relatif qui consiste dans la mise en pratique d'un ou de plusieurs systèmes répartissant mieux l'impôt qu'il l'est aujourd'hui, et, en outre, demandant de l'argent aux citoyens d'une manière moins désagréable.

Nous n'insisterons pas longuement sur les inconvénients de l'octroi; ils sont connus de tout le monde. Nous nous bornerons à les rappeler; notre intention étant d'indiquer deux procédés de taxation qu'on pourrait substituer à cet impôt et qui n'auraient pas ces mêmes inconvénients, inconvénients dont nous ferons par suite une rapide énumération.

Le premier de ces inconvénients consiste en ceci: l'octroi est un impôt mal réparti par suite de la base employée pour son assiette; la seule à laquelle cependant on puisse avoir recours. Il est spécifique et porte sur les quantités des marchandises soumises aux droits, lesquelles sont en général des produits d'alimentation. Il en résulte que toutes les personnes qui satisfont leur faim ou leur soif, à l'aide de ces produits, payent à peu près le même impôt, quelle que soit la qualité desdits produits. On s'est servi souvent, pour attaquer l'octroi, de l'exemple du vin, et il faut le répéter jusqu'à ce que justice ait été faite. Un hectolitre de petit bleu de Suresnes ou d'Argenteuil ou de gros vin de l'Hérault, supporte autant de droits qu'un hectolitre de Château-Margaux ou de Clos-Vougeot. Par suite, le consommateur du premier paye un *quantum* proportionnel beaucoup plus élevé que celui du second. Donc l'impôt est mal réparti.

Le second inconvénient de l'octroi et des contributions indirectes en général, est de coûter d'autant plus cher de perception que l'impôt est plus léger. Il y a des communes où cette perception coûte 40 pour 100 du produit, tandis qu'à Paris, elle ne revient qu'à environ 5 pour 100. La cause de cette différence est: qu'il faut autant d'employés pour percevoir un impôt très-lourd que pour en percevoir un autre plus léger, et que l'État a, pour des raisons militaires, établi autour de Paris un mur d'enceinte qui rend la contrebande difficile, et par conséquent la surveillance facile. Mais il n'y a pas que Paris qui ait des octrois, et d'autre part les six millions et quelques centaines de milliers de francs que nous coûte cette perception, à nous Parisiens, seraient, à coup sûr mieux placés dans la poche des contribuables, ou mieux employés en travaux utiles. Exemple: l'économie de ces frais de perception aurait permis de faire l'avenue de l'Opéra en six ou sept ans, et sans emprunter un centime.

Un troisième inconvénient est d'entraîner d'énormes pertes de temps de la part des commerçants ou industriels et de leurs employés, et *times is money*. Un pharmacien nous disait récemment:

— Lorsque j'ai à expédier deux bouteilles d'eau de Cologne de 6 fr. chacune, il faut que j'aille chercher à la régie un *passavant* qui me coûte 50 centimes et qui me fait perdre une heure.

Il y a aussi le chapitre des vexations : les commerçants qui vendent des produits taxés sont l'objet d'une surveillance d'autant plus tracassière que les employés reçoivent le quart de la valeur de la prise et de celle de l'amende à titre de récompense. Aussi les dits employés peuvent-ils se présenter à toute heure du jour et de la nuit chez les commerçants entrepositaires, pénétrer dans leur domicile privé, mettre tout sens dessus dessous. Il y a des industriels qui ne peuvent pas charger leurs cuves pour faire du savon, de la bière, etc., hors de la présence d'un employé de la régie ; lequel vient quand il peut, si ce n'est quand il veut. On sait que messieurs les employés n'ont pas l'habitude de se considérer comme les serviteurs du public : au contraire. D'autres industriels sont obligés de loger chez eux un des dits employés, lequel est détenteur de la clé du magasin.

Nous savons que c'est l'administration des contributions indirectes de l'Etat qui a institué ces deux derniers modes de surveillance et non celle de l'octroi des villes ; mais ne sont-elles pas proches parentes, ces deux administrations ! Et, si les villes abolissaient leurs octrois, l'Etat ne serait-il pas forcément amené à supprimer ses contributions indirectes de l'intérieur en attendant les autres ?

On ne saurait énumérer toutes les vexations qui résultent de l'octroi ou des contributions indirectes. Signalons-en une dernière : lorsqu'un habitant d'une commune non rédimée veut changer de domicile, s'il a du vin dans sa cave, il faut, pour avoir le droit de transporter ce vin, qu'il aille au bureau de la régie réclamer une pièce officielle autorisant ce transport.

L'octroi, comme tous les impôts indirects, est démoralisateur. Il crée des délits conventionnels que le public a peine à prendre au sérieux. Combien de gens sont convaincus que ce n'est pas voler que de voler le fisc? De tout temps, les poètes populaires, les romanciers ont chanté les contrebandiers. Et, en fait, ils n'avaient pas tort quand l'impôt était le tribut prélevé par le seigneur ou le roi à son profit personnel. Quoi qu'il en soit, la contrebande existe toujours, malgré la surveillance des employés du fisc. Les commerçants qui s'y livrent font une concurrence redoutable à leurs confrères honnêtes ou plus timorés, et ceux-ci finissent souvent par se laisser aller aux mêmes errements. Circonstance digne de remarque : on préférera se laisser aller à frauder à son tour ou souffrir de la concurrence déloyale des fraudeurs plutôt que de dénon-

cer ceux-ci. Ce n'est pas mon métier, dit-on. On n'a pas les mêmes
scrupules lorsqu'il s'agit de se plaindre d'un vol ou d'arrêter un
filou qui se sauve. C'est là un vieux reste du sentiment populaire
qui considère l'impôt comme une exaction d'un pouvoir tyrannique.

L'octroi et les contributions indirectes, enfin, font des commerçants vendant certains produits, de véritables fonctionnaires de
l'État, des fonctionnaires qui ne sont pas rétribués et qui, loin de
jouir des mêmes immunités que leurs confrères officiellement reconnus, sont au contraire soumis à mille vexations.

Plus on étudie cette question et plus, on se demande comme
un pareil impôt peut exister encore. Si on le proposait à une nation
qui n'aurait pas le bonheur de le posséder et qu'on énumérât tous
les développements que nous lui voyons, l'auteur d'un semblable
projet serait reçu de la belle manière, si même on ne l'enfermait
comme fou. La seule raison d'être d'un pareil expédient fiscal,
c'est qu'il existe. Nous avons appelé l'octroi un expédient, il ne
mérite pas d'autre nom. On sait en effet que, lorsque l'octroi a été
rétabli sous le Directoire, cela a été à titre d'expédient et sous un
masque de charité publique. On l'appela alors l'*octroi de bienfaisance*, afin d'amadouer la population qui avait brûlé les barrières
en 1789.

Mais, expédient ou système rationnel, l'octroi existe, il rapporte
aux villes de l'argent qu'elles emploient à leurs services publics ;
pour Paris il représente plus de la moitié du revenu et a produit,
en 1876, plus de 124 millions. Donc, si on veut l'abolir, il faut le
remplacer.

On pourrait, disent quelques esprits bienveillants, et qui se
croient modérés, diminuer la dépense et abaisser en même temps
les droits. C'est là un projet chimérique. La mesure vers laquelle
sont le moins portés les administrations, même les conseils municipaux élus, même les Chambres de députés républicaines, c'est la
diminution des dépenses. Le contraire leur plaît bien davantage.
D'ailleurs, on a cherché sérieusement dans le budget de la ville de
Paris quelles économies on pourrait faire, et, à peine a-t-on pu arriver à un ou deux millions de francs, sur un total de plus de
200.

Pour faire des économies, il faudrait à Paris supprimer la dette.
Or, il ne paraît pas que l'on y songe, puisque l'on a fait tout récemment un emprunt de 120 millions, dont le tiers a été employé
à un travail de luxe, qu'on aurait bien pu exécuter petit à petit.

Nous ne croyons pas, d'autre part, que ce serait une mesure
intelligente que de diminuer simplement les droits d'octroi. D'abord,

les droits diminués coûteraient autant pour la perception que ceux
d'aujourd'hui. Ensuite, étant donné le désir très-naturel des commerçants de gagner de l'argent, il serait fort à craindre que le public ne profitât qu'après un long délai du dégrèvement. Une abolition complète, au contraire, supprimerait tous les frais de perception, et en même temps constituerait une telle diminution des
produits taxés que le public saurait bien contraindre les marchands et en tenir compte.

Mais tous ces raisonnements ne sauraient détruire la force de
l'argument des personnes qui disent : Quelque mauvais que soit
l'impôt d'octroi, il existe, il rapporte de l'argent qui sert à payer
les services publics municipaux, notamment à amortir les dettes
et à en payer l'intérêt. Si vous voulez le supprimer il faut le remplacer.

Cet argument ne pouvait échapper aux membres d'une association récemment fondée et qui s'appelle : *Société d'études économiques
pour les réformes fiscales*. Cette Société, ainsi que son nom l'indique, a pour objet de faire supprimer les impôts qui sont mauvais, d'en faire établir d'autres qui soient meilleurs, et de faire
améliorer ce qui, dans notre système fiscal, ne demande que des
améliorations. Au sein de cette Société, deux membres, MM. A.
Raynaud et Limousin, ont proposé de diviser le travail; de s'attaquer successivement à chaque impôt mauvais, d'en demander et d'en obtenir l'abolition, puis de passer à un autre. Ils ont,
en outre, émis l'avis que le meilleur point sur lequel pouvait
porter l'attaque, c'est-à-dire l'impôt le plus mauvais, celui contre
lequel il était le plus facile d'ameuter l'opinion publique : c'était
l'octroi. Les deux promoteurs ont en outre proposé que l'on récla-
mât cette abolition à Paris d'abord. Ils se sont appuyés pour cela
sur ces considérations : 1° Qu'il est plus facile à Paris que dans
aucune autre ville de France d'organiser une agitation pacifique
et légale; 2° Qu'à Paris, l'octroi étant, très-lourd, est très-impopu-
laire; 3° Que Paris possède un Conseil municipal qui ne demande
qu'à abolir ce mauvais impôt quand on lui en fournira les moyens;
4° Que, quand on fait quelque chose de bien à Paris, les autres
villes de France ne tardent pas à l'imiter.

Naturellement, désirant l'abolition de l'octroi à Paris, ville où
la moitié du budget des recettes est représentée par le produit de
cet impôt, MM. Limousin et Raynaud ont dû proposer un moyen
de le remplacer.

Ils ont, en conséquence, cherché un impôt qui ne présentât
pas les inconvénients énumérés plus haut, un impôt qui pût se
répartir équitablement et ne pesât sur les contribuables que pro-

portionnellement à leurs facultés, c'est-à-dire à leurs revenus, — conformément aux préceptes de l'économie politique et à la fameuse déclaration des principes de 1789. Cette déclaration a été sanctionnée en tête de toutes les constitutions que la France a possédées depuis près d'un siècle, mais, en fait, du moins en ce qui concerne les impôts, les principes qu'elle énonça ont été peu mis en pratique.

L'impôt que l'on cherchait devait également coûter moins cher à percevoir que les droits d'octroi ; il devait causer le moins de dérangements et de pertes de temps possible au contribuable, ne pas entraîner de vexations, ne pas démoraliser, supprimer les fonctionnaires gratuits ou tout au moins en diminuer le nombre.

Il a paru tout d'abord aux chercheurs que l'impôt qui permettait le mieux de présumer le revenu des contribuables serait celui qui porterait sur la somme payée par chacun d'eux pour se loger. A coup sûr, cet impôt serait plus équitable que celui qui porte sur la quantité de certains produits alimentaires,— les plus nourrissants, les plus nécessaires aux membres d'une société travailleuse et fiévreuse comme la nôtre — que consomme chaque famille.

Cette supériorité de l'impôt sur les foyers comparé à l'octroi n'était cependant qu'une hypothèse. MM. Limousin et Raynaud ont voulu s'assurer si elle était exacte. Pour cela, ils se sont enquis de la somme que payent les familles de différentes conditions sociales sous la forme de droits d'octroi, de ce qu'elles payent de loyer, et de ce que serait l'augmentation de ce loyer si l'on établissait l'impôt qu'ils proposent. Pour obtenir ces renseignements, ils se sont adressé au budget d'une famille d'ouvriers, contenu dans un petit volume de M. Leneveux, conseiller municipal de Paris, ouvrage intitulé : le Budget du foyer. Ce budget, dressé d'après la méthode monographique de M. Le Play, est la photographie d'un livre de compte tenu par une famille ayant 2,100 francs de gains annuels et composée de cinq personnes. Malheureusement, l'on n'avait sous la main qu'un seul travail de cette nature et il en aurait fallu plusieurs. Pour le reste, on a dû procéder par induction. Il ne paraît pas d'ailleurs que l'on se soit beaucoup écarté des probabilités.

Pour les documents statistiques ces messieurs se sont adressé au tarif de l'octroi de la ville de Paris et au compte général ou budget rectificatif de 1876, toujours de la ville de Paris. Ils ont donc pris, sur le budget dressé par M. Leneveux, les divers articles soumis à des droits d'octroi et ils ont calculé combien la famille en question avait payé de ce chef à la ville.

Le résultat de cette recherche a été une constatation à laquelle on était loin de s'attendre. Les économistes en général, et notamment M. Isaac Pereire, ont fait le raisonnement suivant : Il y a à Paris 2 millions d'habitants, le produit de l'octroi est de 124 millions, cela fait en moyenne 60 francs par tête de Parisien. Or, en analysant le budget de la famille en question, en enflant même sa consommation de vin, principal produit taxé — laquelle était fort minime — on est arrivé à constater qu'elle payait entre 95 à 100 fr. à l'octroi. D'après le procédé des moyennes elle aurait payé 300 fr. (60 × 5 = 300).

Cela mit MM. Raynaud et Limousin sur la trace d'un phénomène que d'autres observations leur avaient déjà fait prévoir : c'est que le renchérissement de certains produits par l'impôt qui pèse sur eux, a pour conséquence d'amener une catégorie de contribuables à se priver de ces produits ou à n'en consommer que fort peu. Ces messieurs en vinrent par suite à diviser les contribuables parisiens en trois catégories : 1° Celle des gens qui sont obligés de se rationner et de ne manger et boire que suivant leurs ressources ; 2° Celle des gens qui peuvent manger et boire des produits taxés autant qu'il leur plaît ; 3° Celle des gens qui, non-seulement peuvent manger et boire à discrétion, mais qui, en outre, peuvent ajouter la qualité à la quantité. Ils dressèrent un tableau où ces différentes catégories et les transitions existant entre elles étaient indiquées.

Ces messieurs recherchèrent ensuite quel chiffre de loyer devaient payer les diverses catégories de contribuables dont ils avaient sous les yeux le revenu et l'impôt. Le compte de la Ville de Paris de 1876, leur apprit que les loyers de 400 à 600 fr. représentaient cette année-là une somme de 40,317,895 fr., ceux de 600 à 700 fr. une somme de 8,224,070 fr., ceux de 700 à 800 fr. une somme de 4,060,570 fr., ceux de 800 à 900 fr. une somme de 8,776,320 fr.; enfin, ceux de 900 à 1,000 fr. une somme de 4,706,270 fr. Tous les loyers supérieurs à ce dernier chiffre ayant été en 1876, taxés d'après un même taux de 12-05 pour cent à l'impôt mobilier, l'énumération n'allait pas au-delà. D'autre part, les loyers inférieurs à 400 fr. étant exonérés de la contribution mobilière, leur produit n'est pas indiqué sur les budgets de la Ville ; ce qui est un tort.

Il était, dans tous les cas, facile de savoir approximativement le nombre des loyers dont on connaît la valeur. Il suffisait, pour cela, de diviser le montant total de ces loyers par la valeur moyenne. Mais ici encore, il fallut prendre quelques précautions. Par suite d'un artifice de comptabilité, les chiffres portés sur les documents officiels ne sont pas les chiffres réels en ce qui concerne la base de l'impôt mobilier. Les matrices de cet impôt sont établies en diminuant d'un cinquième la valeur locative réelle, si bien qu'un loyer au-dessous de 400 fr., valeur *matricielle*, doit s'entendre : un loyer effectif inférieur à 500 fr., un loyer de 1,000 fr. valeur matricielle est effectivement un loyer de 1,250 fr. Il a donc fallu majorer toutes les moyennes d'un quart ou 25 0/0.

MM. Limousin et Raynaud sont arrivés ainsi à connaître approximativement le nombre de locaux d'un prix variant entre 500 et 1,250 fr. qui existent à Paris. Ce nombre est de 120,000 environ.

Pour les locaux d'une valeur supérieure, il a fallu procéder d'une manière absolument arbitraire. On a supposé que leur valeur moyenne était de 5,000 fr. et l'on a divisé 120,958,250 par 5,000. Cela a donné environ 20,000.

Cela fait, les auteurs du projet ont pu procéder à la recherche du nombre de locaux d'une valeur inférieure à 500 fr. Ils se sont dit : Étant donné qu'il y a à Paris 140,000 locaux d'habitation d'une valeur supérieure à 500 fr.; étant donné d'autre part que le nombre moyen de membres des familles parisiennes est de quatre, ces locaux servent à l'habitation de 600,000 personnes, en supposant deux domestiques par famille occupant un appartement d'une valeur supérieure à 1,250 fr. Or, il y a deux millions d'habitants à Paris, soit à raison, de quatre membres par famille, 500,000 ménages, c'est-à-dire un nombre égal de logements.

Il était, dès lors, facile de trouver le nombre des logements non taxés : ce nombre serait de 350,000. En effet, en extrayant 600,000 de 2 millions, il reste 1,400,000 personnes, ou 350,000 familles.

Pour estimer la valeur totale de ces logements, MM. Limousin et Raynaud ont fixé le prix moyen aussi bas que possible : à 350 fr. l'un. Cela a donné 122 millions et demi.

Ces divers chiffres additionnés produisent un total de 330 millions environ ; mais ils ne représentent que les locaux d'habitation et il fallait faire aussi entrer en ligne de compte les locaux industriels et commerciaux et les terrains non bâtis. On aurait pu, sans exagération, porter la valeur de ces locaux à un chiffre égal à celle de ceux servant à l'habitation. Mais les auteurs du projet l'ont fixée approximativement à 270 millions pour atteindre le total de 600 millions qui leur avait servi de base pour leurs calculs.

Le but poursuivi était de savoir de quelle manière l'impôt nouveau pèserait sur les différentes catégories de contribuables. MM. Limousin et Raynaud ont pour cela dressé un tableau qu'ils ont ensuite combiné avec le premier dans un tableau général que l'on verra page 370. Sur ce tableau on trouvera 1° le revenu présumé de chaque catégorie de contribuables parisiens; 2° le loyer probable, 3° la somme payée à l'octroi pour la ville, 4° et 5° la diminution ou l'augmentation de charges qui résulteraient, pour chaque catégorie, de la substitution de l'impôt sur les loyers à l'octroi.

Les quatre colonnes suivantes fournissent les mêmes indications relativement aux contributions indirectes de l'Etat, qui, dans toutes les villes rédimées, sont perçues par les employés municipaux.

(Cette perception est même faite gratuitement, cela soit dit en passant).

Enfin, les colonnes 11, 12, 13 et 14 contiennent la totalisation des résultats partiels en résultats généraux et leur comparaison.

Il résulte de l'étude de ce tableau, cette première constatation : que l'impôt sur les loyers serait, non le moyen le plus parfait d'établir l'impôt sur le revenu, mais un moyen meilleur que l'impôt sur la quantité de produits alimentaires consommée par chaque catégorie de familles contribuables. Une autre constatation, c'est que les familles aisées profiteraient beaucoup plus de l'abolition de l'octroi et de son remplacement par l'impôt sur les loyers que les familles réellement pauvres. En effet, ce serait la famille ayant 7,000 fr. de revenus ou de gain et que l'on a supposé payant un loyer de 750 fr. pour son habitation, qui gagnerait le plus à la réforme proposée. Le bénéfice qu'elle réaliserait s'élèverait à plus de 259 fr.

Les chiffres de MM. Limousin et Raynaud peuvent être discucutés. Ces messieurs ont eux-mêmes indiqué par quelle série de calculs, il les ont établis. Ces chiffres cependant présentent de grands caractères de probabilité. On peut invoquer à l'appui de cette assertion le témoignage de M. Paul Leroy-Beaulieu, qui, dans son récent traité de *la science des finances*, dit que, dans les vingt principales villes de France, l'octroi pourrait être remplacé à l'aide d'un impôt de 20 à 35 pour cent sur les loyers, chiffres qui, comme on voit, sont proches voisins de ceux de MM. Limousin et Raynaud.

Le fait que nous venons de signaler de l'intérêt qu'aurait la population aisée au remplacement de l'octroi par un impôt sur les loyers est de nature à faciliter singulièrement la réforme proposée. L'intérêt personnel a, on le sait, une influence beaucoup plus considérable sur les déterminations de la plupart des hommes que toutes les considérations de justice et d'intérêt public.

L'impôt sur les loyers serait incontestablement mieux réparti que celui de l'octroi ; il ne coûterait pas cher de perception puisqu'il suffirait de charger les propriétaires de l'encaisser pour le compte du fisc, — ainsi que cela se pratique pour l'impôt munici-

pal sur cette matière contributive qui existe en Italie, — et qu'il
n'y aurait pas plus de travail pour les employés des contributions
indirectes à écrire un chiffre au lieu d'un autre sur les feuilles, à
recevoir une somme au lieu d'une autre à leurs guichets. Il ne
serait pas vexatoire puisque, dès à présent, les baux verbaux ou
écrits doivent être enregistrés. Il ne permet pas la fraude, et par
conséquent ne serait pas démoralisateur. Sur un seul point, il ne
répond pas au programme que nous avons tracé plus haut, en
énumérant les inconvénients de l'octroi ; il ne supprime pas complètement les fonctionnaires gratuits des villes ou de l'État.

Dans le Conseil de la *Société d'études économiques pour les réformes fiscales* et en dehors, le projet d'impôt sur les loyers a été vivement discuté, et l'on a fait diverses objections que nous allons
énumérer.

1° On a dit que cet impôt serait très-lourd pour le commerce
et l'industrie, dont il augmenterait les frais généraux ;

2° Qu'il transformerait les propriétaires en collecteurs de l'impôt pour le compte des villes ou de l'État, c'est-à-dire en fonctionnaires non rétribués ;

3° Que les propriétaires, étant rendus responsables de l'impôt
sur les loyers, subiraient une double perte quand leurs locataires
s'en iraient sans payer ;

4° Qu'il existait à Paris une assez nombreuse catégorie de contribuables qui, en se privant de vin et de viande ou en n'en consommant que fort peu, payait moins d'impôt que cela est indiqué sur
le tableau, et que, par suite, l'impôt sur les loyers serait pour ces
contribuables une véritable aggravation de charges ;

5° Que l'impôt sur les loyers pourrait, dans certains cas, ne pas
être proportionnel au revenu ; dans le cas, par exemple, où les familles sont composées d'un grand nombre de membres ; ce qui
oblige leur chef à payer un loyer cher et non proportionnel à son
revenu.

A la première objection, les auteurs du projet ont répondu que
ce ne seraient ni les industriels, ni les commerçants qui paieraient
en réalité l'impôt sur les loyers, mais les acheteurs des produits
fabriqués et vendus par ces industriels et commerçants. Quant à la
proportion de cette majoration, elle serait fort difficile à indiquer,
et l'expérience seule pourrait permettre de la fixer. Toutefois, quelques éléments sur les chiffres d'affaires intérieures et extérieures
de Paris que ces messieurs ont pu réunir, leur donnent lieu de
croire que cette majoration ne serait que de quelques centimes par
centaines de francs. Dans la réunion à laquelle nous avons fait
allusion, il y avait bon nombre de commerçants et industriels, et

Tableau indiquant la répartition de l'impôt proposé
des droits d'octroi et des contributions

Familles de quatre personnes.	Revenu ou gain par an.	Loyer par an.	Payé actuellement pour la Ville à l'octroi.	Payerait avec un impôt de 2½ 0/0 sur les loyers.	Diminution qui résulterait du nouvel impôt de la Ville.	Augmentation par le nouvel impôt de la Ville.
	1	2	3	4	5	6
Famillle pauvre.........	1.200,	200	75	42	33	—
Id.	1.500	225	82	47 25	34 75	—
Id.	1.800	225	89	52 50	36 50	—
Id.	2.200	275	96	57 75	38 25	—
mille demi-aisée.	2.500	300	104	63	41	—
Id.	3.000	350	120	74 50	45 50	—
Id.	3.500	400	138	84 »	54 »	—
Famille aisée........... (1)	4.000	450	158	95 50	62 50	—
Id.	4.500	500	183	105 »	83 »	—
Id.	5.000	550	214	115 50	99 58	—
Id.	5.500	600	251	126 »	125 »	—
Id.	6.000	650	295	136 50	158 50	—
Famille très-aisée.......	6.500	700	325	147 »	178 »	—
Id.	7.000	750	345	158 50	187 50	—
Id.	7.500	800	355	168 »	187 »	—
Id.	8.000	850	»	178 50	170 50	—
Id.	8.500	900	»	189 »	166 »	—
Id.	9.000	950	»	199 50	155 50	—
Famille riche 1 domest.	9.500	1.000	»	210 »	145 »	—
Id.	10.000	1.050	400	220 50	179 50	—
Id. (2)	11.000	1.100	»	231 »	169 »	—
Id.	12.000	1.200	»	252 »	148 »	—
Id.	13.000	1.400	»	294 »	106 »	—
Id.	14.000	1.600	»	336 »	64 »	—
Id.	15.000	1.800	»	378 »	22 »	—
Id.	16.000	2.000	»	420 »	—	20 »
Id.	17.000	2.250	»	472 50	—	72 50
Id.	18.000	2.500	»	525 »	—	125 »
Id.	19.000	2.750	»	577 50	—	177 50
Id.	20.000	3.000	»	630 »	—	230 »
Id. 2 domest.	25.000	4.000	450	840 »	—	390 »
Id.	30.000	5 000	»	1.050 »	—	600 »
Id.	35 000	6.000	»	1.300 »	—	850 »
Id.	40.000	8.000	»	1.680 »	—	1.230 »
Id.	45.000	10.000	»	2.100 »	—	1.650 »
Id. 3 domest.	50.000	12.000	500	2.520 »	—	2.020 »
Id.	60.000	15.000	»	3.150 »	—	2.650 »
Id.	80.000	18.000	»	3.900 »	—	3.400 »
Id. 4 domest.	100.000	20.000	550	4.200 »	—	3.650 »
Id.	150.000	22.000	»	4.620 »	—	4.070 »
Id. 5 domest. (3)	200.000	25.000	600	5.250 »	—	4.650 »

(1) 350,000 familles de quatre personnes (1,400,000 individus) ayant un revenu ou un gain annuel de 1,200 à 4,000 fr., occupant des locaux non taxés pour l'impôt mobilier. Leurs loyers sont évalués à 122,500,000 fr. et elles payent actuellement à l'octroi 59,675,000 fr., soit en moyenne 42 fr. 63 par tête. — Elles payeraient 35,995,000 fr., soit en moyenne 26 fr. 43 par tête avec l'impôt sur les loyers.

(2) 120,234 familles de quatre personnes (480,936 individus), ayant un revenu ou un gain annuel de 4,500 à 11,000 fr., occupant des locaux taxés pour l'impôt mobilier. Leurs loyers s'élèvent à 82,056,356 fr. 25, et elles payent actuellement à l'octroi 56,471,710 fr. 90,

sur les loyers et celle actuelle des charges provenant
indirectes au profit de l'État.

Paye actuellement pour l'État à l'octroi.	Payerait avec un impôt de 11 0/0 sur les loyers.	Diminution qui résulterait du nouvel impôt de l'État.	Augmentation par le nouvel impôt de l'État.	Total payé à l'octroi pour la Ville et l'État	Augmentation totale du loyer par le nouvel impôt.	Bénéfice total par le nouvel impôt sur le loyer	Augmentation totale par le nouvel impôt sur les loyers.
7	8	9	10	11	12	13	14
40	22 »	18 »	—	115	64 »	51 »	—
45	24 75	21 25	—	127	72 »	55 »	—
51	27 50	23 50	—	140	80 »	60 »	—
58	30 25	28 25	—	154	87 50	66 50	—
64	33	31 »	—	166	99 »	89 »	—
72	38 50	33 50	—	192	113 »	79 »	—
81	44 »	37 »	—	219	128 »	91 »	—
91	49 50	42 50	—	248	145 »	104 »	—
101	55 »	46 »	—	284	160 »	164 »	—
113	60 50	53 50	—	327	176 »	151 »	—
126	66 »	60 »	—	377	192 »	185 »	—
140	71 50	68 50	—	435	208 50	226 50	—
150	77 »	73 »	—	475	224 »	251 »	—
155	82 50	72 50	—	500	241 »	259 »	—
»	88 »	67 »	—	510	255 50	254 50	—
»	93 50	61 50	—	»	272 »	238 »	—
»	99 »	56 »	—	»	288 »	222 »	—
»	104 50	50 50	—	»	304 »	206 »	—
»	110 »	45 »	—	»	320 »	190 »	—
175	115 50	49 50	—	575	336 »	239 »	—
»	121 »	44 »	—	»	352 »	223 »	—
»	132 »	33 »	—	»	384 »	191 »	—
»	154 »	21 »	—	»	448 »	127 »	—
»	176 »	—	1 »	»	512 »	63 »	—
»	198 »	—	23 »	»	576 »	1 »	—
»	220 »	—	45 »	»	640 »	—	65 »
»	247 50	—	72 »	»	720 »	—	145 »
»	277 »	—	102 »	»	802 »	—	227 »
»	302 50	—	127 50	»	880 »	—	305 »
»	330 »	—	155 »	»	960 »	—	385 »
200	440 »	—	240 »	650	1.280 »	—	620 »
»	550 »	—	350 »	»	1.550 »	—	900 »
»	660 »	—	460 »	»	1.960 »	—	1.310 »
»	880 »	—	680 »	»	2.385 »	—	1.735 »
»	1.100 »	—	900 »	»	3.025 »	—	2.375 »
225	1.320 »	—	1.095 »	725	3.840 »	—	2.915 »
»	1.650 »	—	1.425 »	»	4.550 »	—	3.825 »
»	1.980 »	—	1.755 »	»	5.650 »	—	4.425 »
250	2.200 »	—	1.950 »	800	6.200 »	—	5.400 »
»	2.420 »	—	2.170 »	»	7.040 »	—	6.240 »
275	2.750 »	—	2.475 »	875	7.800 »	—	6.935 »

soit en moyenne 117 fr. 35 par tête. — Elles payeraient 26,253,034 fr., soit en moyenne 54 fr. 60 par tête avec l'impôt sur les loyers.

(3) 20,000 familles de quatre personnes, plus deux domestiques (ensemble 120,000 individus), ayant un revenu ou un gain annuel de 12,500 à 200,000 fr., occupant des locaux taxés au maximum pour l'impôt mobilier. Leurs loyers s'élèvent à 125,958,200 fr. 32, et elles payent actuellement à l'octroi 12,875,000 fr., soit en moyenne 107 fr. 20 par tête. — Elles payeraient 30,306,624 fr., soit en moyenne 330 fr. 89 par tête.

ils étaient absolument divisés d'opinion. Quoi qu'il en soit, il est certain que ce léger inconvénient ne saurait être mis en balance avec ceux de l'octroi.

A la seconde objection, il a été répondu : que l'on ne voulait, en aucune manière, donner aux propriétaires une fonction qu'ils ne remplissent pas aujourd'hui. Il est, en effet, indiscutable, pour quiconque a un peu creusé les questions d'économie politique, que les propriétaires louant des habitations sont actuellement collecteurs d'impôt. Qui paye en réalité l'impôt foncier, l'impôt des portes et fenêtres? Le locataire, alors même que le propriétaire n'a pas stipulé que cette dernière taxe serait à la charge dudit locataire. — Qui paye les taxes de voierie, de balayage, etc.? Le locataire, toujours le locataire. Qui pourrait soutenir que si ces impôts étaient supprimés le prix des loyers ne diminuerait pas, par le simple jeu de la loi de l'offre et de la demande? En réalité, loin d'augmenter la longue, la trop longue liste des fonctionnaires collecteurs d'impôt, le projet la diminue, puisqu'il en élimine tous les marchands de produits taxés par l'octroi, pour n'y laisser subsister que les propriétaires. Et quelle différence dans la situation faite par le fisc aux uns et aux autres. Pour les propriétaires, la situation est facile, ils ne sont sujets à aucune vexation, tandis que pour les commerçants, c'est juste le contraire. Il n'est pas jusqu'à la question de l'avance de l'impôt qui ne soit à l'avantage des propriétaires-collecteurs. En effet, ceux-ci très-souvent se font payer un semestre d'avance par leurs locataires. On invoque la gratuité de la fonction : on peut la faire cesser en allouant aux propriétaires un demi pour cent pour leur travail. Il résulterait toujours pour Paris, ville où la perception des droits d'octroi coûte le moins cher, une économie de 4 1/2 pour cent.

Quant à la troisième objection : celle d'après laquelle les propriétaires seraient exposés à des pertes fréquentes par suite du non-payement de leurs loyers, situation qui est aussi celle des marchands de viande et de vins qui vendent à crédit, il a été répondu : que les propriétaires pourraient avoir recours à un procédé qui serait aussi avantageux pour leurs locataires que pour eux-mêmes : ce serait de se faire payer à la semaine, à la quinzaine ou au mois. Cela se pratique en Amérique et même, sans aller aussi loin, dans certains quartiers de Paris.

La quatrième et la cinquième objection ont paru à MM. Limousin et Raynaud de beaucoup les plus sérieuses; si sérieuses même qu'elles les ont amenés à modifier leur système. La cinquième, prouvant que le loyer ne pouvait pas être considéré comme un

moyen d'évaluer toujours exactement le revenu, il a fallu chercher si on ne pourrait pas atteindre le résultat désiré par un procédé complémentaire. Ce procédé, ces messieurs croient l'avoir
trouvé : il consiste dans un impôt *ad valorem* sur le mobilier des
locaux d'habitation.

En demandant à ces deux sources : le loyer et le mobilier, les
revenus nécessaires pour le remplacement de l'octroi, on pourrait
dégrever le pauvre contribuable dont le mobilier, de peu de valeur,
pourrait être exonéré et l'on égaliserait la situation entre le chef
de famille qui est obligé d'avoir un local vaste et par conséquent
cher, parce qu'il a de nombreuses têtes à abriter, et celui qui,
n'ayant à loger que deux personnes, paye un loyer élevé parce que
ses ressources le lui permettent. Il est certain, en effet, que le
mobilier du second chef de famille a beaucoup plus de valeur que
celui du premier.

Ce système aurait, en outre, l'avantage de diminuer la somme
demandée aux locaux commerciaux et industriels et par conséquent d'atténuer la résistance possible des contribuables qui occupent ces locaux à l'établissement du nouveau système.

La principale objection qu'on puisse faire à l'impôt sur les mobiliers, c'est la difficulté qu'il y aurait à en établir l'assiette. Cette
objection eût pu être grave, il y a quelques années, mais elle ne
l'est plus. Il existe, en effet, un moyen de connaître la valeur des
mobiliers. Ce moyen, que M. Ménier a indiqué, — car il importe
de rendre à chacun ce qui lui appartient, — consiste à prendre pour
base les contrats d'assurances. Aujourd'hui, en effet, l'habitude de
s'assurer est devenue générale parmi les gens qui possèdent quelque
chose. D'autre part, l'obligation d'être *exercé* si l'on n'était pas
assuré donnerait une nouvelle impulsion à cet excellent système.

Mais l'assurance, elle-même, soulève une objection. On dit : il
est dans l'usage que les personnes qui se font assurer enflent, dans
leur déclaration, la valeur de ce qu'elles possèdent. Par suite, on
serait taxé pour plus que pour la valeur du mobilier. A cela, l'on
peut faire plusieurs réponses : d'abord, cette exagération des déclarations est-elle bien réelle? Sans doute, lorsque l'on fait son premier contrat d'assurance, on estime les propriétés assurées à un
chiffre supérieur à ce qu'elles valent, et cela sur l'invitation même
des agents d'assurances. Mais, ensuite, au fur et à mesure que cette
valeur augmente, on oublie généralement de modifier les déclarations. Enfin, si toutes les déclarations sont exagérées dans la même
proportion, cela ferait que les charges, malgré les chiffres inexacts,
seraient réparties aussi dans les mêmes proportions, c'est-à-dire
équitablement. D'ailleurs, si les polices d'assurances étaient prises

pour bases matricielle de l'impôt sur les loyers, cela amènerait les assurés, — partagés entre le désir de garantir leur avoir et celui de ne pas payer trop d'impôt, — à faire des déclarations exactes.

Il y a même plus : cette nécessite de faire des déclarations exactes rendrait un véritable service aux assurés-contribuables. C'est, en effet, une erreur de la part des assurés que de croire faire une bonne affaire en exagérant l'importance de leur avoir. Lorsque survient un incendie, les compagnies savent fort bien faire évaluer le dommage et ne payer que pour la valeur réelle. Si bien que l'assurée a payé pendant 10 ans, 15 ans, 20 ans, une prime calculée sur un *risque* de 50,000 fr.; et le moment venu où il peut demander une indemnité de cette importance, on lui paye 20 ou 25,000 fr.

Voilà les moyens qui ont été soumis par MM. Limousin et Raynaud aux discussions de la *Société d'études économiques pour les réformes fiscales* comme pouvant permettre le remplacement des octrois. Nous devons répéter que ces messieurs ne les considèrent pas comme un idéal, mais simplement comme un système préférable à celui qu'ils veulent supprimer.

J. CLÉMENT.

L'ASSISTANCE DES ENFANTS NATURELS

LE TOUR

L'HOSPICE ET LE SECOURS AUX FILLES-MÈRES

« Les tours sont des cylindres en bois, convexes d'un côté, concaves de l'autre, qui tournent sur eux-mêmes avec une grande facilité. Celui de leurs côtés qui est convexe fait face à une rue ; l'autre s'ouvre dans l'intérieur d'un appartement, une sonnette est placée à l'extérieur près du tour. Une femme veut-elle exposer, elle avertit la personne de garde par un coup de sonnette : aussitôt le cylindre, décrivant un demi-cercle, présente au dehors sur la rue son côté vide, reçoit le nouveau-né, et l'apporte dans l'intérieur de l'hospice, en achevant son évolution. »

C'est ainsi que MM. Terme et Montfalcon, à la page 234 de leur *Histoire des Enfants Trouvés*, décrivent ce petit appareil, qui est, comme on le voit, d'une construction des plus simples et d'une tournure des plus innocentes, mais que nonobstant l'illustre

Henry Brougham n'a pas craint d'appeler *la plus belle petite machine à démoralisation qu'on ait pu inventer*. Une opinion populaire en a longtemps attribué l'invention à saint Vincent de Paul, et cette circonstance, les défenseurs de l'institution n'ont pas manqué de l'exploiter, heureux de la placer sous le couvert d'un nom aussi illustre et aussi universellement vénéré, sous la protection d'un véritable héros de la charité. Le fait fût-il exact qu'il ne dispenserait pas de juger le tour, d'après son principe ou ses résultats, et le répudier en conséquence, ce ne serait diminuer ni les mérites de saint Vincent de Paul, ni son œuvre générale. Mais l'erreur est aujourd'hui bien constatée, et l'on a pu dire avec raison qu'en ramassant les enfants exposés sur le parvis des églises, qu'en les arrachant aux mendiants qui déformaient leurs membres et aux servantes qui les vendaient pour des opérations magiques (1), en les recueillant dans la rue Saint-Victor, en leur donnant le pain du corps et le pain de l'âme, Vincent de Paul s'était donné une mission de vie, tandis que le tour remplit une mission de mort.

La vérité est que le tour est une invention d'origine italienne, qui coïncida, sans doute, avec l'apparition des premiers hospices d'enfants assistés dans la péninsule et qui nous en vint à une époque incertaine, peut-être à l'époque où Guido, fils de Guillaume comte de Montpellier, fondait, en cette ville l'hôpital du Saint-Esprit (2). Quoi qu'il en soit, jusqu'au commencement de ce siècle, l'institution garda un caractère purement local et facul-

---

(1) Au commencement du XVIIᵉ siècle, les 400 enfants qu'on exposait annuellement dans les rues de Paris et dans ses faubourgs n'avaient d'autre refuge qu'une maison située dans la Cité et tenue par une veuve aidée de quelques pauvres servantes. Aussi la plupart de ces infortunées créatures étaient-elles dévouées à une mort certaine. De leur côté, les servantes de la maison de la *Couche* faisaient des enfants recueillis le plus scandaleux trafic : on les vendait à 20 sols la pièce pour des opérations de magie. Transportés plus tard à Saint-Victor, les enfants ne cessèrent d'y être victimes d'ignobles spéculations. Quand la maison était trop pleine, on tirait au sort ceux qui seraient gardés ; les autres, les abandonnés, les mendiants les achetaient pour exciter la pitié publique, ou des saltimbanques pour les dresser à leurs périlleux exercices. (Voir Tenon : *Mémoire sur les hôpitaux*.)

(2) En 1180, cet établissement était en pleine activité. Il passe pour le premier qui ait été consacré chez nous à la réception des enfants trouvés. D'après une délibération de la commission administrative des hospices du 22 septembre 1811 du Puy, et le procès-verbal du conseil général de la Haute-Loire pour 1811, cette priorité appartiendrait toutefois à l'Hôtel-Dieu du Puy, fondé de 596 à 649, par saint Bénigne, évêque de cette ville. Le fait est relevé dans le volume que l'auteur de ces lignes a publié en 1857, sous le titre d'*Analyse des procès-verbaux inédits du conseil général de la Haute-Loire de l'an VIII à 1842*.

tatif, que parfois on s'efforçait de rendre aussi inoffensif que
possible, comme à Bordeaux par exemple, où les statuts hospitaliers de l'année 1720 s'attachent à faire de la *boîte pour les enfants*
non une excitation à l'abandon de ces enfants, mais bien une
simple mesure de charité propre à conserver à ceux qu'on exposait dans les rues ou sur les places publiques et qui risquaient d'y
être foulés aux pieds par les passants, ou gâtés par la dent des
animaux errants. A cette époque la charge d'entretenir les enfants
abandonnés incombait légalement aux Seigneurs hauts Justiciers,
laïques ou cléricaux. La loi du 10 décembre 1790 les déchargea de
cette obligation pour la transférer aux municipalités et aux départements, mais elle resta muette sur la question du tour, de même
que la loi du 28 juin 1793 qui chargea la nation de *l'éducation
physique et morale* de ces malheureux petits êtres, et il faut arriver au décret célèbre du 19 janvier 1811 pour trouver le tour
en possession d'une existence légale et investi d'une fonction désormais officielle.

Légalement, le fait était nouveau sans doute, mais il est bien
permis de se demander si le législateur de 1811 a eu l'intention
formelle, répudiant les craintes formulées dans les lettres-patentes
de 1455 et l'édit royal de 1566, ainsi que les principes posés dans
l'arrêt du Conseil de 1670, d'affranchir l'admission de toute règle,
les parents de toute recherche, les auteurs de l'exposition de toute
responsabilité; le dessein, en un mot, de ressusciter en plein christianisme, pour parler comme M. Remacle, l'honorable rapporteur
du projet de loi de 1853, « le droit barbare que le monde païen don-
« nait au père sur ses enfants, *jus suscipiendi Liberos* ». On remarquera tout d'abord que le décret de 1811, sur l'usage du tour,
s'efforce du même coup d'en diminuer l'*abus*, puisqu'il réduit à un
par arrondissement le nombre des hospices dépositaires, et partant
celui des tours qui auparavant allait jusqu'à neuf en certains
départements. Et s'il faut voir dans son article 3 autre chose
qu'un sentiment d'humanité, pourquoi son vingt-troisième fait-il
un délit non-seulement de l'exposition, telle que l'art. 349 du
Code pénal l'avait déjà définie et punie, mais encore de l'habitude
de transporter les enfants aux hospices dépositaires? Par malheur
l'abus était ici trop voisin de l'usage pour que l'un ne suivît pas
immédiatement l'autre, et tout vint concourir à transformer le
tour en un symbole de la liberté des abandons, tout depuis le
calcul des filles-mères ou des femmes adultères elles-mêmes, jusqu'à la facilité toujours si grande des administrations en matière
de secours publics et à cette théorie de la paternité sociale auda-
cieusement invoquée en faveur de l'enfant du pauvre par les écoles

socialistes et pratiquée, à sa façon, par la charité privée elle-même.

Dans un mémoire que Necker, en 1784, mit sous les yeux de Louis XVI, il se plaignait de ce que les hospices, institués dans l'origine pour prévenir les crimes, devenaient par degré des dépôts favorables à l'indifférence criminelle des parents, et il prévoyait le moment où l'excès du mal embarrasserait le gouvernement. Vingt-deux ans après l'établissement légal des tours, ce moment parut venu : il y en avait 219 à fonctionner alors, et les hospices dépositaires avaient abrité 164,000 enfants, au lieu des 40,000 qui étaient leurs hôtes à la veille de la Révolution. Il y avait donc, suivant le mot consacré, quelque chose à faire, et comme on s'était aperçu que beaucoup de mères, même légitimes, avaient trouvé le moyen, grâce aux facilités du tour, de concilier leurs velléités d'amour maternel avec leurs calculs immoraux, ce quelque chose consista dans le déplacement des enfants, c'est-à-dire leur transfert d'un arrondissement à un autre et parfois dans leur échange de département à département. La mesure, appliquée avec prudence et accompagnée de toutes les précautions convenables, réussit facilement : sur plus de 36,000 pupilles des hospices à qui elle fut appliquée, près de la moitié furent repris par leurs parents, et une économie d'environ 1,000,000 de francs se trouva réalisée. Mais l'opinion publique s'était émue de cette assimilation, disait-on, de créatures humaines à des choses, des dangers possibles du transport des enfants et de leur impitoyable retrait du sein des familles qui les avaient élevés jusqu'alors et adoptés pour ainsi dire. La moitié des enfants déplacés avait été retirée, il est vrai, des hospices; mais on n'était pas sûr qu'ils l'eussent été par les vrais coupables, c'est-à-dire leurs mères; il paraissait même probable que bien des pères nourriciers n'avaient pas hésité, malgré leur gêne, à en faire leurs enfants adoptifs, et spéculer sur de pareils sentiments, c'était peu moral, sans parler du risque que l'on courait à voir diminuer le nombre déjà si faible des bonnes nourrices. D'ailleurs, si l'administration avait pris ce parti, c'était par suite de l'accroissement scandaleux des abandons, et cet accroissement n'était autre chose qu'un effet. La cause était le tour et c'était à cette cause qu'il fallait oser et savoir s'attaquer.

Ce conseil fut écouté, et l'administration se résolut non à faire décider par voie législative la suppression du tour, mais à conférer aux préfets, sous l'avis des conseils généraux, le droit de maintenir ou de fermer les tours existants. Dès 1834, 7 furent fermés, puis 21 en 1835, 32 l'année suivante et ainsi de suite,

d'année en année, de sorte qu'en 1857, malgré la réaction en sens
contraire qui se produisit en 1848, les 219 tours de 1833 se trouvaient réduits à 57, chiffre qui tombait à 5 en 1862, et qui est
probablement de zéro à cette heure. Cela ne s'est fait, d'ailleurs,
ni sans protestation ni sans résistance, et l'année 1838 avait vu
l'illustre Lamartine faire l'apologie du tour, que sans sourciller
il attribuait à saint Vincent de Paul, ainsi que l'éloge de la
fraternité humaine, de l'assistance mutuelle, de la charité légale,
principes fort différents les uns des autres, mais qu'il amalgamait
dans son imagination puissante (1). En même temps, il adressait,
en son nom propre, un questionnaire à toutes les administrations
hospitalières du royaume, tandis que le gouvernement consultait,
de son côté, les préfets et les conseils généraux. Ceux-ci opinèrent,
pour la plupart, en faveur des mesures attaquées; celles-là, au
contraire, se prononcèrent, en grande majorité, pour le rétablissement des tours, et les choses étaient encore en cet état lorsque la
Révolution de 1848 éclata.

En 1849, M. Dufaure, alors ministre de l'intérieur, désireux,
suivant ses propres paroles, de faire cesser la diversité de règles,
de législation pour mieux dire, qui existait de département à département, M. Dufaure institua une grande commission présidée
par M. Victor Lefranc, représentant du peuple, et composée
de MM. Giraud, membre de l'Institut; de Watteville et de Lurieu,
inspecteurs-généraux des établissements de bienfaisance; Durand-
Saint-Amand et Bailleux de Marizy, anciens préfets; Blanche,
conseiller de préfecture de la Seine; Nicolas, chef de division aux
cultes, et Valentin Smith, conseiller à la cour de Riom, secrétaire.
La commission consulta les conseils généraux, et bien que cinquante-cinq de ces assemblées se fussent prononcées pour le tour,
elle conclut, elle, à son abolition. Mais elle n'avait pas achevé la
rédaction de son projet de loi, qui ne comprend pas moins de
163 articles, qu'un autre texte législatif, dont M. Armand de
Melun fut le rapporteur et qui s'inspirait directement des idées
émises par M. Thiers, dans son célèbre rapport sur l'assistance
publique, concluait dans un sens tout à fait opposé. Le même sort
attendait d'ailleurs les deux textes: renvoyés à l'examen du Conseil
d'État, ils étaient remplacés par un projet mixte suivant lequel
le tour ne pouvait plus être ni rétabli ni supprimé que de l'avis
conforme du Conseil d'État, et tel devait être aussi sur ce point

---

(1) Discours prononcé à la séance générale annuelle de la *Société de morale
chrétienne*, le 30 avril 1838. Cette même année, il interpella le gouvernement à
ce sujet dans la Chambre des députés, et revint à la charge en 1839.

capital le dispositif du projet de 1853, avec cette seule différence qu'à
la place du préfet il mettait le ministre de l'intérieur lui-même.

Cette solution, timide et lente, satisfaisait-elle complètement le
rapporteur du projet, M. Remacle, un éloquent et vieil adversaire
de l'institution? C'est peu probable, tant il groupait et résumait
fortement, dans son travail, les raisons d'en finir absolument
avec cette audacieuse négation, comme il l'appelait, « de l'autorité et de la tradition familiales, du devoir du père, du devoir
de la mère, du droit de l'enfant et de la pensée même des hospices, qui est une pensée de protection et de conservation. » En
tous les cas, le projet de 1853 eut le même destin que tant de projets antérieurs et que la proposition soumise au Sénat en 1856 par
MM. Troplong et Portalis. Celle-ci se piquait de radicalisme : il
ne s'agissait de rien moins que de supprimer le secours aux filles-
mères et de rétablir les tours, à raison d'un au moins par département. Les enfants assistés devaient être élevés chez des pères
nourriciers ou bien dans les hospices, si c'étaient des garçons, et
dans les congrégations religieuses si c'étaient des filles, pour être
plus tard transférés en Algérie, les uns à l'âge de dix ans, les
autres de seize ans, et y être placés jusqu'à leur majorité, les
filles dans des maisons religieuses, les garçons dans des colonies
agricoles dirigées par des ordres religieux. Les garçons étaient
d'ailleurs mis d'une façon générale à la disposition de l'État, qui
pouvait les enrôler à douze ans dans la marine et à quinze dans
l'armée de terre. Il y avait de tout dans cette conception d'un
homme que Victor Hugo, dans un vers vengeur, appelle *cette ser-
vante :* elle était à la fois cléricale, socialiste, césarienne, il n'y
manquait pas même le grain alors obligé de courtisanerie dynas-
tique, car le décret de 1811 avait dévolu les enfants trouvés à la
marine militaire, et Napoléon I⁰ʳ, réduit aux abois, en forma plus
tard les quatre bataillons de son régiment des Pupilles de la Garde.

Avec une assemblée telle qu'était le Sénat d'alors, il semblait
qu'une pareille proposition fût bien faite pour n'y pas rencontrer
de contradicteur et pour y passer, suivant le mot vulgaire, comme
une lettre à la poste. La Commission qui l'examina et dont M. le
comte Siméon fut le rapporteur, trouva néanmoins ces idées quelque peu absolues et ne se les appropria qu'en partie. Tout en inves-
tissant l'État de la pleine puissance paternelle sur ces enfants, elle
écarta tout à fait l'idée de les enrôler de force soit dans l'armée,
soit dans la marine. Elle ne se montra pas précisément favorable
au tour, recommandant à cet égard le maintien du *statu quo*, et si
elle admit, en principe, le placement des enfants en Afrique, elle le
restreignit dans la pratique à des proportions modestes. Le gou-

vernement intervint dans le débat et promit de préparer lui-même
une loi, mais il y mit si peu de hâte qu'en 1870 elle était encore à
l'état d'embryon dans les cartons du Conseil d'État. Dans l'intervalle, il y avait eu une enquête confiée aux soins des inspecteurs
généraux de bienfaisance, et de nouvelles discussions au Sénat. Le
rapport de l'enquête, qui parut en 1862 et qui était dû à M. Henri
Durangel, était très-énergique contre le tour : il lui reprochait
d'enseigner le mépris des lois les plus saintes, et de mener droit à
« la destruction de la famille; » il l'accusait de favoriser l'abandon
des enfants légitimes, et même d'influer sur le développement constaté des crimes d'avortement et d'infanticide « en habituant peu à
peu les ménages des villes et des campagnes au débarras des enfants, soit nés, soit à naître. » Mais au Sénat on ne paraissait nullement voir les choses du même œil. En 1860, au cours même de
l'enquête, on y avait renvoyé au ministre compétent une pétition
de l'abbé Roques, tendant au rétablissement obligatoire des tours,
et plus tard, tant en 1864 et en 1865 qu'en 1867, les mêmes idées y
trouvaient le même accueil.

C'est encore sous forme d'une pétition au Sénat que la question
vient de renaître et avec quelque éclat, disons-le de suite. Le péti-
tionnaire est M. le docteur Brochard, dont l'opinion publique et
l'Académie des sciences ont accueilli avec une faveur marquée les
communications sur l'effrayante mortalité qui règne chez nous
parmi les enfants en bas âge, ainsi que le chaleureux plaidoyer en
faveur de l'allaitement maternel. Or, M. Brochard est persuadé
que le grand fauteur et le grand coupable de la marche ascendante
de l'infanticide et de l'avortement, de l'année 1822 à l'année 1874,
c'est la suppression du tour, c'est la généralisation des secours aux
filles-mères, ou, pour parler d'une façon plus correcte, aux enfants
des filles-mères. Ce thème, il l'a développé dans son livre : *La vérité sur les Enfants assistés*, et condensé dans une pétition au Sénat,
dont la conclusion réclame formellement le retour à l'article 3 du
décret de 1811. Cette conclusion désormais appartient à la discussion publique; la presse s'en est emparée, et il est fort désirable que
l'Académie des sciences morales et politiques s'en saisisse à son
tour. En attendant, elle est venue devant la Société d'économie
politique, où son auteur l'a développée lui-même (1), et elle a été,
au Sénat, l'objet d'un remarquable rapport. A la Société, le
rétablissement du tour a trouvé des adversaires décidés dans deux
éminents économistes, M. Joseph Garnier regardant « ce remède
comme pire que le mal, » et M. Frédéric Passy caractérisant l'ins-

(1) Dans sa réunion du 5 octobre 1877 (voy. le *Journal des Économistes* du 15
octobre.)

titution comme l'une des formes les plus immorales de cette *paternité universelle de l'État*, moyennant laquelle il est très-étrange, selon lui, que l'on espère relever la famille, alléger les charges publiques et activer le développement de notre population. Dans le rapport, d'ailleurs si consciencieux et si étudié de l'honorable M. Bérenger, un autre courant d'idées domine : cet homme de bien, ce jurisconsulte savant et libéral a fait évidemment tous ses efforts pour demeurer impartial ; pèse scrupuleusement le pour et le contre des deux systèmes ; mais à un moment donné et comme à son insu, il fait pencher visiblement le plateau de la balance du côté du tour (1).

A la vérité, M. Bérenger ne se prononce pas pour sa résurrection immédiate ; seulement il trouve « regrettable que la législation de 1811 ait été « abrogée en fait sans le concours des pouvoirs publics » et les inconvénients du système « lui semblent avoir été singulièrement exagérés. » D'autre part, il ne lui paraît pas démontré que le système nouveau ait été sans influence sur l'augmentation des attentats contre l'enfance, ni sur l'accroissement de la mortalité du premier âge. » C'est pourquoi il désire « une nouvelle et sérieuse étude de la question » en même temps qu'il appuie le renvoi de la pétition de M. Brochard au garde des sceaux et au ministre de l'intérieur (2). Mais sur ce terrain de nouvelles études sont-elles vraiment nécessaires; tous les arguments dans un sens ou dans un autre ne se sont-ils pas produits ; n'ont-ils pas été scrutés et pesés ? Ici, cette dernière épithète est parfaitement à sa place. Dans une matière aussi profondément infectée que celle-là, en fait de remèdes on n'a pas le choix ; c'est pour le moins mauvais, *minima in malis*, qu'il faut se décider, et le plus mauvais c'est le tour. L'auteur de ces lignes tentait, il y a dix-sept ans, de le faire voir, dans un livre dont l'esprit général aussi bien que les tendances particulières eurent la bonne fortune de recevoir l'approbation d'une très-haute autorité économique (3). Rien n'est venu l'ébranler dans sa conviction d'alors, et il en déduit de nouveau les raisons.

---

(1) Ce rapport est au *Journal Officiel* du 20 mai 1877, où il n'occupe pas moins de 28 colonnes.

(2) Depuis, M. Bérenger a fait un pas de plus : il a saisi le Sénat d'une proposition de rétablissement des tours. D'autre part, M. de Lacretelle a fait la même proposition à la Chambre des députés. L'honorable membre ne se contente pas d'un tour par hospice dépositaire, il en veut un, en outre, dans chaque mairie de chef-lieu d'arrondissement, le tout au nom de la *République fraternelle*. (Numéro du 20 mai 1877 du *Journal officiel*.)

(3) *Études sur les enfants assistés* (1 vol. in-18, Paris, Guillaumin 1860). Le

II

Ce n'est jamais en vain qu'une société, un gouvernement ouvre la porte à l'esprit d'imprévoyance, et l'on sait de reste qu'appliquée au soulagement de la misère proprement dite la charité légale ne sert qu'à l'entretenir et à la développer. C'est bien pis encore quand elle s'emploie à la réparation de l'immoralité, du désordre, quand elle semble dire aux gens qu'ils peuvent être vicieux à leur aise, puisque la société a pris ses précautions pour qu'ils ne souffrent pas du fait de leurs désordres. Qu'est-ce par exemple que le tour ? C'est, pour parler comme M. Gérando, «un avis donné au public, c'est une affiche apposée dans la rue et portant : quiconque voudra se débarrasser du soin de son enfant, pour en donner la charge à la société, est invité à le déposer ici et sera dispensé de toute justification. » C'est un gouffre dont les profondeurs cachent à jamais et les turpitudes de la femme mariée et les défaillances de la jeune fille. Cette femme coupable, cette jeune fille qui n'a cédé peut-être qu'à un entraînement passager, à une surprise des sens ou au piége de son cœur, si elles n'avaient pas eu le tour sous la main, n'auraient pas songé, peut-être, à jeter leur enfant sur la voie publique, moins encore à lui ôter l'existence. L'une aurait accepté à titre de punition méritée sa déchéance d'épouse, et l'autre eût conservé l'espoir d'obtenir, par l'accomplissement de son devoir naturel, sa réhabilitation personnelle et sociale. Mais on a pris soin d'ôter à leur action de le jeter au tour tous les caractères extérieurs du crime ; on a rendu cette action légalement irrépréhensible, et dès lors la tentation de la commettre est devenue bien grande, en certains cas presque irrésistible, et il n'y a point que les mères naturelles et les femmes adultères à y céder.

Les partisans du tour sont bien forcés de convenir que ce dépôt d'enfants légitimes au tour est une chose grave ; mais cette chose grave ils tentent d'en diminuer la portée, en restreignant les abandons de cette sorte à un chiffre très-minime, un vingtième seulement du nombre total, d'après l'enquête de 1860-62. Peut-être ce chiffre est-il un peu faible : sans le discuter, prenons acte de cette constatation de l'inspecteur des Enfants Assistés de la Seine, « que l'abandon des enfants naturels est plus facile à prévenir et à faire cesser que celui des enfants légitimes. » Il faudrait donc penser, comme le dit M. Frédéric Passy, que le tour ne servait pas seulement d'expédient dans des cas extrêmes

volume fut l'objet à l'Académie des sciences morales et politiques d'un rapport verbal de M. Charles Dunoyer, rapport reproduit dans le *Journal des Economistes* du 15 décembre 1860.

de honte et de désespoir, mais qu'il devenait pour certains parents dénaturés une déplorable ressource. L'inspecteur de Seine-et-Oise de même que son collègue de la Seine-Inférieure s'en montrent convaincus ; ils nous apprennent que dans ces deux départements une bonne partie, d'après l'un, et la majeure partie, selon l'autre, des enfants déposés étaient des enfants légitimes. Les uns étaient apportés au tour par leurs mères elles-mêmes, qui venaient ensuite les reprendre comme nourrices; d'autres étaient remis à des messagers qui se chargeaient, moyennant cinquante francs par tête, de les porter aux tours les plus éloignés, et qui parfois, de connivence avec les parents, ne les y mettaient que mourants ou morts, de telle sorte que l'infanticide naissait de son prétendu préservatif.

Quant aux enfants naturels, ce n'est plus seulement un rôle de rédemption physique qu'on assigne au tour, c'est une véritable mission de salut social. On confesse bien qu'il ne les sauve pas tous de la mort, mais on soutient qu'il les soustrait du moins à une éducation perverse, qui les voue presque fatalement au malheur, au crime, à la révolte contre l'ordre social ; on s'écrie que si on ne veut pas les voir peser un jour dans la rue, il ne faut pas craindre qu'ils pèsent dans les tours. On ne se sent pas le droit d'arracher cet enfant à sa mère ; mais on se félicite, dans l'intérêt commun, qu'elle se décide à le délaisser et on l'y invite. Il resterait à prouver que l'éducation telle que la donne l'assistance publique est susceptible de l'empêcher, pour parler comme M. Nicolas, de peser un jour dans la rue, et s'il ne lui est pas plus facile d'échapper aux suites du malheur de sa naissance, dont un préjugé bête et brutal continue de faire une tare personnelle, s'il reste près de sa mère, élevé avec tout le monde et comme tout le monde, au lieu d'être, au su de tous, un pupille de l'hospice, un bâtard classé, étiqueté, pour ainsi dire. Mais passons, en admettant que cette double preuve a été faite. On nous accordera sans doute qu'il y a d'autres enfants que les enfants naturels qui reçoivent chez leurs parents de mauvais exemples, des leçons funestes, et nous demanderons alors pourquoi cet avantage d'être soustraits à des actions menaçantes pour leur propre avenir et pour le repos public demeurerait le privilége de l'illégitimité ; pourquoi, à défaut de l'État, du département et de la commune, qui reculeraient peut-être devant l'immensité d'une telle tâche et ses énormes déboursés, la charité privée ne se donnerait pas pour mission de couvrir le pays d'asiles et d'ouvroirs, dans le double dessein d'alléger pour les gens pauvres le fardeau des charges de famille et de préserver leurs enfants d'une contagion possible? Il suffirait alors, suivant le mot d'un homme de talent et dont l'orthodoxie ne peut être suspectée, « il

suffira d'être vicieux ou misérable pour être dispensé de nourrir ceux
qu'on a mis au monde, » et les familles croiront avoir rempli leur
devoir lorsque « par l'entremise de quelque dame de charité, elles
seront parvenues à placer d'un côté ou de l'autre, et sans qu'il
leur en coûte rien, leurs garçons et leurs filles, se réservant bien
entendu de les reprendre dès qu'ils seront assez forts ou assez
adroits pour leur rapporter quelque chose. »

Eh bien, M. l'abbé Bautain, de qui sont ces lignes, déclarait que
« franchement il ne connaissait rien *de plus immoral, de plus atten-*
tatoire aux droits et aux devoirs de la famille, » que ce calcul, cependant commun et que l'institution des ouvroirs favorisait par la
réception d'enfants qui n'étaient pas orphelins. Il s'émouvait de
voir des chrétiens « entrer ainsi à leur manière dans le système de
communisme qui veut que l'État donne l'éducation gratuite, » en
d'autres termes « que tout le monde soit tenu de nourrir les enfants de tout le monde, comme à Sparte ou dans les utopies des
réformateurs contemporains. » (1) C'est ainsi que pensent et parlent les économistes ; mais un tel langage ne serait pas logique
dans la bouche de ces champions du tour qui le transforment
en un instrument d'utilité sociale et qui, dans le même ordre
d'idées, ont la naïveté de voir dans le secret qu'il assure à la faute,
une promesse de repentir futur. Combien y a-t-il donc de filles-
mères qui retirent leurs enfants du tour une fois qu'elles les y ont
jetés et parmi celles qui le font, combien en compte-t-on, qui
n'attendent pas pour agir de la sorte que leurs enfants soient assez
forts ou assez adroits pour leur rapporter quelque chose, ainsi
que l'abbé Bautain le reprochait tout à l'heure à certaines mères
de famille trop enclines à spéculer sur les entraînements de la
charité ? D'ailleurs, si la loi humaine ne repousse pas le repentir,
le repentir seul ne lui suffit pas. Le for intérieur lui échappe : elle
ne régit que les faits extérieurs et son essence étant d'être conservatrice du système social, elle n'a point qualité pour être miséri-
cordieuse ; elle ne pardonne qu'après châtiment. Sinon, elle attente-
rait aux principes de la responsabilité personnelle, qui est son
fondement même, et c'est ce que faisait le législateur de 1811,
quand il proclamait, en décrétant le tour, quelque chose d'autrement monstrueux que le droit au travail ou le droit à l'assistance, le droit au vice et à son impunité.

Ainsi forcés de ligne en ligne, nos socialistes inconscients, mais
impénitents, ne capitulent pas encore : ils font donner leur réserve,
avancer leur grosse artillerie. Soit, vous voulez, s'écrient-ils, une

(1) *La Belle saison à la campagne.*

expiation pour la fille-mère ; nous consentons à ne la placer ni dans
son repentir ni dans sa douleur de se séparer de son enfant. D'accord avec vous, nous la ferons consister dans la publicité de la
faute, dans la honte et les privations, suites de cette faute. Prenez
bien garde cependant à ce que vous allez faire ; craignez, pour punir la coupable, de frapper l'innocent. La honte, surtout quand
elle apparaît avec la perspective d'une longue durée, comme le
premier terme d'une rude pénitence, la honte est un sentiment
d'une incalculable portée. Pour s'y soustraire, la mère, qui n'aura
plus la ressource du tour, exposera son nouveau-né dans les
rues, elle le jettera dans les champs. Pour mieux s'assurer d'un
secret qu'imprudemment on lui refuse, elle commettra un infanticide, si elle ne préfère commettre un avortement. Et les faits,
les faits inexorables sont là pour attester qu'il ne s'agit pas ici d'une
crainte chimérique. Ainsi, les statistiques de la justice criminelle
établissent que le nombre des avortements poursuivis, qui n'était
que de 19 en 1822, à la veille des premières fermetures de tours,
était devenu de 73 en 1862, où il n'y avait plus·de tours pour ainsi
dire, tandis que le chiffre des infanticides s'élevait, dans la même
période, de 88 à 220, c'est-à-dire que l'un de ces crimes se com-
mettait près de quatre fois plus souvent, et l'autre trois fois plus
souvent à la seconde de ces époques qu'à la première.

Dans leur forme concrète, ces chiffres n'ont pas la signification
absolue qu'on leur prête. Ce n'est pas seulement dans le crime
d'infanticide et dans celui d'avortement que la statistique montre
de la progression, et nous ne tirons nullement de ce fait général la
conclusion que les Français du xix° siècle sont plus immoraux ou
plus cruels que ne l'étaient leurs ancêtres du xvi° ou du xvii° siècle. L'augmentation de la criminalité en France n'est à nos yeux
que relative ; elle reconnaît pour explication très-naturelle une police plus vigilante et une répression plus active. Quoiqu'il en soit,
cette alternative de l'infanticide ou du tour ne se justifie qu'à la
double condition de prêter à la honte une puissance générale,
irrésistible, sans contre-poids, et de tenir le tour pour une garantie
absolue de ce secret auquel la fille-mère attacherait tant de prix que
pour se l'assurer elle ne recule pas devant un crime, et ni l'une
ni l'autre de ces assertions ne résiste à un examen attentif.

Tout d'abord, il semble difficile d'accorder au sentiment de la
honte une force telle que tous les sentiments naturels pâlissent devant lui et qu'au moment terrible du crime il étouffe toute peur
dans l'âme de la mère, chasse de son esprit toute image de la prison, toute vision de l'échafaud. D'ailleurs, ce sentiment n'est pas
le seul mobile de pareils forfaits; qu'une jeune fille, victime d'une

erreur des sens, préparée par d'habiles manœuvres dont le cœur
s'est fait le complice, s'exagère, jusqu'à en devenir meurtrière,
l'étendue de son futur opprobre, cela peut se concevoir, cela s'est
vu maintes fois, et, malheureusement, se verra maintes fois encore.
Mais comment prêter de la honte à ces créatures qui vivent du
plaisir et qui n'ont pas le temps, comme dit énergiquement le
poète,

.... de nouer leur ceinture
Entre l'amant du jour et l'amant de la nuit.

La honte, il y a longtemps que de pareilles créatures l'ont bue
jusqu'à sa dernière goutte lorsqu'elles en viennent à tuer leurs
enfants. Ils gêneraient la continuation de leurs désordres; elles
les font disparaître par la mort, confident muet et beaucoup plus
sûr que le tour, qui trompe si souvent sa promesse d'inviolable
secret. Que de difficultés, en effet, « pour cacher un fait comme
celui de la grossesse, pour le dissimuler à l'œil vigilant de sa
mère, aux regards malins de ses voisins et de ses compagnes! Que
de souffrances à supporter en secret, de terreurs physiques à traverser et dans lesquelles il faut une attention constante pour ne
se laisser deviner jamais! Que de chances, par conséquent, de trouver sur ce chemin si long un témoin peu discret! »

Ainsi parle un homme qui n'était pas un *détestable* économiste,
mais bien un fervent catholique, et qui présida, en son temps, la
Société dite de Saint-Vincent-de-Paul. Encore l'honorable M. Baudon ne disait-il pas tout. A supposer que la fille-mère triomphe des
difficultés si bien décrites par lui, tout n'est pas fini encore: reste
l'heure redoutable de l'accouchement. Qu'il ait lieu d'une façon
clandestine, sans le secours de la sage-femme, à l'aide même d'une
main charitable et amie, elle risque ses jours. Mais qu'elle se fasse
assister de quelqu'un, voilà son secret en péril, ce secret qui devait
être le prix de neuf mois de souffrances physiques et de tortures
morales. L'enfant venu au monde, il faut enfin le porter au tour.
Si on ne le fait pas soi-même, force est bien de le remettre à une
autre personne, et c'est toujours se donner un confident de son
déshonneur. C'est en de pareilles extrémités que ces malheureuses
perdent la tête, et que, voyant la vanité de promesse que leur a
faite le tour et sur la foi de laquelle elles ont tenté de dissimuler
leur grossesse et bravé les périls de couches occultes, elles se rattachent, par un crime, à leur suprême espoir, et il n'y a point lieu
de s'étonner d'une circonstance que les travaux de la Commission
de 1849 révéleront, à savoir qu'en 1838, sur *cent vingt-neuf* infanticides jugés, l'accouchement avait été clandestin pour *cent vingt-
cinq*.

S'il fallait donc en principe assigner à la genèse de l'infanticide d'autres causes que des causes générales, liées à l'état général et parfois à certaines circonstances particulières de la société où le phénomène s'accentue ou s'atténue ; s'il existait vraiment entre ce crime et le tour une relation intime, une relation de cause à effet, il ne répugnerait nullement d'admettre que le tour exerce une action immédiate et directe sur l'augmentation des infanticides. Il ne serait pas même bien difficile de trouver dans la masse des faits, si variés et souvent contradictoires, que dans l'espèce on a tant remués, groupés, commentés, des chiffres susceptibles de confirmer cette induction théorique. Ainsi, M. de Watteville, recherchant la part de chaque département dans l'augmentation des infanticides, est arrivé à constater que cette augmentation, pour la période 1826-1854, a été la plus faible dans les départements qui ont fermé jusqu'à six tours, et la plus forte dans ceux qui n'en ont fermé que deux ou un. Il ajoutait que le département du Nord, qui ferma ses cinq tours en 1848, ne vit cette année que la poursuite de deux infanticides, bien que cette époque eût coïncidé avec une recrudescence dans la perpétration de ce genre de crimes (1). Mais, multiplier ces détails, ce serait vraiment porter de l'eau à la rivière, et pour placer le tour sous le coup d'une sentence suprême, dictée par la conscience et sanctionnée par l'intérêt social, ne suffit-il pas de lui arracher son masque de sauveteur de l'enfance, sans qu'il soit besoin, en outre, d'administrer la preuve minutieuse et mathématique que loin de protéger la vie des nouveau-nés il la menace, au contraire ?

Dans une période de quinze ans (1839-1853) on a constaté, en ce qui concerne le nombre des mort-nés, en accroissement de un sixième à la charge du dernier terme de cette période, et on n'a pas manqué d'attribuer le fait à la suppression des tours. M. de Watteville en donne une explication d'une autre espèce et que la faiblesse de l'écart en question rend très-vraisemblable : c'est qu'en 1839, année où pour la première fois on s'occupa d'enregistrer les enfants mort-nés, la constatation ne se fit pas avec une grande exactitude, tandis qu'en 1853 l'expérience de treize ans leur permettait d'opérer avec plus de certitude. Toutefois, en présence des chiffres relevés dans le rapport de M. Bérenger, lesquels établissent que le nombre total des mort-nés, de 25,490 qu'il était en 1839, s'est élevé à 44,487 en 1873, et qu'en s'attachant aux seules naissances illégitimes le rapport des mort-nés aux vivants n'est

----

(1) Rapport sur les tours, les abandons, les infanticides, les morts-nés de 1826 à 1854 (Paris 1856).

plus que de 1 sur 11 à la deuxième de ces dates, au lieu de 1 sur
120 à la première, l'explication devient évidemment insuffisante.
Il a bien là une progression déplorable, d'autant que le crime y
revendique une part difficile à préciser, mais à coup sûr importante, et que beaucoup de mort-nés proviennent de tentatives
d'avortement manquées. De tous temps, les mères entièrement
dépravées, ou celles que le fanatisme de la honte subjuguait, ont
fait appel à ce genre de crime pour cacher leur chute au yeux du
monde ou pour se soustraire à sa responsabilité. Ce moyen leur
paraissait plus sûr que le tour et moins dangereux que l'infanticide même. Par malheur, il a trouvé dans le merveilleux progrès
des sciences médico-chimiques un auxiliaire : il s'est singulièrement perfectionné, il est devenu d'un usage plus commode et d'une
efficacité plus certaine. C'est pourquoi l'avortement, qui était resté
longtemps le triste privilége des grandes villes, est répandu un peu
partout à cette heure, et qu'il se commet plus souvent alors que
l'acte dont il se propose d'effacer la trace est loin d'encourir cependant toute l'impitoyable réprobation d'autrefois.

On ne voudrait pas prolonger outre mesure cette discussion déjà
longue. Force est bien, toutefois, d'y dire quelques mots de l'influence alléguée de la suppression des tours sur l'accroissement
des expositions publiques, action que notre Code pénal se borne à
punir de trois mois à un an et de six mois à deux ans de prison,
selon qu'elle a pour théâtre un lieu *non-solitaire* ou un endroit
solitaire, mais que le jurisconsulte Julius Paulus assimilait, vers
le deuxième siècle de notre ère, à un vrai meurtre : *Necare
videtur non tantum is qui perforat, sed et is qui abjicit et qui alimonia
denegat et is qui publicis locis, misericordiæ causa, exponit quam ipse
non habet.* A un certain moment, les hospices de Lyon avaient pris
le parti non de fermer les tours, mais seulement d'en surveiller les
abords, et, dans moins de trois années, plus de cinq cents expositions furent constatées. La conclusion que tirait de ce fait le rapporteur du projet de loi parlementaire de 1850 se devine : la fermeture d'un tour et l'accroissement parallèle des expositions
étaient deux faits intimement liés l'un à l'autre. M. Armand de
Melun aurait pu lire cependant, dans un *Rapport* au ministre de
l'intérieur sur le service des enfants assistés qui avait paru l'année
précédente, que dans les 38 départements qui n'avaient plus de
tours, ce rapport des expositions aux naissances était de 1 à 47
seulement, tandis qu'il était de 1 à 36, en moyenne, pour les
48 départements qui avaient conservé un, deux et jusqu'à trois
tours. La déduction rigoureuse de ces chiffres serait que le tour
loin de prévenir les expositions publiques les favorise, et si,

malgré la durée de la période et le nombre des départements auxquels ils s'appliquaient, on doit considérer comme variables, transitoires, locaux les faits qu'ils expriment, il sera permis alors de ne pas attribuer à l'exemple tiré des tours surveillés de Lyon une signification générale. Enfin, extrémité pour extrémité, il vaudrait mieux, choisissant la moins dure, subir une augmentation dans le nombre des expositions publiques qu'une augmentation dans celui des abandons clandestins. L'exposition n'offre plus les mêmes dangers pour les nouveau-nés qu'au temps de saint Vincent de Paul, et c'est rarement qu'elle a lieu en des endroits solitaires. La mère qui la commet prend généralement le soin de déposer son enfant dans un lieu où il se trouve à -portée de mains qui le recueillent, et, d'autre part, l'autorité judiciaire ne se sent pas désarmée dans cette sorte de cas comme elle l'est entièrement vis-à-vis du dépôt clandestin à l'hospice.

III

Les champions du tour sont naturellement, forcément pour mieux dire, les adversaires de ce qu'en langage administratif on appelle incorrectement, comme on l'a déjà dit, le secours aux filles-mères, puisque ce n'est qu'en vue de l'enfant seul qu'il est alloué. Mot et chose, ils les ont également en horreur, et c'est à qui parmi eux les qualifiera de la façon la plus sévère et la plus indignée. Les plus modérés se contentent, comme Montalembert au Corps législatif, de traiter la présence de sa mère naturelle « de danger à la vie de l'âme aussi bien qu'à la vie du corps, » et d'affirmer qu'obliger cette mère à recevoir son enfant « c'est administratif, économique, scientifique, mais contraire, au point de vue chrétien, à l'autorité de l'Eglise, à la tradition. » Les plus véhéments, parlent, comme M. Nicolas, devant la Commission de 1849, d'excitation à la débauche, de prime à l'immoralité, de déni de justice envers la vertu pauvre au profit du vice effronté, enfin de déshonneur de la charité.

Quand Larochefoucauld-Liancourt assignait pour l'un de ses buts à la législation sur les enfants délaissés la diminution du nombre des mères qui se soustrayaient à leur devoir; quand M. de Gasparin recherchait les moyens susceptibles de remédier aux abus issus de l'art. 3 du décret de 1811, ni le philanthrope de la Constituante, ni le ministre de Louis-Philippe ne soupçonnait assurément qu'il prêtait l'autorité de son nom à des énormités pareilles. A leur sens, sans doute, la fille-mère n'était pas affranchie du devoir de la maternité par le seul fait de sa faute, et en droit strict elle n'en était déchargée que par la seule impossibilité de l'accom-

plir. Ils pensaient, en d'autres termes, que l'enfant naturel ne
devait retomber à la charge de la société que dans les mêmes circonstances et au même titre que l'enfant naturel. C'est la vraie
doctrine ; elle découle du grand principe de la responsabilité personnelle, qui fait naufrage dans ces dangereux concepts d'adoption et
de paternité sociales non moins chers aux socialistes sans le savoir
et sans le vouloir qu'aux socialistes avérés et conscients, à Robespierre qu'à Lamartine, à Saint-Just qu'à M. Nicolas.

Si maintenant « on cherche vainement le sens de la doctrine administrative vis-à-vis des filles-mères », ce sens paraissait jadis
des plus clairs et des plus précis. On considérait l'abandon d'un
enfant, quelle que fût sa mère, épouse ou concubine, comme un
redoutable désordre social, et on s'efforçait d'y remédier de son
mieux. On respectait le droit qu'a la seconde aussi bien que la première de garder près d'elle son enfant, et si on ne lui faisait point
la même obligation stricte qu'à la mère légitime de l'élever à ses
seuls frais et par ses seuls moyens, c'est que certaines considérations d'humanité, voire d'équité, pesaient dans la balance. Car il s'en
faut bien qu'une première chute soit l'indice certain d'une dépravation déjà profonde, d'une moralité à jamais perdue : très-souvent
c'est l'histoire de l'inexpérience, de la faiblesse, de l'amour d'une
part, de la ruse, de la puissance, du calcul de l'autre, l'histoire de Cla-
risse et de Lovelace, d'Elvire et de Don Juan. Puis la loi n'est pas
la même pour le séducteur et pour la fille séduite ; en France du
moins, pour parler comme M. Frédéric Passy, si elle ne se fait pas
faute, quand un crime est commis, de demander où est la femme,
elle ne se met guère en peine lorsqu'une femme faillit de s'enquérir où est l'homme. « La séduction, les trois quarts du temps,
n'est qu'une plume au chapeau. La promesse de mariage, même
lorsque de sa violation résulte un dommage matériel ou moral,
ne donne lieu que très-exceptionnellement à l'ouverture d'une
action en dommages-intérêts, et la victime a plus à perdre qu'à
gagner à se plaindre. »

Dans de pareilles conditions, la loi peut perdre de son caractère
inflexible et l'action sociale s'empreindre d'une certaine miséricorde.
Ce sont de ces circonstances où la société n'a point, on le répète, sa
pleine liberté d'action, et ne peut choisir qu'entre des moyens tous
mauvais, mais à des degrés divers. Elle se tourne alors vers la
fille-mère et lui tient ce langage : « Vous ne jetterez point votre
enfant au tour ; vous ne le tuerez pas et vous ne l'exposerez pas.
Vous remplirez votre devoir en le gardant près de vous ; mais dé-
nuée comme vous l'êtes, réprouvée par vos proches et abandonnée
par votre séducteur, je vais vous tendre une main pitoyable ; je

vais aider par mes secours à l'insuffisance de vos ressources et combler le vide que l'absence d'un père fait autour de votre nouveauné. Que sa présence vous soit un préservatif contre une nouvelle tentation et une nouvelle faute; réhabilitez-vous par une conduite désormais honnête, par l'acceptation sans arrière-pensée des sacrifices et des privations qu'un premier faux pas vous a imposés. Cette abnégation et ce repentir, à la longue, toucheront peut-être ces proches qu'un premier mouvement d'indignation vous aliéna ; ils aideront à vos efforts et s'occuperont de votre enfant. Peut-être même que ce spectacle attendrira son père naturel, et que pris de compassion ou de remords, il lui rendra un état civil, en le reconnaissant, ou en vous offrant légalement sa main, et quelque incertaine que soit cette chance, je crois sage de ne point vous la refuser, de même que votre intérêt s'accorde avec votre devoir pour tout faire afin de vous la ménager. »

Où est donc l'immoralité préconçue et systématique d'un compromis de cette sorte? L'immoralité, elle saute aux yeux dans l'art. 4 du § 2 du titre Iᵉʳ de la loi du 28 juillet 1793, reconnaissant d'une façon expresse un droit au secours de la nation à la fille-mère qui voudrait allaiter elle-même l'enfant dont elle serait enceinte et lui promettant à cet endroit le secret le plus inviolable. Elle saute aux yeux encore dans le décret du 17 pluviôse an II accordant, par application dudit article, un secours temporaire de 150 francs à la citoyenne Braconnier, « domiciliée à Libreville, département des Ardennes, qui étant venue à Paris solliciter la grâce du citoyen Loison, *dont elle devait être l'épouse*, y est accouchée d'un garçon », et lui allouant ce secours parce qu'il importait « à la régénération des mœurs, à la propagation des vertus, à l'intérêt public d'encourager toutes les mères à remplir elles-mêmes le devoir d'allaiter leurs enfants, et parce que les enfants appartiennent indistinctement à la société, quelles que soient les circonstances de leur naissance » (1). On s'indigne à ce propos; on crie à l'impudeur, à l'invitation ignoble, et l'on a mille fois raison, quoique du même coup on flétrisse, sans y songer, le tour qui n'est autre chose lui-même, sous une autre forme, que le droit du vice au secret comme au secours. Mais il faut vraiment des yeux très-perçants, des yeux d'une sorte particulière pour discerner une analogie quelconque entre le *droit* stipulé dans le fameux article de 1793 et la *faculté* que l'administration pratique depuis 1837. Les filles-mères, loin de pouvoir exiger aujourd'hui l'allocation d'un

_____

(1) Ce décret très-curieux n'a pas été inséré au *Bulletin des lois*. On le trouve reproduit in *extenso* dans les *travaux* de la commission de 1849.

secours, ne l'obtiennent qu'à la suite d'une constatation sérieuse, minutieuse même, des conditions physiques et morales où elles se trouvent, des titres qu'elles peuvent invoquer à l'indulgence, disons mieux, à la pitié de l'assistance publique. Ce secours, il n'est jamais accordé en cas de récidive ; il est retiré à la mère qui s'en rend indigne par ses désordres personnels ou sa mauvaise conduite envers son enfant.

Mais l'immoralité qu'il est impossible de découvrir dans le principe, ou dans la forme du secours aux filles-mères, éclate peut-être dans sa quotité ou sa durée. Or, ce secours n'est ordinairement que de 7 à 10 francs par mois dans la plupart des départements, de 12 à 15 francs dans les grandes villes, et ordinairement aussi sa durée ne dépasse pas trois années. Ce que de telles sommes représentent, c'est du pain et du pain sec, sans métaphore : le vice et ses jouissances ne se vendent ni ne s'achètent à si bas taux, et l'administration française n'a point à craindre que ses maigres allocations ne remplacent pas de sitôt la pluie d'or que les séducteurs, depuis Jupiter, versent sur les genoux de Danaé. Il est même bien permis de se demander si, dans leur parcimonie, ces allocations répondent à leur dessein, et c'est par la négative que répondent à la fois et M. Lafabrègue, partisan de ce mode d'assistance et directeur actuel de l'hospice des Enfants-Assistés de la Seine, et M. le docteur Brochard lui-même, qui ne proscrit pas le système d'une façon absolue, le bannissant seulement des grandes villes, et qui lui reconnaît du bon dans les petites villes ainsi que dans les campagnes. Avec le taux actuel, la presque totalité des filles-mères, qui toutes devraient allaiter leurs enfants, ne les nourrissent pas, et dans le petit nombre de celles qui les nourrissent, les unes se font de ce devoir accompli un instrument de mendicité, les autres vivent en concubinage. Le petit être ainsi délaissé est mis en nourrice chez quelque femme de la campagne « venue battre le pavé à Paris », nous dit-on, dans l'espoir d'en ramener « quelque fils de famille aisé et qui, faute de mieux, se contente d'un nourrisson mal portant et plus mal nippé, pour n'avoir pas fait le voyage en pure perte et rentrer au village les mains vides. » C'est une affaire qu'elle a conclue ; encore craint-elle de la trouver mauvaise, et mal rassurée sur le sort de sa propre rémunération, elle ne donne à son nourrisson que des soins dont la banalité n'est égalée que par l'insuffisance.

Aussi la mortalité qui règne parmi cette population infantile est-elle quelque chose d'effroyable : elle ne semble naître que pour *paver les cimetières de villages,* suivant le mot énergique d'un maire de campagne, que rappelle M. Brochard. Pour les enfants assistés de un jour à un an, elle s'élèverait en moyenne jusqu'à

78 0/0 dans les six départements les moins favorisés sous ce rapport : Loire-Inférieure, Seine-Inférieure, Eure, Calvados, Aube,
Seine-et-Oise, et serait encore d'environ 57 0/0 pour l'ensemble du
territoire. Tels sont les chiffres qu'on trouve dans l'enquête de
1860-62, où l'on remarque d'ailleurs un détail qui a bien ici son
importance : c'est que cette mortalité, qui était en 1859 de 59,63 pour
cent dans les départements où subsistaient des tours, s'arrêtait à
54,01 dans les autres, et qu'à ne prendre que les enfants laissés à
leurs mères, elle descendait au chiffre de 29,65. Il est vrai qu'il
ne s'agit ici que des seuls enfants auxquels le secours a été continué
sans tenir compte de ceux pour lesquels on avait cessé de réclamer
ce secours, et il n'est pas certain qu'on y ait fait figurer les enfants
qui, après un essai malheureux, reviennent à l'hospice pour y
mourir. L'écart de 30 0/0 entre la mortalité afférente aux pupilles
de l'hospice et celle des enfants secourus temporairement semble
donc excessif, mais rien n'indique, d'autre part, qu'il ne soit pas
sensible, et quand même il ne s'exprimerait que par la différence
entre 59 0/0 et 54 0/0 que l'on signalait tout à l'heure entre les départements pourvus de tours et ceux où il n'y en avait plus, ce
serait toujours la preuve que le bilan de l'hospice dans cette déso-
lante statistique l'emporte sur celui du secours temporaire. Aussi
bien n'est-il pas facile de comprendre *a priori* comment avec les
dix francs mensuels de pension qu'ils paient généralement, les
hospices jouiraient d'un privilége pour leurs jeunes pupilles, alors
que, de l'aveu du docteur Brochard lui-même, toutes les mères
devraient bien savoir « que tout enfant envoyé en nourrice est un
objet de commerce qui n'est soigné, qui n'a de valeur qu'autant
qu'il rapporte beaucoup (1) ».

Ces diverses considérations n'apaisent pas les scrupules des
adversaires du secours, et cette aumône à la fille-mère leur paraît
un scandale à côté du refus souvent opposé par le bureau de bienfaisance à la mère légitime nécessiteuse. Il y aurait scandale, en
effet, si l'assistance publique reconnaissait à l'une un *droit* qu'elle
dénierait à l'autre ; en d'autres termes, si elle soulageait le vice de
préférence à la misère seule. Mais on sait bien qu'il n'en va nullement ainsi, et que dans l'espèce la mère n'est que l'intermédiaire
obligé de l'enfant. De la sorte, sans doute, la société répare les
conséquences du vice ; mais le tour et l'hospice ne sont rien de plus
qu'une autre forme de cette réparation très-fâcheuse, quoique inévitable, à moins de reprendre, en l'agrandissant, la pratique lacédé-
monienne qui condamnait à mort les enfants mal constitués ou

---

(1) *De l'allaitement maternel*, p. 93

difformes. Encore une fois, il ne s'agit pas de savoir s'il est possible
de ne pas compter avec le vice, mais uniquement de connaître de
quelle façon ce compte sera le moins immoral, le moins onéreux, le
mieux approprié à ses fins. La mère a été fautive ; mais l'enfant,
lui, est innocent, irresponsable, et l'allocation qui entre dans la
bourse de sa mère, c'est pour lui seul qu'elle est instituée, à lui
seule qu'elle est destinée.

Mais c'est précisément sur ce terrain que les opposants du système se croient le plus forts et se montrent le moins disposés aux
transactions. Ils demandent pourquoi si l'enfant est ici seul en
cause, on le sacrifie soit à des raisons d'économie, soit au principe
de responsabilité personnelle qui ne lui est point applicable, et ils
énumèrent les dangers qui l'environnent près de sa mère, les
chances d'une détestable éducation qu'il court, l'avenir enfin de
misère, de vice, de crime qui se déroule à son horizon. Avec le
tour, ajoutent-ils, la perspective est tout autre : élevé à l'hospice,
chez un père nourricier, dans une colonie agricole; soustrait à la
contagion des mauvais exemples, si puissants sur le jeune âge et si
décisifs pour la direction de la vie, cet enfant deviendrait un bon
citoyen, un membre de la société utile. La grande difficulté et le
grand intérêt de notre époque est précisément l'éducation du
peuple, du peuple brusquement émancipé, soudainement appelé à
la pratique de droits dont il ne connaît pas bien la mesure et à
l'exercice desquels il n'était pas et ne pouvait être préparé. Puisqu'il se trouve que, par le fait de leur naissance irrégulière, toute
une catégorie d'enfants, issus pour le plus grand nombre des
classes populaires, retombe à la charge de la société, que celle-ci
se montre donc à l'égard de ces enfants, dont le sort lui est remis,
paternelle et surtout prévoyante; qu'en compensation du malheur
de leur origine et de leur délaissement, elle les gratifie d'une éducation propre à leur fournir les moyens de vivre plus tard avec
honneur dans un monde où, à leur apparition, ils semblaient de
trop.

Depuis Montaigne, qui a écrit sur l'*institution* des enfants des
pages délicieuses, et Leibniz qui y voyait ce levier d'Archimède
avec lequel on peut soulever le monde, jusqu'à Locke, Rousseau et
Channing, tous les esprits éclairés s'accordent à tenir pour capitale
l'action de l'éducation sur les mœurs d'un pays, son caractère, son
génie, son rôle politique et social. Elle a semblé si décisive aux
socialistes, en train de refaire la nature humaine pour l'accommoder à leurs plans fantastiques, que la main-mise de l'État sur l'enfance est un de leurs grands dogmes et qu'à cet égard M. de
Robespierre ne pensait pas différemment de Platon. Seule-

ment, les socialistes ne distinguent pas entre les enfants légitimes et ceux qui ne le sont pas, échappant ainsi à l'accusation d'inconséquence et au reproche plus grave de privilégier le vice. Car enfin que d'enfants légitimes ont des parents inertes ou vicieux, qui les délaissent quand ils ne les pervertissent pas, et vont trébucher au seuil de la maison centrale ou au pied de la guillotine ! Le dilemme est étroit : ou l'éducation des enfants constitue une charge de la famille, ou bien c'est un devoir social, et dans cette dernière hypothèse, l'hésitation de la société à s'emparer tout au moins des enfants dont les pères sont incapables ou indignes de les élever ne se comprend pas ; elle est presque criminelle. C'est à quoi les soutiens de la charité légale en général et des tours en particulier ne prennent pas garde. Ils se tirent d'affaire par une de ces inconséquences qui, à plus d'une époque de son histoire, ont été la planche de salut de notre pauvre pays, si unifié, si centralisé, si réglementé. Le grand mérite de ces inconséquences a été précisément d'être franches et grosses. Telle est bien celle-ci ; seument si l'intérêt social y trouve son compte, la morale ne s'en accommode pas aussi bien, puisqu'il est scandaleux de tendre la main à la femme fautive, éhontée peut-être, et de la fermer à la mère de famille honnête mais pauvre.

A considérer la chose en elle-même, il semble qu'on exagère la grandeur, la certitude et la constance des dangers courus par l'enfant qui réside près de sa mère, tandis qu'on amplifie les bienfaits de l'éducation qu'il est susceptible de recevoir ailleurs. Chez les pères nourriciers, il n'est pas rare de le voir l'objet d'un traitement tel que son sort chez une mère dénaturée et dévergondée ne saurait être pire. Mal nourri, mal vêtu, ignorant le chemin de l'école, cet enfant fait trop souvent au village l'apprentissage de la mendicité et du vagabondage, si c'est un garçon, et celui du libertinage, si c'est une fille. Ce n'est pas malheureusement une chose insolite que de malheureuses pupilles de l'assistance deviennent ou la proie des convoitises des paysans qui les élèvent, ou l'objet de leur part d'un ignoble trafic, et une histoire bien tristement édifiante est celle qu'a racontée, il y a quelque trente ans, un inspecteur général des établissements de bienfaisance, d'une jeune fille de quatorze ans vendue à un forçat libéré par son père nourricier, lequel dans sa perverse naïveté vint se plaindre à ce haut fonctionnaire lui-même de n'avoir pas reçu le prix de ce marché et lui demander de lui faire justice. Cette petite fille était entrée dans la troisième période de la vie de l'enfant trouvé, qui s'ouvre à douze ans et dès le début de laquelle le département s'exonère de ses charges. Jusque-là elle avait rapporté quelque chose, et maintenant qu'elle ne rapportait plus rien, son père nourricier trafiquait d'elle de la façon qu'on vient de voir.

Une des espérances du législateur de 1811 a été certainement l'adoption par les nourriciers des enfants mis en pension chez eux. Dans certains cas elle n'a pas été trompée; mais force est bien de convenir qu'en général les familles nourricières refusent de garder leurs jeunes hôtes du moment que leur pension cesse d'être payée. La loi décide bien qu'à ce moment critique ils seront mis en apprentissage, mais elle n'en fournit pas les moyens pécuniaires et s'en repose à cet effet sur la charité privée. Cette charité avait fait, il y a quelques années, un grand fond sur les colonies agricoles d'orphelins et d'enfants naturels, et l'on se rappelle qu'en 1856 il ne dépendit pas de M. Troplong et de M. Portalis qu'on ne transférât en masse les seconds, garçons et filles, dans les *orphelinats* algériens de Ben-Aknoun, de Bouffarik, de Blidah, d'El-Riar, de Mustapha et de Marengo. Mais de ce côté aussi il y a eu de nombreux mécomptes; une fois de plus nos vieilles habitudes de concentration, d'uniformité et de routine l'ont emporté, et une fois de plus ces habitudes ont porté leurs fruits. Nos colonies agricoles et nos orphelinats sont trop peuplés; ils embrassent au point de vue agricole des superficies trop grandes; la discipline qui les régit s'inspire trop des errements de la discipline ou de la caserne. L'asile agricole, que la Suisse doit aux Pestalozzi et aux Werhli, est institué sur un plan tout autre : une contenance de 18 à 25 hectares, une trentaine d'élèves, un seul maître chargé de leur éducation morale ou technique, agriculteur et pédagogue à la fois, et le voilà fondé. La discipline y est toute paternelle : récompenses et punitions sont empruntées aux usages de la famille, à ses traditions et à ses habitudes. La vie qu'on y mène est la vie des champs, non telle que la décrivent les faiseurs d'idylles et de bucoliques, non telle qu'on la pratique dans certains établissements qui d'agricoles n'ont que l'étiquette, mais telle qu'elle est bien réellement, simple, pauvre et trop souvent misérable. Et il ne s'agit point là, suivant l'expression de deux visiteurs des asiles suisses, « d'instruire des citoyens amollis ; il s'agit de « former de rudes travailleurs endurcis à la fatigue, qui aient du « cœur à l'ouvrage, pour qui le travail soit un jeu régulier de « leur organes et qui ne conçoivent le progrès dans le bien-être « que comme le fruit de leurs sueurs et la moisson de leurs propres « efforts. »

On ignore, en général, ce que deviennent les trois quarts des enfants assistés au moment où l'allocation départementale disparait, et l'on calculait, en 1849, que sur l'autre quart, six dixièmes

restaient chez les cultivateurs qui les avaient élevés, deux dixièmes
étaient placés chez des artisans, un dixième devenaient domestiques, tandis que les autres, les estropiés et les infirmes, ren-
traient à l'hospice « où leur carrière était bientôt terminée. »
Malgré les heureux changements qui se sont introduits, depuis un
demi-siècle, dans l'administration et la tenue des hospices, changements auxquels ils doivent de ne plus affliger, comme jadis, l'âme
et le regard, bien court aussi est le bail avec la vie de ceux de ces
petits êtres qui à l'âge de 6 ans sont abusivement retenus à l'hospice dépositaire, quoiqu'il dussent, de conformité avec le décret de
1811 et dans leur intérêt propre, être mis en pension chez des cultivateurs ou des artisans. A ces constitutions débilitées d'origine, infectées trop souvent du germe d'affreuses affections, il eût fallu le
grand air, l'air libre comme le disent plus poétiquement les Anglais,
et on les a enfermés entre quatre murailles; on les tient au milieu
d'une atmosphère viciée. Ils n'y vivent pas, ils y végètent, y
meurent, et quant à ceux qui survivent — *apparent rari nantes in
gurgite vasto*, — ils quittent l'hospice dans un état physique peu
fait pour rassurer sur leur sort futur.

On sait maintenant ce que l'hospice fait du corps de son jeune
hôte, et ce qu'il fait de son âme et de son esprit n'est guère plus satisfaisant. Ce ne sont pas les murs froids de sa demeure, son triste
costume, sa vie monotone, sa séquestration du monde, sa privation des joies du foyer domestique, la qualification qu'il subit, le
sentiment inné et sans cesse renouvelé de son opprobre natif qui
peuvent bien parler à cet enfant de la sainteté du devoir, de la fécondité du droit, du rôle élevé de l'homme dans le monde, quelque
humble que puisse être la sphère de ses efforts. Ces dons même de
l'intelligence, qui sont la joie des familles et la bénédiction des
autres enfants, celui-ci doit les redouter à l'égal d'un fléau : ils ne
serviraient qu'à mieux lui apprendre la misère de sa condition et
qu'à lui enseigner la rebellion contre un ordre social où pour être
il faut pouvoir, où l'intelligence, si elle demeure sans culture et
sans emploi, n'est rien sinon une arme inutile, quant elle ne blesse
pas la main de son possesseur. Le mieux pour l'élève de l'hospice,
une fois rentré dans la vie libre, est donc d'accepter avec résignation la lente servitude, comme disait un des membres de la Commission de 1849, à laquelle son âme a été façonnée et d'assigner à
son existence la fin la plus modeste, heureux encore de posséder
les instruments de cette fin.

Par malheur, ce ne paraît pas être le cas de la plupart des enfants
des hospices. Dans beaucoup de ces établissements, on prend encore
à la lettre l'ironique boutade de Paul-Louis Courrier; on s'ima-

gine que l'A B C a perdu le monde, et aux importuns qui réclament l'addition de l'écriture à un programme scolaire restreint
à la seule lecture, on répond, volontiers que les enfants en savent
déjà bien assez, ou encore qu'ils n'en savent que trop. C'est assez,
sans doute, s'ils ne doivent que grossir un jour le personnel des
dépôts de mendicité ou des prisons; mais c'est loin d'être assez si
leur lot futur est de devenir ouvriers dans les villes ou cultivateurs
aux champs. Du bagage de l'instruction classique, lent à amasser
et difficile à employer, ces pauvres enfants n'auraient que faire;
mais leur apprit-en, avec la lecture et l'écriture, les rudiments de
la grammaire et du calcul, un peu de dessin linéaire, de géographie et d'histoire, qu'il n'y aurait rien de trop. Dans le train ordi-
daire de la vie, l'instruction primaire n'est d'ailleurs que le préliminaire de l'instruction professionnelle, l'école qu'une porte ouverte sur l'atelier. Dans l'hospice, l'atelier et l'école devraient être
réunis : mais, tandis que des préjugés d'un autre âge y annihilent
l'école, des causes diverses s'opposent à la constitution de l'atelier,
du moins d'un atelier entendu et dirigé selon le seul principe
admissible en l'espèce, à savoir l'intérêt de l'enfant et le souci de
son placement futur dans la société ?

En d'autres termes, le desideratum serait de doter chaque pen-
sionnaire de l'hospice d'un métier, c'est-à-dire d'un gagne-pain à
sa rentrée dans le monde, et rien, à première vue, de plus simple.
La diversité des aptitudes industrielles de ces enfants, leur constitution physique, l'état et la nature de la production locale, la disposition des locaux ne laissent pas cependant de traverser l'exécution
d'un plan pareil. Les frais d'installation, qui ne sauraient manquer
dans de telles conditions d'être considérables, sont un autre empê-
chement. Aussi, les enfants ne sont-ils employés d'ordinaire qu'à
des travaux tout à fait élémentaires qui ont le double avantage de
les soustraire à une oisiveté complète et de dédommager l'établissement de leurs frais d'entretien, mais qui, au dehors, ne sauraient leur être d'aucun avantage, du moins assuré et permanent.

L'exemple, souvent rappelé et proposé à notre imitation, de
l'Italie, avec ses innombrables hospices, maisons de refuge, conservatoires, asiles et orphelinats, est loin, quand on va bien au
fond, de justifier les prétendus mérites de l'assistance hospitalière.
Cela ressort du témoignage d'un homme qui assurément ne professe pas, en fait d'économie charitable, des doctrines radicales, et
qui n'était point allé chercher au delà des monts des arguments
contre les hospices, à en juger par les paroles d'Howard qu'il a
prises pour épigraphe de son livre, aussi bien que par ses déclarations propres. Ce que M. Cerfbeer dit à propos du célèbre *Instituto*

degli Exposti de Venise, dont la fondation remonte à l'an 1346 et reçoit annuellement 450 enfants, est très-significatif. Il félicite son directeur de le laisser vide et de n'y conserver habituellement qu'une vingtaine d'enfants. A l'hospice de Parme, rencontrant au contraire 280 filles qui, entretenues par la maison, y restent pour la plupart jusqu'à la fin de leurs jours, il trouve leur existence « peu heureuse ; » il juge qu'on ferait bien mieux de les renvoyer dès qu'elles sont en état de se suffire à elle-mêmes. A Rome, enfin, le spectacle qu'il a sous les yeux ne l'attriste pas seulement, il se sent ému, indigné presque. M. Cerfbeer demande compte au gouvernement pontifical de ces 600 jeunes filles « perdues pour la société » qui peuplent les salles de l'*hôpital du Saint-Esprit*, des 230 de l'hospice apostolique de Saint-Michel, sachant à la vérité un peu de couture, de repassage, de broderie, mais pas assez pour en vivre et inexpertes même aux fonctions domestiques. Et il ne conçoit pas que les hospices de Rome renferment plus de 2,000 filles, « que sous prétexte de conserver leur pureté, on condamne, pour ainsi dire, à un célibat perpétuel et dont il est bien peu que leurs mains pourraient nourrir si elles étaient jetées dans le monde. »

Nous ne savons si ces tristes errements ont survécu à la chute du régime papal ; un membre de la légation anglaise nous apprend seulement que sur les 1,100 enfants que le Saint-Esprit reçoit en moyenne annuelle, la très-grande partie est placée en nourrice à la campagne, et c'est en vérité fort heureux puisque la mortalité des nourrissons de un jour à un an qu'on envoie à la campagne n'est que de 12,8 0/0, tandis qu'elle est de 88,78 0/0 chez les autres. M. Harris ne nous dit pas si, à l'époque du sevrage, les premiers rentrent ou ne rentrent point à l'hospice. Par compensation, il donne sur les mérites du tour à Rome un détail qui, pour être superflu, n'en est pas moins caractéristique : c'est que, sur les 1,141 enfants reçus en moyenne annuelle pendant la période 1860-69 on a pu s'assurer qu'il y en avait 300 nés dans le légitime mariage et 382 d'illégitimes, les 459 autres étant d'origine incertaine. (1)

III

Une illusion assez commune, mais que ni les économistes ni les psycologues ne partagent, est la croyance que les plaies sociales sont susceptibles d'une cure absolue. Elle ne tient pas compte de

---

(1) *Poor Laws in Foreign countries* : London, 1875. C'est une collection de rapports sur l'assistance en pays étranger, demandés aux agents diplomatiques ou consulaires de la Grande-Bretagne par lord Grandville et réunis en volume par les soins du *bureau du gouvernement local*.

l'irrémédiable imperfection de l'homme, de la société conséquemment, et des mauvais résultats qui en découlent, résultats
dont il est possible de modifier la forme et de changer la place,
mais qu'il est chimérique d'espérer se débarrasser tout à fait. En
Autriche, par exemple, on empêche de se marier les gens sans
moyens avérés d'existence, et le nombre des naissances illégitimes s'en accroît d'autant. En Angleterre, afin de rendre les bâtiments plus solides on impose un système de construction qui rend
trop élevé, pour ce qu'elles rapportent, le coût des maisons de dimensions médiocres; on ne construit plus de petits logements, et
les pauvres s'entassent dans ceux qui existent. On limite le nombre
des hôtes des garnis populaires, et les vagabonds n'ont plus d'autre
ressource pour passer la nuit que les arches des ponts, les parcs
publics, voire les fumiers qui se dressent aux portes des prisons (1).

Qu'une loi ou un arrêté ministériel rétablisse d'un trait de
plume les 271 tours qui existaient chez nous, il y a quarante ans,
et il est possible, quoique peu probable, que, cette mesure prise, le
compte-rendu annuel de la justice criminelle constate quelque diminution dans le chiffre des infanticides déférés au jury. Mais ces
unités disparues se retrouveront certainement au compte de la
mortalité du premier âge, soit dans l'hospice même, soit chez les
nourrices; on verra renaître ces industries abominables qui
s'étaient développées sous le couvert des tours, ces crimes odieux
« que la plume se refuserait presque à décrire s'il n'était nécessaire de dire toute la vérité. » M. Baudon, qui parle ainsi,
ne l'a point déguisé pour son compte. Non moins fervent catholique que le comte de Montalembert, il ne regardait pas néanmoins
l'autorité et la tradition de son église comme intéressées dans la
défense d'une institution détestable. Et quel tableau il déroule!
Des hommes et des femmes faisant métier de transporter au tour
les enfants des filles-mères qu'ils allaient tenter à domicile, les
colportant comme des ballots de marchandises, les dépouillant
parfois de leurs vêtements, car il leur importait peu que le tour
reçût ces petites créatures mortes ou vivantes; d'autres fois s'en
débarrassant sur leur parcours en les jetant dans des fosses d'ai-
sances, dans des mares, dans des bourbiers, quand ils ne les étouf-
faient pas chez eux-mêmes, comme le faisait cette colporteuse de
Tournay chez qui la justice retrouva vingt-cinq cadavres de nouveau-nés, disparus de la sorte en moins de deux années!

La restauration du tour, combinée avec la disparition des se-

(1) Herbert Spencer, *Introduction à la science sociale*, p. 23 de la traduction
française. (*Bibliothèque scientifique internationale*.)

cours aux filles-mères, ce serait le déclassement de toute cette catégorie d'enfants que le système actuel rattache à la société par le
lien affaibli, mais réel, de la famille naturelle. Quand on n'a point
vécu au milieu des campagnes, on se fait difficilement une idée du
mépris qui s'attache encore, dans ceux de nos départements surtout où la tradition a le plus gardé son empire, au *bâtard*, à *l'enfant de l'hôpital;* on ne peut se douter de la répulsion qu'il inspire
et des avanies que son seul costume, sa livrée, lui attire. Il grandit
ainsi, délaissé, humilié, rebuté de tous, accumulant dans sa
jeune âme de ces rancunes amères et vivaces qui pèsent sur toute
une existence et lui impriment dès son début une marque presque
fatale. Sa tutelle, entre les mains des commissions administratives des hospices, est restée tout à fait inefficace, comme en témoigne trop éloquemment le chiffre de trois quarts qui représente
le nombre des enfants dont la trace se perd après la douzième année, et ce patronage, dont à l'époque de sa majorité légale il aurait tant de besoin, ce patronage n'a jamais été organisé et ne paraît guère susceptible de l'être, si ce n'est sur le papier. Le résultat ordinaire de ce concours de déplorables circonstances se devine,
et ce n'est pas merveille que tant des anciens pupilles de l'hospice figurent sur le registre d'écrou de la maison d'éducation correctionnelle ou sur la liste infâme du personnel des mauvais lieux.

Ce sont de grands maux sans doute que la multiplication des
avortements et des infanticides; de grands maux que le concubinage et les naissances illégitimes, bien que, pour le faire remarquer
en passant aux détracteurs obstinés de ce temps et aux louangeurs
non moins obstinés de celui qui n'est plus, il ne serait pas nécessaire, pour s'assurer de leur vieillesse, de remonter jusqu'à l'Olympe
grec « dont toutes les divinités étaient nées hors mariage, et qu'il
suffirait d'un seul coup d'œil sur notre vieille histoire princière et
féodale » (1). Mais, pour les combattre et les diminuer, ce serait user
d'une étrange tactique que de recourir à des remèdes capables
d'engendrer, sous une autre forme, des maux pires encore, s'ils
sont incapables de remédier à ceux-là mêmes. D'ailleurs, il s'agit
ici d'effets et non de causes, et les causes s'appellent d'un nom général : l'immoralité et l'imprévoyance.

Ce n'est pas en multipliant *volens nolens* leurs facteurs qu'on
restreindra leur action, et nous partageons entièrement l'avis de
M. Frédéric Passy que si on veut réduire la mortalité du bas âge
en même temps qu'activer le mouvement relativement insuffisant
de notre population, c'est à diminuer le nombre des unions irrégu-

(1) Moreau de Jonnès : *Éléments de statistique*, p. 214 et suivantes.

lières qu'il faut s'attacher. Mais fait-on bien à cet égard ce qu'il y aurait lieu de faire, ce que la morale réclamerait, quand, pour employer ses expressions mêmes, on accorde « si peu de facilités aux efforts des hommes de bien et d'étude qui songent à instruire, à moraliser, à réunir honnêtement, par les cours, les bibliothèques et le reste; » quand, par contre, on laisse le champ libre aux chansons à deux sous et au journalisme galant, aux dessins graveleux, « que l'on voit souvent s'étaler partout, jusque dans les gares, où personne ne peut éviter de les voir en passant, au lieu d'aller, comme il conviendrait souvent, répondre en police correctionnelle de leurs obscénités et de leurs ordures bêtes; » lorsqu'enfin l'outrage public à la pudeur et l'excitation publique à la débauche vont et viennent, de rue en rue, de boulevard en boulevard, sans masque et sous l'œil distrait de la police?

Dans le développement de ce trouble social, l'éloquent économiste assigne une part à la responsabilité inégale qui échoit à chacun de ses auteurs, et, comme remède, il ne craint pas d'indiquer la *recherche de la paternité*. Elle était écrite dans nos anciennes lois, et jusqu'à ce qu'un procès eût vidé la question en elle-même, une provision alimentaire, à la charge du père putatif, était assurée à la fille-mère sur sa seule affirmation : *virgini creditur asserenti se pregnantem esse*. Maintenu et régularisé par la loi du 12 brumaire an II, ce droit a disparu entièrement de nos nouveaux codes, en vertu de l'art. 340 du Code civil. Le législateur d'alors obéit sans doute aux craintes exprimées dans le discours où Bigot de Préamemeu traça, devant le Corps législatif, un tableau si vivement coloré de ses abus, sous l'ancien régime; mais il est peu de dispositions qui depuis aient été plus vivement critiquées et condamnées, tant en France qu'à l'étranger. « C'est une honte pour la civilisation, s'est écrié M. Jules Favre dans une affaire célèbre, que cette loi qui met le sexe le plus faible à la discrétion du plus fort, et qui permet à l'homme de chasser celle qu'il a séduite avec le fruit de ses entrailles.» M. Le Play ne tient pas, dans son livre de la *Réforme sociale*, un autre langage. Il demande l'abrogation de l'art. 340, et comme de deux maux il faut choisir le moindre, on doit préférer la recherche de la paternité, avec ses abus et ses dangers mêmes, à l'impunité scandaleuse dont jouissent aujourd'hui, si souvent pour ne pas dire toujours, les séducteurs attitrés et des débauchés émérites.

Il est certain qu'en Angleterre, dans les Cantons Suisses, aux Etats-Unis, où la recherche de la paternité est permise, la femme est plus respectée qu'elle ne l'est malheureusement chez nous. Ses adversaires prétendent, il est vrai, que c'est au prix de très-

grands désordres, et que cette recherche agit comme stimulant à
a dépravation et à l'accroissement des naissances illégitimes. Sous
ce dernier rapport, l'Angleterre possédait néanmoins, il y a une
trentaine d'années, un léger avantage, puisque le rapport des naissances illégitimes aux autres n'était que de 1 sur 15 contre 1 sur
14,10 en France. Cet avantage, elle l'a perdu depuis, mais grâce
à la *Poor Law*, qui fait du métier de fille-mère un métier profitable. On insiste et l'on montre ce même rapport très-faible en
Italie, pays où la paternité ne se recherche point, tandis qu'il est
très-fort, excessif en Autriche, où l'on peut en administrer la
preuve. Il en est sans doute ainsi; mais c'est qu'en Italie, si les
mœurs sont faciles, les mariages sont précoces, tandis qu'en Autriche des lois restrictives de la facilité du mariage favorisent au
contraire les unions irrégulières. La même observation s'applique
à la Bavière, où l'usage a établi des obstacles insurmontables au
mariage dans les classes pauvres; les naissances illégitimes y sont
partout très-nombreuses, mais on n'a nullement le droit de les
rattacher au principe de la recherche de la paternité qui a prévalu
dans ce royaume.

AD. F. DE FONTPERTUIS.

LE DEUXIÈME

CONGRÈS D'OUVRIERS FRANÇAIS

(TENU A LYON DU 28 JANVIER AU 8 FÉVRIER 1878)

SOMMAIRE : Les congrès d'ouvriers. — Composition et organisation du congrès de
Lyon. — Mlle Finet, MM. Finance, Chabert, etc. — Le travail des femmes. —
Les syndicats et les associations coopératives. — Le chômage et les crises industrielles. — L'instruction et l'enseignement professionnels. — La représentation
directe du prolétariat au Parlement. — La retraite des vieux travailleurs. — Le
vagabondage et les mœurs dans les centres industriels. — Les conseils de
prud'hommes. — Conclusion.

Les ouvriers français, ou du moins un certain nombre d'ouvriers
français, — car il importe de ne pas faire de généralisations fausses, — ont entrepris d'acclimater en France une institution qui
existe depuis douze ou quinze ans dans divers pays d'Europe et
d'Amérique. Je veux parler des congrès ouvriers, ou plutôt, pour

m'exprimer plus correctement qu'on ne le fait d'habitude, des congrès d'ouvriers.

Ces congrès ont donné lieu à bien des protestations, à bien des manifestations de terreur réelle ou simulée. Cependant, en bonne justice, il faut bien reconnaître que les représentants de la classe des salariés de l'industrie ont le droit de se réunir, de délibérer sur leurs intérêts communs et de prendre des mesures pour la défense de ces intérêts. Je sais bien que de semblables réunions, délibérations et résolutions sont absolument illégales. Mais elles ne le sont pas plus que les réunions, délibérations et résolutions des représentants des autres intérêts : par exemple, ces gros propriétaires agricoles qui ont des congrès annuels sous la présidence d'un ancien ministre, des brasseurs, des fabricants de sucre, des fabricants de papier, et des autres industriels groupés dans des associations ou des syndicats. Ces dernières associations existent depuis longtemps ; il y a moins longtemps qu'on tolère l'existence des associations et syndicats d'ouvriers, et ce n'a été qu'en 1876, M. de Marcère étant, comme aujourd'hui, ministre de l'intérieur, qu'on a permis à des délégués des diverses sociétés d'ouvriers existant en France de tenir une assemblée générale.

La France possède donc, maintenant, ses congrès d'ouvriers comme l'Angleterre, l'Allemagne, la Belgique, la Suisse, l'Italie et les États-Unis. J'espère, pour mon compte, que ces congrès ne seront plus entravés, qu'ils deviendront de plus en plus importants, et qu'ils finiront par faire de la besogne utile. Ce sera à M. Louis Pauliet, qui s'occupait en 1876 dans la *Tribune* des questions relatives aux ouvriers, que reviendra l'honneur d'avoir introduit cette institution en France.

Les congrès d'ouvriers français ressemblent, sous beaucoup de rapports, aux réunions du même genre qui se tiennent dans d'autres pays, mais ils en diffèrent à certains égards. Ils leur ressemblent d'abord pour la composition. Il s'est constitué dans tous les pays où les ouvriers s'agitent pour la défense de leurs intérêts communs, un corps de politiciens composé d'ouvriers, affichant la prétention de représenter toute la classe à laquelle ils appartiennent et d'en défendre les intérêts avec plus d'autorité que qui que ce soit. Il est certain que ces hommes, qui ont vécu la vie des ouvriers, souffert les souffrances des ouvriers, quand ils arrivent à s'instruire et à élever leur intelligence à la hauteur des conceptions générales, sont plus capables de défendre les intérêts spéciaux des ouvriers que les hommes qui n'ont jamais étudié cette classe qu'extérieurement.

Ce corps de politiciens spécialistes forme l'immense majorité des congrès d'ouvriers en Angleterre, en Allemagne, en France et ailleurs. J'excepterai cependant l'Italie, où j'ai vu, de mes yeux vu, un congrès de délégués de sociétés d'ouvriers présidé par un prince petit-neveu d'un pape, et composé de marquis, de barons, d'industriels, d'avocats et de journalistes.

Les politiciens en question formaient l'immense majorité du Congrès de Lyon. Il y avait même quelques citoyennes politiciennes, dont on pourrait dire qu'elles cherchent une candidature, tellement elles se prodiguent, si l'on n'avait la meilleure des raisons pour être sûr qu'il n'en est rien. Beaucoup de ces ouvriers politiciens ont été ou seront candidats à la députation quelque part. Le bruit a même couru à Lyon que quelques-uns des membres les plus en vue du Congrès briguaient la succession non encore ouverte, mais qui, dit-on, doit s'ouvrir, de M. Bonnet-Duverdier. On a même dit que les deux principaux candidats avaient pour appui deux citoyennes politiciennes exerçant une grande influence dans le Congrès. Je ne garantirais pas, en outre, que la deuxième circonscription de Lyon n'ait excité que ces deux ambitions-là. Après tout, pourquoi des ouvriers qui se sentent intelligents et qui se croient instruits ne brigueraient-ils pas un mandat politique? Les expériences faites jusqu'à ce jour nous montrent que l'on peut quelquefois mettre la main sur des hommes de valeur, et que, le plus souvent, les élus sortant de ce milieu ont été au niveau de la plupart de leurs collègues « bourgeois ».

Une différence qui a existé jusqu'à présent entre les congrès d'ouvriers français et ceux de l'étranger réside dans la qualité du mandat. Les listes publiées par les congrès de délégués des *Trade Unions* anglaises portent avant tout le nom des sociétés mandantes, et le nombre de leurs membres, nombre souvent considérable ; les noms des délégués ne vient qu'après. La liste des membres du Congrès de [Lyon que j'ai sous les yeux contient avant tout les noms des délégués, qui ne sont pas, pour une bonne moitié, accompagnés de l'indication de la société représentée. Pour d'autres, le nom de la société n'indique pas grand chose : ainsi, M. le comte de Calvinhac représentait l'*Union démocratique des travailleurs*, de Paris ; M. Chabert, l'*Union des travailleurs*, également de Paris ; M. Chapelle, de Marseille, la société le *Progrès des sciences*. Les véritables sociétés d'ouvriers, s'occupant des intérêts spéciaux des ouvriers, c'est-à-dire les syndicats, sont très-rares sur ladite liste. Je ne sais pas, d'autre part, si les mandats ont été vérifiés bien sérieusement, mais il m'a semblé qu'à la faveur de désignations pompeuses, des sociétés d'amis personnels de certains hommes avaient donné mandat auxdits hommes, qui n'auraient pas pu se faire envoyer autrement. D'ailleurs, ce n'est pas là un fait particulier à la France, je l'ai vu se produire en Angleterre. J'ai vu d'anciens fonctionnaires importants de sociétés de métier, qui n'étaient plus rien, mais qui ne voulaient pas être absents du congrès des *Unions*, venir comme représentants de quelqu'une de ces sociétés au nom vague et général.

Je ne critique pas, qu'on veuille bien le croire. Ces excommuniés, souvent, ne sont pas les moins intelligents, ni les moins méritants parmi les politiciens ouvriers, la faveur populaire s'est retirée d'eux, et ils luttent en attendant qu'elle leur revienne.

Le Congrès de Lyon s'est réuni dans la salle du théâtre des Variétés, dont la location, pour douze soirées; a coûté 2,500 fr., ce qui avec les autres frais met le prix du Congrès à 3,000 fr. Les réunions étaient *privées*, en d'autres termes : le public n'y était admis qu'avec des lettres d'invitation. Ce public se composait chaque soir d'un millier de personnes. Les loges et diverses galeries étaient affectées à ces invités ; le parterre recevait les délégués au nombre de 140 environ; les journalistes étaient à l'orchestre. Sur la scène était dressée une estrade où était placée une table drapée de rouge, devant laquelle s'asseyaient le président, son assesseur et son *assesseuse*. Devant et au-dessous, une table également ment drapée de rouge servant aux secrétaires des deux sexes. Enfin, à la place de la boîte du souffleur, une tribune encore drapée de rouge. Au-dessus de la tête du président, au centre d'un faisceau de drapeaux, un buste en plâtre de la République orné d'une écharpe rouge en sautoir. Cet écarlate ressortait très-bien sur le blanc mat. Si l'écharpe était farouche le buste ne l'était pas: c'était la République aimable, au front ceint d'une couronne d'épis, et non la République farouche coiffée du bonnet phrygien. Tout autour de la salle à toutes les balustrades étaient accrochés des faisceaux de drapeaux portant au centre le nom d'une des villes d'où il était venu des délégués au Congrès. Cette salle ainsi ornée faisait un fort bel effet.

Le plus grand ordre a régné pendant toute la durée du Congrès, car je ne considère pas comme du trouble les quelques instants de tumulte causé par la trop grande abondance oratoire du délégué de l'Algérie et par sa manière, qui ressemblait à celle des chanteurs de chansonnettes de cafés-concerts. Ces quelques moments d'émotion n'ont eu rien de comparable à ceux qui se produisent dans les Assemblées politiques. Il est vrai que dans les assemblées politiques on discute, et que dans les congrès d'ouvriers français on a, jusqu'à présent, fort peu discuté. Les orateurs se présentent, pour la plupart, à la tribune porteurs d'un cahier de papier et donnent lecture d'un discours préparé d'avance. Comme on ne consacre qu'une journée à chaque question, on ne peut se répondre les uns aux autres. Cependant quelques hommes plus forts ou plus sûrs d'eux-mêmes : MM. Chabert et de Calvinhac, de Paris ; Amat, de Lyon ; Boissonnet, de Saint-Etienne, ont osé entamer la controverse.

Quant aux usages suivis, ils ont été ceux du parlementarisme le plus raffiné, d'autant plus raffiné que les présidents,— qui changeaient chaque jour,— avaient moins d'expérience. Le langage employé dans les discours écrits ou improvisés était également on ne peut plus parlementaire. Il se distinguait même par une trop grande richesse de fleurs de réthorique.

Le Congrès a été ouvert par un discours de M. Chépié, tisseur lyonnais, homme politique qui a joué un certain rôle en 1870. M. Chépié a affirmé solennellement que le monde entier avait les yeux fixé sur les congressistes de Lyon. Il a déclaré que lesdits congressistes n'étaient pas des utopistes professant la haine de tout ce qui existe. « Nous allons, a-t-il dit, chercher les moyens d'établir la solidarité entre les travailleurs et préparer l'avénement du règne de la justice. » On ne saurait, comme on voit, se proposer un but plus noble, plus généreux et plus général.

Ce n'est que le second jour que le Congrès a commencé sérieusement ses travaux. Par application d'une procédure singulière introduite au Congrès de Paris et imitée au Congrès de Lyon, les questions n'ont été mises en délibération qu'après avoir été étudiées par des commissions qui désignaient les orateurs chargés de traiter chaque sujet. La liste de ces orateurs épuisée, le président donnait la parole à qui la demandait. A la fin de chaque séance, on nommait une nouvelle commission chargée de préparer un projet de résolution qui devait être soumis au Congrès dans sa dernière séance.

Le programme du Congrès se composait des neuf questions suivantes : Travail des femmes ; — Chambres syndicales et associations ; — Crises industrielles et chômages ; — Instruction, enseignement professionnel et apprentissage ; — Représentation directe du prolétariat au Parlement ; — Caisses de retraite pour la vieillesse et les invalides du travail ; — Travail agricole et rapports entre les ouvriers des villes et ceux des campagnes ; — Vagabondage et mœurs dans les centres industriels ; — Les Conseils de prud'hommes.

II

Le *travail des femmes*, ou plutôt la question de la situation des ouvrières a été traitée par trois *oratrices* et huit orateurs. Tous sont venus signaler la position malheureuse faite aujourd'hui à la femme qui vit honorablement de son travail. Il y a à faire deux parts dans ces discours : l'une, la plus importante, n'a été que de la déclamation, cette horrible déclamation qui perdrait les causes les meilleures et les plus saintes. La seconde part est composée de renseignements intéressants et d'idées. Dans l'élucidation de cette question, les femmes ont été supérieures aux hommes. Une jeune fiille d'une vingtaine d'année, Mlle Finet, particulièrement, qui physiquement n'a rien de remarquable, a lu un discours intéressant. Je déclare que si l'on me demandait de choisir un candidat à la députation parmi les délégués du Congrès de Lyon, je désignerais la *citoyenne* Finet. D'ailleurs, cette jeune fille a, paraît-il, prouvé son mérite en relevant le courage abattu des ouvriers politiciens de Lyon et en faisant décider la réunion du Congrès, qui fut un moment très-compromise. M. Prost, des environ de Dijon, président de la séance où a parlé Mlle Finet, l'en a félicité publiquement.

Mlle Finet a abordé la question de front. Elle a d'abord demandé : la femme doit-elle travailler ? Et elle a eu le courage de répondre : Oui, elle doit travailler pour être indépendante et l'égale de l'homme. On a applaudi cette fière déclaration parmi les délégués et les assistants, et cela fait honneur au Congrès pris dans son ensemble. Il existe, en effet, une école de politiciens ouvriers qui prétend que les femmes ne doivent pas travailler : Filles, elles doivent, disent-ils, être nourries par leur père ; femmes par leur mari. — Mais si elles ne trouvent pas à se marier à leur goût ? objecte-t-on ; mais si, femmes, elles ont eu le malheur de tomber sur un paresseux, sur un ivrogne, sur un débauché ? si leur mari les abandonne ? Cela se voit dans toutes les conditions sociales. Si elles deviennent veuves, comment vivront-elles ? En réponse à ces questions, on invente toutes sortes de combinaisons d'assurances, qui en somme ne résolvent pas grand chose, et qui, dans tous les cas, ne doivent pas empêcher les pères de famille de faire apprendre un métier à leurs filles, ni les ouvrières de chercher à améliorer leur condition.

Parmi les adversaires du travail des femmes, la plupart s'appuient sur des considérations sentimentales, quelques-uns sur des arguments physiologiques. La science aujourd'hui se prête à tout et cette même physiologie, alors qu'on défendait encore l'esclavage, s'était tout doucement substituée à la malédiction de Cham par Noé, pour justifier l'asservissement de la race africaine. Je ne prétend pas que ceux qui soutenaient cette opinion ne fussent pas de bonne foi, mais, pour mon compte, j'ai préféré un orateur qui, dans une réunion publique, vint déclarer : qu'il ne voulait pas que sa femme travaillât parce qu'il voulait être le maître chez lui. Il y aurait beaucoup à dire, si l'on voulait creuser, sur les raisons qui font que certains ouvriers ne voudraient pas que les femmes travaillassent.

Toutes ces raisons, Mlle Finet a montré qu'elle les connaissait, lorsqu'elle a revendiqué, pour la femme, le *droit au travail.* Oui vraiment, le *droit au travail !* Et je ne pense pas qu'aucun économiste le lui conteste. « On fait, a-t-elle dit, la femme idole ou esclave. »

Mais quelle que soit la tendance des constructeurs idéalistes de société, il est un fait qui domine toutes leurs combinaisons : c'est que la femme aujourd'hui travaille, — elle a même travaillé de tous temps, — est un agent industriel. Malheureusement, elle est un agent industriel placé dans de très-mauvaises conditions, un travailleur dangereux pour l'autre, — qui est l'homme. La femme travaille pour un salaire dérisoire et elle fait sur le marché une concurrence désastreuse à son mari et à son frère. C'est le résultat de la loi de l'offre et de la demande, dit-on. Sans doute, mais la loi de l'offre et de la demande n'est pas la seule qui règle la répartition des richesses. Il est d'autres lois dont l'action se mêle à celle de cette première et vient en modifier les effets en mal ou en bien. Ce qui est certain, c'est que la situation des ouvrières est aujourd'hui horrible, qu'elles sont payés d'une manière dérisoire et que leur état misérable est une des causes principales du développement de la prostitution.

Mlle Finet attribue cette situation malheureuse à différentes causes : 1° à ce que les hommes prennent le travail des femmes, 2° à la concurrence faites aux ouvrières laïques et libres par les couvents, les ouvroirs et les prisons.

L'envahissement du travail des femmes par les hommes, dont on se plaignait déjà au temps de Beaumarchais, a la même raison d'être que l'envahissement du travail des hommes par les femmes: l'avantage qu'y trouvent ceux qui emploient ces travailleurs. On se plaint de ce que des hommes de cinq pieds vendent du ruban et des dentelles pendant que des femmes portent sur leur tête des paquets de linge mouillé. Eh ! si les dames qui achètent rubans et dentelles n'aimaient pas mieux être servies par des hommes, les

marchands n'emploieraient pas des représentants du sexe barbu.
C'est un mal, mais qu'y faire ?

Quant à la concurrence des couvents et des prisons, le problème
semble plus soluble. Que des personnes ayant prononcé des vœux
religieux bénéficient des avantages de la vie en association, c'est
leur droit. Qu'elles profitent de cette vie à meilleur marché pour
faire le travail à plus bas prix que les ouvrières ordinaires, c'est
peu conforme aux prescriptions de la religion de charité qu'elles
professent officiellement, mais c'est encore leur droit. Mais que ces
associations recueillent, sous prétexte de bienfaisance, de malheureuses petites filles auxquelles on impose un travail de quinze
heures par jour et que l'on nourrit mal ; qu'à l'aide de ces petites
filles on avilisse les salaires et que l'on accapare le travail, c'est
mal, c'est une conduite que ni la loi ni les magistrats ne doivent
tolérer. Il y a une loi qui règle le travail des enfants dans les manufactures, elle doit être applicable aux couvents, ouvroirs, orphelinats, etc., à tous les établissements, en un mot, où des personnes,
congréganistes, — officielles ou officieuses, — ou laïques, occupent
des enfants. A plus forte raison ne doit-on pas donner des subventions à ces établissements, ce qui leur permet de réduire
encore le prix de la main-d'œuvre.

En ce qui concerne le travail dans les prisons, il me semble
évident que l'État ne doit pas profiter de l'esclavage temporaire
que, pour des raisons pénales, il impose à certains individus,
pour amener l'avilissement du salaire des ouvriers et ouvrières
honnêtes et libres.

Je ne puis suivre Mlle Finet dans toutes les considérations
où elle est entrée. Il me suffira de dire que ces considérations
ont été souvent fort justes. L'*oratrice* a fait un tableau saisissant de la situation des malheureuses petites filles placées dans les
dévidages de Lyon. Ces petites filles sont : ou des orphelines ou des
enfants de la campagne. Elles sont, paraît-il, abandonnées à l'arbitraire de dévotes personnes, qui les font travailler pendant quinze
heures chaque jour de semaine et le dimanche leur donnent pour
distraction hygiénique, aux points de vue moral, intellectuel et
physique, des exercices de piété. Cette situation existe parce que le
législateur n'a établi la surveillance que pour les ateliers où l'on
emploie plus de vingt ouvriers ou ouvrières. Une autre cause du
mal, la cause principale, c'est l'absence presque complète, chez les
femmes, de cet esprit de solidarité qui existe un peu chez les
hommes et qui leur a permis de conquérir quelques améliorations.

Le remède principal que propose Mlle Finet consiste dans un

pétitionnement aux Chambres à propos du travail dans les couvents et dans les prisons.

Une autre déléguée, également Lyonnaise, Mme Merle, a aussi dénoncé les couvents. Elle a insisté sur la concurrence qu'ils font au travail laïque dans la lingerie. Les gains de cette industrie ont été réduits au taux moyen de 1 fr. à 1 fr. 50 par jour. La plupart des autres industries sont au même niveau. Mme Merle a indiqué le prix des différents travaux et il serait intéressant que ces renseignements fussent contrôlés. Encore faut-il que, dans ces industries, l'ouvrière soit capitaliste et qu'elle possède une machine à coudre. La machine, affirme Mme Merle, n'a pas amélioré la situation de l'ouvrière, elle n'a fait qu'ajouter une nouvelle cause de maladies à celles qui existaient déjà.

Quant aux ouvrières des industries qui ne peuvent pas employer la machine, les *frangeuses* par exemple, elles gagnent de 50 à 80 centimes par jour.

Mlle Joséphine André, lingère, de Paris, une oratrice en réputation, n'a émis qu'une seule idée : c'est qu'à travail égal, on devrait payer également les travailleurs, sans distinction de sexe. Cette idée est juste, mais Mlle André ne l'a pas trouvée.

Un délégué tisseur, de Vienne (Isère), a donné des renseignements fort tristes sur les ouvrières de cette ville, lesquelles gagnent, par un travail de 13 heures, de 1 fr. 50 à 2 fr. par jour. Je ne puis entrer dans les détails donnés par M. Genêt ; mais si l'on fait jamais une enquête plus sérieuse que celle dont M. Ducarre fut le rapporteur, il faudra tenir compte de ces renseignements, les prendre, tout au moins, comme point de départ pour des vérifications.

Un autre délégué, M. Fagot, cordonnier, de Tarare, a parlé des usines créées par certains industriels, où l'on emploie des jeunes filles de la campagne auxquelles on paye un salaire insignifiant et dont on confie la garde à des religieuses qui les font travailler et prier et les soumettent à une discipline de couvent. Ces jeunes filles n'ont même pas la permission de sortir ; on les mène promener en rangs comme des écolières. Aussi, quand elles s'échappent !... Il importe de savoir distinguer la réalité de la philanthropie de la simple apparence.

Je ne suivrai pas la méthode adoptée au Congrès d'ajourner l'indication du résultat à la fin. Je dirai de suite que la résolution votée sur la question du travail des femmes a été la suivante :

1° Formation de chambres syndicales d'ouvrières dans les villes et les campagnes ; — 2° Application du tarif de chaque corporation des deux sexes au travail des prisons ; — 3° Abolition des veillées, fixation de la journée de travail à huit heures, sans réduction de salaire. Ces dispositions établies par une loi. — 4° Suppression des bureaux de placement laïques ou religieux. — 5° Remaniement de la loi sur le travail des enfants, lequel ne pourra avoir pour but que l'apprentissage ; fixation de l'âge minimum à treize ans ; application de cette loi aux couvents et ouvroirs ; nomination par les chambres syndicales de la moitié de la commission chargée d'assurer l'exécution de la loi.—6° Formation dans toutes les villes d'une commission d'initiative composée de personnes des deux sexes (?) — 7° Suppression de toutes les lois restrictives du droit d'association et de réunion. — 8° Suppression de tous les couvents et ouvroirs demandée par un pétionnement général des femmes.

III

La *question des syndicats et des associations* venait la seconde. On avait essayé de fusionner en un seul et même sujet deux questions absolument distinctes. C'est une tendance particulière aux ouvriers que de vouloir tout ramener à l'unité, de prétendre résoudre tous les problèmes par un seul remède, ou de vouloir amalgamer tous les remèdes. Depuis que les ouvriers ont recommencé à s'agiter à la suite de la guerre et de la Commune, il a été décidé que les syndicats professionnels et les associations coopératives ne devaient être qu'une seule et même institution. Quelques hommes de bon sens ont épuisé leurs efforts pour démontrer que confondre ces deux institutions c'était le meilleur moyen de les faire échouer l'une et l'autre ; leurs démonstrations ont été vaines : le point de doctrine a été maintenu à grand renfort d'injures pour les dissidents.

La distinction à établir se comprend d'elle-même : les syndicats, sociétés de lutte, doivent autant que possible réunir tous les membres d'une profession ; les associations coopératives, entreprises de construction, doivent trier leurs éléments sur le volet et repousser tout ce qui n'est pas propre à cette œuvre.

La force des choses, à Lyon, a été plus puissante que le parti-pris. La commission chargée de préparer la discussion a formé deux sous-commissions et demandé la division de la question. On a, le troisième jour, parlé des syndicats ; le quatrième, des associations coopératives.

Je dois dire cependant que l'on a beaucoup parlé de la coopération à propos des syndicats et longuement traité des syndicats en parlant de la coopération. En réalité il existe deux systèmes ayant chacun leurs partisans et qui cherchent à s'absorber réciproquement.

Les syndicats en fait ne sont autre chose que la suite des antiques organisations de compagnons, des sociétés de résistance et de maintien de prix. L'objet en vue duquel ils sont constitués, plus ou moins consciemment de la part de leurs auteurs, est d'établir une égalité de forces avec les employeurs, — si ce n'est même une supériorité, — et d'arriver à traiter d'égal à égal. Les syndicats d'ouvriers, loin d'être exclusifs du salariat, ne peuvent exister sans lui.

Les associations coopératives, au contraire, ont pour but la suppression des deux qualités de salariant et de salarié, d'employeur et d'employé.

Ces deux institutions ne sont pas nouvelles. Voilà des siècles que les compagnonnages existent. Quant aux associations coopératives, depuis 1832 jusqu'à présent, on en a fondé en France des milliers, qui ont, pour la plupart, échoué. Il est vrai qu'elles ont beaucoup mieux réussi à l'étranger. Je ne parle pas des associations coopératives avant la lettre, qui ont existé presque de toute antiquité.

. Il semble que, quand on a à s'occuper de systèmes anciens comme les deux que je viens de définir brièvement, il n'est pas nécessaire d'entrer dans les généralités, je dirai même dans les banalités, et que ce qu'il y a de mieux à faire, c'est de rechercher les données expérimentales de la réussite ou de l'insuccès. On n'a cependant, à Lyon, rien fait autre'que traîner dans ces banalités, relativement aux deux questions. Un seul orateur, M. Amat, de Lyon, un original qui fait de la philantropie par égoïsme, à ce qu'il dit, a émis une idée. Il a déclaré que les syndicats n'avaient d'autre utilité que de mettre les ouvriers et les capitalistes sur un pied d'égalité. Les autres orateurs ont été Mme Vincent, de la chambre syndicale des dames de Lyon; M. Gourdin, délégué de la chambre syndicale des charpentiers de Paris; M. Marchandon, délégué des couteliers de Vienne (Isère); M. Lombard, envoyé des corporations d'ouvriers de Marseille; M. Chevalier, menuisier, de Paris; M. Chausse, ébéniste, de Paris (1); M. Garrigue, tailleur, également de Paris; M. Boissonnet, rubannier, de Saint-Etienne; M. Boyet, bijoutier, de Lyon; M. Gennetier, tonnelier, encore de

---

(1) Au sujet de M. Chausse, un renseignement. Ce délégué a été candidat *ouvrier-socialiste-collectiviste* lors des dernières élections du conseil municipal de Paris. Le point important de son programme était la rentrée ou l'entrée dans le domaine commun de la terre et de tous les instruments de travail.

Lyon; M. Garnier, cordonnier, de Marseille; M. Poizeverat, de
l'Union syndicale de Nantes; M. Pessey, délégué des travailleurs
de Besançon; M. Bonnal, mégissier, de Paris; M. Frilley, de Paris; Mme Couturier, de Lyon ; M. de Calvinhac, de Paris ;
Mme Laurent, de Lyon; M. Nicolas, typographe, d'Algérie;
M. Defey, mécanicien, de Paris.

Aucun de ces orateurs ne s'est proposé le but, essentiellement
pratique, de dire comment il faut s'y prendre pour organiser et
faire fonctionner une chambre syndicale ou une société coopérative.
Je louerai cependant, au point de vue de la forme, le discours de
M. Frilley, de Paris.

La résolution votée après une longue énumération des divers services que peuvent rendre les syndicats, a conclu à la liberté pure et
simple de réunion et d'association, laquelle, à mon avis du moins,
ne permettrait aux syndicats de remplir légalement aucune des
fonctions auxquelles on les destine, et en même temps mettrait
en sérieux danger la liberté individuelle du travail. Les syndicats,
d'après la résolution votée, doivent avoir pour fonction : 1º la ré-
gularisation de la production; 2º le maintien des salaires et la défense des intérêts généraux; 3º le placement des ouvriers et apprentis; 4º l'enseignement professionnel, la surveillance des apprentis; 5º la mise à l'étude continuelle des moyens pratiques pour
la création des caisses de chômage, d'assurance mutuelle contre
les risques de la vie industrielle et agricole, les maladies et la
vieillesse.

Pour accomplir tout ce programme, on ne demande que la liberté.
Il est vrai que c'est la liberté de la guerre, puisque la défense des
intérêts communs doit avoir lieu par la mise en interdit des *établissements reconnus comme rompant l'équilibre entre les nécessités des
travailleurs et les exigences du capital.* Cette mise en interdit serait,
en outre, rendue efficace par la fédération des corporations.

Je suis très-partisan de la liberté, mais j'avoue sincèrement que
j'accepterais qu'il y en eût un peu moins qu'en demande le Congrès de Lyon en échange d'un peu plus de paix et de sécurité. Qu'on
veuille bien remarquer que les mêmes délégués qui ont voté cette
résolution se déclarent en majorité adversaires de la grève. Comment peuvent-ils concilier cette opinion avec leur déclaration
relative à la mise en interdit « des établissements reconnus comme
rompant l'équilibre? » Je ne me charge pas de l'expliquer.

Quant à la coopération, voici tout ce qu'on a déclaré à son égard :
« Les syndicats ne devront pas oublier que le salariat n'étant que
l'état transitoire entre le servage et un état innommé, ils devront
mettre tout en œuvre pour l'établissement de sociétés *générales* de

consommation, de crédit et de production, appuyées sur un contrôle sérieux dont l'absence est la cause des insuccès passés. »

Le qualificatif *générales* est mis là pour faire entendre qu'il ne s'agit pas de constituer de petits groupes capables de se faire contre-poids et concurrence, mais des associations unitaires ne laissant rien en dehors d'elles. D'ailleurs, le rapporteur a été M. Chausse, le collectiviste.

IV

La troisième question était celle du *chômage et des crises industrielles*. Elle a été discutée dans la cinquième séance et a fourni à M. Finance l'occasion de lire un discours très-bien fait. M. Finance est un ouvrier peintre en bâtiment, mais ce n'est pas pour cela le premier venu. Il appartient à un groupe composé d'ouvriers positivistes et relevant de l'église de M. Laffitte. Il débuta par un coup d'éclat au Congrès de 1876 en lisant un discours admirablement écrit, quoique un peu trop long et un peu trop bourré de citations. Ce discours, contraire à la coopération, fut un admirable réquisitoire. Le système de l'accusateur consista à tourner contre l'accusée ses qualités les plus précieuses.

J'étais en Amérique lorsque le Congrès eut lieu, et, à mon grand regret, je ne pus y assister ; mais, à mon retour, je lus avec soin le compte-rendu. Quand j'en vins à M. Finance, je me demandai si son travail, attestant un homme habitué à manier les idées, les documents et les phrases, pouvait être l'œuvre d'un ouvrier, quelque intelligent qu'il fût. J'entends : un ouvrier continuant à être ouvrier et n'étant pas devenu écrivain et économiste. Maintenant que j'ai entendu et vu M. Finance, je suis plus embarrassé qu'avant. C'est un homme d'une taille un peu inférieure à la moyenne, à la figure grimaçante, portant des lunettes d'or, correctement vêtu de noir. Il était, à Lyon, si je me souviens bien, cravaté de blanc et présentait l'un des types du pasteur anglican. Rien en lui n'annonçait cet ouvrier au quart artiste et très-débraillé qui s'appelle un peintre en bâtiment. Il a, en outre, lu son discours avec une perfection qui prouvait que, s'il avait endossé une œuvre collective, il la connaissait et la comprenait. Ce discours, — peut-être est-ce l'effet de l'audition, — quoique écrit dans la même gamme que celui de Paris, m'a semblé meilleur.

Je dois signaler en passant un incident tout à l'honneur du goût littéraire des membres du Congrès. Quand la parole fut donnée à M. Finance, il y eut parmi les délégués, qui avaient pour la plupart figuré au congrès de Paris, un murmure de satisfaction: C'était un acteur aimé qui entrait en scène.

M. Finance accuse du chômage : 1° les machines, qui viennent du soir au lendemain réduire le nombre de bras qu'employait une industrie ; 2° les caprices de la mode ; 3° l'habitude qui s'est introduite depuis un certain nombre d'années de commander les objets dont on a besoin presqu'au moment où il les faut ; 4° l'instabilité chaque jour plus grande du domicile dans les grandes villes, ce qui rend essentiellement instable aussi la clientèle des marchands ; 5° les crises de la politique intérieure et extérieure ; 6° les grands travaux publics exécutés précipitamment.

Relativement aux machines, M. Finance a accusé les économistes de dire qu'il faut des victimes humaines au progrès. Il ne leur vient pas à l'idée, a-t-il ajouté, qu'on puisse faire des sacrifices de capitaux. M. Finance est d'avis, avec Proudhon et un économiste cité par celui-ci, qu'on ne peut pas exproprier un travailleur de sa profession sans lui donner une indemnité. Cet orateur est, d'autre part, effrayé du développement de l'industrie à notre époque : à son avis, ce qu'il importe de faire c'est de régler la production et non de la développer. Pour régler la production, il n'y a pas, d'après lui, de meilleur moyen que de diminuer les heures de travail dans tous les pays industriels. M. Finance a ensuite dirigé une nouvelle attaque contre les économistes qui « s'apitoient sur les produits et ne font passer le producteur qu'après. » « Nous ne pensons pas avec Bastiat, s'est-il écrié, que le consommateur soit tout. »

Quant à l'habitude de l'imprévoyance qui fait que l'on ne songe à un objet dont on a besoin que quand on ne peut plus s'en passer, la responsabilité doit en retomber sur les riches et sur les marchands, fabricants et ouvriers qui n'ont pas su résister. Ici une nouvelle citation de Proudhon dans laquelle il est dit que le capitaliste rend l'ouvrier semblable à lui-même et où il est parlé de l'égoïsme indisciplinable du pauvre. Il faut changer ces habitudes.

Quant aux fluctuations de la mode, on ne peut cependant pas revenir aux lois somptuaires : M. Finance le reconnaît et se borne à faire un appel à l'opinion publique. Le prolétariat est la base de cette opinion, affirme-t-il, et en cela il commet une erreur. L'opinion, dans neuf cas sur dix, va des aristocrates aux plébéiens, des riches aux pauvres, une fois seulement elle suit une marche contraire. La fixité des habitudes peut être assurée grâce à la possession de l'habitation par celui qui l'occupe. Les positivistes paraissent être partisans de ce système, ce qui les rapproche des disciples de M. Le Play. Ce n'est pas d'ailleurs la seule ressemblance qu'il y ait, à bien examiner les choses, entre les deux écoles.

Ce qui prouve, d'après M. Finance, l'existence de la cause qu'il assigne au mal, ce sont les nombreuses faillites qui se sont produites en 1875, parmi les marchands de denrées alimentaires et d'objets d'habillements. Cela pourrait tout aussi bien prouver qu'il y avait trop de ces marchands, et que la force des choses a amené une liquidation.

M. Finance et ses collègues positivistes sont cependant des socialistes. Ils le prouvent en affirmant que la prévoyance privée ne saurait suffire pour remédier au chômage, et qu'il est nécessaire que la société, sous ses deux formes d'État et de Commune, intervienne. Cette intervention doit avoir pour objet de fournir du travail quand des circonstances le rendent rare. C'est en somme le système des ateliers nationaux plus ou moins intelligemment appliqué. Les travaux à faire ne manquent pas, puisqu'on les accomplit dans les moments où les bras sont très-demandés. Il faudrait en réserver pour les temps de crise. L'argent ne manque pas non plus, puisque, en somme, on vit pendant ces périodes; mais il vaudrait mieux employer cet argent à faire exécuter des travaux, qui augmenteraient la richesse publique, que de le distribuer en secours.

En terminant l'analyse rapide de ce discours, je relèverai quelques fleurs de réthorique : « Il faut avoir la liberté d'abuser et ne pas s'en servir ». « Ne voulant pas être réglés, il faut nous régler nous-mêmes ».

Tous les autres discours prononcés ce jour-là pâlissent à côté de celui de M. Finance. Cependant je dirai que M. Pointard, boutonnier, de Paris, a signalé comme une cause du chômage le travail des prisons. M. Mortier, peintre-plâtrier, de Lyon, a parlé des conséquences du travail à façon et du marchandage. Les ouvriers qui travaillent à façon, selon lui, font diminuer le gain de leurs compagnons et ne gagnent pas beaucoup plus eux-mêmes. Quant aux *marchandeurs*, ce sont des ouvriers qui exploitent d'autres ouvriers avec une âpreté qu'ignore le simple patron. M. Lavergne, maçon, de Paris, a appelé l'attention sur une autre cause : les incendies qui détruisent les usines. Le patron est assuré, les ouvriers ne le sont pas, et, dans tous les cas, en attendant que l'usine se relève, ils sont sans moyens d'existence. Le même délégué a signalé, comme M. Finance, les trop grandes concentrations d'ouvriers de certaines industries que la rapide exécution des travaux publics amène dans les grandes villes. Il a annoncé une crise à Paris avant la fin de l'année, quand l'avenue de l'Opéra et le boulevard Saint-Germain seront terminés. A moins que la ville continue les travaux à l'aide d'un nouvel emprunt. Plusieurs orateurs ont proposé l'établissement de caisses d'assurances contre le chômage, mais d'autres ont affirmé que c'était impossible, étant donné le taux très-bas des salaires.

M. le comte de Calvinhac, qui fut conseiller municipal de Paris pour un quartier ultra-radical, mais dont l'élection fut annulée pour insuffisance de domicile, est venu lui aussi proposer son remède, c'est le retour de la propriété à la *collectivité*, en d'autres termes, ce que l'on appelle aujourd'hui le *collectivisme* et qu'on appelait autrefois plus justement le *communisme*. Seulement le communisme de M. de Calvinhac est de l'espèce de celui de M. Michel Bakounine. Il veut la propriété commune, mais il repousse l'État, tout ce qui en tient et tout ce qui y tient. Que diable l'État ou ceux qui agissent en son nom ou par sa permission ont-ils pu faire à M. le comte de Calvinhac?

M. Amat, tisseur, de Lyon, a protesté contre ceux qui veulent limiter la production. Tant que tout le monde n'a pas le nécessaire, a-t-il déclaré, le travail ne doit pas manquer. Cet orateur et d'autres ont affirmé que la question des machines ne pouvait être résolue que lorsque ces machines seraient la propriété des travailleurs, mais ils n'ont pas dit comment ces travailleurs pourraient en devenir propriétaires. Un autre Lyonnais, M. Boyet, bijoutier, s'est mis en contradiction avec M. de Calvinhac, et a nié que l'État fût forcément l'ennemi des travailleurs. Avec le suffrage universel, a-t-il dit, l'État c'est nous. Enfin, M. Chepié, tisseur lyonnais dont j'ai déjà parlé, a soutenu cette thèse originale : Les caisses de chômage sont une institution immorale, l'ouvrier ne pouvant y faire de versements qu'à la condition de priver sa famille des choses indispensables.

La résolution relative à cette question a dû être remaniée. Le délégué de l'Algérie, qui était le rapporteur de la commission, avait fait entrer beaucoup de politique dans ses considérations préliminaires. Sur la proposition de M. Desmoulins, le projet a été renvoyé à la commission. Quand il est revenu, il contenait encore un vœu en faveur de l'amnistie des condamnés de la Commune, vœu qu'il a fallu enlever par suite de l'insistance des membres de la commission d'initiative. Il est resté toutefois entendu que ce vœu était dans les cœurs.

En ce qui a trait à la question, la résolution s'est bornée à demander que la durée de la journée de travail fut fixée à 10 heures par mesure législative, et à proclamer que le travailleur devrait diviser ainsi sa journée : 8 heures de travail, 8 heures de loisir, 8 heures de repos. On a réclamé également la liberté de constituer des syndicats.

V

Nous avions, en commençant cet article, la ferme intention de ne pas être long, mais nous cédons au devoir de ne laisser dans l'ombre aucun détail typique ou original; pour la question de *l'instruction et de l'enseignement professionnel*, il sera possible de condenser davantage.

Sur cette question aussi il y a eu un discours remarquable. Ce discours a été prononcé par M. Auguste Desmoulins, professeur et journaliste, délégué du syndicat des instituteurs libres de Paris. Je ne m'arrêterai pas à ce qui, dans ce discours, et dans les autres, a eu trait à l'enseignement ordinaire. C'est là une question sans doute fort importante, mais sur laquelle on n'a rien dit qui ne soit connu. Je m'attacherai spécialement à ce qui a trait à l'enseignement du métier au jeune ouvrier.

M. Desmoulins, après avoir constaté que l'ancien apprentissage disparaît de plus en plus et qu'il disparaît parce que la connaissance complète d'un métier n'est plus nécessaire à notre époque de division du travail et de machines, a dit qu'il fallait donner aux enfants une instruction qui développât leur habileté manuelle et qui mît en leur possession les connaissances élémentaires de plusieurs professions. Par suite, les ouvriers à qui le travail manquerait pourraient toujours passer facilement d'un métier à un autre. Cet enseignement est déjà organisé dans une école publique de Paris située rue Tournefort.

Un autre orateur a été d'avis qu'il ne fallait donner à l'enfant qu'un métier qui lui convînt, et a dénoncé les faux apprentissages au cours desquels on n'apprend rien aux enfants. M. Cauvin, charpentier, de Lyon, a insisté pour que l'instruction des apprentis ne fût pas abandonnée à l'arbitraire des industriels. Il a demandé que les Chambres syndicales des ouvriers étendissent leur protection sur l'apprentissage. Il s'est prononcé, en outre, comme M. Desmoulins, pour que l'ouvrier fût pourvu de plusieurs métiers.

VI

Arrivons à la question principale du Congrès, celle de la *représentation directe du prolétariat au Parlement*, qui a été discutée dans la septième séance. Cette question avait provoqué la verve d'un tel nombre d'orateurs qu'il a fallu faire une séance de nuit.

La thèse développée est des plus simples, mais n'est pas non plus nouvelle. Elle consiste en ceci : il existe dans la société deux

grands groupes : l'un composé de bourgeois vivant du produit de
leurs capitaux ou exerçant des professions libérales; l'autre formé
des prolétaires, vivant d'un travail manuel, et par conséquent
nourrissant le premier. Il y a d'un côté, dit-on, les exploiteurs, de
l'autre, les exploités. Or, jusqu'à présent les législateurs, sauf de
rares exceptions, — exceptions que d'ailleurs les partisans des députés ouvriers récusent, — n'ont été recrutés que parmi les membres de la bourgeoisie. Il en résulte que, lorsqu'un projet de loi est
proposé qui touche aux intérêts du prolétariat, il n'y a personne,
ni dans l'une ni l'autre Chambre, qui soit en état de défendre ces
intérêts. Cela même, en supposant chez ces députés bourgeois la
plus grande bonne volonté en faveur des prolétaires. C'est cette
raison qui a fait dire à M. Bellèle, cordonnier, de Paris : « Nous
voulons nous affirmer comme producteurs, prolétaires, salariés,
dépossédés! » Le même orateur a ajouté : « Nous voulons continuer
l'œuvre de la Révolution, marcher à la conquête des droits civils et
politiques. » M. Bellèle serait probablement fort en peine d'indiquer quels droits civils et politiques manquent aujourd'hui légalement aux ouvriers.

Rien n'est dangereux pour la bonne foi comme la nécessité de
soutenir une thèse. La thèse de la divergence des intérêts des
bourgeois et de ceux des prolétaires a conduit les orateurs qui l'ont
développée à des assertions absolument inexactes et à des accusations véritablement injustes. M. Bellèle s'est écrié qu'on n'avait jamais vu la bourgeoisie intervenir en faveur de la « candidature
ouvrière », montrant ainsi une ignorance complète de l'histoire de
cette candidature. J'ai vu, pour mon compte, présenter plus d'un
ouvrier comme candidat à la députation, et je puis assurer que ces
candidats ont toujours trouvé plus d'appui chez les bourgeois
que chez les prolétaires. Il y avait d'ailleurs dans le Congrès un
ancien candidat, M. Chabert, qui eût pu venir dire que le comité
qui l'appuya, en 1876, dans le 17° arrondissement de Paris, comprenait beaucoup de bourgeois, et qu'il était présidé par le député « bourgeois » deux fois élu qu'il s'agissait de remplacer,
M. Lockroy. M. Bellèle, par sa seconde assertion, consistant en
ceci: que les « députés bourgeois » n'avaient jamais proposé aucun
projet de loi en faveur des ouvriers, a montré plus que de l'ignorance. Il ne lui était pas permis, en effet, de ne pas savoir que
M. Lockroy a déposé en 1876 un projet de loi tendant à la reconnaissance légale des syndicats de personnes de même profession, projet
de loi qui souleva les protestations de certains membres du Congrès
de Paris, lequel, comme celui de Lyon, déclara qu'il ne voulait
que la liberté. M. Bellèle ne devait pas davantage ignorer les diffé-

rentes propositions de M. Cantagrel, pour cette liberté absolue d'association qu'on réclame et de M. Nadaud, assisté de plusieurs autres députés, sur différentes matières.

Peut-être, avec un peu de misanthropie, on pourrait démêler dans ces affirmations absolues, dans ces attaques injustes, la crainte que l'on s'aperçoive que les abominables « bourgeois » sont capables de faire quelque chose, ce qui compromettrait l'opinion que « les travailleurs doivent reprendre *seuls* l'œuvre de la Révolution. »

Un autre délégué, M. Bonaventure, gantier, de Grenoble, a soutenu, lui aussi, qu'il existe encore des classes et affirmé que l'union de la bourgeoisie et du prolétariat, « prêchée par Gambetta, » est une utopie, et qu'il « ne faut pas confier les intérêts des travailleurs à des hommes qui n'en comprennent pas le premier mot. »

M. Salade, sellier, de Paris, a affirmé que le malade connaît mieux son mal que tout autre personne, — ce qui eût été vrai s'il eût employé le mot *souffrances*, — et il en a tiré la conclusion très-risquée : que le malade est seul en état d'indiquer le remède que réclame son mal. Voilà une assertion qui, appliquée aux maladies du corps humain, eût été combattue même par Raspail, l'ami tant célébré des ouvriers, dont le Congrès a cru devoir déplorer la mort.

La thèse de la distinction des intérêts entre la bourgeoisie et le prolétariat est cependant une thèse soutenable. Seulement, elle implique, de la part de ceux qui la soutiennent, la démonstration de cette divergence et en outre l'énonciation d'un programme particulier du parti ouvrier. Or, aucun des orateurs n'a tracé, même en lignes très-générales, ce programme. Toutes les revendications un peu précises que l'on a apportées appartiennent au programme du parti politique radical, lequel a à sa tête, comme les autres, des bourgeois. Je dois cependant dire que M. Bellèle a parlé de la création d'un code du travail, mais il n'a pas dit quels phénomènes spéciaux de la vie en société organiseraient et réglementeraient ce code. M. Salade a exprimé en outre l'avis qu'il fallait régler législativement les heures de travail et supprimer l'exploitation des ouvriers par les marchandeurs. M. Bonaventure a parlé de la création d'une Chambre du travail, sans dire comment elle serait constituée et qu'elles seraient ses attributions. Le même orateur a réclamé le service médical gratuit pour les pauvres et des lois protectrices de la vie et de la santé des ouvriers. Ces deux dernières demandes ont, il faut le reconnaître, porté sur des points précis, mais pour leur solution il n'est pas be-

soin d'envoyer au Parlement des représentants directs du prolétariat. Les membres actuels des Parlements ont fait des lois de ce
genre et ils en feront encore probablement. Quant à la législation
directe, à la décision par voie de plébiscite des questions de paix et
de guerre, à la suppression de l'esprit de nationalité, à l'éducation
uniforme, à la justice gratuite, à la liberté de réunion et d'association, à la rétribution de toutes les fonctions, ce sont des points qui
n'intéressent pas plus particulièrement les prolétaires que les
bourgeois.

Un typographe parisien, M. Goyon, s'est plaint que les journalistes radicaux de Paris, qui excitent les ouvriers à former des
syndicats, se missent en contradiction avec ces syndicats pour la
rémunération des ouvriers. Il est allé jusqu'à qualifier de jésuite
rouge « le spirituel chroniqueur du *Reveil*. »

M. Boissonnet, de Saint-Étienne, a dénoncé « les séides de la
bourgeoisie » dont les calomnies s'attaquent aux membres du prolétariat qui montrent quelque valeur et pourraient être choisis
pour représenter leurs compagnons. Quoi qu'en pense M. Boissonnet, il n'est pas besoin que la bourgeoisie dépense pour cela de
l'argent.

Ce qui paraît le plus étrange dans cette ardeur en faveur de
la représentation directe du prolétariat au Parlement, c'est que
les orateurs qui ont soutenu cette thèse se sont pour la plupart
déclarés de purs et simples partisans de la liberté absolue comme
principal moyen de résoudre la « question sociale ». Or, on ne peut
pas comprendre que le député qui accordera la liberté doive être
prolétaire et compétent. Passe pour faire des lois, mais pour les
défaire et ne rien mettre à la place, le premier bourgeois venu
peut s'en charger. D'autres raisons, notamment la composition de
nos collèges électoraux, qui sont formés de personnes de toutes
conditions, s'opposent à ce que les députés soient ouvriers ou
patrons, propriétaires ou locataires, etc. Pour que cela fût possible, il faudrait adopter l'idée émise par M. Goyon, après d'autres
personnes, de l'organisation d'une assemblée composée de représentants des intérêts industriels.

VII

La question de la *retraite des vieux travailleurs* a donné lieu à
bien des plaintes et à l'étalage de tristes tableaux. On a montré le
vieil ouvrier obligé d'accepter la charité parcimonieuse des communes ou des congrégations religieuses, mal nourri, privé de
soins et parfois, a-t-on assuré, obligé encore d'exécuter des travaux
au-dessus de ses forces. Un délégué des mineurs de Saint-Étienne

s'est plaint que les caisses de retraite et de secours établies pour cette catégorie de travailleurs fussent administrées par les compagnies sans que les ouvriers pussent rien contrôler. Un autre membre a dit que le même fait se produisait dans un grand nombre d'usines où existent des sociétés de secours mutuels et des caisses de retraite. En outre, lorsqu'un ouvrier est renvoyé, quelles que soient les causes de son renvoi, il perd tous ses droits.

Quant au moyen de remédier à cet état de choses, tout le monde s'est prononcé pour l'institution de caisses de retraite. Tout le monde, en outre, a été d'avis que l'initiative privée ordinaire n'était pas assez puissante. En conséquence, les uns proposaient qu'on fît appel à l'aide et aux subventions des communes et de l'État, tandis que les autres, adversaires farouches de l'État et de tout ce qui en tient, voulaient que ce fût par la confédération des syndicats d'ouvriers. Toutefois, un membre, M. Girard, de Dijon, a fait plus qu'affirmer la possibilité d'établir des sociétés de retraite : il a annoncé que depuis quinze ans, à Lyon, il en existe une, qui avait à la fin de l'année dernière 2,600 sociétaires et 38,000 fr. de capital.

VIII

La question du *travail agricole et des rapports des villes et des campagnes* a fourni à un paysan, délégué de Fleurey-sur-Saône, l'occasion de prononcer un discours très-intéressant. Je ne conteste pas que M. Jacquemin, le délégué en question, soit un travailleur, mais c'est un travailleur qui cite Bossuet et a lu M. Dunoyer. Il a beaucoup parlé de la situation intellectuelle et morale du paysan, dont il a fait tantôt l'éloge et tantôt la critique, — ainsi d'ailleurs que pour les ouvriers, — avec un grain de sel francomtois.

La conclusion sur cette question a été qu'il fallait établir des syndicats de travailleurs dans les campagnes et remplacer les juges de paix par des conseils de prud'hommes agriculteurs.

A propos de cette question des paysans, M. Dupire, tailleur, de Paris, délégué d'un groupe de collectivistes, est venu soutenir la doctrine de la propriété commune de la terre et des instruments de travail.

Le lendemain de ce jour, un délégué lyonnais a lu contre ces doctrines une protestation, en partie inspirée à coup sûr par des remontrances de l'autorité préfectorale, laquelle, à mon avis, a eu bien tort de s'inquiéter et de se mêler de cela.

IX

Le *vagabondage et les mauvaises mœurs* dans les grands centres industriels ont été attribués par tous les orateurs à la misère. M. de Calvinhac a prononcé un discours qu'il a commencé en disant : que ceux qui avaient lu dans certains journaux qu'il n'avait pas de domicile ne s'étonneraient pas qu'il traitât la question du vagabondage.

Un garçon limonadier de Lyon, M. Vizot, a donné de tristes détails sur la situation des hommes et des femmes qui exercent des professions dont les membres sont logés chez les employeurs : domestiques, etc. Lorsque le travail manque et que leurs ressources sont épuisées, ces malheureux sont sans asile; alors les hommes deviennent vagabonds et les femmes pis que cela. Ce délégué s'est plaint beaucoup du système des bureaux de placement, dont les directeurs ont intérêt à ce qu'il y ait beaucoup de mutations et cherchent parfois à les provoquer.

X

Enfin, la dernière question traitée a été celle des conseils de prud'hommes. On a demandé que cette institution fût étendue et modifiée; que toutes les contestations entre employeurs salariants et employés salariés fussent soumises à ces tribunaux compétents; que leur compétence fût assurée par une organisation qui instituerait un conseil dans chaque profession, même dans celles de femmes. On a demandé également que les pouvoirs des conseils fussent étendus; qu'ils fussent chargés de la surveillance de l'apprentissage et du travail des enfants; enfin, qu'ils reconnussent et assurassent les conventions intervenues entre les syndicats de patrons et ceux d'ouvriers. On a réclamé encore la suppression de l'anomalie qui fait que l'ouvrier, électeur politique à 21 ans, n'est électeur pour les prud'hommes qu'à 25 ans et éligible qu'à 30 ans, quand on peut être nommé député à 25. Enfin, on a émis le vœu que les prud'hommes fussent rétribués, ce qui a déjà été établi dans un certain nombre de villes.

XI

Voilà ce qu'a été le Congrès de Lyon. Comme celui de Paris, il a mis en rumeur bon nombre de gens en France et ailleurs. Il est arrivé, au cours de la session, des lettres et des dépêches; des agriculteurs et charretiers de Saint-Paul (Yonne), de la chambre syndicale des cordonniers de Blois, de groupes d'ouvriers de Bordeaux, d'Amiens, de Cette, de Puteaux, de Nîmes, de la Palisse (cette dernière était datée du tridi, 13 Pluviôse an 87 de la liberté), de Bruxelles (parti socialiste brabançon), de Milan, de Montescudaio (Italie), de Parme, de Genève, et probablement de quelques autres lieux.

On a répondu à toutes ces félicitations par des lettres et télégrammes montés sur le même ton. Toutefois, à la fin du Congrès, après l'avertissement de la préfecture, on a décidé de ne pas répondre à une lettre d'Espagne, qui contenait des doctrines révolutionnaires compromettantes. On a également refusé de répondre, en prenant cependant la chose trop au tragique, à un écrivain espagnol qui a fait un volume en vers sur les moyens de résoudre la question sociale, et qui offrait de partager les bénéfices avec le Congrès si celui-ci voulait faire traduire et publier ledit ouvrage en français.

En résumé, les membres du Congrès du Lyon ont soulevé de grosses questions, remué beaucoup d'idées, donné un certain nombre de renseignements, fourni aux économistes et aux législateurs des éléments pour des travaux utiles. Quant aux côtés curieux où se revèle la faiblesse humaine, lesquels ont pu donner une physionomie particulière à cette réunion, que les membres dès assemblées délibérantes où il n'y en pas jettent la première pierre aux délégués ouvriers.

CHARLES-M. LIMOUSIN.

CORRESPONDANCE

LE GOUVERNEMENT ET LES INSECTES.

AU RÉDACTEUR EN CHEF.

Mon cher ami, le sympathique ministre de l'agriculture et du commerce a présenté au Sénat un projet de loi qui répond, au point de vue administratif, à cette question posée à la Société d'économie politique : « que peuvent le gouvernement et le législateur contre les insectes nuisibles? » — La solution officielle donnée à cette question est-elle satisfaisante, est-elle conforme aux principes de la science? c'est ce que je me propose d'examiner dans cette lettre.

Les mesures que le ministre demande l'autorisation de prendre pour arrêter les progrès du phylloxera et du doryphora sont de

plusieurs sortes. Il y a d'abord des mesures préventives et de
police, ayant pour objet d'interdire l'entrée en France et de
réglementer la circulation à l'intérieur de tout ce qui peut aider
à l'importation et aux migrations des deux insectes ; — ces
mesures, réclamées depuis longtemps par les organes les plus
autorisés de l'agriculture, sont d'une utilité incontestable, et nonobstant les gênes et les entraves qui pourront en résulter pour
certaines transactions, l'économiste n'a rien à y objecter. Il n'en
est pas de même des autres dispositions du projet de loi.

En ce qui concerne spécialement le phylloxera, par exemple, le
ministre ne réclame pas seulement la faculté, pour ses agents,
de pénétrer dans les vignes signalées comme malades pour y
constater la présence effective du parasite, ce qui touche au droit
de propriété ; il demande, en outre, l'autorisation de substituer
l'action administrative à celle des propriétaires pour le traitement, aux frais de l'État, des vignes reconnues atteintes.

Les conséquences financières de cette intervention administrative seraient effrayantes pour le Trésor (1), si le projet de loi
n'expliquait avec soin qu'elle ne doit se produire que dans des cas
tout à fait exceptionnels : lorsque la maladie éclatera soudainement à une distance de plus de 30 kilom. des points déjà infec-
tés ; or, les progrès ordinaires de l'insecte ne dépassant pas 10 à
12 kilom. par an (à moins d'importation, que les mesures préventives doivent rendre impossible), il est évident que, la limite de
30 kilom. se reculant sans cesse devant l'insecte, la totalité du
territoire pourra être envahie sans que les agents administratifs
aient eu l'occasion d'agir.

Si le projet de loi se montre ainsi généreux, à peu de frais, dans
ses promesses aux régions non encore envahies par le fléau, il
n'est pas moins reservé pour celles qui auraient le plus grand
besoin de son assistance. A celles qui sont ruinées il n'accorde
rien, bien entendu; quant à celles qui luttent encore ou qui,
comprises dans la zone suspecte de 30 kilom. sont immédiatement menacées, il engage l'État à leur accorder une subvention
égale à celle que le département ou la commune auront votée
pour le même objet, de telle sorte qui si ces deux ganglions administratifs manquent de ressources, et c'est le cas le plus ordinaire, surtout pour les communes, l'État ne donnera rien et les
particuliers seront réduits à se suffire à eux-mêmes.

_____

(1) Les vignobles de France occupent près de 2,500,000 hectares; 288,000 sont détruits, 250,000 atteints, il en reste donc près de 2 millions, indemnes quant à
présent, mais menacés, et la plus faible dépense à faire pour les traiter n'est pas
moindre de 2 à 300 fr. par hectare et par an.

Ce n'est donc pas, comme on le voit, sous le rapport de l'équilibre budgétaire que le projet de loi est critiquable, c'est bien plutôt parce qu'il fait naître des espérances qu'il ne veut ni ne peut réaliser, et qu'il pose un principe mauvais, celui de l'intervention administrative dans le travail individuel.

Les particuliers ne savent pas ou ne peuvent pas se défendre, dit l'exposé des motifs. C'est malheureusement vrai dans cette circonstance, du moins en grande partie, car il y a des exceptions; mais l'administration sait-elle ou peut-elle davantage? Non, répond modestement et loyalement l'exposé des motifs. Alors, pourquoi demandez-vous, c'est-à-dire promettez-vous de traiter les vignes malades par vos agents, en ajoutant que la dépense sera aux frais de l'État, parce que n'étant pas certain de la guérison vous ne pouvez pas faire intervenir le propriétaire dans la dépense?

Le titre II du projet, relatif au doryphora, comprend, comme le premier, des mesures préventives qui, bien que gênantes pour l'agriculteur, seront utiles pour nous préserver des invasions de l'insecte; le projet emprunte, en outre, à la loi spéciale sur la maladie épidémique des bêtes à cornes, le droit pour l'administration de faire détruire des récoltes par mesure de précaution et moyennant indemnité. Ce principe, bien que déjà admis et en vigueur, n'en est pas moins toujours contestable, lorsqu'il s'agit d'en étendre l'application. En effet, quand, dans un incendie, l'autorité qui dirige les secours fait abattre les maisons contiguës, pour isoler le foyer et sauver tout un quartier, aucune indemnité n'est allouée aux propriétaires des maisons détruites par précaution, et il n'ont de recours que contre l'incendié et s'il y a lieu contre les Compagnies d'assurances. Sur quel droit se base-t-on donc pour agir autrement quand il s'agit de bœufs, de vaches, de moutons ou de pommes de terre?

En définitive, les mesures de police énumérées aux art. 1, 2, 6, 7 et 8 du projet de loi méritent d'être approuvées, il y a même urgence à leur donner la sanction légale le plus tôt possible. Pour le surplus, — en ce qui concerne le phylloxera, — l'administration ne sachant pas et ne pouvant pas plus le détruire que les particuliers, ne devrait être autorisée qu'à faire pénétrer ses agents dans les vignes pour y constater la présence effective de l'insecte, quand elle lui est signalée, et pour que les propriétaires, duement avertis, agissent à leurs risques et périls. Toute désignation de zone serait par suite supprimée, et les secours de l'État, largement accrus, devraient être accordés, sans distinction de méthodes et sans condition de concours départemental ou communal, à tous

les propriétaires ainsi qu'à toutes les associations et syndicats
agricoles qui s'imposeraient des sacrifices pour traiter les vignes
malades. — A l'égard du doryphora, — les mesures préventives
doivent suffire, et le principe de l'indemnité, si on l'admet, restreint dans les plus étroites limites, afin de ne pas exciter les convoitises et justifier les réclamations de tous les intérêts agricoles
qui souffrent des attaques des insectes.

Ad. BLAISE (des Vosges).

BULLETIN

—

LE PAPE LÉON XIII ÉCONOMISTE

Nous venons de lire (1) la Lettre pastorale pour le carême de 1877,
adressée au clergé et au peuple de Pérouse par le cardinal Joachim
Pecci, aujourd'hui Léon XIII, et rarement nous avons éprouvé
une surprise plus agréable. Nous n'avons pas été accoutumés depuis bien des années à entendre les membres du haut clergé faire
l'éloge de la civilisation moderne. Ils sont même assez généralement d'avis que Satan est pour quelque chose dans l'affaire. On
se souvient du célèbre mandement de l'archevêque de Besançon,
où il était dit que les chemins de fer avaient été inventés pour punir les aubergistes qui donnaient à manger de la viande le vendredi. La Lettre pastorale du cardinal Pecci est d'un autre style.
L'Église catholique est-elle hostile au progrès de l'industrie, des
arts et des sciences? Y a-t-il, comme l'assurent ses adversaires,
une incompatibilité naturelle et sans remède entre elle et la civilisation? Voilà les questions qui se trouvent posées et développées dans cette Lettre.

A ces questions, le prélat n'hésite pas à répondre : Non! l'É-
glise catholique n'est hostile à aucun progrès ; non, elle n'est pas
incompatible avec la civilisation, envisagée même sous l'aspect
purement matériel. Il fait mieux ; il prend la peine d'expliquer à
ses ouailles en quoi la civilisation consiste, quels sont ses avantages et ses mérites. Et ces explications, il les donne non point
en théologien, mais en économiste, et il cite ses auteurs.

« Un célèbre économiste français (Frédéric Bastiat) a rassemblé comme en un tableau les bienfaits multiples que l'homme

—————————

(1) Dans l'Univers.

trouve dans la société, et c'est une merveille digne d'être admi-
rée. Considérez le dernier des hommes, le plus obscur des artisans ; il a toujours de quoi s'habiller bien ou mal, de quoi chaus-
ser ses pieds. Considérez combien de personnes, combien de peuples ont dû se donner du mouvement pour fournir à chacun soit
ses habits, soit ses souliers, etc. »

« Tout homme peut chaque jour porter à sa bouche un morceau
de pain ; voyez encore ici quel labeur, que de bras il a fallu pour
arriver à ce résultat, depuis le laboureur qui creuse péniblement
son sillon pour lui confier la semence, jusqu'au boulanger qui
convertit la farine en pain'! Tout homme a des droits ; il trouve
dans la société des avocats pour les défendre, des magistrats pour
les consacrer par leurs sentences, des soldats pour les faire respecter. Est-il ignorant? Il trouve des écoles, des hommes qui pour
lui composent des livres, d'autres qui les impriment et d'autres
qui les éditent. »

« Pour la satisfaction de ses instincts religieux, de ses aspirations vers Dieu, il rencontre quelques-uns de ses frères qui, laissant toute autre occupation, s'adonnent à l'étude des sciences sacrées, renoncent aux plaisirs, aux affaires, à leur famille, pour
mieux répondre à ces besoins supérieurs. Mais en voilà assez
pour vous démontrer clairement qu'il est indispensable de vivre
en société pour que nos besoins aussi impérieux que variés puissent trouver leur satisfaction. »

Un économiste de profession ne résumerait pas plus clairement
les avantages de l'association et de la division du travail. Voici
maintenant l'explication des progrès et la définition de la civilisation.

« La société étant composée d'hommes essentiellement perfec-
tibles, elle ne peut demeurer immobile ; elle progresse et se perfectionne. Un siècle hérite des inventions, des découvertes, des
améliorations réalisées par le précédent, et ainsi la somme des
bienfaits physiques, moraux, politiques, peut s'accroître merveilleusement. Qui voudrait comparer les misérables cabanes des
peuples primitifs, les grossiers ustensiles, les instruments imparfaits, avec tout ce que nous possédons au dix-neuvième siècle ? Il
n'y a plus de proportion entre le travail exécuté par nos machines
si ingénieusement construites, et celui qui sortait avec peine des
mains de l'homme ».

« Il n'est pas douteux que les vieilles routes mal tracées, les
ponts peu sûrs, les voyages longs et désagréables d'autrefois, valaient moins que nos chemins de fer, qui attachent en quelque
sorte des ailes à nos épaules et qui ont rendu notre planète plus

petite, tant les peuples se sont rapprochés. Par la douceur des
mœurs publiques et par la convenance des usages, notre époque
n'est-elle pas supérieure aux agissements brutaux et grossiers des
Barbares, et les relations réciproques ne sont-elles pas amélio-
rées? A certains points de vue, le système politique n'est-il pas
devenu meilleur sous l'influence du temps et de l'expérience? On
ne voit plus les vengeances particulières tolérées, l'épreuve du
fou, la peine du talion, etc. Les petits tyrans féodaux, les communes querelleuses, les bandes errantes de soldats indisciplinés
n'ont-ils point disparu? »

« C'est donc une vérité de fait que l'homme dans la société va
en se perfectionnant au triple point de vue du bien-être physique,
des relations morales avec ses semblables et ces conditions politiques. Or, les différents degrés de ce développement successif auquel atteignent les hommes réunis en société sont la civilisation ;
cette civilisation est naissante et rudimentaire quand les conditions dans lesquelles l'homme se perfectionne sous ce triple point
de vue sont peu développées ; elle est grande quand ces conditions
sont plus larges ; elle serait complète si toutes ces conditions
étaient parfaitement remplies. »

Ne croirait-on pas assister au cours de M. Michel Chevalier au
Collège de France? Voici enfin un évêque économiste, et cet évêque est aujourd'hui un pape! Mais poursuivons l'analyse de cette
étonnante et admirable Lettre pastorale. D'où procèdent le progrès et la civilisation? Ils procèdent avant tout du travail. C'est
grâce au travail que l'homme réussit à améliorer son sort et à
créer les merveilles de l'industrie. Or, le travail était méprisé par
les philosophes les plus illustres de l'antiquité. C'est le christianisme qui l'a relevé, honoré et sanctifié : « Jésus-Christ, vrai fils
de Dieu, voulut être soumis à un pauvre artisan de la Galilée, et
lui-même, dans l'atelier de Nazareth, ne rougit pas de faire agir
sa main bénie.» Les apôtres demandaient au travail le soutien de
leur existence et, plus tard, dans l'Europe envahie par les Barbares, les moines ont défriché le sol ravagé par les invasions, et
ressuscité l'industrie. Plus tard encore, les républiques catholiques de l'Italie ne devinrent-elles pas les foyers éclatants de l'industrie, du commerce et des arts?

« L'Ionie, la mer Noire, l'Afrique, l'Asie étaient le théâtre des
relations commerciales et des expéditions militaires de nos ancêtres ; ils y faisaient d'importantes et fécondes conquêtes et, tandis
qu'au dehors flottaient leurs drapeaux entourés de crainte et
d'honneur, chez eux ils ne restaient pas inactifs ; ils cultivaient
les arts, et les négoces accroissaient par tous les moyens hon-

nêtes la richesse publique et privée. Les industries de la laine, de la soie, de l'orfévrerie, des vitraux coloriés, de la papeterie, à Florence, à Pise, à Bologne, à Milan, à Venise, à Naples, fournissaient à des milliers et des milliers d'ouvriers un travail lucratif; elles attiraient sur nos marchés l'or et le concours des étrangers. »

Dira-t-on encore après cela que le catholicisme est hostile au travail et aux arts de la civilisation? Sans doute, l'Église ne croit pas qu'il faille tout sacrifier, même la santé et la vie de l'homme, même les forces naissantes de l'enfant, à la multiplication des richesses, et ici l'auteur de la Lettre pastorale s'élève contre « les écoles modernes d'économie politique, infestées d'incrédulité, qui considèrent le travail comme la fin suprême de l'homme, et qui ne tiennent l'homme lui-même que pour une machine plus ou moins précieuse, selon qu'elle est plus ou moins productive? » Assurément, cette imputation est injuste. Aucun économiste digne de ce nom n'a prétendu que l'homme fût une pure machine à produire. Le travail est *un moyen*, ce n'est pas une *fin*. Les économistes sont, au contraire, tout à fait de l'avis de leur éminent confrère de Pérouse sur la nécessité de modérer la durée du travail, de ménager au travailleur des jours de repos, et surtout de ne pas épuiser les forces de l'enfant par un travail prématuré. Ils pensent, comme lui, que la charité n'a pas cessé d'être nécessaire et bienfaisante et, comme lui encore, ils s'arrêtent avec tristesse devant « le chiffre élevé des victimes que font l'incapacité d'apprendre, les guerres et les entraves du commerce. » Comme lui, ils sont partisans de la plus grande diffusion possible de l'enseignement; ils détestent la guerre et ils sont partisans de la liberté du commerce !

Mais l'auteur de la Lettre pastorale ne se borne pas à repousser comme une odieuse calomnie cette accusation des ennemis de l'Eglise, « qu'elle insinue dans les cœurs une mystique horreur pour les choses d'ici-bas, » et qu'elle recommande un ascétisme qui exclut toute amélioration matérielle de la condition de l'homme. Il va plus loin ; après avoir entrepris de démontrer que le catholicisme n'est nullement hostile aux progrès de l'industrie, il réfute cette autre calomnie plus venimeuse encore, qui fait considérer l'Eglise comme l'ennemie de la science. Cette inimitié prétendue ne serait pas seulement absurde, elle serait impie. Ne ferait-elle pas supposer que l'Eglise craint que la science ne réussisse à détrôner Dieu? Loin de le détrôner, elle ne peut que manifester sa puissance et redoubler l'amour qu'il inspire en dévoilant toute l'harmonie et la magnificence de son œuvre.

« Examinez en effet et jugez vous-même. Peut-il y avoir une chose désirée par l'Église avec plus d'ardeur que la gloire de Dieu et la connaissance plus parfaite du divin Ouvrier, que l'on acquiert par l'étude de ses œuvres ? »

« Or, si l'univers est un livre à chaque page duquel sont écrits le nom et la sagesse de Dieu, il est certain que celui-là sera plus rempli d'amour pour Dieu, s'approchera davantage de Dieu, qui aura lu plus avant et plus clairement dans ce livre. »

« .... Quelle raison pourrait-il y avoir pour que l'Église fût jalouse des progrès merveilleux que notre âge a réalisés par ses études et ses découvertes ? Y a-t-il en eux quelque chose qui, de près ou de loin, puisse nuire aux notions de Dieu et de la foi, dont l'Église est la gardienne et la maîtresse infaillible ? Bacon de Verulam, qui s'illustra dans la culture des sciences physiques, a écrit qu'un peu de science éloigne de Dieu, mais que beaucoup de science y ramène. Cette parole d'or est toujours également vraie, et si l'Église s'effraye des ruines que peuvent faire ces vaniteux qui pensent avoir tout compris parce qu'ils ont une légère teinture de tout, elle est pleine de confiance envers ceux qui appliquent leur intelligence à étudier sérieusement et profondément la nature, parce qu'elle sait qu'au fond de leurs recherches ils trouveront Dieu qui, dans ses œuvres, se laisse voir avec les attributs irrécusables de sa puissance, de sa sagesse, de sa bonté. »

L'auteur de la Lettre pastorale invoque encore à l'appui les témoignages de Copernic, de Kepler, de Galilée, de Volta et même du protestant Faraday, « qui voyait, dans la science qu'il cultivait avec passion, un véhicule pour arriver à Dieu. » Enfin il s'incline devant les merveilleux efforts de la science et le spectacle sublime qu'elle offre aux regards en rendant l'homme maître des forces de la nature, et en faisant éclater en lui comme une étincelle de son Créateur :

« Combien beau et majestueux apparaît l'homme, alors qu'il atteint la foudre et la fait tomber impuissante à ses pieds; alors qu'il appelle l'étincelle électrique et l'envoie, messagère de ses volontés, à travers les abîmes de l'Océan, au delà des montagnes abruptes, à travers les plaines interminables! Comme il se montre glorieux, alors qu'il ordonne à la vapeur d'attacher des ailes à ses épaules et de le conduire avec la rapidité de la foudre par mer et par terre? Comme il est puissant lorsque, par des procédés ingénieux, il enveloppe cette force elle-même, l'emprisonne et la conduit par des sentiers merveilleusement combinés pour donner le mouvement et, pour ainsi dire, l'intelligence à la matière brute, laquelle ainsi remplace l'homme et lui épargne les plus dures fatigues ! Dites-moi s'il n'y a pas en lui comme une étincelle de son Créateur, alors qu'il évoque la lumière et lui fait dissiper les ténèbres de la nuit. »

Mais le *Syllabus*? Le *Syllabus* n'a-t-il pas condamné la science et la civilisation? Autre calomnie. Le *Syllabus* ne condamne pas la civilisation par laquelle l'homme se perfectionne, la civilisation *vraie*. Ce qu'il condamne, c'est « la civilisation qui veut supplanter le christianisme et détruire avec lui tout le bien dont nous avons été enrichis par lui ». En d'autres termes, le *Syllabus* est dirigé non point contre la science et la civilisation, mais contre l'athéisme et le matérialisme. L'auteur de la Lettre pastorale croit n'avoir laissé aucun doute à cet égard, en se tenant sur le terrain de l'amélioration matérielle de la condition de l'homme. « Il nous serait agréable, ajoute-t-il, d'apporter la même lumière sur les points qui concernent l'amélioration de l'homme sous le rapport moral et politique, si au lieu d'écrire une Lettre pastorale, nous nous étions proposé de rédiger un long traité et si nous n'avions le projet, pourvu que la vie nous le permette, de revenir une autre fois sur ce sujet. »

Il est probable que l'archevêque de Pérouse, devenu le Pape Léon XIII, ne pourra donner suite à ce projet. Il est possible aussi que des influences avec lesquelles un souverain omnipotent et même infaillible est obligé de compter effacent de la mémoire du Pape la Lettre pastorale de l'archevêque. Mais cette lettre n'en a pas moins été écrite, et elle révèle chez son auteur des sentiments, des idées et des connaissances que nous n'étions plus habitués à rencontrer chez les hauts dignitaires de l'Eglise. Il y avait longtemps que la chaire de Saint-Pierre n'avait été occupée par un homme véritablement instruit, et Léon XIII est bien certainement le premier Pape qui ait étudié l'économie politique. Grégoire XVI était, comme chacun sait, un moine étranger aux affaires de ce monde ; et Pie IX lui-même, malgré son esprit naturel, avait un horizon intellectuel très-limité. L'auteur de la lettre pastorale est un esprit aussi cultivé et aussi *moderne* qu'on peut l'être. Il n'appartient pas au passé, il est de son temps. (*Débats.*)

G. DE MOLINARI.

———

LES ROUTES DE L'INDE

Depuis que la victoire, une victoire chèrement achetée, a conduit les Russes aux portes de Constantinople ; depuis que la question, si complexe et si difficile à circonscrire, des intérêts anglais a été soulevée

dans le Parlement, on parle beaucoup de la route des Indes. Il semble
que les Russes aient eu pour but, en anéantissant la puissance otto-
mane, de conquérir la route des Indes ou, tout au moins, de la fermer au
commerce anglais. Consultez les journaux, feuilletez les brochures,
écoutez les conversations qui s'échangent journellement entre financiers et politiciens, et vous vous écrierez avec la foule : «Les Russes ont
enlevé aux Anglais la route des Indes! »

Nous comprenons que le ministère Beasconfield ait essayé de faire
vibrer la corde des intérêts commerciaux pour galvaniser un peuple
aussi positif que le peuple anglais, aussi divisé sur le terrain de la politique extérieure, aussi sceptique à l'endroit des faits qui ne blessent
que son amour propre, mais nous serions désespérés de laisser croire,
de ce côté du détroit, que l'action du cabinet anglais soit basée sur
d'autres motifs que le souci de garder en Orient une ancienne influence,
le désir de fermer à la marine russe les ports de la Méditerranée et la
volonté de maintenir en Europe un équilibre dont nos voisins ont soupçonné huit années trop tard l'extrême utilité. On s'évertue aussi bien à
Vienne qu'à Londres à transformer en questions de transit du Danube
et de route des Indes les seules questions en jeu, à savoir: celle de la
domination maritime dans la Méditerranée et des nationalités.

L'Autriche qui, nous le reconnaissons, a de plus sérieux sujets de
crainte que l'Angleterre, n'a rien à perdre, au point de vue commercial,
de l'installation des Russes à Ismaïl, près de l'embouchure du Danube.
Cette nécessité de mettre en jeu les intérêts vitaux des peuples qu'on
veut entraîner vers les champs de bataille prouve que les gouvernements constitutionnels sont, dès à présent, hors d'état d'entreprendre
des guerres inutiles.

Les Russes, en franchissant le Pruth, à la fin d'avril 1877, n'ont donc
pas poursuivi un but commercial. Ils n'avaient en vue ni la route des
Indes, ni le trafic du Danube. Émanciper les Slaves de la rive gauche
du grand fleuve et leur donner la main par la conquête de la Bessarabie
moldave, annexée en 1856 à la Roumanie, tel était le plan du prince
Gortschakoff.

Mais il y a plus de Slaves opprimés en Autriche qu'il n'y en avait
dans les provinces chrétiennes de l'ancienne Turquie! Mais si la Porte
ne garde plus les détroits pour le compte de l'Angleterre, la Méditerranée cessera d'être un lac anglais! Voilà les seuls, les uniques griefs des
deux puissances qui essayent de disputer à la Russie ses conquêtes. Ils
ont de telle nature et touchent de si près à l'essence même de deux
pouvoirs dont, l'un est une flotte et l'autre un faisceau de nationalités
que, si nous entrions plus avant dans la question, nous risquerions fort
de traduire autrement que ne l'a fait l'ordinaire optimisme de la presse
européenne, le fameux discours du prince de Bismarck.

Nous ne voulons traiter ici que la question de la route des Indes. Les Russes n'ont aucun besoin de conquérir de haute lutte leurs communications avec les possessions anglaises, et leurs produits, forcément moins chers, ont déjà fait sur les marchés de l'Asie centrale, à quelques centaines de milles de l'Himalaya, la plus rude des concurrences aux produits anglais.

L'Asie centrale, c'est-à-dire l'immense région qui s'étend entre la Sibérie, la Chine, l'Inde, la Perse et la Russie européenne, comprend le sud-est de la Sibérie, le Turkestan russe, les khanats de Khiva, de Bokhara et de Khokand, le nouvel État de Kachgarie de l'Afghanistan. Les trois khanats qui s'étendent : le premier, au sud de la mer d'Aral, entre les déserts de Kisil-Kum et de Kara-Kum ; le second, au nord de l'Afghanistan, et le troisième entre celui-ci et la Kachgarie, étaient, depuis le commencement du siècle, l'objet de l'ambition russe. Après un grand nombre d'expéditions malheureuses, les Russes, partis du rivage nord de la mer d'Aral, remontèrent la vallée de Sir-Daria ; ils conquirent, en 1865, Tachkend, Samarkande, et, en 1873, Khiva et presque toute la contrée située entre le sud de la mer d'Aral, l'est de la mer Caspienne et la Perse. Tachkend, la capitale du Turkestan russe, située sur un des affluents du Sir-Daria, est déjà peuplée de plus de 200,000 habitants.

Les caravanes qui partent d'Orenbourg pour se rendre à Tachkend ou à Boukhara ont un parcours moyen de 2,000 kilomètres, que les chameaux accomplissent en 65 jours.

De Boukhara à Kaboul, dans l'Afghanistan, les mêmes caravanes font 1,200 kilomètres en 36 jours. Elles franchissent avant d'arriver dans cette ville les cols d'une élévation de 4,000 mètres qui coupent la grande ligne de faîte séparant les eaux des mers Caspienne et d'Aral de celles de l'océan Indien.

La route des caravanes relie ensuite Kaboul à Pechawer, ville frontière des possessions anglaises et point *terminus* des chemins de fer anglo-indiens du côté du nord-ouest, ligne de Lahore. Cette dernière partie du trajet n'est que de 300 kilomètres, soit une dizaine de marches de chameaux.

Kaboul n'est pas seulement la capitale d'un royaume important, dont les tendances, comme celles de tous les peuples de l'Asie centrale, sont plutôt russes qu'anglaises ; elle est aussi le centre du trafic entre l'Inde, les provinces orientales russes et le Turkestan. La ligne de chemin de fer qui a été faite par les Anglais, entre Karachi, port sur la mer d'Oman, et les villes de Lahore et de Pechawer, n'ont pas eu d'autre objet que de donner au commerce de Kaboul des facilités d'approvisionnement plus grandes. Il y a lutte, à cet égard, entre Boukhara, entrepôt russe, et Lahore, entrepôt anglais. Le commerce extérieur de Kaboul n'est pas

inférieur à 32 millions de francs. On exporte de Boukhara à Kaboul et
jusqu'à Jalalabad, près de la frontière anglo-indienne, des produits
russes, notamment des étoffes de soie, des tissus d'or et d'argent, des
cuirs, des porcelaines venues de Chine par voie russe, du thé de même
provenance, etc.

D'autres débouchés ont été ouverts au commerce russe par l'expulsion
en masse des Chinois de la Kachgarie ou Turkestan oriental, vers
1864-65. On sait qu'un royaume prospère a été fondé dans cette contrée,
dont la population est musulmane, par Iacoub-Bey, originaire de Khokand. Ce nouvel État confine, à l'ouest, aux possessions russes du kha-
nat de Khokana et, au sud, aux chaînes de l'Himalaya, qui le sépare de
l'Inde anglaise. Les Anglais et les Russes se trouvent en présence sur
les marchés importants de Kachgar et de Iarkand. Ceux-ci ont accès dans
le pays par une série de vallées, mais les Anglais ont signé, le 2 février
1874, un traité de commerce avec l'émir Mohamed-Iakoub-Khan.

Les Russes sont depuis longtemps en possession de la véritable route
des Indes, celle qui reliera dans un avenir prochain l'Europe à l'Asie
méridionale par une ligne de chemin de fer dont les divers tracés entre
Orenbourg (Russie) et Pechawer (Inde anglaise) ont été déjà étudiés,
sur les indications de M. Ferdinand de Lesseps, par M. Stuart, ingénieur.

Dès 1840, M. Arthur Conolly, cité dans la brochure *les Tracés du chemin de fer central asiatique*, désignait le tracé par le Turkestan comme
« le vrai chemin entre l'Europe et l'Inde ». Depuis cette époque, les
grandes plaines au sud de la mer d'Aral ont été conquises par la Russie, les chemins de fer russes ont été poussés de Samara jusqu'à Orenbourg, les chemins de fer anglais jusqu'à la chaîne de l'Himalaya et la
frontière de l'Afghanistan, les routes que parcourent les commerçants
sont devenues plus sûres, et on peut espérer que la zone centrale, et
conséquemment l'Inde asiatique, sera reliée d'une façon continue avec
les marchés européens. Rappelons, puisque nous avons parlé du projet
de chemin de fer central asiatique, que la distance soigneusement évaluée entre Orenbourg et Pechawer (via Tachkend et Kaboul) est de
3,550 kilomètres.

De Calais à Calcutta (*via* Bruxelles, Varsovie, Orenbourg, Tachkend,
Kaboul et Pechawer), le parcours serait de 11,000 kilomètres. On l'ac-
complirait en dix jours. En quatre ou cinq jours, les marchandises
russes arriveraient sur les marchés de l'Asie centrale et les produits anglais ne pourraient plus soutenir la concurrence. Quant à l'Inde elle-
même, où le système protectionniste maintiendrait la puissance commerciale anglaise, elle se trouverait stratégiquement fermée.

Ne nous étonnons donc pas que lord Granville ait, autrefois, refusé à
M. de Lesseps, au nom du cabinet de Saint-James, l'autorisation solli-

citée par lui de faire accomplir par son fils un voyage d'exploration dans l'Afghanistan.

La seule route de l'Inde, route ferrée projetée, que la marche actuelle des Russes puisse menacer dans une certaine mesure, est celle dont le colonel Chesney s'est longuement occupé et qu'on connaît en Europe sous le nom de ligne de l'Euphrate. Il s'agissait de relier un des ports de la Méditerranée à la côte du golfe Persique par une voie ferrée, en suivant la vallée de l'Euphrate.

Les Russes ont conquis, dès 1873, l'une des routes terrestres de l'Inde; les Anglais ont toujours pour eux l'Océan, et la question des intérêts commerciaux anglais, à propos de la guerre du Danube, n'existe que dans l'imagination des cockneys. (*La France*.)

CAMILLE FARCY.

LES BONS DE CHEMINS DE FER.

Au gouvernement les lignes principales et les têtes de chemins de fer, l'intérêt général le veut;

Aux Compagnies les lignes secondaires et les embranchements, l'intérêt local le peut.

Les capitaux fournis par l'État;

Les travaux exécutés par l'industrie.

L'avantage de ce système, l'inverse absolument de celui qui fut adopté pour les canaux en 1821 et 1822, est de tout simplifier et de tout concilier.

L'État est propriétaire des grandes lignes de communication;

Il fait de son crédit un emploi utile et judicieux.

L'administration des ponts et chaussées reste maîtresse des tracés, étudie les projets, surveille les travaux, mais ne les exécute pas ; affranchie de la responsabilité des détails, elle s'élève en se renfermant dans ses hautes attributions, qui sont la direction et le contrôle, d'où elle ne doit jamais sortir.

L'État, le corps des ponts et chaussées et l'industrie sont ainsi heureusement associés. Chacune des trois parties apporte ce qui est nécessaire aux deux autres : l'État, — des capitaux abondants et à bon compte; le corps des ponts et chaussées, — l'unité dans la conception ; l'industrie, — la rapidité et l'économie dans l'exécution.

Dans ce système, point de complications de tarif, point d'agiotage, point de risque pour les travaux de rester inachevés faute de fonds point de garantie d'intérêt, point de subvention, aucun des inconvénients de la concession administrative, et tous les avantages de l'adjudication publique.

Ce système est celui dont l'expérience a démontré la supériorité; ce système est celui que l'Autriche a adopté ; ce système, enfin, est le seul qui soit assez solide pour résister à toutes les objections d'une Assemblée qui représente un pays dont les députés sont élus par 459 arrondissements, où la centralisation est aux prises avec toutes les difficultés du morcellement sous toutes ses formes, où l'aristocratie n'existe plus, où le régime municipal n'existe pas encore.

Hors de ce système, il y a peu de chance de salut pour tout projet de chemins de fer conçu avec ensemble, et conséquemment exécuté avec étendue.

A ce système, si simple qu'il défie toute discussion approfondie et exclut tout débat oiseux, tout vote périlleux, il n'y a qu'une seule objection, c'est l'objection tirée de la difficulté pour l'État, dans des circonstances peu favorables aux emprunts, de se procurer les fonds nécessaires pour l'appliquer avec la vigueur d'exécution, l'esprit d'unité et la grandeur qui conviennent à la France. Or, à nos yeux, cette difficulté n'est pas sérieuse ; et entre les moyens de la résoudre, quand nous le voudrons une bonne fois, nous n'aurons que l'embarras du choix.

Il manque en France à la circulation une valeur qui échappe par le poids de sa masse aux fluctuations de l'agiotage, qui soit d'une négociation si facile et si populaire qu'elle absorbe tous les petits capitaux flottants, cependant immobiles, qui restant improductifs au fond des tous les tiroirs, au fond de toutes les bourses, au fond de toutes les caisses, parce que, aujourd'hui sans emploi, ils en attendent un demain, qu'ils n'auront peut-être que dans quelques jours, dans quelques mois ; et que jusque-là il n'y a pour eux aucun moyen de s'utiliser sûrement, avantageusement.

Les moyens actuels sont, en effet, insuffisants.

...Pourquoi donc n'émettrait-on pas, au fur et à mesure des besoins et des travaux, des *bons de chemins de fer*, ayant les chemins de fer eux-mêmes pour garantie spéciale, indépendamment de la garantie supplémentaire de l'État, étant productifs d'un intérêt de 3 fr. 65 par an au porteur, pour les sommes de 100 à 1,000 fr., et nominatifs ou au porteur, au choix, pour les sommes de 1,000 fr. et au-dessus ?

Qu'y aurait-il à la fois de plus simple et de plus sûr pour tous les particuliers et de moins onéreux pour l'État ?

Toute personne, à quelque classe qu'elle appartint, dès qu'elle aurait 100 fr. chez elle, les convertirait en un bon de chemins de fer d'égale somme, pour jouir des intérêts à courir jusqu'à l'époque où elle le donnerait en payement. Quant au calcul des intérêts, quoi de plus simple ? Tous les bons de chemins de fer auraient le 1ᵉʳ janvier pour date de jouissance. L'intérêt d'UN CENTIME PAR JOUR par somme de 100 fr., et de DIX CENTIMES PAR JOUR par somme de 1,000 fr., il n'y aurait pas même de risque qu'un enfant s'y trompât. Tout *bon de chemin de fer* de 1,000 fr.

gardé en caisse pendant un mois vaudrait 1,003 fr., et serait donné en payement pour cette somme. Nul doute que l'effet moral d'une telle création ne fût bientôt de familiariser tout le monde avec les avantages de l'épargne et d'étendre encore les habitudes d'ordre et, par suite, les moyens de bien-être. On dépense assez facilement, et sans s'en rendre compte, l'argent qui reste improductif ; on dépense plus difficilement celui qui donne un intérêt, quelque faible qu'il soit. L'argent attache plus par son produit que par lui-même. C'est une observation dont l'exactitude ne sera contestée par aucun de ceux qui ont attentivement suivi les placements qui s'opèrent dans les caisses d'épargne.

Si le moyen que nous venons d'indiquer n'avait pas une énergie suffisante, rien ne serait plus facile de l'accroître en donnant aux *bons de chemins de fer* un numéro de série, et en les faisant concourir à un tirage de lots analogue à celui qui a lieu pour les obligations de la ville de Paris. L'intérêt fixe des *bons de chemins de fer* n'étant que de 3 fr. 65 par an, on pourrait appliquer 35 centimes à l'affectation de ces lots, ce qui ne ferait encore qu'un intérêt de 4 0/0 par an. Les porteurs de ces bons jouiraient donc ainsi de ces deux avantages : premièrement, de recevoir un intérêt de 3 fr. 65 par an ; deuxièmement, de courir, sans aucun risque de perte, la chance de gagner un des lots, qui pourraient varier de 500 fr. à 50,000 fr. S'il y avait une objection à faire à ce moyen de crédit, ce serait d'être doué d'une action trop puissante, d'exciter trop vivement à l'épargne et de placer les *bons de chemins de fer* dans une position trop favorable peut-être, par rapport à la rente, aux bons royaux, aux placements hypothécaires, à l'escompte des effets de commerce, au dépôt dans les caisses d'épargne, et surtout aux billets de la Banque de France.

A cette dernière objection, il y aurait plusieurs réponses : — Premièrement, l'émission des *bons de chemins de fer* serait forcément limitée à l'importance des sommes appliquées à l'exécution des lignes principales ; deuxièmement, cette émission n'aurait pas lieu en bloc, mais successivement dans la mesure de la vitesse imprimée aux travaux ; troisièmement, la nécessité étant reconnue pour la France de ne pas rester inférieure sous le rapport des voies de fer à l'Angleterre, et surtout à l'Allemagne, peu importerait que ce fût par l'impôt, par l'emprunt, par une garantie d'intérêt, par l'émission dont il est parlé ici, ou par tout autre mode, que l'État se procurât les fonds, s'il le fallait dans tous les cas ; quatrièmement, si la plus grande partie des fonds déposés dans les caisses d'épargne préférait désormais s'employer en *bons de chemins de fer*, le trésor public, qui paye aux déposants un intérêt de 4 0/0, tandis qu'il peut émettre à 3 0/0 des bons royaux, n'aurait qu'à s'en applaudir, puisque non-seulement il y trouverait un bénéfice, mais encore qu'il serait déchargé de la grave responsabilité qui pèse sur lui ; responsabi-

lité qui consiste, dans les temps de crise, à être toujours en mesure de
faire face à toutes les demandes subites de remboursements ; cinquiè-
mement, enfin, il ne faut pas oublier que la création de *bons de chemins
de fer* se proposerait moins pour but d'accaparer les gros capitaux, ceux
qui se placent sur garanties hypothécaires ou qui opèrent dans l'industrie et le commerce, que d'utiliser les petites sommes qui, aujourd'hui,
n'ont pas d'emploi et restent conséquemment improductives d'intérêt.

L'idée d'émettre des *bons de chemins de fer* étant favorablement accueillie, viendrait la question de savoir si l'on devrait les soumettre à
un mode quelconque d'amortissement ou de remboursement. Ce ne
serait pas notre avis. Quand le gouvernement voudra les retirer de la
circulation, il le pourra toujours, comme cela a lieu aujourd'hui pour
les vieilles pièces de monnaie qu'il fait refondre. Mais quel inconvénient
verrait-on à laisser substituer dans la circulation des titres qui, si les
chemins de fer produisaient en moyenne 4 0[0 d'intérêt du capital employé, ne grèveraient aucunement le trésor public, et donneraient à tout
le monde des moyens d'épargne faciles et supérieurs assurément à tout
ce qui existe en ce genre? Quand une banque émet des billets portant
intérêt, quel gage le public, qui échange son argent contre ses billets,
a-t-il que cet argent ne sera pas détourné de sa destination ; que la probité, la prudence, l'habileté présideront à toutes les opérations de la
banque à laquelle il a confié ses fonds? — Aucun. — S'il conçoit des
doutes, quel moyen a-t-il de les dissiper ? — Aucun. — Assez de faillites
considérables, imprévues et improbables, sont venues révéler, dans ces
derniers temps, le nombre immense de petites gens économes et de
gens à gages plaçant leurs épargnes chez les receveurs généraux, les
banquiers et les notaires, le danger de ces sortes de placements et la
nécessité d'un placement nouveau. Les *bons de chemins de fer* auraient
cet avantage qu'ils porteraient avec eux-mêmes leur garantie visible.
La preuve que l'argent versé aurait reçu sa destination, ce seraient
d'abord les travaux exécutés, ensuite les comptes rendus aux Chambres
législatives et contrôlés par elles, enfin la mise en exploitation des
chemins de fer. Quel placement aurait jamais offert tant de sécurité ? —
Garantie en quelque sorte hypothécaire et garantie supplémentaire de
l'Etat. Croit-on que si, en 1837, les *bons de chemins de fer* eussent
existé, tant de petits capitaux se fussent jetés aveuglément dans la
commandite ? — Assurément non ; l'engouement qui s'est manifesté à
cette époque n'avait qu'une cause : la difficulté pour beaucoup de petites épargnes de s'utiliser, et l'insuffisance des moyens de placements
existants.

On a dit qu'il y avait quelqu'un qui avait plus d'esprit que celui qui
en avait le plus, c'était tout le monde ; il y a aussi quelqu'un qui a plus
d'argent que celui qui en a plus, c'est tout le monde. Prenez-le donc

pour banquier, il vous donnera, moyennant 3 fr. 65 c. par an, 4 0/0 au plus, et sans terme de remboursement, autant d'argent qu'il vous en faudra pour exécuter toutes les *lignes principales* des chemins de fer; et il lui en restera encore assez pour entreprendre ensuite toutes les *lignes secondaires*, si vous lui laissez toute liberté de régler péages, pentes et courbes, sauf à la concurrence à s'établir et, en cas d'accidents ayant pour cause l'imprévoyance ou l'incurie des Compagnies, à les en rendre responsables et à les condamner à des amendes sévères et à des dommages-intérêts considérables.

Il n'y a de grand que ce qui est simple; il n'y a de facile que ce qui est grand.

Si la confusion règne dans la discussion à laquelle est soumis le projet de loi relatif à l'établissement des grandes lignes de chemins de fer, ce n'est pas la Chambre des députés qu'il faut en accuser, mais le gouvernement, qui n'a pas deux idées qui se suivent, deux vues qui concordent, qui n'a de système sur rien; aussi la complication est-elle le caractère distinctif de toutes ses conceptions, et la contradiction, la conséquence inévitable de toutes ses mesures.

Le gouvernement ne sait pas ce qu'il veut, ni où il va.

Le pays ne sait pas ce qu'il peut, ni où on le mène.

Le gouvernement étant sans décision, le pays est sans confiance; de là tant de frottements qui gaspillent des forces utiles, de là tant d'années précieuses perdues en débats stériles.

Ce que l'on vient de lire date de 1839, et donna lieu, à cette époque, à la controverse la plus courtoise entre le député de *la Presse*, et M. Bartholony, président du Conseil du chemin de fer de Paris à Orléans (1).

Si le mode d'exécution des chemins de fer, rappelé ci-dessus, eût été résolûment adopté, il y a trente-sept ans, quelles n'en eussent pas été les conséquences fécondes pour tous les départements de la France, pour notre industrie, pour notre commerce, pour notre crédit! Il y a longtemps, bien longtemps que ne manqueraient plus au réseau français aucun embranchement, aucun affluent, et que toute fausse distinction eût disparu entre les grandes et les petites lignes, entre celles réputées fructueuses et celles réputées onéreuses, parce que la moyenne de leurs produits se fût naturellement établie d'elle-même, entre l'excédant des recettes sur les dépenses des grandes lignes et l'excédant des dépenses sur les recettes des petites lignes.

La critique à faire au système qui vient d'être textuellement rappelé, c'est de d'avoir pas été absolu, c'est d'avoir arbitrairement admis une distinction entre les lignes principales et les lignes secondaires; toutes,

_____

(1) *Questions de mon temps.* Tome X. *Questions financières*, p. 37 et suiv.

sans préférence entre elles, eussent dû être exécutées par l'industrie avec les capitaux fournis par l'Etat.

Est-ce que tous les chemins de fer d'un Etat, comme toutes les routes de terre, ne sont pas d'intérêt public! Est-ce que les départements pauvres ont moins de droits que les départements riches aux mêmes moyens rapides et économiques de transport, de communication et de circulation?

Je défie tous les défenseurs des grandes Compagnies d'établir la vérité du contraire. (*La France.*) EMILE DE GIRARDIN.

SOCIÉTÉ D'ÉCONOMIE POLITIQUE

RÉUNION DU 6 MARS 1878.

COMMUNICATIONS : Le pape Léon XIII économiste ; Rossi et Pie IX. — L'enseignement de l'économie politique dans les écoles catholiques. — Les lauréats du prix de statistique à l'Académie des sciences. — Prix pour le meilleur des impôts.

DISCUSSION : La question de la marine marchande.

OUVRAGES PRÉSENTÉS.

M. Renouard, membre de l'Institut, sénateur, l'un des présidents de la Société, a présidé cette réunion à laquelle avait été invité M. Delavelaye, rédacteur en chef du *Moniteur des intérêts matériels* qui se publie en Belgique.

M. JOSEPH GARNIER demande le premier la parole pour signaler à la réunion un très-intéressant article du *Journal des Débats* (1), écrit par un des membres les plus distingués de la Société, M. de Molinari, qui analyse et cite un mandement fait par le nouveau pape, Léon XIII, l'an dernier, en sa qualité d'évêque de Pérouse.

Mgr Pecci, dans un très-curieux document qui annonce un esprit ouvert et économiste, s'appuyait sur Bastiat, sur Bacon et d'autres auteurs, dont un protestant (par parenthèse), pour montrer l'accord des progrès de la civilisation moderne et des saines doctrines du christianisme.

A l'occasion de cette heureuse surprise, M. Joseph Garnier rappelle qu'il y a trente ans, la Société avait, sur sa proposition, fait une Adresse à Pie IX, peu de temps après son avénement, pour appeler son attention sur l'importance sociale qu'il y aurait à en-

---

(1) Reproduit p. 428.

seigner l'économie politique dans les séminaires. L'illustre Rossi, membre de la Société et ambassadeur de la France à Rome, voulut bien se charger de remettre cette Adresse, et il le fit avec grand plaisir, car personne plus que lui ne comprenait la nécessité de l'enseignement économique, particulièrement pour ceux qui sont chargés d'éclairer les autres. Le pape Pie IX fit bon accueil à la lettre de la Société ; mais, peu de temps après, Rossi n'était plus là pour la réalisation de ses bonnes dispositions à l'égard d'un enseignement que le pape ne comprenait guère. Il y a lieu d'espérer que l'auteur du mandement qui vient d'être cité restera le même sous la tiare. S'il en était ainsi, un très-grand progrès pourrait s'accomplir ; le clergé catholique deviendrait plus instruit ; non-seulement il cesserait de propager des sophismes socialistes, mais il serait un précieux instrument de propagande pour les principes de la science économique qui inspirent la paix entre les classes et les nations : *urbi et orbi.*

M. Joseph Garnier sait aussi que des progrès ont été accomplis dans ce sens ; il y a par exemple, un cours d'économie politique au séminaire de Saint-Sulpice, les frères de la doctrine chrétienne en ont accueilli un depuis plusieurs années, sur l'initiative d'un ami dévoué de la science, M. Derivaux ; la faculté catholique de Paris a une chaire d'économie politique, etc.

A ce propos, M. Courtois fait part à la réunion d'une visite récemment faite par lui au collège Fénélon ; il y a appris que le directeur, M. l'abbé Girodon, y fait un cours d'Economie politique et de Finances. A en juger par la conversation qu'il a eue avec cet honorable ecclésiastique, il apprécie que cet enseignement doit avoir lieu dans des conditions à faire aimer et connaître la science par la jeunesse à laquelle il s'adresse.

M. E. Brelay, président de la Société des études économiques pour les réformes fiscales, annonce à la réunion que M. A. Raynaud, promoteur de cette société, dont l'ardeur généreuse ne saurait être trop louée, a résolu de décerner un prix de *deux mille francs* à l'auteur du meilleur mémoire sur une question ainsi formulée :

« Indiquer un système d'impôt, simple ou complexe, qui remplirait les conditions suivantes :

1° Observer, dans toute sa rigueur, le principe de la déclaration des Constituants de 1789, d'après lequel chaque citoyen doit contribuer aux charges publiques en proportion de ses facultés.

2° Etre d'une perception simple, facile et peu coûteuse.

3° Ne provoquer, pour sa perception, aucune inquisition, vexation; ni entrave commerciale quelconque, et éviter toute immixtion des agents du fisc dans les affaires des particuliers ».

Le problème est bien difficile, ajoute M. Brelay ; mais il pourra tenter quelques économistes courageux, qui auront toujours fait une œuvre utile, s'ils n'atteignent pas l'idéal de cet énoncé.

Avant de faire la présentation habituelle des ouvrages (Voyez plus loin), M. le secrétaire perpétuel annonce à la réunion que l'Académie des sciences, qui avait dans sa deuxième séance solennelle à donner les prix Montyon de statistique pour 1876 et 1877 a donné : le premier à M. Loua, membre de la Société et chef de Bureau à la statistique générale pour l'ensemble de ses travaux ; le second à M. Yvernès, pour la statistique criminelle, civile et commerciale, que publie annuellement le Ministère de la Justice. L'Académie ne pouvait rencontrer des lauréats plus laborieux et plus dévoués aux utiles travaux auxquels ils se sont consacrés.

Après ces communications, M. le président interroge les membres de la réunion sur les sujets qu'ils proposent de discuter en conversation générale. La question suivante, inscrite au programme, demandée par M. A. Chérot, et qui est à l'ordre du jour dans les deux chambres est adoptée.

QUESTION DE LA MARINE MARCHANDE.

La question est ainsi formulée par son auteur, M. Joseph Garnier : « la Marine marchande est-elle en décadence ? Que peut-elle demander à l'État ? »

M. A. Chérot, ancien membre du Conseil général de la Loire-Inférieure, veut s'attacher à bien préciser la situation de la Marine marchande et les vœux de ceux qui désirent la voir s'améliorer.

La marine marchande est-elle en décadence en France ? L'affirmative ressort des plaintes incessantes des Chambres de commerce, de l'enquête parlementaire de 1870, de l'enquête administrative de 1874, de celle à laquelle s'est livré extra-parlementairement, en 1876, un groupe de deux cents sénateurs et députés. Leurs travaux ont établi, en même temps, le dépérissement parallèle de notre industrie des constructions navales.

Cet état de choses ressort non moins clairement des chiffres de la statistique. Il y a un demi-siècle, la marine marchande française tenait le deuxième rang. Elle est descendue au sixième, après l'Angleterre, les Etats-Unis, la Suède et Norvège, l'Italie et l'Allemagne. La part de notre pavillon dans l'intercourse générale, qui était encore de 41 p. 100 en 1865, n'est plus que de

29 p. 100 en 1876, et même de 18 p. 100 si l'on défalque la part afférente à la marine à vapeur subventionnée.

Quant aux constructions navales, elles déclinent également. En 1873, elles produisaient encore 39.000 tonnes; elles sont descendues à 32.000 en 1876, alors qu'il en faudrait plus du double pour remplacer les extinctions.

La France peut-elle se désintéresser de la question en s'abritant derrière le principe de la liberté commerciale? Tant que les nations seront divisées, toujours à la veille de guerres, sinon en état de guerre permanent, l'application du libre échange devra tenir compte des questions d'opportunité. Des économistes ont confiance que cette application amènerait la cessation des guerres; il est plus pratique de croire que c'est la cessation des guerres qui seule pourra permettre l'application du principe de la liberté absolue des échanges. Dans la situation générale, le fer et la houille, par exemple, sont à juste titre considérés comme des instruments d'indépendance des peuples, et un gouvernement serait coupable envers la patrie qui ne s'arrêterait pas dans la voie du libre échange, là où l'existence de ces deux industries pourrait être compromise.

Au même titre, la prospérité de la marine marchande n'importe pas moins au pays. La France est baignée par trois mers, elle a 600 lieues de côtes à défendre, son pavillon à protéger sur les mers, ses nationaux sur les terres étrangères. Or, pas de marine militaire sans marine marchande, réservoir de marins sérieux. Ce n'est pas avec de l'argent qu'on fait des hommes de mer.—Au point de vue économique, notre marine marchande donne un produit net d'un demi-milliard en valeur de transports; elle aide à la vulgarisation de ses produits, à la création de courants commerciaux si nécessaire à leur débouché. Elle doit donc être considérée comme une des premières industries du pays, intéressant sa grandeur et sa sécurité. Pourrions-nous être indifférents à sa prospérité, alors que tous les autres pays font des efforts si énergiques pour assurer le développement de leur marine?

La doctrine pure du libre échange pourrait dire oui, mais tous les esprits pratiques diront que les pouvoirs publics ont le devoir de veiller avec sollicitude sur la conservation et le développement de notre marine. La section d'économie politique, à la session dernière du congrès scientifique du Hâvre, a admis cette intervention de l'Etat.

Avant de se demander ce que l'État peut faire, il est nécessaire de se rendre compte de notre matériel naval et de la situation faite à notre navigation.

L'effectif de notre marine marchande se composait, à la fin de
1876, de 15,400 navires, jaugeant 1,000,000 de tonneaux et montés par 95,000 hommes d'équipage.

La petite pêche emploie 9,000 embarcations 85,000 tonneaux.

La grande pêche   400 navires.   50,000   id.

Le cabotage   2,600   id.   117,000   id.

La navigation de comm. 2,300   id.   530,000   id.

dont 180,000 tonneaux font la part de la marine à vapeur subventionnée.

La petite pêche est exclusivement réservée, c'est le patrimoine
des familles de nos marins.

La grande pêche est encouragée par 4 millions de primes environ.

Le cabotage ou navigation de port à port sur nos côtes est également réservé au pavillon français, c'est l'école d'apprentissage
de nos matelots. Mais il n'a pu soutenir la lutte qu'ont engagée
ouvertement contre lui nos grandes compagnies de chemin de fer
à monopole, écrasé qu'il est par des tarifs spéciaux, des tarifs de
détournement descendant souvent au-dessous du prix de revient.
Nos ministres ont homologué ces tarifs, sans sourciller et sans
sourciller aussi, remboursé aux compagnies les frais de cette concurrence au moyen du système de la garantie d'intérêts. C'est
incroyable, mais cela est. Il ne s'agit pour le cabotage que de
mettre fin à ce régime abusif.

Reste la navigation de concurrence ; c'est celle qui constitue les
véritables forces vives de notre marine marchande. Celle-ci est à
voiles ou à vapeur. Cette dernière se chiffre par 180,000 tonneaux ; elle est subventionnée de 30 millions par an. Les deux
autres tiers de son effectif se divisent en navigation avec les pays
d'Europe et la Méditerranée, et navigation à long cours.

Cette dernière est la vraie pépinière de nos marins ; elle
porte nos produits sur les divers points du globe, dont la part est
descendue à 18 p. 100 dans l'intercourse générale ; c'est celle que
les lois de Cromwell ont protégée si rigidement en Angleterre,
pendant deux siècles ; les règlements de Colbert et les lois de la
Restauration, en France.

Pour comprendre les causes de sa souffrance, il importe de se
rendre compte des éléments d'une vie normale pour elle. Il faut
que le fret de sortie et celui de retour réunis forment un total
suffisamment rémunérateur. Si le premier donne un produit
relativement considérable, il sera moins nécessaire d'obtenir un
fret élevé au retour. Donc, la marine qui trouve chez elle un
fret de sortie abondant, a une supériorité considérable sur les

marines concurrentes, puisqu'au retour, ses navires peuvent charger à un prix de fret moins élevé.

Or, la liberté du pavillon en Angleterre n'a succédé aux lois de Cromwell que lorsqu'un fret de sortie abondant a été assuré aux navires, par sa production houillère et métallurgique, par son développement industriel général. L'exportation des produits anglais représente 60 p. 100 du tonnage des navires anglais expédiés des ports anglais. En France, elle ne représente que 25 p. 100 pour le pavillon français et 20 p. 100 si l'on ne considère que la navigation avec les pays hors d'Europe.

Toute la question de la marine marchande est là. Pendant notre période de protection, le fret était assuré à notre marine :

Par le pacte colonial qui ne permettait aux colonies de ne vendre et de n'acheter qu'en France et de ne transporter que par pavillon français ;

Par les surtaxes de droits de douane, imposées aux pavillons tiers, surtaxes réglées suivant les navires venaient d'en deça ou d'au delà du cap Horn et de Bonne-Espérance : 2 fr. et 3 fr. par cent kilogrammes ;

Par les droits de navigation qui étaient de 3 fr. 60 pour le pavillon tiers et 1 fr. 20 pour les navires français par tonneau de jauge ;

Par le régime des surtaxes d'entrepôt, frappant d'un supplément de droits les marchandises qui, au lieu de venir directement des pays d'origine en France, étaient importées des entrepôts d'Europe.

Sauf la surtaxe d'entrepôt, tout ce régime de protection a été aboli *sans compensation*, depuis 1866. Cela suffit pour expliquer l'état de détresse dont se plaint notre marine marchande. Evidemment, nul ne songe à faire revivre ce régime qui a fait son temps, mais quelle peut être alors l'intervention utile de l'Etat?

Les principales mesures proposées pour remédier à la souffrance de notre marine sont :

L'amélioration de diverses parties des règlements de l'inscription maritime ;

Une législation nouvelle sur l'hypothèque maritime ;

La réduction au droit fixe de 2 fr., des droits de mutation sur les navires ;

Le dégrèvement des patentes des armateurs ;

L'application sincère du régime non aboli des surtaxes d'entrepôt, faussé par des assimilations contraires à l'esprit et à la lettre de la loi ; depuis 8 ans, les entrepôts anglais ont envoyé en France, deux millions de tonnes de marchandises exotiques.

C'est l'équivalent du chargement de navires au long cours de
500 tonneaux de port ;

Enfin, comme mesure temporaire, des primes à l'armement,
calculées sur le tonneau jauge, et échelonnées en raison inverse
de l'âge de navire ; et des primes à la construction, qui ne seraient
que l'équivalent des droits payés par les matières premières.

Toutes ces mesures, conclut M. Chérot, pourront avoir une
portée utile, mais certainement insuffisante pour relever notre
marine et lui rendre la prospérité. Les mesures véritablement
efficaces et fécondes, parce que leur action sera permanente,
seront celles qui pourront lui faire du fret de sortie ; la vraie
solution est là. Or, les éléments de ce fret existent en France,
dans notre sol, dans notre production agricole et industrielle ;
malheureusement, ils sont trop éloignés de nos ports, tandis que
en Angleterre, les centres de production sont généralement voisins des ports d'embarquement. Mais nous pouvons, chez nous,
rapprocher les distances par l'achèvement de notre réseau national de chemins de fer, par l'amélioration de nos tarifs généraux,
et notamment par le rétablissement de notre navigation intérieure, si vivement reclamée par nos Chambres de commerce ;
c'est le mode de transport qui s'applique le mieux aux marchandises lourdes et d'encombrement. Il est question d'y affecter
un milliard et plus. C'est au mieux ; mais ce qui dépasserait mon
intelligence, c'est que l'on crût possible la résurrection de l'industrie de la navigation intérieure sans avoir désarmé nos
grandes Compagnies de leur monopole subventionné, monopole
qui écrase toute concurrence, avec des réductions de tarif même
au-dessous du prix de revient.

M. Jacques Siegfried pense, comme l'honorable orateur précédent, que l'une des choses les plus utiles pour le développement
de la marine marchande française serait l'accroissement du fret
de sortie. Cet accroissement serait facilité par l'amélioration de
nos chemins de fer et de nos canaux et par l'abaissement si désirable des tarifs de transport. Il y a lieu de rappeler à ce sujet les
promesses encore inexécutées de la lettre impériale de 1860, relative aux voies de communication et au développement des
échanges.

M. Siegfried n'oublie cependant pas que lorsqu'un navire
apporte un chargement de New-York, par exemple, au Havre, et
ne trouvant pas de fret de sortie au Havre, va en chercher en
Angleterre pour retourner de là en Amérique et revenir ensuite
en France, il importe peu dans ce voyage circulaire que l'on com-

mence par un des pays plutôt que par l'autre, et il trouve donc que les navires français, américains et anglais sont placés exactement sur le même pied dans cette occasion, pour ce qui se rapporte au fret de sortie de France.

Le point sur lequel M. Siegfried appelle surtout l'attention, c'est la nécessité pour développer la marine française de former des hommes capables d'étendre nos relations à l'étranger. Ayez beaucoup de négociants français répandus sur la surface du globe, résultat que vous obtiendrez en dirigeant de plus en plus l'instruction vers les questions géographiques et commerciales ; facilitez par là l'émigration et faites disparaître du même coup les théories malthusiennes(1)qui s'opposent aux familles nombreuses; vous verrez l'heureuse influence qu'en éprouvera notre marine marchande ! Et, dans cet ordre d'idées, M. Siegfried ne peut s'empêcher de signaler à l'attention des autorités compétentes l'urgence qu'il y aurait à réformer le programme d'examen pour l'admission des capitaines au long cours. Il n'y est question que d'hydrographie et d'astronomie, mais l'économie politique, les langues vivantes, les notions commerciales, y brillent par leur absence ; on dirait que c'est là un bagage tout à fait inutile à un capitaine de navire !

La décadence relative de la marine marchande est un fait. Si l'on croit devoir y remédier artificiellement, il n'y a qu'un moyen. On ne peut pas rétablir la surtaxe de pavillon qui est tout à fait condamnée ; il n'y a que le système des primes à l'armement. Cela serait contraire aux doctrines économiques, mais si l'on tient à sauver notre marine, M. Siegfried ne voit pas d'autre moyen immédiat.

M. **Leroy-Beaulieu** ne veut présenter que quelques courtes observations et non pas, comme l'a fait un des honorables préopinants, un exposé général de la question. Premier point à discuter : la marine française est-elle en décadence ? Il y a deux sortes de façon de juger de la décadence d'un homme, d'une société ou d'une institution quelconque : c'est d'abord de comparer cette institution, cette société, cet homme à ce qu'ils furent dans le passé ; c'est ensuite de les comparer à ce que sont devenus, depuis un certain temps, d'autres institutions analogues, d'autres sociétés ou d'autres hommes. En appliquant le premier procédé on ne peut dire que la marine française soit en décadence, car si on prend la moyenne des trois ou quatre dernières années, on voit

_____

(1) Elles n'influent guère, malheureusement, sur les classes pauvres. (*Note du rédacteur.*)

que le tonnage de notre marine est dans cette période plus considérable qu'il y a quinze ans, qu'il y a trente ans, qu'il y a cinquante ans. La décadence de notre marine n'est donc pas une décadence absolue, et ne peut être qu'une décadence relative. La
France, dit-on, occupait jadis le second rang parmi les marines
marchandes du monde ; aujourd'hui, ajoute-t-on, elle ne vient
qu'au sixième rang, après l'Angleterre, les États-Unis, la Norvège, l'Italie et l'Allemagne. M. Leroy-Beaulieu n'a gardé aucun souvenir du temps où la France était au deuxième rang ; ce
temps est sans doute fort lointain, c'est avant que les États-Unis
fussent une grande nation ; on veut parler sans doute du commencement du siècle alors que les États-Unis n'avaient que 7
ou 8 millions d'habitants. Depuis qu'ils en ont 42 millions et
qu'ils se sont établis sur les deux océans, il est bien naturel
qu'avec leurs côtes immenses, leurs énormes exportations de matières premières, leurs rivières navigables qui s'enfoncent jusqu'à l'intérieur des terres, ils aient devancé la France sous le rapport maritime. La supériorité de la Norvège s'explique aussi par
des causes naturelles : l'étendue des côtes en Suède et en Norvège
est énorme ; la population a doublé depuis le commencement du
siècle ; le climat est rude, la terre médiocrement hospitalière, il
est tout simple que la population de ces contrées se trouve attirée vers le rude métier de marin. De même encore pour l'Italie ;
l'étendue des côtes de ce pays est beaucoup plus grande que celle
des côtes de la France ; la population y est infiniment plus dense,
la misère aussi y est habituelle ; il n'y a donc rien d'étonnant à
ce que les Italiens abandonnent plus aisément la terre pour se
faire matelots. Enfin, il s'est produit depuis vingt ans un grand
changement dans les conditions économiques de l'Italie, c'est la
constitution même de l'unité italienne qui a donné un grand essor au commerce et à l'industrie de ce pays, lequel auparavant
n'était qu'une expression géographique.

Plusieurs des contrées dont la marine s'est plus rapidement
développée que la nôtre depuis un quart de siècle, doivent donc
cette supériorité à des faits naturels contre lesquels il est impossible de lutter. Mais l'infériorité de notre marine est-elle, d'ailleurs, aussi grande qu'on veut bien le dire ? On oppose le tonnage
total de notre flotte au tonnage total des flottes des différents pays.
Ce rapprochement est très-défectueux ; il faudrait distinguer le
tonnage à voiles et le tonnage à vapeur, car un navire à vapeur
de mille tonneaux vaut en réalité trois ou quatre navires à voiles.
Or, si la France n'est qu'au sixième rang pour le tonnage total, elle
est au troisième pour le tonnage à vapeur. Si l'on considérait

seulement la puissance effective de transport, on verrait que la marine française est encore au troisième rang, ou tout au moins au quatrième.

M. Leroy-Beaulieu souhaiterait sans doute qu'elle fût au premier rang ou au second, mais il n'espère pas qu'elle y arrive jamais. Ce n'est pas la suppression de la surtaxe du pavillon, ni les atténuations à la surtaxe d'entrepôt, ni l'abolition du pacte colonial, ni la concurrence des chemins de fer vis-à-vis du cabotage ou de la navigation fluviale, ce n'est pas non plus la rareté relative du fret de sortie, ce ne sont aucune de ces causes qui sont responsables de la décadence relative de la marine française. Ces faits n'ont qu'une importance secondaire relativement à des faits beaucoup plus généraux. Malgré l'abolition du pacte colonial, les sept huitièmes des transports de la France avec ses colonies se font encore sous notre pavillon. Quant aux reproches que l'on adresse aux chemins de fer, M. Leroy-Beaulieu ne nie pas qu'ils ne soient parfois fondés, mais très-souvent aussi ils sont contradictoires. Ainsi, tout le monde réclame que les chemins de fer baissent leurs tarifs, et d'un autre côté on se plaint que cette baisse de tarifs fasse disparaître, soit le cabotage de Bordeaux à Nantes, de Bordeaux au Havre, soit les messageries fluviales de la Méditerranée, ou de la Manche à Paris. On demande aux chemins de fer des choses qui s'excluent l'une l'autre. Pour le fret de sortie, M. Leroy-Beaulieu fait remarquer que tous les navires, même étrangers, qui participent au mouvement maritime de la France, souffrent de la même infériorité. Le vaisseau anglais ou norvégien qui vient chez nous n'a pas plus de fret de sortie que le vaisseau français. La navigation maritime est un circuit; qu'on commence ce circuit en France pour aller ensuite en Angleterre, aux Etats-Unis, au Brésil et revenir en France, ou qu'on le commence par un autre point de ce cercle, les choses sont équivalentes. Ce n'est d'ailleurs pas l'absence de fret de sortie qui empêche les vaisseaux français de faire le commerce du tiers pavillon entre deux pays étrangers, d'être les rouliers des mers, comme jadis les Hollandais, et aujourd'hui les Norvégiens. Plusieurs des principales nations maritimes du monde ont moins de fret de sortie que nous, l'Italie, par exemple, et même l'Allemagne, malgré ses émigrants. Quel est le fret de sortie des Grecs?

Pour ce qui est de la diminution de la part relative de notre pavillon dans le mouvement maritime de la France, c'est là un fait naturel et universel auquel n'échappe aucun pavillon. La part du pavillon anglais diminue aussi d'année en année dans le mouvement maritime de l'Angleterre : on peut le constater par

les registres du *Board of Trade*. Cela tient à ce que les nations
jeunes se développent, comme les États-Unis, comme l'Australie;
à ce que des nations nouvelles surgissent; à ce que les vieilles
nations ou les nations barbares prennent une vie nouvelle, comme
la Chine, le Japon, etc. Le nombre des co-partageants devient
donc de plus en plus nombreux, de sorte que la part relative de
chacun diminue, quoique sa part absolue puisse augmenter.

M. Leroy-Beaulieu arrive aux vrais causes de l'infériorité
maritime de la France : 1° la population française est stationnaire;
au contraire, tous les pays dont les marines nous devancent ont
une population rapidement croissante ; 2° la population française
est casanière; elle voyage peu, elle n'a pas le goût des aventures
lointaines, les familles sont peu nombreuses; quand on n'a qu'un
fils, on n'en fait pas un marin, il en résulte que nous n'avons pas
de nationaux et peu de relations au dehors ; 3° la population française est trop variée. Ajoutez que les parties les plus riches de la
France sont précisément nos côtes, sauf celles de Bretagne. Peut-
on penser que l'herbager de Normandie, que le vigneron du Lan-
guedoc ou de la Gascogne quitteront l'un sa vigne, l'autre son
herbage pour se faire marin; 4° le Code civil assure à chacun son
bout de propriété territoriale ; quand l'homme a à choisir entre
la propriété d'un champ et le triste métier de mousse ou de ma-
telot, il n'hésite guère.

Voilà les causes de notre infériorité maritime. Ajoutez-y notre
sociabilité, et notre éducation, nous n'avons pas besoin de chercher ailleurs. Aucun remède artificiel ne prévaudra contre ces
causes si puissantes. Il se peut que nos Chambres allouent des
primes à la navigation, ce sera un moyen de maintenir quelques
années de plus en mer un matériel vieilli. Mais tous les remèdes
que l'on propose vont directement contre le but ; car le but, c'est
de donner de l'expansion et de l'esprit d'aventure à la race fran-
caise; or les prétendus remèdes que l'on propose n'auraient d'autre effet que de l'amollir davantage, en la mettant à l'abri de la
concurrence, de la replier sur elle-même et de renchérir chez
nous la production.

Si les remèdes ou les palliatifs peuvent être trouvés quelque
part, c'est dans le développement de la navigation intérieure,
dans un meilleur système d'éducation, dans un esprit de famille
moins étroit, plus éclairé, qui ne rive pas au sol et n'attache pas
au foyer tous les hommes jeunes et qui ne diminue pas de propos
délibéré les naissances. Quant aux primes, si on les accorde, ce
sera une cause de plus de décadence; l'orateur donne aux membres de la Société rendez-vous dans dix ou quinze ans pour juger.

M. Joseph Garnier n'a presque rien à ajouter après ce que vient de dire M. Leroy-Beaulieu, qui a répondu victorieusement sur les divers points clairement exposés par M. Chérot.

Mais il va plus loin que M. Leroy-Beaulieu, il n'admet pas que la marine française soit en décadence. C'est là une hyperbole à l'aide de laquelle les protectionnistes et les subventionnistes attendrissent l'opinion et surprennent le public. Puisque la marine française n'est pas au-dessous de ce qu'elle était, elle a progressé, plus ou moins proportionnellement que telle autre, selon les raisons si bien déduites par M. Leroy-Beaulieu ; puisqu'elle a en même temps opéré comme les autres la transformation de la voile à la vapeur, ce n'est que par un abus de langage qu'on peut dire qu'elle est en décadence.

Toutefois, la marine marchande, la navigation et le cabotage sont dans le vrai quand ils se plaignent de règlements minutieux et d'entraves inutiles qui n'existent pas dans d'autres pays. C'est ici que le législateur doit intervenir pour faire cesser ces causes d'infériorité. Mais on ne s'en tiendra pas là : il est probable qu'on va voter une subvention qui est dans le courant de l'esprit public à la suite d'une propagande assez bien menée; ce qui est au surplus préférable aux droits protecteurs; car on tardera moins à voir l'abus de la subvention ainsi que les prétentions de toutes les industries souffrantes ou se disant telles.

M. Joseph Garnier ne veut pas nier qu'il n'y ait des causes générales de souffrance, par suite des folies étrangères auxquelles nous assistons ; mais ces causes sont communes à toutes les industries et se font sentir dans tous les pays.

Il faut remarquer aussi que toutes les industries sont portées à se dire souffrantes et à exagérer leurs plaintes en vue des subventions à obtenir.

En second lieu, il ne faut pas laisser dire non plus sans réponse que la marine militaire dépend de la marine marchande. Cela pouvait être vrai jadis quand la marine militaire réquisitionnait la marine marchande ; mais aujourd'hui, quand on veut une marine militaire, il faut faire les dépenses nécessaires. Les navires de commerce ne pouvant servir comme navires de guerre, la quantité des uns n'augmente pas celle des autres. Il devient aussi nécessaire de payer les hommes, car il est de plus en plus injuste de soumettre les populations des pays avoisinant la mer à un servage spécial. Si la nation veut une marine militaire, elle en doit faire les frais, et elle ne peut compter sur la marine marchande tout autrement outillée, ou sur l'inscription maritime qui est une spoliation. D'où il résulte que la marine marchande ne doit récla-

mer aucune faveur en vue des secours qu'elle serait censée fournir à la marine militaire.

On appuie encore la demande des primes ou subventions à la
marine marchande sur la concurrence faite au cabotage par les
chemins de fer qui sont subventionnés. On a eu assurément tort
de subventionner les chemins de fer, et on fera bien de restreindre
leur monopole quand on le pourra ; mais si le chemin de fer est un
outil supérieur au cabotage et si celui-ci est réduit par le développement des voies nouvelles, c'est un progrès devant lequel le
cabotage n'a qu'à s'incliner s'il est réduit à ses proportions naturelles. Faire des sacrifices pour qu'il se développe progressivement aux chemins de fer, c'est mal gérer les intérêts généraux.
Au surplus, il n'est pas démontré que le cabotage soit lui-même
en décadence.

Pour se résumer, M. Garnier répond à la première partie de la
question : non, il n'est pas exact de dire que la marine marchande
soit en décadence en France ; il répond à la seconde partie que les
industries maritimes ne peuvent demander à l'Etat que la liberté,
c'est-à-dire la suppression des entraves et la réforme des tarifs
douaniers, laquelle produira l'augmentation du fret dans la
limite du possible, étant donnée la nature des choses en France.

M. Cernuschi ne se préoccupe pas outre mesure du *rang* que la
marine marchande française tient ou tenait comparativement
aux autres nations. L'important est de savoir si elle est prospère
ou si elle souffre, et tout le monde (moins M. Garnier cependant)
est d'accord, elle souffre.

D'où vient la souffrance ? Du manque de fret à la sortie, dit-on.
Et comme remède on demande la construction des **nouveaux** chemins de fer et canaux, afin d'amener aux ports une masse de fret
plus considérable. M. Cernuschi ne croit pas à l'efficacité de ce
remède.

En Angleterre, les mines sont dans le voisinage des ports ; le
fret se trouve naturellement à la portée des navires. Et quelque bas
que soient les futurs tarifs des nouveaux chemins de fer qu'on
demande, rien ne pourra contre-balancer les avantages naturels
dont jouissent les Anglais pour leur fret de sortie. C'est donc au
fret de retour qu'il faut songer. Et alors on retombe dans la
grande question des échanges plus ou moins libres, plus ou moins
protégés.

Sans lois protectrices, le fret de retour est compromis pour les
navires français, d'autant plus compromis que manquant de fret

de sortie, ces navires commencent leurs voyages en de mauvaises conditions.

Le libre-échange universel suppose la paix universelle. En sommes-nous là? Tant qu'on se protège avec des armées et des cuirassés, a-t-on si grand tort de vouloir se protéger par des lois de douane et de navigation? Du reste, il y a réaction évidente à l'encontre de la théorie antidouanière, et nombre de libres-échangistes récusent eux-mêmes le libre-échange à l'endroit de la marine marchande, ils réclament pour elle la protection des vieux temps. Sans marine marchande, disent-ils, point de marine militaire, et la France doit passer avant tout.

Les économistes auront à réfléchir. Ils se sont mépris (1) quand ils ont cru possible et utile l'émission libre des billets de banque, ils se sont mépris quand ils ont cru à l'avenir et à l'utilité de la coopération, ils se sont mépris quand ils ont prêché la proscription légale de la monnaie d'argent; ne se seraient-ils pas mépris en voulant supprimer la politique commerciale pour s'en remettre entièrement à la fatalité du libre-échange?

M. le PRÉSIDENT pense que le débat ne devrait pas dévier dans le sens des idées de l'orateur; la cause de la liberté est gagnée. Les économistes et la Société d'économie politique ne se sont pas mépris en défendant le régime de la liberté dans toutes les branches de l'activité humaine; c'est par la liberté que les facultés de l'homme se développent et que sa puissance s'est accrue et continuera à s'accroître.

M. **Frédéric Passy**, membre de l'Institut, s'associe aux fermes paroles que vient de prononcer M. le Président. Il croit cependant que tout en combattant énergiquement les conclusions de M. Cernuschi, il convient de remercier celui-ci de la netteté avec laquelle il vient d'appeler les choses par leur nom et de dire carrément de quoi il s'agit. On était, avant lui, d'un protectionnisme *latent;* on est, avec lui, en face d'un protectionnisme avoué, et cela vaut mieux.

(1) L'auteur fait une amphibologie, un véritable jeu de mots avec la protection; il peut être bon de se protéger par les armes, il est toujours mauvais de protéger une industrie par les tarifs de douanes. La réaction de l'opinion, si elle est vraie, ne prouve rien. Si quelques économistes se sont mépris sur l'émission du billet de banque, sur la monnaie d'argent et sur l'importance de la coopération, s'il en est qui soient illogiques à propos de la marine marchande, cela ne prouve absolument rien contre le libre-échange, qui est la justice et l'évidence mêmes. (*Note du rédacteur.*)

Oui, dit M. F. Passy, c'est en vain que les honorables collègues qui viennent demander ici pour la marine marchande des faveurs législatives cherchent à se faire illusion ; c'est du protectionnisme qu'ils font et ils n'ont plus le droit de se dire partisans de la liberté des professions et des échanges.

M. Chérot, dans l'exposé d'ailleurs si savant et si clair qu'il a présenté, a déclaré qu'il y a pour chaque pays des industries qui ne peuvent, lorsqu'elles souffrent, être abandonnées à elles-mêmes parce qu'elles sont d'intérêt public, et il a cité avec la marine la houille et le fer. Et pourquoi pas le tissage et la filature, et le vin, et le blé, et la viande, et la laine et vingt autres produits dont les représentants n'ont pas sans doute de moins bonnes raisons à donner et n'auront garde d'y manquer ? C'est toujours l'histoire du saleur de harengs, cité par Robert Peel, comme réclamant une *unique* exception pour son industrie *tout exceptionnelle*. Et Dieu sait si les harengs font défaut sur aucun marché national.

M. Jacques Siegfried ne s'occupe, lui, que de la marine ; mais il ne craint pas de proclamer la nécessité de *sortir des principes*. On nous a dit jadis qu'il avait fallu « *sortir de la légalité pour rentrer dans le droit* ». Comment le souvenir de cette formule si tristement historique n'a-t-il pas arrêté l'esprit habituellement si droit et si libéral de M. J. Siegfried ? Comment ne s'est-il pas dit que sortir des principes c'est les renier, et que, en dehors du droit strict et de la liberté, qui en est l'expression, il n'y a que l'arbitraire ? Une fois le premier pas fait sur ce terrain essentiellement mobile, on ne s'appartient plus et l'on n'est plus autorisé à en appeler à aucune règle.

De quoi se plaignent d'ailleurs, à l'envi, M. Siegfried et M. Chérot ? De l'insuffisance du fret et de l'insuffisance des sommets. Il n'y a pas autre chose au fond, dans leurs griefs. Or, y a-t-il au monde un autre moyen d'avoir du fret que de développer les échanges, c'est-à-dire de dégager les relations commerciales des gênes et des restrictions qui les entravent ? Et peut-on sérieusement se flatter de former des hommes et d'envisager l'esprit d'entreprise autrement qu'on rompant de plus en plus avec ces habitudes de perpétuel renvoi à la faveur de la loi et à la tutelle de l'administration qui sont la négation même de l'initiative et de l'énergie individuelles ? Apprenons enfin à faire nos affaires nous mêmes, à nos risques et périls, et cessons de demander aux gouvernements autre chose que ce qu'ils nous doivent et peuvent réellement nous donner, la sécurité dans l'exercice de notre profession.

L'expérience devrait être faite, il semble ; car on a essayé de tout pour protéger artificiellement la marine. Quand est-ce qu'on

l'a vue satisfaite du régime qui lui était fait ? On nous a énuméré
tout à l'heure toute la série des mesures successivement ou simultanément prises à son profit ; et il n'en pas une que l'on n'ait dû
désarmer en son nom ; seule, la prime à l'embarquement (et la
prime à la construction peut-être) conserve encore des partisans. On a même invoqué, à l'appui de la première, l'adhésion
que lui aurait donnée, au Congrès du Havre, notre collègue
M. Clamagéran, alors président de la section d'économie politique.
Je regrette que M. Clamagéran ne soit pas ici pour expliquer et
préciser la nature de cette adhésion, mais je ne crois pas mal
interpréter sa pensée, à laquelle je me suis moi-même associé jusqu'à un certain point, en disant que ni lui ni moi n'avons entendu
donner notre approbation à cette mesure. Nous avons cru seulement qu'il était difficile, dans l'état des esprits, d'échapper à
toute faute et, entre plusieurs maux, nous avons cru celui-là le
moindre. Nous avons jugé que, s'il était impossible, en fait, de
refuser quelque concession aux plaintes, fondées ou non de la
marine, mieux valait encore la prime directe que les surtaxes
et autres charges indirectes ; on sait au moins, en effet, avec la
prime, ainsi que l'a établi F. Bastiat, que l'on fait un sacrifice
et quel en est le montant, et l'on peut compenser la dépense
avec le résultat.

Et la dépense prenant la forme d'une redevance prélevée au
profit de quelques-uns sur la masse de la nation, c'est-à-dire
d'une taxe de privilège, il est peu probable qu'elle soit longtemps
supportée de bonne grâce. Et quant au résultat, un Havrais, que
M. Jacques Siegfried ne récuserait pas, je suis certain, en parlait le soir même comme en vient de parler M. Leroy-Beaulieu :
« Tout ce que l'on obtiendra, disait-il, ce sera de faire naviguer
quelques années de plus, au grand détriment de tous, quelques
vieilles carcasses de bois dont le temps est passé, et que l'on ferait
bien mieux de mettre au rebut dès maintenant ».

Par la prime à la construction, est-ce qu'il n'est pas préférable
cent fois (outre que cela ne coûte rien ni au budget ni aux principes) de faciliter l'entrée des matières premières et la francisation
des navires ? C'est par la liberté, et par la liberté seule, qu'on
guérira, dans la mesure du possible, les maux dont l'absence de
liberté est la principale cause. C'est en allégeant les industries qui
souffrent de nos restrictions et de nos tarifs, non en chargeant
à leur requête d'autres industries, qu'on leur rendra l'essor et la
prospérité auxquels elles peuvent prétendre. Il y a longtemps,
pour ma part, dit en terminant M. F. Passy, que j'ai eu l'occasion de traiter cette question avec les intéressés. Je l'ai discutée,

il y a plus de quinze ans, à Bordeaux, avec mes amis de cette
ville, que j'étais péniblement surpris de trouver (quelques-uns au
moins) en contradiction avec eux-mêmes sur ce point. L'un d'eux,
le président d'alors de la Chambre de commerce, M. Basse,
m'énumérait un jour les charges et les gênes dont avait à souffrir
dans notre pays l'industrie maritime, et je ne pouvais nier qu'elles
ne fussent réelles. « Que concluez-vous de tout cela, lui dis-je
après l'avoir écouté? Que vous êtes fatalement inférieurs aux autres nations et incapables de lutter avec elles à armes égales ; ou
que vous vous trouvez, quant à présent, par le fait des inégalités de situation qui vous sont faites par la loi de votre pays, en
dehors des conditions de la véritable concurrence?»Naturellement,
ce fut à cette seconde assertion que s'en tint mon honorable in-
terlocuteur. On n'aime pas, et on ne peut pas admettre que l'on
soit inférieur aux autres par sa propre nature. « En ce cas, répon-
dis-je, monsieur le président, permettez-moi de vous dire que
vous vous trompez de route. Vous demandez qu'on gêne les autres
à votre intention ; demandez plutôt qu'on cesse de vous gêner à la
leur. Cela vaudra mieux, et pour vous et pour eux ». Aujourd'hui,
comme il y quinze ans, c'est la vraie conduite à tenir, et la Société
d'économie politique n'en saurait avouer d'autre.

OUVRAGES PRÉSENTÉS.

Théorie des intérêts comparés et des annuités, suivie de *Tables logarith-
miques*, par Fédor Thoman (1).

Ouvrage d'un savant géomètre calculateur, traduit de l'anglais par M. l'abbé
Bouchard, et précédé d'un avertissement de M. J. Bertrand. La première édition, *Theory of compound interest*, 1859, a été publiée aux frais de l'Université de
Cambridge. Ce traité est la source où ont puisé la plupart des auteurs qui ont écrit
de nos jours sur les opérations financières.

Société d'études économiques pour les réformes fiscales. *Assemblée
générale du 28 janvier* 1878 (2).

Compte-rendu de cette séance, complété par une communication de MM. Raynaud et Limousin, relative à l'abolition des octrois. Opinion de MM. Clamageran,
Morin, Rault.

École supérieure de commerce. *Rapport sur le commerce des fontes, des
fers et des aciers dans la Grande-Bretagne*, par M. J. Labourdette (3).

Intéressant résultat de la Bourse de voyage récemment créée par la Chambre

(1) Gauthier-Villars, 1878. In-8 de 325 p.
(2) Au siége de la Société (22, rue Neuve-Saint-Augustin). In-4 de 24 p.
(3) Paris, 1878. In-4 de 72 p. A l'École supérieure de commerce.

de commerce pour les premiers élèves du 3e comptoir. L'an dernier M. ... rapportait un travail analogue sur les cotons.

Conversations on the Currency, par M. LINTON (1).
La question est discutée par lettres.

American Communities, by M. ALFRED HINDS (2).
Publié par la communauté d'Oneida, dont M. Limousin a récemment exposé les mœurs étranges.

Addition à la séance du 5 février 1878

Voici en substance l'improvisation de M. Torres-Caïcedo, ministre plénipotentiaire de San Salvador, publiciste, correspondant de l'Institut, et qui fait honneur à l'Amérique latine.

LES RÉPUBLIQUES ET L'AMÉRIQUE DU SUD A L'EXPOSITION UNIVERSELLE — LES CAUSES QUI ONT ARRÊTÉ LE PROGRÈS.

L'Exposition universelle qui va s'ouvrir est une œuvre importante qui prouve toute la grandeur et toute la vitalité de la France.

C'est un grand spectacle, en effet, que de voir une nation, après des désastres aussi effroyables que ceux qu'elle a subis, se relever aussi rapidement et se préparer avec tant d'activité à ces fêtes de l'industrie et du progrès auxquelles elle convie tout l'univers.

Il est à souhaiter que la France n'ait jamais plus d'autre pensée que celle de propager dans le monde les grands principes de 89 qu'elle a proclamés, et qu'elle préfère toujours la gloire acquise par le travail, la science et le progrès à celle qu'elle a obtenue presque constamment par l'éclat de ses armes.

Dans cette fête du progrès, où l'Amérique sera largement représentée, elle montrera ceux qu'elle a faits dans son industrie et dans son commerce.

Si l'Amérique latine n'a pas marché aussi vite que l'Amérique anglo-saxonne, cela s'explique très-bien. Il ne faut pas perdre de vue que l'Amérique du Nord avait été colonisée par des hommes représentant la civilisation moderne, et qui, fuyant la persécution, venaient chercher un abri et la liberté sur un continent nouveau. L'Amérique latine, au contraire, a été colonisée avec les éléments d'une civilisation usée, ayant achevé son temps et tendant à disparaître; elle a constamment été tenue sous le joug et l'esclavage. Ses colons étaient encore imbus des idées de domination et d'oppression sous lesquelles ils étaient demeurés courbés pendant des siècles.

---

(1) Philadelphie, 1878. In-8 de 300 p.
(2) Oneida, New-York, 1878. In-8 de 200 p.

L'Espagne a donné à l'Amérique latine tout ce qu'elle avait;
mais elle n'avait que cette civilisation caduque qui devait avec le
temps faire place à la civilisation nouvelle.

Dans la plus grande partie de ses Etats, l'Amérique, s'inspirant des droits de l'homme et des principes philosophiques fondamentaux, a établi d'importantes réformes; elle a fondé la liberté
de la presse; aboli la peine de mort; établi la séparation de
l'Eglise et de l'Etat, l'instruction primaire gratuite obligatoire, le
suffrage universel, la liberté de réunion, etc., etc.; elle a fait encore bien d'autres réformes utiles.

On critique souvent l'Amérique espagnole; on lui reproche ses
fréquentes révolutions, ses soulèvements, ses agitations, ses passions politiques. Assurément, il vaudrait infiniment mieux qu'il n'y
ait ni révolutions, ni soulèvements, ni agitations, ni passions politiques. Cependant, il ne faut pas s'alarmer outre mesure; les révolutions en Amérique ont toutes un but déterminé : défendre une
idée; fonder un principe; obtenir une liberté; établir une réforme.
Il y a une révolution tous les dix ans peut-être; dans certains
pays d'Europe tous les quinze. La différence n'est pas bien considérable si l'on observe que l'Europe a, depuis des siècles, une
civilisation que n'avait pas l'Amérique il n'y a pas bien longtemps.

Mais l'Amérique a les idées progressistes et l'ardent désir de
marcher en avant; elle garde à la France toutes ses sympathies;
elle étudie ses publicistes, ses historiens, ses mœurs, sa littérature; elle suit jusqu'à ses modes. Indépendamment de ce côté intellectuel, de ce côté de sentiments, il faut placer aussi le côté
des intérêts matériels ; il y a trente ans, le commerce américain
ne dépassait pas 30 millions; aujourd'hui, il en atteint 800.

M. Torres-Caïcedo fait ensuite l'énumération des produits américains qui figureront à l'Exposition et qui se composeront surtout
de matières premières, de produits agricoles et miniers ; quelques
nations exposeront des tissus et des meubles, mais toutes montreront les progrès faits par leur industrie et leur commerce
qui se développent de jour en jour d'une manière extraordinaire.

A côté de ces progrès matériels, il faut placer aussi les progrès
intellectuels; depuis l'Orénoque jusqu'à la Plata, l'Amérique peut
citer avec fierté une pléiade de publicistes et d'historiens, de philosophes et d'économistes distingués. M. Torres-Caïcedo entre
à ce sujet, dans des développements pleins d'intérêt, mais qui ne
peuvent trouver leur place ici.

BIBLIOGRAPHIE

ÉTUDE SUR LE PRÊT A INTÉRÊT, AU POINT DE VUE DE L'ÉCONOMIE POLITI-
QUE, DE L'HISTOIRE ET DU DROIT, par M. XAVIER DURIF. Paris, Guillaumin, 1877, 1 vol. gr. in-8.

« La question de l'usure a de tout temps préoccupé les législateurs, passionné la multitude et attiré l'attention des esprits appliqués à l'étude
des lois de la vie sociale. Vieille comme le monde, elle n'a pas encore
reçu de solution définitive, et nous la voyons reparaître à chaque législature au sein de nos assemblées délibérantes. »

Ces paroles, par lesquelles s'ouvre la très-intéressante étude que M.
Xavier Durif, docteur en droit et avocat à la Cour de Paris, vient de
consacrer, sous le triple aspect économique, historique et juridique à la
question du prêt à intérêt et de sa liberté, ces paroles sont d'une parfaite
vérité. L'argent, quoique ce soit une marchandise comme une autre, est
soustrait en France, et ailleurs, aux lois générales du marché, de par la
volonté d'un législateur encore peu éclairé en matière économique ou
bien asservi à certains préjugés populaires. L'Église, jadis si puissante,
n'a pas peu contribué à ce résultat. Elle a été, et au fond elle est toujours, hostile à l'usure, c'est-à-dire au principe même de l'intérêt de
l'argent prêté, et il fut un temps où il n'était pas commode de discuter
cette thèse avec elle. Pour l'avoir fait, le grand jurisconsulte Dumoulin fut *véhémentement* soupçonné d'hérésie, et Montesquieu subit la cen-
sure de cette intelligente et orthodoxe Sorbonne, qui obligeait Buffon à
rétracter ses conceptions géologiques. L'Église heureusement n'a plus
la haute main sur la science ou sur la loi ; mais ce n'est pas toujours
sans inconvénients qu'on discute ses doctrines. Du moins M. Durif paraît-il être de cet avis puisqu'il dit de cette partie de sa tâche, « qu'elle
n'est ni la moins difficile ni la moins périlleuse. » Il se rassure un peu
en songeant qu'en l'espèce cette doctrine n'est pas un article de foi,
quoi qu'en dise Bossuet, et en se réclamant du bel adage de la théologie
des Anselme et des Thomas d'Aquin : *In necessariis veritas, indubiis liber-
tas, in omnibus caritas.*

C'est, croyons-nous, un bien mauvais billet qu'a là M. Durif. Depuis
le *Syllabus* il n'y a plus de questions douteuses, et la charité ne figure
plus que dans le catéchisme, au nombre des vertus théologales. Mais,
passons, après avoir constaté tout simplement que l'Eglise est antipa-
thique à la liberté du prêt, comme en général à toute liberté quelconque, et qu'à cet égard, le sachant ou ne le sachant pas, le voulant ou ne

le voulant pas, elle a d'étroites affinités avec le socialisme. Sur cette
question spéciale de l'intérêt de l'argent, Proudhon donne la main aux
Pères de l'Église et aux théologiens catholiques. On se rappelle comment, en dépit de toutes les ressources de sa dialectique retorte et de
son érudition sophistique, l'auteur du *Système des contradictions économiques* se fit battre sur ce terrain par l'auteur des *Harmonies écono-
ques*, qui n'avait ni une moindre verve, ni un moindre style, et qui, par
surcroît défendait la vérité économique. Après Bastiat, nul ne peut contester que le prêt d'argent constitue un service, un service à titre onéreux et susceptible, partant d'une rémunération, sans que la morale ait
rien à y reprendre et sans que la nature de cette rémunération ou ses
conditions spéciales autorisent le législateur à intervenir, aussi arbitrairement qu'inutilement d'ailleurs, dans la fixation de son taux.

Dans une série de chapitres, M. Durif nous montre ce que fut le prêt
à intérêt chez les Hindous, les Hébreux, les Grecs et les Romains. Les
lois de Manou ne le prohibaient pas d'une façon absolue ; elles se con-
tentaient d'en fixer le taux et de l'interdire en principe aux castes supérieures, le prêtre et le guerrier, soit dans une pensée religieuse, soit pour
mieux maintenir la différence des rangs sociaux. Moïse ne le permit
point aux Juifs entre eux ; mais il l'autorisa de Juif à étranger. Solon
proclama la liberté absolue de l'intérêt, et il ne paraît pas que cette disposition ait été rapportée plus tard. De son temps, le taux de cet intérêt était de 18 pour 100. Celui de 33 pour 100 passait pour un peu excessif ; cependant les banquiers exigeaient 36 pour 100, et il fallait aller jusqu'à 48 pour passer pour un infâme. C'était le taux qui régna
pendant la guerre du Péloponèse ; mais au temps d'Aristote et de Dé-
mosthènes il était tombé à 12 pour 100. En tous les cas, l'usure ne
causa jamais dans Athènes de troubles civils et de commotions révolutionnaires, parce qu'un commerce et une industrie plus développés offraient au capital un emploi plus avantageux, et que les emprunteurs,
malgré l'élévation des intérêts, trouvaient encore du bénéfice à emprunter.

On sait qu'au contraire le *fenus* joua le plus grand rôle dans la
querelle des patriciens et des plébéiens de Rome, qui se dénoua par
la loi des XII tables et l'institution du Tribunat. La loi des XII tables
n'abolit pas l'intérêt de l'argent ; il lui suffit d'en fixer le maximum,
comme il suffit aux lois qui suivirent, la loi Licinia, la loi Marcia, la
loi Pœtelia, de faciliter aux débiteurs le paiement de leurs dettes, de
faire rendre gorge aux usuriers et de mitiger le droit du créancier. Le
tribun Genucius alla plus loin : il supprima l'intérêt lui-même, n'oubliant qu'un point, suivant le mot de notre auteur, c'est-à-dire de
décréter du même coup que personne n'aurait plus besoin d'emprunter.
Il va sans dire qu'après la loi Genucia, comme avant, on prêta à Rome

et à de forts gros intérêts. Les usuriers laissèrent les Caton, les Brutus, les Senèque, déblatérer contre leur petit commerce et le continuèrent tranquillement ; pour mieux dire, ils suivirent l'exemple de ces graves personnages et non leur leçon. Caton l'Ancien, nous dit son biographe Plutarque, dans le naïf langage d'Amyot, « prestait son argent à usure et encore à usure maritime qui est la plus blasmée et la plus réprouvée de toutes, parce qu'elle est la plus excessive.» Le dernier Brutus, pour qui Victor Cousin se sentait *malgré ses fautes une invincible tendresse*, exigeait 48 0/0 d'intérêt de son argent prêté à Salamine, et le pupitre d'or sur lequel Senèque vantait la pauvreté était fait en partie de ses extorsions usuraires dans la Grande-Bretagne.

L'Angleterre, la Belgique, l'Italie, la Hollande, l'Autriche, le Portugal, voire la très-catholique Espagne, ont tour à tour répudié la limitation légale de l'intérêt. La France n'a pas encore suivi leur exemple : elle s'en tient à la loi de 1807, laquelle opère à contre-sens, parce qu'elle gêne les prêteurs honnêtes et ne gêne point du tout les prêteurs malhonnêtes, qui en tarifent l'existence comme un risque de plus et grossissent d'autant l'intérêt qu'ils réclament. M. Durif donne les principales raisons de ce fait : influence de la doctrine canonique, préjugés économiques ou populaires, légende de Shylock et d'Harpagon, du banquier Gobseck, et ajoute que le patriotisme s'est mis de la partie. Quand M. Limperani proposa, en 1871, à l'Assemblée nationale l'abrogation de la loi de 1807, il se trouva parmi ses collègues quelqu'un pour lui répondre, dans une langue ma foi fort réjouissante, « que pour s'être faite industrielle et positive, la France n'en avait pas moins gardé cette haine invétérée de l'usure que ne ressentirent jamais, au même degré la plupart de ces peuples de fibre un peu grossière qui venaient de l'amnistier par leurs lois. » La conclusion se devine. « Ne laissez pas périr, s'écriait le lyrique rapporteur, ce vestige des mœurs lointaines et chevaleresques, et répondons aux détracteurs d'une loi qui a une si noble origine par cette parole de notre grand jurisconsulte : *Nefas est corrumpere leges Patrias !* »

Nous sommes nous de l'avis de Montesquieu, de Turgot et de Bentham contre « ce grand jurisconsulte », que ce soit Domat, d'Aguesseau ou Pothier, et nous félicitons fort M. Durif de ne pas s'être approprié sur ce point la vieille tradition juridique, comme aussi de nous avoir donné sur le prêt à intérêt une étude substantielle et instructive, qui atteste à la fois une connaissance exacte du sujet, sous la triple face qu'il comporte, et une saine inspiration économique.

AD. F. DE FONTPERTUIS.

ÉTUDES SUR L'HISTOIRE DE LA PROPRIÉTÉ. — HISTOIRE DES CONTRATS DE LOCATION PERPÉTUELLE OU A LONGUE DURÉE, par M. J. LEFORT. Mention honorable de l'Académie des sciences morales et politiques. Paris, E. Thorin, 1 vol. in-8°.

Cet ouvrage a trait à un sujet qui a, de tout temps, dû préoccuper vivement les économistes. Tous se sont demandé quelles étaient les meilleures conditions d'exploitation du sol lorsque le propriétaire abandonnait à autrui l'usage de son fonds moyennant certains avantages (1). L'étude raisonnée des différentes formes de contrats qui se sont succédé jusqu'à ce jour en de telles circonstances, devait jeter sur cette question une lumière nouvelle ; elle se rattachait en même temps à un sujet également intéressant à un point de vue plus philosophique, l'histoire de la propriété foncière dans les nations civilisées. Aussi l'Académie des sciences morales et politiques avait-elle mis au concours l'histoire des contrats de location perpétuelle ou à longue durée, qui forme l'une des branches les plus importantes de cette question. M. Lefort a entrepris avec succès cette tâche attrayante pour un économiste. Conformément au programme de l'Académie, il a pris pour point de départ les institutions romaines et a suivi leurs transformations successives à travers les siècles sous l'influence des événements et sous la pression des nécessités sociales. Son travail se divise en six livres. Dans le premier, qui comprend les contrats usités dans l'antiquité, l'auteur expose les origines de la location perpétuelle ou à long terme. A ce propos il nous fait assister à la lutte si longue des lois agraires. Il passe à l'institution hybride du colonat et à la location perpétuelle des biens du domaine, puis à l'emphytéose, imaginée pour la mise en culture des terres stériles, et enfin aux concessions militaires analogues à celles qui existent de nos jours à l'étranger. Le deuxième livre concerne le droit du moyen âge et l'ancien droit français. Le régime de la propriété foncière sous la féodalité y est longuement exposé et l'auteur, tout en traitant des différents contrats en vigueur alors, s'arrête sur leurs résultats économiques et sur le rôle de ces concessions relativement à la culture du sol. Le troisième livre mentionne les différents actes législatifs de la Révolution qui ont détruit la féodalité, et examine quelle fut l'influence de ces mesures sur les divers contrats antérieurement admis. Le livre suivant expose le régime actuel, tel que l'a fixé le Code civil, et contient une étude juridique des quelques contrats de location à longue durée qui soient encore en vigueur ou autorisés. Dans le cinquième livre se trouvent réunis de fort intéressants renseignements sur les législations étrangères, permettant d'apprécier l'influence des contrats en usage sur la culture des

(1) Voir notamment le *Traité d'Economie politique* de M. Jos. Garnier, ch. XIV, §§ 336 à 341.

terres et sur l'état des populations. Nous nous permettrons de signaler tout particulièrement les chapitres relatifs à l'Italie, la Hollande, le Portugal. Enfin, le sixième et dernier livre renferme une étude économique des baux à long terme.

L'auteur se déclare l'adversaire des locations perpétuelles, mais il pense que ce serait ôter à l'agriculture un de ses agents les plus efficaces que de supprimer les baux à long terme. Cette sorte de location est, en effet, favorable au sol, elle surexcite les efforts du fermier en lui donnant la certitude qu'il rentrera dans ses avances et qu'un successeur inconnu ne profitera pas du capital qu'il a employé en améliorations ; enfin, elle est un puissant remède contre l'absentéisme et vient en aide au crédit agricole. Après avoir combattu les arguments des adversaires des baux à longue durée, M. Lefort rappelle les tendances des populations peu favorables à leur suppression, car ils sont encore usités en certaines contrées. A son avis, la durée la plus longue d'un bail ne saurait être supérieure à 99 ans, mais il serait préférable même qu'elle n'excédât pas 30 à 40 ans, vie probable la plus longue que puissent espérer les contractants. Pour parer à tous les inconvénients les baux doivent être toujours et essentiellement rachetables de la part du bailleur seul, bien entendu. Au point de vue de l'économie générale, l'auteur signale les heureux résultats que l'on pourrait obtenir d'un emploi plus fréquent de ces contrats pour la mise en valeur des communaux, landes, marécages, lais et relais de la mer, pour les défrichements de l'Algérie et, à l'étranger, pour remédier à la situation de l'Irlande. Dans une étude critique qui termine l'ouvrage, il indique les quelques modifications qu'il voudrait voir introduire dans la législation en vigueur, et émet le vœu qu'elle soit complétée sur ce point.

Le lecteur a pu voir par cette analyse succincte que l'ouvrage de M. Lefort a touché tous les points que comportait un pareil sujet. Nous ne saurions d'ailleurs en faire un meilleur éloge qu'en citant l'appréciation d'un juge compétent en ces matières, M. Ch. Giraud : « L'auteur s'est livré à une étude sérieuse de son sujet et il en fournit le témoignage par une composition à laquelle nous proposerions, sans scrupule, de donner le prix, si devant lui ne se trouvait point ce mémoire n° 2, fruit d'un travail exceptionnel, ouvrage d'un homme parvenu à toute la maturité du talent... Dans l'ensemble et dans les détails, c'est une œuvre digne d'éloges et d'encouragement... L'auteur est à coup sûr un esprit fort distingué. La mention très-honorable sera la récompense d'une fort estimable composition».

CHARLES BREUL,
Avocat à la Cour d'appel.

LA CRISE HOUILLÈRE DANS LE NORD DE LA FRANCE. Lille, Leleu, 1877; in-8° de 72 p.

Sous ce titre M. A. Stiévenart, ancien sous-préfet, ancien conseiller municipal de Lille, vient de faire paraître une brochure où sont exposées les causes, les origines de la crise qui empêchent l'exploitation de notre richesse minérale houillère du bassin du Nord et du Pas-de-Calais, deux vastes et inépuisables zones houillères à peu près égales en étendue à celle des bassins belges réunis et du bassin de la Rhûr, possédant les mêmes variétés de combustible, produisant une quantité suffisante de houille pour les besoins de la consommation de la France entière.

M. A. Stiévenart est un industriel doublé d'un économiste, connaissant parfaitement la question des houilles, il passe en revue les salaires qui jouent un si grand rôle dans les grèves si nombreuses qui ont affligé l'Angleterre, l'Allemagne, la Belgique, et présentement la grande République Américaine où l'ouvrier est considéré comme une marchandise, un instrument qu'on renvoie brutalement et dont on réduit le plus possible son salaire quand l'écoulement devient insuffisant, tandis qu'en France ce système répugne aux exploitants de mines plus humains, qui ont fait beaucoup pour la classe ouvrière, l'ont dotée de maisons confortables avec jardins, d'institutions de bienfaisance de toute nature et toujours traitée paternellement.

La France produit annuellement 17 millions de tonnes de charbon qui sont loin de suffire à sa consommation, puisqu'elle importe chaque année 7,500,000 tonnes. L'extraction des bassins du Nord et du Pas-de-Calais a été en 1876 de 6,627,000 tonnes; avec les travaux effectués ou en cours d'exécution, elle pourrait être portée en 1878 à 8,000,000 de tonnes, soit 20 p. 0/0 en plus si les moyens d'écoulement étaient accrus.

Une question primordiale est traitée dans cette brochure, c'est la question des transports économiques et la réforme de nos tarifs de chemins de fer, car ces tarifs sont établis sur des bases surannées et inapplicables qui engendrent l'arbitraire et l'injustice.

La richesse d'une nation est proportionnelle à la facilité des échanges, c'est-à-dire des moyens de transports économiques, le bon marché des houilles étant avant tout une question de transport. Les chemins de fer et les canaux sont les instruments à l'aide desquels on peut obtenir les produits à bon marché.

M. A. Stiévenart poursuit l'étude des droits de navigation, le complément du réseau ferré et navigable, le perfectionnement de nos voies d'eau dans la région du Nord, les redevances sur les mines avec l'ardeur et la conviction d'un homme qui a souci des véritables intérêts du pays.

Il y a nécessité de compléter notre réseau, car notre sol recèle une foule de produits naturels qui sont recherchés partout. Il suffit pour les expédier avantageusement dans toutes les directions de compléter les canaux et les chemins de fer qui desservent nos ports de commerce. Avec un bon système d'exploitation, la batellerie faisant les réformes nécessaires, pourrait donner au commerce, outre l'économie, une régularité et une rapidité absolument inconnues jusqu'à ce jour.

Cette brochure substantielle se termine par un résumé dont voici un paragraphe :

Que l'État peut, en obligeant comme il en a le droit, les monopoles de chemins de fer à remanier leurs tarifs différentiels, faire cesser la crise qui pèse si lourdement sur notre industrie charbonnière et éviter à nos mines la triste nécessité de réduire, comme en Angleterre, en Belgique et en Allemagne, les salaires de 30 à 50 p. 0/0.

Le complément de notre réseau ferré et navigable est une mesure depuis longtemps promise, attendue, et qui est restée jusqu'ici inexécutée. L'État, on ne saurait trop le répéter, doit au pays l'outillage des voies de transport, puisqu'il en est le dispensateur, le propriétaire; il manquerait à sa mission, à son devoir, à ses engagements, à sa dignité, à l'intérêt national, en différant plus longtemps, en laissant le pays dans une situation d'infériorité dont le trésor public, la consommation, la production et nos classes ouvrières sont les victimes.

Ed. MATHON.

ESSAI SUR LES RÉFORMES JUDICIAIRES. Les Avoués, par JOSEPH EBOR, br. in-8°, Guillaumin et Cie. — ESSAI SUR LES RÉFORMES DES INSTITUTIONS POLITIQUES DE LA FRANCE, par le même, br. in-8°, Guillaumin et Cie.

Le premier de ces écrits est une étude d'une portée limitée. L'auteur n'y examine que la situation difficile faite aux avoués par notre législation et par le progrès des temps, les causes du discrédit de leurs offices et les moyens d'y remédier. Il est loin de juger l'intervention des avoués inutile; il voudrait au contraire l'agrandir, dussent les avocats s'en plaindre et les huissiers disparaître. Leur travail, déjà fort avantageux pour les parties et qui pourrait le devenir bien davantage, n'est pas rétribué selon son mérite. Le tarif actuel ne s'applique qu'à une partie des actes de leur ministère; il ne rémunère pas les plus nombreux, les plus recommandables, et s'oppose à ce qu'ils conduisent les affaires en évitant les frais de justice. L'intérêt de tous conseille de modifier la législation qui les gouverne. Le tarif doit être relevé, en tenant compte du temps et des pertes et de la responsabilité encourue; l'avoué doit jouir de la faculté de plaider les causes dans lesquelles il figure; la création d'écoles secondaires de droit ou la liberté de l'enseignement donnerait

aux études un recrutement facile et convenable ; l'avoué devrait être
admis dans les rangs de la magistrature, et enfin l'abolition du privilége des charges achèverait la réforme.

Il y a beaucoup d'idées justes dans ce projet ; la question est de celles
qui, dans des temps calmes, aurait pu déjà recevoir une solution.

Plus étendue, l'étude sur les réformes de nos institutions politiques
est tout entière animée du plus louable esprit de libéralisme. M. Ebor
appartient à la grande école de Montesquieu et de l'Assemblée constituante. Le droit de l'individu est pour lui la base essentielle du droit
social que notre éducation politique, nos habitudes et nos traditions
autoritaires et césariennes nous ont jusqu'ici portés à n'édifier que sur
lui-même. On ne lira pas sans intérêt et sans profit ce résumé très-vi-
goureux des causes de la plupart de nos erreurs et de nos souffrances.
Pour les conclusions, les voici :

1° Substitution du régime protecteur et répressif au régime directeur
et préventif ;

2° Séparation des trois pouvoirs législatif, exécutif et judiciaire, de
façon à éviter leur cumul et à les rendre indépendants ;

3° Responsabilité des gouvernants et de leurs agents et responsabilité
civile de l'Etat ;

4° Distinction entre le gouvernement, qui embrasse les rapports et le
fonctionnement des pouvoirs, et l'administration qui est une simple
gérance d'affaires ;

Substitution du *self-government* à la tutelle administrative et du contrôle des contribuables au contrôle de l'Etat.

L'expérience de l'essai de révolution despotique tenté si à la légère, le
16 mai 1877, montre combien il est nécessaire que tous les efforts des
bons citoyens convergent désormais vers l'édification d'un système d'institutions politiques garantissant au pays et aux individus les bienfaits
de la paix intérieure et de la liberté ; et, quelque difficile que soit cette
œuvre, il n'est plus permis de la reléguer avec indifférence parmi les
rêves plus ou moins réalisables de l'avenir. L'étude de M. Ebor n'est
pas une déclamation de plus ajoutée à toutes celles que la fantaisie
individuelle a de tout temps fait naître. Les idées qu'elle renferme
sont en elles-mêmes d'une bonne qualité ; elles sont nouées d'un lien
solide et elles plairont aux personnes d'un esprit sérieux qui se défient
le plus des projets généraux de réformes et des plans de constitution
vagues et indéterminés.

                                                    P. B.

CHRONIQUE

SOMMAIRE : Les préliminaires de la paix entre la Russie et la Turquie.— Le lieu et la portée du Congrès ou de la conférence diplomatique encore inconnus.— La décision du conclave ; conjectures sur l'esprit du nouveau pape. — Pénible travail des Chambres en France : budget, colportage des journaux, état de siége, amnistie des condamnations prononcées durant le 16 mai. — La question des chemins de fer. — Celle de la marine marchande. — Celle du tarif général. — La logique de quelques producteurs de vins. — Le traité de commerce entre la France et la Suisse. — Le dollar d'argent et le 15 1|2 votés par les deux Chambres aux Etats-Unis. — Le futur Congrès des institutions de prévoyance.

La situation était très-tendue il y a un mois ; l'Angleterre et la Russie étaient sur le point d'en venir aux mains ; mais les choses n'ont heureusement pas si mal tourné, et les négociations diplomatiques ont pris une allure moins alarmante.

Les préliminaires de la paix entre la Russie et la Turquie ont été signés le 2 mars à San-Stefano, à 8 kilomètres de Constantinople, entre le grand-duc Nicolas et Savfet-Pacha, en attendant la signature de la paix proprement dite, qui aura lieu plus solennellement à Saint-Pétersbourg, afin qu'elle puisse prendre le nom de la capitale de la sainte Russie.

On aurait pu signer quelques jours plus tôt ; mais on a attendu, pour que le grand-duc pût télégraphier à son frère qu'à cette même date Sa Majesté venait de délivrer les chrétiens des musulmans comme elle avait délivré du servage, il y a vingt-cinq ans, une partie de ses sujets.

Cette seconde délivrance ne sera vraiment guère un titre de gloire. Quoi qu'il en soit, l'empereur a reçu les acclamations de son peuple, et, à l'heure qu'il est, le grand-duc et le sultan en sont aux salamalecs et déjeûnent ensemble. Cela ressemble assez à une plaisanterie lugubre, quand on songe aux abominations de 1877.

En ce moment, on ne connaît pas officiellement les conditions de cette paix et les remaniements qui vont en résulter. Les journaux russes ont l'air de dire que le czar va étonner le monde par sa modération et que les conditions publiées ne sont qu'une manœuvre de la diplomatie russe pour préparer l'opinion.

Il y a un mois, on parlait d'un congrès à Vienne. On a ensuite parlé de Bade. Maintenant il s'agit de Berlin. — Cette réunion sera-t-elle un congrès ou une conférence ? Jusqu'à quel degré les hommes d'Etat qui y siégeront seront-ils plénipotentiaires, c'est-à-dire munis de vrais pouvoirs ? Quels seront les Etats représentés ? C'est ce qu'on ignore. On n'a rien dit de précis à la tribune du Parlement anglais. M. de Bismarck a péroré au Parlement allemand assez longuement pour ne rien dire. En savait-il davantage? Toujours est-il qu'il s'est dit malade, qu'il s'est montré très-irritable, et que les orateurs de l'opposition lui ont fait faire force mauvais sang.

— L'élection du pape s'est effectuée en deux jours (du 18 au 20 février),—cas assez rare dans l'histoire,—et sans encombre d'aucune espèce, sans tiraillements et sans pression, ce qui n'est pas moins rare. La situation générale de l'Europe se trouve ainsi allégée, et toutes les complications qu'on aurait pu craindre de ce chef semblent avoir complètement disparu. Ce qui reste à faire entre le nouveau pontife et le gouvernement italien, ayant à sa tête un roi nouveau, ne saurait prendre de proportions dangereuses pour le repos de l'Europe. D'autre part, tout ce qu'on apprend du passé de Léon XIII indique un homme de sens et de valeur. Il a laissé les meilleurs souvenirs à Lisbonne et à Bruxelles, où il a séjourné en qualité de nonce ; nous reproduisons (p. 428) de curieux extraits d'un de ses mandements à Pérouse, qui nous permettent de bien augurer de son pontificat. *Te Deum laudamus!*

— Bien que la Chambre des députés ait dû consacrer une partie de son temps aux débats des élections contestées, que les intéressés prolongent outre mesure, elle a continué l'examen du budget des dépenses de 1878, qui n'a pu être voté l'an dernier, par suite du 16 mai. En attendant, elle n'a voté que trois douzièmes provisoires, craignant toujours un retour offensif de la majorité du Sénat, auquel sont soumis en ce moment deux projets de lois relatifs à la faculté de déclarer l'état de siége et à l'amnistie des condamnations prononcées pendant le ministère du 16 mai.

Déjà une majorité s'est formée pour voter un autre projet relatif à la liberté du colportage entravée par le 16 mai, en vertu d'une judaïque interprétation des lois de 1875 et de 1849.

En outre, le Sénat, en attendant le budget, a adopté un nouveau titre du Code rural projeté, relatif au parcours, à la vaine pâture et au ban des vendanges. Mais le Sénat a dû perdre une grande partie de son temps par suite des petites misères que les droites ont essayé de faire au ministère.

— La question de l'organisation des chemins de fer est en discussion à la Chambre des députés. Elle a commencé par s'occuper du projet de rachat de 5,000 kilomètres appartenant à dix lignes tombées en faillite ; elle l'a voté aujourd'hui même à une grande majorité.

Nous avons déjà publié un assez grand nombre d'articles sur

cette grave affaire de l'organisation administrative, commerciale et financière des voies ferrées. Le numéro d'aujourd'hui en contient deux autres, et nous en avons encore en portefeuille. Nos lecteurs remarqueront que nous donnons la parole à toutes les opinions.

— Une autre grosse question, mais relativement moins importante et plus simple à nos yeux, est celle de la marine marchande dont on affirme la décadence et qui réclame des remèdes aux maux dont elle se plaint. La Société d'économie politique s'en est occupée dans sa dernière séance, et nous sommes heureux de dire que deux des orateurs, MM. A. Chérot et Paul Leroy-Beaulieu, qui la comprennent fort bien soit dans les principes, soit dans les faits, l'ont complètement éclaircie.

Les armateurs ne demandant plus la protection par les tarifs de douane, mais une prime directe, la question se distingue ainsi de celle des traités douaniers dont elle était une des phases.

Celle-ci ne semble pas devoir aboutir dans cette session, bien que la commission d'enquête du Sénat travaille à fourbir les arguments des protectionnistes, qui ne réclament plus que droits compensateurs! Nous rappelons, en attendant, à ceux de nos lecteurs qui étudient, les articles de notre savant collaborateur, M. le comte de Butenval, qui est allé au fond des questions se rattachant soit au nouveau tarif général, soit au renouvellement des traités conventionnels, et qui nous a fait connaître les précédents ignorés de ces débats, vieux déjà de cent ans.

— La Chambre précédente n'ayant pas discuté le projet de tarif général présenté par le gouvernement antérieur à celui du 16 mai, un autre projet a dû être réimprimé pour la Chambre actuelle. Nous avons à peine pu y jeter les yeux; néanmoins, nous avons pu y constater l'influence des protectionnistes, car nous y voyons des augmentations de 25 et même de 50 pour 100. Est-ce que le ministère Dufaure, Léon Say, Teisserenc de Bort, serait encore plus timide que le ministère Jules Simon, Léon Say, Teisserenc de Bort ? Le vent souffle, ce semble, du côté de la protection; mais le même vent ne dure pas toujours, et rien ne nous dit que la Chambre actuelle soit moins avancée au point de vue économique que celle de 1876, qui n'a, du reste, pas été mise en demeure de se prononcer.

A ce propos, un de nos collaborateurs nous donne une assez singulière nouvelle. Des délégués des départements du Midi auraient constitué un comité pour réclamer 5 fr. par hectolitre sur les vins étrangers, qui souvent ne valent à peine que le double ou le triple de cette somme ! S'il en est ainsi, ce sera un assez joli argument pour MM. les maîtres de forges et les filateurs à qui nous le signalons, si tant est qu'ils aient besoin d'être avertis.

Nous avons dit que la discussion des tarifs ne viendrait pas dans cette session ; entre autres symptômes, il y a celui relatif au traité de commerce entre la France et la Suisse ; il échoit le 1er mai. M. Kern, ministre de la Confédération à Paris, a été chargé de demander au gouvernement français la prorogation jusqu'au 1er janvier prochain. Nous espérons bien que d'ici là le gouvernement des vingt-deux cantons n'aura pas suivi les conseils de ceux qui pensent que les douanes sont une institution qui manque à la vieille république, et qui oublient que la liberté économique est une des principales causes de la prospérité et de la supériorité de ses fabricants sur les marchés du monde entier.

— Un fait monétaire important s'accomplit aux États-Unis.

Par suite de la résolution Matthews et du bill Bland, voté à la Chambre et au Sénat avec amendements, il va être fabriqué des dollars en argent au titre de 900, pesant 412 1/2 grains troy, soit 26 grains 73 et correspondant à 5 fr. 34 1/2 centimes, le grain troy valant 6 g. 48 et le franc pesant 5 grammes. Le rapport aux monnaies d'or est fixé à 15 1/2. La fabrication du dollar demeurera le privilége de l'État, et le secrétaire de la trésorerie devra acheter chaque mois des lingots d'argent pour au moins 2 millions de dollars et au plus pour 4 millions.

— Le Congrès scientifique des Institutions de Prévoyance s'ouvrira le 1er juillet prochain, à Paris, sous la présidence de MM. Hippolyte Passy et Édouard Laboulaye. Le Congrès a pour objet, comme la Société des Institutions de Prévoyance de France, l'étude comparée des législations, modes d'opération et de comptabilité, bases scientifiques, améliorations, réformes, progrès et résultats statistiques des institutions de prévoyance populaires d'après l'expérience des divers pays du monde civilisé : Caisses d'épargne, Caisses d'épargne scolaires, Penny-banks, Sociétés de secours mutuels, Caisses des retraites (civiles, militaires, populaires), Assurances, Banques populaires et Sociétés coopératives. Le Comité d'organisation, dirigé par M. de Malarce, a déjà reçu les adhésions des savants et des administrateurs les plus autorisés d'Europe et d'Amérique; d'importants mémoires ont été annoncés, quelques-uns même déjà publiés, comme nous l'avons fait connaître dans la dernière livraison.

Jph G.

Paris, 14 mars 1878.

Bibliographie économique.

ALFRY DE LA MONNOYE (D'). *Les jetons de l'échevinage parisien.* Documents pour servir à une histoire métallique du Bureau de la Ville et des diverses institutions parisiennes, avec une table analytique et deux séries de pièces justificatives réunies, coordonnées et annotées par le service historique de la ville de Paris. In-4, XVIII-416 p. avec 750 bois gravés. Lib. Aubry, Champion, Dumoulin, Durand, Marpon, Rothschild.

AICARD (Albert). *De la condition civile des étrangers en France* et dans quelques autres Etats. Discours prononcé le samedi 16 décembre 1876, à la séance solennelle de rentrée de la conférence des avocats de Marseille. In-8, 62 p. Marseille, imp. Barlatier. Feissat père et fils.

ALLARD (Christophe). *Promenade au Canada et aux Etats-Unis.* In-8, 139 p. Didier et C°.

Annuaire administratif de l'Algérie pour l'année 1878. In-16, 436 p. Alger, imp. et lib. Cursach et C°.

Annuaire de la Conférence Molé-Tocqueville pour 1877. 2° année. In-8, LXXXVIII-328 p. Au siège de la Conférence, cité du Retiro, rue Boissy-d'Anglas.

Annuaire financier du Comic-Finance, journal satirique financier, 11° année, 1878. In-8 à 2 col., 78 p. Paris, au bureau du journal, 32, rue des Martyrs.

Annuaire général de l'industrie de l'éclairage et du chauffage par le gaz, par Emile Durand. 4° année. Exercice 1877-1878. In-12, 260 p. Bureau du journal *le Gaz.*

Archives de la Chambre de commerce de Lille. T. XII, 1877. Grand in-8, 223 p. Lille, imp. Danel.

BARRÉ (Félix). *La Banque et la Banque de France.* In-8, 47 p. Lib. Guillaumin et C°.

BASTARD. *Rapport* de M. Auguste Bastard, agriculteur à Aix, délégué, *sur l'Exposition internationale universelle de Philadelphie* en 1876. In-8, 40 p. Aix, imp. Pust fils.

BAUM (Ch.). *Les systèmes de tarifs de chemins de fer* en Allemagne et en Autriche-Hongrie. Etude économique. In-8, VIII-262 p. Lib. Dunod.

BEPMALE. *Cours de comptabilité industrielle et commerciale,* contenant de nombreux exercices, suivi de notions sur les chemins de fer, les banques et sociétés de crédit, les docks, les chèques, le budget, les rentes, la Bourse, etc. Enseignement secondaire spécial (2° et 3° années). In-8, 176 p. Lib. Eug. Belin.

BERNARD (H.). *La fortune par les assurances sur la vie,* 4° édition. Gr. in-18, 36 p. Paris, imp. Collombon et Brulé.

BERTAULD (A.). *De la philosophie sociale,* études critiques. In-18 jésus, VIII-171 p. Lib. Germer-Baillière et C°.

BLANCARD (Louis). *Sur la date et le lieu d'origine du Consulat de la mer.* In-8, 28 p. Marseille, imp. Barlatier, Feissat père et fils.

BOUCHET (E.). *Le cadastre et la répartition de la contribution foncière.* In-8, 30 p. Orléans, imp. Chenu.

BOURBON DEL MONTE (Marquis). *L'Homme et les animaux,* essai de psychologie positive. Avec 3 pl. lithographiées. In-8, x-209 p. Lib. Germer-Baillière et C°.

BRUNO (G.). Francinet, livre de lecture courante. *Notions élémentaires sur la morale, l'industrie, le commerce et l'agriculture,* 12° édition, entièrement refondue, augmentée et ornée de 135 gravures instructives. In-12, iv-384 p. Lib. E. Belin.

CARLIER (E.) et GAUFFRETEAU (E.). *Les transactions viagères et le notariat.* In-12, 41 p. Lib. Anger.

CHAUMEIL. *Lectures alternées sur l'éducation, l'instruction et l'économie domestique* à l'usage des familles et des écoles de filles, avec une préface pédagogique, par M. Lies Bodard, inspecteur général de l'instruction publique. In-12, vi-406 p. Lib. Gédalge jeune.

CHÉROT (A.). *De la concurrence en matière de chemins de fer* et nos grands ports de commerce : Marseille, Bordeaux, Nantes. In-8, 16 p. Paris, imp. Debons et Cᵉ.

CHEVALLIER (Henri). *Étude sur les cahiers des États généraux de Blois,* 1576-1588 (3 novembre 1877). In-8, 51 p. Orléans, imp. Puget et Cᵉ.

Conversion des dettes de la Daïra Sanieh de S. A. le Khédive d'Égypte. Mission de MM. Jozon et Sandars. Contrats des 12 et 13 juillet 1877. In-8, 104 p. Imp. P. Dupont.

CRESP. *Cours de droit maritime,* par M. Cresp, ancien professeur à la Faculté de droit d'Aix. Annoté. complété et mis au courant de la jurisprudence la plus récente, par Auguste Laurin, professeur de droit commercial à la Faculté d'Aix. T. II. Affrétements, prêt à la grosse (art 237 à 331, C. com.). In-8, 431 p. Lib. Marescq aîné.

DEBAUGE (A.). *Industrie linière.* Rapport sur le projet de loi des patentes. In-4, 12 p. Amiens, imp. Jeunet.

De l'aumône et de ses formes diverses, d'après l'Écriture et les Pères. In-8, xiv-464 p. Le Mans, imp. et lib. Leguicheux-Gallienne.

Délégation (la) *de Suez.* Son origine, son avenir, sa valeur comparée à celle de l'action de Suez ; arbitrage entre les deux valeurs. In-8, 12 p. Lib. Maurice Blanc.

DEMARTIAL (O.). *De la moralisation des condamnés* par la peine et du patronage des libérés. Cour d'appel de Poitiers. Audience solennelle de rentrée du 3 novembre 1877. In-8. 27 p. Poitiers, imp. Dupré.

DENISY (O.). *Le Pain des pauvres,* ou Histoire de l'introduction de la pomme de terre en France. In-8, 69 p. Issoire, imp. Caffard.

DUCHESNE (A.). *Manuel commercial et administratif du capitaine au long-cours,* ou Recueil complet et raisonné de tous les documents officiels concernant les droits, devoirs et obligations de ces officiers dans leurs rapports avec les armateurs et les autorités commerciales, judiciaires, etc., suivi d'un recueil de formules et de modèles ; 3ᵉ édition, revue, corrigée, augmentée et mise au niveau de la plus récente législation. In-8, xxii-694 p. Paris, imp. et lib. Dumaine.

DUPUY (Dʳ Paul). *La Boucherie à Bordeaux.* Une double enquête (1870-1874). In-8, 39 p. Bordeaux, imp. Gounouilhou.

DUTHOIT (Henri). *Aux capitalistes intelligents.* Une œuvre patriotique et morale unie à un placement sûr et avantageux ; exposition simple de la solution ce problème appuyé sur une expérience complète. In-8, 16 p. Lib. Dentu.

Étude d'un projet d'exploitation rurale constituée en vue de la production du lait, présentée par une commission et discutée en séance générale. In-8, 27 p. Nantes, imp. Vᵉ Mellinet.

Fabrication du pain de troupe. Pétrissage mécanique. In-8, 68 p. Marseille, imp. Barlatier, Feissat père et fils.

FAGNIEZ (Gaston). *Études sur l'industrie et la classe industrielle à Paris,* au xiiiᵉ et au xivᵉ siècle. In-8, x-426 p. Lib. Vieweg.

FÉROT (Alfred). *La situation des chemins de fer* en 1878. Rachat par l'État. In-8, 22 p. Imp. et lib. Dubuisson et Cᵉ.

FLORENT-LEFEBVRE. *Modifications au régime des tabacs.* Proposition faite à la Chambre des députés. In-8, 15 p. Arras, imp. Courtin.

GARIEL (A.). *La Philosophie de l'histoire universelle.* In-8, xxii-288 p. Aix, imp. Pust fils.

GRIAULT (Ch.). *Note sur le mouvement de la population dans le département du Calvados* de 1853 à 1873, d'après les tables décennales. In-8, 14 p. et 7 pl. Caen, imp. Le Blanc-Hardel.

GUYOT (P.). *La pulvérisation des engrais et des roches.* In-8, 100 p. Bureau de la réforme économique, 15, rue du Faub.-Montmartre.

HIPPEAU (C.). *L'Instruction publique en Russie.* In-12, LIV-411 p. Didier et Cᵉ.

HOMAIS. *L'Alcoolisme.* Conférence faite le 14 février 1877 à l'émulation chrétienne de Rouen. In-8, 35 p. Imp. Donnaud.

JACOLLIOT (Louis). *Second voyage au pays des éléphants.* Illustrations de Riou. In-18 jésus, 373 p. Dentu.

JEDINA (DE). *Voyage de la frégate autrichienne* Helgoland *autour de l'Afrique,* par Léopold de Jedina, lieutenant de la marine impériale autrichienne. Traduction de M. Vallée. Ouvrage illustré de 100 gr. sur bois. Grand in-8, 360 p. Lib. Dreyfous.

JOUAULT (A.). *Les Institutions de prévoyance.* Théorie pratique des donations par contrat d'assurance en cas de décès, contenant un commentaire de la loi des finances du 31 juin 1875, étudiée dans ses rapports avec le Code civil. In-8, 32 p. Lib. Marescq aîné; Angers.

JUNCA (Jules-Joseph). *L'avenir des crèches* en France. In-8, 48 p. Imp. Balitout, Questroy et Cᵒ.

LA GOURNERIE (DE). *Coup d'œil sur l'exploitation des chemins de fer français.* In-8, 45 p. Nantes, imp. Forest et Grimaud.

LAMARQUE (Jules DE). *Le patronage des libérés* expliqué aux détenus. 5ᵉ édition. In-32. 64 p. Lib. Dentu.

LECOUR (C.-J.). *La Prostitution à Paris et à Londres,* 1789-1877. 3ᵉ édition, revue, corrigée et augmentée. In-12 jésus, XII-474 p. Lib. Asselin.

LEFORT (Jules). *Rapport général* à M. le Ministre de l'agriculture et du commerce, *sur le service médical des eaux minérales de la France* pendant l'année 1874, fait au nom de la Commission permanente des eaux minérales de l'Académie internationale de médecine. In-4, 83 p. Lib. G. Masson.

LEPRINCE. *Les chemins de fer sur route dans l'Hérault.* In-8. 40 p. Paris, imp. Goupy.

LEVASNIER (G.). *Du rétablissement des corporations ouvrières.* In-32, v-128 p. Imp. et lib. Oudin frères.

LUCAS (Ch.). Lettre à M. Faustin Hélie, membre de l'Institut et de la Société générale des prisons, *sur les inconvénients de la prolongation de l'emprisonnement individuel* et de l'agglomération de la population dans les établissements pénitentiaires. In-8, 12 p. A. Chaix et Cᵉ.

MAILFER (H.-C.). *De la démocratie dans ses rapports avec l'économie politique.* In-8, XIX-512 p. Lib. Guillaumin et Cᵉ.

MARTIN (Ch.). *Liberté ou communisme.* In-12, 101 p. Lib. Ghio.

MATIGNON (R. P. A.). *La paternité chrétienne;* conférences prêchées à la réunion des pères de famille du Jésus de Paris. 3ᵉ série. Les épreuves et les joies de la famille. In-12, 400 p. Lib. Palmé.

MAURICET (Dʳ Alphonse). *Compte-rendu des épidémies, des épizooties et des travaux des Conseils d'hygiène du Morbihan en 1876.* In-8, 58 p. Vannes, imp. Galles.

— Topographie de l'exercice de la profession médicale dans le Morbihan. In-8, 11 p. Vannes, imp. Galles.

METZ-NOBLAT (Antoine DE). *Un péril pour l'Algérie.* Le déboisement. In-8, 31 p. Douniol et Cᵉ.

MONDENARD (A.). *Le refus de l'impôt.* In-8, 44 p. Agen, imp. Bonnet et fils.

MONNIER (D.). *Étude sur les progrès réalisés depuis dix ans dans l'industrie du gaz.* In-8, 70 p. et 7 pl. Versailles, imp. Cerf et fils.

MORIÈRE (J.). *De l'industrie beurrière* dans le département de la Seine-Inférieure : son importance en 1877. In-8, 14 p. Caen, imp. Le Blanc-Hardel.

— De l'industrie beurrière dans le département du Calvados. In-8, 46 p. et 1 gravure. Ibidem.

— *De l'industrie fromagère* dans le département de la Seine-Inférieure; son importance en 1877. In-8, 14 p. Caen, imp. Le Blanc-Hardel.

— De l'industrie fromagère dans le département du Calvados ; son importance en 1877. 3ᵉ édit. In-8, 52 p. Caen, imp. Le Blanc-Hardel.

NICOLAY (Fernand). *L'Indemnité du clergé et le budget des cultes.* Étude de législation précédée d'une lettre de M. Auguste Nicolas, conseiller honoraire à la Cour d'appel de Paris. Nouvelle édition. In-16, 16 p. Abbeville, imp. Retaux.

NORMAND (Benjamin). *L'industrie nationale au Congrès scientifique du Havre.* In-8, 13 p. Le Havre, imp. Mignot.

Note sur la transportation à la Guyane française et à la Nouvelle-Calédonie pendant les années 1871, 1872, 1873, 1874 et 1875, publiée par les soins de M. le vice-amiral Gicquel des Touches, ministre de la marine et des colonies. Grand in-8. 342 p. et 2 cartes. Imp. nationale.

PASCAUD (H.). *De l'organisation commerciale et municipale en Europe, aux États-Unis et en France.* Étude de la législation comparée, d'histoire et de droit administratif. In-8, VII-290 p. Paris, lib. Guillaumin.

Portefeuille (Le) financier pour 1878. In-18 jésus, 196 p. Paris, bureaux du *Journal des tirages financiers.*

PUECH (X.). *Les assurances sur la vie.* Discours prononcé à l'audience solennelle de rentrée de la Cour d'appel d'Agen le 3 novembre 1877. In-8, 51 p. Agen, imp. Lamy.

Rapport de la délégation ouvrière libre à l'Exposition universelle de Philadelphie, 1876. *Mécaniciens.* In-8, 238 p. Lib. Sandoz et Fischbacher.

ROCQUAIN (F.). L'*Esprit révolution-* *naire avant la Révolution.* 1715-1789. In-8, XI-541 p. Plon et C°.

ROUSSELIER. *La Cour des conventions royaux.* Cour d'appel de Nîmes, audience solennelle du 3 novembre 1877. In-8, 70 p. Nîmes, imp. Clavel-Ballivet.

SAGNIER (H.). *Étude sur la production agricole en Italie.* In-18 jésus, 71 p. Lib. A. Sagnier.

SIMON (F.-A.). *La faillite d'après le droit international privé.* In-8, 122 p. Paris, imp. Lahure.

THIERS. *Histoire de Law.* In-18 jésus, 184 p. Lib. Hetzel et C°.

THIRIEZ (Alfred). *Les Institutions de prévoyance au Congrès de Bruxelles.* In-8, 6 p. Lille, imp. Danel.

TOUNENS (DE). *L'Araucanie.* Notice sur les mœurs de ses habitants et sur son idiome, qui n'a aucun rapport avec les idiomes européens. In-16, 65 p. Bordeaux, lib. Féret et fils.

Une étude de droit international privé. De la naturalisation à l'étranger d'une femme séparée de corps en France, et des effets de son second mariage dans un pays qui admet le divorce, par M***. In-8, 20 p. Lib. Marchal, Billard et C°.

VILLEVERT (E.). *Achèvement de nos chemins de fer.* Études pratiques et financières de tous les systèmes. Défense du pays. Les troupes de chemins de fer en Prusse. Chemins de fer économiques. In-8, 44 p. Lib. Lemoine.

Le Gérant : PAUL BRISSOT-THIVARS.

Paris. — Typ. A. Parent, rue Monsieur-le-Prince, 29-31.

TABLE

DES MATIÈRES DU TOME PREMIER

QUATRIÈME SÉRIE

N° 1. — *Janvier* 1878.

No 3. — *Mars* 1878.

FIN DE LA TABLE DES MATIÈRES DU TOME Ier, IVe SÉRIE.

Typ. A. PARENT, rue Monsieur-le-Prince, 29-31.

DERNIÈRES PUBLICATIONS

LE JOURNAL DES ECONOMISTES

REVUE DE LA SCIENCE ÉCONOMIQUE ET DE LA STATISTIQUE

Paraît le 15 de chaque mois par livraisons de dix à douze feuilles (160 à 192 pages), format grand in-8, dit grand raisin, renfermant la matière d'un volume in-8 ordinaire.

Chaque Trimestre forme un volume et l'Année entière 4 beaux volumes.

CONDITIONS DE L'ABONNEMENT :

36 francs par an et 19 francs pour six mois pour toute la France et l'Algérie.

35 francs par an et 20 fr. pour six mois pour : *Allemagne, Autriche, Belgique, Danemark, Espagne, Grande-Bretagne, Finlande, Grèce, Hongrie. Italie, Luxembourg, Malte, Monténégro, Norvège, Pays-Bas, Portugal,* y compris *Madère et les Açores, Roumanie, Russie, Serbie, Suède, Suisse, Turquie, Egypte, Tanger, Tunis.*

40 francs par an et 21 pour six mois pour : *Etats-Unis, Canada, Colonies françaises (Guadeloupe, Martinique, Guyane, Sénégal, Ile de la Réunion, Cochinchine, Etablissements français dans l'Inde).*

42 francs par an et 22 francs pour six mois pour : *Chine, Confédération argentine, Cuba, Haïti, Indes-Orientales, Mexique, Nouvelle-Grenade , Paraguay, Uruguay, Vénézuéla.*

46 francs par an et 24 francs pour six mois pour : *Australie, Bolivie, Brésil, Chili, Equateur, Pérou, Etats de l'Amérique du Centre : Costa-Rica, Guatemala, Honduras, Nicaragua, San-Salvador.*

Pour s'abonner, envoyer un mandat sur la poste ou sur une maison de Paris. Les abonnements partent de janvier ou de juillet.

On ne fait pas d'abonnement pour moins de *six mois*.

Chaque numéro séparément, 3 francs 50.

COLLECTIONS ET TABLES :

Le prix de la 1ʳᵉ série, comprenant les 12 années de 1842 à 1853 inclus, et formant 37 volumes grand in-8, est de 366 francs.

Le prix de la 2ᵉ série, comprenant les 12 années de 1854 à 1865 inclus, et formant 48 volumes grand in-8, est de 432 francs.

Le prix de la 3ᵉ série, comprenant les 12 années de 1866 à 1877 inclus, et formant 48 volumes grand in-8, est de 432 francs.

Le prix total de la **Collection**, formant, à la fin de 1877, 132 volumes gr. in-8, est donc de 1230 fr.

La Collection forme, à elle seule, une *Bibliothèque* facile à consulter à l'aide de TABLES analytiques et détaillées.

La librairie GUILLAUMIN ne possède plus qu'un très-petit nombre de Collections complètes de chacune des deux séries, qui se vendent séparément.

ON TROUVE A LA LIBRAIRIE GUILLAUMIN ET Cⁱᵉ

Les TRAITÉS GÉNÉRAUX, les TRAITÉS ÉLÉMENTAIRES et les ouvrages de théorie relatifs à l'Economie sociale ou politique ou industrielle;

Les TRAITÉS SPÉCIAUX, les MONOGRAPHIES et un grand nombre d'Ecrits sur les diverses questions relatives à l'ÉCONOMIE POLITIQUE ou SOCIALE, à la STATISTIQUE, aux FINANCES, à la POPULATION, au PAUPÉRISME, à l'ESCLAVAGE, à l'ÉMIGRATION, au COMMERCE, aux DOUANES, aux TARIFS, au CALCUL, à la COMPTABILITÉ, aux CHANGES, au DROIT DES GENS, au DROIT ADMINISTRATIF, au DROIT COMMERCIAL et au DROIT INDUSTRIEL.

Les DOCUMENTS STATISTIQUES et autres : Tableaux de douane, Enquêtes, Tarifs, etc.

Paris. — Typ. A. PARENT, rue Monsieur-le-Prince, 29 et 31.

JOURNAL

DES

ÉCONOMISTES

REVUE

DE LA SCIENCE ÉCONOMIQUE

ET

DE LA STATISTIQUE

(37ᵉ ANNÉE DE LA FONDATION)

4ᵉ SÉRIE. — Nº 4

1ʳᵉ ANNÉE. — Nº 4

AVRIL 1878

PARIS

LIBRAIRIE GUILLAUMIN ET Cⁱᵉ, ÉDITEURS

De la Collection des principaux Économistes, des Économistes et Publicistes contemporains,
de la Bibliothèque des sciences morales et politiques, du Dictionnaire
de l'Economie politique, du Dictionnaire universel du Commerce et de la Navigation, etc.

Rue Richelieu, 14.

1878

SOMMAIRE DU NUMÉRO D'AVRIL 1878.

BULLETIN BIBLIOGRAPHIQUE ET COMMERCIAL

Librairie FIRMIN-DIDOT.
Dictionnaires DUPINEY DE VOREPIERRE.
Librairie HACHETTE.
Librairie GUILLAUMIN ET Cᵉ.
Librairie SAUTON
DUMONT ET Cᵉ
CRITIQUE PHILOSOPHIQUE.

JOURNAL

DES

ÉCONOMISTES

JOURNAL

DES

ÉCONOMISTES

REVUE

DE LA SCIENCE ÉCONOMIQUE

ET DE LA STATISTIQUE

37ᵉ ANNÉE DE LA FONDATION

4ᵉ SÉRIE. — 1ʳᵉ ANNÉE

TOME DEUXIÈME

(AVRIL A JUIN 1878)

PARIS

GUILLAUMIN ET Cᵉ, ÉDITEURS

De la Collection des principaux Économistes, des Économistes et Publicistes contemporaia
de la Bibliothèque des sciences morales et politiques, du Dictionnaire
de l'Économie politique, du Dictionnaire universel du Commerce et de la Navigation, etc

RUE RICHELIEU, 14

—

1878

JOURNAL

DES

ÉCONOMISTES

FONCTION, USAGE ET ABUS

DE LA STATISTIQUE

Sommaire : Nature et champ de la statistique. — Diverses applications de la statistique utiles ou erronées : — Le nombre des propriétaires du sol en France ; — la Criminalité en Angleterre et en Irlande ; — l'Ivrognerie ; — le Commerce international ; — l'Émigration ; — la Médecine ; — la Division du sol en Angleterre et en Irlande ; — le *Domesday Book* et le *Return*.

(M. Georges J. Shaw-Lefevre, membre du Parlement, pour Reading, ancien sous-secrétaire d'Etat au département de l'intérieur et l'un des *Leaders* du parti libéral anglais, prenait possession, le 18 novembre dernier, de la présidence de la *Société de statistique* de Londres, et prononçait son *inaugural Adress*.

L'éminent orateur a remercié d'abord la Société de l'honneur qu'elle venait de lui faire en l'appelant à un poste où il avait eu pour prédécesseurs des hommes tels que lord John Russell, M. Gladstone, lord Derby, lord Overtone. Il a fait remarquer que le rôle de la Société s'était fort agrandi depuis son début, qui remontait à quarante-trois ans déjà, et s'agrandissait chaque année, avec l'évolution incessante de la société et l'énorme développement des faits économiques. Puis, entrant, sans autre préambule dans le vif du sujet qu'il avait choisi pour thème de son discours, — L'usage de la statistique et son abus, — il s'est exprimé en ces termes) :

I

On a bien défini l'objet de cette association en le qualifiant d'étude des conditions de la société et de ses perspectives. L'état ou la condition de la société, c'est la réunion simultanée de tous les grands faits ou phénomènes sociaux, et son progrès n'est autre chose que la succession de ces faits ou phénomènes dans leurs rapports réciproques. Comme ils varient constamment, leur investigation ne peut évidemment être jamais complète; elle ne peut s'épuiser, d'autant plus qu'une pareille tâche ne consiste pas seulement à collectionner des faits et à empiler des chiffres, mais qu'elle implique une méthode d'arrangement philosophique et un esprit de véritable recherche scientifique, pour peu que l'on prétende à projeter du jour sur les phénomènes sociaux, leur enchaînement et leurs causes.

Un des soucis constants de la Société a été d'exclure de ses travaux la politique. Ce n'est pas qu'elle ait refusé de s'occuper de ces questions qui surgissent de temps à autre, agitent le pays et deviennent le champ de bataille des partis; mais elle ne s'en est saisie que dans un esprit tout philosophique, en les plaçant au-dessus de la sphère où s'agitent les passions politiques et en ne les abandonnant qu'après les avoir scrutées dans tous leurs détails et sous tous leurs aspects. Un regard en arrière me convainc que la Société n'a point vécu dans une sorte d'ermitage, qu'elle ne s'est pas désintéressée de ce qui se passait autour d'elle; mais qu'elle s'est tenue, au contraire, fort au courant des sujets qui préoccupaient l'opinion publique, lui servant volontiers de guide dans des matières où par ignorance elle est fort capable de s'égarer, et s'efforçant d'éclairer par l'exemple et l'expérience des peuples étrangers, un terrain souvent inconnu ou mal connu.

Comme il en a été dans le passé, il en sera dans l'avenir. Dans la vie et la marche d'un pays tel que le nôtre, avec son vaste territoire, ses intérêts si étendus, ses rapports incessants avec le reste du monde, les faits d'un intérêt vital pour la communauté se succèdent sans interruption; ils se pressent et s'accumulent; ils réclament toute l'attention des penseurs, des philosophes, des économistes, des hommes techniques, avant d'être mûrs pour les délibérations parlementaires ou susceptibles d'être bien compris, sous toutes leurs faces, par le grand public. Aussi me semble-t-il que l'un des devoirs de cette Société est de choisir, pour les discuter et les approfondir, ces sujets précisément qui sont d'un intérêt immédiat ou d'un intérêt très-prochain; de leur appliquer l'examen le plus rigide de tous les faits circonvoisins; de soumettre les doctrines auxquelles ils se rattachent à toutes les vérifications possibles; de déployer une inexorable sévérité vis-à-vis des sophismes qui se glissent inévitablement dans des discussions pareilles; de fournir enfin des méthodes d'élucidation, par voie d'analogie ou de différence, des problèmes agités. Une autre tâche de la Société, et non moins importante, consiste à surveiller la marche des travaux législatifs et à vérifier les résultats des lois nouvelles, dès qu'ils commencent à se manifester. Ces derniers quarante ans ont vu un déploiement extraordinaire d'activité législative. Il est à peine une branche de notre organisme social à laquelle on n'ait touché : le Gouvernement s'est emparé de fonctions nouvelles et de nouveaux départements ministériels ont été créés ; on a réformé certaines institutions et on a étendu à de nouveaux objets l'usage des dotations publiques. Une bonne partie de ces changements et de cette législation peut être qualifiée d'expérimentale ; leur résultat mérite d'être soigneusement observé, et leur réussite ou leur insuccès est fait pour jeter une grande lumière sur la convenance de tenter d'autres innovations du même genre.

Les progrès de l'investigation statistique en d'autres pays nous offrent aussi un autre champ d'études très-invitantes. J'ai à peine besoin d'indiquer ce qui s'est fait dans cette direction depuis quelque temps. Chaque année, la statistique de l'Europe s'étend et se perfectionne ; mais il reste une ample moisson de faits à recueillir et à comparer, en faisant ressortir leur similitude et en dégageant leurs causes génératrices.

On a parfois soutenu que la statistique constituait une science spéciale, une science distincte du sujet dont elle s'occupe, et l'exactitude de cette façon de voir me paraît douteuse. Telle que je la conçois, la statistique n'est autre chose que le relevé et le groupement, la constatation des rapports qui relient entre eux les phéno-mènes. Dans ces conditions c'est un auxiliaire important, nécessaire même de plusieurs sciences, parmi lesquelles la science sociale, y compris l'économie politique, mais ce n'est point une science par elle-même, à moins que par ce terme il ne faille entendre le simple arrangement, afin de les rendre clairs et intelligibles, de faits et d'informations considérés indépendamment de leur sujet même, [et cela me paraît tenir moins de la science que de l'art. La simple expression des faits et leur groupement sous une forme statistique, sans relation avec leurs causes ou leur dépendance réciproque, ne forment pas plus une science morale, qu'une description de faits non rattachés aux lois qui les gouvernent ne constituerait une science physique ou naturelle.

On a prétendu aussi que la statistique était à la science sociale ce que les expériences sont à la philosophie naturelle, et cette assertion me semble assez difficile à concilier avec les exigences d'un langage précis. On peut se servir de la statistique, et communément on s'en sert, à la fin très-importante de montrer quelle a été l'issue d'une expérience de science sociale ; mais, par elle-même,

elle n'a pas plus le caractère expérimental que ne l'ont les notes
où le physicien et le chimiste consignent le résultat de leurs recherches. Dans ces derniers quarante ans, une bonne part de la besogne du législateur anglais a été d'une nature expérimentale; il a
fait certains essais, avec l'espoir qu'ils réussiraient, mais sous la
réserve que s'il en était autrement il resterait libre de rebrousser
chemin. En comparant les faits tels qu'ils étaient avant la législation nouvelle et tels qu'ils ont été depuis; en s'efforçant de dégager
les causes extrinsèques qui ont pu modifier l'action intrinsèque
de cette législation, la statistique remplit une fonction très-utile,
une œuvre précieuse aux yeux du sociologiste et du législateur.
Elle éclaire le champ de l'expérience et en constate les effets;
mais c'est la nouvelle législation qui a été l'expérience elle-même.

Mais bien que la statistique ne puisse être ni tenue pour une
science distincte, ni considérée en soi comme une expérience, elle
est, je le répète, l'indispensable auxiliaire de plusieurs sciences,
de celles notamment qui s'occupent de l'état de la société et de ses
progrès. Elle a fourni les moyens de découvrir quelques-unes de ces
lois empiriques qui affectent l'homme et sa fonction sociale; elle
nous met à même d'embrasser, d'une vue compréhensive, le mécanisme général de la société; elle a suggéré déjà et continuera
de suggérer des théories sur les causes qui déterminent la condition des gens. Quand elle compare le sort de la société en différents endroits, et mieux encore à de lointains intervalles, elle nous
permet d'étudier le dynamisme de cette société et nous donne la
possibilité de vérifier les théories qu'a fait naître ce sujet si
important. La statistique est si intimement alliée à la science sociale et à l'économie politique; elle en est un auxiliaire si obligé,
qu'il lui est difficile de dresser un seul tableau qui ne se réfère à
une branche quelconque de l'une ou de l'autre, et bien plus difficile encore de discuter un de ces tableaux sans recourir pour sa
signification aux lois qui forment l'objet spécial de ces mêmes
sciences.

A ce point de vue, et pour bien estimer la statistique à sa juste
valeur, il importe de toujours se souvenir que la sociologie et l'é-
conomie politique, qui en est un rameau, sont essentiellement des
sciences déductives. John Stuart Mill a insisté, avec toute son autorité philosophique, sur ce fait que le procédé inductif ne nous
aidait que très-médiocrement à résoudre aucun des grands problèmes sociaux, et qu'il nous livrait tout au plus la connaissance
de certaines lois empiriques qui, toutes constantes qu'elles puissent
paraître, constituent seulement des généralisations approximatives,
et dont il n'est possible de faire l'application aux cas nouveaux

qu'autant qu'il y a des raisons de croire à l'immutabilité de ces causes lointaines auxquelles les lois immédiates sont intimement liées. Le nombre et la complexité des problèmes sociaux, dont chacun exerce une influence sur les autres, rend impossible de déterminer, par voie d'induction et d'observation, les rapports qui les relient entre eux et leur action réciproque les uns sur les autres. La seule méthode efficace est celle qui sépare certaines catégories de phénomènes et s'efforce de démontrer les rapports directs qu'ils ont entre eux, sans se préoccuper des modifications que des causes étrangères peuvent leur imprimer. C'est ce que la méthode déductive permet de faire de deux façons, soit en raisonnant et en concluant, d'après certaines données générales ou certains principes axiomatiques de la nature humaine, et en vérifiant ensuite ces conclusions par l'observation des phénomènes particuliers en question, soit en procédant, d'une façon conjecturale, d'après l'observation directe de ces mêmes phénomènes, sauf à rattacher ensuite, par un raisonnement *a priori*, les résultats ainsi obtenus aux principes de notre nature.

Dans l'opinion de quelques philosophes, tels que M. Comte et ses élèves, l'emploi de la seconde de ces méthodes ne peut qu'être avantageux à la spéculation sociologique. Cette opinion toutefois n'est celle ni de M. Mill, ni d'autres, qui revendiquent pour la première une importance égale, sinon supérieure. Quoi qu'il en soit, il est clair qu'avec l'une ou avec l'autre l'observation est toujours nécessaire, et la statistique, en fournissant une vue compréhensive des faits qu'on interroge, permet soit de vérifier les conclusions livrées par le procédé déductif, soit de réunir les matériaux d'une argumentation susceptible d'être vérifiée plus tard au critère des principes de la nature humaine.

Cette revue sommaire des modes de raisonnement applicables à la science sociale fait voir que le principal usage de ce qu'on appelle la statistique consiste à réunir les faits sociaux sous une forme susceptible de :

1° Mettre à même en certains cas de généraliser et d'inférer de ces généralisations certaines lois empiriques de la société ;

2° Fournir la matière dont il est possible de déduire des causes et d'établir ainsi une relation scientifique entre certains phénomènes.

3° Permettre de vérifier des conclusions tirées d'un raisonnement *a priori* et d'asseoir ainsi, sur une base sûre, les lois qui gouvernent la condition de la société et ses progrès.

On pourrait citer plusieurs exemples de l'emploi de la statistique sous la première de ces formes. Nous lui devons, par

exemple, ces lois empiriques que nous déduisons de l'expérience
répétée de la vie, du retour constant de certains phénomènes, tels
que les suicides, les accidents dans les rues, les noyades, etc., lois
d'après lesquelles on peut prédire, à une fraction près, le nombre
des accidents analogues qui se produiront d'année en année. Ces
lois empiriques, toutefois, sont plus intéressantes qu'utiles : elles
ne projettent pas un grand jour sur la marche de la société. C'est
donc sous ses deux autres formes et à l'aide des méthodes qu'elles
impliquent que la statistique peut surtout servir aujourd'hui,
comme elle a servi déjà dans le passé, aux progrès de la science
sociale. C'est la collection méthodique des faits concernant la condition des hommes, en différents lieux et à différentes époques, qui
doit fournir les moyens et les éléments de l'induction ou de la vérification des lois auxquelles l'ordre social obéit dans sa marche et
dans ses mouvements.

En observant les faits de cette étude et en les classant sous un
ordre méthodique, il faut se remémorer les deux principales méthodes qui permettent de discerner parmi les circonstances dont
un phénomène est précédé ou suivi celles qu'une loi invariable
en rend indéfectibles : l'une comparant entre eux les divers cas où
le phénomène s'est produit, l'autre ces mêmes cas et les cas analogues où il ne s'est pas montré. Elles ont reçu de M. Mill la dénomination : l'une de *méthode d'analogie*, l'autre de *méthode de différence*. C'est de l'usage de l'une ou de l'autre que dépend la valeur
d'une statistique qui regarde deux pays, ou deux époques, et c'est
souvent par la combinaison des deux méthodes que l'on obtient les
résultats les plus sûrs et les plus précieux.

L'exemple le plus simple de cette combinaison est celui-ci : Voilà
deux villes dont les conditions générales se ressemblent beaucoup.
Dans l'une, cependant, le taux de mortalité est constant et bas;
dans l'autre, au contraire, il est irrégulier et haut. On explique
cette différence par le fait que la seconde doit se trouver dans de
mauvaises conditions hygiéniques, et on a raison. L'attention du
public, une fois attirée sur cette mortalité supérieure, on en recherche la cause et on y remédie. C'est une chose si bien admise
aujourd'hui, que le principe en a été inscrit dans la législation
même. Ainsi, la loi sur les logements insalubres, — *Artisans'
Dwellings Act*, — subordonne l'exercice du droit qu'elle confère
aux autorités locales de faire vider les logements insalubres à
l'existence, entre autres conditions, d'un rapport médical qui atteste en la localité un taux de mortalité excessif.

Une application fréquente, et à laquelle on a déjà fait allusion,
de la méthode de différence, consiste à constater les résultats d'une

expérience législative et à comparer ces résultats à ceux que l'idée
même de cette législation comporte. En soi, ce mode de vérification est assez faible, car des causes autres que la cause affirmée
peuvent avoir contribué à l'amélioration constatée; mais si l'on
peut montrer que dans un ou deux cas où un pareil changement
s'est effectué les faits nouvellement observés se sont également
produits, tandis qu'on n'en a pas été témoin quand ce changement
a manqué, la relation de cause à effet s'en trouve singulièrement
fortifiée.

II

Comme exemple de l'emploi de la statistique, afin d'éclairer
des différences réunies de temps et de lieu, conséquemment de
discerner les lois qui président à la marche d'une société, je
choisirai un cas qui n'est pas, il s'en faut, tout à fait fixé, mais qui
offre le plus haut intérêt et qui est de la dernière importance.

Les recherches statistiques ont fait voir que la France est un
pays qui compte un très-grand nombre de paysans propriétaires. Les deux cinquièmes de son aire sont probablement la propriété d'environ 5,000,000 de cultivateurs, dont les deux tiers labourent leurs petits champs de leurs mains. En Angleterre, une
telle classe n'existe pas. D'autre part, les recensements quinquen-
naux révèlent un fait quelque peu étonnant : c'est qu'en France
l'accroissement annuel de la population est si faible qu'on peut
presque le qualifier de nul. En Angleterre, au contraire, l'excès
des naissances sur les décès est tel que n'était l'émigration, dans
l'espace de cinquante ans la population doublerait. Cette double
différence entre deux pays dont la civilisation se ressemble tant et
dont les conditions générales sont, par ailleurs, si semblables, a
naturellement excité une grande attention : voyant là un rapport
de cause à effet, on a prétendu que le faible accroissement de la
population française résultait de la division de son sol entre une
immense quantité de mains, et les partisans de cette hypothèse se
sont efforcés de la justifier en arguant des principes de la nature
humaine qui indiquaient comme probable, selon eux, que d'une
pareille cause naîtrait un effet pareil.

Il peut être intéressant de faire remarquer ici qu'il y a peu
d'années encore, et avant que les recensements français eussent mis
en pleine lumière le taux d'accroissement de la population française, un système tout contraire prévalait de ce côté-ci du détroit quant aux effets d'une large classe de paysans propriétaires.
Arthur Young, avec son exactitude habituelle en matière de faits,
avait signalé l'existence d'une pareille classe chez nos voisins, même

antérieurement à leur révolution de 1789, en évaluant à un tiers de l'aire du pays le sol possédé par des paysans propriétaires. Comme beaucoup d'économistes anglais, il ne pouvait attribuer qu'un faible mérite à cette circonstance, bien qu'elle témoignât fortement de l'incessante industrie de ces petits propriétaires, industrie « si remarquable et si méritoire, » pour employer ses propres termes, « qu'elle était au-dessus de tout éloge et qu'elle suffisait à prouver « que de tous les stimulants à un travail opiniâtre et conti- « nuel, la propriété terrienne était le plus énergique. » Mais sa grande objection au système de la petite propriété et à la coutume du partage égal des biens du père décédé entre ses enfants, était la tendance qu'il leur attribuait de créer une population exubé- rante et destinée à voir de plus en plus son nombre dépasser ses moyens de subsistance.

« La population, disait-il, qui naît de cette division de propriété « est, en certains cas, très-considérable, mais c'est de la misère « multipliée. Les couples s'unissent et procréent avec l'intention, « mais sans la possibilité de nourrir leur famille. La population « s'accroît au delà des besoins des villes et des manufactures ; il « s'ensuit de la misère et une foule de gens succombent à des ma- « ladies engendrées par une alimentation insuffisante. De petites « propriétés très-divisées sont donc la plus grande source de mi- « sère qui se puisse concevoir, et ce mal a pris une telle extension « en France, il y est arrivé à un tel degré qu'il faudrait certaine- « ment y passer une loi qui prohibât toute division du sol en deçà « d'un certain nombre d'acres... Aucun pays de la terre, ajoutait-il, « n'est affligé d'un gouvernement assez détestable pour tendre à « une division uniforme de la propriété ; mais il faut bien se garder « de favoriser un accroissement de population qui découle de « principes en eux-mêmes purs et vertueux, mais qui conduit di- « rectement aux extrémités de la misère publique. »

Les mêmes objections au système des paysans propriétaires se rencontrent fréquemment sous la plume de plusieurs des prin- cipaux économistes anglais. Ainsi M. Mac Culloch, l'un de ses plus véhéments antagonistes, prophétisait, en 1823, « que certai- « nement avant qu'un demi-siècle s'écoulât, la France serait deve- « nue comme la plus grande *garenne* de pauvres de l'Europe et « partagerait, avec l'Irlande, l'honneur de fournir les autres pays « de scieurs de bois et de porteurs d'eau. » A treize ans de dis- tance, un économiste bien connu par ses conférences à Haylesbury, M. Jones, traitant de la distribution de la richesse, tenait un lan- gage analogue. « Une population de paysans, écrivait-il, qui tire « ses propres gages du sol et qui les consomme en nature se mon-

« tre très-généralement peu sensible aux impulsions intérieures
« de la prudence. Il en résulte, qu'à moins d'une cause extérieure
« et tout à fait indépendante de leur volonté qui vienne arrêter
« leur taux d'accroissement, ces paysans propriétaires ne peuvent,
« sur un territoire restreint, que se rapprocher promptement
« d'un état besogneux et fait pour toujours empirer jusqu'au mo-
« ment où leur multiplication rencontrera l'infranchissable ob-
« stacle d'une impossibilité matérielle de se procurer des subsi-
« stances. »

« On trouverait difficilement des exemples plus remarquables
du danger d'émettre des théories sans les avoir soumises au contrôle
des faits. Qu'en 1789 les paysans français fussent dans une situation misérable, c'est ce qui ne fait pas l'ombre d'un doute : on ne
savait rien cependant alors du taux d'accroissement de la population française, et les paysans attribuaient eux-mêmes leurs misères
aux vices du mode de tenure en usage et aux extorsions de toute
sorte de leurs seigneurs féodaux. La Révolution vint : elle affranchit à la fois les paysans et le sol, tandis que la vente des biens
ecclésiastiques et celle des biens confisqués sur les nobles émigrés augmentaient, dans une proportion notable, le nombre des
petits propriétaires ruraux. Sous la Restauration, ce nombre s'accrut encore par l'entremise de ces groupes de spéculateurs, connus
sous le nom de *bandes noires*, qui achetaient en bloc de gros domaines et les revendaient ensuite par morceaux. On sait à n'en pas
douter que depuis lors la richesse de la France s'est énormément
développée, et que la condition individuelle du paysan s'y est améliorée, de telle sorte qu'aucune comparaison n'est possible entre son
présent et son passé. Mais cette hypothèse d'une population sur-
abondante que l'augmentation des paysans propriétaires devait
entraîner s'est si peu réalisée; cette crainte de voir la France
transformée en une *garenne* d'indigents s'est trouvée si chimérique
que c'est tout l'opposé qui a eu lieu, puisqu'il est certain que depuis un assez grand nombre d'années déjà la population de ce pays
ne s'accroît que d'une façon très-lente, et qu'en ce moment même
elle demeure stationnaire.

Il est digne de remarque que l'école d'économistes qui compte
dans ses rangs les adversaires les plus décidés de la petite propriété a opéré, devant les faits qui se dégagent des recensements
français, un changement de front complet. Forcés d'admettre le
lent accroissement de la population française, ils le condamnent
aujourd'hui en termes non moins forts que ceux dont MM. Arthur
Young, Mac Culloch et autres se servaient pour caractériser le
phénomène inverse, et l'attribuent à cette même cause que l'on

supposait devoir, il y a quelques années seulement, conduire à un résultat tout opposé. C'est ainsi que mon ami, M. Caird, qui s'est récemment occupé de ce sujet, cite avec éloge, à propos du lent accroissement de la population française, le mot de Rousseau : *que de toutes les famines, la pire des famines est celle des hommes*. Que la lente augmentation d'un peuple qui n'a pas devant lui un vaste champ d'émigration soit une chose heureuse ou une chose déplorable; qu'en ce qui concerne la France on la rapporte ou non à sa vraie cause lorsqu'on en accuse la petite propriété rurale; qu'enfin une large distribution du sol soit bonne ou mauvaise, ce sont là des questions du plus haut intérêt pour les économistes contemporains. Mais les discuter avec quelque détail, ce serait excéder mes limites actuelles; il me suffit qu'elles m'aient fourni une indication du rôle utile, précieux même, qui revient à la statistique dans l'investigation de quelques-uns des problèmes les plus élevés de la science, ceux que fait naître la comparaison de divers états de la société et de divers degrés du progrès social associés les uns aux autres et compris sous une vue d'ensemble.

Un autre exemple de l'emploi des statistiques dressées à divers moments pour la vérification d'une théorie façonnée d'une façon déductive se trouve dans le cas célèbre du Libre-Échange. La loi ou principe du Libre-Échange est un des plus grands efforts qu'ait accompli la méthode déductive, telle que l'ont formulée Adam Smith et Turgot, d'après certaines vérités générales, mais à une époque où les moyens d'en vérifier la théorie étaient peu nombreux et faibles. Admis cependant, comme l'est à cette heure ce système, par notre pays et par d'autres pays, quoique dans une moindre mesure, il est maintenant possible de se rendre compte de ses efforts en comparant ce qu'était auparavant le commerce dans les États qui l'ont adopté et ce commerce tel qu'il est devenu depuis, ou encore en établissant la même comparaison entre un pays libre-échangiste et un pays qui ne l'est pas. Qu'on fasse cette vérification et, tout en tenant note des autres causes qui ont pu contribuer au grand progrès mercantile et à la prospérité croissante des nations libre-échangistes, on ne hasardera rien en affirmant que chaque nouvelle expérience annuelle confirme la théorie du libre commerce et confond tous les arguments de ses adversaires.

Il ne faut jamais perdre de vue cependant la possibilité, la certitude même que des causes particulières, indépendantes du grand facteur qui a produit de tels résultats, ont concouru néanmoins à ces mêmes résultats. La méthode de différence n'est faite pour inspirer une confiance entière qu'autant que toutes les conditions des deux sociétés différentes, ou des deux états différents de la même société que l'on met en parallèle sont les mêmes, et tel n'est jamais le cas ; tel il ne peut jamais être. En chimie ou en physique, l'expérimentateur peut s'arranger de façon à éliminer du phénomène qu'il scrute toutes les conditions hétérogènes. Il n'en va point ainsi du sociologiste : le phénomène dont il s'occupe peut toujours être dû à une action différente de celle qu'il lui assigne pour cause, et ses déductions affirment une tendance, non l'effet certain d'une cause unique et certaine aussi.

En comparant deux périodes et deux endroits, on doit prendre soin aussi de réunir les documents statistiques, avec la même exactitude et de les dresser sur les mêmes bases, sans quoi ils perdraient en grande partie, sinon totalement, de leur valeur vérificatoire. La statistique des naufrages, par exemple, montre un nombre toujours croissant d'accidents de ce genre survenus aux navires anglais. Il y a des raisons, cependant, de regarder cet accroissement plutôt comme apparent que réel, comme résultant du soin plus grand et de la facilité plus grande qui président à l'obtention et à la réunion de ces renseignements, plutôt que du danger accru de la navigation ou d'une négligence plus sensible des armateurs et des capitaines de navires. De même, les documents officiels constatent un chiffre de plus en plus grand de personnes atteintes d'aliénation mentale. On n'est nullement sûr pour cela que la folie se développe chez nous, et il se peut fort bien que ces événements prouvent seulement que l'on a les moyens de mieux constater la folie existante. Des individus qui jadis échappaient à la constatation officielle de leur état mental peuvent figurer sur les listes d'aliénés ; il n'est pas impossible non plus que la ligne de démarcation entre les gens sains d'esprit et les gens que ne le sont pas ne soit pas tracée aujourd'hui comme elle l'était il y a peu d'années. Il n'y a rien d'absolument certain dans cette ligne, et il se peut que les nouveaux modes de traiter les maladies mentales aient tendu à faire comprendre parmi les personnes qui en sont affectées des malheureux que, par raison d'humanité, on s'abstenait autrefois de classer comme telles. Il se peut enfin que les médecins qui ont fait de l'aliénation mentale le grand objet de leurs études soient portés à voir des insensés là où il n'y en a point.

Autant de questions à vider, avant de croire sur la seule foi de la statistique à une augmentation de la folie parmi les habitants des Iles Britanniques. Aussi bien, avec le temps, plusieurs des causes qui peuvent vicier les statistiques périodiques ou comparatives, dans le sens d'un grossissement plus apparent que réel, diminueront-elles, et la valeur de ces documents croîtra-t-elle,

BULLETIN BIBLIOGRAPHIQUE ET COMMERCIAL

brairie FIRMIN-DIDOT. Librairie GUILLAUMIN ET Cᵉ.
ctionnaires DUPINEY DE VOREPIERRE. Librairie SAUTON
brairie HACHETTE, DUMONT ET Cᵒ

CRITIQUE PHILOSOPHIQUE.

JOURNAL

DES

ÉCONOMISTES

est plus grande dans le premier de ces pays que dans l'autre, et ainsi envisagée la statistique fait crouler cette théorie de leur supériorité morale si chère à tant d'Irlandais. En fait, ce qu'elle prouve, c'est que l'Irlande est un pays beaucoup plus rural que l'Angleterre, et que dès lors les Irlandais sont moins tentés et ont moins d'occasions de devenir criminels.

Je n'ajouterai rien sur ce sujet si ce n'est que la façon de classifier les crimes est si différente en Angleterre du mode écossais, et surtout du mode de toutes les autres nations européennes, qu'elle rend toute étude comparative de sa criminalité entièrement impossible, ou du moins une tâche quasi surhumaine.

Maintenant à un autre exemple. Il n'est pas de sujet qui ait engendré plus de travaux statistiques que celui des liqueurs enivrantes ; on proclame hautement et de tous côtés que l'ivrognerie progresse ; qu'elle est la principale cause du paupérisme et du crime, et que le nombre des débits de boissons est en grande partie responsable de tout cela. A l'appui de ces diverses assertions et de plusieurs autres, on ne chôme pas de statistiques : il y en a de toutes sortes et des plus volumineuses. L'affirmation que le peuple anglais boit de plus en plus s'étaie des graves chiffres de la statistique criminelle qui montrent les cas d'ivresse déférés aux tribunaux s'élevant de 100,000 à 200,000 dans l'espace de dix années. Quelle preuve plus éloquente et plus significative que ce simple énoncé de faits! Il entraîne subitement la conviction de bien du monde. Un observateur plus froid et plus attentif ne s'en contente pas néanmoins : il veut aller plus au fond des choses. Il prend un certain nombre de districts ruraux, à deux époques différentes ; il reconnaît qu'il n'y a eu qu'un faible accroissement dans le nombre des cas d'ivresse qu'on y constate annuellement, et s'aperçoit qu'en fin de compte, la progression qui effraie tant est presque entièrement particulière à cinq ou six comtés, où le trafic a pris un immense développement de 1870 à 1874. Même en ces districts, une partie de cette progression peut être due à une plus grande activité de la police dans l'arrestation des gens ivres ou à une moindre indulgence chez les magistrats. Ces faits et d'autres sembleraient montrer que le goût de boire et l'ivrognerie ne sont pas devenus plus communs parmi toute notre population, mais seulement en quelques districts, ce qui provient probablement de la grande hausse des salaires, laquelle est venue fournir à la plus basse classe ouvrière le moyen de satisfaire une passion avilissante qu'elle n'a point en temps ordinaire.

La connexion qu'on établit entre l'ivrognerie et le nombre des

débits repose beaucoup plus sur des données générales que sur
des données spécifiques et des chiffres précis. On a même soutenu,
en s'appuyant sur des statistiques, que loin d'y avoir une proportion ou relation directe entre le nombre des cabarets et les cas
légaux d'ivresse, le rapport était plutôt inverse, et que dans les
villes où il y a le plus de cabarets il y a le moins de poursuites
pour ivresse et *vice versa*. Par exemple, à Norwich, où il y a un
débit par 124 habitants, on ne compte que 1 prévenu d'ivresse sur
367 personnes, tandis qu'à Nottingham, où il n'y a qu'un cabaret
par 179 habitants, on relève 1 cas légal d'ivresse pour 112 personnes, et qu'à Liverpool ces chiffres deviennent de 1 cabaret pour
209 habitants et de 1 ivrogne par 24 personnes.

« Ces chiffres semblent décidément contraires à l'opinion généralement reçue que l'habitude de boire et l'ivrognerie ont du rapport avec le nombre des débits de boissons : on les a même invo-
qués en faveur de la thèse opposée, à savoir que la liberté de ce
commerce favorisait plus la sobriété que sa restriction ou son
monopole. Ici encore, il faut user de prudence et ne pas se prononcer en faveur de cette dernière thèse avant de s'être bien assuré
que les chiffres dont elle excipe s'appliquent à des conditions
par ailleurs identiques. Je n'ai nulle envie de discréditer l'Irlande
et les Irlandais ; je ne puis m'empêcher toutefois de constater que
dans les localités précitées, celles où il a beaucoup d'Irlandais sont
celles aussi où il y a le plus d'ivrognes poursuivis alors qu'il n'y a
presque pas d'Irlandais dans les autres. Ainsi, à Norwich on ne
compte pas plus de 3 Irlandais par 1,000 habitants contre 113 à
Nottingham et 138 à Liverpool.

La présence d'une forte population d'Irlandais de naissance
indique une grande demande de travail de la sorte la plus basse,
et ce qui a été constaté plus haut à propos de la criminalité tend à
montrer que l'Irlandais, dépaysé, soustrait au contrôle de ses propres compatriotes, privé des sauvegardes sociales et religieuses qui
l'entouraient chez lui, cède plus facilement à la tentative, ou subit
plus aisément la tyrannie du mauvais exemple.

Je ne veux rien affirmer de positif à cet égard : tout ce que je
désire, c'est signaler le danger d'invoquer l'aide, le témoignage
de la statistique à l'appui d'une théorie, sans soumettre les faits
circonvoisins à un examen rigide, dans le dessein de voir s'ils ne
s'accommoderaient pas mieux d'une théorie différente. Il se peut que
l'ivrognerie ait moins de rapport avec le nombre des débits qu'on
ne le suppose communément. Mais, pour en administrer la preuve,
il faudrait choisir des lieux dont toutes les conditions autres que
le chiffre de ces débits seraient semblables ; des lieux où le taux des

salaires aurait baissé ou haussé dans la même proportion ; où la
police montre la même activité à traquer l'ivrognerie et les magistrats le même zèle à la punir, et cela fait il resterait à démontrer que plus d'ivrognerie signifie nécessairement plus de boisson
consommée. Il peut arriver, en effet, que certains cas individuels
d'ivrognerie ne soient pas en rapport avec la quantité de boisson
ingurgitée. La question vraiment importante est celle-ci : quelle
est la somme totale de salaires que la boisson absorbe en tel ou tel
lieu ? Quel *quantum* la fréquentation des lieux publics dérobe-t-
elle au budget de la famille ? Quels sont les effets généraux de cela
sur la condition des classes laborieuses ?

La comparaison des statistiques commerciales de l'Angleterre
et des autres pays donne souvent lieu à une erreur de cette sorte,
laquelle à son tour engendre des arguments très-fallacieux. On a
fait largement circuler en ces derniers temps, dans nos districts
manufacturiers, des documents desquels il résulterait que le
Royaume-Uni perd sa vieille supériorité industrielle au profit de
la France ou d'autres pays. A ce propos, on a fait intervenir la
valeur des exportations anglaises comparée à la valeur des exportations françaises. Un examen attentif de la méthode employée montre cependant, d'une part, que les exportations françaises comprennent non-seulement ses produits manufacturiers, mais encore ses
vins, ses fruits, ses pommes de terre, sa volaille, ses œufs, dont la
valeur réunie atteint au tiers du montant total de ces exportations,
et d'autre part, que les exportations anglaises ne comprennent pas
nos expéditions, soit dans l'Inde, soit dans nos autres possessions
d'outre-mer, expéditions dont les analogues ne laissent pas de
figurer dans le tableau des exportations françaises. Dans l'estimation de la situation manufacturière de la Grande-Bretagne, il n'y
a nulle raison d'exclure ses colonies qui sont ouvertes aussi bien
aux produits français qu'aux siens propres. Cela seul fait une différence dépassant les cinquante centièmes de toute l'exportation
française. En fait, tout argument tiré de chiffres aussi incomplets
est absolument dépourvu de la moindre valeur ; il est entièrement
erroné, et cette erreur vient tout simplement d'omissions d'un côté
et d'additions de l'autre.

L'erreur signalée par M. Giffen dans son rapport sur l'émigration est de même nature. Rien de plus facile à dresser en apparence que cette statistique, et rien de plus sûr que ses résultats.
Aussi longtemps, en effet, que l'émigration s'est pratiquée suivant
les vieux us et qu'elle a constitué une sorte de trafic exceptionnel,
il n'a point été très-difficile de relever exactement le nombre des

personnes qui abandonnaient définitivement leur mère-patrie pour aller s'établir au delà des mers. En ces dernières années, cependant, les émigrants se sont entièrement embarqués sur des bâtiments ordinaires, et les relevés statistiques qu'on en a faits comprennent, pêle-mêle avec eux, des passagers de cabine ainsi qu'un grand nombre de personnes qui voyagent simplement sans la moindre intention de s'établir au dehors. M. Giffen signale la nécessité de déduire du nombre des émigrants celui des personnes qui se rapatrient ou qui immigrent, et ce sur le même genre de navires. En 1875, le nombre des émigrants a été de 140,075, y compris les passagers, tandis que celui des immigrants était de 94,228, ce qui laisse un chiffre de 46,447 pour l'émigration même. En 1876, elle est tombée à 38,208, et en ce moment les retours des Etats-Unis l'emportent sur les arrivages en ce pays : 57,997 des uns contre 54,554 des autres. La découverte de M. Giffen vicie plusieurs des statistiques des années antérieures, et bien qu'il ait relevé ladite erreur pour deux années successives, je vois que l'on continue de citer le nombre des émigrants sans en défalquer celui des immigrants.

Pour rendre justice à un ami et au risque de susciter quelque vive controverse, je dois signaler encore le faux usage qu'ont fait de la statistique les médecins chargés de veiller à l'exécution des lois sur les maladies contagieuses et d'en constater l'influence. Dans un mémoire qu'il nous lisait, il n'y a pas bien longtemps, M. Stansfeld a fait voir combien la méthode qu'ils employaient dans leurs classifications et leurs comparaisons méritait peu de confiance, combien étaient fautives et fallacieuses les conclusions à tirer de leurs tableaux. Notre confrère n'imputait pas de la mauvaise foi à ces médecins, mais il montrait qu'il ne fallait pas se fier aux statistiques qui sont l'œuvre de gens naturellement enclins à regarder de l'œil le plus favorable les résultats de leurs propres travaux, et animés conséquemment d'un vif esprit professionnel.

Le temps ne me permettrait pas d'aller au fond de cette espèce; mais je puis bien recommander le mémoire de M. Stansfeld comme un modèle de puissante analyse statistique, et la différence entre sa méthode de s'assurer des effets des *Contagious Diseases Acts* et celle des praticiens fournit un bon exemple de ce que la simple constatation des faits peut faire en faveur d'une thèse. En s'interdisant toute allusion à l'une des classes de maladies que l'intention de ces *Acts* est de prévenir, mais dont l'action n'a nullement diminué, comme on le sait bien, tandis qu'ils concentraient toute leur attention sur l'autre, les médecins étaient arrivés à faire ressortir une diminution de 50 0/0 dans les cas de cette dernière catégorie,

Ils faisaient honneur à la législation nouvelle d'une augmentation d'effectif dans les rangs de l'armée et de la marine qu'ils évaluaient au chiffre de deux régiments et de deux vaisseaux de guerre. Mais M. Stansfeld soutient que le vrai moyen de vérifier l'effet de ces mesures est de comparer le nombre moyen des soldats ou des matelots qui fréquentaient l'hôpital avant les *Acts* avec leur nombre également moyen après ces mêmes *Acts*, et cette comparaison ne donne qu'une différence de 1/2 malade en moins par 1,000 en faveur de la deuxième période, soit 25 hommes de plus dans les rangs et 10 hommes de plus à bord. Résultat si insignifiant que M. Stansfeld prétend, et à juste titre, qu'il doit y avoir d'autres causes à l'œuvre, causes qui neutralisent l'influence des mesures en question, et qu'en rendant le vice plus facile, en le reconnaissant et en le légalisant, on le suscite pour arriver en fin de compte à une aggravation du mal même dont on espérait la réduction.

IV

On pourrait multiplier s'il en était besoin ces exemples de l'usage dangereux qui se fait souvent de la statistique. Ils expliquent suffisamment la défiance que le public lui montre parfois, en même temps que son emploi, comme auxiliaire des doctrines, devient de plus en plus fréquent. On remarquera que dans presque toutes les espèces précitées l'erreur est venue de la négligence du principe, déjà posé et expliqué, de la méthode de différence, à savoir la nécessité d'observer tel ou tel ordre de faits dans des conditions de milieu semblables. Il n'y a donc rien ou presque rien à attendre de la comparaison statistique de deux pays ou de deux époques, si tout d'abord la méthode et le soin qui préside à la réunion des données ne sont pas les mêmes, et si ensuite les conditions de milieu ne sont pas semblables, ou si n'étant pas semblables on n'est pas en mesure de montrer qu'elles n'ont nullement influé sur les phénomènes analysés. Il est probable qu'à mesure que notre connaissance statistique de notre propre pays et des autres pays s'accroîtra; que nos moyens de comparer les divers temps et les divers lieux deviendront plus fréquents, et que le champ des déductions vraiment scientifiques s'agrandira, on verra par contre ces mêmes matériaux servir à l'édification de généralisations hâtives, à l'émission de faux raisonnements et de conclusions fallacieuses. Il n'en deviendra que plus nécessaire pour une société telle que la nôtre de se tenir sur ses gardes et de conserver à la statistique son rôle propre et sa fonction véritable.

Les observations qui précèdent auront montré combien il importe, en compilant une statistique, de songer à l'usage qui peut en

être fait et qui en sera fait. Des données de cette sorte réunies en
divers pays, d'après des méthodes différentes ou suivant une classification variable, avec soin ici et négligence ailleurs, ces données
perdent presque toute valeur, car elles rendent toute véritable
comparaison impossible.

Il y a un fait cependant qui atteste une conviction croissante
de leur importance pour les administrateurs et les hommes d'État,
aussi bien que pour les philosophes et les économistes : c'est
l'existence près de la plupart de nos départements ministériels d'un
bureau de statistique. Il est seulement regrettable que chacun de
ces bureaux travaille isolément, sans méthode générale, sans
lien commun qui relie ses travaux à ceux des autres bureaux ses
voisins. De là une perte de temps et l'insuffisance trop fréquente
des documents qui sortent de nos ministères. Notre Société sera
donc heureuse d'apprendre que le gouvernement a résolu d'instituer une commission centrale, qui groupera les travaux statistiques des différents services publics, en élaguera les détails inutiles
ou qui se répètent, et s'efforcera de les ramener à une méthode
uniforme. On peut en confiance attendre de bons résultats de son
intervention.

Parmi les travaux de cette espèce, récemment entrepris et achevés par le gouvernement, c'est simplement justice que de noter les
détails que le bureau du gouvernement local — *Local Government
Board* — donne actuellement, dans ses rapports annuels sur la
taxation et la dette locales. L'importance de ces détails est destinée
à grandir d'année en année, et, en nous faisant voir la marche ascendante de cette dette, elle nous mettra à même de juger de l'efficacité de nos institutions locales comme de leur coût. Un autre
rapport, qui est aujourd'hui achevé, après une élaboration de plusieurs années, concerne les dotations charitables de l'Angleterre
et du pays de Galles. Il en ressort que dans leur ensemble elles ne
représentent pas une somme moindre de 2,190,000 liv. st., —
54,950,000 fr., — dont 1,443,000 liv. proviennent de la rente de
534,531 acres de terre, — 213,712 hectares, — et le reste d'argent
placé sur ce large revenu. L'éducation prélève 664,000 liv. st.
(16,600,000 fr.); le culte 202,000 liv. (5,050,000 fr.); les maisons
de charité (*Alms houses*), 552,000 liv. (13,800,000 fr.); l'apprentissage, 87,000 liv. (2,175,000 fr.); les secours pécuniaires et les distributions en nature aux pauvres, 364,000 liv. (9,100,000 fr.).

Le plus grand travail statistique que le gouvernement anglais,
ou pour mieux dire un gouvernement quelconque, ait entrepris en
ces derniers temps, est toutefois celui qui a reçu le nom de *Modern
Domesday Book*, travail qui donne le nom de tous les propriétaires

terriens du Royaume-Uni, avec la superficie de toutes les superficies supérieures à un acre (40 centiares). Cette importante besogne
ne me semble pas avoir suffisamment attiré jusqu'ici l'attention du
public, voire de la Société, tandis qu'on insistait outre mesure sur
les erreurs qui s'y découvrent, sur son défaut de méthode et d'arrangement, et sur le manque d'une analyse un peu complète et
d'un résumé substantiel de ses chiffres. Il est possible cependant
qu'on exagère ainsi les défauts de l'œuvre et qu'on n'apprécie pas
suffisamment ses mérites intrinsèques. Du moins, toutes mes recherches personnelles m'ont-elles convaincu que ces erreurs
n'étaient ni assez nombreuses, ni assez importantes pour vicier
matériellement les résultats du travail, et je pense qu'à analyser
plus complètement son contenu on ne perdrait ni son temps ni
sa peine.

Si on veut bien se remémorer le triple objectif de la statistique,
à savoir : 1° la constatation du présent état des choses; 2° la comparaison de ces choses et en divers lieux, mais au même temps;
3° leur comparaison en divers temps, mais au même endroit, on
reconnaîtra que ce grand document peut fournir, en ce qui touche
les deux premiers de ces chefs, des données d'une valeur immédiate. Quant à sa valeur sur le troisième, il ne sera possible de s'en
assurer qu'au bout d'un certain nombre d'années, alors qu'il sera
possible de le conférer avec quelque autre recensement analogue et
de déduire de cette comparaison la marche de la propriété terrienne
en ce pays.

Par malheur, on n'a rien comme point de comparaison antérieur, à moins de remonter jusqu'au prototype de ce travail, le
Domesday Book de Guillaume-le-Conquérant, et il faut bien reconnaître qu'à côté de celui-ci le *Return* actuel ne brille guère,
soit par l'étendue de ses informations, soit par leur valeur. Plus
on étudie en effet le vrai *Domesday Book*, plus on en admire la
conception, plus on est étonné de l'ampleur de ses détails. Il offre
une analyse complète de la condition terrienne de l'Angleterre au
xi° siècle ; un dénombrement exact des diverses classes agricoles,
un tableau fidèle de leurs relations entre elles et la description des
divers modes de tenure du sol, avec les rentes ou les services y
attachés. Quelle ne serait pas la valeur d'un pareil document, s'il
avait été répété tous les cinquante ou du moins tous les cent ans,
et quelle lumière n'aurait-il pas projetée sur le progrès social en ce
pays? Mais le *Domesday Book* est resté unique, et de l'époque
de Guillaume à la nôtre il ne nous est rien parvenu, sinon de
vagues indications et des données incomplètes dont il n'y a rien à
tirer quant au mouvement de la propriété foncière en Angleterre.

Aussi bien est-ce la même chose ailleurs. Arthur Young raconte que, désireux de se faire une idée de la superficie des diverses cultures en France, il marqua sur une carte les bois, les prés, les emblavures, les vignes, les terres vaines et vagues, qu'il rencontrait à chaque étape de son long voyage, et que découpant ensuite ces superficies et les rapprochant par espèces, il parvint à obtenir des moyennes pour toute la France. Le fait que le cadastre de 1810 ne donna point des résultats très-différents des siens témoigne fortement en faveur de la patience et du soin de notre compatriote. Son estimation cependant ne concernait que les diverses cultures de la France ; elle n'avait aucun trait à l'état de la propriété terrienne, sur lequel on n'avait alors rien de certain et que l'on ne connaît même à cette heure que par approximation. Arthur Young estimait, à la vérité, qu'un tiers du sol français était possédé par des paysans ; mais qu'il eût été intéressant que la France eût eu son *Domesday Book*, antérieur à 1789, et quelle lumière n'aurait pas jeté un pareil livre sur la condition des Français sous l'ancien régime, les causes de la Révolution et ses résultats quant à la propriété terrienne. Ce n'est pas seulement l'état de cette propriété à un moment donné et le nombre plus ou moins grand de ses détenteurs qu'il importe de connaître, c'est encore son mouvement, c'est l'augmentation ou la diminution du nombre des propriétaires.

Est-il vrai qu'en France la terre se subdivise de plus en plus, et que cette subdivision soit arrivée à son extrême limite ? Est-il vrai qu'en Angleterre et en Irlande cette terre se concentre de plus en plus, si ce n'est dans le voisinage immédiat des villes, entre les mains de grands détenteurs, et devient de plus en plus le luxe exclusif des riches ? C'est ce qu'affirment non-seulement les adversaires de nos *Land Laws*, mais encore leurs partisans, qui les défendent par le motif que ce mouvement de concentration n'est pas tant le résultat des entraves légales au transfert du sol, que de lois économiques dont l'invincible tendance est dans ce sens.

Notre nouveau *Domesday Book*, imparfait comme il est, permet toutefois de se former une idée suffisamment exacte de la condition actuelle des détenteurs du sol et montre, combiné avec les statistiques agricoles, quelle est la nature des exploitations agricoles. Le grand total de 1,153,816 prétendus propriétaires fonciers, pour tout le Royaume-Uni, se réduit de suite à de très-modestes proportions quand on en biffe tous les détenteurs au-dessous d'un acre ainsi que les locataires de maisons, car le *Return* comprend comme propriétaires tous ceux qui ont des baux d'une durée supérieure à soixante ans. On arrive ainsi à un total de

304,378 propriétaires de plus d'un acre; mais ici encore il y a lieu à de grandes réductions, et quand on a déduit les propriétaires de maisons, les doubles emplois, les terres de main-morte, les biens-fonds des corporations et des institutions charitables, c'est tout au plus si l'estimation la plus libérale peut arriver au chiffre de 200,000 propriétaires terriens, dont 170,000 pour l'Angleterre, 20,000 pour l'Irlande et 10,000 pour l'Écosse.

Il est intéressant de comparer cet état de choses avec celui d'autres pays.

En France, selon M. de Lavergne, sur 7,600,000 chefs de famille, il y a 5,500,000 propriétaires terriens, dont les deux tiers cultivent eux-mêmes leurs champs.

En Suisse, on compte 550,000 chefs de famille et 455,000 propriétaires terriens.

En Belgique, M. de Laveleye parle de 4,100,000 habitants et de 1,124,000 possesseurs de terre; mais ces chiffres paraissent excessifs.

En Suède, sur 850,000 familles, 200,000 ont de la terre.

Aux États-Unis, sur 7,200,000 chefs de famille, 2,600,000 ont des terres et les exploitent eux-mêmes.

En Angleterre, sur 4,440,000 chefs de famille il n'y a que 170,000 propriétaires terriens, soit 1 sur 26. En Irlande, pays pourtant essentiellement agricole, de petites exploitations. Cette proportion devient de 1 sur 52, pour tomber, même en Écosse, à 1 sur 84.

Le trait le plus frappant que le *Return* ait mis en évidence, c'est la différence entre l'Angleterre et l'Irlande, en ce qui concerne surtout la classe des propriétaires. L'Irlande est assurément le pays où l'on s'attendrait, à raison de son système agricole et de l'instinct de ses habitants, à rencontrer le plus de propriétaires terriens. J'ai cependant fait voir que, comparée à l'Angleterre, elle en a moitié moins eu égard à sa population, et si la comparaison se borne aux districts purement agricoles des deux pays, on trouvera que pour 10 propriétaires de 1 à 50 acres en Angleterre, il n'y en a qu'un en Irlande (1).

---

(1) *The Financial Reform Almanae* pour 1878 donne la liste nominative de 2,184 propriétaires du Royaume Uni, dont aucun ne possède moins de 5,000 acres (2,000 hectares), et qui à eux tous détiennent 38,875,522 acres (15,550,208 hectares), soit 2,815,542 acres de plus que la moitié de l'aire du Royaume-Uni.

Sur ces 2,184 personnes, 421 possèdent à elles seules 22,880,755 acres (9,352,302 hectares), et cela suffit bien, selon la remarque du *Financial Reform Almanac*, pour faire voir que si John Stuart Mill et M. Bright se trompaient en parlant de

Voilà des chiffres incontestables et précieux pour la statistique comparée. Je me borne à les signaler à l'attention publique, sans dessein d'en tirer des conclusions immédiates, ne voulant pas tomber moi-même dans cet usage abusif de la méthode de différence dont j'ai montré tout le danger. Ces chiffres indiquent seulement la nécessité de nouvelles recherches. D'aussi grandes différences entre la France et d'autres pays civilisés ne peuvent manquer d'avoir leurs causes et de produire leurs effets. Les suivre dans toutes leurs significations, ce serait dépasser mon but actuel, d'autant qu'on a besoin de nouvelles informations et de nouveaux détails sur presque tous les points qui constituent ces différences mêmes dont il s'agit de rechercher les causes et d'apprécier les effets. On sait peu de chose touchant la répartition des propriétaires terriens, par groupes de superficies dans la plupart des pays prénommés ; peu de chose de la proportion dans laquelle les grands propriétaires afferment leurs terrains ; peu de chose, enfin, de la productivité des grandes fermes comparées aux petites fermes cultivées par leurs propres propriétaires, dans les pays où la petite propriété florit. Au dernier congrès de la science sociale, M. Caird affirmait que la production moyenne de l'aire sous froment était double en Angleterre de cette même production en France, et qu'avec cinq fois plus d'emblavures de cette sorte, ce pays ne produisait cependant qu'une quantité double. La France, cependant, n'est pas tout à fait un pays de paysans propriétaires ; il est même probable qu'une moitié presque de son sol est exploitée par des preneurs à bail, et le nombre des fermes de 100 acres (40 hectares) y est presque double de ce qu'il est en Angleterre. Mais M. Caird voulait prouver la supériorité du système anglais des grands propriétaires et des grandes fermes sur le système français des petits propriétaires français cultivant leurs propres terres, et telle quelle, il croyait avoir rencontré une preuve évidente de cette supériorité.

l'immense concentration du sol anglais, ce n'était pas en l'exagérant, comme le leur reprochait le comte de Derby, mais bien en la diminuant au contraire.

On ne nous donne pas le montant des rentes de ces 2,184 propriétaires ; mais on évalue à 44,800,000 liv. st., — 1,120,000,000 fr., — celles des 10,883 propriétaires de 1,000 acres et au-dessus, et l'on ajoute qu'au point de vue fiscal les assesseurs sont remplis de toutes sortes de complaisances pour les riches Landlords dont ils diminuent considérablement les valeurs imposables, « ce qui n'empêche pas cette haute et cette petite noblesse, qui, selon le mot de Cobden et selon la vérité, *ont pressuré et amusé* le peuple, de se plaindre d'être taxés trop haut et de se récrier contre le coût de ces routes sans lesquelles leurs propriétés ne vaudraient rien. » *(Note du traducteur.)*

Faute de s'être conformé aux lois de la méthode de différence, l'argument me paraît toutefois défectueux. Pour comparer les résultats de la petite propriété en France avec ceux de la grande propriété et de la grande culture en Angleterre, il faudrait séparer la production des petits propriétaires français d'avec la production des grands cultivateurs de ce pays; puis rapprocher les résultats les uns des autres, et finalement mettre chacun d'eux en regard des résultats anglais. Si l'on trouve, d'autre part, que, conformément à l'opinion de plus d'un observateur, les paysans propriétaires de France fournissent plus de produits de toute sorte que les grands cultivateurs de leurs pays, et que, d'un autre côté, il y a une différence encore plus grande entre le produit des grandes fermes françaises et le produit des grandes fermes anglaises, l'argument contre les petits propriétaires tombe à terre. Voilà les points qu'il faut éclaircir, avant de conclure pour ou contre la valeur respective des systèmes d'agriculture si différents qui se pratiquent sur l'une des rives du canal et sur l'autre.

On a déjà montré que l'Irlande est un pays de petites fermes : il s'en faut que l'Angleterre soit entièrement un pays de grandes fermes, et le nombre de ses petites exploitations rurales ne laisse même pas d'être très-considérable. Il serait intéressant de connaître, mais malheureusement aucun moyen n'existe actuellement de s'en assurer, combien de ces petits domaines sont la propriété de ceux qui les cultivent; en d'autres termes, combien il reste chez nous des représentants de cette classe jadis si nombreuse, les *Yeomen*, et combien pourraient se ranger dans la classe des paysans propriétaires. Leur nombre diminue-t-il, et s'il diminue, suivant quel taux? Des statistiques récentes donnent à croire que, depuis quelques années, le rendement agricole du Royaume-Uni a faibli. Les superficies cultivées en céréales n'ont pas diminué, depuis 1870, de moins de 897,000 acres ou de 8 p. 100, tandis que la quantité de bêtes à cornes s'est réduite, depuis 1874, de 557,000, soit d'environ 5 p. 100, et celle des moutons de 2,606,000 ou de 8 p. 100. Quelle est la cause de ces diminutions, et jusqu'à quel point est-il probable qu'elles continueront? Ces questions et plusieurs autres d'une importance peu commune, en tant qu'intéressant la prospérité de l'Irlande et de l'Angleterre, ainsi que le sort de leurs cultivateurs, naissent des chiffres que je viens de citer, et elles s'imposent à toute l'attention tant des hommes d'État que des économistes.

V

Si, au début de ce discours, je répudiais pour la statistique le titre de science spéciale, chemin faisant je n'en ai pas moins montré, et abondamment, qu'il est impossible de l'étudier, voire d'en réunir les éléments et de les arranger, sans s'en référer à la science générale de qui les faits particuliers dépendent et, par conséquent, sans revenir d'une façon très-fréquente à la sociologie et à l'économie politique. Une statistique quelconque doit aussi être disposée et traitée selon les procédés scientifiques, et il importe, en la rédigeant, de ne jamais perdre de vue les règles de la logique, lesquelles nous enseignent les méthodes propres à la faire servir à l'investigation et à la vérification des lois dont on est en quête.

J'ai également montré que la tâche de cette association, loin d'être achevée, peut s'élargir, presque indéfiniment, à mesure que les moyens de mieux connaître notre pays et les pays étrangers s'augmentent eux-mêmes. Notre devise devrait donc être le vers du poète :

Nihil humani a me alienum puto.

Rien de ce que l'on peut réunir sur la condition de l'espèce humaine n'est sans valeur, pourvu qu'exact en fait, cela soit étudié et colligé dans le véritable esprit des recherches scientifiques. »

G.-J. SHAW-LEFEVRE.

LA QUESTION DES CHEMINS DE FER
EN ALLEMAGNE.

SOMMAIRE : I. Crise en Allemagne.

II. Politique générale en matière de chemins de fer. — Période antérieure à 1871. — Système mixte de chemins de fer d'État et de chemins de fer privés en Prusse. — Contrôle et surveillance. — Influence de l'État en matière de chemins de fer. Définition du but des chemins de fer. — Tarifs uniformes. — Autres États de l'Allemagne.

III. Période postérieure à 1871. — Chemins de fer d'Empire. — Attitude des États du Sud et du centre de l'Allemagne. — Arguments pour ou contre le système des chemins d'Empire. — Loi sur la cession à l'Empire des chemins d'État de la Prusse. — Politique du Chancelier de l'Empire et du ministère prussien.

I

La crise que traversent, en France, les Compagnies secondaires de chemins de fer les a, presque toutes, menées à deux doigts de leur ruine. A la veille de ne plus pouvoir satisfaire aux engagements qu'elles avaient contractés, ces compagnies se sont adressées à l'Etat, et ont demandé son intervention et son aide.

Si l'on jette un coup d'œil sur ce qui s'est passé dans ces dernières années en Allemagne et en Autriche-Hongrie, on peut constater aisément que des faits analogues se sont produits dans ces deux empires. Des Compagnies de chemins de fer dont les recettes de l'exploitation ne suffisaient pas pour couvrir des déficits, d'année en année plus considérables, se trouvaient sur le point d'être déclarées en faillite; écrasées sous la charge de capitaux de construction, souvent très-lourds, elles ont imploré, dans leur détresse, le secours de l'Etat.

Là-bas, comme en France, des causes identiques devaient, en effet, amener des résultats de même nature; là-bas, comme chez nous, l'esprit de la spéculation (d'une spéculation peu scrupuleuse quelquefois dans le choix de ses moyens) avait poussé à des entreprises de constructions de chemins de fer qui n'étaient pas toujours justifiées par des considérations économiques, industrielles, commerciales ou stratégiques. En Prusse, par exemple, il existait, en 1875, vingt-six Compagnies nouvelles, lors de l'enquête parlementaire faite sur la situation des chemins de fer prussiens par une commission de la Chambre des députés. Elles avaient toutes été créées, dans les dernières années, soit par des entrepreneurs généraux, soit par des sociétés de constructions. Les conséquences de cet abandon de la construction des chemins de fer en Prusse à des spéculateurs d'une âpreté au gain jusqu'alors inconnue, ne devaient pas tarder à se faire sentir : elles furent désastreuses. Les titres provenant des émissions des actions ou des obligations, une fois placés, par la vente à un public trop confiant, les *meneurs de l'affaire* avaient soin de se retirer; ils se tenaient à l'écart, évitant de s'occuper de l'exploitation de la ligne; leur intérêt n'était plus en jeu, et peu leur importait que les résultats de cette exploitation fussent bons ou mauvais. Or, dans beaucoup de cas, les recettes des lignes construites suffisaient à peine pour faire face aux dépenses de l'exploitation; il ne pouvait pas être question de distribuer des intérêts aux porteurs des obligations et des actions. Voilà quelle était la situation en Prusse.

En Autriche et en France, sauf le nom, le procédé adopté avait été le même, à de légères variantes près. Dans ces conditions, la faillite était la solution à laquelle on devait aboutir à bref délai. L'intervention de l'Etat se traduisit presque toujours par le rachat ou la prise de l'exploitation des lignes, et évita cette triste fin aux Compagnies de chemins de fer secondaires.

Au moment où le législateur français est sur le point de décider sur le sort des petites Compagnies de chemins de fer et de fixer le régime auquel elles devront être soumises dans l'avenir, il peut être utile d'étudier les solutions adoptées par d'autres grandes nations lorsqu'il s'est agi pour elles de venir en aide aux petites Compagnies de chemins de fer, et de porter remède à un mal qui avait pris racine dans presque tous les pays de l'Europe.

Il ne faut pas se dissimuler la gravité des conséquences que peut entraîner l'application du système ou du régime qu'adopteront les pouvoirs publics en France à l'égard des chemins de fer que l'Etat se propose de racheter. La politique suivie jusqu'à présent chez nous, en matière de chemins de fer, peut être sérieusement atteinte, éventuellement même être changée complètement. Aussi, en présence de l'importance des intérêts économiques qui sont en jeu, la ligne de conduite suivie, dans des circonstances analogues, par un autre gouvernement en Europe, peut être un précieux enseignement pour le législateur français. Non pas que la solution adoptée par tel gouvernement ou Etat dans cette question de chemins de fer puisse ou doive être suivie par engouement ou de parti-pris. La nature et les origines du réseau d'un pays, le mode de développement de ce réseau, le système d'exploitation, les obligations contractées par l'Etat envers les Compagnies de chemins de fer sont autant d'éléments du problème, variables d'une nation à l'autre, suivant les aptitudes et le génie de chacune d'elles. Il en résulte que le système du rachat et de l'exploitation employé par le gouvernement d'un pays, lors de son intervention en faveur des petites Compagnies de chemins de fer, a dû garder une physionomie spéciale, un cachet particulier et dépendre de la politique générale en vigueur en matière de chemins de fer. C'est sous le bénéfice de ces réserves que nous allons étudier la politique générale suivie dans les questions de chemins de fer en Allemagne, et que nous examinerons le mode de rachat des petites Compagnies de chemins de fer et le régime qui leur a été appliqué après le rachat.

II

Politique générale suivie en matière de chemins de fer.

Il est nécessaire de distinguer deux périodes dans le développement des chemins de fer en Allemagne. La première période, celle qui sera analysée d'abord, comprend les années antérieures à la guerre de 1870-1871. Dans cette période, le réseau des chemins exploités par des Compagnies l'emporte, en étendue, sur le réseau exploité par l'Etat. On a l'exploitation simultanée par les Compa-

gnies et par l'Etat. A partir de 1871, les chemins privés perdent
du terrain; l'influence et le développement des chemins d'Etat
augmentent constamment. L'unité politique de l'Allemagne était
faite, et cette unité devait, suivant les vues du chancelier du nouvel
empire allemand, entraîner, dans un avenir plus ou moins rapproché, la concentration de tous les chemins de fer allemands entre
les mains de l'Empire.

Période antérieure à 1871. Système mixte.

De tous les Etats de l'ancienne confédération du Nord de
l'Allemagne, la Prusse était le plus puissant. Nous nous contenterons d'étudier à fond la politique générale des chemins de fer en
Prusse; nous ne dirons que quelques mots sur les autres Etats de
l'ancienne confédération.

Le système adopté en Prusse presque dès l'origine des chemins
de fer a été ce qu'on est convenu d'appeler le *système mixte*, basé
sur la construction et l'exploitation par l'Etat d'un certain nombre
de lignes, à côté de la construction et de l'exploitation par des Compagnies des autres lignes de chemins de fer du pays. L'Etat prussien exploitait au même titre que les Compagnies une partie du réseau ferré de la Prusse; ce mode d'exploitation, adopté dès la mise
en exploitation des premiers chemins de fer prussiens, fut bientôt
considéré, et par l'Etat, et par le public, comme le plus favorable
au développement et à la prospérité économiques des pays desservis. L'histoire de la constitution politique de l'Allemagne, le
caractère même de cette constitution, qui en a fait une confédération et non un seul Etat, expliquent le morcellement des chemins
de fer allemands. Chacun des anciens Etats autonomes faisait
construire son réseau d'après ses intérêts particuliers. Aucune pensée d'unité ni de centralisation n'avait présidé à cette construction.
Les seuls éléments dont on avait tenu compte étaient le besoin et les
avantages locaux de chacun des Etats. Aussi, bien souvent des lignes ferrées faisaient double emploi, et les dépenses de construction de l'une d'elles eussent pu être économisées, si l'on avait procédé
d'après un plan général, un plan d'ensemble s'appliquant à toute
l'Allemagne. Les grandes villes étaient desservies soit par des chemins d'Etat, soit par des chemins privés, quelquefois par tous les
deux. Les lignes des Compagnies privées étaient coupées en tous
sens ou croisées par des lignes d'Etat; quelques-unes des lignes
à grand trafic se trouvaient entre les mains de l'Etat. Un petit
nombre seulement de tous ces chemins régnait en maître absolu
sur la partie du territoire qu'ils sillonnaient; car les réseaux

étaient presque toujours enlacés par les lignes d'autres compagnies ou de l'Etat. De ce contact de chemins de l'Etat et de chemins privés, et souvent aussi de leur parallélisme, devait naître une rivalité entre ces deux catégories de chemins de fer, rivalité qui se traduisit souvent par la concurrence et la lutte.

L'Etat prussien, tout en cherchant à tirer le meilleur parti économique des chemins qu'il exploitait lui-même, ne se laissa jamais entraîner à une concurrence à outrance contre les chemins privés. Le gouvernement de ce pays avait, en effet, en mainte occasion défini le rôle que devait, selon lui, prendre l'Etat en matière d'exploitation des chemins de fer. Voici l'énoncé des principaux éléments de la théorie prussienne :

1° L'Etat doit avoir un excellent personnel de surveillance et de contrôle, et cela n'est possible que s'il exploite lui-même des chemins de fer.

2° L'Etat doit posséder un certain nombre des chemins à grand trafic du pays; il est nécessaire que les chemins d'Etat soient des artères importantes pour qu'à côté de l'influence *de droit* que la loi donne à l'Etat, en lui confiant le contrôle et la surveillance des chemins privés, il ait aussi une influence *de fait* qu'il exerce par l'exploitation de ses lignes.

3° Le but de l'Etat qui exploite un chemin de fer ne doit pas être exclusivement d'obtenir l'intérêt le plus grand du capital de construction engagé dans ses lignes; l'Etat a pour mission de développer aussi l'industrie et le commerce.

4° L'Etat doit par ses lignes essayer les perfectionnements, quelquefois coûteux, que les Compagnies de chemins de fer ne sont pas toujours très-disposées à introduire.

5° Il doit utiliser l'influence que lui donne sur les chemins privés l'exploitation de ses lignes pour amener l'application de tarifs et de règlements uniformes.

6° Au point de vue stratégique, il est indispensable que l'Etat détienne un réseau d'une certaine importance.

Analysons les motifs qui ont fait adopter à l'Etat prussien le système d'exploitation mixte, celui des chemins d'Etat combiné au système des chemins privés.

Contrôle et surveillance.

Les fonctions de contrôle et de surveillance des chemins de fer, qui incombent à l'Etat dans tous les pays, ne peuvent être exercées d'une manière efficace, et amener des fruits utiles, que si les agents de l'Etat chargés de ce contrôle sont à la hauteur de la mis-

sion qu'ils ont à remplir. L'Etat ne saurait donc apporter trop de
soin à la formation et à l'éducation de son personnel de contrôle
des chemins de fer. Le service du contrôle de l'Etat constitue, en
effet, la dernière instance judiciaire, il est le juge suprême
dans toutes les questions d'exploitation qui lui sont soumises. Une
telle situation lui impose forcément le devoir de connaître jusque
dans ses détails les services de l'exploitation des chemins de fer;
il doit les connaître aussi bien, et même mieux que les agents de la
Compagnie qu'il contrôle; il doit être plus au courant du métier
qu'eux, puisque c'est au service du contrôle et de la surveillance
qu'il appartient de juger les propositions des Compagnies. C'est au
juge à discerner le bien et le vrai dans les demandes qui lui sont
présentées, et il ne le peut que si par son savoir, par la pratique
et l'expérience qu'il a acquises dans l'exploitation des chemins de
fer, il est rompu à toutes les questions de chemins de fer, il a
toutes les connaissances nécessaires pour rendre un jugement
exempt d'indulgence, et ne donnant pas de prise à la critique.

Un personnel de contrôle qui ne remplirait pas ces conditions,
auquel il manquerait ou le savoir ou la pratique et l'expérience ne
saurait remplir utilement les fonctions importantes qui lui ont été
confiées; il constituerait un rouage absolument inutile. Le contrôle qu'il exercerait ne pourrait pas être un contrôle sérieux et
utile, un *contrôle de fond;* il serait superficiel et inefficace, il ne
s'attacherait qu'à *la forme.*

Aussi a-t-on pu affirmer, sans crainte d'être contredit par aucun
ingénieur d'exploitation de chemins de fer, que des agents du
contrôle de l'Etat qui auraient toujours été éloignés du service
actif de l'exploitation, qui n'auraient pas eux-mêmes pris part à ce
service, ne sauraient être en situation d'acquérir, dans la mesure nécessaire, les connaissances techniques et pratiques que doit posséder tout membre d'un service de contrôle efficace et judicieux. Or,
si l'Etat exploite lui-même un réseau de voies ferrées, il aura la
faculté de faire sur ses lignes l'éducation de son personnel de surveillance. Les agents des lignes exploitées par l'Etat formeront une
pépinière d'hommes de chemins de fer, dans laquelle l'Etat choisira
son personnel de contrôle et de surveillance. La pratique du service de l'exploitation et la connaissance approfondie de toutes les
parties de ce service, qu'acquerraient ainsi les agents du contrôle
de l'Etat, les mettrait à même de peser mûrement toutes les questions d'exploitation qu'ils auront à résoudre ultérieurement.

Le premier avantage que l'Etat retire de l'exploitation qu'il fait
lui-même d'une partie du réseau de chemins de fer est donc la formation, à son gré, d'un excellent personnel de contrôle et de sur-

veillance des chemins de fer. Un tel personnel devient de plus en plus nécessaire avec le développement de plus en plus grand du réseau des voies ferrées, avec la complication croissante des relations de trafics et des tarifs.

Influence de l'Etat en matière de chemins de fer.

Dans presque tous les pays, la législation sur les chemins de fer donne à l'Etat certains droits d'homologation et d'approbation des mesures, des tarifs, des règlements et des itinéraires de la marche des trains que les Compagnies de chemins de fer se proposent de mettre en vigueur sur leurs réseaux. Sans méconnaître la valeur de ces droits qui donnent à l'Etat, s'il sait s'en servir, des armes puissantes contre les empiétements de la toute-puissance ou de l'esprit commercial des Compagnies de chemins de fer, ils sont bien souvent insuffisants. Le droit de l'Etat est, en effet, strictement limité, ou par l'acte de concession, ou par le cahier des charges, ou par le règlement d'exploitation. Là où s'arrête l'action de l'Etat par suite de la teneur des textes de loi, là doit commencer l'influence de l'Etat exploitant lui-même quelques-unes des principales lignes du pays. La concurrence ou les moyens de pression indirecte dont dispose un Etat qui dirige lui-même l'exploitation d'une partie du réseau des chemins de fer, lui permettent d'obtenir des Compagnies de chemins de fer privés, très-souvent, beaucoup plus que le droit inscrit dans la loi par le législateur. Que l'Etat, par exemple, introduise tel perfectionnement ou telle amélioration, si minces qu'ils soient, soit dans les tarifs de marchandises ou dans ceux des voyageurs, ou encore qu'il rende plus confortables, plus pratiques les installations du matériel roulant et du matériel fixe, qu'il procure quelque facilité au public voyageur, n'est-il pas clair que des motifs de concurrence, d'opportunité, souvent aussi les critiques du public, et presque toujours l'intérêt particulier des Compagnies, les forcera à adopter, au bout de peu de temps, ces perfectionnements sur leurs lignes.

Il y aura une sorte d'émulation entre les chemins de fer exploités par l'Etat et ceux exploités par les Compagnies, émulation dont le pays ne peut retirer que des avantages, et qui aura pour conséquence de faire produire, simultanément, les meilleurs résultats à chacun des deux systèmes d'exploitation.

Définition du but des chemins de fer.

La question de savoir qui, des chemins de fer exploités par l'Etat ou des chemins de fer des Compagnies privées se rapprochent le plus du but que doit atteindre le chemin de fer, a été très-souvent discutée en Prusse. Nous citerons l'opinion émise à ce sujet par la Chambre des députés prussienne, dans le rapport de la commission d'enquête de 1874 sur les concessions des chemins de fer privés :

« Les chemins de fer sont des établissements de service public de
« transports, analogues par leur nature et leur but aux routes na-
« tionales. D'impérieuses nécessités financières ont seules pu, en
« Prusse, pousser à l'inobservation de ce principe, et enlever la
« construction et l'exploitation des chemins de fer des mains de
« l'Etat, pour les mettre entre celles de la spéculation. En ce qui
« le concerne l'exploitation des chemins de fer, ce ne sont pas les
« questions du rendement avantageux qui doivent être décisives;
« elles doivent céder le pas aux besoins du trafic public, qui sont
« toujours à mettre en première ligne. »

Ainsi, en Prusse, l'Etat en exploitant ses lignes n'a pas pour but exclusif l'intérêt du capital de construction; les chemins d'Etat diffèrent en cela des chemins de fer privés, dont l'administration n'a en vue que l'intérêt des actionnaires. Les chemins d'Etat prussiens, en même temps qu'ils font des efforts pour augmenter et développer le trafic, cherchent aussi à améliorer le bien-être du pays, à développer l'industrie et le travail national.

Cette seconde partie du problème à résoudre, par les chemins d'Etat, a une valeur capitale ; il est bon, sans doute, d'avoir un service de contrôle énergique et efficace, il est important d'obtenir sur les chemins exploités des résultats rémunérateurs, mais il est indispensable que le chemin de fer donne lieu au développement de la richesse, du bien-être, de l'industrie et du commerce du pays. Les Compagnies de chemins de fer sont beaucoup moins libres sous ce rapport que les administrations des chemins de l'Etat; car les Compagnies ont toujours à songer aux ressources financières nécessaires au payement des intérêts du capital de construction.

En dirigeant l'exploitation et l'administration d'un réseau de chemins de fer, l'Etat, aussi bien que les Compagnies, trouve l'occasion de prendre l'initiative des améliorations à introduire. Mais là où la Compagnie privée hésite à entrer résolument dans la voie du progrès, parce que cette voie est toujours très-coûteuse, surtout en matière de chemins de fer, et parce que la Compagnie ne prévoit pas la rémunération immédiate du capital qu'elle aura dépensé, l'Etat peut agir plus librement; il peut essayer, expérimenter des modifications, améliorations ou innovations sans être obligé de ne faire que des dépenses entraînant instantanément des augmentations de recettes. Si l'Etat prend l'initiative de ces améliorations, il a la faculté de les expérimenter sur ses lignes. Lorsque l'expérience a consacré les essais faits par les lignes d'Etat, les Compagnies privées n'ont plus de motif sérieux de refuser d'introduire chez elles les mêmes améliorations. Les prétextes dont elles se servent d'habitude, à savoir que ces améliorations ne sont pas susceptibles d'être mises en pratique, ou qu'elles s'opposent au fonctionnement régulier du service de l'exploitation, tombent dans ce cas d'eux-mêmes.

Tarifs et règlements uniformes.

La Prusse apercevait surtout dans le système mixte d'exploitation des chemins de fer la possibilité d'arriver à de l'uniformité en matière de réglementation et de tarification. Le morcellement des chemins de fer en Allemagne, le grand nombre des Compagnies privées et des administrations des chemins d'États qui se partageaient le réseau allemand, avaient amené l'application de règlements d'une grande diversité, de tarifs en nombre très-considérable. Par l'influence des chemins qu'il exploitait, l'Etat prussien a cherché à obtenir des tarifs uniformes. Il a fallu de longues années d'hésitation, de luttes pour aboutir à l'entente et l'accord entre tous les intéressés, alors que tant d'intérêts divers étaient en jeu. Ce système uniforme de tarifs n'a été adopté et appliqué qu'à la fin de 1877.

L'unité des principaux règlements régissant les chemins de fer allemands avait été atteinte beaucoup plus tôt que celle des tarifs. Ainsi, depuis beaucoup d'années déjà, un seul règlement d'exploitation est appliqué dans toute l'Allemagne; ce règlement est modifié et amélioré au fur et à mesure que le besoin de changements se fait sentir; les transformations, l'extension de l'exploitation des chemins de fer nécessitaient la création d'un règlement d'exploitation qui suivît toujours, pas à pas, les développements et les perfectionnements de l'exploitation, qui se modelât et s'améliorât toujours d'après les exigences de cette exploitation, et qui fût toujours en harmonie avec elle. Le dernier règlement d'exploitation a été mis en vigueur en 1876 (1).

En outre, l'État, qui exploitait des chemins de fer, avait un intérêt direct à l'application des lois les plus propres à aider et à favoriser les développements du chemin de fer.

Aussi l'Allemagne possède une législation commerciale spéciale aux chemins de fer. Le Code de commerce créé, à une époque où l'on ne songeait pas aux chemins de fer et aux immenses trans-

---

(1) En France, l'exploitation des chemins de fer est encore régie par l'ordonnance du 16 novembre 1846.

ports qu'ils effectuent aujourd'hui, réglait les relations de droit
qui existent entre un voiturier ordinaire et un expéditeur. Il ne
pouvait pas, dans sa généralité, être appliqué sans modification
aux transports par chemins de fer, sans causer de graves préju-
dices à un mode de transport en vue duquel le Code n'avait pas
été établi, et dont il lui était impossible de prévoir les détails.
Depuis 1862, il existe, en Prusse, une partie du Code de commerce
qui s'applique exclusivement aux transports par chemins de
fer (1).

Tel est le résumé des arguments qu'on avait mis en avant pour
motiver et justifier, en Prusse, l'exploitation directe d'une partie
des chemins de fer par l'État lui-même, pour amener l'application
du système mixte, c'est-à-dire l'exploitation et par l'État et par
les Compagnies privées. On avait toujours donné la préférence à
ce système mixte ; on avait pensé que sur toutes les artères principales de transports, il devait y avoir des lignes de l'État et des
lignes exploitées par des Compagnies. On avait admis que les
chemins d'État agiraient comme modérateurs, comme régulateurs
des chemins de fer privés, et qu'inversement les chemins privés
constitueraient l'élément vivifiant des chemins d'État, et que par
leur nature plus commerciale, par leur tendance à augmenter les
recettes et à diminuer les dépenses, ils offriraient, aux directions
des chemins de fer d'État, des exemples à imiter. Les administrations des Compagnies privées sont en contact plus intime avec le
public que les agents de l'État ; il résulte de là, au sein des Compagnies, une puissante initiative dans les questions économiques.
Dans l'exploitation par l'État, les considérations commerciales et
économiques sont souvent subordonnées à l'uniformité des solutions et des règlements.

Ainsi le caractère distinctif de la constitution et de l'exploitation
des chemins de fer en Prusse, avant la guerre de 1870-1871, réside
dans cette juxtaposition des chemins de fer de l'État et des chemins
de fer privés, dans la mise en pratique du système mixte d'exploitation. Ajoutons cependant que le réseau des chemins privés était
plus étendu que celui des chemins de fer de l'Etat, et que pendant
toute cette période la prépondérance avait, sans contredit, appartenu aux chemins de fer privés.

---

(1) En France, rien de semblable n'existe. C'est le Code de commerce promul-
gué sous Napoléon Ier qui sert de règle en matière commerciale pour les chemins
de fer. L'Autriche, la Hongrie, la Suisse ont, comme l'Allemagne, une législation
commerciale spéciale pour leurs chemins de fer.

Autres Etats de l'Allemagne.

En Bavière, en Saxe, nous sommes, avant la guerre franco-allemande, en présence d'un système à peu près analogue au système mixte de la Prusse. Dans chacun de ces pays, l'Etat possédait, avant 1870, et exploitait la majeure partie des lignes ferrées qui sillonnaient le territoire des deux royaumes. Là, comme en Prusse, la coexistence simultanée, l'émulation, la rivalité même des chemins d'Etat et des chemins privés, travaillant les uns à côté des autres, desservant très-souvent les mêmes centres de population ou d'industrie, constituait le caractère propre du régime des chemins de fer. Si l'on passe, au contraire, dans le royaume de Wurtemberg, dans le Grand-Duché de Bade et dans le pays de Nassau, on ne trouve, à cette époque, dans ces Etats, que des chemins de fer appartenant à l'Etat et exploités directement par lui.

On peut dire, en récapitulant, qu'avant la création du nouvel empire allemand en 1871, la politique des chemins de fer en Allemagne consistait dans la réalisation et la mise en pratique d'un système mixte d'exploitation des chemins. L'Etat et les Compagnies privées prenaient part à cette exploitation du réseau des chemins de fer. Dans l'Allemagne du Nord, la prépondérance appartenait aux Compagnies de chemins de fer ; dans l'Allemagne du Sud, le contraire avait lieu, le développement des chemins de fer d'Etat était beaucoup plus considérable que celui des chemins privés.

III

Politique générale en matière de chemins de fer dans la période postérieure à 1871.

En 1871, après la formation du nouvel empire allemand, une nouvelle catégorie de chemins d'État fut créée, c'était celle des *chemins de fer de l'Empire.* Les lignes d'Alsace-Lorraine, cédées à l'Allemagne, par le traité de Francfort, devinrent les premières lignes de l'empire. Elles se trouvaient sous l'autorité immédiate du chancelier allemand. Dans les trois premières années qui suivirent la constitution de ce nouvel état de choses en Allemagne, le chancelier de l'empire fut entièrement absorbé par les études que nécessitaient l'introduction de mesures uniformes de longueur et de poids, la réforme des monnaies, du système postal, et du système des tarifs de chemins de fer. La constitution de l'empire allemand accordait aux autorités impériales le droit de contrôle et de surveillance des chemins de fer et des tarifs appliqués. En juin 1873, une loi créa *l'office impérial des chemins de fer*, qui

devait être l'organe de l'Empire en matière de contrôle et de surveillance des chemins de fer.

Chemins de fer de l'Empire (Reichsbahnen).

Le chancelier de l'Empire avait donné exclusivement aux autorités impériales le service des postes, des télégraphes ; son but
était de concentrer également, au profit et entre les mains de l'Empire, tous les chemins de fer de l'Allemagne. Il ne voulait que des
chemins d'Empire, de même qu'il n'y avait que celui des postes,
des télégraphes de l'Empire. Dans ses vues, c'était là un excellent
moyen de consolidation du jeune Empire; il fortifiait l'Empire au détriment des Etats fédérés qui le constituaient. La question des chemins d'Empire fut lancée par le chancelier allemand, en 1875, à l'occasion de la réforme des tarifs de chemins de fer et de la loi d'Empire
sur les chemins de fer allemands. Jusque-là le ministère prussien
s'était toujours et à plusieurs reprises déclaré partisan du système
mixte des chemins de fer de l'Etat et des chemins de fer privés.

L'insuccès des négociations et des tentatives faites en Allemagne, en vue d'obtenir un système uniforme de tarifs, l'attitude hostile prise par quelques-uns des Etats fédérés vis-à-
vis du projet de loi sur les chemins de fer allemands, lorsque ce
projet fut présenté au conseil fédéral, firent sortir le chancelier
allemand de la réserve dans laquelle il s'était tenu jusqu'alors au
sujet de la question des chemins d'empire. Il se déclara hautement
le partisan et le promoteur de la pensée des chemins d'Empire, et
il pesa sur l'opinion publique de tout le poids et de toute l'autorité
de ses vues politiques et des services rendus par lui à l'Allemagne.

Attitude des Etats du Sud et du centre de l'Allemagne.

Mais l'attitude de la majeure partie des États confédérés de
l'Allemagne ne laissa bientôt plus de doute sur le peu de sympathie avec laquelle l'idée des chemins d'Empire avait été accueillie;
elle montra que la question n'était pas encore arrivée à maturité.
Aucun des États secondaires de l'Allemagne ne voulait céder ses
chemins de fer à l'Empire. Dans la séance de la Chambre des
députés bavarois du 25 février 1876, le ministère fit la déclaration
suivante : « Le gouvernement bavarois sauvegardera son droit
« constitutionnel sur les chemins de fer de la Bavière; il ne songe
« pas à une cession de ses chemins à l'Empire allemand; en outre,
« il s'opposera, par tous les moyens que la constitution de l'Empire
« met à sa disposition, à la centralisation entre les mains de l'Em-
« pire allemand des chemins de fer situés hors de la Bavière. »
De même, à la Chambre des députés wurtemburgeois, le minis-

tère déclara que le Wurtemburg votera contre l'achat par l'Empire des chemins de fer prussiens ou allemands, et cela par des motifs politiques, financiers et économiques. La résolution suivante fut adoptée par la Chambre : « Le remède aux difficultés et « aux inconvénients de la situation actuelle des chemins de fer en « Allemagne, se trouve, non pas dans l'acquisition du réseau alle- « mand par l'Empire, mais dans la mise en vigueur, conformément « à la Constitution de l'Empire, d'une loi impériale sur les chemins « de fer. Le gouvernement devra refuser son consentement à tout « projet d'une pareille acquisition, et s'opposer, en particulier, à « la cession de la propriété ou de l'exploitation des chemins wur- « temburgeois à l'Empire allemand. »

Dans les Chambres saxonnes le même esprit régnait et animait les députés dans les discours prononcés et dans les votes émis.

Arguments pour ou contre le système des chemins d'Empire.

Cette question des chemins de fer d'Empire avait vivement surexcité l'opinion publique en Allemagne, à la fin de 1875 et dans le courant de 1876. Partisans et adversaires du système des chemins d'Empire luttaient entre eux, dans la presse, dans les Chambres de commerce, dans les Chambres des députés. L'industrie, le commerce, l'agriculture vinrent également se mêler à la lutte, et exprimer leur opinion sur ce sujet si controversé. Les protectionnistes s'étaient déclarés en faveur des chemins d'Empire ; car ils espéraient obtenir bien plus aisément un tarif bas, un tarif de protection leur facilitant l'écoulement de leurs produits, de l'administration des chemins d'Empire que des Compagnies privées. Le commerce, en partie aussi, était favorable à l'idée des chemins d'Empire, parce qu'il comptait sur des taxes peu élevées analogues à celles déjà mises en vigueur sur les chemins d'Empire en Alsace-Lorraine.

La discussion fut quelquefois tellement vive, que les partisans des chemins d'Empire considéraient comme des ennemis de l'Empire et de l'unité allemande tous ceux qui s'étaient posés en adversaires de la cession de tous les chemins de fer à l'Empire ; ils leur prêtaient les plus détestables pensées de particularisme. Il n'est pas d'argument, de quelque nature qu'il fût, qui n'ait pas été mis en ligne dans chacun des deux camps. Le rachat de tous les chemins de fer par l'Empire rendrait, selon les uns, le chancelier ou le ministre des chemins de fer de l'Empire maître absolu de l'industrie et du commerce allemands. La question du rachat était, d'après eux, une question essentiellement politique. Ils redoutaient les conséquences financières de ce rachat intégral du réseau allemand, rachat qui ne pouvait être effectué qu'à l'aide d'un emprunt de près de dix milliards. Le payement de l'intérêt de ce capital serait soumis aux chances d'une entreprise commerciale, puisque les recettes des chemins de fer devaient servir à ce payement. En outre, disait-on, la puissance de l'Empire possédant tous les chemins de fer serait énorme vis à vis des divers États de la confédération ; il y aurait une centralisation absolue entre les mains et en faveur de l'autorité impériale, au préjudice de l'indépendance des petits États. Le système absolu des chemins de fer d'État n'offre que peu de garanties qu'il sera tenu un compte suffisant des besoins du commerce et de l'industrie. De plus, le monopole des chemins d'Empire laisse au chancelier la faculté de faire échec à la politique douanière par la politique des tarifs de chemins de fer, par une protection déguisée accordée à tel produit ou à tel autre. La réunion du contrôle et de la surveillance des chemins de fer à l'administration des lignes d'Empire n'est pas conforme à l'équité ; le ministre des chemins de fer se trouverait à la fois être juge et partie. Là où règne le système exclusif des chemins de fer de l'État, le Parlement finit, tôt ou tard, par s'occuper de l'administration des chemins de fer, et celle-ci est alors, par le fait, soumise aux influences politiques.

Dans le camp opposé, on faisait valoir que le système des chemins d'Empire donnait des moyens d'action énergique et de consolidation de l'Empire, tant à l'intérieur que vers l'extérieur. L'unité du réseau allemand simplifiera, ajoutait-on, l'exploitation, rendra au chemin de fer son caractère de service public, et empêchera les erreurs et les fautes commises par le fait d'une spéculation exagérée. On pourrait ainsi sortir des difficultés inextricables que créaient, en Allemagne, le morcellement des réseaux, la diversité des tarifs appliqués pour les transports. On arriverait à l'uniformité dans les tarifs et à des règlements et lois uniques sur les matières qui concernent l'exploitation ou la construction des chemins de fer. Au point de vue stratégique, les avantages du système des chemins d'Empire seraient, disaient les partisans de ce système, d'une importance de premier ordre : plus de personnel ni de matériel différents d'une Compagnie de chemins de fer ou d'une ligne d'État à l'autre ; partant, les mêmes règlements pour tout le personnel, ce qui est précieux en temps de guerre, où le personnel peut être appelé à servir en pays étranger. L'uniformité du matériel n'est pas moins importante ; car, combien de fois n'a-t-on pas vu, dans la guerre de 1870-71, une grande partie du matériel roulant des locomotives, des voitures et des waggons devenir et rester très-longtemps impropres au service, parce que les réparations ne pouvaient pas être faites faute de pièces de rechange ; la diversité des types de machines adoptés empêchait, en effet, de se servir des pièces d'une locomotive hors de service, afin de mettre en état une autre machine d'un type tout différent. Le système absolu des chemins d'Empire, ajoutait-on, amènera la simplification des décomptes dans les trafics directs communs des voyageurs, des marchandises et des waggons, car ces décomptes sont très-compliqués par suite du morcellement du réseau allemand. En outre, les chemins d'Empire mettront fin à la concurrence que se font entre elles les diverses administrations de lignes ferrées qui desservent les mêmes centres de production ou de consommation.

A mesure que l'opinion publique discutait la question du rachat par l'Empire des chemins allemands, des difficultés et des objections nouvelles étaient soulevées. Le chancelier vit bientôt qu'il ne pouvait pas, maintenant déjà, mettre son programme à exécution. Aussi, devant la résistance opposée par les Etats du centre et du sud de la Confédération, abandonna-t-il momentanément l'idée du rachat par l'Empire de *tous* les chemins allemands, et se contenta-t-il de porter, devant les pouvoirs publics prussiens, la question de la cession à l'Empire des chemins de fer d'État de Prusse, et l'absorption par l'Etat des chemins privés de ce royaume.

Loi sur la cession à l'Empire des chemins d'État de la Prusse.

Le 24 mars 1876, le projet de loi de la cession à l'Empire des chemins de fer d'État prussiens fut déposé, par le ministre du commerce, à la Chambre des députés de Prusse. Voici le texte de cette loi qui fut adoptée, en mai 1876, par la Chambre des députés et par la Chambre des seigneurs, et promulguée le 4 juin : « Nous, « Guillaume, par la grâce de Dieu, roi de Prusse, etc., avec l'as- « sentiment des deux Chambres, ordonnons ce qui suit :

« § 1. Le gouvernement est autorisé à conclure avec l'Empire « allemand des traités en vertu desquels :

« 1° Tous les chemins de fer de l'État en construction ou en « exploitation , avec leurs accessoires , avec tous les droits ou « obligations de l'Etat relatifs à la construction et à l'exploitation de « chemins de fer d'État, seront cédés par vente à l'Empire allemand « moyennant une indemnité à fixer;

« 2° Toutes les attributions de l'État en ce qui concerne l'admi- « nistration ou l'exploitation des lignes qui ne sont pas la pro- « priété de l'État seront cédées à l'Empire allemand;

« 3° Seront cédés à l'Empire allemand, et dans la même mesure, « tous les autres droits de propriété ou de participation que pos-

« sède l'État prussien sur les chemins de fer, moyennant une in-
« demnité à fixer ;

« 4° L'Empire allemand prendra à sa charge toutes les obliga-
« tions de l'État prussien envers les chemins de fer qui ne sont pas
« la propriété de ce dernier, et cela moyennant une rétribution
« convenable.

« § 2. En ce qui concerne les conventions spécifiées au § 1, ali-
« néas 1, 3 et 4, il est entendu qu'elles ne seront valables que sous
« la réserve de l'approbation des deux Chambres. »

Le ministère prussien inaugurait avec cette loi un changement
complet dans la politique suivie jusqu'alors en matière de chemins
de fer. Sans nous arrêter aux discussions dont cette loi fut l'objet
aux Chambres prussiennes, nous signalerons pourtant les motifs
qu'on fit valoir en faveur de son adoption. Le gouvernement ne
veut pas, au dire du Ministre du commerce, faire disparaître
entièrement le système mixte qu'il avait préconisé jusqu'alors ;
il désire, avant tout, se débarrasser de toutes les difficultés, et faire
disparaître tous les inconvénients qui existent dans les chemins de
fer. Par le projet de loi, le gouvernement demande seulement
l'autorisation d'entrer en négociations avec l'Empire sur les conditions de la cession des chemins d'État prussien. Une telle cession
est absolument nécessaire, car la Constitution de l'Empire a confié le contrôle et la surveillance des chemins de fer à l'Empire ; or,
il manque à ce dernier une base matérielle d'une bonne exécution
de ce contrôle ; l'office impérial de chemins de fer ne saurait,
dans les conditions actuelles de son fonctionnement, exercer utilement ce contrôle. Si l'on excepte les lignes d'Alsace-Lorraine,
qui sont d'une étendue relativement faible, et qui sont situées à
l'extrémité ouest de l'Allemagne, l'Empire ne possède pas de
réseau de voies ferrées. La construction de nouvelles lignes ne
permettrait pas d'arriver à créer un réseau d'Empire tel, qu'il
puisse assurer à l'Empire l'autorité et l'action nécessaires pour lui
permettre d'accomplir la mission dont la Constitution l'a chargé ;
car les lignes encore à construire, lignes toutes d'intérêt secondaire,
ne peuvent pas, par leur nature même, constituer un réseau
homogène et donner lieu à une exploitation indépendante.

Il faut que l'Empire dispose des principales artères du trafic, et,
alors seulement, le contrôle qu'il doit exercer sur les chemins de
fer sera efficace. Dans la situation actuelle des chemins de fer en
Allemagne, la cession volontaire faite à l'Empire d'un réseau important, se ramifiant sur tout le territoire, est seule capable de
donner la solution que l'on poursuit. La cession à l'Empire des chemins de fer de l'État prussien, d'une part, et d'autre part, le rachat

par la Prusse d'une partie des lignes appartenant à des compagnies et la rétrocession ultérieure à l'Empire de ces lignes rachetées, mettront ce dernier en situation d'exercer une action puissante sur tous les autres chemins de fer de l'Allemagne; il parviendra à faire appliquer sur ces chemins, au point de vue de l'uniformité, de l'unité, des règlements et des tarifs, de la sécurité et des facilités pour le public, ce qu'un contrôle d'Empire, non appuyé sur une exploitation de chemins de fer d'Empire, n'aurait pas été en mesure d'obtenir. On insista surtout sur le côté stratégique que présentait cette cession, et on mit en relief tous les avantages qu'entraînait cette cession au point de vue de la défense de la patrie.

Tels étaient les principaux arguments que le ministère invoqua dans la discussion du projet de loi devant les deux Chambres prussiennes. Le ministre du commerce de la Prusse n'hésita pas à affirmer aux Chambres, que les motifs qui militent aujourd'hui en faveur de la création des chemins d'Empire sont identiques à ceux sur lesquels on s'était toujours appuyé, en Prusse, pour avoir des chemins de fer de l'Etat, à côté des chemins de fer privés, pour constituer le système mixte d'exploitation, et mettre entre les mains de l'Etat les principales lignes ferrées du pays. Il ajouta qu'une fois l'approbation des Chambres prussiennes donnée au projet de loi en question, si la cession à l'Empire des chemins d'Etat de Prusse ne pouvait pas avoir lieu, par suite de l'opposition que feraient à cette cession quelques-uns des Etats de l'Allemagne, la Prusse ne se laisserait pas arrêter par ces obstacles. Elle continuerait à marcher vers la solution de la question, non plus en se donnant pour but immédiat la cession de ses chemins d'Etat à l'Empire, mais elle tâchera, dans ce cas, d'obtenir et d'atteindre, en faisant les plus énergiques efforts, la consolidation et l'extension de ses chemins de fer d'Etat. Supprimer le morcellement du réseau et les inconvénients inhérents à ce morcellement, lutter contre la prépondérance des chemins de fer privés, et substituer à cette prépondérance celle des chemins de fer de l'Etat, voilà quel serait alors le programme que poursuivrait le gouvernement de la Prusse.

Ni dans le projet de loi, ni dans l'exposé des motifs, le gouvernement prussien ne s'occupa de la question financière liée si intimement à toute cession ou rachat de chemins de fer; il ne parla pas davantage du côté économique de cette cession. Le projet de loi ne disait rien non plus, au sujet du droit de concession de chemins de fer nouveaux, et ne spécifiait pas si ce droit serait exclusivement attribué à l'Empire ou à la Prusse. De même, les sommes payées par l'Etat prussien en garantie d'intérêt à certaines Compagnies de chemins de fer devaient-elles être remboursées à la Prusse et rester à la charge de l'Empire? La fixation de l'indemnité de cession à payer à la Prusse par l'Empire aura-t-elle lieu sur base du produit net des cinq dernières années, comme le stipulait la loi de 1838, ou tiendra-t-on compte des prévisions de recettes faites pour l'avenir? Le projet de loi et l'exposé des motifs étaient muets sur toutes ces questions.

Les gouvernements des Etats du sud et du centre de l'Allemagne ne se montrèrent pas favorables à la cession des chemins de fer de l'Etat prussien à l'Empire allemand. Le chancelier fit sonder les dispositions de tous ces gouvernements à l'égard du projet de cession; il put se convaincre que s'il soumettait au Conseil fédéral le projet de cession à l'Empire des chemins d'Etat de la Prusse, il était sûr d'éprouver un échec. M. de Bismarck avait du reste déclaré, lors de la discussion de la loi dans la Chambre des députés prussienne, qu'il n'y-avait aucune nécessité à mettre de la précipitation dans la réalisation d'un projet aussi grand que celui qui constituait le programme de son gouvernement. Il n'y a pas péril en la demeure, a ajouté le chancelier, on peut attendre des années. Le projet qu'il défendait avec tant d'énergie ne devait pas, selon lui, être mis en exécution d'une manière violente, par la force et à la hâte; son acceptation par tout le monde devait, au contraire, être le résultat d'études approfondies et de négociations avec tous les Etats intéressés.

Politique du chancelier de l'Empire et du ministère prussien.

En présence de l'opposition générale que les petits Etats de l'Allemagne manifestèrent contre la transformation des chemins d'Etat de Prusse en chemins d'Empire, le chancelier de l'Empire et le ministère prussien se virent dans l'obligation de renoncer momentanément à poursuivre leur programme. Mais aussitôt le ministre du commerce de la Prusse se mit à l'œuvre pour exécuter la seconde partie du programme qu'il avait développé à la Chambre des députés : fortifier et augmenter le réseau des chemins de fer d'Etat, affaiblir et diminuer celui des chemins de fer privés. La situation précaire et les difficultés financières contre lesquelles luttaient un certain nombre de Compagnies de chemins de fer, facilita le travail de rachat ou de prise de possession par l'Etat d'une partie des chemins de fer privés de la Prusse. Dans quelques cas, l'Etat prussien racheta les lignes des Compagnies privées en indemnisant ces dernières des dépenses de construction qu'elles avaient faites. Dans d'autres cas, la Prusse continuait à laisser subsister la Compagnie, mais se faisait céder, pour toujours, l'exploitation des lignes de la Compagnie. Dans le premier cas, le réseau racheté rentrait dans le groupe des lignes de l'Etat; dans le second cas, il appartenait à la catégorie des chemins privés exploités par l'Etat.

Enfin, l'Etat de Prusse avait encore un troisième moyen d'entrer en possession de lignes dominantes du pays : c'était de les construire lui-même. On peut citer la ligne de Berlin-Nordhausen-Wetzlar-Coblence-Trèves, dont il a entrepris la construction. Ce chemin est construit dans un but essentiellement stratégique : il forme presque une ligne droite entre Berlin et Metz, et constitue le plus court chemin de Berlin à la frontière française.

Rachat et prise à ferme de l'exploitation par l'Etat prussien des chemins de fer privés.

L'étude détaillée des conditions financières et économiques de ce rachat, ou de cette prise à ferme de l'exploitation, par l'État de Prusse des chemins de fer privés qu'il a incorporés au réseau des chemins fer de l'État, en 1875, 1876 et 1877, ne saurait entrer dans le cadre de ce travail par suite des nombreux développements qu'elle comporte. Nous nous contenterons, en terminant, d'indiquer, à grands traits, la méthode suivie par la Prusse dans le rachat ou la prise à ferme des chemis privés.

En général, lorsque l'Etat prussien rachète une ligne de chemins de fer, il passe un traité de rachat avec la Compagnie propriétaire, après avoir débattu avec elle le prix du rachat. Il évite d'appliquer la loi de 1838 sur les chemins de fer. Cette loi n'autorise le rachat qu'après trente années d'exploitation, et en calculant le prix du rachat sur base de vingt-cinq fois l'intérêt payé dans les cinq dernières années. Ainsi, les lignes de Halle à Cassel et de Nordhausen à Nixei, ont été rachetées par la Prusse en payant aux Compagnies les sommes qu'elles avaient effectivement dépensées pour la construction de ces lignes .

Lorsque, au contraire, l'Etat prussien prend, pour toujours, la ferme de l'exploitation d'un chemin de fer, la compagnie propriétaire du chemin continue à subsister. L'Etat exploite aux risques et périls des actionnaires, et s'engage à payer les sommes nécessaires au service de l'intérêt et de l'amortissement des obligations, dans le cas où les produits nets résultant de l'exploitation de la ligne sont insuffisants pour couvrir ces dépenses. L'Etat ne donne rien aux actionnaires, et, d'après le traité, ils n'ont droit à un intérêt quelconque de leurs actions que lorsque toutes les avances faites par l'Etat au profit des obligataires auront été remboursées à l'aide du produit net. Les compagnies de chemins de fer qui se trouvaient dans une situation financière critique, pouvaient seules accepter de telles conditions ; il en était ainsi de la ligne de Halle-Sorau-Guben, de la ligne de Berlin à Dresde.

A la fin de l'année 1877, le développement du réseau des Compagnies privées exploité par l'Etat était, en Allemagne, de 4,000 kilomètres. Le réseau des chemins de fer d'Etat avait, à cette même époque, en Allemagne, une longueur de 14,800 kilomètres, et celui des chemins de fer privés, une étendue de 11,800 kilomètres. Ainsi, l'Etat exploite aujourd'hui en Allemagne 18,800 kilomètres de chemins de fer sur les 30,600 kilomètres qui constituent l'ensemble du réseau allemand. La Bavière et la Saxe ne possèdent plus aujourd'hui que les chemins de fer de l'Etat.

CHARLES BAUM.

LES RÉFORMES

POSTALES ET TÉLÉGRAPHIQUES

SOMMAIRE : L'abaissement des tarifs, les réformes. — Les postes, les télégraphes. — L'union postale, l'union télégraphique. — Le bureau international.

En France, le service des postes et des télégraphes a été longtemps considéré comme une source importante de revenus qu'on devait défendre contre l'esprit de réforme dans l'intérêt du Trésor. Tous les perfectionnements et tous les progrès dont l'administration française a pris le modèle à l'étranger ou qui se sont introduits peu à peu chez elle par l'effet de la pratique journalière, se sont d'abord heurtés à ce préjugé fiscal qui aveuglait nos gouvernants et leur cachait le véritable intérêt du pays. Il a fallu de longues années pour vaincre l'habitude sur ce point; il a fallu la démonstration éclatante de notre infériorité en regard des nations moins routinières et moins timides qui n'avaient pas reculé devant les réformes, pour nous donner enfin du courage et nous pousser à l'abaissement des tarifs. Le ministère du 13 décembre et le Parlement de 1878 n'en ont pas moins le mérite d'avoir fait les premiers pas dans cette voie par la réduction des taxes postales et télégraphiques, et d'avoir, au moins dans une certaine mesure, adopté les théories économiques qui sont à l'ordre du jour de la civilisation contemporaine.

Ni l'Angleterre, ni les Etats-Unis ne songent, en effet, à demander à la poste et au télégraphe une augmentation de leurs revenus publics. Le rapport annuel du Post-Master de Washington accuse généralement un excédant de dépenses: en 1876-1877, cet excédant s'élevait à 4,854,180 doll. 42, ce qui fait environ 25,000,000 fr. de notre monnaie. Quant au Post-Office de Londres, il emploie régulièrement son excédant de recettes (en 1875, 119,000 liv. st.) à améliorer la situation de ses employés, à augmenter le fonds de réserve qui assure le Trésor dans la gérance des dépôts des caisses d'épargne, à perfectionner l'outillage indéfiniment perfectible du service. Mais, pour les Anglais, aussi bien que pour les Américains, l'intérêt fiscal cède le pas à l'intérêt social. «Après l'école libre, a dit un jour le général Grant, la poste est le plus grand instructeur du pays.» La poste, le télégraphe, en mettant en communication constante, rapide, instantanée, les extrémités les plus éloignées d'un Etat, en faisant circuler d'un bout à l'autre du monde la pensée de l'homme, offrent un admirable instrument de diffusion à l'instruction et aux lumières. Ce sont aussi des agents de crédit et de libre-échange dont la puissance de transmission est loin d'avoir dit son dernier mot. Peu importe que les taxes qu'ils supportent enrichissent ou n'enrichissent pas le Trésor! Leur rôle n'est point d'augmenter directement le produit de l'impôt, mais de faciliter les correspondances de toutes sortes entre les citoyens et de faire valoir par la circulation une foule de capitaux qui resteraient improductifs faute de débouchés commodes. Nous ne parlons que pour mémoire de leur immense utilité dans les relations internationales, soit pour maintenir la paix, soit pour faire la guerre. La poste et le télégraphe, en un mot, sont des moyens, non des fins; ce que ces deux administrations rapportent par elles-mêmes est insignifiant si on le compare aux services qu'elles peuvent rendre en semant sur leur passage des vérités utiles et en supprimant le temps et la distance dans les transactions humaines. Voilà ce que se dit l'Angleterre le jour où elle abaissa brusquement chez elle le port des lettres de 85 cent. en moyenne à la taxe uniforme d'un penny ou 10 cent. ! Voilà ce que se disent la plupart des Etats qui cherchent simplement, par la taxe postale, à couvrir les frais avancés pour l'exploitation du monopole ou qui se résignent même à subir un perpétuel excédant de dépenses, bien certains de retrouver au centuple, sous une autre forme, la monnaie de leurs sacrifices !

Deux congrès internationaux doivent se réunir cette année en Europe, à deux mois de distance l'un de l'autre, celui de l'*Union pos-*

tale à Paris, au mois de mai prochain, et celui de de l'*Union télégraphique*, à Londres, au mois de juillet suivant. Notre gouvernement aurait fait mauvaise figure à l'un et à l'autre, sans le vote des Chambres qui vient d'abaisser son tarif intérieur : il est préparé dès maintenant aux réformes qui seront discutées par les délégués des autres puissances, et il ne lui est plus permis d'invoquer d'exception pour maintenir ses taxes dans le service extérieur à un niveau trop élevé. Les deux tarifs se tiennent et correspondent exactement entre eux : réduire l'un, c'est s'engager tôt ou tard à réduire l'autre. Nous étudierons la question des postes et des télégraphes au point de vue de ce double progrès.

Le projet de loi voté par les Chambres pour l'abaissement de la taxe postale comprend trois sortes de dispositions : la première regarde les lettres et les cartes postales, la seconde les journaux et les imprimés, la troisième les valeurs déclarées et les avis de réception de ces valeurs et autres objets.

1º Le port des lettres affranchies est fixé à 15 centimes par 15 grammes ou fraction de 15 grammes ;

Celui des cartes postales à 10 centimes.

Quant à la taxe des lettres non-affranchies, elle est de 30 cent. par 15 grammes ou fractions de 15 grammes.

Cette réduction de taxe nous relève un peu de la situation inférieure où nous maintenaient les surtaxes édictées par la loi du 24 août 1871 ; elle marque une amélioration réelle et importante si on la rapproche de l'ancien état de choses. Il s'en faut cependant qu'elle place la France au premier rang des États européens, car, à poids égal, la Russie, la Grèce et l'Italie sont les seules à payer une taxe supérieure, et à double poids, la Grande-Bretagne ne paye que les deux tiers de la nouvelle taxe, soit 10 cent. pour 30 grammes. Voici, d'ailleurs, un tableau comparatif, enregistré par le *Journal officiel* lui-même, et qui montrera par des chiffres plus éloquents que nos paroles l'écart qui nous sépare encore de la plupart des autres nations.

ÉTATS.	Poids de la lettre simple.	Taxe de la lettre affranchie.	Taxe de la lettre non aff.	OBSERVATIONS.
Allemagne.......	15	0.12 1/2	0.25	
Autriche........	15	0.12 1/2	0.25	
Belgique........	13	0.10	0.20	
Danemark.......	15	0.12	0.24	
Espagne........	15	0.12	»	Affranchiss. obligatoire.
Grande-Bretagne.	30	0.10	0.20	
Grèce..........	15	0.19	»	Affranchiss. obligatoire.
Italie..........	15	0.20	0.30	
Luxembourg....	15	0.10	0.30	
Norvége........	15	0.12 1/2	0.25	
Pays-Bas.......	15	0.10	0.20	
Portugal........	10	0.13 2/3	0.27	
Russie.........	15	0.32	0.64	
Suède..........	15	0.17 3/10	»	Affranchiss. obligatoire.
Suisse..........	15	0.10	0.20	

Si nous prenons pour terme de comparaison le nombre des lettres en circulation par chaque habitant, nous n'arrivons pas à un résultat plus satisfaisant. Tandis qu'il circule en France par tête et par année 10.2 lettres, en Angleterre la circulation correspondante est de 34.5; en Suisse, de 27.3; en Allemagne, de 15.3; aux Pays-Bas, de 14.6; au Luxembourg, de 14.2; en Belgique de 13.0; en Danemark, de 11.7; en Autriche, de 10.6.

Venir après le Luxembourg et le Danemark est peu flatteur pour notre amour-propre national. Nous pouvons, il est vrai, nous consoler de cette humiliante anomalie en pensant qu'elle n'est pas due seulement à notre indifférence systématique pour le genre épistolaire où nous avons excellé si longtemps, mais à la surtaxe exagérée qui a grevé jusqu'ici notre circulation postale. La cause du mal étant connue et avouée, rien de plus aisé en apparence que de faire disparaître le mal lui-même et de ramener l'égalité entre la France et les autres Etats par un prompt dégrèvement. C'est le but que s'est proposé la commission du budget en abaissant la taxe de 25 cent. à 15 cent. pour toutes les lettres sans distinction, qu'elles circulent de bureau à bureau ou dans la circonscription d'un même bureau.

Ce but, nous l'avons déjà dit, ne nous semble pas atteint par la loi. La Commission et le gouvernement ne se sont pas suffisamment inspirés des théories excellentes qu'émettait le ministre des finances dans l'exposé de motifs du budget de 1878. « Il faut, disait M. Léon Say, procéder par des abaissements importants quand il s'agit d'impôts de consommation que l'on veut conserver en les rendant plus légers. On doit, en ce cas, chercher à compenser la perte qui provient de la diminution des tarifs par l'augmentation des produits qui est la conséquence de l'accroissement des quantités imposables. Pour y arriver, il faut, pour ainsi dire, frapper un grand coup et provoquer la consommation par un abaissement considérable de prix. »

Ce grand coup que demandait M. Léon Say et dont l'Angleterre a donné le mémorable exemple en 1840, la commission du budget a voulu le concilier avec la prudence, mère de la sûreté. Elle a repoussé l'amendement Talandier qui proposait de porter l'abaissement de la taxe à 10 cent. pour les lettres, à 5 cent. pour les cartes-postales. Le déficit que ce dégrèvement vigoureux aurait d'abord provoqué dans les recettes du Trésor l'a effrayée comme un déplacement trop considérable d'équilibre. C'était pourtant une affaire de cinq ou six ans tout au plus. Pour la réduction à 15 cent., les calculs officiels évaluent le déficit, pendant les trois premières années, à 27,380,892 fr.; à la quatrième, on compte que la circulation, activée par la réforme, dépassera rapidement le niveau des produits actuels. Si ces prévisions sont justes, et nous n'en doutons pas, quelles seraient les conséquences de la réduction à 10 c.? Nous ne croyons pas nous éloigner de la vérité en supposant un déficit de 35 millions pendant la même durée. Or, qu'est-ce que 35 millions mis en parallèle des bénéfices croissants que le développement de la circulation aurait donnés?

Les résultats obtenus par la Belgique et par l'Angleterre dans leur réforme postale établissent d'une manière irréfutable l'élasticité presque indéfinie de ce mouvement de circulation, lorsqu'il est sollicité par une mesure hardie de dégrèvement. En Belgique, avant 1848, il ne circulait que 6,500,000 lettres. Après l'abaissement de la taxe à 10 cent., ce chiffre ne cessa de s'élever, et aujourd'hui il atteint 44 millions. La révolution économique, dont Rowland-Hill fut le promoteur, produisit une hausse plus merveilleuse encore en Angleterre. Avant la réforme, le nombre des lettres circulant dans le royaume était de 73 millions; l'année d'après, il s'élevait déjà à 190 millions. Ce progrès ascendant ne s'est pas arrêté depuis, et, en 1876, il atteignait 1 milliard 18 millions. — Ajoutons que la France, qui échangeait 83 millions de lettres dès 1840, ne dépasse pas aujourd'hui 315 millions !

Y a-t-il rien de plus instructif que cette différence ?

C'est à cause de la certitude presque absolue que les expériences déjà faites nous donnent du succès que nous aurions voulu voir la taxe abaissée à 10 cent. au lieu de 15. Il faut cependant accepter le progrès réel qu'on nous offre, sans trop le discuter, et tout en exprimant l'espoir qu'on fera mieux dans l'avenir, si l'état de nos finances le permet. Il en est de même de la taxe des cartes-correspondances fixée à 10 cent. au lieu de 5. Mais si l'on ne voulait descendre à un abaissement uniforme sur ce dernier chapitre, pourquoi ne pas admettre, au moins à prix réduits, les cartes avec réponse payée comme cela se pratique en Belgique?

2° Les grands journaux, du poids de 40 grammes et au-dessous, ne paient désormais que 3 centimes; les petits journaux, du poids de 20 grammes et au-dessous, seront taxés à 2 centimes.

Les imprimés tels que circulaires, prospectus, avis divers, etc., paieront 1 centime par 5 grammes jusqu'à 20 grammes, et 5 centimes au-dessus de 20 grammes jusqu'à 50 grammes, s'ils sont expédiés sous bandes; 5 centimes par 50 grammes ou fraction de 50 grammes sous enveloppes ouvertes.

Les journaux ont été soumis jusqu'à présent à une taxe de 4 centimes par 40 grammes et au-dessous. La réforme actuelle constitue donc pour eux une sérieuse amélioration, et se rapproche de la réduction uniforme d'un centime demandée par le syndicat de la presse départementale dans sa dernière réunion. La perte temporaire que cette réforme entraînera pour le Trésor est évaluée à moins d'un million, que l'accroissement de la circulation aura bientôt remplacé.

Si l'on veut apprécier l'importance de ce dégrèvement, il suffit de rappeler que les petits journaux, plus atteints que les autres par la taxe de 4 centimes, évitaient de se faire transporter par la poste, pour ne pas grossir démesurément leur budget de dépenses. Le *Petit journal,* par exemple, sur un tirage moyen de 500,000 exemplaires, n'expédiait pas ainsi plus de 6,000 à 7,000 exemplaires. Quant aux grands journaux, citons seulement *le Figaro* dont le tirage, en 1877, a été de 72,000 exemplaires, et qui a dépensé, en frais de poste, pendant le cours de l'année, 426,392 fr. 49 c.

Malgré l'adoucissement apporté à la condition économique de la presse par la réduction du tarif, elle n'en continuera pas moins à supporter des charges très-lourdes, et le Trésor, par la perception de l'impôt sur le papier, est en mesure de s'indemniser rapidement de ses sacrifices. Cet impôt, grâce à la surtaxe et aux décimes décrétés depuis la guerre, s'élève à 32 fr. pour 100 kilog., ce qui, sur du papier à 84 fr. les 100 kilos, représente 36 ou 37 p. 100 sur la valeur du papier employé. Multipliez cette proportion par le chiffre d'un tirage élevé, vous obtiendrez une somme fort respectable, soit 110,000 fr. environ par 40,000 exemplaires.

L'abaissement de la taxe en ce qui concerne les imprimés était impérieusement réclamé par l'infériorité notoire que son élévation créait au commerce français, et par les fraudes journalières dont elle était l'objet. Il y avait, en effet, un si grand écart entre le tarif international et le tarif intérieur qu'un grand nombre de maisons expédiaient en Prusse et en Belgique, par la voie ferrée, leurs circulaires à destination de France, ce qui obligeait l'office français à les transporter gratuitement, après les avoir reçues de l'office étranger. De ce chef, le Trésor est donc assuré d'une augmentation immédiate de recettes, par la perception régulière de la taxe qui lui échappait le plus souvent jusqu'ici.

3° Le droit à payer pour l'exploitation des valeurs est abaissé de 20 à 10 c. par 100 fr. ou fraction de 100 fr. déclarés ; la taxe des avis de réception est réduite de 20 à 10 c.

Le gouvernement avait également proposé de charger la poste du recouvrement des quittances, factures, billets, traites, etc... Mais le projet n'a pas paru à la commission assez étudié pour subir la discussion immédiate. Ce n'est, il est vrai, qu'un ajournement, et nous l'espérons bien, de courte durée. La réforme postale ne serait qu'ébauchée parmi nous si elle oubliait de satisfaire aux besoins du commerce.

En dépit des louables efforts de notre administration, nous sommes fort loin, sur ce point comme sur tant d'autres, de l'Angleterre, de l'Allemagne, de la Belgique et même de la Suisse. La plupart de nos petits négociants reculent devant les frais prélevés par la poste pour l'encaissement de leurs valeurs. Ils ne consentent pas à payer plus de 1 p. 100, presque le 1 1/2 p. 100 sur le chiffre de la somme à recouvrer. L'allégement de taxe opéré par la loi nouvelle sur le droit proportionnel des valeurs déclarées ne modifie guère cet état de choses, le mandat de poste étant le moyen le plus usité en pareil cas. On a donc, aujourd'hui, à payer pour le recouvrement de 500 fr. :

1° Taxe de la lettre recommandée.	50 c.
2° Commission au facteur.	25
3° Frais du mandat.	5 25
	6 »

En Suisse, la même opération, pour 500 fr., coûte 60 cent. L'État, avons-nous besoin de le dire, a un intérêt, un intérêt évident, à se rapprocher des tarifs les plus modérés, lorsqu'il s'agit du recouvrement des effets de commerce. L'impôt exagéré dont il frappe la transmission des mandats ou des valeurs le prive d'un revenu considérable et certain en créant pour le public une quasi-impossibilité de se servir de la poste. Dès que cette barrière fiscale sera abaissée, on verra se produire une circulation régulière, quotidienne de billets et de traites. Un receveur des postes, correspondant de l'*Économiste*, évaluait le produit qu'en retirerait le Trésor, grâce à un faible impôt, à plus de 100 fr. par jour pour une toute petite ville de province, et ce n'est point à dédaigner.

Plusieurs combinaisons ont été mises en avant pour assurer dans notre administration un service de recouvrements avantageux à tout le monde : Un droit fixe de 50 cent., plus 10 cent. par 100 fr. et un droit de timbre de 15 cent. paraissent suffisants. Cela fait en tout 75 cent., sur lesquels 10 cent. pourraient être attribués aux agents du bureau d'origine, 10 cent. aux agents du bureau de destination et 10 cent., enfin, retenus pour frais d'encaissement, soit 30 cent. Le Trésor aurait donc, dans cette hypothèse, un bénéfice de 45 centimes.

La Belgique est entrée hardiment dans cette voie par la loi du 12 mai 1876, qui autorise la poste à encaisser tous les effets de commerce payables à l'ordre de la Banque nationale d'escompte. Les effets remis par la Banque à Bruxelles furent d'abord seuls admis à l'encaissement ; mais, depuis le 1er février 1877, ce droit est reconnu à tous les effets remis dans un bureau quelconque par les établissements financiers et les particuliers qui ont un compte courant avec la Banque.

Les *mandats d'encaissement* ne constituent pas d'ailleurs un service exclusivement propre à la poste belge. Ils ont déjà fait leur apparition dans les relations internationales. L'Allemagne et la Suisse en échangent depuis quelque temps, en vertu de conventions particulières. L'institution n'est plus une nouveauté, on peut l'étudier sur place et dans les détails de son fonctionnement. Qui pourrait empêcher la France et les autres nations contractantes de l'Union postale de l'acclimater chez elles et de lui demander les mêmes avantages que les pays où elle a pris naissance ?

Nous en dirons autant des services que l'administration des postes rend en Angleterre et en Belgique par sa participation aux opérations des caisses d'épargne (1). On connaît l'admirable organisation du *Post-office*, le rôle important qu'y jouent les *saving-banks* dont la création a fait une si rude concurrence aux anciennes caisses d'épargne privées. Tandis que dans ces dernières les frais

(1) *Journal des Économistes*, article de M. de Malarce, janvier 1876.

de chaque opération ne s'élevaient jamais à moins d'un shilling, les caisses postales ont pu les abaisser à 8 pences et recevoir les dépôts les plus minimes. Une fois le mouvement donné, il ne s'est point arrêté, et les *penny-banks*, abaissant encore le niveau des dépôts, le faisant descendre du shilling, où s'étaient arrêtées les *saving-bancks*, au penny et même au farthing, se sont chargées de recueillir les épargnes infimes du pauvre et du journalier pour les apporter en masse aux *post-office*. Ces caisses populaires, fondées par des sociétés de notables, étaient, en 1874, au nombre de deux mille. Elles drainent, en quelque sorte,. au profit de l'épargne et de l'amélioration du bien-être des classes laborieuses, le superflu presque imperceptible donné périodiquement par les salaires, et qui, sans elles, s'engloutiraient dans l'ivrognerie et dans la débauche qui les guettent. Mécanisme ingénieux et profondément moralisateur qui ne pourrait fonctionner s'il ne s'encadrait comme un rouage secondaire dans l'organisation puissante du *Post-office!*

Le parti qu'on peut tirer de la poste dans cet ordre d'idées est encore mal connu, et les progrès faits. dans le passé permettent d'augurer pour l'avenir une série indéfinie d'applications nouvelles et de perfectionnements inattendus. Nous signalerons, comme exemple, l'idée développée récemment par M. Théodore Faber dans la *Gazette d'Augsbourg*, et d'après laquelle les bureaux de poste auraient le droit de délivrer aux ouvriers des « timbres » dits « d'épargne » et des livrets destinés à recevoir ces timbres, puis à être déposés dans les caisses d'épargne, ce qui ouvrirait, on le comprend sans peine, aux plus faibles économies un sûr placement. Les « timbres d'épargne », représentant la somme insignifiante de 10 œre ou 12 cent., seraient collés au fur et à mesure dans des cases préposées à cet effet sur chaque feuillet du livret. Une fois arrivé à la somme de 1 fr. 33 c., minimum fixé pour le dépôt, l'épargne serait adressée à la Caisse qui ne prendrait ni frais de mandat, ni frais de poste en cas de retrait, et paierait le propriétaire du livret sur la seule présentation d'un bordereau. Rien, en somme, de moins compliqué ni de plus facile à exécuter que cette idée, conçue sur le plan des penny-banks d'Angleterre.

4° L'exposé des motifs du projet de loi rappelle l'ordonnance du 17 novembre 1844, qui règle l'usage de la franchise postale, accordée de tout temps à certains fonctionnaires pour le service de l'État. C'est un sujet délicat, et où il est bien difficile de supprimer l'abus sans mettre en cause le droit lui-même, car l'un et l'autre sont étroitement liés et presque inséparables. Il n'y a pas cependant de réforme qui ait été plus vivement réclamée par l'opinion publique ni plus souvent agitée dans les assemblées.

On sait en quoi consiste « la franchise » ou le « contre-seing » administratif. Le fonctionnaire, jouissant de ce privilége, appose sa signature sur une enveloppe ou sur un papier officiel, et sous ce couvert, que ce soit une invitation à dîner, un bouquet à Chloris ou un secret d'État, sa missive est rendue à l'adresse du destinataire, exempte de tout droit.

Les fonctionnaires n'oublient pas, autant qu'on le suppose, qu'ils ne doivent user de ce monopole que pour le service public. Mais, quand on a sous la main un moyen de correspondance aussi commode, comment résister à la tentation de l'employer quelquefois à ses besoins particuliers? La pente qui conduit ici à l'abus semble vraiment trop naturelle pour qu'on puisse leur faire un grand crime d'y glisser! Il résulte cependant de cet état de choses que la France étant couverte d'une armée innombrable de fonctionnaires, presque tous munis de la franchise à des titres divers, et chacun des privilégiés ajoutant à sa correspondance administrative une bonne partie de sa correspondance privée sous le couvert du contreseing, l'administration des postes subit chaque année, de ce chef, une perte de 35 à 40 millions environ, et voit son service de distribution gêné par l'accumulation des dépêches dites officielles.

Que faire? supprimer la franchise? De bons esprits ont proposé ce moyen radical de couper court à l'exploitation dont elle est l'objet. Ils s'appuient sur l'exemple de l'Angleterre où les lettres de la reine d'Angleterre supportent les mêmes taxes que celles de ses plus humbles sujets et où les correspondances administratives sont sur le même pied que les correspondances privées. Chaque année, un crédit spécial, voté par le Parlement, couvre les dépenses d'affranchissement faites par les fonctionnaires pour le service public. Ces dépenses sont donc contrôlées ou peuvent l'être, et la latitude illimitée de la franchise se trouve ainsi remplacée par l'obligation toujours salutaire d'avoir à rendre des comptes.

Ce système serait évidemment le meilleur s'il n'offrait de sérieuses difficultés dans la pratique. Pour éviter les incertitudes d'une vérification minutieuse, on serait, en effet, obligé de recourir à l'abonnement, procédé déjà fort en usage dans l'administration française pour les fournitures les plus nécessaires, telles que le chauffage, l'éclairage, le matériel des bureaux, etc. Par malheur, l'abonnement n'est pas lui-même sans inconvénient. Les affaires ne souffriraient-elles pas de la blessure faite à l'amour-propre des fonctionnaires mis à la ration? N'y aurait-il pas à craindre, enfin, que les besoins du service ne fussent sacrifiés au désir de rester dans les limites fixées par l'abonnement et de ne pas excéder le crédit?

Si on raisonne en théorie et dans l'absolu, il faut conclure à la suppression de la franchise ; mais si l'on se place au point de vue administratif et politique, on se voit contraint de la tolérer.

5° La liste complète des réformes dont notre administration postale est susceptible nous entraînerait beaucoup trop loin. L'ancienne direction vient de disparaître, les deux services jusque-là distincts, des postes et des télégraphes, ont été réunis sous une même main pour former une sorte de ministère indépendant, à l'imitation du Post-office de Londres. Ces changements ne se sont point faits sans raison, et nous nous plaisons à y voir le germe d'une réorganisation qui ne s'arrêtera pas aux degrés les plus élevés de la hiérarchie. Certes, les employés sont pleins de zèle et d'intelligence, quoique le public les accuse trop souvent de manquer un peu de politesse ; ils fournissent pour la plupart une somme de travail rémunérée d'une façon dérisoire ; il suffit enfin de mettre le pied dans la laborieuse fourmillière de la rue Jean-Jacques Rousseau, pour rester convaincu de la régularité presque chronométrique avec laquelle ils accomplissent chaque jour, au milieu du bruit des voitures et du va et vient des facteurs, l'immense trituration dont ils sont chargés. Mais Paris n'est pas la France, et un étranger qui aurait admiré l'ordre remarquable avec laquelle notre administration centrale s'agite dans un local trop étroit, serait moins édifié s'il visitait ensuite nos campagnes.

Notre poste rurale aurait besoin de se modeler sur la poste allemande incarnée dans le facteur campagnard, le *Landbriefträger*, qui est comme le lien vivant entre les plus petits villages, les plus minces bourgades et les bureaux de chemins de fer d'où partent chaque soir, par les trains de grande vitesse, les lettres et les journaux pour toutes les destinations. Le *Landbriefträger* est chargé de l'émission et du payement des mandats de poste, il reçoit les valeurs déclarées jusqu'à concurrence de 150 marck (187 fr. 05 c.), il touche les mandats de remboursement et d'encaissement, il abonne aux journaux qu'il distribue ; il reçoit les lettres et les cartes-correspondances qui lui sont remises directement par le public, de même que les colis et les envois de toute nature pour lesquels l'expéditeur peut exiger décharge sur un calepin de réception ; il transmet les réquisitions judiciaires et extra-judiciaires ; il est, en outre, toujours pourvu de timbres-poste, d'enveloppes-timbres et de cartes-correspondances. C'est, en un mot, un homme universel dont nos facteurs ruraux donnent une bien faible idée, et si nous en venons à la façon dont il procède dans ses distributions journalières, sa supériorité éclate encore davantage : à l'entrée de chaque village, il fait entendre un coup de sifflet ; les habitants sortent aussitôt sur leur porte et reçoivent, sans aucune perte de temps, les lettres et les envois à leur adresse. Ils peuvent même répondre par la même tournée, ils n'ont pour cela qu'à remplir une carte-correspondance, pendant que le facteur continue sa distribution, et à déposer cette carte dans une boîte particulière où il la prend à son passage. Les tournées du *Landbriefträger* sont calculées de manière à coïncider mathématiquement avec le départ des trains postaux. Sa régularité est telle qu'une malle-poste, qui fait chaque jour le service, lui apporte à une heure précise et à un point déterminé de son parcours un second envoi de correspondances, qu'il distribue dans les villages qu'il n'a pas encore traversés. Enfin, grâce au *Landbriefträger*, les retards que subissent les lettres dans les bureaux intermédiaires sont en partie supprimés, car il transmet lui-même d'un bureau à l'autre toutes celles qui seraient obligées à un trop long circuit. C'est souvent une économie de 24 heures sur 36 (1).

Quand on songe aux lenteurs et aux irrégularités qu'éprouvent les distributions postales au fond de nos campagnes, aux attributions de nos facteurs-boîtiers qui ne peuvent émettre et payer des mandats d'argent au-dessus de 50 francs, on se prend à envier l'organisation allemande malgré ses airs de caserne et ses coups de sifflet.

Signalons en dernier lieu une réforme qui a été souvent demandée par une partie de la population parisienne et énergiquement combattue par l'autre partie. Nous voulons parler de la construction ou de l'aménagement d'un nouvel hôtel des postes. Celui de la rue Jean-Jacques Rousseau, formé en 1757 par la réunion des hôtels d'Épernon et de la Sablière, est resté à peu de chose près ce qu'il était à cette époque, à part, bien entendu, les améliorations intérieures qui ont été imposées d'année en année par les exigences du service. Autour de lui tout a changé, tout s'est transformé, les révolutions ont succédé aux révolutions et les gouvernements aux gouvernements, Paris s'est agrandi, a rayonné sur sa banlieue, est devenu un monde d'une ville qu'il était, la circulation postale a pris un gigantesque développement. En vain! Le vieil hôtel a reçu à peine quelques agrandissements, les seuls qui fussent d'ailleurs possibles avec l'enchevêtrement inextricable des maisons environnantes : il a gardé ses salles trop étroites, ses couloirs sombres où deux hommes ne peuvent aller de front, ses dédales, ses escaliers tortueux, ses cloisons disjointes et poussiéreuses, ses paniers qui se tirent à la corde pour voiturer les paquets et les

_____

(1) *Union postale*, février 1876.

lettres, tout son vieil outillage qui jure étrangement avec le progrès contemporain. Les caves et les remises aussi exiguës que le bâtiment lui-même, sont insuffisantes pour contenir les voitures de toute dimension, fourgons, tilburys, omnibus, nécessaires au service. Les gares de chemins de fer en gardent une partie par tolérance. L'écurie ne contient que dix-huit chevaux sur deux cents environ qui sont journellement employés. Quel pouvoir magique a donc protégé jusqu'à ce jour cet édifice suranné et vermoulu qui flamberait comme une allumette à la première lueur d'incendie, et pour la conservation duquel un poste de pompiers est en permanence sur le qui-vive? Ce n'est point, il est vrai, faute de critiques qu'il a survécu : dès 1847, le Ministre des finances déclarait son maintien intolérable (1). Que pourrait donc dire maintenant M. Léon Say, s'il ne jugeait, sans doute, ses réclamations inutiles ?

Dès qu'on parle, en effet, d'arracher l'administration des Postes à son siége traditionnel, une opposition invincible se dresse aussitôt contre les novateurs audacieux et fait évanouir leurs projets en fumée. Cette opposition est celle du commerce parisien qui regarde l'hôtel comme une propriété particulière et lui fait une ceinture étroite de ses comptoirs ; c'est celle des notables de la rue du Sentier, qui crieraient à la fin du monde si l'on touchait à leurs habitudes. En 1854, cependant, on faillit passer outre : le nouvel hôtel des Postes devait s'élever sur la place du Châtelet. Les terrains qui lui étaient réservés sont occupés aujourd'hui par le théâtre du Châtelet et le théâtre Historique. Plus tard, les MM. Pereire, qui venaient de faire construire le magnifique hôtel du Louvre, offrirent de le céder à l'État pour l'installation de l'administration postale. L'empereur Napoléon III, qui s'était occupé de la négociation, dut reculer devant les résistances du commerce. On a parlé enfin, ces derniers temps, de donner un palais aux directions réunies des Postes et des Télégraphes : l'ancien Conseil d'État réédifié. Mais nous craignons qu'on ne se heurte encore au même obstacle, et qu'il ne soit bien difficile de le surmonter, malgré l'impossibilité trop évidente de conserver l'hôtel de la rue Jean-Jacques Rousseau tel qu'il est.

II

La réforme télégraphique n'est pas moins opportune que la réforme postale ; nous sommes sur ce point tout aussi arriérés que

---

(1) M. Maxime du Camp, dans son livre sur Paris, t. 1er, s'est élevé avec beaucoup de force contre cet anachronisme. Nous avons développé certainement moins bien que lui toutes les raisons qui militent pour l'édification d'un nouvel hôtel des postes.

sur l'autre, peut-être même un peu plus, car si nous prenons au hasard quelques chiffres de comparaison, nous voyons que pour 1,000 habitants, il circule en France seulement 287 dépêches, tandis que pour le même terme de population, la circulation télégraphique est : en Suisse, de 1,084; en Angleterre, de 666; dans les Pays-Bas, de 578; en Belgique, de 542; aux Etats-Unis, de 477; en Allemagne, de 314. L'étendue proportionnelle de notre réseau est dans les mêmes conditions d'infériorité : nous n'avons que 257 mètres de fil par kilomètre, alors que la Belgique en a 757, l'Angleterre 560, la Suisse 435, l'Allemagne 297 et l'Autriche 288.

La cause indiscutable de cet humiliant écart est l'esprit fiscal dont nous avons montré l'influence routinière en parlant de la poste. Il nous suffira de rappeler que, hier encore, une dépêche de 20 mots coûtait en France 1 fr. 40 c., et que la même dépêche ne coûte en Suisse que 0,50 c. Cette seule différence explique tout.

La nouvelle loi, votée par les deux Chambres, abaisse la taxe à 5 centimes par mot, sans que le prix de la dépêche puisse être inférieur à 0,50 centimes.

La disposition de cet article est très-heureuse et fait honneur à l'esprit d'initiative du ministre qui l'a proposée. La supputation, par mots, du prix de la dépêche conduit en effet à la vulgarisation du télégraphe, en proportionnant d'une façon très-exacte la taxe au service rendu. Le système n'est pas absolument nouveau : l'Allemagne le pratique depuis quelques années, et il a donné lieu à une discussion fort intéressante au congrès télégraphique de Saint-Pétersbourg en 1875 : ce qui prouve, en passant, l'utilité de ces réunions internationales, où, pour arriver à la fixation d'une règle commune, chacun des Etats apporte ses vues, son idée, son perfectionnement. Le tarif gradué par mots, avec un minimum de taxe, tel qu'il a été introduit dans nos lois, fut alors rejeté par 15 voix contre 1; les délégués des puissances étaient frappés des complications de compte qu'il entraîne, ils l'étaient aussi des réductions de taxe (1). Cette dernière raison détermina surtout leur résistance. Ils votèrent par compensation *l'avis télégraphique*, qui peut être d'une longueur de dix mots et ne coûte que les 3/5e de la dépêche ordinaire. Mais l'idée qu'ils ont repoussée comme trop improductive reviendra sur l'eau au congrès de Londres, et l'exemple de l'Allemagne et de la France aidant, elle finira, nous en sommes convaincus, par triompher tôt ou tard, car si elle ne

_____

(1) Pour le réseau extra-européen cependant, la taxe s'établit par mots à cause du prix élevé de la dépêche.

paraît point, au premier abord, d'une pratique facile dans les relations internationales, elle est simple et juste, deux garanties de
succès inévitable.

Dans un article de loi complémentaire, M. Léon Say a demandé
pour l'administration le droit de contracter des abonnements avec
les particuliers. C'est là un progrès réclamé depuis longtemps par
le besoin croissant d'informations rapides et détaillées qui est
devenu la loi suprême de la presse. Les journalistes ne sont pas
d'ailleurs les seuls intéressés à sa réalisation, il profitera également aux industriels et aux négociants qui entretiennent des correspondances journalières avec leurs usines, leurs fabriques et leurs
maisons de commerce.

Avons-nous besoin de dire que les Anglais et les Américains
nous ont précédés dans cette voie et que ce qui pour nous est une
grosse innovation est déjà pour eux une vieille habitude? Mais
voici mieux encore : dans le règlement de la convention internationale révisé à Saint-Pétersbourg, en 1875, un paragraphe spécial réserve aux États la faculté d'appliquer à la presse, par des
conventions particulières, « un système d'abonnement à prix réduit pour l'emploi, pendant la nuit, à des heures déterminées, des
fils inoccupés, sans préjudice pour le service général (1) ». Or, en
vertu d'un arrangement conclu entre la France et l'Angleterre, un
certain nombre de fils spéciaux sont affectés chaque nuit, entre
Paris et Londres, à la presse des deux pays. Jusqu'ici un seul
journal a profité de cette latitude. Français? non, Anglais : c'est
le *Times*. Il est vrai que l'abonnement coûte 75,000 fr., et l'on peut
répondre que nos journaux, à nous, ne sont pas assez riches pour
se permettre cette dépense. Soit. Mais pourquoi y a-t-il en Angleterre des journaux qui le peuvent?

La nouvelle loi est fort laconique. Il fallait courir au plus pressé,
c'est-à-dire à l'abaissement de la taxe. On s'est dit qu'on aurait tout
le temps de songer aussi aux autres réformes. Il en est pourtant
dans le nombre que nous aimerions à voir adopter sans retard par
notre administration; par exemple la surtaxe d'urgence, déjà admise dans le service international, et grâce à laquelle les dépêches
pressées ne sont pas obligées d'attendre leur tour régulier, souvent retardé par un encombrement de dépêches insignifiantes au
bureau d'expédition. Ce privilège, fort légitime en soi puisqu'on
le paie le triple du coût du télégramme ordinaire, serait d'autant
plus utile dans le service intérieur qu'on serait moins tenté d'en

---

(1) Étude sur les rapports internationaux. La poste et le télégraphe, par L. Renault. Larose, rue Soufflot, 1877.

abuser, et nous comprenons mal pour notre part l'objection, tirée du principe de l'égalité, qu'on a fait valoir contre la généralisation de son usage. L'égalité n'a rien de commun avec une question de tarif, nous dirons même qu'elle serait violée ouvertement s'il n'était pas permis en certain cas, à un particulier, d'obtenir un équivalent de service en échange d'un sacrifice de fortune.

Le télégraphe est employé, chez nous, pour la transmission des mandats payés par les bureaux de poste, jusqu'à concurrence d'une somme de 5,000 fr. L'administration reçoit en outre des dépêches recommandées ; mais pourquoi n'admet-elle pas ici, dans une certaine mesure, le principe de l'indemnité qui est la garantie et la sanction de la recommandation? Elle n'avait pour cela qu'à copier le § 41 du Règlement International qui reconnaît à l'expéditeur le droit de réclamer la somme de 50 fr. si son télégramme a subi des retards préjudiciables ou s'il a été transmis inexactement. Ce droit n'a pas été accepté, il est vrai, par tous les offices, les délégués italiens l'ont repoussé comme attentatoire à l'irresponsabilité qui règne dans les relations d'État à État, et son insertion n'est que facultative dans les conventions particulières. Mais dans le service intérieur, l'irresponsabilité serait l'injustice; on ne voit donc pas ce qui ferait repousser une indemnité aussi faible que celle de 50 fr., insuffisante assurément pour couvrir le plus souvent le préjudice causé, mais suffisante pour assurer à la correspondance recommandée les soins spéciaux qui lui sont dus.

Pour le télégraphe comme pour la poste, il faut dénoncer l'abus de la franchise, qui atteint en France des limites invraisemblables. Un millier de dépêches circulent quotidiennement sous le couvert du privilége, ce qui cause à l'administration un surcroît considérable de travail et un déficit de recettes que tout le monde peut évaluer. Nous comptons sur le ministère actuel pour tenir la main à l'observation des anciens règlements et pour brider l'intempérance télégraphique de certains fonctionnaires qui font servir notre réseau de fils électriques aux communications les plus diffuses et les plus inutiles. Le moment de toutes les réformes a d'ailleurs sonné : la science ne cesse d'apporter, dans les anciens moyens de communication, de nouveaux perfectionnements et de nouvelles découvertes. Que de chemin a fait le télégraphe depuis l'appareil à signaux inventé par Claude Chappe! Nous avons vu l'appareil Morse succéder à l'appareil à cadran, puis l'appareil Hugues détrôner l'appareil Morse qui s'est effacé lui-même devant l'appareil Meyer, diplômé à l'exposition de Vienne en 1872. Voici enfin le téléphone et le phonographe qui ouvrent une voie nouvelle de correspondance, à côté des tubes pneumatiques dont le réseau souterrain s'étendra bientôt sous Paris tout entier ! Quand tout marche et se transforme dans le monde, il n'est plus permis à nos bureaux de rester stationnaires. Ils n'ont plus qu'à avancer à leur tour, et ils feront bien de s'y décider.

III

Le développement des moyens de communication et les découvertes de la science ont fait depuis longtemps tomber les barrières qui séparaient autrefois les peuples les uns des autres. La doctrine surannée du « chacun chez soi » a été remplacée par un nouveau droit international qui tend de plus en plus, chaque jour, à mettre les intérêts généraux de la civilisation au-dessus et à l'abri des intérêts particuliers et des rivalités politiques qui divisent les États. Chacun d'eux reconnaît qu'il doit y avoir une sphère neutre, où certaines questions cosmopolites sont réglées par des lois spéciales acceptées par la majorité de leurs délégués. Les passe-ports, les douanes, la navigation fluviale, l'extradition des malfaiteurs, l'émigration, pour citer des exemples, créent entre eux des rapports constants auxquels les mesures restrictives de l'ancien droit des gens ont cessé d'être applicables. Il en est de même, à plus forte raison, des relations postales et télégraphiques. On admet universellement aujourd'hui que leur développement et leur progrès touchent directement à la prospérité universelle, et qu'il est du devoir de tous les gouvernements éclairés d'abaisser devant elles les frontières de chaque pays et de réaliser, au moins en ce qui les concerne, le rêve de l'abbé de Saint-Pierre. C'est à cette tendance éminemment civilisatrice que se rattache la création de l'*Union postale* et de l'*Union télégraphique*.

1° L'*Union télégraphique* est la première en date. Elle remonte à la conférence réunie à Paris en 1865, et à laquelle le gouvernement français avait convoqué tous les États européens. Tous, ou presque tous, s'y firent représenter : la *convention*, préparée en treize séances par une commission spéciale, sous la présidence de M. de Vougy, directeur général de nos télégraphes, fut signée le 17 mai 1865 par l'Autriche, Bade, la Bavière, la Belgique, le Danemark, l'Espagne, la France, la Grèce, Hambourg, le Hanovre, l'Italie, les Pays-Bas, le Portugal, la Prusse, la Russie, la Saxe, la Suède, la Suisse, la Turquie et le Wurtemberg. L'État pontifical n'avait pas voulu que ses délégués siégeassent à côté des plénipotentiaires italiens, mais il avait promis d'adhérer aux décisions communes. La *convention* prévoyait, au reste, art. 60, l'accession d'autres États. De plus, elle était révisable (art. 62) et des conférences périodiques devaient se réunir successivement dans la capitale de chacun des États contractants pour étudier les améliorations nouvelles. De 1865 à 1868 l'Union s'augmenta des Etats pontificaux, du Luxembourg, de la Serbie, de la Moldo-Valachie, de la Russie d'Asie, de la Turquie d'Asie, de l'Algérie et de la Tunisie. Enfin, une seconde conférence s'ouvrit à Vienne, le 12 juin 1868, qui révisa la *convention* de 1865, le *règlement de service* dont elle avait été accompagnée, et décida l'établissement d'un *bureau international* siégeant à Berne (1).

Il y a peu de chose à dire de la conférence réunie à Rome, en 1871, où l'on vit cependant figurer pour la première fois les délégués des grandes Compagnies, chargées, dans certains Etats, de l'entreprise du télégraphe.

La conférence la plus importante, après celle de 1865, est la conférence de Saint-Pétersbourg en 1875. Elle a duré sept semaines, tenú vingt séances plénières, examiné trois cent quarante-sept propositions. Le résultat de ses travaux a été la rédaction, en quelque sorte définitive, de la charte télégraphique ou *convention*, qui formule en vingt articles les principes fondamentaux admis par toutes les puissances, et qui ne paraît pas susceptible de modifications. — A côté de cet acte diplomatique, signé par les ambassadeurs et les plénipotentiaires, elle a également arrêté un *règlement*, signé par les délégués, et qui seul sera soumis à des révisions périodiques. Ce dispositif en quatre-vingt-quatre paragraphes, suivi des tableaux de tarifs, est une véritable codification des règles qui régissent les relations télégraphiques des divers Etats entre eux.

Nous parcourrons rapidement l'organisation de l'union télégraphique telle qu'elle a été sanctionnée par la conférence de Saint-Pétersbourg.

L'Union comprend tous les Etats européens, la Perse, l'Egypte, l'Algérie, l'Empire anglo-indien, les possessions turques et russes en Asie. Pour y adhérer, il suffit d'une notification diplomatique, faite à celui des Etats contractants où s'est réunie la dernière conférence, et transmise par cet Etat à tous les autres : cette simple notification emporte de plein droit admission à tous les avantages stipulés par la *convention*.

Chaque gouvernement s'engage à affecter au service télégraphique international des fils spéciaux en nombre suffisants pour assurer une rapide transmission des télégrammes. L'appareil Morse et l'appareil Hugues sont employés concurremment.

---

(1) L. Renaut, broch. citée.

Les principes généraux qui déterminent les rapports des puissances sont : 1° le droit reconnu par elles à toutes personnes de correspondre au moyen des télégraphes internationaux; 2° l'engagement d'assurer le secret des correspondances et leur bonne expédition; 3° la faculté d'arrêter la transmission des télégrammes dangereux pour la sûreté de l'État, ou contraires aux lois du pays, à l'ordre public et aux bonnes mœurs; 4° la latitude, pour chaque gouvernement, de suspendre le service international pendant le laps de temps qu'il jugera nécessaire, soit d'une manière générale, soit seulement sur certaines lignes, à charge par lui d'en aviser immédiatement chacun des autres États contractants; enfin 5° son irresponsabilité absolue en ce qui concerne la transmission des dépêches.

Cette dernière disposition a été vivement critiquée, et devait l'être, au nom de l'intérêt général et des principes les plus élémentaires de l'équité. Mais on a reculé devant les conséquences de sa suppression, car les États, pour couvrir leur responsabilité, ne manqueraient pas de créer des formalités gênantes et des restrictions qui iraient directement contre le but que doit se proposer l'Union télégraphique, c'est-à-dire contre le prompt et facile échange des relations internationales.

La rédaction des dépêches offrait quelques difficultés importantes. Pourrait-on d'abord correspondre en langage secret? La *convention*, dans son article 6, l'a admis pour les télégrammes d'État et de service. Quant aux télégrammes privés, c'est affaire à traiter de puissance à puissance. Nous devons dire que l'Espagne est seule aujourd'hui à se refuser à ce mode de correspondance. — Mais quelle langue l'expéditeur pourra-t-il employer dans les cas les plus ordinaires où il n'aura pas besoin du secret? Le nombre des langues et des dialectes qui se parlent dans l'étendue de l'Union est infini. On a dû faire un triage. Sont admis pour la correspondance télégraphique : le français, le latin, l'allemand, l'anglais, l'arménien, l'espagnol, le flamand, le grec, l'hébraïque, le hollandais, l'italien, le portugais, le russe, les langues scandinaves, le slave, le hongrois, le bohême, le polonais, le ruthène, le serbe, le croate, l'illyrien, le roumain et le turc. Il n'est pas permis, il est vrai, de choisir arbitrairement l'une quelconque de ces diverses langues, le *règlement* n'admet que celle du pays de destination ou, à son défaut, le français.

Dans la transmission des dépêches, on distingue, comme nous l'avons déjà dit en parlant de notre tarif intérieur, les télégrammes urgents, payant une surtaxe, qui est le triple de la taxe ordinaire, et les télégrammes simples. Les uns et les autres ne viennent qu'après les télégrammes d'Etat et de service. Nous devons ajouter que l'usage des dépêches dites urgentes n'est encore que facultatif, par suite de l'opposition que firent à cette mesure la Grande-Bretagne et la Suisse. Il y a enfin les télégrammes recommandés et les *avis télégraphiques* qui ne paient que les 3/5 du tarif.

La question de la taxe est la plus embarrassante. L'idéal de l'unité semble un desideratum pour longtemps irréalisable ; la simplification des diversités de tarif rencontre elle-même dans la nature des choses, dans le labeur de la transmission, dans les frais de transit variant avec la distance, des difficultés que n'offre pas au même degré le service postal. Après bien des tâtonnements, on s'est arrêté à ce principe qu'entre les bureaux de deux villes quelconques des Etats contractants, la taxe sera uniforme pour les correspondances échangées par la même voie. Un même Etat peut être toutefois subdivisé en deux zones territoriales pour l'application de la taxe. Elle est fixée d'Etat à Etat, de concert entre les gouvernements extrêmes et les gouvernements intermédiaires. Il résulte de cette double entente qu'il y a deux sortes de taxes différentes : les *taxes terminales* qui reviennent à chaque Etat pour les dépêches qu'il expédie ou qu'il reçoit, et les *taxes* de *transit* qu'il perçoit sur les dépêches qui traversent son territoire. Les tableaux de tarifs annexés au Règlement de 1875 ont confirmé cette organisation qui reste jusqu'à nouvel ordre, c'est-à-dire jusqu'à la prochaine conférence de Londres, le dernier mot de l'Union télégraphique. Une question, qui a soulevé de vives discussions à Saint-Pétersbourg et qui est toujours sur le tapis, pourrait cependant acheminer peu à peu les Etats à l'unité de taxe : c'est de savoir quel doit être le type uniforme de la dépêche internationale. Les anciennes conventions ont tour à tour admis 20, 15 ou 25 mots. L'Autriche, dans la discussion que nous rappelons, demandait le maintien en principe de la taxe à 20 mots, conformément aux bases adoptées par la Convention de 1865 ; mais elle voulait que la taxe pût ensuite être décomposée par mot et chaque mot tarifé à 20 c., tandis que la taxe actuelle s'augmente de moitié par série de dix mots. La Turquie réclamait l'abaissement de la taxe à 15 mots ; l'Egypte tenait pour 10. L'Allemagne proposait le système que nous venons d'adopter, celui de la taxe proportionnelle au nombre de mots contenus dans la dépêche, avec un minimum de taxe comme correctif. La discussion sera reprise et fera l'objet principal de la nouvelle conférence.

Un fait qui saute aux yeux dès qu'on parcourt les tableaux de tarifs annexés au Règlement, c'est que la taxe internationale est toujours supérieure pour chaque Etat à sa taxe intérieure. Les dépêches envoyées à l'étranger demandent cependant beaucoup moins de peine que celles expédiées et reçues à la fois dans le pays. Pourquoi cette anomalie? La taxe d'une dépêche simple était par exemple, en France, de 1 f. 40, avant la dernière réforme, et cependant une dépêche échangée avec la Belgique et la Suisse lui rapportait 3 fr. sur 5, taux de la taxe internationale. L'écart sera maintenant plus large encore. N'y a t-il pas là une indication pour l'Union télégraphique de réduire promptement les tarifs?

Certaines dispositions ont été abandonnées au libre arbitre des Etats, nous citerons : la *perception des taxes à l'arrivée* et le *règlement des comptes*, qui est jusqu'ici fort compliqué, l'*adoption d'appareils et de vocabulaires spéciaux*, l'*application du système des timbres-télégraphe*, la *transmission des mandats d'argent*, l'*extension du droit de franchise*, qui n'est reconnu par la Convention que pour les télégrammes relatifs au service des télégraphes internationaux; enfin les *abonnements à prix réduits à l'usage de la presse*, dont nous avons déjà parlé.

Le *Tarif et le Règlement* doivent être périodiquement révisés dans des conférences réunies tour à tour par les divers Etats contractants. Chaque conférence fixe elle-même le lieu et l'époque de la réunion suivante. La dernière a été tenue à Saint-Pétersbourg en 1875, la prochaine le sera à Londres, au mois de juillet 1878.

2° L'*Union postale* date du traité de Berne, signé le 9 octobre 1874. Les Etats européens n'avaient pas attendu cette époque pour conclure entre eux des conventions relatives au service international de la Poste. Le germe de l'Union était déposé dans ces associations particulières : en 1869, l'Allemagne qui avait, dès 1850, conclu avec l'Autriche un traité postal comprenant 16 administrations indépendantes, engagea même des négociations qui devaient étendre à toute l'Europe le bienfait d'une règle commune. Cette action diplomatique, interrompue par la guerre, ne fut reprise qu'en 1873. La Suisse en eut cette fois l'initiative, et convoqua à Berne les délégués des Etats européens et des Etats-Unis pour le 1er septembre de cette année-là. Mais l'abstention annoncée de la Russie et de la France fit renvoyer la réunion au 15 septembre 1874. C'est de cette conférence, qui tint en tout quinze séances, qu'est sortie l'Union postale. Les délégués de toutes les puissances, sauf la France, signèrent le 9 octobre : 1° un *Traité postal*, charte définitive des principes internationaux et révisable seulement par des représentants munis de pleins pouvoirs; 2° un *Règlement de détail et d'ordre pour l'exécution du Traité*, susceptible de changements et d'améliorations par le simple accord des administrations entre elles.

Le retard qu'apporta notre gouvernement à adhérer au Traité
de Berne provenait des sacrifices que lui imposait la surélévation
momentanée de son tarif intérieur, sacrifices supérieurs à ceux
consentis par la plupart des autres Etats. Mais si la France eut
d'abord quelque peine à se décider, elle ne marchanda plus ensuite
les progrès et joua un rôle très-actif et très-généreux dans la
seconde conférence réunie à Berne, le 17 janvier 1876, pour régler
l'accession des colonies à l'Union postale.

L'Union postale comprend aujourd'hui : l'Allemagne, l'Autriche-Hongrie, la Belgique, le Danemark, l'Espagne, les Etats-Unis
d'Amérique, la France et ses colonies, la Grande-Bretagne et
l'Inde anglaise, la Grèce, l'Italie, le Luxembourg, la Norwége,
les Pays-Bas, le Portugal, la Roumanie, la Russie, la Serbie, la
Suède, la Suisse et la Turquie.

Les Etats qui n'en font pas encore partie doivent, en vertu de
l'art. 47 du Traité, déclarer leur intention au bureau international
siégeant à Berne, s'ils veulent y adhérer. Mais leur admission
devant modifier leurs rapports postaux, il est nécessaire qu'ils se
soient entendus au préalable avec les administrations qui leur sont
déjà liées par des conventions particulières. Cette entente réalisée,
il en est donné avis à tous les membres de l'Union, et l'admission
a lieu de plein droit six semaines après la notification. Elle est
constatée par un acte diplomatique.

L'accession des colonies de chaque Etat contractant semble
une conséquence naturelle du pacte international. L'exemple
donné par la France qui a accepté, à la conférence de 1876, pour
tous les transports maritimes le tarif fixé par l'art. du Traité,
déterminera au prochain Congrès, cela n'est pas douteux, l'extension de l'Union à toutes les colonies qui sont restées en dehors de
ses règlements. L'Espagne et les Pays-Bas ont déjà réclamé pour
les leurs. Le Brésil, de son côté, a déclaré adhérer au Traité de
Berne. Si l'on ajoute aux Indes britanniques les colonies anglaises
de Hong-Kong, des îles Bermudes et de la Jamaïque, du Canada
et de Terre-Neuve, du Japon, des Iles Sandwich dont l'accession
est faite ou décidée, on voit que l'Union postale est bien près de
devenir universelle et que peu d'Etats refuseront encore de l'admettre au prochain Congrès.

Le grand avantage de la poste sur le télégraphe, c'est que
l'unité de la taxe internationale est facilement réalisable pour elle,
et que le Traité de Berne a pu fixer dès le principe un poids et un
tarif uniformes pour toutes les lettres échangées entre les pays
contractants. Le poids est de 15 grammes, le tarif de 25 centimes.
« Toutefois, comme mesure de transition, dit l'art. 2, il est réservé

à chaque pays, pour tenir compte de ses convenances monétaires ou autres, la faculté de percevoir une taxe supérieure ou inférieure à ce chiffre, moyennant qu'elle ne dépasse pas 32 centimes et ne descende pas au-dessous de 20 centimes. »

La taxe de 25 centimes a été adoptée par la plupart des Etats, sauf quelques différences tenant à la diversité du système monétaire. Quelques-uns cependant ont pris une taxe supérieure : la Russie a pris 32 centimes, ce qui constitue malgré tout une véritable révolution pour elle ; la France 30 centimes, mais, grâce à la réforme intérieure qu'elle vient d'opérer, elle va redescendre au tarif normal ; l'Italie et la Grèce l'avaient imitée. La Serbie, seule, s'en est tenue au minimum.

La surtaxe maritime n'est perçue que par la Norwége et l'Italie, et par la France pour les Etats-Unis.

La taxe des cartes-correspondances est fixée à la moitié de la taxe des cartes affranchies. Quant aux objets autres que les lettres, le tarif est de 7 centimes par 50 grammes, avec la faculté de se mouvoir d'un minimum de 5 centimes à un maximum de 11 centimes. L'art. 5 règle enfin la condition des lettres recommandées: la taxe supplémentaire à laquelle elles seront soumises ne doit pas dépasser celle qui est admise dans le service intérieur du pays d'origine ; en cas de perte une indemnité de 50 francs est due par l'administration dans le territoire ou dans le service duquel la perte a eu lieu, c'est-à-dire où la trace de l'objet a disparu, à moins que, « d'après la législation du pays, cette administration ne soit pas responsable pour la perte d'envois recommandés à l'intérieur. » Cette réserve est une anomalie regrettable, qui disparaîtra certainement à la première révision, et qui n'a été maintenue, malgré de fort justes réclamations, que pour ne point apporter d'obstacles à l'adhésion de certains Etats.

Pour la poste, comme pour le télégraphe, il existe des taxes de *transit*, bien que l'idée de la gratuité du transport sur les Etats intermédiaires ait été vivement défendue en 1874 par l'Allemagne. On s'est borné, il est vrai, à établir un tarif des plus modérés : pour le *transit terrestre*, l'office expéditeur doit payer 2 fr. par kilog., s'il s'agit de lettres, 25 cent. pour les autres objets, et la taxe peut être doublée si le transport est de plus de 750 kilom., sur le territoire de la même administration. (La France a demandé qu'on calculât le parcours réel et non la distance à vol d'oiseau); pour le *transit maritime*, il y a une bonification de 6 fr. 50 c. par kilog. de lettres et 50 c. par kilog. d'autres objets pour un parcours de plus de 300 mille marins. Ajoutons que l'Union a adopté pour la comptabilité internationale le principe que chaque

administration doit garder les sommes qu'elle reçoit ; il n'y a
décompte que pour les expéditions en transit. Ce régime est naturellement plus favorable à certains Etats qu'à d'autres, et prête par
ce côté le flanc à la critique ; mais il a le mérite d'être simple et
d'éviter une grande complication de calcul. On ne doit pas oublier,
d'ailleurs, que le service de la poste est un service d'utilité générale et non un service de revenus publics.

Le Traité de Berne est conclu pour trois ans ; mais pour la
France ce délai ne part que du 1ᵉʳ janvier 1876. A son expiration,
le traité sera indéfiniment prolongé, sauf pour chaque partie le
droit de se retirer de l'Union en prévenant une année à l'avance.
Il doit y avoir enfin, tous les trois ans au moins, un Congrès des
délégués des Etats contractants pour étudier les améliorations à
introduire dans le régime existant. Un bureau international,
siégeant à Berne comme celui de l'Union télégraphique, est chargé
« de coordonner, de publier et de distribuer les renseignements
de toute nature qui intéressent le service international des postes,
d'émettre, à la demande des parties en causes, un avis sur les
questions litigieuses , d'instruire les demandes de modifications, etc. Un journal, l'*Union postale*, qui paraît depuis le mois
d'octobre 1876, sert d'organe à cette administration.

Et maintenant que nous avons esquissé les principaux traits de
cette double confédération civilisatrice, il nous est impossible de
ne pas voir en elle les premiers linéaments d'une confédération
plus grande et plus puissante encore, celle de tous les Etats unis
dans la paix, dans la réciprocité des services et dans le libre-
échange. La poste et le télégraphe, unis au service des idées de
progrès et des saines doctrines internationales, tiennent le premier
rang parmi les armes de la civilisation contre l'esprit de guerre et
de rivalité politique entre les peuples. Il ne faut donc rien négliger
pour leur avancement.

PAUL BONNAUD.

----

(1) Voir, pour de plus amples détails, la brochure de M. Renault, que nous
avons déjà citée. *Etudes sur les rapports internationaux*. Paris, 1877, Larose,

LES BIBLIOTHÈQUES PUBLIQUES

AUX ÉTATS-UNIS

RAPPORT DU BUREAU D'ÉDUCATION (1)

Le bureau d'éducation de Washington est aujourd'hui célèbre
dans toute l'Europe par les rapports périodiques qu'il a publiés depuis quelques années, sur l'état de l'instruction publique aux Etats-
Unis. Malgré les difficultés qu'opposent à ces travaux d'ensemble
la constitution fédérale, l'autonomie des villes de chaque Etat et
surtout l'absence de tout lien entre la plupart des établissements
d'instruction ou d'éducation et le gouvernement central, le Bureau
de Washington, sous la direction du général Eaton, a égalé dans
ses publications statistiques les travaux les plus remarqués des
gouvernements européens.

Le rapport sur les *Public libraries*, qui avait été rédigé à l'occasion de l'Exposition de Philadelphie et qui vient d'être distribué
avec la plus grande libéralité des deux côtés de l'Atlantique, est
une œuvre d'une richesse extraordinaire. Cet énorme volume, de
plus de 1,200 pages d'impression compacte, remplies de chiffres,
de listes de noms, de tableaux de toute sorte, contient, dans trente-
neuf chapitres ou rapports distincts, les renseignements les plus
complets et les plus détaillés sur la fondation, le développement et
l'organisation actuelle des Bibliothèques de toute nature dans les
Etats de l'Union. C'est, croyons-nous, le premier document de
cette nature qui ait été publié sur les deux continents.

MM. Samuel, Warren et N. Clark, auxquels la direction en était
confiée, expliquent excellemment dans l'introduction l'utilité d'un
semblable travail. L'influence du bibliothécaire comme « éduca-
teur » est, disent-ils, rarement appréciée ; le choix qu'il doit faire
pour l'acquisition des ouvrages, les rapports qu'il a avec les lecteurs
auxquels il indique fréquemment le livre à lire, etc., tout cela lui
donne, souvent sans qu'il s'en doute lui-même, un ascendant con-

(1) *Public libraries in the United States of America, their history, condition and
meanagement. — Special report, department of the interior, bureau of Education.*
Washington, Government printing office, 1876 ; xxxv-1187 p. in-8. — Rapport du
bureau d'éducation.

sidérable sur les habitudes de pensée et les goûts littéraires d'une foule de lecteurs qui ne trouvent que dans les Bibliothèques publiques leur nourriture intellectuelle. Ce rapport est donc une œuvre *d'éducation* au plus haut chef, et nous croyons qu'il serait très-utile qu'un travail semblable fût entrepris dans les autres pays, et notamment dans le nôtre, à l'occasion de l'Exposition prochaine.

Le premier chapitre est consacré à l'histoire du développement des bibliothèques aux Etats-Unis depuis un siècle(1). Nous trouvons ici un nouvel exemple de cette prodigieuse rapidité des progrès américains, que nous ne pouvons nous habituer, malgré le nombre et la fréquence des témoignages, à considérer sans étonnement.

Franklin, dans son auto-biographie, a laissé une peinture bien curieuse de l'état de l'Amérique, au point de vue qui nous occupe, dans la première moitié du siècle dernier.

En 1723, nous dit-il, il n'y avait aux Etats-Unis que trois imprimeurs, un à New-York et deux à Philadelphie ; encore l'un des trois était-il illettré, et un autre, plus instruit, ne connaissait pas son métier. Et il ajoute, un peu plus loin : « Voyageant de Boston à New-York avec mes livres, je fus mandé par le gouverneur de New-York à qui l'on avait dit qu'un des passagers avait un grand nombre de volumes, et je fus reçu par lui avec une grande civilité, ce qui pour un pauvre enfant comme moi fut vraiment un honneur très-agréable ». Ces honneurs rendus à un jeune homme, « parce qu'il a beaucoup de livres », montrent de quelle difficulté devait être alors la formation d'une bibliothèque. En effet, « il n'y avait pas, à cette époque, une bonne librairie au sud de Boston ; à New-York et Philadelphie, les seuls livres publiés étaient des almanachs, des chansons et quelques mauvais livres de classe. Ceux qui aimaient la lecture étaient forcés de faire venir leurs livres d'Angleterre. » Cette pauvreté de son pays fut certainement une des causes qui déterminèrent Franklin à s'établir comme imprimeur à Philadelphie. En même temps il fondait avec quelques amis une association, appelée « *the Junto* », qui depuis est devenue la Société Philosophique américaine ; au début, les membres de ce cercle mettaient leurs livres en commun et les lisaient au lieu de leur réunion ; plus tard, sur la proposition du fondateur, chacun put emporter chez lui les livres communiqués. « Mais, il arriva bientôt que tous les volumes furent

---

(1) Ch. I. *Public libraries a hundred years ago*, by H. E. Scudder.

dispersés et que personne n'eut plus chez lui un seul de ses livres. »
Franklin reprit alors (1731) un projet qu'il avait depuis longtemps
conçu : celui d'une bibliothèque par souscription. Il la forma non
sans peine : « Les lecteurs, dit-il, étaient si rares à Philadelphie,
et la plupart d'entre eux étaient si pauvres, que, malgré toute mon
industrie, je ne pus réunir plus de cinquante personnes, presque
tous jeunes commerçants, qui s'engageaient à payer chacun quarante shillings pour les premiers achats de livres et ensuite dix
shillings par an pour augmenter le fonds. » L'entreprise réussit
pourtant et au-delà de toute espérance ; des dons furent faits ;
des particuliers joignirent leur bibliothèque privée (notamment
James Logan, qui n'avait pas moins de *cent* volumes!), des Sociétés
analogues, l'*Union Library Company*, l'*Association Library Company*,
l'*Amicable Company*, se fondirent dans la société de Franklin, et la
Philadelphia Library, traversant sans périr les épreuves de la
guerre de l'Indépendance, put s'établir en 1791, avec près de cinq
mille ouvrages, dans l'édifice où 967 souscripteurs vont aujourd'hui
encore lire et emprunter ses 100,000 volumes.

Tels furent les difficiles débuts des bibliothèques américaines.
La *Philadelphia Company* a été appelée par Franklin lui-même « la
mère de toutes les Bibliothèques de l'Amérique du Nord ». Nous
allons voir avec quelle puissance se développa bientôt le mouvement auquel l'illustre imprimeur avait donné l'impulsion première.

La Bibliothèque de Philadelphie n'était pas, on l'a vu, une bibliothèque publique : ses souscripteurs seuls en avaient la propriété et la jouissance. Ce furent tout d'abord des sociétés du
même genre qui se formèrent sur les divers points du territoire :
L'*Union Library*, de Hatborough (1755), celle de Chester (1769), la
Juliana Library de Lancastre (1770), toutes trois en Pensylvanie,
celle de Charlestown (1748), celles de la *New-York Society* (1754),
de *Redwood*, à Newport (1747), de Providence, Rhode-Island (1753),
les trois *Social Libraries* de Massachussets, à Salem, Leominster
et Hingham (1760, 63 et 73) ; etc., etc.

Ce n'est qu'en 1775 que de véritables bibliothèques *publiques* paraissent avoir pris naissance. Encore faut-il comprendre sous ce
nom général de *Public Libraries*, employé par le rapport américain, un grand nombre de bibliothèques spéciales, historiques,
scientifiques, médicales, juridiques, théologiques, commerciales, etc., etc., qui, par l'objet particulier des livres qu'elles renferment, ne seraient point chez nous considérées comme de véritables
bibliothèques publiques, à la manière de nos Bibliothèques nationales, de Sainte-Geneviève ou de l'Arsenal. Quoi qu'il en soit, ces

Public Libraries, malgré la guerre de l'Indépendance, étaient parvenues, en 1800, au nombre de 30 (1). A partir du commencement du siècle le mouvement s'accélère : de 1800 à 1825, il s'en fonde 179 ayant 2,056,113 volumes ; de 1825 à 1850, 451 qui en possèdent 2,807,218 ; enfin, dans les vingt-cinq dernières années, de 1850 à 1875, 2,240 bibliothèques sont créées, renfermant à cette dernière date 5,481,068 volumes. Si l'on réunit les chiffres de ces diverses périodes, on trouve un total, en 1875, de 3,682 bibliothèques, contenant douze millions et demi de volumes, sans compter les brochures et journaux qui sont énumérés à part. Encore devons-nous faire remarquer que les bibliothèques des écoles primaires, des écoles d'église et du dimanche, ne sont pas comprises dans ces totaux, et que, suivant un article du *New-York Herald*, cité par M. G. Depping, dans le *Journal Officiel* du 30 avril dernier, le nombre des volumes de ces divers établissements n'était pas, en 1870, moindre de 10 millions de volumes.

Enfin, il est bien entendu que les bibliothèques privées sont entièrement laissées en dehors de cette statistique : suivant le rapport du général Walker, superintendant du neuvième recensement, ces bibliothèques privées auraient été, en 1860 (2), au nombre de 107,673, contenant 25 millions et demi de volumes. Le même administrateur évaluait à cette date, à 163,353 le nombre total des collections de livres de toutes sortes, et à 44,539,000 le nombre des volumes.

Nous nous bornerons nécessairement à l'étude des bibliothèques dont la situation est déterminée par le Rapport ; elles comprennent, nous l'avons dit, des collections de nature fort diverse, que le document officiel répartit en dix-sept catégories : à côté des Bibliothèques publiques proprement dites, nous trouvons les *Academy and School Libraries*, *College*, *Society*, *Law*, *Medical*, *Theological*, *Scientific*, *Historical*, *Mercantile*, *Social*, *of Government*, *State and Territorial*, *Garrison*, *Asylum and Reformatory* et *Miscellaneous*, dont les noms indiquent suffisamment la nature particulière ; enfin les *Libraries of Young Men's Christian associations*, fondées en 1851 pour « l'élévation morale, intellectuelle et sociale » des jeunes gens de religion chrétienne, principalement des employés et des artisans, et qui ne comprennnent pas aujourd'hui moins de 478 associations et 62,000 adhérents.

Le rapport a encore classé à un autre point de vue toutes ces bibliothèques ; un tableau spécial indique le nombre des vo-

---

(1) Ces 30 bibliothèques ont aujourd'hui 242,171 volumes.

(2) *Ninth census of the United States : Population and social statistic*, p. 472.

lumes de chacune d'elles et permet d'apprécier leur importance relative. Comme on le prévoit d'après le grand nombre de ces collections, dues presque exclusivement à l'initiative privée ou aux pouvoirs locaux, les immenses accumulations de livres, comme notre Bibliothèque nationale ou le *British Museum*, manquent à l'Amérique. Il faut des siècles pour réunir ces riches dépôts des nations européennes, et nous avons vu qu'il y a cent ans la librairie et l'imprimerie venaient de naître aux Etats-Unis. Deux bibliothèques seulement, celle du Congrès à Washington, et la *Public Library*, de Boston, ont plus de 200,000 volumes ; la première, indiquée au rapport comme riche de 300,000 livres, atteint aujourd'hui, paraît-il, le nombre de 311,097 (1) ; la seconde en contenait, en 1875, 290,869. Sept en ont de 100 à 200,000 ; ce sont celles de la Chambre des Représentants (125,000), de l'*Athenæum*, de Boston (105,000), du *Harvard College*, de Cambridge (154,000), l'*Astor Library* (152,000) et la *Mercantile Library* (160,000) de Boston, enfin la *Library Company* (104,000) et la *Mercantile Library* (125,000) de Philadelphie. Dix ont de 50,000 à 100,000 volumes ; 82 en ont de 20,000 à 50,000 ; 152 de 10,000 à 20,000 ; 264, de 5,000 à 10,000 ; 1516, de 1,000 à 5,000 ; 923, de 500 à 1,000 ; et 724, de 300 à 500. Le rapport ne mentionne point les collections inférieures à 300 volumes.

L'examen de ces quelques chiffres montre que les petites bibliothèques l'emportent de beaucoup aux Etats-Unis. Cela ne tient pas seulement à leur peu d'ancienneté, mais aussi au but que se proposent les fondateurs, villes, Etats, associations ou particuliers ; ce que les Américains recherchent avant tout, c'est la diffusion de l'instruction moyenne, et surtout de l'instruction pratique. De là, en dehors des grandes institutions scientifiques, fort riches d'ailleurs, l'absence presque complète de bibliothèques savantes, et le nombre considérable des collections de livres usuels, techniques, d'enseignement élémentaire, de morale usuelle, de théologie pratique. De là aussi le système prépondérant des *Libraries of circulation* qui multiplient le nombre de leurs livres et de leurs lecteurs, en prêtant les ouvrages au dehors ; ainsi, la circulation de la *Public Library*, de Boston, est évaluée à 1,200,000 volumes, tandis que le nombre des livres est, nous l'avons vu, de 300,000 environ. On peut juger un homme sur les livres qu'il lit ; les statistiques que nous résumons, et c'est pour cela que nous y avons insisté, nous permettent de juger de l'état intellectuel de l'Amérique. Les livres

---

(1) D'après l'*American Library Journal*, cité par M. Depping, dans son article du *Journ. offic.*, indiqué plus haut.

qui vont ainsi chercher, à leur foyer même, d'innombrables lec-
téurs, nous expliquent l'élévation du niveau intellectuel de la population ouvrière et commerçante aux Etats-Unis. Nulle part, l'utilité de l'instruction populaire n'est mieux comprise, et nulle part,
les résultats obtenus n'ont été plus considérables.

Un fait, qu'il était d'ailleurs facile de prévoir, résulte encore de
cette statistique d'ensemble et en complète les enseignements. Si
l'on groupe par *Etats* les bibliothèques énumérées dans les tableaux
du *rapport*, on constate que les États du Nord ont une supériorité
immense sur les anciens États à esclaves. Le Massachussets, New-
York, la Pensylvanie occupent des colonnes entières de la statistique officielle ; les États du Sud se font remarquer par le petit
nombre et la pauvreté relative de leurs collections. La Nouvelle-
Orléans, qui compte près de 200,000 habitants, n'a que 15 bibliothèques dont la plus importante ne renferme que 25,000 volumes,
tandis que Boston, avec une population environ deux fois plus
forte, compte 68 bibliothèques, dont une renferme 300,000 et une
autre 105,000 volumes. L'Etat de Massachussets à lui seul possède
454 bibliothèques et 220,000 volumes, et l'Etat de New-York a
615 bibliothèques et 2,130,000 volumes, tandis que les 15 anciens
Etats à esclaves n'ont à eux tous que 643 bibliothèques et 1,900,000
volumes. Ceux qui doutent encore de l'influence de l'instruction
sur la prospérité d'un pays pourraient trouver dans ces quelques
chiffres d'utiles sujets de méditation.

II

Nous ne pouvons suivre le *rapport* dans les détails d'une richesse
et d'une précision étonnantes qu'il donne sur chacun des établissements qu'il énumère. Nous choisirons, parmi les diverses sortes de
bibliothèques, celles qui présentent au point de vue de l'instruction
publique et de l'économie politique et sociale l'intérêt le plus direct :
les bibliothèques scolaires de toute nature, les bibliothèques de
colléges et d'universités, celles que nous pouvons appeler *d'enseigne_
ment professionnel (young men's mercantile libraries* et aussi *public
libraries in manufacturing communities*), enfin les bibliothèques des
prisons et autres établissements de réforme ou de correction.

Les bibliothèques scolaires proprement dites (*school libraries*),
sont exclusivement consacrées à l'instruction élémentaire, prise
dans la plus large acception du mot. Le *rapport* les distingue entièrement des bibliothèques de collége ou d'université qui correspondent à l'enseignement secondaire et supérieur. Aux *school
libraries* se rattachent étroitement les bibliothèques gratuites des

cités (*free town libraries*), aujourd'hui parvenues à un développement extraordinaire.

Les *school libraries*, nous dit le *rapport*, n'ont pas donné tous les résultats qu'on en attendait : leur histoire est signalée par bien des incertitudes et des mécomptes. Non que ce mal soit général, ni même que, dans les Etats les moins florissants à ce point de vue, l'Amérique n'ait pas encore une supériorité marquée sur bien des pays d'Europe : mais relativement au développement des bibliothèques d'autre nature, et à la marche habituellement si rapide des progrès de toute sorte aux États-Unis, l'on ne peut nier qu'il n'y ait de sérieux motifs aux critiques dirigées contre l'état actuel des *school libraries*.

C'est l'Etat de New-York qui a le premier fondé de ces bibliothèques scolaires. « En 1827, le gouverneur de Witt-Clinton, dans son message à la législature, en conseilla l'établissement, et en 1835 les amis des écoles gratuites virent leurs espérances réalisées par une loi autorisant chaque district scolaire à lever une taxe de 20 dollars, pour fonder une bibliothèque, et une taxe de 10 dollars chaque année suivante, pour pourvoir à son développement. Il y eut malheureusement de la négligence, et beaucoup de districts ne votèrent pas la taxe... Aussi en 1838 une loi nouvelle fut votée, et le général Dix, secrétaire de l'Etat et superintendant des écoles, l'un des plus zélés et des plus influents partisans du mouvement, fut chargé d'en diriger l'exécution : l'Etat accordait aux districts scolaires 55,000 dollars par an pour les achats de livres et exigeait d'eux en retour le vote d'une taxe d'une somme égale pour le même objet. » Le développement des *school libraries* de l'Etat fut aussitôt très-rapide, en 1841, ces bibliothèques renfermaient déjà 422,459 volumes, et en 1842, 630,125. En 1842 une nouvelle loi obligea tout district comptant plus de 50 enfants de 5 à 16 ans à avoir une bibliothèque de 125 volumes, et ceux en comptant moins de 50, une bibliothèque de 100 volumes au moins. Le progrès se continua ainsi jusqu'en 1853, époque à laquelle les *school libraries* de l'Etat renfermaient 1,604,210 volumes.

Mais à partir de cette époque, la décadence commença : les sommes allouées restèrent pourtant les mêmes, mais le nombre des volumes diminua rapidement. En 1861, il n'y en avait plus que 1,286,000, en 1862, 1,206,000, en 1875, le nombre en est tombé à 831,000.

L'état de New-York n'est pas le seul où ce singulier phénomène se soit produit. Dans certains Etats, il est vrai, les bibliothèques scolaires sont florissantes, Connecticut, par exemple, dont le secrétaire d'Etat pour l'éducation déclare que l'organisation en est en-

tièrement satisfaisante et n'appelle aucun changement; Rhode-
Island, Iowa, Indiana, dans lesquels le nombre des volumes de
ces bibliothèques, peu nombreux encore, s'accroît chaque année;
la Californie, où l'acquisition des ouvrages est assurée depuis
1866, par des prélèvements sur le fonds d'État des écoles. Mais ce
sont là des exceptions. La plupart des États qui, comme New-
York, avaient d'abord adopté avec le plus d'ardeur le système des
school libraries, voient diminuer aujourd'hui le nombre des volumes
de ces collections. Le Michigan a consacré à cette œuvre des
sommes considérables et est arrivé à recevoir dans ses *district
school libraries* 120,557 volumes et dans ses *township school libraries*
170,449 volumes, mais en 1875, le surintendant de cet État
constate que cette institution est tombée en défaveur. L'Ohio qui
comptait, en 1868, 286,684 volumes dans ses bibliothèques scolaires, n'en avait déjà plus en 1869 que 258,371, et le rapport
établit que chaque jour la diminution s'accroît, les livres sont
dispersés ou perdus en grand nombre, ceux qui sont, conformément à la loi, réunis dans les bibliothèques centrales ne sont lus
que par peu ou point de familles. Le Massachussets qui devait à
Horace Mann ses premières *school libraries*, et qui en 1842 y possédait 40,000 volumes, les a complètement supprimées. Enfin un
certain nombre d'États n'en ont point et n'en ont jamais eu.

Cet état de décadence a justement attiré l'attention des rappor-
teurs du bureau d'éducation. Ils en attribuent l'existence à deux
causes distinctes : défauts de la législation, et défauts de l'administration ; la législation est variable, suivant les États : « tantôt
elle permet aux districts scolaires de lever des taxes et de faire des
dépenses pour leurs bibliothèques, sans prévoir le concours de
l'État et la surveillance sur le choix des livres, tantôt elle établit le
concours sans la surveillance, ou elle limite le développement et
l'utilité des bibliothèques en permettant l'emploi des fonds à
d'autres objets quand un certain nombre de volumes est atteint,
ou pour d'autres motifs; elle n'exige pas qu'une somme égale à la
subvention de l'État soit payée, à l'aide de taxes, comme condition
de cette subvention; elle n'établit pas, par une stricte réglementation, les cas où les ressources doivent être partiellement ou entièrement tirées des amendes ou d'autres sources casuelles; elle
ne rend pas les administrateurs ou autres employés des écoles
strictement responsables de leur organisation et de leur conservation. » Les défauts de l'administration signalés par le *Rapport*
sont les suivants : « des livres inconvenants ou immoraux sont
fréquemment achetés par des administrateurs ignorants ou insou-
ciants; les bibliothèques sont laissées à la charge des maîtres qui

ne s'en occupent qu'après la classe ; les bibliothécaires ne sont pas responsables de la conservation des livres ; les fonds sont employés, sans autorisation, à d'autres usages ; les surintendants de cité ou de comté ne s'en occupent presque jamais ; les surintendants des bureaux d'éducation eux-mêmes, lorsqu'ils sont chargés de l'achat des livres, les choisissent sans discernement, etc. »

Ces diverses considérations, très-graves assurément, montrent bien l'état actuel de décadence ou d'abandon des bibliothèques scolaires. Mais elles ne suffisent pas pour rendre compte de l'origine première de cet état. L'indifférence, la négligence sont manifestes ; mais comment est-on venu là? Les Américains, que nous voyons toujours si soucieux du développement de l'instruction dans leur pays, ne laissent évidemment pas sans motif tomber ces *school libraries*. S'ils les abandonnent, c'est qu'ils ont cru trouver une institution meilleure, d'une portée plus étendue, d'un usage plus facile et qui leur semble encore mieux contribuer à la diffusion du goût de la lecture et de l'éducation populaire.

Certains passages du *Rapport* indiquent que les *school libraries* ont été remplacées, dans beaucoup d'États, par les *free town libraries*, bibliothèques publiques municipales, et nous voyons en effet celles-ci partout florissantes. C'est là, croyons-nous, que doit être cherchée l'explication et la signification véritables de l'état de choses signalé. Aux *school libraries* s'est substitué un organe nouveau d'éducation, probablement plus conforme aux goûts, aux habitudes d'esprit et de vie des Américains ; l'éducation générale n'en a pas souffert, les moyens de la répandre ont seuls changé.

Ces *free town libraries* sont ainsi définies par le *Rapport* (p. 445): ce sont les bibliothèques, partiellement ou complètement entretenues au moyen d'une taxe directe ou indirecte municipale, sous l'autorité de la loi générale de l'État; n'y sont pas comprises les bibliothèques qui, comme l'*Astor library* de New-York, le *Peabody institute* de Baltimore, etc., sont, quoique ouvertes à tous, entièrement entretenues au moyen de fondations particulières. D'une nature moins spéciale que les *school libraries*, on comprend que ces bibliothèques aient attiré de préférence les lecteurs de tout âge et de toute condition ; étant vraiment *la chose* des municipalités, elles ont été mieux organisées, surveillées, entretenues ; leur succès s'explique donc facilement. Quelques chiffres indiqueront le degré de prospérité où elles sont parvenues : le New-Hampshire, qui en a le premier organisé en 1849, en compte actuellement 13 avec 51,842 volumes, représentant une circulation de 191,000 ; le Massachussets en a 127 (900,000 volumes, circulation : 3,026,000); le Maine en a 8 (33,000 vol., circulation : 97,700); Vermont , 4

(16,200, — 56,700); l'Ohio (144,084, — 815,373); Indiana, 3 (25,585, — 159,558); l'Illinois, 13 (76,595, —301,538), etc.

On le voit, les bibliothèques d'éducation populaire sont loin d'être négligées, et la décadence des *school libraries* rapprochée de la prospérité des *free town libraries* n'a rien d'inquiétant. Si l'on considère en outre le nombre immense de bibliothèques gratuites entretenues par des fondations particulières, et si l'on remarque l'énorme circulation des livres de chaque bibliothèque, qui multiplie à l'infini le nombre de ses volumes, on arrive à cette conclusion, que malgré le peu de succès des bibliothèques scolaires proprement dites, aucune nation ne peut encore rivaliser avec l'Amérique au point de vue de la diffusion des connaissances générales, et que, si l'esprit européen peut faire des réserves sur la convenance des moyens employés, il ne peut méconnaître la supériorité des résultats.

III

Les bibliothèques de colléges et d'universités correspondent, nous l'avons dit, à l'enseignement secondaire et supérieur. Il est assez difficile de les étudier séparément, ces deux enseignements n'étant pas aux Etats-Unis distincts comme chez nous, et un grand nombre de colléges comprenant des cours qui seraient en France exclusivement réservés à nos Facultés. En Amérique, conformément d'ailleurs à la nature des choses, ces deux enseignements se prolongent et se confondent l'un dans l'autre, et la transition est souvent difficile à préciser.

« Les principes suivant lesquels les bibliothèques de collége et d'université doivent être réglées, nous dit très-justement le *Rapport*, sont tout différents, en bien des points, de ceux qui régissent les bibliothèques publiques. Les collections de livres des colléges doivent être regardées comme des instruments de travail, et non comme des trésors à amasser. Les bibliothécaires tendent toujours à augmenter le nombre des volumes de leurs rayons, et c'est surtout pour cela que la valeur des bibliothèques est ordinairement mesurée au nombre de leurs volumes. Bien peu de bibliothécaires de collége auraient le courage de dire comme le Dr Cogwell, de l'*Astor library* : « Je vous dirais plus vite combien la bibliothèque pèse de tonnes que combien elle contient de livres. » Ce que l'on doit surtout avoir en vue dans une bibliothèque de collége, c'est de mettre les livres à la portée de tous ceux qui y ont accès : le bibliothécaire ne doit pas être un avare, cachant ses richesses à tous les yeux, mais un capitaliste qui emploie sans cesse son capital à encourager une production nouvelle. »

Le rapport ne se borne pas à ces idées générales qui méritent d'ailleurs une entière approbation. Il examine pratiquement la meilleure organisation à donner aux bibliothèques de colléges pour atteindre « cet idéal. » Une « *ideal college library*, » dit-il, doit contenir : dans une première salle, ouverte à tous les élèves depuis le matin jusqu'à une heure avancée de la soirée, les livres qui peuvent être le plus couramment utiles aux maîtres et aux étudiants : dictionnaires, encyclopédies et principaux ouvrages de littérature, d'histoire et de science, tous disposés pour une recherche facile ; dans une autre salle, sorte de réserve ou de dépôt, les autres livres, moins usuels, mais qui, venant à la bibliothèque par dons ou de toute autre manière, doivent être conservés pour certaines études spéciales ; enfin dans les principales salles d'étude les livres courants, au besoin en double et triple exemplaire.

Telle est l'excellente organisation que recommandent les auteurs du rapport officiel : on remarquera la libéralité de ces instructions, si différentes de celles encore appliquées dans la plupart de nos lycées et colléges de France, où la bibliothèque de chaque classe se réduit souvent à un *Bouillet*, ou même n'existe pas, et où la bibliothèque de fond, trop souvent riche en vieux ouvrages absolument inutiles, n'est ouverte qu'à certains jours et à certaines heures, et seulement à titre de récompense pour les meilleurs élèves. Heureux encore les établissements où toute *lecture* n'est pas interdite et où tout livre non inscrit sur les programmes de la classe n'est pas impitoyablement *confisqué*.

Il va sans dire que les colléges et les universités d'Amérique ne réalisent pas tous l'*idéal* indiqué par le *Rapport*. La principale cause de l'infériorité de certains établissements est, comme toujours, le manque d'argent. Mais cette cause tend à disparaître en Amérique plus rapidement que partout ailleurs. On sait quelles intelligentes libéralités les riches américains prodiguent aux établissements d'instruction de toutes sortes ; un grand nombre de colléges et d'universités sont déjà en possession de dons, legs, fondations de toute espèce qui leur assurent une véritable fortune et dont un grand nombre ont pour objet spécial le développement de leurs bibliothèques. C'est ainsi que le fonds de la bibliothèque du *Harvard College* (véritable université d'ailleurs), s'élève à 169,000 dollars ; celui du *Dartmouth College* à 37,000 ; du *Yale College* (New-Haven) à 65,000 ; du collége de New-Jersey à 40,000 ; du *Trinity College* à 35,000, etc.

On comprend qu'avec de semblables ressources dues, nous ne saurions trop le répéter, presque entièrement à des libéralités privées, les colléges et universités des Etats-Unis réunissent des collections de livres qui feraient envie à bien des bibliothèques publiques de notre pays : Le *Harvard College* de Cambridge (Mass.) a 212,000 volumes ; le *Yale College* de New-Haven, 95,200 ; l'Université de Virginia à Charlottesville et la *Brown University* à Providence, en ont chacune plus de 40,000 ; 4 autres colléges ou universités en ont plus de 30,000 ; 13, de 20 à 30,000 ; 34, de 10 à 20,000. Encore le *Rapport* ne compte-t-il pas dans ces totaux les livres des *Society libraries*, bibliothèques fondées par l'Association des Étudiants, à côté de celle du collège, et dont quelques-unes sont aussi riches que la bibliothèque officielle (*Society Library* du *Dartmouth College*, 27,000 volumes ; du *Dickinson College* (Carlisle, Pensylvanie), 19,700 ; de l'Université de la Caroline du Nord, 13,800, etc.).

Le *Rapport* donne les plus complets renseignements sur l'histoire et le développement des plus importantes de ces bibliothèques de collège et d'université, notamment sur celles des deux célèbres *Harvard* et *Yale Colleges*, fondés l'un en 1638, l'autre en 1700. Nous ne pouvons le suivre dans ces détails, pourtant si intéressants et si bien faits pour montrer l'admirable puissance de l'initiative privée chez les peuples libres. Nous signalerons seulement l'importance qu'a récemment prise un établissement d'instruction supérieure sans analogue dans notre pays : le collége Vassar à Pougkeepsie, véritable université entièrement réservée aux jeunes filles. C'est un brasseur, de l'Etat de New-York, Mathew Vassar, qui l'a fondée en 1865 et lui a donné son nom. Le fondateur a consacré à la bibliothèque du collége une somme de 50,000 dollars, dont le revenu est entièrement consacré à l'achat des livres : le nombre des volumes, en 1875, était déjà de 9,881 ; l'augmentation annuelle étant d'environ 700 volumes, la bibliothèque, construite pour en contenir 40,000, en possède aujourd'hui plus de 11,000. — Le *Rapport* signale encore une autre université de jeunes filles, fondée en 1875 à Wellesley (Massachussets), et dont la bibliothèque, établie dans les proportions les plus vastes et richement aménagée, contient déjà 10,000 volumes et pourra en renfermer 120,000. Quelques extraits de la liste des livres qu'elle renferme montreront quelle forte éducation les jeunes filles reçoivent en Amérique, et combien on est loin, à *Wellesley College*, de la fausse pruderie qui restreint chez nous la lecture de la jeune fille aux ouvrages les plus fades et les plus insignifiants, et lui interdit dans l'avenir toute communion d'idées avec l'homme instruit qui l'épousera. Citons au hasard parmi les livres mis à la disposition des jeunes américaines, quatre éditions de Platon, l'Art Antique de Winckelmann, le livre récent de Corssen sur la langue étrusque, Niebuhr,

Grote, Molière, Rousseau, Sainte-Beuve, Victor Hugo, etc. La langue et la littérature française paraissent d'ailleurs tenir une large place dans les catalogues de toutes les bibliothèques.

A côté des Universités, il existe en Amérique un grand nombre d'instituts, d'écoles, d'académies, de sociétés scientifiques, consacrés à l'étude des branches les plus diverses des connaissances humaines. Chacune de ces institutions est nécessairement dotée d'une bibliothèque et quelques-unes ont déjà réuni des collections de livres fort importantes. Nous avons déjà eu l'occasion d'en signaler une, celle de la Société philosophique américaine, fondée par Franklin, à Philadelphie, en 1743. A côté de cette « mère des bibliothèques américaines, » nous citerons celles de l'académie des sciences naturelles et du *Franklin institute*, toutes deux à Philadelphie, riches l'une de 30,000, l'autre de 16,000 volumes ; celles de la Société géographique de New-York (10,000 vol.), de l'*Essex institute*, Massachussets (30,600 vol.), de l'Académie des arts et sciences de Boston (16,000), les deux bibliothèques militaires de Washington (42,000), celle du *Patent office* (23,000), également à Washington, celles de l'Académie militaire de Westpoint (25,000), du *Free institute of science* de Philadelphie (15,000), de l'Académie navale d'Annapolis (17,000), les bibliothèques historiques des Sociétés historiques de Connecticut (16,000), de Maryland (15,000), de Massachussets (23,000), de Long-Island (26,000), de New-York (60,000), de la Société des antiquaires de Worcester (60,000), de l'*Essex institute* (30,000), de la *Congregational library* de Boston (22,000), etc. (1); les bibliothèques médicales de l'armée à Washington (40,000 volumes), de l'hôpital de New-York (10,000), du *college of physicians* et du *Pensylvania hospital* de Philadelphie (18 et 12,000), etc., enfin les bibliothèques juridiques du *Law institute* de New-York (20,000 vol.), des *Law associations* de San Francisco (12,000), Boston (13,000), etc. Et nous sommes encore obligés d'omettre les très-nombreuses et très-riches collections théologiques des écoles et séminaires des différentes confessions.

IV

A côté de ces innombrables bibliothèques savantes, doivent être signalées des collections de livres d'une portée moins haute, mais d'une utilité plus générale encore; nous voulons parler des bibliothèques de nature toute spéciale, assez analogues aux bibliothèques des « *mechanics institutions* » d'Angleterre, que le rapport

---

(1) Dans ces chiffres ne sont pas compris les brochures, pamphlets, etc., classés à part: l'*Essex institute* en a 105,000, la Congregational library, 95,000, etc.

de Washington désigne sous le nom général de *mercantile li-braries*.

Ces bibliothèques sont principalement destinées à répandre des connaissances usuelles dans la classe des employés de commerce, et plus généralement « dans cette très-nombreuse classe de personnes qui ne sont pas établies dans une cité d'une manière permanente et qui ne peuvent apporter annuellement qu'une très-modique contribution. »

Les livres de ces collections sont essentiellement usuels et pratiques. Les *Mercantile libraries* se distinguent par là soit des grandes bibliothèques publiques nécessairement composées de livres de toute sorte, soit des bibliothèques de collège, d'université, d'instituts ou d'associations scientifiques qui ne renferment au contraire que des ouvrages spéciaux ayant trait aux diverses sciences cultivées par leurs adhérents.

Par leur organisation, adaptée à la condition sociale de ceux qui les fréquentent, les *Mercantile libraries* tiennent également une place distincte ; elles ne sont ni gratuites, ni ouvertes seulement à des associés propriétaires ; elles sont ouvertes à tous, moyennant le payement d'une sorte d'abonnement. De là vient que les « merchants' clerks » ne sont pas leurs seuls lecteurs, beaucoup de gens de situation modeste, surtout, suivant les termes du rapport cités plus haut, « de ceux qui n'ont pas dans la cité un établissement permanent, » les fréquentent pendant leur résidence. Comme il en existe à peu près dans toutes les grandes villes, ces « nomades » sont certains de retrouver, en quelque lieu que les appelle leur travail, les livres techniques nécessaires au complément de leur éducation professionnelle, joints à des collections généralement considérables de littérature populaire.

Les deux plus anciennes *Mercantile libraries* sont celles de Boston et de New-York, fondées la première le 11 mars, la seconde le 9 décembre 1820. De 1830 à 1840, leur nombre s'accrut rapidement : il se fonda dans chaque État des bibliothèques analogues soit sous le même nom de *Mercantile libraries*, soit sous ceux d'*Atheneums*, de *Mechanics, Young men's, apprentices' libraries*, etc. Le rapport en cite plus d'une soixantaine, ayant généralement de 2 à 10,000 volumes. Quelques-unes sont parvenues à une richesse considérable : la *Mercantile library* de New-York renferme 160,000 volumes, celle de Philadelphie, 125,000, l'*Atheneum* de Boston, 105,000, l'*Apprentice's library* de New-York, 53,000, la *Mercantile library*, de Brooklyn, 50,000 ; quatorze autres ont de 20 à 45,000 volumes.

Dans ces chiffres ne sont d'ailleurs pas comprises les nombreuses

bibliothèques fondées par les grandes Sociétés industrielles ou
commerciales pour l'usage de leurs employés, qui par leur objet
et la composition de leurs catalogues se rapprochent des *Mercantile
libraries*, mais qui s'en distinguent par leur organisation. Généra-
ment fondées par les chefs de la société ou de la compagnie, dotées
par eux d'un premier fonds, ces bibliothèques sont entretenues
au moyen d'une contribution des employés, à l'usage desquels
elles sont ensuite entièrement réservées. Le rapport ne donne pas
de statistique de ces établissements privés, mais il en constate le
nombre déjà considérable et la prospérité croissante.

V

Nous terminerons cette longue énumération en disant quelques
mots des bibliothèques de prisons et de maisons de correction, qui
sont aux Etats-Unis l'objet d'une attention et de soins tout particuliers.

« La majorité des condamnés dans les prisons des Etats du Nord
et du Sud, dit le rapport, savent lire avant leur incarcération;
un grand nombre sait lire et écrire, et beaucoup ont même reçu
une instruction supérieure à celle des *Common school's.* » A Philadelphie, par exemple, 64 p. 100 lisent et écrivent; 15 p. 100 lisent ;
19, 9 p. 100 seulement ne savent ni lire ni écrire (1). « Frappés de
ce fait et mus par cette croyance que les difficultés de la discipline
de la prison seraient par là diminuées, le sens moral des prisonniers excité et amélioré et l'amendement des criminels, un des
buts principaux de l'emprisonnement, plus facilement obtenu, un
grand nombre de philanthropes, hommes et femmes, se sont mis
à la tête d'un mouvement en vue de fournir de livres les prisons. »
Parmi ces philanthropes le rapport cite Summer, Mann, Livingston,
Seward, et surtout une femme, miss Dix, qui après quatre années
d'études et d'observations personnellement recueillies dans la visite
des prisons du Nord et du Centre, publia, en 1845, un rapport
remarquable sur la question de la réforme pénitentiaire et notamment sur la question des bibliothèques (2), dont elle faisait ressortir toute l'importance. Le mouvement d'opinion se généralisa
bientôt, et dès 1867 un certain nombre d'Etats avaient voté des
crédits destinés à fonder et à entretenir les bibliothèques de prisons.
A cette époque New-York consacrait, dans ce but, 950 dollars à
ses 3 prisons, la Pensylvanie 450 à ses 2 prisons, le Michigan

---

(1) Dans les États du Sud, la proportion des prisonniers illettrés est beaucoup
plus considérable.

(2) *Remarks on Prisons and Prison discipline in the Un. St.* Boston, 1845.

300, etc. Enfin, en 1876, les 40 prisons des États-Unis contenaient 61,095 volumes, soit en moyenne 1,527 volumes chacune.

Ces derniers chiffres sont vraiment remarquables; mais on était en droit de se demander, et les auteurs du *Rapport* se sont en effet demandé si les résultats moraux qu'espéraient les promoteurs des bibliothèques avaient répondu aux résultats matériels. Les livres mis à la disposition des « convicts » ont-ils été lus par ceux-ci, et cette lecture a-t-elle, comme on le pensait, facilité le maintien de la discipline intérieure et contribué à l'amendement des condamnés? Ces deux questions ont été posées aux directeurs et aux chapelains des divers établissements pénitentiaires, et le rapport constate qu'à l'exception du directeur du *Western Penitentiary* de Philadelphie, qui considère l'influence des bibliothèques comme « douteuse », tous les *prison officers* interrogés ont considéré cette institution comme « un important moyen d'amélioration »; « les *prison libraries*, disent-ils, répandent parmi les prisonniers d'utiles connaissances, élèvent leurs esprits, trompent l'ennui des longues heures, maintiennent la gaieté et le contentement, divertissent leur pensée de la méditation des crimes passés et des projets de méfaits à venir; facilitent la discipline de la prison et sont un des agents les meilleurs et les plus efficaces de l'amendement des prisonniers. » La condition essentielle est d'ailleurs un choix habile des livres; il faut qu'ils soient absolument moraux, mais aussi intéressants et agréables, « afin d'inspirer aux détenus le goût de la lecture et la connaissance des plaisirs autres que ceux des sens. »

Ces réponses favorables, obtenues de gens essentiellement pratiques, qui observent chaque jour les prisonniers, ont, selon la remarque du *Rapport*, plus de valeur qu'un gros volume de théorie sur la question. Des faits précis sont d'ailleurs cités par les témoins de l'enquête; en 1875, la moyenne générale des détenus « se servant de la bibliothèque » était de 78 pour cent. Dans quelques prisons la proportion était beaucoup plus forte; dans l'Illinois, pour 1,350 prisonniers, les emprunts de livres varient de 1,050 à 1,150, chaque détenu n'en pouvant d'ailleurs obtenir qu'un à la fois; au Kansas, la bibliothèque compte 1,500 volumes, et la circulation mensuelle en est précisément de 1,500; à la prison de l'État de Philadelphie, 82,11 pour cent des détenus « se servent de la bibliothèque »; la circulation des livres entre leurs mains s'est élevée dans l'année à 38,978 volumes, soit 74 volumes par lecteur. Au *Western Penitentiary* d'Alleghany (Pensylvanie), le nombre des prisonniers était de 633, et la bibliothèque comptant 3,000 volumes, la circulation des livres s'est élevée à 12,840. Enfin le chapelain de la *Sing-Sing Prison*, de New-York, déclare que la proportion de ses détenus *se servant de la bibliothèque* est de 99 pour cent, et ajoute que cette proportion est supérieure à celle des convicts sachant lire, parce que beaucoup de ceux qui ne le savent pas empruntent néanmoins des volumes et se les font lire par leurs codétenus.

Le goût de la lecture est donc très-répandu parmi les détenus américains. D'autres passages de l'enquête constatent que les livres les plus sérieux, les ouvrages d'histoire et de science, ne sont pas les moins demandés. Les lecteurs prennent grand soin des volumes prêtés, et il y a très-peu d'exemples de retraits *d'autorisation de lecture* motivés pour « abuse of the volumes ». L'on constate aussi que les détenus font très-souvent des extraits de leurs lectures et les conservent pour l'avenir. Enfin, et sur ce point les témoignages sont unanimes, la discipline des prisons s'est très-sensiblement améliorée depuis qu'une saine occupation a été donnée à ces esprits plus souvent égarés que naturellement mauvais.

A tous les points de vue, l'œuvre entreprise par les fondateurs des bibliothèques de prisons a donc donné les résultats les meilleurs. Cette expérience sera, croyons-nous, fort utile à tous ceux qui s'intéressent à la réforme pénitentiaire et qui pensent que la prison ne doit pas être seulement un lieu de détention, mais aussi un moyen d'amendement et de correction véritable pour les prisonniers.

VI

Nous avons surtout cherché, dans le long compte rendu qui précède, à mettre sous les yeux du lecteur le plus grand nombre possible de documents, laissant à chacun le soin d'en tirer les conclusions.

Nous nous bornerons, en terminant, à signaler les enseignements principaux qui se dégagent de l'énorme accumulation de chiffres et de faits contenue dans les 1,200 pages du *Rapport*.

Ce qui frappe tout d'abord, c'est l'importance extrême que les Américains attachent à la diffusion des connaissances de toute nature dans les classes les plus diverses de la société. Ce peuple, que l'on regarde, à juste titre, comme un peuple essentiellement pratique, bien loin de se désintéresser des choses de l'esprit, n'a cessé de s'y appliquer avec une puissance incomparable. Combien de gens, prétendus pratiques, dans notre pays, contestent encore l'utilité de l'instruction générale ! Selon eux, celui qui travaille de ses mains n'aurait pas besoin de savoir autre chose que la routine de sa besogne quotidienne ; la théorie, bonne pour les gens de loisir ou de profession libérale, serait inutile au paysan, à l'ouvrier, dangereuse même ; car elle en ferait un rêveur, un homme à ima-

ginations, un *demi-savant*, un déclassé. Ils vantent l'expérience :
mais la théorie est-elle autre chose qu'une généralisation d'expériences bien faites et bien observées ; la pratique, n'est-elle pas
l'application quotidienne d'une théorie incomplète, que chacun se
formule plus ou moins habilement d'après les faits qu'il a observés ? Les Américains nous donnent une utile leçon. Leurs écoles,
leurs bibliothèques, leurs sociétés de toute nature, donnant tous
les enseignements, du plus élevé au plus humble, variant à l'infini
leurs programmes ou leurs catalogues, pour saisir plus directement
toutes les catégories de citoyens, constituent dans chacun des États
de l'Union un organisme d'une souplesse et d'une puissance
extraordinaires. Les Américains adorent, dit-on, le dieu *dollar :*
ils ne respectent pas moins cette autre puissance : le livre, et si
nous en jugeons par les vues des « *library buildings* » que renferme
le Rapport, les temples qu'ils lui élèvent ne le cèdent à aucun
édifice en étendue et en magnificence.

Ces beaux monuments, ces riches collections sont, pour la plupart, nous avons eu déjà l'occasion de le dire, dues à des fondations, à des legs, donations, etc. Nous citions en commençant le
récit qu'a donné Franklin de la fondation de l'*American philoso-
phical Society and library*. Ce que l'illustre imprimeur a fait pour
la ville de Philadelphie, d'autres l'ont fait pour leurs cités dans
tous les Etats de l'Union. Un grand nombre des bibliothèques les
plus riches sont dues à l'initiative privée. A côté des taxes que
s'imposent les Etats ou les villes, à côté des contributions volontaires des *associés* de la bibliothèque, des sommes considérables sont
fréquemment versées par des particuliers, soit pour l'agrandissement et l'entretien des *libraries*. C'est Peabody, fondant l'institut
de Baltimore et le dotant d'un capital de 1,400,000 dollars, James
Lenox construisant à New-York une bibliothèque, véritable palais,
organisé pour contenir 300,000 volumes, et dont le prix d'établissement est évalué à 700,000 dollars, toute acquisition de livres mise
à part ; le brasseur Mathew Vassar créant un collége à Pougkeepsie
et en dotant la bibliothèque d'un capital de 50,000 dollars ; John
Jacob Astor léguant à la ville de New-York 400,000 dollars,
« pour la fondation et l'entretien perpétuel » de la bibliothèque qui
porte son nom, et son fils William Astor, continuant l'œuvre du
fondateur et élevant progressivement à l'énorme somme de
773,300 dollars (4 millions environ) la dotation de l'Astor Library.
Ce sont encore les donateurs de l'*Harvard College*, de la *Scientific
School* du collége de Yale, du collége d'Amperst, et mille autres que
nous ne pouvons citer ici.

Nous voulons laisser le lecteur sous l'impression de ces admirables exemples. La puissance d'une nation est incalculable lorsque les particuliers y contribuent dans une telle mesure aux œuvres d'intérêt général. On vante les générosités des grands seigneurs du siècle de Louis XIV, on cite les poètes pensionnés, les artistes encouragés par de bienveillantes commandes. Que sont ces fantaisies aristocratiques, souvent payées au centuple par la dédicace d'une œuvre immortelle, à côté des créations de toutes sortes dues à ces roturiers américains, ouvriers, paysans hier, dirigeant aujourd'hui les affaires de leur pays et mettant leur puissance et leur fortune au service de tous. Les esprits les plus prévenus ne pourront refuser leur admiration à cette passion du bien public, si commune aujourd'hui dans la démocratie américaine.

LÉON BOURGEOIS.

REVUE DES PRINCIPALES PUBLICATIONS ÉCONOMIQUES
DE L'ÉTRANGER

SOMMAIRE : *Journal of the statistical Society de Londres*. Un discours de M. Shaw-Lefevre. La déduction et l'induction en économie politique. — Le comte Fortescue et Malthus : la production du blé a-t-elle suivi en Angleterre l'accroissement de la population ? — Une opinion du docteur Farr sur le même sujet. — L'effet de la machine sur les salaires. — Divers. = *The Economist*. Le mouvement de l'argent. — Ce qui a fait adopter le dollar dur au États-Unis. — Cause de l'affluence de l'argent vers l'Orient. = Le *Statist*. = Un nouveau livre de M. Francis A. Walker. — M David A. Wells et sa propagande économique. = La Revue trimestrielle d'économie politique (Vierteljahrschrift) de Berlin. — Divers. = Annales d'économie rurale de Berlin. De l'emploi des domaines en Prusse et de l'emphytéose. = Les Annales dirigées par M. G. Hirth. Les questions à l'ordre du jour. — L'impôt sur le tabac dans divers pays. = *Publications socialistes*. Le *Staatssocialist*. — La *Zukunft* (l'Avenir) et sa nouvelle morale. — Le socialisme et la politique. — *Die Neue Gesellschaft* (la nouvelle société). Produit-on trop ou ne consomme-t-on pas assez ? — La sélection naturelle dans la société humaine. = *La Social-Correspondenz* et le *Arbeiterfreund*. — La feuille commerciale de Brême. = Diverses publications de MM. Wilhelmi, Geyer, Held. — Les trois sortes de socialisme. = *Zeitschrift du bureau de la statistique de Prusse* (M. Engel). La statistique industrielle ; les ouvriers et les machines. = *Monatschrift* (Revue mensuelle) de la statistique autrichienne. La sociologie et la statistique. Divers. = *Les finances des grandes villes* de M. Körösi. = Les exercices pratiques de M. le professeur Conrad. = *Giornale degli Economisti*. Observation préliminaire. — Le secret de M. Luzzatti. — Divers. = Le *Archivio di statistica*. Malthus et Darwin. — Divers. — La direction générale de la statistique italienne. = MM. Consumano, Caporale, Tenerelli, Torrigiani, Gitti. = *Journal de statistique suisse* (M. Chatelanat). Observation générale. — Les taxes d'exemption du service militaire. Statistique du *referendum*. = *Russische Revue*. Aperçu des impôts russes. — Catherine II législatrice.

C'est un remarquable discours que M. G. J. Shaw-Lefevre,

membre du Parlement, a prononcé en sa qualité de président de la Société de statistique de Londres, lors de la première réunion de la session courante. On le trouve en tête du numéro trimestriel de décembre dernier du *Journal* de la Société. En un petit nombre de pages, c'est un véritable traité théorique de statistique renfermant plusieurs bonnes idées, mais ne rendant pas à « la science des termes numériques » la justice qui lui est due. Nous ne relèverons pas les points sur lesquels nous aurions à faire des réserves, mais nous signalerons l'opinion de M. Shaw-Lefevre sur une question plus générale et qui touche à la méthode même de l'économie politique. L'honorable président est d'avis que cette science est déductive, et il s'appuie sur l'opinion de J. St. Mill, selon lequel « l'induction ne nous est que d'un faible secours pour résoudre les problèmes sociaux de quelque importance, nous permet tout au plus de dégager des lois empiriques qui, quelque constantes qu'elles paraissent, ne peuvent être considérées que comme des généralisations approximatives... » Toutefois, si Mill veut qu'on parte de la déduction, il tient à ce que les résultats du raisonnement soient vérifiés par l'observation directe. Or l'observation directe, quand elle prend une forme précise, c'est de la statistique. L'honorable président développe cette thèse, puis il aborde l'exposé des dangers qui peuvent résulter d'observations incomplètes, et surtout de comparaisons, ou de rapprochements fondés sur les apparences. Il cite de nombreux et concluants exemples sur ce point, et nous voyons avec satisfaction que, comme nous, il est loin de considérer ce chiffre comme absolument brutal ; le chiffre a besoin d'être expliqué (1).

Nous passons l'article de M. Mouat sur les congrès de statistique ; il renferme quelques vérités, mais aussi des erreurs. Ces erreurs, nous les avons réfutées d'avance dans notre *Traité de statistique*, il est inutile de nous répéter ici. Mais nous devons dire un mot du discours d'ouverture du comte Fortescue à la *British association*. Il s'agit de Malthus, et le très-honorable comte soutient que l'opinion des économistes n'est plus aussi favorable à l'auteur du *Principe de population* qu'autrefois... En s'appuyant sur les avis émis par MM. E. Chadwick et le docteur Farr, il présente des considérations et des faits très-intéressants, mais ces faits ne sont nullement concluants en présence de celui-ci ; l'Angleterre qui a autrefois exporté du blé, en a importé 4 millions de quarters il y a une vingtaine d'années, et actuellement elle produit à peine la

---

(1) Nous reproduisons la traduction de ce discours en tête du présent numéro.

moitié du pain qu'elle mange : elle importe 10 millions et demi
de quarters. Les subsistances n'ont donc pas suivi le taux de progression de la population. Si, ce qu'à Dieu ne plaise, une circonstance empêchait la Grande-Bretagne d'acheter du blé à l'étranger, on verrait que les plus belles phrases du docteur Farr ne
suppléeraient pas au déficit. Ce savant a même inexactement
rendu la pensée de Malthus, qui n'a autorisé personne à dire que
the restraint of population is the corner-stone of policy. Malthus
ne veut pas d'intervention gouvernementale ; il préconise la morale
privée, ce que le savant docteur Farr fait d'ailleurs aussi. Mais
n'insistons pas, la discussion est oiseuse : ni Malthus, ni ses
adversaires n'ont eu la moindre influence sur les actes des
hommes ; que peut la parole en présence, soit de forces naturelles favorables à la multiplication, soit de sentiments (qui
sont aussi des forces naturelles) contraires à la multiplication !

Nous venons de parler du docteur Farr. Le même numéro du
Journal donne de lui un article sur *Quelques doctrines relatives à la
population.* C'est une sorte de causerie dans laquelle l'auteur touche à bien des choses, et entre autres aussi aux doctrines de
Malthus. Il s'en déclare l'adversaire, car le malthusianisme n'est
pas bien porté, mais il s'exprime ainsi (p. 577) : « Cette politique
de stérilisation a été mise en avant comme une panacée pour diminuer la misère des classes ouvrières, les salaires devant s'élever
par suite de la réduction de l'offre du travail. Leur misère a diminué et leurs salaires ont augmenté sous une politique opposée,
celle de l'accroissement. Qu'ils continuent à maintenir leur nombre et qu'ils aient foi en Dieu ; qu'ils se marient et *procèdent*,
comme le montrent nos statistiques, *avec prudence en temps de prospérité, et qu'ils attendent* (waiting) *en des temps adverses, en ralentis-
sant ainsi l'accroissement de leur progéniture* (and slackening the increase of offspring). » Voilà ce qu'écrit le docteur Farr. N'est-il
pas singulier qu'un adversaire de Malthus ait parlé avec satisfaction d'un « ralentissement de l'accroissement » du nombre des
enfants ?

Sans doute, les salaires se sont élevés depuis cinquante ans,
malgré l'accroissement du nombre des ouvriers, mais ce phénomène a coïncidé avec l'extension de l'emploi de la machine. La
vapeur a décuplé et au delà la force productrice de l'ouvrier, les
effets de la concurrence du nombre se sont trouvés être compensés
par celui de la plus grande puissance de travail acquise par chaque ouvrier individuellement. Mais ce résultat est atteint, la machine est partout, c'est entre les machines que la concurrence
s'est déclarée ; aussi croyons-nous que les ouvriers vont mainte-

nant suivre le conseil du docteur Farr, — adversaire de Malthus, — et qu'ils se décideront à *slackening the increase of offspring*. Ils le suivront et feront bien, car malheureusement nous avons devant nous, selon tout apparence, une assez longue période de crise ou de souffrance.

Nous sommes obligé, faute de place, de nous borner à mentionner simplement le travail de M. Frédéric Martin sur les progrès comparés de la population des divers pays de l'Europe ; celui de M. Brabrook sur la statistique internationale des caisses d'épargne (M. Brabrook a eu le tort de ne pas en nommer l'auteur, M. Bodio) ; ainsi que les *Mélanges* (Ressources de la Turquie), etc.

The Economist se maintient au rang élevé qu'il a su atteindre et nous donne l'embarras du choix. Une des questions auxquelles il a consacré le plus grand nombre d'articles est celle du mouvement de l'argent (métal). Cette question embrasse l'Europe, l'Amérique et l'extrême Orient ; mais les faits les plus curieux à noter dans la grande évolution à laquelle l'emploi et la valeur de ce métal sont soumis de nos jours nous viennent des Etats-Unis. On sait que la grande république du Nord de l'Amérique a rétabli le « bi-métallisme » en votant le monnayage du dollar *dur* (hard), et en le déclarant libératoire des dettes lorsque les paiements en or n'auront pas été expressément convenus. Lorsque le paiement en or n'aura pas été stipulé, on pourra s'acquitter en argent, dût-on faire perdre 10 0/0 au créancier. Cette loi est attribuée à l'influence exàgérée des possesseurs de mines d'argent, et — ajoutent les détracteurs des Etats-Unis — au grand nombre de personnes peu scrupuleuses, par trop *smart*, que compte la république du Nord. Quelques auteurs l'ont mise sur le compte de la crise, mais selon l'*Economist* (anglais), ces raisons ne suffisent pas pour expliquer une mesure aussi peu rationnelle et en même temps aussi peu profitable pour les intéressés. Le jeu, pour nous servir d'un proverbe connu, n'en valait pas la chandelle. La résurrection du dollar en métal est le produit d'une imagination surexcitée, d'une aberration, d'une folie (*craze*), et au moins d'une double erreur. Et d'abord, les habitants de l'Ouest ont sur la grandeur et la production des mines d'argent, et la richesse que ces mines peuvent verser sur la contrée, des idées des *Mille et une nuits*. Ils sont persuadés que si l'on promettait à ce Pactole de s'étendre sur le pays, tout le monde deviendrait riche. En fait, ils le voient bien, personne, — du moins aucun cultivateur, — n'y a rien gagné, mais ils pensent que si l'on avait monnayé l'argent, il se serait mis à rouler, et chacun en aurait sa part. Ils sont encore assez ignorants pour croire que l'argent *se trouve*, qu'on l'a pour rien... probablement que les mineurs travaillent gratis.

D'un autre côté, il faut tenir compte de la jalousie de ceux qui vivent en travaillant la terre, contre ceux qui gagnent leur vie — et selon les apparences, plus aisément et plus largement — assis derrière un comptoir. C'est une variété de la haine du pauvre contre le riche. Pourtant, la masse des petits cultivateurs américains n'est pas précisément pauvre : ils ont l'abri, la nourriture et le vêtement d'une manière très-satisfaisante, ils ont même dans un meuble un petit tas de *hard cash* (espèces sonnantes) ; mais les dollars sont durs à gagner, il faut se priver pour économiser, et on se prive ! Aussi supporte-t-on difficilement l'idée que d'autres hommes, sans bêcher et sans labourer, puissent vivre dans l'abondance et le luxe, et comment ? Au moyen de revenus tirés de la dette publique, et c'est eux, les cultivateurs, qu'on écrase d'impôts pour que les oisifs touchent régulièrement leurs intérêts. L'Ouest veut bien payer ce qu'il doit, mais rien au-delà ; la pièce d'argent est une excellente monnaie, autrefois on n'en connaissait pas d'autre, et si ces banquiers des villes de l'Est demandent de l'or, c'est sans doute, disent les cultivateurs, pour faire sur nous un bénéfice illégitime. Il en est plus d'un peut-être qui rit sous cape, mais il s'en tient à la lettre du contrat : j'ai promis dix pièces de monnaie... les voici. Ce qui fait penser *the Economist* à cette vérité banale, qu'il y a deux sortes de coquins : ceux que la loi peut atteindre, et ceux qui savent se tenir hors de sa portée. En somme, il y aurait dans cette mesure plus de préjugé et d'ignorance que de malhonnêteté, mais l'antagonisme entre les diverses classes est un péril d'une grandeur dont on n'a pas encore une idée.

Nous avons parlé de l'Orient. On sait que l'Inde et la Chine ont l'étalon d'argent et que nous comptons beaucoup sur ces pays pour nous débarrasser de notre excédant de métal blanc, afin d'en tenir le prix à un niveau convenable. Or des rapprochements faits par *the Economist* (19 janvier 1878), il résulte que la baisse du prix de l'argent a été précisément la cause de son affluence vers l'Orient. Il en est résulté, en effet, ce phénomène étrange que le prix des marchandises a augmenté dans l'Inde tout en les faisant paraître moins cher en Europe, c'est un phénomène analogue à celui de ces télégrammes allant de l'Ouest à l'Est, qui arrivent à une heure qui précède celle de leur départ. Si l'argent a passé en Orient par suite d'une attraction locale, il arrive aussi à ce métal d'en être repoussé par des causes locales, ce qui pourrait causer un excédant d'importation en Europe, Par conséquent, il ne faut pas se laisser aller à l'optimisme en cette matière. En fait, il ne nous semble pas que l'Europe perde de sa vigilance, nous aurons peut-être bientôt l'occasion d'en avoir une nouvelle preuve, car si les Américains parviennent à réunir un congrès bimétallique, on ne manquera pas de la fournir; leur insuccès même serait d'ailleurs significatif.

Saluons l'apparition d'un nouveau confrère anglais ; il porte le titre de *the Statist* (le Statisticien). Il semble vouloir suivre la même voie que *the Economist* : nous aurons sans doute encore l'occasion d'en parler plus amplement.

Appelons maintenant l'attention sur un nouveau livre de M. Francis A. Walker, qui porte le court, mais expressif titre de: *Money* (New-York, H. Holt et C., 1878). Etait-il possible de dire du nouveau sur cette matière rebattue? En voyant le livre de M. Walker nous sommes disposé à répondre affirmativement. Les principes fondamentaux, sans doute, sont les mêmes partout, mais les preuves, les exemples et les applications, même les rapprochements avec les matières connexes, diffèrent parfois de pays à pays. Chaque auteur a, en effet, une autre mine d'expériences à exploiter, et celles-ci, situées dans un milieu différent, confirment d'autant mieux et quelquefois infirment les expériences notées ailleurs.

M. F. A. Walker divise son ouvrage en trois parties : la première a pour titre : *Monnaie métallique*, la deuxième: *Papier-monnaie inconvertible*, le troisième: *papier-monnaie convertible* (billet de banque). Cette division indique très-exactement les matières traitées. L'auteur semble avoir souvent adopté les opinions de feu Wolowski, il est — mais un peu timidement — bimétalliste. Selon lui, cette question est purement politique, il faut être prudent, etc. Nous l'avons fait pressentir, c'est surtout par les détails que M. Walker est original; il s'est abstenu aussi d'employer le mot *currency*, ce terme aux acceptions multiples et que nous ne pouvons rendre qu'approximativement par l'expression : *moyen de circulation*. L'auteur a énormément lu, il fait souvent des rapprochements ingénieux, et son livre est aussi agréable à lire qu'instructif. Pour tout dire en un mot, M. Francis Walker est le digne fils et successeur d'Amasa Walker.

M. David A. Wells continue avec une persévérance remarquable, et avec un vrai talent, son œuvre de propagande économique. Il a fait paraître à la librairie Petermann's sons de New-York deux « Monographies économiques » ; le n° 1 est intitulé: *Why we trade and how we trade.* (Pourquoi et comment nous faisons le commerce), c'est une démonstration de la nécessité de réduire le tarif douanier ; le n° 2 s'appelle *the Silver question* (la question du monnayage de l'argent) et se prononce en faveur de l'étalon d'or en réduisant, comme dans beaucoup de pays européens, l'argent au service de monnaie d'appoint. Dans l'une et l'autre monographie, M. Wells a très-bien su se mettre à la portée du lecteur américain, et nous ne pouvons que lui souhaiter le succès le plus prononcé.

La Revue trimestrielle d'économie politique de Berlin (librairie Herbig), en passant des mains de M. Jules Faucher en celles de M. Edouard Wiss, a pris un nouvel élan : le nouveau rédacteur en chef a naturellement cherché à inaugurer son règne par des numéros très-bien remplis. Nous ne doutons pas qu'on tiendra à se maintenir à la même hauteur. Nous avons sous les yeux les tomes 56 et 57. Dans le premier nous trouvons un article sur des questions de comptabilité financière, qui est trop technique pour être analysé. Il nous semble que le défaut critiqué par l'auteur, l'imputation erronée (sur un autre crédit) d'une dépense légitime, ne peut pas se rencontrer dans l'organisation financière française. Le deuxième article étudie les précautions à prendre lors de l'achat de terrains pour la construction de chemins de fer. C'est un arpenteur géomètre en chef, M. Pruschinsky, qui écrit pour nous apprendre des choses inattendues. Il paraît que, faute de soins — et surtout faute d'un homme compétent — les chemins de fer ont gaspillé des sommes considérables en achetant les terrains. M. B. Bauer donne une suite à ses études rétrospectives sur l'Allemagne, racontant surtout les causes de la décadence de grandes villes industrielles et commerciales comme Nuremberg et Aix-la-Chapelle. Nos protectionnistes et ceux qui voudraient rétablir les corporations devraient lire ces pages. Il y eut des guerres terribles ; il survint des changements de régime politique et d'autres maux ; les villes en souffrirent, mais passagèrement ; on établit à l'intérieur des règlements, des restrictions, des priviléges, et les villes se dépeuplèrent, les hommes les plus intelligents s'établirent dans des communes voisines. Ainsi naquit Furth près de Nuremberg, Burtscheid près d'Aix-la-Chapelle, etc. On succombe plus souvent à une maladie intérieure organique qu'à un mal extérieur. Du reste, puisque la crise qui sévit dans les Etats-Unis — où le tarif est presque prohibitif — n'ouvre pas les yeux à nos *compensionnistes* (c'est le terme du jour pour protectionniste), alors tout espoir est perdu de les voir profiter des lumières de l'expérience. Citons encore un article de M. Wiss sur *l'hygiène et l'économie politique*. Le même auteur a fait insérer dans le tome 57 une étude développée intitulée : *Chemins de fer ou canaux?* dans laquelle il plaide la cause des canaux à l'aide d'arguments et de faits qui méritent considération. Il est d'avis, bien entendu, que cette question prend, dans chaque pays, un autre aspect, mais son travail est instructif pour tous ceux qui songent à étendre le réseau des canaux comme complément du réseau des chemins de fer.

Les *Annales d'économie rurale* (Landwirthschaftliche Jahrbücher) sont l'organe du Conseil général d'agriculture de Prusse et paraissent sous la direction de M. H. Thiel, secrétaire général de ce conseil (à Berlin, chez Wiegandt, Hempel et Parey, 6 fois par an, grand in-8). Cette revue est consacrée à l'agriculture scientifique, c'est-à-dire étudiée avec toutes les ressources de la science, et elle ne s'adresse qu'aux agriculteurs instruits. Elle prend le mot économie rurale dans un sens très-large, ce qui lui permet d'insérer des articles comme celui du maître des forêts et député, A. Bernhardt, sur la *transformation des domaines ruraux de l'Etat en forêts.* Comme nous n'avons pas (ou presque pas) de domaines ruraux appartenant à l'Etat, la question ne nous intéresse pas, seulement nous ne pouvons nous empêcher de songer au : — Vous êtes orfèvre, M. Josse. — Cette pensée est d'autant plus naturelle qu'un autre article du même numéro des *Annales* voudrait rendre ces domaines plus accessibles à l'agriculture, qui en a grandement besoin. Ce second article est d'un économiste très-distingué, M. Erwin Nasse, professeur à l'Université de Bonn et député. C'est le plus modéré des Kathedersocialistes, et ces derniers ont eu le bon esprit d'en faire leur président. L'article de M. Nasse est intitulé : *La signification scientifique des rentes perpétuelles et des emphytéoses.* L'auteur étudie l'emphytéose dans tous les pays, il n'en ignore pas les inconvénients ; ils sont si grands, qu'aucun particulier ne sera disposé à créer une emphytéose ; mais, pense M. Nasse, l'Etat pourrait bien le faire, et pour que la baisse de la valeur de l'argent ne rende pas plus tard la rente illusoire, il faudrait la stipuler en blé, avec la clause expresse qu'on ne fournira pas la céréale en nature, mais sa valeur courante en argent. Très-bien ! Voilà le propriétaire à peu près couvert, mais faut-il donc enchaîner le fermier à tout jamais à sa redevance? Il n'en souffrira guère, répond M. Nasse, car le taux en est toujours bas, il peut placer plus avantageusement ses économies ailleurs. La vraie raison pour laquelle l'emphytéose est recommandée, c'est qu'elle empêche le morcellement de la ferme, et prévient en même temps la reconstitution de la grande propriété. On veut, à tort ou à raison, mettre un frein à la marche naturelle des choses.

En somme, comme l'emphytéose n'est pas faite pour des contrées très-peuplées, ni pour une époque où les valeurs et les procédés se modifient rapidement, époque à laquelle les mots *jamais* et *toujours* sont à chaque instant démentis par les faits, la question n'a plus qu'un intérêt purement historique.

Les *Annales de l'empire allemand* (*Annalen des Deutschen Reichs*), publiées par M. Georges Hirth (à Leipzig, chez G. Hirth), renferme dans les quatre premiers numéros de 1878, entre autres, quatre travaux à signaler : le résumé du recensement, l'amendement à la loi industrielle, la réforme de la législation sur les sociétés commerciales, l'impôt sur le tabac. Nous retrouverons ailleurs le recensement ; l'amendement à la loi organique de l'industrie (*Gewerbe-Ordnung*), concernant les rapports entre patrons et ouvriers, et la question des sociétés commerciales sont en voie d'élaboration ; on n'est pas content de la législation en vigueur, mais ce qu'on veut mettre à la place n'est pas satisfaisant non plus ; on cherche des lois qu'on ne puisse pas tourner, et des conventions qui ne puissent souffrir du manque de bonne volonté; quand on les aura trouvées, nous nous en emparerons. Il nous semble que la loi ne peut qu'édicter des peines contre les actes de manque de foi, de déloyauté, de tromperie, le reste est affaire de mœurs. Aucune loi ne peut être rédigée de façon que personne ne puisse la transgresser ; il y aura toujours des hommes que la sanction n'effrayera pas, surtout aux époques où ils peuvent se croire soutenus par l'opinion. D'ailleurs, si l'on a abusé des sociétés par action, ce n'est pas une raison pour en empêcher l'usage. Quant à l'impôt sur le tabac, il passionne les esprits en ce moment en Allemagne. On peut diviser les États civilisés en deux catégories : ceux qui tirent un fort revenu du tabac, et ceux qui n'en tirent presque rien. L'Allemagne est de cette dernière catégorie, et l'on songe à la faire rentrer dans la première. Les États qui savent plus ou moins bien exploiter le tabac sont la France, l'Italie, l'Autriche, la Russie, la Grande-Bretagne, les États-Unis ; mais leurs systèmes diffèrent, lequel préférer ? Un fonctionnaire de l'administration des douanes allemandes, M. Felser, soumet à un examen approfondi les principaux modes d'imposition du tabac, notamment le monopole, tel qu'il est usage en France et en Autriche ; le droit d'importation avec interdiction de culture à l'intérieur, adopté par la Grande-Bretagne; enfin le timbre des tabacs, en vigueur aux États-Unis. L'auteur ne parle que de ces quatre, parce qu'il possède les documents nécessaires. Il se prononce avec énergie en faveur du timbre américain, et au point de vue allemand il pourrait peut-être avoir raison, parce

que ce serait un moyen de sauver les nombreuses fabriques de
tabac qui existent en Allemagne ; mais nous ne pouvons pas nous
prononcer sur la matière en connaissance de cause. Il faudrait
savoir comment s'applique la loi américaine, et ce point-là, on ne
peut l'étudier que sur place. En attendant, voici un tableau présenté par M. Felser, et qui n'est pas sans intérêt.

PAYS.	Produit par tête (marks).	Produit net par tête.	Consommation moyenne en l. de 500 gr.	Frais en 0/0 du produit brut.	Charge par 1/2 kil.
France.........................	8.11	4.75	1.49	10	3.32
Rapport.......................	100	100	100	100	100
Autriche.......................	3.80	2.34	2.98	12	2.05
Comparée à la France.....	62	49	200	120	61
Grande-Bretagne..............	4.97	4.73	1.35	4.9	3.53
Comparée à la France......	81	99	70	49	106
États-Unis.....................	5.42	4.87	3.25	4.07	1.43
Comparés à la France.....	84	102	218	40	43

On sait qu'en France et en Autriche le produit brut renferme
la valeur du tabac, tandis qu'en Angleterre et en Amérique l'Etat
ne fournit pas la marchandise ; néanmoins, le produit net anglais
est inférieur, et le produit net américain supérieur de 2 0[0 seulement au chiffre français. Cela est bien peu. On ne s'étonne donc
pas que l'ouvrage d'un économiste et statisticien bien connu,—
il signe G. M. (George Mayr), — intitulé: *Das deutsche Reich und
das Tabaksmonopol* (l'Empire allemand et le monopole du tabac.
Stuttgard, Cotta), ait eu beaucoup de succès. Puisque nous avons
ce monopole, et que personne de nous ne songe à le renverser, nous
n'avons pas besoin d'analyser le livre de M. G. Mayr ; mais nous
le signalons aux hommes spéciaux. En Allemagne, on le sait, la
question est brûlante, il s'agit de trouver des revenus ; on désire
que ces revenus ne chargent pas trop les populations, et comme le
tabac est une consommation essentiellement superflue..... pour
les non-fumeurs, on a songé à cette matière « éminemment imposable. » Mais il y a loin de la coupe aux lèvres.

Nous arrivons maintenant au groupe des publications consacrées au socialisme. Le socialisme, on le voit bien, est à la mode
maintenant ; en peu de mois on a vu surgir toute une série de revues qui le cultivent, et d'autres qui le combattent. Parmi ceux
qui le cultivent, nous citerons la *Zukunft* (l'Avenir), de Berlin, et
die neue Gesellschaft (la nouvelle Société), de Zurich. Parmi ceux
qui le combattent, nommons *Die sociale Frage* (la question sociale),
feuille dirigée par M. Max Hirsch, député. M. Max Hirsch est

un élève de Schultze-Delitzsch, il est l'agent d'un groupe d'associations ouvrières non-socialistès, mais abondant un peu trop dans leur propre sens. Une autre revue à mentionner ici est le *Staats Socialiste* (socialiste d'Etat), qui est dirigé par M. Golombeck et paraît à Berlin. Le *Socialiste d'Etat* admet le socialisme et combat seulement le « *socialisme démocratique* », ce qui veut probablement dire la république et l'athéisme, car il inscrit sur son drapeau « Pour Dieu et le roi. » Cette revue compte parmi ses collaborateurs des pasteurs qui prêchent le socialisme chrétien et des professeurs plus ou moins libres-penseurs, comme MM. Ad. Wagner et de Scheel qui débitent un socialisme à eux, ou si l'on veut, une doctrine fondée, non sur les lois et les principes économiques, mais sur leur appréciation personnelle. Nous ne croyons pas à l'efficacité de l'action antisocialiste de ces savants (1). Nous en attribuons une bien plus grande à la *Social Correspondenz* et à l'*Arbeiter Freund*, dont nous parlerons plus loin. Nous devons d'abord faire connaître les deux nouvelles publications que nous avons mentionnées en premier.

La *Zukunft* s'intitule « Revue socialiste » et se propose de traiter scientifiquement, dans des livraisons mensuelles, les doctrines des démocrates socialistes. Cette feuille est la plus avancée de toutes, et nous la soupçonnons de ne pas avoir choisi sans dessein la couleur rouge pour sa couverture. Elle s'est donné la tâche de démontrer « par des preuves qui supportent le scalpel de la science » que la société actuelle est corrompue, qu'elle a besoin d'être renouvelée, et qu'elle le sera à l'aide des socialistes qui apportent la justice, la généralisation du bien-être, l'accroissement du bonheur des hommes, les progrès de toutes sortes, toutes choses dont ne veulent pas les classes dominantes, et surtout ces affreux économistes dits manchestériens, nous ne savons trop pourquoi, peut-être parce qu'ils se vêtissent de velours de coton en souvenir d'un certain M. Cobden, qui était filateur. La *Zukunft* se propose de montrer, non par des formules théoriques, mais par des preuves statistiques rigoureuses que la production

---

(1) Ces savants se sentent d'ailleurs mal à leur aise dans cette réunion, et l'on ne s'en étonnera pas en lisant dans le *Socialiste d'État* un langage comme celui-ci en parlant du libéralisme : « Sa productivité intellectuelle est descendue à *zéro*, et après s'être épuisé à faire des phrases creuses, il n'a plus en réalité pour chefs que les coiffeurs et coupeurs de bourse, possesseurs de capitaux, qui ont reconnu avec beaucoup de pénétration à quoi le libéralisme pouvait encore servir. » C'est un conservateur qui parle en faveur du socialisme ; seulement, ce conservateur oublie que les socialistes ne reconnaissent pas la légitimité de la propriété foncière.

augmenterait si elle était placée sous la direction de l'Etat, qu'on économiserait ainsi du temps et du travail, qu'on éviterait l'ensemble des peines et des malheurs, des chagrins et des souffrances de toutes sortes qui résultent actuellement des crises commerciales, des faillites et de tant d'autres maux que le changement du système ferait disparaître de ce monde (fasc. I, p. 7).

Après avoir insisté sur ce point, que ce n'est pas par l'économie ou l'épargne, cette vertu si mal entendue, qu'on arrive à la félicité générale, la *Zukunft* ajoute que la réforme de la morale n'est pas moins nécessaire que celle du régime économique. «La morale, qui ne procède qu'en faible partie des sentiments de sympathie et de justice, ou de la raison et des égards dus au bonheur de tous, qui a été dictée en grande partie par l'égoïsme, qui tire ses droits de la force, qui tient encore par une partie de ses racines dans la superstition, porte encore aujourd'hui, malgré les adoucissements apportés par le temps, trop de trace de son origine pour accomplir la tâche que le socialisme doit poser à la morale, savoir: de faire progresser la justice, le bonheur de chacun, et la vie sociale heureuse des hommes. » Ce passage est textuel (I, 7); dans les développements nous trouvons que la morale actuelle produit plus de mal que de bien, l'auteur ne croit cependant pas pouvoir se risquer à exposer clairement la morale de l'avenir, des « raisons de tactique » l'obligent à être « très-prudent », il faut ménager les préjugés ; mais le jour n'est pas loin où, etc., etc. Cependant, dans son impatience à nous donner au moins une idée vague de la nécessité d'une réforme, l'auteur cite un cas, en note, à titre d'exemple. Voyez, dit-il, un homme a été victime d'un accident, il souffre horriblement, et ces souffrances se prolongeront peut-être pendant trois jours avant que la mort s'ensuive. Si un médecin, par pitié, osait abréger les souffrances du malheureux, on le poursuivrait comme meurtrier, et il ne serait acquitté que « si, par hasard, les jurés étaient assez humains et assez éclairés pour s'être débarrassés de cette conception que la vie est un don de Dieu, qu'il serait immoral de rendre volontairement ». Nous nous contenterons de cet extrait du programme démocratico-socialiste.

Nous devons cependant dire que la *Zukunft* se présente surtout comme l'organe d'un parti politique; aussi n'a-t-elle pas encore prouvé — dans les onze numéros que nous avons sous les yeux — par des arguments statistiques, que la direction de l'industrie par l'Etat vaut mieux que la continuation du régime actuel, elle n'a traité qu'un petit nombre de questions «d'économie sociale »; mais elle a surtout fait de la « tactique politique». Cela ressort surtout d'un article inséré dans le n° 10, sous ce titre : *Du rapport entre le principe économique et le principe politique dans le socialisme démocratique*. On a vu que le principe fondamental de la doctrine de la *Zukunft* repose sur « la direction de l'industrie par l'Etat », on pourrait en conclure que le rachat des chemins de fer par l'Empire, l'établissement du monopole des tabacs, la centralisation des assurances dans les mains de l'Etat devraient être soutenus par les socialistes, et d'autant plus qu'ils citent toujours l'administration des postes et télégraphes comme un précédent en faveur de leurs idées. Mais, nous apprend cet article, dans l'intérêt de la tactique politique il faut distinguer, il faut laisser établir le monopole des tabacs, parce que les commencements seraient pleins de difficultés, l'Etat les vaincra sans doute peu à peu, mais cela prouvera aux bourgeois que l'industrie peut être dirigée par l'Etat. Ensuite, il suffira d'une loi pour partager les bénéfices entre les employés et les gagner au socialisme. Il en serait de même des assurances. Quant aux chemins de fer, c'est autre chose; comme rien ne serait plus facile que de s'en emparer, il est inutile de les accorder actuellement à l'Etat dont on ne ferait qu'augmenter ainsi la puissance. — Machiavel n'est qu'un écolier en comparaison de la *Zukunft*. — Mais continuons. Le rédacteur ne veut pas renforcer l'Etat. « Nous faisons de l'agitation, dit-il, pour propager nos idées, et, nos adversaires le reconnaissent, avec un succès grandiose. Si cela continue, ce de quoi nous ne doutons pas, le parti aura, dans une dizaine d'années, assez de représentants, et derrière eux assez d'électeurs, pour former une puissance avec laquelle tout gouvernement devra compter, et qui pourra un jour prendre lui-même en mains le gouvernement. Il n'est même pas précisément nécessaire de songer pour cela à un régicide (*Man braucht dabei noch gar nicht an Kœnigsmord zu denken*). Toute dynastie donnera son assentiment constitutionnel à un changement de constitution dans un sens républicain, si elle se voit en face d'une nation républicaine..... » Et les rédacteurs de la *Zukunft* disent que la liberté de la presse n'existe pas en Allemagne !

Parlons maintenant de la *Neue Gesellschaft* (nouvelle société). Nous avons déjà dit qu'elle paraît à Zurich ; elle en est à sa sixième livraison mensuelle et a pour but de cultiver la science sociale (*Socialwissenschaft*). Elle a pour rédacteur en chef M. F. Wiede ; et compte parmi ses collaborateurs M. Schaeffle et autres socialistes plus ou moins non-démocrates. C'est une nuance souvent difficile à distinguer, seulement les auteurs semblent vouloir aller un peu — mais bien peu — moins loin que la

Zukunft. Nous reconnaissons volontiers, que la feuille suisse a pour collaborateurs des savants plus distingués que la feuille berlinoise, elle nous semble aussi moins intéressée ; ses rédacteurs ne peuvent guère espérer d'être envoyés au Reichstag. Mais leurs doctrines sont tout aussi fausses, leurs prétentions tout aussi peu justifiées. Voilà, par exemple, un article de M. P. Pixis intitulé : *la mission du socialisme dans l'histoire*, dans lequel l'auteur attribue au socialisme la réhabilitation du travail ; l'auteur commet là une véritable usurpation de titre, car c'est plutôt l'Économie politique qui a eu ce mérite ; au fond, il y a ou de tout temps des protestations en faveur du travail. Nous trouvons dans un article de M. Dulk une autre prétention que, du reste, nous avons déjà rencontrée souvent. Vous rappelez-vous, dit-il, comment le christianisme a été reçu par les Romains, il a néanmoins vaincu ; donc notre tour viendra aussi, et les générations futures s'étonneront qu'on ait pu nous persécuter. Cet argument est à la disposition de tous les novateurs. Le chef des Mormons s'en est servi également. Si les bonnes choses réussissent, cela ne prouve pas que les mauvaises doivent réussir également. Puisqu'on mange du pain et s'en trouve bien, peut-on manger aussi des pierres et les digérer ? Donc, si Jésus-Christ a eu raison, cela ne prouve rien en faveur de M. Dulk.

La *Neue Gesellschaft* croit innover, en parlant de *Unter-consumtion*, littéralement « sous-consommation », consommation inférieure à la production, comme le contraire de la « sur-production » ou excédant de production. M. Wied peut avoir trouvé ce mot de son côté, seulement J. B. Say et d'autres ont déjà émis des idées analogues ; ils ont pensé que tant que quelqu'un manquait de souliers, on ne pouvait pas en avoir fabriqué de trop. Ce qui n'empêchait pas les économistes d'ajouter : si vous voulez former un capital, épargnez, privez-vous. M. Wiede, lui, dit : consommez, consommez..... il ne saurait cependant ajouter comme Dom Bazile « il en restera bien quelque chose ». Mais ce qui dépasse la permission, ce qui en tout cas n'est pas « scientifique », c'est que le savant auteur se contredise sur la même page 160 (déc. 1877) : au milieu de la page on lit que le sort de l'ouvrier est devenu meilleur, et au bas de la même page, qu'il n'est pas devenu meilleur. Page 161, l'auteur explique cette contradiction apparente en soutenant que le bien-être de l'ouvrier n'a pas progressé dans la même proportion que l'ensemble de la production, mais il n'en fait pas la preuve ; or la preuve est de rigueur dans une publication scientifique.

Consacrons quelques lignes à un article de M. Schaeffle qui,

après avoir été excellent professeur d'économie politique à l'U-
niversité de Tubingue, et mauvais ministre du commerce à
Vienne (Autriche), est actuellement socialiste transcendental à
Stuttgart. M. Schaeffle fournit une étude sur *la sélection naturelle
dans la société humaine.* Le savant auteur n'est pas sûr que M. Darwin ait raison quant aux animaux, mais il est convaincu qu'il y
a une sélection sociale. Il n'est pas d'avis que la société, une fois
transformée, élevée à un niveau supérieur de la civilisation par
les réformateurs actuels, jouira d'une paix profonde sans lutte ni
combat. Ce serait la mort ! s'écrit-il. Le *Struggle for life* est éternel, seulement on se servira d'instruments de plus en plus perfectionnés pour atteindre un but de plus en plus élevé. Très-bien,
mais comment s'approcher de ce but ? qui résoudra les difficultés
soulevées par les luttes des trois mobiles ou « forces motrices »
qui seraient, selon l'auteur, l'instinct de reproduction, l'égoïsme
et l'esprit public, forces qui changent de nom lorsqu'elles agissent
comme fomenteurs de troubles sociaux, l'auteur les nomme
alors : l'amour, la faim, l'idéalisme ; qui résoudra les difficultés,
demandons nous ? La solution viendra par une de ces trois voies,
répond M. Schaeffle : 1° par la puissance propre à l'individu, c'est-
à-dire par la violence, la ruse, la corruption, l'intimidation ou
l'oppression politique, civile ou religieuse ; 2° par entente ou convention, soit par la voie du sort ou d'autres moyens où le hasard
joue son rôle, soit aussi par la libre persuasion ; 3° par des tribunaux de toutes sortes, des arbitres, des individus ou des assemblées dont les parties cherchent à influencer le jugement de toutes
les manières possibles. Nous nous arrêtons, car malgré le talent
incontestable de classification que possède M. Schaeffle, nous ne
voyons pas, au bout de la lutte avec sa prose, assez d'avahtages
pour nos lecteurs pour continuer. Nous aurions bien voulu donner
encore d'autres extraits de cette Revue, qui défend parfois l'erreur
avec un talent digne d'une meilleure cause ; — il y a cependant
aussi des erreurs, comme les idées de M. Schalk sur le mariage,
qui sont défendues sans aucun talent ; — mais la justice distributive, autant qu'un économiste peut la comprendre, nous fait un
devoir de passer à une autre publication.

　　Nous avons déjà parlé de la *Social-Correspondenz*, feuille destinée
à combattre le socialisme, et qui est dirigée par MM. Bœhmert et
A. de Studnitz, deux champions infatigables de la bonne cause.
Nous apprenons que 217 journaux allemands reproduisent ses
articles ; c'est déjà quelque chose, mais ce n'est pas encore assez.
Il est vrai qu'il y a des journaux qui se contentent d'une troisième
édition, qui est gratis. Nous aurions beaucoup à prendre dans

cette feuille, mais nous nous contenterons d'une seule citation.

Le numéro 2 de la deuxième année renferme un article intitulé : *La foire aux domestiques*, de Dresde. Tous les ans, au 31 décembre et au 1er janvier, dans la rue de Bautzen, se réunissent les domestiques des deux sexes qui cherchent à se placer (généralement à l'année), et c'est là que vont les chercher ceux qui ont besoin d'aides. Les conditions se discutent entre les parties, quoiqu'il y ait un certain cours moyen. Il s'agit surtout d'ouvriers agricoles qui viennent se faire embaucher à la rue de Bautzen, comme autrefois les maçons à la place de Grève. La *Social-Correspondenz* cite des témoignages en faveur de la supériorité de cette foire sur les bureaux de placement, mais il reproduit aussi l'opinion suivante émise par une feuille socialiste de Dresde : « Voyez cette masse d'hommes qui se pressent sur le *marché*, obligés d'offrir leurs services pour de l'argent ; voyez à côté l'église, où l'on vient de prêcher sur «« l'amour du prochain. »» Voyez là-bas le fier château royal et ses brillantes fenêtres, où les courtisans orgueilleux regardent sur «« le peuple »» qui se laisse marchander, vendre au plus offrant... Vraiment voilà l'image de notre fameuse société actuelle. » Il faut être de mauvaise foi ou passionné pour dire que de pareilles « excitations à la haine des citoyens les uns contre les autres » n'ont pas d'effet.

La *Social-Correspondenz* est une émanation de la « Société centrale pour la promotion du bien-être des classes laborieuses » dont nous avons déjà souvent parlé. Cette Société a un organe spécial, le *Arbeiter-Freund* (Berlin, chez Léonard Simion), qui renferme plusieurs articles intéressants. Comme l'espace nous manque, nous remettons les deux derniers fascicules dans le carton de la Revue prochaine, nous y reviendrons ainsi nécessairement ; ce n'est qu'un ajournement.

Nous nous bornerons aussi, par la même raison, à mentionner le *Bremer Handelsblatt* qui fait une vigoureuse campagne contre le monopole du tabac. On sait que Brême est un des centres de l'importation et de la fabrication des tabacs ; elle lutte donc vaillamment *pro aris et focis*. Dans un récent numéro, elle se fait l'écho de la *Correspondance libre-échangiste*, et critique le droit de statistique qu'on vient de proposer au Reichstag. C'est, il semblerait, un trop petit droit pour soulever une aussi grande colère, surtout pour conclure contre la statistique. Nous savons bien qu'elle a ses défauts, mais, malgré tout, on ne peut pas s'en passer.

Signalons, parmi les publications de la librairie Duncker et Humblot de Leipzig, une excellente petite publication de M. L.

Wilhelmi sur les caisses d'épargne scolaires (*Die Schulsparkasse*)
et un travail très-complet de M. Ph. Geyer sur les assurances sur
la vie en Allemagne, leur statistique et la législation qui les concerne (*Die Lebensversicherung in Deutschland*), pour nous arrêter
un moment sur un petit livre de M. le professeur A. Held intitulé :
Sozialismus, Sozialdemocratie und Social politique. L'auteur se propose de nous faire toucher du doigt la différence qu'il y a entre :
Sozialismus, traduisons : bon socialisme ; *Sozialdemocratie,* traduisons : mauvais socialisme ; *Sozialpolitik,* traduisons socialisme
mitigé. L'auteur est un savant très-distingué, mais il a un faible
pour le socialisme. Il prend le mot en bonne part, oubliant que
l'inventeur l'avait pris dans un sens défavorable. Il est d'avis
qu'un socialisme quelconque a toujours existé, ce qui est vrai,
mais pour lui le socialisme n'est que « cette direction d'esprit qui
demande à la volonté individuelle de se subordonner d'une façon
quelconque à la volonté générale. » L'auteur sent que cette définition est trop large — en payant l'impôt, par exemple, nous
ferions du socialisme, — aussi dit-il plus loin : « Si nous ne donnons ce nom qu'au socialisme extrême ou utopique, et au communisme proprement dit, nous réunissons un grand nombre de
théories très-diverses sous une même dénomination. Tout socialisme extrême ou utopique a, il est vrai, un penchant à s'allier
avec la Révolution, mais on a rencontré aussi des socialismes
extrêmes sans tendances révolutionnaires. » M. Held ne veut
donc pas qu'on confonde le socialisme (tout court) et le socialisme
démocratique. Ce dernier est « l'union intime d'une variété (1) de
socialisme extrême avec une tendance politico-révolutionnaire. »
Nous aussi, nous croyons que les « démocrates socialistes » sont
un parti politique, ils n'en font d'ailleurs pas mystère ; mais dès
qu'ils l'avouent, ils se constituent à l'état de vulgaires déma-
gogues qui « exploitent » le « pauvre peuple, » pour satisfaire leur
ambition.

Nous voudrions pouvoir suivre M. Held dans ses développements, nous aurions de belles pages à approuver, mais aussi
beaucoup d'erreurs et des erreurs assez graves à réfuter, tout cela
à cause de sa « tendance » en faveur du socialisme. Puisqu'il dit
qu'on doit juger certaines doctrines d'après leurs tendances
(page 28), nous sommes autorisé à parler des siennes. C'est sa
faiblesse pour le socialisme qui le porte à nier l'influence de la

---

(1) Il y a en allemand *variation* au lieu de *varietät*, nous croyons que c'est un
simple lapsus. (Ces deux mots français ont droit de bourgeoisie dans la langue
allemande.)

propagande, influence qui crève les yeux ; il faut s'aveugler volontairement pour ne pas la voir. Nous savons bien qu'il dira . la propagande n'a une action que parce que les populations souffrent ; c'est la souffrance qui cause le succès de la propagande, et non le discours de l'agitateur. Eh bien, cela n'est pas exact. En voici une seule preuve entre mille ou dix mille : il y eut un temps où la misère était bien plus grande, — *bien plus grande*, vous entendez, — que de nos jours ; on prêcha aux populations souffrantes la résignation, l'abstinence, etc., en leur promettant le ciel, et les populations acceptèrent ces doctrines et l'appelèrent la *Bonne Nouvelle ;* aujourd'hui on leur prêche l'envie, les jouissances terrestres, et on leur promet le comblement prochain de leurs vœux, et elles n'accepteraient pas cette FOI comme leurs pères ont accepté la foi austère du christianisme ? Osez donc dire que la propagande ne fait rien quand vous, M. Held, vous MM. Wagner, de Scheel et tant d'autres vous acceptez, — du moins en partie,— les théories des socialistes.

C'est cette même tendance qui inspire à M. Held un jugement erroné sur la Commune de 1871. Comment « le temps n'est pas venu d'écrire son histoire ! » (page 34). M. Held voudrait-il dire qu'on découvrira peut-être des documents prouvant que la Commune ait eu raison ? Il ajoute : « ce qui est évident, c'est que le mouvement n'est pas dû en entier aux manœuvres souterraines de l'Internationale, mais à l'irritation des Parisiens de leur défaite, à la crainte d'avoir un gouvernement réactionnaire, à la jalousie contre Versailles et à l'intelligence, venue tard, qu'il fallait rompre le système d'une bureaucratie· centralisée ». Eh bien, ce passage n'est pas à la hauteur de ce qu'on peut demander à un professeur d'Université de la docte Allemagne. Nous avons eu la douleur d'assister à ce drame, nous l'avons vu se dérouler jour par jour. Plus d'une fois, avant le 18 mars, nous avons rencontré les « délégués » des gardes nationaux allant recueillir des voix pour former un *comité central*, sur la signification duquel ces « délégués » n'avaient aucune réponse nette à nous donner. En tout cas, des membres de l'Internationale en faisaient partie. L'irritation existait sans doute, mais elle n'est pour rien dans l'affaire. Ce serait vraiment un étrange effet de l'irritation qui pousse les vaincus à s'entre-déchirer en présence du vainqueur. A-t-on oublié que les « communalistes » ont fait à l'ennemi toutes les avances nécessaires pour ne pas être inquiétés ? La jalousie contre Versailles est un pur anachronisme, car on est allé à Versailles *après* le 18 mars, après l'assassinat des généraux dans la rue des Rosiers. Quant à la bureaucratie centralisatrice ou à la centralisation bureaucratique, c'est une banalité mal appliquée, lue sans doute dans Rotteck et Welker (1). Ce que M. Held dit plus loin peut tout aussi aisément être réfuté, mais à quoi bon y consacrer notre temps et notre espace, le pli est pris, les « tendances » sont difficiles à déraciner. Nous regrettons seulement que la nécessité de la polémique nous ait obligé de passer sous silence tant de bonnes pages; mais la polémique était nécessaire, car, qui ne dit mot... semble consentir.

Nous avons consacré tant d'espace à la « question sociale » qu'il ne nous en reste plus pour l'important traité d'économie politique de M. L. Stein et pour plusieurs autres; c'est un simple ajournement; mais avant de clore le chapitre relatif l'Allemagne, nous donnerons quelques lignes à la statistique.

La *Zeitschrift* du bureau de la statistique de Prusse, dirigée par M. Engel, quatrième fascicule trimestriel de 1877, renferme de nombreux documents, notamment sur le mouvement de la population, sur le prix des denrées alimentaires, sur la statistique industrielle, et d'autres moins étendus. Nous emprunterons un tableau à la statistique industrielle, recensement de 1875 (décembre).

Groupes d'industries selon le classement adopté.	Nombre des patrons et ouvriers des deux sexes.	Forces totales des moteurs en chevaux.	Forces de cheval par individu occupé dans l'industrie.
1 Jardinage	11.911	119	0.01
2 Pêche	15.285	10	0.00
3 Mines, usines et salines	361.406	376.939	1.04
4 Industries céramiques, marbrerie, etc.	142.747	26.089	0.18
5 Industrie des métaux	246.953	28.924	0.12
6 Fabrication de machines et d'outils	174.509	21.668	0.12
7 Industries chimiques	26.428	11.126	0.42
8 Industrie des combustibles et des matières éclairantes	25.755	12.204	0.47
9 Industrie textile	441.968	75.664	0.17
10 Papiers et cuirs	98.060	34.559	0.35
11 Industries des bois et matières à sculpter.	242.582	26.541	0.11
12 Industries des comestibles	384.880	278.875	0.72
13 Industries du vêtement et de la propreté.	605.667	1.695	0.00
14 Industries du bâtiment	244.589	5.309	0.02
15 Imprimerie, lithographie, etc.	28.730	1.634	0.06
16 Arts travaillant pour l'industrie	5.903	44	0.01
17 Commerçants	375.434	3.575	0.01
18 Industries du transport	78.762	24.114	0.31
19 Aubergistes, restaurans et cabaretiers.	113.378	47	0.00
20 Louage de machines pour battre le grain.	971	3.499	3.60
	3.625.918	932.635	0.26

(1) Comment un homme sensé peut-il croire que les ouvriers se sont battus pour la décentralisation. Savent-ils seulement ce que c'est? Et en quoi cela peut-il les toucher? La décentralisation est un des mots dont on a le plus abusé.

Ce tableau se trouve page 387 ; nous aurions voulu en ajouter un autre, celui de la page 385, où l'on distingue entre la nature des moteurs inanimés : vent, eau, vapeur, mais les chiffres ne concordent pas complètement ; on ne nous dit pas à quoi cela tient. Voici toujours les totaux du tableau en question : les moulins à vent ont une force combinée de 83,708 chevaux, les moteurs hydrauliques de 191,667 et les machines à vapeur de 656,163 chevaux, le tout non compris les 6,606 locomotives qui, à une moyenne de 287 chevaux, réunissent à elles seules la force de 1,895,922 chevaux. Nous sommes de l'avis de M. Engel : que le cheval-vapeur n'est pas une force bien déterminée, mais nous n'approuvons pas le remplacement de *Kraft* (force active) par *Staerke* (force latente). C'est par son activité et non par son repos que la locomotive travaille. Cette innovation est loin d'être heureuse.

Dans la revue mensuelle (*Monatschrift*) de statistique publiée à Vienne (chez Alfred Hölter) par MM. F. X. de Neumann-Spallart et G. A. Schimmer, numéros 1, 2 et 3 de 1878, nous signalons avant avant tout un travail étendu de M. de Neumann-Spallart intitulé : *Sociologie et Statistique.* C'est une excellente étude sur les méthodes employées par les auteurs qui ont écrit sur la science sociale. L'auteur passe en revue les principaux « sociologues » et les statisticiens les plus marquants, et les caractérise en quelques traits. Généralement les sociologues font de la synthèse et déduisent tandis que les statisticiens font de l'analyse et induisent. M. de Neumann-Spallart voudrait que les deux méthodes se combinassent d'une manière plus intime. Ce mariage ne peut qu'être fécond. Selon l'auteur, la sociologie indiquerait le terrain à défricher, et la statistique labourerait à fond ce terrain. Nous craignons que le savant auteur ne soit un peu optimiste. D'ailleurs, puisqu'il connaît lui-même à fond et la sociologie et la statistique, d'autres peuvent se trouver dans le même cas et labourer de la main droite le terrain que leur main gauche a indiqué. La division du travail n'est pas nécessaire ici. Nous voyons les choses un peu autrement : pour nous la statistique est une science, quoique d'une portée limitée, — la limite est cependant placée encore assez loin du centre, — tandis que la sociologie est simplement de la littérature. Celle-ci plaît, l'autre instruit ; celle-ci présente élégamment (si elle peut) de l'*à priori*, celle-là vous écrase sous le poids de l'*à posteriori* (faits recueillis, tableaux de chiffres plus ou moins bien recueillis) ; d'un côté c'est l'imagination, de l'autre c'est le raisonnement qui tend à dominer. Il est évident qu'une combinaison de ces diverses forces dans la même personne peut produire de grands résultats, si ces forces atteignent une certaine puissance.

Signalons un article de M. Ficker sur les modifications du territoire de l'Autriche de 1790 à 1877, un autre de M. Gœhlert sur le recrutement, et nous passons les nombreux renseignements compris dans les mélanges.

De Vienne à Budapest (acceptons l'orthographe hongroise pour leur capitale), il n'y a pas loin. M. Körösi nous y offre un nouveau volume de la « statistique internationale; » il est intitulé *Finances des grandes villes*. L'auteur a réuni, avec des efforts considérables, des renseignements statistiques précieux sur les vingt-cinq capitales ou grandes villes les plus importantes de l'Europe et de l'Amérique, et il les a classés dans un ordre qui peut être discuté dans quelques détails, mais qui en somme permet de se livrer à toutes les études qu'on peut faire sur la statistique. C'est un livre qui mérite de très-sérieux éloges; on n'a encore rien fait de pareil en ce genre; nous regrettons seulement que l'auteur n'ait pas donné un tableau résumant les vingt-cinq séries de tableaux, de façon à montrer les résultats généraux. Nous aurions voulu pouvoir mettre sous les yeux du lecteur la comparaison des charges moyennes de l'habitant des différentes villes, la comparaison des dépenses faites pour la police, l'instruction publique, etc., ou aussi des comparaisons sur la nature des différentes formes d'impôts, — des comparaisons, en un mot; — mais ces comparaisons ne sont pas élaborées, bien que les matériaux existent dans le volume. Plusieurs volumes de la statistique internationale, dus à des auteurs différents, ont ce défaut; ces auteurs en conviennent, et ils s'en plaignent; mais si nous avions été à leur place, nous aurions mis le congrès de statistique en demeure de s'exécuter, ou nous n'aurions pas fait le livre. Ce pauvre congrès, ne lui jetons pas la pierre en ce moment, car il est bien malade.

En terminant cette série, nous appellerons l'attention sur une œuvre de M. le professeur J. Conrad, de l'Université de Halle. Ce savant a établi à lui seul ce que nous appelons une « école des hautes études » pour les sciences économiques que Paris n'a pas encore; nous en aurons une quand « les influences » seront favorables à quelque économiste. M. Conrad a trouvé avec raison que les principaux travaux de ses élèves méritaient d'être conservés, et nous avons ainsi une *Etude sur le tarif douanier des Etats-Unis*, par M. E. J. James (Iéna, Gustave Fischer), et des *Documents sur l'influence des professions sur la durée de la vie*, par MM. Paasche, Schumann et quelques autres. Comme tous ces documents sont empruntés à la ville de Halle, ce travail n'a d'intérêt que comme méthode, comme mode de raisonnement; les chiffres sont trop petits pour que leurs résultats puissent être généralisés. En tout cas, M. Conrad mérite d'être loué d'avoir entrepris une tâche aussi délicate, et pour laquelle on n'a fait que peu jusqu'à présent. Les grandes capitales, qui ont tant de ressources, devraient entreprendre cette recherche si importante sur l'influence des professions.

Nous sommes un peu en retard avec l'Italie, — par pur accident, deux numéros du *Giornale degli Economisti* ne nous étant pas parvenus, en temps utile, — maintenant nous avons surabondance de choix. Il y aurait à nommer toute une série de bons articles; il y en aurait quelques-uns à critiquer. Nous verrons ce que, sous ces deux rapports, l'espace nous permettra de faire; commençons par une observation générale. Quelques-uns des auteurs abusent un peu de la citation. De deux choses l'une : ou le lecteur possède les livres cités, et il est obligé de se lever à chaque instant pour prendre le volume dans sa bibliothèque. Il perd ainsi le fil du raisonnement; ou il ne les a pas, alors c'est l'irriter. Dans ces deux cas, l'auteur affaiblit son argumentation. Il l'affaiblit par une autre raison : on croit l'auteur un jeune homme; il n'a encore aucune expérience propre; il emprunte toutes ses idées à ses maîtres, et comme ses impressions sont fraîches, il sait encore à qui il doit attribuer chaque lambeau de phrase qu'il émet. L'homme qui a longtemps médité ces matières, non-seulement a plus d'idées à lui, mais les idées des maîtres se sont en partie fondues dans les siennes; il sait aussi ce qui est tombé dans le domaine public, ce qui est devenu notion courante, vérité banale; il ne cite plus que la source des faits, ou les auteurs des idées caractéristiques, originales ou singulières.

Ajoutons une considération d'un ordre plus élevé. Les raisonnements, — car nous ne parlons ici que de cette catégorie d'articles, — doivent porter leurs preuves en eux-mêmes. Si votre déduction ne nous paraît pas logique, toutes vos autorités n'y feront rien. Adam Smith, Ricardo, mieux encore : Aristote, Bacon, Montesquieu, les noms les plus illustres, les lumières les plus éclatantes ne changeront pas nos convictions si notre raison nous montre que les auteurs se sont trompés sur un point. Et c'est heureux, car le *magister dixit* arrête tout progrès, et surtout..... toute originalité. Creusez donc votre propre sillon, Messieurs, vous êtes si bien doués, la nature a été prodigue envers vous, faites valoir votre *talent* et nous en profiterons.

Nous avons sous les yeux les dernières livraisons du tome V et les premières du tome VI. Dans le tome V, nous avons, outre le

commencement de quelques articles que nous retrouverons dans le
volume suivant, un remarquable travail dû à la plume élégante de
M. Luzzati, il est intitulé : *La réforme des budgets anglais et italien*.
L'auteur nous montre comment les Anglais, pour équilibrer les
charges des classes inférieures et des classes supérieures, ont réduit les droits qui pesaient sur les choses nécessaires à la vie. Les
Italiens, peuple nouveau-né qui avait avant tout à créer son
outillage national et établir à tout prix l'équilibre de son budget,
ne peuvent pas encore procéder par voie de réduction, il faut que
tout le monde reste chargé, les gens aisés et les pauvres. La seule
chose·à faire, ce serait d'alléger un peu les taxes assises sur le
nécessaire et de reverser en totalité sur les choses seulement utiles,
ou sur les dépenses *volontaires*, ce qu'on a enlevé aux taxes sur les
objets de première nécessité (par exemple la farine) et le sel).
C'est parler d'or. Mais, cher monsieur Luzzati, vous restez dans
les généralités, dans les « abstractions ». Vous savez bien que ce
n'est pas la critique, mais l'*art* qui est difficile. Déchargez donc
le pain et le sel, mais que chargerez-vous à la place ? Ce n'est pas
dit. Faut-il chercher à deviner ? Ce seront sans doute les droits
d'importation ? S'il s'agit de café ou de sucre, soit, ce sont des
luxuries relatives, mais s'il s'agit de fils, tissus, fer, etc., n'en-
lève-t-on pas ici aussi quelque chose aux *necessaries*, aux outils
et aux vêtements. Mais nous nous trompons peut-être, réservons
donc notre jugement. En tout cas, l'entrée en matière est habile,
et tout à fait digne du talent de M. Luzzati. Le reste est son
secret.

Prenons maintenant le tome VI. Nous trouvons là une suite de
très-intéressants articles de M. C.-F. Ferraris sur la *Statistique
et la science de l'administration dans les Facultés de droit*, article, soit
dit entre parenthèse, où les citations sont à leur place, puisque
M. Ferraris juge les auteurs. L'article de M. Ricca-Salerno sur la
loi des salaires a beaucoup de qualités, le raisonnement est juste,
l'ouvrier manuel n'est pas le seul producteur, il faut faire la part
de tous ceux qui ont contribué à la production. M. Nasi Virgilio
a dit de bonnes choses sur l'éducation populaire. M. Morpurgo
consacre un véritable dithyrambe à l'*épargne et ses conquêtes*. Nous
le louons de la bonne pensée qu'il a eue, et surtout de ne pas
s'être borné à parler des caisses postales et des caisses d'épargne,
mais d'avoir présenté les progrès de la civilisation, la construction des chemins de fer, les 100 milliards prêtés aux divers emplois, industriels et autres, comme un résultat de l'épargne. Nous
passons quelques autres articles du *Giornale* pour pouvoir discuter un moment avec M. Forti. Le savant directeur du *Giornale*

place son analyse du livre de M. Ad. Wagner, sous ce titre : *Les principes de la science économique selon les socialistes de la chaire.* Or, M. Forti présente lui-même, et avec parfaite raison, M. Wagner comme l'extrême-gauche du Katheder-socialisme, comment peut-il en faire un type de l'école ? M. Wagner en est tellement l'extrême, qu'il est sorti avec fracas de l'Association, ne la trouvant pas assez avancée. C'est, du reste, une affaire de tempérament, M. Ad. Wagner a figuré autrefois parmi les économistes extrêmes dans l'autre sens. Son élément, c'est l'extrême. Quant à son ouvrage, il est beaucoup trop vanté, car on n'établit pas une nouvelle doctrine au courant de la plume, si ce n'est en travaillant d'après des idées préconçues, par conséquent nécessairement fausses. Ces idées préconçues sont comme le contenant, qui communique son goût, son odeur au contenu. Il est juste d'ajouter que M. Forti a fait quelques réserves, et d'excellentes, mais pas assez, selon nous.

L'*Archivio di Statistica*, dirigé par MM. Correnti, Boselli e Bodio (Rome, tipografia Elzeviriana) en est au troisième fascicule de la deuxième année. L'article auquel nous nous sommes porté en premier est de M. Messadaglia, l'un des professeurs les plus distingués de l'Université de Rome, il porte le titre de : *La science statistique de la population.* C'est le brillant discours d'ouverture de son cours. Nous y signalerons seulement un détail, mais il présente un haut intérêt, c'est un rapprochement entre Malthus et Darwin. Darwin procède de Malthus, mais il en a immensément élargi l'idée ; chez lui, elle ne s'applique plus seulement à l'humanité, mais à tous les êtres vivants. Il y a encore une autre différence, dit M. Messadaglia, Malthus conclut à la misère, tandis que Darwin « conclut au perfectionnement graduel, évolutif par la sélection des meilleurs » (p. 119). Nous ne savons si l'éminent professeur de Rome a bien vu ce qui différencie les deux doctrines. Pour Darwin, tous les inférieurs, tous les faibles sont condamnés à périr, leur sort est fatal ; pour Malthus, il y a des ressources, il dépend de la volonté de chacun, de sa conduite, de sa moralité d'être parmi les élus. L'homme peut donc sortir vainqueur de la lutte pour la vie. La sélection naturelle de Darwin ne vient pas de l'esprit ; dans le struggle for life, la lutte est matérielle, pour ainsi dire mécanique, tandis que la contrainte morale est un acte de volonté, un fait spiritualiste par excellence.

Parmi les autres articles, nous signalerons un travail de M. Verga sur la statistique des principales infirmités (*frenopatie*) ; la cécité, la surdimutité et l'aliénation mentale ; un article de M. Cesare Lombroso qui traite de l'influence de l'altitude sur la

taille des hommes, on sait que la taille des hommes est moindre sur
les montagnes que dans les plaines, c'est ce que l'auteur démontre
par des rapports intéressants; M. Stringher donne la statistique
des banques d'un grand nombre de pays; M. F. Colaci résume
avec clarté et élégance les discussions de la commission de statistique sur l'état civil, la bienfaisance et les relevés du nombre des
propriétaires, la valeur des propriétés, le montant de la dette
hypothécaire. Nous passons d'autres articles pour ne pas trop
allonger l'énumération.

Puisque nous en sommes à la statistique, n'oublions pas de
dire que par un décret royal du 10 février dernier la direction de
la statistique d'Italie, en passant au ministère de l'intérieur, a
été transformée en direction générale, avec deux divisions, quatre
bureaux et le matériel et sans doute aussi les fonds nécessaires.
L'utilité du service pouvait exiger cette extension, mais le mérite
de M. Bodio attendait aussi sa récompense. Toutefois, le ministère de l'agriculture devant être rétabli, la statistique y retournera
peut-être. Une commission parlementaire a été nommée pour présenter un projet de réorganisation; nous y trouvons des noms
comme Luzzati, Messadaglio, Morpurgo, qui sauront donner à
la statistique la forte constitution qui lui est nécessaire.

Citons quelques livres et brochures. Malheureusement nous
ne pouvons guère leur consacrer qu'une mention. Nous le regrettons surtout pour *La Teoria del commercio dei grani in Italia* (Étude
historique sur le commerce des grains en Italie), par Vito Consumano, professeur à Palerme (Bologna, Fava e Garagnani). C'est
un important chapitre de l'histoire de l'économie politique. Nous
sommes aussi en retard pour le *Corso* (Cours) *di Statistica*, de G. Caporale, professeur à Naples (Naples, Nobile); pour le député Francesco Tenerelli, dont une publication sur la réforme des administrations locales, *Sulla Riforma delle amministrazioni locali* (Catania,
chez Bellini) mériterait d'être examinée à fond, car elle sort des
banalités qui ont cours à l'heure qu'il est. N'oublions pas une
excellente brochure de M. le professeur P. Torrigiani sur l'étude
de l'économie politique unie à celle du droit; enfin une courte,
mais substantielle histoire de la comptabilité (*Ragioneria*), par
M. R.-V. Gitti (Turin, Camilla e Bertolero).

Nous voici en Suisse, où le *Journal de statistique suisse* nous
fournirait d'amples moissons, si nous n'avions pas déjà trop
longtemps glané dans d'autres champs. Nous nous permettrons
de gronder un peu messieurs les membres de la Société helvé-
tique de statistique; ces messieurs se conduisent, pour la plu-

part, absolument comme s'ils étaient paresseux ; or, la paresse
est, — si nous savons bien compter, l'un des sept péchés capitaux
de la statistique. Le numéro renferme néanmoins de très-intéressants articles, citons seulement ceux de M. Chatelanat auxquels nous allons faire quelques emprunts.

Nous donnerons d'abord le résumé d'un tableau de la taxe
d'exemption du service militaire. Cette taxe présente une grande
difficulté, c'est son assiette. On peut suivre différents principes,
l'un meilleur que l'autre, mais quoi qu'en ait dit un certain correspondant genevois, il est juste que le citoyen favorisé par le
sort, ou qu'une cause quelconque dispense d'acquitter en nature
ce qu'on a appelé l'*impôt du sang*, supporte du moins une contribution pécuniaire. Voici à quel taux moyen s'élève cette taxe
dans les divers cantons :

	Moyenne par habitant.			Moyenne par habitant.
Zurich	1 fr. 22	Schaffouse	0 fr	74
Berne	0 67	Appenzel extérieur	0	41
Lucerne	0 84	Appenzel intérieur	0	08
Uri	0 27	Saint-Gall	0	70
Schwyz	0 16	Grisons	0	35
Unterwalden-le-Haut	0 14	Argovie	0	82
Unterwalden-le-Bas	» »»	Thurgovie	0	47
Glaris	0 21	Tessin	0	35
Zug	0 46	Vaud	0	31
Fribourg	0 43	Valais	0	38
Soleure	0 80	Neuchatel	1	25
Bâle ville	0 23	Genève	0	13
Bâle campagne	0 62			

Parmi les curiosités politiques de la Suisse il faut compter le
referendum, qui appelle tous les citoyens à émettre un vote final
après le vote des deux Chambres. C'est une fantaisie que cette
petite république peut se permettre sans grand danger, quoique,
— c'est notre avis, — sans utilité. Quant à vouloir défendre le
referendum au point de vue de la justice ou de la logique, cela
nous paraît difficile. M. Chatelanat, en bon citoyen suisse, ne
semble pas partager notre manière de voir, mais en prenant le
tableau des 30 *referendum* du canton de Berne, nous trouvons que
la moyenne des votants a été de 45 0/0. De ces 45 0/0, les 3/5,
soit 27, ont dit *oui*, les autres *non*. Donc sur un ensemble de
100 citoyens, 27 ont décidé la question. Il est vrai que dans telle
question il y a eu 82 0/0 de votants, mais d'autrefois aussi 20 et 22
seulement en tout. Ajoutons que sur 30 fois, les citoyens ont
donné 24 fois la majorité à leur législature. Généralement « le

peuple » a dit *non*, quand il s'est agi d'ouvrir les cordons de la bourse.

La *Russische Revue*, de M. Carl Rœttger (Saint-Pétersbourg, 1878, 2° fasc.), nous donne un exposé bref, mais suffisamment complet des divers impôts établis en Russie. C'est Pierre-le-Grand qui a introduit la *capitation*. Les nobles en furent affranchis, parce qu'ils étaient obligés de servir dans l'armée; les autres 5,400,000 habitants mâles de la Russie de 1722 eurent à payer chacun 80 copeks (le rouble en a 100) pour parfaire la somme d'environ 4 millions de roubles nécessaires pour l'entretien de l'armée. Le taux de la capitation a varié, il est actuellement de 1 r. 18 à 2 r. 61, selon les provinces. Dans un certain nombre de villes, la capitation est remplacée par une taxe sur les immeubles. Les *redevances* des paysans des domaines correspondent à celles (en argent, en produits et en travail) que les serfs devaient à leurs maîtres. Le taux en fut d'abord de 40 cop. par homme, il s'est peu à peu élevé, et atteint maintenant, selon le cas, de 75 cop. à 3 r. 30. C'est au fond une rente foncière, mais elle est assise sur la personne. L'État perçoit, selon les districts, de 14 à 40 cop. additionnels sous le nom de cotisations communales. Il y a d'ailleurs aussi des copeks additionnels provinciaux. La contribution des patentes diffère selon les industries (sept classes), selon la grandeur de la ville et selon qu'on vend en gros ou au détail. Il y a beaucoup d'exemptions, qui fonctionnent généralement comme mode d'encouragement. Ainsi les fabricants de machines, les meuniers etc., sont exempts.

Voilà pour les impôts directs.

Les impôts indirects sont : 1° *Boissons*. C'est le produit qu'on impose, mais le droit est assis sur les instruments, c'est-à-dire il est proportionnel à la grandeur des cuves. Il y a en outre une patente spéciale pour la vente au détail; elle comporte trois taux, selon la grandeur des localités (villes ou villages). 2° *Sel*. 30 cop. par poud ou 16 kilog. Cet impôt semble destiné à disparaître. 3° *Tabac*. Les fabriques ne peuvent être établies que dans des villes, et seulement avec l'autorisation de l'État. Elles sont surveillées. L'impôt se perçoit par la vente aux fabricants de « banderolles » ou bandes de papier timbré, dont ils entourent les paquets, de manière à ce qu'on ne puisse les ouvrir sans déchirer la bande. La bande indique le droit payé; ce droit est d'environ le tiers de la valeur du tabac. 4° *Sucre*. Nous craignons bien que l'auteur n'ait pas bien compris le mécanisme de l'impôt sur le sucre, car il n'a pas su le rendre intelligible. Il nous semble vouloir dire que la taxe est combinée à la fois d'après la quantité de betteraves

employées, de la contenance des appareils et de la durée du travail.
5° *Timbre et enregistrement.* Le timbre se divise en simple (fixe) et
proportionnel. Le timbre simple est de 5 copek (20 centimes) ou
40 copek. Le timbre de 5 cop. s'emploie pour des actions et certaines autres valeurs dont le montant ne s'élève pas à 50 roubles ;
il est de 40 cop. pour les valeurs supérieures et les actes d'ordre
civil. 40 cop. est le timbre simple normal. Le timbre proportionnel est de deux sortes : *a.* pour les lettres de change, etc., 0,8 à
0,9 0/0 du montant ; *b.* pour les mutations et les actes de prêts sur
nantissement 1/4 0/0 du montant. Les droits d'enregistrement
sont de 4 0/0 pour chaque changement de propriétaire d'immeubles, sauf en cas de décès.

La *Russiche Revue* renferme de nombreuses notices statistiques, des voyages, des documents historiques. Parmi ces derniers, un article sur Catherine II (liv. I de 1878) nous apprend
que la grande impératrice rêvait de faire procéder à la codification des lois par une assemblée législative. Elle rédigea « une
Instruction » pour les futurs députés, mais oublia de les convo-
quer. Elle n'en distribua pas moins son Instruction. Le grand
Frédéric ayant à lui demander bientôt après d'être la marraine de
son neveu, ajoute : « On dira que la marraine a été cette impératrice qui, la première parmi toutes les femmes, fut la législatrice
de son empire et fonda, par de bonnes institutions, le bonheur de
ses sujets... » Catherine lui répondit qu'elle avait imité le corbeau
de la fable et s'était orné de la plume du paon. La rédaction seule
lui appartient, le fond est emprunté aux œuvres de Montesquieu
et de Beccaria. Mais nous ne devons pas abuser de ces citations
étrangères à notre cadre ; d'ailleurs, il est temps de prendre
congé du lecteur ; nous ne le faisons pas sans regret.

MAURICE BLOCK.

CORRESPONDANCE

A PROPOS DU RACHAT ET DE LA RÉORGANISATION DES GRANDES LIGNES
DE CHEMINS DE FER

Mon cher Rédacteur en chef,

Alea jacta est! Le corps législatif a voté d'urgence un projet de
loi autorisant l'État à racheter plusieurs chemins de fer, dont les
concessionnaires ne pouvaient pas mener à bien leurs entreprises
ou leurs spéculations. Le gouvernement a eu beau se défendre,

dans le cours des débats, de toute pensée de rachat des grandes lignes, la logique l'y conduira fatalement; si ce n'est du gré du cabinet actuel, ce sera par l'initiative de l'un de ses successeurs, sous la pression d'une majorité non politique, composée de socialistes-radicaux et de protectionnistes. La planche du rachat partiel jetée l'autre jour sur le fossé qui sépare l'industrie privée des attributions ligitimes de l'État, sera bientôt remplacée par un large pont, livrant passage au rachat général de tous les chemins de fer, au remaniement des tarifs et à la suppression des péages, comme sur les routes, les rivières et la plupart des canaux rachetés.

Par une coïncidence qui n'est peut-être qu'une conséquence naturelle du principe imprudemment posé par le projet de loi, adopté le 14 mars par la Chambre des députés, le *Journal des Économistes* du lendemain 15 publiait un violent acte d'accusation dressé par M. Chérot contre les grandes compagnies de chemins de fer, en concluant, en forme de réquisitoire, au rachat de toutes les concessions.

Puisque la *Revue de l'Economie politique* est une tribune d'où l'on peut parler pour et contre la science, je demande la parole à mon tour pour défendre les principes et pour indiquer les conséquences pratiques de leur violation.

On a décidé le rachat de certaines lignes parce qu'elles faisaient de mauvaises affaires (1); c'est parce que les grandes en font de trop bonnes qu'il faut les racheter.

Comme il serait trop brutal de motiver ainsi l'expropriation des grandes compagnies, on agit à leur égard comme avec les chiens dont on veut se défaire, en disant qu'ils sont enragés; on accumule contre elles une masse de griefs qui, pour la plupart, ne supportent pas l'examen ou peuvent être facilement redressés, sans moyens violents.

Suivant M. Chérot, il est nécessaire et urgent que l'Etat rachète les concessions des grandes lignes de chemins de fer, parce que « leur monopole détruit de jour en jour les sources de la fortune publique. » C'est ce monopole qui est cause de la ruine de la marine côtière et de la batellerie, de l'écrasement des petites compagnies, de la décadence de nos grands ports de commerce, du déplacement artificiel des conditions naturelles du commerce et de

---

(1) Où n'irait-on pas, dans le commerce et l'industrie, avec le rachat des entreprises qui périclitent ? Et en vertu de quel droit refuserait-on à un manufacturier, à un armateur, ce que l'on accorde si facilement à des concessionnaires de chemins de fer, industriels comme eux, employant comme eux des ouvriers, et travaillant de même à leurs risques et périls ?

la production; c'est lui qui annihile pour la majorité des voyageurs et des marchandises les avantages de la vitesse et du bon marché; il est enfin la négation de tout progrès dans l'industrie des transports, et place notre production dans un état d'infériorité menaçant pour nos échanges à l'extérieur.

Assurément il y a bien des critiques à adresser à nos grandes compagnies, mais ce ne sont pas celles si longuement énumérées par M. Chérot, lesquelles sont, ou contradictoires, ou contraires à la nature des choses, comme je vais essayer de le démontrer.

I. La ruine du cabotage et de la batellerie intérieure, par exemple, n'est heureusement pas aussi complète que l'affirme M. Chérot, contrairement aux états officiels de la navigation, et là où elle est consommée, elle est la conséquence, soit de l'inertie routinière des caboteurs et des mariniers, soit de l'insuffisance de trafic, soit le plus souvent et tout naturellement, comme celle des postes et des messageries, de l'incontestable supériorité du nouveau moyen de transports sur ceux qu'il a remplacés. — En quoi, me permettrai-je de demander à M. Chérot, le rachat des chemins de fer et la fixation des tarifs par l'Etat modifierait-il cet état de choses? Relèverait-on les tarifs pour protéger la batellerie, interdirait-on aux chemins de fer le transport des marchandises dites *lourdes*, des houilles, des fers ou celui des vins, qui alimentait autrefois le cabotage? Evidemment ce n'est pas ainsi que le gouvernement pourrait relever la navigation, et il nous semble avoir bien compris ce qu'il y avait à faire, en proposant d'améliorer nos voies navigables, en augmentant le tirant d'eau des rivières, des fleuves et des canaux. M. Chérot repousse, il est vrai, cette forme de l'assistance officielle. « A quoi bon? La batellerie ne peut renaître, tant que les grandes compagnies seront là pour l'écraser avec l'argent des contribuables, sans risques ni périls pour elles. » — Qu'est-ce à dire, faut-il donc opter entre la navigation, ne desservant qu'un certain nombre de localités riveraines, et les voies ferrées pénétrant partout? Et si l'on conserve l'une et les autres, laissera-t-on à la première le droit de fixer les tarifs des secondes, interdira-t-on aux compagnies fermières des chemins de fer rachetés de faire de nouveau concurrence à la batellerie, et comment s'y prendra-t-on? Cette concurrence étant dans la nature des choses, on peut être assuré à l'avance qu'elle se reproduira toujours avec les mêmes résultats, quoique l'on fasse pour l'empêcher(1).

_____

(1) Les hommes compétents ont reconnu depuis longtemps que la batellerie ne pouvait subsister à côté des chemins de fer qu'en accordant aux services accélérés

II. La décadence de nos grands ports de commerce n'existe heureusement que dans l'esprit et par suite d'une confusion de M. Chérot, qui a voulu parler de nos armements maritimes, lesquels sont réellement en souffrance, mais sans que l'on puisse en aucune façon s'en prendre aux chemins de fer. Si certains de nos grands ports, comme le Havre et Marseille, luttent avec peine contre les détournements effectués à leur préjudice par Anvers et Gênes, ce n'est pas par le fait des chemins de fer français, mais de celui des chemins belges, allemands et italiens, qui pratiquent en grand les tarifs spéciaux de transit, interdits aux compagnies françaises comme favorisant l'industrie étrangère aux dépens de la production nationale. Pour le surplus de notre commerce maritime, si, malgré les notables développements qu'il a pris depuis l'établissement des chemins de fer et les traités de 1860, il n'est pas aussi prospère qu'on pourrait le désirer, ce n'est pas l'insuffisance ou la mauvaise gestion des voies de transport qui en est la cause, mais l'inaptitude de notre personnel commercial à multiplier nos comptoirs, comme les Grecs, les Allemands et les Anglais. M. Jacques Siegfried, qui a signalé notre infériorité sous ce rapport dans la dernière réunion de la Société d'Economie politique (1), en présence de M. Chérot, a terminé en disant que si l'on voulait « remédier artificiellement » au malaise de la marine marchande, il n'y avait qu'un seul moyen (la surtaxe de pavillon ne pouvant être rétablie) : « Le système des primes à l'armement. » — Des subventions pour les industries en souffrance, tel est le dernier mot de la campagne protectionniste des ports de mer, dont M. Chérot (de Nantes) est l'un des champions.

III. La détresse de la plupart des petites compagnies des chemins de fer est un fait incontestable ; mais, s'il n'est pas douteux que plusieurs grandes compagnies y sont pour quelque chose, par l'abus du droit de gare et par refus de concours dans le règlement des horaires, il n'est pas moins certain que les fondateurs des petites compagnies ont été dans la plupart des cas les auteurs principaux de leur ruine, par leurs faux calculs, leur mauvaise administration et leur antagonisme déclaré. C'est pour sauver les petites compagnies, ou du moins venir en aide à leurs créanciers, que le gouvernement s'est décidé à les racheter. Ainsi soit-il, pourvu que l'on n'aille pas plus loin et que le rachat partiel ne conduise pas au rachat général.

des principes spécieux, c'est à-dire en créant des monopoles particuliers, que le gouvernement a refusés jusqu'ici avec raison.

(1) V. *Journal des Economistes* du 15 mars 1878, p. 449.

IV. M. Chérot accuse les grandes compagnies d'avoir déplacé artificiellement à l'intérieur les conditions naturelles du commerce et de la production. J'avoue ne rien comprendre à ce grief, ne deviner sur quoi il se fonde. Tout ce que je sais, c'est qu'avant les chemins de fer, certaines villes, certaines parties du territoire, exceptionnellement bien situées et bien pourvues de voies de communication, jouissaient d'une sorte de privilége de fait, dont le public, consommateur de leurs produits, supportait les conséquences. Les chemins de fer survenant et pénétrant un peu partout dans l'intérieur, ont facilité l'accès des grands marchés à de nouvelles régions et déterminé la création de nouveaux centres de production, tout aussi naturels que les premiers; la concurrence qui en est résultée a pu affecter les profits ou déranger la quiétude des anciens privilégiés, mais les nouveaux vendeurs et le public y ont trouvé leur compte. Ce sont les chemins de fer qui ont permis l'exploitation des bassins houillers du Pas-de-Calais, ceux de l'Allier et du Lot; ce sont eux qui ont permis de faire du Creuzot le plus grand établissement métallurgique et de construction de machines de France; ce sont eux encore qui mettent à la disposition de l'agriculture de nouveaux engrais minéraux, qui remplacent heureusement les guanos épuisés et de plus en plus chers; ce sont eux enfin qui approvisionnent les halles en légumes et fruits frais de toutes les parties de la France, de la Touraine, du Midi et même de l'Algérie. Voilà ce que les chemins de fer ont fait, les grandes lignes principalement, bien entendu; ils ont développé la production, contribué à la création de nouveaux ateliers, accru et non détruit la fortune publique, généralisé le bien-être; si c'est là un crime, ils l'ont commis. Mais de quelle façon, non pas seulement les en punir, mais détruire leur œuvre et rétablir l'ancien état des choses? Sera-ce en les rachetant? Non, car il est certain que les nouveaux exploitants ne refuseront pas de transporter les charbons des nouvelles houillères, les produits des nouvelles usines, et que l'on ne détruira pas ce qu'on appelle le monopole des grandes compagnies pour reconstituer celui des anciennes fabriques ou celui des maraîchers de la banlieue des grandes villes. Si c'est là ce que l'on veut, — et c'est là où l'on va, — ce n'est pas le rachat des chemins de fer qu'il faut demander, c'est leur démolition.

V. Le grief suivant, relevé par M. Chérot à la charge des grandes compagnies, a, quoique fort exagéré, quelque chose de plus légitime. Il n'est pas exact, par exemple, que par suite du monopole, la grande majorité des voyageurs et des marchandises soit privée des avantages de la vitesse et du bon marché; il suffit pour s'en convaincre de comparer les prix et le temps que coûtent aujourd'hui les transports les moins favorisés, avec ce qu'exigeaient autrefois les transports de luxe, les chevaux de poste pour les personnes, les messageries pour les marchandises précieuses ou pressées. Pour tout le monde et pour toutes choses, la réduction du prix est considérable; mais il y a cependant quelque chose à dire et à reprocher aux compagnies, qui abusent réellement des délais et sont, sous ce rapport, fort en arrière des chemins étrangers, mais il est facile de remédier administrativement à cet abus sans exproprier les compagnies. Par contre, je ne vois pas trop ce que l'on pourrait faire pour que les voyageurs de troisième classe soient transportés à la même vitesse que les express. Cette vitesse n'est obtenue, pour la plus grande partie, tout le monde le sait, qu'en supprimant des arrêts aux stations intermédiaires, c'est-à-dire en gagnant le temps de ces arrêts et en ne perdant rien de la vitesse acquise; or, cette suppression suffit à elle seule pour interdire l'usage des trains rapides aux voyageurs de troisième, dont l'immense majorité se compose d'ouvriers agricoles, allant à petite distance, partant des petites stations et y revenant, et pour un centième d'ouvriers industriels allant d'une extrémité à l'autre des grandes lignes, de Paris à Marseille, à Bayonne, à Saint-Nazaire, à Brest, au Havre, à Dunkerque, à Calais, à Lunéville, etc. Rien ne s'oppose, du reste, que l'intérêt de la sécurité, à ce que l'administration oblige les compagnies à ajouter aux trains express une voiture de troisième classe. Cela ne servirait pas souvent aux ouvriers, et les avares seulement en feraient leur profit; aussi préférerais-je, pour mon compte, une autre solution, qui serait de faire payer plus cher les places dans les express, comme cela a lieu en Belgique et en Angleterre, il y aurait moins de monde, et les compagnies pourraient augmenter le nombre et un peu la vitesse des trains directs, composés des trois classes de voitures. Les trains anglais à prix réduits, dits trains parlementaires, sont plus utiles aux ouvriers et à un plus grand nombre, que leur admission dans les trains express. Que l'on fasse ou plutôt que l'on généralise des trains semblables en France, cela encore peut se faire administrativement, sans expropriation.

Après avoir examiné tous les griefs relevés par M. Chérot à l'appui de son *delenda societas*, je passe à la partie organique de son projet de « réorganisation », ou mieux : de désorganisation des chemins de fer.

Le rachat étant effectué, M. Chérot propose de former avec les principales lignes qui le composent un *réseau national*, que l'on compléterait par une ou plusieurs lignes transversales ; le surplus, c'est-à-dire tous les embranchements, tout le second réseau, ainsi que les chemins d'intérêt local construits et à construire seraient répartis comme affluents entre vingt à trente *réseaux régionaux*.

Le réseau national, réduit aux fonctions de collecteur, pourrait être concédé à des compagnies d'exploitation, voire même à celles actuelles, avec des tarifs *uniformes*, fixés par l'État et dont il resterait le maître ; les transports seraient effectués par les compagnies, soit à forfait, soit en régie intéressée.

Les réseaux régionaux, leur exploitation (il n'est rien dit de leurs tarifs), leur achèvement immédiat et leurs compléments ultérieurs, seraient du ressort de l'industrie privée, payant un fermage à l'Etat ou recevant de lui une subvention, qui devrait se compenser.

J'ai résumé aussi fidèlement que possible le projet de M. Chérot, dont le texte est d'ailleurs à la disposition des lecteurs, et après l'avoir bien étudié, je n'hésite pas à le considérer comme une pure utopie, aussi irréalisable que ruineuse si l'on en essayait l'application.

N'est-ce pas une pure utopie, en effet, que ce ou ces tarifs uniformes, ne tenant aucun compte de l'importance relative des produits formant la base principale des transports sur chaque ligne, et différents sur chacun ? Sur celle du Havre ce sont ou c'étaient les cotons en laine et les produits de l'Amérique du Nord, sur l'Est les fers et les houilles, sur le Nord, les charbons et les sucres, sur d'autres les vins, les bois, les tissus, etc., qu'il faut transporter aux conditions les plus favorables, les autres articles moins essentiels payant un peu plus. Quelle inintelligente et ruineuse exploitation on ferait, ou plutôt on faisait autrefois, avec l'uniformité des tarifs ! car ce que l'on proclame aujourd'hui comme un progrès a été inscrit à l'origine dans les premiers cahiers des charges. Ceux-ci n'admettaient que trois à quatre classes de marchandises, composées des mêmes articles sur toutes les lignes ; mais les nécessités de la pratique ont bien vite brisé cette uniformité officielle, et l'on en est sorti, non il est vrai sans un excès de complication et d'énumération toujours incomplète, par la double voie du déclassement et de la réduction des tarifs, au grand avantage du commerce et du public.

Ce qui serait plus ruineux encore que l'uniformité des tarifs, qui se heurte et se brise contre l'impossible, ce serait la fixation des tarifs par l'Etat seul, c'est-à-dire, — malgré la résistance du ministre des finances, — par la majorité parlementaire qui, selon sa composi-

tion et sa tendance, radicale ou conservatrice, fera du socialisme ou
de la protection, ce qui est encore du socialisme. Que de brillants
et séduisants sophismes à développer à la tribune, non plus pour
leur uniformité, supposée admise, mais pour leur égalité, par
unité de poids d'abord, et ensuite pour toute distance. Pourquoi
pas, en effet? Il n'en coûte pas plus pour transporter une tonne de
soiries, d'une valeur de 100,000 fr. et au-dessus, qu'une de houille
de 20 à 25 fr. ou une tonne de fonte de 15 fr., donc : — égalité de prix
pour tous les transports de marchandises. Quant aux voyageurs,
tous les hommes sont égaux, donc : — tous ont droit au même confortable et à la même vitesse; donc : — plus de distinction de classes,
de grands omnibus comme aux Etats-Unis, dans lesquels tout le
monde est confondu et satisfait tous ses besoins. Maintenant, pour
les distances, le tarif des lettres est le même pour toute la France,
pourquoi n'en serait-il pas de même du tarif des chemins de fer?
Pourquoi les draps de Castres ne pourraient-ils pas arriver à
Paris, pour le même prix de transport que ceux d'Elbeuf ou de
Sedan ou de Vimoutiers; pourquoi les indiennes émigrées d'Alsace
dans les Vosges paieraient-elles plus que les rouenneries de
Maromme ou de Bapaume; les papiers d'Annonay ou ceux d'Angoulême que ceux d'Essonne; les fers du Creuzot ou de la Haute-
Marne, du Berry ou de la Bourgogne, plus que ceux de Monta-
laire et ainsi de suite? Donc, ici encore, égalité de tarif pour tous;
et soyez bien convaincus qu'il ne manquera pas de manufacturiers, comme M. Laroche-Joubert, pour prouver que c'est surtout
dans l'intérêt des ouvriers et du plus grand nombre qu'il faut établir cette égalité, et il sera soutenu par tous les protectionnistes,
qui jouiront ainsi d'un avantage refusé à tous leurs concurrents
étrangers.

Vois-je trop loin, et M. Chérot me reprochera-t-il de lui prêter
des intentions contre lesquelles il a pris soin de protester? Soit, je
lui donne volontiers acte de ses réserves personnelles, mais il ne
saurait me contester le droit de déduire les conséquences du principe posé par lui, et que d'autres, plus hardis et plus logiques, ne
manqueront pas d'en faire sortir pour leur donner force de loi. —
C'est pour cela que je combats ce principe avec toute l'énergie dont
je suis capable, et pourquoi aussi, repoussant et niant les prémisses, je ne discuterai pas les conclusions, je n'examinerai
pas les voies et moyens financiers du rachat des grandes lignes de
chemins de fer. — Qu'il suffise d'une inscription de 4 ou 500 millions de rente au Grand livre ou d'annuités équivalentes pour
désintéresser les actionnaires et les obligataires, qu'importe? Si le
Trésor ne peut pas les payer sans nouveaux impôts remplaçant les

recettes des chemins de fer, réduites aux simples déboursés de l'exploitation, c'est de cela qu'il faut s'occuper, parce que c'est cela qui est inévitable. *Caveant consules !* Une première faute a été faite; arrêtez-vous.

Ad. Blaise (des Vosges).

BULLETIN

L'ÉCONOMIE POLITIQUE APPRÉCIÉE PAR LE JOURNAL « LA COMMUNE »

Nous trouvons dans un nouveau journal, *la Commune affranchie*, rédigé sous les inspirations de M. Félix Pyat, dit-on, l'article suivant intitulé « les Économistes » et faisant partie d'une série intitulée les *classes dirigeantes*. Nous avons rarement eu à signaler quelque chose de plus grotesque.

Les Economistes.

On a dit : la science n'a pas de cœur. La fausse science, oui ; la science de « Dieu et mon droit » ; la science de chacun pour soi, la science de Malthus, la science de la *sélection*, en un mot la science de l'économie politique. Certainement, cette science-là n'a ni cœur ni entrailles, et ses savants non plus.

Elle nie la solidarité, la sociabilité, l'unité de notre nature. Elle nie l'humanité.

Elle n'est donc pas une vraie science, elle est l'égoïsme élevé à l'état de science, l'égoïsme scientifique et philosophique, académique et amphigourique, membre de l'Institut et du Sénat, dirigeant diplômé, décoré, pensionné et patenté, avec garantie des gouvernements.

Elle est une fille bâtarde de la *physiocratie* du bon docteur Quesnay et du bon ministre Turgot, transplantée de France en Angleterre où elle a dégénéré en nourrice, laissant sa philanthropie française pour la dureté anglaise d'Adam Smith, de Ricardo, dignes maîtres de leurs dignes élèves de ce côté-ci de l'eau, les Say, les Bastiat, qui professent cette science *matérialiste* et se disent chrétiens, tous apôtres du salariat, n'admettant pas même l'assistance, traitant les hommes comme des chiffres, la chair humaine comme une denrée, soumettant le droit de vivre aux fluctuations du cours; oui, même la vie, à la hausse et à la baisse du marché.

Rien de plus inhumain et, par conséquent, de plus faux, que cette prétendue science si bien à sa place dans une île, chez un peuple que Virgile dit justement séparé du globe, *toto divisos orbe Britannos*, chez le plus insolidaire et le plus insociable des peuples, l'Anglican.

Les deux axiomes cardinaux de cette science dite positive, mais absurde, sont : 1° *Laissez-faire, laissez-passer* ; et 2° *l'équation de l'offre et la demande.*

Le laissez-faire d'abord !

Le laissez-faire est une conséquence du principe de Liberté ; mais de ce principe seul, isolé et séparé de son complément nécessaire, le principe d'Egalité. Les deux sont essentiellement constitutifs de notre nature. Les diviser, c'est diviser le droit du devoir; c'est scinder l'homme en deux ; c'est commettre l'erreur de la demi-vérité. C'est la secte.

La secte anglaise consiste donc dans le *laissez-faire,* c'est-à-dire dans le droit sans devoir, dans l'extermination libre du faible par le fort, dans la liberté cruelle du Barbare, dans son cri féroce : *Væ victis* ! Malheur aux faibles ! Dans l'exercice effréné, illimité, incontrôlé du droit de la force, sans intervention de la justice ; dans l'indifférence impossible du pouvoir public devant cette concurrence brutale, cette lutte immorale, cette guerre homicide engagée partout, à cette heure, entre les gros et les petits. Résultat : Cent mille faillites en Europe ! *Laissez-faire !*

Et si encore le pouvoir était indifférent, se croisant les bras et restant neutre en présence des adversaires, assurant au moins la liberté du combat. Mais non, le plus souvent, même dans l'impartiale Angleterre et toujours, en France, il prête sa force aux forts, porte l'eau à la rivière et allie le fer à l'or, comme à Aubin, hier, ou à Decazeville, aujourd'hui.

En résumé, le *laissez-faire,* c'est le char de l'idole indoue, du dieu sanguinaire de Jaggernaults, écrasant tout sous son passage, l'enfant, l'homme, le vieillard, tous sous la roue, au profit et à l'honneur du monstre. *Laissez-passer !*

Maintenant, l'*offre* et la *demande.*

Autre erreur ! autre immoralité, autre impossibilité, autre inhumanité ! ce que l'Anglais appelle une *fallacy.* Non, il n'y a pas égalité entre l'offre et la demande. Non, il n'y a point parité entre les deux termes. Non, il n'y a pas identité entre les deux parties. L'*offre,* le travail, a des besoins, des passions, des droits et des devoirs; il a faim, il a soif, il a froid; il pense, aime, souffre ; il vit, enfin. Le capital, rien de tout cela; ni cœur, ni âme, ni tête, ni vertu, ni nerfs, ni muscles, ni passions, ni besoins, ni sentiment, ni vie.

Le bras de l'ouvrier sans nourriture dépérit; le cœur de l'ouvrier affamé s'irrite ou s'avilit; l'écu du maître dans sa caisse ne se détériore pas ; il ne perd rien s'il ne gagne rien; car l'impôt est payé non par le capital, mais par le travail. Le capital n'a point de patrie, point de famille, point de devoirs. Le travail a tout cela sur les bras. Dans le passé, par son père, il a fait la France; dans le présent, par lui-même, il la conserve, car le producteur est le seul conservateur, et dans l'avenir, il la continue par ses fils, sans compter qu'il la défend. Il y a donc là pour le travail un droit fondé sur le devoir même et supérieur à celui du capital qui n'a aucun devoir, aucune obligation, qui peut toujours attendre quand le travail ne le peut jamais, et qui pourtant ne peut rien faire sans lui.

Comment donc admettre cette balance inflexible de l'*offre* et de la *demande*, qui n'est qu'une balance de vie et de mort? Elle est purement et simplement impossible. Elle est impitoyable et inhumaine comme le *laissez-faire*. Elle est comme lui monstrueuse et criminelle, quand cent mille ouvriers, tous enfants de la patrie, *offrent* de vivre en travaillant sous peine de mourir en pâtissant ou en combattant, et que cent maîtres, enfants de la même patrie, ne demandent pas de travail.

Laissons donc à l'Angleterre le « Dieu et mon droit », à chacun pour soi la science inhumaine, la science sauvage de l'économie politique; et que la France des *droits de l'homme*, des droits et des devoirs, fidèle aux deux premiers principes de la Révolution : Liberté, Egalité, et, pour en assurer le troisième : Fraternité, suive, enfin, la vraie science économique, celle de la solidarité. (*La Commune*, 3 avril.)

SESSION ANNUELLE DE L'ASSOCIATION POUR LE DÉVELOPPEMENT ET L'AMÉLIORATION DES VOIES DE TRANSPORT.

L'Association a avancé cette année l'époque de sa session. Il lui a paru qu'il y avait opportunité à faire connaître le résultat de ses travaux, au moment où les pouvoirs publics sont appelés à délibérer sur la grosse question du régime de nos chemins de fer et sur celle du développement et de l'amélioration de nos voies navigables.

L'Association, véritable *Ligue des transports à bon marché*, réunit aujourd'hui près d'un millier d'adhérents. Elle compte parmi ses membres plusieurs sénateurs et députés, des ingénieurs, des membres de Chambres de commerce et un grand nombre de notabilités dans le commerce et dans l'industrie. Elle est dirigée par un comité de trente membres, où nous voyons figurer les noms de MM. Feray, Claude (des Vosges), Palotte, Magnin, sénateurs; de MM. Lebaudy, Wilson, Waddington, Savary, Baihaut, Jassin, Riotteau, députés; de membres de la Chambre de commerce et du Conseil municipal de Paris, d'ingénieurs, etc. La Société est, en outre, divisée en plusieurs sections qui étudient et préparent les résolutions à soumettre à l'assemblée générale, lors de la session annuelle. Cette session vient de durer quatre jours sous la présidence de M. Lebaudy, et des résolutions importantes y ont été votées après des discussions approfondies et souvent intéressantes.

L'assemblée s'est occupée des questions relatives à la navigation intérieure et aux chemins de fer. Nous ne saurions résumer ici les débats auxquels elles ont donné lieu, nous ne pouvons que reproduire les résolutions qui ont été adoptées, en mentionnant leurs considérants les plus saillants.

A propos de nos voies navigables à l'intérieur, l'assemblée s'est pleinement associée aux vues du ministre des travaux publics, M. de Freycinet. La construction de nouveaux canaux, l'amélioration et l'uniformisation de ceux qui existent, l'amélioration de la navigabilité de nos fleuves ont été hautement réclamées. Ce n'est que dans cette voie que peuvent être ajoutés à notre production agricole et industrielle des moyens de transport suffisamment économiques pour les matières lourdes ou encombrantes.

La suppression des droits de navigation a été vivement discutée. L'assemblée a voté une résolution en faveur de leur suppression, l'existence de ces droits n'étant pas plus justifiable que ne le serait la perception de droits spéciaux pour l'entretien des routes nationales ; elle est, d'ailleurs, une anomalie choquante en présence de la concurrence acharnée faite à la navigation intérieure par les grandes Compagnies de chemins de fer subventionnés.

La question des chemins de fer a été traitée avec de grands développements pendant trois séances. Celle des tarifs, abordée la première, est tellement grosse d'abus et d'abus insupportables dans le régime actuel, que la réforme demandée par l'Association ne pouvait être que radicale. Voici les résolutions qui ont été adoptées à l'unanimité.

Considérant :

1° Que les tarifs généraux des Compagnies de chemin de fer, contenus dans les cahiers des charges, sont devenus actuellement inapplicables ;

2° Que les tarifs spéciaux, qui ont remplacé dans l'application les tarifs généraux, sont livrés à l'arbitraire des Compagnies ;

3° Qu'il importe que le principe des tarifs différentiels soit introduit dans le tarif général ;

4° Que la prospérité publique et la plus-value des impôts sont intimement liées au développement des transports ;

Sont adoptées les résolutions suivantes :

Le tarif général sera le même pour toutes les Compagnies ; il sera établi sur les mêmes bases, les lignes étant considérées comme le prolongement les unes des autres.

La classification des marchandises sera établie en tenant compte de leur nature et de leur valeur.

Les prix de transports applicables aux différentes classes et les détails de livraison seront établis sur la plus courte distance, en admet-

tant pour la fixation de cette distance une majoration compensant les
difficultés du tracé et du profil.

Ces prix seront établis sur une base kilométrique, décroissant en
raison de la distance parcourue, un minimum de taxe comprenant les
frais fixes de chargement, de déchargement et autres étant préalablement fixé.

A moins de stipulation contraire, les expéditions devront être faites
par les Compagnies dans les conditions les plus économiques.

Tous les tarifs exceptionnels, dits spéciaux, sont supprimés ; néanmoins, les marchandises chargées en wagons complets, ou celles dont
les délais de transport et de livraison seront augmentés, jouiront d'une
réduction de classes qui permettront de les transporter à un tarif
moins élevé.

La faculté d'établir des tarifs de transit est maintenue.

L'assemblée a abordé ensuite la question palpitante de l'organisation
générale de nos chemins de fer. La section du comité spécial a présenté, par l'organe de M. Savary, député, son rapporteur, un exposé
très-clair et très-précis de la situation. Un prompt achèvement du
réseau national est réclamé par la situation économique du pays. Le
régime actuel doit prendre fin par des considérations d'intérêt public
de l'ordre le plus élevé. Quels sont les principes qui doivent servir de
base à une organisation générale, tant des chemins de fer existants que
de ceux à créer pour compléter le réseau national?

En résumé, l'Association a adopté à l'unanimité des résolutions :

1° Repoussant le système de la fusion des Compagnies secondaires
avec les grandes Compagnies.

Ce système aggraverait le monopole, supprimerait la part de l'autorité qui est laissée à l'État et interdirait l'espoir de toute réforme dans
les tarifs, en même temps qu'elle rendrait impossible l'achèvement du
réseau. Ce serait une véritable abdication de l'État ;

2° Repoussant l'exploitation et la construction par l'État en tant que
principe définitif.

Le système de l'exploitation directe par l'État est contraire aux véritables doctrines économiques et à l'intérêt du Trésor; il présenterait des
incompatibilités absolues avec les nécessités commerciales, ainsi que
des inconvénients particuliers à une époque où il est nécessaire de
faire appel à l'initiative et au concours des capitaux privés pour faciliter la construction des lignes nouvelles et hâter ainsi l'achèvement
du réseau.

Le débat s'est établi ensuite sur la question du rachat général des
chemins de fer; deux opinions étaient en présence, l'une, considérant
que le rachat serait prématuré et qu'il serait plus onéreux à l'heure
actuelle qu'il ne le sera dans une quinzaine d'années ; l'autre, soute-

nant que la réforme nécessaire dans les tarifs, l'achèvement du réseau
national, la résurrection de la navigation intérieure, étaient absolument impraticables en présence du monopole des grandes Compagnies
et de leur prétention d'être maîtresses de la tarification, en vertu de
leurs contrats ; après une discussion ardente, brillamment soutenue
par MM. Savary, Chérot, Vauthier, Molinos, Wilson, Couvert, Villard
et autres, et qui n'a pas duré moins de deux séances, l'Association a
adopté la résolution suivante, proposée par M. Chérot :

« Considérant que les réformes dans les tarifs des chemins de fer,
votées par l'Association, réformes qui sont la conséquence nécessaire
du régime de liberté commerciale inauguré en 1860, ne sauraient être
ajournées sans compromettre la fortune du pays ;

« Considérant que la constitution en chemins de fer d'État d'une partie
des voies ferrées de la Belgique, de l'Allemagne, de l'Autriche et de
l'Italie impose à la France des obligations nouvelles relativement au
régime de ses chemins de fer ;

« L'Association est d'avis, en principe, qu'on affecte le rachat de
toutes les lignes de chemin de fer, pour procéder à une réorganisation
générale du régime de nos voies ferrées. »

Le Bureau de l'Association a été chargé de faire connaître ses vœux
au Gouvernement et aux commissions parlementaires, près desquelles
ces questions sont à l'étude, ainsi que de donner à ses résolutions toute
la suite pratique dont elles pourront être susceptibles.   •••

LES CHEMINS DE FER DE L'ÉTAT (1).

Il y a en ce moment dans le monde environ 300,000 kilomètres de
chemins de fer répartis de la manière suivante :

Amérique.............................	143,000 kil.
Asie (principalement l'Inde anglaise).......	11,000 —
Océanie (principalement l'Australie)........	2,500 —
Afrique (principalement l'Algérie et l'Égypte).	2,500 —
Europe.............................	140,000 —

Sans nous occuper de l'Asie, de l'Océanie, de l'Afrique, qui ne nous
offriraient cependant que peu d'exemples, de l'exploitation par l'État,
nous pouvons dire que l'Amérique du Nord a élevé à la hauteur d'un dogme
politique l'inaptitude de l'État à se charger de la construction et de
l'exploitation des chemins de fer.

Si nous restons en Europe, nous trouvons que les cinq sixièmes environ du réseau sont exploités par des Compagnies, le dernier sixième
par l'État, savoir :

----

(1) Résumé et conclusion d'une étude publiés dans la *Revue des Deux-Mondes.*

En Belgique.............................   2,105 kil.
En Allemagne........................   17,607 —
En Austro-Hongrie...................   2,274 —

Historiquement nous avons donc pu dire que la question était bien loin d'être résolue en faveur du système de l'exploitation par l'État.

Ce ne sont point des considérations économiques qui ont déterminé la création des réseaux d'Etat : ceux-ci sont dus presque tous à des motifs politiques, aussi bien en Belgique qu'en Allemagne et en Hongrie.

Pendant trois ans le régime de l'exploitation par l'Etat a été essayé en France sur des lignes importantes : l'impuissance de l'administration à se plier aux nécessités commerciales, impuissance signalée à l'avance par les orateurs les plus influents de l'Assemblée nationale, et notamment par M. Jules Favre, a été démontrée par l'expérience.

Sur les réseaux exploités par l'Etat les taxes moyennes payées par le public ne sont pas inférieures à celles qui sont payées sur les réseaux exploités par les Compagnies; presque toujours même elles sont supérieures.

Sur ces mêmes réseaux, la réglementation remplace la responsabilité. Pour se soustraire aux difficultés des relations avec le public, les directions d'Etat s'efforcent de limiter l'exploitation, au moins en ce qui concerne le trafic des marchandises, à la traction des trains : tout individu qui ne peut remettre au moins 5.000 kil. de marchandises à la fois doit payer d'énormes surtaxes ou s'adresser à des intermédiaires.

Si nous cherchons vainement ce que le public gagnerait à la suppression des Compagnies et à la transformation de leurs agents responsables en fonctionnaires à peu près irresponsables, aussi bien pécuniairement que personnellement, nous n'avons aucune incertitude sur les pertes que subira l'Etat.

L'Etat, qui n'impose pas la rente, ne pourra prélever d'impôt sur le revenu des capitaux nécessaires à l'achèvement du réseau.

Les impôts qui grèvent si lourdement l'industrie des transports (elle a payé, en 1876, 159 millions) seront difficilement maintenus et il faudra demander à l'impôt les moyens de combler un pareil déficit. Lorsque l'Etat sera le maître du prix de ces transports, en temps, nous ne disons pas de disette, mais seulement de cherté, jamais on ne maintiendra de taxes un peu élevées sur le prix des choses nécessaires à la vie.

Tous les fonctionnaires publics démontreront qu'il est indispensable de leur accorder sinon la gratuité, au moins le quart du tarif, comme aux militaires et marins. On invoquera l'exemple des pays étrangers pour le transport des électeurs et des membres du Parlement. Est-on bien certain que, dans les questions électorales, l'abaissement du prix des transports ne jouera jamais le moindre rôle?

Les Compagnies de chemins de fer résistent à toutes ces sollicitations parce qu'elles ont un intérêt considérable à sauvegarder : la rémunération et l'amortissement du capital énorme consacré à la construction de leurs lignes. Si ce capital s'élève *à dix milliards*, et on peut prévoir cette limite, il faut que l'exploitation donne en recettes nettes pour l'intérêt et l'amortissement au moins 550 millions par an.

Si l'exploitation est dirigée d'une façon telle que les bénéfices annuels soient inférieurs à cette somme, il faut que l'impôt comble la différence. Si on arrive à la limite extrême de ne demander au public que le remboursement pur et simple des dépenses d'exploitation, il faut ajouter aux impôts, pendant 75 ans environ, une somme annuelle de 550 millions.

Voilà ce qu'il faudrait que tout le monde sût et que tant de personnes ignorent. On dit : l'État fait le service de la poste, il fera bien celui des chemins de fer ; — on ne se demande pas si ce service de la poste, en comptant ce qu'il coûte, est rémunérateur ou non.

Nous avons parlé d'une perte annuelle possible de 550 millions, rien ne dit que ce serait une limite qu'on ne dépasserait pas. Comment en effet l'État résisterait-il aux demandes incessantes de nouvelles lignes ? Il sera sans force, et cependant il est déjà bien lourdement engagé.

Dans le courant de l'année 1876, on a distribué aux Chambres un petit volume intitulé : *Engagements du trésor public contractés pour le remboursement d'avances à l'État et pour l'exécution de divers services publics.* En ce qui concerne les chemins de fer, les engagements contractés par l'État s'élèvent aujourd'hui à un milliard.

Est-il prudent, lorsque l'avenir est déjà si chargé, de s'engager dans une affaire aussi lourde, aussi grosse d'imprévu, que le serait le rachat général des chemins de fer ? Nous ne le pensons pas, et nous estimons qu'il faut une grande hardiesse ou une grande ignorance des faits pour répondre affirmativement.

On a bien voulu reconnaître que l'exploitation directe des chemins de fer par une armée de fonctionnaires présentait de graves inconvénients, et on a proposé une solution dont nous avons dit quelques mots en commençant cette étude. L'État rachèterait tous les chemins de fer, non plus pour les exploiter lui-même, mais pour les affermer le lendemain à des Compagnies nouvelles qui lui payeraient une redevance. C'est la solution devant laquelle, depuis deux ans, le gouvernement italien demeure hésitant.

Mais on peut se demander ce que l'on gagnera et qui gagnera quelque chose dans cette transformation. Au lieu d'avoir devant lui les agents des six Compagnies, le public en aura dix, quinze, vingt peut-être ; il n'y prendra point garde. En second lieu, pour que la transformation se justifie on imposera aux Compagnies fermières des tarifs plus bas que les tarifs actuels. Supposons 10 pour 100 sur 900 millions de re-

cettes brutes, cela fera 90 millions. La redevance sera diminuée de ces
90 millions ; mais comme on devra toujours payer le prix convenu pour
le rachat, il faudra inscrire cette somme en dépense au budget de l'Etat.
Enfin, que seront ces Compagnies nouvelles? Elles n'auront besoin que d'un
faible capital pour leur fond de roulement ; elles ne seront en rien comparables aux Compagnies actuelles dont le capital dépassera bientôt pour
chacune d'elles un milliard, un milliard 500 millions, deux milliards ; elles
seront infiniment moins solides et moins puissantes. Moins puissantes :
ne serait-ce pas là le secret désir de ceux qui considèrent comme nécessaire de briser ce qu'ils appellent l'esprit de résistance des Compagnies?
Il faudrait d'abord ne pas se contenter d'affirmations vagues ; il faudrait
d'abord préciser et dire dans quelles conditions cette résistance s'est
manifestée. Mais nous allons plus loin : nous dirons que c'est précisément parce qu'elles sont résistantes ou, plus exactement, capables de
résistance, qu'il faut les garder ; on ne s'appuie que sur ce qui résiste,
et, dans des circonstances bien graves, le pays a été heureux de rencontrer ces grandes associations et d'obtenir d'elles des services inespérés.

On oublie véritablement ce qui s'est passé, en 1871, quand le lendemain de la signature de l'armistice, on a demandé aux Compagnies
d'assurer en quelque sorte à la fois le ravitaillement de Paris, — le ra-
patriement de 400,000 prisonniers français, — le déplacement de la
moitié de l'armée allemande. Personne n'a songé qu'il y avait sur les
voies de fer 150 ouvrages détruits et que la circulation était entravée
par ces immenses destructions et par les exigences des armées d'occupation.

Les Compagnies françaises n'ont pas demandé un jour de répit, elles
ont silencieusement accompli une œuvre immense.

L'État est-il au moins venu financièrement à leur secours? Loin de
là ; il leur a dit : Ouvrez des chantiers de tous côtés, agrandissez vos
gares, augmentez votre matériel roulant ; puis, pour les garanties d'intérêt, je vous dois des sommes considérables, mais je ne puis vous les
payer ; procurez-vous-les comme vous pourrez, je vous en servirai l'intérêt. En 1871 comme en 1872, l'État a tenu le même langage, et les
Compagnies ont dû ajouter aux emprunts qu'elles avaient à faire pour
leurs travaux ordinaires et extraordinaires des emprunts spéciaux, environ 30 millions en 1871 et 34 millions en 1872, pour remplacer les
engagements de l'État.

Tout cela a été possible, nous dirons même facile, parce que la France
a une organisation financière spéciale. Elle a deux grands-livres de la
dette publique : le grand-livre du Trésor, le grand-livre des six Compagnies de chemins de fer. Tous d'eux s'ouvrent pour enregistrer les placements de l'épargne, dans des conditions différentes, il est vrai, mais
en se prêtant un mutuel concours. Un jour, le grand-livre des chemins

de fer, avec la dette de dix milliards au moins qui y aura été inscrite, disparaîtra au grand profit de son voisin, celui du trésor public, qui héritera de cet immense capital.

Faut-il fermer dès aujourd'hui cette source du crédit des Compagnies, et dire que le produit de l'État répondra seul à tous les besoins du pays ? Selon nous, ce serait une erreur grave, attendu que les Compagnies ont un crédit indépendant et distinct de celui de l'État. Si, à divers moments, le crédit de l'État semble pouvoir suffire à tous les besoins du pays, à d'autres moments, et surtout aux époques difficiles, il est prudent d'assurer à l'épargne publique deux modes de placement. De 1871 à 1874, les cours du 3 pour 100 français donnaient un intérêt qui a varié de 5,79 pour 100 à 5,06. Dans la même période, les obligations de la Compagnie du Nord ont été émises à des cours qui, prime de remboursement comprise, représentent un intérêt qui a oscillé entre 5,239 et 4,917 pour 100.

Dieu préserve notre pays de revoir des jours pareils à ceux de 1871, mais s'ils revenaient, on se repentirait amèrement d'avoir anéanti à l'avance des organisations puissantes et indépendantes de l'État, des institutions telles que la Banque de France. Supprimez les six grandes Compagnies et remplacez-les par des Compagnies fermières, celles-ci conserveront selon toute apparence une partie de l'ancien personnel ; les hommes seront donc en grande partie les mêmes ; ils auront le même dévouement, le même patriotisme, mais ils seront impuissants, car ils n'auront plus à leur disposition ces deux grands leviers : la liberté d'action et le crédit.

Le rôle de l'État, tel que nous le comprenons, est celui-ci :

Garantir à chaque citoyen la sécurité dans ses biens et dans sa profession ;

Assurer l'impartiale distribution de la justice ;

La défense du pays sur terre et sur mer ;

L'exacte répartition des impôts, leur perception économique, leur emploi régulier ;

Se charger de l'exécution des travaux publics que l'industrie privée ou les pouvoirs locaux ne sauraient entreprendre.

A nos yeux c'est assez et c'est déjà bien grand ; mais que l'État laisse à l'industrie privée tout ce que celle-ci peut concevoir et accomplir.

Si, exceptionnellement, une industrie touche par des côtés nombreux aux intérêts publics, — et l'industrie des chemins de fer est dans ce cas, — l'État peut et doit remplir vis-à-vis d'elle un rôle important, celui de protecteur, de défenseur des intérêts généraux. Ce rôle, la loi française l'a prévu et défini de la manière la plus large, et il n'y a rien à souhaiter à cet égard.

Nous admettons parfaitement, nous désirons même un État qui contrôle et qui surveille ; mais nous redoutons un État qui, chargé d'agir lui-même, est condamné à flotter toujours entre deux écueils, — l'indifférence ou l'excès, — qui, en un mot, empêchera ou opprimera.

Nous n'hésitons donc pas à conclure qu'il n'y a rien à changer à l'organisation générale du réseau des chemins de fer en France. Cette organisation comporte des améliorations, nous sommes bien éloigné de le méconnaître ; mais l'exploitation des chemins de fer n'est déjà plus ce qu'elle était il y a vingt ans, et elle sera singulièrement transformée encore d'ici à vingt autres années. Les mots *changement de propriétaire*, que l'on voit écrit en gros caractères sur la porte de certains établissements, ne sont pas d'ordinaire l'indice d'une situation florissante, et le public s'est plus d'une fois demandé si l'ancien propriétaire ne valait pas mieux que le nouveau.

Dans tous les cas, est-il sage, est-il raisonnable d'abattre une maison dans le seul but d'avoir un meilleur logement ? Pourquoi se hâter, se presser sans mesure ? La loi a prévu le moment où sans secousses, sans difficulté, l'État entrera en possession du réseau français, où il recevra sans bourse délier au moins 30 à 33,000 kilomètres de ligne, ayant coûté plus de 12 milliards qui seront alors complètement remboursés. Le revenu d'un tel réseau suffira pour payer la dette publique. Une telle perspective est-elle à dédaigner, et ne doit-on pas, au contraire, tout faire en vue de se ménager dans l'avenir un si beau résultat ?

N'oublions pas, enfin, le vœu formulé par un écrivain militaire allemand, de voir disparaître dans son pays l'organisation administrative et gouvernementale si compliquée des chemins de fer, et de remplacer cette confusion par la création de grands réseaux ayant leur organisation propre, leur crédit, leur initiative et leur responsabilité. Collaborateurs, en temps de paix comme en temps de guerre, de la grande commission militaire supérieure des chemins de fer, les chefs des Compagnies françaises mettent à la disposition du ministère de la guerre un personnel nombreux et parfaitement discipliné.

Nous ne sommes pas habitués à trouver dans les publications étrangères l'éloge des institutions françaises ; faut-il écrire aux journaux américains que l'opinion qu'ils se sont faite de l'organisation de nos chemins de fer est fausse ; faut-il prévenir les Allemands que nous allons nous hâter de faire disparaître la concentration de nos forces industrielles ?

F. JACQMIN,

Ingénieur en chef, Directeur de la Compagnie de l'Ouest.

LOI DU 21 MARS RELATIVE A LA RÉDUCTION DE LA TAXE TÉLÉGRAPHIQUE

Le Sénat et la Chambre des députés ont adopté, le président de la République promulgue la loi dont la teneur suit:

Art. 1er. — La taxe télégraphique, pour tout le territoire de la République, est fixée comme suit:

Quelle que soit la destination, il sera perçu cinq centimes (0 fr. 05) par mot, sans que le prix de la dépêche puisse être moindre de cinquante centimes (0 fr. 50).

Cette disposition recevra son exécution au plus tard quatre mois après la promulgation de la présente loi.

Art. 2.— Les taxes sous-marine, sémaphorique et urbaine, et généralement les taxes accessoires, ainsi que les mesures propres à mettre les règles du service télégraphique intérieur en harmonie avec celle du service international, pourront être fixées par décrets; néanmoins, celles de ces dispositions qui pourront affecter les recettes de l'Etat devront être soumises à l'approbation des Chambres dans la prochaine loi de finances.

Art. 3. — Un crédit de trois millions trois cent neuf mille huit cent dix francs (3,309,810 fr.) est ouvert au ministre de l'intérieur, sur l'exercice 1878, en addition à ceux ouverts ou à ouvrir par les lois de finances.

Il sera ainsi réparti:

Chapitre VII. — Personnel des lignes télégraphiques. . .   940,810
Chapitre VIII. — Matériel et travaux neufs des lignes télégraphiques   2,369,000

                              Total.   3,302,810

Il sera pourvu à ces dépenses au moyen des ressources générales du budget de 1878.

Art. 4. — Un règlement d'administration publique désignera les fonctionnaires ayant droit à la franchise télégraphique, et déterminera les conditions dans lesquelles ils jouiront de cette franchise.

La présente loi. délibérée et adoptée par le Sénat et par la Chambre des députés, sera exécutée comme loi de l'Etat.

Fait à Versailles, le 21 mars 1878.

                              Maréchal DE MAC-MAHON,
                                   duc DE MAGENTA.

Par le Président de la République:
Le Ministre des Finances: LÉON SAY.

— Une loi du 5 avril autorise le ministre des finances à consentir des abonnements réduits par correspondances télégraphiques.

LOI DU 7 AVRIL 1878 AYANT POUR OBJET LA RÉDUCTION
DES TAXES POSTALES.

TITRE Ier

Art. 1er. — La taxe des lettres affranchies est fixée à quinze centimes (0 fr. 15) par 15 grammes ou fraction de 15 grammes.

La taxe des lettres non affranchies est fixée à trente centimes (0 fr. 30) par 15 grammes ou fraction de 15 grammes.

Art. 2. — La taxe des cartes postales est fixée à dix centimes (0 fr. 10).

TITRE II

Art. 3. — La taxe des journaux, recueils, annales, mémoires et bulletins périodiques, paraissant au moins une fois par trimestre, et traitant de matières politiques ou non politiques, est, par exemplaire, de deux centimes (0 fr. 02) jusqu'à 25 grammes.

Au-dessus de 25 grammes le port est augmenté de un centime (0 fr. 01) par 25 grammes ou fraction de 25 grammes.

Art. 4. — Les journaux et écrits périodiques désignés en l'article précédent, et publiés dans les départements de la Seine et de Seine-et-Oise, ne payent que la moitié du prix fixé par l'art. 3, quand ils circulent dans l'intérieur du département où ils sont publiés.

Les journaux publiés dans des autres départements payent également la moitié du prix fixé par l'article 3, quand ils circulent dans le déparment où ils sont publiés ou dans les départements limitrophes ; mais leur poids peut s'élever à 50 grammes, sans qu'ils payent plus de 1 centime. Au-dessus de 50 grammes, la taxe supplémentaire est de 1/2 centime par 25 grammes ou fraction de 25 grammes.

La perception de la taxe se fait en numéraire pour les journaux expédiés en nombre, et le centime entier n'est dû que pour la fraction de centime du port total.

Art. 5. — Sont exempts de droits de poste, à raison de leur parcours sur le territoire de la métropole ou sur le territoire colonial, les suppléments des journaux, lorsque la moitié au moins de leur superficie est consacrée et à la reproduction des débats des Chambres, des exposés des motifs des projets de lois, des rapports de commissions, des actes et documents officiels et des cours, officiels ou non, des halles, bourses et marchés.

Pour jouir de l'exemption sus-énoncée, les suppléments devront être publiés sur feuilles détachées du journal.

Ces suppléments ne pourront dépasser, en dimensions et en étendue, la partie du journal soumise à la taxe.

Art. 6. — Le port : 1° des circulaires, prospectus, avis divers et prix courants, livres, gravures, lithographies, en feuilles, brochés ou reliés ;

2° Des avis imprimés ou lithographiés de naissances, mariages ou décès des cartes de visites, des circulaires électorales ou bulletins de vote ;

3° Et généralement de tous les imprimés expédiés sous bandes, autres que les journaux et ouvrages périodiques,

Est fixé ainsi qu'il suit, par chaque paquet portant une adresse particulière :

1 centime (0 fr. 01) par 5 grammes jusqu'à 20 grammes, 5 centimes (0 fr. 05) au-dessus de 20 grammes jusqu'à 50 grammes.

Au-dessus de 50 grammes, 5 centimes (0 fr. 05) par 50 grammes ou fraction de 50 grammes excédant.

Les bandes doivent être mobiles et ne pas dépasser un tiers de la surface des objets qu'elles recouvrent.

Dans le cas contraire, la taxe fixée par l'article suivant est appliquée.

Art. 7. — Les objets désignés en l'article précédent peuvent être expédiés sous forme de lettres ou sous enveloppes ouvertes, de manière qu'ils soient facilement vérifiés. Dans ce cas, le port est, pour chaque paquet portant une adresse particulière, de 5 centimes (0 fr. 05) par 50 grammes ou fraction de 50 grammes.

Art. 8. — Les journaux, recueils, annales, mémoires et bulletins périodiques, ainsi que tous les imprimés, sont exceptés de la prohibition établie par l'article 1er de l'arrêté du 27 prairial an IX, quel que soit leur poids, mais à la condition d'être expédiés soit sous bandes mobiles ou sous enveloppes ouvertes, soit en paquets non cachetés et faciles à vérifier.

TITRE III

Art. 9. — 1° Le droit à payer pour l'expédition des valeurs envoyées par lettres est abaissé de vingt centimes (0 fr. 20) à dix centimes (0 fr. 10), par 100 francs ou fraction de 100 francs déclarés.

2° La taxe des avis de réception des valeurs déclarées et des lettres ou autres objets recommandés est également abaissée de vingt francs (0 fr. 20) à dix centimes (0 fr. 10).

TITRE IV

Art. 10. — Les dispositions des articles qui précèdent ne sont applicables qu'aux lettres, imprimés, confiés à la poste, nés et distribuables en France et en Algérie.

La date de l'exécution ne pourra être retardée plus de deux mois après la promulgation de la présente loi ; elle sera fixée par décret.

A partir de la même date, seront abrogées toutes les dispositions des lois postales antérieures contraires à la présente loi.

Fait à Versailles, le 7 avril 1878.

LOI DU 6 AVRIL 1878 AYANT POUR OBJET L'AMÉLIORATION DE LA SEINE ENTRE PARIS ET ROUEN.

Art. 1er. — Il sera procédé à l'exécution des travaux nécessaires pour porter à 3 mètres le tirant d'eau de la Seine entre Paris et Rouen, conformément aux dispositions générales adoptées par le Conseil général des ponts et chaussées, dans ses délibérations du 31 janvier et du 11 décembre 1876.

Art. 2. — Les travaux ci-dessus mentionnés sont déclarés d'utilité publique.

Art. 3. — Il sera pourvu à la dépense de ces travaux, évaluée à trente-deux millions de francs (32,000,000 fr.) (non compris la traversée de Paris), au moyen d'annuités dont l'intérêt et l'amortissement seront réglés par une loi ultérieure.

Art. 4. — Viendra en déduction de la dépense le montant des subventions qui seront offertes par les départements, les chambres de commerce et les communes intéressées.

Il est pris acte des offres de concours faites par les conseils généraux de la Seine, de Seine-et-Oise et de la Seine-Inférieure, et par les villes de Rouen et du Havre.

La présente loi, délibérée et adoptée par le Sénat et par la Chambre des députés, sera exécutée comme loi de l'Etat.

Fait à Versailles le 6 avril 1878.

———

REPRISE DE LA FABRICATION DES DOLLARS D'ARGENT AUX ÉTATS-UNIS LE BLAND BILL, — ET LES LOIS INTÉRIEURES

La loi (ou *act*) relative à la reprise de la fabrication des dollars d'argent aux Etats-Unis est conçue en ces termes, selon la traduction qu'en donne le *Bulletin de statistique,* etc., publiée par le ministre des finances dans le numéro de mars.

« Qu'il soit résolu, etc. :

« *Section I.* — Qu'il sera frappé dans les diverses monnaies des Etats-Unis des dollars d'argent du poids de 412 1/2 grains troy, au titre légal fixé par la loi du 18 janvier 1837, et dont les devises et exergues seront conformes aux prescriptions de cette loi, lesquelles monnaies, aussi bien que tous autres dollars d'argent de mêmes poids et titre antérieurement frappés par les Etats-Unis, seront monnaies légales, à leur valeur nominale, pour toutes dettes publiques et privées, excepté lorsqu'il aura été stipulé expressément le contraire.

« Et le secrétaire de la trésorerie est autorisé et invité à acheter de temps à autre de l'argent au prix commercial, pour au moins 2 millions et au plus 4 millions de dollars par mois, et à le faire convertir aussitôt en tels dollars.

« Et un crédit suffisant pour cela est ouvert sur les fonds disponibles du Trésor.

« Et tout gain ou seigneuriage provenant de ce monnayage sera acquis et versé au Trésor, comme la loi l'ordonne pour la frappe des monnaies d'appoint.

« Toutefois, il ne devra jamais y avoir plus de 5 millions de dollars à la fois consacrés aux achats de lingots, non compris la monnaie frappée.

« Et, d'autre part, rien dans le présent acte ne devra être interprété de manière à rendre payables en argent les certificats de dépôt émis en exécution de la section 254 des statuts révisés.

« *Section II.* — Que tous actes et parties d'actes contraires aux dispositions de la présente loi soient annulés.

« *Section III.* — Qu'aussitôt après le passage de cette loi, le Président invitera les gouvernements des puissances composant l'union latine, ainsi désignée, et telles autres nations européennes qu'il jugerait opportun à entrer en conférence avec les Etats-Unis pour l'adoption d'un rapport commun entre l'or et l'argent, en vue de donner à l'usage de la monnaie bimétallique un caractère international, et d'assurer la fixité du rapport des valeurs des deux métaux ; ladite conférence devant avoir lieu sur tel point de l'Europe ou des Etats-Unis et à telle date, dans un délai de six mois, que fixeraient les représentants des gouvernements intéressés.

« Quand les gouvernements invités à cette conférence ou seulement trois d'entre eux auront accepté de s'y rendre, le Président, sur et avec l'avis et l'approbation du Sénat, nommera trois commissaires, qui y représenteront les Etats-Unis, et rapporteront les actes de la conférence au Président, qui les fera connaître au Congrès. Lesdits commissaires recevront chacun la somme de 2,500 dollars, plus leur raisonnable dépense, sur l'approuvé du secrétaire d'Etat, et le crédit nécessaire pour faire face à ces allocations et dépenses est dès à présent ouvert sur les fonds disponibles du Trésor.

« *Section IV.* — Que tout détenteur des monnaies créées par la présente loi pourra en faire le dépôt entre les mains du trésorier ou d'un trésorier-adjoint des États-Unis, par sommes d'au moins 10 dollars, et recevoir en échange des certificats d'au moins 10 dollars chacun, correspondant comme dénominations aux billets des Etats-Unis. Les monnaies déposées en échange des certificats seront conservées au Trésor pour en effectuer le remboursement quand il sera demandé. Lesdits certificats pourront servir à payer les droits de douanes, les impôts et toutes autres sommes dues à l'État ; ceux qui auront été ainsi encaissés pourront être remis en circulation. »

Les phases de l'évolution parlementaire de ce Bill ont été assez accidentées.

Proposé par M. Richard Bland, du Missouri, en 1876, il était voté le le 5 novembre 1877 par la Chambre des représentants, à la majorité de plus des deux tiers, sans amendement.

Le 16 février 1878, il était voté par le Sénat, à la majorité de plus des deux tiers, et amendé sur trois points. Le 21 février 1878, vote par la Chambre, à la majorité de plus des deux tiers, du bill amendé par le Sénat. Le 28 février, message du Président Hayes à la Chambre pour lui faire connaître le veto dont il vient de frapper le bill. Le Président, dans ce message, disait que le Congrès l'aurait trouvé prêt à concourir à l'adoption de toute mesure propre à développer le monnayage de l'argent sans forcer les contrats publics ou privés, et sans compromettre l'Etat.

C'est parce que le bill laisse à désirer sous ce double rapport qu'il considère comme un devoir de protester par son veto. M. Hayes montre la différence de valeur du dollar d'or et du dollar d'argent projeté. Le Président rappelle qu'il a été entendu, lors de l'émission des bons, qu'ils seraient payables en or. Dès lors, n'est-ce pas faire acte de mauvaise foi que d'en permettre le payement en argent? Les engagements, dit-il, pris par l'Etat sont chose sacrée, et le Président ne peut consentir à revêtir de sa signature une loi qui, selon lui, en est la négation.

Le jour même, nouveau scrutin dans les deux Chambres ; et la majorité des deux tiers devant laquelle tombe le veto présidentiel se retrouve de part et d'autre : 196 voix contre 73 à la Chambre, 46 voix contre 19 au Sénat, rendent ce bill immédiatement exécutoire.

SOCIÉTÉ D'ÉCONOMIE POLITIQUE

RÉUNION DU 5 AVRIL 1878

COMMUNICATIONS : L'inauguration du monument de Bastiat. — Mort de M. le comte Sclopis. — Lettre du président du Cobden-Club.

DISCUSSION : L'industrie du tissage victime de la protection. — Le protectionnisme aux Etats-Unis.

OUVRAGES PRÉSENTÉS.

M. Frédéric Passy, membre de l'Institut, un des vice-présidents de la Société d'économie politique, a présidé cette réunion à laquelle étaient invités: M. O'Brenn, délégué par le *Nieuwe Rotterdamsche courant*, pour étudier l'Exposition; M. Tézenas de Montcel, fabricant à Saint-Étienne, membre de la Chambre de commerce de cette ville; M. E. Devot, fabricant à Saint-Pierre-lez-Calais, membre de la Chambre de commerce de Calais ; M. Bowes, correspondant du *Standard*; M. Asthon Lever, un des promoteurs des Sociétés coopératives à Londres.

M. le Président, avant d'ouvrir la discussion, annonce à la Société que c'est dans trois semaines, le 23 avril, que doit avoir lieu à Mugron l'inauguration du modeste monument consacré à la mémoire de Bastiat, monument à l'érection duquel la Société a contribué par une souscription collective, en même temps que par les souscriptions individuelles de plusieurs de ses membres. C'est un de ses vice-présidents, M. Léon Say, qui doit présider à cette solennité. On peut être assuré qu'elle sera dignement représentée ; et ce n'est pas un événement sans importance, au moment où les principes économiques sont si violemment battus en brèche, que de voir l'homme éminent qui est à la tête de nos finances saisir ainsi l'occasion d'affirmer publiquement, une fois de plus, la solidarité glorieuse qui unit si étroitement deux des noms dans lesquels se personnifie le plus étroitement la doctrine de la liberté commerciale, le nom de Say et le nom de Bastiat.

M. Frédéric Passy rend ensuite, en quelques mots, hom-mage à la mémoire d'un autre homme supérieur, récemment enlevé à la science et à l'humanité, dont le nom ne saurait être oublié devant la Société, bien qu'elle n'ait pas eu l'honneur de le compter parmi ses membres, c'est M. le comte Frédéric Sclopis, l'une des plus hautes et plus pures illustrations de l'Italie contemporaine; et l'un des six associés étrangers de notre Académie des sciences morales et politiques.

On a énuméré devant cette académie les titres aussi considérables que nombreux qui avaient valu à M. le comte Sclopis cette distinction si rare et si enviée. MM. Giraud, Ch. Lucas, H. Passy, ont à l'envi fait l'éloge du jurisconsulte, de l'historien et de l'érudit. La Société des économistes, qui sait que toutes les vérités et toutes les libertés se tiennent, ne peut être indifférente à aucun de ces titres; mais il en est un qui doit être plus spécialement rappelé devant elle : c'est la part importante, on peut dire la part décisive prise par M. Sclopis à la conférence célèbre qui a évité au monde une collision entre les deux branches de la grande famille anglo-saxonne, l'arbitrage de Genève. On avait pu espérer, après ce grand exemple et en présence de la consécration officielle que lui avait donnée une partie des Parlements de l'Europe, qu'une ère nouvelle était enfin ouverte pour le règlement des différents entre les nations, et que la justice internationale ne serait plus un simple mot.

De récentes catastrophes sont venues prouver, une fois de plus, que la civilisation moderne n'est encore, à bien des égards, qu'une barbarie perfectionnée et qu'il reste beaucoup à faire pour donner à la raison prépondérance dans les conseils des souverains et des peuples.

Il n'en est pas moins vrai que de telles leçons n'ont pas été en vain données au monde et l'avenir en recueillera les fruits. M. le comte Sclopis écrivait, le 13 février 1873, à celui qui parle en ce moment : « Il faut faire sonner à l'oreille des gouvernements la voix de l'opinion, et exercer ce que Montesquieu appelait un esprit général. » Un de nos premiers maîtres, Quesnay, disait déjà il y a plus d'un siècle, en plein Versailles, que *c'est l'opinion qui mène la hallebarde*. Il appartient à la Société d'économie politique de relever ces fortes paroles, et je suis heureux, dit M. Frédéric Passy, de me trouver appelé à le faire en son nom en rendant un dernier hommage à l'illustre Président du tribunal arbitral de Genève.

M. LE PRÉSIDENT donne ensuite communication à la Société d'une lettre adressée à son Bureau par le comité du Club Cobden, dont elle a eu pour hôte, il y a quelques mois, le principal fondateur, M. Thomas Bayley Potter, et par laquelle ce comité exprime le désir que l'Exposition universelle soit l'occasion d'une manifestation des libres-échangistes de tous les pays.

Après une courte conversation, la réunion s'en remet au Bureau pour répondre à l'honorable Président du Cobden-Club.

Sur l'invitation de M. le Président, M. TÉZENAS DE MONTCEL, fabricant de tissus de soie à Saint-Etienne, et M. E. DEVOT, fabricant de tulle à Saint-Pierre-lez-Calais, prennent successivement la parole et font un intéressant exposé de la situation de l'industrie du tissage et des entraves que lui occasionne le système douanier protecteur.

Ce régime met vraiment les tisseurs à la merci des filatures de Rouen, de Lille, des Vosges, etc., qui s'intitulent par euphémisme le travail national, et qui sont protégées par des droits de 15 à 30 fr. par 100 kilogrammes sur les fils écrus, et de 390 fr. sur les fils retors. D'après le nouveau projet de tarif, ces droits seraient encore augmentés de 2 décimes et de 4 0/0, ce qui les porterait à 486 francs ! Or, en Angleterre, les fils gros ou fins, simples ou tordus, entrent gratuitement. En Suisse ils ne paient qu'un droit fiscal de 4 francs. Ils ne paient que 15 et 30 francs en Allemagne; 3 0/0 *ad valorem*, en Hollande; 10 à 40 francs en Belgique; 29 fr. en Italie, où le droit sera doublé par le nouveau tarif. Pour se

maintenir sur les marchés étrangers, les fabricants français s'ingénient à créer des types nouveaux ; mais ce n'est pas une raison
pour qu'on les soumette à un pareil régime douanier, qu'on peut
justement qualifier de barbare.

Le tissage, qui est une des grandes branches de l'industrie française, peut, lui aussi, revendiquer la tête du travail national. L'industrie de Calais et de Saint-Pierre représente un capital de 40
millions ; elle fait mouvoir 1,600 métiers répartis entre 390 fabricants ; elle occupe 15,000 ouvriers ; c'est une fraction qui peut
compter comme l'industrie de Tarare.

En résumé, les industries du tissage qui ont été protectionnistes, qui ont été effrayées par le traité de 1860, ont été éclairées
par l'expérience. Elles voient que la protection les opprime, et
elles réclament le droit de s'approvisionner librement et de vendre
librement.

Les explications de MM. Tézenas de Montcel et Devot sont
écoutées avec le plus vif intérêt. Elles donnent lieu à une conversation relative à la campagne engagée par les protectionnistes
devant les Chambres saisies de la question par le projet de loi sur
le tarif général et les traités de commerce, et à laquelle prennent
.part : MM. Joseph Garnier, Paul Coq, Ch. Lavollée, Daniel
Wilson, Levasseur, Limousin, Clamageran et de Molinari.

Cette conversation ayant surtout porté sur des questions de circonstance, les prétentions et les manœuvres des protectionnistes
qui sont toujours les mêmes, le degré de confiance qu'on peut
avoir dans les lumières des deux Chambres, l'esprit du cabinet, etc.,
nous n'en reproduirons que quelques passages.

M. PAUL COQ a rappelé l'enquête parlementaire de 1870, dans
laquelle furent constatés des faits semblables à ceux qui viennent
d'être exposés (1).

M. CLAMAGERAN, membre du Conseil municipal de Paris, a
donné d'intéressantes explications sur la question aux États-Unis.

L'exemple de l'Amérique est un des arguments principaux invo-
qués par les adversaires de la liberté commerciale. Il a au premier
abord quelque chose de séduisant qui le rend très-dangereux. Il
importe de le réduire à sa juste valeur et de montrer que dans
cette question, comme dans beaucoup d'autres, la réalité ne ré-

---

(1) Cette enquête sur le régime économique de la France, en 1870, a eu pour
objet le coton, la laine, le lin, le chanvre, le jute, la soie et la marine marchande.
Un résumé analytique par MM. Paul Coq et Bénard a été publié dans le *Journal des Economistes* et en un volume. Paris, Guillaumin, 1872, in-8, de 356 p.
(Note du Rédacteur.)

pond pas à l'apparence. On cite certaines industries qui ont pris tout à coup, sous l'empire du système protectionniste, un large développement. Qu'est-ce que cela prouve ? Ce n'est pas par des faits isolés qu'il faut apprécier un système ; c'est l'ensemble du travail national qu'il faut envisager, c'est la situation économique tout entière qu'il faut considérer. Ce qui s'est passé aux États-Unis depuis une vingtaine d'années ressemble beaucoup à notre propre histoire sous le règne de Louis XIV. Colbert avait imaginé deux tarifs : l'un, celui de 1664, qui était modéré ; l'autre, celui de 1667, qui établissait des droits très-élevés et qui a suscité la funeste guerre de 1672 contre la Hollande, point de départ de nos luttes avec la coalition européenne. Quels ont été les résultats du tarif de 1667 ? Des industries brillantes ont été créées. Mais combien ont été ruinées ! La correspondance des contrôleurs généraux, les mémoires des intendants, les ouvrages de Vauban et de Bois-Guillebert, tout atteste une crise profonde à la fin du xvii⁰ siècle. Aussi, en 1701, quand on se décide à faire une enquête (car on faisait aussi des enquêtes sous l'ancien régime) les députés des villes commerçantes de France, Lille, Dunkerque, Nantes, La Rochelle, Bordeaux, Lyon, etc., se prononcent tous en faveur de la liberté commerciale, contre le « Colbertisme ». Rouen seul demande le maintien des hauts tarifs. Les mêmes phénomènes se retrouvent dans l'histoire contemporaine des États-Unis. Qu'on lise avec soin les rapports du commissaire américain M. Wells, ceux des consuls anglais, qu'on consulte les personnes qui connaissent le pays, et l'on reconnaîtra que le protectionnisme à outrance pratiqué à l'issue de la guerre civile a été presque aussi funeste que la guerre elle-même. A côté d'industries vivaces, qui se seraient développées sans lui, le système protectionniste a fait naître des industries factices, industries de serre-chaude qui ne peuvent supporter le grand air, qui tremblent au moindre souffle du dehors et qui vivent dans un état de malaise perpétuel. Les immigrants venus d'Europe, au lieu d'aller comme autrefois défricher les territoires fertiles et libres du « far west », ont été retenus dans les villes des bords de l'Atlantique par l'appât de salaires élevés ; ils se sont aperçus bien vite que l'élévation des salaires était illusoire, parce que le prix de toutes les choses indispensables à la vie se trouvait démesurément accru ; ils ont subi, en outre, le contre-coup de toutes les crises industrielles ; de là, dans les grands centres, le développement de cette plaie presque inconnue jadis en Amérique, qu'on appelle le prolétariat. On avait voulu se séparer de plus en plus de la vieille Europe, isoler le monde nouveau de l'ancien. En fait, on a abouti à ce triste résultat d'emprunter à l'Europe les maux dont elle souffre, et de lui laisser le bénéfice des doctrines libérales qui tendent à les amoindrir.

M. Clamageran signale un autre effet du protectionnisme américain : la décadence de la marine marchande. Autrefois la marine des États-Unis rivalisait avec celle de l'Angleterre. L'ensemble de son tonnage aujourd'hui représente à peu près le tiers du tonnage anglais (3 millions contre 9 millions en 1876).

M. Clamageran signale ensuite l'influence des hauts tarifs sur la question monétaire. Le *Silver-bill* a été la réponse des cultivateurs de l'Ouest aux capitalistes de l'Est. Or, le *Silver-bill* équivaut à une banqueroute partielle, puisque la valeur de l'argent est inférieure de 10 ou 15 p. 100 à celle de l'or. Les gens de l'Ouest, atteints directement dans leurs intérêts par les priviléges des manufacturiers, auraient mieux fait sans doute d'entreprendre une campagne en faveur de la liberté commerciale. Malheureusement, au lieu de demander la suppression d'un système inique, ils ont préféré compenser cette iniquité par une autre à leur profit : ils ont réclamé et obtenu le droit de ne pas payer leurs dettes intégralement.

Quant au Sud, il est au moins aussi intéressé que l'Ouest au libre-échange; mais, écrasé sous le poids de sa défaite, il est resté longtemps inerte. Les États les plus méridionaux ont même cru un moment qu'ils pourraient profiter de l'élévation des tarifs pour protéger leurs sucres contre la concurrence des sucres de la Havane. La culture de la canne à sucre était depuis longtemps restreinte en Louisiane à quelques terrains situés de manière à recevoir de près les chaudes effluves du golfe de Mexique et abrités contre les terribles vents du Nord qui quelquefois, à la fin de l'automne, au moment de la récolte, s'engouffrent dans la vallée du Mississipi. Encouragés par le rehaussement des droits de douane, les planteurs ont dépassé les limites naturelles que le climat leur imposait; ils se sont crus aux Antilles, mais les gelées précoces les ont maintes fois rappelés au sentiment de la réalité, et une nouvelle cause de ruine est venue se joindre à toutes les autres.

M. Clamageran conclut en disant que l'exemple des États-Unis est en effet très-instructif, mais que cet exemple est tout à fait contraire aux prétentions des protectionnistes ; malgré l'étendue de son territoire, malgré l'abondance et la rareté des ressources dont il dispose, malgré son activité proverbiale et son génie industriel, le peuple américain a souffert, plus cruellement peut-être qu'aucune autre nation, d'avoir abandonné le principe de la liberté commerciale. Il y aurait folie de notre part à les suivre dans cette voie funeste. Non-seulement nous ne devons pas reculer sur ce terrain, mais il faut marcher en avant et prendre décidément la tête du mouvement économique.

M. le Président, avant de lever la séance, prend acte de l'unanimité dont cette discussion vient de former une nouvelle preuve. Il n'y a pas, en présence de cette unanimité, à essayer de résumer le débat; mais il ne croit pas inutile de signaler, comme en ressortant avec une particulière évidence, la fausseté des deux thèses principales des protectionnistes : le travail national et les matières premières. Il n'y a pas, les exemples si probants qui viennent d'être donnés le démontrent une fois de plus, de distinction à faire entre les matières premières et les produits fabriqués, par cette raison sans réplique que tout est travail, matière première pour l'un et produit fabriqué pour l'autre. Et la seule manière de développer efficacement le travail national, c'est de ne pas l'entraver en le chargeant de droits et d'entraves, en lui fermant à la fois les marchés d'achat où il s'approvisionne de matières premières et d'instruments, et les marchés de vente où il écoule ses produits.

OUVRAGES PRÉSENTÉS.

Le fabricant de nattes, conte chinois, par M. J.-B. Lescarret, professeur d'économie politique (1).

Ce conte chinois met en lumière les hâbleries patriotiques des défenseurs du « travail national ».

Des méthodes d'enseignement et de l'hygiène pédagogique, par le Dr E. Dally (2).

Dialogue avec un législateur sur la réorganisation des chemins de fer, par M. A. Chérot (3).

Extrait du *Journal des Economistes* (mars 1878).

Le bon sens dans les doctrines morales et politiques, ou application de la méthode expérimentale à la philosophie, à la morale, à l'économie politique et à la politique, par M. Ambroise Clément, correspondant de l'Institut (4).

Résultat des méditations d'un des plus anciens membres de la Société, solide penseur, philosophe et économiste.

Introduction à l'étude de l'économie politique, cours public professé à Lyon en 1864-65, par M. H. Dameth, correspondant de l'Institut (5).

---

(1) Bordeaux, Imp. nouvelle, 1878. In-18, de 36 p.
(2) Paris, Baillière, 1878. In-8, de 28 p.
(3) Paris, Guillaumin, 1878. In-8, de 16 p.
(4) Paris, Guillaumin, 1878. 2 forts vol. in-8.
(5) Paris, Guillaumin, 1878. In-8, de 512 p.

Deuxième édition d'un des meilleurs exposés de la science, augmenté d'un appendice appréciant à sa juste valeur le socialisme de la chaire.

Le maniement de la dette publique et le 3 pour 100 amortissable, par M. Henri Cernuschi (1).

L'auteur combat vivement ce second mode de dette publique.

BIBLIOGRAPHIE

Traité élémentaire d'économie politique, par M. Pierret, receveur des finances. — Paris, Guillaumin, 1876, 1 vol. in-18. — Ouvrage qui a obtenu la principale récompense au concours ouvert par la Société d'économie politique de Lyon.

Voici encore un ouvrage dû au concours de la Société d'économie politique de Lyon, et c'est celui, comme le constate la mention portée sur la couverture, qui a été classé le premier par les juges.

Cette préférence, rendue plus honorable encore par le mérite des autres concurrents, est due surtout, croyons-nous, à la supériorité de la forme qui est réellement remarquable. M. Pierret excelle, et ce n'est pas un mince talent, à résumer avec clarté, avec élégance et avec charme; peu de morceaux, à notre avis, pourraient être mis au-dessus de l'intéressante introduction historique dont il a fait précéder son œuvre. Mais cette introduction, qui n'a pas moins de 70 pages, et qui ferait assurément bonne figure comme étude détachée, tient en réalité ici une place *relativement* excessive, et M. Perret ne dissimule pas que c'est un reproche qui lui a été adressé.

On lui a reproché également (c'est encore lui qui nous en avertit avec une loyauté que ne pratiquent pas toujours les lauréats plus ou moins discutés de nos divers concours) de n'avoir pas réellement rempli les conditions du programme. Son livre, a-t-on dit, « est peu élémentaire et dépasse les limites de l'enseignement qu'on peut donner aux élèves des écoles primaires. »

L'observation est fondée, mais on a pu voir, par ce que nous avons dit précédemment de deux de ses concurrents, qu'elle s'applique plus ou moins à tout le concours. C'est pour cela que la Société d'économie politique, ne trouvant pas que son but eût été réellement atteint, n'a pas décerné le prix et s'est bornée à de très-flatteuses mentions.

Nous ajouterons, pour être tout à fait sincère, ainsi qu'il convient de l'être avec les hommes assez forts pour porter la critique, que M. Pierret a eu tort, à notre avis, étant donné surtout l'objet du concours, de s'engager trop avant dans quelques-unes des controverses qui divisent

---

(1) Paris, Guillaumin, 1878. In-8, de 40 p.

encore l'école; celle relative à la théorie de Ricardo sur la rente, par exemple, où, pour notre part, nous ne lui donnerions pas raison, non plus que sur un ou deux autres points de moindre importance. A vrai dire, et c'est toujours sa faute si nous nous permettons ce soupçon, nous craignons qu'il n'ait surtout résumé, avec le rare talent dont il est doué, le cours de M. Batbie; et, quelle que soit la science très-étendue et l'habileté très-réelle de notre collègue, peut-être n'était-ce pas, autant qu'il le croit, pour un ouvrage de la nature de celui-ci, le meilleur guide à suivre. M. Batbie, avant d'être économiste, et bien qu'il le soit incontestablement, est jurisconsulte et trop accoutumé, pour l'enseignement élémentaire, aux distinctions subtiles, aux réserves et aux doutes qui sont l'ordinaire apanage de l'érudit et du commentateur. M. Pierret se laisse parfois entraîner sur cette pente à la suite de son maître, et l'on voudrait dans ses conclusions plus de netteté et d'autorité.

Mais ce qui est défaut à un point de vue est parfois qualité à un autre; et le point de vue change suivant le milieu. Le livre de M. Pierret est qualifié d'élémentaire. Force nous est, le prenant pour tel, de dire qu'il n'a d'élémentaire que le titre, et, ce qui n'est pas rien, l'étendue. Si nous oublions cette qualification, rien n'est plus juste que de reconnaître qu'il est d'une lecture facile, agréable même, et tout à fait digne, sauf discussion de tel ou tel point, d'obtenir le suffrage des meilleurs juges. Ce n'est pas un livre d'école, c'est un livre de bibliothèque qui prendra place honorablement à côté de ses devanciers, et nous lui souhaitons de grand cœur un succès. FRÉDÉRIC PASSY.

———

VADE-MECUM DES EXPOSANTS. L'EXPOSITION DE 1878 ET LES INVENTEURS; exposé des droits des Français et des étrangers, par M. AMBROISE RENDU, docteur en droit. Paris, Sagnier, 1878; in-18 de 108 pages.

Dans ce petit volume qu'il intitule modestement une simple « monographie », M. A. Rendu s'est préoccupé de mettre sous les yeux des exposants tout ce qui peut les rassurer à l'égard de leurs produits, dissiper leurs craintes relatives à toute usurpation ou contrefaçon. Il s'est donc attaché à indiquer toutes les formalités à remplir pour se mettre à l'abri de tout préjudice, comme à mentionner, à côté des droits et des privilèges dont peut jouir chacun, les devoirs et les obligations qui lui incombent.

Ce petit volume, où l'auteur a su sobrement et méthodiquement condenser ce qui se trouve dans de gros livres et de nombreux traités, ne peut appeler ni supporter d'autre analyse que l'énoncé de ses divisions, ainsi réparties, comme un vrai code de la matière :

Règles générales. Œuvres d'art. — Inventions ou découvertes industrielles. — Dessins ou modèles de fabrique. — Marques de fabrique ou de commerce.

Garantie spéciale des produits exposés. Demande du certificat provisoire. — Effets du certificat provisoire. — Certificat d'addition. — Marques de fabrique ou de commerce.

Droits des exposants étrangers. — Brevets d'invention. — Dessins et marques de fabrique. — Propriété artistique.

Médailles et récompenses. — Règlement général de l'Exposition.

Livre utile, on le voit assez, pour ne pas dire nécessaire, à tous les exposants ou collaborateurs directement intéressés à ces questions.

E. R.

TRAITÉ THÉORIQUE ET PRATIQUE DE STATISTIQUE, par M. MAURICE BLOCK; Paris, Guillaumin, 1878, 1 volume in-8.

Grand nombre d'ouvrages sur le même sujet ont été publiés à diverses reprises et dans différents pays; aucun n'est aussi complet, aussi instructif que celui dont j'entretiendrai un moment l'Académie.

M. Block a envisagé le sujet sous toutes ses faces. Aux parties historiques et théoriques il en a joint une autre qu'il qualifie de pratique, laquelle est suivie d'une quatrième indiquant et expliquant de quelle manière doivent être recueillies les données démographiques.

Dans la partie historique, l'auteur rappelle que, dès la plus haute antiquité, on a cherché dans les États où la civilisation réalisait quelques progrès à connaître à quel chiffre s'élevait la population et de quelles ressources financières disposaient les gouvernements. Et, en effet, les dénombrements furent assez communs dans le monde ancien. Athènes en eut deux dont les résultats sont connus; à Rome, ils devinrent périodiques, et les recherches d'ordre statistique ne cessèrent que durant la longue nuit du moyen âge. Puis, elles se renouvelèrent pendant le xvi⁰ siècle. Ce n'est toutefois que dans le cours des xvi⁰ et xvii⁰ qu'apparurent des publications ayant un commencement de caractère scientifique, et c'est de nos jours seulement que la statistique a obtenu l'attention qui lui est due, pris définitivement rang parmi les sciences régulièrement cultivées, et donné lieu à la création de bureaux spéciaux relevant des administrations publiques, ainsi qu'à la tenue de congrès où les hommes les plus compétents des diverses nations de l'Europe et de l'Amérique sont venus mettre en commun leurs lumières, et chercher les moyens d'imprimer aux recherches les directions les plus sûres et d'en présenter les résultats sous les formes les plus propres à leur donner toute l'utilité dont ils sont susceptibles.

Le livre deuxième, consacré à la partie théorique, mérite une attention particulière. C'est celui qui traite de la statistique et comme science et comme art, qui dit ce qu'elle est, quel en est le but, quelles méthodes elle doit suivre, et quels liens la rattachent aux sciences morales et politiques. M. Block, avec raison, n'a rien négligé pour verser la lumière sur ce côté essentiel du sujet. Après avoir exposé les conditions que réclament l'observation, la classification, la comparaison des faits d'ordre physique et analysé les influences qu'ils subissent, il a rencontré les questions délicates et compliquées que soulève la régularité des phénomènes moraux et, selon l'expression même de Quételet, la régularité des lois qui régissent le moral de l'homme. Ici se trouve engagée la question même du libre arbitre, et de là des controverses qui, en Allemagne surtout, ont été nombreuses et sont encore agitées. Au fond, ce que Quételet a avancé et démontré, chiffres en main, c'est que, compte tenu de certaines influences d'éducation, de milieu, d'arrangements législatifs, d'état de la civilisation, le nombre des infractions à la loi morale devient le même partout où la population s'élève à plus d'un million d'hommes. Le fait autorise-t-il à nier la réalité de la liberté morale? Telle n'a pas été la pensée de Quételet, et après avoir passé en revue les diverses opinions émises à ce sujet, M. Block conclut, avec MM. Drobitsch et Rumelin, qu'il ne faut voir dans le fait mentionné que l'effet de la multiplication graduelle et proportionnelle des motifs et des occasions de mal faire à mesure que les populations se serrent davantage sur le sol naturel qu'elles habitent. Cet effet est le même et se produit pareillement dans les différents pays.

Il y aurait, ce nous semble, une explication autre et plus simple à donner. En ce monde où le mal a sa place, les hommes ne naissent pas égaux en force, en intelligence, en facultés diverses. De même qu'il en est que la nature a physiquement disgraciés, il en est qu'elle crée plus faibles d'esprit, plus dénués de sensibilité et d'énergie morale que les autres, et comme elle les crée en proportion pareille, plus les populations diverses croissent en nombre, plus se rapprochent en quantité et espèce les méfaits qui s'accomplissent dans leurs rangs. Mais qu'on y regarde de près : rien en cela qui ne laisse subsister dans toute son intégrité le libre arbitre. Ces hommes qui succombent à des tentations trop fortes pour leur caractère, ils ont lutté avant de succomber, et tel d'entre eux a résisté à des entraînements qui, s'il y eût cédé, l'auraient conduit à la perpétration de forfaits plus graves que ceux qu'il a commis. Devant une autre justice que celle de la terre, à beaucoup d'hommes comptera le mérite d'avoir combattu dans la mesure des forces qui leur avaient été départies. Tous ne reçoivent pas également, dit l'Evangile, et, quoique non moins criminelles, Tyr et Sidon seront jugées moins sévèrement que Jérusalem parce qu'il leur a été moins donné.

Comme toutes les sciences qui s'occupent de l'humanité, la statistique ne saurait, en recueillant les faits, s'abstenir de pénétrer parfois sur des domaines qui ne sont pas exclusivement le sien. C'est que les chiffres qu'elle relève et classe sont l'expression de faits accomplis, et que ces faits eux-mêmes, manifestations de l'activité humaine, se réalisent sous l'impulsion des mobiles auxquels obéit cette activité. Aussi, de la comparaison de ces chiffres à différentes époques et en différentes contrées, peut-on tirer des inductions sur la valeur respective des combinaisons des lois dont ils subissent l'influence. Si la statistique doit laisser à d'autres sciences le soin de tirer lesdites inductions, du moins doit-elle ranger les chiffres de manière à ce que le sens en soit bien distinct. M. Block, en montrant ce qu'il y a à attendre des comparaisons entre les chiffres afférents à des faits de même ordre dans des contrées différentes, a obéi à cette pensée, et nettement indiqué comment il faut procéder à ces comparaisons afin d'en faire sortir tous les enseignements qu'il est possible d'en obtenir. C'était dans la partie théorique un point qui réclamait beaucoup d'attention, et qui y a été traité avec tout le soin nécessaire.

Dans la partie dite pratique sont examinés et signalés les moyens à l'aide desquels doivent être conduites les investigations, vérifiés et classés les résultats qu'elles produisent. Ces moyens ont été discutés dans la plupart des congrès de statistique, réunis à différentes reprises sur divers points du sol européen. Il ne s'est pas agi seulement de choisir les mieux appropriés au but à atteindre ; mais de les choisir assez uniformes pour opérer partout de manière à fournir des données qui, recueillies de la même façon, pussent devenir suffisamment comparables. M. Block n'a rien négligé pour éclairer ce côté du sujet. Bureaux et commissions de statistiques, tâche officielle, œuvre des sociétés privées et des particuliers, art de poser et de séparer les questions, mode de publication des informations obtenues, il a fourni sur tous ces points les lumières nombreuses et tracé, en ce qui touche les recensements, les règles à observer pour en assurer l'exactitude.

La dernière partie du travail est désignée sous la dénomination, maintenant adoptée, de démographie. Le champ ouvert aux investigations est vaste, car il s'étend sur tout ce qui concerne l'état des sociétés humaines tel qu'il ressort du nombre de leurs membres, de leur situation économique, industrielle et morale, en un mot, de chacun des modes de leur existence. Ici, l'auteur, après avoir indiqué les conditions auxquelles les labeurs statistiques peuvent donner tous les fruits désirables, a cru devoir joindre les exemples aux préceptes. En montrant quelles sont maintenant les données numériques admises par les publications officielles de la plupart des États de l'Europe, il a expliqué pourquoi toutes ne méritent pas une égale confiance et par quelles raisons il en est qui n'ont pu acquérir encore qu'une valeur approximative.

Le traité publié par M. Block donne satisfaction à un besoin scientifique. Il existait déjà grand nombre de statistiques bien rédigées, dans lesquelles les chiffres soigneusement dégagés d'erreur sont enregistrés dans l'ordre le mieux entendu ; on possède, en outre, quelques sages dissertations sur le caractère et le but de la science. Ce qui manquait, c'est un traité enseignant à la fois la théorie et la pratique, les éclairant l'une par l'autre, et montrant quel parti peut être tiré des données de la statistique. Cette lacune a cessé d'exister, et à M. Block appartient le mérite considérable d'avoir plus que tout autre contribué à la combler. (*Rapport à l'Académie des sciences morales et politiques.*)

H. Passy.

L'Algérie et les Colonies Françaises, par M. Duval, avec une notice biographique sur l'auteur, par M. Levasseur, et une préface par M. Laboulaye, membre de l'Institut. — Un vol. in-8 orné d'un portrait de l'auteur. Paris, librairie économique de Guillaumin.

Les attractions sont proportionnelles aux destinées. N'est-ce pas bien le cas de raviver cette formule aujourd'hui oubliée d'une école qu'a traversée l'auteur de cette publication posthume, si tragiquement enlevé à ses amis? Jules Duval avait débuté dans la carrière par le ministère public. Sa voix bien timbrée, sa parole facile en même temps que d'une rare précision, son goût prononcé pour les études sérieuses, l'austère dignité de sa vie, tout semblait se réunir pour lui assurer dans la magistrature un très-brillant avenir. Mais non, la nature l'avait fait naître *colononiste*, et c'était pour ce rôle pécuniairement ingrat qu'elle l'avait si brillamment doué. Attiré par la doctrine de Fourier, il ne s'en est pas plus tôt pénétré que vite il lui faut passer à l'application; et tandis que l'on démontre à Paris, il franchit la Méditerranée et va mettre la main à l'œuvre en Algérie, où les idées de colonisation étaient alors en grande faveur, au moins sur le papier (1847). Quoique l'utopie ne tînt qu'une très-faible place dans son organisation, l'*Union agricole d'Afrique* ne répondit pas à l'attente de ses fondateurs. Mais celui qui l'avait dirigée durant quatre ans avec autant de dévouement que d'honorabilité avait posé le pied sur une terre nouvelle, sur le continent aux vastes horizons, aux lointains inconnus: le continent des mystères géographiques, des *inexplorated countries*.

C'était le moment décisif de sa vie. Alors commença chez Jules Duval un véritable travail de transformation intellectuelle dont les phases, s'élargissant dans une progression harmonique, aboutissent à faire du modeste pionnier du *Sig* le colonisateur enthousiaste de notre *Planète*. Sa coopération aux affaires publiques de l'Algérie, comme membre et secrétaire du Conseil général de la province d'Oran (de 1858 à 1861), ne fut pour lui qu'une étape, une période d'études pratiques. A son tempérament de vulgarisateur, d'apôtre, il fallait autre chose que la liberté bâillonnée d'un conseiller général algérien. C'était Paris et la presse qu'il lui fallait.

Colonies, colonisation: précieuse matière échappant à la nomenclature des sujets interdits que Beaumarchais met dans la bouche de Figaro! Aussi, comme Jules Duval se donna carrière..... On rencontrait

partout cet infatigable propagateur. « Il écrivait à la fois dans le *Jour-*
nal des Débats, dans la *Revue des Deux-Mondes*, dans le *Journal des Éco-*
nomistes, dans l'*Économiste français*, recueil hebdomadaire qu'il avait
fondé pour avoir une tribune où parler à son aise. Membre de la Société
d'économie politique, il défendait volontiers ses opinions par la parole.
Rien n'arrêtait son apostolat. »

Ainsi s'exprime l'éminent M. Laboulaye dans les lignes qu'il a placées en tête du volume que nous avons sous les yeux. Il faut ajouter
qu'obligé de se répéter souvent, Jules Duval avait compris qu'il ne pouvait se faire accepter dans des journaux haut placés qu'en se classant
parmi les écrivains véritablement dignes de ce nom. De là un soin constant de son style, un respect presque méticuleux de la forme; rien qui
sente l'improvisation du journaliste pressant ses lignes à la demande
du prote. C'est là ce qui explique comment ce volume, choix d'articles
réunis par la main pieuse de sa veuve et de ses amis, est tout à fait digne de prendre place à côté de ses aînés : *les Colonies et la politique co-*
loniale de la France, — *L'Histoire de l'émigration au XIXᵉ siècle,* — *Notre*
Pays, — *Notre Planète*, et tant d'autres compositions qui sont de véritables œuvres.

Ce fut à l'occasion de la colonie du Sénégal, qu'il étudiait au moment
de la fondation de l'*Économiste français,* que j'entrai en relation avec
Jules Duval. Il voulait se rendre compte de la bizarre organisation du
commerce de la gomme « aux escales » qui existait alors, et chercheur
persévérant, il avait fini par découvrir que j'avais naguère fait partie
d'une commission administrative chargée d'étudier la matière. A partir de ce moment, je devins sa proie, mais une proie docile et sympathique. Pénétré d'admiration, je dirais volontiers de respect pour cet infatigable champion d'une cause à laquelle, moi colon, je n'avais jamais
consacré que mes loisirs, je lui prêtai mon concours d'abord comme à
un compagnon d'études et bientôt comme à un maître. C'est bien en
effet cette dernière impression qui prévalut chez moi lorsque j'eus entre les mains le beau livre sur *les Colonies et la politique coloniale.* Faits,
idées, conceptions, prévisions, rien ne manque à cette œuvre maîtresse.

Prévisions surtout! Combien ont raison ceux qui furent ses savants
confrères, MM. Levasseur et Laboulaye, lorsque, parlant de ses généreuses rêveries, ils disent que l'utopie de la veille devient souvent réalité du lendemain. C'est à la politique coloniale de Jules Duval que revient l'honneur de la formule : *autonomie locale, assimilation politique,*
qui fut à l'ordre du jour du monde colonial durant les dernières années
de l'Empire. On trouva bien outrecuidante cette prétention de rendre le
sort des colons supérieur à celui des régnicoles qui n'ont pas l'autonomie locale ou ne l'ont que dans une très-faible mesure. Eh bien! sans
la sinistre catastrophe qui a mis brusquement fin à sa vie, Jules Duval
aurait vu sa formule entrer en pleine application. Nos colonies sont au-

jourd'hui représentées à la Chambre et au Sénat, tandis que leurs conseils généraux sont de véritables législatures locales. En conquérant le droit parlementaire et le suffrage universel, elles ont conservé les attributions locales que leur avait octroyées le sénatus-consulte de 1866 conçu dans un tout ordre d'idées. Le hasard des événements, qui peut s'appeler ici la force du destin, a donc confirmé les prévisions de Jules Duval plus tôt certainement qu'il n'aurait osé l'espérer.

Nous avons vu que ce dernier volume des œuvres de notre auteur se composait d'une réunion de ses principaux articles. Cette idée n'implique point celle de fragments écourtés, rapprochés sans coordination possible. Maître de son journal dont chaque numéro se composait de plusieurs feuilles que n'envahissait, hélas ! pas la lucrative annonce, l'écrivain s'épandait à l'aise sur ses savantes élaborations. Plusieurs des morceaux, sont, on peut le voir, aussi étendus et aussi complets que les compositions destinées à la *Revue des Deux-Mondes*. Quelques-unes présentent un intérêt rétrospectif tout particulier ; tel celui qui ouvre le volume et qui traite de la situation des établissements français en Algérie en 1856. Toute personne qui voudra se rendre compte de la marche de notre colonisation africaine devra prendre pour point de départ cet excellent exposé. Rien n'y manque, ni les réalités historiques, ni les considérations politiques, ni même les échappées sur l'utopie, caractéristiques de l'esprit de Jules Duval et que savait faire accepter sa plume convaincue. Voici, par exemple, comment il s'exprime au sujet des efforts que faisait vers ce temps l'administration en vue de pousser les Arabes à quitter la tente pour des habitations véritables.

« Sans doute, dans ces conversions tout n'est pas sincère et spontané ; beaucoup sont dues au désir de complaire à l'autorité et d'obtenir un titre de propriété qui mette à l'abri d'une dépossession ; et ce n'est pas sans vérité que l'esprit français, prompt à la raillerie, a peint la famille arabe accroupie sous la tente, à quelques pas en avant de la maison vide d'habitants. Mais un jour ou l'autre la maison révélera ses avantages. La pluie, le froid, le vent, la peur du vol, la peur d'un rival amoureux inviteront le maître à y entrer, à y enfermer son bétail, ses trésors, sa femme même ou ses femmes, qui résisteront vainement à un progrès présenté sous la forme d'une prison. Dès ce jour le Rubicon sera franchi. Autour de la maison flanquée d'écuries et d'étables, le jardin sera jugé nécessaire ; bientôt suivront la fontaine, les arbres et le reste. Par l'amour du sol, le seigneur deviendra un propriétaire ; par l'amour du chez-soi, le maître deviendra un époux.

« Peu coûteuse sous la tente, la polygamie sera trouvée ruineuse sous un toit où chaque femme n'ayant plus sous les yeux le panorama vivant des environs du douar, livrée à l'oisiveté intérieure, revendiquera son appartement, ses meubles et ses distractions ; tout naturellement la monogamie lui succédera, et par elle la liberté morale et la dignité

de la femme. Parvenu à cette première phase du progrès social, l'Arabe
a cessé d'être notre ennemi ; nous l'avons désarmé de l'instabilité de sa
vie vagabonde, de la mobilité insaisissable de ses intérêts, même de
son fanatisme, en lui empruntant nous-mêmes tout ce qui, dans son
costume et ses coutumes, dérive du climat. Si la fusion n'existe pas encore, elle se prépare par l'analogie des mœurs. »

Cette idée de fusion progressive des races par l'architectonique paraît une véritable rêverie fouriériste, n'est-il pas vrai, lecteur? Cependant,
avant de lui jeter la pierre du ridicule, comme à cette fameuse queue
pourvue d'un œil (dont on ne trouve d'ailleurs absolument aucune trace
dans Fourier), il ne sera pas inutile de se rappeler que les palais maures
de Grenade font encore l'objet de notre admiration; que ceux qui les
bâtissaient, de même race que nos Arabes de l'Algérie, ne délaissaient
sans doute pas l'ombre de leurs arceaux et la fraîcheur de leurs ondes
jaillissantes pour aller à côté s'accroupir sous la tente incendiée par le
soleil. Qui peut dire où en serait aujourd'hui la propriété de la péninsule hispanique par la fusion des deux races, si l'aveuglement des rois
catholiques n'avait pas entrepris, — crime chèrement puni ! — la destruction méthodique de la plus laborieuse partie de sa population !...

Nulle part on ne trouvera la *question des bureaux arabes* si souvent
agitée, traitée avec plus de modération, de justesse et de sens pratique que dans les pages motivées par le fameux procès du capitaine
Doineau, ce « cher camarade » des amis de l'ex-maréchal Bazaine, dont
nous avons vu reparaître il y a quelques années le nom tristement célèbre. On va voir comment les critiques et les indications du publiciste
ont de ce côté fait leur chemin.

M. l'amiral de Gueydon (ce militaire *civilien*, si bien fait pour le gouvernement de l'Algérie et qu'elle n'a pas eu l'esprit de savoir conserver)
inaugura son administration par la suppression absolue des bureaux
arabes.

Naturellement M. le général Chanzy inaugura la sienne par leur rétablissement. Mais ce rétablissement ne put être qu'une réorganisation;
c'est-à-dire qu'il fallut tenir largement compte des idées que Jules Duval avait été le premier à lancer dans la circulation et qui avaient fini
par s'emparer des esprits.

Déjà même, le ministre de la marine avait devancé l'œuvre simplifiée du nouveau gouverneur général, par son organisation des services
indigènes de la Cochinchine : là existe bien ce que l'on pourrait appeler des « bureaux annamites », mais ce n'est pas un « sultan » qui y
fume la chibouque.

La partie coloniale du volume renferme principalement des questions
économiques, mais des questions économiques qui n'ont malheureusement pas vieilli malgré leur date. — Il faut bien dire *malheureusement*,

puisque les conquêtes de la liberté par le privilége sont sans cesse remises en question.

Lorsque je publiai dans cette Revue mon étude sur le *libre échange
colonial*, première attaque méthodique contre le colbertisme alors
encore en pleine vitalité apparente, Jules Duval qui ne pouvait faire
défaut à cette cause, la soutint de ses efforts persévérants. Quand plus
tard, la réforme franchement accomplie par la haute intelligence du
marquis de Chasseloup-Laubat fut mise en pratique, on fut dans les
sphères gouvernementales comme ébahi de sa hardiesse. Alors un
homme de grande valeur, et de batailleuse humeur, le dernier des protectionnistes convaincus, M. Pouyer-Quertier, profita de cette sorte d'émoi
gouvernemental pour tenter un retour offensif contre la réforme
acccomplie. Jules Duval soutint le choc dans ses articles explicatifs qui,
sous la dénomination restreinte d'*octroi de mer*, exposent tout le régime
commercial actuel de nos colonies. S'il est vrai, comme on l'assure, que
l'honorable sénateur rouennais n'ait pas renoncé à revenir sur la question, s'il est vrai que le parti protectionniste se reforme en comité d'action, il est à peu près certain que l'émancipation commerciale des colonies sera l'un des objectifs de l'attaque. Il sera précieux, ce cas
échéant, de retrouver réunis comme dans un arsenal tous les éléments
de la défense.

Les autres morceaux qui complètent la partie coloniale proprement
dite du volume, n'ont généralement pas davantage perdu le caractère
d'actualité. Jules Duval n'était pas un polémiste ; c'était un publiciste
dans la meilleure acception du mot. La semence que lançait son bras
vigoureux se projetait assez loin pour germer et fructifier par delà le
champ limité préparé pour la recevoir. C'est l'honneur de ces travailleurs religieusement obstinés de toujours vivre dans une autre sphère
que celle de l'*actualité*.

La mort prématurée de Jules Duval a laissé dans la presse algérienne
et coloniale une place qui n'a pas été prise. Il est d'ailleurs probable,
eût-il survécu à nos désastres, que ce vide n'en subsisterait pas moins.
On a peine à croire, en effet, que l'Algérie ou l'une des colonies n'eût
pas payé un tribut de reconnaissance à ce vaillant athlète de leur cause
en l'envoyant occuper un siége dans l'une ou l'autre des deux Chambres.
Ceux qui l'ont entendu soit à la Société d'économie politique, soit à la
Société de géographie, soit dans les conférences qu'il faisait quelquefois, peuvent se faire facilement une idée du rang qu'il aurait pu occuper dans les discussions parlementaires.

LE PELLETIER DE SAINT-REMY.

LA DÉMOCRATIE DANS SES RAPPORTS AVEC L'ÉCONOMIE POLITIQUE, par
M. H.-C. MAILFER. Paris, Guillaumin, 1878 ; 1 vol. gr. in-8.

Les études de longue haleine, les études qui s'imprègnent d'une pen-

ßée philosophique, qui s'efforcent de remonter jusqu'à un principe primordial et, ce principe une fois attesté, d'en poursuivre la vérification sur
le terrain mouvant et accidenté des faits historiques, politiques et
scientifiques, ces études ne sont jamais communes. Pour les entreprendre,
il manque aux uns du loisir, cet *otium cûm dignitate* dont parle le poète,
mais dont la fortune est assez avare, tandis que les autres se rebutent
du long chemin à parcourir et, quand ils se donnent pour mission
d'écrire, se renferment dans des sujets plus circonscrits et d'un intérêt
plus immédiat.

M. Mailfer, dont le nouveau volume va faire l'objet de cette étude, est du
petit nombre de ces privilégiés à qui les vastes labeurs intellectuels ne
demeurent pas interdits, pour une cause ou pour une autre. Au début de
ses travaux, il recherchait, dans deux gros volumes, les fondements de
la notion même du juste (1), ainsi que l'application qui en avait été
faite chez les sociétés antiques, et il arrivait à cette conclusion, d'abord
« que toute société humaine digne de recevoir le nom de peuple est
« formée en vue de la justice, et a pour but d'en réaliser les prescrip-
« tions dans ses institutions »; puis à cette autre « qu'il fallait consi-
« dérer la démocratie comme le fait le plus continu, le plus ancien, le
« plus persévérant que l'on connaisse dans l'histoire. » Ce qu'était cette
démocratie dans l'Europe moderne, sous le triple rapport du droit interne et des institutions juridiques et religieuses, tel fut l'objet de son
deuxième ouvrage (2), et dans le troisième, il abordait l'examen des modifications que l'idée démocratique avait déjà introduites dans le droit
international, ou qu'elle lui paraissait susceptible d'y implanter à
l'avenir (3).

Aujourd'hui, c'est aux rapports de la démocratie avec l'économie politique que M. Mailfer s'adresse et il passe en revue dans une série de
chapitres les solutions si opposées, si antagoniques qui ont été fournies
par les socialistes et les économistes aux grandes questions du salariat,
du capital, de l'intérêt et du crédit public. Il s'est fait sur ce terrain une
véritable accalmie. Les socialistes ont renoncé, de très-bonne foi selon
nous, à leurs allures menaçantes, et du même coup ils ont irrévocable-
ment abandonné, paraît-il, ces audacieuses conceptions d'une refonte
radicale de l'ordre social, qui se sont appelées tour à tour le fouriérisme,
le saint-simonisme, l'organisation du travail. Ces systèmes ne subsistent plus dans leur ensemble que comme des témoins d'un âge disparu ;
mais certaines de leurs théories ont été reprises en sous-œuvre, et sous
leur forme nouvelle, si elles ne passionnent plus autant les esprits, elles

(1) *Recherches historiques du juste et de l'autorité*. Paris, Guillaumin, 1873.
2 vol. gr. in-8.

(2) *De la démocratie en Europe*, Paris, Guillaumin, 1875, 1 vol. in-8.

(3) *La démocratie dans ses rapports avec le droit international*. Paris
Guillaumin, 1876. 1 vol. in-8.

ne laissent pas toutefois de faire luire des espérances illusoires aux yeux
de leurs adeptes et de leur préparer des mécomptes.

Par exemple, on parle volontiers dans les ateliers de faire disparaître
la forme usée et oppressive du salariat par la réunion dans les mêmes
mains du capital qui alimente une entreprise et du travail qui l'exécute.
C'est ce qu'on appelle aujourd'hui la *Coopération*, et ce qu'on appelait jadis
l'*Association des travailleurs*. Tout au moins, le principe fondamental de l'un
et de l'autre de ces systèmes est-il le même : c'est la possession de l'instrument de travail par le travailleur lui-même, et la suppression de l'entrepreneur, c'est-à-dire de la personne qui achète à forfait le travail
quotidien et se charge d'en trouver le placement à ses risques et périls.
M. Mailfer admet bien qu'il soit possible de supprimer cet entrepreneur,
et de remplacer le travail quotidien par une part dans les produits obtenus en commun, mais il ne voit pas comment on s'y prendrait pour
supprimer également la direction des travaux. A la place d'un entrepreneur, on aura donc un directeur, et il importe assez peu que celui-ci
soit choisi parmi les travailleurs associés, car, du moment qu'il dirigera,
« ce sera sa volonté qui commandera le travail de ses associés et la
liberté de ceux-ci n'aura rien à gagner à ce changement. »

Ce n'est pas que ce fait ait le droit d'étonner, puisque l'essence même
du socialisme est, on le sait de reste, la négation de la liberté. Aussi,
M. Mailfer n'hésite-t-il point à déclarer « que l'association offerte aux ouvriers comme un progrès n'est pas un progrès » et qu'elle tend directement à la résurrection des *maîtrises*, des *corporations* et des *jurandes*,
c'est-à-dire du régime de la caste appliqué à l'industrie. La question de
liberté ainsi tranchée, il reste, il est vrai, celle du bien-être dont l'association ouvrière est peut-être destinée à augmenter la somme, ou bien
à procurer au moins une meilleure répartition. Dans l'atelier coopératif,
il faut bien admettre qu'on fera comme ailleurs une distinction entre
l'ouvrier habile et l'ouvrier maladroit, entre le diligent et le paresseux ;
« autrement et malgré le poteau d'honneur dont a parlé M. Louis Blanc,
« les paresseux donneraient le ton, et ce serait sur leur travail que se
« déterminerait la moyenne du travail de tout l'atelier. » Voilà pour la
répartition du bien-être, et quant à sa somme n'est-il pas évident qu'un
directeur n'ayant pas un intérêt direct à l'écoulement prompt et avantageux des produits ne déploierait pas, de ce côté, autant de zèle qu'un
entrepreneur pour qui cet écoulement est une question de ruine ou de
fortune ?

Ce qui donne à ces réflexions plus de force, c'est que M. Mailfer n'est
nullement enthousiaste du salariat ; il s'approprie le mot de Chateau-
briand : « qu'il sera modifié, parce qu'il n'est pas une liberté entière, »
et définissant le salarié « un travailleur dont la volonté ne commande
pas le travail, » il se plaint de ce qu'en l'état actuel des choses, tous les

travailleurs ne soient point en mesure de faire de leur liberté un emploi
intelligent et judicieux. Il range dans cette catégorie, à laquelle il réserve
l'épithète de *salarié*, l'ouvrier à la journée et le domestique à gages
mensuels ou annuels, et c'est de cette sorte de salariat qu'il prévoit
l'abolition sinon totale du moins partielle. Aussi bien M. Mailfer re-
garde-t-il cette transformation comme en voie déjà de s'accomplir, du
moins pour le domestique à gages employé à la culture et l'ouvrier rural
qui deviennent, avec le temps et grâce à l'économie la plus stricte, de
petits propriétaires réunissant tout à la fois la volonté à l'effort, et
l'instrument de travail au travailleur. En ce qui touche le salariat manufacturier, notre auteur reconnaît volontiers que la difficulté est plus
grande, mais il s'aperçoit que de jour en jour l'air, l'eau, la vapeur,
l'électricité se substituent au travail corporel, en diminuant l'asservissement du salarié à son outil, et il entrevoit dans le *travail à la tâche*
le facteur du changement qu'il souhaite. Ce moyen, il est vrai, ne con-
férerait à l'ouvrier la propriété ni ¡de son outil, ni de son produit,
mais il lui donnerait « la propriété de son corps, la disposition de sa
« volonté et laisserait à la responsabilité individuelle le soin de com-
« muniquer à l'effort son maximum de productivité et de puissance. »

Le socialisme, considérant le capital comme une pompe aspirante,
prédit l'absorption plus ou moins prochaine de toutes les fortunes en un
petit nombre de mains. M. Mailfer lui, « s'il avait une crainte à
émettre » serait celle de le voir un jour découragé de fonctionner parce
que sa part de profits serait trop exiguë. Ce jour peut venir, sans doute,
mais il nous semble qu'il reste, de par le monde, assez d'entreprises
fructueuses à tenter, assez de gigantesques transformations matérielles
à opérer pour qu'on ne prenne pas peur d'ores et déjà. Et, en attendant,
ce sont les ouvriers qui bénéficient plus de cette abondance du capital,
en vertu de la loi constatée par Bastiat : « à mesure que les capitaux
s'accroissent, la part absolue dans les produits totaux augmente, mais
leur part relative diminue, tandis que les travailleurs voient leur part
augmenter dans les deux sens. »

Dans les chapitres qui suivent, M. Mailfer traite des solutions que l'économie politique et le socialisme ont données des questions du prêt à intérêt;
du crédit commercial, du fermage, de la valeur, et à ce dernier propos,
nous sommes même tenté de lui chercher une chicane : c'est qu'il se
sert des termes *valeur en échange* et *valeur en usage*, au lieu des mots de
valeur seulement et d'*utilité*, ce qui ne sert point à simplifier une notion
en elle-même si complexe, et que dans une préoccupation plus métaphysique peut-être qu'économique, il paraît, bien que certes ce ne soit
là qu'une fausse apparence, oublier parfois qu'il n'y a pas plus de mesure universelle et absolue de la valeur qu'il n'y a de quadrature parfaite du cercle et de mouvement universel. En un mot, M. Mailfer suit

à la piste le socialisme et ses conclusions; il les met en regard des conclusions parallèles de l'économie politique et n'a point de peine à montrer que partout où celui-ci dit liberté et partout justice, l'autre dit servitude, c'est-à-dire oppression. C'est une démonstration déjà faite à diverses reprises et sous diverses formes; mais cette fois, elle se présente sous une vue d'ensemble qui est loin de lui nuire, et avec une vigoureuse concentration de faits et de preuves, d'arguments intrinsèques ou extrinsèques, qui lui communiquent une force particulière.

En somme, ce livre est excellent et, en l'écrivant, M. Mailfer a servi la double cause de l'économie politique et de la démocratie. Il ne comprend pas, il est vrai, celle-ci comme une simple collection de faits empiriques, et il en rattache la conception à un double principe moral, le principe de la divinité et celui de la liberté. Mais, il prétend et à très-juste raison, selon nous, qu'il n'y a dans cette notion rien de contradictoire, et qu'en excluant l'un ou l'autre de ses termes, on détruit également, par des voies différentes, l'idée de justice, et on laisse l'ordre social livré sans support aux entreprises de la force et aux caprices de l'arbitraire.

A.-F. DE FONTPERTUIS.

CHRONIQUE

SOMMAIRE : La guerre entre l'Angleterre et la Russie toujours à redouter. — Le traité de San-Stefano et les prétentions du gouvernement russe. — Rôle humiliant du Sultan. — Vote du budget de 1878 et de la réduction des tarifs télégraphiques et postaux, des travaux d'amélioration de la navigation de la Seine. —Projets de lois retardés. — Prorogation des traités avec la Suisse et l'Espagne. — Vote et évolutions de la loi du dollar d'argent aux Etats-Unis. — Le développement des bibliothèques publiques de l'Union. — Les effets du protectionnisme sur l'industrie et l'agriculture américaines.— Création d'une commission des conférences et congrès à l'Exposition universelle. — Un nouveau concours sur l'impôt.

Après une première détente, la question pendante entre l'Angleterre et la Russie s'est de nouveau compliquée depuis la connaissance des clauses du traité de San-Stefano; la déclaration de guerre paraissait imminente. Mais les pourparlers diplomatiques ont repris, et nous voilà revenus à l'espoir d'une solution pacifique au moyen d'un congrès dont l'idée, abandonnée, a été reprise.

Les discussions du Parlement en Angleterre, la démission de lord Derby, ministre des affaires étrangères, ont montré que la nation ne reculerait pas devant la guerre s'il le fallait. Ce que l'on a pu savoir du dictateur de l'Allemagne, et par le discours de la couronne et par la discussion qui s'en est suivie, permet de croire que le croquemitaine de l'Europe n'est pas à la guerre en ce moment. Lord Salisbury, nouveau ministre des affaires étrangères en Angleterre, et M. Gortschakoff, chancelier de Russie, ont échangé, au sujet de ce traité et des moyens de le sanctionner, des notes qui avancent la question en ce sens qu'on voit le gouvernement anglais résolu à demander l'accord des puissances pour le remaniement de la carte d'Orient, et le gouvernement russe assez embarrassé dans ses prétentions et ses explications au sujet de la grande Bulgarie qu'il propose et d'autres remaniements qui suppriment, ou à peu près, la Turquie d'Europe, qui mécontentent la Roumanie et la Grèce, effrayent l'Autriche et irritent l'Angleterre et l'occident de l'Europe.

Ne mentionnons que pour mémoire les tristes entrevues du grand-duc Nicolas et de l'empereur de Turquie se présentant maintenant comme l'allié de la Russie! Ces scènes navrantes pour l'humanité rappellent assez les entrevues du roi d'Espagne et de Napoléon Ier au commencement de ce siècle.

— Avant de s'ajourner à l'occasion de la première session des conseils généraux, dont nombre de sénateurs et de députés font partie, les deux Chambres ont voté le budget de 1878, retardé par les incidents du seize mai. L'entente a été plus facile cette année que l'an passé; mais il faut dire que cela a tenu, en partie, au manque de temps.

Elles ont donné leur sanction aux deux projets de loi relatifs à la réduction des tarifs postaux et des tarifs télégraphiques, qui font l'objet d'un de nos articles de fond. Nous reproduisons ces deux lois au Bulletin, ainsi que la loi concernant l'amélioration de la navigation de la Seine.

Faute de temps encore se sont trouvés retardés les projets de loi relatifs au tarif général et au traité avec l'Italie, qui a été discuté et voté à Rome.

Le traité avec la Suisse a été diplomatiquement prorogé jusqu'au 1er janvier prochain, et le *Journal officiel* du 23 mars a publié la loi approuvant la convention faite avec l'Espagne qui ajourne pour deux ans la négociation d'un nouveau traité de commerce.

Le Sénat n'a pas été fâché de retarder la discussion de l'important projet de rachat de 500 kilomètres de chemins de fer de la Vendée et des Charentes voté il y a un mois par la Chambre des députés, après un remarquable débat entre MM. Rouher et de Freycinet. La question est des plus grosses, même à ne considérer l'intervention de l'Etat que comme un expédient exceptionnel et temporaire.

— Les États-Unis occupent une certaine place dans cette livraison. D'abord, nous avons voulu recueillir le texte de la loi importante qui vient d'être votée pour la reprise de la fabrication des dollars en argent. — Nous signalons ensuite à nos lecteurs l'opinion émise par un observateur compétent sur le protectionnisme aux Etats-Unis, dont on parle beaucoup en ce moment, et qui a eu des effets curieux même sur le *Bland-Bill* ou le *Silver Bill*. — Nous mentionnons enfin l'intéressante analyse du rapport du « Bureau of education » sur le développement des bibliothèques publiques aux Etats-Unis, qui fait l'objet d'un des articles principaux de ce numéro.

Ce n'est pas sans peine que le Bland-Bill a abouti, nous en énonçons les diverses évolutions. Le président Hayes a mis son veto; mais les deux chambres l'ont voté de nouveau à une majorité supérieure des deux tiers; nous mentionnons dans le Bulletin le motif du Président, qui pense qu'on a ainsi frustré les créanciers des Etats-Unis. On trouvera aussi une explication dans l'opinion émise à la Société d'économie politique, et dans la Revue des publications qui fait également partie de cette livraison.

— La Société pour les réformes fiscales a reçu d'un de ses membres, M. A. Raynaud, deux prix, l'un de 2,000 et l'autre de 500 fr. qu'elle décernera aux auteurs des deux meilleurs mémoires sur une question ainsi formulée :

Indiquer un système d'impôt, simple ou complexe, remplissant le plus possible les conditions suivantes :

1º Observer le principe d'après lequel chaque citoyen doit contribuer aux charges publiques en proportion de ses facultés ;

2º Etre d'une perception précise, simple, facile et peu coûteuse ;

3º Ne provoquer pour sa perception aucunes vexations ni entraves commerciales (1).

La Société pour les réformes fiscales comprend sans doute qu'elle demande un projet parfait, un merle blanc; nous ne pensons pas qu'elle veuille décourager les concurrents, et nous croyons qu'elle couronnera ceux qui lui apporteront des travaux recommandables, dussent-ils ne pas remplir toutes les conditions de l'énoncé.

----

(1) Les conditions du concours seront communiquées par le Secrétaire général de la Société pour les réformes fiscales, dont le siége est rue Neuve-Saint-Augustin, 22, à Paris.

. — Les travaux de l'Exposition universelle sont poussés avec une activité fébrile. Le Trocadéro et le Champ-de-Mars représentent une gigantesque et pittoresque fourmillière internationale. Tout ne sera à sa place que dans le mois de juillet, comme en 1867; mais, dès les premiers jours de mai, le spectacle sera grandiose et flatteur pour la civilisation moderne.

Le directeur de l'Exposition et le ministre du commerce ont eu l'idée de constituer une commission qui n'a pas eu d'analogue dans les exhibitions précédentes. Cette commission est chargée de procéder à l'organisation des conférences et des congrès qui auront lieu dans le palais du Trocadéro, où M. Krantz a eu l'idée de les convier et de les concentrer.

Cette commission se compose de huit groupes correspondant à la classification adoptée pour les produits de l'Exposition, savoir : beaux-arts; — enseignement, hygiène et arts libéraux; — habitation et mobilier; — matières textiles; — matières brutes, produits chimiques, teintures; — machines et appareils; — agriculture et alimentation. — Un groupe supplémentaire « aura, dans sa sphère d'action, l'étude des questions qui n'ont pas leur représentation matérielle dans l'exposition des produits : l'économie politique, les sciences économiques, la législation, la statistique sont de son domaine. »

Le ministre a désigné une quinzaine de personnes pour constituer chacun de ces groupes qui ont nommé leurs bureaux et qui seront représentés par leurs présidents, lesquels constitueront une commission centrale; en tout, trois ou quatre pouvoirs avec le ministre et le directeur de l'Exposition. Espérons que le rouage ne nuira pas à l'idée.

Paris, 14 avril 1878.

J^{ph} G.

Bibliographie économique.

Achèvement (l') *du chemin de fer d'Orléans* à Rouen, en face de l'État acquéreur (février 1878). In-8, 27 p. Rouen, Lapierre.

Agenda manuel du rentier et du capitaliste pour l'année 1878. In-8 à 2 col., 72 p. Société générale d'imprimerie et de librairie.

Agendas Dunod. 1878. N° 5. *Télégraphes et postes. Transferts.* A l'usage du public, des receveurs des télégraphes et des postes, des télégraphistes électriciens et constructeurs de lignes télégraphiques, et expéditeurs. In-18, 346 p. Dunod.

Agendas Dunod. 1878. N° 6. *Chemins de fer.* A l'usage des ingénieurs, mécaniciens, chefs de gare et de tous les agents de la construction, de l'entretien, de la traction et de l'exploitation. In-12, 322 p. Ibid.

Almanach financier, 1878, 11° année. Guide des rentiers et capitalistes, par I. Rousset et les collaborateurs du Journal financier. In-32, 214 p. Bureaux du Journal financier.

Annuaire de l'administration des contributions indirectes. Situation au 1er janvier 1878. Statistique générale de l'administration. In-8, 310 p. Oudin.

Annuaire de l'administration de l'enregistrement, des domaines et du timbre. 1878. 25° année In-18, XXIV-136 p. Bureau des annuaires administratifs, 25, rue des Boulangers.

Annuaire des Douanes pour l'année 1878. 15° année. In-12, VIII-268 p. Lib. Dentu.

Annuaire des halles et marchés, Manuel du commerce et de l'industrie (1878). In-8, VI-436 p. Aux bureaux du Bulletin des halles, 29, rue de Viarmes.

Annuaire du bâtiment, des travaux publics et des arts industriels. 48° année (1878). In-8 à 2 col., XXXIII-1552 p. Lib. Marchal, Billard et C°; V° Morel.

BALCARCE. *Importation en France de chevaux de la République Argentine.* In-8, 6 p. Paris, imp. Martinet.

BARGÈS (abbé J.-J.-L). *Recherches archéologiques sur les colonies phéniciennes* établies sur le littoral de la Celto-Ligurie. In-8, 160 p. 8 pl. Leroux.

BARRAL (J.-A). *Discours sur les irrigations du département de la Haute-Vienne.* In-8, 16 p. Bureaux du journal l'*Agriculture.*

BERNARD (P.). *De la responsabilité des fonctionnaires publics* sous l'empire du Décret du 19 septembre 1870. In-8, 144 p. Cotillon et C°.

BIOLLAY (L.). *Un épisode de l'approvisionnement de Paris* en 1789. In-8, 32 p. Imp. et lib. P. Dupont.

BONNAFONT (Dr) *Excursion et pêche du corail à la Calle,* en 1837. In-8, 14 p. Paris, imp. Martinet.

BONNEVILLE (V. DE). *Avantage des assurances sur la vie.* 3° édition. In-18, 23 p. Paris, imp. V° Renou, Maulde et Cock.

BOUTMY. *Observations sur l'enseignement des sciences politiques et administratives,* à l'occasion de la proposition de l'honorable M. Carnot, tendant à la création d'une école d'administration. In-4, 8 p. Paris, imp. Quantin et C°.

BRAME (E.). *Note sur la construction et l'exploitation du troisième réseau* des chemins de fer français. In-8, 15 p. Paris, imp. Quantin.

BRULTEY (J.). *Rapport du délégué des menuisiers en sièges à l'Exposition universelle de Philadelphie* (1876).

In-8, 50 p. Lib. Sandoz et Fischbacher, Vᵉ Morel et Cᵉ.

CHOPPARD (L.) *Du régime légal des chemins de fer employés dans les entreprises de travaux publics.* In-8, 8 p. P. Dupont.

Commission d'enquête du Sénat sur les souffrances du commerce et de l'industrie. Dépositions des délégués du Comité industriel et commercial de Normandie (déposition complémentaire). In-4, 72 p. Rouen, imp. Lapierre.

COMPIÈGNE (DE). *L'Afrique équatoriale.* Gabonais, Pahouines, Gallois. Ouvrage enrichi d'une carte spéciale et de gravures d'après des photographies et des croquis de l'auteur. 3ᵉ édition. In-18 jésus, 366 p. Plon et Cᵉ.

Compte rendu des travaux du Cercle parisien de la Ligue de l'enseignement pour l'année 1877. In-8, 274 p. Au siège de l'association, 175, rue Saint-Honoré.

Conseils (les) généraux. Interprétation de la loi organique du 10 août 1871. Recueil des lois, décrets, arrêts ou avis du Conseil d'Etat, arrêts de la Cour de cassation, instructions et décisions ministérielles, classées par ordre chronologique. In-8, 1199 p. Berger-Levrault et Cᵉ.

COURTOIS (A.). *Manuel des fonds publics et des sociétés par actions.* 7ᵉ édition revue et augmentée. In-18 jésus, VIII-856 p. Garnier frères.

DEVEDEIX (J.) *Salubrité publique.* Mémoire sur la purification des eaux d'égout de la ville de Reims. In-8, 102 p. et tableau.

DOLLET (P. N. Rose). *Les Droits d'usage.* In-12, 24 p. Wasey, imp. Guillemin.

DU CAMP (M.). *Les Convulsions de Paris,* t. Iᵉʳ. Les Prisons pendant la Commune. In-8, IV-547 p. Lib. Hachette et Cᵉ.

Epargne (l') du présent assure l'avenir. In-32, 19 p. Paris, imp. Lahure.

FAUQUET (Octave). *Des avantages que présente l'emploi des machines,* relativement à l'usage direct des forces de l'homme. Les machines et leur influence en Angleterre, aux Etats-Unis et en France. Résumé de deux conférences faites au cercle rouennais de la Ligue de l'ensei-

gnement, en décembre 1876 et en février 1877. In-8, 94 p. et 7 pl. Rouen, imp. Lecerf.

FILLETTE (J.-B.-A.) *Organisation du travail* et formation d'une caisse pour l'amélioration du sort de la classe ouvrière. Système J.-B.-A. Fillette, développé avec ses effets présumés. In-8, 8 p. Imp. Masquin et Cᵉ.

FOVILLE (A. DE). *Le Budget de 1878.* In-8, 18 p. Berger-Levrault et Cᵉ.

FIGUIER (L.) *L'Année scientifique et industrielle,* ou Exposé annuel des travaux scientifiques, des inventions et des principales applications de la science, accompagné d'une nécrologie scientifique. 21ᵉ année, 1877. In-18 jésus, 578 p. Lib. Hachette et Cᵉ.

Guide (le) de la finance, Moniteur de toutes les valeurs françaises et étrangères circulant en France. Au *Moniteur financier,* 16, rue Grange-Batelière.

GUITET (E.). *Rapport du délégué des ouvriers serruriers de Paris à l'Exposition universelle de Philadelphie,* 1876. In-8, 63 p. Lib. Sandoz et Fischbacher, Vᵉ Morel et Cᵉ.

HAMM (G. DE). *La Dynamite en agriculture,* par G. de Hamm, conseiller aulique, chef du département au ministère de l'agriculture d'Autriche. In-8, 39 p. A la Société générale pour la fabrication de la dynamite, 17, rue d'Aumale.

HERVE (Valère). *Devoirs sociaux du riche et du pauvre.* 2ᵉ édition. In-18, 46 p. Oudin.

IGNOUF (J.). *L'avenir de la marine et du commerce extérieur de la France* et le renouvellement des traités. In-8, 62 p. Challemel aîné.

LA PORTE (DE). *Discussion sur le rachat des ponts à péage.* Discours prononcé à la Chambre des députés dans la séance du 18 février 1878. In-8, 30 p. Wittersheim et Cᵉ.

L'EPINE (Louis). *Rapport du délégué des sculpteurs sur bois à l'Exposition universelle de Philadelphie* (1876). In-8,; 83 p. Lib. Sandoz et Fischbacher; Vᵉ Morel.

MACKAU (DE). *La Question de la remonte.* Discussion de l'amendement présenté sur le chapitre 17 du ministère de la guerre. Chambre des députés; séances des 28, 29 janvier et 7 février 1878. In-8, 63 p. Imp. et lib. Wittersheim et Cᵉ.

MAUNOIR (G.) et H. DUVEYRIER. *L'Année géographique*, revue annuelle des voyages de terre et de mer, des explorations, missions, relations et publications diverses relatives aux sciences géographiques et ethnographiques. 2ᵉ série. T. 1ᵉʳ de la 2ᵉ série (15ᵉ année, 1876). In-18 jésus, VIII-619 p. Hachette et Cᵉ.

Mémoire sur le mode de colonisation supérieure, de création de grandes richesses et d'élévation à une haute moralité sociale. Colonie modèle agrico-industrielle dans une concession du gouvernement en Algérie avec succursale manufacturière en France. In-4, 34 p. Paris, imp. Duval.

MONOD (Ed.). *La Question de la sanctification du dimanche* dans ses rapports avec la mission intérieure. Rapport présenté à l'assemblée générale de la Société de mission intérieure évangélique, tenue à Montpellier les 25 et 26 avril 1877. In-8, 22 p. Nîmes, imp. Roger et Laporte.

MORILLOT (A.). *De la protection accordée aux œuvres d'art*, aux photographies, aux dessins et modèles industriels et aux brevets d'invention dans l'empire d'Allemagne. In-8, XI-264 p. Cotillon.

NEYMARCK (A.). *Les grands travaux publics*. Les projets du ministre des travaux publics et du ministre des finances. In-8, 34 p. Guillaumin et Cᵉ.

Omnibus (les) de Paris. Transformation du réseau; avenir des titres. In-8, 24 p. Paris, imp. Chaix et Cᵉ.

OZENNE et DU SOMMERARD. *Rapport* présenté au ministre de l'agriculture et du commerce *sur les Expositions internationales de Londres en 1871, en 1872 et en 1874; de Vienne en 1873, et de Philadelphie en 1876*. In-8, 30 p. Paris, imp. Chaix et Cᵉ.

PAGÈS-DUPORT (A.). *Questions vitales pour le Lot*: 1º coloration artificielle du vin; 2º traités de commerce. In-16, 15 p. Cahors, imp. Layton.

PECCI (Son Emin. le cardinal), LÉON XIII. *L'Église et la civilisation*. Traduit de l'italien par Paul Lapeyre, rédacteur de l'*Univers*. In-8, 109 p. Palmé.

PERRIN (Dʳ). *L'Islamisme*, son institution, son influence et son avenir. Ouvrage posthume annoté par Alfred Clerc. In-8, V-131 p. Leroux.

PIGIER. *Nouvelle tenue des livres*, dite méthode pratique de simplification et de centralisation. 4ᵉ édition, revue avec soin, et considérablement augmentée. In-8, VII-282 p. L'auteur, 19, rue des Halles.

PUGET (P.). *Du postliminium* en droit romain. *De l'extradition* en droit criminel international. In-8, 264 p. Versailles, imp. et lib. Cerf et fils.

RABBINOWICZ (M.). *Législation civile du Thalmud*. Nouveau commentaire et traduction critique du traité Baba-Kama, t. 2. In-8, XXXXIV-511 p. Lib. Thorin.

Recueil des travaux du Comité consultatif d'hygiène publique de France et des actes officiels de l'administration sanitaire. T. V, avec une carte. In-8, VIII-520 p. J.-B. Baillière.

REY (W.). *L'État présent et l'avenir des assurances sur la vie en France*. In-8, 20 p. Imp. Vᵉ Ethiou-Pérou et Klein.

ROBIN (E.). *Des écoles industrielles* et de la protection des enfants insoumis ou abandonnés. In-8, 22 p. Paris, imp. Chaix et Cᵉ.

ROY (E.). *Chemins de fer d'intérêt local*. Vade-mecum aux trois points de vue financier, économique et technique. In-18, VIII-152 p. Dunod.

SABATIER (L.). *Rapport sur les mines et établissements métallurgiques de Raïwola* (Finlande). In-8, 8 p. Paris, imp. Chaix et Cᵉ.

SALOMON (G.). *Les caisses de secours et de prévoyance des ouvriers mineurs en Europe*, par Georges Salomon, ingénieur civil des mines. In-8, 174 p. Imp. Capiomont et Renault.

SERVANT (L.). *Usages locaux* (Deux-Sèvres), suivis d'un *memento* à l'usage des juges de paix considérés comme juges de simple police et de diverses notes. In-16, 111 p. Parthenay, Coquemard.

TALLON (E.). *Protection des enfants dans les manufactures et les ateliers.* Manuel pratique pour l'application de la loi du 19 mai 1874 sur le travail des enfants et des filles mineures employés dans l'industrie. 2e édition, in-18, 224 p. Lib. Dunod.

TERRIER (Ch.). *Étude sur les égouts de Londres, de Bruxelles et de Paris.* In-8, 25 p. Lib. V. A. Delahaye et Ce.

VAINBERG (S.). *L'Emission des obligations et la garantie des obligataires.* In-8, 195. Lib. Leroux.

VALROFF (E.). *Etude sur les caisses de secours dans les établissements industriels.* In-8, 121 p. Lille, imp. Danel.

VAUTHIER (L.-L.). *Bases d'un projet de loi sur la réorganisation des chemins de fer français.* In-8, 8 p. Paris, imp. Chaix et Ce.

Vérité (la) sur les finances égyptiennes. Ressources de l'Egypte; exposé de M. Goschen; caractère d'une enquête nouvelle, son inuti-lité; impossibilité de démontrer que le revenu normal de l'Egypte soit au-dessous de 10,450,000 liv. st., chiffre indiqué par M. Goschen; solvabilité du gouvernement égyptien. In-8, 51 p. Paris, imp. et lib. P. Dupont.

VIGNIER (Dr C.). *Notes sur les Indiens de Paya.* In-8, 15 p. Lib. Masson.

Vins (les) du siècle dans la Gironde. Petite statistique des récoltes depuis 1800 jusqu'à 1877. In-16, 64 p. Bordeaux, imp. Cruzy.

WALLON (M.-H.). *Travail national et libre échange* (31 décembre 1877). In-8, 16 p. Rouen, imp. Lapierre.

WAUWERMANS (Lieut.-colonel H.). *Les Voyages d'études autour du monde* au point de vue commercial et industriel. Discours prononcé le 13 février 1878 à la Société de géographie d'Anvers. In-8, 14 p. Paris, publié par la Société des voyages d'études autour du monde, 8, place Vendôme.

Le Gérant : PAUL BRISSOT-THIVARS.

Paris. — Typ. A. Parent, rue M.-le-Prince, 29-31.

Statistique internationale des grandes villes, 2e section. Statistique des finan
tome Ier, rédigé par JOSEPH MOROSI, directeur du bureau de statistique de la
de Budapest, 1 vol. in-8. Prix.   1

Histoire financière de l'Egypte, depuis Saïd-Pacha, 1854-1876, in-18. Prix.

Les caisses de secours et de prévoyance des ouvriers mineurs en Europe, par GEO
SALOMON, ingénieur civil des mines, 1 vol. in-8. Prix.

Dialogue avec un législateur sur la réorganisation des chemins de fer. Prix.

Le mouvement de la dette publique et le 3 0/0 amortissable, par HENRI CERNU
articles publiés dans le *Siècle*, br. in-18. Prix.

La question des chemins de fer et les commissions régionales, par ALBERT CAZENE
br. in-18. Prix.

Le Bon sens dans les doctrines morales et politiques ou Appréciation de la mét
expérimentale à la philosophie, à la morale, à l'économie politique et à la politi
par M. AMBROISE CLÉMENT. 2 vol. in-8. Prix.   1

Introduction à l'étude de l'économie politique, cours public professé à Lyon pen
l'hiver 1864-1865 sous les auspices de la Chambre de commerce, par M. H.
METH, professeur à l'Université de Genève. Deuxième édition revue et augme
avec un appendice sur le Socialisme de la chaire. 1 vol. in-8. Prix.   7 f

L'Exposition universelle et l'uniformité des mesures. Quelques mots sur les mes
monétaires, par M. LÉON, ingénieur en chef des Ponts et Chaussées. 1 vol. i
Prix.

Les grands travaux publics. Les projets du ministre des travaux publics et du
nistre des finances, par M. ALFRED NEYMARCK, deuxième édition, broché
Prix.

Annuaire des finances russes, 6e année. 1 vol. in-8. Prix.   1

De la démocratie dans ses rapports avec l'économie politique, par M. MAIL
1 vol. in-8. Prix.   7 fr

Traité théorique et pratique de statistique, par MAURICE BLOCK. 1 vol. in-8. Prix.

Manuel pratique pour l'organisation et le fonctionnement des Sociétés coopéra
de productions dans leurs diverses formes, par M. SCHULZE-DELITZSCH. — 2e pa
Agriculture, précédée d'une lettre aux cultivateurs français, par M. BENJ
RAMPAL. 1 vol. in-18. Prix.

Études sur le régime financier de la France avant la révolution de 1789, par M.
VUITRY, de l'Institut. Les impôts romains dans la Gaule du Ve au Xe siècle
régime financier de la monarchie féodale aux XIe, XIIe et XIIIe siècles. 1 vol. g
in-8°. Prix.

Économie rurale de la France depuis 1789, par M. LÉONCE DE LAVERGNE, membr
l'Institut, 4e édition revue et augmentée. 1 vol in-18. Prix.   3 fr

Traité élémentaire d'économie politique, par M. H. ROZY, professeur à la Facult
droit de Toulouse. 1 vol. in-18. Prix.

**Le Développement de la Constitution anglaise depuis les temps les plus rec
jusqu'à nos jours**, par M. EDWARD A. FREEMAN. Traduit de l'anglais et pré
d'une introduction, par M. ALEXANDRE DEHAYE. 1 vol. in-18. Prix.   3 f

Dictionnaire du Budget, exercice 1877, par M. FÉLIX GERMAIN. 1 vol. in-8. Prix. 7 f

Théorie générale de l'État, par BLUNTSCHLI, docteur en droit, professeur ordinai
l'université de Heidelberg, traduit de l'allemand et précédé d'une préface
M. ARMAND DE RIEDMATTEN, docteur en droit, avocat à la Cour de Paris. 1 v. i
Prix.

Le questionnaire de la question des sucres, par M. LE PELLETIER DE SAINT-R
1 vol. in-8. Prix.   5

Traité de la science des finances, par M. PAUL LEROY-BEAULIEU. Tome Ier. Des
venus publics. — Tome II. Le budget et le crédit public. 2 vol. in-8. Prix.   2

Cours de droit constitutionnel, professé à la Faculté de droit de Paris, par M. P. R
recueilli par M. A. PORÉE, précédé d'une Introduction, par M. BON COMPAGNI, déj
au parlement Italien. 2e édition. 4 vol. in-8. Prix.   30

Du gouvernement représentatif, par JOHN STUART-MILL. 1 vol. in-18. Prix.   3 fr

La liberté, par LE MÊME. 1 vol. in-18. Prix.   3 fr

LE JOURNAL DES ECONOMISTES

REVUE DE LA SCIENCE ÉCONOMIQUE ET DE LA STATISTIQUE

Paraît le 15 de chaque mois par livraisons de dix à douze feuilles (160 à 192 pages), format grand in-8, dit grand raisin, renfermant la matière d'un volume in-8 ordinaire.

Chaque Trimestre forme un volume et l'Année entière 4 beaux volumes.

CONDITIONS DE L'ABONNEMENT :

36 francs par an et 19 francs pour six mois pour toute la France et l'Algérie.

35 francs par an et 20 fr. pour six mois pour : *Allemagne, Autriche, Belgique, Danemark, Espagne, Grande-Bretagne, Finlande, Grèce, Hongrie. Italie, Luxembourg, Malte, Montenegro, Norwége, Pays-Bas, Portugal, y compris Madère et les Açores, Roumanie, Russie, Serbie, Suède, Suisse, Turquie, Egypte, Tanger, Tunis.*

40 francs par an et 21 pour six mois pour : *Etats-Unis, Canada, Colonies françaises (Guadeloupe, Martinique, Guyane, Sénégal, Ile de la Réunion, Cochinchine, Etablissements français dans l'Inde).*

42 francs par an et 22 francs pour six mois pour : *Chine, Confédération argentine, Cuba, Haïti, Indes-Orientales, Mexique, Nouvelle-Grenade, Paraguay, Uruguay, Vénézuel.*

46 francs par an et 24 francs pour six mois pour : *Australie, Bolivie, Brésil, Chili, Equateur, Pérou, Etats de l'Amérique du Centre : Costa-Rica, Guatemala, Honduras, Nicaragua, San-Salvador.*

Pour s'abonner, envoyer un mandat sur la poste ou sur une maison de Paris.

Les abonnements partent de janvier ou de juillet.

On ne fait pas d'abonnement pour moins de *six mois.*

Chaque numéro séparément, 3 francs 50.

COLLECTIONS ET TABLES :

Le prix de la 1ʳᵉ série, comprenant les 12 années de 1842 à 1853 inclus, et formant 37 volumes grand in-8, est de 366 francs.

Le prix de la 2ᵉ série, comprenant les 12 années de 1854 à 1865 inclus, et formant 48 volumes grand in-8, est de 432 francs.

Le prix de la 3ᵉ série, comprenant les 12 années de 1866 à 1877 inclus, et formant 48 volumes grand in-8, est de 432 francs.

Le prix total de la **Collection,** formant, à la fin de 1877, 132 volumes gr. in-8, est donc de 1230 fr.

La Collection forme, à elle seule, une *Bibliothèque* facile à consulter à l'aide de Tables analytiques et détaillées.

La librairie GUILLAUMIN ne possède plus qu'un très-petit nombre de Collections complètes de chacune des deux séries, qui se vendent séparément.

ON TROUVE A LA LIBRAIRIE GUILLAUMIN ET Cⁱᵉ

Les **TRAITÉS GÉNÉRAUX,** les **TRAITÉS ÉLÉMENTAIRES** et les ouvrages de théorie relatifs à l'Economie sociale ou politique ou industrielle;

Les **TRAITÉS SPÉCIAUX,** les **MONOGRAPHIES** et un grand nombre d'Ecrits sur les diverses questions relatives à l'**ÉCONOMIE POLITIQUE** ou **SOCIALE,** à la **STATISTIQUE,** aux **FINANCES,** à la **POPULATION,** au **PAUPÉRISME,** à l'**ESCLAVAGE,** à l'**ÉMIGRATION,** au **COMMERCE,** aux **DOUANES,** aux **TARIFS,** au **CALCUL,** à la **COMPTABILITÉ,** aux **CHANGES,** au **DROIT DES GENS,** au **DROIT ADMINISTRATIF,** au **DROIT COMMERCIAL** et au **DROIT INDUSTRIEL.**

Les **DOCUMENTS STATISTIQUES** et autres : Tableaux de douane, Enquêtes, Tarifs, etc.

Paris. — Typ. A. PARENT, rue Monsieur-le-Prince, 29 et 31.

JOURNAL

DES

ÉCONOMISTES

REVUE

DE LA SCIENCE ÉCONOMIQUE

ET

DE LA STATISTIQUE

(37ᵉ ANNÉE DE LA FONDATION)

———

4ᵉ SÉRIE. — Nº 5

———

1ʳᵉ ANNÉE. — Nº 5

———

MAI 1878

———————

PARIS

LIBRAIRIE GUILLAUMIN ET Cⁱᵉ, ÉDITEURS

De la Collection des principaux Économistes, des Économistes et Publicistes contemporains,
de la Bibliothèque des sciences morales et politiques, du Dictionnaire
de l'Économie politique, du Dictionnaire universel du Commerce et de la Navigation, etc.

Rue Richelieu, 14.

———

1878

BULLETIN BIBLIOGRAPHIQUE ET COMMERCIAL

JOURNAL

DES

ÉCONOMISTES

LES BREVETS D'INVENTION

CONTRAIRES A LA LIBERTÉ DU TRAVAIL

I

LE TRAVAIL SOUS L'ANCIEN RÉGIME. — IL 'N'A NI LA LIBERTÉ NI L'ÉGALITÉ.

La liberté du travail est une des principales forces qui suscitent la prospérité générale et particulière chez les peuples modernes. Elle est au nombre des libertés publiques le plus à l'usage des classes innombrables qui se livrent aux arts manufacturiers, à l'agriculture, au négoce; depuis le grand fabricant, le grand commerçant et le grand propriétaire foncier faisant valoir jusqu'au simple manœuvre et au modeste laboureur. Elle n'importe pas moins aux industries latérales et accessoires, telles que celle des transports de toute sorte, et celles qui ont pour objet l'extraction des richesses minérales enfouies dans les entrailles de la terre. Elle intéresse également les professions libérales. En un mot, c'est un ressort dont l'action efficace s'applique avec succès à la plupart des modes de l'activité humaine. A ce titre, elle mériterait de jouir d'une faveur exceptionnelle auprès des hommes qui exercent de l'influence dans l'Etat, et l'on est fondé à remarquer qu'à cet égard il s'en faut qu'elle soit traitée aussi bien qu'elle le mérite.

Il y a donc lieu d'étudier les lois existantes, dans le but de savoir comment on pourrait les rendre plus favorables à la liberté

du travail et les dégager des dispositions léguées par la tradition
de temps peu libéraux, qui tendent à l'amortir ou à la paralyser.

Me plaçant à ce point de vue, je me propose aujourd'hui de
rechercher ce qu'il faut penser des lois qui concernent les brevets
d'invention dans les Etats les plus civilisés et spécialement dans
notre patrie. C'est un sujet qui a l'attrait de l'actualité, car il
excite depuis plusieurs années la sollicitude des gouvernements
les plus éclairés. On s'accorde à reconnaître que les législations
diverses qui régissent la matière chez les peuples divers, et dont
la donnée générale est uniforme malgré la variété dans les détails, laissent fort à désirer et nulle part on ne voit clairement
comment les modifier.

Signalons d'abord le nombre des inventeurs ou prétendus tels
qui demandent à être brevetés afin d'obliger la société à rémunérer par de grands priviléges sur leurs concitoyens, nommément
par une redevance qu'ils se réservent de fixer à leur gré, les
services qu'ils lui ont ou qu'ils croient lui avoir rendus. Il a atteint,
à l'époque où nous sommes, des proportions qu'on était très-loin
de soupçonner à l'origine, quand en Angleterre, en France et dans
la grande république du Nouveau-Monde on fit des lois sur les
brevets. Aux États-Unis ce nombre dépasse vingt mille; en France
il est du tiers environ ; en Angleterre il est moindre qu'en
France. La durée ordinaire des brevets étant, au moins, de
quatorze ou quinze ans (1), voilà donc une armée *pouvant* (2), dans
chacun des plus grands pays, s'élever à quatorze ou quinze fois
la quantité des brévets qui sont décernés annuellement. Voilà
donc, dans chaque Etat une multitude dont chaque individu
aspire à recevoir pour son compte personnel une prime payée
par les chefs des industries qui se serviront de sa découverte
réelle ou supposée. Comme l'ensemble de nos industries diverses,
l'agriculture, les manufactures, le négoce, l'industrie des transports, l'industrie extractive, présente un effectif extrêmement considérable, on voit tout de suite que les personnes intéressées à ce
que la question des brevets d'invention reçoive la solution équitable qui a manqué jusqu'à ce jour, forment une partie extrêmement importante de la société, et certainement la majorité numérique.

Sous l'ancien régime, qui a fini en 1789 après avoir duré bien des
siècles, il n'existait pas en France de brevets d'invention propre-

_____

(1) Il est de vingt et un ans aux États-Unis.
(2) Je dis *pouvant*, parce que c'est ce qui arriverait s'il n'y avait des renoncia-
tions volontaires en grand nombre de la part des brevetés.

ment dits. Mais il y avait quelque chose qui y suppléait arbitrairement, et grossièrement, et dont il ne saurait être question aujourd'hui ; on verra bientôt en quoi consistait cet expédient.

Une impulsion nouvelle et très-forte a été donnée, depuis une quarantaine d'années environ, à l'affranchissement de l'industrie, à la reconnaissance de plus en plus complète de la liberté du travail, ce qui implique l'abolition des priviléges de fabrication ou de commerce, parmi lesquels se rangent, naturellement et forcément, les brevets d'invention. Pendant douze ou quatorze cents ans le privilége et le monopole étaient la loi de l'Europe. Quand la féodalité florissait, les hommes voués à l'industrie, loin de s'élever contre le monopole, le recherchèrent pour s'en faire un abri et une force. Chose qui semble étrange au premier aspect, le privilége fut alors le chemin de la liberté. Les communautés d'arts et métiers furent, pour les hommes industrieux, un moyen de se serrer les uns contre les autres, de résister à l'oppression et à l'exaction sans cesse méditées contre eux par les seigneurs féodaux, quelquefois par les évêques qui, dans plusieurs villes, combinaient le temporel et le spirituel, mainte fois même par le roi ou ses agents. Une fois les communautés formées, elles se liguèrent avec empressement dans chaque localité, et par leur association intime constituèrent les communes. L'intimité put aisément se cimenter entre les communautés ainsi agglomérées, au moyen de la convention qu'elles firent que chacune d'elles aurait son champ d'activité réservé, sa branche d'industrie ou de commerce qui lui appartiendrait en propre, sans que les autres cherchassent à usurper sur son domaine. Afin que, dans le sein de chaque communauté d'arts et métiers, il y eût le moins possible de germes de division, l'on convint bientôt que le nombre des membres serait limité et probablement, au début, on y admit toute personne honnête qui pratiquait la profession. C'était privilége sur privilége, monopole sur monopole.

La création des communes est un des grands événements de l'histoire des peuples modernes. Une fois établies, elles s'entourèrent de murs, elles s'exercèrent au métier des armes, et purent dès lors opposer à leurs oppresseurs une résistance bien plus efficace que dans les premiers temps. Elles obtinrent même, dans plusieurs pays, le droit de siéger en même temps que les deux ordres privilégiés, la noblesse et le clergé, dans les Assemblées que convoquait le roi, pour obtenir, soit des subsides, soit l'assentiment de ses sujets dans quelque contestation avec l'étranger. La Chambre des communes d'Angleterre est le seul débris restant debout de cette organisation politique d'un grand État. Elle porte aujourd'hui le même nom qu'à l'origine, mais avec des pouvoirs infiniment plus étendus. Si, dans les autres États, en France, par exemple, l'égoïsme et l'ambition des rois empêchèrent les communes d'avoir des destinées aussi grandes que celles de l'Angleterre, si elles furent soumises à une centralisation abusive et dépouillées d'une grande partie de leurs franchises, elles ne laissèrent pas de devenir, de par la force des choses, des centres d'opinion où les idées de liberté couvaient sous la cendre.

La constitution industrielle que je viens de rappeler resta debout tant que dura le moyen âge. A l'époque de la Renaissance, le tiers état sentit énergiquement le désir de se soustraire à un régime si funeste, si incompatible avec la marche ascendante de la prospérité publique, si blessant pour sa dignité, par l'énorme distance que la loi maintenait entre les deux autres ordres de l'État et lui-même. Mais, en France, la routine qui dominait dans les conseils des rois, et le despotisme dont les princes avaient contracté l'habitude et resserré les liens, l'orgueil de la noblesse et du clergé qui n'entendaient pas qu'il fût porté atteinte à leur prééminence sur les autres classes et à leurs immunités devant l'impôt, toutes ces forces rétrogrades, conjurées pour le même objet, firent durer l'ancien régime, avec la majeure partie de ses abus, jusqu'en 1789. A ce moment, enfin, l'échafaudage s'écroula tout entier, subitement affaissé par les énormités qu'il recélait. La Révolution française, éclatant alors avec une puissance irrésistible, a aboli en principe, et dans une multitude de cas en fait, les priviléges et les monopoles qui étaient jusque-là comme le pain quotidien, pain très-amer, de la société, et constituaient une quantité innombrable de droits partiels, locaux ou personnels, en opposition les uns avec les autres et inconciliables avec l'intérêt général. Elle remplaça tous ces droits divers par un droit unique, le même pour tous, *le droit commun*, qui surgit tout à coup aux acclamations des peuples. Elle changeait ainsi profondément, et de mal en bien, le sens du mot Justice. L'idée du droit commun, qui du reste ne fait avec l'égalité qu'une seule et même chose, est une des innovations les plus considérables de la révolution de 1789, peut-être la plus grande de toutes. Elle est depuis 1789, et restera à jamais, plus sûrement peut-être que celle d'une liberté politique bien large, la pensée génératrice de notre droit public, et, dans la sphère de l'industrie et du commerce, elle a absolument besoin d'avoir pour compagne et pour appui la liberté du travail.

Les changements à introduire dans les lois et les usages, en conséquence de l'inauguration du droit commun et de la liberté du travail, n'ont pu tous également s'accomplir. Ce qui a été fait est immense, mais cette transformation féconde reste inachevée encore. Il est nécessaire de continuer l'œuvre, et de la terminer successivement. Tout ce qui est privilége et monopole est par cela même abusif, à moins de justifications toutes spéciales et nécessairement fort restreintes en nombre. Par conséquent tout cela doit disparaître. Or, il est facile de voir, et au surplus j'essaierai de le démontrer ici, que le brevet d'invention est un privilége et un monopole industriel, de la même famille que ceux du moyen âge qu'on a abolis immédiatement après 1789. Pareillement il a une grande analogie avec la prérogative souverainement injuste dont les manufacturiers protectionnistes se sont fait investir. Le brevet, en effet, est un droit conféré à un individu sur le travail de ses concitoyens, droit offensif, d'où l'on fait sortir des ennuis, des tourments et des sacrifices d'argent ; droit qui ne saurait se maintenir, puisque c'est la négation de la liberté du travail et du droit commun.

II

SITUATION DES INVENTEURS SOUS L'ANCIEN RÉGIME.

Avant 1789 l'organisation de l'industrie manufacturière et de l'industrie commerciale semblait interdire dans la plupart des cas tout ce qui aurait pu ressembler à un brevet d'invention. Le fond du régime était que le champ industriel fût partagé en cases bien tranchées comme celles d'un échiquier, en dehors desquelles il ne pouvait y avoir de fabriques, d'ateliers, ni de boutiques, et dont chacune, occupée par une communauté, était consacrée à une fabrication ou à un commerce spécial réservés aux membres composant la corporation, membres appelés maîtres, dont le nombre était expressément limité. L'homme qui n'appartenait pas à la corporation ne pouvait s'y faire admettre qu'avec le consentement des maîtres, ou des chefs que ceux-ci s'étaient donnés, et après des épreuves dont ils étaient les juges. Les autres Français ne pouvaient s'y faire incorporer à moins d'une vacance et même dans ce cas le chemin leur était barré, parce qu'on donnait toujours la préférence au fils ou au gendre, ou, à défaut de ceux-ci, à quelque parent du maître qui se retirait ou était décédé.

L'inventeur qui n'appartenait à aucune de ces communautés privilégiées était comme un naufragé jeté par le flot sur une plage ennemie. Il était impuissant et frappé d'interdit, quelque génie qu'il eût et même quelque capital qu'il possédât.

L'application de sa découverte lui était défendue. Bien plus, si par chance il était membre d'une des corporations existantes, il lui était difficile d'en faire usage, parce que dans chacune le travail se faisait d'après des méthodes prescrites, et conformément à des règlements, à l'observation desquels les chefs de la corporation tenaient la main.

Il existe à ce sujet une note écrite il y a environ un siècle pour l'*Encyclopédie* du dix-huitième siècle, et qu'on ne saurait trop reproduire parce qu'elle montre jusqu'où était porté l'abus de ces règlements qui prétendaient fixer le mode de fabrication d'une industrie. Elle est de Roland de la Plâtière, homme fort estimable et bon citoyen, qui fut le digne époux de la célèbre Madame Roland. C'est une lecture facile à faire parce qu'elle a été insérée dans plusieurs ouvrages répandus. En voici au surplus quelques passages d'après lesquels vous pourriez juger de ce qu'était le régime infligé à l'industrie et au commerce antérieurement à 1789.

« J'ai vu faire des descentes chez des fabricants avec une bande de satellites, bouleverser leurs ateliers, répandre l'effroi dans leur famille, couper des chaînes sur le métier, les enlever, les saisir, assigner, ajourner, faire subir des interrogatoires, confisquer, amender, les sentences affichées et tout ce qui s'ensuit, tourments, disgrâces, la honte, frais et discrédit. Et pourquoi? pour avoir fait des pannes en laine qu'on faisait en Angleterre et que les Anglais vendaient partout même en France ; et cela parce que les règlements de France ne faisaient mention que de pannes en poil. J'en ai vu user ainsi pour avoir fait des camelots en largeurs très-usitées en Angleterre et en Allemagne, d'une abondante consommation en Espagne, en Portugal et ailleurs, demandés en France, par nombre de lettres vues et connues ; et cela parce que les règlements prescrivaient d'autres largeurs pour les camelots. J'ai vu tout cela à Amiens; et je pourrais citer vingt sortes d'étoffes, toutes fabriquées à l'étranger, toutes circulant dans le monde, toutes demandées en France, toutes occasionnant les mêmes scènes à leurs imitateurs...

« J'ai vu tout cela et bien pis ; puisque la maréchaussée a été mise en campagne, et qu'il en est résulté en outre des emprisonnements, uniquement parce que des fabricants compatissants, au lieu d'exiger que des ouvriers, abandonnés des leurs et les abandonnant chaque jour ou chaque semaine, vinssent de deux, trois à quatre lieues travailler en ville ; ils leur donnaient à travailler chez eux, ouvriers pauvres, ne vivant que du travail de leurs mains, et ayant besoin de tout leur temps. J'ai vu, sentence en main, huissiers et cohortes, poursuivre à outrance, dans leur fortune et dans leur personne, de malheureux fabricants, pour avoir acheté leurs matières ici plutôt que là, et pour n'avoir pas satisfait à un prétendu droit créé par l'avidité, vexatoirement autorisé, perçu avec barbarie. »

Un exemple commun des ennuis ou des vexations auxquels un inventeur était soumis sous l'ancien régime, est l'aventure d'Argant auquel on doit la lampe à double courant d'air, qui, plus ou moins modifiée, est aujourd'hui d'un usage général.

Avant Argant, on ne pouvait s'éclairer à l'huile qu'au moyen de lumignons fumeux, exhalant une odeur désagréable. De là l'obligation dans toute fête ou réunion, sinon dans les ménages, de s'éclairer au moyen de bougies de cire qui coûtaient fort cher. Argant n'appartenait à aucune corporation d'arts et métiers. Quand il voulut fabriquer ses lampes, il fut poursuivi par plusieurs corporations qui prétendaient qu'il empiétait sur leurs droits puisqu'il se servait de leurs outils ; celle des ferblantiers y mit un acharnement particulier, par la raison que, seule, elle avait qualité, en vertu de l'organisation alors en vigueur, pour faire des lampes. Argant fut condamné à fermer boutique. A la fin, après bien des déboires, il trouva quelqu'un de la cour qui, frappé de l'utilité des nouvelles lampes, lui fit obtenir le titre de manufacture royale d'où découla pour lui un privilége à l'abri duquel il put donner suite à son invention (1).

Les priviléges dans le genre de celui qui fut enfin conféré à Argant étaient des brèches faites au monopole légal des communautés d'arts et métiers. Mais l'intérêt public commandait impérieusement ces dérogations à un système qui en lui-même était insoutenable ; c'était le correctif, fort incomplet, des abus qui accompagnaient alors l'exercice des arts industriels. Les rois de France, qui peu à peu s'étaient attribué l'omnipotence en toute chose, se permettaient envers les corporations d'arts et métiers d'autres infractions qui n'avaient pas la justification de l'utilité publique. A son avénement, ou quand il se mariait, ou quand il lui naissait un fils ou une fille, ou lorsqu'il visitait une ville, le roi créait dans les diverses communautés, soit du royaume, soit de la ville, quelques maîtrises dont il faisait argent. Quelquefois il se contentait de menacer les communautés d'une intrusion de ce genre, et

---

(1) Pour combler sa mésaventure, il eut la mauvaise chance qu'au lieu de porter son nom le nouvel éclairage se répandit sous le nom d'un de ses ouvriers appelé Quinquet. C'est, en petit, la répétition de l'histoire de Christophe Colomb et d'Améric Vespuce.

se faisait payer par chacune d'elles une somme pour s'en abstenir.
L'une ou l'autre manière d'agir était ce qui, de nos jours où les
peuples sont plus libres, s'appelle une exaction. Dans d'autres
cas, le roi concédait les maîtrises usurpatrices à quelque favori
qu'il voulait enrichir, et qui s'empressait de les vendre. Henri IV,
qui fut pourtant un prince excellent et un grand roi, s'était permis un abus analogue à ces concessions arbitraires quand il
avait accordé au duc de Bouillon le droit de percevoir un écu sur
chaque pièce de drap qui sortirait du royaume. Heureusement
Henri IV avait un ministre sage et ferme, Sully, qui lui fit retirer
aussitôt le privilége légèrement octroyé au duc de Bouillon. Un
autre exemple moins connu de priviléges industriels, accordés
par pure faveur à une personne dont on voulait faire la fortune,
est celui qu'obtint de Louis XIV la dame Françoise d'Aubigné,
veuve de Scarron, qui devait plus tard être Mme de Maintenon,
épouse légitime du roi. Dans son important ouvrage sur les brevets d'invention, M. Renouard a donné le texte même du brevet signé de Colbert; il porte que : « voulant gratifier et traiter
favorablement cette dame, Sa Majesté lui a accordé et fait don du
privilége et faculté de faire faire des âtres et fourneaux, fours et
cheminées d'une nouvelle invention. » On remarquera que le privilége de Mme de Maintenon, tel qu'il est formulé dans l'ordonnance signée de Colbert, ressemble beaucoup à un brevet d'invention. Avait-elle réellement inventé quelque âtre, fourneau ou
cheminée? Il est permis d'en douter; c'était probablement l'invention d'un autre pour laquelle elle se faisait breveter.

Souvent les priviléges de ce genre, octroyés à des particuliers,
étaient d'une durée indéfinie. En 1762, il fut arrêté que désormais ils n'excéderaient pas quinze ans.

Les autres grands Etats de l'Europe, l'Angleterre plus particulièrement, ont eu pendant plusieurs siècles, dans le moyen âge et
ensuite, les mêmes institutions que la France pour l'exercice des
arts et métiers. C'étaient des communautés ou corporations organisées sur la base des mêmes monopoles, et à côté des communautés ou corporations privilégiées et exerçant un monopole, de
même qu'en France, c'étaient des faveurs que le souverain accordait à des particuliers, gens de cour ou serviteurs du prince,
sans qu'il fussent des inventeurs à un degré quelconque. Les cas
où une faveur du genre de celles que nous venons d'indiquer tombait sur un inventeur véritable étaient fort rares.

Les peuples supportaient avec humeur ce régime détestable.
La France et l'Angleterre manifestèrent presque simultanément
leur mécontentement de cette organisation et leur besoin de

lois plus libérales. Elles réclamèrent hautement l'abolition des privilèges, soit des corporations, soit des favoris du prince. Dans les Etats-Généraux, tenus à Paris en 1614, le Tiers-Etat émit des vœux énergiques contre les privilèges attachés aux maîtrises des arts et métiers et aux corporations. Il demanda la liberté des professions industrielles. A la même époque, le Parlement britannique délibérait sur les mêmes inconvénients et prenait un parti héroïque en votant une loi rendant libre l'exercice des arts et métiers dans la plupart des localités. Par respect de la tradition, un certain nombre de corporations furent maintenues dans un certain nombre de villes, dont ce maintien a déterminé la décadence.

Cette réforme libérale fut décidée par le Parlement sous Jacques Iᵉʳ en 1623. Comme quelques souverains, et en particulier la reine Elisabeth, dont Jacques Iᵉʳ était le successeur, avaient abusé du droit de créer, de leur seule autorité, des privilèges industriels pour des individus qui n'y avaient d'autre titre que la faveur de la cour, la même loi porta que la couronne n'exercerait plus cette faculté arbitraire. Incidemment, je crois devoir vous faire remarquer que cette loi anglaise de 1623 a mis une grande différence entre la France et l'Angleterre, et a procuré aux Anglais de grands avantages sur nous. Chez nos voisins, la couronne, on doit le rappeler avec éloges, accepta la réforme votée par le Parlement ou, pour mieux dire, eut la sagesse de s'y résigner. Dans notre patrie, les réclamations du tiers état aux états généraux de 1614 furent regardées comme factieuses et pleines de péril. Le vœu du tiers état pour le libre exercice des professions fut dédaigné et délaissé. A partir de là, les réunions des états généraux inspirèrent une défiance insurmontable. Ils ne furent plus convoqués jusqu'en 1789, où leur réunion fut le signal d'une révolution complète dans les institutions industrielles du pays et dans ses institutions politiques ; révolution dont le mot d'ordre fut, avec le droit commun, la liberté ; liberté du travail pour tout ce qui a rapport aux professions qui créent directement la richesse, comme les fabriques, le négoce, etc., liberté politique sous les divers aspects, liberté de conscience et des cultes, pour ce qui concerne le gouvernement et la religion.

En 1776, un ministre, aussi éclairé que vertueux, le grand Turgot, ayant voulu reprendre la thèse de 1614, et ayant décidé le roi à proclamer le principe de la liberté du travail, ce fut assez pour soulever, parmi les corporations et dans le Parlement, qui s'érigeait fort imprudemment en défenseur de la routine, un orage d'une extrême violence, avec lequel coïncida une explosion de colère du clergé et de la noblesse, parce que Turgot se proposait de détruire d'autres abus, dont ces ordres profitaient comme si c'eussent été des droits naturels et des propriétés sacrées. L'édit du travail libre, pour l'enregistrement duquel le roi avait tenu un lit de justice, avec l'appareil le plus solennel, fut abrogé quelques mois après avoir été rendu. De sorte qu'il ne resta plus que la ressource d'une révolution pour accomplir les réformes projetées par Turgot, et spécialement celle si indispensable et si urgente qui consistait à établir et à consolider la liberté du travail (1).

Je rentre dans notre sujet des brevets d'invention auquel la loi anglaise de 1623 nous ramène tout naturellement. C'est cette loi qui a créé en Angleterre, avec un ensemble de dispositions organiques plus ou moins équitables, bien ou mal agencées, le brevet d'invention lui-même. En vertu de cette loi, l'auteur d'une découverte industrielle reçoit, sous le nom de *patente*, un titre en vertu duquel la découverte ne peut être exploitée que par lui ou par les chefs d'industrie qu'il y aurait autorisés.

De tous les priviléges de nature industrielle, que la couronne d'Angleterre décernait à des individus, celui-là seul échappa à l'abolition générale portée par la loi de 1623. Mais on en réduisit la durée dans d'assez fortes proportions. La patente pouvait jusque-là être concédée pour vingt et un ans, elle fut limitée à quatorze. Il pouvait y avoir prolongation, mais cette faveur ne devait être accordée que rarement et sous des formes qui présentaient des garanties.

III

LE BREVET D'INVENTION FRANÇAIS. — SON CARACTÈRE ESSENTIEL EST D'ÊTRE CONTRAIRE A LA LIBERTÉ DU TRAVAIL.

En France, presque aussitôt qu'eut éclaté la révolution française, on jugea à propos de s'approprier le système des *patentes* anglaises, en les appelant *brevets d'invention*. La loi qui fut rendue à cet effet, votée en 1790, porte légalement la date du 7 janvier 1791. Elle fut complétée par une autre du 25 mai de la même année et par quelques dispositions additionnelles décrétées sous le Consulat et le premier Empire. Ces lois et décrets furent rem-

---

(1) Turgot, renvoyé du gouvernement par un prince rempli d'excellentes intentions, mais dépourvu de lumières et de caractère, alla passer le reste de ses jours dans la retraite. Il ne vécut pas assez longtemps pour être témoin de la révolution française, qui fonda le travail libre sur des bases inébranlables, en y joignant beaucoup d'autres réformes réclamées par l'intérêt public, et que cet homme supérieur avait méditées en vain.

placés un demi-siècle après par la loi du 5 juillet 1844 dont la
pensée directrice est la même. Pratiquement elle ne diffère guère
des actes antérieurs que par des dispositions destinées à éclaircir
quelques points obscurs et à résoudre tant bien que mal quelques difficultés qu'on avait rencontrées dans la pratique.

Toutefois cette pensée directrice est exposée plus ouvertement,
plus naïvement, dans la loi de 1791 et dans le rapport qui servit
à celle-ci de justification. Le rapporteur, M. de Boufflers, était
un homme généreux, aimable, cultivant la poésie avec succès,
doué de plus d'imagination que de froide raison. Il partageait
l'enthousiasme fébrile qui dominait alors en France, et y dic-
tait le renouvellement intégral de la législation. On était enivré
d'amour pour la liberté qui mérite en effet toutes les sympathies, mais sous deux conditions au moins : la première est
de bien comprendre en quoi elle consiste afin qu'on n'étende
pas la liberté des uns au point qu'elle empiète sur la liberté des
autres ; la seconde est d'en mesurer la dose au génie des peuples
et à leur avancement politique, intellectuel et moral. Comme la
liberté était de toute part foulée aux pieds par les lois et les usages
de l'ancien régime, il était naturel que, par réaction, la nation,
rendue enfin maîtresse de ses destinées, voulût la relever et la
venger en l'inaugurant sous toutes les formes. La France d'avant
1789 était complètement dépouillée de la liberté des cultes, de la
liberté de la presse, de la liberté individuelle, de la liberté politique qui consiste à ce que la nation ait une grande part dans son
gouvernement, et enfin d'une liberté bien essentielle pour l'immense majorité des citoyens, celle du travail. Le fameux mono-
logue du *Mariage de Figaro* était avant 1789 l'expression de la pure
vérité. La seule liberté qu'on eût gardée, parce qu'il n'est pas
possible de la ravir à un peuple, était celle des bons mots et des
chansons anonymes.

Dans ces transports pour la liberté, on recherchait avec ardeur
des opprimés à soulager et à affranchir. L'attention se porta entre
autres sur les inventeurs dont le sort en effet laissait fort à
désirer. Leur seule ressource était d'obtenir de l'autorité la faveur
du titre de manufacture royale, accompagné d'un monopole d'une
certaine durée. Sous l'ancien régime le monopole et le privilége
ne choquaient pas les jurisconsultes officiels. Il semblait que
ce fût le fondement légitime, nécessaire et universel de l'ordre
social. Mais en dehors du monde jusque-là officiel, tel était
l'état des esprits que par une réaction, qui n'était pas une nouveauté dans l'histoire, on croyait qu'il n'y avait qu'à proclamer la liberté sous ses divers aspects, pour que tout marchât

au mieux dans la société. On supposait que les individus seraient très-peu portés à en abuser, que les appétits de l'égoïsme s'éteindraient d'eux-mêmes, que chacun allait être bon citoyen sans effort. Par la vertu miraculeuse de la révolution les hommes allaient être consciencieux, désintéressés, sur le modèle des Spartiates que Rousseau avait mis à la mode; à plus forte raison les inventeurs ou prétendus tels, qu'on jugeait supérieurs aux autres hommes, puisqu'ils avaient ou qu'on leur supposait du génie, devaient se signaler par l'élévation et la pureté de leurs sentiments. M. de Boufflers fait l'aveu naïf de sa confiance dans la bonne foi des poursuivants de brevets. Voici ses paroles : « Me demanderez-vous ce qui prouve que cet homme dit la vérité : je vous réponds que la loi le présume, et qu'elle attend qu'on lui prouve le contraire. »

Ce dernier trait que «la loi attend qu'on lui prouve le contraire», c'est une erreur manifeste : pour qu'il en fût ainsi, il aurait fallu que la loi reconnût à tous les citoyens la faculté d'intervenir pour faire prononcer la nullité de tout brevet qui n'a pas de base d'existence ou qui est une puérilité, ou qui se réduit à un emprunt fait au domaine public des idées en circulation, ou même qui n'est que la copie pure et simple d'un outil ou d'un mécanisme ou d'un appareil décrit ailleurs, usité ailleurs. Mais les citoyens n'ont jamais joui de cette faculté. Ils ne la possédaient pas du temps de M. de Boufflers, ils ne les possèdent pas davantage présentement. On la leur dénie en vertu d'une règle de droit administratif qui peut avoir ses avantages, mais qui ici a des inconvénients bien graves, d'après laquelle la faculté de réclamer contre des abus ne peut appartenir à un individu qu'autant que l'abus l'ait atteint directement. Hors de là, elle est réservée au ministère public près les cours et tribunaux; or le ministère public ne prend jamais l'initiative de soulever des griefs de ce genre en fait de brevet, aimant mieux pour sa commodité ne pas mettre la main dans ces matières. Voici l'état de la jurisprudence : Pour que la nullité d'un brevet soit prononcée, il faut que le breveté ait intenté un procès à un contrefacteur prétendu, et que celui-ci, en réponse à l'attaque, plaide la nullité du titre du breveté. Bien plus, si dans ce cas le tribunal déclare que le brevet est nul, ce jugement ne vaut pour personne autre que l'individu mis en cause par le breveté. Pour les autres citoyens, industriels ou non, les choses restent comme si la nullité n'avait pas été prononcée. Le breveté peut continuer de traduire en justice qui il lui plaît, comme contrefacteur, et assaisonner le procès de tous les désagréments que la loi des brevets porte dans ses flancs.

La législation de 1791, sur laquelle la législation actuelle a été calquée presque de tout point, est très-rigoureuse envers le public en général, tandis qu'elle est d'une condescendance indéfinie en faveur des brevetés. Elle leur concède des droits exorbitants; elle leur permet la violence et la spoliation, elle leur immole les règles ordinaires de la justice. C'est un chef-d'œuvre, non d'équité, mais de partialité.

Si M. de Boufflers, au lieu de se bercer, à l'instar de beaucoup d'autres, du vain espoir d'une amélioration sociale et politique qui serait prochaine et sans limites, avait été plus imbu des enseignements de l'histoire, mieux au courant des antécédents du genre humain, il aurait compris que l'effervescence patrio- tique, qui alors agitait et ébranlait la société et l'Etat, était un accident passager, quelque chose comme un feu de paille qui répand une grande lueur pour un instant et puis se réduit à quelques cendres. L'homme devait bientôt montrer qu'il est et sera toujours un mélange inextricable de nombreux défauts et de nombreuses qualités. Voltaire a beaucoup exagéré quand il fait dire par un de ses personnages de roman, derrière lequel on peut croire qu'il cachait sa propre personne, que l'homme est un tissu de vices, les uns bas et vils, les autres cruels (1). Mais on ne peut nier que par nature l'homme ne soit un être égoïste. Il est inévitable et même nécessaire qu'il le soit, en ce sens que le ressort de l'intérêt personnel est pour notre espèce le mobile indispensable d'utiles et grandes actions. Seulement il faut que l'intérêt personnel soit contenu dans de justes limites par la double influence des lois et des mœurs. Le législateur s'abuse s'il fait des lois qui abandonnent aux intérêts privés une marge indéfinie, sans placer à côté d'eux un contrôle et un frein. Si les lois ouvrent à deux battants une porte par où l'avidité et la fourberie puissent s'introduire sans courir aucun péril, il est d'expérience que nombre d'individus profiteront de l'optimisme du législateur pour pénétrer dans la place et s'y donner carrière. Dans l'affaire des brevets d'invention, il était évident que si le législateur prodiguait aux inventeurs ou prétendus tels les marques de confiance, les droits sommaires et vexatoires pour autrui, si elle leur fournissait le moyen de s'attribuer à eux-mêmes un brevet ayant un faux semblant de découverte et de tirer parti de ce titre, fictif ou à-peu près, pour tirer d'industriels paisibles des redevances, il ne manquerait pas de personnes désireuses d'ex-

(1) Conversation entre le philosophe Martin et Candide.

ploiter ces faveurs inconsidérées, et c'est ce qui n'a pas manqué
d'arriver.

A côté des gens peu scrupuleux qui, remarquant qu'il pouvait
être lucratif de s'affubler en inventeurs, s'empresseraient de se
parer de ce déguisement, il devait y avoir la catégorie plus nombreuse encore des gens à imagination, mais dépourvus de connaissances, qui prendraient pour des découvertes précieuses les élucubrations de leur cerveau échauffé, et se feraient breveter pour
des innovations prétendues, qui seraient ou extravagantes ou insignifiantes. Ceux-ci, dans leur admiration pour eux-mêmes,
verraient partout des contrefacteurs de leur brevet, et en conséquence useraient des moyens multipliés que la loi leur offrirait
pour rançonner le public.

M. de Boufflers avait été chargé de faire à l'Assemblée constituante un rapport sur une pétition qui demandait l'imitation en
France de la législation anglaise sur les patentes. C'est de cette
pétition qu'est issue notre législation sur les brevets. Le rapporteur, homme plein de bonnes intentions et très-impressionnable,
prit feu pour les inventeurs. Il les dépeignit comme des victimes
au secours desquelles il importait de venir en aide au plus vite et
par de grands moyens. S'exagérant extrêmement leurs titres,
il crut qu'on ne pouvait leur accorder trop d'avantages. Parce
qu'un certain nombre d'inventeurs avaient été des hommes de
génie, il imagina que les découvertes industrielles, sans distinguer entre les grandes et les petites, étaient de hautes manifestations de la pensée humaine. Parce que les inventeurs avaient
été sacrifiés, il lui semblait naturel de leur sacrifier la liberté
du public, et il trouvait juste de légiférer en conséquence. On
était alors très-enclin à l'hyperbole, et l'opinion de M. de Boufflers sur les inventeurs de toute catégorie s'en ressentait fortement. Cette manière de voir, d'ailleurs, était partagée par beaucoup de monde. Mirabeau lui-même, esprit puissant qui, malgré
sa fougue et ses emportements, avait sur la liberté des notions
plus justes que la plupart de ses contemporains et de ses collègues de l'Assemblée constituante, céda au même entraînement.
Il admettait qu'on fît aux inventeurs litière de toute chose, y
compris même la liberté du prochain. Il était d'avis non-seulement qu'une découverte industrielle est la propriété de son auteur, mais encore que cette propriété existait en vertu d'un droit
antérieur et supérieur. « C'était, disait-il, une propriété avant
que l'Assemblée nationale l'eût déclaré. » Mirabeau, en s'exprimant ainsi, rétablissait sous une autre dénomination, au profit
des inventeurs, le droit divin que l'on conspuait quand il s'agis-

sait de la royauté. Il n'apercevait pas jusqu'où l'on sera forcé d'aller si, au point de départ, on reconnaît un droit formel de propriété à l'auteur d'une découverte industrielle. D'autres suivant le même courant soutenaient que ce serait « attaquer les droits de l'homme dans leur essence que de ne pas regarder toute découverte industrielle comme la propriété de l'auteur. » Cette assertion peu réfléchie, j'espère le démontrer, a pris place dans le préambule de la loi qui fut alors votée et promulguée sur les brevets d'invention. On rappelait, à cette occasion, que les œuvres de l'intelligence sont tout éminemment respectables et quasi sacrées. Proposition vraie sous quelques aspects, mais qui devient fausse et périlleuse quand on en conclut que tel individu qui a inventé ou cru inventer quelque chose peut, sous ce prétexte, soumettre à des tributs et à des gênes quelquefois fort dures toute une catégorie d'industriels dans une grande nation.

Dans son rapport, M. de Boufflers cita avec émotion un certain nombre d'inventeurs très-recommandables qui n'avaient recueilli pour prix de leurs efforts que le désappointement ou la misère. C'est ainsi qu'il nomma Nicolas Briot, tailleur général des monnaies de France, le plus habile homme de l'Europe dans son art, qui avait inventé le balancier pour frapper les monnaies, médailles et jetons, au lieu du marteau qui ne pouvait donner qu'une empreinte imparfaite. Briot consacra une longue suite d'années à solliciter en vain qu'on se servît de son appareil, et désespéré d'être toujours rebuté, il porta sa découverte en Angleterre. Telles étaient l'influence de la routine et l'ascendant des intérêts privés, acharnés à repousser tout ce qui pouvait déranger leur quiétude, qu'il y avait eu des arrêts contre lui. Après ses succès en Angleterre, il rencontra le chancelier d'Aguesseau qui le prit sous sa protection, et lui fit enfin rendre justice. Un édit de 1745 interdit de frapper les monnaies autrement que par son procédé. M. de Boufflers mentionna d'autres inventeurs qui avaient trouvé, celui-ci un nouveau moulin à papier, celui-là un métier à bas. Il signala aussi Lenoir qui porta à un si haut degré de perfection la fabrication des instruments de physique et de mathématiques. Il lui fallait un petit fourneau pour fondre les métaux ; il en construisit donc un ; mais les syndics de la corporation des fondeurs vinrent eux-mêmes le démolir, parce que Lenoir n'était point membre de leur communauté. C'était à peu près la répétition de l'histoire d'Argant. Il y avait encore Réveillon, l'inventeur des papiers peints, le même dont l'établissement, situé au faubourg Saint-Antoine, fut saccagé et pillé en 1789 dans une émeute suscitée probablement par les communautés d'arts et métiers qui s'étaient opposées à ce qu'il exerçât son industrie.

Dans les dispositions où il était et que partageaient beaucoup de membres de l'Assemblée nationale, M. de Boufflers ne pouvait que donner raison à la pétition qu'il était chargé d'examiner, et qui demandait l'introduction dans la législation française des patentes de l'Angleterre. Il rédigea un projet de loi dans ce sens en remplaçant le nom de patentes par celui de brevets d'invention. Cette conclusion émanait ainsi de bons sentiments, mais il ne faut pas une longue étude pour découvrir que M. de Boufflers dépassait le but et était mauvais logicien. Les obstacles, les avanies, les dévastations qu'avaient subis les Briot, les Lenoir, les Argant, les Réveillon et les autres inventeurs qu'il met en scène, c'est assurément de l'histoire authentique ; mais les actes d'oppression qu'il remémore ne provenaient pas de ce que le brevet d'invention ne fût pas reconnu par la loi française. Il faut s'en prendre non à cette lacune dans notre législation d'alors, mais bien au régime étroit et tyrannique des corporations ou communautés d'arts et métiers qui pesaient si lourdement sur la France.

Les Briot, les Lenoir, les Argant, les Réveillon et consorts ne demandaient pas ce qu'on a mis dans les brevets d'invention, un privilége exclusif, un monopole ; ils sollicitaient seulement la liberté de travailler, une petite place au soleil qui aurait dû luire pour tous. Si les corporations avaient été abolies comme elles auraient dû l'être depuis longtemps, ils auraient été en possession de cette place, ils n'eussent probablement rien demandé de plus.

Le préambule dont Turgot avait fait précéder l'édit pour l'abolition des corporations d'arts et métiers et de tous les priviléges qui s'y rattachaient, est un des documents les plus remarquables, les plus dignes d'éloges qui soient jamais émanés de l'autorité en France. Le style y est à la hauteur de la pensée philosophique et politique qui s'y déploie. Turgot, dans ce préambule, étend sa sollicitude sur les inventeurs, mais ce n'est pas pour réclamer à leur profit des priviléges exclusifs pesant sur l'ensemble des industries, c'est pour faire remarquer que la suppression des communautés d'arts et métiers consacrerait leur émancipation et leur salut. Malheureusement l'attention de M. de Boufflers ne paraît pas s'être portée sur ce beau manifeste. Il semble qu'il l'ait ignoré totalement.

Pour que le brevet d'invention, avec les prérogatives et les droits qu'il y annexait, fût populaire dans l'Assemblée nationale et dans le public, M. de Boufflers le plaça sous l'égide de la liberté pour laquelle tout le monde alors professait un culte. Ce fut au nom de la liberté du travail qu'il réclama la création des brevets, non pas seulement au profit de celui qui aurait prouvé qu'il avait fait une une invention, ce qui eût été soutenable, mais aussi bien pour l'avantage du premier venu, à qui il plairait de se présenter pour être breveté, sans autre titre que son bon plaisir, ou les rêves de son imagination ou le désir de se procurer un moyen commode d'exiger de ses concitoyens. M. de Boufflers croyait sincèrement que par là il augmenterait la somme des libertés nationales, tandis qu'il faisait tout juste le contraire.

Cette idée systématique, subversive de l'équité et des droits des autres citoyens, fut admise d'emblée par l'Assemblée, et à l'heure actuelle elle reste une sorte de maxime d'Etat, car, en vertu de la législation existante, la loi de 1844 substituée à celle de 1791, on n'est aucunement tenu, pour obtenir un brevet, de prouver qu'on soit réellement l'inventeur de quelque chose. On n'a même pas besoin de se déclarer tel. Quiconque veut un brevet n'a qu'à le demander pour l'obtenir, et être, par conséquent, investi de droits exorbitants sur les manufacturiers et commerçants. C'est là, suivant M. de Boufflers, le beau idéal de la liberté du travail. N'est-ce pas plutôt l'idéal de la duperie?

A cette assertion risquée de M. de Boufflers, une réponse, qui me semble péremptoire, a été fournie par M. Philippe Dupin, qui fut, en sa qualité de rapporteur de la commission de la Chambre des députés, chargé d'examiner le projet devenu en 1844 la loi nouvelle sur les brevets. Il fit remarquer que ce que M. de Boufflers et autres appelaient la liberté de l'inventeur, c'était, à la faveur du brevet d'invention, le droit de monopoliser pendant quinze ans une découverte dont rien n'établit que cet inventeur prétendu soit l'auteur et, qu'en tout cas, un autre aurait pu faire le lendemain, si c'était bien une découverte; que c'était pareillement le droit d'imposer à ceux de ses concitoyens, qui voudraient s'en servir, une taxe arbitraire, ou même de les empêcher absolument d'en user en payant, si l'affaire en valait la peine, pour s'en réserver l'usage à soi-même.

« Il lui faut (à l'inventeur), dit M. Philippe Dupin, non-seulement que sa liberté soit assurée, mais qu'on lui livre la liberté des autres, qu'il lui soit assuré une sorte de main-mise sur une force productive qui est en dehors de lui, et qu'on crée en sa faveur une exception à cette règle de l'indépendance du travail, qui est une des plus belles et des plus utiles conquêtes de la Révolution. »

Ces observations de M. Philippe Dupin sont de toute justesse. M. de Boufflers, et avec lui l'Assemblée nationale, quand ils ont cru qu'en instituant le brevet d'invention ils agrandissaient le cercle des libertés nationales, se sont trompés du tout au tout. Le brevet est pour l'ensemble des hommes adonnés à l'industrie une restriction à leur liberté, et par la façon dont il est compris par une catégorie de brevetés, cette restriction est devenue, on le verra, de plus en plus vexatoire et spoliatrice, outre qu'il en est fait maintes fois un usage frauduleux.

Les derniers mots du morceau ci-dessus de M. Philippe Dupin, méritent une attention particulière. Le brevet d'invention est une infraction à la règle de l'indépendance du travail, indépendance ou liberté qui est ce qu'il nous reste de plus précieux, de plus nécessaire et de plus salutaire des conquêtes de la Révolution de 1879. Il n'en faut pas davantage pour que le brevet d'invention non-seulement appelle aujourd'hui des modifications profondes, mais pour qu'il soit aboli, c'est-à-dire pour qu'il n'en soit plus délivré à l'avenir, sauf à laisser courir ceux qui existent présentement jusqu'au terme qui a été assigné à chacun, et l'expérience atteste que le fonctionnement de cette institution n'est pas tel qu'on dût avoir à regretter cette abolition.

Il y a telle institution qui a pu être tolérable et même utile dans les temps passés et qui, lorsque la civilisation est parvenue à un certain point, ne mérite plus que la réprobation. L'esclavage est justement exécré de nos jours; mais à l'époque, heureusement bien loin de nous, où l'on tuait et même mangeait l'ennemi vaincu, ce fut quelque chose de salutaire et de relativement humain. L'historien anglais Macaulay fait cette remarque profonde, à propos de sa patrie, que les deux révolutions sociales les plus grandes et les plus salutaires dont l'Angleterre ait été le théâtre et la bénéficiaire sont celle qui, dans le XIIIᵉ siècle, mit fin à la tyrannie qu'une des nations constituant la population britannique, les Normands, exerçait sur l'autre, les Anglo-Saxons, et celle qui quelques générations plus tard abolit un autre droit de propriété dont l'homme jouissait sur l'homme, le seigneur sur le serf. Une troisième évolution du même genre et d'une portée égale aux deux autres, est celle dans le courant duquel la France, l'Angleterre, et le reste de l'Europe sont engagés pour leur plus grand bien, et en vertu duquel les droits qu'une catégorie de citoyens pouvait avoir sur le travail des autres sont reconnus injustes et disparaissent.

En France, cette révolution progressive et bienfaisante, éminemment conforme à la dignité humaine et utile au développement de la prospérité de tous, commença avec éclat en 1789. On peut en définir l'objet en ces termes : l'établissement de plus en plus large de la liberté, ou comme disait Philippe Dupin, de l'indépendance du travail. Turgot, aux approches de la révolution, en avait exposé la nécessité et les avantages, dans le préambule de l'édit pour l'abolition des communautés d'arts et métiers. L'Angleterre, qui antérieurement à nous avait goûté, de diverses manières, les fruits de ce grand changement, se remit en marche en 1840 : elle se fit remarquer alors par la vigueur avec laquelle elle procéda et l'étendue sur laquelle elle opéra, surtout à partir de 1846, qui est l'année où Robert Peel, en cela solidement appuyé par la célèbre ligue de Manchester, fit proclamer par le Parlement la liberté des échanges internationaux, ou en d'autres termes la liberté du commerce entre les peuples. Depuis 1846 le Parlement vote presque chaque année quelque loi qui abroge la dépendance d'une partie de la nation, ou même du public entier, par rapport à telle catégorie d'individus en cela privilégiés. C'est ainsi que depuis une dizaine d'années on a complètement refait les lois qui régissent les rapports entre les ouvriers et ceux qui les emploient. Malgré les tentatives, quelquefois heureuses, de quelques coteries rétrogrades, nous suivons, en France, quoique de loin, l'exemple de l'Angleterre, et les autres peuples de l'Europe font de même. On a lieu, dès à présent, de prédire la fin des tributs que certains groupes industriels se font payer par les autres citoyens, et l'assujettissement où ils tiennent diverses parties de la population dans les modes divers du travail productif : agriculture, négoce, manufactures, etc. C'est ainsi qu'on s'achemine vers la liberté ou l'indépendance du travail, en donnant à ces mots un sens de plus en plus étendu. Ces mêmes mots sacramentels, M. de Boufflers les prit à rebours dans son projet de loi, puisqu'il composa celui-ci principalement de dispositions hostiles à la liberté du public, à son indépendance dans le travail, et l'Assemblée, sans doute distraite par la politique, alors profondément troublée, accepta le projet et le vota, quoique au fond ce fût un acte contre-révolutionnaire.

On a pu remarquer dans ce qui précède un rapprochement entre le système douanier appelé protectionniste et le brevet d'invention. En réalité l'un et l'autre partent de la même doctrine et se révèlent par les mêmes abus. L'un et l'autre supposent qu'il est licite dans nos sociétés libres de conférer à des individus une faculté d'ingérence dans l'activité industrieuse de leurs concitoyens ; l'un et l'autre oppriment la liberté du travail ; l'un et l'autre donnent naissance à des abus de toute gravité qu'on a eu l'art de faire consacrer, explicitement et nommément, par la loi. L'un et l'autre se font payer des impôts par le public ou par une partie des manufacturiers. Cette taxe, du fait du système profectionniste, est indirecte, car le système agit en enchérissant les marchandises au détriment du consommateur qui est tout le monde, et dans beaucoup en enchérissant certains produits à demi-fabriqués, qui sont des matières premières pour plusieurs industries, les filés de coton par exemple. Du fait du brevet d'invention, la taxe est directe puisqu'elle est versée par le manufacturier dans la main du breveté. Il s'en retrouve ensuite, comme il peut, avec le public.

S'il y a une différence c'est que chez nous, depuis la réforme qui accompagna le traité de commerce de 1860, les armes qui sont à la disposition du manufacturier protégé, pour obliger les autres à respecter les droits qui lui sont mal à propos attribués, sont bien moins offensives et dangereuses que celles dont on a rempli les mains des brevetés. Avant 1860, le manufacturier protégé avait le bénéfice exorbitant de la prohibition absolue de l'immense majorité des produits manufacturés par l'étranger. Aujourd'hui il n'a plus qu'un droit dit protecteur, qui assurément est loin de protéger le public, et qui est contraire à l'équité et à l'égalité des citoyens, mais qui du moins est expressément défini par la loi. Dans les cas où il y a un dissentiment sur l'application de la loi, entre l'administration et le commerçant qui introduit des marchandises étrangères, le différend est jugé par des experts dignes de confiance. Avant 1860, quand le pays était sous le joug de la prohibition, la douane avait des pouvoirs monstrueux que la loi lui avait conférés : les visites domiciliaires, la confiscation, la dénonciation soldée, les visites à corps, outrage à la morale publique et à la pudeur. Il n'existe plus rien de pareil. Le breveté, au contraire, a sur tout manufacturier, qu'il lui convient de qualifier de contrefacteur, des pouvoirs analogues ou semblables à ces pratiques étranges et odieuses effacées en 1860 de notre législation douanière.}

Le breveté peut sans forme de procès saisir ou mettre sous séquestre, chez autrui, la machine ou les produits qu'il prétend être des contrefaçons, sans qu'un expert soit consulté. Il peut faire fermer des ateliers. Il jouit du droit de confiscation. J'abrége la liste des vexations auxquelles le breveté peut soumettre ses concitoyens engagés dans l'industrie manufacturière ou le commerce. J'en ferai plus tard le dénombrement moins incomplet. Et ce que nous croyons être un argument accablant, lui le breveté, qui exerce ces sévices, n'est pas tenu de justifier qu'il ait rien inventé qui vaille, rien inventé du tout. Si donc le système prohibitif est condamné et répudié, il n'est pas possible qu'on respecte le brevet d'invention, et la loi de 1844 doit être abolie purement et simplement pour l'avenir.

Avant de passer à une autre partie du sujet il est bon de présenter une réponse à une objection qu'on est fondé à m'adresser. C'est à propos de la remarque si judicieuse de Philippe Dupin, d'après laquelle le brevet d'invention est par lui-même une infraction au principe de l'indépendance du travail qui, ainsi que le proclame cet éloquent orateur, est une des plus précieuses conquêtes de la révolution. Philippe Dupin, dira-t-on, n'en a pas moins conclu en faveur du projet de loi. Il est vrai ; mais qu'est-ce que cela prouve, sinon que cet homme distingué n'a pas été dans cette circonstance conséquent avec lui-même? Il a vu qu'il y avait un courant établi en faveur du brevet d'invention, que le ministre du commerce tenait extrêmement aux brevets, que, pour renverser le système, il faudrait de grands efforts et faire une rude campagne. Il a mieux aimé vaquer tranquillement à ses affaires et ne pas engager une lutte d'où peut-être, malgré tout son talent, il ne serait pas sorti vainqueur. On n'avait pas alors des convictions bien fermes en faveur de la liberté du travail : la preuve. c'est qu'on était en plein sous le joug du système prohibitif, qui en était la négation brutale, et la majorité des deux Chambres n'y trouvait pas à redire. Telle nous paraît être l'explication raisonnable de la contradiction où Philippe Dupin se mit alors avec lui-même.

IV

IDÉE FAUSSE D'ALORS SUR LE DROIT DE PROPRIÉTÉ DES INVENTEURS.

Passons à un autre point de grande importance. Est-il vrai, comme on l'a dit en toutes lettres dans l'article premier de la loi du 7 janvier 1791, qu'une découverte industrielle soit une *propriété* acquise à celui qui s'en croit et s'en dit l'auteur, alors même que son assertion serait fondée? Rien n'est plus douteux. La propriété suppose la perpétuité, or, d'après toutes les législations sur les brevets, les droits attachés à ceux-ci sont essentiellement provisoires. Pour qu'une chose soit une propriété, il est nécessaire qu'elle appartienne à quelqu'un, individuellement, ou, ce qui revient au même, qu'elle soit possédée en commun, par un groupe dont les membres en ont, ou en peuvent avoir chacun sa part distincte. Un découverte, au contraire, peut appartenir à plusieurs personnes dont chacune l'a dans son intégrité. Elle est à tout le monde, du moment qu'elle a été divulguée, à moins qu'une décision, légitime ou non, de l'autorité ne l'ait attribuée à quelqu'un pour quelque temps. Et si cette décision de l'autorité ou cette prescription du législateur est abusive et injuste, il convient qu'elle soit abolie. Le rapporteur de la loi de 1844, M. Philippe Dupin, a repoussé par de très-bonnes raisons le mot de *propriété* appliqué à une découverte industrielle.

« Qu'est-ce, dit-il, qu'une propriété qui n'est pas même viagère, qui ne doit durer que cinq ans, dix ans, qui ne peut s'asseoir ou qui s'évanouit faute d'une taxe acquittée, ou d'un parchemin obtenu ; qui périra parce qu'on ne l'aura point exploitée pendant un an ou deux ans et dont la précaire existence sera sans cesse menacée par des déchéances ? Il faut le reconnaître, ou ce n'est pas une propriété, ou l'on a tort de lui en refuser les effets et les garanties. Car la société, la civilisation, la loi reposent sur le droit de propriété, et à quelque chose qu'il s'applique, on ne peut y porter atteinte sans ébranler l'édifice social.

« Tant que l'idée, la conception d'une découverte n'est pas émise dans le public, il est incontestable qu'elle est la propriété exclusive de celui qui l'a enfantée (1). Il peut la conserver ou l'émettre, la garder pour lui ou la communiquer aux autres. Ce droit n'a pas besoin d'être protégé par la loi ; nul ne peut l'usurper ou y porter atteinte. Une telle propriété, si on peut l'appeler ainsi, est inaccessible comme la conscience, impénétrable comme la pensée.

« Mais une fois émise, une fois jetée dans le vaste fonds commun des connaissances humaines, une idée n'est plus susceptible de cette jouissance exclusive et jalouse, qu'on appelle propriété; on ne peut empêcher personne de la recueillir dans le livre où elle est écrite, dans les cours où on la professe. Celui qui l'acquiert ne l'enlève pas à celui qui l'avait avant lui. A l'inverse des choses matérielles que la propriété concentre dans la main d'un seul, elle demeure entière pour chacun, quoique partagée entre un grand nombre; elle est comme l'air que tous respirent, comme la lumière qui luit pour tous. »

Cette opinion insérée par Philippe Dupin dans son rapport sur le projet de loi de 1844, à savoir que lorsqu'une notion utile a été lancée dans le public, il est contraire à l'ordre naturel des choses, dans les pays où la liberté est la règle, que les citoyens soient privés de s'en servir, se retrouve dans les écrits et les discours de personnages éminents. Un des hommes d'État les plus illustres de l'Angleterre, lord Grandville, disait, il y a quelques années, à

_____

(1) Du moins jusqu'au moment où un autre l'aura trouvée à son tour, auquel cas le premier et le second la possèdent également.

la Chambre des pairs : « Je soutiens qu'il est impossible de définir la propriété quand il s'agit d'une idée. Celui qui a une idée et qui veut s'en réserver le bénéfice n'a qu'un moyen, c'est de ne pas la divulguer et de s'en servir, lui tout seul. Par le silence dont il s'entoure il s'en fait une propriété. Cette manière d'agir est applicable assez souvent aux découvertes industrielles et il n'est pas démontré que dans beaucoup de cas elle ne vaudrait pas pour les inventeurs mieux qu'un brevet. »

Lui-même, l'exposé des motifs de la loi de 1844 contient l'expression difficile à refuter d'un doute sur la légitimité, en principe, du brevet d'invention, que cette loi pourtant avait pour objet de consacrer. « Doit-on admettre, y est-il dit, que la pensée n'est la propriété de celui qui l'a conçue, que tant qu'elle ne s'est pas produite au dehors ; qu'une fois mise au jour et livrée au monde elle appartient au monde, que la matière seule peut être saisie, occupée, retenue, que l'invention, produit de la fermentation générale des idées, fruit ou travail des générations successives, n'est jamais l'œuvre d'un seul homme, et ne peut devenir sa propriété exclusive que par le consentement de la société dans le sein de laquelle il a trouvé le germe que son génie a fécondé ? »

En d'autres termes, l'exposé des motifs reconnaissait qu'il est de l'essence des idées qu'elles ne se monopolisent pas, et la société, si elle donne son consentement à ce monopole, méconnaît et viole ses propres droits.

Après avoir décoché aux brevets d'invention ce trait difficile à écarter, l'exposé des motifs se dérobe en disant que ceci est de la métaphysique dont il n'a pas à s'occuper. C'est une façon malheureuse de se réfuter soi-même. C'est fuir la discussion qu'on avait ouverte de son plein gré.

Est-ce que le législateur doit avoir honte de faire de la métaphysique ? Bien au contraire il doit être métaphysicien ; car que seraient les lois dont serait absent ce qu'on nomme la métaphysique, c'est-à-dire le recours aux principes ? Si le législateur ne consent pas à être métaphysicien dans ce sens, il est sujet à faire de mauvaise besogne. Talleyrand allait plus loin : dans le dernier discours qu'il a prononcé, c'était à l'Institut, — en 1838, — il avait pris cette thèse qu'il était utile à l'homme d'État d'avoir étudié la théologie, c'est-à-dire la théorie générale des rapports de l'homme avec Dieu et avec le monde, et il en donnait des raisons [remarquables. Ainsi l'objection formulée dans les lignes, que je viens de citer, de l'exposé des motifs, qu'elle ait ou qu'elle n'ait pas le caractère métaphysique, est tout à fait valable et je me l'approprie.

V

Toute découverte industrielle est le produit de la fermentation générale des idées, le fruit d'un travail interne qui s'est accompli avec le concours d'un grand nombre de collaborateurs successifs ou simultanés dans le sein de la société, souvent pendant des siècles. Une découverte industrielle est loin d'offrir au même degré que la plupart des autres productions de l'esprit une empreinte d'individualité qui oblige de la rapporter à qui s'en dit l'auteur, et c'est ce qui rend très-équivoque la prétention de celui-ci à la paternité. Le fait de la génération même est fort incertain. Vous dites que c'est vous qui êtes le père et vous le croyez. Mais ces mêmes germes, ces mêmes éléments qui flottaient dans l'air où les générations successives les avaient répandus, et que vous avez saisis pour former la découverte dont il s'agit, un autre que vous, dix autres ont pu les prendre au vol en même temps que vous. De la sorte l'enfant peut avoir légitimement plusieurs pères. Pourquoi préférer l'un d'eux aux autres? La paternité multiple n'est pas un pur hasard; elle résulte de l'ordre naturel des choses.

Il en est tout autrement d'un volume d'histoire ou de philosophie, d'une tragédie ou d'un poème lyrique ou d'un traité de géométrie. Ceux-là sont incontestablement de quelqu'un. Il est absolument impossible qu'un autre dans son cabinet. accouche de la *Phèdre* de Racine et aussi bien de celle de Pradon et même en tire de son cerveau deux vers qui se suivent. Impossible aussi à qui que ce soit, homme de talent ou esprit médiocre, d'écrire un fragment de *L'esprit des lois*, ou même de quelqu'une des élucubrations politiques les plus vulgaires. Ainsi de par la force même des choses, alors que pour les autres productions de l'esprit la paternité est ou peut être, à la volonté de l'auteur, rendue authentique, la scène change subitement quand on passe à la catégorie qui est formée des inventions industrielles. La paternité devient essentiellement problématique. On le voit bien par l'embarras qu'éprouvent les tribunaux, quand ils ont à juger des procès en contrefaçon, quelque attention qu'ils y apportent, et quelque intègres qu'ils soient. Ils rendent, de la meilleure foi du monde, des jugements contradictoires. En 1877 un tribunal ou une cour d'appel prononcera : Oui, la contrefaçon existe. En 1878 le même tribunal ou la même cour dira dans un cas identique : Non, la contrefaçon n'existe pas. Pareillement, les savants eux-mêmes, ou les ingénieurs, qui font autorité, lorsqu'on les prend pour experts, hésitent beaucoup à indiquer les vrais inventeurs. M. Arthur Legrand cite des affaires où il y a eu cinq ou six jugements en faveur de tel prétendant et pareil nombre contre.

Daguerre et Niepce ont été récompensés comme inventeurs du daguerréotype. Dieu me garde de leur contester la récompense qu'ils ont reçue, car elle n'était certes point exagérée ; mais il y a de bonnes raisons de croire qu'à la même époque, d'autres personnes s'occupaient, non sans succès, de résoudre le même problème ; on peut dire de même de la galvanoplastie et de bien d'autres découvertes, justement renommées. Il est même à remarquer que Daguerre et Niepce avaient travaillé séparément, chacun de son côté, et quand il s'agit de rémunérer par une récompense nationale l'abandon qu'ils firent de la découverte au public, le législateur, s'il avait dû n'en rétribuer qu'un n'aurait su que faire. Il prit donc un parti sage et généreux, il décerna une pension viagère à l'un et à l'autre ; 6,000 francs à Daguerre, 4,000 francs à Niepce. Sans s'en apercevoir, il créa pourtant par là un argument contre l'individualité des découvertes industrielles et par suite contre l'existence des brevets mêmes. La récompense nationale dispensa en cette affaire de l'intervention d'un brevet, mais s'il avait fallu en décerner un comment s'y serait-on pris entre ces deux compétiteurs? On discute encore la question de savoir quel fut l'inventeur de la machine à vapeur. Les auteurs anglais disent que ce fut le marquis de Worcester ; M. Arago a fait un long et savant mémoire pour établir que ce fut Salomon de Caus ; et beaucoup de personnes sont acquises à cette opinion. Un certain nombre cependant tiennent fortement pour Papin qui fut un homme éminent à bien des titres.

M. Bessemer, à qui ses brevets pour la fabrication du fer et de l'acier ont procuré un bénéfice qu'on évalue à un million sterling (25 millions de francs), et qui par un sentiment naturel de reconnaissance est un chaud partisan des brevets, soutenant qu'il faut les maintenir pour toutes les découvertes, grandes, petites et microscopiques, M. Bessemer fournit lui-même la preuve de l'incertitude extrême de la paternité en matière d'inventions. Cette preuve est écrite en toutes lettres dans l'enquête faite par un comité de la Chambre des communes en 1871. L'idée mère du procédé Bessemer consiste en ce que, si l'on fait passer un courant d'air dans de la fonte liquide, l'oxygène de l'air brûle tout ou partie du carbone combiné avec le fer. Sous l'influence de cette combustion, la température du bain de fonte s'élève for-

tement, ce qui redouble les chances de succès de l'opération et
permet de la continuer heureusement jusqu'au point qu'on se
propose. Tout le reste des brevets de M. Bessemer a pour objet
des dispositions mécaniques que vingt ingénieurs pour un auraient conçues ou dont ils auraient trouvé sans grande peine les
équivalents.

Or, l'idée de faire traverser un bain de fonte par un courant
propre à décarburer la fonte, en brûlant le carbone qu'elle renferme par le moyen de l'oxygène contenu dans ce courant, n'est
point de M. Bessemer. Il l'a reconnu lui-même dans une conversation avec un autre ingénieur anglais, à qui l'idée était venue et
qui en avait fait l'essai devant un certain nombre de personnes au
nombre desquelles était M. Bessemer. Cet ingénieur a rapporté
la conversation à la Commission d'enquête en séance publique.
« Vous êtes, lui avait dit M. Bessemer, la première personne qui
deviez être témoin de mon succès (1), *car mon procédé est fondé sur
une idée qui vous appartient*, et dont vous aviez fait l'objet de votre
brevet pour puddler le fer par l'intervention de la vapeur d'eau. »
La tentative de cet ingénieur était de brûler le carbone, qui fait
partie intégrante de la fonte, en injectant de la vapeur d'eau dans
la masse de fonte liquéfiée. On sait que l'eau, composée d'oxygène et d'hydrogène, cède volontiers son oxygène à d'autres corps.
M. Bessemer avait simplement substitué à la vapeur d'eau un
autre corps riche en oxygène, l'air atmosphérique. L'ingénieur
dont il s'agit rappelait au comité ce qui s'était passé et dit entre
M. Bessemer et lui-même, comme un incident de nature à flatter
son amour-propre, mais sans aigreur aucune contre M. Bessemer.

Bien plus, dans la science même, quand il s'agit de découvertes,
il n'est pas rare qu'on se dispute la gloire d'avoir eu le premier une
idée grande ou petite. Par une méthode qui lui fait le plus grand
honneur, M. Leverrier découvre, dans l'immense espace des
cieux, une planète nouvelle. Voilà aussitôt un Anglais qui prouve
qu'il s'occupait du même problème et qu'il était sur la route du
succès. Pendant qu'il expose ses raisons, survient un astronome
américain qui se donne pour l'inventeur véritable, et qui produit
des titres.

Mais l'incertitude subsiste bien plus pour les découvertes industrielles que pour les découvertes scientifiques.

Un caractère propre aux découvertes industrielles et qui ne se
retrouve pas dans les œuvres de l'esprit, telles que les productions
littéraires, consiste en ce que si, à un moment donné, la nécessité

---

(1) A la suite d'expériences heureuses faites à Cheltenham.

d'une invention se fait sentir, on peut prédire à coup sûr qu'elle
se produira. Les hommes ingénieux se mettent à l'œuvre; ils
fouillent dans la masse indéfinie de notions utiles à l'industrie qui
sont disséminées dans l'atmosphère, et ils trouvent au problème
une solution et quelquefois plusieurs. Au contraire, demandez aux
écrivains de produire ou une belle tragédie dont la représentation
relève les âmes abattues, ou un poème qui excite les imaginations,
ou un livre d'histoire qui éclaire la nation sur ses devoirs ou la
fasse entrer dans une bonne voie au lieu d'une mauvaise, il sera
fort à craindre que votre appel ne soit stérile : on ne fait pas à commande le *Cid* ou *Athalie;* nous n'en avons que trop la preuve;
ni l'*Iliade* ou l'*Enéide*, ni le *Discours sur l'histoire universelle*, ni
l'*Oraison funèbre du grand Condé*, ni la *Mécanique céleste*. Il n'y a
donc pas d'assimilation possible entre les découvertes industrielles et les productions de l'esprit, littéraires, philosophiques
ou scientifiques. La différence est au désavantage des découvertes
industrielles. Il s'ensuit que la protection accordée aux œuvres
littéraires ou philosophiques ou scientifiques, et qui a été étendue
aux compositions musicales, aux dessins, gravures, sculptures ou
peintures, ne prouve pas que le brevet d'invention soit une institution utile, rationnelle, équitable. Dans le discours mentionné plus
haut de lord Granville à la Chambre des pairs d'Angleterre, il
a dit spirituellement : « Si quelqu'une de vos seigneuries écrit
un livre, cela ne fera qu'ajouter aux richesses intellectuelles du
monde; chacun pourra aussitôt faire usage des idées qu'il y pui-
sera. Dans le cas d'une patente, le manufacturier est empêché de
faire usage de l'invention patentée et même de rien qui y ressemble ».

Il est pourtant curieux que pour la protection des découvertes
industrielles, à l'égard desquelles la paternité est le plus souvent
impossible à établir avec certitude, on soit allé beaucoup plus loin
et qu'on ait établi contre les plagiaires prétendus des peines
plus rigoureuses que lorsqu'il s'agit des livres où cette paternité
est claire comme le jour, et des productions artistiques pour lesquelles elle l'est presque autant. Ainsi, s'il s'agit d'une contrefaçon industrielle, la loi prononce la prison, s'il y a récidive; il n'y a
rien de pareil pour la contrefaçon littéraire ou artistique.
L'art. 43 de notre loi sur les brevets d'invention est ainsi conçu :
« Dans le cas de récidive, il sera prononcé, outre l'amende, un
emprisonnement d'un mois à six mois, » et il est dit à l'art. 41 :
« Ceux qui auront sciemment recélé, vendu ou exposé en vente
ou introduit sur le territoire français un ou plusieurs objets contrefaits, seront punis des mêmes peines que les contrefacteurs ».

La dureté de l'art. 41 et la désinvolture avec laquelle il place des individus, qui pourront être en nombre indéfini, sous le coup de la peine de la prison, ne peuvent manquer de frapper les bons esprits et d'exciter leur défiance contre la loi des brevets.

Puisque le législateur témoignait tant de considération pour la pensée humaine manifestée par les découvertes industrielles, on se demande pourquoi il s'est refusé de montrer son respect et sa sympathie pour des manifestations tout au moins aussi respectables de l'esprit humain, les découvertes scientifiques. Celles-ci sont à celles-là ce que la cause est à l'effet. C'est parce que des savants, géomètres, mécaniciens, chimistes, physiciens ont constaté telles et telles propriétés dans les substances diverses que ces propriétés ont pu être utilisées dans les arts utiles. La partie la plus difficile du problème est résolue quand le savant a fait sa découverte et émis des idées nouvelles. La télégraphie électrique est une bien belle chose; mais après les travaux de MM. Ampère et OErsted, il était évident qu'elle serait inventée, et le serait sous différentes formes. Le génie, la pensée féconde est bien plus du côté des savants que du côté de ceux qui, marchant à leur suite, ont établi les différents appareils dont on se sert pour la transmission des dépêches. Ce qu'on récompense, c'est le fait de détail; ce qu'on néglige, c'est le fait culminant et général. Les savants publient des livres dans lesquels on rencontre des indications précieuses. Aux termes de la loi qui exclut ce qui est théorique, ils ne peuvent avoir de brevet. D'ailleurs, pour la plupart, ils n'en réclameraient pas. Puis d'autres hommes viennent qui s'emparent de ces indications, les affublent d'arrangements où il n'y a d'ordinaire aucune nouveauté remarquable, souvent aucune nouveauté quelconque; ceux-là sont brevetés.

Notons ici un détail. On ne voit pas de raison pour que les préparations pharmaceutiques soient exclues des objets brevetables, ainsi que le veut la loi française. Il serait au contraire d'utilité publique qu'ils le fussent, dans l'hypothèse que je prends la liberté de combattre, où la légitimité des brevets resterait reconnue par le législateur. Du moment qu'elles seraient brevetées, leur composition et la manière de les préparer seraient connues. On serait à l'abri des remèdes secrets, qui font l'unique danger de la mise en vente de substances pareilles.

C'est ici le lieu de signaler un changement bon à citer dans le langage des défenseurs des brevets. A l'origine on disait : la découverte industrielle est digne de grands encouragements, car c'est la pensée humaine qui se dégage pour rendre service à la société. Alors, ce qu'on recommandait à la sollicitude du législateur, c'était l'*idée*. Depuis on s'est aperçu que si l'idée jouissait d'une grande faveur, la conséquence serait de breveter les savants pour les révélations qu'ils font dans leurs publications. Dès lors, l'*idée* a été retirée du pavois, sur lequel elle avait été hissée non sans solennité. Ce qu'on brevète, disent aujourd'hui les partisans des brevets, ce n'est plus une idée, c'est le moyen de réaliser une idée. Mais en vérité le moyen de réaliser une idée est une idée aussi. Si ce n'était pas une idée, une conception de l'esprit, que serait-ce donc ? une vapeur, une ombre, rien du tout.

VI

NOMBRE RAPIDEMENT CROISSANT DES BREVETS. — INCONVÉNIENTS QUI EN RÉSULTENT.

Si l'on eût demandé à M. de Boufflers de dire à peu près le nombre de personnes auxquelles, en France, la qualification d'homme de génie pouvait s'appliquer en fait de découvertes industrielles, il eût été forcé de répondre, malgré tout son optimisme, que ce nombre était bien petit, de beaucoup moins de cent, peut-être une douzaine, une vingtaine au plus. Il n'aurait jamais soupçonné que de nos jours, moins d'un siècle après lui, les individus qui se pareraient de l'auréole du génie, ou qu'on en décorerait complaisamment et pour lesquels, à ce titre, on réclamerait le bénéfice d'une législation exceptionnelle, monteraient dans la France seule chaque année au nombre de six mille, si bien qu'en additionnant tous ceux qui à la rigueur pourraient avoir un brevet en activité et qui l'auraient s'ils n'y avaient renoncé, on arrive à quatre-vingt-dix mille, qu'il y en aurait environ le triple aux Etats-Unis, sans parler du reste du monde civilisé. Quelle avalanche de génie, grand Dieu !

Cette évaluation suppose que chaque brevet soit maintenu dans les droits que la loi lui attribue pendant l'espace de quinze années, ce qui est bien loin de se réaliser. En fait, une foule de brevetés abdiquent bien avant le terme auquel ils pouvaient prétendre. Mais bornons-nous aux six mille brevets pris chaque année et qui restent valides tout au moins la première année et communément davantage, c'est déjà effrayant.

En France, le nombre des brevets a atteint son chiffre actuel par une progression continue qui, au début, fut très-lente. A partir de 1791, date de la première loi, le nombre de cent fut dépassé pour la première fois en 1815. Dans cet intervalle de vingt-six ans, il a été quinze fois au-dessous de cinquante et cinq fois au-dessous de dix. Aux Etats-Unis, où le nombre des brevets est restreint par

le motif que les demandes sont soumises à un examen préabable
qui les réduit sensiblement, pendant la période décennale de 1843
à 1852 les brevets délivrés furent au nombre de 7,340 ; pendant la
période de même durée de 1863 à 1872 ils montèrent à 105,509.
Il y a de bonnes raisons pour qu'il en ait été ainsi, et pour que
la progression soit de plus en plus forte, si la législation sur les
brevets reste ce qu'elle est dans les différents États. C'est l'effet de
l'imprévoyance de cette législation qu'on a négligé de modifier au
fur et à mesure des indications de l'expérience qui en signalait
les imperfections et les vices. C'est aussi le résultat de l'énergie
avec laquelle l'industrie, sous ses aspects si divers, est cultivée
de plus en plus parmi les peuples modernes. Les forces mécaniques s'étant introduites sur des proportions très-grandes
dans l'organisation du travail, et s'étendant, sans cesse, en
se substituant à la force physique de l'homme, le nombre de
modifications et additions accessoires apportées journellement
aux appareils et engins employés dans l'industrie ne peut que se
multiplier indéfiniment. Une observation pareille s'applique à
l'emploi des forces chimiques. Il se produit ainsi à perte de vue
des innovations, bonnes ou mauvaises, importantes ou de peu
de portée, réellement neuves ou renouvelées des anciens, originales ou simples copies de ce qui se passe dans l'atelier du
voisin. Si chacune d'elles devient l'objet d'un brevet, il n'y
a pas de raison pour que le nombre des brevets s'arrête.
Si, comme cela s'est vu, l'insertion dans les gants d'un fila-
ment de caoutchouc, afin qu'ils serrent mieux le poignet, obtient la faveur d'un brevet, s'il en est de même pour la forme
ondulée qu'on aura donnée aux barres minces de fer sur lesquelles
sont couchées dans les caves les rangées successives de bouteilles,
si de tels arrangements que le premier venu aurait trouvés en
un quart d'heure sont l'objet de la même protection, avec les
mêmes sévérités contre les imitateurs que l'invention de la machine à vapeur, ou du métier Jacquart, on ne peut dire jusqu'où
ira le débordement des brevets. Si l'on prenait la liste des brevets, on y trouverait des découvertes prétendues, plus banales
que les deux exemples auxquels je viens de faire allusion.

Cette progression se maintenant, la carrière de l'industrie
deviendra très-dangereuse, du fait des brevets. Le chef d'établissement qui aura acheté une machine, à laquelle il aura reconnu
des avantages, sera de plus en plus exposé à tout ou partie des
désagréments, des frais d'amende, des causes de ruine même que
la loi française a accumulées sur la tête des contrefacteurs supposés, parce qu'il se pourrait bien qu'il y eût, dans un ou plusieurs

des organes de la machine, quelque disposition déjà brevetée, sans que le constructeur s'en doutât et à plus forte raison sans que le chef d'établissement, acquéreur de la machine, pût le soupçonner. Les brevets se croiseront et se heurteront parce que, sous la pression du même besoin, pour écarter la même difficulté qu'on rencontrait dans la fabrication, il pourra arriver que plusieurs chefs d'industrie, ou plusieurs ingénieurs en rapport avec les manufacturiers, aient conçu et pratiqué des expédients similaires et aient voulu s'en garantir les avantages en se munissant d'un brevet.

Il ne serait pas impossible que, dans un certain nombre d'années, chaque industriel quelque peu notable fût en possession d'un brevet qui sera son privilége, et que dès lors l'organisation de l'industrie se mît à ressembler à celle de l'ancien régime, où chaque corporation, avait son monopole exclusif et ne supportait pas qu'une autre corporation, ou un individu isolé, empiétât sur son terrain. Ce seraient des individualités au lieu de communautés qui jouiraient du privilége exclusif, non pas à perpétuité, il est vrai, mais pour un laps de temps considérable, tel que celui de quinze ans. La moitié du monde industriel serait en guerre avec l'autre. Telle est pourtant la situation sur laquelle on se laisse dériver.

Après ce qui précède, on peut tenir pour constaté qu'un des grands inconvénients pratiques de la législation sur les brevets d'invention qui est en vigueur, soit en France, soit dans tous les pays où le brevet est reconnu, consiste dans la multiplicité indéfinie des brevets qu'elle provoque. C'est une masse incohérente où il est impossible de se reconnaître, un chaos devant lequel l'administration et bien plus qu'elle la magistrature, à laquelle on a imposé, sans la consulter, la tâche impraticable d'y mettre de l'ordre et d'y introduire l'équité, éprouvent des embarras extrêmes.

VII

PROPORTION EXIGUE DES INVENTIONS UTILES CONSIGNÉES DANS LES BREVETS.

La vérité est que sur cent inventions ou découvertes prétendues, qui sont brevetées, comme si c'était du neuf, c'est à peine s'il y en a une qui mérite que pour elle l'autorité se dérange de ses habitudes, s'écarte de ses règles accoutumées et lui attribue des avantages tout particuliers fort désobligeants pour le reste de la Société. Ce n'est pas à dire que je veuille représenter les brevetés en masse comme des gens qui trompent avec préméditation le public. Bien au contraire la grande majorité se compose d'honnêtes gens. Mais la plupart sont le jouet de

leur vanité et de leur ignorance. Ils ont rêvé que leur découverte
prétendue allait donner une vive impulsion à la marche ascendante de la prospérité publique et faire leur propre fortune par
delà. Ils s'abusent sincèrement. La très-grande majorité des
inventions brevetés sont sans mérite et sont bientôt abandonnées par leurs auteurs désappointés. Dans ce qui reste,
une très-grande partie ne porte que sur des détails et des accessoires. Ce serait donc une erreur grossière que de supposer que
ces brevets en nombre immense qu'on accorde protégent le génie.
ainsi qu'on l'a cru en 1790 et en 1844. C'est par hasard seulement
que le génie a quelque chose à démêler avec les brevets d'invention. Çà et là seulement apparaît, dans l'invention pour laquelle
un brevet est réclamé, une lueur du feu sacré auquel est réservée cette flatteuse dénomination.

Au sujet de la dose de génie que révèlent les preneurs des brevets, on trouve des renseignements curieux dans la déposition
d'un des témoins, homme éclairé et fort compétent (1), qui a comparu dans l'enquête faite en Angleterre de 1862 à 1864, par une
commission royale dont le Président était lord Stanley, aujour-
d'hui lord Derby, sur la législation des patentes ou brevets d'invention :

« On prie ce témoin (M. Woodcroft) de spécifier dans quelle
proportion il pense que se trouvent, parmi les découvertes pour
lesquelles un brevet a été sollicité, celles qui réellement sont dignes, par une utilité bien caractérisée, d'obtenir cette faveur.
Voici en résumé sa réponse :

« J'ai pris au hasard trois années antérieures à l'enquête, à
savoir : 1855, 1858, 1862. J'ai soumis à une appréciation attentive, qui était facile à cause du temps écoulé depuis la demande
de brevet, les cent premières découvertes inscrites au compte de
chacune de ces trois années et j'ai trouvé que :

« Pour 1855, sur les cent, il n'y en avait pas une seule qui
parût être d'une valeur considérable, quatre étaient d'une valeur
médiocre. Le reste ne valait rien ou à peu près ;

« Pour 1858, il y en avait une qu'on pouvait regarder comme
d'une grande portée, et trois de quelque mérite ;

« Pour 1862, une avait une grande valeur et une seconde avait
quelque prix. »

En supposant, ce qui n'est pas invraisemblable, que les cent
premières demandes adressées à l'administration représentas-
sent, au point de vue du mérite, la moyenne de l'année, la con-

---

(1) Il était chef de bureau des brevets d'invention.

clusion à tirer du tableau fourni par M. Woodcroft à la commission d'enquête, serait que c'est à grand'peine si, sur cent découvertes prétendues, il y en a une seule qui ait une grande portée. Or celles-là seulement qui ont ce caractère mériteraient, si le brevet était maintenu, d'être, de la part de l'autorité, l'objet d'avantages extraordinaires, et il resterait encore à savoir en quoi ceux-ci doivent consister, car ceux qui sont inscrits dans la loi de 1844 sont abusifs et presque tous intolérables. Ainsi, pour bien faire, il conviendrait que l'examen préalable eût pour effet d'écarter quatre-vingt-dix-neuf demandes sur cent. Or, en Angleterre, le comité chargé d'examiner les demandes croit beaucoup faire en élaguant le tiers. On ne peut guère charger un comité sérieux de la tâche ingrate de démêler, au milieu d'une montagne de demandes, les très-rares spécimens, un seulement sur cent, qui justifieraient une exception. L'exécution en masse à laquelle on se livrerait sur le reste serait une tâche pénible, et on trouverait difficilement des hommes graves qui voulussent s'en charger. Franchement, il est plus simple et plus pratique d'abolir purement et simplement le brevet, réforme qui d'ailleurs se recommande à beaucoup d'autres titres.

Quant à la bonne foi, si la grande majorité des inventeurs est fondée à se targuer de cette qualité, il n'est pas moins vrai qu'il se commet, à propos de brevets et par leur moyen, bon nombre de fraudes d'où sortent pour le monde de l'industrie des ennuis, des tourments et des sacrifices de temps et d'argent.

Il ne suffit pas qu'on soit un honnête homme pour mériter des faveurs qui sont à l'encontre des règles du droit commun et des principes sur lesquels on a voulu, en 1789, établir l'organisation du travail. Quelque honnête qu'on soit, on n'est pas fondé à réclamer des priviléges, puisque désormais les priviléges sont répudiés par nos lois. L'autorité, quand elle croit pouvoir donner des prérogatives telles que celles que porte la loi de 1844 pour les brevetés, fait le contraire de ce qui serait de la bonne administration et de la bonne politique.

VIII

SYSTÈME DE L'EXAMEN PRÉALABLE, AFIN DE RESTREINDRE LE NOMBRE DES BREVETS.

Pour diminuer cette nuée de brevets qui s'abat tous les ans sur le monde industriel on a recommandé un expédient, qui même est pratiqué par plusieurs des gouvernements étrangers, celui d'un examen préalable auquel se livrerait une autorité com-

pétente avant que le brevet fût accordé, de manière à écarter
toutes les demandes ridicules ou futiles et même celles qui, ne concernant que des accessoires, n'ont que peu ou très-peu de portée.

Chez nous le système de l'examen préalable 'a été discuté lorsqu'on a fait la loi de 1791 et celle de 1844. Il a été repoussé en
1791 par de mauvaises raisons. On était alors en grande défiance
contre l'autorité, et l'on pensait qu'elle ne mettait la main quelque part que pour semer des abus. En 1844 on fut influencé par
une autre pensée, d'une prudence quelque peu égoïste de la
part de l'administration. Celle-ci ne voulait pas avoir la responsabilité des refus et elle craignait d'être l'objet des plaintes,
des récriminations, même des accusations des refusés, sans
compter les âpres sollicitations des députés. En conséquence, elle
repoussa opiniâtrement le système de l'examen préalable et rejeta
la lourde tâche de distinguer les brevets valables de ceux qui
ne valaient rien sur les épaules de la magistrature. D'après la
donnée qui prévalut, l'administration accorde tous les brevets
qu'on lui demande, sauf quelques exceptions, explicitement
réservées, telles que celles des inventions contraires aux bonnes
mœurs ou à la sûreté de l'Etat, des compositions pharmaceutiques et des plans de finances. Cela fait, si le brevet présente
des causes de nullité, c'est aux tribunaux à le déclarer sur la
réclamation des intéressés. Malheureusement la loi ne reconnaît
comme intéressées que les personnes auxquelles le breveté in-
tente un procès et qu'il poursuit comme contrefacteurs, de sorte
que l'intérêt public est défendu aussi peu que possible. Chez
nous, comme dans les autres pays les plus civilisés, la magistrature n'aime pas à avoir à juger ces questions techniques, toutes
spéciales, auxquelles elle n'est pas préparée par ses études.
Excepté à Paris et dans deux ou trois très-grandes villes, elle a
de la peine à trouver des experts qui offrent une parfaite sûreté,
sous tous les rapports, y compris l'expérience. Quant aux documents et aux moyens d'instruction et d'appréciation propres à
élucider les affaires de brevets, ils sont loin de se rencontrer en
nombre suffisant, dans la plupart des villes où des procès de ce
genre peuvent s'engager, même dans les plus grandes ; je dirais
volontiers que Paris seul en est passablement pourvu.

On peut dire qu'on est conduit par le raisonnement et par la
juste appréciation des faits, à se rabattre sur l'examen préalable
comme sur une précaution indispensable. Mais aussitôt l'expérience montre que l'examen probable exercé administrativement
par les bureaux ne sert de rien. On n'en est pas moins inondé de
brevets dont la plupart sont sans valeur ou n'en ont qu'une insi-

gnifiante. L'expérience de l'Angleterre en fait foi et celui des Etats-Unis pareillement. Si tant est qu'on doive recourir à l'examen préalable, il faudrait, pour que ce fût une digue contre un déluge de brevets, que l'examen fût confié à une réunion d'hommes considérables, jouissant incontestablement d'une grande autorité, et y consacrant tout le temps nécessaire, ce qui est beaucoup dire. Et la réunion de tels hommes en nombre suffisant pour une œuvre aussi ingrate serait extrêmement difficile à organiser.

On se rappelle ce qui est arrivé, il y a très-peu d'années, en Angleterre, pour les litiges de chemin de fer, soit ceux des compagnies entre elles, soit ceux des particuliers avec les compagnies. Les magistrats des grandes cours de Westminster, c'est-à-dire des tribunaux les plus élevés de l'Angleterre, étaient peu familiers avec les questions techniques que soulève l'exploitation des voies ferrées. Malgré leurs lumières justement renommées, ce n'était que malgré eux qu'il jugeaient des procès pareils. La situation de la magistrature française vis-à-vis des procès de brevets, ressemble à celle de la haute magistrature anglaise à l'égard des litiges des chemins de fer. Le Parlement, ménageant les scrupules des magistrats, y fit droit par un procédé énergique. Il créa une cour spéciale qui juge en dernier ressort les procès de chemin de fer, et il eut soin de stipuler que la majorité des membres de la cour aurait, par ses antécédents, l'aptitude à vider ces contestations. Quelques personnes ont pensé qu'on pourrait, en France, recourir à un expédient de ce genre pour rendre sérieux et concluant l'examen préalable des brevets d'invention, en instituant une commission souveraine qui statuerait de même en dernier ressort sur la validité des brevets. — Elle serait composée d'hommes éminents, offrant toutes les garanties de savoir et d'expérience ; ses membres seraient tenus de se consacrer tout entiers à ce métier pénible, parce qu'il faut beaucoup de temps pour débrouiller de pareils cas. Ils auraient l'ennui d'être harcelés de sollicitations incessantes et ardentes. On eût rassemblé pour l'usage de cette commission les publications officielles ou privées de toutes les parties du monde où les inventions industrielles sont énumérées et décrites. Une pareille bibliothèque est de nos jours bien moins difficile à former qu'autrefois, quoique le nombre des pays pour lesquels il y a lieu de désirer des informations exactes sur les inventions et sur les brevets soit devenu considérable (1).

_____

(1) Il ne s'agit plus seulement de l'Europe; le nouveau monde cultive les sciences, en fait l'application aux arts utiles, et pratique de plus en plus toutes

Une bibliothèque telle que celle dont je parle est nécessaire pour qu'on puisse se prononcer sur le point de savoir si telle ou telle invention n'a pas été, antérieurement à la demande d'un brevet qui la concernerait, l'objet d'une description permettant de la mettre en pratique, auquel cas il est admis partout que l'invention ne peut être brevetée. D'après les renseignements consignés dans les enquêtes anglaises, une bibliothèque conçue sur ce modèle existe à Londres dans les bureaux de l'administration des brevets, et elle est accessible à tout le monde, mais on ne voit pas qu'elle ait servi à restreindre, dans des proportions raisonnables, la multiplicité des brevets.

Sans entrer dans plus de détails sur l'organisation de cette haute commission qui serait chargée de l'examen préalable, je crois pouvoir dire que j'en regarde la formation comme à peu près impossible. A moins de traitements auxquels en France nous ne sommes pas habitués, on ne trouverait pas parmi les grandes notabilités de la science des hommes qui consentissent à en faire partie. Et puis il leur faudrait aliéner sa propre liberté, sacrifice que les hommes supérieurs n'acceptent à aucun prix.

IX

GRAVES DÉFAUTS DE LA LÉGISLATION FRANÇAISE EN 1814.

Je vais maintenant essayer d'exposer rapidement ce qu'il y a d'insolite, d'oppressif, et de contraire aux principes qui sont en honneur de nos jours, dans les mesures que prescrit ou permet la loi française sur les brevets d'invention pour la protection des droits attribués aux brevetés.

Une de ces mesures est la saisie ou la mise sous sequestre, sur la demande du breveté, de l'appareil, la machine ou l'outil qui, suivant son opinion ou son dire, offriraient le caractère de la contrefaçon. Il ne faut pas une longue réflexion pour voir tout ce qu'un acte pareil a d'offensif et de grave. Si vous saisissez ou placez sous sequestre les engins d'un certain modèle qui

nos industries. En Asie, l'Inde anglaise a des filatures sur le modèle de celles de Manchester et des ingénieurs mécaniciens pour les surveiller. En Australie, plusieurs des provinces se livrent aux sciences dont l'Europe est le principal foyer, et entrent dans la voie de l'industrie. Mais les moyens de communication de l'Europe en général, avec le reste du monde, se sont perfectionnés plus encore que ne s'est étendu l'espace sur lequel les sciences et l'industrie sont en honneur et l'objet de découvertes multipliées. La rapidité de ces communications est devenue merveilleuse et l'union postale entre les peuples civilisés réduit singulièrement les frais de transports pour les livres et les correspondances.

existent dans une manufacture, ou même une seule machine importante, vous condamnez le travail à s'arrêter, et vrai-
semblablement, du coup, si la suspension dure, vous ruinez le
manufacturier. La saisie et la mise sous sequestre sont, par leur
nature même, des procédés extrêmes dont il convient de s'abstenir à l'égard de l'industrie, à moins des actes les plus répréhensibles. L'Etat a le droit de saisir des marchandises qu'on aura essayé, par exemple, d'introduire en contrebande, et encore souvent
il juge à propos de ne pas user rigoureusement de son droit, et il
admet une transaction. Mais c'est l'Etat, qui a des droits souverains. La justice, sur la dénonciation d'un particulier qui aura
été volé, peut saisir les objets soustraits, et encore elle y regarde
avant que d'agir ; elle exige qu'on lui fournisse des preuves. Puis
si elle saisit, ce n'est que provisoirement, et afin de pouvoir restituer ces objets au propriétaire. Un propriétaire foncier
qui ne paye pas ses créanciers est exposé à ce qu'on saisisse sa
terre pour la vendre ; mais combien d'actes de procédure ne faut-
il pas que les créanciers accomplissent pour obtenir l'expropriation? Il faut qu'il y ait un jugement accompagné de formalités,
puis il y a l'appel, et enfin le recours en cassation. Au contraire,
c'est presque sans forme de procès que le breveté peut obtenir la
saisie. La loi dit que la saisie aura lieu *sur simple requête*. Le breveté qui poursuit n'a pas besoin d'obtenir un jugement du tribunal
civil de l'arrondissement où serait situé l'établissement du contrefacteur supposé ou le dépositaire de la machine ou de l'appareil représenté comme contrefait. Il suffit de la permission du
président tout seul. Pourquoi des formes aussi sommaires? Il
semble, én vérité, que ce soit chose insignifiante que de jeter, par
la saisie d'une machine ou d'un certain nombre d'outils, le trouble
et la désorganisation dans une manufacture, et qu'il soit indifférent de lui faire subir un chomage partiel ou total et de jeter à
l'improviste des ouvriers sur le pavé. Voilà pourtant à quelles extrémités le législateur a consenti par égard pour le génie qu'on a
si gratuitement prêté aux brevetés.

A cette faculté de saisie ou de mise sous sequestre, que nous
osons qualifier de fort excessives, la législation française sur
les brevets joint pour l'inventeur un droit décidément exorbitant, la confiscation. La machine qui sera une contrefaçon
sera, dans tous les cas, confisquée au profit du breveté pour-
uivant, et les objets qu'elle aura servi à fabriquer auront le
même sort. La confiscation qui consiste à s'emparer des biens
appartenant aux hommes ayant commis certains crimes, comme
était celui de lèse-majesté sous les empereurs romains, appar-

tient à la pénalité des peuples arriérés, des peuples barbares, ou de ceux qui sont avilis par le despotisme.

Les philosophes de la civilisation moderne, ainsi que les plus grands jurisconsultes du temps présent, sont unanimes à la flétrir comme une peine odieuse. En France, la législation de l'ancien régime usait de ce moyen violent et spoliateur. La révolution française la pratiqua sur la plus grande échelle à l'occasion des émigrés auxquels on l'appliqua inexorablement. Le nouveau Code pénal rédigé sous le premier empire prononçait la confiscation dans certains cas. La Charte de 1814 l'abolit et, de toutes les dispositions qu'elle renferme, celle-ci est assurément la plus remarquable, la plus utile, la plus conforme à l'esprit de progrès. La Charte de 1814 a péri dans des naufrages politiques dont l'histoire moderne de notre patrie offre tant d'exemples. Mais cette sage et précieuse innovation a survécu. C'est désormais un principe sacré. La législation fiscale y déroge quelquefois, mais c'est dans des cas bien spécifiés par la loi, et il s'agit alors de la confiscation non plus générale des biens, mais de certains objets ayant servi à la perpétration de crimes ou délits bien caractérisés. Ces cas sont tels que la morale et l'humanité n'ont pas à regretter la pénalité qui les atteint. Si une somme a été donnée à un fonctionnaire prévaricateur, on ne voit pas comment on pourrait plaindre le séducteur et le fonctionnaire séduit de ce que cette somme soit acquise au Trésor. Si des vins ont été mélangés de substances qui en fassent une boisson délétère, quel mal y a-t-il à ce qu'ils soient confisqués pour être répandus dans le ruisseau ? Si un marchand se sert de faux poids et de fausses mesures, quoi de plus légitime que de les lui confisquer pour les détruire ? On peut faire remarquer aussi que presque jamais la valeur des objets confisqués ne s'élève à une somme considérable.

Une autre observation de grande importance, c'est que, en dehors des brevets d'invention, c'est toujours l'Etat qui exerce la confiscation et s'empare pour son compte d'objets divers, afin de se les approprier ou de les anéantir. La loi française évite soigneusement de prononcer la confiscation au profit d'un intérêt privé. Je ne connais d'exception à cette règle que celle qui est portée par les art. 427 et 429 du Code pénal en faveur des écrivains, compositeurs de musique, auteurs de dessins et peintures, dont les œuvres auraient été contrefaites. Et enfin les objets confisqués par suite de ces deux articles ne peuvent valoir en fait au delà d'une somme médiocre.

Mais dans l'emportement qu'on mettait à protéger les brevets d'invention, sous le prétexte non justifié du respect dû au génie, on a donné aux brevetés ce privilége que les machines et appareils qui seront des contrefaçons, et les objets fabriqués par le moyen de ces mécaniques et appareils soient confisqués à leur profit personnel. Ce n'est pas une faculté qu'ont les tribunaux : la confiscation est de droit. Il n'est pas inutile d'ajouter que la valeur des objets représentés par le breveté accusateur comme contrefaits, objets que la confiscation atteindra nécessairement, jointe à celle des instruments ou ustensiles ayant servi à leur fabrication, qui seront confisqués aussi, pourra s'élever à une somme énorme.

Mais voici une disposition qui ne peut avoir été acceptée par les deux Chambres de 1844 autrement que par l'effet d'une distraction dont on ne les aurait pas cru capables. La confiscation a lieu même dans le cas où le contrefacteur prétendu, au lieu d'être reconnu pour tel, serait acquitté par les tribunaux. Ainsi un homme déclaré par les juges non coupable de contrefaçon serait traité comme un contrefacteur, et subirait une peine qui pourra se résoudre pour lui en un dommage considérable. Ce sera peut-être sa ruine.

On se demande comment une telle disposition, si contraire à l'équité, a pu être maintenue dans la loi depuis un tiers de siècle, sans qu'il fût question de l'abroger. On ne trouve rien de pareil dans la législation d'aucun peuple civilisé.

Nous n'avons cependant pas encore épuisé l'énumération des erreurs qui caractérisent la législation française sur les brevets d'invention. On s'était lancé avec une telle fougue dans l'octroi de faveurs extrêmes aux auteurs de découvertes réelles ou imaginaires, qu'on a été dans l'impossibilité de se retenir. On avait la vision troublée par l'enthousiasme dont on s'était enflammé pour leur cause. Dans cet état d'aveuglement on a oublié... quoi ? Une chose pourtant essentielle : on n'a rien fait pour s'assurer que la personne qu'on brevetait, et à laquelle on attribuait ainsi des droits exorbitants sur ses concitoyens, était bien réellement un inventeur. J'ai déjà mentionné cette omission, mais je crois devoir y revenir parce que j'ai à en signaler d'autres effets fâcheux. On s'est fait à soi-même des raisonnements pour se démontrer que ce serait un soin superflu. L'homme qui se présente pour obtenir un brevet n'a rien à prouver du tout. On ne prend même pas la peine de lui demander s'il est bien l'inventeur. Il réclame un brevet, on le lui donne, avec tous les avantages réservés par la loi. La loi en cela est un chef-d'œuvre d'inconséquence. Du moment qu'il a son brevet en poche, cet homme peut faire opérer une saisie, qui pourra être suivie de confiscation, chez tel autre qui sera l'inventeur vrai. Ce sera à ce der-

nier, pour éviter une condamnation peut-être fort onéreuse, à faire
la preuve que la découverte lui est propre, et même après qu'il l'aura
démontré, le breveté gardera son brevet, et continuera à l'exploiter.
Je prends la liberté de demander si une législation qui a de tels
effets mérite qu'on la soutienne.

Enfin j'ai été amené plus haut, par le raisonnement, à signaler
une exagération bien regrettable qui existe dans la loi française,
celle qui consiste à prononcer l'emprisonnement dans le cas de
récidive, non-seulement contre une personne, mais contre une
multitude de complices supposés.

X

FAIBLE PROPORTION DES BREVETS QUI ENRICHISSENT LES BREVETÉS.

Il ne faut pas croire qu'en abolissant les brevets l'on causerait
aux inventeurs un grand dommage. C'est un fait que, malgré
les priviléges qu'on leur a prodigués, il en est exactement peu
qui aient fait fortune. La plupart des hommes qui se font breveter sont dépourvus de capitaux, et quand ils ont obtenu un brevet, ils ne savent qu'en faire. Leur brevet ne leur procure pas le
crédit qui suppléerait à leur pauvreté, parce que, dans l'opinion
générale, un coureur de brevets est un esprit chimérique. Une
multitude d'hommes, d'une instruction médiocre ou nulle, épui-
sent leurs ressources et consument leur temps en poursuivant des
brevets pour des découvertes qui n'en sont pas ou qui sont insignifiantes. A cet égard, il y a un enseignement très-instructif
dans la proportion des brevets auxquels les inventeurs ont renoncé
bien avant qu'en fût arrivé le terme. En France, sur 2,755 brevets
pris en 1844 il n'y en avait plus en 1854 que 248 qui ne se fussent
pas éteints faute de paiement, c'est-à-dire par l'abandon volontaire du breveté. Sur 2,088 délivrés en 1846, 180 seulement subsistaient encore en 1854.

Des faits analogues s'observent dans tous les pays. En Belgique
le nombre des brevets délivrés annuellement a été de seize cents
en moyenne pour la période décennale comprise entre 1854 et
1863 ; le nombre des brevets pour lesquels la taxe fut payée la
troisième année fut de 325; le nombre de ceux pour lesquels fut
acquittée la taxe de la septième année fut de 36. Sur 1,028 et 1,788
brevets délivrés en 1854 et 1855, respectivement, la taxe ne fut
payée que pour trois la seizième année; elle ne le fut pour aucun
la dix-septième (1).

(1) En Belgique les brevets sont délivrés pour vingt ans et sont soumis au paye-

Combien d'espérances déçues, que de braves gens désappointés, ayant le remord d'avoir perdu leur temps et leur argent, et maintes fois remplis de ressentiment contre la société pour n'avoir pas été appréciés à la valeur qu'ils s'attribuent eux-mêmes ! Leur nuirait-on ou au contraire leur rendrait-on service par l'abolition des brevets ? Des personnes considérables ont exprimé l'opinion que, pour les inventeurs pauvres, l'abolition des brevets serait un bienfait.

Dans les enquêtes qui ont eu lieu en Angleterre sur la question des brevets, plusieurs hommes des plus considérables dans la pratique des arts utiles, et auxquels on était redevable de belles inventions, se sont prononcés contre le système des brevets. Dans le nombre on peut citer Brunel le père, si fécond comme inventeur, et Hermann Brunel, son digne fils, qui eut occasion de s'en expliquer longtemps après la mort de son père; sir William Armstrong, si connu par ses machines et son artillerie; M. Cubitt, ingénieur civil, qui occupait à Londres une grande situation, et M. Scott Russell, qui est un des esprits les plus hardis et les plus ingénieux de l'Angleterre. Un autre déposant très-intéressant à entendre était M. Platt, grand constructeur mécanicien, très-familier avec les brevets d'invention pour en avoir pris lui-même, et pour avoir été ennuyé et tourmenté par des brevetés.

Ils ont tous fait ressortir les inconvénients et les périls des brevets pour les inventeurs eux-mêmes ou les gens qui passent pour tels, comme pour l'industrie en général. D'après ces autorités les inventeurs, ou ceux qu'on suppose tels et qui sont brevetés, sont presque tous réduits à vendre leurs brevets une fois obtenus, à quelqu'un qui est plus riche et qui en tire la substance, s'il y en a. Les capitalistes qui se consacrent à ce genre d'acquisition achètent ces brevets *pour un morceau de pain*. On consultera utilement sur les transactions de ce genre et sur ce qui s'ensuit, un volume dans lequel M. Macfie, alors membre du Parlement britannique, a résumé les principales dépositions qui ont été faites dans l'enquête de 1862 à 1864.

XI

INDUSTRIE INTERLOPE DES BREVETS SANS BASE. — EXPLOITATION AUDACIEUSE DE BREVETS NULS, CONNUS COMME TELS DES EXPLOITANTS.

L'institution des brevets a donné naissance à une industrie interlope qui ne rend aucun service, qui au contraire est préjudi-

---

ment d'une annuité, qui augmente de dix francs par année, de sorte que la première étant de dix francs, la dernière est de 200.

ciable à la société, car elle vit d'usurpations et d'exactions. Les dispositions de notre législation, qui autorisent et même prescrivent la saisie et la confiscation, sont, entre les mains de qui le veut, des armes formidables tantôt contre les vrais inventeurs, tantôt contre les fabricants et manufacturiers. Ces contrebandiers sont aux aguets comme le chasseur à l'affût. Dès qu'une invention intéressante se produit, ils y courent sus et s'efforcent de s'en assurer les avantages et l'exploitation par un brevet, conçu tant bien que mal, avant que l'inventeur se soit mis en mesure. S'ils ont été devancés et que le brevet ait été accordé, ils ne se tiennent pas pour battus ; par des additions que la pratique aurait indiquées à l'ingénieur le moins éminent, ou par des modifications artistement rédigées, ils s'autorisent à prendre un brevet eux-mêmes, pour s'interposer en oiseaux de proie entre le breveté et le public, et exiger des tributs des deux côtés. La loi française sur les brevets, sans le vouloir assurément, les sert à souhait. Ils en usent avec une grande dextérité en faisant apparaître les menaces que la loi porte dans ses flancs malencontreux. Les chefs d'industrie qui redoutent beaucoup les procès, causes d'ennui et de pertes de temps, capitulent fréquemment pour avoir la paix. L'inventeur vrai, s'il est peu fortuné, ce qui est le cas le plus fréquent, consent lui-même à un partage des fruits de l'exploitation. Un certain nombre de ces braconniers, payant d'audace, se font effrontément breveter pour des objets qui étaient, à leur parfaite connaissance, dans la domaine public. En voici un exemple:

Lors de la guerre de 1870-71, l'artillerie allemande, qui faisait partie de l'armée d'invasion, étaient munie de clés à vis fort simples. Une de ces clés fut oubliée par mégarde lors du passage d'une batterie dans une de nos villes. On la montra à un marchand de ferronnerie de la localité, qui s'empressa de prendre un brevet pour cet outil. Quelqu'un lui ayant fait observer que son brevet était nul, puisqu'en Allemagne la clé était connue et fort répandue : « Je le sais bien, répondit-il, mais peu m'importe. Je ne poursuivrai personne en contrefaçon; mais mon brevet effraiera bien du monde et pendant quelque temps j'aurai, grâce à lui, un monopole de fait que j'exploiterai. »

Vous avez tous connu de nom feu M. Schneider, dont l'habile direction a donné à l'établissement métallurgique et mécanique du Creusot un si vaste développement accompagné d'une grande prospérité. C'est le même qui, pendant quelques années, a occupé la haute position de président du Corps législatif. Il m'a raconté qu'il arrivait assez fréquemment que dans ses ateliers des ouvriers ou des contre-maîtres ou quelqu'un des ingénieurs imaginassent des perfectionnements à quelqu'une des nombreuses machines en activité ou à quelqu'une de celles que l'on construisait. Plusieurs fois même il s'est fait breveter pour ces changements, non pas dans le but de gêner les manufacturiers qui désireraient se les approprier et de les obliger à lui payer un subside, mais bien pour être à l'abri des poursuites que pourrait diriger contre lui-même quelque spéculateur, qui se serait approprié la découverte, par le moyen d'un brevet, après avoir eu la révélation de l'invention par quelque indiscrétion. Il ajoutait qu'il avait lieu, par suite de faits constants, de considérer comme sérieux le danger de ces coupables manœuvres. C'est la preuve qu'il est entré dans les habitudes d'un certain nombre de personnes de se faire délivrer des brevets pareils.

M. Arthur Legrand, présentement membre de la Chambre des députés, est l'auteur de plusieurs notes remplies d'intérêt sur la question des brevets d'invention. Entre autres faits qu'il a recueillis, en voici un qui conduit à la même conclusion que les brevets pris par M. Schneider à titre de précaution. M. Pasteur, de l'Académie des sciences, chimiste éminent, connu par plusieurs découvertes heureuses applicables à l'agriculture et aux industries connexes, avait trouvé un procédé nouveau pour la fabrication du vinaigre. Il s'est tout de suite fait breveter, non pas afin d'en tirer profit personnellement, mais pour mettre, de fait, l'invention dans le domaine public. Il a agi ainsi afin de déjouer l'avidité de quelque astucieux industriel qui, dans la nouveauté du procédé et avant qu'il fût ébruité, se serait fait breveter pour cet objet.

L'abus des brevets fictifs, pris par des personnes qui n'ont rien inventé et qui pourtant trouvent moyen de s'en faire des profits, est encore plus répandu en Angleterre qu'en France, et y cause plus de dommages. La plupart des autorités que j'ai nommées plus haut à propos des enquêtes sur les brevets, les deux Brunel, sir William Armstrong, M. Scott Russell, M. Platt, ont été très-explicites là-dessus. Il résulte de leurs dires que l'industrie des brevets sans base ou n'ayant qu'une base apparente est, en Angleterre, entre les mains quelquefois de grands manufacturiers, plus souvent de capitalistes qui ont adopté la profession d'exploitant de brevets et l'exercent de manière à la rendre lucrative, après avoir acquis à vil prix les brevets obtenus par de pauvres gens. M. Scott Russell s'est vertement exprimé, devant les diverses commissions d'enquête de son pays, sur les exactions pratiquées de la sorte; il a déclaré que, pour se mettre en garde contre les prétentions de ces agioteurs de brevets, qui auraient pu le rançonner au moyen de perfectionnements découverts dans ses propres ateliers, il avait été obligé de recourir au même expédient rapporté plus haut, dont se servait M. Schneider, de se faire breveter pour ces perfectionnements, non afin d'en tenir bénéfice, mais uniquement pour empêcher que quelqu'un prît le brevet pour le retourner contre lui. M. Platt a exposé le procédé employé fréquemment par des hommes sans scrupules pour se faire breveter à tort et à travers. Il ne se passe guère de semaine, a-t-il dit, et certainement il ne se passe pas de mois, sans que notre maison entende dire qu'elle a empiété sur des brevets dont nous n'avions jamais entendu parler. Telle personne, qui a le brevet dont nous sommes représentés comme les contrefacteurs, nous a fait espionner un certain temps, des années peut-être, jusqu'à ce qu'elle se soit crue suffisamment armée pour nous faire un procès. Ce genre de brevet est en général conçu ainsi : on forme un assemblage de choses connues qui concernent telle ou telle machine; on n'a garde de préciser les nouveautés qui sont au nombre des ingrédiens du mélange et qui auraient justifié le brevet; les preneurs de brevets seraient eux-mêmes embarrassés pour les indiquer parce qu'il n'y en a aucune qui soit réelle. On introduit dans l'appareil quelque levier de plus ou quelque hélice, ou quelque excentrique, et l'amalgame, auquel on a soin de donner une forte teinte de vague, s'appelle une découverte. Quand vous êtes devant les tribunaux, ou quand, pour éviter les déboires ou les préoccupations d'un procès, vous avez transigé et payé rançon à ces spéculateurs, vous constatez la machination dont vous êtes victime; mais le tour est fait.

Outré des scandales qu'il avait ainsi sous les yeux, et dont plus d'une fois il avait été victime, M. Platt s'est de temps en temps mis en campagne contre les auteurs de ces supercheries, et il lui est arrivé de remporter d'éclatants succès. Il a raconté, à la commission royale d'enquête, en 1864, comment une fois il avait eu connaissance de l'entreprise effrontée organisée par le détenteur d'un brevet, qui, cinq ans après l'expiration de ce titre, s'attaquait à diverses personnes pour avoir contrefait la machine brevetée ou pour en avoir fait usage sans sa permission. Il y mettait beaucoup d'art et s'adressait surtout à des manufacturiers de médiocre fortune, plus assuré qu'il était de les intimider. Il taxait ainsi chacun jusqu'à 2,000 liv. st. Indigné de cette piraterie, M. Platt, qui n'était pas en cause, offrit à un des manufacturiers qu'on voulait spolier de partager avec lui les frais du procès, à la condition qu'il le lui laissât diriger. Par ses relations nombreuses il put découvrir une des machines en question, qui portait la preuve, corroborée par de solides témoignages, qu'elle avait été construite antérieurement au brevet dont on excipait. Le tribunal déclara que tel était le fait, et prononça la nullité du brevet depuis le premier jour de son existence.

Sir William Armstrong, pareillement, s'exprima énergiquement devant cette commission. Sa grosse objection contre les brevets est qu'il n'est pas possible de faire un perfectionnement qui ne rencontre sur son chemin un brevet où l'on présente comme une découverte des arrangements grossiers dont la mise en œuvre serait absolument impraticable, mais qui cependant suffisent à des intrigants habiles, assistés d'hommes de loi très-retors, comme l'Angleterre en possède un bon nombre, pour gagner un procès. « Dans mon opinion, dit-il, il n'y a rien de plus monstrueux que d'accorder un monopole à quelqu'un sans s'être positivement assuré qu'il ait découvert quelque chose. La conséquence de cette condescendance excessive dans la délivrance des brevets est que la majorité des brevets ne valent rien, et cependant telle est la terreur que les procès inspirent, que les chefs d'industrie se soumettent et payent tribut. Avec un brevet qui n'a aucune valeur, on fait souvent d'aussi bonnes affaires qu'avec un autre qui a une valeur très-positive. »

Sir Wiliam Armstrong a beaucoup pratiqué l'expédient employé par M. Schneider et par M. Platt, et qui consiste à prendre des brevets afin de se protéger contre ceux qui se feraient breveter pour des inventions faites chez soi-même.

Suivant les autorités anglaises que je viens de rappeler, la menace d'un procès est le grand moyen qu'on emploie pour extorquer de l'argent aux manufacturiers paisibles. On sait qu'en Angleterre les frais de la justice sont extrêmement élevés. C'est aussi un fait d'observation que les chefs d'industrie, absorbés par leurs affaires et voulant s'y consacrer tout entiers, ont une vive répugnance pour les litiges devant les tribunaux. Aussi la tactique des détenteurs de brevets véreux réussit-elle souvent. La plupart des chefs d'industrie s'exécutent. Ce n'est pas sans maugréer ; mais qu'importe aux autres, qui voulaient les rançonner et qui y sont parvenus ?

L'administration anglaise de la marine et celle de la guerre n'ont pas trouvé au-dessous d'elles de venir exposer à l'enquête leurs griefs contre le système des brevets d'invention. Le duc de Somerset, ministre de la marine, s'est présenté en personne, devant la Commission royale qui a fonctionnée de 1862 à 1864. Il était accompagné de l'amiral Robinson, un des hauts fonctionnaires du ministère. Deux agents supérieurs de la guerre ont comparu aussi au nom de leur ministre. Les uns et les autres se sont plaints en termes indignés de l'âpreté, disons mieux de la cupidité effrénée, avec laquelle des titulaires de brevets, qui n'avaient rien inventé, s'acharnaient à les harceler dans l'unique but de soutirer de l'argent à ces deux grandes branches de l'administration publique. Afin de s'en débarrasser, les deux départements ministériels achetaient les brevets dont on se servait pour les tracasser, mais c'était toujours à recommencer.

Pour l'Angleterre, nous avons mentionné les noms de personnes des plus haut placées dans l'industrie et dans la profession d'ingénieur, qui avaient condamné les brevets d'invention. Nous venons de voir deux grandes administrations, les ministères de la marine et de la guerre, se mettre de la partie. Ce n'est pas tout. Des hommes occupant les situations les plus élevées dans la magistrature ou dans la politique ont exprimé une opinion semblable. Dans le nombre étaient Richard Cobden et lord Granville; il faut y joindre les membres de la commission royale d'enquête, dont le rapport se termine par la réprobation des brevets. Parmi ces hommes tous éminents, on remarque lord Stanley, aujourd'hui lord Derby, lord Overstone, une des grandes réputations financières du pays, lord Cairns et lord Hatherley, qui sont ou ont été chanceliers d'Angleterre, c'est-à-dire les chefs de la magistrature britannique. Au moment où lord Granville prononçait à la Chambre des pairs, le discours auquel j'ai fait plusieurs emprunts, les présidents de deux hautes cours de Westminster, celle du banc de la reine et celle des plaids communs, s'exprimaient de la même manière que lui, c'est-à-dire pour l'abolition des brevets, et un grand dignitaire de l'ordre judiciaire, lord Campbell, qui siégeait à la même séance où lord Granville parlait, se levait après lui pour dire à la haute assemblée qu'il était de l'avis de l'orateur.

Voici le paragraphe final du rapport de la commission royale d'enquête :

Quoique les modifications suggérées comme devant être introduites dans la législation sur les brevets doivent apporter quelque adoucissement aux inconvénients qui excitent des plaintes générales contre l'institution des brevets, l'opinion des commissaires est que ces inconvénients ne sauraient être écartés. Ce sont, en effet, des vices inhérents à la nature des brevets, et il faut les regarder comme le prix que la société consent à payer pour la satisfaction d'avoir une loi en faveur des brevets. »

Cette dernière ligne ne peut se comprendre que comme la

formule ironique d'un arrêt contre les brevets, et c'est ainsi que dans le temps elle fut entendue.

M. Schneider, que le comité d'enquête, élu par la Chambre des communes d'Angleterre en 1871, pria de comparaître devant elles pour lui donner son avis, exposa dans cette circonstance des faits propres à constater le degré d'équité et de moralité qui trop souvent est propre aux demandeurs de brevets, alors même que ce sont des gens opulents et très-haut placés. Il a cité, en y insistant justement, le cas du marteau-pilon (marteau soulevé par la vapeur), qui a été une précieuse innovation dans la métallurgie du fer, car elle a permis d'élaborer bien plus puissamment ce métal une fois chauffé à blanc. On me saura gré de reproduire ici en substance sa déposition sur cet objet :

Il y a trente ans environ, les moyens de martelage étaient devenus insuffisants parce qu'on avait alors à produire des pièces de fer forgé plus massives qu'autrefois, et qu'avec les plus forts marteaux jusque-là en usage on ne pouvait fabriquer les organes des machines à vapeur de plus de 200 à 300 chevaux. On imagina alors, au Creuzot, un plan de marteau-pilon qui semblait devoir être très-efficace, et qui l'a été en effet. Le marteau fut construit et il était en pleine activité depuis six mois, lorsque M. Schneider reçut dans son usine la visite d'un constructeur-mécanicien anglais de grand renom, avec lequel il avait eu occasion de s'entretenir des procédés de martelage et des perfectionnements à y introduire. L'Anglais demanda la permission de faire le croquis de la machine qui est fort simple, et de retour en Angleterre il se fit breveter comme inventeur de ce marteau, non-seulement en Angleterre, mais en Allemagne et en Russie.

C'était une audacieuse entreprise sur la bourse des maîtres de forges et, par leur intermédiaire, sur celle du public. M. Schneider a révélé en toutes lettres au comité d'enquête le nom du constructeur-mécanicien anglais qui s'était permis cette indélicatesse, et ce nom est consigné dans les procès-verbaux imprimés des séances du comité. Je crois devoir m'abstenir de le reproduire ici.

M. Schneider a cité au même comité de la Chambre des communes comme exemple des vexations auxquelles des manufacturiers paisibles sont exposés de la part des agioteurs de brevets, ce qui lui est arrivé à lui-même à l'occasion d'un brevet d'invention prétendu, pour l'hélice employée comme moyen de propulsion des navires à vapeur. Il avait construit, pour la marine nationale de la France, plusieurs navires munis d'hélice, lorsqu'il fut poursuivi comme contrefacteur par un individu qui avait acheté à vil prix un brevet ayant pour objet un appareil de ce genre. Pour se défendre, M. Schneider fut obligé d'envoyer des agents dans plusieurs pays, afin de faire des recherches sur l'origine de l'hélice utilisée comme propulseur. Il trouva qu'il y avait cent cinquante ans que l'emploi de l'hélice pour cet usage avait été indiqué, l'agresseur de M. Schneider, s'attachant à lui comme à une proie, le fit passer, après la police correctionnelle, par la cour d'appel et par la cour de cassation, ce fut pour l'honorable M. Schneider un intervalle de cinq ans rempli d'ennuis. Le poursuivant perdit son procès à tous les degrés de juridiction, et fut condamné à 10,000 fr. de dommages-intérêts; mais le procès avec les accessoires avait coûté 50,000 fr. à M. Schneider. Une circonstance pittoresque de ce procès fut que M. Schneider, pendant qu'il était, comme prévenu, sur le banc de la police correctionnelle, reçut un billet du Président de la république, alors le prince Louis Napoléon, qui lui offrait un ministère.

Une fois constatés les méfaits dont je viens de signaler quelques exemples, on se demande comment il se fait que le législateur n'ait rien inséré dans la loi des brevets d'invention qui tende à les réprimer. Toutes les fois que la preuve serait acquise que le breveté, alors qu'il prenait le brevet ou qu'il l'exploitait, savait que ce titre était frappé de nullité et qu'il se rendait sciemment coupable d'une imposition sur la foi publique, il devrait être traité sévèrement, et si, dans la répression des délits en matière de brevets, l'emprisonnement peut trouver sa place, c'est assurément dans un cas pareil. Mais à l'époque où l'on refit la loi en 1844, c'était un parti pris de tout subordonner aux droits réels ou supposés du breveté. Le législateur regardait celui-ci comme un être d'une espèce particulière, une sorte de demi-dieu. L'intérêt public ne devait venir qu'après le sien. Les fraudes scandaleuses commises avec préméditation, dont je viens de mentionner quelques exemples, restent absolument impunies. Le breveté sciemment frauduleux est libre de monter au Capitole.

Il est un cas, plus fréquent qu'on ne le croit, où l'inaction du législateur, en présence des délits commis en matière de brevet, est surprenante, parce que là il s'agit de faits précis et d'une constatation facile. Tel est celui où un individu breveté ou acquéreur de brevets continue à exiger des redevances du public alors qu'il sait bien que le brevet est devenu caduc parce que lui-même ou ses auteurs ont négligé de verser au Trésor la taxe annuelle fixée par la loi. Divers exemples de fraudes pareilles sont venus à ma connaissance. On a voulu extorquer ainsi de l'argent à quelques-unes de nos administrations publiques qui ont jugé à propos d'examiner, avant de payer, et qui grâce à cette précaution ont fini par ne rien payer du tout.

Pour la France nous rappellerons un témoignage particulier de cette dévotion pour les brevetés. Nous le rencontrons dans la manière dont a été exécutée une prescription de la loi de 1844, destinée à empêcher le public crédule d'être la dupe des prospectus. Il arrive assez fréquemment que des individus qui, en effet, ont un brevet s'en prévalent sur les affiches, les enseignes et dans les annonces des journaux, en faisant suivre leur nom du mot *breveté*. Les simples en concluent que le gouvernement a décerné un brevet qui garantit la qualité de la marchandise. Il avait été ordonné qu'à la suite du mot *breveté* on écrirait ceux-ci : *sans garantie du gouvernement*. Presque aussitôt les brevetés ont mis cette addition en abrégé : ils l'ont réduite aux quatre lettres *s. g. d. g.* Cela fait un hiéroglyphe incompréhensible. Mais que leur importe ? la consigne donnée est éludée et l'administration trouve que c'est fort bien.

XII

OBJECTIONS PRÉSENTÉES CONTRE L'ABOLITION DES BREVETS.

Une des assertions de ceux qui soutiennent les brevets, c'est qu'ils ont l'effet de provoquer les inventions. La chose est au moins douteuse. Ce qu'on a provoqué en créant le brevet d'invention, c'est, chez un grand nombre de personnes, le désir d'en avoir un, persuadées qu'elles sont, bien à tort, que c'est le moyen de s'enrichir. Elles se mettent l'esprit à la torture pour trouver un prétexte à brevet. Dieu sait combien souvent ces prétextes sont vains ! Elles perdent ainsi, à poursuivre des chimères, un temps qu'elles pourraient employer utilement pour elles-mêmes et pour la société. Dans la plupart des cas, les véritables auteurs des inventions dignes de ce nom sont des savants, et parmi les savants, c'est l'exception qui demande des brevets. Les savants ont pour récompense, en pareil cas, la renommée, la gloire, la satisfaction d'avoir été utiles et de laisser une trace avantageuse à leurs semblables de leur passage sur la terre. Ils s'en contentent, sans cependant dédaigner les avantages indirects qu'une belle réputation amène avec elle.

On prétend aussi que des hommes d'un grand mérite ont quitté leur patrie parce que la législation nationale ne reconnaissant pas le brevet d'invention, ils étaient dans l'impossibilité d'obtenir une rémunération quelconque des découvertes qu'ils pouvaient faire. Ceci est un argument de fantaisie. Les hommes qui ont des connaissances et de l'esprit d'entreprise ne s'expatrient qu'afin d'aller s'établir dans des pays où ils aient plus de sécurité et plus de liberté pour exercer quelque branche d'industrie ou de commerce. Quelquefois c'est pour jouir d'avantages personnels qu'on leur offre et qui sont motivés par leurs talents constatés et leur probité. C'est ainsi qu'un certain nombre de Suisses émigrent, non sans esprit de retour, et se répandent dans toutes les latitudes. Mais on a lieu de douter que ce fût jamais pour aller chercher un climat où le brevet d'invention fût cultivé. Je signalerai, au contraire, dans un instant, à l'occasion de l'aniline, un exemple frappant de chefs d'industries considérables allant se fixer dans un pays où le brevet d'invention n'existait pas, et fuyant leur propre patrie où le brevet d'invention suscitait à leurs entreprises légitimes des obstacles insurmontables.

D'ailleurs, c'est une affirmation sans fondement que de prétendre qu'il n'y a de rémunération possible, pour une découverte industrielle, qu'au moyen d'un brevet à la faveur duquel l'inventeur se fait payer une prime par quiconque veut l'utiliser. On peut citer des découvertes pour lesquelles il n'a point été pris de brevet, et qui n'en ont pas moins été très-profitables à ceux qui en étaient les auteurs. Dans certains cas, on gardait son secret pour soi et on en recueillait le fruit quelquefois très-largement. C'est ce qui est arrivé pour l'outremer artificiel, couleur bleue très-riche. Il y a aussi une couleur verte très-belle, dont l'inventeur s'est réservé le monopole, au lieu de l'ébruiter par un brevet, et qui est fabriquée par une maison de Lyon.

Toutes les inventions ne sont pas susceptibles d'être aussi facilement tenues dans l'ombre qu'un procédé chimique pour obtenir une couleur; mais il y a des moyens d'en tirer parti qui sont applicables à tous les cas. Telle est la cession qu'un inventeur peu fortuné ferait à un chef d'industrie de sa découverte. Celui-ci aurait le temps de gagner beaucoup d'argent avant que les concurrents eussent l'éveil et cherchassent à l'imiter, et lui-même ferait une part à l'inventeur. Dans le discours que j'ai déjà cité, lord Granville a mentionné une circonstance où les choses se sont passées ainsi. L'inventeur était un ouvrier intelligent, et la récompense qu'il eut de son patron, auquel il avait révélé son idée, lui a fait une fortune.

Et enfin, il est interdit de nos jours de ressusciter et de maintenir en activité des usages qui portent profondément l'empreinte de l'esprit féodal, puisqu'ils confèrent aux uns, dans le but de leur assurer un lucre, sans justification le plus souvent, des priviléges limitatifs de la liberté légitime des autres. Il n'est pas admissible qu'on recoure, dans l'intérêt réel ou supposé des inventeurs, à des procédés de ce genre, parce qu'il n'est pas permis de violer, dans l'intérêt de qui que ce soit, les règles fondamentales de l'organisation industrielle et sociale. Par la même raison qu'il est interdit de rétablir dans nos colonies, sous quelque prétexte que ce soit, l'esclavage, et dans les métropoles la mainmorte et les anciennes communautés d'arts et métiers, il est illicite de perpétuer une institution aussi offensive pour la liberté du travail que l'est le brevet d'invention. Le moyen âge et les temps despotiques qui ont suivi ont pu s'accommoder de mesures restrictives, identiques ou analogues, parce qu'ils n'avaient de la liberté générale des citoyens qu'une idée très-grossière ; mais la civilisation moderne les répudie parce qu'elle est libérale et qu'elle a des notions justes et pratiques sur les caractères et les conditions de la liberté.

A l'époque actuelle, c'est une préoccupation constante chez les gouvernements de provoquer l'exportation des produits de l'industrie nationale. Depuis quinze ou vingt ans qu'on s'est mis à négocier des traités de commerce plus intelligents, c'est-à-dire plus libéraux ou moins restrictifs que ceux d'autrefois, la progression sous ce rapport a été admirable. Dans les grands Etats et même dans les Etats de médiocre étendue, mais très-industrieux, comme la Belgique, le montant de l'exportation des produits nationaux se chiffre par des milliards. Avant la crise commerciale qui depuis quelques années sévit d'une façon bien affligeante sur le monde entier, c'était pour l'Angleterre par près de cinq milliards (1). En France, on peut regarder comme un chiffre normal 3 milliards et trois quarts (3,750,000,000 francs) (2). Ce n'est pas une question inopportune que de s'enquérir si le système des brevets d'invention est propre à agrandir ou à restreindre ce commerce, qui du reste marche nécessairement de pair avec celui d'importation. Pour quiconque prendra la peine d'y regarder, la réponse n'est pas douteuse : les brevets diminuent la puissance d'exportation des Etats, par la simple raison qu'ils enchérissent la fabrication des articles brevetés ; d'où suit qu'on a plus de difficulté à les exporter en concurrence avec l'étranger. Voici la Suisse et la France, par exemple. La Suisse ne connaît pas les

(1) En 1872, le chiffre de l'exportation était de 195,700,000 liv. st. (4,950,000,000 francs) ; il est tombé par degrés à 135,780,000 liv. st. (3,427,000,000 francs).

(2) En 1876, l'exportation des produits français a été de 3,576,000,000 francs. En 1872, elle avait été de 3,761,000,008 francs.

brevets d'invention. C'est une raison pour qu'elle fabrique à plus bas prix que nous, et nous batte sur les tiers marchés, à moins que nous ne compensions, par la supériorité de nos produits ou par des circonstances naturelles, la surcharge dont les brevets grèvent notre production.

XIII

LES BREVETS AGISSENT QUELQUEFOIS DE LA MÊME MANIÈRE QUE LA RÉVOCATION DE L'ÉDIT DE NANTES.

D'une manière absolue, les brevets diminuent la puissance productive des peuples qui les reconnaissent; proposition évidente pour ceux qui croient que la liberté, la libre concurrence est le grand levier du progrès industriel. Si je ne suis pas libre de suivre dans mon atelier le meilleur procédé connu, ou si je ne le puis qu'en payant une prime onéreuse à quelqu'un que le législateur a eu la fausse idée de favoriser au détriment de ses concitoyens, il est bien clair que je ne suis pas dans les meilleures conditions pour produire à bas prix. Il peut arriver ainsi qu'un coup funeste soit porté à une branche importante de l'industrie nationale. On l'a bien vu pour l'aniline et ses dérivés. Cette substance, d'où l'on tire un grand nombre de couleurs d'un éclat incomparable, était en France, il y a quinze ou vingt ans, l'objet d'un brevet au profit d'une personne qui n'avait pas qualité pour l'avoir, puisque le pouvoir colorant des dérivés de l'aniline avait notoirement été trouvé par un chimiste anglais, M. Perkins, et le breveté français, par l'imperfection de son procédé, n'obtenait et ne pouvait vendre que des produits inférieurs. L'article français, du moment qu'il était breveté, excluait du marché national les couleurs d'origine étrangère qui étaient tirées de l'aniline; par conséquent, tout médiocre qu'il était, il se vendait extrêmement cher. Le kilogramme qui hors de France valait, en bonne qualité, 300 francs, se payait en France, en mauvaise qualité, 1,000 francs. Le piquant, c'est que M. Hoffmann, le savant chimiste de Londres, dans le laboratoire duquel M. Perkins, son élève, avait fait la découverte, avait voulu donner gratis l'invention au public, et avait agi en conséquence. Il avait envoyé à notre Académie des sciences un mémoire où il exposait plus particulièrement le procédé de la fabrication du rouge cramoisi d'aniline, nuance qui avait le plus grand succès.

Si vous prenez la peine de lire le rapport français sur l'Exposition universelle de Londres de 1862, vous y trouverez la question de l'aniline traitée de main de maître par M. Würtz, de l'Institut, qui a été longtemps, avec distinction, doyen de la Faculté de médecine de Paris. Le procédé suivi par le breveté français était fondé, dit M. Würtz, sur le traitement de l'aniline par le chlorure d'étain, ce qui donnait un produit inférieur à celui qu'on obtient par le nitrate de mercure, par l'acide nitrique et surtout par l'acide arsénique. Je laisse parler M. Würtz :

« Les auteurs de ces nouveaux procédés, qui constituent des perfectionnements importants, ont donc un mérite réel, sans avoir d'autres droits que ceux qu'ils peuvent tenir de l'inventeur (1). Aussi leurs efforts ont-ils été paralysés en grande partie, et tandis qu'en Angleterre, en Allemagne, nous voyons surgir de nouveaux brevets, de nouvelles maisons et l'industrie s'étendre et prospérer, nous voyons, en France, cette industrie du rouge d'aniline concentrée presque uniquement entre les mains d'un seul fabricant ; nous voyons des perfectionnements importants demeurer stériles, des fabricants ingénieux hésiter à donner suite à la découverte de l'érythrobenzine, de peur que ce produit, qu'ils obtiennent par un procédé si nouveau et si intéressant, ne soit identique avec la fuschsine ; nous voyons enfin d'autres fabricants déserter notre pays et fonder des établissements en Suisse, où il n'existe aucune loi sur les brevets. »

Car c'est un fait que, en présence de tant d'embarras, plusieurs grandes maisons, particulièrement de l'Alsace, qui tenaient à fabriquer l'aniline et ses dérivés, soit pour en faire commerce, soit pour l'utiliser dans la teinture des tissus de coton, se virent obligées de transporter leurs établissements en Suisse.

Voilà donc le dernier mot de la législation française sur les brevets d'invention : il y a des cas où elle agit sur l'industrie nationale à la façon de la révocation de l'édit de Nantes ; elle l'oblige à s'expatrier.

M. Schneider, dont j'ai déjà parlé, ayant été appelé à faire connaître son opinion dans l'enquête organisée en 1871 par la Chambre des communes d'Angleterre, y signala un système qui probablement ne soulèverait aucune des fortes objections que provoque le mode actuel de délivrance des brevets. C'était de n'accorder les brevets que dans des cas tout à fait exceptionnels,

---

(1) Il y aurait là un vice particulier à la législation française. M. X... s'étant fait breveter pour le rouge d'aniline, dont il se prétend l'inventeur, une autre personne qui aurait inventé un précédé différent et meilleur pour fabriquer la même couleur ne pourrait exploiter sa découverte, parce que c'est le rouge d'aniline qui a été breveté. Cette disposition est abusive.

pour des découvertes très-considérables, et de les décerner chacun par une loi spéciale. La formalité de la loi écarterait l'immense majorité des demandes, sévérité fort à propos, suivant M. Schneider, puisque tous les brevets à peu près portent sur des détails insigniflants ou de peu de portée, et sont de telle nature que mille personnes pour une imagineraient la découverte si on les mettait en demeure de le faire. Souvent même ce sont des arrangements absurdes. Dans le système, il est vraisemblable qu'il ne se décernerait pas en France un brevet par an. D'ailleurs les pénalités draconiennes portées par la loi française disparaîtraient. En somme ce serait l'abolition du système des brevets eux-mêmes, car du moment que ce serait la législature qui récompenserait les inventeurs par une loi speciale, il serait plus simple qu'elle le fît par une pension viagère, comme dans le cas de MM. Daguerre et Niepce. Si la liberté du travail est un principe sacré, personne désormais ne peut raisonnablement être investi de pouvoirs inquisitoriaux sur ses concitoyens ni autorisé à leur imposer des redevances. Personne n'a le droit de troubler autrui dans ses travaux légitimes et honnêtes.

Je crois en avoir assez dit pour établir que la législation des brevets d'invention a été une aberration du législateur.

Les procédés acerbes, dont, au rebours de cette règle, le législateur a usé à l'égard des contrefacteurs prétendus, n'ont pas laissé que de troubler la conscience d'hommes éminents, ingénieurs, jurisconsultes ou publicistes, qui avaient coopéré à la loi des brevets d'invention ou en avaient pris la défense. Pressés de justifier les violences et les étrangetés de cette législation excessive, quelques-uns ont répondu : Tout cela peut être sans mesure, peut même être injuste, mais on n'a pu agir différemment, dès qu'on voulait assurer une rémunération aux inventeurs sous la forme d'un privilége exclusif pour l'exploitation de la découverte. — Remarquons d'abord qu'un pareil aveu est la condamnation du système en lui-même. Il y a ici quelque chose comme ce qu'en philosophie on appelle la réduction à l'absurde. Quand on veut prouver qu'une proposition est fausse, on montre que ses conséquences directes et nécessaires vont heurter des principes incontestés, et il n'en faut pas davantage pour que la proposition soit jugée et condamnée sans retour. Par conséquent, du moment qu'on ne peut rendre effectif le brevet d'invention qu'au moyen d'expédients inquisitoriaux, violents et subversifs de la liberté du travail, c'est la preuve qu'il faut renoncer aux brevets. Ensuite il y a lieu de demander jusqu'à quel point il convient, comme on le prétend, de rémunérer les inventeurs ou

soi-disant tels par un privilége exclusif. Les priviléges sont interdits par l'esprit général de la civilisation moderne, parce que
s'ils favorisent quelques personnes, à l'égard desquelles la faveur
n'est presque jamais justifiée, ils sont contraires à l'intérêt de la
société, et qu'on ne peut les faire respecter qu'en vexant et oppri-
mant le public.

Quand on se trouve en présence d'une organisation aussi
radicalement défectueuse, le premier mouvement des esprits
modérés et circonspects est de se proposer d'en corriger les abus
et les vices. Le gouvernement français, depuis 1844, a songé
plusieurs fois à faire subir une révision profonde à la loi des
brevets d'invention; mais, malgré ses recherches, il n'a rien
trouvé qui le satisfît bien lui-même. De sorte qu'on est forcé de
poser la question de l'abolition même du brevet, tout comme, au
lieu de chercher à réformer les communautés d'arts et métiers,
on les a abolies, tout comme, au lieu de chercher à diminuer les
sévices monstrueux de la prohibition, en 1860, on a pris le parti de
l'effacer du tarif; tout comme, à l'égard de la race noire, au lieu de
chercher à tempérer les horreurs de la servitude, en maintenant
celle-ci en principe, on lui a rendu purement et simplement la
liberté.

L'auteur du présent essai ne se dissimule pas que sa conclusion choquera un certain nombre de personnes. Y pensez-vous,
dira-t-on? abolir les brevets! Que deviendront alors les inventeurs, et comment pourront-ils recouvrer les frais qu'ils auront
exposés? Les inventeurs, et parmi les brevetés, il en est extrêmement peu qui puissent sérieusement réclamer ce titre, deviendront ce que nous sommes tous. Ils vivront et travailleront sous
la loi fondamentale du droit commun et de la liberté pour tous.
Ils tireront de leur découverte, si découverte il y a, le parti qu'ils
pourront. Et, à cet égard, ils ne sont pas aussi désarmés qu'on
veut bien le dire. Il y a une foule de personnes qui risquent, dans
des entreprises utiles au public, comme serait, par exemple, l'exploitation d'une mine, des capitaux autrement plus considérables
que ceux qu'ont engagés les brevetés dans la poursuite de leurs
brevets. Il arrive maintes fois que le succès ne couronne pas leurs
efforts, et elles ne demandent pas pour cela au gouvernement de
les indemniser, ni au législateur de faire, pour leur assurer des
profits, des lois vexatoires ou onéreuses pour les autres. Sur le
terrain où nous proposons que les inventeurs ou prétendus tels
soient placés désormais, ils auront ce que nous avons tous : la
protection des lois générales, l'ordre public assuré par le gouvernement, des magistrats intègres et éclairés pour les soustraire

à la violence et à l'injustice d'autrui, et enfin et surtout leur propre vigilance, leur propre activité et la fécondité de leur propre esprit de ressources. Ils n'ont pas le droit de réclamer pour eux une législation exceptionnelle qui les place en dehors et au-dessus du droit commun.

Je terminerai par un extrait fort concluant, ce me semble, d'un ouvrage qui date de 1834, le *Traité de la propriété* de M. Charles Comte, dans le sujet duquel il entrait d'examiner le système des brevets d'invention. Le passage qu'on va lire me paraît répondre victorieusement à plusieurs objections qu'on peut faire contre l'abolition des brevets.

« On dit pour justifier ces monopoles que toute invention nouvelle est profitable à la société et que la société doit une indemnité à ceux de ses membres qui font des sacrifices pour elle; qu'il serait difficile et souvent impossible d'estimer d'une manière équitable les avantages que la société retire de certaines inventions et que la manière la plus sûre de récompenser un inventeur, c'est de lui garantir pendant un temps déterminé l'exploitation exclusive de sa découverte.

« Une nation doit sans doute indemniser tout individu des sacrifices particuliers qu'elle exige de lui; quand elle a attaché une récompense à un service, et que ce service a été rendu, il est évident qu'elle doit la récompense. Mais est-elle tenue d'indemniser les citoyens des sacrifices qu'ils font dans la gestion de leurs intérêts privés, quand il arrive que ces sacrifices tournent indirectement à l'avantage du public? Si l'on admettait une pareille doctrine, il n'y aurait pas de peuple assez riche pour payer tous les services qui lui seraient rendus. Il y a beaucoup de gens qui se ruinent en se livrant à des entreprises qui ne sont pas sans utilité pour le public; cependant, il ne leur vient pas dans la pensée de demander des indemnités.

« On dit aussi, pour justifier les priviléges accordés aux inventeurs, que les imitateurs d'une invention ont un immense avantage sur celui qui en est l'auteur, qu'ils n'ont point d'essais à faire, et qu'ils sont dispensés des frais qu'exigent les tâtonnements.

« Mais on oublie de faire entrer en ligne de compte les avantages qu'il y a toujours, dans l'exercice d'une industrie, à se présenter le premier, et à se faire une réputation au moyen d'une découverte utile. Il faut ajouter qu'on élève des hommes pour se livrer à l'exercice d'une profession et non pour être des inventeurs : les découvertes ne sont faites, en général, que dans la pratique des arts. Souvent elles ne sont que d'heureux accidents dans la vie des gens qui se livrent à la pratique de l'industrie. S'il en est quelques-unes qu'on n'a pu mettre en pratique sans se livrer à des dépenses considérables, le plus grand nombre exigent peu de frais, et ne sont dues quelquefois qu'au hasard.

« Si les lois ne donnaient point de priviléges aux auteurs de découvertes, les hommes qui croiraient avoir trouvé le moyen de produire une chose utile, jusqu'alors inconnue, ne seraient pas dans une position différente de ceux qui se proposent d'établir un art ou un commerce, depuis longtemps connus, dans un lieu où ils n'existent pas encore.

« Les uns et les autres ont des frais plus ou moins considérables à faire et des chances de perte à courir ; les premiers, comme les seconds, jugent de la bonté de leur entreprise par les bénéfices qu'ils en attendent, et non par les avantages que le public en pourra retirer. Il y a peut-être plus de gens qui se sont ruinés en essayant d'achalander une nouvelle boutique, ou en établissant une nouvelle manufacture de produits connus depuis longtemps, qu'on faisant des essais pour obtenir des produits d'une nouvelle espèce. C'est à chacun à bien faire ses calculs avant que de se livrer à des expériences dispendieuses (1). »

MICHEL CHEVALIER.

SCIENCE, APPLICATION, ENSEIGNEMENT

DE

L'ÉCONOMIE POLITIQUE

I

MOTIFS DE CETTE ÉTUDE

Il y a vingt ans, je publiais un traité d'économie politique dans lequel j'avais essayé de séparer la science pure de l'étude de ses applications. J'espérais que cette tentative serait discutée, approuvée ou combattue. Elle n'a pas obtenu cet honneur.

Avant moi, Rossi avait indiqué la convenance de séparer deux études d'un ordre très-différent et M. Boccardo avait tenté cette séparation. Ces indications avaient passé inaperçues et il ne semble

---

(1) *Traité de la Propriété.* A. Comte, t. II, p. 51 et suiv.

pas que l'on se soit occupé de cette question dans ces dernières
années. Les publications relatives à l'économie politique se succèdent, sans porter la marque d'une méthode commune : quelques-
unes partent de l'état où Rossi a laissé la science ; la plupart sont
des sortes d'entretiens allant au hasard, au gré de la fantaisie de
leurs auteurs.

On a souvent accusé les économistes de cultiver une littérature
plutôt qu'une science, de s'appliquer à un thème de discussion à
peu près aussi stérile que celui des métaphysiciens. Les économistes protestaient, se fâchaient même et de très-bonne foi, parce
que leurs investigations leur avaient fait sentir quelque chose de
nécessaire, indépendant de toute convention, en un mot la présence de lois naturelles. Au fond, ils avaient raison et pourtant ils
ne pouvaient répondre victorieusement à leurs adversaires, qui,
considérant seulement la forme et l'apparence des choses, ne se
trompaient pas. En effet, l'économie politique ne formulait nettement aucune loi naturelle ; ses analyses n'atteignaient pas des
résultats irréductibles ; il n'y avait pas de démonstration, partant
pas de science, dans la rigoureuse acception du mot.

Certes nous n'avons garde d'en faire un reproche aux anciens
économistes : chacun d'eux a fait ce qu'il a pu, dans l'époque où il
a vécu, pour arriver à la connaissance de la vérité. Mais indépendamment des obstacles qu'opposent la nature des choses et la complexité de la matière à étudier, ils rencontraient celui des préjugés
de leur éducation, de leur temps et de leur pays. Les physiocrates,
par exemple, partaient de la notion de droit naturel, Adam Smith
était dans le même ordre d'idées et Rossi portait les chaînes de la
philosophie éclectique ; J.-B. Say et Bastiat se sont occupés surtout de vulgarisation ; J. St-Mill a été frappé de la nécessité de
coordonner un grand nombre de travaux épars et d'en tirer des
conclusions aussi neuves qu'importantes, etc. Chacun apportait sa
part de travail à l'œuvre commune, élevée, comme toutes les œuvres
humaines, par l'accumulation d'efforts successifs. Ce n'est ni en un
jour, ni par l'effort d'un seul homme que l'on analyse à fond des
notions aussi complexes que celles qui sont l'objet de l'économie
politique. Que de controverses ont été nécessaires, seulement pour
déterminer l'objet de la science ! Ce sont les richesses, disait l'un ;
c'est la richesse, disait un autre ; c'est la production, la distribution et la consommation des richesses, soutenait un troisième ; et
tout cela était vrai, mais sans précision, puisqu'après tout, on ne
voyait pas si l'économie politique avait pour objet certaines choses,
ou l'homme considéré sous un certain aspect.

Aujourd'hui, on procède plus lestement. Laissant de côté comme pédantesque toute discussion de principes, la plupart des écrivains s'appliquent à causer plus ou moins pertinemment sur tels ou tels problèmes d'application qui les intéressent. Ainsi comprises et conduites, leurs discussions ne peuvent avoir d'autre valeur que celles d'opinions personnelles fondées sur des connaissances empiriques et des inspirations de sentiment. Les attaques dirigées autrefois contre l'économie politique semblent ainsi justifiées et nous ne sommes pas étonnés d'apercevoir dans le monde entier un mouvement de réaction et de doute qui gagne jusqu'à des économistes consciencieux. Ce doute, ces regards de sympathie jetés vers les institutions archaïques, cette recrudescence d'idolâtrie pour l'Etat, cette mise en suspicion de la liberté, ces problèmes posés en termes vagues et obscurs qui les rendent insolubles, d'où vient tout cela, sinon de la confusion des idées, de l'absence de formules exactes vérifiées par la discussion et reconnues avec l'autorité souveraine de la démonstration?

Dans cette situation, il est indispensable que l'économie politique s'affirme. Elle a commencé, comme toutes les sciences, sans exception, par une période d'empirisme et d'incubation, période chaotique et pourtant féconde. Il est temps d'en sortir et de séparer avec soin la science de ce qui n'est pas elle. Cette nécessité s'impose plus que jamais aujourd'hui qu'il s'agit de donner une grande place à l'économie politique dans l'enseignement général du pays. C'est pourquoi nous revenons aujourd'hui sur ce sujet.

II

LA SCIENCE ET L'ART EN GÉNÉRAL

Essayons de définir et de distinguer nettement la science et l'art, en général d'abord, ensuite et plus spécialement dans les études économiques.

Nous pourrions laisser de côté la mathématique, groupe de sciences fondées sur la combinaison d'idées très-générales suggérées par le spectacle des faits, mais dont les recherches ne portent pas sur les faits eux-mêmes. Elle participe toutefois de la nature des autres sciences en ceci : 1° qu'elle a pour objet la définition de lois nécessaires; 2° que ces lois constituent un idéal très-distinct de la réalité des choses.

La science est la connaissance de certains faits et, plus souvent, la connaissance des lois permanentes que nous révèle l'observation attentive dans les faits dont nous sommes témoins. Elle se partage en branches diverses, distinguées l'une de l'autre par le genre des phénomènes à l'étude desquels elles s'appliquent. Ainsi l'astronomie, la physique, la chimie, l'histoire naturelle, la physiologie nous révèlent, chacune dans un ordre de faits différents, l'existence de quelques lois que nous appelons *naturelles*.

A côté des sciences, il existe d'autres études, dont l'objet est plus compliqué et qui servent plus immédiatement à l'utilité de l'homme. Ce sont les arts, qui appliquent à la satisfaction des besoins humains les connaissances que nous a révélées la science. Toutes les sciences ont commencé par des études d'art, parce que l'homme ne cherche guère à connaître que dans des vues intéressées. Ce n'est qu'après de longs travaux qu'il imagine de rechercher la connaissance pour elle-même et reconnaît que c'est le moyen d'arriver plus vite aux applications utiles. Alors seulement la science se dégage et se sépare de l'art.

La science a pour objet la connaissance des lois naturelles et ses recherches se limitent à cette connaissance : elle se définit par son objet, expose, et ne connaît ni règles ni préceptes. L'art a pour fin le service des besoins humains et se divise selon les besoins qu'il s'agit de satisfaire : aussi se divise-t-il tout autrement que la science, et se définit selon le but auquel il tend dans chacune de ses branches; il procède par règles, par préceptes, et combine fréquemment les connaissances empruntées à diverses sciences. Ainsi la technologie, qui comprend les règles et préceptes d'une multitude d'arts, applique des connaissances empruntées à la physique, à la chimie, à l'histoire naturelle; la thérapeutique, qui est un art, se sert des connaissances conquises par la physiologie et l'anatomie ; l'arpentage, qui est un art, emprunte ses règles à la géométrie; la navigation s'aide de l'astronomie, la mécanique industrielle de la mécanique rationnelle et presque tous les arts doivent plus ou moins aux mathématiques.

La science, dans toutes ses branches, n'a qu'un but : connaître; l'art, au contraire, poursuit des fins très-diverses, selon les besoins auxquels il veut satisfaire. La science cherche à reconnaître au milieu de la complication des faits les lois qui les régissent, lois nécessaires que la volonté et l'action de l'homme ne sauraient ni changer ni modifier en quoi que ce soit, tandis que l'art a pour fin des désirs humains, que la volonté peut altérer et qui dépendent plus ou moins d'elle. On a toujours distingué le *naturel* de *l'artificiel* : le premier est l'objet des travaux de la science, le second est la fin de ceux de l'art.

Dès que l'homme conçoit l'idée d'un but à atteindre, il s'occupe de trouver et de combiner les moyens de l'atteindre, il imagine un art. La recherche scientifique étant devenue un but distinct d'activité, un art s'est établi pour la servir, c'est la méthode ou critique, fondée sur la connaissance des rapports généraux qui existent entre l'intelligence humaine et le monde qui lui est extérieur, rapports qui sont l'objet de la psychologie.

Comme l'art applique des connaissances acquises par la science, on lui donne fréquemment, depuis quelque temps surtout, le nom de science appliquée, ou, plus brièvement, d'*application*. On l'appelle aussi *théorie*, et on l'oppose à la *pratique*, ou connaissance qui résulte de l'exercice de l'art. Nous en parlerons plus loin.

Si nous considérons dans leur ensemble les connaissances humaines, nous les voyons assez semblables aux réseaux qui enveloppent le corps humain, celui des artères et des veines, par exemple. Il y a de grosses branches partant d'un tronc, qui se subdivisent en branches plus petites, lesquelles se subdivisent à leur tour, de façon à ce qu'elles deviennent si petites et si nombreuses qu'elles échappent à notre vue. De même les sciences, qui sont les grandes branches du savoir humain, donnent naissance aux arts, branches moindres et plus nombreuses par lesquelles on arrive insensiblement aux petites et innombrables habiletés de la pratique. Les trois espèces d'études que nous désignons sous les noms de science, d'art et de pratique, se touchent par bien des points, sans cesser toutefois d'être distinctes et de fournir la matière des travaux si divers auxquels se livrent les hommes des diverses professions.

III

LA SCIENCE ET L'ART EN ÉCONOMIE POLITIQUE

La distinction que nous venons d'établir entre la science et l'art se manifeste-t-elle dans les études économiques ? Et d'abord, y a-t-il dans l'objet de ces études la matière d'une science ?

L'activité volontaire de l'homme engendre sans contredit une suite de faits qui se succèdent sans cesse, comme les phénomènes qu'étudient la physique et la chimie, qui ont commencé avec le genre humain et ne finiront qu'avec lui. Il y a là matière pour une science tout au moins, que nous appellerions la science de la société humaine, la science sociale. Nous pouvons étudier à part une branche de ces faits en considérant spécialement ceux qui ont pour mobile l'acquisition et l'usage des richesses. Cette branche sera l'économie politique.

Cherchons dans les faits de cet ordre ce qu'il y a d'universel et de permanent, ce qui est proprement scientifique. Nous trouvons d'abord que la possession et l'emploi d'une certaine quantité de richesse est indispensable à l'existence de l'homme. Depuis qu'il existe sur la planète, il a dû acquérir et consommer des richesses, et il sera soumis à la même nécessité tant qu'il existera. La science peut s'appliquer à l'analyse des éléments de cette branche d'activité et à la recherche des lois qu'elle peut y constater. Dès le début de l'analyse, on trouve le *désir*, qui, quelle que soit la variété des objets qu'il recherche, est toujours le même, et lutte contre la force d'inertie qui invite l'homme à l'oisiveté, et contre celle qui le porte à jouir promptement des richesses qu'il possède. Quelquefois ces forces naturelles l'emportent et le désir reste sans effet ; quelquefois le désir triomphe et provoque cet effort, qui coûte toujours, justement parce qu'il combat une inclination naturelle. La volonté, cependant, mue par le désir et par l'espoir de le satisfaire, consent à l'effort, qui s'appelle *travail* ou *épargne*, selon la fin à laquelle il s'applique. Nous observons bien vite que, dans cette branche de son activité, l'homme agit d'une manière uniforme et cherche à obtenir le plus de satisfaction qu'il peut au prix du moindre effort possible. Remarquons que nous disons l'*homme*, sans distinction de temps, ni de lieu, ni de race, ni de degré de civilisation, parce qu'en effet, il n'y a, sous ce rapport, aucune distinction à faire. Nous sommes en présence d'une activité ordonnée, qui obéit à une loi constante et universelle, comme toutes celles qui occupent la science, à une loi dont il importe d'étudier et de suivre les effets.

Il y a deux termes dans cette loi : l'effort et le produit de l'effort, susceptibles l'un et l'autre de plus et de moins, d'accroissement et de diminution. Si l'effort croît ou si le produit diminue, la richesse est moindre, tandis que si l'effort diminue ou si le produit croît, la richesse est plus grande. On peut donc étudier scientifiquement quelles sont les conditions d'accroissement ou de diminution de la richesse, ou, en d'autres termes, quels sont les éléments dont se compose la puissance productive, indépendamment des variations qui peuvent survenir dans le chiffre de la population. On peut ensuite étudier les changements de richesse qui surviennent, la puissance productive restant égale à elle-même, par l'effet d'un accroissement ou d'une diminution du chiffre de la population.

Toutes ces recherches sont rigoureusement scientifiques, en ce sens qu'elles tendent uniquement à connaître les lois suivant lesquelles se passent les faits en tout temps et en tout lieu, quels que soient la race et l'état de civilisation, les lois qui régissaient l'homme de l'âge de pierre et qui régiront nos successeurs, quelque civilisés qu'ils puissent devenir, parce qu'elles résultent de la constitution même de l'homme.

Lorsque nous abordons l'étude de l'appropriation des richesses, les phénomènes nous semblent au premier coup d'œil plus compliqués, plus éloignés de toute loi générale. Toutefois, nous considérons que l'appropriation constitue une série de faits intimement liés à ceux de la production et de la consommation, dominés, par conséquent, par la loi qui régit ceux-ci et obéissant probablement aussi à des lois particulières. Enfin, nous voyons que, quelle que soit l'infinie variété des formes d'appropriation des richesses, elles peuvent être ramenées à deux modes élémentaires : mode d'autorité et mode de liberté, dont il suffit de bien constater les conditions d'existence. De là, l'étude de l'échange dans lequel se retrouve la grande loi qui régit l'activité industrielle de l'homme, et dont nous avions dès le début constaté l'existence, la loi qui fait chercher le produit au prix du moindre effort possible ; puis vient l'étude des phénomènes consécutifs auxquels l'échange donne lieu, de son mode de répartition des fonctions entre les hommes, et enfin l'étude comparée des formes diverses d'action des deux modes élémentaires d'appropriation et de leurs effets sur le travail.

Toutes ces recherches satisfont pleinement aux conditions requises pour les travaux de la science ; elles portent sur des lois naturelles, c'est-à-dire permanentes, universelles, sur lesquelles les combinaisons et les caprices de l'art humain n'ont aucune action. Cependant ces recherches ont justement pour objet ces combinaisons et ces caprices, qu'elles dominent et enveloppent, si l'on peut ainsi dire, dans leurs formules générales.

On se plaint que ces formules soient trop abstraites et trop générales, sans s'apercevoir que c'est à cette condition seulement qu'on peut arriver à la vérité scientifique. D'ailleurs les lois que nous montre aujourd'hui l'économie politique ne sont pas son dernier mot. On peut prévoir qu'elle trouvera des lois qui régissent le détail des actions humaines ; mais, dans l'état où sont nos connaissances, nous ne pouvons découvrir ces lois particulières, et force nous est de nous contenter de quelques lois générales. Plus tard, sans doute, on ira plus loin. En attendant, nous remarquerons qu'on peut adresser le même reproche d'abstraction aux formules qui expriment les lois scientifiques dans quelque ordre de faits que ce soit. Il n'y a pas, en physique, en chimie, en physiologie, par exemple, de formule plus abstraite et plus générale que celle qui exprime la loi de la gravitation.

Peut-il en être autrement ? Ce reproche d'abstraction adressé à la science n'est-il pas simplement la plainte d'esprits amollis et devenus incapables d'attention. Comment, en effet, une science, si elle n'est purement descriptive, comme l'anatomie, pourrait-elle ne pas être abstraite ? Son but est d'élever notre intelligence du spectacle des faits particuliers à la connaissance de lois générales, qui nous permettent de voir d'un coup d'œil, sous un certain aspect, une multitude de phénomènes, de les classer et de les prévoir. Elle ne peut arriver à ce résultat que par l'abstraction, et c'est, en effet, ainsi qu'elle y arrive. C'est par l'emploi de ce procédé que l'esprit humain devient capable d'apprendre beaucoup de choses en peu de temps, d'acquérir en quelques années le résultat de travaux qui ont duré des siècles. Seulement, quiconque prétend acquérir cet avantage doit prendre la peine d'être attentif et de bien comprendre le sens des formules qui expriment la science ; lorsqu'il les recueille dans sa mémoire avec une attention distraite, il perd son temps et n'a rien acquis, si ce n'est l'opinion qu'il sait ce qu'il ne sait pas.

Maintenant tâchons de relever, entre les études économiques, quelques-unes de celles qui sont d'art et d'application.

Considérons d'abord que l'économie politique est seulement une branche d'une science qui aurait pour objet l'activité humaine tout entière. Cette science n'existe encore qu'à l'état d'ébauche ; mais, comme toutes les autres, elle a été précédée par des arts, qui sont singulièrement importants : ce sont la politique, la morale, le droit, le commerce. L'économie politique n'a créé aucun de ces arts ; elle est simplement à leur service. On a imaginé qu'il y avait un art spécial pour enrichir les hommes, et c'est ce qui a fait rêver, surtout en Allemagne, l'existence d'économies politiques nationales ; mais c'est une conception par trop étroite. En dehors des quatre grands arts sociaux que nous venons de désigner, nous n'en voyons aucun autre qui mérite ce nom.

Il y a des applications de l'économie politique dans la politique (scientifiquement comprise) et dans les arts disciplinaires, qui sont la morale et le droit ; il y en aussi dans le commerce. Les premières consistent à donner la raison d'existence des arrangements sociaux, à étudier les améliorations dont ils pourraient être susceptibles, les autres à porter les mêmes lumières dans le droit, dans la morale et dans le commerce.

Ces applications possibles sont en nombre infini ; mais elles ont un caractère commun qui les distingue bien des études de la science pure : elles exigent de celui qui veut s'y livrer utilement l'appréciation d'un fait très-complexe, qui est l'état exact d'une société dans un moment donné de son existence. Cette appréciation, beaucoup plus difficile qu'on ne le croit vulgairement, est presque toujours plus ou moins contestable. Il en résulte que les conclusions d'une étude d'application, quelle que soit l'habileté de celui qui s'y livre, n'ont jamais la même autorité que celles de la science pure.

Entre les nombreuses applications qui peuvent être étudiées, il y en a de larges et d'étroites. Les plus larges sont en quelque sorte les plus rapprochées de la science, comme la théorie de la propriété, de l'hérédité, des testaments, des contrats, celle des droits et devoirs relatifs à l'acquisition et à l'usage des richesses, des règles générales relatives à l'impôt ou au commerce. A mesure qu'on entre dans les détails, la connaissance intime des faits acquiert plus d'importance, et l'emploi de la science devient plus difficile, parce qu'on le voit moins clairement : ainsi, lorsqu'on discute les détails de la législation industrielle, de l'assistance publique, des traités de commerce, des divers impôts, etc. En ces matières, la science ne peut donner qu'un petit nombre d'indications très-utiles, mais très-générales : sa connaissance procure à celui qui la possède une hauteur et une netteté de vues que ne saurait atteindre celui qui cherche ses raisons de décider dans des considérations vulgaires; elle donne de bonnes inclinations à l'esprit, mais ne suffit pas à éclairer le jugement dans l'examen de faits très-complexes et dans l'appréciation de mesures, dont personne, le plus souvent, ne voit bien toute la portée.

IV

ENSEIGNEMENT DE L'ÉCONOMIE POLITIQUE

Les considérations qui précèdent suffisent à indiquer nettement quel doit être le programme d'économie politique dans les établissements d'enseignement supérieur. Il convient d'enseigner d'abord la science pure, ensuite ses applications les plus larges, puis, si le temps le permettait, quelques-unes de ses applications plus étroites et de l'usage le plus général.

En effet, quel est le but de tout enseignement? D'instruire l'élève de telle sorte qu'il reçoive directement l'héritage de ses prédécesseurs et sache, dès la jeunesse, tout ce qu'ils ont appris par le travail des générations antérieures et par le leur propre. On veut que le jeune homme parte du point d'arrivée de ses pères, afin qu'il puisse aller plus loin. Eh bien! le résultat dernier, résumé et condensé de tous les travaux accomplis dans une branche du savoir humain, c'est la science pure.

Ce motif suffirait pour déterminer le choix de la science comme matière d'enseignement. Mais il y en a d'autres. L'enfant ou le jeune homme qui reçoit l'enseignement n'a pas vécu; il manque de l'expérience, qui est indispensable pour apprécier et discerner les faits sociaux; il ne les voit que de loin en quelque sorte, par groupes et par masses, à l'état impersonnel. C'est justement le

point de vue de la science : seulement il y a cette différence que les
vues de l'élève sont confuses, tandis que celles de la science sont
claires : là où l'élève ne distingue rien, elle lui montre des lois et
des nécessités dirigeantes, qui dominent et dirigent tout. L'élève
comprendra infiniment mieux ces lois, simples et claires dans leur
généralité, que l'analyse de faits très-complexes, analyse difficile à
suivre et qui exige une grande attention.

Si les lois scientifiques sont plus faciles à apprendre que les
conseils de l'application, elles sont aussi plus faciles à enseigner
et pour deux motifs. En premier lieu, parce que tout problème
d'application ne peut être bien discuté que si l'on joint à la connaissance des lois scientifiques celle de faits sociaux très-complexes, hors de la portée de l'intelligence de l'élève. En second lieu,
pour bien posséder la connaissance de ces faits sociaux, il faut une
expérience personnelle qui manque le plus souvent aux professeurs. Comment, par exemple, pourraient-ils discuter pertinemment les problèmes d'application relatifs au commerce et à l'industrie, qu'ils n'ont jamais pratiqué et ne connaissent que par
ouï-dire tout au plus ? Comment, à plus forte raison, discute-
raient-ils avec compétence des lois destinés à régir le commerce et
l'industrie ?

D'ailleurs, lorsqu'on enseigne l'économie politique, comme toute
autre science, on ignore quel usage l'élève en fera. Qui peut prévoir la profession ou les professions qu'il peut être appelé à prendre,
ou la voie dans laquelle ses travaux d'homme seront engagés ?
Personne évidemment. Il faut donc l'approvisionner des connaissances dont l'usage est le plus étendu, des connaissances à toutes
fins. Ce sont celles qu'offre l'étude de la science pure.

Enfin l'enseignement donné de l'enfance à l'adolescence a toujours et nécessairement, plus ou moins, un caractère d'autorité.
Il convient donc que la certitude des choses enseignées soit aussi
bien vérifiée que possible, de manière à éloigner l'erreur et même
le doute autant que faire se peut. Il faut donc se tenir aux propositions démontrées, qui constituent la science pure, et à celles qui
s'en détachent presque directement comme des corollaires. En
procédant ainsi, on a le double avantage d'écarter le doute de
l'esprit de l'élève et de ne pas lui enseigner des choses inutiles.

A toutes ces considérations, il faut ajouter que l'enseignement
n'a pas pour but seulement d'emmagasiner en quelque sorte dans
la mémoire de l'élève des connaissances positives ; il a aussi pour
but de former le caractère et les habitudes intellectuelles, de discipliner le jugement par la pratique d'une méthode rigoureuse. Ces
habitudes ne peuvent être acquises que par l'étude de la science

pure; car dans les études d'application, on ne peut éviter un certain relâchement de méthode.

L'enseignement actuel, dans toutes ses branches, méconnaît trop souvent ces vérités, sous l'influence de deux préjugés déplorables. — On désire obtenir des hommes spéciaux, élevés et dressés en vue d'une carrière; — on se figure que l'enseignement se met dans l'intelligence par simple tradition, comme on met un livre dans sa poche. Ce sont deux erreurs fécondes en conséquences fâcheuses.

L'enseignement, quel qu'il soit, ne saurait créer un spécialiste. On peut enseigner tout au plus les préceptes d'un art, et dans ces préceptes, l'esprit de l'élève choisira toujours de préférence, par une inclination naturelle, ce qui est général, parce que c'est ce qu'il comprend avec le moins de peine; ce qui est plus spécial, et particulièrement le détail de faits un peu compliqués, le rebute et échappe à son intelligence. D'ailleurs il est fort rare que l'enseignement soit complet à cet égard. Voilà pourquoi on n'acquiert la spécialité et l'habileté qu'en pratiquant. Il ne faut pas s'en étonner : la pratique montre à celui qui s'y livre un petit nombre de faits en présence et au milieu desquels il vit, qui l'obsèdent en quelque sorte en se répétant sans cesse et en provoquant constamment son attention. Comment n'arriverait-il pas à en tirer l'enseignement qu'ils lui donnent tous les jours et à toute heure?

La pratique donne assez vite l'enseignement spécial, parce qu'elle n'enseigne qu'un petit nombre de faits constamment répétés. C'est un enseignement étroit, qui réussit presque toujours, tandis que celui du professeur qui vise à la pratique ne réussit presque jamais. Pourquoi? Parce que le professeur doit enseigner un grand nombre de spécialités diverses et n'est complet pour aucune d'elles. Il fatigue l'intelligence des élèves en l'appelant à juger un très-grand nombre de faits qu'elle ne peut suffisamment connaître et qu'il ne connaît lui-même qu'imparfaitement. De là, le sentiment si commun chez les jeunes gens de notre temps que l'étude est à la fois inutile et fatigante.

Si on leur enseignait bien clairement et à fond les lois générales constatées par les sciences, ils éprouveraient un tout autre sentiment, parce que ces lois, gravées dans leur esprit et incorporées en quelque sorte à leurs facultés, leur permettraient d'apprendre très-vite et sans peine tout ce que la pratique pourrait leur enseigner dans le cours de la vie. Ils auraient, en sortant de l'amphithéâtre, une aptitude générale, et l'apprentissage leur procurerait rapidement l'aptitude spéciale dont ils pourraient avoir besoin, tandis que l'enseignement actuel ne leur donne ni l'une ni l'autre; il forme ce qu'on appelle le *théoricien*, personnage qui se croit propre à une profession en vue de laquelle on lui a donné quelques préceptes incomplets ; qui est en état de répéter quelques mots de science et d'art, sans connaître proprement ni art ni science, ni, à plus forte raison, la manière de perfectionner celui-ci au moyen des connaissances fournies par celle-là.

Il n'est pas vrai non plus qu'on puisse donner l'enseignement comme on donne un livre. L'élève n'apprend que par son travail propre et précisément en raison de ce travail. L'œuvre du professeur se borne à diriger et à stimuler cet effort, à le rendre plus ou moins facile et attrayant. Le professeur doit donc chercher la simplicité, multiplier les exemples et ne pas redouter les répétitions, éviter ce qui est complexe ou ne l'aborder que lorsque l'élève a subi une préparation suffisante. — Il ne faut pas s'étonner que la recherche des spécialités et de la pratique, comme on dit, ait produit chez nous et produise chaque jour de tristes résultats.

Mais laissons-là cette digression et revenons à l'enseignement de l'économie politique. Il conviendrait qu'avant de passer à l'application et à mesure qu'il y avancerait, le professeur en signalât avec soin et en fît sentir les difficultés, résultant surtout de la complexité des faits. Quelques leçons bien faites sur la manière d'appliquer dans la pratique les notions scientifiques, de façon à les utiliser, ne seraient certes pas perdues ; car, quel que soit l'art à l'étude duquel on s'adonne, la première chose qu'il convient d'apprendre, c'est la manière de se servir le plus utilement que l'on peut des connaissances dont on dispose.

Dans un cours d'économie politique, cette partie de l'enseignement est, on peut le dire, indispensable ; chacun sait, en effet, avec quelle légèreté téméraire les hommes les plus étrangers aux études économiques et même à toutes sortes d'études tranchent les questions les plus difficiles d'organisation sociale. Il semble que l'opinion générale admette fort bien que ces problèmes puissent être compris, discutés, résolus, par intuition, par une sorte de science innée apportée du berceau. On sait combien cette idée si étrange cause de désordres et de maux. Le temps employé à la combattre en enseignant les difficultés de toute application serait un temps fort bien employé.

Le professeur pourrait montrer méthodiquement les difficultés que présente l'appréciation pratique des faits. On discute, par exemple sur une mesure législative. Il s'agit de connaître l'état de l'opinion publique, celui des intérêts privés qui pourront être favorisés ou contrariés par la mesure proposée, les espérances légitimes ou illégitimes qui pourront être déçues, etc. La science indique seulement les effets généraux et définitifs d'une mesure ; elle ne s'occupe

pas des transitions, qui appartiennent à un art, à l'art politique :
c'est ce qu'on peut faire remarquer sans peine dans des hypothèses
tirées de lois d'impôt en général et en particulier de lois de
douane, ou de la pratique de l'industrié.

Une question qui se pose à chaque pas dans la pratique et qui
mérite bien d'être traitée est la suivante : On veut atteindre, au
moyen d'une loi, un but que l'on considère comme bon et moral,
attaquer de front, par exemple, un abus visible, comme la falsification, l'excès de travail des enfants, les rigueurs de l'apprentissage, etc. N'y a-t-il pas lieu de craindre que la loi proposée
fasse naître des abus plus grands que l'abus attaqué et qu'en voulant faire le bien, on fasse le mal ? La chose vaut la peine d'être
examinée et avec beaucoup de soin; car les meilleures intentions,
si elles ne sont éclairées, peuvent aboutir aux mesures les plus
regrettables, à des mesures dont les effets sont tout autres que
ceux que se proposaient leurs auteurs. Qui ne connaît les erreurs
commises sous l'inspiration de la plus belle des vertus, la charité ?

On nous reprendra peut-être de citer de tels exemples en nous
reprochant de toucher à des questions de législation plutôt qu'à
des questions d'économie politique. Le reproche sera juste à certains égards, mais il justifie ce que nous avons dit du caractère
hybride de tout enseignement pratique, parce que tout enseignement pratique est obligé de chercher de divers côtés les connaissances dont il a besoin.

On pourrait sans doute, pour simplifier, ne considérer que le
côté économique des questions à l'examen desquels on se livre dans
les études d'application et rechercher seulement quelle est la solution la plus favorable au développement de la richesse. C'est
ce que j'ai essayé pour ma part, afin de ne pas trop m'éloigner des
idées reçues. Mais, outre qu'il est très-difficile de se maintenir
dans une limite aussi étroite, cette méthode présentera toujours
l'inconvénient d'être conventionnelle et arbitraire. Lorsque nous
étudions un problème d'application économique, il est à peu près
impossible de faire abstraction des considérations de justice et
de convenance; lors même qu'on ne les évoque pas formellement,
on les sous-entend. Il faut, quoi qu'on en ait, profiter de toutes
les lumières que l'on peut tirer des branches plus imparfaites de
la science sociale, interroger les arts qui en dépendent, la politique, la morale, le droit. En effet, la science pure peut bien ne
regarder l'activité humaine que par un côté seulement, mais lorsqu'on étudie l'application, il faut considérer l'homme complet et
même l'homme concret, celui qui appartient à telle société, à
telle opinion, dans tel pays.

La science pure elle-même indique cette nécessité. Lorsqu'elle analyse les éléments de la puissance productive, elle rencontre les lois, les mœurs, les opinions sociales favorables ou contraires au développement de la richesse. Les lois, les mœurs, les opinions, on les trouve en action lorsqu'on discute une question d'application et il est impossible de n'en pas tenir compte.

Prenons pour exemple la question d'application la plus large : l'exposition de la théorie de la propriété dans une société donnée, soit en France et de notre temps. La science nous a montré un idéal plus favorable que tous les autres au développement de la richesse, c'est celui qui est fondé sur la liberté absolue du travail et du concours de tous ceux qui travaillent dans l'industrie. Sous ce régime, la propriété aurait trois sources seulement, la possession de long temps, l'héritage et le travail : elle serait viciée si elle naissait d'un monopole établi par la loi, par la fraude ou par la violence ; elle serait viciée si le travail n'était pas aussi libre et le concours aussi égal que possible. Eh bien ! cet idéal n'est pas réalisé chez nous ou ne l'est qu'en partie et sous de très-nombreuses exceptions. Faut-il les attaquer toutes et les supprimer violemment en un jour ? Non sans doute. Le profeseur pourrait-il les examiner toutes l'une après l'autre ? Pas davantage. Doit-il dissimuler leur existence ou en signaler faiblement une ou deux, laissant supposer que le régime actuel est parfait à peu de chose près ? Non, car il pourrait tromper un moment les élèves, mais il n'empêcherait pas qu'ils comprissent ou sentissent bientôt qu'ils ont été trompés.

Il faut donc que le professeur expose l'état actuel de la propriété et du travail non-seulement selon les lois, mais selon les mœurs et l'opinion. Eh quoi ! c'est l'étude de tout notre état social, de notre civilisation tout entière ? Sans doute, car tout se tient. Il y a des oppositions d'intérêts entre les fonctionnaires mandataires et libres, entre les entrepreneurs d'industrie, les capitalistes, les ouvriers. Il faut définir ces intérêts divers, trouver leur coordination, indiquer les obstacles qui s'opposent à sa réalisation et les moyens de les surmonter. Voilà la tâche du professeur ou du moins la partie la plus difficile et la plus importante de cette tâche, qui consiste, on le voit, à discuter précisément des questions de pratique et de prudence individuelle, de législation et de morale et non plus seulement d'économie politique.

Pourquoi ces questions si hautes, si vastes, si importantes, seraient-elles abandonnées au professeur d'économie politique ? Parce qu'aucun autre ne les traite ni n'est chargé de les traiter et que cependant elles doivent être discutées. Parce qu'on ne peut les traiter avec quelque compétence qu'à condition de connaître les lois dont la connaissance constitue la science pure et que personne, si ce n'est un nombre d'hommes infiniment petit, n'a pris le souci de les étudier.

L'étude des grands problèmes d'application, de ceux qui se rapprochent le plus, si l'on peut ainsi dire, de la science pure, présente, on le voit, des difficultés sérieuses, plus grandes que celles de l'étude de cette science. A mesure qu'on entre dans les détails, les difficultés augmentent, parce que l'appréciation des faits est plus difficile et acquiert plus d'importance. Supposons qu'il s'agisse d'étudier les effets d'un traité de commerce à conclure, ou ce qui est bien plus facile, les effets d'un traité de commerce ancien qui ait ajouté à la liberté, et voyons quels faits il est nécessaire de connaître.

On consultera d'abord les chiffres des tableaux du commerce extérieur, qui indiqueront peut-être un accroissement de transactions internationales. Mais que prouve cet accroissement? Que le traité n'a pas empêché le commerce international d'augmenter; pas davantage. L'accroissement, en effet, peut avoir pour origine un progrès de la richesse générale chez les deux nations que l'on considère, à la suite d'inventions industrielles ou d'un redoublement de travail et d'épargne, etc.; il peut naître tout simplement d'un changement de goût chez les consommateurs et porter sur des articles qui n'auraient pas été dégrevés par le traité. En constatant même que cet accroissement a eu lieu sur les articles dégrevés, a-t-on la preuve que le traité ait été favorable ou défavorable à l'un ou à l'autre pays? Pas du tout ; car nous ne savons pas quelles sont les industries qui ont pu souffrir par suite du dégrèvement et dans quelle mesure elles ont souffert ; nous ignorons si le commerce intérieur n'a pas perdu et au delà ce que le commerce extérieur a gagné. Les ressources incertaines de la statistique nous font elles-mêmes défaut et, pour bien juger *a posteriori*, par un examen détaillé, les effets du traité de commerce, il nous faudrait examiner l'histoire de toutes les branches d'industrie des deux pays tout au moins. Il est même certain que cet examen ne suffirait pas, puisque les changements que l'on constaterait pourraient avoir eu pour cause des modifications survenues dans l'état du commerce international avec des pays qui n'auraient pris aucune part au traité. On ne peut, lorsqu'on suit cette voie, arriver à aucune conclusion certaine, démontrée.

Ces études d'application dont le véritable savant connaît et sent la difficulté sont traitées par le vulgaire avec une incomparable légèreté. Tout le monde ou à peu près a la prétention de les connaître

et cette prétention est d'autant plus grande que celui qui la manifeste est plus ignorant. Aussi les professeurs qui ne veulent pas se
donner la peine d'étudier prennent-ils sans hésiter dans les problèmes d'application la matière de leur enseignement et quelques-
uns portent l'ignorance au point de croire que la discussion de ces
problèmes constitue la science elle-même. Ils procèdent comme les
écrivains qui ont précédé les premiers économistes, parce qu'en
effet leur situation intellectuelle ne diffère guère de celle où se
trouvaient ces écrivains.

On comprend combien cet enseignement est fâcheux lorsqu'on
songe que les élèves ne sont pas en état d'en apprécier la vanité,
et supposant que leur professeur est au courant de la science,
l'écoutent avec déférence.

On peut, sur ces matières, parler beaucoup et longtemps, et relever des faits fort intéressants, qui soutiennent l'attention de l'élève
et peuvent lui causer [une illusion, d'autant plus qu'il ne possède
aucun moyen de contrôle, aucune connaissance de ces faits. Il peut
prendre pour une démonstration complète un verbiage bien conduit et se figurer qu'on lui a vraiment enseigné l'économie politique, sans s'apercevoir qu'on lui a donné une opinion plus ou
moins probable, fondée sur des connaissances insuffisantes et toujours susceptible d'être contredite, comme nous le montrent les
controverses de la presse quotidienne et des assemblées politiques.

Prendre les questions économiques par ce côté et par cette méthode, en négligeant la science pure et les applications larges, c'est
conduire l'élève dans une sorte d'impasse obscure où il ne voit
goutte et d'où il ne peut sortir; c'est fausser son intelligence et la
rebuter, l'inviter au scepticisme scientifique. Aussi estimons-nous
qu'il vaudrait mieux pour lui ne recevoir aucun enseignement
économique que recevoir un enseignement pareil.

L'enseignement utile est celui de la science pure. Cette étude
semble aride, mais rien n'est plus facile que de la rendre attrayante
par des exemples, soit hypothétiques, soit empruntés à l'histoire,
et en montrant les lumières que cette science jette sur un très-
grand nombre de faits historiques d'une très-haute importance, et
sur la conception générale de l'histoire elle-même, aussi bien que
sur la vie en général. L'enseignement de la science pure suffirait,
s'il était complet et approfondi : on y peut ajouter utilement celui
des applications larges, notamment de la théorie générale de la
propriété et des conditions de son perfectionnement.

Voilà pour l'enseignement général. Dans les écoles industrielles
ou commerciales, on pourrait donner plus de développement aux
côtés qui touchent plus directement à l'industrie et au commerce,

sans s'engager jamais dans des discussions trop compliquées de faits, qui ne sauraient convenir à la chaire. Dans les écoles plus élémentaires, il faudrait au contraire, simplifier davantage, multiplier les exemples, affirmer fortement et clairement les propositions importantes, insister sur ce qui serait le mieux à la portée des élèves.

Nous ne dirons rien des travaux de vulgarisation, écrits ou parlés, dont nous apprécions la haute importance, mais qui ne constituent pas un enseignement méthodique et ne doivent jamais être substitués à celui-ci. La vulgarisation est à proprement parler l'œuvre des conférences et entretiens, pour l'économie politique comme pour la physique ou la chimie. Cette forme d'enseignement appropriée aux goûts des gens du monde sert à leur faire connaître sans travail les conclusions de la science sur un point donné, à les inviter à la fréquentation des cours plus sévères et plus laborieux, où la science est exposée méthodiquement.

COURCELLE-SENEUIL.

P.-S. — Notre rédacteur en chef désire que je résume les considérations exposées ci-dessus par la rédaction d'un programme. Je m'empresse d'obtempérer à ce désir en proposant un programme pour les écoles de droit. Il est court, parce que je crois qu'il convient de laisser une grande latitude à l'initiative personnelle du professeur, afin qu'il puisse développer les détails à sa façon et agrandir la science. Il suffit d'indiquer la matière du cours et d'exiger qu'elle soit traitée.

Progamme d'un cours général d'économie politique.

Objet du Cours. — L'étude de l'activité humaine appliquée à la production, à la consommation et à l'appropriation des richesses.

Exposer le mécanisme de cette activité, provoquée d'abord par des besoins nécessaires, puis par des besoins croissants, qui se manifeste par un effort, ou travail, d'invention d'abord et d'exécution ensuite.

Loi de cette activité: obtenir le plus grand produit au prix du moindre effort possible.

I.

Analyser, en supposant que le chiffre de la population reste invariable, les éléments de la puissance productive.

Exposer le rapport qui existe entre le chiffre de la population et la somme des produits annuels.

Exposer, en supposant la puissance productive invariable, quels sont les effets d'un accroissement de population sur la richesse d'un groupe donné.

II.

Nécessité d'une appropriation quelconque des richesses, laquelle constitue un système de propriété et d'organisation du travail.

Exposer et caractériser les deux modes élémentaires d'appropriation, qui se trouvent dans tous les arrangements passés, présents et imaginables. — Appropriation par autorité et appropriation par la liberté.

Analyser l'échange avec concurrence, dans lequel se retrouve la loi souveraine de l'activité humaine, qui cherche à obtenir le plus de richesse au prix du moindre travail possible.

Définir la valeur, la monnaie, le crédit, l'industrie commerciale.

Exposer comment, sous le régime du concours libre, les professions se partagent, — comment se forme le coût de production, — ce que sont les intérêts et les salaires.

Comment se manifestent, sous le même régime, les lois de la population.

Comparaison des deux régimes d'appropriation en faisant ressortir avec soin la nécessité des fonctions qui se trouvent dans l'un et dans l'autre. Comparer surtout les deux régimes : — quant à la direction de l'industrie, — quant à l'art, — quant au travail et à l'épargne, — quant au règlement de la population, — quant aux modifications nécessaires lorsque la production augmente ou diminue.

Des obstacles qui s'opposent à la liberté.

Des inconvénients de la liberté.

De l'impôt et de ses effets sur les échanges.

III.

De la méthode à suivre dans les études d'application. — Incertitudes naissant de la difficulté d'apprécier exactement des faits très-complexes. — Nécessité de sortir des considérations purement économiques, d'empiéter sur la politique, la morale et le droit, ou l'art commercial.

Des fonctions individuelles en général. — Fonctions mandataires. — Fonctions libres. — Forme de rémunération des services dans les unes et les autres.

De la gestion des entreprises industrielles. — Prix de revient. — Fonctions de l'entrepreneur, du capitaliste et de l'ouvrier. — Leurs rapports.

Des procédés commerciaux pour le crédit et la liquidation des affaires. Banques.

Théorie générale de la propriété. — Possession de long temps, héritage, travail et échange.

Contrats. — Liberté et restrictions.

Assistance publique : — Secours. — Instruction publique.

L'impôt. — Études des principes généraux.

La Colonisation.

Principes de la morale relatifs à l'usage des richesses.

C. S.

LES

BANQUES DE FRANCE ET DE BELGIQUE

LEURS OPÉRATIONS EN 1877

SOMMAIRE : De l'état des affaires dans les deux pays; causes du malaise général qui existe. — Chiffre des escomptes comparé aux années 1873-1874. — Le portefeuille étranger en Belgique; les statuts de la Banque de France à cet égard. — De l'impôt du timbre qui grève les effets de commerce abusivement. — Succursales qui constituent la Banque en perte. — D'un système différent de coupures en France et en Belgique. — Mirage qui résulte des fortes réserves métalliques et suppression intempestive du cours forcé.

« L'exercice de 1876 n'avait point été *favorable*, lit-on au début du dernier compte-rendu publié par la Banque ; celui de 1877, quant aux produits, a été encore *moins satisfaisant*». C'est ce même sentiment que fait naître la lecture des documents Belges : Rapport de la Banque nationale et Compte-rendu des opérations de la *Société générale pour favoriser l'industrie*. L'on peut dire que tous ces chiffres parlent le même langage, alors qu'il s'agit d'exploitations houillières, de canaux ou seulement d'escomptes.—C'est que le mal dont souffrent deux peuples limitrophes n'atteint pas seulement le même degré d'intensité; ce mal, comme dans les années précédentes, s'explique par le trouble qu'ont jeté dans les affaires quelques hommes plus occupés de faire des canons, d'aiguiser des sabres que d'accroître la prospérité de leur pays en travaillant honorablement à prévenir de nouvelles guerres (1).

« L'atonie des affaires, dont la prolongation est si exceptionnelle qu'elle semble, à quelques esprits, revêtir un caractère *permanent*, fait encore ressentir *ses douloureux effets*, remarquent les honorables signataires du rapport de la Banque nationale belge pour 1877. »

---

(1) Ce coup d'œil jeté sur l'escompte du dernier exercice remonte au 31 mars. On ne voit pas que, depuis lors, les chances de guerre « localisée » se soient accrues. — P. C.

Pour être moins explicite, le dernier exposé de la Banque de France n'est pas moins éloquent. Et si l'on est forcé de reconnaître, avec ce document, que la grande institution réflète « le mouvement des affaires industrielles et commerciales ainsi que le prix des capitaux, » les chiffres que nous avons sous les yeux donnent une pauvre idée de l'activité du travail pendant l'exercice qui vient de finir. Où le gouvernement de la Banque s'abuse, à notre sens du moins, c'est lorsqu'il essaie d'expliquer par *des causes* « qui échappent à la volonté et à la prudence humaines, » les profits plus que médiocres que cet établissement à retirés de son service. « Ces causes » sont non-seulement connues de chacun, mais elles n'ont rien de fatal. Pour une institution de premier ordre telle que la Banque de France, il y aurait mieux à faire que de s'incliner, à la façon des sectaires du Prophète, devant l'immense général désordre fomenté, entretenu, depuis des années, par quelques chefs d'Empire. Voilà ce que la Banque, qui, elle aussi, est un grand gouvernement, eût dû faire entendre et répéter au nom du Commerce et de l'Industrie; car ce qui la blesse et qui réduit à presque rien ses profits, n'est que la conséquence immédiate, on ne saurait trop le redire, de la stagnation, du trouble incessant dont chacun souffre grâce à l'agitation qu'entretiennent quelques prétendus hommes d'Etat nés pour le malheur des peuples.

En cherchant à expliquer des profits plus que maigres par des causes qui défient tout calcul, la Banque cesse non-seulement d'être dans la vérité, mais elle abdique son rôle. Car c'est *du haut* des régions qu'elle occupe que devrait tomber, répétons-le, l'avertissement qui, au nom du Commerce et du Travail, force les gouvernants de compter avec l'opinion.

Parlons d'abord du chiffre des escomptes. C'est là, en effet, le grand champ de manœuvre d'une banque d'émission et de circulation, puisque son papier, ses encaisses eux-mêmes, le chiffre de ses avances comme l'état de ses comptes-courants sont en raison des services mêmes que rend et peut rendre une institution qui, mieux que toute autre, fournit au commerce le comptant dont il a besoin. Le compte-rendu que vient de publier la Banque de France semble triompher de voir s'accroître d'un peu plus de 200 millions, eu égard au précédent exercice, le chiffre des effets escomptés. Mais si les rédacteurs de ce document voulaient simplement rétrograder de quelques années, s'ils se reportaient notamment aux exercices 1873 et 1874, ils triompheraient plus modérément, ensuite d'aussi faibles écarts, au surplus.

Ce n'est pas 7577 1/2 millions, en effet, que donnait à l'escompte le premier de ces exercices, mais plus de 9 milliards, soit en chiffres ronds 9571 millions. Seulement, le trouble qu'on travaillait l'année suivante à faire naître dans toute l'Europe, en déposant dans une petite province Turque, — l'Herzégovine, — les matières inflammables d'où devra naître la guerre d'Orient, ce trouble influait sur ce même résultat, et la chute se mesurera l'année suivante, par quinze cents millions environ. Voilà comment la Banque de France en est venue par degrés à n'opérer que sur les deux tiers de la matière escomptable qui jusqu'en 1874 allait sans cesse grossissant.

On voit que l'excès « des charges » publiques auxquelles les rédacteurs du dernier compte-rendu font allusion ne tient ici qu'une assez mince place. Le mal a plus haut son siége. Ce mal n'est même pas le fait de la concurrence dont peut souffrir la Banque de la part de quelques établissements qui opèrent sur ce même terrain de l'escompte. Si les affaires étaient dans un train normal, si le Commerce, l'Industrie n'avaient pas à compter, depuis plus de trois ans, avec l'anxiété que fait naître partout en Europe la machination de nouveaux conflits de loin préparés, on verrait le papier de l'escompte affluer, se concentrer, comme en d'autres temps, à la Banque; le chiffre de ses encaisses fléchirait, et son émission serait, non la contre-partie, à un écu près, de la réserve métallique, mais du papier escompté, chose qui est à la fois normale et meilleure.

Ce qui est dit là s'applique au surplus, de tout point, à l'escompte en Belgique. Tant au temps où nous sommes, la solidarité est parfaite sur le marché général du monde qu'affectent, dans un sens ou dans l'autre, la paix affermie ou les appréhensions de guerre. — La Banque nationale a regagné, en effet, 35 millions environ sur l'exercice précédent, pour ce qui est des effets sur la Belgique ; avant les deux derniers exercices, l'activité de la matière escomptable, au lieu d'être mesurée par 1500 1/2 millions, dépassait deux milliards. En 1876, par exemple, la chute d'une année à l'autre, n'est pas moindre de 289 millions, soit 1/6me. Et nous faisons abstraction des « effets sur l'étranger », lesquels forment ici un chiffre à tel point respectable, que ce dernier portefeuille grossit aujourd'hui encore de 315 millions, soit ensemble 1894 millions, la matière escomptée par la Banque belge.

Aussi les directeurs ne se font pas illusion sur la valeur et la portée de l'écart en plus relevé tout récemment. Ils considèrent cela comme « un temps d'arrêt ». C'est avec douleur qu'ils proclament que l'Etat présent est encore séparé par plus de cent millions de cette année 1873 qui s'accomplissait, en pleine reprise d'affaires, avant qu'ou n'eût songé à faire surgir d'habiles prétextes de conflit européen.

Dans cet examen comparatif de la marche de l'escompte, tel qu'il est géré par deux établissements ayant plus d'une analogie, l'on s'étonne de voir la Banque de France négliger, sinon même dédaigner une source de profits qui ne lui est pas plus fermée qu'à nos voisins. Le Portefeuille étranger tient, on vient de le voir, une certaine place à la Banque nationale. D'où vient qu'il n'en est pas de même en France ? Est-ce le Conseil de régence qui s'oppose à ce qu'une institution, nationale entre toutes, et dont la notoriété est si bien établie, prenne sa part d'une matière escomptable dont l'achat ne laisse pas que d'offrir d'assez gros bénéfices ?

Le gouvernement de la Banque exhale d'incessantes plaintes à l'endroit « des charges » qu'elle supporte, par le fait de l'impôt du timbre outre les sacrifices auxquels l'assujettit la création de succursales dont un grand nombre sont improductives. Mais si la loi qui exigeait il y a de cela vingt ans que chaque département eût sa succursale a été le prix dont la Banque a dû payer, en partie, d'énormes et inappréciables priviléges, il semble qu'avant de pousser de tels gémissements les auteurs du rapport de fin d'année auraient dû rechercher si le gouvernement de la Banque « use de toutes ses facultés et de tous les droits qu'il possède ? »

Soyons plus précis ; puisque l'on a ici affaire à un établissement qui reconnaît plus que pas un autre et proclame, à bon droit, la puissance des chiffres, posons à notre tour quelques chiffres dont on fera juge le lecteur désintéressé et sans prévention.

La Banque belge opère à cette heure même sur une somme d'escomptes montant à près de 1,900 millions. Le portefeuille étranger entre là dedans, on l'a pu voir, pour plus de 300 millions. Or, dans le même temps, quelle est la somme des escomptes de la Banque de France ? Elle est arrivée, ou mieux est tombée à 7 1/2 milliards, au lieu des neuf et dix milliards d'auparavant. Cela posé, admettez un moment que cet établissement hors ligne voulût bien, suivant qu'il y est autorisé par la loi de son institution et que tout d'ailleurs lui en ferait un devoir, mêler le papier sur l'étranger à celui payable à l'intérieur ; ce seraient 12 à 1,500 millions d'escomptes qui s'ajouteraient annuellement, de ce chef, à ses achats de papier. Et s'il est vrai, comme le disent les directeurs de la Banque nationale, gens experts et pratiques, on ne saurait le nier, que les profits du capital en banque comparés à ceux de 1873

ont baissé « de cinquante pour cent », l'on voit tout de suite de
quel intérêt il serait pour les actionnaires de la Banque de France
que l'institution pût puiser aux diverses sources qui lui sont ouvertes pour réparer tout ou partie des pertes que lui infligent les
circonstances.

Cela vaudrait mieux assurément que d'aller demander « à la
Réserve » des suppléments de dividende tirant, bien plus qu'on ne
semble le croire, à conséquence. Sans doute, en recourant à cet
expédient, car on ne saurait donner un autre nom à ce qui fournit
depuis quelque temps les ressources exceptionnelles que la situation commande, le gouvernement de la Banque reste fidèle à ses
statuts. Mais pour les institutions d'un certain ordre, il n'est pas
toujours sage d'aller jusqu'à l'extrémité de son droit. Ceci est vrai
surtout d'une banque d'émission opérant sur une vaste échelle, et
dont le credit a besoin, plus qu'ailleurs, de garder entier son prestige. Si cette conduite fait le compte de quelques maisons cambistes
ou de quelques grandes compagnies qui auraient particulièrement
à souffrir de la concurrence de la Banque, en revanche, le papier
du commerce présenté à l'escompte y gagnerait. Il jouirait là, outre
un aussi facile accès, de conditions plus douces.

Car la Banque de France, grâce à la marge que donne l'emploi
d'une monnaie de papier restée au pair des espèces, en dépit du
cours forcé, pourrait abaisser le taux de l'escompte des traites sur
l'étranger fort au-dessous de ce que font journellement les comptoirs les plus accrédités. Si l'on réfléchit que l'exploitation de cette
nouvelle mine enrichirait l'actionnaire en même temps qu'on
laisserait intacte « la Réserve », il est sensible que chacun trouverait à cela, hors Banque et à la Banque, honneur et profit.

L'on ne saurait prétendre, avec quelque apparence de raison,
que les statuts de l'institution s'opposent à ce qu'elle entre enfin
dans une voie où l'étranger l'a depuis longtemps devancée. Pour
prouver le contraire, un simple coup d'œil jeté sur la législation
en vigueur sera ici plus que suffisant.

Depuis qu'elle existe et qu'elle a été investie par la loi « du
privilège *exclusif* d'émettre des billets de banque », suivant que
s'en explique le législateur de l'an XI, la Banque de France a vu
renouveler ou proroger trois fois ce même « privilège ». Ce fut
d'abord en 1806 où l'on accrut de vingt-cinq ans la durée primitive fixée à quinze ans; puis vint la loi du 30 juin 1840 par laquelle
le monopole de l'émission des billets ne devra plus expirer qu'en
1867. Enfin, le deuxième Empire, pressé de devancer de dix ans
cette échéance, crut devoir reporter à 1897 l'époque où prendraient

fin les faveurs exceptionnelles dont avait été dotée, dès le début, l'anciennne *Caisse des comptes courants* dirigée par Garat.

Des hommes éminents, et dont l'opinion est tenue en grande estime par l'auteur de ce résumé analytique, ont protesté, il n'y a pas bien longtemps encore, contre la qualification de « monopole » mise à l'adresse de notre premier établissement de crédit en ce qui touche le droit d'émettre des billets remboursables « à vue et au porteur ». Ou les mots n'ont aucun sens, ou bien ces expressions dont usait le législateur de l'an XI : « privilége EXCLUSIF d'émettre des billets de banque », sont légalement constitutives « d'un monopole ».

Nous n'entendons pas dire, en parlant ainsi, que l'Etat qui accordait à la Banque de France une telle faveur se soit entièrement désarmé. Outre qu'il s'agit là d'un monopole « temporaire », la loi de l'an XI avait bien soin de réserver en ce point les droits de la puissance publique. L'article 31, notamment, stipule en faveur de l'Etat le droit d'établir des banques de département pouvant, comme la Banque de France, « émettre des billets » remboursables à vue et au porteur. On sait que ce droit n'est pas resté stérile jusqu'en 1848, époque d'où date l'absorption des banques départementales. Mais cette absorption confirme, de plus fort, la thèse ci-dessus, à savoir : qu'en fait comme en droit la Banque de France n'est autre chose qu'un tout puissant « monopole » à l'endroit de l'émission de la monnaie de papier. C'est même plus que jamais le monopole organisé, car la fusion des banques, en 1848, a *enlevé temporairement* à l'Etat le droit de créer une concurrence à la Banque.

Or, sous ce régime, pas plus dans la loi de germinal an XI que par le décret du 16 janvier 1808, qui arrête *définitivement* les statuts de la Banque de France, on ne trouve inscrite la prohibition de l'achat ou escompte des effets tirés sur l'étranger. Le comte Mollien, alors ministre du Trésor, et qu'on sait avoir eu tant de part à l'organisation de la Banque, était un esprit trop pénétrant pour consentir à faire poser sans nécessité des barrières à la libre expansion d'un établissement dont l'Etat et les particuliers devaient tirer un égal avantage. J'ai hâte d'ajouter qu'aucune des lois qui ont plus tard prorogé ce privilége de l'émission ne restreint les franchises de l'escompte. Ceci est vrai, non-seulement de la loi de 1840, mais de celle de 1857, qui vint ajouter au contraire aux prérogatives antérieures. On sait que depuis lors, la Banque a pu bénéficier d'un taux d'escompte qui, dérogeant à la législation de 1807, lui permit d'élever au-dessus de 6 0/0 le prix de ses « escomptes et avances. »

Comme il faut en matière si grave s'appuyer de textes qui ne laissent nulle place au doute, voici comment est conçu l'art. 5 de la loi de l'an XI, qui précise à cet égard les droits de la Banque.

« La Banque escomptera *les lettres de change* et autres effets de commerce. — La Banque ne pourra faire aucun commerce autre que celui des matières d'or et d'argent. Elle refusera *d'escompter* les effets dérivant d'opérations qui paraîtront contraires à la sûreté de la République; les effets qui résulteraient d'un commerce *prohibé;* les effets dits *de circulation* créés collusoirement entre les signataires, *sans cause ni valeur réelle.* »

Et puis c'est tout.

Or, où voit-on que la loi fasse une distinction entre le papier, — traites ou billets, — payable à l'intérieur, et les lettres de change tirées du dedans au dehors et réciproquement? Il n'y en a pas trace. Et comme il est de principe élémentaire que là où la loi « ne distingue pas, l'on ne saurait distinguer, » il suit de là que la Banque de France est parfaitement fondée à faire, en ce qui touche le papier étranger, ce que font en Belgique des établissements du même type, et qui leur réussit d'ailleurs depuis vingt ou trente ans.

Nous avons dit que les statuts de la Banque, « définitivement » remaniés en 1808, ne dérogent nullement ici au droit primitif. Voici ce que porte notamment l'art. 9 de ce même décret :

« Les opérations de la Banque consistent : 1° à escompter *à toutes personnes* des lettes de change et autres effets de commerce à ordre, à des échéances déterminées qui ne pourront excéder *trois mois* et souscrits par des commerçants et autres personnes *notoirement solvables;* 2° à se charger pour le compte des particuliers et des établissements publics du recouvrement des effets qui lui sont remis; 3° à recevoir, en compte courant, les sommes qui lui sont versées par des particuliers et des établissements publics, et à payer les dispositions faites *sur elle* et les engagements pris *à son domicile* jusqu'à la concurrence des sommes encaissées; 4° à tenir une caisse de dépôts volontaires pour TOUS titres, lingots et monnaies d'or et d'argent *de toute espèce.* »

Ici, pas plus qu'en l'an XI, aucune exclusion en cours d'escompte du papier cambiste, en ce qui touche la Banque. Ce nouveau texte est, au contraire, particulièrement extensif des droits et des devoirs qui lui incombent. Son service est plus grevé qu'auparavant de fonctions essentiellement gratuites, et par là même onéreuses. Mais c'est précisément à cause de cela que l'institution se doit à elle-même d'user, comme l'aurait dit un ancien ministre connu pour ne pas pratiquer ses maximes, « de tous les droits » dont elle est en possession.

Encore une fois cela vaudrait mieux que de s'attaquer, comme on le fait, « à la Réserve. »

II

Où la Banque est infiniment mieux dans son rôle, c'est lors-qu'elle se joint au commerce de tout état pour réclamer contre l'exagération de l'impôt du timbre, qui pèse non-seulement sur le fonds mort de sa circulation, mais sur les effets de commerce en général. La France est redevable de l'une de ces lourdes charges à l'affection trop vive que professaient pour le maintien de nos nou-velles institutions deux anciens ministres des finances. Nous avons nommé MM. Pouyer-Quertier et Magne. Comme le premier avait simplement travaillé à faire « doubler » l'impôt des effets de com-merce, l'autre, en digne émule de l'abbé Terray, pensa qu'on s'était arrêté à mi-chemin. En conséquence, le timbre des effets de com-merce fut grossi d'un demi-droit en sus, et l'industrie a dû depuis lors payer 15 centimes ce qui coûtait 5 avant 1870.

Le résultat de cette libérale pensée, le voici. Laissons parler des établissements non suspects d'un fol engouement pour telle ou telle forme de gouvernement, République ou monarchie. Il s'agit de la Société de dépôts et de comptes-courants, laquelle est aux mains d'hommes dont la parole est ici d'un grand poids. Voici ce qu'on lisait, il y a moins d'un an, dans le compte-rendu des opéra-tions du dernier exercice.

« Avec l'autorité qui appartient justement à sa situation, M. le président, — l'honorable M. Donon, — a fait passer sous vos yeux des considérations de nature à appeler l'attention du législateur : elles tendent à établir, en effet, que par divers motifs, mais plus particulièrement par suite *du droit de transit* de 50 centimes par 2,000 fr. établi par la loi du 20 décembre 1872 sur les effets créés *à l'étranger* et payables *à l'étranger*; par suite, d'autre part, de l'élévation *du droit de timbre* sur les effets circulant en France, porté de 50 centimes par 1,000 fr. à 1 fr. par la loi du 23 août 1871 et à 1 fr. 50 par celle du 19 février 1874, c'est-à-dire en raison de droits *trois fois plus considérables* que partout ailleurs, notamment qu'en Angleterre, *beaucoup de papier se détourne de nos places.* »

Ainsi, voilà l'immense bienfait dont le commerce intérieur, — Banques, Négoce, Industrie proprement dite, — est redevable à M. Magne. Nous n'aurons garde d'oublier que, suivant son langage, c'était travailler à consolider la République. Seulement on arrivait par ce même chemin à la rendre particulièrement « odieuse » à ceux qu'écrasait l'impôt. Pour tout dire d'un mot, qui est emprunté d'un

grand esprit du xviii° siècle, l'impôt *soutiendra* la République
« comme la corde soutient le pendu : » — en l'étranglant.

Ces taxes, qui grèvent démesurément l'activité, la production intérieure, méritent de fixer au plus haut point l'attention
du gouvernement et des chambres. Hier même, à propos de l'enquête industrielle provoquée par le Sénat, on voyait l'un de nos
grands centres de trafic et d'exportation formuler à cet égard les
plus vives plaintes. Après avoir signalé les causes générales qui
expliquent le profond « malaise » dont l'industrie et le négoce sont
atteints, la Chambre de commerce de Bordeaux poursuit en ces
termes :

« Les diverses causes *permanentes* de la souffrance qui se manifeste dans beaucoup d'industries de notre pays résident, non-seulement dans *le chiffre élevé* de nos impôts depuis 1870, mais encore
dans leur *assiette défectueuse*. Elles résident aussi dans *l'énormité* du
chiffre de l'impôt invisible prélevé sur la masse des industries et
des consommateurs, dans le but apparent mais décevant de favoriser
quelques industries spéciales. »

Impôt des patentes à diverses reprises aggravé; impôt sur la petite vitesse, taxe postale, impôts des boissons, droits d'enregistrement, impôt sur la chicorée et les savons; allumettes chimiques
niaisement expropriées pour grever le budget et les particuliers de
charges sans compensation, tout cela vint s'ajouter à l'impôt du
timbre et des factures comme pour paralyser et dessécher dans sa
source l'activité d'un pays dont les plaies encore saignantes réclamaient au contraire les plus grands ménagements. Mais les financiers, dont on est aujourd'hui occupé de défaire l'œuvre néfaste
s'étaient sans doute promis de faire par là expier le divorce opéré
avec la monarchie dont les bienfaits s'étaient depuis plus de
soixante ans sur le Grand livre de la Dette publique.

Car voilà comment il est arrivé, pour parler le langage d'un
grand industriel, il y a de cela quelque trente ans, que le commerce et le travail impitoyablement visés furent ensemble « châ-
tiés. »

Ce n'est donc pas seulement l'impôt du timbre ou celui qui affectait hier encore la petite vitesse et les savons qui devront être l'objet d'un redressement que tout commande. On peut dire que
« l'assiette » générale des taxes est à tel point défectueuse et qu'elle
opère si manifestement en sens inverse de ce que l'intérêt, l'avenir
du pays, sa prospérité réclament, qu'il y a place pour un remaniement général dont l'heure a sonné. Lorsque la Banque s'écrie,
dans son exposé de fin d'année: «l'abaissement de nos produits ré-

sulte encore *de l'excès de nos charges*, » elle articule un grief et fait
entendre des paroles dont le pays a déjà retenti.

Ce même rapport s'étend longuement sur les pertes qu'inflige à
l'institution l'existence de succursales trop nombreuses, sans
doute, à son gré. L'on oublie qu'en vertu de la loi qui renouvelait
bien avant le temps et pour trente années ce monopole, la Banque
était tenue de doter chaque département, dans un temps assez
court, d'un comptoir d'émission et d'escompte. Il était de toute
justice que le pays qui supportait la charge générale de l'impôt eût
indistinctement sa part de ces mêmes avantages. La Banque avait
obtenu dix ans pour exécuter cette partie du programme de 1857.
Ce délai passé, l'Etat avait le droit, et nous ajoutons le devoir, de
combler toute lacune. — Tels sont les termes du contrat qui lie,
à cet égard, la Banque de France.

Il s'est écoulé plus de vingt ans depuis lors. Cependant, l'ancienne *Caisse des comptes-courants*, qui avait un jour la bonne fortune de se voir préférer à ses rivales pour battre seule monnaie,
n'a pas encore rempli en ce point les conditions de son contrat. Le
nombre des succursales en exercice monte, d'après ses propres
déclarations à 78 ; il resterait donc encore 12 comptoirs à créer »
dont 4 vont « s'ouvrir prochainement. » C'est toujours le gouvernement de la Banque qui parle. Si l'on se plaint incessamment,
avec tableaux à l'appui, que beaucoup de comptoirs donnent de la
perte, l'on ne saurait du moins accuser l'Etat, sous la République, pas plus que sous le précédent gouvernement, d'avoir usé
à ce propos d'une grande rigueur. On a attendu pendant onze ans
et l'on attend encore que l'administration de la Banque complète
son œuvre. Il faut convenir que cette institution y met le temps.
A l'exemple des grandes Compagnies de chemins de fer qui déclinent
la charge de petits embranchements peu productifs pour exploiter
de riches et longs parcours, la Banque s'en fût tenue assurément, si cela avait dépendu d'elle, aux puissants comptoirs de
Marseille, du Havre, de Lyon ou de Nantes, voire même de Lille,
de Valenciennes. Certes, ce n'est pas elle qui aurait jamais eu la
pensée d'aller installer des succursales à Tarbes, à Rodez ou à
Lons-le-Saulnier, voire même à Poitiers ou à Perpignan.

Le monopole est partout le même. Il veut bien pouvoir s'approprier les fruits de l'arbre, mais il laisserait volontiers à celui qui
l'a planté le soin d'acquitter l'impôt, outre les charges d'un bon entretien. Est-il besoin de dire que les doléances de la Banque sont
peu faites pour émouvoir, alors surtout qu'elle s'abstient, par ailleurs, de faire ce qui pourrait lui profiter ?

Il est une autre face des devoirs de cette institution envers le public qui nous semble mériter une sérieuse attention, car cette partie du programme de la Banque est de moins en moins comprise. Nous voulons parler du système fort peu libéral que suit l'administration centrale à l'endroit de l'émission. Les billets de 1000 fr., de 500 fr. abondent, mais il n'en est pas de même de ceux de 100 fr. et de 50 fr. On dirait, à voir le parti-pris qui domine à cet égard, que l'établissement de la rue La Vrillière a complètement perdu le souvenir des éclatants services rendus en temps de crise et de révolution par la coupure de 100 francs. C'est pourtant à ce modeste engin de crédit qu'on dut d'arrêter court, en 1848, les demandes de remboursement fébrile qui épuisaient l'encaisse et qui se succédaient armées du gros billet de 1000 francs.

Pourquoi donc cet immense et constant écart entre la mise en circulation du billet de 100 francs ou de 50, et l'usage du billet de 1000 francs? Pourquoi, par exemple, quand il y a lieu d'émettre pour 1681 millions de nouvelle monnaie de papier, la coupure de 1000 francs est-elle apportionnée à concurrence des 3[4 de cette somme, alors qu'on émet seulement 77 millions en billets de 100 fr. La coupure de 500 francs absorbe à elle seule les 375 millions qui restent! Quant aux billets de 50 francs ou de 20 et 25 fr., ils continuent à être mis à l'index par l'administration de la Banque. Ceux qui se détruisent par le temps et l'usage, non-seulement ne sont pas remplacés, mais dès qu'ils sont rentrés, ils ne sortent plus.

Dans ce système, on constate l'annulation pour une somme de 91 1/2 millions de coupures de 50 francs qui n'ont pas été remplacées et qui ne doivent plus reparaître. En revanche, le billet de 1,000 francs qui a dû être annulé pour un chiffre de 523 millions répare au-delà du double cette même perte par 1,229 millions!

Nous ne nous expliquons pas cet interdit systématique jeté sur la petite coupure, chose d'une utilité si constante, si appréciable et si journalière pour le petit et moyen commerce. On voit bien que MM. du Conseil de Régence ne sont pas forcés d'aller de leur personne prendre des mandats de 20 ou de 50 francs à la poste ; y perdre leur temps, pour aller les encaisser quand on réside dans quelque commune rurale éloignée de la boîte aux lettres. — Et cependant la Banque voit briller à sa tête tout un grand personnel de banquiers, de grands négociants, d'employés émérites qui connaissent mieux que bien d'autres le prix du temps. Ils répètent sans cesse, avec le peuple de la Grande-Bretagne : — « le temps est de l'argent ». D'où suit qu'on ne devrait pas condamner un peuple éminemment actif, économe, à dépenser ce temps en inutiles déplacements et en longues stations dans les bureaux de poste. Mais

on étale à tout propos certaines maximes sans se soucier de les faire
entrer dans la pratique. — Voilà comment l'impôt mal pondéré,
mal assis d'une part, les instruments de crédit et d'échange mal
agencés de l'autre; le TEMPS, enfin, qu'on force les populations à
gaspiller, ajoutent aux pertes et aux embarras dont se plaignent les
Chambres de commerce et dont chacun souffre.

Le peuple Belge l'entend autrement. Ce n'est pas la Banque
nationale qui donnerait impunément le spectacle de cette « chasse »
aux petites coupures qu'on voit chez nous de plus en plus s'accentuer. Le montant de la circulation flotte là entre 360 et 340 millions,
d'après le dernier compte-rendu mis sous nos yeux. Dans ce chiffre,
le billet de 1,000 francs entrait, en 1876, pour 129 millions et
celui de 100 francs pour 136 millions; cela se nivèle, à peu de
chose près, l'année suivante. Mais la coupure de 50 francs a un
lot supérieur à celui du billet de 500 francs, et la coupure de
20 francs n'est pas, comme en France, activement bannie des affaires.
Ce système n'est pas seulement contraire aux devoirs qu'un puissant
monopole a contractés envers le public, il choque et méconnaît
toutes les règles d'un bon agencement financier.

La monnaie de papier doit, autant que possible, procéder à la
façon de l'agent monétaire : c'est-à-dire par un savant engrenage.
C'est ainsi que le fort se reliant au faible, et réciproquement,
l'appareil est complet autant qu'il est puissant. Mais ce n'est pas
en manipulant des pièces d'or et d'argent, en les mettant sur la
balance ou en brassant de fortes liasses de billets de banque, qu'on
pénètre un peu avant dans ce mécanisme de la Monnaie. N'a-t-il
pas fallu faire un jour violence à la Banque pour la déterminer à
descendre jusqu'à la coupure de 100 francs? Ceci est de l'histoire.
Et cependant, on ne saurait trop le redire, c'est à cette modeste
petite roue que le char de notre grande institution était redevable
bientôt après de franchir une triste impasse! (1).

III

La Banque croit devoir tirer avantage, dans ce même compte-
rendu, de la cessation du Cours forcé. Ce passage du papier non
convertible en espèces, à présentation, « à la reprise des paiements » en or ou en argent monnayés, s'est opéré, remarque-t-on,
« progressivement, sans secousse. » Nul n'y contredira; s'il faut
même ici dire toute notre pensée, l'on ne peut qu'applaudir aux
sages ménagements employés par le gouvernement de la Banque de

---

(1) Voir dans *la Monnaie de Banque* 1857-1863 les détails de cet épisode du
Cours forcé. 1 vol. in-18. Paul Coq. Librairie Guillaumin et Cᵉ.

France pendant une période marquée par les plus grandes difficultés. Mais se féliciter, comme on incline trop à le faire, de ce
que le Cours forcé a pris fin ; croire, par exemple, que l'heure fût
bien choisie pour se dessaisir d'un de ces moyens d'action qui dé-
cuplent, à un moment donné, la puissance d'un pays, ce serait se
faire d'étranges illusions. C'est surtout pousser un peu loin le
sentiment de la force qu'on puise en soi-même et la foi en un avenir
prochain exempt d'inquiétude que de s'écrier, avec le rédacteur du
document qui nous occupe :

    « Aujourd'hui, la France peut entrer *hardiment* dans la voie des
améliorations et du travail, puisque d'un côté elle a une forte
réserve métallique et que de l'autre, notre monnaie fiduciaire
inspire la plus *légitime confiance.* »

Sous la plume d'hommes pratiques et qui sont ici placés en
vigie comme pour voir mieux que d'autres, outre qu'on aperçoit
de plus loin les orages qui se forment, ce langage, ou mieux ce
lyrisme est fait pour surprendre à pareille heure. Que vient faire
ici « la légitime confiance » dont jouit la monnaie fiduciaire, et de
quel poids peut être surtout la « forte réserve métallique » à laquelle on fait allusion ? Que la guerre dont l'Europe est menacée
de voir le foyer s'étendre prenne en quelques semaines les lugu-
bres proportions qu'on redoute, l'on verra alors fondre comme
neige, sous l'action du soleil, ce tas d'or et d'argent monnayés qui
s'est entreposé à la Banque. Le passé est là pour nous éclairer.

L'instrument de cette décomposition en grand de « l'Encaisse »,
ce sera surtout, comme à une autre époque, ce fort billet de
1,000 francs auquel l'effarement donnera des ailes. Il y en a d'ailleurs une double raison, en temps de crise. D'une part, n'est-ce
pas cette coupure qui a droit au plus gros lot métallique puisque
sur une émission de deux milliards environ, il lui revient quelque
chose comme 1,400 millions, aux termes des divers exposés publiés
en fin d'année par la Banque? D'un autre côté, veut-on la preuve
qu'il en doit être fatalement ainsi? Écoutons encore ici le rédacteur du dernier compte-rendu. Il s'agit d'obtenir des pouvoirs publics qu'ils veuillent bien amoindrir, à l'endroit de l'impôt du timbre, le poids de la charge que supporte de ce chef l'émission. — Le
gouvernement de la Banque formule assurément ici les plus légitimes plaintes, et ce n'est pas nous qui pourrions trouver mauvais
qu'on y fît droit. Mais la nature de ces plaintes est là pour montrer
aux esprits les plus prévenus où gît précisément le danger en
temps de crise, et comme quoi la « forte réserve métallique » dont
on est si fier est pleine de menaces. Écoutons la Banque; c'est elle-
même qui va nous instruire :

« Depuis le prodigieux accroissement des opérations de la Banque
nous avons dû rechercher, dit l'auteur du dernier compte-rendu,
la cause d'une énorme quantité de billets circulant, et dépassant de
toute leur somme le chiffre des *moyennes* de notre Portefeuille, de
nos Avances sur effets publics et sur lingots et de nos Billets à
ordre, ce qui constitue nos opérations commerciales *rémunérées et
lucratives;* et nous avons constaté que près de 1,400 *millions de
billets* en circulation ne réprésentaient pas autre chose que des
DÉPOTS DE NUMÉRAIRE échangé contre *ces billets*, c'est-à-dire se
rattachant à un service purement volontaire, absolument *gratuit*
et ne concernant que les convenances et la commodité du public. »

L'administration de la Banque prend argument de ce fait, — et
elle a cent fois raison, — pour demander qu'on l'exonère d'un impôt qui affecte la partie spécialement stérile, improductive de
l'émission. Fort bien. Mais c'est précisément ce lot d'émission
représenté par 1,400 millions, billets qui n'eurent d'autre CAUSE
que des DÉPOTS de numéraire à due concurrence, c'est cette circulation improductive qui se précipitera sur la Réserve métallique au
premier signe de grand conflit Européen. Cela est d'autant plus
inévitable, que les porteurs de ces billets sont de simples *déposants,*
et que la Banque détient, en espèces monnayées, LA CONTRE-PARTIE
de leurs billets remboursables aujourd'hui « à présentation et à la
volonté du porteur. »

Voilà comment, à l'heure où nous sommes, la renonciation au
Cours forcé présente un côté particulièrement intempestif. Voilà
comment surtout on prend inconsidérément son point d'appui sur
ce qui n'est pas seulement dénué de consistance, mais qui masque
de véritables fondrières, entendez-vous bien. Un homme d'un
grand sens, Coquelin, estimé pour ses connaissances en matière
de banque et d'émission, avait déjà signalé, il y a quelque vingt-
cinq ans, le danger qui résulte de ces accumulations « de dépôts »
métalliques. Notre sentiment n'est donc pas isolé, et le génie
du mal qui déposait un jour dans l'Herzégovine les matières incen
diaires d'où pourra plus tard sortir l'embrasement de l'Europe nous
semble, à cette heure encore, n'avoir pas trop mal calculé les chances
d'une conflagration générale.

Ce que nous disons là, il nous est arrivé de l'exprimer, ici
même, à l'époque du précédent Compte-rendu de la Banque; tout
tend à nous fortifier dans cette opinion.

— Des gens qui ne doutent de rien, et qui d'ailleurs jugent des
choses à la surface, diront avec leur légèreté ordinaire : « à nouveau
cas, nouveau remède. » On ajoute : le pays s'est familiarisé durant

sept ans avec le Cours forcé; il ne lui en coûtera pas d'y revenir, et d'arrêter ainsi ceux qui se précipiteraient sur l'encaisse.

Ce sont autant d'assertions folles, et que l'histoire a vingt fois démenties. — La reprise du Cours forcé n'est pas aussi facile qu'on l'imagine, surtout quand il éclate de ces grands conflits de peuple à peuple qui menacent de tout changer, de tout bouleverser sous ombre de nationalité et de sentiment de race à satisfaire. Nul ne sait plus alors ce que pourront bien être, outre les difficultés, les devoirs et les charges de chacun. — Et puis, dans cette Réserve de deux milliards entreposée simplement à la Banque à concurrence des deux tiers, sait-on bien quelle est ici la part de l'indigène et celle de l'étranger? Si le patriotisme retient, arrête l'un, croit-on que l'autre goûte beaucoup ce même sentiment? Tout cela est simplement l'inconnu.

C'est toujours une grave imprudence, tant que les choses ne sont point revenues à l'état normal, que de se désarmer ainsi et de rejeter loin de soi ce qui constituait une incontestable et incomparable force. La Grande-Bretagne l'avait bien compris au début de ce siècle. Aussi, nonobstant une foule de traités avec la République ou le premier Empire, elle se garda bien de mettre à l'écart cette arme puissante du Cours forcé qui lui avait permis, en s'aidant sans cesse de nouveaux alliés, de soutenir, sans désavantage, le redoutable duel engagé avec la France. Ni le traité de Campo-Formio, ni la paix de Lunéville, ni la paix d'Amiens, à laquelle l'Angleterre elle-même s'était plus tard prêtée ; ni la paix de Presbourg, ni le traité de Tilsitt avec la Russie, ni les divers traités de Paris, ni l'abdication de Fontainebleau ne la feront renoncer à la précieuse armure figurée par des bank-notes inconvertibles.

Pourquoi? c'est qu'il n'est pas d'un homme sage, et encore moins d'un peuple aussi rudement éprouvé que l'a été, dans ces dernières années la France, de se hâter de « désarmer », c'est-à-dire de se dépouiller de ce qui fit sa force, tant qu'il peut se croire menacé et que tout n'est pas redevenu calme, tranquille.

PAUL COQ.

CORRESPONDANCE

Monsieur le rédacteur en chef,

On parle souvent de la question sociale et on entend par là une ou plusieurs questions de premier ordre, se rapportant à l'accord du travail et du capital ou au salaire, permettez-moi de vous signaler une question plus fondamentale encore.

I

La civilisation n'est pas un fleuve qui roule ses ondes dès sa source ; c'est la goutte d'eau qui pénètre la terre avant de la fertiliser.

L'homme primitif est peu intéressant. Il lui arrive de manger son semblable. M. Stanley ne vient-il pas de trouver des anthropophages dans l'Afrique centrale ? Il s'est ensuite défendu contre lui ; et que de transformations depuis la fronde et la flèche, jusqu'aux massacres organisés qui se font aujourd'hui en Orient, et la guerre scientifique qu'on osait faire il y a peu d'années à notre belle France ! Nos vainqueurs l'ont dit : au xix° siècle « la Force prime le Droit. »

Le droit de la force a passé du chef de famille au chef du clan, de la tribu, de la brigade, de l'armée. Il s'est fait couronner et maintenant qu'il arrive à la majorité, c'est toujours le droit de la force, puisque le suffrage universel n'est pas éclairé.

La Révolution française de 1789, magnifique explosion de la démocratie, ne pouvait être qu'un oriflamme placé à l'entrée du monde nouveau. Les légions qui l'entouraient, et qui grossissent tous les jours, ne pouvaient le porter en avant. La lumière n'était pas faite et la route est encore aujourd'hui obscure.

Assurément la démocratie n'était pas nouvelle en ce monde. La Grèce en avait fait une oligarchie qui vivait avec l'esclavage. Rome, après l'avoir encensée, lui donnait du pain et des jeux. Le sublime fondateur de la religion chrétienne appelait les faibles et les petits au royaume de son père, et donnait à la démocratie son pôle en l'élevant jusqu'à Dieu. La religion chrétienne s'établissait au moment de l'invasion des barbares ; elle contribuait à l'amortir, à sauvegarder la civilisation de l'époque ; mais dans ces luttes, et depuis, son pur principe s'est altéré jusqu'au despotisme.

II

Nous sommes héritiers des civilisations antérieures. Il serait sage de ne les accepter que sous bénéfice d'inventaire; et quel inventaire! Extraire de ruines amoncelées de nobles sentiments, de grandes pensées, patrimoine du genre humain. Il faut cependant reconnaître que ces nobles sentiments, ces grandes pensées, justes à leur époque, par le simple cours du temps, portent souvent à faux dans le nôtre. De là cette confusion dans laquelle nous nous débattons.

La Grèce avait porté la personnalité à un dégré d'élévation qui n'a été dépassé que par la morale évangélique. Aujourd'hui, c'est la foule qui veut monter et elle n'en est encore qu'aux premières marches.

La législation française, moitié grecque, moitié latine, réceptacle des droits et coutumes de nos ancêtres, et de leurs transformations successives, est devenue un fouillis, un taillis dans lequel il serait grand temps de faire un abaitis.

Nous sommes fiers de nos progrès vers la liberté et nous oublions que nous portons encore les stigmates de l'esclavage. On a décrété de nos jours l'abolition de la traite des noirs. Il reste l'abominable contrebande et les États-Unis d'Amérique ont failli sombrer dans la guerre de sécession.

De nos jours aussi, on a vu un anglais conduire sa femme au marché la corde au col. Les mœurs ont fait justice de cette sauvagerie, mais la loi existait alors. En Circassie, on vend les jeunes filles pour le harem des sultans.

Le Gange roule les corps des enfants débiles qu'on lui abandonne et la France perd chaque année cent mille enfants, dont une notable partie, livrée aux nourriciers et aux faiseuses d'anges, pourrait être conservée par des soins éclairés et affectueux.

Nous ne sommes encore que des barbares!

Les sciences seules, émancipées depuis Galilée, ont pris un magnifique essor et marchent en tête de la civilisation intellectuelle.

III

Le monde a vécu jusqu'ici, à bien peu d'exceptions près, sous le principe d'autorité et sa devise : La force prime le droit. Le monde dans lequel nous entrons proclamera le principe de la légalité qui fera prévaloir le droit sur la force.

Mais que la route est longue devant cette étoile polaire et que de chutes peut-être chemin faisant! L'obéissance passive peut nous mener aux abîmes.

Ne serait-il pas sage de nous dégager doucement des liens qui nous retiennent en arrière lorsqu'il faut marcher en avant?

Ce qui fait que la morale est aujourd'hui si hésitante, si vacillante, c'est que les étais du passé sont ébranlés et que ceux de l'avenir ne sont pas encore assis.

Cette belle devise de Liberté, Égalité, Fraternité qu'on voudrait répandre dans le monde, ne serait-il pas bon de l'établir d'abord chez soi? Elle est plus nominale que réelle dans notre vie publique et il n'y en a pas trace dans notre vie privée.

Si la fraternité, celle de l'évangile, existait dans nos intérieurs, la domesticité ne serait pas devenue une plaie sociale dont nous avons tous à souffrir. Nous aurions compris qu'il était de notre devoir d'éclairer la conscience de nos serviteurs, de leur apprendre ce qu'ils doivent savoir, et nous aurions créé dans ce but des établissements qui eussent été utiles à tous.

L'égalité peut exister dans la diversité. On a souvent discuté sur la différence d'organisation masculine et féminine; différence si profonde qu'elle suffit à prouver la nécessité de se compléter l'une par l'autre.

De cette différence ressort les aptitudes diverses et leur application. La vie extérieure est le domaine de l'homme, la vie intérieure appartient à la femme.

La vie privée est le berceau, l'école de la vie publique. Si l'ordre et la paix règnent dans l'intérieur, si, après les tendres soins de la première enfance, la mère sait suivre, de concert avec son mari, le développement physique, intellectuel et moral de sa jeune famille, le père portera dans la vie publique l'ordre, la paix et la surveillance éclairée des grands intérêts de la famille humaine.

Aujourd'hui, c'est l'autocratie qui règne dans le ménage et qui rejaillit dehors. La pratique du despotisme ne peut être l'apprentissage de la liberté.

Pour remplir les grands devoirs de la vie intérieure, l'initiative, la responsabilité sont nécessaires, par conséquent la liberté. La femme est serve devant la loi française. Alors même qu'une séparation a été légalement prononcée, elle ne peut vendre une parcelle de son bien sans l'autorisation du mari qui lui est devenu étranger. La majeure partie des signatures qu'elle appose sur les actes publics sont des condescendances dont on pourrait se passer. Le père peut marier sa fille sans le consentement de la mère qui l'a élevée. La femme est mineure devant la loi, mineure dans la famille.

La vie publique ne sera digne et morale que lorsqu'elle sortira de la vie privée; et la vie privée, la famille, ne sera digne de ce nom, que lorsqu'on aura donné aux femmes l'indépendance légale, le développement de l'intelligence et la force morale nécessaires à leur mission.

Les pays vraiment libres ont compris ces vérités. L'Amérique est entrée largement dans la voie des innovations, l'Angleterre la suit à distance. Le mouvement se fait sentir en Suisse, en Italie, dans le nord de l'Europe. C'est la moitié du genre humain qui s'avance pour prendre part à la vie intellectuelle, à la vie sociale. Jusqu'à présent, en la prenant dans sa généralité, elle n'a guère vécu que de servage.

Si ce mouvement pénètre jusqu'à nous, si des concessions nous sont faites, nous aussi, nous aurons des sacrifices à faire.

Sachons voiler les croyances de notre enfance; en leur gardant nos respects, sachons en dégager le principe supérieur : sachons adorer Dieu sans intermédiaire, le servir avec notre libre arbitre, appuyé sur la conscience qui nous a été donnée et dont nous rendrons compte.

Le monde ancien s'appuyait sur le paganisme, le monde moderne sur le judaïsme et le christianisme. Le monde nouveau doit s'appuyer sur le déisme, sous peine de tomber dans le matérialisme.

En résumé, l'avènement des femmes peut devenir le fait le plus considérable de notre époque. Il établira dans l'humanité l'équilibre qui oscille entre l'abus de la force et celui de la faiblesse. Si les femmes savent rejeter la frivolité qui les neutralise ; si elles savent s'élever à la belle mission maternelle et prendre le rang de compagne de l'homme, elles apporteront dans le monde la franchise des relations, la délicatesse et la pureté des sentiments et le grand idéal religieux presque disparu sous les voiles renouvelés du moyen âge.

Une lectrice du Journal des Économistes.

A PROPOS DU RACHAT ET DE LA RÉORGANISATION DES GRANDES LIGNES DES CHEMINS DE FER.

Mon cher rédacteur en chef,

Lorsque vous avez offert l'hospitalité du *Journal des Économistes* à mes études sur la question des chemins de fer, vous doutiez-vous que j'allais y distiller du poison, et du poison de haut titre, paraît-il ? Il le faut pourtant croire, car voilà que des antidotistes arrivent à la rescousse, et votre dernier numéro en compte au moins deux qui viennent affirmer à vos lecteurs que le régime du monopole des grandes compagnies de chemins de fer est le paradis terrestre pour la France. On vous engage même à écrire en Amérique pour avoir des certificats sur l'excellence de ce régime....... appliqué chez nous. N'allez pas en prendre la peine, ces diables d'anglo-saxons glorifient volontiers, chez les races latines, des institutions économiques qu'ils se gardent bien d'importer chez eux. Affaire de race, disent-ils : or vous êtes de ceux qui croient que les principes de l'économie politique sont en dehors et au-dessus des questions de race.

Dieu me garde de saisir l'occasion de reprendre la question *ab ovo*, je crains d'en avoir déjà trop saturé vos abonnés. Vous ne voudriez pourtant pas, pour l'honneur de vos collaborateurs, m e voir m'incliner en silence devant l'attaque de M. Blaise (des Vosges); vous le voudriez d'autant moins que j'y suis carrément accusé de protectionnisme et dans le *Journal des Économistes*, et certes, le trait est noir. Les maîtres de la science ont dit : laissez faire, laissez passer. J'interprète, laissez travailler, laissez circuler; et je combats le monopole en matière de transports comme nuisible au travail, nuisible à l'échange. Serait-il plus orthodoxe de dire : Laissez faire le monopole, laissez passer le monopole?

C'est à fer émoulu que me charge M. Blaise (des Vosges), et avec quelle vivacité, bon Dieu! Au fond, j'aurais mauvaise grâce à ne pas en être quelque peu flatté, on ne s'escrime ainsi que contre un adversaire sérieux : sérieux, mais outrecuidant, paraît-il.

Une mince individualité comme la mienne s'attaquer à la sextuple alliance de ces colosses que l'on appelle les grandes compagnies ! La goutte d'eau ne perce-t-elle pas le rocher? on nous l'a enseigné, du moins. Je regrette de ne pouvoir prétendre à la longévité de la goutte d'eau, mais je puis m'inspirer de sa persévérance et je le ferai. Il est toujours bon de pousser à la roue; un simple kilogramme d'effort, survenant à propos, peut déterminer le mouvement.

Bon nombre de vos lecteurs ont dû passer à côté de mes articles. Je ne saurais les en blâmer; il est permis de reculer devant des pages compactes et une matière ardue. M. Blaise a fait de même et il n'aurait pas plus mal fait que les autres, s'il ne lui était venu la pensée de me combattre, et, comme il le dit, *de me confondre en peu de mots*. Je me suis hâté de lui envoyer tout ce que vous avez publié de moi sur la question depuis dix-huit mois. S'il s'est donné la peine de me lire, — ce que j'espère, en raison de l'irrita-

tion nerveuse que je parais lui avoir causée, — il aura été quelque
peu surpris, en voyant que le violent réquisitoire contre les
grandes compagnies qu'il me reproche violemment n'est pas le
moins du monde mon œuvre personnelle. Je n'ai fait que collectionner les plaintes officielles des chambres de commerce, des conseils généraux, des organes les plus autorisés du commerce et de
l'industrie. Je confesse les avoir mises en relief avec quelque chaleur. S'il y a crime, j'y persévère. Mais la vérité, c'est que je ne
suis qu'un écho.

Ainsi, par exemple, M. Blaise s'indigne que je reproche aux
grandes compagnies la ruine du cabotage et de la batellerie. S'il
voulait bien étudier, comme moi, l'enquête parlementaire de 1874,
il y lirait entr'autres :

« Les tarifs spéciaux, différentiels, etc., n'ont été conçus que
dans le but de vaincre la concurrence des messageries, du roulage
et de la navigation; ils n'ont abouti qu'à blesser les intérêts particuliers, à déshériter certaines villes, en en enrichissant d'autres, à sacrifier, parfois, notre industrie à la concurrence étrangère. »

Et que ce n'est pas moi qui dis ces grosses choses. C'est la Chambre de commerce de Paris.

D'autres Chambres ne s'expriment pas moins catégoriquement :

« Les tarifs à prix réduits ont été surtout adoptés contre la concurrence des voies navigables. »

Et ailleurs :

« Ces divers tarifs n'ont été inventés par les Compagnies que
dans leur propre intérêt. Elles ne les appliquent, le plus souvent,
que dans le but de porter un grave préjudice aux voies fluviales avec
lesquelles elles sont en concurrence. Toutes leurs forces ont été
dirigées contre le cabotage et la batellerie. »

Une autre Chambre résume plus vivement encore ce fait économique, celle de Nantes, de Nantes dont M. Blaise (des Vosges)
me reproche assez amèrement d'être un des champions. Enfant de
Nantes, je lutte contre le monopole des grandes compagnies qui
l'écrase aussi. En quoi cela peut-il affaiblir ma thèse?

« La guerre contre la navigation se trouve érigée en principe
par la Compagnie d'Orléans », a dit sa Chambre de commerce.

Tout cela est fort net. Eh bien ! toutes les autres articulations de
mon *réquisitoire* sont empruntées aux mêmes sources. C'est donc
vers les Chambres de commerce de Paris, du Havre, de Marseille,
Nantes, etc., que M. Blaise doit retourner les sarcasmes dont il
s'étudie à le cribler.

Isolée, une Chambre de commerce peut faire erreur. Réunies,

elles ne se trompent guère. Elles n'ont pas besoin d'ailleurs que je les défende.

Je suis bien obligé de regretter que M. Blaise ne fasse pas partie de l'Association pour l'amélioration et le développement des moyens de transport. Il y aurait, dernièrement, entendu les représentants les plus compétents du commerce et de l'industrie, c'est-à-dire des gens ayant mis la main à la pâte, revendiquer dans l'intérêt du pays et justifier cette règle d'uniformité à propos des tarifs qui offusque tant mon contradicteur; il aurait vu l'Assemblée voter à l'unanimité cette réforme ; il l'aurait vue, encore, voter le principe du rachat de tous les chemins de fer, comme seul moyen pratique d'arriver à la transformation, devenue nécessaire, de la tarification générale. Peut-être ces discussions l'auraient-elles éclairé, mais combien de gens convainct-on ?

Je professe, dites-vous, un *delenda societas* à l'endroit des grandes Compagnies. Pardon, cher collègue, si j'avais eu la bonne fortune d'être lu par vous, vous auriez vu que j'ai écrit : *Delenda est Carthago*. J'appelle *Carthago* un monopole armé d'un droit de tarification séculaire, parce qu'un tel monopole menace la prospérité de la France, au moins autant que Carthage menaçait Rome.

Moi, l'ennemi des grandes Compagnies ! mais elles n'ont pas d'ami plus précieux que moi. Vienne le jour où justice sera rendue, et j'attends d'elle une plume d'honneur. Mon plan de réorganisation ne tend-il pas, — en leur amputant quelques membres secondaires qui les embarrassent et les usent par les détails, — à les reconstituer plus brillantes et plus prospères que jamais ? N'ai-je pas proposé, en les exonérant de ce droit de tarification qui soulève contre elles tant d'animosités et de malédictions, de laisser, à titre de grandes artères de circulation principale, à la Compagnie du Nord l'exploitation de 1,250 kilomètres avec 110 millions de recettes ?

A l'Est, 1,580 kilomètres, avec 80 millions ?

A l'Ouest, 1,230 kilomètres, avec 70 millions ?

A l'Orléans, 2,000 kilomètres, avec 105 millions ?

Au Midi, 800 kilomètres, avec 60 millions ?

Au Paris-Lyon-Méditerranée, 1,600 kilomètres, avec 180 millions !

Puis d'organiser en chemins de fer régionaux, c'est-à-dire en simples affluents de ces grandes artères, les quelques milliers de kilomètres secondaires ainsi retranchés aux réseaux actuels, en les complétant par ce qui nous reste à construire.

Mon idée est simple, donc elle a chance d'être bonne. Je m'y tiens donc, sans me sentir ébranlé par l'assaut que lui a livré M. Blaise, des Vosges? Je crois même que, dans leur for intérieur, les administrateurs des grandes Compagnies ne la trouvent pas si mauvaise. Mais l'amour du pouvoir pour le pouvoir est un si fâcheux conseiller! Il n'est pas besoin de beaucoup chercher pour le trouver au fond de toutes les révolutions grandes et petites.

AUGUSTE CHÉROT.

BULLETIN

—

ESQUISSE D'UN COURS ÉLÉMENTAIRE D'ÉCONOMIE POLITIQUE (1)

L'enseignement de l'économie politique tend à se répandre rapidement. Un nombre déjà important de villes ont commencé à lui donner place dans leurs cours du soir. Plusieurs départements, grâce à leurs conseils généraux, l'ont introduit dans leurs écoles normales; et il est à présumer qu'avant peu cette innovation sera devenue la règle. D'autre part, des écoles primaires supérieures vont être créées, et l'économie politique figurera certainement dans leurs programmes.

Il y a tout lieu de se féliciter de ce mouvement; car la connaissance des éléments au moins de la science économique est désormais indispensable à tous. C'est une des premières conditions de la prospérité et de la tranquillité publiques, et dans un pays de démocratie et de suffrage universel la nécessité s'en accroît chaque jour. L'économie politique, comme l'a bien dit M. Jules Simon, n'est pas autre chose que la « science du sens commun. »

Mais il y a, en même temps, à s'en préoccuper; car il y a un apprentissage à faire en toute chose, et « il faut », a dit également M. J. Simon, que l'économie politique, pour rendre les services qu'on est en droit d'attendre d'elle, « soit bien enseignée. »

Or les professeurs, on ne peut se le dissimuler, sont rares encore, et tous n'ont pas l'expérience nécessaire. Si ce n'est que demi-mal dans les sphères élevées où l'on peut, sans grand danger, se former en pratiquant, c'est un danger réel dans l'enseignement élémentaire où tout doit être net, précis et simple. Les éléments, à vrai dire, sont la moelle de la science, et les maîtres seuls sont en état de l'extraire avec sûreté.

(1) Cette note a été remise à M. le Ministre de l'Instruction publique.

J'ai donc cru faire une œuvre qui ne serait pas inutile en essayant de tracer, en quelques pages, un résumé des notions essentielles qui paraissent devoir entrer dans un enseignement primaire supérieur : c'est, en quelque sorte, une réduction de l'économie politique, faite par un vieux professeur à l'usage des jeunes. A chacun à mettre, selon ses aptitudes et ses goûts, la couleur et la vie sur cette esquisse.

Les professeurs auront, avant tout, à donner une *idée générale de la science économique* et de son objet : ce qu'ils pourront faire, sans recourir à des définitions abstraites et toujours insuffisantes, en appelant l'attention de leurs jeunes auditeurs sur le fait universel du *travail* et sur sa nécessité pour le maintien et l'amélioration de l'existence humaine. Ils montreront comment l'homme, pressé de besoins auxquels il ne peut donner satisfaction qu'en s'emparant des objets qui l'entourent et les appliquant à son usage, se livre d'abord, dans ce but, à des efforts isolés, puis à des efforts plus ou moins heureusement concertés avec ses semblables.

Ils saisiront ainsi à sa naissance le fait de la *production*, fait propre à l'homme, puisque l'homme seul, parmi les animaux, non-seulement utilise, en les consommant, les ressources que fournit la nature, mais en prépare, par une activité intelligente, le renouvellement et l'accroissement. Ils y saisiront du même coup le fait, également propre à l'homme, de l'*échange*, qui nous constitue à toute heure et sous mille formes les serviteurs *les uns des autres* et fait de l'impuissance de chacun, grâce au merveilleux mécanisme de la *division du travail*, la puissance de tous; et le fait corrélatif aussi de la *propriété*, conséquence de l'appropriation des choses et récompense de l'effort par lequel s'opère cette appropriation. Il importera ici de bien montrer comment cette appropriation, loin de rien enlever à la communauté primitive, est au contraire la condition nécessaire de l'exploitation active et féconde par laquelle se forme graduellement le patrimoine commun. L'*héritage*, sans lequel cette œuvre bienfaisante serait incessamment à recommencer, grâce auquel seul l'homme est appelé à se survivre à lui-même en transmettant à d'autres existences le fruit de la sienne, permettra d'éclaircir encore, en les complétant, ces premières vérités.

Les éléments de la production sont divers; il conviendra de les indiquer. Il y a *la matière*, que l'homme n'a pas créée et dont il ne peut changer la substance, mais à laquelle il peut, en y appliquant la force dont il est dépositaire, faire subir des façons diverses et plus ou moins heureuses. Il y a *la science*, qui, en étudiant les

propriétés de la matière et en en pénétrant les lois, apprend à se
mieux servir des utilités connues ou à faire apparaître des utilités
jusqu'alors inconnues. Il y a les *outils*, compléments nécessaires de
la main humaine, qui ne sont que de premiers produits destinés à
en obtenir d'autres, et sans lesquels l'homme serait le plus dépourvu et le plus exposé des animaux. Il y a la *volonté* enfin, impulsion de tout le reste, et la *force morale*, ressort indispensable de
de tout progrès, même matériel.

La volonté est libre ; le travail doit l'être aussi, et c'est dans
la proportion où il l'est que sa fécondité s'accroît avec son énergie. Un coup d'œil sur le passé et sur la misère des pays à esclaves d'abord, puis sur les gênes et les entraves de la réglementation des industries sous le régime des *corporations* fermées,
trouvera tout naturellement sa place à la suite de ces indications.

Les *machines* ne sont autre chose que des outils, plus compliqués ou plus puissants; quelle qu'en soit la nature, leur rôle est le
même : faire mieux, faire plus vite, ou faire avec moins de dépense
et de peine. Ce sont donc les auxiliaires par excellence du travail,
qu'elles tendent à développer en en variant les formes et en en
multipliant les résultats. Des exemples, puisés dans les industries
connues de tous et empruntés aux faits de chaque jour, rendront
aisément sensible cette influence bienfaisante et permettront de
mettre les élèves en garde, sans les fatiguer de raisonnements généraux, contre les apparences trop souvent trompeuses qui font voir
dans le progrès de l'outillage un danger pour le travail et pour le
salaire.

De même pour le *capital*, qui devra être examiné tour à tour
dans sa source et dans ses effets, au double point de vue de celui
qui le possède et de celui qui en est encore privé. On fera voir
comment ce capital, que l'on a trop l'habitude de restreindre à
quelques-unes de ses formes seulement, est en réalité partout où
se trouve une ressource préparée pour l'usage de l'homme ; et l'on
montrera comment pour le former deux conditions sont nécessaires :
le travail d'abord, qui est un premier titre, et l'épargne ensuite,
qui en est un second. On pourra donner à cette occasion quelques
aperçus sur les divers aspects de l'*épargne ;* sur la puissance des
moindres économies, et en particulier sur les *caisses d'épargne
scolaires.*

On expliquera également comment, une fois formé, le capital
devient l'aliment du travail et le réservoir du *salaire;* et l'on fera
comprendre, en prenant toujours ses démonstrations dans les faits,
que toute destruction de capital, sous quelque forme qu'elle se
produise, a nécessairement pour conséquences un ralentissement

du travail, un amoindrissement de la production et un abaissement du salaire.

Ni le *salaire* proprement dit, qui est la rémunération du travail, ni *l'intérêt* ou le *profit*, qui sont la rémunération du capital ou de l'intelligence, ne sont livrés au hasard. Ils dépendent, ainsi que le prix des produits eux-mêmes, de leur proportion réciproque et de la façon dont ils sont offerts ou demandés. On s'attachera à donner une idée juste et claire de cette *loi de l'offre et de la demande*, aussi inflexible dans l'ordre économique, qu'elle domine tout entier, que l'est dans l'ordre physique la loi de l'équilibre des liquides sous l'action de la pesanteur; et l'on fera entrevoir, sous cette fatalité apparente, l'accord de la justice et de la prospérité générale, également intéressées à ce que les besoins les plus vifs soient les premiers satisfaits et les services les plus désirés les mieux rétribués. Toute intervention de la force, soit par la violence privée, soit par la loi, ne pouvant que porter atteinte à ce nivellement naturel, est préjudiciable; et voilà pourquoi la puissance publique ne doit intervenir dans les échanges ou les contrats que pour en protéger et en garantir la liberté et la loyauté. On pourra donner à ce propos un aperçu tant des anciennes *réglementations de prix et de salaires* que des *grèves* et autres tentatives faites pour en modifier artificiellement le taux; et l'on spécifiera dans quelles limites et sous quelles formes les réclamations collectives peuvent être licites et efficaces, à quel moment elles deviennent iniques et funestes. On aura soin d'ailleurs de bien marquer le caractère du salaire; et, tout en faisant équitablement la part de *l'association*, on établira bien, d'une part, que le salaire, conversion volontaire en un forfait du dividende aléatoire du travail, n'a rien ni de dégradant, ni d'oppressif, et, d'autre part, que l'extension de l'asssociation proprement dite, subordonnée à des conditions diverses et parfois irréalisables, ne convient ni à toutes les industries ni à toutes les situations. Elle ne saurait en tout cas être jamais le résultat de mesures impératives et générales.

Quelques mots sur les modes divers de *coopération* et de *participation* pourront ici, selon le degré de l'enseignement, se trouver plus ou moins à propos. Des exemples montreront comment les petits capitaux, en s'unissant comme les gouttes d'eau pour former un ruisseau, peuvent acquérir la puissance qui leur manque dans l'isolement, et comment aussi, lorsqu'ils se livrent sans prudence à des ambitions exagérées, ils ne font que courir à leur perte.

Cet exposé, quelque modeste que doive être la tâche, ne serait pas complet si l'on ne donnait encore, en quelques mots au moins,

une notion exacte de quelques-uns des phénomènes les plus usuels,
et les plus mal compris souvent.

Au premier rang est la *monnaie*, dont il est essentiel de bien
définir la nature et le rôle, en montrant qu'elle n'est ni un signe
arbitraire et une valeur conventionnelle, ni la richesse principale
et le capital par excellence ; mais bien et tout simplement une des
formes, aussi réelle que limitée, de la richesse, une marchandise,
ayant en elle-même sa valeur reconnue de tous, et investie, en
raison de cette valeur intrinsèque et de certaines qualités spéciales
qui la rendent particulièrement propre à cet usage, de la fonction
d'instrument habituel des échanges et de moyen d'évaluation entre
les autres marchandises. D'où il suit qu'on ne peut ni se passer de
monnaie au delà d'une certaine limite, ni sacrifier à l'acquisition
indéfinie de la monnaie la possession des autres richesses plus
directement utiles et consommables. Si l'on peut, pour la facilité
des transactions, remplacer plus ou moins le paiement actuel en
espèces par des promesses, ces promesses ne valent, en somme,
qu'autant qu'elles sont réalisables en espèces, comme la monnaie
à son tour est réalisable en produits ou en services ; le *papier*, supposant la monnaie, ne saurait la supprimer, ainsi qu'on l'a vainement tenté à diverses reprises.

La même observation s'applique au *crédit*, qui peut avoir la
vertu d'activer la circulation des produits et par suite la fécondité
du travail, mais qui ne saurait être ni illimité, parce qu'on ne
peut prêter que ce qui existe, ni gratuit, parce qu'on ne peut se
dessaisir d'un avantage qu'en vue d'un avantage au moins équivalent. Tout prêt, pour être possible, suppose d'abord l'existence
de l'objet prêté ; et tout emprunt, pour n'être pas insensé, suppose,
de la part de celui qui emprunte, l'intention d'appliquer à cet objet
un travail qui en assurera la reproduction avec accroissement.

Mais aucun travail, et à plus forte raison aucun échange, n'est
possible sans l'existence de certaines conditions de *sécurité*, d'*ordre*,
de *circulation*, qui ne peuvent être procurées et garanties autrement que sous la forme de *services collectifs*. Pour assurer ces
services, d'autant plus nombreux et plus considérables que les
sociétés sont plus avancées, des dépenses, pareillement collectives,
sont indispensables, et il y faut pourvoir. C'est l'objet des *contributions*, souvent appelées encore, d'un mot qui a le tort d'éveiller
une idée différente, du nom d'*impôts*. Il ne peut convenir, dans un
enseignement élémentaire, d'entrer dans le détail des diverses
formes d'impôt ni de se livrer à une discussion comparative de
leurs mérites respectifs et des systèmes proposés pour les remplacer. Mais il est de la plus grande utilité de bien mettre hors de

doute la vraie nature et le vrai principe des charges publiques en
faisant bien comprendre qu'elles ne sont pas, comme le disait
Turgot, « une charge imposée par la force à la faiblesse », mais
bien la rétribution et la compensation d'avantages équivalents :
la part de chacun, en d'autres termes, dans l'acquittement des
frais généraux de la société. C'est une cotisation, pour tout dire, que
le progrès des institutions doit tendre à rendre, autant qu'il est
possible, proportionnelle à ce que chacun, à raison de ses intérêts,
recueille de services. Là, comme pour le régime du travail, il existe
un abîme entre les institutions du passé et celles du présent,
quelque imparfaites que soient encore celles-ci; et il ne sera pas
inutile d'en faire la remarque en montrant, par quelques traits au
moins, ce qu'était autrefois l'impôt.

Avant de terminer, et afin d'aller au-devant de fâcheuses impressions, il conviendra de jeter un coup-d'œil rapide, mais ferme,
sur les souffrances dont les Sociétés modernes ne sont pas exemptes,
et de s'arrêter un instant sur le fait douloureux de la *misère*.

On rappellera, d'abord, qu'en ce point, comme en d'autres, le
passé n'a pas été supérieur au présent; et, sans se montrer injuste
envers les âges précédents, sans diminuer en rien ni les maux ni
les fautes du temps actuel, on fera, par quelques-uns des côtés les
plus simples et les plus accessibles, la comparaison de la condition
de nos pères avec la nôtre. On dira, par exemple, ce qu'*était la vie*
autrefois et ce qu'elle est de nos jours sous le rapport du logement,
de la nourriture, du vêtement, des moyens de communication et
de transport, de l'instruction, de la salubrité et de la sécurité. On
énumérera ensuite les principales causes de la misère, soit publique, soit privée, et en regard l'on placera l'indication des principaux
remèdes. D'un côté, c'est le désordre, l'inconduite, l'imprévoyance,
les dépenses inutiles et irréfléchies, le cabaret avec ses influences
fatales, l'oisiveté avec ses entraînements; et aussi, parmi les circonstances qui paraissent au premier abord plus étrangères à
l'action de la volonté individuelle, mais qui en réalité n'y échappent pas, les crises intérieures et extérieures, les transformations
d'outillage, les chômages, les accidents, les maladies; et, par-
dessus tout, l'ignorance, source de la plupart des impuissances et
des fautes. De l'autre côté, c'est l'instruction et la moralité, qui, en
donnant à l'homme plus de valeur et plus d'empire sur lui-même,
le rendent plus apte à se bien diriger et à se bien employer;
l'ordre, l'économie, la modération dans les désirs, grâce auxquels,
à chances égales, on tire meilleur parti de ses ressources; les
institutions de prévoyance, enfin, sous toutes les formes, *assurances*

sur la vie ou *contre les accidents, sociétés de secours mutuels, caisses de retraites, bibliothèques, associations d'instruction,* etc., qui n'ont pas sans doute la vertu de préserver toujours du mal, mais qui en atténuent au moins les conséquences et procurent, dans une mesure toujours incomplète, mais plus considérable chaque jour, le plus précieux de tous les biens, la sécurité.

Deux conditions, pour que cette sécurité ne soit pas à tout instant troublée, sont avant tout nécessaires : l'*ordre intérieur* et la *paix extérieure.* L'un n'est possible qu'avec des habitudes sérieuses de respect mutuel et d'obéissance aux lois ; l'autre ne se peut obtenir que par des notions plus justes des devoirs des nations les unes à l'égard des autres et des véritables conditions de leur grandeur et de leur puissance. Ni les *révolutions,* ni les *guerres,* quels qu'en soient les premiers résultats apparents, ne rapportent en somme ce qu'elles coûtent ; et elles arrêtent plus de progrès qu'elles n'en réalisent. La solidarité, désormais si visible, qui unit les uns aux autres non-seulement les membres d'une même société, mais les diverses fractions du monde civilisé, tend à faire mieux comprendre de jour en jour les intérêts communs de l'humanité ; et l'extension des échanges internationaux, en mêlant à toute heure les destinées des nations les plus éloignées, devient l'un des plus puissants obstacles aux entraînements trop fréquents encore de l'esprit d'aventures. On peut, sans jamais toucher en rien aux questions pendantes, faire comprendre la haute importance de cette évolution tout économique, et mettre ainsi en relief le véritable caractère de ces doctrines de *liberté commerciale* qui tendent à faire du globe entier, par une application plus large de la division du travail, un même atelier et une même famille.

Tout ce qu'il y a d'essentiel dans la science économique est, je le crois, contenu dans ce rapide exposé. J'ose l'offrir, au nom d'une expérience déjà longue, à ceux qui seront appelés à répandre l'enseignement de cette science, et j'espère qu'il leur pourra être de quelque secours.   FRÉDÉRIC PASSY.

Le sommaire suivant résume ce programme.

Objet de la science économique. La vie, son entretien et son développement. Nécessité du travail.

Ce que c'est que produire. Appropriation des choses à l'usage de l'homme. Formes de cette appropriation : extraction, transformation, déplacement.

Loi de la sociabilité. Impuissance des efforts isolés et puissance des efforts concertés. — Division du travail et échange.

Conséquences de l'appropriation : possession personnelle ou propriété; sa légitimité, sa nécessité, ses bienfaits.

Transmission de la propriété, ou hérédité, lien matériel et moral des générations par la prévoyance par la gratitude, conservation et accroissement des progrès réalisés. Formation du patrimoine commun. Communauté vraie et communauté menteuse ou communisme.

Éléments du travail : matériaux, connaissances, instruments. Travail matériel, intellectuel, moral.

Loi du travail ; la liberté. Coup d'œil sur l'histoire du travail.

Capital, en quoi il consiste, son origine, ses formes. Capital fixe et capital circulant, capital matériel et capital immatériel. Capitaux privés et capitaux publics.

Intérêt, ou loyer du capital ; salaire ou loyer du travail. Leur raison d'être. Comment ils se règlent.

Loi de l'offre et de la demande. Entraves mises au libre jeu de cette loi : violences légales et illégales. Leurs effets.

Combinaisons diverses du salaire et de l'intérêt : rétribution aléatoire ou à forfait, en argent ou en nature ; au jour le jour ou à longue échéance. Unité du phénomène sous toutes ses formes. Universalité de la dépendance mutuelle et de l'échange des services.

Procédés priucipaux de simplification et de perfectionnement du travail et de l'échange. Les machines, et leur rôle comme créatrices de travail et de loisir. — La monnaie, marchandise universelle et langue commune des intérêts. — Le papier et le crédit, suppléants de la monnaie. Leurs services, leurs limites.

Services publics, condition du développement normal des services privés : sécurité, justice, voies de communication, etc. Contributions, ou rétributions des services publics. Leurs caractères essentiels.

Commerce extérieur. Importation et exportation. Solidarité écono mique; société des nations. Le passé, le présent.

Le progrès, ses conditions. Travail, liberté, ordre, économie, moralité, sagesse et paix.

AUTRE PROGRAMME D'UN COURS ÉLÉMENTAIRE D'ÉCONOMIE POLITIQUE(1).

Un professeur expérimenté peut s'y prendre de bien des manières pour présenter les premières notions de l'économie politique; mais de quelque façon qu'il s'y prenne, on ne saurait trop lui re-

(1) Note également remise à M. le Ministre de l'Instruction publique.

commander l'ordre et la méthode, pour éviter les digressions qui font perdre le temps et produisent la confusion dans l'esprit des élèves. C'est surtout en économie politique qu'on est tenté de parler de toutes les questions à propos d'un sujet donné.

Pour guider les nouveaux professeurs qui trouveraient que les excellentes indications précédentes ne sont pas assez détaillées, nous pouvons signaler aussi le programme suivi par M. Joseph Garnier dan sses *Premières notions d'économie politique, ou sociale, ou industrielle* (1).

Un cours pareil ou analogue devrait être fait :

1° Dans les Colléges et les Lycées aux élèves de rhétorique et de philosophie. (Il pourrait être confié, soit au professeur de rhétorique, soit au professeur de philosophie, qui l'encadrerait dans son cours, après la logique et la morale) ;

2° Dans les écoles normales primaires des deux sexes; dans les écoles primaires supérieures et, dans les écoles primaires, aux élèves les plus avancés.

Tous les maîtres d'école devraient être invités à étudier ces premières notions : pour bien comprendre eux-mêmes l'organisation des sociétés laborieuses; pour ne répandre autour d'eux que des idées saines ; pour pouvoir enseigner que l'État, si démocratique qu'on puisse le concevoir, ne doit pas être considéré comme une *providence;* qu'il n'a ni la mission ni le pouvoir de gérer les affaires de chacun et que l'homme ne doit attendre de bien-être que de son travail, de son énergie, de sa conduite et du bon emploi de son temps.

L'économie politique est le meilleur auxiliaire de la morale. Son étude, qui est celle de l'organisation sociale, est le vrai moyen de drainer les sophismes et les préjugés économiques répandus dans toutes les classes de la société, les classes lettrées aussi bien que les autres.

Le programme ci-dessous peut être développé en quarante leçons et plus, ou réduit à une dizaine, selon la nature des établissemens, l'aptitude des élèves, et le temps dont on peut disposer.

I. — *Notions préliminaires.*

A. — Objet de la science économique.

Elle rend compte de l'organisation sociale, de la vie laborieuse des individus, des familles et des sociétés.

_____

(1) Voyez dans le *Journal des Économistes,* n° de mars 1877, le programme d'un cours à la fois étendu et condensé, professé par le même à l'École des Ponts-et-Chaussées ; Paris, Guillaumin, in-8° de 18 pages. Voyez aussi plus haut, p. 241, un programme général de M. Courcelle-Seneuil.

Ce que sont les Sciences sociales, ou les Sciences morales et politiques, — l'Économie politique, ou sociale ou industrielle.

B. — L'homme a des Besoins physiques, intellectuels et moraux.

C. — L'homme satisfait ses besoins au moyen de la **Richesse,** qu'il obtient directement par la Production ou qu'il se procure indirectement par l'Échange.

La Richesse et ses deux qualités économiques. — L'utilité et la valeur. — Première notion sur la propriété, — sur l'intérêt individuel et social; — sur l'échange, — la monnaie et le prix.

Les quatre phases de la richesse constituent les *divisions* naturelles d'un cours d'économie politique.

II. — *Production et conservation de la richesse.*

D. — Comment l'homme produit directement la richesse par son Industrie.

Action productive des diverses industries. — Instruments de production. — Rôle de l'homme. — Frais de production. — Progrès en industrie.

E. Le Travail, premier instrument de production.

Les facultés de l'homme. — L'inégalité des aptitudes constitue un monopole naturel. — Comment le travail est plus actif et plus fécond.

F. — Le Capital auxiliaire indispensable du Travail dans la production.

Capital fixe, — Capital circulant, etc. — Formation du capital. — Utilité des caisses d'épargne, etc.

G. — Le capital sous forme de Machines.

Inventions, procédés, etc. — Voies de communication.

H. — La Terre, troisième instrument de l'industrie humaine.

La terre et les agents naturels. — Emploi du sol. — Faire valoir, Métayage et Fermage; — Grande et petite culture; — Esclavage, servage. — Division et mobilisation du sol.

I. — L'industrie de l'homme (ou l'action du travail, du capital et de la terre) rendue plus féconde par l'appropriation individuelle, par la Propriété.

Principe du droit de propriété. — Propriété du Travail, du Capital, de la Terre. — Propriété obtenue par Échange, Don ou Héritage, — par Première occupation, — par Invention.

J. — L'industrie de l'homme rendue plus féconde par la Liberté du travail ou la Libre concurrence.

Avantages sociaux de la[Libre concurrence. — Anciennes Corporations. — Réglementation. — Organisation artificielle. — Laissez-faire.

K. — L'industrie rendue plus féconde par la Sécurité, l'Instruction et les bonnes Habitudes morales.

La sécurité, principale mission du gouvernement.

L. — L'industrie de l'homme rendue plus féconde par la Division du travail.

Coopération. — Spécialités. — Division entre les localités.

M. — L'industrie rendue plus féconde par l'Association.

Avantages et limites de l'Association. — Illusions du Socialisme.

N. — Énoncé des autres circonstances influant sur la production.

Climat, race, religion, lois, mœurs, etc.

III. — *Echange et Circulation de la richesse. — Débouchés. — Crédit.*

O. — Comment la richesse s'échange et trouve des Débouchés.

Comment se résument tous les Échanges. — Les Produits et les Services servant de débouchés les uns aux autres. — Harmonie des intérêts par les échanges et les débouchés. — Liberté des échanges.

P. — Comment s'établissent la Valeur et le Prix résultant de l'échange et servant à mesurer la richesse.

Propriétés de la Valeur. — Frais de production. — Offre et demande. — Rente. — Prix maximum. — Prix rationnel et juste.

Q. — Rôle et fonctions des métaux précieux et de la Monnaie dans les échanges et dans l'économie sociale.

Qualités de l'Or et de l'Argent. — Valeur des Monnaies.— Variations. — Monnaies divisionnaires et pièces de Billon.

R. — Rôle du Crédit, facilitant les échanges et la production.

Instruments de crédit : billets, — Billets de banque ; — Lettres de change, —Chèques, —Warrants, — Lettres de gage, — Papier-monnaie. Institutions ou entreprises de crédit ou Banques ; — Crédits divers.

S. — Les entraves apportées aux échanges.

Le système mercantile ou de la balance du commerce et le système de la protection pour influer sur les Importations et les Exportations internationales, — Objets et moyens des deux systèmes : —Prohibitions, — Droits élevés,— Droits différentiels,— Échelle mobile,—Drawbacks,

—Admissions temporaires, — Primes, — Ports francs, — Entrepôts, — Docks. — Traités de commerce. — Réformes douanières. — Besoins du Fisc.

IV. — *Distribution ou Répartition de la richesse.*

T. — Comment la richesse est répartie.

Modes de répartition. — Principes de répartition. — Formules des écoles socialistes.

U. — Du revenu du travail ou du Salaire.

Influence du nombre des Ouvriers, — des Capitaux, — du Prix des vivres, — de la Disette. — Salaire des Artistes, des Savants, des Entrepreneurs.—Prétendue hostilité du travail et du capital.— Grèves, etc.

V. — Du revenu du capital ou de l'Intérêt ou Loyer, et de l'Usure.

W. — Du revenu de la terre ou de la Rente foncière et du Fermage.

X. — Du Bénéfice ou Profit.

Participation des capitalistes et des ouvriers aux Bénéfices. — Le Salariat et l'Association. — Sociétés ouvrières ou coopératives, etc.

V. *Consommation ou Emploi de la richesse.*

Y. — Comment la richesse se consomme ou s'emploie.

Consommation reproductive et Consommation non reproductive. — Règles relatives à la Consommation. — Le Luxe. — Importance du consommateur.

Z. — Consommation publique. — Le Gouvernement et l'impôt.

Fonctions du Gouvernement. — Les diverses dépenses publiques; moyens d'y pourvoir. — Diverses espèces d'Impôts et d'Emprunts.

VI. — *Leçons complémentaires.*

Leçons complémentaires sur les *questions générales*, — telles que : — l'accroissement de la population ; — les conditions du bien-être individuel ou social; — les moyens d'éviter ou de combattre la misère ; — les illusions des écoles socialistes ; — le sens rationnel de la formule : *liberté*, *égalité*, *fraternité*, etc.; — les questions d'actualité.

LES MANDATS DE POSTES ENDOSSABLE.

Le gouvernement anglais prépare, dans le service postal des mandats d'argent, une importante amélioration qui nous paraît recommandable par son origine : cette amélioration a été inspirée en effet par l'expérience ; c'est par l'observation des habitudes du public dans la transmission des petites sommes d'argent que le Post-Office a été amené à proposer au Parlement la création d'un nouveau mode de mandat d'argent plus simple, moins coûteux en frais administratifs, moins onéreux pour le public et plus commode.

Le projet, dont l'auteur est un des administrateurs les plus distingués d'Angleterre, M. George Chetwynd, accountant general du General Post-Office, a été examiné et approuvé par une commission spéciale, formée de banquiers et d'administrateurs de la plus haute compétence ; cette commission comprenait, comme président, M. George Moore (de la maison de banque Copestake, Moore, Crampton and Cᵉ), et M. Earnshaw, payeur général du Post-Office ; M. Frank May, caissier principal de la Banque d'Angleterre ; M. Christie Thomson, contrôleur général du département des Savings-Banks ; M. S. Walliker, postmaster de Hull, et M. J. Walter Weldon, surintendant à la London and West-minster Bank.

Cette commission a procédé à une enquête approfondie, où ont été appelés et entendus les fonctionnaires du Post-Office et de la Trésorerie, et les administrateurs des banques, les plus capables d'éclairer la question, de telle sorte que le bill projeté se présentera devant le Parlement avec un dossier parfaitement élaboré.

Pendant notre dernier voyage en Angleterre, l'administration anglaise a eu l'obligeance de nous communiquer ce projet avec les pièces à l'appui. Ces documents nous ont paru très-intéressants pour la France, non-seulement en vue du bill préparé, mais aussi parce que nous y avons vu, exposées et commentées, les améliorations successives que le département anglais des mandats d'argent a faites en ces dernières années, et qui ont développé les opérations dans des proportions considérables.

Pour le dernier exercice, les mandats d'argent en Angleterre ont été, en nombre, de 17,822,921, et en valeur, de 687,917,450 fr. (27,516,698 liv. st.). En France, pour le même exercice, nous avons compté seulement 6,698,493 mandats, pour une valeur de 196,139,093 fr.

Le service des mandats d'argent est aujourd'hui en France à peu près au degré de développement où se trouvait le service des money-orders en Angleterre en 1857, il y a vingt ans. Nous avons donc une longue route à faire dans cette voie pour égaler nos voisins.

Voyons ce qu'ont fait nos voisins pour ce progrès, et tâchons de profiter de leur expérience afin de hâter nos améliorations sur le terrain solide qu'ils ont frayé.

Pour les trois services, mandats d'argent, Caisses d'épargne et télégraphes, qui forment aujourd'hui avec les postes les quatre grands départements administratifs du Post-Office, le gouvernement anglais a suivi une même politique : il a laissé d'abord l'initiative privée tenter l'entreprise ; et quand l'œuvre a pris une extension et une importance qui l'élevaient au rôle d'institution nationale, il l'a érigée en service public : ainsi pour les télégraphes en 1870, pour les Saving-Banks en 1861, et pour les mandants d'argent (money-orders) en 1838.

Les money-orders sont demeurés près de 50 ans à l'état d'entreprise particulière, favorisée seulement par quelques facilités du Post-Office.

En 1792, trois simples employés du Post-Office eurent l'idée d'ouvrir dans le voisinage de l'hôtel central des Postes à Londres un bureau privé pour procurer aux parents et aux amis des soldats et des marins un moyen commode d'envoyer des petites sommes d'argent : ils opéraient à leurs risques et périls ; mais le gouvernement, appréciant l'intérêt public de cette entreprise, leur accorda certaines franchises postales et les autorisa à faire des arrangements avec les postmasters locaux, qui se chargèrent ainsi, moyennant une rémunération convenue et suivant une comptabilité déterminée, de délivrer et de payer des mandats d'argent. La somme d'un mandat fut limitée à 5 guinées (130 fr.), et la commission payée par l'expéditeur à 3,20 0/0. Ce service fut bientôt utilisé par d'autres que les familles des soldats et des marins, et devint d'un usage de plus en plus général : il dura dans ces conditions d'entreprise particulière jusqu'en 1838.

A cette époque, le postmaster-général comte de Lichfield proposa au Parlement de convertir le bureau privé des mandats d'argent en établissement officiel : ce qui fut réalisé le 6 décembre 1838. La limite maximum d'un mandat fut fixée à 5 liv. st. (125 fr.), et la commission payée par le public à 1 sh. 6 (1 fr. 85 c.) pour toute somme au-dessus de 2 liv. st., et à 6 d. (60 c.) pour toute somme de 2 liv. st. et au-dessous.

Dans le cours de la première année de cette organisation officielle, le Post-Office délivra 188,921 mandats, valant en somme 313,124 liv. st.

L'année suivante, la réforme de Rowland-Hill, en réduisant, par le système du penny-postage, les frais des ports de lettres, développa beaucoup le service des mandats d'argent, qui s'étendirent au nombre de 587,797 et pour une somme de 960,975 liv. st. Par cette heureuse expérience des tarifs réduits, on fut amené à réduire aussi, en novembre 1840, la commission des mandats d'argent, qui fut abaissée à 6 d. (60 c.), et à 3 d. (30 c.), respectivement, pour les sommes au-dessus et au-dessous de 2 liv. st. Résultat de cette intelligente mesure : en 1841, 1,552,845 mandats valant 3,127,507 liv. st.

Le developpement se continue d'année en année; et, en 1854, on compte 5,466,244 mandats, valant 10,462,411 liv. st.

En 1856, le service commence à être étendu aux colonies; et en 1860, aux pays étrangers.

En 1862, le maximum du mandat est élevé de 5 liv. st. à 10 liv. st.

En 1870, le nombre des mandats est de 10,346.801 pour une somme de 20,424,426 liv. st.

En 1871, nouvelle réduction de la commission, qui depuis lors n'est plus que 1 d. (10 c.) pour tout mandat inférieur à 10 sh. (12 fr. 50 c.); 2 d. de 10 sh. à moins d'une livre, 3 d. de 1 à 2 liv., et un penny en plus pour chaque livre en plus jusqu'à 10 liv. st. Sous ce régime, le nombre des mandats s'accroît, en 1871, à 12,175,069 pour une somme de 22,382,141 liv. st.; et par une progression constante il arrive en 1876 à 17,822,698 liv. st.

Voilà une série de réformes bien justifiées par les résultats; bonne raison pour étudier des réformes nouvelles.

Or, on a remarqué, dans la pratique du service des money-orders, que le public n'est pas encore satisfait des facilités offertes : la rapidité toujours croissante des correspondances postales et des relations commerciales l'a rendu exigeant : il trouve trop pénible, trop onéreux en perte de temps, d'aller à un bureau de poste, souvent éloigné, pour se faire délivrer un mandat ou pour toucher un mandat, surtout pour les sommes minimes, et il en est venu à adopter, de sa propre autorité, un autre moyen qui lui paraît plus commode, mais qui est irrégulier et dangereux : il envoie, inclus dans une lettre des timbres-poste. Or, légalement, le timbre-poste n'est point créé pour cet usage, qui est ainsi irrégulier ; et les timbres-poste insérés dans une lettre révèlent aisément leur présence à des doigts exercés ; ces menues valeurs anonymes donnent lieu ainsi à de fréquents détournements. Ajoutez que ces timbres-poste sont très-souvent difficiles à réaliser en argent.

Ainsi donc, pour les petites sommes, le public n'est pas assez bien servi; et il supplée de lui-même fort mal à ce service insuffisant. Et l'on a constaté au General Post-Office que plus d'un tiers des mandats d'argent demandés aux bureaux de poste sont en petites sommes.

On a remarqué, en outre, que la plupart de ces petits mandats sont demandés pour certaines sommes à coupures fixes, comme 2 sh. 6, 5 sh., 10 sh., 20 sh., qui semblent répondre à un certain ordre de transactions habituelles.

Ces trois observations se retrouvent aussi en France : usage abusif et dangereux des timbres-poste pour envois d'argent, proportion considérable des mandats de faible somme (3,268,700 mandats au-de-sous de 10 fr. sur un total de 6,698,43), et aussi demande habituelle de petits mandats à coupures fixes de 1 fr., 2 fr., 5 fr., 10 fr., 20 fr.

Voilà donc un exposé des motifs qui conviendrait aussi bien à la France qu'à l'Angleterre.

En outre, en Angleterre, comme aussi en France, l'administration des postes a reconnu que les petits mandats chargés des mêmes formalités administratives que les mandats plus importants coûtent plus en frais de service que la commission perçue. Tout mandat délivré et payé dans le Royaume-Uni coûte en moyenne 3 pence ; par conséquent, tous les mandats inférieurs à 1 liv. st., c'est-à-dire tarifés à une commission de 1 ou 2 pence, constituent l'administration en perte : les mandats de 1 à 2 liv. st., tarifés à 3 pence, ne donnent ni profit ni perte ; les mandats supérieurs offrent seuls un profit.

Enfin, sur 13,000 post-offices ouverts dans le Royaume-Uni, 5,000 seulement sont organisés pour le service des mandats d'argent, laissant ainsi un grand nombre d'habitants éloignés privés de la faculté de se faire délivrer un mandat de poste.

D'après ces observations pratiques, le bill demande au Parlement l'autorisation pour le Post-Office de créer, pour les petites sommes, des mandats d'argent d'une forme spéciale, dont voici l'économie :

Dans les 13,000 post-offices du Royaume-Uni, le public pourra acheter des *post-office circular notes* (mandats de poste endossables) ; ces *postal-notes* seront des money-orders à sommes déterminées, c'est-à-dire portant imprimé le chiffre d'une valeur fixe : 2 sh. 6 den., 5 sh., 10 sh. ou 1 liv. st. L'acheteur de ces money-orders spéciaux paiera au postmaster, en même temps que la somme du mandat, une commission de 1 penny pour une postal-note de 2 sh. 6 den. ou de 5 sh. ; et 2 pence pour une postal-note de 10 sh. ou de 1 liv. st.

En délivrant la postal-note, le postmaster la marquera du timbre humide de son bureau, portant le lieu et la date. L'acheteur pourra passer ce mandat à l'ordre d'une autre personne, qui pourra elle-même l'endosser au nom d'un autre correspondant, et ainsi de suite. Le mandat sera payable pendant douze mois à partir du jour de l'émission ; il sera payable dans les 5,000 post-offices organisés pour le service des mandats d'argent ; le propriétaire du mandat pourra toutefois indiquer un bureau de poste déterminé où le mandat sera payable ; il aura aussi la faculté de le rendre *crossed*, payable seulement par l'intervention d'un banquier. Le postmaster qui recevra et paiera ce mandat l'annulera au moyen d'un timbre humide de son bureau, portant le lieu et la date, après quittance apposée avec signature et adressée par la personne recevant la valeur.

Les postmasters seront gratifiés d'une prime de tant pour 1000 postal-notes vendues ou payées, c'est-à-dire en raison du nombre, sans égard à la somme.

On comprend les avantages offerts par ces mandats que le public sera à même de se procurer très-facilement, même par provisions comme il le fait pour les timbres-poste, et qui pourront circuler jusqu'à ce qu'ils arrivent aux mains d'une personne en état de les réaliser commodément à un bureau de poste prochain. Ces mandats de poste endossables seront donc plus commodes que les money-orders, et plus sûrs et mieux réalisables que les timbres-poste, Soumis à moins de formalités administratives que les money-orders, ils coûteront moins de frais à l'administration et demanderont au public une commission plus modique. La lettre d'avis usitée pour le mandat de poste ordinaire procure sans doute quelque sûreté ; mais sa suppression, dans le système nouveau des mandats endossables, affaiblira bien peu la sûreté, car le postmaster payeur du mandat ne manquera pas d'exiger une constatation d'identité du présentateur ; et de là on remonterait au besoin par les endosseurs jusqu'à l'auteur d'une fraude. En tout cas, les mandats ordinaires, même pour les petites sommes, seront toujours à la disposition du public, qui sera libre d'user à son choix de money-orders ou de postal-notes.

Ainsi, suivant la méthode traditionnelle des réformateurs anglais, on expérimentera le nouveau système à côté de l'ancien, et l'expérience décidera de la convenance relative des mandats de poste endossables. — (Débats.)   A. DE MALARCE.

P.-S. — Au sujet du timbre dont il est parlé quelques lignes plus haut, nous proposerions, de préférence, que ces indications ne fussent pas marquées au moyen d'un timbre humide, procédé peu sûr et trop facile aux altérations, mais qu'on employât un *timbre à emporte-pièce*, qui marquât les lettres et les chiffres par des points découpés à jour, procédé reconnu comme meilleur à tous égards, que le temps ni la fraude ne peuvent guère altérer, et que nous avons vu employé pour timbrer les quittances dans plusieurs maisons de banque d'Angleterre.

Et cela même nous a donné l'idée d'un procédé de timbrage des lettres et d'oblitération des timbres-poste, plus sûr que le timbre humide, et procurant en outre l'avantage, si précieux pour les lettres d'affaires, d'imprimer dans la lettre même incluse la marque indélébile du lieu et de la date par une série de points découpés à jour. Nous soumettons cette idée à notre ministre des Finances.

⚡ INAUGURATION DU MONUMENT DE FRÉDÉRIC BASTIAT

A MUGRON (LANDES)

On nous écrivait de Mugron le 24 avril :

La journée d'hier 23 avril restera comme un heureux souvenir dans la mémoire des habitants de Mugron. Ce jour-là a été inauguré, sur la place de l'église, le monument élevé par souscription publique en l'honneur d'un homme de bien, qui fut un écrivain de premier ordre et l'un des apôtres les plus fervents de la liberté des échanges.

Rappelons d'abord que l'honneur de l'initiative de cette souscription, à laquelle la Société d'économie politique s'est associée pour 1,000 fr., revient à M. Paul Lacoin, promoteur il y a plus quinze ans d'une exposition maritime dans le Midi et rédacteur en chef d'un journal intitulé *la Réforme maritime.*

Par suite de diverses circonstances, ce projet n'a abouti que vingt-huit ans après la mort de l'illustre écrivain ; enfin, grâce à la sollicitude du maire et du conseil municipal de Mugron, et aux efforts d'un comité spécial, la place de Mugron, débarrassée de plusieurs maisons qui l'encombraient, a été élargie et mise en état de recevoir le buste de Frédéric Bastiat, qui a été inauguré avec son nouveau nom de place Bastiat.

Le buste en bronze, œuvre remarquable de Debray, repose sur un haut piédestal en pierre portant sur ses quatre faces les dates de la naissance et de la mort du savant économiste, et les titres de ses principaux ouvrages que burine la main d'une renommée de grandeur naturelle à demi-étendue sur le socle.

A trois heures, le nombreux cortége des invités est venu prendre place sur une vaste estrade qui fait face à l'église. A sa tête est M. Léon Say, ministre des finances, ayant à ses côtés le préfet des Landes et le maire de Mugron, et autour de lui la plupart des sénateurs et députés du département, les présidents et plusieurs membres du conseil général et du conseil d'arrondissement, des représentants de la presse de Paris et de la région sud-ouest de la France, les sous-préfets, les maires de Mont-de-Marsan, de Dax et de Saint-Sever, et un grand nombre de membres des conseils municipaux.

Après une courte allocution du président et du secrétaire du comité de souscription, M. Léon Say a prononcé l'excellent discours que nous donnons plus loin et qui a été écouté avec le plus vif intérêt.

M. de Ravignan, sénateur, président du conseil général des Landes, succédant au ministre, a payé un juste et sympathique tribut d'éloges à l'homme utile, à l'écrivain qui honore le pays où il a vécu de longues années, remplissant les modestes fonctions de juge de paix et se livrant, dans ses moments de loisir, à des expériences agricoles, avant de préluder, sur un plus vaste théâtre, à l'exposé des théories de l'économie politique et du libre échange.

Deux discours importants et purement économiques ont ensuite captivé l'attention de ce public qui se pressait sur la place et remplissait les fenêtres et jusqu'aux toits des maisons environnantes. Nos lecteurs nous sauront certainement gré de placer sous leurs yeux ces documents, expression fidèle des aspirations et des besoins d'une région plus importante encore par son activité industrielle et sa richesse que par sa superficie et sa population.

La foule a chaleureusement applaudi les deux orateurs autorisés par le mandat de leurs notables concitoyens, venant affirmer hautement la vérité des théories économiques de la liberté commerciale.

M. Saurigues, député de Saint-Sever, a ensuite prononcé un discours exclusivement politique qui s'adressait surtout à la circonscription. Le maire de Bayonne, ville où était né, en 1801, le héros de la journée, s'est fait ensuite l'éloquent interprète de ses administrés, et a rendu, en leur nom, un éclatant hommage de reconnaissance et d'admiration à celui dont la gloire rayonne sur sa ville natale.

Un autre orateur politique, M. Pascal Duprat, a soulevé le plus vif enthousiasme, revendiquant Bastiat, dont il a été l'élève, le collègue et l'ami, au nom du parti républicain auquel il a appartenu par son amour de la liberté et du progrès. L'éloquente improvisation de l'ancien député des Landes, aujourd'hui député de Paris, a provoqué de longues salves d'applaudissements. Partie du cœur, elle allait droit au cœur de la foule impressionnable. L'enthousiasme a été au comble enfin au moment où une immense couronne a été posée sur le socle et que M. Pascal Duprat s'est écrié d'une voix émue :

« Je suis chargé par une partie de la population de cette contrée de déposer cette couronne sur ce monument qui représente la tombe de notre maître. Son corps est resté à Rome, dans l'église Saint-Louis-des-Français, enterré près d'un soldat mort pour une autre cause. Je regrette de ne pas le voir ici, c'est la place qu'il devrait occuper. »

A l'issue de cette belle séance oratoire, la ville de Mugron a offert à ses hôtes le spectacle d'une course de taureaux à la manière landaise. Toutes les maisons, pavoisées, étaient illuminées. Le soir, à sept heures, un banquet a réuni 150 convives environ dans la salle d'études de l'école communale. Plusieurs toasts ont été portés, et le ministre des finances a pu affirmer de nouveau ses principes libéraux en matière commerciale.

On a remarqué l'absence, au banquet et à l'inauguration, de MM. de Gavardie, sénateur, de Guilloutet, Boulard et Courtegède, députés des Landes.

La fête officielle s'est terminée à onze heures; mais les rues de Mugron ont été pleines de chant et de bruit pendant le reste de la nuit. Cette petite ville, est pittoresquement assise sur une hauteur, en pleine Chalosse, avec l'Adour à ses pieds, et ses luxuriantes richesses : la solennité du jour, en lui procurant une animation inusitée, a doublé ses séductions.

On est venu de Paris et même de plus loin pour prendre part à sa joie; ses hôtes sont heureux. Les populations landaises, les paysans surtout, sont arrivés en masse, de tous les côtés et par tous les moyens. Je n'ai pas compté, mais il y avait bien cinq ou six cents véhicules alignés sur les flancs de la colline qui porte Mugron, et depuis plus de huit jours véhicules et bêtes de somme ou de trait étaient tous retenus sans exception. C'est au point que sans la courtoisie de M. Ch. Pazot, maire de Mont-de-Marsan, je n'aurai pu me rendre à Mugron qu'à pied. Le maire m'ayant gracieusement offert une place dans un coupé traîné par des poneys landais aussi rapides qu'infatigables, j'ai franchi en moins de deux heures 30 kilomètres par des routes qui montent toujours.

Cette fête, — une véritable fête de la paix, — a été brillante, mais elle a été surtout, et cela vaut mieux, pleine de cordialité.

CHAUVET-CHAROLAIS.

Discours de M. Léon Say, ministre des finances.

Messieurs, vous m'avez fait un grand honneur en m'appelant à présider cette cérémonie. Je le dois au nom que je porte; vous avez voulu associer le nom de Jean-Baptiste Say à celui de Frédéric Bastiat. La fête que vous donnez est celle de l'économie politique.

Quelle n'est pas mon émotion de me voir, dans les lieux mêmes où Bastiat a passé sa jeunesse et presque tout son âge mûr, entouré de tant de personnes qui ont connu et aimé l'homme illustre dont nous consacrons aujourd'hui la gloire en inaugurant ce monument!

Bastiat vous a appartenu pendant quarante ans; nous ne l'avons eu que pendant six années, mais comme elles ont été brillantes les six années pendant lesquelles, sans cesser d'être à vous, il a été possédé, si j'ose ainsi m'exprimer, par la France tout entière!

Inconnu la veille et célèbre le lendemain, il a apporté à Paris les trésors de science qu'il avait puisés dans ses études au milieu de vous, et les trésors de bon sens et d'esprit dont la nature l'avait doué. Apôtre sans être sectaire, il faisait tous les jours, sur le grand théâtre où son mérite l'avait appelé, de nouvelles recrues pour cette belle cause de la liberté du commerce qu'il aimait avec tant d'ardeur, et qui était à cette époque la question principale de l'économie politique, celle même qui semblait alors absorber toutes les autres.

Il apprenait à ceux qui chez nous sont si facilement ignorants de ce qui se passe au delà de nos frontières par quels efforts Cobden avait triomphé en Angleterre de préjugés séculaires. Il voulait nous faire imiter ces efforts et produire un de ces mouvements qu'il était si difficile de faire éclore dans la France paisible du gouvernement de Juillet. Les hommes mûrs l'admiraient, les hommes jeunes l'aimaient, et tout le monde se laissait séduire par sa parole et par le charme de manières qui ne nous paraissaient si aimables et si nouvelles que parce qu'elles étaient sincères, chaudes et vraies.

C'est la Ligue contre la loi des céréales, c'est l'entreprise gigantesque et patriotique de Cobden qui semble avoir mis le feu à l'imagination de Bastiat.

C'est en lisant un journal anglais, auquel, comme il le dit, il s'était abonné par hasard, que Frédéric Bastiat apprit l'existence de la Ligue. Ceci se passait en 1843. Il faut connaître les faits plus en détail; il lit le journal *la Ligue*; il traduit, au fur et à mesure qu'ils sont prononcés, les discours de Cobden, de Fox, de Bright, de Wilson, de Villiers; il entre par correspondance en relations avec Cobden, et, le 8 avril 1845, il lui écrit qu'il a traité enfin avec M. Guillaumin, dont le nom est resté si cher aux amis de la science, pour l'impression de *Cobden et la Ligue*.

Le livre s'ouvre par une introduction qui est un morceau capital sur la situation économique de l'Angleterre au moment où s'est produite l'agitation pour la Réforme; le reste est une suite de discours traduits et reliés les uns aux autres par quelques explications. Mais ce qui, au point de vue qui nous occupe, est le plus intéressant, c'est de retrouver Bastiat lui-même sous les traits des orateurs qu'il nous fait connaître. Il s'est approprié une partie de leur méthode, il s'est assimilé leur langage et l'a transporté dans son français, alors que, ne traduisant plus, il exprime plus tard ses propres pensées.

Lisez plutôt le discours dans lequel Fox raille si agréablement les protectionnistes qui veulent que le pays se suffise à lui-même.

« ..... Voilà, dit Fox en parlant de la vie d'un lord, un cuisinier français qui prépare le dîner pour le maître et un valet suisse qui prépare le maître pour le dîner. Milady, qui accepte sa main, est toute resplendissante de perles qu'on ne trouva jamais dans les huîtres britanniques, et la plume qui flotte sur sa tête ne fut jamais la queue d'un dindon anglais. Les viandes de sa table viennent de la Belgique; ses vins, du Rhin et du Rhône; il repose sa vue sur des fleurs venues de l'Amérique du Sud, et il gratifie son odorat de la fumée d'une feuille apportée de l'Amérique du Nord. Son cheval favori est d'origine arabe; son petit chien, de la race du Saint-Bernard; sa galerie est riche de tableaux flamands et de statues grecques. Veut-il se distraire, il va entendre des

chanteurs italiens vociférant de la musique allemande, le tout suivi
d'un ballet français. S'élève-t-il aux honneurs judiciaires, l'hermine
qui décore ses épaules n'avait jamais figuré jusque-là sur le dos d'une
bête britannique. Son esprit même est une bigarrure de contributions
exotiques. Sa philosophie et sa poésie viennent de la Grèce et de Rome;
sa géométrie, d'Alexandrie; son arithmétique, d'Arabie; et sa religion,
de Palestine. Dès son berceau, il presse ses dents naissantes sur du corail de l'océan Indien; et lorsqu'il mourra, le marbre du Carrare sur-
montera sa tombe. Et voilà l'homme qui dit : Soyons indépendants de
l'étranger! »

N'est-ce pas du Bastiat tout pur, et ne croirait-on pas reconnaître la
plume qui a écrit plus tard la pétition des fabricants de chandelles?

« Vous voulez, fait dire Bastiat aux fabricants de chandelles, réserver
le marché national au travail national. Nous subissons l'intolérable
concurrence d'un rival étranger placé, à ce qu'il paraît, dans des conditions tellement supérieures aux nôtres pour la production de la lumière, qu'il en inonde notre marché national à un prix fabuleusement
réduit. Ce rival, qui n'est autre que le soleil, nous fait une guerre si
acharnée que nous soupçonnons qu'il nous est suscité par la perfide Albion, d'autant plus qu'il a pour cette île orgueilleuse des ménagements
dont il se dispense envers nous..... Nous demandons qu'il vous plaise
de faire une loi qui ordonne la fermeture de toutes fenêtres, lucarnes,
abat-jour, contrevents, volets, rideaux, vasistas, œils-de-bœuf, stores,
en un mot de toutes ouvertures, trous, fentes et fissures par lesquels la
lumière du soleil a coutume de pénétrer dans les maisons au préjudice
des belles industries dont nous nous flattons d'avoir doté le pays, qui
ne saurait sans ingratitude nous abandonner aujourd'hui à une lutte si
inégale. »

Quand Bastiat écrivait ce pamphlet, il pensait à l'Anglais indépendant
de l'étranger dans ses discours, et que Fox nous montre si dépendant du
reste du monde par tous les détails de sa vie. Cependant, le style de Bastiat a plus de finesse. Il a pris l'*humour* anglais, mais il l'a un peu dé-
grossi.

Cobden, Bright et les autres ligueurs doivent beaucoup à Bastiat, qui
a rendu leurs noms populaires dans notre pays; mais Bastiat leur doit
beaucoup aussi (1), car il a été leur élève, et sa manière incisive, pénétrante, pleine de bon sens et d'ironie, il la leur doit en grande partie.

J'ai vu, — et c'est un des souvenirs les plus intéressants de ma jeunesse, — j'ai vu Bastiat et Cobden assis l'un à côté de l'autre sur la
même plate-forme dans un de ces grands meetings anglais où la Ré-

(1) Au colonel Thompson notamment qui a écrit, comme lui, de petits *tracts*
contre les protectionnistes. (Note de la Rédaction.)

forme était célébrée. Ils étaient bien dissemblables l'un de l'autre. Cobden était le Nord et Bastiat le Midi; mais, en les voyant côte à côte, émus par les mêmes discours, se laissant aller aux mêmes applaudissements, et reçus avec les mêmes acclamations, on sentait qu'ils se ressemblaient et par le cœur et par l'esprit. Leur devise à tous deux n'était-elle pas la même? Il étaient les hommes de la justice, de la paix et de la liberté.

Tout plein des souvenirs de la Ligue, Bastiat avait fondé à Bordeaux avec Dufour-Dubergier une association en faveur de la liberté commerciale; puis, installé à Paris, il réchauffait le zèle des économistes. Il instituait avec Dunoyer, Faucher, Adolphe Blanqui, mon père et tant d'autres (1), une ligue à la mode anglaise; il créait enfin, en 1846, le journal *le Libre Echange*, avec cette triple devise : «La vie à bon marché. — On ne doit payer d'impôt qu'à l'Etat. — Les produits s'achètent avec des produits. » Des réunions avaient lieu dans la salle Montesquieu, sous la présidence du duc d'Harcourt; des discours étaient prononcés et étaient écoutés avec un intérêt croissant par un auditoire de 2,000 personnes. Le mouvement était né; il grandissait. Cette belle campagne se poursuivit jusqu'en 1848.

La révolution de Février devait changer bien des choses; le cadre et le fond des discussions n'est plus le même. L'économie politique, dont tous les efforts se tournaient en 1847 contre le système protecteur, va être obligée de faire face à de nouveaux adversaires. Elle va se trouver en lutte avec les socialistes. Bastiat, nommé par vous membre de l'Assemblée nationale, se jette avec ardeur dans la mêlée.

C'est l'époque où sa plume a produit les écrits les plus parfaits. Aux petits pamphlets sur la protection succèdent les petits pamphlets sur le socialisme : la Propriété, l'Etat, la Loi, et tant d'autres. Mais voici bientôt une guerre d'un nouveau genre. Dans le journal même de Proudhon, Bastiat réfute les doctrines du célèbre socialiste. Le talent de l'écrivain s'élève avec les sujets qu'il traite. On sent qu'il livre des batailles sérieuses; la liberté du commerce, la protection deviennent des incidents; la grande doctrine qui domine tout est celle de la liberté de l'individu : il faut sauver l'individu de ce panthéisme nouveau qui absorbe l'humanité dans l'Etat. Rien n'est saisissant comme cette discussion qui revêt toutes les formes, qui se poursuit au milieu des incidents les plus

(1) Parmi ceux qui payèrent le plus de leur personne, il y a lieu de citer : Anisson Duperron, duc Eug. d'Harcourt, pairs de France; Michel Chevalier, Ch. Coquelin, Fonteyraud, Joseph Garnier, Molinari, Wolowski, publicistes; Paillottet, D. Potonié, négociants; à Bordeaux, Duffour-Dubergier, maire, Campan et Brunet, secrétaires de la Chambre de commerce; à Lyon, Bossette, président de la Chambre de commerce, etc. (Note de la Rédaction.)

graves de la politique, et dans laquelle Bastiat atteint décidément le premier rang comme écrivain et comme polémiste. Mais sa santé s'use dans le travail et dans l'activité de la vie politique. Il y perd aussi, en même temps que sa santé, un peu de ses illusions de solitaire ; il croyait facilement trouver dans ses adversaires des hommes de bonne foi ; il s'apercevait, maintenant qu'il était au fort de la bataille, qu'on a le plus souvent pour adversaires des hommes de parti pris, et que, si le parti pris n'est pas la mauvaise foi, il produit presque toujours les mêmes conséquences. Dans sa polémique avec Proudhon, Bastiat avait montré une patience que beaucoup de personnes avaient trouvée excessive. Aussi prit-il enfin le parti de clore sa longue et curieuse controverse par les paroles qui suivent :

« Est-ce à dire que j'aie négligé les arguments de M. Proudhon? Je montrerai que j'ai répondu à tous, et d'une manière si catégorique, qu'ils les a tous successivement abandonnés. Je n'en veux que cette preuve : M. Proudhon a fini par où on finit quand on a tort ; il s'est fâché. »

Si j'ai parlé de Bastiat polémiste, si j'ai mis ses qualités de lutteur au-dessus de toutes les autres, ce n'est pas que j'oublie son livre doctrinal sur les *Harmonies économiques*, dans lequel il développe cette belle idée philosophique que tous les intérêts légitimes sont harmoniques. Ce livre est un des livres les plus élevés qui aient été produits par l'Ecole économique moderne ; mais je suis obligé de passer, et je ne puis le juger en passant. Tous ceux qui connaissent Bastiat connaissent ses *Harmonies*, et tous aiment l'auteur autant qu'ils l'admirent pour le livre qu'il a écrit, et cependant c'est une œuvre incomplète, qui manque des développements que le grand économiste lui aurait donnés dans la suite si sa carrière n'avait pas été si courte. Cet ouvrage, quelle que soit sa valeur, aura dans les générations futures moins de retentissement que ses écrits polémiques.

Je ne voudrais pas prolonger ce discours ; ce n'est le moment ni de faire une analyse des œuvres de Bastiat, ni d'écrire une histoire de sa vie ; mais je n'aurais pas rempli jusqu'au bout mes devoirs envers sa mémoire si je n'avais pas parlé du rôle qu'il a joué dans nos assemblées politiques.

Il n'était pas homme de parti, ce qui l'a empêché de jouer un rôle politique. Dans le gouvernement parlementaire, qui n'est pas autre chose que le gouvernement du pays par les partis, il est impossible d'avoir une action sérieuse sur les affaires quand on ne subit pas jusqu'à un certain point la discipline du parti dont on veut faire triompher les idées et dont on veut voir réaliser le programme. Je ne veux pas faire ici de théorie constitutionnelle, ni vous dire comment le gouvernement par les partis a pu avoir chez nous et ailleurs les plus heureux résultats. Toujours est-il 'que Bastiat avait une personnalité trop marquée pour être un parlementaire complet.

Il avait accepté la République et désirait qu'on la fît vivre. C'était, à proprement parler, un républicain conservateur. Envoyé par vous à l'Assemblée nationale, puis à l'Assemblée législative, il fut constamment libéral, toujours indépendant et souvent isolé. Dans sa circulaire de 1849, il disait :

« Vous pouvez comprendre ma ligne de conduite ; ce qu'on me reproche, c'est précisément ce dont je m'honore. Oui, j'ai voté avec la droite contre la gauche quand il s'est agi de résister au débordement des fausses idées populaires ; oui, j'ai voté avec la gauche contre la droite, quand les légitimes griefs de la classe pauvre et souffrante ont été méconnus. »

Quelques mois plus tard, il écrivait ce qui suit dans une lettre livrée depuis peu à la publicité :

« Les élections n'auront lieu qu'en 1854 ; ne portons pas si loin notre prévoyance ; je sais dans quel esprit les électeurs m'ont nommé et ne m'en suis jamais écarté. Ils ont changé ; c'est leur droit. Mais je suis convaincu qu'ils ont mal fait de changer. Il avait été convenu qu'on essayerait loyalement la forme républicaine pour laquelle je n'ai, quant à moi, aucun engouement ; peut-être n'eût-elle pas résisté à l'expérience, même sincère, alors elle serait tombée naturellement, sans secousse, de bon accord, sous le poids de l'opinion publique ; au lieu de cela, on essaye de la renverser par l'intrigue, le mensonge, l'injustice, les frayeurs organisées, caloulées, le discrédit ; on l'empêche de marcher ; on lui impute ce qui n'est pas son fait, et on agit ainsi contrairement aux conventions, sans avoir rien à metttre à la place. »

N'aurais-je pas le droit de dire, après avoir cité ces deux passages, que Bastiat eût été avec nous dans l'œuvre que nous avons entreprise de fonder la République conservatrice ? Le grand économiste s'est rencontré sur ce terrain avec le grand homme d'Etat que la France a perdu il y a bientôt une année. Bastiat et Thiers semblaient être les champions des idées les plus contradictoires ; l'un était l'apôtre du libre-échange, et l'autre était le défenseur convaincu de la protection. Ils se sont pourtant rencontrés deux fois, parce que l'un et l'autre étaient doués du plus rare bon sens et du patriotisme le plus élevé. La première fois, c'était en défendant la propriété si vigoureusement attaquée par le communisme en 1848. Je me rappelle encore les effets de la défense vigoureuse de Bastiat et de Thiers. Ils avaient chacun leur point de vue, ils avaient chacun leur clientèle ; ici, on suivait le raisonnement scientifique précis et pressant de l'économiste : là, on était entraîné par le bon sens philosophique de l'homme d'Etat. La seconde fois qu'ils se sont rencontrés, c'est sur le terrain de la république modérée ; mais, s'ils ont pu se donner matériellement la main dans la première rencontre, ce n'est qu'à travers les années qu'ils se rejoignent dans la seconde. Les paroles prononcées en 1850 par Bastiat, sur la nécessité de pratiquer sincèrement la République, Thiers n'a pu les répéter que vingt-deux années plus tard.

Mais quittons la politique ; aussi bien Bastiat, quoique très-fidèle à ses opinions libérales, n'y est-il entré que par occasion. Il ne s'en servait que comme d'un théâtre sur lequel il pouvait faire jouer ses pièces.

Sa passion dominante était l'économie politique. Son héros était l'homme usant librement, sans faire obstacle à la liberté des autres, des facultés dont la nature l'avait doué. Il le voulait maître de son travail et de ses biens, et ne pouvait pas croire qu'il pût l'être sans la liberté de l'industrie et sans la liberté du commerce.

N'est-ce pas le lieu de nous demander si nous avons profité de l'exemple et de l'enseignement de Bastiat, et si nous avons fait après lui tout ce qu'il fallait faire pour servir la cause qu'il a défendue avec tant d'éclat ?

La politique commerciale inaugurée en 1860, et qui a été si féconde en résultats heureux, nous a fait un bien dont nous jouissons comme on jouit de la santé, pour ainsi dire, sans nous en apercevoir.

C'est cette jouissance paisible qui explique comment les amis de la liberté commerciale se sont les uns après les autres successivement endormis. Les prohibitions disparues, et la douane laissant entrer des produits jusqu'alors inconnus, les échanges internationaux s'accroissant d'année en année et nous procurant des débouchés nouveaux, la richesse publique augmentant dans des proportions inespérées sans discontinuité et nous permettant de nous relever avec éclat de nos désastres, tout a créé peu à peu autour de nous comme une atmosphère naturelle qui semble avoir toujours existé.

Il a fallu qu'on craignît un retour aux idées du passé pour ramener soudainement les esprits, d'abord à des souvenirs, ensuite à des réflexions dont on avait perdu l'habitude. Aussi, ne s'est-on pas remis assez promptement sur la vraie voie. On n'a pas songé aux principes qui paraissaient être des armes rouillées. Dans nos discussions actuelles, je regrette de le dire, la doctrine est absente. On parle au jour le jour sur des détails, on redit des choses d'il y a trente ans, on se perd dans des enquêtes cent fois faites (1).

_____

(1) Ce reproche nous plaît, surtout dans la bouche d'un ministre ; mais il ne s'adresse certainement pas aux promoteurs et aux défenseurs du traité de commerce et de la réforme douanière, encore moins aux journaux économistes. Quant au consommateur, il a toujours été la pierre angulaire de la dialectique économique. (Note de la Rédaction.)

Le grand point de vue, le point de vue de l'économie politique, celui que Bastiat a si éloquemment mis en lumière, le point de vue du consommateur, paraît oublié.

Le consommateur, c'est pourtant tout le monde; c'est en réalité le pays lui-même qui demande à s'approvisionner librement au plus bas prix possible sur tous les marchés du globe.

Mais le consommateur ne parle plus; Bastiat était sa voix; Bastiat n'est plus, il n'a plus de voix.

On ne raisonne plus aujourd'hui, quand on ne raisonne qu'au point de vue des producteurs.

C'est à eux qu'on demande si la législation les gêne. On oublie de faire la même question aux consommateurs, et on trouve cet oubli bien naturel, puisqu'il n'y a personnne pour répondre en leur nom.

Est-ce à dire que les producteurs doivent être tenus à l'écart, qu'on ne doit pas écouter leurs plaintes? Loin de là! Car c'est en étudiant leurs besoins qu'on apprendra les transitions qu'il faut ménager, les droits acquis qu'il faut respecter, la juste mesure enfin qu'il faut toujours garder. Seulement, ces tempéraments sont du ressort de l'administration : ils constituent l'art du gouvernement. Ce n'est pas de la doctrine ; et je regrette de ne plus voir flotter dans les airs avec la même fierté qu'autrefois ce grand drapeau du libre-échange sur lequel Bastiat écrivait naguère : « On ne doit payer d'impôts qu'à l'État. »

Discours de M. Lalande, président de la Chambre de commerce de Bordeaux, et de M. Micé, président de la Société d'agriculture de la Gironde.

Messieurs, vous avez bien voulu inviter à l'inauguration du monument élevé à la mémoire de Frédéric Bastiat le président de la Chambre de commerce de Bordeaux. Je vous remercie de cet honneur. Me permettrez-vous d'ajouter que Bordeaux y avait droit! Si, en effet, Bastiat est né près de vous, a grandi parmi vous; si vous avez vu se développer graduellement les nobles qualités de cette belle intelligence et de ce cœur généreux, Bordeaux a été le théâtre de ses premiers efforts dans la lutte mémorable qu'il engagea pour soutenir la grande et juste cause du libre-échange.

La Gironde, comme toute la France, souffrait cruellement des restrictions apportées à notre commerce par des lois basées sur l'intérêt mal compris de l'industrie nationale. La ligue anglaise formée pour obtenir l'abolition des droits sur les céréales, dirigée par Richard Cobden, venait de réaliser son éclatant triomphe. Tout le monde comprenait que nous entrions dans une ère commerciale nouvelle. Un mouvement général et très-vif de l'opinion publique se manifesta à Bordeaux

Sous son influence, une puissante association fut créée pour assurer à notre pays les bienfaits de la liberté du commerce. Dans l'espace de peu de jours, une souscription publique avait réuni 100,000 fr. Bastiat accourut pour porter à la Société qui venait de se former son précieux concours, et c'est sur son conseil, après une discussion approfondie, à laquelle j'ai eu l'honneur d'assister, que l'Association nouvelle prit le titre d'*Association pour la liberté des échanges.* Cette expression que Bastiat avait trouvée, ce mot « liberté des échanges » a un sens profond, car il renferme en lui l'idée et la revendication d'un droit naturel, d'un droit sacré, celui qui doit être assuré à tous les hommes de jouir du fruit de leur travail, soit directement s'ils le veulent, soit indirectement, par l'échange, s'ils le préfèrent.

C'est aussi l'Association bordelaise qui fonda à Paris le journal *le Libre-Échange,* dont Frédéric Bastiat fut le principal rédacteur, et c'est ainsi que, pendant plusieurs années, continuèrent entre Bastiat et nous des relations et des liens qui nous l'ont toujours fait considérer depuis comme un de nos concitoyens; son buste occupe une place d'honneur dans les salons de la Chambre de commerce de Bordeaux (1).

En rendant aujourd'hui hommage à la mémoire de Frédéric Bastiat,

---

(1) Les choses ne se sont pas tout à fait passées de cette manière. L'initiative de l'association et d'une action collective est partie de Paris, du sein de la Société d'économie politique et de la rédaction du *Journal des Économistes* où la Ligue de Manchester avait des admirateurs, et où F. Bastiat trouva d'énergiques auxiliaires et des émules groupés depuis cinq ans. Le mouvement s'était produit simultanément à Bordeaux, à Lyon, à Marseille, au Havre et ailleurs. L'association de Paris rallia ces divers éléments. L'association de Bordeaux fut la plus active, grâce surtout à l'ardeur de M. Duffour-Dubergier, le maire de la ville, riche et influent; grâce aussi au savoir et à l'activité de MM. Campan et G. Brunet, auteurs de publications remarquables publiées par la Chambre de commerce. Le journal *le Libre-Échange* fut ainsi baptisé sur la proposition de M. Joseph Garnier, appuyée par Léon Faucher et M. Aug. Renouard. Bastiat en fut le rédacteur en chef, M. Joseph Garnier le rédacteur principal; après février 1848, ce fut Ch. Coquelin qui s'en chargea. Il était l'organe des diverses branches de l'association, et il juste de dire qu'il eut un médiocre succès en abonnés.

Les orateurs de Mugron ne se sont pas fait une idée complètement exacte de la nature des aptitudes de F. Bastiat.

Par le brillant de son style et par l'originalité de son argumentation contre les protectionnistes, les socialistes et les interventionnistes, il a mis en lumière mieux qu'on ne l'avait fait jusque-là certains principes et plusieurs raisonnements formulés déjà, et notamment celui de l'harmonie naturelle des intérêts. Mais l'économie politique était faite avant lui. Dans l'action, il manquait des qualités nécessaires, et on voit par sa correspondance qu'il se faisait complètement illusion. Sans le groupe de Paris et de Bordeaux, il n'y aurait pas eu d'association et de nous sentons tous que cet hommage est mille fois dû à un homme de génie, doué du cœur le plus généreux. Ne sont-ce pas, en effet, les qualités de son cœur, c'est-à-dire l'amour de ses semblables, le désir ardent de faire le bien, qui le conduisirent à se consacrer tout entier à l'étude, à la propagation, au triomphe de ces vérités économiques qui ont tant d'attrait pour les âmes généreuses ? La science qui enseigne ces vérités n'est-elle pas la plus attachante de toutes, puisque son but est le bonheur de l'homme ? Des esprits superficiels peuvent ne voir dans l'économie politique qu'une science ayant pour objet le développement et la satisfaction des intérêts matériels ; mais on ne tarde pas à reconnaître, en étudiant ces grands problèmes dont la solution a pour objet de contribuer à assurer aux hommes la plus grande somme possible de bonheur, que tout se tient dans les mesures qui peuvent y concourir et qu'on ne poursuivrait qu'une vaine chimère si, en cherchant à améliorer le sort des hommes au point de vue des intérêts matériels, on ne s'occupait en même temps et avant tout de l'élévation de leur niveau intellectuel et moral. C'est à l'étude et à la solution de ces graves problèmes que Bastiat se voua tout entier. Ses études, ses efforts, ses méditations contribuèrent peut-être à abréger sa vie, mais quelle œuvre il a laissée ! Œuvre immortelle, qui l'a placé au premier rang des économistes, au rang d'Adam Smith et de notre Jean-Baptiste Say, qui semble avoir voulu aujourd'hui présider lui-même à des hommages publics d'admiration et de reconnaissance rendus à la mémoire du plus illustre de ses successeurs !

Plus qu'aucun autre économiste, Bastiat a su appliquer les enseignements de la science à la solution des problèmes sociaux qui sont la grande préoccupation de notre siècle, et personne peut-être n'a contribué plus que lui à les éclairer d'une vive lumière. Ne nous est-il pas permis de dire même que ces solutions tant cherchées, il les a clairement indiquées dans ce chef-d'œuvre qui s'appelle les *Harmonies économiques*. Ce beau livre, en effet, est consacré tout entier à démontrer et il démontre que les intérêts humains laissés à eux-mêmes sont « harmoniques et non antagoniques », et, pour me servir encore du langage de Bastiat, « qu'il n'y a point d'antagonisme :

Entre le propriétaire et le prolétaire ; — Entre le capital et le travail ; — Entre le peuple et la bourgeoisie ; — Entre l'agriculture et la fabrique ; — Entre le campagnard et le citadin ; — Entre le regnicole et l'étranger ; — Entre le producteur et le consommateur ; — Entre la civilisation et

---

mouvement ; mais nous aurions toujours eu les *Sophismes* et les *Pamphlets*, publiés dans le *Journal des Économistes*, ainsi que le livre sur les *Harmonies*, où les fondateurs de la science n'ont peut-être pas toujours été exactement appréciés. (Note de la Rédaction.)

l'organisation ; — Et, pour tout dire en un mot, entre la liberté et l'harmonie.

Démontrer ces vérités, que Bastiat appelle avec raison des « vérités consolantes », tel est le but des *Harmonies économiques*. Bastiat ne pouvait en avoir de plus nobles et il ne pouvait rendre de plus grand service à ses semblables qu'en traitant ces difficiles questions avec la puissance de son talent et la clarté saisissante de son style. Citons un exemple.

Que de passions ont été excitées, que de sentiments d'aigreur ont été produits, que d'erreurs dangereuses ont été propagées, que de ruines même ont été amoncelées par ceux qui ont soutenu la doctrine si absolument fausse et si cruellement funeste qu'il y a antagonisme entre le capital et le travail ! Non, non! il n'y a point antagonisme ; Bastiat l'a démontré victorieusement. Le capital n'a, en effet, de valeur pour ceux qui le possèdent que s'il est employé directement ou indirectement à alimenter le travail, que s'il le vivifie, que s'il vient prêter son concours au travailleur, et en quelque sorte, se donner à lui sous forme de salaire ou autrement. D'un autre côté, le travail serait relativement impuissant, si le capital ne venait augmenter sa force productive et sa fécondité. Aussi, quelle conclusion Bastiat tire-t-il de cette vérité si bien mise en lumière par lui : l'harmonie des intérêts ? C'est que, pour assurer cette harmonie, il faut subordonner les lois humaines à cette grande loi instituée par la Providence, à la liberté ; à la liberté qui permet à l'homme d'utiliser les forces que la Providence lui a départies ; qui est le meilleur moyen d'assurer à chacun le produit de son travail et d'atteindre ce résultat merveilleux que chacun, en travaillant pour soi, croyant ne travailler que pour soi, travaille d'une manière inconsciente peut-être, mais non moins réelle au bien-être et au bonheur de tous.

De telles vérités, messieurs, découvertes et mises en lumière par Bastiat, l'ont placé au premier rang des économistes de tous les pays. Elle nous autorisent à dire de lui qu'il aura été un des grands ouvriers du dix-neuvième siècle, de ce siècle où le progrès ne s'effectue pas sans froissements et sans tumulte, mais qui est un siècle d'incomparable progrès. Si nous nous élevons au-dessus des regrettables divergences d'opinions qui peuvent nous séparer, mais qui, permettez-moi cet espoir patriotique, sont destinées à s'effacer, si nous oublions un instant ce qui, dans les événements du jour, peut froisser nos sentiments individuels, nous inspirer des regrets et même des douleurs, ne devons-nous pas reconnaître que dans nos sociétés civilisées, telles qu'elles sont aujourd'hui comparativement à ce qu'elles étaient au commencement de ce siècle, il y a eu d'immenses progrès accomplis ! Presque tous les pays couverts de routes, de canaux, de chemins de fer, reliés les uns aux autres par l'électricité et la vapeur ; l'agriculture, l'industrie, le commerce immensément développés ; les populations devenues beaucoup

plus nombreuses, et jouissant de beaucoup plus de bien-être ; l'instruction commençant à se répandre dans tous les rangs des populations, ne
sont-ce pas là de grands, d'immenses, d'incomparables progrès ? L'un
des plus grands de tous serait de faire régner parmi les hommes des
diverses nations la concorde, la paix, une confraternité bienveillante! Leur
devoir le commande, et Bastiat a démontré que leur intérêt le commande
aussi ! Honneur, messieurs, honneur à celui qui a su mettre en lumière
cette grande vérité ! Honneur à cet homme de génie, à ce grand homme
de bien ! Honneur et reconnaissance à Frédéric Bastiat!

M. le docteur L. Micé, président de la Société d'agriculture de la
Gironde, a pris à son tour la parole en ces termes :

Messieurs, président de la Société d'agriculture de la Gironde, j'ai
demandé aux organisateurs de la fête de Bastiat de vouloir bien me
donner la parole après M. le Président de la Chambre de commerce
de Bordeaux, non que je crusse avoir à ajouter quelque chose à son
discours au point de vue des principes, mais parce que je voulais montrer l'entente parfaite qui existe à leur égard entre les négociants et les
agriculteurs.

Vous le savez, Messieurs, c'est plus spécialement à Bordeaux et dans
les rangs de toutes les classes de la société, parmi les représentants des
branches les plus variées de l'activité humaine, c'est à Bordeaux qu'à
eu lieu, il y a une vingtaine d'années, cette grande agitation libérale
qui a abouti aux réformes économiques inaugurées dans le traité du
23 janvier 1860.

L'agriculture du Sud-Ouest s'est associée en entier aux idées qui ont
alors prévalu, et c'est certainement aux traités de commerce, excellents
correctifs des ravages de l'oïdium, que la viticulture en particulier dut
alors son salut.

Seize années de prospérité générale, seize années de prospérité pour
la France se sont montrées à la suite des conventions conclues alors
entre notre pays et les peuples du Nord.

Aujourd'hui, messieurs, un fléau bien autrement terrible que l'oïdium
s'est abattu sur ces vignes françaises, joie du monde entier et principale source de notre fortune nationale. Et, au moment où ce fléau est
parvenu à un grand développement, voilà qu'une crise générale des
affaires coïncide avec lui et que les vaincus de 1860 la mettent sur le
compte d'un régime qui n'aurait ainsi produit ses pernicieux effets
qu'après plus de trois lustres et qui aurait aussi bien nui aux pays
rebelles à son adoption qu'à ceux qui avaient cru devoir en faire la
base de leurs relations internationales.

Messieurs, l'agriculture girondine s'est émue de ce retour d'idées et
d'opinions qu'on avait tout lieu de croire à tout jamais anéanties dans

la nuit du passé. Autour de la société que j'ai l'honneur de présider se
sont groupés tous les comices de notre département, toutes les associations viticoles de la Gironde, quelques-unes de celles de la Dordogne, et
la section sud-ouest de la Société des agriculteurs de France. C'est au
nom de cette agglomération puissante par le nombre, frappée par le
phylloxéra, et conséquemment entourée de cette auréole de sympathie
que crée le malheur, que je viens ici, devant le monument tutélaire de
Bastiat, dire au représentant d'un gouvernement que nous savons
dévoué à tous les grands intérêts : N'abandonnez pas les principes
économiques auxquels la France a dû de réparer si vite ses malheurs!
A ceux qui vous disent que le libre change a amené la crise actuelle,
répondez qu'elle est générale, et ne peut logiquement provenir que
d'une cause générale, et qu'alors que les conventions avec l'Espagne,
mises à exécution il y a seulement vingt-deux jours, ont déjà amené
des résultats palpables, il est impossible que l'application des doctrines
de Cobden, d'Adam Smith, de J.-B. Say, de Charles Comte et de Frédéric Bastiat, après être restée seize ans inoffensive, ait tout à coup
produit l'hésitation dans les affaires et la perturbation dans les marchés
dont nous souffrons actuellement. Il faut chercher ailleurs la cause de
cette hésitation et de cette perturbation, et on la trouvera aisément soit
dans l'état politique général de l'Europe, soit dans un défaut de proportion entre la consommation des objets industriels et leur production,
celle-ci étant aujourd'hui considérablement accrue par la puissante intervention des moyens scientifiques. »

Que si nous n'apportions pas tout à fait la conviction au sein du
gouvernement, nous le prierions tout au moins de laisser passer l'orage
avant de conclure, de ne pas innover pendant une période de crise. Le
maintien du *statu quo* serait donc la plus modeste de nos revendications.

C'est pour cause de solidarité d'opinions et par reconnaissance, que
l'agriculture girondine a voulu être représentée à cette fête. Sa démarche lui portera bonheur; elle confie sa cause, qui est celle de l'immense
majorité des travailleurs du pays, à tous les hommes libéraux actuellement groupés autour du buste de l'illustre économiste du Sud-Ouest.

SOCIÉTÉ D'ÉCONOMIE POLITIQUE

RÉUNION DU 6 MAI 1878

COMMUNICATIONS : Mort de MM. le marquis d'Audiffret et Corr Van der Maeren. — La réunion publique des Chambres syndicales ; le Devoir et le Petit Journal ; l'ouverture de l'Exposition.
DISCUSSION : Les Compagnies et l'Etat à propos du rachat des chemins de fer.
OUVRAGES PRÉSENTÉS :

M. E. de Parieu, membre de l'Institut, un des vice-présidents de la Société, a présidé cette réunion, à laquelle avaient été invités : M. Edw. Prinsep, délégué du maharajah de Cachemire à l'Exposition ; M. Milan Kresic, secrétaire de la Chambre de commerce d'Agram ; M. Emile Recipion, de Nantes ; M. Ferdinand Dreyfus, rédacteur de l'Union libérale de Tours, — et à laquelle assistaient, en qualité de membres nouvellement admis à faire partie de la Société : M. Alfred Jourdan, professeur de droit romain à Aix, récemment nommé professeur d'économie politique à la même Faculté ; M. Jules Boucherot, directeur de la compagnie d'assurance le Conservateur. Avant le dîner, les anciens membres de la Société ont revu avec un vif plaisir M. A. Boutowski, conseiller privé, président de la commission impériale de Russie pour l'Exposition universelle.

M. le président ouvre la discussion par quelques paroles de regret sur la mort récente de M. le marquis d'Audiffret, qui appartenait à la section d'économie politique et finances de l'Académie des sciences morales et politiques.

L'honorable académicien dont la tombe vient de se fermer à un âge très-avancé (91 ans) semblait, dit-il, un homme de transition qui réunissait les qualités des deux époques. Il avait les instincts de respect et d'ordre de notre vieille société, et il y réunissait l'amour du travail qui caractérise la société moderne. C'est à cette dernière qualité que nous avons dû les savants ouvrages qui ont fait connaître M. d'Audiffret. Son amour de l'ordre financier, son exactitude, son dévouement aux principes de contrôle et de comptabilité doivent faire de lui presque un novateur. M. d'Audiffret n'était point un économiste, mais il a conduit beaucoup d'hommes en France à la connaissance et à l'estime de la science financière, et plusieurs de ses adeptes, en poursuivant leur route, sont venus nous aider sur le domaine de l'économie politique proprement dit. C'est dans ce sens que M. le marquis d'Audiffret nous appartient un peu ; c'est dans ce sens que nous devons saluer sa mémoire et lui adresser nos regrets.

M. Joseph Garnier annonce la mort d'une autre personne intéressant les amis de la science économique, M. Corr Van der Maeren, un des présidents de la Société d'économie politique belge.

· M. Michel Corr Van der Maeren, d'origine irlandaise, ne tarda pas à se faire une place dans son pays d'adoption, par son travail et sa participation aux œuvres de progrès. Il a été un des intrépides libres-échangistes belges qui, enthousiasmés par les efforts de la Ligue de Manchester, ont converti les manufacturiers belges et fondé un parti économique libéral qui a permis aux ministères Frère-Orban et autres de faire d'importantes améliorations douanières et financières. M. Corr était comme le major-général d'un vaillant groupe qui s'inspirait de *l'Economiste belge*, fondé par M. de Molinari, qui procéda par des meetings dans les principales villes, et qui rencontra ses meilleurs auxiliaires à Verviers, le Manchester de la Belgique.

A l'exposition de 1867, un trophée fait en draps de Verviers était surmonté du buste de Richard Cobden. Vingt ans auparavant, Verviers pétitionnait contre l'introduction des draps français, pendant qu'Elbeuf pétitionnait contre l'introduction des draps belges.

M. Corr Van der Maeren était un des présidents de la Société d'économie politique belge ; il avait été juge au tribunal de commerce de Bruxelles ; il est mort à 76 ans, toujours occupé de faire avancer la liberté des échanges. Tout récemment, il adressait au *Journal des Economistes* un rapport à l'Union syndicale de Bruxelles, sur le renouvellement du traité de commerce entre la Belgique et la France au nom de la commission des douanes, dont il était le président.

M. Frédéric Passy, membre de l'Institut, appelle l'attention de la réunion sur une manifestation publique des chambres syndicales de Paris, sur deux articles remarquables publiés dans *le Devoir* et le *Petit Journal*, et sur l'ouverture de l'Exposition, qui lui fournissent l'occasion d'intéressants rapprochements.

Cette manifestation des chambres syndicales a eu lieu aussi le 14 avril à l'occasion de l'assemblée générale annuelle et de l'installation de cette Société dans son nouvel hôtel. Plusieurs négociants ou industriels, parmi lesquels le président, M. Hiélard, l'administrateur général, M. Nicolle, un des vice-présidents,

M. Savoy, et un membre de la Société des Economistes, M. Nottelle, ont prononcé des discours d'une sérieuse valeur, et dont la portée est d'autant plus grande qu'ils émanent directement de ceux au nom desquels on prétend parler quand on réclame l'aggravation des droits de douane. Tous ont été d'accord pour désavouer leurs trop officieux avocats, et se sont, comme MM. Tezenas du Montcel et Devot, déclarés victimes du système protecteur. Ce que vous protégez, a dit énergiquement M. Nottelle, ce n'est pas le travail national, *c'est le chômage national.*

M. Frédéric Passy signale également, dans le récent numéro d'un journal qui se dit consacré au *« socialisme pratique »*, *le Devoir*, de Guise, un excellent article dans le même sens, qui mériterait, dit-il, d'être partout reproduit. Ce ne sont que des chiffres, mais sans réplique. Sans s'arrêter à ce qui concerne spécialement telle ou telle branche, la conclusion est que, pour 2 milliards d'exportations, en chiffres ronds, les relevés de l'année 1877 donnent 450 millions d'importations, soit un quart. Voilà, dit *le Devoir*, ce que nos protectionnistes appellent « être inondés », et ce qui leur fait crier partout qu'ils sont hors d'état de lutter avec l'étranger si l'on n'oppose à l'importation de nouvelles digues.

Comme réponse à ces lamentations ridicules et mensongères, dit M. Passy, ces résultats sont écrasants en effet. Mais au point de vue du *travail national* et du *bien-être national*, ils sont loin d'être satisfaisants. Il faudrait que les importations fissent, au moins approximativement, équilibre aux exportations, auquel cas, très-certainement, et les unes et les autres se développeraient rapidement et progressivement. Car pour vendre il faut acheter comme pour acheter il faut vendre; et les importations, on ne saurait trop le redire, représentent pour un pays ou ses satisfactions ou ses éléments de travail, tandis que les exportations représentent le prix dont il paye les uns et les autres. Les entrées sont la recette et les sorties la dépense; et il n'y a, pour un pays comme pour un individu, qu'une *balance* qui soit bonne, c'est celle qui accuse un excédant de recette.

Un autre fait, d'une bien autre importance, et dont il est impossible qu'il ne soit pas dit un mot au moins devant la Société, c'est le fait qui est en ce moment l'objet principal de toutes les préoccupations, l'ouverture de l'Exposition universelle. Au point de vue philosophique, dit M. Frédéric Passy, c'est toujours une grande chose qu'une Exposition, car c'est la manifestation de la puissance intellectuelle de l'homme, et ce n'est pas sans raison qu'Abd-el-Kader, en sortant de celle de 1855, prononçait ces paroles : « Je viens de contempler l'intelligence humaine dans toute sa merveilleuse splendeur. » Qu'aurait-il dit en présence de celle de 1878?

Au point de vue patriotique, c'est dans les circonstances où celle-ci se produit un fait plus grand encore. C'est l'affirmation de la vitalité de la France devant elle-même et devant le monde; et l'on a d'autant plus lieu d'en être frappé, que cette affirmation de la force et de la richesse de la France a été accueillie avec plus de dignité et de convenance, tant de la nation française elle-même que des autres nations.

Au point de vue économique, c'est le réveil des trois idées connexes de *travail*, de *paix* et de *liberté commerciale*.

Pour les deux premières nul doute n'est possible : partant c'est sous le nom de *Fête du travail et de la paix* que la solennité du 1er mai a été célébrée; toute la presse, à l'exception de quelques malheureux organes d'un pessimisme impuissant, l'a comprise. C'est notamment le titre d'un article réellement remarquable, publié, le 2 mai, en tête du *Petit Journal*, l'un des fidèles champions de l'économie politique, d'ailleurs, et l'un de ceux qui, dans ces derniers temps encore, se sont le plus résolûment prononcés contre les entreprises rétrogrades des protectionnistes. Partout, dit M. Passy, les mêmes idées se font jour. On les proclame chaque dimanche dans les discours prononcés dans les fêtes de la banlieue. Je les entendais encore répéter hier dans une solennité scolaire; et je les retrouvais en rentrant chez moi sur les murs des localités que je traversais dans les proclamations des municipalités.

L'affirmation des idées de liberté commerciale est moins générale et moins nette; déjà cependant elle se dégage visiblement, et elle ne peut manquer de se dégager de plus en plus; car elle est inséparable des deux premières; c'est par la multiplication des relations commerciales que peuvent se développer et s'affermir le travail et la paix. Et qu'est-ce donc qu'une Exposition universelle, dit M. Passy, si ce n'est la constatation, l'inventaire, en quelque sorte, des biens que la terre tient à la disposition de tous ses habitants, sous la triple condition du travail, de la paix et de l'échange? Mettre, comme le prétendaient faire encore les partisans de la restriction et de la haine, tous ces biens sous les yeux des hommes, étaler devant eux pendant des semaines et des mois toute la merveilleuse richessse de leur patrimoine commun; leur dire : Voilà ce que sont prêts à faire pour vous, à charge de réciprocité, vos frères du Nord ou du Midi, de l'Est ou de l'Ouest, de la montagne ou de la plaine; et venir ensuite, le grand déballage terminé, pousser dehors ces hommes et ces choses et relever derrière eux les barrières un moment abaissées, mais c'est tout simplement renouveler, à l'usage de la civilisation moderne, la vieille légende de Tantale, ou jouer sérieusement, au détriment du genre humain affamé, la ridicule comédie imaginée, aux dépens du brave écuyer de don Quichotte, par un grand seigneur en humeur de rire. Qui de nous ne se rappelle cette scène ébouriffante où le nouveau gouverneur, après avoir gagné de l'appétit en rendant des jugements dignes du roi Salomon, s'asseoit, l'œil brillant de convoitise, à la table préparée pour lui dans la salle à manger de son palais de Barataria? Viandes de toutes sortes, fruits succulents, vins exquis, tout est là devant lui, il n'a qu'à choisir. Mais à peine a-t-il fait mine d'étendre la main vers un plat, que de derrière lui une baguette s'abaisse, touche l'objet indiqué, et aussitôt le plat disparaît. C'est le médecin officiel du gouvernement, le docteur préposé à la conservation de la précieuse santé de Son Excellence, le docteur *de Mauvais Augure*, comme l'appelle si bien Sancho, qui fait enlever ce mets, parce qu'il est échauffant, et cet autre, parce qu'il est froid et mélancolique; et ainsi de suite, par des raisons de même force. Si bien qu'il ne resterait au pauvre gouverneur, s'il se soumettait à l'ordonnance, que quelques oublies avec de légères lèches de coing. Heureusement pour lui, sa patience ne va pas jusqu'à mourir de faim pour conserver sa santé, et, après avoir prié un peu vivement le docteur maudit de sortir par la porte, s'il ne tient pas à ce qu'il le fasse sortir par la fenêtre, il fait rapporter les plats enlevés et dîne avec la satisfaction d'un homme qui vient de faire un bon emploi de son autorité.

L'Exposition universelle, c'est le grand banquet du genre humain. Il est dressé, et nous y serons tous conviés sans distinction.

M. le secrétaire perpétuel présente divers écrits (voy. plus loin), — parmi lesquels se trouve un volume publié par le professeur d'économie politique à la Faculté de droit de Paris, [avec ce titre : *Précis d'économie politique*, et dans lequel on lit, non sans surprise, que l'auteur se déclare protectionniste et adversaire de l'économie politique. Cette communication suscite quelques courtes observations.

M. le comte FOUCHER DE CAREIL présente une proposition de loi relative à la recherche de la paternité, dont le Sénat vient d'être récemment saisie. Bien que la recherche de la paternité, dit-il, soit encore interdite, il se permettra de nommer les pères de ce projet de loi. L'un d'eux, qui n'appartient pas au Sénat, est assis à cette table ce soir. C'est M. Frédéric Passy. L'autre est M. Bérenger, sénateur.

Le projet n'ayant rien de politique, on ne s'étonnera pas d'y voir réunis des noms qu'on n'est pas accoutumé de trouver à la colonne du journal *Officiel* les jours de vote. « Le mien, ajoute-il, y figure entre ceux de M. Schœlcher et de Belcastel. »

Après ces communications, la réunion choisit pour sujet de discussion la question suivante :

LES COMPAGNIES ET L'ÉTAT A PROPOS DU RACHAT DES CHEMINS DE FER.

M. de Labry, ingénieur en chef des ponts et chaussées, pense que les Compagnies de chemins de fer existant aujourd'hui dans notre pays peuvent recevoir d'utiles réformes. Ce n'est point sur ces réformes, mais sur la question générale de l'exploitation par des Compagnies ou par l'Etat, qu'est posée la discussion. M. de Labry croit qu'en principe l'exploitation par les Compagnies est préférable.

La question doit être examinée au point de vue politique et au point de vue technique. Le premier point de vue est fort important, puisqu'il s'agirait d'attribuer à l'État au moins 150,000 nouveaux fonctionnaires, et d'augmenter le budget de l'État d'environ un milliard en recettes et en dépenses. Cette mesure toucherait ainsi aux intérêts les plus considérables de la nation ; elle tirerait une gravité spéciale de son caractère irrévocable. En effet, dans notre pays, les décisions politiques peuvent ordinairement être modifiées : dans les matières telles que le régime de la presse, le droit de réunion, l'administration municipale ou départementale, la forme même du gouvernement, nous ne passons que trop facilement et trop vite par des systèmes contradictoires. Mais si la décision de faire exploiter tous nos chemins de fer par l'État avait été prise, l'expérience montre que nous ne pourrions jamais retrancher de l'administration publique les 150,000 fonctionnaires qui y auraient été ainsi incorporés, jamais supprimer du budget le milliard dont on l'aurait ainsi augmenté.

La question posée motive donc quelques considérations politiques.

Or, de notre histoire se dégage cette conséquence : que jamais la France n'a pu se donner d'institutions politiques stables, c'est-à-dire lui procurant, comme cela se voit dans d'autres pays, l'avantage d'être bien gouvernée, lors même que les hommes placés à sa tête sont médiocres ou incapables. Aussi la France a-t-elle toujours exactement valu ce que valait le chef de l'Etat. Elle a grandi sous Clovis et Clotaire et s'est amoindrie sous les derniers

Mérovingiens. Forte sous Pépin-le-Bref et Charlemagne, elle s'est affaiblie sous Louis-le-Débonnaire et sa descendance. Prospère sous Philippe-Auguste, Louis IX et Philippe-le-Bel, elle est malheureuse et vaincue sous les deux premiers Valois. Elle se relève avec Charles-le-Sage, puis touche à sa perte avec Charles VI. Restaurée par Charles VII et Louis XI, elle marche à sa ruine sous les fils de Henri II. Dans le xvii° siècle, grâce aux trois grands règnes de Henri IV, de Louis XIII avec Richelieu, de Louis XIV, elle s'élève à son plus haut point de splendeur. Dans le xviii° siècle, elle est intelligente, sceptique et faible comme Louis XV. Arrive l'infortuné Louis XVI, roi centre-gauchiste et turgotin, qualités excellentes chez un économiste, mais critiquables chez un souverain, qui lui coûtent son trône, sa vie et celle des siens. Notre pays descend jusqu'aux abîmes. Depuis, la France a donné des exemples de versatilité politique continuels. Aujourd'hui elle est dans un état de crise et de mobilité ministérielle qui rend difficiles à son gouvernement l'étude et la solution des réformes de longue haleine. L'Etat vient malaisément à bout des lois les plus importantes et les plus urgentes, celles, par exemple, qui touchent au régime communal et à l'armée. N'y aurait-il pas imprudence à le charger encore de cette grande et difficile question d'une nouvelle organisation générale des chemins de fer ?

Le spectacle que bien des fois a présenté la France d'une grande prospérité avec des institutions politiques insuffisantes est contraire aux leçons que nous avons reçues dans notre jeunesse. Solon, le sage Mentor, le président Montesquieu, Jean-Jacques lui-même et bien d'autres, nous ont enseigné que la première condition de force, de richesse et de bonheur pour un peuple, ce sont de bonnes institutions gouvernementales. Quelle est donc la raison de cette anomalie ? C'est que la France vit beaucoup, que l'on pardonne ce mot, par le système *ganglionnaire*.

Outre l'encéphale dont l'âme se sert pour penser et vouloir, l'homme possède des centres nerveux nommés ganglions qui, reliés par des filets nerveux à l'encéphale, dirigent à l'insu même de celui-ci les fonctions de la vie matérielle. L'encéphale de la France, c'est son gouvernement central, souvent malade ; ses ganglions, ce sont ces corporations que l'Etat s'est rattachées par un droit de surveillance ou d'immixtion, mais qui fonctionnent par leur propre action. En tout temps, de telles corporations ont montré chez nous une vitalité très-grande ; on peut, comme exemples, citer dans l'ancien régime le clergé, les parlements, les corps ouvriers, aujourd'hui la Banque de France, certains corps d'officiers ministériels, et enfin les grandes Compagnies de chemins de fer.

Dans les deux tristes années de 1870 et 1871 s'effondraient toutes les parties et tous les organes du gouvernement central : dynastie, Sénat et Chambre des députés, administration départementale, armée. Au contraire, on a vu la Banque de France maintenir ses billets au cours de l'or ; les agents de change de Paris vendre et acheter de la rente française avec la confiance du public, bien que l'on crût les trois exemplaires du grand-livre brûlés ; les grandes Compagnies de chemins de fer exploiter leurs réseaux jusque sous le feu de l'ennemi, sauver leurs locomotives, tandis que l'Allemand cueillait nos parcs d'artillerie ; ravitailler une ville de deux millions d'âme avec autant d'ordre que de promptitude, tandis que dans la France découpée en tronçons par des troupes étrangères le gouvernement était anéanti. Que fussent devenus dans notre pays les finances et les transports, si la Banque de France et les chemins de fer n'eussent été que des parties de l'administration centrale, affolées et désorganisées comme les préfectures et comme l'armée? Ne détruisons donc pas dans le corps de notre patrie ces ganglions énergiques et persévérants, capables de lui rendre une vie florissante à l'instant même où il paraît mourant.

Comment expliquer qu'un pays puisse avoir des corporations si vivaces, lorsque ses gouvernements sont si faiblement institués ! Montesquieu a indiqué un principe pour chacune des trois formes de gouvernement. La crainte pour le despotisme; mais on ne saurait nous conduire longtemps par la terreur. — L'honneur pour la monarchie; mais nous ne sommes pas en monarchie. — La vertu pour la République; or, c'est le Français qui a inventé le proverbe : Il faut de la vertu, mais pas trop n'en faut! et peut-être applique-t-il parfois la seconde partie de ce dicton quand il vaudrait mieux appliquer la première. Ainsi, en ce moment, nous ne devons pas trop compter sur les grands principes de gouvernement.

M. de Labry signale un principe extrêmement fort, et indéfectible, par lequel sont animées nos grandes Compagnies : celui de l'intérêt personnel. Il s'exerce surtout dans nos grandes associations industrielles et financières par le choix du personnel. Les plus forts actionnaires sont dans les conseils d'administration ou en nomment les membres. Ces conseils choisissent en général des présidents et des directeurs très-propres à leurs fonctions, et qui désignent avec discernement leurs collaborateurs. Au contraire, dans les administrations de l'Etat, la nomination des fonctionnaires est très-souvent dictée par des motifs autres que leur aptitude spéciale.

M. de Labry prouve par des exemples qu'il en est ainsi. Il montre en outre, par le même procédé, que les grandes Compagnies savent tirer de leurs fonctionnaires supérieurs, de leurs employés moyens, de leurs agents inférieurs et de leurs ouvriers, un travail plus long et plus actif que les administrations de l'État. Il fait voir par quels procédés se glissent dans ces dernières les diminutions de travail et les augmentations de traitement.

Une expérience constante montre que si deux chemins de fer similaires sont administrés par une Compagnie, l'autre par l'État, le trafic est plus considérable et l'exploitation moins coûteuse sur le premier que sur le second.

On a exprimé la crainte que si l'État exploitait nos chemins de fer, la nomination du personnel, l'organisation des trains, la fixation des tarifs ne fussent subordonnés à des préférences politiques et ne devinssent des moyens d'action électorale. Il est au contraire permis de compter à cet égard sur la probité administrative de l'État.

Mais un mobile contre lequel cette probité serait impuissante, ce serait le nouvel esprit qui inspirerait la gestion des chemins de fer. Aujourd'hui, entre les mains des Compagnies, cette gestion est encore animée par l'activité commerciale. Si elle passait aux mains de l'État, elle deviendrait conforme aux tendances du fonctionnaire public.

Ce fonctionnaire, est en France, honnête et conciencieux. Mais il est très-porté à diminuer sa responsabilité, et il est tacitement encouragé à ne pas augmenter celle de ses chefs. Maintenant les grandes Compagnies, bien qu'à cet égard elles ne montrent peut-être pas toujours une activité suffisante, visent à grossir leurs dividendes, ou à réduire leur dette envers l'État. Pour y réussir, elles tâchent de développer leur trafic. Or, ce qui peut développer ce trafic est conforme aux intérêts et aux désirs du public : ce sera par exemple des trains plus nombreux, plus chargés, plus rapides. Mais ces qualités des trains sont autant de causes qui accroissent les chances et les dangers des collisions et des accidents et, par conséquent, la responsabilité des agents de la voie ferrée : le fonctionnaire public tendra donc à ralentir les améliorations en ce sens. Le public a grand intérêt sur les chemins de fer à l'organisation des services de nuit, qui augmentent notablement la durée du temps utile : le fonctionnaire public, d'humeur casanière, préférera peut-être ne pas quitter le toit conjugal. On pourrait continuer longtemps ce parallèle en montrant que, autant le public désirera de mouvement matériel et d'activité intellectuelle, autant le fonctionnaire de l'État tendra au calme et à la sage médiocrité.

Ainsi, substituer d'une manière générale l'État aux Compagnies de chemins de fer, ce serait substituer une action incertaine et peut-être débile à des organisations vivaces, la dissolvante politique au persévérant intérêt personnel, le lent fonctionnarisme à l'activité commerciale. Mieux vaut conserver et améliorer des instruments éprouvés que de les détruire. Qu'au moins une fois la France préfère une réforme à une révolution !

Telle est la réponse théorique ou générale à la question qui nous occupe. Mais il serait trop facile de gouverner s'il suffisait pour cela de connaître quelques principes généraux et de les appliquer imperturbablement sans tenir compte ni des faits présents, ni de l'état des esprits. Ici la réponse théorique comporte une importante restriction pratique.

Les six grandes Compagnies de chemins de fer ont un passé laborieux et un présent fructueux. Ces Sociétés et ceux qui les dirigent sont moins que ne le seraient des fonctionnaires de l'État, mais déjà trop portés à s'en tenir aux résultats acquis. Surtout, si un nouvel effort conforme à l'intérêt public peut nuire momentanément à la situation financière de la Compagnie, ils sont enclins à opposer un refus à la demande qui leur en est adressée.

Ce cas s'est présenté maintes fois depuis vingt ans. Quand l'État a jugé utile la construction des lignes nouvelles, les grandes Compagnies ont d'abord résisté, mais il a pu agir sur elles au moyen des petites Compagnies. Il a dit aux premières : « Si vous ne voulez pas construire telle ligne, nous allons la concéder à une nouvelle Société. « Lorsque la ligne a été construite par une petite Compagnie, l'État a dit à la grande : « Voulez-vous exploiter la ligne et pour cela la racheter ? Si vous refusez, nous allons agrandir la Compagnie nouvelle, lui donner des débouchés, et vous créer ainsi des concurrences. » Jusqu'à présent les grandes Compagnies ont cédé à ce dernier argument. C'est ainsi que les petites Compagnies ont été pour l'État un instrument utile, et qu'il n'est pas conforme à l'équité de les traiter avec une dureté sans ménagements et avec un dédain complet.

Aujourd'hui, outre les lignes récemment rachetées par l'État et à la gestion desquelles il faut pourvoir, se présentent des points pour lesquels il est désirable que l'État puisse agir sur les grandes Compagnies. Cette idée s'applique notamment aux améliorations que réclament les procédés d'exploitation et les tarifs. Les grandes Compagnies auront des efforts à exercer et peut-être des risques de perte temporaire à encourir. L'État a donc besoin d'un moyen d'action, d'une arme si l'on veut, relatifs à la gestion des voies ferrées. Eh bien ! cette arme c'est l'exploitation directe, par ses agents, d'un réseau partiel. Quand le ministre des travaux publics aura dans ses bureaux, et sur le terrain, un noyau d'hommes capables de diriger et d'exercer l'exploitation des chemins de fer, il pourra dire à telle ou telle Compagnie : « Nous vous demandons une chose juste, utile, mais qui ne vous est pas imposée par les contrats : voulez-vous en la faisant vous conformer à l'intérêt public ? Si vous refusez, nous rachetons votre réseau et nous l'exploitons nous-mêmes. Vous savez que nous sommes en mesure ! » C'est là une application de ce vieil adage : pour jouir d'une paix fructueuse, il faut être préparé pour la guerre.

En résumé et définitivement on peut indiquer ainsi les obligations de l'Etat relativement à la question posée. L'Etat doit savoir que l'exploitation par les Compagnies est le meilleur procédé général pour la gestion de nos chemins de fer ; mais il doit pouvoir exploiter lui-même partiellement ces voies.

Comme personne ne demande la parole, M. **Joseph Garnier** se borne à appuyer les observations de M. de Labry, d'autant plus importantes quelles viennent d'un fonctionnaire se rendant parfaitement compte des éléments qui sont à la disposition d'une administration publique et des empêchements inhérents à cette même administration.

M. **Wilson**, député d'Indre-et-Loire, fait une vive critique des grandes compagnies, et il montre comment l'abus qu'elles ont fait de leur monopole a conduit le législateur à chercher contre ces abus un remède et un préservatif. Le remède, on ne pouvait pas le demander à la concurrence illimitée ; il a donc fallu recourir au rachat des lignes secondaires, mises à mal en grande partie par le mauvais vouloir de leurs trop puissantes voisines. La Chambre a pensé que c'était là une expérience à tenter ; c'est une expérience, mais ce n'est pas une mesure radicale et irrévocable comme le redoute M. de Labry.

Après tout, l'Etat exploite bien les postes et les télégraphes ! En Angleterre même, il a été mis récemment en possession de ce dernier service, d'abord livré à l'industrie privée, et le public ne s'en trouve pas plus mal. On s'effraye du monopole de l'Etat, on trouve des défauts aux fonctionnaires de l'Etat. Mais le monopole des Compagnies vaut-il mieux et leurs fonctionnaires sont-ils des types de perfection ? L'Etat, du moins, est impartial, et son désintéressement commercial n'est pas sans présenter quelques avantages. Ce n'est pas l'Etat du moins qui, par des combinaisons perfides de tarifs, favorisera telle industrie aux dépens de telle autre, qui s'efforcera de ruiner les canaux ou le cabotage. En tout cas, le rachat et l'exploitation des lignes secondaires est, comme le veut M. Labry, un moyen de coërcition ; l'avenir dira s'il y a lieu de persévérer dans ce système et de le généraliser, ou s'il convient d'y renoncer.

M. **Joseph Garnier** ne veut pas nier les effets du monopole des Compagnies, qui va s'exagérant et qui est le résultat du système de fusion adopté sous l'Empire, qui permit de majorer les actions, et de faire une série de manœuvres et de cadeaux aux personnages influents, et que Vaubanreût caractérisés de « pillages et malfaçons ». Mais, quels que soient les défauts de l'exploitation par les grandes Compagnies, ceux de l'exploitation par l'Etat seront toujours supérieurs dans un pays comme la France.

Qu'on fasse, si l'on ne peut faire autrement, ou si l'on veut, sur une petite échelle, l'essai de l'exploitation par l'Etat ; mais qu'on prenne garde de généraliser. La règle, en économie politique, c'est que l'Etat entreprenne ce que l'initiative privée ne peut pas ou ne veut pas faire, mais aussi qu'il se retire dès que l'initiative privée peut reprendre son rôle. On verra donc ce que produira l'exploitation par l'Etat, concurremment avec celles des Compagnies ; mais M. Garnier aperçoit d'ici la politique se mêlant de l'affaire pour la gâter ; le public enflant ses exigences et voulant être transporté gratis ; les accidents se multipliant par la négligence des employés, et les victimes ne pouvant obtenir de réparation pécuniaire ou autre, car s'il y a des juges contre les Compagnies, il n'y en aurait pas contre le gouvernement. Enfin, il ne voit, dans le rachat et l'exploitation, même provisoire, des petites lignes, qu'un expédient empirique, qu'il faut bien se garder d'ériger en système définitif.

On peut augmenter le nombre des Compagnies et susciter plus de concurrence ou d'émulation entre elles. On peut surtout ne pas aider aux grandes Compagnies à tuer les petites, comme on a fait jusqu'à ce jour.

A ceux qui invoquent l'exemple des postes et des télégraphes, M. Garnier répond que ces exemples ne prouvent déjà pas tant en faveur des mérites de l'Etat et de ses fonctionnaires. Rien ne dit qu'un jour l'Etat intelligent ne voudra pas se débarrasser de ce métier de facteur en faveur de services particuliers organisés plus économiquement.

La conversation porte ensuite sur divers points. MM. Robinot, Courtois, Nottelle, Letort, Limousin, prennent successivement la parole.

M. **de Labry** répond à diverses questions de détail présentées par des membres de la réunion.

M. Letort a demandé si des études statistiques ont été faites, par des praticiens, sur la comparaison économique et financière entre les chemins de fer exploités par l'Etat et les chemins de fer exploités par des Compagnies.

Plusieurs travaux de cette nature ont été publiés et ils concluent unanimement à l'infériorité de l'Etat pour l'habileté à recueillir le trafic, et pour le rapport entre les dépenses brutes d'exploitation et les recettes brutes. Notamment M. Baum, ingénieur des ponts et chaussées, a publié en 1876 une étude fort intéressante sur cet objet. Il a été attaché à la Société des chemins de fer de l'Etat Austro-Hongrois, et a pu recueillir ainsi d'utiles renseignements sur les chemins de fer de l'Autriche, de la Hongrie, de l'Allemagne. Il a pris soin d'établir ses comparaisons entre des chemins de fer ou des groupes de lignes présentant des conditions analogues, mais exploités l'un par l'Etat, l'autre par une Compagnie privée, et il est arrivé à la conclusion suivante : les dépenses d'exploitation par voyageur et par tonne kilométriques sont plus fortes sur les chemins d'Etat que sur les chemins des Compagnies privées.

Parmi les causes qu'il assigne à l'infériorité financière de l'Etat pour l'exploitation des voies ferrées, il fait ressortir qu'en Angleterre et en Autriche-Hongrie les agents commerciaux des Compagnies des chemins de fer parcourent le pays pour provoquer des commandes de transport, ce que ne font pas les administrations d'Etat ; que les Compagnies emploient pour un même travail moins d'agents que l'Etat. Enfin, il caractérise la gestion de l'Etat par un mot qui est : la tiédeur.

M. Robinot s'est élevé contre les conditions récemment proposées par le gouvernement français pour le rachat des réseaux détenus par des Compagnies impuissantes à les gérer. Notre honorable collègue aurait voulu que l'Etat laissât ces Compagnies tomber en faillite, puis profitât de leur désarroi pour payer les chemins le moins cher possible. Ce procédé aurait été autorisé par les lois de concession et par les cahiers des charges ; mais il aurait constitué une application draconienne de ces textes. Cette quasi-conformation eût été d'autant plus rigoureuse qu'elle n'avait pas été appliquée, dans le passé, aux Sociétés qui sont devenues les grandes Compagnies de chemins de fer, et qui ont subi aussi des épreuves fort difficiles. Au lieu de dépouiller aujourd'hui les petites Compagnies insuffisantes pour leur tâche, l'Etat leur a dit : « Nous allons faire deux parts des capitaux employés par vous : l'une comprendra l'argent dépensé sans utilité, peut-être sans probité, nous ne vous en tiendrons aucun compte ; l'autre part consistera dans le coût exact et loyal des terrains et des travaux que vous nous remettrez : en recevant de vous ces objets utiles à la nation nous vous en livrerons le juste prix. » C'est là une conduite conforme à l'honnêteté. Que l'on puisse en critiquer quelques détails, soit ! Mais, dans une matière si difficile et si compliquée, quand le fond de l'affaire est bien traité, il ne convient pas d'épiloguer sévèrement des points accessoires.

Un autre membre a demandé quelle était en France la mesure de liberté laissée aux Compagnies de chemins de fer. Les systèmes essayés en divers pays pour l'exploitation des voies ferrées peuvent se classer en trois types : liberté illimitée de l'industrie privée, exploitation directe par l'Etat, gestion par les Compagnies sous la surveillance et sous l'autorité de l'Etat.

C'est ce troisième mode qui, depuis un demi-siècle, a été généralement appliqué aux chemins de fer de notre pays. L'expérience paraît prouver que ce système était bien celui qui convenait le mieux à notre tempérament national, et même plusieurs publicistes étrangers ont, à des époques récentes, exprimé l'opinion qu'il était le meilleur en thèse générale. Les législateurs et les administrateurs qui ont établi et développé ce système en France ont veillé à rendre l'autorité de l'Etat prédominante quand l'intérêt public est en jeu. Les textes principaux de cette organisation, qui datent de 1840 à 1846 et qui sont rédigés avec un talent et une prévoyance dignes des plus grands éloges, ont solidement établi cette prééminence, et depuis cette époque les pouvoirs publics et l'administration se sont gardés de l'amoindrir. On peut dire que l'Etat français, s'il sait user des moyens ainsi remis entre ses mains, y compris ceux que nous avons indiqués au commencement de la discussion, est le maître d'imposer aux Compagnies ce qui est juste et utile en fait de construction, d'exploitation et même de tarifs des chemins de fer. Il est vrai qu'il faut pour exercer une telle action un ministre possédant une forte instruction spéciale, habile et ferme. Mais depuis 1870, pour ne pas remonter plus haut, les ministres des travaux publics compétents n'ont pas fait défaut : le malheur, c'est leur instabilité dans leurs fonctions !

· M. A. Courtois s'associe aux critiques dirigées contre les fonctionnaires de l'Etat et non moins aux reproches adressés au personnel des grandes Compagnies de chemins de fer. Quoique signalant, avec M. Joseph Garnier, une différence en faveur de ces dernières, mais différence peu sensible, une simple nuance qui tient, à ses yeux, à ce que ces associations, investies d'un monopole, sont si importantes qu'elles arrivent à être de petits Etats dans un plus grand et à avoir les défauts de ce dernier.

Mais, ajoute M. Courtois, ce n'est pas parce que ce sont des Compagnies que ces sociétés font si peu de cas des intérêts du public, accueillent avec tant de dédain les réclamations du consommateur, c'est parce que ce sont de grandes Compagnies. Leur importance les a gâtées ; le remède, par cette seule remarque, est indiqué : c'est le fractionnement dont parlait tout à l'heure M. Joseph Garnier.

A une séance antérieure, M. O. de Labry rappelait un mot d'un des hommes les plus compétents en cette matière, M. Sauvage, qui fut directeur de la Compagnie de l'Est. Il ne sera pas déplacé de le redire ici : « Pour que l'administration d'une Compagnie de chemins de fer n'excède pas les forces physiques et intellectuelles d'un homme, même bien doué, il ne faut pas que son réseau excède 2,000 kilomètres. » Revenons à ce maximum et la majeure partie des faits reprochés aux Compagnies actuelles disparaîtront.

Certes, ce n'est pas chose facile que de retourner ainsi sur ses pas. Il est plus aisé de fusionner que de fractionner. Il existe cependant, dans d'autres industries, des exemples de fractionnement qui prouvent que cela n'est pas impraticable. Il y a vingt-cinq ans, il existait une Compagnie dite de la Seine, possédant par acquisitions successives, fusions, etc., de vastes concessions houillières dans les départements de la Loire et du Rhône ; son importance grandissait; elle visait au monopole de fait. L'administration supérieure, sous la pression de l'opinion publique, s'en émut ; par son omnipotence, elle contraignit la Compagnie des mines de la Loire à se fractionner, les emprunts garantis solidairement par les quatre sociétés qui en résultèrent étant servis par une seule d'entre elles. Il en pourrait être de même de chacune des six Compagnies se partageant presque entièrement l'ensemble du réseau ferré français.

Mais les contrats ? M. Courtois pense qu'il faut les respecter, et ce n'est que de l'assentiment des Compagnies que leurs justes droits pourraient être modifiés. Or, M. Courtois est convaincu que les Compagnies elles-mêmes s'y prêteraient. Elles ne demanderaient pas mieux que d'échanger leur situation actuelle tiraillée, contestée, contre une plus normale, plus acceptée, où l'opinion publique ne leur serait plus hostile, mais bien sympathique. Il y a une grande déperdition de forces dans cette lutte contre le public consommateur et l'éliminer profiterait à tout le monde, aux Compagnies en premier lieu. Leur prospérité est un fait général dû à l'accroissement des transactions et au développement de la richesse et elle s'accroîtrait avec un retour de popularité en leur faveur.

Pour une diminution d'étendue, elles gagneraient en profondeur et intensité.

Les coalitions dont on s'effraye seraient peu fructueuses, en fin de compte, ne pouvant avoir qu'un temps et exigeant des sacrifices mutuels souvent considérables. Les grandes villes qui peuvent le plus, en ce sens, exciter des convoitises, sont généralement pourvues d'un réseau rayonnant autour d'elles et jetant des lignes dans tous les sens. S'il n'y a souvent qu'une seule gare, c'est le résultat de la concentration du réseau français presque entier entre les mains de six Compagnies ; mais avec le système de fractionnement il y aurait presque autant de Compagnies que de lignes ; il serait donc difficile que les intérêts s'entendissent pour faire une coalition dans le sens absolu du mot. Une Compagnie dissidente suffirait pour opérer une contre-coalition.

Quant au contrôle de l'Etat, c'est un vain mot dont la sonorité ne frappe plus personne ; on sait tout ce que ce contrôle prétendu renferme de déceptions. On l'a vu à propos de la Banque de France qui, sous l'œil de l'Etat, devait, en 1857, avoir établi, dans un délai de dix ans au moins, une succursale par département. Eh bien ! aujourd'hui encore, dix départements attendent la mise en activité de la succursale promise.

Il ne faut pas demander à un système d'empêcher tout le mal, mais de le réduire à sa moindre expression. M. Courtois ne croit pas qu'une liberté absolue puisse exister utilement en matière de chemins de fer, parce que si le chemin de fer, comme route, est du domaine exclusif de l'Etat, comme véhicule il relève absolument de l'industrie privée qui ne prospère qu'à l'air de la liberté. Entre ces deux tendances bien différentes, bien tranchées, il ne peut y avoir qu'un compromis.

L'exploitation par l'Etat n'est pas un compromis, pas plus que la liberté absolue ; dans ce cas, on sacrifie l'industrie voiturière ; dans l'autre, l'intervention utile de l'administration supérieure. Les petites Compagnies, elles, sont une solution qui satisfait, dans la mesure du possible, les deux nécessités, n'immolant pas l'une à l'autre, mais permettant leur accord.

M. **Milan Kresic**, un des honorables invités, secrétaire de la Chambre de commerce d'Agram et délégué à l'Exposition, demande à donner quelques explications sur ce qui se passe dans son pays ; il assure qu'en Hongrie les chemins de fer sont fort bien administrés par l'Etat ; que les employés sont polis, affables, et que chacun obtient aisément justice. Mais au point de vue du rendement, les chemins hongrois laissent à désirer. Dans ce pays, l'argent est cher ; on en trouve difficilement à moins de 8 0/0 ; puis les administrateurs sont inexpérimentés. Enfin les tracés ont été faits moins pour répondre aux besoins du commerce que pour contenter quelques nobles magyars qui avaient besoin que le chemin de fer passât près de leur château. Eh ! mais voilà justement le danger des entreprises de l'Etat : c'est le rôle qu'y jouent presque toujours, de façon ou d'autre, les influences personnelles ou politiques.

M. **Cheysson**, ingénieur des ponts et chaussées, répond à ceux qui pensent que la France n'occupe en Europe que le sixième rang par le développement des voies ferrées, que cela est vrai si l'on ne considère que la longueur kilométrique totale, mais si l'on prend pour base l'intensité du trafic, la France se place au troisième rang. Il n'y a donc pas là un argument à tirer soit contre les Compagnies, soit contre les gouvernements.

M. **Limousin** pose aux partisans de la concurrence en matière de chemins de fer cette question : Les Compagnies auront-elles le droit de se coaliser ? Si oui, on va droit au monopole ; si non, la liberté n'existe pas. De toute façon, la liberté et la concurrence sont ici impuissantes ; il faut donc en venir, sinon au monopole de l'État, au moins à une réglementation et à un contrôle sérieux.

M. **de Labry** insiste sur le système qu'il a exposé au début de la discussion, et qui consiste à faire de l'exploitation par l'État le contre-poids et le correctif éventuel du monopole inévitable des Compagnies.

M. **Courtois** maintient que ce monopole n'est pas inévitable. Il croit que les Compagnies consentiraient à se fractionner, si on les en priait bien, et qu'elles y gagneraient. Quant à la coalition, il ne la craint pas : avec le fractionnement, il y aurait presque autant de Compagnies que de lignes, et si quelques-unes se coalisaient, il suffirait d'une Compagnie dissidente pour former une coalition nouvelle qui neutraliserait la première.

M. **Arthur Mangin** remarque que voici quelques années qu'il entend ici discuter cette question des chemins de fer ; il lui semble bien que personne n'a trouvé le nœud du problème. Évidemment, le principe économique de la libre concurrence n'est point applicable dans l'espèce, car on n'établit pas des chemins de fer comme on ouvre des boutiques d'épicerie. Évidemment aussi, les chemins de fer, remplaçant les routes, sont au premier chef un service public, et comme tels relèvent de l'État. Non moins évidemment, l'exploitation par l'État de ces chemins, qui ne sont pas seulement des chemins, mais de grandes machines où les parties fixes et les parties roulantes sont inséparables, — l'exploitation par l'État présente de grands inconvénients. Evidemment enfin, le monopole des Compagnies grandes et petites présente aussi des inconvénients graves, que la concurrence éventuelle ou partielle de l'Etat ne fait qu'atténuer. Où donc est la vraie solution, la synthèse de cette antinomie? En attendant, il faut pourtant bien faire des chemins de fer. Qu'on en fasse donc de diverses manières. A défaut d'une théorie rationnelle, on fait de l'empirisme. Des arts fort estimables, la médecine, par exemple, ont commencé par là (et la médecine, aujourd'hui même, n'est autre chose, a dit un grand médecin, qu'un empirisme intelligent). Peut-être quelque jour trouvera-t-on quelque chose de mieux. Pour le moment, il faut faire de la médecine de symptômes, aller au plus pressé et combattre le mal à mesure qu'on le voit et là où on le voit.

Cette conclusion, pour n'en être pas une, et par la raison qu'elle n'en est pas une, n'est peut-être pas la plus mauvaise.

·   OUVRAGES PRÉSENTÉS.

Précis du cours d'économie politique professé à la Faculté de droit de Paris, contenant, avec l'exposé des principes, l'analyse des questions de législation économique, par M. PAUL CAUWÈS, agrégé (1).

Ce n'est que le commencement de l'ouvrage projeté. L'auteur a pris pour modèles Frédéric List et M. Carey, théoriciens de la protection.

Ojeada sobre la situacion fiscal de Chile, par MARCIAL GONZALEZ (2).

La Grèce à l'Exposition universelle de Paris en 1878. Notions statistiques et catalogue, par A. MONSOLAS, directeur du bureau de statistique (3).

Annuaire statistique de la Belgique, publié par le ministère de l'intérieur, VIIIᵉ année, 1877 (4).

Het Katheder-Socialisme. Redevoerning by de comvaarding van Het Foogleeraeraambt, etc., par M. le baron D'AULNIS DE BOURROUILL (5).

Premier discours d'un jeune professeur inaugurant son cours en prenant à partie le socialisme en chaire.

_____

(1) Tome I, 1ʳᵉ partie. Paris, 1878. Larose. In-8 de 428 p.
(2) Santiago, 1878. In-12 de 42 p.
(3) Athènes, 1878. In-8 de 184 p.
(4) Bruxelles, 1878. In-8 de 364 p.
(5) Utrecht, 1878. In-8 de 40

Work and Wealth, by J. K. INGALLS (1).

Extrait de la « Radical Review. » — Ecrit économiste.

Lo Libero Scambio e i trattati di commercio (2).

Article extrait de l'*Economista*, par M. TULLIO MARTELLO, professeur à Venise, libre-échangiste déterminé.

BIBLIOGRAPHIE

PRÉCIS DU COURS D'ÉCONOMIE POLITIQUE PROFESSÉ A LA FACULTÉ DE DROIT DE PARIS, par M. PAUL CAUWÈS, agrégé, chargé du cours. T. Ier, 1re partie. Paris, Larose, 1878. Un vol. in-8.

Ce volume est le résumé d'un cours professé pendant plusieurs années dans une Faculté de droit, qui est la première de France par le nombre de ses étudiants et par l'importance de la ville où elle se trouve située. A ce titre il présente un grand intérêt ; aussi l'avons-nous lu avec empressement et examiné avec attention. Avant d'exprimer l'impression qu'il nous a causé, essayons d'en exposer le plan.

L'ensemble du Cours se divise en trois parties : 1º économie politique générale ou organisation industrielle ; 2º économie des richesses ; 3º économie publique. Le volume qui nous occupe contient la première partie et le commencement de la seconde.

La première partie se divise en trois sections : 1º notions sur l'organisation industrielle ; 2º sociétés naturelles et volontaires ; 3º conséquences de l'organisation industrielle.

De la seconde partie nous avons deux livres, dont le premier traite de la production et de la consommation ; le second de la population. Le premier se subdivise en cinq sections et dix-huit chapitres ; le second en deux sections et six chapitres. Deux livres, le 3e et le 4e, non encore publiés, traiteront des échanges, du crédit et du commerce international.

Cette disposition inusitée des titres et matières suggère l'idée d'une œuvre originale, d'un remaniement de la science. A la lecture, on ne trouve rien de pareil. L'auteur commence par déclarer que « la science pure n'est pas toute l'économie politique ; elle n'en est pas même, à beaucoup près, l'objet principal. » Plus loin, après avoir admis qu'on peut concevoir, dans l'étude du monde physique, la distinction de la

(1) New York, 1878. In-8 de 11 p.
(2) Venise, 8 p. In-4 de 8 p.

science et de l'application, il nous dit : « La même séparation est impossible dans l'ordre des sciences morales ; les phénomènes dont elles s'occupent n'ont pas le même caractère que les phénomènes naturels, qui sont innombrables et nécessaires. » Et lorsqu'on parcourt le volume, on voit que l'idée même de science en est absente. C'est une suite de phrases exprimant des idées confuses, souvent contradictoires, sans ordre, sans élaboration personnelle, d'une façon en quelque sorte inconsciente.

Ce n'est pas que l'auteur manque de parti pris. Pour lui, comme pour les socialistes, l'économie politique du laisser faire est une école anglaise, et il la renie pour s'engager dans une école qui lui semble mieux à la mode du jour, l'école allemande et américaine de List et de Carey, qui « ont formulé la théorie de la protection des industries nationales. Je n'ai fait que m'y rallier. » Et ailleurs : « Carey est entre tous celui dont je me plais à reconnaître l'inspiration scientifique. » Il ne faut pas s'étonner après cet aveu du désordre logique du livre ; ce désordre vient du maître. Mais dans le fouillis de Carey il y a de la méditation personnelle, une étude patiente, de la verve, de la foi ; les mêmes qualités et les mêmes défauts se trouvent dans son abréviateur, Peshine Smith ; tandis que M. Cauwès, élève fidèle de la philosophie éclectique et de l'école de droit, répète ou disperse phrases et formules au gré d'une fantaisie fort calme et peu féconde, sans essayer jamais d'aller au fond des choses et d'examiner les faits face à face.

Cependant il parle de méthode philosophique, de méthode historique et prend bravement parti pour la seconde. Cela ne l'empêche pas de proclamer un droit naturel et des « principes économiques d'une vérité universelle. » Est-ce qu'il comprend autrement que tout le monde le sens des mots ? Est-ce que la contradiction lui échappe ? Nous ne savons. Il nous semble qu'à propos de ce livre il n'y a pas à parler de méthode, mais seulement de procédé.

Le procédé de composition révélé par le volume qui nous occupe n'est ni compliqué ni fatigant. On a entendu parler de controverses économiques ; placé dans l'obligation d'y prendre part, on choisit un parti par goût, comme on choisit un plat dans le menu d'un repas, et on se met à l'œuvre. On relève à droite et à gauche des propositions énoncées par à peu près, sans suite intelligible, quelques faits, beaucoup de chiffres et l'on va de l'avant. Est-ce de l'économie politique, de la morale, du droit, de la politique ou de l'histoire ? Il y a de tout cela, mêlé dans une sorte de salade ; on l'assaisonne d'un peu de polémique contre les économistes, qu'on appelle «doctrinaires, sectaires, école anglaise, etc.,» sans malice d'ailleurs, et simplement parce qu'on a trouvé cela dans ses auteurs. Comme eux, d'ailleurs, on affirme toujours, ou l'on nie, sans jamais serrer les faits de près, ni raisonnner, ni supposer l'existence de cette chose incommode qui s'appelle *démonstration*. Voilà le procédé que semble avoir employé M. Cauwès.

Il prend, par exemple, dans List le tableau de la *nation normale* et conclut qu'elle se résume en une triple force, dont un des termes est la « force créée par l'unité industrielle. » Qu'est-ce à dire ? Qu'il faut supprimer le commerce international ? Oui, si l'on était logique, mais il va jusqu'où sont allés ses auteurs. « Toute nation, dit-il, qui a l'ambition d'un grand avenir industriel doit s'appliquer à exporter ses produits indigènes, non à l'état de matière première, mais au sortir de ses manufactures. A cette condition, elle possède tous les éléments de la prospérité industrielle. Que si, au contraire, elle absorbait ses forces dans une branche spéciale d'industrie, ce ne serait plus qu'une individualité économique incomplète. On ne doit pas s'abuser sur le danger que le cosmopolitisme industriel ferait courir à l'indépendance nationale ; les libre-échangistes raisonnent comme si le rêve de la paix perpétuelle était réalisée, etc. »

Voilà un dogme formel. Est-il fondé sur une démonstration ou sur quelque chose qui y ressemble ? Pas du tout ; ce dogme repose sur l'affirmation de M. Cauwès venue après celle de List et de Carey. C'est peu, c'est trop peu.

Tout l'ouvrage est dans cette forme et de cette force. Il ne faut pas s'étonner d'y voir l'auteur traiter longuement du régime légal de l'industrie avant d'avoir rien dit de la distribution des richesses, parler de la valeur dans ce volume et de l'échange dans un autre. Pour une série d'affirmations détachées, il n'y a pas d'ordre logique : on peut les placer à volonté comme les prédictions de Nostradamus. Aussi, n'avonsnous pas été surpris de trouver dans la quatrième section du premier livre un chapitre sur les principes d'économie rurale, traitant de la loi de la rente, des communaux, du parcours, de la vaine pâture, des chemins ruraux, de la grande et de la petite culture, des irrigations, des drainages, des engrais, de l'économie forestière, des reboisements. Un second chapitre est occupé par les industries minières et extractives ; un troisième par l'industrie métallurgique, où l'auteur insiste sur la substitution du combustible minéral au combustible végétal. Le quatrième chapitre parle de l'industrie manufacturière dans le bâtiment, dans la fabrication des textiles, etc., etc., de la police du travail, des marques de fabrique, des conseils de prud'hommes, dans lesquels l'auteur voit, non une juridiction ordinaire, mais la tutelle de l'Etat. Enfin, dans un cinquième chapitre, il traite de l'industrie des transports. Nous ne voyons pas pourquoi il s'est limité au peu qu'il a dit de tout cela et n'a pas épuisé à la fois la technologie, la statistique et la législation industrielle.

Naturellement, M. Cauwès, dans son économie rurale, a rencontré la

**

loi de la rente et n'a pas manqué de repousser cette « doctrine pessimiste », comme il l'appelle, d'après Carey. Ailleurs, il dit son fait à Malthus et le réfute solennellement en proclamant qu'il a tort et qu'une tendance constante à l'excès de population est invraisemblable. Mais pourquoi M. Cauwès réfute-t-il Ricardo et Malthus ? Ignore-t-il que les lois de la rente et de la population ont été posées depuis vingt ans en termes plus précis et rectifiées ? Peut-être. Il cite le livre où cette rectification a été faite, mais on peut bien citer un livre sans l'avoir lu. On peut aussi, après l'avoir lu, préférer s'en tenir aux négations de Carey, qui n'a pas compris de quelle façon la question était posée, comme on l'a remarqué plusieurs fois, sans tenir compte des réfutations et sans oser porter ses pas sur un terrain où on n'est plus soutenu par le maître. Ce qui est certain, c'est que M. Cauwès a repris simplement ce qu'avait écrit Carey, il y a quarante ans, sans tenir compte des travaux postérieurs à cette époque. Mieux valait alors énoncer et professer hautement les dogmes, sans s'arrêter à la négation de formules qui ne figurent désormais que dans l'histoire de la science. Il eût été intéressant au plus haut degré de voir l'énoncer clairement et en peu de mots les révélations de l'économie politique *positive*, comme l'appelle M. Cauwès.

Il serait superflu d'insister sur l'exposition, le plan et la forme d'un livre pareil, rempli d'équivoques et de contradictions, à un tel point que chaque page exigerait des éclaircissements et des commentaires. Nous n'essayerons pas même d'éclaircir les passages où M. Cauwès parle de droit naturel, bien que ces passages nous semblent fort obscurs. Relevons-en un cependant. «Ce droit idéal est-il la superstition des légistes ? » (p. 23). Ce ne sont pas les économistes qui ont appelé le droit naturel «la superstition des légistes français.» C'est un jurisconsulte de la plus haute distinction, M. Sumner-Maine, qui n'ignore pas l'économie politique, mais qui n'a point écrit sur cette science. Les économistes accusés par notre auteur se sont bornés à dire que ce qu'on avait improprement appelé droit naturel était un droit idéal). M. Cauwès ne semble admettre aucune différence entre ces deux expressions, dont l'une indique un idéal fixe (naturel), et l'autre un idéal mobile. A nos yeux, cette différence est capitale, et nous comprenons fort bien qu'on nie le premier et proclame le second. C'est ce que nous avons fait nous-même. Ainsi nous trouvons que la propriété par excellence est celle qui vient du travail : c'est un idéal. Les anciens Romains estimaient que la propriété par excellence était celle du butin de guerre. C'était un autre idéal. Nous les distinguons. Peut-être M. Cauwès pense-t-il que l'un et l'autre est de droit naturel, et s'il en est ainsi, que veut-il bien dire ?

Nous n'insisterons pas sur la critique d'un volume que nous trouvons mauvais, parce qu'il n'apprend rien à ses lecteurs, sinon l'art de parler d'économie politique sans en savoir le premier mot. Cet art est assez répandu dans le monde pour n'avoir pas besoin d'être enseigné. Les études d'application qu'on rencontre dans cet ouvrage n'ont, d'ailleurs, pas plus de valeur que celles que l'on peut lire chaque jour dans les journaux, où l'on en rencontre souvent qui sont très-supérieurs à celles du *précis*. Ce livre ne mériterait pas d'être mentionné s'il ne manifestait l'état de l'enseignement dans la Faculté de droit de Paris, et ne montrait jusqu'à quel degré cet enseignement peut tomber. Nous ne voulons faire en ce moment, et sur cette matière, aucune réflexion, parce que celles que nous suggère cette lecture pourraient paraître déplacées. Mais notre devoir est de dire que, loin d'enseigner l'économie politique à la Faculté de droit de Paris, on y enseigne son contraire. Que cet enseignement, non-seulement anti-économique, mais anti-scientifique ne saurait donner aux jeunes gens que des notions fausses et des habitudes intellectuelles déplorables. Ce devoir, nous l'avons rempli.

COURCELLE-SENEUIL.

EXPLORATION ET COLONISATION. — LES COLONS EXPLORATEURS.
Paris, 1878, in-8. HACHETTE et Cⁱᵉ.

Cette importante brochure, de 120 et quelques pages, est comme le premier manifeste de « l'Institution des colons-explorateurs », fondée à Paris en juin 1876, et qui a pour but l'étude des ressources scientifiques, agricoles, industrielles et commerciales qu'offrent les pays coloniaux, ainsi que l'exploitation de ces ressources par des *groupes* composés de spécialistes.

Le point de départ de cette institution a été la société ou « premier groupe » de Sumatra, qui possède à la *Jungle-Braw*, sur la rivière de Bedagueh, un domaine de 2,250 hectares que lui a concédé le sultan de Deli, et où elle exploite une plantation de tabac. Un second groupe se forme en ce moment pour exploiter, dans une concession assez voisine de la première, 6,000 hectares obtenus du sultan de Pagourawan.

Ce volume contient, comme documents ou sujets intéressants : « l'organisation d'une expédition dans l'Archipel indien », qui fut l'annonce et la vraie préface de la Société elle-même, en 1875 ; — le « rapport » à la commission de géographie, par M. Brau de Saint-Pol-Liais, le fondateur de l'œuvre ;—les statuts de la société ;—le récit du voyage et des débuts de l'entreprise ; — sa situation, son avenir ; enfin, la liste des membres du Conseil d'études, parmi lesquels se retrouvent les noms les plus connus dans le monde des géographes, des navigateurs et des économistes.

Cet ouvrage d'érudition complète les travaux d'histoire économique entamés et poursuivis, depuis près de soixante ans, par tant de laborieux écrivains, tels que : le comte Reynier, Dureau de la Malle, Bœckh.

E. R.

HISTOIRE DE L'ÉCONOMIE POLITIQUE DES ANCIENS PEUPLES DE L'INDE, DE
L'EGYPTE, DE LA JUDÉE ET DE LA GRÈCE, par M. DU MESNIL MARIGNY.
3ᵉ édition. Paris, Plon, 1878. 3 vol. in-8.

Cet ouvrage a été l'objet d'un intéressant et minutieux compte rendu
de M. Baudrillart (*Journal des Economistes*, avril 1873). Nous nous bornerons donc, en le signalant de nouveau à nos lecteurs, à reproduire
l'avis qui se trouve en tête de cette nouvelle édition :

« L'économie politique, science basée sur les faits et dont les décisions, bien que liées logiquement entre elles, varient suivant les peuples dont elle s'occupe, a pris droit de cité parmi nous. Il n'est plus
permis à un homme sérieux d'en ignorer les principes, comme il ne lui
est même plus permis d'ignorer ce qu'était cette science dans les temps
passés.

« Cette troisième édition a été revue, augmentée et annotée par l'auteur. De plus, en raison des déductions qui y sont produites, elle peut
être considérée comme un véritable traité d'économie politique. Nous
croyons donc, dès lors, qu'elle peut prendre place dans toutes les bibliothèques des chercheurs et des érudits. »

E. R.

CHRONIQUE

SOMMAIRE : Toujours l'incertitude pour l'arrangement des affaires d'Orient. —
Ouverture de l'Exposition universelle. — Vote par le Sénat de la loi de rachat
par l'Etat des petites Compagnies de l'Ouest. — L'argument des droits com-
pensateurs ; lettre de M. de Lavergne. — Préparatifs des protectionnistes. —
Symptômes libre-échangistes. — Ajournement de la question des traités et
des tarifs. — Changement de ministère en Italie ; avénement du groupe Cairoli.
— Calme au Vatican. — Le Congrès postal. — L'inauguration du buste de
Bastiat à Mugron.

En apparence, la situation semble n'avoir guère varié depuis
un mois. La raison en est en grande partie dans la maladie des
deux chanceliers de Russie et d'Allemagne. M. Gortschakoff a eu
affaire avec son rhumatisme et M. de Bismarck a été pris d'un
eczéma quelconque. Pendant ce temps, le gouvernement anglais a
continué à se préparer à la lutte, et le gouvernement russe a dû
réfléchir sur la difficulté qu'il y a à se procurer le nerf de la guerre,
même quand on a la planche des roubles-assignats. Tout cela
pourrait bien être favorable à une solution pacifique au moyen d'un
Congrès auquel participeraient toutes les grandes puissances, et qui

ferait une cote mal taillée entre les nationalités qui s'agitent ou qu'on agite en Orient. L'Europe en aurait encore pour un bout de temps, jusqu'au moment où quelque nouveau perturbateur viendrait remettre tout en question.

— L'ouverture de l'Exposition s'est faite le 1er mai, selon la promesse du programme. Les pouvoirs publics ont voulu donner à cette solennité toute l'importance qu'elle méritait; mais c'est l'attitude de la population de Paris qui lui a imprimé son vrai caractère. Il faut remonter aux premières années de 1830 pour retrouver l'épanouissement d'une pareille satisfaction. Dans les divers quartiers, la foule s'est répandue; dès le matin, toutes les rues étaient pavoisées de drapeaux tricolores et autres; le soir, il y a une illumination générale, même et surtout dans les quartiers populaires. Le 1er mai 1878 aura été la fête du travail.

Ainsi que nous l'avons dit, il s'en faut que tout soit fini dans cette splendide ruche; mais les visiteurs ont trouvé dès le premier jour plus qu'on ne pourrait admirer dans une semaine.

— Après une discussion très-serrée, le Sénat a voté, à une grande majorité, la loi qui autorise le gouvernement à racheter les chemins de fer des Charentes, de la Vendée, etc. Une partie de la droite, dont plusieurs membres appartiennent aux 25 départements intéressés, a suivi le gouvernement et la gauche. La majorité de la droite n'aurait pas été fâchée de faire échec au cabinet et d'amender le projet pour avoir la satisfaction de le renvoyer à l'autre Chambre. Ses orateurs, MM. Buffet, Caillaux, Ventavon, ont argumenté sur les dangers de l'exploitation par l'État et les grandes dépenses que ce système entraînerait. M. de Freycinet, ministre des travaux publics, a répondu, avec la netteté et la sobriété qui constituent son talent, qu'il ne s'agissait que d'un expédient rendu nécessaire par les décisions de l'Assemblée nationale et de la Chambre des députés et par la situation des entreprises; qu'il exonérerait l'Etat de cette exploitation dès qu'il aurait pu organiser un septième réseau ou céder les lignes rachetées aux Compagnies existantes.

— Un des arguments triomphants des adversaires de la liberté commerciale a été, depuis quelques années, la transformation des droits protecteurs en droits compensateurs, à la suite de nous ne savons plus quelle circulaire électorale de M. Léonce de Lavergne, sur la fin de l'empire. De même qu'ils avaient fait l'évolution des droits *prohibitifs* en celle des droits *protecteurs*, ils ont fait celle des droits *protecteurs* en droits *compensateurs*, et au fond ils veulent toujours la même chose, s'opposer à l'entrée des produits étrangers ; mais la dernière formule a quelque chose de plus flatteur, et semble viser la justice ; c'est assez heureusement trouvé.

M. Léonce de Lavergne, ennuyé de voir son autorité et son nom servir à cette supercherie des adversaires du renouvellement des traités de commerce, à la veille de s'accomplir avec sa collaboration, avant le 16 mai, a profité d'un moment de répit que lui laissait sa cruelle maladie pour préciser ce qu'il avait entendu par droits compensateurs. Voici la lettre qu'il a adressée au *Journal des Débats*, et qui a été reproduite par les divers organes de la publicité :

Quoique l'état de ma santé me mette dans l'impossibilité de prendre part aux discussions engagées sur les tarifs de douanes, je ne puis me dispenser de donner une explication personnelle sur un mot dont l'origine m'est attribuée et dont on fait quelque bruit. C'est le mot de *droits compensateurs*.

J'ai, en effet, soutenu une théorie dont les droits compensateurs peuvent être regardés comme une traduction, mais une traduction infidèle.

Ecartant à la fois le système protecteur et le libre-échange absolu, j'ai soutenu que les droits de douane étaient légitimes et nécessaires, dans l'état actuel des finances, pourvu qu'ils fussent uniquement fiscaux, et qu'il était juste d'en faire, autant que possible, l'équivalent des taxes supportées à l'intérieur par les produits similaires.

Ainsi considérés, les droits de douane peuvent être appelés compensateurs, mais à l'égard de l'impôt seulement. Or, on s'est emparé de ce terme pour généraliser l'idée de compensation et pour l'appliquer à toute autre chose que l'impôt. Il est bien évident qu'on peut faire sortir de cette équivoque le système protecteur tout entier.

J'ai déjà protesté plusieurs fois contre une pareille interprétation qui dénature complètement ma pensée.

Recevez, etc.   L. DE LAVERGNE.

Versailles, le 22 avril 1877.

Il reste encore une confusion.

Nous comprendrions que le droit fiscal pût être l'équivalent de la taxe *spéciale* supportée à l'intérieur par les produits similaires. Si le législateur, par exemple, met un droit sur les huiles à l'intérieur, le droit de douane doit frapper, par compensation, les huiles venant de l'extérieur. Mais comme l'honorable M. de Lavergne dit « l'impôt », les protectionnistes continuent sur le même ton en disant : Puisque la France paye de 7 à 800 millions d'impôts de plus qu'en 1860, il faut que les droits de douane soient « majorés »

(« augmentés » étant trop familier) de manière à ce que ces 7 à 800 millions soient compensés.

Voilà la racine du sophisme à extirper.

. — La discussion publique des tarifs paraît devoir être ajournée jusqu'en octobre. A cette époque, les deux commissions de la Chambre qui s'en occupent, l'une pour le traité avec l'Italie, l'autre pour le tarif général, seront sans doute prêtes, c'est-à-dire que les rapports seront imprimés. Il faudra donc conclure une autre prorogation pour le traité avec l'Italie, qui échoit au 31 juillet. Le Parlement italien est en mesure, le Sénat de Rome vient de voter le nouveau projet convenu entre les commissaires des deux pays. Ici, la commission du tarif général nommée par la Chambre des députés procède à une enquête. Et on se souvient que le Sénat de Versailles a transformé en une enquête protectionniste l'enquête politique dirigée il y a près d'un an contre le ministère du 16 mai.

En attendant, l'association des grands industriels protectionnistes qui s'intitulent « l'industrie française », comme jadis on disait « le travail national », ramasse des fonds, rédige des notes, envoie des déposants aux deux enquêtes et se concilie plusieurs organes de la presse, absolument comme avant 1848.

Toutefois, les choses n'iront pas aussi facilement pour MM. les protectionnistes qu'il y a trente ans. Partout, l'expérience a été favorable à la réforme; les intérêts se sont éclairés et les économistes ne sont plus tout seuls avec « leurs vaines théories et leurs abstractions. »

Il y a des symptômes nombreux de cette situation : ceux que signalait M. Fréd. Passy à la dernière réunion de la Société d'économie politique ; les discours prononcés à l'inauguration du monument de Bastiat à Mugron, et en particulier le retentissement de celui de M. Léon Say parlant, quoique ministre des finances, en héritier d'un glorieux nom ; la crise des États-Unis, sortie de la protection excessive qui a mis en péril l'industrie de ce pays, et d'autres symptômes encore que nous n'avons pas le temps d'énumérer en ce moment.

— En Italie, un nouveau cabinet a succédé à celui de M. Crispi Depretis, tant pour des raisons personnelles que pour des raisons de parti. C'est une autre nuance de la gauche, celle de M. Cairoli (1), qui est chargée des portefeuilles, sans que cela doive

_____

(1) M. Cairoli, ministre des affaires étrangères, président du Conseil ; M. Zanardelli à l'instruction publique ; M. Seismit-Doda aux finances; M. Baccarini aux travaux publics, etc.

beaucoup changer la politique générale et la politique extérieure, qui est celle de la neutralité expectante. Quant à l'intérieur, il en résultera probablement un abaissement du cens électoral. En politique économique, nous n'apercevons ni mieux ni pis.

A tout prendre, l'Italie est dans une période de calme absolu. Au Vatican, de même. Le pape Léon XIII s'est donné pour programme de ne faire aucune concession, mais de s'abstenir de toute provocation et d'attendre les événements. Il reçoit beaucoup de monde, sans écouter aucune adresse, sans laisser publier aucun discours. On ne saurait être plus circonspect.

— Un congrès postal siége en ce moment à Paris. Nous en résumerons les travaux dans notre prochaine livraison.

Notre dernier numéro contenait un article sur les réformes postales et télégraphiques. Nous reproduisons dans celui-ci une intéressante notice sur les mandats de poste endossables.

— Nous publions plus haut les discours prononcés à l'inauguration du monument de Bastiat, à Mugron, et le détail de cette cérémonie, qui a pour les anciens amis de l'illustre économiste un intérêt particulier.

Paris, 14 mai 1878.

JPh G.

Le Gérant : PAUL BRISSOT-THIVARS.

Paris. — Typ. A. Parent, rue M.-le-Prince, 29-31.

ÉDITION

(Annule le tirage précédent[1]).

TABLE ALPHABÉTIQUE GÉNÉRALE DES MATIÈRES

CONTENUES DANS LES TOMES XXXVII-XLVIII :

Quatrième de la 3ᵉ série duodécennale

DU

OURNAL DES ÉCONOMISTE

Janvier 1875 à Décembre 1877

Concordance des volumes avec les dates de leur publication :

A

(1) Le désir de donner promptement la Table triennale a causé diverses omissions que nou parons dans cette seconde édition.

(2) Voir, à la dernière page, la liste des *onze* tables de la collection du *Journal.*

B

C

En quoi consiste la liberté d'enseignement. —
Les capitulations en Orient. — Les sujets
du prix Lamey à Strasbourg, 326.
— *Mars.* Gouvernement défini et définitif en
France par le vote des lois constitutionnelles.
— L'élection et les attributions du Sénat. —
L'évolution du centre droit. — La déclaration
du nouveau ministère. — La future conférence
de Saint-Pétersbourg au sujet d'une convention internationale sur les lois et coutumes de
la guerre. — Dépêches de lord Derby et de
M. Gortschakoff. — Embarras des chancelle-
ries. — La décision de la convention monétaire internationale. — Les plaintes contre
les chemins de fer et rapports financiers des
compagnies avec l'Etat. — Mort de M. Armand Demongeot, 493.

— *Avril.* Affermissement de la sécurité publique
et calme de l'opinion après le vote des lois
constitutionnelles. — Les paroles caractéristiques des membres du Conseil. — Importante
manifestation de l'empereur d'Autriche et du
roi d'Italie à Venise. — L'empereur d'Allemagne redoute le climat d'Italie. — Ce que
les bons catholiques allemands et la Bavière
ont gagné au siège de Paris. — Prétentions
de M. de Bismarck à l'égard de la législation
intérieure de l'Italie et de la Belgique. — Les
difficultés politiques et financières en Espagne.
— Retour des abus dans la Péninsule. —
Louable exigence du gouverneur de Cuba au
sujet de l'esclavage. — Circulaire du ministre
du Commerce sur les traités à renouveler
dans deux ans. — Les chemins de fer d'intérêt local, les lois sur les associations et les
compagnies de chemins de fer. — Etude sur
l'isthme de Suez et les tunnels, XXXVIII, 184.

— *Mai.* Les réclamations de M. de Bismarck à
la Belgique et à l'Italie. — Panique occa-
sionnée par un article du *Times*. — L'entrevue des deux empereurs. — A quelles conditions la paix se maintiendra. — Rentrée de
l'Assemblée; symptômes d'une prochaine dissolution. — Le Gouvernement et l'opposition
en Angleterre discutent à propos de l'emploi
de l'excédant des recettes. — Une nouvelle
campagne protectionniste à l'horizon. — La
question des chemins de fer. — Voyage de
M. Michel Chevalier en Angleterre. — Bonne
promesse pour le budget de 1876, 350.

— *Juin.* Comment peut s'expliquer la crainte
d'une nouvelle guerre entre la France et
l'Allemagne. — Rapide élaboration des lois
constitutionnelles complémentaires par la
nouvelle commission des Trente. — Discussions à l'Assemblée relatives aux Caisses
d'Epargne, au régime des prisons, à la liberté
d'enseignement, aux Universités projetées
par les Congrégations religieuses, au monopole des chemins de fer. — Loi autorisant la
conversion ou le remboursement de l'emprunt
Morgan. — Lois complétant les mesures des
lois fiscales et établissant de nouveaux décimes
additionnels sur les droits de douanes, les
contributions indirectes et le timbre. — *Statu
quo* des affaires en Espagne. — Signature du
traité relatif à l'administration internationale
des poids et mesures. — Le Congrès des
socialistes allemands à Gotha. — Mort de
M. de Rémusat, 517.

— *Juillet.* Le calme revenu dans la politique
européenne. — L'opinion publique réclame
dissolution de l'Assemblée nationale. —
L'agitation électorale en Bavière. — Ce que
la Bavière catholique a gagné à l'invasion de
la France. — Ce que l'Allemagne a ga-
en grandeur, en bien-être, en intelligence,
en liberté; appréciation de M. Karl Vog.
Nouvelle discussion sur les chemins de fer.
— Proposition d'une enquête sur les chemins
de fer. — Troisième délibération et vote sur
la loi de l'enseignement supérieur. Le monopole. — Nouveaux droits sur l'enregistrement. — La loi sur les caisses d'épargne. Les
bureaux de poste caisses d'épargne. — Projet
d'une loi analogue en Italie. — La réforme
pénitentiaire et la nouvelle loi sur la prison
cellulaire. — Exposition des industries fluviales et maritimes. — Exposition de géographie. — Le calendrier grégorien en
Egypte, XXXIX, 148.

— *Août.* La politique en vacances. — Sur la
prorogation de l'Assemblée nationale après le
vote de la loi électorale du Sénat, le vote
de la loi sur l'enseignement supérieur, l'homologation du budget, etc. — Danger de cette
prorogation. — Promesses pour la prorog...
— Le budget de 1876 et le rapport de
M. Wolowski. — Vote d'une loi fixant l'exercice des raffineries et d'une loi créant des
écoles pratiques d'agriculture. — Le traité de
commerce entre l'Autriche et la Roumanie.
— Insurrection de l'Herzégovine. — Le
dîner du lord-maire aux représentants des
grandes villes d'Europe. — Le centenaire
d'O'Connell. — Le dîner annuel du Cobden
club. — La liberté commerciale, la protection
et l'économie politique nouvelle au dîner des
Economistes, 302.

— *Septembre.* Le calme général compromis par
l'insurrection de l'Herzégovine. — Le remède
à cette insurrection et à d'autres en Orient.
— Les affaires d'Espagne font un pas. — La
question de l'arbitrage international à deux
congrès tenus à La Haye et à une conférence
d'ouvriers anglais et français à Paris. — Deux
réglant les nouvelles attributions des percep-
teurs et des receveurs de postes préposés à
l'encaissement des épargnes. — Le congrès des
économistes allemands. — Effets de la réforme
douanière en Suède. — Préoccupations à propos du traité de commerce chez les économistes
italiens. — Curieux échantillon de réglementation et de prohibition militaire en Algérie.
— L'économie politique dans les écoles normales primaires de l'Hérault et de la Haute-
Garonne. — Objections. — Questions économiques au congrès de Nantes, 457.

— *Octobre.* Continuation de la tranquillité
générale en Europe. — *Statu quo* de la
question d'Herzégovine. — *Triomphe* de la
politique non interventionniste en Serbie. —
Promesses de réformes fiscales et administratives par le gouvernement turc. — Détresse
du trésor turc diminuant de moitié l'intérêt
de sa dette. — Symptômes d'une bonne solution politique en France. — Nouvelle évolution du centre droit. — Une lettre remarquable
du président des Etats-Unis. — Abolition de
la torture au Japon. — L'adresse des ouvriers
de la « Workmen's Peace Association » aux

D

E

F

G

H

I

J

K

L

M

N

O

P

Q

R

S

T

U

UFFORD (van). *Souvenirs de Scandinavie,* C. R., par M. Meyners d'Estrey, XLVII, 301.

V

VAILLANT (Adolphe). *La république orientale de l'Uruguay à l'Exposition de Vienne,* C. R. par M. A. Courtois, XL, 161.

VALSERRES (Jacques), de la Soc. d'écon. polit. VI⁰ congrès de la Société des Agriculteurs de France, XXXVII, 454. — Le VII⁰ congrès, XLI, 409. — Le reboisement et le gazonnement des montagnes, XLV, 218. — Son opin., à la Soc. d'éc. polit., sur la falsification des vins, XLIII, 454.

VAN DEN BERG (N.-P.), président de la Banque de Java. La dépréciation de l'argent, lettre, XLII, 298. — *De Muntquaestie,* etc. (La question monétaire aux Indes) C. R. par M. Meyners d'Estrey, XLIII, 135.

VAN DER MONDE. Voy. la *Revue de l'Ac. des sc. morales,* XXXVII, 403.

VARIGNY (C. DE). *Quatorze ans aux Iles Sandwich,* C. R. par M. Letort, XXXVIII, 345.

VAUBAN. De sa *Dîme royale* et de sa mort, XLII, 421.

VAVASSEUR. *Loi belge du 18 mai 1873 comparée à la loi française du 24 juillet 1867. Un projet de loi sur les sociétés,* C. R. par M. F. Hendlé, XLII, 322.

VIGANO (Francesco). *Banques populaires, banques en général, monts de piété,* etc., C. R. par M. A. Ott, XLI, 492. — Expose à la Soc. d'écon. polit. la question des populaires, XLIII, 127. — Sa note jet, XLIV, 137.

VILLIAUMÉ. Son opinion, à la Soc polit., sur les chemins de fer, XX 162, 497 ; — sur les discussions écon XXXIX, 433 ; — sur la falsification d XLIII, 432. — Notice sur —, par M. P XLVII, 437. Voy. *Nécrologie.*

Vins. Lettre de la Chambre syndicale r à la falsification des —, XLIII, 430. culaire de M. Dufaure relative à la fa tion des —, XLIV, 270. — Disc. à d'éc. polit., XLIII, 426.

VISSERING (S). Une erreur à propos volution monétaire en Hollande, XLI

Voies de communication. Les gran internationales: l'isthme de Suez, le Cenis et le mont Saint-Gothard, le sous la Manche, par M. A. Chérot, X. 5. — Circulation dans le tunnel du Cenis, lettre du même, 322. — Voy. C de fer, Navigation.

VUITRY (Ad.), de l'Institut (sc. mor.). port sur le livre de M. de Franquevill *régime des travaux publics en Angle* XXXVIII, 502.

W

WADDINGTON, ministre de l'instruction publique. La collation des grades par les facultés de l'Etat, XLII, 289.

WAGNER. Voy. *Terre.*

WALLENBERG (A.-O.). La question monétaire en Suède, en Allemagne et en France, XLI, 269.

WALLON (Henri), de la Soc. d'écon. politique. *S. Louis et son temps,* article de M. Bonnaud, à propos de son livre, XLI, 426.

WALRAS (Léon), de la Société d'éc. politique. C. R. de la *Biblioteca dell' Economista,* XL, 157. — Note sur le 15 1/2 légal, XLIV, 453.

WELLS (DAVID-A.). De ses dernières publications, XLIV, 79.

WETSON. La question monétaire en Amérique, XLIV, 223.

WILSON (Daniel), député, de la Soc. d'écon. politique. Son opinion, à la Soc. d'écon lit., sur les chemins de fer, XXXVIII, — Y explique son amendement relatif chaires d'écon. politique, XLIII, 424.

WOLOWSKI (Louis), de l'Institut (sc. mo polit.), sénateur, de la Soc. d'éc. polit. griculture et l'économie politique, X. 118. — Situation financière de la Fran 1869 à 1876, rapport fait au nom de la mission du budget, 243, 405. — Son opi à la Soc. d'écon. polit., sur l'impôt, XXX 478 ; — sur les chemins de fer, XXXVIII, 166, 481. — Les obsèques de M. —; disc de MM. Bersot, Péligot et Barral, XLIII, — La vie et les travaux de M. —, par M. vasseur, XLIV, 321. Voy. *Nécrologie.*

WORMS (Emile), de la Société d'écon politique. Son opinion, à la Société d'é politique, sur les chemins de fer, XXXV 161.

Y

ERNÈS (Émile). *De la récidive et du régime pénitentiaire en Europe*, C. R., XXXVII, 153.

Z

ABOROWSKI-MOINDRON. *De l'ancienneté de l'homme*, résumé de la préhistoire, C. R. par M. de Fontpertuis, XXXVIII, 177.

———————

Liste des onze tables des 3 séries :

1re série. *Première table*, première période triennale, de décembre 1841 à novembre 1844, par M. Eug. Daire. — *Deuxième table*, deuxième période triennale, de décembre 1844 à novembre 1847, par M. Lobet. — *Troisième table*, troisième période triennale, de décembre 1847 à décembre 1850, par M. Joseph Garnier. — *Quatrième table*, quatrième période triennale, de janvier 1851 à décembre 1853, par M. Joseph Garnier.

2e série. *Cinquième table*, première période quinquennale, de janvier 1854 à décembre 1858, par Edmond Renaudin. — *Sixième table*, deuxième période quinquennale, de janvier 1859 à décembre 1863, par M. Paul Boiteau. — *Septième table*, troisième période [biennale], de janvier 1864 à décembre 1865, par M. Paul Boiteau.

(Ces *sept* tables des 2 premières séries sont fondues en une **Table générale**, 1841-1865.)

3e série. *Huitième table*, première période triennale, de janvier 1866 à décembre 1868, par M. Paul Boiteau.—*Neuvième table*, deuxième période triennale, de janvier 1869 à décembre 1871, par Edmond Renaudin. — *Dixième table*, troisième période triennale, de janvier 1872 à décembre 1874, par Edmond Renaudin. — *Onzième table*, quatrième période triennale, de janvier 1875 à décembre 1877, par Edmond Renaudin.

Paris. — Typ. A. Parent, rue Monsieur-le-Prince, 29-31.

LE JOURNAL DES ECONOMISTES

REVUE DE LA SCIENCE ÉCONOMIQUE ET DE LA STATISTIQUE

Paraît le 15 de chaque mois par livraisons de dix à douze feuilles (160 à 92 pages), format grand in-8, dit grand raisin, renfermant la matière d'un volume in-8 ordinaire.

Chaque Trimestre forme un volume et l'Année entière 4 beaux volumes.

CONDITIONS DE L'ABONNEMENT :

16 francs par an et 19 francs pour six mois pour toute la France et l'Algérie.

15 francs par an et 20 fr. pour six mois pour : *Allemagne, Autriche, Belgique Danemark, Espagne, Grande-Bretagne. Finlande, Grèce, Hongrie. Italie, Luxembourg, Malte Monténégro, Norwége, Pays-Bas, Portugal,* y compris *Madère et les Açores, Roumanie, Russie Serbie, Suède, Suisse, Turquie, Egypte, Tanger, Tunis.*

40 francs par an et 21 pour six mois pour : *Etats-Unis, Canada, Colonies françaises (Guadeloupe, Martinique, Guyane, Sénégal, Ile de la Réunion, Cochinchine, Etablissements français dans l'Inde).*

42 francs par an et 22 francs pour six mois pour : *Chine, Confédération argentine, Cuba, Haïti, Indes-Orientales, Mexique, Nouvelle-Grenade , Paraguay, Uruguay, Vénézuéla.*

46 francs par an et 24 francs pour six mois pour : *Australie, Bolivie, Brésil, Chili, Equateur, Pérou, Etats de l'Amérique du Centre : Costa-Rica, Guatemala, Honduras, Nicaragua, San-Salvador.*

Pour s'abonner, envoyer un mandat sur la poste ou sur une maison de Paris.
Les abonnements partent de janvier ou de juillet.
On ne fait pas d'abonnement pour moins de *six mois*.

Chaque numéro séparément, 3 francs 50.

COLLECTIONS ET TABLES :

Le prix de la 1re série, comprenant les 12 années de 1842 à 1853 inclus, et formant 37 volumes grand in-8, est de 366 francs.

Le prix de la 2e série, comprenant les 12 années de 1854 à 1865 inclus, et formant 48 volumes grand in-8, est de 432 francs.

Le prix de la 3e série, comprenant les 12 années de 1866 à 1877 inclus, et formant 48 volume grand in-8, est de 432 francs.

Le prix total de la **Collection**, formant, à la fin de 1877, 132 volumes gr. in-8, est donc de 1230 fr.

La Collection forme, à elle seule, une *Bibliothèque* facile à consulter à l'aide de TABLES analytiques et détaillées.

La librairie GUILLAUMIN ne possède plus qu'un très-petit nombre de Collections complètes de chacune des deux séries, qui se vendent séparément.

Paris. — Typ. A. PARENT, rue Monsieur-le-Prince, 29 et 31.

JOURNAL

DES

ECONOMISTES

REVUE

E LA SCIENCE ÉCONOMIQUE

ET

DE LA STATISTIQUE

(37ᵉ ANNÉE DE LA FONDATION)

4ᵉ SÉRIE. — Nᵒ 6

1ʳᵉ ANNÉE. — Nᵒ 6

JUIN 1878

PARIS

LIBRAIRIE GUILLAUMIN ET Cⁱᵉ, ÉDITEURS

De la Collection des principaux Économistes, des Économistes et Publicistes contemporains,
de la Bibliothèque des sciences morales et politiques, du Dictionnaire
de l'Économie politique, du Dictionnaire universel du Commerce et de la Navigation, etc.

Rue Richelieu, 14.

1878

SOMMAIRE DU NUMÉRO DE JUIN 1878.

BULLETIN BIBLIOGRAPHIQUE ET COMMERCIAL

ibrairie HACHETTE.
ibrairie STEVENS AND SONS.

Librairie C. REINWALD.
Librairie GUILLAUMIN et Cie.

L. DUMONT et Cie.

JOURNAL

DES

ÉCONOMISTES

L'ÉVOLUTION ÉCONOMIQUE DU XIXe SIÈCLE [1]

LIBERTÉ ET TUTELLE — LE PASSÉ

I

SOMMAIRE : L'homme est d'abord un animal sauvage. — Nécessités et instinct qui ont poussé les hommes primitifs à vivre en troupes. — Aucune réunion d'hommes ne peut subsister sans une organisation hiérarchique. — Comment naissent la morale et les coutumes. — Que la liberté individuelle disparaît sous la règle imposée au nom de l'intérêt commun. — Que la religion renforce de sa sanction l'organisation politique et les coutumes. — Cause physiologique et cause économique de ce fait. — La civilisation en germe dans les institutions primitives de la tribu. — Que cette période embryonnaire subsiste jusqu'à l'avénement de la petite industrie. — Énorme accroissement de la population provoqué par la découverte de la mise en culture des plantes alimentaires. — La constitution des états rendue possible.

L'homme apparaît d'abord, — et nous le voyons tel encore aujourd'hui dans ses variétés les moins progressives, — à l'état d'animal sauvage, avec cette seule différence qu'il est pourvu d'une organisation plus complète, de facultés plus nombreuses que les autres espèces. Tous ses efforts ont dû naturellement être appliqués, dès son apparition sur le globe, à l'entretien de son existence précaire. Il devait se nourrir, s'abriter, se défendre contre les animaux et les « hommes de proie ». La recherche des végétaux et des fruits propres à son alimentation, la chasse et la pêche, l'aménagement d'un abri, caverne, hutte de terre ou de branchages, la confection

---

(1) Voir le *Journal des Economistes* de janvier, avril, octobre 1877, janvier et mars 1878.

de vêtements, d'armes et d'outils grossiers ont été ses premières
industries. Sa faiblesse individuelle, en présence des grands carnassiers pourvus d'armes naturelles bien autrement puissantes que
les siennes, en développant en lui l'instinct de la sociabilité, l'a
porté à vivre en troupe. Même les Australiens autochthones, demeurés à l'échelon le plus bas de l'humanité forment des peuplades
ou des tribus. Ces troupeaux primitifs sont les embryons des nations
et des États.

Mais un troupeau d'hommes ou d'animaux ne peut subsister
sous une organisation rudimentaire. Avant tout, il lui faut un chef
pour diriger ou coordonner ses mouvements. Ce chef, à son tour,
doit posséder des auxiliaires pour transmettre ses ordres et en
assurer l'exécution. L'avantage commun exige que le chef soit le
plus fort et le plus capable de la bande, et qu'au-dessous de lui les
forces et les capacités s'échelonnent selon l'importance et la difficulté des fonctions. Une hiérarchie et une discipline naturelles
s'établissent ainsi et on les retrouve même chez des animaux très-
inférieurs à l'homme. Le lien de la hiérarchie et la condition du
succès de toute action collective, c'est l'obéissance. Aussi est-elle
considérée comme le premier des devoirs et la plus nécessaire des
vertus. Aux yeux du Dieu de la Bible, la désobéissance est un
crime qui ne comporte aucun pardon : c'est pour avoir désobéi
que l'homme est chassé du paradis terrestre.

En même temps que la hiérarchie se constitue, et sous l'empire
de nécessités analogues, naissent les premiers rudiments de la
morale. Des hommes qui vivent réunis doivent s'abstenir de commettre des actes nuisibles les uns à l'égard des autres sous peine
de rendre leur association précaire et d'en provoquer la dissolution.
Une communauté au sein de laquelle l'assassinat, le rapt, l'adul-
tère, le vol demeureraient impunis, ne pourrait subsister. L'expérience se charge de faire reconnaître quelles sont, dans la multitude
des manifestations de l'activité de chacun, les actes utiles et les
actes nuisibles. Une morale se crée ainsi peu à peu, morale étroite
et bornée, car elle repose sur l'intérêt exclusif et immédiat d'une
tribu isolée, en lutte avec le reste de la création, et cet intérêt même
est observé et apprécié par des esprits encore incultes et sauvages.
Aussi autorise-t-elle des actes qui, dans un état de civilisation plus
avancé, sembleront à bon droit entachés d'une immoralité monstrueuse. Si la tribu est trop pauvre pour nourrir ses vieillards, par
exemple, il pourra lui sembler utile de s'en débarrasser et le parricide sera considéré comme un acte moral (1). D'autres actes qui

_____

(1) Chez les Vitiens, dit sir John Lubbock, le parricide n'est pas un crime.

seront au contraire considérés comme immoraux tels que le fait
d'épouser une femme étrangère à la tribu, deviendront plus tard
moraux. L'opinion publique de la tribu formée, comme elle l'est
encore de nos jours, par les individualités les plus fortes et les
plus influentes sanctionne les uns et les rend obligatoires tandis
qu'elle interdit les autres. Telle est l'origine des *coutumes* qui sont,
elles-mêmes, les premières sources des lois. Les coutumes d'une
tribu contiennent alors toute sa morale, en d'autres termes, il n'y
a d'actes immoraux que ceux qui sont défendus par la coutume.
Plus tard, à mesure que les manifestations de l'activité humaine
se multiplieront, on verra la morale déborder la coutume ou la loi.
De nos jours, la loi ne contient plus que la moindre partie de la
morale, en ce sens qu'elle ne prohibe et ne punit que le plus petit
nombre des actes immoraux, en abandonnant les autres à la juridiction de l'opinion publique ou de la conscience individuelle. C'est

---

mais un usage. Les parents sont généralement tués par leurs enfants, parfois les
personnes âgées se mettent dans l'esprit que le temps de mourir est venu; parfois ce sont les enfants qui avertissent leurs parents que ceux-ci leur sont à
charge. Dans l'un ou l'autre cas, on fait venir les amis et les proches parents, on
tient conseil, et l'on fixe un jour pour la cérémonie, qui commence par un grand
festin. Les missionnaires ont souvent été témoins de ces horribles tragédies. Un
jour, un jeune homme invita M. Hunt à assister aux obsèques de sa mère, lesquelles allaient justement avoir lieu. M. Hunt accepta l'invitation, mais quand
parut le cortége funèbre, il fut surpris de ne point voir de cadavre, et comme il
en demandait la raison, le jeune sauvage lui montra sa mère qui marchait avec
eux, aussi gaie, aussi allègre qu'aucun des assistants, et apparemment aussi contente... Il ajouta que c'était par amour pour sa mère qu'il agissait ainsi, qu'en
conséquence de ce même amour, ils allaient maintenant l'enterrer, et qu'eux seuls
pouvaient et devaient remplir un devoir aussi sacré... Elle était leur mère, ils
étaient ses enfants : ils *devaient* donc la mettre à mort. En pareil cas, la tombe
est creusée à 4 pieds environ de profondeur, les parents et les amis commencent
leurs lamentations, disent un adieu affectueux à la pauvre victime, et l'enterrent
toute vive. On est surpris après cela que M. Hunt considère les Vitiens comme
pleins de tendresse et de piété filiale. En réalité pourtant ils regardent cet usage
comme une si grande preuve d'affection qu'on ne peut trouver que des fils pour
s'en acquitter. Le fait est, que non-seulement ils croient à une vie future, mais
qu'ils sont persuadés qu'ils renaîtront dans le même état où ils ont quitté cette
terre. Ils ont donc un puissant motif pour abandonner ce monde avant d'être af-
faiblis par la vieillesse, et si générale est cette croyance, si considérable est l'influence qu'elle exerce sur eux, que dans une ville de plusieurs centaines d'habitants, le capitaine Wilkes ne vit pas un seul homme qui dépassât la quarantaine : comme il s'informait des vieillards, on lui répondit que tous avaient été
enterrés.(Sir JOHN LUBBOCK. *L'homme avant l'histoire. — Les sauvages modernes.*)

grâce à ce progrès que la sphère de la liberté individuelle s'est successivement agrandie. Mais aussi longtemps que la morale et la loi ne font qu'un, cette liberté demeure à son minimum. Toutes les manières d'être et d'agir qui sont ou qui paraissent conformes à l'intérêt de la tribu étant ordonnées par la coutume, et toutes les autres interdites, la liberté individuelle se trouve à peu près annulée. A sa place apparaît une *tutelle* plus ou moins intelligente et morale, mais qui produit néanmoins et à tout prendre une somme d'actes utiles supérieure à celle qui serait engendrée par l'initiative libre et effrénée d'une collection d'individualités à l'état sauvage. C'est ainsi que le règlement d'une école en la supposant *même* faite par des maîtres brutaux et ignorants vaudrait mieux que l'absence d'un règlement. Il n'en est pas moins vrai, *comme* l'a remarqué judicieusement sir John Lubbock, que les sauvages ont été de tous temps les moins libres des hommes (1).

---

(1) Ceux qui ont peu étudié ce sujet, dit sir John Lubbock, se figurent que le sauvage a tout au moins cet avantage sur l'homme civilisé qu'il jouit d'une liberté personnelle beaucoup plus grande que celle qui est compatible avec notre état de civilisation. C'est là une profonde erreur. Le sauvage n'est libre nulle part. Dans le monde entier, la vie quotidienne du sauvage est réglée par une quantité de coutumes (aussi impérieuses que des lois) compliquées et souvent fort incommodes, de défenses et de priviléges absurdes; les défenses s'appliquent en général aux femmes, les priviléges sont l'apanage de l'homme. De nombreux règlements fort sévères, quoiqu'ils ne soient pas écrits, compassent tous les actes de leur vie. Ainsi M. Lang nous dit en parlant des Australiens : « Au lieu de jouir d'une liberté personnelle complète, comme on pourrait le croire au premier abord, ils se laissent mener par un code de règlements et de coutumes qui constitue une des tyrannies les plus épouvantables qui ait jamais peut-être existé sur la terre, car il place non-seulement la volonté, mais les biens et la vie du plus faible à la disposition du plus fort. Le but de ce système est de donner tout aux puissants et aux vieillards, au détriment des faibles et des jeunes gens et particulièrement des femmes. De par leurs coutumes, les meilleurs aliments, les meilleurs morceaux, les meilleurs animaux, etc., sont interdits aux femmes et aux jeunes gens, et réservés aux vieillards. »

« Croire, dit sir G. Grey (*Polynesian researches*) qu'un homme à l'état sauvage jouit de la liberté de pensée ou d'action, est une grave erreur. »

A Taïti « les hommes ont le droit de manger du porc et de la volaille, toute espèce de poissons, des noix de coco, du plantain, et enfin tout ce qu'on présente en offrande aux dieux, aliments qu'il est défendu aux femmes de toucher sous peine de mort, car on suppose que leur attouchement les souillerait. Les feux sur lesquels les hommes font cuire leurs aliments sont sacrés aussi, et les femmes ne peuvent s'en servir. Il en est de même des paniers dans lesquels les hommes mettent leurs provisions, de la maison dans laquelle ils prennent leurs repas; tous ces objets sont interdits aux femmes sous peine de mort; aussi les femmes font-elles cuire leurs grossiers aliments sur des feux séparés, et les man-

Comment se maintenaient ces coutumes qui emprisonnaient toutes les existences dans un réseau aux mailles rigides et étroites? La crainte des châtiments et de la réprobation publique n'aurait pas suffi seule, selon toute apparence, pour en assurer l'observation, il fallait y joindre une autre sanction, plus efficace en ce sens que nul ne pût y échapper, et celle-ci fut la sanction religieuse. Que le sentiment religieux existe presque généralement dans la nature humaine, et qu'il constitue une force considérable, c'est un fait d'observation. Mais comment s'expliquer que cette force ait été mise partout, dès la formation des sociétés, au service de la morale établie? Comment s'expliquer que la religion ait sanctionné de ses terreurs et de ses pénalités formidables l'obéissance aux chefs et l'observation des coutumes? Ce phénomène a une cause physiologique et une cause économique. La première c'est l'association intime des facultés intellectuelles et morales qui ont créé non-seulement les gouvernements et les religions, mais encore toutes les autres institutions et tous les autres arts de la civilisation. La seconde c'est l'absence originaire de la division du travail intellectuel et moral. Les individualités qni étaient douées de l'esprit d'observation et de combinaison, et qui en l'appliquant à la connaissance des phénomènes naturels et sociaux inventèrent les premiers arts et les premières institutions, ces individualités d'élite étaient peu nombreuses, et celles, en plus petit nombre encore, dont les ressources bornées de la tribu permettaient de rétribuer les services réunissaient les fonctions et les occupations qui sont aujourd'hui divisées parmi les membres des professions dites libérales : dans les tribus africaines ou polynésiennes qui sont demeurées au point de départ de la civilisation, le même homme résume en lui toute la science et monopolise toutes les professions intellectuelles de la tribu. Il est prêtre, sorcier, médecin, parfois même législateur et juge. Il était donc naturel que des hommes exerçant les fonctions, maintenant séparées, de prêtres, de savants et de législateurs, invoquassent en faveur de leurs découvertes et de leurs créations politiques ou sociales l'autorité des puissances mystérieuses qui personnifiaient à leurs yeux les forces de la nature, le feu, la lumière, l'électricité, les flots soulevés par l'ouragan, ou qui, pour les intelligences tout à fait supérieures, apparaissaient comme les causes

---

gent dans de petites huttes élevées dans ce but. » — « On se tromperait fort, dit l'évêque de Wellington, si on croyait que les indigènes de la Nouvelle-Zélande n'ont ni coutumes ni lois. Ils sont et ont toujours été les esclaves de la loi, des coutumes et des précédents. »   (*Les origines de la civilisation. — Lois.*)

de ces phénomènes. Sans qu'il soit nécessaire de faire intervenir ici aucun charlatanisme, quoique le charlatanisme ait pu leur venir en aide, on conçoit qu'ils aient placé sous la sanction de ces puissances redoutables les institutions et les pratiques qui leur paraissaient les plus propres à assurer l'existence et le bien-être de la tribu. On conçoit encore que la foule, remplie d'une terreur religieuse à l'aspect des phénomènes étranges et terribles, tempêtes, incendies, tremblements de terre, épidémies, par lesquels se manifestait l'activité de ces « esprits » inconnus et surhumains, ait accepté avec une soumission respectueuse les coutumes et les lois qu'ils avaient sanctionnées, sinon dictées.

Ainsi apparaissent sous l'influence de la nécessité, et par le travail des facultés civilisatrices de l'élite de l'espèce humaine, les premiers germes des institutions politiques et sociales. Ces germes se développeront successivement et diversement selon le tempérament particulier de chaque tribu, le milieu où elle se trouvera établie et la nature de ses moyens d'existence. Ici ils avorteront, et après des centaines de siècles, la tribu apparaîtra dans son état de primitive barbarie, là ils donneront naissance à des sociétés puissantes, qui se transmettront une civilisation de plus en plus élevée et complète.

Cette période embryonnaire de la sociabilité subsista sans développements notables pendant la longue période qui a précédé la découverte et la mise en culture des plantes alimentaires, l'invention de l'outillage agricole et l'apparition des premiers rudiments de l'industrie. Des troupeaux d'hommes vivant de la récolte précaire des fruits naturels du sol, de la chasse et notamment de la chasse à l'homme, plus tard, de l'élève des animaux réduits à l'état de domesticité, ne ressentaient pas, en effet, le besoin d'une organisation savante et compliquée. Mais l'évolution économique qui fut la conséquence de l'invention de l'agriculture et des premiers arts, en d'autres termes qui ouvrit l'ère de la *petite industrie*, rendit nécessaire un développement correspondant des institutions politiques et sociales.

Si l'on veut se faire une idée de l'importance de cette évolution, il suffira de comparer les chiffres de la population possible dans la période qui précéda l'avènement de la petite industrie, et dans celle qui la suivit. On estime tout au plus à un individu par dix kilomètres carrés le maximum de densité possible d'une population vivant de la chasse ou de la récolte des fruits naturels du sol; d'où il résulte que la population totale du globe, en le supposant peuplé dans toutes ses parties habitables, ne devait pas excéder dans ces temps primitifs 8 ou 10 millions d'individus, distribués en troupeaux qui ne pouvaient, en raison de la nature de leurs moyens d'existence, dépasser un nombre très-restreint. Quoique l'élève du bétail fût plus productive que la chasse, nous voyons par l'exemple d'Abraham que les tribus ou même les familles de pasteurs se séparaient dès que leurs troupeaux se multipliaient trop pour trouver une pâture suffisante dans les régions que la tribu avait l'habitude de parcourir. Mais aussitôt qu'apparaît la petite industrie, la population possible s'accroît dans une proportion énorme : dix kilomètres carrés peuvent fournir des moyens d'existence, non plus à un individu mais à 1,000, 2,000 et même davantage. Il est tel canton des Flandres ou de la Lombardie et telle province de la Chine où la petite culture nourrit 300 habitants et au delà par kilomètre carré. Et n'oublions pas que l'outillage et les procédés agricoles sont demeurés à peu près immobiles depuis la naissance de la petite industrie jusqu'à l'avénement de la grande; n'oublions pas non plus que dans ce long intervalle la fécondité naturelle du sol a diminué au lieu de s'accroître (1). Autre phéno-

---

(1) « Schoolcraft (*Tribus indiennes*) estime que dans une population qui vit des produits de la chasse, chaque ¡chasseur a besoin en moyenne de 50,000 acres ou 78,000 milles carrés pour son entretien. Il nous dit que, sans compter le territoire du Michigan, à l'ouest du lac Michigan et au nord de l'Illinois, il y avait aux Etats-Unis, en 1825, environ 97,000 Indiens, occupant 77 millions d'acres ou 120,312 milles carrés. Cela donne un habitant pour chaque 1/4 mille carré. En ce cas, toutefois, les Indiens vivaient en partie des subsides que le gouvernement leur fournissait comme indemnité de leur territoire, et la population était, par conséquent, plus nombreuse qu'elle ne l'eût été, si elle n'eût tiré sa subsistance que de la chasse. Il en est de même, quoique dans une moindre mesure des Indiens qui habitent le territoire de la baie d'Hudson. Sir Georges Simpson, dernier gouverneur des territoires appartenant à la Compagnie de la baie d'Hudson, dans son rapport présenté au comité de la Chambre des communes en 1857, estimait ces tribus à 139,000 habitants, répartis sur une étendue que l'on suppose être de plus de 1,400.000 milles carrés, auxquels il faut ajouter 13,000 pour l'île de Vancouver, ce qui fait un total de 900,000,000 d'acres : soit environ 6,500 acres, ou 10 milles carrés pour chaque individu. D'un autre côté, l'amiral Fitzroy évalue à moins de 4,000 le nombre des habitants de la Patagonie, au sud du 40ᵉ degré, et sans compter Chiloé et la Terre de Feu. Or, le nombre des acres s'élève à 176,640,000; ce qui donne plus de 44,000 acres ou de 68 milles carrés par personne. Toutefois un écrivain, dans *The voice of pity*, pense que le chiffre de la population pourrait bien atteindre à 14,000 ou 15,000. Il serait difficile de faire le recensement des aborigènes de l'Australie. M. Oldfield conjecture qu'il y a un naturel par 50 milles carrés, et il est au moins évident que depuis l'introduction de la civilisation la population totale de ce continent s'est beaucoup accrue.

En effet, la population s'accroît invariablement avec la civilisation. Le Paraguay avec 100,000 milles carrés, a de 300,000 à 500,000 habitants, c'est-à-dire environ 4 par mille carré. Les parties sauvages du Mexique contenaient 374,000

mène non moins important. Tandis qu'une famille de chasseurs ou
même de pasteurs occupant un vaste espace, ne peut guère pourvoir qu'à sa propre subsistance, une famille d'agriculteurs produit
aisément sur une étendue de terrain mille fois moindre de quoi
nourrir une autre famille. Avec le matériel de la grande industrie
cette proportion peut être largement dépassée. Déjà, en Angleterre par exemple, elle est de 1 à 3 ou même à 4, et cependant
nous ne sommes encore qu'au début de la grande industrie agricole. D'après ces données nous pouvons nous faire une idée approximative de l'énorme changement que la découverte des
plantes alimentaires et l'invention du matériel de la petite culture
apportèrent dans la production des subsistances. Un chasseur ne
se procurait que peu de chose au delà de la quantité de gibier nécessaire à sa subsistance et à celle de sa famille, en explorant une
surface de dix kilomètres carrés par bouche à nourrir. Mis en culture, un seul kilomètre carré peut fournir la subsistance de deux à
trois cents bouches, tout en n'exigeant qu'une somme de travail
humain représentée par cent ou cent cinquante bouches. Avec le
surplus on put donc nourrir un nombre de prêtres, de savants, de
guerriers, d'artisans, de commerçants et de serviteurs, presque
égal à celui des agriculteurs. Dès lors la création d'États populeux, puissants et riches devenait possible.

II

habitants répartis sur un espace de 675,000 milles carrés, tandis que le Mexique
propre, avec 833,600 milles carrés, avait 6,691,000 habitants. Le royaume de Naples
avait plus de 183 habitants par mille carré, la Vénétie plus de 200, la Lombardie
280, l'Angleterre 280, la Belgique 320. (Sir JOHN LUBBOCK.—*L'homme avant l'histoire. — Dernières remarques.*)

Les classes asservies. Pourquoi l'esclavage est issu de la petite industrie. — Nécessité de la coopération des classes asservies aux premiers établissements de la civilisation. — Etendue de leur *débouché*. — Pourquoi ce débouché était moindre chez les Israélites. — Causes des transformations du mode d'assujétissement et d'exploitation des classes asservies. — Le pécule et le colonat. — Le servage. — Origines de] la commune et de la communauté agricole, — de la corporation et de la commune urbaine. — Résumé.

Nous n'avons que des données incertaines sur la manière dont les premières agrégations humaines, troupeaux, clans ou tribus se sont constituées, mais il est évident que leur constitution était *nécessaire*, en ce sens que des familles éparses auraient été impuissantes à lutter contre les causes de destruction qui menaçaient les hommes des premiers âges. C'est le besoin de sécurité qui a déterminé la formation de ces sociétés embryonnaires et l'association ne s'y applique guère à d'autres objets; au sein des tribus sauvages, chacun pourvoit individuellement à la recherche de sa subsistance, l'homme chasse, construit sa hutte ou creuse sa tanière, la femme prépare les aliments, fabrique les vêtements, etc; on poursuit à la vérité en commun le gros gibier, et les cannibales se réunissent en troupes pour la chasse à l'homme : mais le but essentiel c'est la défense commune, car l'existence isolée, dans un monde où dominaient les grands carnassiers et les hommes de proie eût été impossible. La dissolution d'une tribu avait pour conséquence inévitable la destruction de ses membres, et l'expulsion d'une de ces communautés primitives équivalait à un arrêt de mort.

Cependant une tribu ne peut subsister sans un commencement d'organisation politique et sociale, qui réponde aux nécessités de la défense extérieure et de l'ordre intérieur. Cette organisation se résume : 1° Dans la constitution d'un pouvoir dirigeant avec une hiérarchie qui réunissent et coordonnent les forces de la tribu, de façon à en tirer un maximum d'effet utile ; 2° dans l'établissement de « coutumes » qui interdisent les manières d'agir nuisibles à la tribu et commandent les manières d'agir utiles ; 3° dans une sanction religieuse qui contribue à assurer l'obéissance aux ordres des chefs et l'observation des coutumes. Grâce à cette *machinery* élémentaire de gouvernement, des hommes encore voisins de l'animalité se plient à une discipline, s'habituent, dans une certaine mesure, au respect mutuel de leurs droits et même à l'accomplissement des devoirs les plus nécessaires. La société est fondée, elle peut subsister, et si quelques-uns de ses membres sont doués d'une intelligence progressive, s'ils parviennent à perfectionner le matériel de la production, la tribu pourra se transformer en une nation et fonder un État.

Quelles ont été, à l'origine de la civilisation, les tribus progressives, celles qui ont découvert les plantes alimentaires et textiles, les métaux, etc., inventé les outils et les procédés de la petite industrie, voilà ce qui demeure encore obscur, mais, la petite industrie créée, on voit apparaître sur les points du globe les plus favorables à la culture des plantes alimentaires, des États vastes et populeux. Comment ces États ont-ils été fondés et constitués? Quelle transformation a subi l'organisation primitive et rudimentaire de la tribu pour s'adapter aux nécessités du gouvernement d'un État?

Si nous nous reportons aux traditions historiques les plus anciennes, nous verrons se dégager invariablement des fables qui enveloppent les origines des États primitifs, deux phénomènes prédominants : le premier, c'est l'apparition d'une race supérieure pourvue d'un matériel de civilisation relativement perfectionné, armes et outils en métal, instruments et procédés de culture, véhicules de transport maritime et terrestre; le second, c'est l'asservissement des races autochthones par ces immigrants de race supérieure.

Est-il besoin de marquer que ces deux phénomènes procèdent de causes économiques? Si nous ne savons pas d'une manière absolument certaine dans quelles régions du globe s'est créé le matériel primitif de l'agriculture et de l'industrie, nous connaissons celles où ce matériel s'est perfectionné depuis ; nous savons que ce perfectionnement a été l'œuvre d'hommes de race blanche ou légèrement colorée. Nous pouvons donc en conclure d'une part, que les inventeurs du premier matériel de la civilisation appartenaient à la même race que ceux qui l'ont perfectionné, d'une autre part qu'ils habitaient les régions rudes et peu fertiles de la zone tempérée. Car, c'est dans ces régions moyennes seulement que l'intelligence acquiert toute son énergie, et qu'elle est en même temps le plus vivement sollicitée à surmonter les obstacles que l'inclémence du climat, et l'insuffisance des ressources alimentaires apportent à l'entretien de la vie. Ces conditions étaient évidemment les plus favorables à l'éclosion du progrès.

Mais le matériel de la culture et de l'industrie primitives une fois créé, ceux qui le possédaient devaient naturellement s'efforcer d'en tirer le parti le plus avantageux possible. Des terres propres à la culture des plantes alimentaires, et des bras assez nombreux pour les mettre en pleine exploitation, voilà ce qu'il leur fallait; c'est à ces deux nécessités que répondent les phénomènes de l'émigration des tribus progressives et de l'asservissement des races

inférieures, qui président à la fondation des premiers établissements de la civilisation.

L'émigration n'est pas, comme le supposent les partisans de
l'unité de la race humaine, un phénomène primordial. Elle ne
peut s'accomplir que dans des conditions économiques qui supposent un progrès déjà réalisé. De nos jours, on n'émigre qu'à la condition de posséder un capital suffisant pour subvenir aux frais de
déplacement, de subsistance et de premier établissement qu'implique l'émigration, et il en a été ainsi de tout temps. Il a donc
fallu que les émigrants primitifs eussent accumulé un certain capital sous forme de véhicules de transport et de provisions pour
s'aventurer dans des régions inconnues. Or, des hommes qui n'ont
d'autres moyens d'existence que la chasse et la récolte des fruits
naturels du sol, ne peuvent guère accumuler des provisions ; ils
sont réduits à vivre au jour le jour dans la région où ils sont nés,
qu'ils ont explorée et dont ils connaissent les ressources. En s'aven-
turant au delà des limites de cette région connue, sans être munis
d'une avance de subsistances, ils s'exposeraient à mourir de faim,
sans parler du danger d'être exterminés par des peuplades ayant
sur eux l'avantage de la connaissance du terrain. Les peuples
chasseurs, par exemple, demeurent cantonnés dans les régions
giboyeuses qu'ils ont explorées et dont ils se considèrent comme
propriétaires. Cette propriété, ils s'efforcent à la fois de la défendre
et de l'agrandir aux dépens de leurs voisins. Dans le continent de
l'Amérique du Nord, les tribus des Peaux-Rouges se disputaient
incessamment la propriété des terrains de chasse, et les guerres
d'extermination auxquelles elles se livraient avant l'arrivée des
Européens n'avaient pas d'autre objet. Les plus fortes s'agrandissaient aux dépens de leurs voisines plus faibles, mais sans émigrer d'une région dans une autre. Les premières émigrations dont
l'histoire fasse mention sont celles des peuples pasteurs. On conçoit, en effet, que des tribus qui vivent du produit régulier et relativement abondant de leurs troupeaux, et auxquelles ces mêmes
troupeaux fournissent des moyens de transport, puissent entreprendre des expéditions lointaines. La mise en culture des plantes
alimentaires, en permettant d'accumuler des provisions en quantité plus considérable, a naturellement facilité les émigrations. Les
tribus progressives qui vivaient sous un climat rude en exploitant un sol ingrat ont pu alors, avec moins de risques, se mettre
à la recherche d'une région plus fertile et d'un climat plus doux.

Mais les émigrants de race blanche qui s'établissent dans une
région chaude s'y adaptent difficilement aux travaux de l'agriculture. Il leur faut des auxiliaires sur lesquels ils se déchargent

des travaux les plus pénibles. Si les Européens émigrés dans les régions torrides du Nouveau Monde n'y avaient point asservi les indigènes et transporté des nègres, il y a grande apparence que ces vastes et fertiles contrées seraient demeurées improductives, à l'exception de celles qui étaient déjà occupées par des peuples à demi-civilisés, tels que les Péruviens et les Mexicains. Ces auxiliaires, les tribus progressives qui fondèrent les premiers établissements de la civilisation dans les deux péninsules de l'Inde, en Chine, en Mésopotamie, en Egypte, se les procurèrent en asservissant les races autochthones au lieu de les détruire : de même qu'elles avaient réduit à l'état de domesticité un certain nombre d'espèces animales, le cheval, le bœuf, le chameau, le chien, elles y réduisirent ces hommes sauvages. Dès que ce progrès eut été réalisé, dès que les tribus pourvues du matériel agricole et de l'outillage de la petite industrie eurent à leur service cette variété supérieure de bêtes de somme, dans des régions particulièrement propres à la production des denrées alimentaires, elles purent y fonder des États, dont la population et la richesse s'accrurent avec rapidité. Il leur suffit de multiplier leurs esclaves ou de les laisser se multiplier dans la proportion des emplois qu'elles pouvaient leur donner, comme nous multiplions nos animaux domestiques. Elles leur abandonnèrent généralement les travaux inférieurs qui exigeaient simplement la mise en œuvre de la force physique, en se réservant les fonctions supérieures et dirigeantes. De là ce troisième phénomène de la séparation de la société en classes dominantes ou gouvernantes et en classes asservies, phénomène né de la petite industrie et qui, tout en se modifiant, a subsisté jusqu'à nos jours.

Jetons un coup d'œil rapide sur l'importance comparative et les fonctions de ces deux éléments constitutifs de toutes les sociétés qui ont passé de l'état sauvage à l'état civilisé.

§ 1er. Les *classes dominantes.* Nous avons remarqué que la création du matériel primitif de l'agriculture et de l'industrie a eu pour résultat un énorme accroissement de la race humaine. A des tribus de chasseurs ou de pasteurs vivant à raison de 1 individu par 10 kilomètres carrés ont succédé des nations, subsistant des produits de l'agriculture et de l'industrie, à raison de 100 ou 200 individus par kilomètre carré. C'était par centaines ou tout au plus par milliers de têtes que se comptait la population des tribus, c'est maintenant par millions et par dizaines de millions que se compte la population des États. Dans cet accroissement, quelles sont les parts respectives des classes dominantes et des classes asservies? Ces parts n'ont rien d'arbitraire. Elles sont déter-

minées par l'étendue des *débouchés* ouverts aux unes et aux autres.
Ces débouchés étaient naturellement inégaux. Les fonctions supérieures que se réservaient les classes dominantes étaient peu nombreuses en comparaison des autres. Dans l'Inde ancienne, par
exemple, les trois castes des Brahmes, des Kchattryas et des
Vaisyas qui comprenaient l'état-major social, — guerriers, prêtres,
directeurs d'entreprises agricoles, industrielles et commerciales, —
ne paraissent pas avoir formé plus du vingtième de la population
totale. Dans d'autres sociétés où les membres les moins favorisés
de la classe dominante ne dédaignaient pas les emplois inférieurs,
la proportion était plus forte, mais partout et toujours, sauf peut-
être au sein de la société israélite, la classe dominante n'a été
en comparaison de la classe asservie qu'une faible minorité.

Sous notre ancien régime, la ligne de démarcation s'établissait
entre les professions nobles et les professions serviles. Les premières seules constituaient le débouché de la classe dominante,
tandis que les secondes appartenaient aux roturiers ou aux vilains,
issus des races asservies. On aperçoit aisément la nécessité de cette
ligne de démarcation. Les classes dominantes ne pouvaient descendre dans les régions inférieures du travail et s'y mêler aux
classes assujetties sans perdre le prestige qui était un des éléments
essentiels de leur puissance. Il fallait donc, en premier lieu, qu'elles
ne dépassassent point le débouché qui leur était ouvert, en second
lieu qu'elles s'organisassent de manière à se conserver assez unies,
assez fortes pour maintenir dans l'obéissance, malgré leur infériorité numérique, les races assujetties comme aussi pour défendre
leur domination contre les attaques du dehors et, au besoin, pour
l'étendre. Toutes les institutions politiques, économiques et sociales qui se sont succédé depuis l'avénement de la petite industrie
et la constitution des Etats, conséquence de cet avénement, ont été
établies en vue de ces nécessités.

Quels ont été dans la transformation de la tribu en classe dominante d'un État le rôle et la place des divers éléments qui la
composaient? Il y avait au sein des tribus progressives, qui créèrent
les premiers arts de la civilisation, un commencement de hiérarchie politique et militaire, des guerriers, des prêtres, des chefs
d'exploitation pastorale ou agricole avec des auxiliaires et des serviteurs. Dans l'œuvre de la conquête d'une région fertile et de l'asservissement des races inférieures, le rôle prépondérant appartenait aux hommes forts et courageux qui constituaient l'armée de
la tribu. Cette armée n'avait été d'abord qu'une troupe confuse,
mais l'expérience n'avait pas tardé à démontrer même aux peuplades les moins intelligentes la nécessité de coordonner leurs

efforts pour les rendre plus efficaces : de là l'unité de commandement, la hiérarchie militaire et la discipline. Cette organisation
nécessaire impliquait un état-major, un chef, ou comme dans
l'*Iliade* une série de chefs obéissant au « roi des rois, » des officiers chargés de transmettre les commandements et de les faire
exécuter. Les soldats ou les compagnons se groupaient naturellement autour des chefs, soit qu'ils les eussent choisis ou qu'ils
subissent l'ascendant de la supériorité de la force et du courage
unie à une certaine dose d'intelligence. Les luttes de la conquête
ne pouvaient manquer de mettre en relief les hommes les plus
vaillants et les plus capables, en leur assignant la place et le rang
qui leur revenaient. Cependant, la conquête achevée, il fallait
aviser aux moyens de conserver le territoire conquis. L'armée de
la tribu s'y était disséminée, en se cantonnant dans les localités
les plus favorables à l'approvisionnement et à la défense. Les chefs
en renom, ceux qui avaient le plus contribué à la conquête, qui
avaient groupé autour d'eux les compagnons les plus nombreux,
occupaient les cantonnements les plus étendus : chaque troupe
s'établissait dans le sien; mais l'armée n'en demeurait pas moins
organisée, prête à se réunir à l'appel de ses chefs hiérarchiques,
pour défendre sa conquête. Cette organisation, il était nécessaire
de la perpétuer, car la sécurité de la possession reposait sur le
maintien de l'armée qui avait été l'instrument de la conquête du
sol et de l'asservissement des autochthones. L'hérédité des fonctions pourvut à cette nécessité : le fils aîné continua le père, et
les vides que la mort faisait incessamment dans les rangs de l'armée se trouvèrent ainsi comblés de la façon la plus naturelle et la
plus simple. Tantôt le chef de chaque troupe se chargea de l'exploitation du cantonnement qui lui était échu, en pourvoyant à l'entretien de ses compagnons; tantôt il s'en réserva seulement une
partie, et le restant fut partagé entre les membres inférieurs de la
hiérarchie et même les simples soldats, toujours moyennant
l'obligation d'apporter, en cas de nécessité, à la sécurité commune,
un concours proportionné à l'importance de chaque lot. Les guerriers de la tribu constituaient ainsi une véritable armée, fixée au
sol qu'elle s'était partagé après l'avoir conquis, et qu'elle était au
plus haut point intéressée à défendre. Telle fut l'organisation féodale qui marqua la transition de la tribu à la constitution des
grands Etats centralisés. Cependant cette organisation ne pouvait
être que temporaire: chaque canton occupé par un chef et ses compagnons devint un petit Etat, dont les possesseurs s'efforcèrent
naturellement d'étendre les limites, en vue d'accroître les profits
qu'ils en tiraient. De là des luttes intestines, qui s'interrompaient

seulement quand la communauté conquérante était menacée par
une invasion ou par une révolte des races assujetties; dans ces
luttes, les plus forts et les plus habiles s'agrandissaient aux dépens
des moins forts et des moins capables : les petites seigneuries
étaient absorbées par les grandes jusqu'au jour où le plus puissant
et le plus habile eut soumis tous les autres à sa domination, et
remplacé la multitude des petits Etats féodaux par un grand Etat
centralisé. Voilà l'évolution par laquelle ont passé tous les anciens
Empires, l'Inde, l'Egypte, la Chine, plus tard la Grèce et Rome,
plus tard encore les Etats barbares, qui se sont partagé les débris
de l'Empire romain, avec de simples variantes dans les formes
politiques. Mais à cette première évolution, on en voit non moins
invariablement succéder une seconde : les grands Etats se désa-
grègent, se dissolvent, par l'action des *nuisances* intérieures qui
les affaiblissent ; ils deviennent la proie de races plus vigoureuses,
qui s'en partagent les débris : la féodalité reparaît pour faire place
de nouveau, après une période plus ou moins longue de luttes et
d'annexions, à des Etats centralisés, monarchies, empires ou républiques unitaires. En dernière analyse, tous ces Etats, petits ou
grands, ne sont autre chose que des entreprises, qui prospèrent
ou dépérissent selon que la classe politique et militaire, qui en a
la direction, possède à un degré plus ou moins élevé et conserve
plus ou moins longtemps les aptitudes professionnelles requises
pour les entreprises de ce genre.

Cette classe, qui jusqu'à nos jours a fondé, possédé et gouverné
les Etats, ne se composait pas seulement, à l'origine, des guerriers
de la tribu conquérante; à côté d'eux figuraient les prêtres. Quoique les industries primitives de la chasse, de la pêche, de la récolte des fruits naturels du sol fussent extrêmement peu productives, elles rendaient cependant quelque chose de plus que ce qui
était strictement nécessaire à la subsistance du chasseur ou du
pêcheur. Cet excédant permettait d'entretenir des prêtres ou des
sorciers, qui réunissaient une foule de professions, que le progrès
devait séparer plus tard, celles de ministres de la Divinité, de
légistes, de médecins et de pharmaciens, d'instituteurs, etc. L'antique institution des sacrifices suffirait seule pour attester leur
existence, quand même nous ne les retrouverions pas dans les
tribus demeurées à l'état sauvage. Les sacrifices fournissaient la
part du prêtre : au sein d'une tribu de chasseurs, ils consistaient
dans une partie du gibier; chez les anthropophages, c'était du
gibier humain; plus tard, quand la domestication du bétail, en
permettant de se procurer de la nourriture animale à moins de
frais eut fait renoncer à l'anthropophagie, les sacrifices humains

disparurent, et les offrandes consistèrent principalement en produits de l'industrie pastorale, bœufs, moutons, lait, miel. Quand le sol fut mis en culture, la nature des offrandes se modifia encore, on consacra à la rétribution des services des prêtres une portion des produits du sol ; le blé et les autres plantes alimentaires s'ajoutèrent au bétail ; enfin, lorsque les tribus progressives allèrent s'établir dans des régions plus fertiles, les prêtres reçurent leur part du butin en terres et en esclaves. Leur rôle dans ces circonstances nouvelles se trouva considérablement agrandi. Les hommes forts et courageux de la tribu, les guerriers, avaient conquis le sol et asservi les indigènes ; mais pour organiser l'État et le faire subsister il fallait autre chose que de la force et du courage, il fallait le concours des aptitudes et des connaissances qui s'étaient accumulées et transmises parmi les prêtres. Comment fonctionneraient nos sociétés civilisées si cette partie de·l'état-major social qui comprend les professions libérales venait à disparaître, s'il n'y avait plus ni prêtres, ni savants, ni professeurs, ni magistrats, ni légistes, ni médecins ? Or, n'oublions pas que les castes dites de prêtres possédaient toutes les sciences et exerçaient tous les arts, alors à l'état embryonnaire, que le progrès a séparés depuis et qui composent aujourd'hui le domaine des professions libérales. Le concours des prêtres était donc indispensable aux hommes forts et courageux qui avaient conquis le sol, ils en avaient besoin pour asseoir leur domination et organiser leur conquête. Les nouveaux États, fondés par les tribus conquérantes, sont l'œuvre des guerriers et des prêtres, dont le *débouché* s'agrandit successivement en proportion de l'importance et de l'étendue que l'État finit par acquérir ; sans toutefois que ce débouché ait jamais pu dépasser ou même atteindre, dans les anciens empires de l'Egypte, de l'Inde, de l'Assyrie, celui de l'état-major social, militaire ou civil, des États modernes.

A ces deux éléments supérieurs de la tribu conquérante, devenue la classe dominante d'un État, s'ajoutait un troisième élément composé des hommes impropres à la guerre et à la culture intellectuelle auxquels étaient abandonnés les métiers et les services inférieurs, mais qui appartenant à la race dominante se trouvaient, par là même, dans une situation privilégiée. Dans l'Inde ancienne, ces éléments inférieurs de la tribu conquérante formaient la caste des Vaysias, comprenant les chefs d'exploitation, les commerçants et les artisans de toute sorte et constituant le personnel dirigeant de l'agriculture, de l'industrie et du commerce. Au sein de la tribu, le débouché de cette classe était naturellement fort limité ; lorsque la tribu, pourvue du matériel de la petite in

dustrie, se fut procuré par l'asservissement des races autochthones, la masse de travail physique nécessaire aux emplois inférieurs de la production, ce débouché ne manqua pas de s'agrandir
en raison de la multiplication des entreprises industrielles et commerciales.

Tels ont été les éléments constitutifs des classes dominantes issues
des tribus progressives qui ont formé les Etats, à l'époque de
l'éclosion de la petite industrie, et qui les ont gouvernés jusqu'à
nos jours. Si l'on considère le petit nombre d'hommes qui composaient les tribus dont elles sont issues, on trouvera qu'elles ont dû
se développer rapidement, à la suite de la formation des premiers
empires, mais si, d'un autre côté, on considère l'étendue et la population de ces Etats primitifs et de ceux qui leur ont succédé, si
l'on réfléchit encore qu'au sein de ces Etats le *débouché* ouvert à
l'état-major politique, religieux, scientifique et industriel était
limité par la nature des choses, comme il n'a pas cessé de l'être,
on trouvera qu'elles ne formaient et ne pouvaient former numéri-
quement qu'une faible minorité, et que leur domination reposait
uniquement sur leur supériorité physique, intellectuelle et morale.

§ 2. *Les classes asservies.* Au-dessous de cette classe dominante
qui constitue l'état-major social apparaît la multitude asservie. L'esclavage prend naissance partout avec la petite industrie. S'il existait
auparavant chez les tribus de chasseurs, de mangeurs d'hommes
et de pasteurs, c'était à l'État d'exception, et l'on en conçoit aisément la raison. Une tribu de chasseurs, par exemple, en expulsait
une autre d'un terrain giboyeux, mais il ne pouvait lui venir à la
pensée de la réduire en esclavage et de la contraindre à chasser
pour ses maîtres. La nature même de cette industrie primitive s'y
opposait. Des esclaves armés pour la chasse n'auraient-ils pas cédé
à la tentation assez légitime de traiter leurs maîtres comme un
gibier? D'un autre côté, la chasse est une industrie trop peu productive pour nourrir, au-dessous d'un personnel de maîtres un
personnel d'esclaves assujettis aux fonctions de la domesticité.
C'est pourquoi les femmes et les enfants sont chargés, même chez
les chefs de tribus, de pourvoir à ces fonctions subalternes. Dans
l'industrie pastorale, l'esclavage commence à trouver un débouché;
il faut des serviteurs pour conduire les troupeaux et en prendre
soin, mais il n'est pas nécessaire que ce personnel auxiliaire soit
nombreux, et on ne peut le soumettre à un joug trop pesant, car
la fuite est facile dans les vastes espaces que parcourent les pasteurs nomades. Avec l'agriculture et les premiers arts industriels,
la situation change, le débouché de l'esclavage s'agrandit dans une
proportion énorme. Un sol fertile donne un produit qui permet

non-seulement de nourrir, de renouveler et d'augmenter graduel-
lément le personnel d'exploitation, mais encore, comme nous
l'avons remarqué plus haut, de pourvoir à la subsistance d'une
classe presque aussi nombreuse, adonnée à d'autres emplois. Il y
a profit alors à se procurer par la chasse ou l'élève domestique un
nombre croissant d'esclaves.

Au lieu donc d'exterminer les populations autochthones et même
de les manger, ce qui était avant la naissance de la petite industrie le parti le plus profitable que l'on en pût tirer, les *tribus
progressives*, probablement de race aryenne, en possession de ce
matériel perfectionné et des connaissances nécessaires pour le
mettre en œuvre, trouvèrent plus d'avantage à capturer les vaincus
et à les employer à l'abattage des arbres, au défrichement du sol,
à la construction des habitations et des voies de communication,
aux services de la personne et de la maison, en un mot à la masse
des travaux auxquels les autres animaux déjà réduits à l'état de
domesticité n'étaient point propres ou ne pouvaient être appliqués
avec autant d'efficacité et d'économie. Les membres des tribus
progressives assujettirent ces hommes sauvages comme ils avaient
assujetti le bœuf, le cheval, l'âne, le chameau, l'éléphant, le chien,
et ils les dressèrent aux fonctions de laboureurs, de manœuvres,
d'ouvriers maçons, de serviteurs, etc. Ceux dont le naturel indomptable résistait à la domestication furent exterminés ou refou-
lés dans les bois; ceux que leur manque absolu d'intelligence, leur
grossièreté, leurs défauts ou leurs maladies immondes rendaient
impropres à tout emploi utile, ou faisaient un objet de *dégoût*,
furent simplement écartés ou réduits, pour subsister, aux fonctions
les plus répugnantes ; dans l'Inde, ils formèrent la caste des
parias. Grâce à l'assujettissement de ces races adaptées au climat
des régions prodigieusement fertiles des deux péninsules de l'Inde,
de la Mésopotamie, les émigrants aryens comme plus tard les
émigrants européens dans le Nouveau Monde purent mettre en
pleine exploitation les terres qu'ils avaient conquises, et y fonder
de vastes et puissants empires. Ainsi se sont constitués partout les
premiers établissements de la civilisation. A peu près seuls, les
Israélites pourraient être cités comme une exception à cette règle.
Ils ne possédèrent, en effet, jamais qu'un petit nombre d'esclaves;
mais cette exception s'explique par les circonstances qui prési-
dèrent à leur établissement en Palestine. Ils sortaient de la servitude d'Egypte, où ils avaient rempli les fonctions et exercé les métiers dévolus aux races asservies. Devenus libres, ils continuèrent
à remplir ces fonctions et à exercer ces métiers auxquels ils étaient
accoutumés. De là les horribles boucheries qui ensanglantent

les pages du vieux Testament. Ils exterminaient les populations vaincues au lieu de les réduire en esclavage parce qu'ils exerçaient eux-mêmes les emplois qui servaient ailleurs de débouché aux esclaves.

La condition des races assujetties présente une série de transformations et de phénomènes, issus de causes purement économiques, et qui devaient nécessairement les amener au point où nous les voyons aujourd'hui. Avant d'être émancipées d'une façon plus ou moins complète, elles ont passé par l'esclavage, le servage ou le colonat ; elles ont formé l'élément inférieur de la corporation industrielle et constitué la commune. Comment ces modes divers d'assujettissement ou de tutelle ont surgi et se sont succédé, nous pouvons nous en rendre compte en prenant les choses à l'origine.

Reportons-nous au moment où une tribu progressive, pourvue du matériel de la petite industrie, a conquis et occupé une région propre à la culture des plantes alimentaires. Elle s'est disséminée sur le territoire conquis ; chaque groupe, sous la conduite d'un chef et d'un état-major de guerriers et de prêtres, a choisi son cantonnement. On procède au partage du butin, qui consiste principalement sinon exclusivement en terres et prisonniers. Dans ce partage, les chefs ont naturellement la grosse part ; d'ailleurs, beaucoup de leurs compagnons, guerriers, prêtres, artisans ou laboureurs n'ont pas les ressources nécessaires pour subvenir aux frais de leur établissement ; ils demeurent groupés autour du chef qui se charge de pourvoir à leur entretien. On vit d'abord sur les provisions que l'on a accumulées, en vue de l'émigration ou peut-être, à leur défaut, sur le butin vivant que l'on a conquis. Entre temps, les prêtres ou les sages, aidés des laboureurs et des artisans, appliquent leurs connaissances, avec le matériel dont ils disposent, à l'établissement de la colonie et à l'exploitation du sol. On dresse les prisonniers à la culture, on les emploie à la construction des forteresses, des habitations et des temples, et en général à toutes les fonctions qui exigent seulement de la force physique. L'abondance des récoltes sur un sol vierge permet de les multiplier rapidement, ainsi que les autres animaux domestiques. D'abord, on ne les distingue pas de ceux-ci, et même on les considère comme inférieurs à certaines espèces de bétail. Ils sont réunis en troupeaux. Ils travaillent sous le fouet, on leur distribue leur ration, et on règle leur multiplication, comme celle du bétail, selon le besoin qu'on en a. C'est l'esclavage pur et simple, tel que nous l'avons vu reparaître plus tard dans le Nouveau Monde. Cependant, l'expérience démontre peu à peu que ce régime est susceptible de progrès. On observe qu'en intéressant les esclaves à leur travail, soit en leur abandonnant une part du produit, soit en leur permettant de cultiver pour leur compte une petite portion du sol, — un jardin, — ils font plus et de meilleure besogne; ils se montrent aussi plus résignés à leur sort et moins disposés à s'y dérober par la fuite ou la révolte. On leur abandonne donc un *pécule*. L'accumulation de ce pécule permet à la longue aux esclaves les plus intelligents et les plus économes de se racheter : ils passent à l'état d'affranchis. Mais les affranchis ne peuvent subsister qu'à la condition de continuer à exercer les métiers avec lesquels ils étaient familiers et qui leur fournissaient auparavant les moyens de vivre. Les affranchis de l'agriculture deviennent des colons : ils prennent en location une portion de la terre de leurs maîtres en échange d'une redevance en travail, en denrées ou en argent; les affranchis de l'industrie passent à l'état d'ouvriers libres ou de petits entrepreneurs, selon qu'ils possèdent ou non des capitaux.—Les propriétaires d'ateliers d'esclaves, agricoles ou industriels, s'aperçoivent aussi, à la longue, qu'en divisant leurs domaines et en les louant à leurs esclaves les plus capables ils en tirent un profit plus élevé, tout en se débarrassant de la surveillance et des soucis d'une exploitation directe, ou bien encore tout en continuant à exploiter leurs domaines par eux-mêmes ou par leurs intendants, ils trouvent avantage à se débarrasser de l'entretien direct de leurs ateliers d'esclaves. Ils élargissent en conséquence le système du pécule. Ils abandonnent à leurs esclaves toute la quantité de terre nécessaire pour les faire subsister eux et leurs familles, en échange du travail dont ils ont besoin pour la mise en valeur du domaine seigneurial. C'est le servage et la corvée. Le serf n'en demeure pas moins la chose du seigneur; il lui est interdit de quitter le domaine auquel il est attaché, et il se trouve, sauf l'intervention de l'opinion et des *coutumes* auxquels l'opinion donne naissance, à la discrétion de son maître. S'il s'agit d'esclaves de métiers, le maître, après avoir exploité d'abord leur travail pour lui-même, le donne en location à des entrepreneurs travaillant pour le public et il finit par le leur louer à eux-mêmes. C'est le système qui s'est perpétué en Russie jusqu'à ces dernières années sous le nom de servrage à l'*obrok*. Tantôt cette transformation naturelle de l'esclavage en servage a lieu individuellement, tantôt collectivement. Dans ce dernier cas, le maître concède un lot de terre à un troupeau d'esclaves, en échange d'une certaine quantité de travail ou de corvées. Les membres du troupeau se partagent ce lot, non pas également, mais en raison de la somme de forces et de capitaux, sous forme de bétail et d'instruments aratoires, qui constituent l'apport de chacun et sa capacité à fournir une quote-part plus ou moins grande de corvées ou de redevances. Comme ces apports se modifient à la longue, certaines familles devenant plus nombreuses et plus riches tandis que d'autres diminuent en nombre et en ressources, on fait périodiquement, — en Russie, c'était tous les quinze ans en moyenne, — une nouvelle distribution des lots. Les serfs ainsi associés constituent une commune. Cette commune, le seigneur la laisse maîtresse de se gouverner elle-même, sauf en ce qui concerne ses intérêts de propriétaire. Il veille à ce que la population s'y proportionne à la quantité de terre qui sert à la nourrir ou bien encore aux débouchés qu'il peut trouver pour elle dans d'autres emplois. Dans le cas du colonat et du servage individuel, les colons et les serfs groupés dans la même localité forment de même une commune, sous l'autorité des anciens, pour subvenir à des nécessités auxquelles le seigneur néglige de pourvoir : la sécurité individuelle, le maintien des bonnes mœurs, la création et l'entretien des routes vicinales, l'établissement et le bon entretien des puits et des fontaines, etc., mais dans ce cas il n'y a point d'association territoriale, chacun tenant son lot directement du seigneur. Voilà l'origine de la commune agricole. Elle est née de l'esclavage et s'est constituée avec le colonat et le servage. La commune urbaine a une origine mixte ; on y distingue, à l'origine, des éléments appartenant à la classe dominante, et d'autres éléments, à la vérité plus nombreux, issus de la classe asservie. Au début du régime féodal, qui semble avoir été partout le mode primitif d'occupation et d'exploitation des terres et des populations conquises, les chefs, entourés de leurs compagnons, des prêtres ou sages et des membres inférieurs de la tribu, artisans ou serviteurs, s'établissent dans des cantonnements, qui deviennent ensuite des seigneuries. L'exploitation du sol au moyen des bras esclaves fournit un excédant qui permet de nourrir une population croissante d'ouvriers et d'artisans, employés à la construction et à l'ameublement des habitations, à la fabrication des vêtements, des armes et des outils. Les membres inférieurs des classes dominantes qui ne sont ni guerriers ni prêtres entreprennent les travaux ou les industries, et ils y dressent les esclaves qui ne sont point appliqués à la culture. A mesure que la population et la richesse s'augmentent dans le cantonnement, le débouché de ces entrepreneurs de métiers s'agrandit, les industries se séparent, et ceux qui les exercent s'associent en vue de la défense de leurs intérêts communs ; ils constituent des corporations. Les corporations en se réunissant forment une commune sous l'autorité du seigneur. A la longue, la commune s'affranchit, — ordinairement par voie de rachat, — de la tutelle seigneuriale, et elle apparaît alors gouvernée par l'oligarchie des maîtres des corporations.

C'est ainsi que se sont constitués et organisés les États civilisés aussitôt que le matériel de la petite culture et de la petite industrie eût été inventé. A des tribus éparses de chasseurs, d'anthropophages et de pasteurs succédèrent alors des sociétés nombreuses, dont les travaux accumulés ont amené la civilisation au point où nous la voyons aujourd'hui. Le fait caractéristique qui apparaît à cette époque primitive et qui n'a pas cessé de se manifester dans tout le cours de l'histoire, c'est l'extrême inégalité des races et des individualités humaines. Certaines races privilégiées sous le rapport physique et moral ont accumulé un capital d'inventions et de connaissances de toute sorte, à l'aide duquel elles ont augmenté à un moment donné, dans une proportion énorme, leurs moyens de subsistance, tandis que d'autres sont demeurées depuis des milliers d'années dans leur état primitif, fort peu différentes des animaux, et quelques unes même inférieures aux espèces animales à l'état de domesticité. Cette inégalité étant bien constatée, la constitution des États civilisés par voie de conquête et d'asservissement des races inférieures n'était-elle pas *nécessaire?* Peut-on concevoir qu'elle se fût accomplie autrement? Représentons-nous la situation d'une tribu progressive, en possession du matériel de la petite industrie, au milieu de tribus arriérées qui demandent à la récolte des fruits naturels du sol, à la chasse et notamment à la chasse à l'homme, leurs moyens de subsistance. Elle est obligée de lutter incessamment contre ces hommes sauvages, comme aujourd'hui les colons Européens luttent contre les Indiens Peaux-Rouges, avec cette différence que les hommes civilisés ne formaient à l'origine qu'une faible minorité tandis qu'ils sont aujourd'hui en majorité. Ils n'avaient d'autre alternative que d'exterminer les tribus ariérées ou d'être exterminés par elles, ou bien encore de les utiliser en les asservissant. L'asservissement des tribus ennemies, dans ces conditions, ne peut-il être assimilé à la servitude pénale, et à ce titre, pleinement justifiable? L'esclavage eut à la vérité encore d'autres sources : des tribus inoffensives y furent réduites, après la conquête de leur territoire, mais le plus grand nombre des membres de ces tribus ne faisaient guère que changer de servitude et celle à laquelle la conquête les réduisait avait l'avantage d'être progressive : de l'état d'esclave, l'homme asservi des races inférieures passait à l'état de serf, de colon, d'affranchi et finalement de citoyen d'une société civilisée. Sans doute, la condition des classes asservies dans les sociétés primitives était dure; les classes dominantes ne leur accordaient guère, comme aux animaux domestiques, que ce qui était strictement nécessaire à leur subsistance et à leur entretien, mais leur devait-elle davantage? De nos jours, la création du matériel de la petite industrie eût été l'objet d'une série de brevets d'invention conférant à leurs auteurs le droit d'exploiter à leur profit exclusif ce matériel perfectionné. A l'origine, le brevet d'invention ne s'était pas encore individualisé, il appartenait à l'ensemble de la tribu ou de la corporation progressive; pourquoi ne s'en serait-elle pas réservé le bénéfice exclusif? pourquoi y aurait-elle fait participer des races inférieures, presque toujours hostiles, qui n'avaient eu aucune part à la création de ce matériel perfectionné? Cette participation devait, au surplus, surgir d'un progrès réalisé par les classes asservies elles-mêmes sous l'influence de la domestication. Forcées à travailler régulièrement, elles prirent l'habitude du travail, et un moment arriva où l'on put obtenir d'elles une coopération assidue en substituant le mobile de l'intérêt à celui de la contrainte. Elles travaillèrent en vue du pécule et du rachat qui les introduisit, après un stage plus ou moins long, dans la classe des bénéficiaires de la civilisation. Le prix de ce rachat ne peut-il pas être considéré comme une indemnité due aux héritiers ou ayants-droit des inventeurs de ce matériel de production et de cet appareil de sociabililité civilisé, que les races inférieures n'auraient jamais réussi à constituer si elles avaient été réduites à leurs propres ressources intellectuelles et morales?

G. DE MOLINARI.

EXPOSITION UNIVERSELLE DE 1878, A PARIS

PREMIER APERÇU

Considérations générales. — Caractère spécial de chaque pays. — Quelques traits distinctifs de cette Exposition.

Le moment n'est pas encore venu de rendre un compte détaillé de l'Exposition universelle de 1878, ni d'apprécier par comparaison les forces productives de nations qui ont répondu à l'appel de la France; mais, en attendant que l'installation des produits soit terminée, il est possible et il n'est pas superflu de considérer le sujet en lui-même d'une manière générale, de se rendre compte de l'utilité de ces grands concours, enfin de déterminer, d'après l'expérience acquise, les circonstances qui leur sont le plus favorables.

Si c'est la France qui a eu l'initiative des Expositions nationales et en a organisé onze en cinquante et un ans avec un succès toujours croissant; si c'est elle encore qui a émis en 1849 l'idée d'une Exposition universelle des produits de l'industrie, c'est l'Angleterre qui a la première réalisé, en 1851, cette conception française, dans le Palais de Cristal de Kensington, transporté et remonté depuis à Sydenham.

Sont venues ensuite, par ordre de date :

L'Exposition universelle de 1855, à Paris;

Celle de Londres, en 1862, pour la seconde et dernière fois;

Celle de Paris, en 1867;

Celle de Vienne, en 1873;

Celle de Philadelphie, en 1875;

Enfin, celle actuelle à Paris, pour la troisième fois.

Sept Expositions universelles en vingt-sept ans, n'est-ce pas beaucoup, n'est-ce pas trop? C'est ce qu'il convient d'examiner.

A la date des deux premières Expositions chaque manufacturier étant isolé de tous les autres par des prohibitions ou des tarifs excessifs, commençait à se sentir étouffer dans ces maillots de l'enfance industrielle, et il y avait dès lors un véritable intérêt général, universel, à réunir ensemble les produits du travail du monde entier, pour les comparer entre eux et fournir aux fabricants, au commerce et au public des renseignements utiles aux intérêts de chacun.

Les services rendus sous ce rapport par les deux premières Expositions universelles ont été aussi grands qu'incontestables. — La première, celle de Londres, a appris aux Anglais que s'ils avaient alors dans presque toutes les branches du travail manufacturier l'avantage certain du bon marché, ils étaient inférieurs en ce qui concernait la forme et le goût. Aussi est-ce de cette exposition que date la création, sous le patronage de la Société royale des arts et la persévérante impulsion du prince Albert, son président, des écoles de dessin et de modelage qui ont modifié agréablement l'aspect de beaucoup de produits anglais.

La France, qui avait figuré avec éclat à l'Exposition de Londres, grâce surtout à la variété et à l'élégance de ses produits, ne voulut pas tarder à rendre l'invitation qu'elle avait reçue, et malgré les embarras et les préoccupations de la guerre de Crimée, l'Exposition universelle de 1855 fut installée tant bien que mal dans le palais incommode et insuffisant des Champ-Elysées, que l'on parvint néanmoins à rendre digne de ses hôtes. La France n'y brilla pas moins qu'à Londres, et y acquit en même temps la preuve que, même dans les industries manufacturières qui travaillent pour la grande consommation, elle n'était pas aussi éloignée de ses émules et de ceux qu'elle considérait comme ses maîtres, que les défenseurs intéressés du système protecteur le lui avaient fait croire jusqu'alors. Un revirement complet se produisit dès lors dans l'opinion sur les mérites de ce régime économique et sur la convenance de son maintien ; les esprits furent préparés à un changement et accueillirent bientôt, sans surprise et avec satisfaction, la grande réforme de 1860 et les traités de commerce avec l'Angleterre, la Belgique, l'Allemagne, l'Italie, etc., qui suivirent peu de temps après.

Le premier de ces traités était à peine en vigueur, lorsque l'Exposition de Londres, en 1862, fournit aux industriels et au jury français l'occasion d'étudier et de comparer sur place, non plus seulement les produits, mais les conditions économiques de la production, et de constater qu'avec un meilleur outillage nos manufactures seraient bien vite en état de lutter, aussi bien à l'étranger que sur le marché intérieur, avec leurs concurrents réputés les plus redoutables.

Ces améliorations étaient en grande partie réalisées et avaient produit les résultats espérés, lorsque survint à Paris, en 1867, une nouvelle Exposition universelle. On tint à faire grand alors et l'on y réussit. Le Champ-de-Mars tout entier fut couvert de constructions et d'annexes qui suffirent à peine à recevoir les produits de l'industrie, et l'agriculture, ses procédés et une partie de son outillage durent être reléguées dans l'île de Billancourt. Au Champ-de-Mars, l'exposition des machines était surtout remarquable, aussi bien cette fois dans la section française que dans celles de l'Angleterre, de la Belgique, des pays trans-rhénans et des Etats-Unis d'Amérique. Pour l'ensemble des produits, une classification savante et une division heureuse du bâtiment principal permettaient d'étudier facilement dans chaque pays, depuis les produits naturels et les matières premières de la localité, leur élaboration et leurs transformations successives, jusqu'au moment où leur complet achèvement permet de les livrer à la consommation individuelle. Jamais, jusque-là, la grande loi économique de la division du travail et de la solidarité universelle, consignée dans les livres, n'avait été rendue aussi sensible à tous les yeux.

En dehors du succès matériel et de curiosité de l'Exposition de 1867, et des satisfactions d'amour-propre procurées à 19,857 lauréats sur 42,000 compétiteurs, il en est sorti cet enseignement, un peu oublié aujourd'hui, que, si dans tous les pays on faisait de

grands efforts pour mettre la production en rapport avec les besoins et les ressources du marché universel, la France avait
avancé d'un pas rapide dans cette voie, et y avait gagné, sinon le
premier rang, au moins l'un des suivants.

D'autres informations très-précieuses furent également recueillies en 1867 sur les intitutions publiques ou privées ayant pour
objet d'améliorer la condition physique et morale de la population
ouvrière. Ces informations ont été consignées, à la suite d'une enquête sévère, dans un rapport de la commission supérieure, très-
intéressant et trop peu connu. Il est regrettable que cette partie humaine de l'Exposition, qui reposait l'esprit et la vue de tant de
questions et de produits matériels, de tant de canons Krupp et autres, ne fasse pas partie de programme de 1878.

Après cette grande et complète Exposition de 1867, ne convenait-
il pas d'en rester là, au moins pour un quart de siècle? Toutes les
forces productives du monde avaient été passées en revue; chaque
peuple connaissait ses points faibles et savait ce qu'il avait à faire
pour regagner sa distance ou conserver son rang. Les progrès étant
généraux, continus, réguliers, de longtemps il ne devait rien y
avoir de considérable à constater au point de vue des conditions
relatives de la concurrence industrielle; à quoi bon dès lors renouveler ces solennités, dont l'éclat coûte si cher dans tous les cas;
vingt, trente, quarante millions et plus aux finances publiques ou
municipales, et bien d'autres millions aux exposants? — Ce sont
là bien évidemment des dépenses de luxe que l'on ne doit se permettre qu'à de longs intervalles et dans les temps de paix et de
grande prospérité. — Or, ce n'était certes pas là à beaucoup près
la position de l'Autriche en 1873, sept ans après Sadowa, à la
veille d'une violente crise, d'un *krak* effroyable, qui a éclaté le
jour même de l'ouverture de l'Exposition, fait perdre des centaines
de millions et fait des victimes nombreuses dans toutes les classes
de la société. — Les Américains ne se trouvaient pas davantage
dans une situation prospère en 1876; depuis trois ans ils étaient
en pleine crise financière, et ils ne pouvaient attendre à Philadelphie les millions de visiteurs qui s'étaient pressés aux Expositions
de Londres et de Paris ; mais ils avaient pour excuse la célébration
du centenaire de leur indépendance, ce qui est bien quelque chose.

La France, il faut bien avoir le courage de le dire, n'avait pas
la même explication patriotique à donner quand l'Exposition actuelle a été décidée par un mouvement factice de l'opinion. Sans
doute sa situation n'était pas mauvaise, son crédit était intact,
mais les charges publiques, énormément accrues, n'en altéraient
pas moins de la manière la plus grave les conditions économiques

de la production industrielle. Nous avions perdu deux laborieuses
et riches provinces, habituées à remporter les plus hautes récompenses dans les concours du travail ; nos frontières étaient encore
ouvertes ; notre matériel de défense incomplet ; nous échappions à
peine aux appréhensions d'un nouveau conflit avec l'Allemagne,
et si l'on ne pressentait pas encore la guerre d'Orient, l'inquiétude
n'en était pas moins dans tous les esprits ; chacun restreignait ses
dépenses : les transactions commerciales étaient dans le marasme,
la crise extérieure resserrait nos débouchés habituels, partout
enfin les fabriques réduisaient leur personnel ou diminaient la durée du travail, et c'est ce moment-là que l'on a choisi pour convier le monde entier à des fêtes, qui, si brillantes qu'elles soient,
passeront vite et ne laisseront après elles qu'un décor d'opéra et
l'amer souvenir des sacrifices faits à contre-temps et en pure perte !
— Voilà ce que l'économiste ne doit pas hésiter à dire, et ce que
pensent au fond les exposants les plus nombreux, d'autant plus
nombreux cette fois que chacun a craint, en s'abstenant, de se faire
oublier et de perdre ses derniers et rares clients. L'Exposition annoncée a produit l'effet d'une loterie officielle, et l'on s'est empressé
à l'envi d'en courir la chance en prenant un billet, si cher qu'il
fût ! — Plaise à Dieu qu'il n'en résulte pas trop de faillites !

II

Si opportune que soit l'Exposition de 1878, après nos récents
désastres, et dans l'état politique de l'Europe, son succès n'en est
pas moins assuré dès à présent, et paraît devoir dépasser encore
celui de l'Exposition de 1867. La foule des visiteurs est plus grande
qu'il y a onze ans, son admiration n'a pas de bornes, et c'est à
l'étude seulement que l'on trouve des réserves à faire ; nous pren-
drons la liberté d'en consigner ici quelques-unes.

Les proportions données à l'Exposition sont excessives et
exagèrent encore celles de 1867 à Paris et de 1873 à Vienne.
Malgré l'abstention volontaire de 40 millions d'Allemands, et
l'absence forcée de l'Alsace et d'une partie de la Lorraine, de
la Turquie, du Brésil, de la Roumanie, etc., le Champ-de-Mars
n'a pas plus suffi cette fois qu'en 1867 ; il a fallu y ajouter le
Trocadéro, occuper les quais des deux rives de la Seine sur
400 mètres à droite, sur plus de 1,000 mètres à gauche, construire
un nouveau pont, envahir enfin le quinconce des Invalides et
masquer par des bâtisses mesquines aux toits criards, la belle
façade d'un des plus beaux monuments de Paris. Quand s'ar-
rêtera-t-on enfin dans cette manie ruineuse de faire colossal,

et faudra-t-il donc une autre fois raser une partie du bois de Boulogne et détruire la plus belle de nos promenades (on l'a proposé il y a deux ans) pour trouver les 150 à 200 hectares qui seront nécessaires si l'on persiste dans ce déplorable système?

Si il ne s'agissait encore que d'argent, les fanatiques de grands spectacles pourraient répéter, après M. Guizot, que la France, malgré les dix milliards que lui a coûtés la folie de 1870, est demeurée assez riche pour payer sa gloire; mais ce qu'il y a de pire, c'est que celle-ci peut elle-même se trouver compromise ou tout au moins amoindrie par l'exagération de l'étendue donnée à l'Exposition de 1878. Il est élémentaire en effet que plus on couvre de surface avec une quantité donnée, et plus on perd en profondeur et en solidité. Cela est déjà visible dans la section française de l'agriculture, cela le deviendra peut-être bientôt pour certaines de nos industries. Ce qui ne va pas moins à l'encontre du but utile de l'Exposition quand on multiplie et que l'on allonge ainsi les galeries et les annexes, c'est l'excès de fatigue imposé aux visiteurs; à force d'exercer leurs jambes, on arrive à paralyser leurs facultés comparatives et admiratives, anéanties par l'épuisement physique. Au Champ-de-Mars, par exemple, dans le bâtiment principal seulement, il n'y a guère moins de 30 kilomètres (dont 20 en France) de façades à passer en revue pour jeter un coup d'œil sur les produits qui les garnissent. — Combien de journées de marche faudra-t-il consacrer à ce voyage, et combien de ceux qui l'entreprendront le pousseront-ils jusqu'au bout, et dès lors quels services l'Exposition rendra-t-elle à l'instruction technologique des visiteurs, et aux industriels devant les produits desquels la foule passera en courant ou en se traînant et regardant à peine? Ereinter le public n'est assurément pas le satisfaire, et, si on le mécontente, comment sert-on les intérêts des exposants?

L'honorable commissaire général de l'Exposition de 1878 est à coup sûr un ingénieur éminent, qui a fait ses preuves depuis longtemps, mais ce n'est pas un administrateur ni un économiste. Il a très-bien su, cette fois comme en 1867, élever de grands bâtiments, couvrir le plus de terrain possible, et avoir fini le gros œuvre en temps voulu, ce qui est digne de remarque et d'éloges; mais du but et de la fin de toutes ces bâtisses, c'est-à-dire de l'Exposition elle-même, du choix des exposants et de la condensation de leurs produits, cela ne semble pas l'avoir préoccupé. Le local a été prêt et livré (moins les accès) à l'heure dite, il se lave les mains du reste. En tant qu'ingénieur en chef des travaux, c'est parfaitement juste, mais cela ne l'est pas pour le commissaire général de l'Exposition, qui aurait mieux fait de réclamer que de décliner les conseils de la

Commission supérieure. Celle-ci eût certainement imprimé une différente et meilleure direction au service des admissions, qui a été un rappel plutôt qu'un choix et une révision. Pendant que l'on mesurait avec parcimonie les places offertes aux étrangers, on en réservait une beaucoup trop grande à la France, et pour la remplir on enrolait à peu près tous ceux qui se présentaient, en s'engageant bien entendu à payer leur part des frais d'installation et de décoration de la classe dans laquelle leurs produits devaient être rangés. Bien certainement la Commission supérieure eût recommandé de procéder au contraire par voie de concentration pour les produits français et de se montrer très-hospitalier pour nos invités en leur donnant toute la place nécessaire pour s'étaler, se délayer et nous montrer ce qu'ils savent faire, en présence de l'élite de nos forces habilement massées. L'expérience de Vienne était toute récente et on aurait dû en profiter. En 1873, l'Autriche s'était affaiblie en se disséminant (1), tandis que l'Angleterre et la France, représentées par des industriels et des artistes, peu nombreux mais de premier ordre, commandaient et fixaient l'attention. On a donc eu tort chez nous d'abandonner en 1873 cette forte et solide position que les Anglais ont eu la sagesse de conserver, comme on le verra plus loin, et que les Allemands on refusé d'accepter, par des raisons politiques sans doute, mais peut être aussi par une réserve prudente, leur industrie n'étant pas encore bien remise du profond ébranlement qu'elle a ressenti à la suite de ses développements exagérés de 1871 et 1872.

III

Si l'étude complète de l'Exposition de 1878 n'est pas encore possible, on peut néanmoins en déterminer dès à présent les caractères généraux. — Celui qui apparaît le plus nettement, au premier coup d'œil, c'est l'application de tous les peuples industriels qui ont répondu à l'appel de la France, à perfectionner leur outillage mécanique, ou, plus exactement, l'outillage des ateliers de constructions mécaniques. Les machines à vapeur de tous les systèmes, les machines à travailler le bois et les métaux, convenant aussi bien, toutes proportions observées, aux petites fabriques qu'aux grands arsenaux, abondent dans toutes les formes et sont d'une exécution remarquable. Par contre, il est vrai, l'outillage intérieur des manufactures, les métiers à filer, à tisser, à imprimer les tissus sont

_____

(1) Toute une des sections de la galerie des machines réservée par l'Autriche, était occupée par le matériel des pompes à incendie des principales villes de l'Empire.

rares en Angleterre (1) et même en France; la Belgique a été plus
confiante, plus libérale, et elle nous semble avoir eu raison de ne
pas cacher ses modèles; les secrets industriels, quand secrets il y
a, sont bien vite devinés, et les inventeurs n'ont bientôt plus
d'autre avantage que celui d'être les premiers prêts à exploiter
leur découverte. Quoiqu'il en soit, les deux vastes galeries
des machines (650 mètres chacune, sur 35) offrent à l'observateur un beau et grand spectacle dont le trait saillant est la généralisation de plus en plus grande de l'emploi des engins mécaniques. Quand on voit, en France, des villes de troisième ordre
et au-dessous posséder des ateliers de construction qui exposent des machines à raboter, à planer, à percer, à aléser, à river,
à tourner, etc., on est assuré par cela seul de l'existence dans un
rayon assez court de nombreux ateliers secondaires, produisant à
leur tour des machines de travail, des machines agricoles surtout,
dont l'emploi de plus en plus général n'atteste pas moins les
progrès de la culture que le bien-être des populations rurales, qui
fournissent à l'industrie ses principaux et ses plus sûrs clients.

La métallugie est, avec le combustible minéral, l'une des grandes forces vives de la construction mécanique et, par suite, de
toutes les industries, agriculture comprise, qui emploient des machines. La France n'a pas cessé de faire de nombreux et considérables progrès dans cette spécialité depuis les traités de 1860,
point de départ pour elle d'un renouvellement général des méthodes et de l'outillage, qui a permis d'améliorer la production, de
réduire les prix et de remplacer dans un grand nombre de circonstances le fer ordinaire par l'acier Bessmer sans augmenter la
dépense. L'exposition métallurgique française est considérable,
remarquable à tous égards; aussi est-il fâcheux qu'elle manque
à peu près de termes de comparaison : les usines de la Rhûr,
d'Essen et de Berlin n'ayant rien envoyé, tandis que l'Angleterre
et l'Autriche n'exposent guère que des échantillons, excellents
sans contredit, mais insuffisants toutefois à donner une idée exacte
de la force et de l'habileté de l'industrie sidérurgique de ces deux
pays. La Belgique est plus complètement représentée que l'Angleterre, mais moins encore cependant qu'en 1867.

Comme dans les Expositions précédentes, la partie brillante de

(1) Est-ce faute de place à l'intérieur qu'un constructeur anglais a installé une
exposition de métiers à filer et à tisser dans l'avenue Rapp, en face, mais en
dehors du Champ-de-Mars ?

celle-ci (en dehors des beaux-arts), celle qui attire et retient le
mieux la foule (1), se compose des tissus de soie, de la bijouterie,
de l'orfèvrerie, des châles, des dentelles, etc. — Le premier rang,
dans cet ordre de produits attrayants, est occupé sans conteste
comme sans inconvénient économique par la précieuse collection
indienne de S.A.R. le prince de Galles, et il ne lui sera pas enlevé,
bien qu'il lui soit disputé sur le terrain industriel par la joaille-
rie française, les confections pour dames, les bronzes, les meubles (ces deux dernier trop nombreux), la céramique, la cristallerie,
les bijoux, les jouets d'enfants et les bibelots parisiens, accessibles
aux bourses des simples particuliers, et enfin par les séduisants
mais chers produits de la Chine et du Japon.

L'exposition des produits industriels de l'Angleterre est très-
choisie, excellente de tous points, mais moins nombreuse, beaucoup moins qu'en 1867. En revanche, une partie très-considérable
de la place attribuée à nos habiles et pratiques voisins a été consacrée par eux à une très-élégante et très-riche exhibition des
produits naturels de leurs belles colonies australiennes et du grand
et loyal Dominion Canadien. Pour n'être pas illustrée, comme en
1867, par la pyramide figurative de l'or extrait des placers cette
exposition coloniale anglaise n'en est pas moins du plus haut intérêt.

L'empire du Brésil aurait pu nous montrer des richesses naturelles aussi abondantes et plus variées. Son absence inspire des
regrets sympathiques aux appréciateurs de la plus importante et
de la plus laborieuse région de l'Amérique centrale.

La grande puissance transatlantique des Etats-Unis est très-
bien représentée par un certain nombre de ses produits, mais
surtout par ses excellentes machines agricoles et ses machines à
coudre, qui ont été les premières et ne sont pas dépassées.

Les préoccupations et les lourds sacrifices de la guerre d'Orient
n'ont pas empêché la Russie de se trouver ponctuellement au rendez-vous pacifique des nations. Son exposition est fort intéressante, bien que la placé prépondérante occupée par les objets de
luxe, ornés de lapis, de malachite, ne donne pas une idée juste du
travail et des produits fabriqués et consommés par cette immense
population de 87 millions d'âmes. — Une mention très-honorable
doit être faite ici de l'exposition des deux instituts techniques de
Saint-Pétersbourg et de Moscou, où l'on enseigne toutes les ma-

_____

(1) Il est facheux que l'Exposition rétrospective n'ait pas pu trouver place au
Champ-de-Mars, comme en 1867 ; l'attention est divisée et la comparaison n'est
pas possible entre le travail moderne et l'ancien.

tières comprises dans le programme de nos écoles d'arts et métiers.
— Les livres de classe et les devoirs d'élèves des séminaires russes
seraient sans doute fort intéressants à examiner, mais comme ils
sont imprimés ou écrits en russe, bien peu de visiteurs et même
de jurés universitaires seront en état de les apprécier. Connût-on
le russe d'ailleurs, il faudrait encore savoir lire entre les lignes,
comme Galiani, pour y découvrir les racines du redoutable nihi-
lisme, qui a déclaré la guerre aux sociétés ayant pour bases la
propriété, le travail et la famille. L'exposition agricole des fermes
officielles est parfaitement entendue.

L'Autriche Hongrie, qui s'était affaiblie en 1873 en s'éparpillant,
s'est renforcée cette fois en se condensant; ses tissus pour meubles,
ses articles viennois, rivaux souvent heureux de ceux de Paris,
galnerie, nécessaires, sont très-intéressants; mais la principale
force économique des deux nations sœurs est dans leur industrie
minière et métallurgique, et surtout dans leur agriculture et leur
sylviculture. — L'annexe l'importe à cet égard sur le Palais.

La Turquie, la Roumanie, si brillantes en 1867, si riches à
Vienne en 1873, sont absentes cette fois pour cause de force majeure. — Un regret cordial à leur adresse.

Quand on parle de l'Italie et de son industrie, il est toujours bon
de rappeler qu'il s'agit surtout de l'industrie du Piémont; la plupart des provinces et des États annexés depuis 1858 étant beaucoup
plus agricoles que manufacturiers. Or l'Italie a maintenant plus
de 27 millions d'habitants, tandis que le Piémont, même en y joignant la Ligurie, n'en compte pas tout à fait 4 millions (3,860,000),
soit à peine le septième; il n'y a donc pas lieu de s'étonner après
cela si l'une des six grandes puissances de l'Europe n'occupe pas
dans la galerie des machines, dans celle de la métallurgie et des
produits de grande consommation, une place aussi importante que
des États beaucoup moins étendus et moins peuplés, tels que la
Belgique et la Suisse. L'Italie a toutefois des industries qui brillent
fort dans toutes les Expositions; industries de luxe il est vrai, mais
dont les produits se vendent bien et occupent beaucoup de monde;
sculptures commerciales, séduisantes et à prix doux, cristallerie
et verroterie de couleur de Venise et de Murano, mosaïques
de pierres dures et fayences de Florence, filigranes de Gênes, bijoux
et encore mosaïques de Rome, etc. Ce sont là les troupes légères,
les pittoresques bersaglieri de l'industrie italienne; le principal
corps d'armée est en Piémont et en Ligurie, où il cherche à tort à
se retrancher derrière les barrières renforcées de la douane, qui

pèseront plus lourdement sur tous les consommateurs que l'impôt sur la mouture; enfin la forte et solide réserve économique de l'Italie est composée partout de sa riche agriculture et des industries qui s'y rapportent : la sériciculture, la viticulture (dont les produits améliorés et fortement alcoolisés, pénétrent de plus en plus sur les marchés étrangers), la fromagerie, les pâtes alimentaires, et enfin la charcuterie dont tous les gourmands européens se font volontiers les tributaires.

La Belgique, qui occupe si peu de place sur la carte d'Europe, n'en est pas moins l'une des nations les plus puissantes et des plus avancées par son industrie minière, manufacturière, et par son agriculture. Elle excelle en tout, aussi bien dans l'extraction de la houille et la fabrication du fer et du zinc, que dans la construction des machines et dans leur emploi ; depuis les tissus les plus modestes jusqu'aux dentelles les plus fines et les plus riches. Les Belges sont essentiellement laborieux, et, sinon très-inventifs, du moins très-habiles applicateurs. Enfin, leur qualité maîtresse, qu'ils n'exposent pas, mais qui leur sert à merveille, c'est leur grande aptitude commerciale. Ils savent aussi bien vendre que produire et en cela ils nous sont généralement supérieurs.

L'exposition de la Suisse témoigne de la manière la plus honorable de la puissance du travail humain, et de sa supériorité même sur les conditions économiques les plus défavorables. Eloignés des ports de mer, ayant de grands frais de transport à payer pour leurs matières premières, combustible compris, et par leurs produits fabriqués, les industriels suisses, dignes successeurs d'Oberkampf, n'en sont pas moins des concurrents redoutables et souvent heureux de leurs puissants compétiteurs pour les tissus de soie et même de coton, soit brodés soit teints en rouge Andrinople. Les machines suisses sont aussi bien construites que les meilleures des nôtres, et si la bijouterie de Genève n'égale pas celle de Paris, son horlogerie et celle du canton de Neufchâtel n'ont pas de supérieure dans la grande spécialité des montres de poche.

L'Espagne, bien que toujours enrayée dans ses progrès industriels par le système protecteur, est très-agréablement représentée par les élégants mais chers tissus de Barcelone; elle l'est mieux encore et plus solidement par les richesses de son sol : minerais de cuivre, argent, plomb, mercure, liéges, etc., et surtout par ses vins, depuis les plus exquis jusqu'aux plus ordinaires, fortement colorés et vinés, qui entrent pour une si forte part dans l'exportation des produits nationaux. — L'échantillon de l'art arabe (Alcazar de Séville) qui décore l'entrée de l'exposition espagnole, bien qu'il perde de son effet sur notre ciel brumeux et pluvieux de mai, n'en est pas moins parfaitement réussi et très-admiré. Pourquoi l'architecture moderne de nos voisins n'a-t'elle conservé aucun souvenir, aucune tradition de ce merveilleux style décoratif?

Le fragment du palais de Bélem forme au contraire une très-noble et très-sincère entrée à l'exposition du Portugal, trop peu nombreuse, sauf les fameux vins de Porto, que le jury dégustateur et les consommateurs anglais à qui ils sont destinés seront seuls à même d'apprécier. Le Portugal avait pourtant un moyen facile et peu coûteux de rendre son exposition très-intéressante en représentant ses riches colonies des Philippines et leurs produits. — La même remarque et le même regret doivent être exprimés à l'égard des Pays-Bas, dont le grand trophée de la galerie du travail ne donne pas jusqu'ici une idée juste des riches produits qu'elle tire de ses fertiles colonies océaniennes de Java, Sumatra et Bornéo.

Après avoir indiqué les caractères généraux de l'Exposition de 1878 et les caractères particuliers des envois des principales nations étrangères, il serait injuste de ne pas signaler la réussite complète des expositions faites par plusieurs grands services publics, tels que le Waterstaat des Pays-Bas, les travaux publics autrichiens, les ponts et chaussées de France, la Ville de Paris, les télégraphes français (1), les manufactures nationales de Sèvres, les Gobelins et Beauvais, etc. L'administration française des eaux et forêts mérite une mention hors ligne dans cette nomenclature, pour le parfait arrangement de ses collections de plans, de modèles et de produits, dans une maison forestière et une maison de garde, celle-là très élégante, celle-ci très pittoresque. Bien que l'accès de ces maisons ait été assez difficile dans les premières semaines par les chemins boueux et mobiles du Trocadéro, le public s'y porte

---

(1) L'exposition spéciale de l'Algérie a tous les titres possibles pour figurer à cette place, nous ne l'avons réservée que pour faire ressortir plus complètement le contraste du luxe de son installation dans son vaste bâtiment ad hoc, avec la parcimonie qui a présidé à l'arrangement des collections si intéressantes envoyées par nos colonies des Antilles, de l'Inde, de l'Océanie et surtout de la Cochinchine, la plus importante de nos possessions. Si le ministre de la marine n'avait pas de crédits libres, il fallait en demander aux Chambres; elles n'eussent pas plus refusé à Saïgon qu'à Alger, à la Réunion qu'à Pontichéry qu'à Constantine ou Oran.

néanmoins, et il y est en même temps retenu et instruit par l'explication matérielle des moyens employés avec succès depuis quarante
ans et plus pour fixer les sables des dunes, reboiser et gazonner
les montagnes dénudées, régulariser les torrents et augmenter
doublement la richesse publique par le produit des bois et par la
préservation des basses plaines contre le ravage des eaux. Encore
un effort, rendu facile désormais par la réunion du service des
eaux et forêts au ministère de l'agriculture, et en procédant au
reboisement des montagnes on saura retenir et utiliser les eaux
pluviales qui tombent sur leurs pentes et celles des sources qui s'y
trouvent, à la création de prairies hautes, dans les plis et les refends
des montagnes, comme M. Albert Le Play l'a fait dans la Haute-
Vienne.

Il a déjà été dit que le programme de 1878 ne comprenait pas
comme celui de 1867 les institutions publiques ou privées ayant
pour objet d'améliorer le sort des populations ; il n'en est guère
resté que ce qui est relatif à l'instruction publique, c'est par cette
partie intellectuelle de l'Exposition que se terminera ce premier
aperçu des surabondantes richesses qu'elle renferme.

C'est surtout sur le terrain de l'enseignement primaire qu'il faut
regretter l'absence de l'Allemagne au Champ-de-Mars. Bien peu
d'hommes spéciaux, d'instituteurs notamment, ont pu aller à
Vienne, en 1873, étudier l'exposition pédagogique de la Saxe, du
Wurtemberg, de la Bavière et de la Prusse, si remarquable à tous
égards. — Les Etats-Unis, également riches à Vienne sous ce
rapport, sont très-pauvres cette fois et n'ont même pas jugé à propos d'exposer leur type de maison d'école et de matériel de classe.
— L'Angleterre a quelques modèles de bancs et de tables bien
astiqués mais trop chers pour des communes rurales, généralement pauvres. — Le Japon s'est montré plus pratique et paraît
avoir fait de grands progrès dans la voie de l'enseignement primaire, si l'on s'en rapporte aux diagrammes exposés. — De la
Russie on ne voit que les travaux des instituts techniques et de
quelques séminaires (v. plus haut), mais rien des écoles de village,
que les voyageurs assurent être fort peu nombreuses et hors de
proportion avec cet immense empire. — L'intérieur de salle de
classe exposé par la Ligue de l'enseignement de Bruxelles mérite
d'être étudié avec soin.

L'exposition de notre ministère de l'instruction publique occupe
utilement plusieurs salles trop peu visitées, et qui cependant méritent de l'être. En y entrant par la grande galerie en face la Seine,
on se trouve tout d'abord entouré des plans et cartes des missions

scientifiques, officielles ou autres. Parmi ces dernières, la plus
considérable, bien que ce ne soit encore qu'un projet, embrasse à
la fois le passé, le présent et l'avenir; c'est le plan en relief indiquant le résultat des études faites par le capitaine d'état-major,
aujourd'hui chef d'escadron, Elie Roudaire (seul nom d'exposant
que cet article contiendra) pour assainir et féconder le Sahara algérien, en rouvrant un chemin à la mer pour remplir les shotts
ou chots voisins du golfe de Gabès, dont le fond est inférieur aux
eaux basses de la Méditerranée. Q'attend-on pour rendre ce service
à la province de Constantine? Cela coûterait moins cher, et ce
serait plus utile que l'exposition actuelle.

Le plan en relief du commandant Roudaire et les cartes des
voyages scientifiques exécutés sous le patronage du gouvernement,
précèdent ou terminent de la manière la plus digne l'exposition
spéciale de l'instruction publique. La première salle est consacrée
à l'enseignement supérieur. Si l'on peut trouver que la collection
des livres à l'usage du corps enseignant, c'est-à-dire écrits et publiés par ses membres, est trop volumineuse, il ne se trouvera
sans doute pas d'esprit assez étroit pour blâmer la présence dans
cette salle du buste de M. Duruy. Il est toujours bien et honorable
de reconnaître les services rendus, aussi approuvons-nous cordialement, toute opinion politique à part. — Les salles suivantes sont
consacrées avec un peu de mélange et d'enfantillage (comme les
plans en relief de Sainte-Barbe, petit, moyen et grand collège) à
l'enseignement secondaire et primaire supérieur, aux écoles professionnelles, officielles ou libres, religieuses ou laïques; *enfin les*
dernières salles, ou les premières en entrant par la typographie et
la librairie, sont occupées par l'instruction élémentaire, représentée à peu près exclusivement par les livres d'étude et les travaux
des élèves des écoles urbaines. Quant aux écoles rurales, elles n'y
ont pas obtenu une place en rapport avec leur importance numérique, et celle de la population qui doit y puiser les premiers éléments de l'instruction. — C'est là une lacune à combler, car c'est
là que le plus grand effort doit être fait. — Il semble cependant
qu'il eût été possible, sans trop de peine et de dépense, non pas de
construire dans le parc un modèle d'école de village pour 40 à 60
élèves de 7 à 12 ans, du moins de figurer, comme la Ligue de l'enseignement de Bruxelles, l'intérieur d'une salle de classe, mesurant
5 à 6 mètres de côté, de réunir et de ranger dans cet emplacement
les bancs-tables, (1) les modèles, les tableaux, les cartes, l'estrade

----

(1) La tendance générale est de remplacer les bancs-tables collectifs par des
sièges-pupitres pour un seul élève. Les avantages de cette disposition sont consi-

et le bureau du maître, les livres et cahiers de travail d'une école
de village, avec indication des prix, et comme complément un type
de bibliothèque, non plus scolaire, mais communale à l'usage des
adultes. — Combien de propriétaires aisés, habitant la campagne
une partie de l'année, et connaissant la pénurie honteuse et trop
générale de l'école voisine, ne seraient-ils pas heureux de trouver
dans une exposition de ce genre, l'indication d'un peu de bien à
faire autour d'eux? — Il est encore temps de parler de cette amélioration, sur laquelle nous prenons la liberté d'appeler la bienveillance de notre sympathique ministre de l'instruction publique (1).

IV

En résumé, le trait distinctif, le caractère principal de l'Exposition de 1878, est le perfectionnement général de l'outillage mécanique et la vulgarisation de son emploi, non-seulement dans l'industrie qui ne peut plus s'en passer, mais de plus en plus dans
l'agriculture, à laquelle il fournit les moyens de suppléer à l'insuffisance des bras et de ne pas élever le prix des denrées alimentaires, condition essentielle du maintien de la tranquillité publique.

L'étude comparée des prix de revient des produits de l'industrie
dans les différents pays est assez difficile à l'Exposition pour un
simple observateur, mais ils pourront être dégagés par le jury
pour peu qu'il en prenne la peine comme en 1861. Par ce qu'a pu
nous en apprendre l'examen des cotes des marchés étrangers et
du nôtre, il y aurait plutôt lieu pour la France de réduire ses tarifs que de les relever, et rien ne saurait justifier Rouen, Lille,
Saint-Quentin, Tarare de ne pas lutter sans protection spéciale
contre Saint-Gall et Zurich. Les prix anglais actuels ne sont pas
normaux, leur avilissement passager est dû à l'encombrement
causé par la crise générale, et disparaîtra aussitôt la reprise des
affaires.

La réserve observée par les étrangers dans leurs envois est encore l'un des caractères spéciaux de 1878. Le soin apporté par eux
à la concentration de leurs produits contraste si nettement avec
l'abondance et la diffusion des produits français, qu'il en résulte
pour nous une leçon indirecte dont nous avons essayé de faire

---

dérables, mais l'emplacement nécessaire prend des proportions telles, que le
écoles existantes sont partout à la campagne trop petites des trois quarts.

(1) Il serait facile de trouver la place nécessaire en reportant à l'Algérie le plan
en relief du commandant Roudaire et en supprimant les joujoux, comme les pon-
ponnières et les plans réclame de Sainte-Barbe et Cⁱ.

ressortir l'enseignement, avec l'espoir qu'il profitera aux *leaders*
de l'avenir, si un nouvel accès de vanité nationale se traduisait
plus tard par un renouvellement de solennités pareilles, dont
l'Angleterre s'est sagement abstenue depuis 1861.

Si l'émission d'un vœu n'est pas déplacée à la suite de ce coup
d'œil d'ensemble sur l'Exposition universelle de 1878, que ce soit
celle du vœu de tous les économistes et de tous les honnêtes gens,
pour le prompt rétablissement de la paix générale entre les
peuples et de la sécurité intérieure dans tous les pays, conditions
absolues de l'activité du travail et des échanges, qui assurent le
bien-être des populations laborieuses.

AD. BLAISE (des Vosges).

LE

GOUVERNEMENT LOCAL EN ANGLETERRE

SOMMAIRE. Le *Local Government Board* et ses rapports annuels. — L'organisation locale et ses unités territoriales. — Ses taxes, ses ressources et ses
dépenses. — Les emprunts et leur progression. — Le système français et le
système anglais ; réformes proposées dans celui-ci.

Ce qu'on appelle en France la direction générale de l'Administration départementale et communale, s'appelle en Angleterre le
Bureau du Gouvernement local, — *Local Government Board*, — et
il a une fort louable habitude que n'a point notre ministère de
l'intérieur, celle de publier chaque année un compte rendu de la
gestion des nombreux intérêts que des lois successives ont rangés
sous son contrôle, et qu'une disposition de date récente, — *The Ri-
vers Pollution Act*, — a encore augmentés de la surveillance du
régime des cours d'eau, dans ses rapports avec l'hygiène publique.

Nous avons sous les yeux le sixième de ces comptes rendus (1);
il se divise, comme à l'ordinaire, en deux grandes parties consacrées l'une à la santé publique, l'autre aux autres attributions du
Bureau, et que nous compulserons tout à l'heure. En attendant, il
ne nous paraît inutile d'entrer dans quelques détails sur le mécanisme du système local de l'Angleterre proprement dite et son

(1) *Sixth Annual Report of the Local Government Board.* C'est un volume gr.
in-8 de 407 pages.

mode de fonctionnement. Ce système ne brille, il faut bien le reconnaître, ni par son unité, ni par sa simplicité : c'est comme le disait lord Fortescue au dernier Congrès de l'*Association britannique pour l'avancement des sciences* (1), un labyrinthe de circonscriptions qui se mêlent, se croisent, s'enchevêtrent et un chaos d'autorités qui se cotoient sans se rapprocher, qui agissent indépendamment les unes des autres, quand ce n'est pas les unes contre les autres. Il ne manque probablement pas parmi nos voisins eux-mêmes de gens peu familiers avec un organisme si compliqué, et il est encore plus facile à un Français de s'égarer dans ses méandres. En s'aidant de l'excellent *Essay* de M. Georges Brodrick, ainsi que du double *memorandum* très-précis et très-méthodique que l'on doit à MM. William Rathbone et Samuel Whitbread, et à M. Wright, on peut toutefois s'y orienter, et c'est ce que sur leurs pas nous allons chercher à faire (2).

I

Les unités territoriales du système sont au nombre de cinq : la paroisse, l'union charitable, le comté, le bourg, le district local.

La paroisse, — *parish*, — est surtout constituée en vue du fonctionnement de la loi des pauvres : elle n'embrasse souvent qu'une portion de l'ancienne paroisse civile, surtout dans les comtés du Nord, et souvent elle ne se confond point avec la paroisse ecclésiastique. Il y a dans toute l'Angleterre, y compris le pays de Galles, 15,400 paroisses, très-inégales d'ailleurs en étendue comme en population, le plus grand nombre étant peuplées de 300 à 1,000 habitants, mais beaucoup aussi n'en comptant pas même 50. Le corps représentatif de la paroisse est la *vestry*, ou assemblée paroissiale, qui se tient sous le porche de l'Église et qui se compose outre des membres de droit, tels que le recteur et les marguilliers, de tous les habitants ayant qualité *ad hoc*, c'est-à-dire possédant une propriété d'une valeur imposable de 25 livres sterling, soit 625 francs. Ceux-ci ne jouissent d'ailleurs que d'un vote, tandis qu'il en est accordé deux à celui dont la capacité imposable est de 50 livres, et ainsi de suite, par chaque vingt-cinq autres

---

(1) Voir le compte rendu de ce Congrès dans le numéro d'octobre 1877 du *Journal des Économistes*.

(2) Le travail de M. Brodrick date de 1875, et fait partie du volume des *Essays* du Cobden Club, qui a pour titre : *Local Government and Taxation*. Celui de MM. Rathbone, Whitbread et Wright est de 1877, et se divise en deux fascicules in-f°, dont l'un décrit le système, et l'autre relate les lois anciennes ou récentes qui l'ont constitué.

livres, sans que personne puisse toutefois réunir sur sa tête plus
de six votes. C'est ce qu'on appelle la *common vestry ;* mais cette
assemblée peut, à la majorité des deux tiers de ses votants, décider, du moins dans les paroisses comptant plus de 800 contribuables, qu'elle cède ses pouvoirs à une *selected vestry*, composée de
un membre par chaque millier d'habitants imposés, le nombre
total des vestrymen ne pouvant dépasser 120. Ils sont élus pour
trois ans, renouvelables par tiers et choisis parmi les citoyens
payant 10 livres d'impôts, et même 40 s'il y a plus de 3,000 électeurs dans la paroisse.

L'union charitable, *Poor-Union*, telle qu'elle est aujourd'hui constituée, doit son origine à la loi de 1834, qui a reformé, superfi-
ciellement d'ailleurs, le système de charité légale institué par le
célèbre Statut d'Élisabeth, et, comme son nom l'indique, c'est la
réunion de deux ou plusieurs paroisses pour l'exécution de la
Poor Law. Son autorité administrative est le bureau des curateurs,
— *Board of Guardians*, — qu'élit au mois d'avril de chaque année
un collége électoral composé des juges de paix résidant sur le territoire de l'union et de ceux des contribuables dont la capacité imposable est de 50 livres sterling (1,250 fr.), chaque autres 50 livres
ou fraction de 50 livres donnant droit à un vote en plus jusqu'à
concurrence de six votes en tout. Quant aux *Guardians* eux-mêmes,
la part d'impôts qu'ils doivent payer est fixée par le bureau du
gouvernement local, mais ne peut dépasser 40 livres sterling
(1,000 francs). Ce sont eux qui prononcent l'admission des pauvres
dans le workhouse, — *Indoor Relief,* — ou leur allouent *des se-*
cours à domicile, — *Out door Relief,* — qui préparent les listes
d'évaluation sur lesquelles la taxe des pauvres, — *Poor Rate,* — et
la plupart des taxes paroissiales sont levées, qui encaissent le produit de cet impôt ; mais à cette attribution principale ils joignent, à
titre général, la tenue des registres de naissances ou de décès et la
surveillance des vaccinations, avec la direction de l'hygiène publique, dans les campagnes, et celle de l'instruction primaire dans
les localités qui n'ont point de comité scolaire, — *School Board,* —
et qui ne sont pas des bourgs municipaux.

On comptait, en 1877, 647 unions charitables, mais leur nombre
peut incessamment varier, le bureau du gouvernement local étant
investi d'un plein pouvoir à l'égard de la formation de groupes
nouveaux ou de la suppression des anciens. Le comté, lui, est im-
muable et il a conservé à la fois son autonomie administrative
ainsi que son intégrité territoriale, tandis que l'ancienne paroisse
civile se démembrait, moralement et matériellement et que le
Hundred saxon, ou *Wapentake*, comme on dit du côté de l'Écosse,

disparaissait totalement (1). Les comtés anglais sont au nombre
de 46, dont 3 pour la Galles du Nord et 3 autres pour la Galles
du Sud, sans parler des 18 bourgs qu'on appelle comtés urbains
— *Counties of cities* ou *Counties of towns*, et des localités privilégiées,— Ely, Peterborough et les *Cinque-Ports*,—auxquelles on n'a
point appliqué la loi de 1850 qui fondait en principe les *Liberties*
dans le comté parlementaire.Ces circonscriptions diffèrent beaucoup
entre elles, soit en superficie, soit en population, depuis le comté
de Rutland, qui n'a pas plus de 94,989 acres et de 22,073 habitants, jusqu'aux puissants comtés d'York et de Lancastre, qui se
présentent l'un avec 3,822,851 acres et 2,436,000 habitants, l'autre
avec 2,819,000 habitants et 1,207,936 acres. Mais tous comptent
parmi leurs autorités un Lord-Lieutenant, représentant immédiat
de la Couronne, au point de vue militaire et chargé de la présentation des juges de paix; un *custos rotulorum*, qui est habituellement le Lord Lieutenant lui-même et est le premier juge de paix
du comté; un shérif, jadis électif, mais aujourd'hui nommé par la
Couronne, dont il est le principal agent dans l'exécution des lois;
un ou plusieurs coroners, ordinairement choisis par les francs-
tenanciers; des juges de paix nommés par une commission spéciale et pris parmi les possesseurs d'un bien-fonds d'un revenu annuel de 100 livres, s'ils le détiennent actuellement, et de 300 livres
s'il doit seulement leur revenir un jour.

Ainsi organisé, le comté est à la fois une unité politique, une
unité judiciaire, une unité locale et, en cette dernière qualité, la
seule dont on ait à s'occuper ici. Il possède et entretient des édifices publics, des ponts, des prisons, des asiles d'aliénés, des établissements de bienfaisance, etc., en même temps qu'il exerce soit
sur appel, soit autrement, un contrôle sur les actes des petites
autorités locales. Mais il n'a point de représentation propre : ses
taxes sont assises et réparties par les juges de paix. Le bourg, du
moins celui qui est régi par la loi de 1845,— *Municipal Corporation
Act*,— est essentiellement une unité locale, ce que son titre officiel
— *Municipal Borough*, — indique au surplus d'une façon très-nette.
Ces bourgs qui sont au nombre de 229, et dont la population varie
de 500,000 âmes, à Liverpool, à 300,000 âmes dans dix-huit, ont
à leur tête un maire, assisté d'aldermen, et un conseil municipal,
— *Town Council*. — Le nombre des conseillers varie de 12 à 48, suivant la population. Ils sont élus pour trois ans, et le collége électoral qui les désigne comprend d'habitude, outre les citoyens jouissant à titre personnel ou héréditaire du droit de bourgeoisie,

(1) M. Brodrick fait cependant remarquer que c'est toujours sur le *Hundred*
que pèse la réparation pécuniaire des dommages causés en cas d'émeute.

tous les habitants logés et domiciliés dans la ville ou dans un
rayon de sept milles, et qui sont inscrits au rôle de la taxe des
pauvres et des autres contributions communales. Pour être conseiller, il faut posséder une propriété valant 1,000 ou 500 livres
sterling, ou bien payer 30 ou 15 livres d'impôt, selon que la localité est divisée en plus de quatre quartiers ou ne l'est pas.

Les principales attributions de ce conseil sont l'éclairage de la
voie publique et sa police; l'exécution des lois sanitaires et celle
des lois sur l'instruction primaire, là où il n'existe pas de comité
scolaire proprement dit. Il élit le maire et les aldermen, l'un pour
une année seulement, les autres pour six, le maire devant être
choisi parmi les conseillers ou les aldermen, et ceux-ci pouvant
être pris en dehors du conseil.

On compte 229 bourgs municipaux et 640 districts de gouvernement local, — *Local Government districts*, — dont quelques-uns
sont en même temps des bourgs municipaux. Ils ont été institués
par le *Public Health Act*, de 1875, et sont administrés par des
comités locaux, dont les membres sont élus pour trois ans et renouvelables par tiers. La qualification pour en faire partie consiste
à résider dans le district, ou dans un rayon de 7 milles, et soit à
y payer une contribution de 15 livres sterling, soit à y posséder
une propriété d'une valeur de 500 livres sterling, s'il s'agit d'un
district au-dessous de 20,000 habitants. L'impôt à payer ou la
propriété à posséder deviennent respectivement de 30 et de
1,000 livres sterling, si le district a plus de 20,000 habitants. Les
Local Boards sont élus par tous les contribuables du district, inscrits au rôle pour une valeur imposable d'au moins 50 livres:
leur vote est cumulatif, dans les conditions déjà indiquées, avec
cette particularité que le propriétaire, qui est en même temps
occupier, c'est-à-dire locataire ou fermier, jouit par cela seul d'un
double vote personnel. Le but de cette organisation a été, comme
on le disait, tout à l'heure, un but sanitaire : la loi de 1875 a investi, à cet égard, les comités locaux d'attributions très-étendues,
parmi lesquelles on rencontre les améliorations urbaines, telles que
la percée de nouvelles rues et la création de parcs, de promenades,
de bains publics, etc. Elle y a joint l'éclairage de la voie publique
et la surveillance de sa propreté, qui jadis incombaient à des inspecteurs spéciaux et dont la dépense s'imputait sur une taxe spéciale en vertu du *Lighting and Watching Act* de 1833, amendé
en 1851. Deux cent trente paroisses, ou portions de paroisses, sont
encore régies par cet Acte, de même qu'il existe soixante-dix *Improvement Act Districts*, c'est-à-dire soixante-dix circonscriptions
que des lois particulières ont autorisées, à diverses époques, à

réaliser certaines améliorations généralement sanitaires et qui continuent d'être gérées, pour cet objet, par des commissions *ad hoc.*

A cette énumération des unités territoriales du gouvernement local, les Anglais n'ajoutent pas d'habitude ce que nous appellerons la circonscription routière, et c'est à tort, selon nous. Sans doute, dans 850 centres urbains cette circonscription se confond avec celle du Local Board institué pour l'exécution de la loi sanitaire de 1875, et dans 6,000 paroisses rurales, elle ne diffère pas de l'aire de la paroisse elle-même. Mais 8,000 autres paroisses également rurales ont été groupées pour cet objet en 400 circonscriptions spéciales, — *Highway Districts*, —placées sous la direction d'un comité dit des chemins, — *District Highway Board*, composé des juges de paix du district et de commissaires, —*Waywardens*, — nommés par les paroisses que ce district embrasse. Quant au vieux système des routes à péages ou à tourniquet, — *Turnpike Roads*, — suivant l'expression de nos voisins, il tend à disparaître. Cependant, au 1ᵉʳ janvier 1875 'il existait encore 12,273 milles de chemins soumis à ce régime et qui continuaient d'être administrés par des commissions connues sous le nom de *Trusts.*

Ainsi que M. Wright en fait très-justement la remarque, l'organisation locale de l'Angleterre est un assemblage de morceaux hétérogènes, et le moindre souci de la législation qui l'a enfantée a été de lui imprimer quelque cohésion et quelque uniformité. Elle a marché au jour le jour, créant à mesure que le besoin s'en révélait, cette fois une circonscription territoriale et cet autre une autorité· locale, sans s'inquiéter le moins du monde du bizarre fonctionnement de tant d'organes simplement juxtaposés. Aussi qu'est-il arrivé. C'est que l'habitant d'un bourg municipal se trouve faire partie d'une quadruple circonscription locale ; le bourg proprement dit, la paroisse, l'union charitable, le comté, dont l'étendue et les limites ne coïncident pas, si ce n'est pas un pur et rare accident. Il obéit ou est susceptible d'obéir à six autorités : le conseil de ville, l'assemblée paroissiale, le bureau des sépultures, — *Burial Board*, — le comité scolaire, les curateurss des pauvres la cour des sessions trimestrielles, — *County quarter Sessions*. A son tour, l'habitant d'un district de gouvernement local se trouve au centre de quatre circonscriptions: le district, la paroisse, l'union, le comté, et lui aussi relève ou peut relever de cinq autorités différentes, le bureau local, l'assemblée paroissiale, l'union, la cour des sessions, le bureau des sépultures, *Burial Board*, car, malgré l'attribution générale en matière de salubrité publique que le bureau local tient de la loi de 1875, il n'est pas *ipso facto* chargé des

cimetières et de la police des enterrements. Il n'exerce ce double
office qu'autant que le bureau des sépultures consent à s'en dessaisir en sa faveur. L'habitant, enfin, d'une paroisse rurale, vit dans
cette paroisse, dans une union et un comté, très-souvent en outre
dans une circonscription routière, et il dépend de l'asemblée paroissiale, des curateurs des pauvres, du comité scolaire, du bureau
des sépultures, du bureau des routes, des juges de paix.

De même que pour les autorités et les circonscriptions, les taxes
locales sont très-diverses, différant aussi bien dans leur dénominations que dans leur mode d'assiette ou de perception. Il y en a,
telles que la taxe de comté, la taxe de bourg, la taxe de district,
qui empruntent leur dénomination au territoire, tandis que d'autres, la taxe des pauvres, la taxe scolaire, la taxe des routes, la
tirent des services auxquels elles ont mission de pourvoir. La principale, la taxe des pauvres, — *Poor Rate*, — qui se confond avec la
taxe paroissiale, porte sur la valeur imposable de toute les terres,
maisons et mines situées dans la paroisse. L'évaluation de cette
valeur est faite par les *overseers of the Poors*, ou surveillants des
pauvres de la paroisse, et définitivement arrêtée par un comité qui
s'appelle l'*Assessment Committee*, et dont les membres sont pris
dans le bureau des curateurs de l'union charitable. La taxe de
comté, — *County Tax*, — est assise sur l'ensemble de la valeur imposable nette ; c'est d'ailleurs un impôt non de quotité, mais de répartition, les juges de paix faisant un total des valeurs imposables de
chaque paroisse prises en bloc et répartissant ensuite entre les
diverses paroisses le montant de la taxe jugée nécessaire. Un état
de ce montant est transmis aux curateurs de l'union dans laquelle
la paroisse est située, lesquels le versent au préalable dans
les caisses du trésorier du comté, sauf à le faire récupérer ensuite
par les *overseers* sur la taxe paroissiale. La taxe de bourg, — *Borough
Rate*, — se lève de la même façon que celle des pauvres, et la taxe
générale de district, — *General District Rate*, — a pour base, non-
seulement les terres et maisons, mais encore les chemins de fer,
les canaux et les dîmes, avec cette particularité que les terres cultivées, les chemins de fer, les canaux et les dîmes ne sont évalués
qu'au quart de leur pleine valeur imposable.

La dépense des routes s'impute tantôt sur un fond commun,
tantôt sur les ressources générales, tantôt encore sur une base
spéciale, *Highway Rate*. Celle-ci est seule employée dans les
6,000 paroisses rurales, dont les chemins sont régis par le *Parish
Highways Act* de 1835. Elle porte sur les mêmes biens et propriétés
que la taxe des pauvres, mais sous la réserve de nombreuses exemptions coutumières et le bénéfice d'extensions assez nombreuses.

Sa limite ordinaire est de 2 shillings 6 deniers par livre sterling de valeur imposable, soit 3 fr. 10 pour 25 francs. Dans la circonscription routière, chaque paroisse pourvoit à l'entretien ou à la confection de ses chemins propres, moyennant une taxe spéciale dont la limite maximum est de 2 shillings 6 deniers par livre sterling, à moins que les quatre cinquièmes des contribuables ne consentent à un taux supérieur, et le plus souvent par un prélèvement sur le produit de la *Poor Rate*, tandis que le rachat des chemins à péage et l'établissement des routes intéressant plusieurs paroisses de la circonscription incombent à un fond commun. Enfin, dans les agglomérations urbaines, c'est en principe aux ressources ordinaires de faire face au service des routes; mais cette règle ne laisse pas de comporter des exceptions assez nombreuses, et alors la *Highway Rate* reparaît.

Les dépenses de police sont défrayées pour le comté par une taxe particulière, *County Police Rate*, et pour le bourg tantôt par les ressources ordinaires, tantôt par une imposition particulière, *Watch Rate*, qui ne peut dépasser 8 deniers par livre sterling de valeur imposable. Pour les prisons, ce sont en général les ressources ordinaires des comtés ou des bourgs qui en supportent la charge, que le trésor public allége, d'ailleurs, par ses subventions, du moins sous certaines conditions et dans certains cas déterminés, ce qu'il fait également pour la police. L'entretien des aliénés quand il concerne la paroisse est assuré par une contribution, dont le montant ne peut dépasser 14 shillings par semaine et par aliéné, à moins que l'assemblée des juges de paix n'en décide autrement; s'il tombe à la charge du comté, il est assuré par une taxe *ad hoc* portant sur toute la circonscription, et dans le bourg on procède comme dans la paroisse ou comme dans le comté, quand les ressources ordinaires paraissent insuffisantes. Pour les écoles, enfin, l'*Elementary Education Act* de 1876 a disposé que les dépenses seraient imputables sur la *Borough Rate* dans les bourgs, et partout ailleurs sur la *Poor Rate*. L'article 10 de cette loi a chargé les curateurs des pauvres de payer les mois d'école des enfants dont les pères, sans être inscrits au rôle de l'assistance publique, sont hors d'état d'acquitter cette rétribution. C'est à eux également que revient le soin d'assurer l'exécution du principe obligatoire que l'*Act* de 1876 s'est approprié, du moins dans les paroisses rurales et toutes celles qui ne possèdent pas de *School Boards*. Ces comités scolaires sont composés de cinq à quinze membres, élus par les bourgeois ou contribuables, au scrutin secret, et d'après ce système de votes cumulatifs dont on a vu déjà divers exemples.

II

Nous connaissons, *grosse modo*, le mécanisme de l'administration locale en Angleterre et son régime fiscal. Voyons maintenant quelles sont ses ressources et ses dépenses.

La principale de celles-ci est l'assistance publique. Le dernier *Rapport* du Bureau du Gouvernement local nous apprend qu'elle s'est élevée, pour l'année paroissiale 1875-76 (1), à la somme de 7,335,858 livres sterling (183,396,000 francs), ce qui fait ressortir, par rapport à l'année précédente, la légère différence de 152,623 livres ou de 3,765,000 francs en moins. Cette somme a servi à secourir 569,174 pauvres *out door*, c'est-à-dire à domicile, et 138,201 *in door*, c'est-à-dire dans le workhouse. Ces mêmes chiffres ayant été en 1874-75, l'un de 611,827 et l'autre de 134,238, il s'ensuit qu'il y a eu en 1875-76 une diminution très-sensible dans le nombre des pauvres assistés chez eux, en même temps qu'une certaine augmentation dans le nombre des hôtes du workhouse. Sur ces 749,476 assistés, qui représentent 3 0/0 de la population totale de l'Angleterre elle-même, on comptait 55,543 insensés, idiots, imbéciles, contre 54,271 l'année précédente, et cette progression ne cesse de s'accuser depuis quelques années. Il y a des Anglais qu'elle inquiète, et si elle était aussi *réelle* qu'*apparente*, ce serait une étude physiologique et psychologique bien curieuse celle qui remonterait à ses sources et lui assignerait ses vraies causes. Mais il se peut bien, comme M. Shaw-Lefevre, son président, le disait, il y a quelques mois, devant la *Statistical Society* de Londres, il se peut bien que la chose s'explique tout simplement par une statistique plus correcte de ce triste genre d'affections, et aussi par la déclaration des aliénés qu'elles peuvent avoir chez elles que les familles ne craignent plus de faire maintenant que les méthodes barbares de traiter ces infortunés ont fait place à des traitements intelligents et humains.

Le budget local de 1874-75, le dernier exercice dont nous ayons sous les yeux le détail, évaluant le totalité des dépenses à 40,706,342 livres sterling (1,017,657,000 francs), et les dépenses de l'assistance publique ayant représenté, pendant ce même exercice, une somme de 7,488,000 livres sterling, il s'ensuit que cette branche des services locaux absorbait les 18 centièmes de leurs recettes, le reste se répartissant comme suit : *Entretien des aliénés*, 3 0/0 ; *instruction primaire*, 5 0/0 ; *police et répression criminelle*, 9 0/0 ; routes, ponts, rues, marchés et ports, 16 0/0 ; *travaux d'assainisse-*

_____

(1) L'année paroissiale commence au 25 mars.

ment et d'embellissement, 22 0/0; divers, 7 0/0; intérêts de la dette, 20 0/0. En 1867-68, le total de ces mêmes dépenses n'avait pas dépassé 30,237,000 livres sterling, soit, dans l'espace de sept années, une augmentation de 10,369,000 livres sterling ou de 259,000,000 francs. Elle s'explique en partie par l'extension donnée à certains services, à l'instruction primaire, par exemple, qui, en 1868, n'absorbait pas plus de 42,000 livres, et qui, en 1875, en a exigé 2,199,000 livres; mais elle reconnaît pour principale cause l'impulsion donnée aux travaux publics de toute sorte et aux améliorations sanitaires. La métropole et les autres grandes villes sont naturellement entrées les premières dans cette voie; elles y ont poussé très-avant, et on peut juger de l'ampleur qu'y ont prise les dépenses locales par le tableau suivant (1) :

Villes.	Population en 1871.	Valeur imposable par tête.	Taux de taxation par tête.			
		liv. sterl.	liv.	sh.	den.	fr.
Métropole......	3.254.000	21.968.000	2	15	9	(72.40)
Liverpool......	493.000	2.940.000	3	»	7	(75.70)
Manchester.....	351.000	1.972.000	5	4	»	(125.40)
Birmingham...	344.000	1.284.000	1	14	5	(41.00)
Leeds.........	259.000	259.008	3	15	3	(97.80)

Quant aux recettes, elles ont atteint la somme de 43,612,161 liv. sterl. (1,091,904,000 francs), provenant des sources suivantes :

	Liv. sterl.
Taxes proprement dites...............	21.952.733
Péages, droits et rentes (sur le trafic)...	4.180.645
Droits (sur la consommation)..........	332.853
Subventions de l'État..................	1.771.841
Emprunts..........................	15.474.889
Total égal..................	43.612.161

Le budget local s'alimente donc de l'emprunt, pour plus de son tiers, et cette tendance, loin de se ralentir, s'accentue d'exercice en exercice, de telle sorte que la dette locale qui déjà représentait, en 1872, un capital de 1,800,000,000 fr. (72,000,000 liv. sterl.), dépassait, trois ans plus tard, 2,350,000,000 fr. (94,004,000 liv. sterl.), dont environ un quart, 566,000,000 francs, pour la métropole seule, 116,000,000 pour Manchester, 111,000,000 pour Liverpool, 86,000,000 pour Leeds et 27,000,000 pour Leeds. Ce sont-là de très-grosses sommes, et le malheur est que non-seulement les con-

_____

(1) Voir le mémoire du capitaine Craigie : *Le coût du gouvernement local anglais*, dans le numéro de juin 1877 de la *Statistical Society*.

tribuables, mais beaucoup d'hommes compétents estiment que leur
emploi n'a pas toujours été aussi rationnel qu'il aurait pu l'être,
et signalent, de divers côtés, des dépenses improductives et de
véritables dilapidations des deniers publics.

Le capitaine Craigie répartit comme suit cette dette entre les
diverses autorités et les circonscriptions locales qui l'ont con-
tractée :

		Francs.
Assistance publique	....	88.025.000
Comtés	....	78.625.000
Autorités urbaines	....	987.400.000
— métropolitaines	....	449.400.000
— routières	....	45.856.800
— maritimes	....	513.975.000
— diverses	....	84.300.000
Comités scolaires	....	95.025.000

Seulement, dans sa généralité, cette décomposition ne permet
pas d'apprécier l'importance que certains services locaux ont prise
dans ces dernières années, comme, par exemple, les travaux d'assainissement, d'embellissement et d'hygiène publique. Le dernier
Rapport du Bureau du gouvernement local nous apprend toutefois
qu'à la date du 25 mars 1876, la dette à la charge des autorités
sanitaires rurales était de 38,546,284 livres sterling, tandis que
celle à la charge des autorités sanitaires rurales ne dépassait
pas 204,456, soit un total de 38,750,740 livres sterling ou de
968,768,000 francs. On peut juger d'ailleurs de l'essor de ce service par cette circonstance, qui est consignée dans le travail de
M. Rathbone, à savoir que, de 1872 à 1875, sa dépense a presque
doublée. Elle est arrivée, en 1874-75, au chiffre de 292,500,000 fr.,
dont l'intérêt de la dette absorbait environ les 30 centièmes, les
conduites d'eau et de gaz, 24 1/2 0/0 ; les rues et routes, 14 1/2 ; les
travaux d'égoûts, 5, etc., etc.

Nos voisins se préoccupent beaucoup de la suppression des
logements insalubres, et la loi connue sous le nom de *The Artisans
and Labourers' Dwellings improvement Act* a reçu un excellent accueil aussi bien des Bretons de la vieille école, qui aiment leur
gouvernement local dans son tohubohu actuel, que des publicistes,
qui, tout en étant fort attachés aussi à ce même gouvernement,
voudraient lui imprimer quelque régularité et y introduire
quelque méthode. Quatre grands centres urbains, Birmingham,
Liverpool, Nottingham et Swansea, s'empressant d'obéir à la
pensée de la loi de 1875 ont présenté des plans à l'examen
du *Local Government Board* et ont vu le Parlement les approuver

ensuite. Le plan de Birmingham se faisait remarquer par son ampleur; il s'agissait de couvrir de maisons destinées à la classe ouvrière une superficie de 37 hectares et de dépenser une somme totale de 13,250,000 francs. A Liverpool, on proposait d'abattre des îlots de maisons malsaines, qui servaient d'habitation à 1,100 personnes, et de remplacer ces maisons par d'autres construites dans les meilleures conditions hygiéniques, le tout au prix de 1,556,000 francs. A Nottingham et à Swansea le but était également de faire disparaître de méchantes constructions et de leur substituer des nouvelles, à un coût de 225,000 francs pour la première de ces villes et de 300,000 francs pour la seconde.

Le montant des emprunts contractés pendant l'exercice 1874-1875 par les autorités locales étant évalué à environ 12,000,000 de livres sterling, si cette progression a suivi le même taux pendant les exercices 1875-76, 1876-77 et les six premiers mois de l'exercice 1877-78, elle représentait au 1er janvier 1878, une somme de 124,000,000 de liv. sterl. (3,200,000,000 fr.) ou de 122,820,000 liv. sterling (3,070,500,000 fr.) seulement, si avec le *Report* on la fixe au 1er juillet 1875 à 92,820,000 liv. sterl. au lieu des 94,104,000 liv. sterling du capitaine Craigie. L'un ou l'autre de ces chiffres forme un beau denier, comme nos paysans disent, et qui ne s'appliquant qu'à l'Angleterre seule donne par tête d'habitant 140 francs dans la première hypothèse et 135 dans la seconde, c'est-à-dire par tête de contribuable effectif une part quadruple ou quintuple. Quant à la taxation locale son chiffre étant estimé en 1874-75 à 26,664,000 liv. sterling (667,200,000 fr., elle faisait peser alors sur chaque tête d'habitant une charge de 29 francs.

Nous n'avons aucune donnée sur le coût du gouvernement local en Écosse et en Irlande, seulement le dernier *Almanach de la Réforme financière*, fixant à 2,372,000 livres sterling (59,300,000 fr.) pour l'un de ces pays et à 2,996,000 livres sterling (73,500,000 fr.) pour l'autre le montant de leurs taxes locales, on trouve 17 francs pour la quote-part de l'Ecossais et 14 pour celle de l'Irlandais. D'autre part, les taxes *impériales*, imposant à chacun des 32,500,000 de sujets britanniques une charge de 46 francs, il en résulte que les Anglais paient en tout, par tête, 75 francs d'impôts, les Ecossais 63 fr., les rlandais 60 fr.

III

Personne n'est plus convaincu que l'auteur de ces lignes de la nécessité et de la fécondité des libertés locales ; elles servent de fondement aux libertés générales, et commencer par celles-ci,

comme on l'a fait chez nous, l'édifice politique, c'est ressembler à
un architecte qui commencerait sa maison par les combles. Il n'en
est pas moins vrai qu'au point de vue territorial et administratif
le système français, avec ses deux grandes unités de gouvernement
local, le département et la commune, possède une supériorité incontestable sur le système anglais, avec sa multiplicité de circonscriptions locales, d'organes locaux, d'autorités locales.

Le cadre français, si on y ajoutait, dans le canton organisé d'une
façon autonome et pourvu d'une représentation propre, une troisième unité locale, intermédiaire entre le département et la commune, le cadre français serait excellent. Il s'agirait uniquement
d'y inscrire une plus grande somme de libertés, de détendre
les liens du centralisme, et en ce qui touche l'assise primordiale du système, de délaisser l'absurde système qui a constitué la commune de 100,000 âmes sur le même type que la
commune de 500 et qui a logiquement conduit à priver la première
de franchises dont la seconde n'aurait que faire ou ne saurait bien
user. L'unité sans variété, c'est le despotisme, pour parler comme
Pascal ; mais par contre la variété sans l'unité c'est l'anarchie, et
c'est à l'anarchie que tend le mécanisme du gouvernement local de
nos voisins. Dans leur variété, les forces dont il dispose se nuisent
les unes aux autres, et du jeu de rouages si nombreux, juxtaposés,
mais non soudés, bizarrement enchevêtrés, naissent d'incessants
frottements et des tiraillements perpétuels.

Posée dans ces termes, la question se réduit tout d'abord à un
choix à faire entre les unités territoriales, les centres de gouvernement local qu'il faudrait supprimer et celles qu'il faut conserver,
en les remaniant au besoin et en les agrandissant. Pour son compte,
M. Rathbone serait d'avis de respecter, avec leurs circonscriptions
actuelles, les plus grands bourgs municipaux et les plus grands
districts locaux, mais de fondre en une seule les diverses unités
rurales. A cet effet, M. Goschen, dans son bill de 1871, avait
songé à la paroisse, et M. Rathbone reconnaît que ce choix se
justifierait bien par la double considération que la paroisse est une
vieille institution, où le sentiment local est très-efficace, qu'elle
est assez généralement renfermée dans les limites d'un même
comté et qu'on a pris l'habitude d'en faire le noyau de diverses
organisations locales. Mais il objecte qu'il y a des paroisses trop
grandes et des paroisses trop petites, dont il faudrait remanier les
circonscriptions dans un sens ou dans un autre, et qu'il faudrait
faire disparaître les unions charitables et les circonscriptions routières, tandis que l'expérience a clairement montré que la distribution des secours à domicile, la surveillance de la santé publique et

le bon entretien des routes exigeaient une aire supérieure à celle de
la paroisse ordinaire. Il craindrait aussi de ne pas rencontrer dans
ces faibles centres populeux assez d'hommes réunissant assez de
loisirs et de lumières pour bien gérer les intérêts communs.

La paroisse écartée et l'idée d'une unité toute nouvelle à établir
répugnant à M. Rathbone, reste la *Poor Union*. On lui reproche de
n'avoir aucune racine dans la tradition ou dans le sentiment public; on fait remarquer que sa circonscription est capricieuse et
qu'elle coïncide rarement avec celle, soit du bourg municipal, soit
de la circonscription routière, ou du district local, de telle sorte
que l'accepter pour l'unité locale ce serait jeter une grande perturbation dans la taxation locale, à moins d'en remanier les limites
et le territoire. D'autre part, diverses considérations militent en
faveur de ce choix. Les *Poor Unions* ont été constituées à une époque
relativement récente; elles sont nées d'une pensée systématique
et elles fonctionnent dans un dessein nettement administratif, on
ne se plaint pas généralement de leur trop grande étendue ou de
leur superficie trop faible. Elles jouissent d'un système représentatif, qu'il est très-facile de modifier et d'adapter à des conditions
nouvelles; elles sont accoutumées à la reddition de leurs comptes
et au contrôle de l'autorité centrale. Le Parlement, enfin, semble
avoir pris foi dans leur avenir et attendre d'elles d'utiles services, puisque depuis trois ans il les a investies tour à tour de
l'autorité sanitaire dans les campagnes et de pouvoirs très-étendus
en matière d'instruction primaire.

Le grand résultat de cette mesure serait de remettre, dans les
districts ruraux, l'administration des affaires locales à un seul
corps électif, et c'est là un mérite que M. Rathbone apprécie beaucoup. Il s'est demandé à ce propos, mais en passant et sans conclure, s'il n'y aurait pas lieu de toucher aussi dans les villes à
l'organisation actuelle des conseils municipaux et des divers comités locaux. Plus catégorique, M. Brodrick considère comme impossible que dans tel ou tel bourg, qui offre à peine l'étoffe d'un
seul corps municipal, on puisse trouver assez d'hommes dévoués
et capables pour composer un conseil de ville, un bureau de curateurs, une commission des améliorations, un comité scolaire, etc.
Pour les campagnes, il propose quelque chose de fort analogue à
ce qu'indique M. Rathbone, avec cette différence qu'il donnerait,
en outre, à chaque paroisse, un conseil spécial, *Parochial Board*,
dont les attributions seraient d'ailleurs limitées à la voirie, à la
police et à la salubrité locales, et dont le président, élu par les contribuables comme le conseil lui-même, jouerait le rôle du maire
français dans ses communications officielles avec le public et l'au-

torité supérieure. Quant au comté, outre les souvenirs historiques qui s'y rattachent, il renferme, selon M. Brodrick, tous les éléments d'une vie indépendante, et il y aurait lieu de lui conserver sa place dans une organisation nouvelle ; mais il y aurait tout avantage à se défaire de ses subdivisions judiciaires, ainsi que des circonscriptions routières et de bon nombre de comités locaux.

Quant à la taxation locale, la diversité de noms qu'elle affecte sur l'autre rive de la Manche n'est pas son plus gros défaut, et j'avoue que, pour ma part, il ne me déplairait nullement que le percepteur de ma commune au lieu de la sèche mention : tant pour l'Etat, tant pour la Ville, qu'il inscrit sur sa carte à payer, détaillât un peu cette carte, en ce sens qu'il m'aviserait de ce que me coûte, pour ma cote-part, les écoles de mon municipe, ses hôpitaux, ses casernes, ses théâtres, ses rues, ses promenades, sa salubrité, etc. Peut-être ce petit bordereau m'engagerait-il à continuer ma confiance au conseil municipal qui donne beaucoup d'argent pour l'école et la santé publique, comme à la retirer au conseil qui en est prodigue, au contraire, pour les théâtres et les casernes. Mais cela n'impliquerait pas dans ma pensée qu'il devrait y avoir, dans chaque commune, autant de taxes assises sur des bases différemment assises ou différemment perçues qu'il s'y trouve de besoins publics à satisfaire. Or, si ce n'est point tout à fait le cas de la taxation locale en Angleterre, il ne s'en faut guère. On n'y connaît pas cet encaisseur unique des recettes locales que l'on nomme chez nous le percepteur ou le receveur municipal, et les recettes dérivent de sources trop multipliées et trop diverses, embrassant toute la matière imposable.

Il y a des anomalies à faire disparaître, des exceptions à régulariser, de la simplification à introduire, et quand on prendra ces mesures on fera bien du même coup d'imposer aux autorités locales la reddition de comptes dressés selon un plan uniforme, émis aux mêmes époques et embrassant les mêmes laps de temps. Les *Ratepayers* anglais ont assurément le droit d'être bien informés de la façon dont leurs deniers se dépensent, et le manque absolu de méthode générale qui se remarque dans les meilleurs documents statistiques d'outre-Manche leur ôte beaucoup de mérite, quand il n'en fait pas, ce qui arrive trop souvent, de vrais casse-têtes chinois.

HENRI TACHÉ.

REVUE DE L'ACADÉMIE

DES SCIENCES MORALES ET POLITIQUES

(ANNÉE 1877)

SOMMAIRE : **Travaux de philosophie.** — L'école des enfants assistés du Michigan. — La maison de refuge de Pensylvanie. — La transportation. — L'exploitation des mines dans l'empire romain. — La lettre de change et le billet à ordre dans la législation italienne. — Les revenus de la couronne au moyen âge. — Les dépenses royales au moyen âge. — La statistique prussienne. — Les conséquences économiques du système successoral du Code civil. — Le luxe dans ses rapports avec la forme du gouvernement. — Les colonies espagnoles et les causes de leur décadence. — Travaux d'histoire. — Communications des savants étrangers. — Le problème monétaire et la distribution de la richesse. — La circulation métallique avant la monnaie. — L'instruction des femmes en Russie. — Décès. — Nominations.

Suivant l'ordre adopté dans nos précédents comptes rendus, nous nous bornerons à analyser les communications qui ont trait au mouvement des idées et des faits économiques et qui n'ont pas été reproduites dans le *Journal des Économistes,* mentionnant simplement les autres et renvoyant au *Bulletin* de l'Académie que publie M. Ch. Vergé.

Les sciences philosophiques ont fait l'objet de cinq lectures : l'une de M. Bouillier sur *la sensibilité, la mémoire et l'imagination* ; les autres de M. Ch. Waddington, correspondant de l'Académie, sur *l'autorité d'Aristote au moyen âge* et sur *la renaissance des lettres et de la philosophie au xve siècle* ; les dernières enfin, de M. Paul Janet, sur A. *Schopenhauer,* et de M. Levêque, sur *Abélard,* d'après M. de Rémusat. Naturellement nous ne dirons rien de ces travaux et nous passerons à l'analyse de deux notes de M. Drouyn de Lhuys.

La première concerne *l'école des enfants assistés,* fondée en 1874 par l'État du Michigan à Cold-Waters. Les enfants orphelins ou laissés n'ayant encouru aucune des rigueurs de la loi y sont seuls admis. Ils sont répartis par groupes de trente, sous la surveillance et la direction d'une femme intelligente et dévouée, qui leur prodigue des soins maternels. Ils apprennent un métier. Ceux dont l'éducation est achevée sont pourvus autant que possible d'une place, grâce à l'intervention d'inspecteurs ambulants ou sédentaires en rapport avec les personnes du dehors. Plusieurs ont été adoptés par des familles sans enfants. L'administration de l'école a été jusqu'ici assez habile pour réaliser sur les dépenses des économies telles que chaque enfant assisté coûte moins cher que l'enfant des dépôts de mendicité. Deux cent quatre-vingt-dix élèves ont été reçus à l'école de Cold-Waters depuis le 1er janvier 1874 jusqu'au 24 janvier 1876 : quatre-vingt-huit ont été placés dans des familles. La fondation de l'établissement est due à M. Randall, sénateur de l'Etat de Michigan; le directeur actuel est M. Alden, qui administre l'école avec le concours d'une délégation nommée par le gouvernement.

La seconde note de M. Drouyn de Lhuys est relative à *la maison de refuge de Pensylvanie*, laquelle tient le milieu entre nos institutions charitables et nos établissements pénitentaires. La maison existe depuis cinquante ans; plus de 13,000 jeunes gens des deux sexes y ont reçu des enseignements qui ont fait de la plupart d'entre eux des citoyens utiles. L'on y admet des orphelins, des enfants abandonnés ou vagabonds ou ceux qui se sont rendus coupables de délits punis par la loi; on les accueille de préférence avant l'âge de 13 ans, car on considère que l'efficacité de la correction est douteuse plus tard. Tous reçoivent dans la maison une instruction élémentaire et apprennent un métier qui pourra plus tard les mettre à même de gagner honnêtement leur vie. Le travail des ateliers comprend la cordonnerie, la fabrication des brosses et celle des tuiles mécaniques; les filles sont employées au blanchissage, à la couture, à la fabrication des vêtements de la maison, à la cuisine. On se garde bien d'admettre dans l'asile de Philadelphe ou dans celui de Cold-Waters, dont on a précédemment entretenu l'Académie des sujets profondément pervertis dont la corruption, incurable pour eux-mêmes, serait dangereuse pour leurs compagnons. Les fonds qui alimentent cette institution proviennent de dons faits par les fondateurs ou par l'Etat. Malheureusement son organisation administrative est beaucoup trop compliquée.

Indépendamment des rapports étendus qu'il a présentés sur des documents officiels italiens et relatifs à *l'abolition de la contrainte par corps*, ainsi qu'au *projet de Code pénal*, comme aussi sur *les Congrès pénitentiaires*, M. Charles Lucas a, dans la séance du 10 mars, entretenu ses collègues de *la transportation pénale*.

Tandis que la plupart des auteurs se prononcent pour l'application de la transportation aux condamnés, M. Ch. Lucas est d'avis de la réserver pour les libérés : il est convaincu que la vie nouvelle, l'inconnu, la perspective du travail libre, des concessions de terrain, etc., ne sont pas sans offrir quelque attrait aux déportés. C'est à cet attrait qu'il attribue le défaut essentiel et irrémédiable de la peine, en rappelant qu'il n'a pas changé de manière de voir à cet égard depuis la discussion approfondie qui eut lieu sur cette question, au sein de l'Académie, à la veille du vote qui allait instituer la transportation. Alors comme maintenant il était prouvé que les détenus des maisons centrales préféraient le bagne où ils avaient un compagnon, le travail au grand air, le contact avec les gens du dehors. Dès 1827, on constatait que beaucoup de crimes commis dans les maisons centrales avaient pour mobile le désir d'obtenir les avantages du bagne; après la suppression de la chaîne, en 1836, ce dernier devint si séduisant et si recherché qu'il fallut plus tard ériger en règle que le détenu qui aurait gagné les travaux forcés dans une maison centrale y subirait sa peine. Pendant qu'on adoucissait le bagne, on rendait plus rigoureux le régime des maisons de détention; on y imposait le silence pendant le travail, on supprimait les cantines, on interdisait le tabac. Beaucoup de condamnés considéraient de plus en plus le bagne comme une délivrance. Dans cette situation, il fallait le supprimer, le remplacer par des maisons centrales bien appropriées et avoir des prisons spéciales pour les peines correctionnelles. Le système, malgré de légitimes réclamations, fut maintenu. En 1842, le nombre des crimes commis dans les maisons centrales allait toujours en croissant, preuve certaine de l'attrait du bagne. Néanmoins le législateur a adouci le sort des condamnés en introduisant dans notre régime repressif la transportation. On est même allé plus loin et l'on a substitué la transportation à celle du bagne. Une recrudescence de crimes devait être et a été, au dire de M. Lucas, la conséquence prévue et nécessaire de cette innovation qu'il blâme vivement.

Parmi les autres communications relatives à la législation, nous mentionnerons celles de MM. Saripolos, professeur à l'Université d'Athènes et correspondant de l'Académie, sur *l'étude comparée des législations hellénique et française à propos des effets de la chose jugée au criminel sur l'action civile;* Naudet sur *l'état des personnes et des peuples sous les empereurs romains.* Celle de M. Ch. Giraud sur un *fragment de loi romaine trouvé à Aljustrel, en Portugal, et relatif à l'exploitation des mines,* fait la lumière sur un sujet très-peu connu : le régime économique des mines au temps des Romains.

Lorsque les *metalla* appartenaient à l'Etat, les mines, les carrières, les bains, de même que les hommes libres, les *liberti,* les esclaves, les mineurs, les artisans, etc. étaient placés sous la dépendance du *procurator metallorum,* lequel déterminait les droits et les devoirs de tous les habitants, soumettait les industries à des règlements, établissait les redevances grevant l'exercice de chaque métier, fixait le taux de l'impôt sur le produit des mines dont il réglait l'exploitation, etc. Loin de gérer directement les *metalla*, il en affermait les produits à des entrepreneurs, fermiers ou locataires, *conductores*, dont il déterminait les droits et les obligations vis-à-vis de la population du *vicus* et vis-à-vis de l'État. La base de ces concessions était un règlement général approuvé par le gouverneur de la province ou par le maître des offices compétent et dont la table d'Aljustrel nous donne un fragment. Ce règlement supprimait totalement la liberté du commerce et de l'industrie; le métier le plus humble était l'objet d'un privilége conféré à un individu ou à une corporation sous des conditions rigoureusement spécifiées (1).

M. Massé a lu des *observations sur le titre IX du projet préliminaire du Code de commerce italien relatif aux effets négociables*. Ce titre s'occupe spécialement de la *cambiale*, ou contrat qui remplace à la fois la lettre de change et le billet à ordre, conformément aux nouvelles doctrines qui se sont fait jour en Allemagne et en Italie. Dans le projet l'on ne trouve plus la remise de place en place ni l'indication de la valeur fournie; la *cambiale* est, entre les mains du porteur, une valeur de crédit qui fait l'office de la monnaie lorsqu'elle a été créée dans les formes déterminées par la loi. La propriété de cette valeur se transmet par endossement; mais ce dernier ne vaut que comme cession lorsque le vendeur en a défendu le transport par la clause *non à ordre* ou autre semblable. La *cambiale* est toujours considérée comme un acte de commerce, en même temps que la capacité du signataire reste soumise au droit commun. Ce titre du projet s'occupe également du *chèque* et de l'ordre en denrées, *ordine in derrate*, promesse écrite de livrer ou de faire livrer à un tiers ou à son ordre une certaine quantité de marchandises. Cette *cambiale*, payable en denrées, sert à procurer des denrées en échange de la promesse de se libérer par la livraison de marchandises; elle est utile surtout dans les pays agricoles en permettant d'escompter les espérances d'une récolte.

A la suite de cette lecture, une discussion s'est élevée sur ce qu'il y a de réel et de fictif dans la distinction faite par la loi entre la lettre de change et le billet à ordre. Cette distinction n'est ni nécessaire ni sérieuse, a dit M. Joseph Garnier; seulement, dans le billet à ordre il n'y a qu'un engagé devant inspirer confiance, tandis que pour la lettre de change il y en a deux, le tireur et le tiré; la provision que le premier est censé devoir faire entre les mains du second est une pure fiction. — M. Massé a reconnu une simple différence de forme. — M. Valette a objecté que pour la

---

(1) V. notre notice sur la table d'Aljustrel (*Revue générale du droit*, 1871, p. 297).

remise de place en place la lettre de change représente une affaire
commerciale alors que le billet ne représente qu'une affaire purement civile, mais il a admis que la différence s'efface de plus en
plus. — M. Léon Say a fait la même remarque en ajoutant que la
lettre de change, loin d'être un simple emprunt, couvre toujours
une affaire.

Les travaux communiqués dans le cours de l'année par M. Vuitry
concernent autant la législation que la science économique.

Le premier a trait aux *revenus de la couronne au moyen âge*. D'après
M. Vuitry, ils peuvent être rangés sous huit chefs : 1° redevances
perçues directement, cens, champarts, tailles, etc.; 2° droits de
mutation, garde-noble, droits d'amortissement et de francs fiefs,
de déshérence, épaves, trésors, droits sur les biens vacants, d'au-
baine et de bâtardise; 3° droits de régale, 4° produits des mines,
forêts, pêches; 5° droits de greffe et de sceau, amendes et confis-
cations, impôt sur les Juifs et les Lombards; 6° droits sur les objets de consommation; 7° droit de procuration et de gîte, droit de
prix; 8° services personnels, corvée, service militaire. A ces revenus ordinaires s'ajoutent, comme revenus extraordinaires, l'aide
féodale et les décimes ecclésiastiques. M. Vuitry démontre, dans
son mémoire, non-seulement que ces revenus étaient exclusivement
féodaux, mais aussi que la monarchie féodale a eu des revenus sei-
gneuriaux, non des revenus royaux, et que la couronne n'invo-
quait pas les droits de la souveraineté mais bien le principe féodal.
L'aide féodale a été seule l'origine de l'impôt royal.

M. Vuitry a ensuite entretenu l'Académie des *dépenses du roi
au moyen âge*. Il a montré que du xı° au xııı° siècle le souverain
n'avait point à pourvoir à ce qui, dans les Etats modernes, constitue les dépenses publiques, et qu'il n'avait à sa charge que l'entretien de sa personne, de sa famille de ses serviteurs et l'administration de ses biens. Si le roi avait à solder les dépenses ordinaires
(émoluments des officiers en activité, pensions aux officiers retraités;
aumônes, etc.) et extraordinaires (sacre du roi, mariage, fêtes de
famille, expéditions militaires, etc.), il n'avait en somme à s'occuper d'aucun des grands services publics : en dehors de ses propres
domaines il n'avait d'autres droits à exercer, d'autres devoirs à
remplir que ceux qui étaient attachés à la qualité de seigneur su-
zerain. Après avoir retracé l'origine de l'*Echiquier* de Normandie
et de la Chambre des comptes, M. Vuitry entre dans quelques détails sur la comptabilité royale; il essaie de fixer le montant des
recettes et des dépenses de la monarchie féodale; avec M. de
Wailly, il détermine, pour l'époque de saint Louis, une moyenne

de 70,967 livres pour les dépenses de l'hôtel du roi, ce qui, ajouté à la moyenne des autres dépenses, laissait, sur l'ensemble des recettes, un excédant net de 63,300 livres.

Signalons enfin, sans pouvoir insister, le mémoire de M. Vuitry sur *les agrandissements du domaine royal dans la première moitié du* XIII° *siècle* et la note développée dans laquelle le savant académicien a résumé ses précédentes études sur les finances de la monarchie féodale.

Les publications du bureau prussien de statistique ont fourni à M. Levasseur la matière d'une instructive notice. Ces travaux sont dignes d'intérêt et pourraient à bien des égards servir de modèle. Si, par exemple, en Prusse comme en France la statistique indique les naissances par mois, la distinction des sexes, de la légitimité et de l'illégitimité, les naissances multiples, le nombre des mort-nés, tandis qu'en France les renseignements sont donnés par département, sauf pour les grandes villes, la plupart des tableaux publiés à Berlin se décomposent en quatre tableaux : ensemble de la population, population rurale, population urbaine, population des grands centres. Le bureau de Berlin enregistre les naissances d'après la profession des parents et en distinguant comme toujours la population urbaine, la population rurale, les villes, les sexes et les mort-nés. Il procède de même pour les mariages et les décès en adoptant partout les mêmes cadres : vingt et une catégories de professions ou de moyens d'existence, ce qui permettra, au bout d'un certain nombre d'années, de faire avec exactitude et précision la description démographique des diverses conditions de la vie sociale. M. Levasseur signale encore au chapitre des mariages un trait qui est à l'avantage des publications prussiennes : celles-ci donnent, pour toutes les circonscriptions administratives, le rapport d'âge des époux; la statistique française le donne seulement en bloc avec mention particulière pour le département de la Seine. En revanche, elle donne l'âge des époux par périodes de cinq années, tandis que la statistique prussienne ne la donne que de dix en dix ans. La statistique prussienne insiste plus que la nôtre sur l'importante question des décès par âge, surtout lorsqu'il s'agit des enfants. De même elle fait une large place au mouvement d'émigration et d'immigration sur lequel en France on ne donne que des renseignements intermittents et incomplets (1).

_____

(1) Nous emprunterons à la communication de M. Levasseur quelques nombres puisés aux sources officielles et dignes d'intérêt. En Prusse le nombre des naissances augmente d'année en année depuis 1871 : 1,023 milliers en 1872; 1,028 en 1873; 1,052 en 1874 et 1,082 en 1875. La mort ne gagne pas de terrain : 765,600 décès en 1872; 739,000 en 1873; 692,000 en 1874; 724,000 en 1875. Sur 1,000 décès il y en a

Ce n'est, d'après M. Levasseur, bon juge en pareille matière, ni le zèle, ni l'intelligence qui manquent au directeur de la statistique française, M. Deloche, qui apporte dans les publications officielles le scrupule d'exactitude et la méthode d'exposition auxquels les travaux d'érudition l'ont familiarisé; seulement le bureau de Berlin dispose de moyens assez puissants pour n'avoir pas à compter avec le zèle des autres : il reçoit directement les documents orginaux et les élabore lui-même, grâce à un personnel nombreux et à des crédits suffisants. Aussi a-t-il pu avant la fin de 1876 publier le volume complet du mouvement de la population pour 1875, tandis que la France n'a encore donné que le volume relatif à l'année 1873.

Puisque nous parlons de statistique, mentionnons ici quelques chiffres communiqués par M. H. Passy dans la séance du 24 novembre sur les excellentes conséquences économiques du régime successoral consacré par le Code civil. Selon l'éminent doyen de la section d'économie politique, la valeur totale des successions s'est élevée de 1,330 millions en 1828 à 3,740 en 1874; la population a augmenté d'un quart et la richesse à presque triplé. Depuis 50 ans, par la division de la propriété rurale, le produit de l'agriculture a également triplé. Enfin tandis qu'en 1815 les fonds négociables à la Bourse représentaient un capital de 1,500 millions, ce même capital atteignait en 1876 le chiffre de 45 milliards, c'est-à-dire trente fois plus. De tels chiffres suffisent pour montrer l'heureuse influence à cet égard du Code civil.

M. Baudrillart a communiqué à l'Académie un nouveau fragment de ses études sur le luxe; son travail portait sur le *luxe dans ses rapports avec la forme du gouvernement*.

Sous un gouvernement monarchique et despotique le luxe, dit-il, a un caractère de fantaisie desordonnée, d'extravagance et de délire, il recherche l'incroyable et veut réaliser l'impossible. Pour atteindre son but le despote ne respecte ni la fortune, ni l'honneur, ni la vie des sujets : aux riches et aux grands il prend leurs biens ; aux pauvres il impose des corvées monstrueuses, des travaux gigantesques; comme il n'est jamais sûr du lendemain et comme ses prodigalités tarissent les sources même de l'impôt, il accumule des masses énormes d'objets précieux et constitue un trésor immense. Sous la monarchie absolue, telle qu'elle a existé pendant plusieurs siècles chez les peuples chrétiens, les mêmes

---

560 pour les enfants au-dessous de 15 ans. En 1875 la Prusse a eu une immigration supérieure et une émigration inférieure à celle des années précédentes : 13,696 immigrants et 23,781 émigrants. C'est peu par rapport à un mouvement total de 1,082,723 naissances et de 724,804 décès.

institutions, les mêmes traditions, les mêmes règles morales qui
limitent le pouvoir du roi et les grands imposent aussi au luxe un
certain frein. M. Baudrillart signale le rôle important que jouent
les femmes dans le luxe de la monarchie moderne et l'influence
considérable que le règne des favorites a exercée sur le luxe royal,
notamment en France aux xviiᵉ et xviiiᵉ siècles. Une autre particularité de ce luxe c'est le gaspillage des richesses du maître au
profit des fournisseurs et des valets exploitant sa vanité et ses
vices. De plus il est à noter que tandis que le despotisme pur
n'a jamais produit, en matière d'art, que des œuvres excessives et
de mauvais goût, la monarchie absolue non-seulement ne fait pas
nécessairement du luxe un moyen de corruption mais leur imprime
parfois un caractère élevé.

Arrivant à l'étude du luxe dans ses rapports avec l'aristocratie,
M. Baudrillart établit une distinction. Le luxe de l'aristocratie
féodale ou territoriale consiste surtout dans le nombre exagéré des
serviteurs, dans la profusion des repas, dans une hospitalité sur-
abondante; même en se transformant ensuite avec les progrès de la
civilisation et alors que l'aristocratie territoriale s'est fondue avec
le reste de la nation, le luxe féodal ne laisse pas de conserver encore
quelques traits originels, ainsi qu'on le remarque en Angleterre où
les lords conservent de vastes domaines pour l'unique plaisir de la
chasse. Dans les aristocratie commerçantes, à Carthage, à Venise,
à Florence, l'aristocratie n'étant en réalité qu'une grande bourgeoisie, le luxe prend un caractère tout différent. Devant tout au
travail, si elle sacrifie quelque peu à l'ostentation extérieure elle
attache surtout du prix à tout ce qui peut rendre la vie agréable
et facile; aussi se défend-elle difficilement de l'abus des plaisirs
sensuels.

Dans les sociétés démocratiques le luxe n'est point supprimé,
mais les progrès de l'industrie et du commerce l'ont rendu accessible au plus grand nombre. La démocratie telle qu'on l'entend
aujourd'hui n'a supprimé ni les grandes fortunes, ni le grand luxe;
elle a donné naissance au contraire à une multitude de petites et
de moyennes fortunes et elle a créé un luxe nouveau qui se diver-
sifie à l'infini en se mesurant et en s'appropriant aux moyens et
aux goûts de chacun. A côté de ces bienfaits l'organisation démocratique de la société offre des dangers. Maintenant chacun pouvant,
de par la liberté et l'égalité, prétendre à tout, le pauvre supporte
avec impatience une gêne qu'il considère comme une injustice; un
désir immodéré de s'enrichir rapidement, d'égaler et de surpasser
ceux que la fortune a favorisés envahit toutes les classes de la
société. De là une émulation de luxe où la vanité n'a pas moins de

part que la sensualité; de là aussi le succès des systèmes socialistes; de là des troubles moraux, des agitations qui se traduisent parfois par des crises violentes.

A la suite de cette lecture il s'est engagé entre MM. Joseph Garnier, Baudrillart, Ch. Giraud et Valette une discussion sur l'influence de la démocratie sur le luxe, et sur la nécessité de la diffusion des lumières économiques. Comme ces observations ont été reproduites dans le *Journal* nous nous abstiendrons de les résumer (1).

Les premières séances de l'année ont été consacrées à la suite de l'intéressante discussion commencée à la fin de l'année 1876 et soulevée par un important rapport de M. Fustel de Coulanges sur l'ouvrage de M. Foncin intitulé : *Essai sur le ministère de Turgot*. MM. Fustel de Coulanges, Ch. Giraud, Hipp. Passy, Nourrisson, L. de Lavergne, Henri Martin, de Parieu, Baudrillart et Joseph Garnier ont successivement pris la parole dans cette discussion qui a été rapportée ici même (2).

Comme travaux d'histoire nous mentionnerons simplement celui de M. Drouyn de Lhuys sur les *Relations de Rome et du Japon au XVI° siècle;* la notice de M. Ch. Giraud sur *la Correspondance du Grand Frédéric avec Rollin.* Le mémoire de M. Rosseûw Saint-Hilaire sur *les Colonies Espagnoles sous le règne de Charles III* sera certainement consulté par les économistes. Ce travail montre en effet ce que les Espagnols ont su faire de leurs possessions coloniales, il prouve que la décadence de la métropole peut être attribuée pour beaucoup à la conduite des Espagnols qui, orgueilleux et avides, ne songeaient qu'à s'approprier exclusivement les trésors que recélait le sol de l'Amérique, refusant d'exercer toute industrie et laissant même sans culture les fertiles contrées de l'Amérique. Les rares produits que le commerce espagnol pouvait offrir aux habitants du Mexique et du Pérou étaient inférieurs en qualité et supérieurs en prix à ceux dont la contrebande anglaise, hollandaise et française inondait les colonies espagnoles, malgré les règlements très-sévères qui en interdisaient l'accès; le rôle de l'Espagne se réduisait à régner dans ces pays que d'autres se chargeaient d'exploiter à leur profit. Aussi a-t-on pu dire avec raison que l'Amérique avait ruiné l'Espagne à force de l'enrichir.

(1) V. *Journal des Economistes*, t. I (février 1878), p. 184.
(2) V. *Journal des Economistes*, t. XLVII (juillet et août 1877), p. 104 et 246.

III

Les communications faites par les savants étrangers en 1877 n'ont pas été inférieures à celles des autres années par le nombre, la variété et l'importance des sujets traités. Nous citerons uniquement celles de MM. Azam, Bouchut, Rambosson, Fournet, Fournier et Nolen sur *l'amnésie périodique ou dédoublement de la personnalité, la double conscience et la qualité du moi, le langage au point de vue de la transmission et de la transformation du mouvement et l'influence morale de la musique, l'insanité considérée comme n'étant pas la folie, la notion intelligente, l'histoire du matérialisme* de Lange. A propos d'une inscription trouvée dans les fouilles à Ephèse, M. R. Dareste a fait connaître *la législation hypothécaire des Grecs ioniens.*

MM. Reynald, Armingaud, Rambaud et Rocquain ont été admis à lire des mémoires sur *la guerre de la succession d'Espagne et les négociations de 1705 et 1707, la maison de Savoie et les archives de Turin, l'aristocratie russe et la révolution française, l'esprit révolutionnaire avant la révolution.* M. Berthold Zeller a également lu deux travaux relatifs, l'un à *la politique intérieure de Luynes*, l'autre aux *derniers temps de l'administration de Luynes*. M. Gaberel de Rassillon a donné lecture d'un mémoire sur la *condamnation de l'Emile et du Contrat social à Paris et à Genève en* 1762.

M. Clém. Juglar a communiqué un important travail sur *le rôle du numéraire dans les caisses de la Banque de France;* mais comme cette lecture a été reproduite dans ce recueil nous n'en parlerons point (1).

M. Th. Mannequin a, de son côté, lu un mémoire sur *le problème monétaire et la distribution de la richesse*. Les mots *richesse, valeur, prix, monnaie*, paraissent à l'auteur mal définis; pour lui, la richesse est le dénominateur commun des produits du travail désiré; quant à la valeur ou au prix de ces produits, ce sont deux termes synonymes exprimant la mesure de la richesse; enfin la monnaie, instrument des échanges, est la mesure de la richesse représentée par ces mêmes produits. La monnaie doit se composer de trois métaux circulant en proportion telle que le plus riche serve d'appoint au billet de banque, le second d'appoint au premier, et le moins riche d'appoint à celui-ci. Un seul de ces métaux, le premier, l'or, doit toujours valoir autant comme marchandise que comme monnaie. Le système du double étalon et celui qui consiste à prendre pour étalon unique le métal de deuxième ordre

---

(1) V. *Journal des Economistes*, t. XLVIII (décembre 1877), p. 435.

sont contraires à la nature des choses, ils impliquent la négation du caractère métrique de la monnaie. M. Mannequin reproche aux économistes d'avoir méconnu le véritable caractère de la monnaie en définissant mal la richesse et la valeur; il en est résulté, ajoute-t-il, que l'objet immédiat de la monnaie considérée comme instrument de mesure est encore un mystère pour tout le monde. Pour que la richesse se produise et se divise, elle a besoin d'être mesurée : le prix ou la valeur monétaire est l'expression de cette mesure dont la monnaie est l'instrument; la richesse n'a aucun des caractères physiques qui comporteraient l'expression de sa valeur en mètres, grammes ou litres.

L'auteur examine les éléments constitutifs de la richesse. Le producteur établit d'abord son prix de revient, mais quand il arrive à l'échange, il se heurte à la loi de l'offre et de la demande et à la concurrence; autant de causes qui modifient la mesure de la richesse, son prix monétaire. Au bout de ce mécanisme, il y a l'équilibre nécessaire de la production et de la consommation, équilibre que troublent les interventions législatives et administratives, et que peut seule maintenir la liberté absolue des échanges. — La monnaie ne sert pas seulement à faciliter les échanges, elle en est le moyen indispensable; sans elle pas de commerce, de travail divisé, de civilisation. D'où il suit, comme le fait remarquer M. Mannequin, que les questions qui s'y rattachent ont une importance capitale.

L'invention de la monnaie est due aux Lydiens et aux Grecs; elle date de la fin du viii° siècle avant notre ère. La haute antiquité assyrienne et égyptienne n'eut pas de monnaies. Les monuments épigraphiques l'attestent et nous renseignent en même temps sur les procédés en usage alors pour les échanges et le commerce. C'est ce régime primitif que M. F. Lenormant s'est attaché à décrire dans ses lectures sur *la circulation métallique avant la monnaie.*

L'Egypte, dès les premières dynasties, était en possession d'un système régulier de poids et de mesures; il ne manque aux métaux employés pour l'achat que l'empreinte : leur poids est rigoureusement déterminé. L'*outen*, subdivisé en fractions décimales, est l'unité de poids monétaire. M. Chabas lui trouve une valeur de 91 grammes. M. Lenormant pense que cette valeur est un peu plus élevée et qu'elle oscille entre 94 et 96 grammes. L'étalon monétaire égyptien est l'*outen* de cuivre; ce métal était relativement abondant dans la vallée du Nil; il provenait des mines de la presqu'île du Sinaï. L'or ne manquait pas, il venait d'Asie ou d'Éthiopie. Quant à l'argent, il était rare et avait, en conséquence, une valeur rapprochée de celle de l'or : 5 *outens* d'argent valaient 3 *outens* d'or. Sous la quatrième dynastie, un bœuf se payait environ 190 *outens* de cuivre; un chevreau, 2 *outens*; un couteau valait 3 *outens*; une mesure de blé, 7 *outens*. Le salaire des ouvriers à la solde des temples était de 5 *outens* de cuivre par mois; en outre, ils recevaient des rations de grain en nature. Quant à la forme qu'on donnait aux métaux non ouvrés servant d'instruments pour les échanges, l'auteur remarque que le cuivre, le fer, le plomb étaient toujours en tronçons de barres d'un poids assez fort, ayant la figure de briques; l'or était reçu soit en poudre, soit en lingots, ainsi que l'argent, mais pour les échanges, les lingots d'or et d'argent étaient taillés en anneaux ayant des poids très-divers, toujours fort inférieurs à celui des briques, mais gradués d'après une échelle déterminée, descendant jusqu'à des quantités minimes. On trouve déjà dans ce système la détermination d'un rapport de valeur entre l'or et l'argent, car l'usage était d'employer deux poids différents, tous deux d'origine babylonienne, pour mesurer l'or et l'argent, afin d'obtenir, outre les valeurs des quantités de même nom dans les deux métaux, une proportion exprimée en nombre entier.

En Assyrie et en Babylonie, du xvii⁰ au vii⁰ siècle avant notre ère, les trois métaux (or, argent et cuivre) circulaient également en lingots non monnayés, donnés et acceptés au poids, avec vérification à la balance, comme toute autre marchandise. Le système pondéral chaldéo-assyrien avait pour unité inférieure un sicle de 8 gr. 415, dont 60 faisaient une mine; 60 mines faisaient un talent. Le plus souvent on mesurait l'argent pour les petites sommes sur un poids différent de celui de l'or, avec un sicle particulier de 11 gr. 22. Le rapport de valeur à poids égal entre l'or et l'argent était de 13 1/3 à 1. Les lingots d'or et d'argent en usage pour les échanges en Assyrie et en Babylonie paraissent avoir eu une forme ovoïde analogue à celle qu'on rencontre dans l'origine du monnayage en Lydie. — Du ix⁰ ou vii⁰ siècle, les Assyriens se servirent dans leurs échanges d'une sorte de lettre de change ou mandat à vue, payable sur présentation, à échéance fixe, mais sans condition de signature, d'endossement et d'acceptation. Ces mandats écrits sur des tablettes d'argile qu'on faisait ensuite cuire pour empêcher l'altération étaient tirés d'un lieu sur un autre, en présence de témoins dont les noms étaient inscrits sur la tablette à côté de ceux du créancier et du débiteur, et avec le chiffre de la somme, etc. C'était la conséquence des conditions particulières du commerce assyrien et babylonien, lesquelles rendaient difficile et aventureux le transport de sommes importantes à travers les déserts.

Les Phéniciens employaient, eux aussi, les métaux en lingots et devaient avoir leur forme de lettre de change; mais comme ils trafiquaient beaucoup avec des populations sauvages, ils recouraient surtout au troc primitif. C'est ce qui explique pourquoi les Phéniciens, les premiers et les plus habiles négociants de la haute antiquité, ne furent pas conduits à l'invention de la monnaie : ils n'en avaient pas besoin. M. Lenormant termine son mémoire en discutant la question si controversée de l'invention de la monnaie : il incline à accorder la priorité aux Lydiens sur les Eginètes, mais il remarque qu'en tout cas, c'est à la race helléno-pélasgique que revient l'honneur de cette grande invention.

Continuant ses études sur l'enseignement à l'étranger, M. Hippeau a entretenu l'Académie de *l'Éducation des femmes en Russie.* Si, dit-il, l'on peut faire remonter à la grande Catherine le mérite d'avoir songé à l'instruction des demoiselles nobles, ce n'est que sous le règne actuel que l'on a organisé l'enseignement des filles de la classe bourgeoise; c'est sur le rapport du professeur Wychnebrosk que les premiers gymnases féminins ont été ouverts en Russie sous le nom d'*écoles pour les jeunes filles externes.* D'après le règlement du 24 mai 1870, les cours comprennent 7 classes dans les gymnases et 3 dans les progymnases. Les premiers ont, en outre, une 8° classe dite de *pédagogie* pour la préparation des institutrices privées. Il existait en 1873, en Russie, 55 gymnases de filles, 2 écoles primaires supérieures, 118 progymnases et 22 écoles secondaires; à cette date, ces 197 établissements comptaient 23,854 élèves, ce nombre atteint 26,145 en 1874 et 29,520 en 1876. Ajoutons les écoles privées qui, en 1873, possédaient 22,000 élèves, les *instituts* ne recevant comme internes que des jeunes filles nobles, les *écoles à 6 classes* de Holm, de Vilna, d'Oldenbourg. La surveillance de ces diverses institutions est confiée à des *dames de classe* présidant seulement à la discipline, ayant un rôle comparable à celui des maîtres d'études et sortant, pour la plupart, d'une école normale dite *Pépinière,* et dont l'enseignement est analogue à celui de la classe pédagogique des gymnases. Le cadre de l'enseignement dans les gymnases et instituts est très-large : il comprend (dans les internats) les langues et l'histoire des littératures russe, française, allemande, ainsi que le grec et le latin, l'histoire, la géographie, les sciences mathématiques, physiques et naturelles, la pédagogie, la religion. Presque toutes les jeunes filles sont douées d'une mémoire merveilleuse et d'une remarquable faculté d'assimilation, mais elles se montrent moins aptes aux études qui exigent de la réflexion et du raisonnement. Si la plupart des jeunes filles à la sortie des instituts ne songent guère qu'à se bien marier,

beaucoup se vouent à l'enseignement ou à la carrière médicale. Il
existe, en effet, des cours à leur usage spécial, dont la durée est
de cinq ans, et qui comptent actuellement 430 étudiantes. En
résumé, dans aucun pays, si ce n'est aux Etats-Unis, l'instruction
secondaire et supérieure des femmes n'est aussi largement entendue et pratiquée, aussi fortement organisée qu'en Russie; mais
cette instruction n'est encore donnée qu'à un nombre trop restreint
de jeunes filles, et il s'en faut de beaucoup que le nombre et la
distribution des instituts et gymnases soient en rapport avec l'immense étendue et l'énorme population de l'empire.

IV

Le 24 mars, l'Académie a tenu sa séance annuelle sous la présidence de M. Bersot. Suivant l'usage, la séance a commencé par la
lecture du discours de M. le président, annonçant les prix décernés
et les sujets proposés aux concurrents.

M. H. Joly, professeur à la faculté des lettres de Dijon, a été
proclamé lauréat dans le concours relatif aux *phénomènes psycho-
logiques de la nature animale comparés aux facultés de l'âme
humaine*. Le prix Bordin (*Histoire critique des doctrines sur l'éducation en France depuis le XVIe siècle*) a été décerné à M. Compayré,
professeur à la faculté des lettres de Toulouse; des mentions honorables ont été accordées à MM. R. Lavollée, docteur ès lettres, et
Alfred Droz, avocat à la cour d'appel de Paris. Le prix Halphen a
été partagé entre MM. Hoffet, de Lyon, et Rendu, ancien inspecteur de l'instruction publique.

La séance s'est terminée par la lecture d'une *Notice historique
sur la vie et les travaux de M. Amédée Thierry*, par M. Mignet.

Dans le courant de l'année 1877, l'Académie a perdu M. le
Dr Lélut, élu le 20 janvier 1844, dans la section de philosophie, en
remplacement de M. de Gérando, décédé; M. Cauchy, élu le
23 juin 1866, dans la section de législation, en remplacement de
M. Bérenger (de la Drôme), décédé; M. Thiers, nommé le 26 décembre 1840, à la place laissée vacante dans la section d'histoire
par la mort de M. de Pastoret.

Le 3 février, la savante Compagnie a procédé au remplacement
de feu M. Wolowski, dans la section d'économie politique. La
section proposait : en première ligne, M. Frédéric Passy, en
deuxième ligne, M. Paul Leroy Beaulieu; en troisième ligne,
ex æquo, MM. Maurice Block, Paul Boiteau, du Puynode et Clém.
Juglar. Au premier tour de scrutin, sur 32 votants, M. Frédéric
Passy a obtenu 12 suffrages, MM. Block 10, Leroy Beaulieu 7, du

Puynode 2, plus un bulletin blanc. Au deuxième tour de scrutin, M. Frédéric Passy a été élu par 17 voix contre 8 à M. Leroy Beaulieu et 7 à M. Block.

MM. Peisse, membre de l'Académie de médecine, et Aucoc, président de section au Conseil d'Etat, ont été nommés, le 15 décembre, aux places laissées vacantes dans les sections de philosophie et de législation par la mort de MM. Lélut et Cauchy.

MM. le baron de Hubner, ancien ambassadeur, ancien ministre de l'empire d'Autriche, et Emerson, de Boston, ont été élus, le 29 décembre, associés étrangers, en remplacement de lord Stanhope et Lothrop Motley, décédés. Dans la même séance, l'Académie a procédé à l'élection de deux correspondants, l'un dans la section d'économie politique, à la place de M. Scialoja, décédé, l'autre dans la section de morale, à la place de M. Ed. Charton, nommé académicien libre. La place de M. Scialoja a été attribuée à M. Worms, professeur à la faculté de droit de Rennes, qui a obtenu 16 voix contre 3 à M. Jourdan, 1 à M. Lescarret, 1 à M. du Puynode, 1 à M. Rozy. M. d'Olivecrona, conseiller à la Cour suprême de Stockholm, a été élu correspondant de la section de morale.

Enfin, disons que sur le rapport présenté par M. H. Passy, au nom de la section d'économie politique, l'Académie a confié à M. Baudrillart la mission d'étudier l'état matériel, intellectuel et moral des populations vouées aux diverses industries de la France, et à laquelle M. Reybaud a dû renoncer par suite du mauvais état de sa santé. L'enquête portera sur l'état matériel et moral des classes agricoles dans les diverses régions de la France.

JOSEPH LEFORT.

LES

PROGRÈS DES SCIENCES APPLIQUÉES

EN 1877

vure. — L'éclairage électrique : Expériences de MM. Jabloschkof et Denayrouse.
— Le téléphone de M. Graham Bell. — Le phonographe de M. Edison. — La
plume électrique de M. Edison. — La machine à écrire de M. Remington. —
Les fleurs barométriques. — Le *Frigorifique* et le *Paraguay*. — Le ballon captif de l'Exposition; nouveaux procédés de M. Giffard pour la fabrication de
l'hydrogène à bon marché. — Prix décernés par l'Académie dans les sections
de chimie et de physique pour l'année 1877.

I. L'année 1877 a vu se produire un fait qui, tout en justifiant
les opinions déjà émises par les chimistes les plus distingués, avait
fini par être considéré comme irréalisable. Nous voulons parler de
la liquéfaction des gaz, tels que l'oxygène, l'hydrogène et l'azote,
auxquels, en désespoir de cause, on avait donné le nom de gaz
permanents.

Un grand nombre de corps sont gazeux à la température et à la
pression normales ; mais grâce aux travaux de Faraday quelques-
uns avaient pu être liquéfiés, et en suivant ses indications d'autres opérateurs parvinrent à en réduire d'autres à l'état liquide et
même à l'état solide. Nous citerons le chlore, l'acide sulfureux
l'acide carbonique, le protoxyde d'azote, etc.

Quelques chimistes avaient continué les expériences sur les gaz
permanents. On leur avait fait subir l'action de pressions énormes
s'élevant jusqu'à 800 atmosphères et celle de refroidissements in-
tenses dépassant 100° au-dessous de zéro, mais on n'avait jusqu'ici pu obtenir de résultats. Ces gaz restaient toujours fixes.

A la fin de décembre dernier, deux chimistes sont arrivés presque simultanément au résultat demandé, en employant des systèmes diamétralement opposés comme exécution, mais basés toutefois sur les mêmes principes.

L'un de ces savants, M. Cailletet, industriel à Châtillon-sur-
Seine, a cependant devancé de quelques jours son concurrent,
M. Raoul Pictet, de Genève, et a obtenu avant lui les résultats
indiqués plus haut.

L'appareil employé par M. Cailletet se trouve décrit dans une
publication illustrée, *la Nature* (1), qui en donne une gravure des-
sinée d'après l'appareil lui-même. Nous y renvoyons le lecteur,
car il nous serait difficile, sans croquis, de faire comprendre la
disposition de l'appareil.

En principe, il se compose d'un corps de pompe horizontal dans
lequel entre à frottement une tige destinée à comprimer l'eau qu'il
renferme. La pression s'exerce du dehors sur l'extrémité de la tige

(1) Journal hebdomadaire de M. Gaston Tissandier, n° 241 (12 janvier 1878).

au moyen d'une vis et d'un volant disposés à cet effet. L'appareil
tout entier est encastré dans un solide bâtis en fonte. Du corps de
pompe part un tube qui communique la pression transmise à l'eau
au moyen de la vis, à un appareil particulier rempli de mercure et
dans lequel plonge un tube en verre résistant, renfermant le gaz
sur lequel on expérimente. Un manomètre fixé sur l'appareil permet de reconnaître la pression existant à l'intérieur de l'appareil.
Enfin, autour du tube renfermant le gaz à comprimer, on place
un manchon en verre rempli d'un liquide réfrigérant.

Les premières expériences de M. Cailletet ont d'abord porté sur
le bioxyde d'azote, et ici se place une remarque curieuse. Ce gaz,
comprimé à 270 atmosphères et à la température de 8 degrés, est
resté gazeux, ce qui prouve qu'il est nécessaire pour la réussite de
l'expérience qu'une certaine pression soit jointe à un certain abaissement de température; l'une de ces actions seule ne produit aucun
effet.

Si l'on enferme, dit M. Cailletet, de l'oxygène ou de l'oxyde
de carbone purs dans l'appareil de compression; si l'on amène
ces gaz à la température de 29 degrés au moyen de l'acide sulfureux et à la pression de 300 atmosphères environ, ils conservent
leur état gazeux. Mais si on les détend subitement, ce qui doit
produire, d'après la formule de Poisson, une température d'au-
moins 200 degrés au-dessous du point de départ, on voit apparaître immédiatement un brouillard intense produit par la liquéfaction et peut-être par la solidification de l'oxygène ou de l'oxyde de
carbone. Le même phénomène s'observe lors de la détente de l'a-
cide carbonique, du protoxyde et du bioxyde d'azote fortement
comprimés (1).

En opérant de cette manière, M. Cailletet a liquéfié le formène
ou gaz du marais à la température de 7 degrés sous une pression
de 180 atmosphères. L'azote a été également liquéfié sous 200 atmosphères et à la température de 29 degrés. Cette dernière expérience présente même un phénomène assez remarquable, car, au
moment de la détente, on voit les gouttelettes liquides de l'azote
se réunir et former une sorte de colonne verticale qui se dresse à
l'intérieur du tube, et demeure quelques secondes en cet état.

Nous rendrons la parole à M. Cailletet. « Dans mes premiers
essais, dit-il, je n'avais rien reconnu de particulier; mais comme
il arrive souvent dans les sciences expérimentales, l'habitude d'observer les phénomènes finit par en faire reconnaître les signes dans
des conditions où ils avaient d'abord passé inaperçus. C'est ce qui

---

(1) *Comptes rendus de l'Académie des sciences* (24 et 31 décembre 1877).

est arrivé pour l'hydrogène. En répétant aujourd'hui même, 31 décembre, en présence, et avec le concours de MM. Berthelot, H. Sainte-Claire Deville, Mascarat, qui veulent bien m'autoriser à invoquer leur témoignage, j'ai réussi à observer des indices de liquéfaction de l'hydrogène, dans des conditions d'évidence qui n'ont paru douteuses à aucun des savants témoins de l'expérience.

Celle-ci a été répétée un grand nombre de fois. L'hydrogène comprimé vers 280 atmosphères, puis brusquement détendu, se transforme en un brouillard excessivement fin et subtil, suspendu dans toute la longueur du tube, et qui disparaît subitement. La production de ce brouillard, malgré son extrême subtilité, a paru incontestable à tous les savants qui ont vu cette expérience et qui ont pris soin, de la faire répéter à plusieurs reprises, de façon à ne conserver aucun doute sur sa réalité.

Ayant liquéfié l'azote et l'oxygène, la liquéfaction de l'air atmosphérique est par là même démontrée ; cependant il m'a paru intéressant d'en faire l'objet d'une expérience directe, et là, comme on pouvait s'y attendre, elle a pleinement réussi. Je n'ai pas besoin de dire que l'air avait été préalablement desséché et privé de toute trace d'acide carbonique. Ainsi se trouve confirmée l'exactitude des vues émises par le fondateur de la chimie moderne, Lavoisier, sur la possibilité de faire revenir l'air à l'état de *liquidité*, en produisant des liquides doués de propriétés nouvelles et inconnues. »

Dans le journal *la Nature* (19 janvier 1878), M. Gaston Tissandier donne la description de l'appareil employé par M. Raoul Pictet pour obtenir la liquéfaction de l'oxygène. Comme celui de M. Cailletet, il est difficile de le décrire sans avoir recours à la gravure ; aussi nous engagerons les lecteurs à recourir à cette publication, ainsi qu'au journal anglais *Iron* (1), qui renferme un très-intéressant article à ce sujet, ainsi que le croquis de l'appareil.

Nous nous bornerons à indiquer ici le principe sur lequel il est basé.

Ainsi que nous l'avons dit plus haut, les moyens employés par les deux chimistes qui se sont occupés de la liquéfaction des gaz permanents sont totalement différents.

Quant à l'application, M. Cailletet faisait subir au gaz à liquéfier une pression considérable, mais ne le soumettait pas à un abaissement de température très-grand ; M. Pictet, au contraire, a porté tous ses soins à obtenir une température très basse, et dans son appareil la pression n'est obtenue que par la production conti-

_____

(1) *Iron*, vol. IX, janvier 1878.

nueile dans un espace restreint du gaz même sur lequel on opère.

Son appareil est formé d'un obus à parois très-épaisses, et par cela même très-résistantes, dans lequel il place le chlorate de potasse destiné à fournir, sous l'action de la chaleur, l'oxygène nécessaire à l'expérience. A l'ouverture de cet obus est vissé un tube en fer d'un petit diamètre et à parois également résistantes, terminé par un robinet à vis et sur lequel est fixé un manomètre. Le tube en fer est recourbé vers le sol à une faible distance de sa sortie de l'obus et entre alors dans un manchon contenant de l'acide carbonique liquide.

L'acide carbonique est destiné à produire le froid par la vaporisation, cette dernière est obtenue au moyen d'une pompe aspirante et foulante dont l'action s'exerce à la partie supérieure du manchon et qui vaporise l'acide carbonique et dans un condensateur. Ce condensateur est lui-même entouré d'un manchon identique au premier et contenant de l'acide sulfureux liquide. Une deuxième pompe agissant sur l'atmosphère intérieure du manchon contenant de l'acide sulfureux force celui-ci à se volatiser, et il en résulte un abaissement de température suffisant pour liquéfier l'acide carbonique chassé dans le condensateur, et qui peut alors retourner au moyen d'un tube dans le manchon entourant le tube en fer. Quant à l'acide sulfurique volatisé, il est refoulé par la deuxième pompe dans un condensateur particulier où il se liquéfie de nouveau et d'où il retourne servir à la condensation de l'acide carbonique. En faisant fonctionner les pompes pendant quelque temps d'une façon constante, on obtient dans le manchon à acide sulfureux un froid de 60 degrés au-dessous de 0°, tandis que, dans le manchon à acide carbonique, la température s'abaisse jusqu'à 140°. Il est clair que la partie du tube en fer baignant dans ce dernier liquide sera exactement à la même température.

L'appareil ainsi disposé, on chauffe le chlorate de potasse contenu dans l'obus, et le gaz oxygène produit, n'ayant pas d'issue, s'accumule dans le tube en fer jusqu'à ce qu'il y atteigne la pression de 320 atmosphères, ainsi qu'il est permis de le constater par le manomètre fixé à l'extrémité du tube.

Si à ce moment on ouvre le robinet à vis, dont nous avons parlé plus haut, le gaz s'échappe avec violence, et la détente qui se produit est telle, qu'une partie de l'oxygène se liquéfie et vient jaillir par l'ouverture du robinet. La présence de la partie liquide du gaz a été mise en évidence par un flot de lumière électrique projeté sur le cône d'écoulement, ce qui a permis de constater deux jets complètement distincts, dont l'un, intérieur et long de quelques centimètres présentait l'aspect liquide, tandis que l'autre de couleur bleuâtre était gazeux.

Des charbons à peine allumés portés dans ce jet d'oxygène s'embrasèrent aussitôt et brûlèrent avec une grande violence.

Enfin, M. Pictet a pu recevoir et conserver pendant quelques instants dans un tube en verre 45 gr. 467 d'oxygène liquide, qui occupaient un volume égal à 46,25 centimètres cubes. En tenant compte des erreurs qui ont dû nécessairement se produire dans le jaugeage et le pesage, vu la rapidité avec laquelle ces deux opérations ont dû être exécutées, M. Pictet est enclin à penser que la densité de l'oxygène liquide est sensiblement égale à celle de l'eau. C'est du reste ce que M. Dumas avait prévu par le calcul, il y a déjà plusieurs années.

Quelques jours après ces expériences, M. Pictet liquéfia et solidifia l'hydrogène en employant le même appareil. Il introduisit dans l'obus un mélange de formiate de potasse et de potasse caustique, ce qui devait donner, sous l'action de la chaleur, un dégagement d'hydrogène pur et un résidu de carbonate de potasse, corps absolument fixé qui ne peut se volatiliser. D'autre part, dans le premier manchon il remplaça comme réfrigérant l'acide carbonique par le protoxyde d'azote.

Lorsque la pression se fut élevée à 650 atmosphères, on ouvrit le robinet et l'hydrogène s'échappa avec un bruit aigu en présentant un jet liquide long d'environ 12 centimètres. En même temps on entendit comme un bruit de grenailles tombant sur le sol, lequel était évidemment produit par la chute des particules d'hydrogène, solidifié sous l'action de la détente.

On voit par le peu que nous avons dit des découvertes de ces deux savants, l'importance considérable qu'elles ont au point de vue scientifique; quand à leurs applications usuelles il n'est pas permis d'y songer encore. Cependant, en voyant le parti que tire aujourd'hui l'industrie d'une foule de nouveaux agents qu'elle ne songeait pas à employer il y a vingt ans, il n'est pas improbable que dans un avenir plus ou moins éloigné on pense à employer industriellement l'oxygène et l'hydrogène liquides.

II. Dans le cours de l'année 1877, un chimiste anglais, M. Serge Kern, a extrait des minerais du platine un nouveau métal qu'il a nommé *Davyum*, en mémoire du célèbre chimiste Humphry Davy.

Ce métal qui appartient à la famille du platine, et qui en raison de ses propriétés chimiques doit être placé entre le ruthénium et le molybdène, ressemble à l'argent dont il a l'éclat et ne s'oxyde pas à l'air.

Sa densité est 9,385. L'hydrogène sulfuré permet de le reconnaître dans ses combinaisons, car il donne avec ce gaz un précipité brun qui devient noir par la dessication; le sulfocyananure de potassium précipite ses dissolutions en rouge.

Ce corps, que nous ne citons que pour mémoire, n'existe du reste qu'en très-petite quantité dans les minerais du platine, sa préparation est longue et difficile, il n'a donc, jusqu'à présent, qu'un intérêt purement scientifique.

III. M. Raoul Pictet, dont nous signalons plus haut les remarquables travaux sur la liquéfaction des gaz, vient d'inventer un nouveau mode de fabrication de la glace.

On sait que dans les machines à fabriquer la glace le froid est produit par la volatilisation d'ammoniaque ou d'éther liquides; ces corps absorbant pour passer à l'état de vapeur une grande quantité de calorique prennent ce calorique aux récipients qui les renferment, et par suite aux liquides dans lesquels se trouvent plongés ces récipients.

Supposons un réservoir quelconque en fonte rempli d'ammoniaque liquide, et plongé dans une cuve remplie d'eau, si, au moyen d'une pompe aspirante on vient à faire le vide dans ce réservoir au-dessus de l'ammoniaque, une partie de ce dernier corps se volatilisera pour remplir ce vide, et en se volatilisant il empruntera au réservoir et à l'eau de la cuve la chaleur nécessaire à cette vaporisation. En continuant l'action de la pompe, il viendra un moment où l'ammoniaque, en se vaporisant, aura emprunté à l'eau une si grande quantité de chaleur, que la température de cette dernière sera descendue au-dessous de 0°, et que, par conséquent elle se solidifiera. Dans la pratique, la pompe aspirante est en même temps refoulante, et renvoie l'ammoniaque gazeuze dans un condensateur où elle se liquéfie, et ce qui permet de l'employer de nouveau.

L'appareil dont se sert M. Raoul Pictet est fondé sur le même principe avec cette restriction, qu'au lieu d'employer l'ammoniaque ou l'éther, ce chimiste a recours à l'acide sulfureux liquide.

En outre le froid produit par la volatilisation de ce dernier corps n'est pas communiqué directement à l'eau que l'on doit congeler, mais à un liquide qui résiste à la congélation, tel que la glycérine ou une dissolution concentrée de sel ordinaire. C'est ce dernier liquide qui passant ensuite autour des cuves où se trouve l'eau à changer en glace en abaisse suffisamment la température.

La glace produite par ce procédé ne diffère en rien de celle fabriquée par les anciens systèmes, mais son prix de revient est beaucoup moins considérable. Ainsi M. Pictet constate que le prix d'un kilogramme de cette glace est d'environ un centime.

L'acide sulfureux employé est fabriqué d'après un nouveau système dû à un chimiste belge, M. Melsens. On fait tomber goutte à goutte, sur du soufre placé dans une cornue de fonte et portée à une température de 400 degrés, de l'acide sulfurique ordinaire. Ce dernier acide se décompose en acide sulfureux et en oxygène, lequel se porte sur une partie du soufre pour former une nouvelle quantité d'acide sulfureux. Le gaz ainsi obtenu est loin d'être pur, il contient de la vapeur d'eau, de l'acide sulfurique et du soufre qu'il entraîne avec lui. Pour l'en débarrasser on le fait passer à travers des tubes contenant de l'acide sulfurique concentré, et à travers des filtres en coton qui absorbent le soufre. On le liquéfie alors en le soumettant à un froid de — 10°. L'acide sulfureux liquide ainsi obtenu est pur, il n'attaque aucunement les vases en métal et son prix de revient est peu élevé.

IV. Nous avons expliqué l'année dernière le procédé de M. de la Bastie pour la trempe du verre et nous avons décrit les moyens qu'il employait et les résultats qu'il avait obtenus. Nous ajoutions que le prix élevé des objets en verre trempés par son procédé ferait obstacle à leur emploi d'une manière générale, mais que de nouveaux brevets venaient d'être pris, permettant de simplifier beaucoup la fabrication, ce qui aurait pour effet probable de baisser les prix.

Ce nouveau système a été imaginé en France par MM. Boistel et Léger, manufacturiers à Lyon, qui, ainsi que nous l'avons dit, sont arrivés à tremper le verre au moyen de la vapeur d'eau. Les huiles ou autres combinaisons organiques dont se servait M. de la Bastie offraient plusieurs inconvénients : tantôt les corps destinés à être trempés surnageaient, par suite, comme ils ne baignaient plus d'une façon parfaite, la trempe ne se faisait pas d'une manière uniforme dans toute leur étendue ; tantôt les liquides se décomposaient sous l'influence de la chaleur, et il se produisait alors à la surface des objets des dépôts de carbone difficiles et quelquefois impossibles à faire disparaître.

L'emploi de la vapeur fait disparaître ces inconvénients ; on peut en effet la faire circuler autour des objets à tremper à l'instant même où ils sortent du moule ; il n'y a donc pas de déformation à craindre pendant le transport. Son action est beaucoup plus lente, ce qui permet aux molécules du verre de se refroidir plus graduellement, en conservant exactement leurs proportions vis-à-vis les unes des autres et par suite sans déformation des parties délicates. Enfin, la vapeur d'eau n'exerçant aucune action chimique sur le verre, et ne se décomposant pas sous l'influence de la chaleur, il n'y a pas lieu de craindre ces dépôts noirs qui se produisaient souvent dans la trempe au moyen de liquides organiques.

On peut également régler plus commodément la température du bain de trempe, l'introduction d'une petite quantité de vapeur suffisant pour élever la température de l'atmosphère et cela dans toutes ses parties à la fois.

Le verre trempé par MM. Boistet et Léger possède tous les caractères de celui préparé par les premiers procédés; il est aussi résistant et aussi dur, ne se laissant pas entamer au diamant et supportant sans se rompre des chocs assez violents. Espérons que le public fera bon accueil à ces produits et que peu à peu leur usage s'implantera dans la pratique.

Des essais d'un genre tout différent ont été faits sur le verre trempé en Allemagne dans la verrerie de M. Siemens à Dresde. On a obtenu des glaces au moyen de *la fonte en coquille*. Ce procédé, qui ressemble au traitement que l'on fait subir à l'acier et qui porte le même nom, a permis d'obtenir des plaques de verre dont la résistance au choc est plus considérable que celui du verre trempé par les autres procédés. Cette résistance est environ dix fois plus considérable que celle du verre ordinaire. Les plaques ainsi obtenues sont transparentes et très-nettes, mais comme elles ne se laissent pas couper au diamant, il est nécessaire, lors de la fonte, de leur donner les dimensions qu'elles doivent conserver au moment de leur emploi.

V. Dès 1879 (1), MM. de Ruolz et de Fontenay présentaient à l'Académie des sciences un mémoire dans lequel ils revendiquent la priorité des essais faits au moyen du bronze et du cuivre phosphoré en ce qui concerne les applications industrielles de cet alliage et notamment la fonte des canons. Ils exposaient également le résultat de leurs dernières expériences.

Comme cet alliage est aujourd'hui très-employé pour la fabrication des coussinets, des essieux de wagons, etc., nous allons citer, d'après les inventeurs, quelques-unes de ses propriétés.

Le phosphure de cuivre à la dose de 9 centièmes de phosphore a une densité de 7,764, celle de cuivre étant de 8,850. Il est cassant, offre une cassure à grain fin, tout à fait analogue à celle de l'acier. Sa couleur est gris d'acier et il est susceptible de prendre un beau poli. Les essais faits pour déterminer la dureté de ce phosphure

_____

(1) *Comptes rendus de l'Académie des sciences*, séance du 23 octobre 1876.

par la comparaison des pénétrations, ont donné les résultats suivants :

Pénétration en millimètres
sous une pression de 2,000 kilogrammes.

Acier à outils non trempé.   2,50
Phosphure de cuivre à 9 0/0.   2,50
Bronze ordinaire de coussinets. . . .   3,25
Cuivre rouge.   5,00

Ce phosphure est remarquable par sa stabilité; chauffé pendant quelques heures au creuset brasqué, il perd à peine quelques millièmes du phosphore qu'il renferme, ce qui permet de refondre et d'employer à nouveau le métal provenant des pièces hors de service.

Il se coule parfaitement en sable d'étuve, sans soufflures. Enfin, on l'obtient plus ou moins malléable, ductile et cassant, suivant que l'on fait varier la proportion de phosphore.

Depuis cette époque de nombreux essais ont été faits par diverses compagnies de chemins de fer en France, en Angleterre, en Allemagne et en Belgique, et tous ont donné de bons résultats. On a surtout reconnu que cet alliage résistait d'une façon toute particulière à l'écrasement, ce qui lui a valu d'être surtout employé pour la fabrication des coussinets. Des usines se sont montées pour sa fabrication en Angleterre et Allemagne, et nous ne doutons pas que ce métal ne soit employé bientôt d'une façon courante dans la construction du matériel roulant de nos voies ferrées.

VI. Nicéphore Niepce, qui créa en 1876 ce qui, grâce à des perfectionnements successifs est devenu aujourd'hui la photographie, avait conçu l'idée de reproduire par la gravure les images qu'il obtenait au moyen de la lumière. Il fit une foule d'expériences pour atteindre ce but, mais ses travaux n'aboutirent à aucun résultat.

En 1856, le duc de Luynes fondait un prix pour l'impression des gravures photographiques par le charbon et les encres grasses, et, la même année, un ingénieur de l'Ecole centrale, M. Poitevin, arriva à résoudre ce problème.

Il avait remarqué que la gélatine contenait du bichromate de potasse ou *gélatine bichromatée*, comme on l'appelle aujourd'hui; qu'exposée à la lumière elle devenait insoluble dans certains dissolvants, tandis que la même gélatine conservée dans l'obscurité ou exposée à une lumière moins vive ne perdait pas la propriété de se dissoudre. C'est sur ce principe qu'il s'est basé, et voici le procédé qu'il employait.

Une lame de verre recouverte de gélatine bichromatée sur une certaine épaisseur est soumise dans un appareil photographique ordinaire à l'action de la lumière réfléchie par l'objet qu'on a l'intention de représenter. Après une exposition convenable, cette plaque est plongée dans un dissolvant convenable qui enlève la gélatine aux endroits restés dans l'ombre, la dissout partiellement dans les endroits peu éclairés et la laisse intacte aux parties ayant subi toute l'action de la lumière.

On obtient donc ainsi une surface reproduisant en creux et en bosses, faciles à reconnaître au toucher, l'objet exposé devant l'appareil photographique. Après avoir laissé sécher la gélatine, on la détache de la lame de verre, et l'on obtient ainsi une plaque d'une dureté excessive.

Cette feuille de gélatine est ensuite disposée de façon que sa face attaquée repose sur une lame de plomb bien unie; on la recouvre d'une feuille d'acier et on la soumet à une très-forte pression au moyen d'une presse hydraulique. Les impressions que porte la feuille de gélatine sont ainsi transmises au plomb qui reproduit en creux ce que la gélatine présentait en relief. On reproduit alors en cuivre, au moyen de la galvanoplastie, les reliefs présentés par le plomb et on obtient ainsi un fac-simile de la feuille de gélatine. Cette planche encrée peut servir à tirer des épreuves et donne ainsi une reproduction exacte de l'objet photographié.

Ce procédé fut amélioré dans ses détails par M. Woodbury en 1865. Il porte le nom de *photoglytie*, sous lequel ses produits sont connus dans le commerce.

Enfin, dernièrement, M. Rousselon, ayant apporté encore d'autres perfectionnements aux améliorations de M. Woodbury, est parvenu à reproduire plus exactement encore les épreuves photographiques et à obtenir ce qu'il appelle la *photogravure*. Nous n'entrerons pas dans l'exposition de son procédé, nous dirons seulement qu'il permet de reproduire indéfiniment par la gravure une photographie et d'en tirer un nombre infini d'exemplaires.

Citons maintenant une méthode de reproduction des cartes et des dessins, et qui est due à M. Eckstem, le directeur du Bureau topographique du ministère de la guerre du royaume des Pays-Bas.

Au moyen de ce système :

1° On obtient l'impression de toutes les nuances d'une couleur unique au moyen d'une seule pierre.

2° On obtient toutes les couleurs au moyen de trois pierres.

3° Dans l'impression de cartes, plans, dessins, etc., on se sert

de caractères d'imprimerie mobiles au lieu d'avoir recours à la
gravure ou à l'écriture ordinaire.

Afin d'obtenir un fac-simile exact de la carte à imprimer, on en
reproduit l'image photographique sur trois pierres différentes. On
opère de la façon suivante : une pierre lithographique bien polie
est recouverte pendant une heure d'une solution de 8 parties de
sel gemme dans 100 parties d'eau ; puis, après l'avoir fait sécher,
on la place pendant cinq minutes dans la chambre obscure, dans
un bain de 15 parties d'azote d'argent pour 100 d'eau. On fait
sécher la surface ; puis on applique la plaque de verre sur laquelle
se trouve le collodion en ayant soin de mettre le collodion à l'intérieur.

L'exposition au soleil doit durer vingt-quatre heures ; à l'ombre,
il faut cinq fois plus de temps ; on place alors la pierre dans une
solution de sulfite de soude avec laquelle elle doit rester en contact pendant quinze heures. Au bout de ce temps, on laisse
tremper la pierre dans l'eau pendant vingt-quatre heures.

L'image photographique une fois déposée sur les trois pierres,
on les polit fortement en les frottant avec de l'acide oxalique en
poudre fine et une très-petite quantité d'eau. La pierre est alors
enduite d'un mélange que l'on prépare de la manière suivante : à
6 parties de cire vierge en fusion, on ajoute 6 parties de stéarine
et 5 d'asphalte, puis, dans la matière en fusion, on ajoute goutte
à goutte 2 parties de carbonate de soude dissoutes dans un petit
volume d'eau et on fait bouillir jusqu'à ce qu'il ne se produise
plus de mousse. Cette composition refroidie, dissoute dans l'essence
de térébenthine et filtrée, est étendue sur les pierres au moyen
d'un rouleau à encre, en ayant soin d'égaliser parfaitement l'épaisseur de la couche déposée, qui doit être très-mince.

La pierre, ainsi préparée, est ensuite soumise à l'action d'une
machine à griser (l'auteur recommande de se contenter de 8 lignes
par millimètre), qui trace des lignes parallèles dans l'enduit, mettant ainsi la pierre à nu, mais sans l'entamer. Cette opération est
faite dans les deux sens. Toute la partie qui doit paraître blanche
dans l'impression est alors traitée pendant une demi-minute par
une solution composée d'acide azotique étendu d'environ trente
fois son volume d'eau et à laquelle on a ajouté quelques gouttes
d'alcool).

La pièce, lavée à grande eau, est séchée au moyen du papier à
filtrer, et toutes les parties qui doivent présenter la teinte la plus
faible sont recouvertes d'encre lithographique. Cette opération est
nécessaire pour favoriser ultérieurement la prise de l'encre d'impression. Lorsque l'encre lithographique est séchée, les parties qui

doivent être teintées d'une façon plus intense sont soumises à l'action de la solution acide ci-dessus pendant une minute et demie; on lave la pierre à grande eau, on recouvre cette deuxième teinte avec de l'encre lithographique, et ainsi de suite. Nous avons vu des cartes où l'opération avait été renouvelée jusqu'à douze fois.

Toutes les teintes ayant été lavées à l'acide de cette façon, la surface de la pierre est nettoyée avec de l'essence de térébenthine qui enlève tout ce qui reste du premier enduit, ainsi que l'encre lithographique. Enfin, on passe sur la pierre le rouleau d'impression recouvert de la couleur voulue, et l'on peut commencer à tirer les épreuves.

On voit que les différences de teintes sont obtenues au moyen de la corrosion plus ou moins considérable que l'acide a exercé sur la pierre dans les lignes tracées par la machine à griser.

D'après l'inventeur, toutes les variétés de nuances peuvent être obtenues en superposant deux ou trois couleurs différentes. Ainsi, deux teintes égales de bleu et de jaune produisent un beau vert; si le bleu prédomine, la teinte verte sera modifiée dans le sens de cette couleur; si le jaune est en excès, l'inverse se produira. On obtient ainsi de la même façon diverses teintes violettes au moyen du bleu et du rouge, les teintes brunes en forçant la quantité de rouge, etc. Il est facile de dresser une table des différentes teintes avec l'indication en regard des couleurs qui les produisent et des quantités que l'on doit employer.

Les cartes obtenues par ce système sont d'une exécution très-remarquable, nous avons eu l'occasion d'en voir qui avaient été publiées en Hollande par le ministère de la guerre, aussi l'adoption de ce procédé nous paraît certaine, au moins dans ce pays.

VII. Nous trouvons dans M. Louis Figuier (1) la description des appareils de M. Jabloschkof pour la production de la lumière électrique adoptés pour l'éclairage de la place de l'Opéra; nous reproduisons quelques passages de cet article :

« M. Jabloschkof se sert, pour produire des foyers électriques éclairants multiples, des étincelles produites par un courant d'induction agissant sur les corps réfractaires. Le fil intérieur d'une série de bobines d'induction est introduit dans le circuit central de la machine magnéto-électrique, et l'étincelle provenant du courant induit est dirigée sur une lame de kaolin, placée entre les extrémités du fil extérieur de chaque bobine.

« Le courant rend le kaolin incandescent. On fait passer d'abord

(1) *L'Année scientifique et industrielle*, par Louis Figuier, 1877, Hachette et Cᵉ.

le courant sur une amorce plus conductrice, disposée sur le rebord
de la lame de kaolin. La portion de plaque, ainsi chauffée donne
une ligne formant un conducteur très-résistant, et qui, au passage
d'un courant de forte tension, rougit au blanc, en émettant une
belle lumière. Sur toute cette longueur, une certaine consommation de kaolin se produit, mais elle est très-faible. La plaque de
kaolin s'use sur sa partie éclairée à raison de 1 millimètre par
heure environ.

« On obtient de cette manière, entre les deux extrémités du fil
de la bobine, une superbe bande lumineuse, qui peut atteindre
une longueur beaucoup plus grande que l'étincelle d'induction
ordinaire. Cette bande lumineuse donne une lumière aussi douce
et plus fixe qu'aucune lumière connue et d'usage courant. Sa puissance dépend du nombre des spires et du diamètre des fils des
bobines.

« Comme on peut placer un très-grand nombre de bobines
dans le circuit, et que sur chaque bobine on peut diviser en plusieurs sections, qui éclairent séparément une bande de kaolin de
longueur convenable, on arrive ainsi à la division complète de la
lumière électrique. On peut, de cette manière, obtenir très-facilement cinquante foyers lumineux d'une intensité différente.

« Des bobines de diverses grandeurs ont été employées dans les
expériences de M. Jabloschkof. L'intensité du foyer correspondant
à chacune d'elles varie avec la dimension de la bobine. Les inten-
sités des différents foyers ont été échelonnés, de manière à produire une série graduée de bandes lumineuses, dont les plus
faibles donnaient une lueur qui équivalait à un ou deux becs de
gaz, et les plus fortes à une lumière d'une quinzaine de becs.

« L'interrupteur et le condensateur des bobines peuvent être
supprimés par l'emploi des courants alternatifs. Le système de
distribution des courants se réduit alors à une artère centrale,
représentée par la série des fils intérieurs de la bobine, sur
laquelle s'embranchent autant de conducteurs distincts qu'il y a
de bobines sur le circuit. Chaque foyer lumineux est indépendant
et peut s'éteindre ou s'allumer séparément. La distribution de
l'électricité devient ainsi analogue à la distribution du gaz de
l'éclairage.

« Pour les petits locaux, les appareils d'éclairage sont d'une
grande simplicité : ils se réduisent à une pince qui retient une
lame de porcelaine, laquelle, avec une longueur de 1 centimètre,
peut brûler toute une nuit.

« En résumé, la première modification apportée par M. Jabloschkof à l'éclairage électrique a été la *bougie électrique*, c'est-à-

dire les deux lames de charbon parallèles, noyées dans une substance isolante. La nouvelle invention, qui permet la division
complète de l'arc lumineux, consiste à produire des *bandes lumi-*
neuses, que l'on multiplie à volonté.

« D'après M. Denayrouse, les résultats suivants seraient obtenus avec le système de M. Jabloschkof : 1° divisibilité complète
de la lumière électrique ; 2° fixité absolue de cette lumière divisée ;
3° possibilité de distribuer en toutes proportions et en tous points
d'un lieu à éclairer les grandes, petites ou moyennes lumières ;
4° suppression du charbon pour les petites et moyennes lumières.

« D'autres expériences, d'un intérêt tout aussi grand, ont été
faites au mois de juillet, par M. Denayrouse, dans l'atelier de ce
constructeur, pour soumettre les appareils de M. Jabloschkof à
l'examen de notabilités scientifiques.

« La façade du bâtiment où se faisaient ces expériences était
vivement éclairée, et répandait la lumière sur la voie publique à
une distance assez grande et de tous les côtés. Cet avantage est
considérable; il n'est pas réalisé par la lumière électrique ordinaire, qu'on projette en un faisceau conique, et qui laisse dans
l'obscurité tous les points situés situés en dehors du cône lumineux.

« Deux lustres ordinaires, à gaz, étaient allumés dans l'intérieur
du vaste local où l'on expérimentait. On éteignait le gaz, et quatre
candélabres renfermant chacun une bougie du système Jabloschkof illuminèrent la salle.

« La lumière électrique divisée était douce, fixe, continue et
blanche. Elle n'altérait nullement les nuances des étoffes et des
peintures.

« Voilà évidemment des résultats d'une importance et d'une
portée inattendues. Si la pratique confirme l'espoir que donnent
les expériences de l'ingénieur russe, la question de l'éclairage
public et privé aura fait un pas immense, et le gaz de l'éclairage
trouvera un concurrent redoutable. Reste seulement la question
du prix de revient. Si l'électricité remplaçait le gaz pour l'éclairage, à quel prix reviendrait cette lumière, lorsqu'il s'agirait de
produire une quantité considérable d'électricité pour l'usage général de l'éclairage ! C'est un problème qui a besoin d'être sérieusement étudié. D'après l'inventeur, l'éclairage à l'électricité coûterait
trois fois moins que l'éclairage au gaz; mais aucune donnée ne
saurait être encore invoquée à l'appui de cette estimation.

« Ajoutons qu'au mois de mai 1877, des expériences d'éclairage
électrique ont été faites dans la magnifique nef du palais de l'Industrie, en vue d'étudier l'application de la lumière électrique à
l'éclairage du salon de peinture et de sculpture. Ces expériences

ont été exécutées devant un grand nombre de personnes. La salle
est immense, comme on le sait. Sa forme est rectangulaire; elle a
200 mètres de long sur 60 mètres de large, avec une hauteur de
25 mètres, ce qui donne un volume dépassant 300,000 mètres
cubes.

« Les expériences qui étaient faites, non avec les bobines Ja-
blochkof, mais avec les anciens appareils, c'est-à-dire avec le
régulateur de M. Levrin, ont très-bien réussi : l'éclairage ne laissait rien à désirer. Deux foyers, composés chacun de six lampes
électriques, étaient disposés à 30 mètres de hauteur. Les lampes
étaient alimentées par l'électricité obtenue au moyen de douze
petites machines Gramme, mues par deux locomobiles, placées en
dehors de la salle, et de la force de vingt-cinq chevaux vapeur
chacune. L'intensité lumineuse était à peu près celle que fourni-
raient six mille becs de gaz. On lisait très-facilement des caractères assez fins dans toutes les parties de ce vaste local.

« La lumière nous a paru être suffisamment fixe et débarrassée
des extinctions et des oscillations fatigantes qui la caractérisent
d'ordinaire.

« Ces expériences, dirigées par M. H. Fontaine, ont permis de
constater un progrès dans l'emploi de la lumière électrique. Nous
devons ajouter pourtant que les deux locomobiles, chauffées à
toute vapeur, nous ont semblé dépenser une force considérable
relativement à l'effet obtenu, c'est-à-dire à l'espace éclairé. »

« Il faut savoir, du reste, que l'éclairage électrique avec les
anciens appareils, c'est-à-dire avec le régulateur de M. Levrin et
les machines magnéto-électriques de M. Gramme, a déjà remplacé
le gaz dans différentes usines ou grands établissements de Paris.

« M. Sartieux, ingénieur des ponts-et-chaussées, a établi, pour
la compagnie du chemin de fer du Nord, deux lampes électriques
qui éclairent deux halles et la cour qui les sépare, et dans lesquelles on travaille toute l'année. La fonderie Ducommun, à
Mulhouse, la fabrique de caoutchouc de M. Menier, à Grenelle,
la filature de M. Pouyer-Quertier, à Rouen, l'établissement de
M. Bréguet, à Paris, les ateliers de MM. Sauters et Lemonnier,
s'éclairent de la même façon.

« D'après M. Tresca, qui a rendu compte des expériences faites
par la compagnie du chemin du Nord, le prix du combustible
dépensé pour réaliser cet éclairage ne serait par la cinquantième
partie de la dépense en gaz. »

Depuis que ces lignes ont été écrites, tout le monde a pu se
rendre compte de la supériorité de l'éclairage par l'électricité sur
celui au gaz, en visitant le soir la place de l'Opéra ou les magasins

du Louvre. Dans ces deux endroits, il est facile de faire la comparaison entre les deux systèmes, et l'avantage revient sans conteste à l'éclairage électrique. Reste maintenant, comme le dit M. Louis Figuier, la question de revient. La réponse à cette question sera fournie par l'essai que va faire la ville de Paris de l'éclairage électrique de l'avenue de l'Opéra et des places de l'Arc-de-Triomphe, de la Madeleine et du Palais-Bourbon.

VIII. Nous avons signalé ici même (1), d'après un journal américain, l'invention d'un télégraphe acoustique, c'est-à-dire permettant de communiquer à de grandes distances au moyen du son de la voix. Nous devons dire qu'à cette époque nous ajoutions peu de foi à cette nouvelle, surtout lorsqu'on nous apprenait qu'à une des extrémités de la ligne on pouvait reconnaître la voix de la personne qui transmettait la dépêche à l'autre extrémité.

Aujourd'hui ce fait est devenu une vérité, et c'est là une des découvertes scientifiques les plus remarquables de l'année 1877 et peut-être même de notre époque.

M. Graham Bell, physicien écossais, récemment naturalisé Américain, a résolu ce problème, et l'appareil qu'il a inventé porte le nom de *téléphone*. Il se compose essentiellement d'un barreau d'acier aimanté, portant à l'une de ses extrémités une bobine sur laquelle est enroulé un fil de cuivre mince et recouvert de soie, comme dans la bobine de Rumkorf. En face de l'extrémité de l'aimant est placé un disque de tôle très-mince destiné à recevoir les vibrations produites par la voix de la personne qui transmet la dépêche. Ce disque est assujetti à sa circonférence dans une boîte en bois dont la partie opposée à celle où se trouve le barreau aimanté présente un entonnoir destiné à augmenter la puissance du son. Les deux extrémités du fil de la bobine communiquent avec deux autres fils faisant partie d'un second appareil identiquement semblable au premier. Chacun de ces deux appareils peut indifféremment remplir le rôle d'appareil d'émission ou de réception.

Lorsque l'on parle à une faible distance du disque de l'un de ces téléphones, on entend, en appliquant le second à l'oreille, reproduire exactement les sons émis à la station du départ, et ainsi que nous l'avons dit plus haut, on peut même reconnaître la voix de la personne avec laquelle on communique. Le premier disque en vibrant sous l'influence du son émis se rapproche et s'éloigne alternativement du barreau aimanté, il diminue par suite la ten-

_____

(1) *Journal des Économistes*, août 1877.

sion magnétique normale de cet aimant ; le résultat en est un courant induit qui se produit dans le fil de la bobine et qui est communiqué au fil entourant le barreau aimanté du deuxième téléphone. Ici les choses se produisent d'une façon inverse, la tension magnétique de l'aimant ayant été modifiée, [cet aimant attire et repousse le disque en lui imprimant les mêmes vibrations que celles éprouvées par le disque du premier appareil. Telle est l'explication électrique du phénomène.

Ainsi, avec deux téléphones disposés aux extrémités de deux fils isolés, ou deux fils télégraphiques, on peut converser à une distance considérable ; le chant, la musique, le sifflement se transmettent également très-bien. Il en est de même des différents bruits qui peuvent être produits aux environs de l'appareil, tel que le bruit sec et particulier que l'on fait en fermant un boîtier de montre par exemple, et que nous avons pu facilement entendre et reconnaître.

Une des expériences les plus concluantes que M. Bell ait fait avec son appareil est celle qui a eu lieu l'année dernière entre Boston et Malden. Dans cette dernière ville se trouvait un musicien qui joua, à proximité d'un téléphone, plusieurs morceaux de musique sur un piano disposé à cet effet ; un second téléphone situé à Boston ayant été mis en communication avec le premier, un auditoire tout entier entendit les morceaux joués par le pianiste. L'audition ayant été acclamée par les applaudissements des assistants, le musicien les entendit à Malden. Ces deux villes sont éloignées d'une distance de 9 kilomètres.

Le téléphone est un instrument excessivement délicat et les personnes qui s'en servent pour la première fois ont quelquefois une certaine peine à saisir les sons transmis par lui. Cela est dû à ce qu'il reproduit également les bruits émis sur le parcours des fils. Ainsi en faisant des expériences au moyen de fils télégraphiques ordinaires et parallèles avec d'autres dont on se servait au même moment pour la transmission de dépêches télégraphiques ordinaires, il est arrivé que les expérimentateurs ont pu entendre le bruit produit par le télégraphe Morse fonctionnant à une des extrémités de la ligne voisine. On savait depuis longtemps l'action exercée par des courants parallèles les uns sur les autres et c'est là qu'il faut cherl'explication de ce fait.

Dans la pratique, on emploie généralement deux téléphones à chaque station ; ces deux appareils communiquent avec les deux mêmes fils de transmission, et on doit en placer un sur chaque oreille afin d'écarter autant que possible la perception des sons extérieurs.

L'importance d'une pareille invention a été comprise de suite, aussi l'appareil original a-t-il donné lieu à une foule de modifications et de perfectionnements qui ont presque tous pour but de donner de l'amplitude aux sons produits afin de pemettre leur perception à distance.

Nous allons citer quelques-uns des essais qui ont été faits dans ce sens :

Le courant produit par l'action d'une plaque mince de fer doux sur un aimant devant nécessairement être très-faible, on a cherché à augmenter sa puissance en rendant la |masse de fer doux plus considérable. Un abonné du *Cosmos* (1) écrit à ce journal qu'il est parvenu à accroître l'intensité des sons produits en employant comme disque une plaque de fer doux réduite dans l'acide azotique à la plus faible épaisseur possible et fixée à un cercle en fer doux, qui la tient tendue et fait corps avec elle ; ce cercle se trouve logé dans une ouverture circulaire aménagée à l'intérieur du pavillon.

On a également cherché à augmenter l'épaisseur de la plaque elle-même, et chose remarquable, on est arrivé à percevoir les sons avec des plaques d'une épaisseur considérable. Dans un autre ordre d'idées on a également cherché à augmenter la force du courant induit au moyen d'une pile ou d'une bobine d'induction ordinaire et des résultats importants auraient déjà été obtenus.

Enfin nous pouvons ajouter qu'il résulte d'expériences faites par M. le professeur Tait, et communiquées à la Société royale d'Edimbourg, qu'un téléphone, dont on remplace le disque de fer doux par un disque en cuivre, bois, papier ou gomme élastique, transmet parfaitement les sons. Nous enregistrons cette nouvelle sans chercher à donner l'explication de ce phénomène ; les recherches à ce sujet sont loin d'être terminées et le téléphone a ouvert aux physiciens un très-vaste champ d'observation qui portera certainement de nombreux fruits.

IX. Après la découverte du téléphone vient, dans l'ordre chronologique, se placer celle du *phonographe.* Ce remarquable appareil qui permet de conserver indéfiniment et de reproduire à volonté la parole ou un son quelconque émis devant lui, a été inventé par M. Thomas Edison, électricien de la Compagnie de l'Union télégraphique des États-Unis occidentaux.

Il se compose essentiellement d'un récepteur semblable à celui qui se trouve à la partie antérieure d'un téléphone ordinaire, mais dont la plaque vibrante porte en son centre une aiguille métallique

(1) *Les Mondes*, par l'abbé Moigno, t. XLV, n° 6.

très-ténue. La pointe de cette aiguille vient s'appuyer contre une feuille d'étain entourant un cylindre animé d'un double mouvement de rotation et de translation dans le sens de l'axe. Le mouvement est obtenu au moyen d'une vis à filets carrés qui sert d'axe et qui s'engrène dans un des tourillons qui supportent le cylindre. Une manivelle sert à imprimer le mouvement. Supposons que l'aiguille touche exactement la feuille d'étain, si l'on vient à tourner la manivelle, cette aiguille tracera sur le métal une ligne en forme de spirale. Si, maintenant, pendant la marche du cylindre, on vient à produire des sons devant la plaque vibrante du récepteur, la tige dont est armée cette plaque occasionnera sur la feuille métallique des vibrations plus ou moins profondes, suivant que les vibrations du disque ont été plus ou moins considérables.

En ramenant le cylindre à son point de départ et en lui communiquant de nouveau le même mouvement, l'aiguille du disque, en suivant la ligne déjà tracée, rencontrera les dépressions qu'elle a formées en premier lieu ; elle communiquera par suite à la plaque des vibrations identiques à celle dont elle se trouvait animée pendant la première partie de l'expérience, et ces vibrations occasionneront la reproduction exacte des sons émis devant le disque.

Lorsque cet appareil fut présenté à l'Académie des sciences, la plupart des membres, incrédules jusque-là, furent très-surpris de la manière distincte dont le phonographe reproduisit les phrases prononcées devant lui. L'expérimentateur ayant dit cette phrase anglaise : *The phonograph presents his respects to the Academy of sciences* (le phonographe présente ses respects à l'Académie des sciences), l'instrument après avoir été convenablement disposé répéta exactement la phrase de façon que toute l'assemblée put entendre chacune des paroles qui la composaient.

Un autre essai ayant été fait en français, le phonographe redit exactement les paroles émises devant lui en observant même l'accent fortement étranger du représentant de M. Edison qui faisait manœuvrer l'instrument.

La voix qui sort de l'appareil est un peu sourde et ressemble assez à celle d'un ventriloque, cependant l'effet en est saisissant et la séance de l'Académie restera longtemps présente à l'esprit de nos savants. Ils furent, pour nous servir de l'expression d'un de nos confrères, tous *empoignés* et montrèrent leur admiration par des applaudissements, ce qui depuis longtemps ne s'était pas vu dans cette assemblée.

Sans vouloir nous étendre longuement sur les applications possibles de cette merveilleuse invention, nous croyons devoir cependant indiquer les avantages qu'on en pourra tirer dès que les améliorations qui ne manqueront pas de se produire en permettront l'usage dans la pratique.

Il sera facile, par l'intermédiaire du téléphone, de conserver et de reproduire à tout moment un discours prononcé devant lui. Il en est de même de la musique, et à ce sujet on cite que dans une expérience, un musicien ayant joué devant le phonographe un air dans lequel il avait fait deux notes fausses, l'appareil répéta exactement cet air en observant scrupuleusement la faute commise par l'artiste, et cela autant de fois que l'on voulut le lui faire exécuter.

Ces deux inventions, le téléphone et le phonographe, ont passionné les inventeurs, et il n'est guère de jour où il ne se publie un perfectionnement quelconque apporté à l'un des deux. Ces perfectionnements sont tous dans l'application, aussi il est probable que nous verrons bientôt employer les deux instruments d'une façon pratique.

X. Ne quittons pas M. Edison sans mentionner un autre appareil découvert par lui, et auquel il a donné le nom de plume électrique. Nous en empruntons la description à une chronique scientifique parue dans le *Monde illustré* (1). » La plume électrique consiste en un petit appareil électro-magnétique renfermé dans une cage magnétique et fixé au sommet d'un tube ou plume terminée en pointe à son extrémité inférieure. L'électro-aimant est fixe, et devant ses pôles tourne une barre de fer doux formant le diamètre d'un cercle d'acier qui joue le rôle de volant et peut exécuter environ 3,000 révolutions par minute. L'électro-aimant est relié par deux fils conducteurs à un petit élément Bunsen, qui produit le courant dans l'appareil.

Au volant est adapté un excentrique qui imprime un mouvement de bas en haut à une aiguille renfermée dans le corps de la plume qu'elle traverse dans toute sa longueur. L'aiguille se trouve donc, par un mouvement très-rapide, successivement ramenée en dedans et projetée en dehors; elle perce ainsi dans la feuille de papier sur laquelle on la promène une série de trous excessivement fins qui constituent un véritable poncis. Il faut avoir soin de placer le papier sur une surface flexible, un morceau de feutre ou de papier buvard, par exemple, afin que la pointe pénètre le papier et ne s'émousse pas.

Lorsque la feuille est écrite, elle forme alors un véritable cliché. On la place dans un châssis qui la maintient sur la platine d'une

<hr/>

(1) *Le Monde illustré*, numéro du 6 avril 1878.

presse destinée à tirer les épreuves. On dispose alors une feuille de papier blanc, on rabat le châssis et l'on passe sur le cliché un rouleau de feutre chargé d'encre d'imprimerie à laquelle on ajoute un peu d'huile pour la rendre plus fluide et lui permettre de pénétrer plus aisément dans les trous du cliché. L'écriture ou le dessin se trouvent ainsi très-exactement reproduits et on peut en tirer jusqu'à 5 ou 6,000 exemplaires.

XI. Un mécanicien américain, M. Remington, a inventé en 1876 un appareil assez curieux, auquel il a donne le nom de *Typewriter* ou machine à écrire. Avec cet appareil, une personne, moyennant deux ou trois mois d'exercice, peut arriver à écrire de 50 à 60 mots par minute au lieu de 30 que peut faire habituellement un expéditionnaire se servant d'une plume ordinaire.

Cet appareil se compose d'un clavier identique à celui du piano sur lequel sont disposés quatre rangs de touches. Chaque touche représente une lettre de l'alphabet, un chiffre ou un signe de ponctuation ; à la partie antérieure du clavier se trouve une règle de bois qui sert à produire les intervalles entre les mots.

Chaque touche agit au moyen d'un levier coudé sur une tige d'acier portant à son extrémité le signe alphabétique ou numérique auquel elle correspond. Ces signes sont disposés en cercle dans une sorte de demi-sphère située à l'intérieur de l'appareil, et en appuyant sur la touche le levier fait remonter la lettre au centre de cette sphère. Tous les signes exprimés sur le clavier peuvent donc venir successivement se présenter au même point.

Si maintenant on suppose que ces lettres soient encrées, et que l'on fasse mouvoir une feuille de papier au-dessus d'elles, elles viendront s'imprimer sur ce papier.

Tel est le principe sur lequel est basé l'appareil. Dans la pratique, l'encrage se fait au moyen d'un ruban imbibé d'une encre particulière, et qui est enroulé sur deux tambours placés dans l'intérieur de l'appareil. Dès que l'on appuie sur une des touches, les tambours se mettent en mouvement dans le même sens, ce qui communique au ruban un mouvement de translation, de façon que la lettre suivante vienne frapper sur un nouveau point et ainsi de suite. C'est en comprimant ce ruban sur le papier que la lettre produit son impression.

Le papier sur lequel on désire écrire est enroulé autour d'un cylindre en caoutchouc durci, qui se meut dans le sens de son axe, chaque fois que l'on appuie sur une des touches, de la distance exacte qui doit séparer deux lettres dans le texte. Il en est de même si l'on frappe sur la règle de bois qui donne les intervalles, mais alors il ne se produit pas d'impression sur le papier; c'est ainsi que l'on produit les espaces entre les mots ou les alinéas. Dès que le cylindre est arrivé à l'extrémité de sa course, c'est-à-dire lorsque l'impression de la ligne est terminée sur le papier, un timbre se fait entendre. L'écrivain, appuyant alors sur un levier disposé à cet effet à droite de la machine, ramène ainsi le cylindre, et par suite la feuille de papier à son point de départ, soit au commencement d'une nouvelle ligne. Pendant ce déplacement, le cylindre tourne sur lui-même dans le sens de sa circonférence de la distance qui doit se trouver entre deux lignes, distance qui du reste peut être modifiée à volonté au moyen d'une roue dentée placée sur le cylindre.

Une petite règle divisée en millimètres, et sur laquelle se meut une aiguille fixée au cylindre, permet à l'opérateur de se rendre compte à chaque instant de la longueur de la ligne qu'il a déjà écrite, et le cylindre porte une charnière qui permet de le relever à chaque instant pour se rendre compte de la netteté ou de l'exactitude de l'écriture.

L'impression obtenue au moyen de cette machine, qui est déjà employée à Paris et à Londres dans plusieurs grandes administrations, correspond aux lettres capitales de la typographie. L'encre est de couleur violette et, comme elle est communicative, on peut tirer une ou plusieurs copies de l'original au moyen de la presse à copier ordinaire.

Plus récemment, un perfectionnement important vient d'être apporté à cette invention par un inventeur russe, qui a fabriqué une machine pouvant écrire à la fois en majuscules et minuscules, et par conséquent reproduire la typographie. Cet appareil n'est pas encore entré dans la pratique comme le précédent.

XII. Le public parisien a été assez intrigué vers le commencement de l'année dernière par l'apparition de ce que l'on a appelé les *fleurs barométriques*. Leur vogue a duré assez longtemps et n'est même pas encore épuisée.

L'inventeur, M. Lenoir, le même qui a imaginé le moteur à gaz qui porte son nom, avait d'abord construit un appareil en carton sur lequel était dessiné un caméléon. Suivant le degré d'humidité de l'atmosphère cet animal changeait de couleur, du bleu il passait au vert clair puis au rose-violet, suivant que le temps était sec, variable ou pluvieux. Comme l'image de ce reptile n'avait rien de gracieux, il changea son lézard en fleur.

Tout le monde a vu chez les papetiers ces fleurs en percale qui changent de couleur suivant les variations du temps, et dont les pétales ont simplement été trempées dans une dissolution de chlorure de cobalt. Sous la quantité plus ou moins grande de vapeur d'eau contenue dans l'atmosphère, et qui est attirée par ce sel, les pétales de ces fleurs changent de couleur comme le caméléon primitif. On a ensuite vendu des croquis plus ou moins grotesques dont les figures des différents personnages changeaient de couleur suivant les variations du temps. Le procédé est toujours le même.

L'appareil de M. Lenoir n'est toutefois bon qu'a indiquer l'état de l'humidité de l'atmosphère, il ne saurait nullement, comme un baromètre ordinaire, prédire les changements de temps, aussi on ne peut guère le considérer que comme un *hygromètre*. Si, le temps restant sec, il se produisait une dépression dans la colonne barométrique, cet instrument resterait absolument inerte et ne donnerait aucune indication.

Il semble que le public ait compris le peu d'importance de ce jouet, car après avoir atteint dans le principe des prix assez élevés, les fleurs barométriques se sont vues obligées, faute d'acheteurs, de devenir plus modestes ; elles seront même sous peu complètement oubliées.

XIII. Nous avons décrit dans notre précédent article, cité plus haut, les procédés de conservation de la viande au moyen du froid appliqué par M. Charles Tellier ; nous avons parlé du *Frigorifique* et de son voyage en Amérique. Depuis lors ce navire est revenu en France porteur d'une cargaison de viandes fraîches dont la plus grande partie a été écoulée à Paris, ce qui a *permis à* nos lecteurs de constater par eux-mêmes son état de conservation.

Ce procédé est basé sur la production du froid au moyen de l'évaporation de l'éther méthylique ; la théorie est la même que dans la production de la glace au moyen de l'acide sulfureux, nous ne reviendrons donc pas ici sur cette description. Nous constaterons cependant le fait accompli. Le navire parti en août 1876 a été de retour en juillet 1877 ; il rapportait des viandes qui avaient séjourné depuis le 1er juin dans la coque et qui n'étaient pas plus altérées qu'au premier jour. La quantité de viande ainsi importée s'est élevée jusqu'à 50,000 kilogrammes.

La question de conservation est donc entièrement résolue, reste la question économique. Sur ce dernier point il paraît que l'opération n'a pas très-bien réussi au point de vue financier, mais il ne faudrait rien encore préjuger de ce qui n'a été encore qu'un essai.

Le *Frigorifique* figure à l'Exposition universelle ; il est venu de Rouen ; il se trouve en ce moment amarré près du pont d'Iéna. Le public pourra aller visiter l'installation des machines qui servent à produire le froid grâce auquel la viande est maintenue à l'abri de la putréfaction.

Dans le cours de l'année dernière, au mois d'août, un autre bateau à vapeur, nommé le *Paraguay*, a été frété·pour aller chercher des viandes en Amérique dans les mêmes conditions. Ce bâtiment est installé pour porter 250 tonnes de viandes fraîches. Le froid nécessaire à la conservation n'est pas produit par le procédé de M. Ch. Tellier, on l'obtient par le système Carré. Nous n'entreprendrons pas ici la description de ces appareils qui sont employés depuis longtemps à la fabrication de la glace dans les grandes villes, le fond de la question reste toujours le même.

Nous espérons que cette nouvelle expérience sera aussi concluante que la première sous le rapport de la conservation, et que ses résultats financiers permettront aux capitalistes de considérer ces importations de viande fraîche comme des affaires sérieuses, et par suite de renouveler ces opérations.

Ce n'est évidemment que par suite d'une économie réelle que le consommateur, à Paris surtout, se décidera à recourir d'une façon générale à l'emploi de cette marchandise. La routine est toujours là et il y a beaucoup à faire pour la déraciner surtout dans une question d'alimentation.

XIV. Nous croyons devoir mentionner ici le futur ballon captif de l'Exposition universelle qui aura une capacité de 20,000 mètres cubes environ et que l'on construit en ce moment sous la direction de M. Giffard. Ce ballon monstre, au lieu d'être gonflé au moyen du gaz d'éclairage dont le prix de revient serait assez coûteux pour une si grande masse, sera rempli d'hydrogène. Ce gaz, tout en étant plus léger que le gaz d'éclairage, et possédant, par conséquent, à volume égale une force ascensionnelle plus considérable sera fabriqué par un procédé nouveau qui permettra de l'obtenir au prix moyen de 4 cent. 1/2 le mètre cube.

C'est en réduisant de l'oxyde de fer naturel au moyen de l'oxyde de carbone et en décomposant le fer obtenu par la vapeur d'eau que M. Giffard est parvenu à obtenir de l'hydrogène à un prix aussi peu élevé. L'appareil qu'il emploie se compose de deux fours en terre réfractaire, dont l'un est rempli de coke, et l'autre de minerai de fer. Le coke est allumé à la partie inférieure et la combustion en est activée au moyen de l'air provenant de tuyères alimentées par une machine soufflante. Il en résulte de l'oxyde de carbone qui, recueilli à la partie supérieure de ce premier four, est dirigé vers le second où il traverse la masse du minerai de fer. Pendant ce temps il enlève l'oxygène de ce minerai pour se chan-

ger lui-même en acide carbonique et laisse le fer à l'état métallique. L'acide carbonique s'échappe par un conduit d'appel. Lorsque
tout le minerai est réduit, on interrompt la communication entre
les deux fours et on dirige dans le second un courant de vapeur
d'eau. Cette dernière rencontrant le fer métallique se décompose
en oxygène qui reforme avec le métal le minerai primitif et en
hydrogène que l'on introduit dans le ballon après lui avoir fait
traverser un épurateur à chaux.

Il est inutile d'ajouter que l'opération peut de cette manière recommencer indéfiniment.

Ce procédé, qui nécessite l'emploi de foyers de chaleur assez considérables, a paru dangereux aussi pour le gonflement de son
ballon monstre, M. Giffard s'est-il décidé à revenir à l'ancien procédé de fabrication de l'hydrogène en y apportant toutefois certaines modifications essentielles.

On sait que le gaz se prépare ordinairement par l'action à froid
de l'acide sulfurique mélangé d'eau sur la tournure de fer, et qu'il
se produit en même temps un dépôt de sulfate de fer qui finit par
entraver la réaction. Dans le nouvel appareil on est arrivé à éviter
cet inconvénient en disposant la tournure de fer au-dessus d'un
plancher percé de trous et formant un double fond. Lors de l'action de l'acide sulfurique étendu sur le métal, le sulfate formé
tombe par les ouvertures du plancher dans la partie inférieure du
récipient et n'entrave pas ainsi la réaction.

Dans la pratique, M. Giffard se sert de générateurs à vapeur
ordinaires, dont les parois intérieures en fer sont protégées contre
l'action de l'acide par une armature en plomb, métal sur lequel
l'acide sulfurique n'agit pas.

Tel est en principe la disposition du générateur du gaz, sa production est considérable et le gaz obtenu est, ainsi que nous l'avons
dit, plus propre au gonflement des ballons que celui provenant
de la distillation de la houille.

L'aérostat lui-même sera le plus grand appareil de ce genre qui
ait été fabriqué jusqu'à ce jour, il sera maintenu au sol au moyen
de puissants treuils mus par la vapeur. Son grand volume lui permettra d'enlever un poids considérable et d'atteindre une grande
élévation malgré le poids énorme des câbles qui le rattacheront à
la terre.

XV. Pour terminer cette étude des progrès accomplis par les
sciences physiques et chimiques depuis l'année dernière, nous allons indiquer quelques-uns des prix que l'Académie des sciences
a décernés dans sa séance publique du 28 janvier dernier.

Dans la section de physique, il n'a été délivré qu'un seul prix, le prix Lacaze, décerné à M. A. Cornu, pour ses travaux sur la vitesse de la lumière. Ce remarquable travail, qui a pour titre : *Détermination de la vitesse de la lumière, d'après les expériences exécutées en 1874 entre l'observatoire et Montlhéry*, a paru *in extenso* dans les *Annales de l'observatoire*, tome IX). Nous ne pouvons nous étendre ici sur cette question qui sort de notre domaine pour rentrer dans celui de la science pure, nous dirons seulement que le nom du lauréat est bien connu des savants par ses travaux sur l'analyse spectrale et la constitution du spectre solaire, et par le concours qu'il a apporté à la commission de l'Académie chargée d'observer le passage de Vénus.

Au nombre des commissaires de cette section, nous remarquons le nom de M. Becquerel père, l'éminent savant dont nous avons récemment eu à déplorer la mort, il était assisté de son fils M. Ed. Becquerel et de MM. Jamin, Berthelot, Desain, H. Sainte-Claire Deville, Dumas et Du Moncel. Le rapporteur de la commission était M. Fizeau.

Les commissaires de la section de chimie ont eu deux prix à décerner cette année; le prix Jecker et le prix Lacaze.

Le premier a été délivré à M. A. Houzeau pour ses travaux relatifs à la production de l'ozone, ainsi que le mode d'action de cette substance à l'égard des matières organiques.

L'ozone n'est autre chose que de l'oxygène doué de propriétés particulières dues à un état spécial d'électrisation, il a été étudié par divers savants parmi lesquels nous citerons MM. Frémy et E. Becquerel, dont les travaux datent de 1852. M. Houzeau trouva en 1855 le moyen de préparer de l'oxygène renfermant jusqu'à 11 milligrammes d'ozone par litre; la présence de cette petite quantité d'ozone communiquait à l'oxygène des propriétés beaucoup plus énergiques. On a désigné ce phénomène sous le nom d'*état naissant*. C'est en faisant réagir à froid de l'acide sulfurique sur le bioxyde de baryum concentré qu'il obtient ce résultat. M. Houzeau a ensuite étudié l'ozone dans ses rapports avec les matières organiques, et c'est l'ensemble de ces travaux qui lui a valu le prix Jecker. Commissaires : MM. Chevreuil, Regnault, Frémy, Wurtz, Debray et Cahours, rapporteur.

La commission du prix Lacaze composée des mêmes membres auxquels étaient adjoints MM. Berthelot et H. Sainte-Claire Deville, a décerné cette récompense à M. Troost, le savant chimiste, pour ses recherches sur le lithium, le zirconium et les composés chlorés et oxygénés du niobium et du tantale, ainsi que pour les travaux qu'il a effectués en commun avec M. Hautefeuille sur les sous-chlorures et les oxychlorures de silicium et de bore.

C'est également à ces deux chimistes que l'on doit la découverte de ce qu'ils ont appelé la *tension de transformation* des corps qui est analogue aux tensions de dissolution et de vaporisation, et qui ne dépendent, comme ces derniers que de la température. Enfin, nous mentionnons également les travaux de M. Troost sur la densité des vapeurs (1).

Parmi les prix à décerner pour l'année 1878, on remarque le prix Bordier, consistant en une médaille de la valeur de *trois mille francs*. La question à résoudre est la suivante : Discuter les diverses formules qui ont été proposées pour remplacer la loi d'Ampère sur l'action de deux éléments de courants, et les raisons qu'on peut alléguer pour accorder la préférence à l'une d'elles.

En seconde ligne vient se placer le prix Lacaze destiné à récompenser l'auteur de l'ouvrage qui aura le plus contribué aux progrès de la *Physiologie*. Ce prix est d'une valeur de *dix mille francs;* l'Académie le décerne tous les deux ans.

L'Académie propose pour sujet du prix Vaillant qui devra être décerné en 1879 la question suivante : Perfectionner en quelque point important la télégraphie phonétique.

Nous n'avons pas besoin de faire remarquer ici l'intérêt d'actualité que présente cette dernière question, les recherches d'un grand nombre de physiciens sont dès à présent dirigées de ce côté, *et nous ne doutons pas que leurs recherches n'aboutissent à des résultats* sérieux et pratiques.

Pour la section chimique, nous ne pouvons mentionner que le *prix Jecker* qui sera décerné tous les ans. Ce prix est aujourd'hui d'une valeur de *dix mille francs*, et il sera accordé l'an prochain à l'auteur des travaux que l'Académie jugera les plus propres à hâter les progrès de la Chimie organique.

LIONEL BÉNARD.

LE CONGRÈS POSTAL DE PARIS

Le Congrès de Paris marquera, comme une date importante, dans l'histoire de l'Union postale. Il avait une tâche moins éclatante à remplir que le Congrès de Berne ; l'œuvre de création est achevée; il reste aujourd'hui à améliorer, à perfectionner sans cesse,

à faire produire aux principes, inscrits dans le traité du 9 octobre
1874, toutes leurs conséquences pratiques, et à imposer peu à peu
leurs dernières applications. Mais dans ce cadre si vaste, que de
réformes fécondes à opérer ! Que de *desiderata* repoussés la première fois qui ont osé se formuler publiquement, et qui semblent
devoir attendre longtemps encore le jour de leur réalisation !

Réuni le 2 mai dernier, c'est le 4 juin, après avoir tenu neuf
séances plénières, le Congrès postal de Paris n'a pas perdu son
temps. Il a révisé la Convention de Berne, voté l'arrangement pour
les valeurs déclarées et l'arrangement pour les mandats de poste,
deux questions fort délicates dont la solution aurait passé pour
utopie il y a quelques années ; il a montré indistinctement chez
tous ses membres un esprit de conciliation, une ardeur au progrès, un dévouement pour l'intérêt général qui sont du plus heureux augure ; il a affirmé enfin la puissance d'extension de l'Union
postale qui fait au grand galop la conquête du monde civilisé, et
qui de « générale » qu'elle était, a pu justement devenir « universelle » dans la convention révisée.

A Berne, l'Union embrassait vingt-deux États avec une population
d'environ 350 millions d'habitants. Aujourd'hui, elle se compose de
trente-trois États, entraînant leurs colonies respectives, soit une
population de 653 millions, c'est-à-dire un accroissement de près
du double en cinq ans.

Voici quels sont les pays (anciens ou nouveaux adhérents) qui
ont signé la Convention de Paris :

Allemagne, République Argentine, Autriche-Hongrie, Belgique,
Brésil, Danemark et colonies danoises, Égypte, Espagne et colonies espagnoles, États-Unis d'Amérique, France et colonies françaises, Grande-Bretagne,

Et les colonies anglaises de Ceylan, Straits Seltlements,
Laboan, Hong-Kong, Maurice et dépendances, Bermudes, Guyane
anglaise, Jamaïque, Trinité,

Inde britannique,

Grèce, Italie, Japon, Luxembourg, Montenegro, Norvége, Pays-
Bas et colonies néerlandaises, Perse, Portugal et colonies portugaises, Roumanie, Russie, Serbie, Suède, Suisse et Turquie.

Ces pays, sauf la Perse dont le représentant était empêché, ont
été représentés par 49 délégués ou fonctionnaires attachés, parmi
lesquels on remarquait MM. le Dr Stephan, grand maître des
postes de l'Empire d'Allemagne et promoteur de l'Union postale,
J. Vinchent, directeur général des postes et télégraphes de Belgique, — le Dr Kern, ministre de Suisse à Paris, — Adams,
premier secrétaire de l'ambassade britannique, et Page, secré-

taire-adjoint du General Post-Office, — le baron de Velho, conseiller privé de Russie, — G.-B. Tontesio, directeur supérieur des postes d'Italie, — J.-P. Hofstede, directeur en chef des postes des Pays-Bas, — Eugène Borel, directeur du bureau [international de Berne, etc.

La France était représentée par M. Ad. Cochery, sous-secrétaire d'Etat des Finances, assisté de MM. A. Besnier, administrateur des postes, et Th. Ansault, chef du bureau de la correspondance étrangère.

II

Dans sa séance d'ouverture, après avoir entendu M. Léon Say lui souhaiter la bienvenue au nom de la France et de la [République en termes applaudis et dignes de l'être, le Congrès a appelé au fauteuil de la présidence notre premier représentant, M. Cochery. Il s'est ensuite divisé en deux commissions chargées d'examiner les travaux préparés par l'administration française et par le bureau international de Berne. La première de ces commissions s'est occupée de la convention principale, concernant la correspondance internationale ordinaire ; la seconde a élaboré les arrangements concernant les valeurs déclarées et les mandats de poste. Mais le rôle actif du Congrès n'a commencé que le 18 mai, date de la reprise de ses séances plénières.

Il a d'abord révisé la Convention principale, et l'Union générale des postes, dont l'existence avait été inscrite dans le premier article, est devenue, comme nous l'avons dit plus haut, « l'Union universelle. »

La taxe a été fixée uniformément pour les lettres à 25 centimes par 15 grammes ou fraction de 15 grammes; pour les cartes postales à 10 centimes.

Parmi les imprimés, qui avaient été taxés à 7 centimes par 50 grammes dans le traité de Berne, on a distingué les papiers d'affaires, les échantillons et les imprimés simples. La taxe des papiers d'affaires ne peut être inférieure à 25 centimes par envoi, ni celle des échantillons à 10 centimes. Il est vrai que pour les premiers on a la faculté, moyennant ce droit, d'expédier 250 gr., et pour les seconds, 100 grammes. Quant aux imprimés autres que papiers d'affaires et échantillons, ils sont soumis à la taxe de 5 centimes par 50 grammes, qui forme d'ailleurs le principe en la matière.

Le relèvement de la taxe en ce qui concerne les échantillons excitera, il faut s'y attendre, quelques plaintes de la part du grand commerce, qui surchargeait la poste internationale de paquets volumineux sous le couvert d'avis et de prospectus. On a voulu restreindre l'abus, tout en respectant le droit. Les dimensions accordées pour les échantillons ont été augmentées : elles sont maintenant de 0 m. 20 de longueur, 0 m. 10 de largeur et 0 m. 05 d'épaisseur.

Une curieuse statistique, fournie à ce propos par le délégué britannique, prouve le développement qu'a pris dans l'Europe commerciale ce genre de correspondance. Dans une semaine du mois de mai, 32,170 paquets d'échantillons sont partis pour le continent de Londres seul. Sur ce nombre, 5,394 étaient à destination de la France, et 12,409 à destination de l'Allemagne ; 13,896 excédaient enfin le maximum de 15×10×5 centimètres, adopté par la Commission du Congrès.

Pour les papiers d'affaires, le droit plus élevé se justifie par l'importance qu'a souvent leur contenu. C'était une anomalie choquante de les voir circuler, avec une taxe minime de 7 centimes, tandis que la lettre la plus insignifiante payait, elle, 25 centimes.

A ces taxes principales s'ajoutent, pour tout envoi soumis à des frais de transit maritime de 15 francs et 1 franc par kilogramme, une surtaxe de 25 centimes pour les lettres, 5 centimes pour les cartes postales et 5 centimes par 50 grammes ou fractions de 50 gr. pour les autres objets. Un article spécial, inséré à la demande de la France, fixe enfin une nouvelle surtaxe de 10 centimes par port simple pour les lettres soumises à des frais de transit maritime de 5 francs par kilogramme. Cette aggravation transitoire de droit est destinée à empêcher la trop grande inégalité qui aurait existé entre nos envois postaux par des transits maritimes à prix réduits, comme celui que nous avons avec les États-Unis (3 francs), et les envois qui se font dans nos colonies avec lesquelles le transit est de 15 francs.

III

La gratuité du transit a été longuement débattue à Paris comme elle l'avait été à Berne. Elle a trouvé les mêmes champions et les mêmes adversaires. Elle n'a pu cependant triompher et ne figure pas dans la convention, même à titre de vœu, comme certains délégués voulaient l'y faire admettre, ne songeant peut-être pas assez qu'un traité ne doit contenir que des stipulations précises, concrètes et douées de vertu exécutoire.

Pour les parcours territoriaux, les frais de transit sont de 2 fr. par kilogramme de lettres et de cartes postales, et 25 centimes par kilogramme d'autres objets.

Pour les parcours maritimes, de 15 francs par kilogramme de

lettres ou cartes postales, et 1 franc par kilogramme d'autres objets.

Le traité de Berne avait stipulé la gratuité pour les transits maritimes n'excédant pas un parcours de 300 milles ; ce privilége a été confirmé, mais pour le cas seulement où l'administration intéressée aurait déjà droit, « du chef des dépêches ou correspondances bénéficiant de ce parcours », à la rémunération afférente au transit territorial ; dans le cas contraire, le transit maritime est rétribué à raison de 2 francs par kilogramme de lettres ou cartes postales, et de 25 centimes par kilogramme d'autres objets.

Plusieurs administrations ayant fait leurs réserves pour l'application du tarif, et demandé des taxes exceptionnelles pour certains services de transport extraordinaires, d'un entretien très-coûteux et d'une utilité purement internationale, comme la ligne de chemin de fer du Pacifique, il a été fait droit à leur réclamation dans le § 5 de l'art. 4 qui abandonne, dans cette hypothèse, aux administrations le soin de traiter entre elles de gré à gré les conditions particulières du transit. Le règlement administratif, voté à l'appui de la convention principale, énumère d'ailleurs les services extraordinaires qui échappent à la taxe normale.

En somme, les droits nouveaux de transit, aggravant les anciens sur quelques points, marquent sur d'autres de réels progrès ; c'est ainsi que partout où les frais de transit maritime étaient fixés jusqu'à présent à 6 francs 50 le kilogramme de lettres ou cartes postales, ces frais sont réduits à 5 francs. Enfin, il est bien entendu que, partout où le transit est déjà actuellement gratuit ou soumis à des conditions plus avantageuses, ce régime est maintenu, sauf le cas d'exception que nous venons de signaler.

La gratuité du transit viendra un jour, à son heure, elle se fera d'elle-même, *fara da se,* comme les choses logiques, inévitables. Elle est la conséquence directe, le complément nécessaire de l'idée-mère de l'Union, de l'idée d'un seul territoire postal, d'une loi commune, d'une taxe uniforme. Le jour où les habitudes de la solidarité internationale auront pris définitivement possession du monde, où la circulation postale d'État à État sera développée, où les frontières douanières et politiques se seront abaissées devant son action bienfaisante, la gratuité du transit semblera un progrès tout naturel, et on s'étonnera de ne l'avoir pas compris plus tôt.

Nous en dirons autant de la responsabilité collective que certains États regardent encore comme contraire aux principes du droit des gens et qu'ils n'ont pas voulu reconnaître, à propos de l'indemnité de 50 francs attribuée par la convention à l'expéditeur d'une lettre recommandée qui aurait été perdue avant d'arriver à sa destination. La solidarité et le devoir ne marchent pas sans responsabilité; si les nations s'engagent vis-à-vis les unes des autres à se transmettre dans des conditions données leurs correspondances de toute nature, leurs valeurs déclarées, leurs mandats de poste, elles prennent du même coup l'engagement d'assurer cette transmission contre les divers risques auxquels sont soumis les territoriaux ou maritimes. C'est l'*a b c d* du droit commun qui ne saurait différer autant que cela du droit des gens. Il est bon de le remarquer toutefois, c'est « par mesure de transition » que le traité autorise les administrations des pays hors d'Europe, « dont la législation est actuellement contraire au principe de la responsabilité » d'ajourner l'application de la clause qui concerne le payement de l'indemnité. Le jour où ces administrations auront obtenu du pouvoir législatif une autorisation suffisante, l'exception cessera.

Cela dit, voici comment se décompose la taxe à payer par une lettre recommandée (art. 6) :

Elle comprend : 1° le prix d'affranchissement ordinaire; 2° un droit fixe de recommandation de 25 centimes au maximum dans les Etats européens, de 50 centimes au maximum dans les autres pays, y compris la délivrance d'un bulletin de dépôt à l'expéditeur; de plus, l'expéditeur peut obtenir un avis de réception, en payant un droit fixe de 25 centimes au maximum.

En cas de perte d'un envoi recommandé, et sauf le cas de force majeure, il est dû une indemnité de 50 fr. à l'expéditeur, ou sur la demande de celui-ci, au destinataire, par l'administration sur le territoire ou dans le service maritime de laquelle la perte a eu lieu.

IV

Nous venons de parcourir les dispositions principales de la Convention de Paris. Les autres articles concernent le mode d'affranchissement, l'attribution de la franchise aux correspondances de l'administration internationale des postes et des télégraphes, le règlement des formes d'accession à l'Union postale pour les pays qui n'en font pas partie, etc... L'article 21 mérite une attention spéciale : il attribue, pour la révision de la convention, une voix séparée aux pays suivants :

1° L'Inde britannique ; 3° Les colonies danoises ;

2° Le Dominion du Canada ; 4° Les colonies espagnoles ;

5° Les colonies françaises ;　　　7° Les colonies portugaises.

6° Les colonies néerlandaises ;

Le traité principal avait été signé par tous les États adhérents : l'arrangement pour les valeurs déclarées, et celui pour les mandats de poste, ne l'ont été le premier que par 16 d'entre eux, le second que par 14.

Les pays adhérents à l'arrangement pour les valeurs déclarées sont : l'Allemagne, l'Autriche Hongrie, la Belgique, le Danemark et ses colonies, l'Egypte, la France et ses colonies, l'Italie, le Luxembourg, la Norvége, les Pays-Bas, le Portugal et ses colonies, la Roumanie, la Russie, la Serbie, la Suède et la Suisse.

Pour l'arrangement concernant les mandats de poste, les pays qui ont signé sont l'Allemagne, l'Autriche-Hongrie, la Belgique, le Danemark, l'Egypte, la France et ses colonies, l'Italie, le Luxembourg, la Norvége, les Pays-Bas, le Portugal, la Roumanie, la Suède et la Suisse.

La taxe des lettres contenant des valeurs déclarées doit être acquittée à l'avance et se compose : 1° du port et du droit fixe de recommandation (port et droits acquis en entier à l'office expéditeur) ; 2° d'un droit proportionnel d'assurance calculé, par 200 fr. ou fractions de 200 francs, à raison de 10 centimes pour les pays limitrophes ou reliés entre eux par un service maritime direct, et à raison de 25 centimes pour les autres pays, avec addition, s'il y a lieu, d'un droit d'assurance maritime de 5 centimes par 200 fr. ou fractions de 200 francs.

L'expéditeur peut obtenir qu'il lui soit donné avis de la remise de son envoi. En ce cas, le produit de la surtaxe est acquis en entier à l'office des pays d'origine.

Pour les mandats de poste, la taxe générale à payer par l'expéditeur est fixée, valeur métallique, à 25 centimes par 25 francs ou fractions de 25 francs, ou à l'équivalent dans la monnaie respective des pays contractants, avec faculté d'arrondir les fractions le cas échéant.

L'administration qui a délivré des mandats paye à l'administration qui les a acquittés la moitié de la taxe perçue. — Aucun mandat ne peut excéder la somme de 5,000 francs. Enfin, en principe, son montant doit être versé par le déposant et payé au bénéficiaire en numéraire.

Pour aboutir dans ces deux arrangements, il y avait de nombreuses difficultés à surmonter, des convenances monétaires à ménager, des diversités de législation à combiner. Le Congrès de Paris est venu heureusement à bout de cette tâche complexe et délicate, et ce qu'il a fait nous permet d'attendre de nouveaux et grands progrès des congrès de l'avenir, et en particulier du Congrès de Lisbonne, son successeur immédiat.

PAUL BONNAUD.

CORRESPONDANCE

LA PROPRIÉTÉ INTELLECTULLE-INDUSTRIELLE.

Réponse à l'article de M. Michel Chevalier.

Monsieur le Rédacteur en chef,

Voulez-vous me permettre de placer sous les yeux des lecteurs du *Journal des Économistes* quelques observations relatives à la question traitée par M. Michel Chevalier dans le dernier numéro?

M. Michel Chevalier demande l'abolition des brevets d'invention, j'en demande au contraire le maintien et le perfectionnement : voilà le point de fait sur lequel va porter le débat.

La question de la propriété intellectuelle d'ordre industriel peut et doit être envisagée sous deux aspects : le côté du principe, du droit, de la métaphysique — comme dit M. Michel Chevalier, — de la science dirai-je, moi; et le côté du fait de l'expédient. Comme le maître avec qui j'ai l'audace de me mettre en contradiction, j'examinerai successivement ces deux faces de la question.

Une invention constitue-t-elle une propriété?

Pour répondre à cette question, il faut rappeler ce que c'est qu'une propriété. Je le ferai, en me plaçant au point de vue de l'économie politique la plus orthodoxe. Une propriété, pour les économistes, — à l'exception de M. Cernuschi, — c'est le produit d'un travail, possédé par le créateur de ce produit ou par ceux à qui il l'a transmis par échange, don ou héritage.

Cette pierre de touche étant dans notre main, je demanderai si une invention représente, pour son auteur, le produit d'un travail. Il me semble que cela ne peut pas être contesté. Or, si une invention est le produit d'un travail, c'est une propriété.

On peut dire que, pour créer ces propriétés, les sommes de travail peuvent ne pas être proportionnelles au revenu, qu'un homme ayant fait une découverte d'une importance considérable peut s'être donné beaucoup moins de mal qu'un autre qui n'aura fait qu'une petite trouvaille. Cela ne prouve rien contre le droit de propriété de l'inventeur. Cela prouve simplement que les dons naturels, le talent en un mot, jouent un rôle dans les inventions. Ils ne le jouent pas que là. Ne voit-on pas des industriels, des agriculteurs se donner moins de peine pour diriger une grande entreprise que d'autres pour une petite? Et conteste-t-on à l'homme le plus capable le profit plus important qui est le produit de son talent ou des circonstances plus favorables? Non. Eh bien! pourquoi le contesterait-on à un inventeur?

Voilà un argument de principe, de métaphysique, de science, dont je regrette que M. Michel Chevalier ne se soit pas occupé.

Mais, dit M. Michel Chevalier, qu'est-ce qu'une propriété qui n'est que temporaire, qui est sujette à déchéance? L'éminent économiste me paraît avoir confondu le point de théorie métaphysique et la forme pratique que lui ont donné les législateurs. Le même argument pourrait être invoqué contre les autres espèces de propriété et notamment contre la propriété littéraire et artistique, pour laquelle M. Michel Chevalier professe un respect qu'il refuse à la propriété des inventions. De ce que la loi est mal faite, il ne résulte pas que le droit qu'elle constate n'est pas fondé.

Mais je vais plus loin; je prétends expliquer comment il se fait que la temporanéité de la propriété des inventions n'est pas contradictoire avec le principe absolu de la propriété.

Pour donner cette explication, il est nécessaire que j'entre dans quelques considérations d'économie politique relatives à la propriété. Quand on étudie les maîtres de l'économie politique, comme quand on examine la question de la propriété en pratiquant la méthode de Descartes, le doute expérimental, l'écart absolu, on arrive à cette opinion: qu'il y a deux espèces de propriétés co-existantes: la propriété *commune*, qui a pour objet les agents naturels, — les utilités gratuites, comme dit Bastiat, — et la propriété *individuelle*, laquelle a pour objet le produit du travail des êtres humains, les utilités onéreuses, pour continuer à employer le langage de Bastiat.

Ces deux espèces de propriétés, distinctes au point de vue métaphysique, sont intimement liées en fait. En effet, sur quoi peut s'exercer le travail si ce n'est sur les agents naturels? A quoi peut s'incorporer l'utilité onéreuse si ce n'est à l'utilité gratuite? Cette intime association est attestée par une loi qu'on a été obligé de faire dans tous les pays civilisés : la loi d'expropriation pour cause d'utilité publique. Si la société, c'est-à-dire la communauté des êtres humains, n'avait pas un droit sur les utilités gratuites contenues dans un champ, dans une maison, — le droit de domaine éminent, — ce serait une monstruosité que de s'emparer, même dans l'intérêt public, de ce champ, de cette maison. Qui oserait cependant prétendre que c'en est une? Sans doute, on peut dire qu'on indemnise le propriétaire, mais s'il ne voulait pas être indemnisé? s'il voulait garder sa propriété? En réalité, lorsqu'il y a expropriation, il se produit un phénomène dont voici la théorie : « La société dit à un individu : J'ai besoin de tels et tels agents naturels dont tu es détenteur. Comme ils m'appartiennent je les prends. Seulement, comme à ces agents naturels se trouvent associés des produits de travail qui t'appartiennent et qui ne peuvent en être séparés, je te donne l'équivalent en valeur de ces produits. »

Pour compléter cette démonstration, je dirai : que les agents naturels ou utilités gratuites, qui forment l'objet de la propriété commune et indivise de tous les êtres humains, ne consistent pas seulement dans le *substratum* des terres cultivables, dans la matière des produits industriels : qu'ils consistent aussi dans les lois naturelles qui régissent les combinaisons de ces agents et dans les idées que la vie en société a fait éclore dans le cerveau des êtres humains.

Ces points, que je ne crois pas qu'aucun économiste puisse contester, étant établis, revenons à la question des inventions. Dans une invention que voyons-nous? Ce que nous voyons dans les produits de tout travail humain : une certaine somme d'agents naturels, — dans le cas présent, des lois physiques ou chimiques régissant les rapports de la matière, et une certaine somme de travail humain.

De cette identité de conditions avec les autres propriétés résulte à l'égard de la propriété intellectuelle industrielle une égalité de droits de la part de la société. La société a le droit, dans un cas comme dans l'autre, de pratiquer l'expropriation si l'intérêt public l'exige.

Or, c'est justement ce qu'elle fait en n'admettant, par les brevets d'invention, qu'un droit de propriété temporaire et en instituant des cas de déchéance. Comme compensation de la propriété dont elle dépouille l'inventeur, la loi accorde, ou du moins est censée accorder une indemnité équitable. Cette indemnité c'est le monopole, non d'exploitation comme on pourrait le croire, mais d'invention. En effet si, ainsi que le rappelle M. Michel Chevalier, un individu poursuivi pour contrefaçon par un inventeur prouve qu'il avait lui-même inventé le système breveté avant celui qui a obtenu un brevet, il est autorisé à continuer l'usage de ce système. Mais si, au contraire, la réinvention est postérieure à la date du brevet, lors même que le réinventeur établirait sa bonne foi, il est considéré comme contrefacteur.

La situation *métaphysique* est celle-ci : la société a l'obligation de protéger l'inventeur qui a créé une propriété. D'autre part, elle a l'obligation d'assurer à tous ses membres la même somme de droits et notamment, dans le cas qui nous occupe, le droit d'inventer. Or, si elle doit protéger un inventeur contre les contrefacteurs, c'est-à-dire contre les voleurs, elle ne peut lui accorder un privilége sur tous les autres inventeurs qui pourront faire la même découverte que lui. '

Si les inventions pouvaient toujours être exploitées dans un atelier clos et couvert où l'inventeur aurait la faculté d'entrer seul, les deux obligations seraient conciliables et l'on pourrait même accorder aux inventeurs la pérennité de leur propriété. Seulement, cette condition est neuf fois sur dix impossible à remplir. Quand l'invention consiste en un produit, pour qu'elle donne un profit il faut que ce produit ait des consommateurs, soit offert au public, par conséquent le secret est impossible. Quand elle consiste dans un procédé industriel, il faudrait que ce procédé pût être exploité par un homme seul, ce qui est un cas très-rare. Allez donc exploiter un chemin de fer, un bateau à vapeur, un télégraphe, etc., à vous seul !

D'un autre côté, si l'invention est rendue publique, comment le magistrat chargé d'appliquer la loi protectrice des inventeurs et des autres citoyens distinguera-t-il le contrefacteur du réinventeur réel?

Telles sont les causes qui ont imposé au législateur l'obligation de recourir, relativement à la propriété intellectuelle d'ordre in-industriel, au système de l'expropriation pour cause d'utilité publique. Il a donné pour indemnité à l'inventeur le droit d'être seul inventeur pendant un temps déterminé, et de tirer par conséquent tous les profits de l'invention. Au bout de ce temps, la société rentre en possession des utilités gratuites dont elle avait aliéné, pour un temps, l'usage entre les mains de l'inventeur, et elle devient en même temps propriétaire du produit du travail de l'inventeur.

Je crois avoir démontré, par ce qui précède, le droit de propriété de l'inventeur et établi, en même temps, par conséquent, que la négation de ce droit mène en ligne directe au communisme. C'est là une conséquence que n'a probablement pas aperçue M. Michel Chevalier, mais que je suis obligé de faire ressortir.

Passons maintenant à la question de fait, c'est-à-dire à l'examen des lois qui, dans divers pays et notamment en France, régissent les inventions. Sur ce terrain, je suis absolument d'accord avec

M. Michel Chevalier. J'accepte presque toutes les critiques qu'il formule, et j'en ajoute d'autres. Ici encore, il faut distinguer : il y a une question de principe et une question de fait. La question de principe est celle-ci : les lois sur les brevets d'invention, qui sont en général conformées sur le modèle anglais, et qui ne diffèrent de lui et entre elles que sur des détails, ont-elles mis en pratique le meilleur moyen de concilier l'intérêt social et l'intérêt individuel.

A cette première question, je réponds non. On a commis, dans les législations sur les inventions, la grave erreur de confondre le monopole d'exploitation avec le monopole d'invention. On accorde à l'inventeur le privilége de mettre en valeur sa découverte au lieu de celui de profiter seul du bénéfice de cette découverte.

Je m'explique. Lorsqu'une pièce de théâtre a été jouée à Paris, tous les directeurs des théâtres de la province et de l'étranger ont, en fait, le droit de la faire jouer, — sauf exception, — moyennant le paiement d'une redevance à l'auteur. Il y a, dans ce cas, monopole, privilége des bénéfices d'invention, et il n'y a pas privilége d'exploitation.

A mon avis, le système du privilége d'exploitation est mauvais, et voici pourquoi :

1º Pour une raison psychologique. Il est très-rare qu'un inventeur ait des facultés d'industriel. C'est un artiste qui poursuit avec passion une œuvre jusqu'à ce qu'il l'ait menée à bonne fin, mais qui, le résultat atteint, passe à une autre avec une passion égale. Le plus souvent, il manque des qualités de méthode et de sangfroid qui sont indispensables à l'homme d'affaires.

2º L'inventeur est, en général, un pauvre diable qui n'a pas de capitaux et qui, dans le débat qui s'établit entre lui et le capitaliste commanditaire, est, le plus souvent, dépouillé de ses droits.

3º L'inventeur en général inspire peu de confiance et il n'est pas rare que de véritables inventions, qui auraient grandement contribué au progrès de l'industrie, ne soient pas mises en exploitation et retombent dans le néant, d'où elles ne sortiront peut-être que pour servir à la spoliation d'un réinventeur.

4º La société, en aliénant pour quinze ou vingt ans la propriété de certains agents naturels, lèse ses propres intérêts. Il serait bien plus rationnel de combiner dès l'origine de l'invention l'entrée dans le domaine public et la légitime rémunération de l'inventeur.

Est-il possible de faire cette combinaison? Incontestablement, et j'ai indiqué plus haut la manière de l'opérer. Pourquoi la loi ne dirait-elle pas : « Tout le monde aura le droit de se servir d'une invention à la condition de payer une redevance à l'inventeur. »

Mais, dira-t-on peut-être, quelle redevance? Comment la déterminer? Ce sont là des points de détail, des points d'organisation qui seraient résolus facilement si le principe était admis. Dans un mémoire qui a été couronné en 1872 par la Société industrielle d'Amiens (1), j'ai d'ailleurs indiqué les moyens.

Ce système aurait l'avantage de n'obliger l'inventeur ni à exploiter lui-même son invention, ni à chercher un commanditaire. Il suffirait que le gouvernement ou un particulier publiât un journal contenant la description des inventions brevetées. L'industriel qui verrait dans ce journal l'indication d'un procédé pouvant lui être utile, n'aurait qu'à faire à la mairie de sa commune la déclaration qu'il veut utiliser cette invention en se conformant à la loi et en payant la redevance stipulée. Celui qui mettrait en œuvre une invention sans avoir fait ladite déclaration serait traité comme un voleur, et ce serait justice.

Quant aux avantages que la société retirerait de ce système, ils sont évidents : les inventions produiraient tout de suite *leur plein* effet, moins la charge de la redevance à payer à l'inventeur pendant un temps déterminé.

Que l'on examine bien le système que je propose, et l'on verra qu'il ferait disparaître les abus que M. Michel Chevalier signale.

Aux imperfections de la loi sur les brevets d'invention qu'indique M. Michel Chevalier, j'ai dit qu'on pouvait en ajouter d'autres. Est-il, par exemple, compréhensible que la loi permette d'accorder des brevets de perfectionnement à d'autres personnes qu'au premier inventeur, et qu'en même temps elle *interdise* à l'auteur du perfectionnement de se servir du principe de l'invention qu'il perfectionne? Comment peut-on perfectionner une invention en laissant de côté son principe? Des inconséquences de cette force ne font pas l'éloge du législateur. ·

Autre point. N'est-il pas... inconcevable que la loi établisse la confiscation de la propriété de l'inventeur si, à jour dit, d'avance, sans qu'il ait été prévenu, il n'a pas payé son impôt de 100 fr. par an ?

Pourquoi n'applique-t-on pas au contribuable pour fait d'invention... j'allais dire pour crime d'invention, la règle qui sert pour tous les autres?

Pourquoi ne l'avertit-on pas quand il va avoir à payer, une fois, deux fois, trois fois ?

Pourquoi ne le poursuit-on pas, ne saisit-on pas sa propriété, ne la vend-on pas? Si le propriétaire-inventeur voulait éviter les

_____

(1) Guillaumin, éditeur.

poursuites sans payer, il n'aurait qu'à déclarer, en réponse à l'avertissement, qu'il fait cession de sa propriété au domaine public.

Pourquoi on ne fait pas cela? Parce qu'il y avait parmi les législateurs qui ont fait la loi beaucoup d'hommes, qui, ainsi que M. Michel Chevalier, considéraient l'inventeur comme un simple *trouveur*, comme un heureux coquin qui, en se promenant, a rencontré au bout de sa canne un diamant de prix. Comme ce diamant doit être utile à la société, et que si celui qui le trouve n'avait aucun intérêt dans sa trouvaille, ledit diamant ne serait pas ramassé, la société concède un droit de propriété temporaire au *trouveur*, mais en même temps elle entoure sa concession de toutes sortes de restrictions destinées à amener le plus tôt possible la prise de possession par le domaine public.

Or cette idée est fausse, car une invention est une propriété, ainsi que je l'ai démontré, parce qu'elle est le produit d'un travail. Il y a donc lieu d'entourer cette propriété des mêmes garanties que les autres. Que penserait-on d'une loi qui dirait: Lorsque le propriétaire d'une maison n'aura pas payé d'avance ses impôts, — sans même qu'il ait été averti du jour de l'échéance, — tout le monde pourra entrer dans sa maison et s'y installer? On dirait que c'est monstrueux.

Une autre imperfection, que d'ailleurs M. Michel Chevalier signale, mais sur laquelle il n'insiste pas assez à mon avis, réside dans l'incompétence des juges et des avocats chargés de prononcer et de plaider sur les questions industrielles. Il y a, dit-on, les experts. Mais les juges peuvent ne pas renvoyer devant les experts, ils peuvent également ne pas tenir compte du rapport de ceux-ci; les experts peuvent être eux-mêmes incompétents. J'ai connaissance d'un procès sur une question de tissage où figura comme expert un ingénieur de chemin de fer. La loi de 1791 avait institué une sorte de jury industriel auquel il serait bon de revenir en le perfectionnant. J'ai également touché ce point dans le mémoire dont j'ai parlé.

Une autre imperfection encore réside dans la faculté qui est laissée à l'inventeur de permettre à un contrefacteur, souvent inconscient, de développer son exploitation pour pouvoir ensuite réclamer de plus gros dommages-intérêts. Quand l'inventeur est averti de l'existence d'un procédé donnant les mêmes résultats que le sien, il devrait y avoir prescription si, dans un délai donné, il n'avait pas poursuivi.

Enfin, je terminerai cette énumération par l'indication de la différence qui existe au point de vue international, entre les inventeurs, d'une part, et les littérateurs artistes et propriétaires de marque de fabrique, d'autre part. Les derniers voient leur droit reconnu partout pour l'unique raison qu'il l'est dans leur propre pays. Les premiers sont obligés, s'ils veulent se trouver dans des conditions analogues, de prendre des brevets dans tous les pays, ce qui est fort cher et souvent très-difficile. Pourquoi n'établirait-on pas des traités internationaux pour la protection des inventions? Avec le système de protection que j'ai indiqué cela ne serait dommageable pour personne. Invoquera-t-on la perte qui pourrait en résulter. En France, pays où l'on fait beaucoup d'inventions, le produit de la taxe des brevets est au nombre des plus petits impôts. Elle rapporte, je crois, un million et demi. Législateur, je voterais sans scrupule son abolition complète.

Je crois, mon cher rédacteur en chef, avoir établi qu'une invention est une propriété contrairement à l'opinion de M. Michel Chevalier. D'où il résulte qu'il faut maintenir une *loi* sur les brevets. D'autre part, j'ai critiqué la forme actuelle de protection accordée par la loi, dans son principe et dans ses détails. J'espère que, par suite de l'importance du *Journal des Économistes*, le congrès international qui va se réunir à l'occasion de l'Exposition et auquel d'ailleurs je me propose de prendre part, tiendra compte de mes observations et formulera des demandes de réformes radicales.

Agréez, je vous prie, etc.

CHARLES-M. LIMOUSIN.

BULLETIN

—

SITUATION DES FINANCES DE LA FRANCE. — LE COMPTE
DE LIQUIDATION.

(*Discours de M. Léon Say dans la séance du 28 mai 1878, dans la discussion relative aux fonds du 3 0/0 amortissable.*)

J'aurais pu dire à M. Chesnelong que nous sommes en présence d'un projet de loi spécial, que nous avons à nous occuper simplement d'une annuité de 25 millions à porter au budget; j'aurais pu, en conséquence, me contenter de chercher si cette annuité peut être inscrite en dépenses sans troubler l'équilibre. J'aurais pu également dire à M. Chesnelong que nous n'avons pas à nous occuper de la question des chemins de fer; que nous avons à nous occuper uniquement d'un mode de paye-

ment ; que, les Chambres ayant constitué créanciers de l'Etat un certain
nombre de compagnies de chemins de fer pour une somme de 300 et
tant de millions, nous n'avons plus en ce moment qu'à chercher le
moyen le plus économique de faire honneur à nos engagements.

M. Chesnelong a cru que la question devait être étendue, et je le suivrai avec plaisir sur le terrain qu'il a choisi, parce qu'il me semble
avoir aperçu chez quelques membres de cette Assemblée des inquiétudes qui sont, à mon idée, sans fondement, et que je voudrais dissiper
par quelques explications.

Notre situation budgétaire est très-belle. M. Chesnelong l'a reconnu.
Le budget de 1878 est aisé. Le budget de 1879, malgré les critiques qu'il
a subies, est également aisé, puisqu'il comporte un amortissement de 85
à 86 millions; mais je reconnais que nos vues doivent porter plus loin,
et quoiqu'il soit peut-être puéril de vouloir établir les budgets de l'avenir pendant une longue période de temps, il est cependant de notre devoir de déterminer, aussi exactement que nous le pouvons, la situation
que nous laisserons à nos successeurs.

La situation actuelle est compliquée et ne paraît difficile que parce
que nous avons à tenir compte de deux vastes opérations qui ne sont pas
liquides : le remboursement de l'avance faite à l'Etat par la Banque
de France, et le compte de liquidation ouvert pour la reconstitution de
nos armements militaires.

Lorsqu'en 1871 l'Assemblée nationale a dû se demander comment on
pourrait faire face à tous les besoins, on a laissé volontairement de côté
3 milliards d'emprunts à faire, qu'on n'a point faits et qui étaient nécessaires.

Pour être dans une situation liquide, pour faire face à tout ce que
nous avions à payer, nous aurions dû augmenter nos emprunts de 3 milliards, et si cela avait eu lieu à cette époque, nous ne serions pas aujourd'hui en présence d'un certain nombre de problèmes qui ont l'air
compliqué et qui se posent nécessairement.

On a bien fait cependant de restreindre à six le nombre si élevé de
milliards que nous avions à demander au crédit public. On a pensé que,
par des sacrifices très-considérables, il est vrai, mais très-bien compris
alors par le pays, nous pourrions réduire cette somme énorme d'argent
dont nous avions absolument besoin. On a établi 750 millions d'impôts,
— tel est du moins le chiffre pour lequel les impôts nouveaux figuraient au budget de 1877, et tel est approximativement encore celui pour
lequel ils figurent au budget de 1878. — Ces impôts, on les a établis de
manière à faire face non-seulement aux charges des grands emprunts
de la guerre, mais encore à l'amortissement des avances qui avaient été
demandées à la Banque de France.

En sus de ces remboursements à faire à la Banque, nous avions à faire face aux dépenses du compte de liquidation, c'est-à-dire aux dépenses nécessitées par la reconstitution de notre armement militaire. C'était une autre somme de 1,500 millions qu'on n'a pas pu faire entrer alors dans les prévisions par des raisons auxquelles M. Varroy faisait allusion tout à l'heure, et aussi parce que, en 1871, on ne connaissait pas exactement le chiffre auquel seraient portées ces dépenses.

Aujourd'hui nous le savons ; nous savons ce qu'est devenu le compte de la Banque : nous touchons au terme du remboursement ; nous savons exactement ce qu'est le compte de liquidation ; et ces deux grandes opérations qui ont pu obscurcir notre situation et la rendre sinon difficile, du moins très-compliquée pendant quelques années, sont aujourd'hui très-claires.

Nous savons que la Banque de France va être remboursée ; nous savons que le compte de liquidation est un compte qui, dans sa seconde partie, monte à la somme de 1,500 millions ; nous savons qu'une partie des sommes nécessaires à cette dépense ont été déjà recueillies et qu'il nous en reste à recueillir d'autres pour un montant déterminé.

Nous pouvons donc dire aujourd'hui très-clairement ce qu'il était auparavant difficile d'exposer avec précision.

Pour les avances de la Banque de France, la somme que nous devions était de 1 milliard 500 millions. Nous avons d'abord consacré 200 millions par an au remboursement ; puis, comme cette somme a paru trop lourde pour les facultés du budget, nous l'avons réduite à 150 millions par an ; et enfin, avec ces 200, puis ces 150 millions, nous avons pu successivement payer à la Banque de France toutes les échéances de notre traité, y compris l'échéance de 1878, puisque j'ai au budget un crédit de 150 millions, sur lequel je fais tous les trois mois un versement d'environ 37 millions et demi à la Banque de France.

Nous touchons au terme ; une seule annuité restait à prévoir lorsque le budget de 1879 a été mis à l'étude. C'était la dernière, et elle montait à 150 millions.

Nous avons remboursé cette dette ; mais il est vrai que nous en avons contracté d'autres. Je crois néanmoins qu'il était très-nécessaire de rembourser la Banque de France. Et quoiqu'il pût sembler singulier de rembourser d'un côté, tandis qu'on empruntait de l'autre, il y avait de tels avantages économiques à se libérer envers la Banque de France, que nous ne devons pas nous repentir de cette substitution. (Approbation à gauche.)

Nous avons remboursé la Banque de France un peu sur le découvert. Les premiers exercices sur lesquels on a imputé les 200 millions ne se sont pas réglés en équilibre. Nous avons ensuite pu continuer les remboursements en ne portant pas dans le budget un certain nombre de dépenses que nous avons fait supporter à des fonds d'emprunts, comme, par exemple, les sommes que nous avons remboursées aux départements, les indemnités que nous avons données à la ville de Paris, les dédommagements que nous avons offerts aux personnes dont les propriétés ont subi des dommages pendant le second siége de Paris. Au lieu de payer ces dépenses sur les fonds du budget, nous les avons payées en empruntant, ce qui nous a donné dans les fonds du budget une liberté dont nous avons profité pour continuer les remboursements à la Banque de France.

Aujourd'hui, comme je le disais tout à l'heure, nous ne sommes plus en présence que d'un dernier remboursement de 150 millions à faire pour achever la liquidation de l'avance totale. Nous pouvions donc envisager, au moment où il s'agissait de préparer le budget de 1879, la situation qui nous serait faite à partir de l'année 1880. A partir de 1880, en effet, cette charge annuelle de 150 millions qui a pesé sur nos budgets cesserait d'être inscrite en dépense. A partir de 1880, nous devions avoir 150 millions de moins à payer : c'était un excédant de ressources qui apparaissait. Que devions-nous en faire? Telle était la question qui se posait nécessairement.

Fallait-il les employer à liquider le compte des armements militaires, comme nous avions liquidé le compte de la Banque de France? fallait-il les employer à augmenter les crédits de certains services insuffisamment dotés? fallait-il les employer à diminuer des impôts? fallait-il, enfin, les employer à faire ce que j'appellerai une troisième opération après celle des 1,500 millions de la Banque et celle des 1,500 millions du compte de liquidation? C'est de cette manière que ce problème se posait devant nous.

La première question, celle qui s'imposait et que l'on devait examiner tout d'abord, c'était la question de savoir si les 150 millions devenus libres devaient être affectés aux dépenses du compte de liquidation ou à l'amortissement des ressources créées pour ce compte, de même qu'ils avaient été affectés, pendant huit ans, à liquider le compte de la Banque de France. Et alors, il a fallu, —comme vous devrez le faire après moi, — que j'examine avec le plus grand soin la situation du compte de liquidation et les charges qu'il impose aux budgets actuels ou qu'il léguait aux budgets prochains.

Je ne parle en ce moment que de ce que nous avons appelé le second compte de liquidation. L'ensemble de l'opération était, vous le savez, de 2 milliards; sur cette somme, 500 millions ont été pris en partie sur le reliquat des grands emprunts et en partie sur le reliquat de l'emprunt fait à la Banque de France. Ces 500 millions ont constitué le premier compte de liquidation. Nous avons mis dans une bourse ces 500 millions qui nous étaient restés dans les mains après les emprunts de 1871 et 1872, et nous les avons épuisés dans les dépenses du premier compte de liquidation. Cette !première opération s'est donc trouvée, pour ainsi dire, liquidée.

Mais la seconde partie du compte de liquidation, soit 2 milliards moins 500 millions, c'est-à-dire 1 milliard 500 millions, n'avait aucune espèce de dotation préparée à l'avance. Nous avons dû chercher quelles ressources nous pourrions y appliquer et nous avons conçu cette hypothèse que 150 millions devaient être annuellement employés à les couvrir jusqu'à complet amortissement, après que la Banque de France aurait été satisfaite. C'est ce second compte de liquidation qu'il faut aujourd'hui étudier à fond pour savoir quelles charges il impose aux budgets qui vont se succéder pendant un certain nombre d'années.

Je diviserai encore ce second compte de liquidation en trois autres parties égales à quelques millions près; car, puisque nous raisonnons sur de grosses sommes, il vaut mieux prendre pour être plus clair des chiffres ronds, qui sont d'ailleurs très-rapprochés de la vérité mathématique.

Le second compte de liquidation s'élève, pour les dépenses prévues, à 1,500 millions ; 500 millions ont été votés par les Chambres et 500 millions ont été par contre préparés à titre de ressources pour y faire face : voilà le premier tiers pour lequel nous avons des crédits et des ressources. Ce premier tiers est à peu près dépensé, je crois même qu'il l'est entièrement à l'heure où je vous parle. Pour le second tiers de 500 millions, les crédits ont été ouverts par les Chambres, mais les ressources n'ont pas encore été réalisées; le ministre des finances est toutefois autorisé par des lois votées par les deux Chambres à réaliser ces ressources jusqu'à concurrence de ces 500 millions dans les mêmes conditions que le premier tiers, c'est-à-dire au moyen de bons à long terme.

Reste enfin la troisième partie, le dernier tiers, les 500 derniers millions pour lesquels vous n'avez encore émis aucun vote, qui sont à voter comme crédits et comme ressources : nous vous présenterons successivement des demandes de crédits en 1879, 1880 et 1881, en même temps que nous vous présenterons ces demandes de crédits, nous vous demanderons l'autorisation de créer des ressources correspondantes dans des formes que vous aurez à déterminer.

Je ne m'occupe pas en ce moment de ce dernier tiers pour lequel vous aurez à prendre des résolutions successives dans les années qui vont venir.

De même que nous avons été autorisés à créer des ressources pour le premier tiers, nous sommes autorisés à en créer pour le second, comme je viens de le dire, au moyen de bons du Trésor qui constituaient en réalité des assignations sur le prochain budget, ainsi que l'a dit tout à l'heure l'honorable M. Chesnelong, qui devaient être remboursés sur des crédits budgétaires, et non pas au moyen de renouvellements, comme c'est le cas pour les bons ordinaires de la dette flottante. Au moment où nous sommes, nous avons déjà assigné 150, 100 et 60 millions sur chacun des exercices 1880, 1881, 1882 et 1883. Nous l'avons fait jusqu'à concurrence de 483 millions, et nous n'avons, par conséquent, encore rien fait pour le deuxième tiers, pour les seconds 500 millions.

Si les 150 millions qui doivent devenir libres en 1880 étaient restés affectés à cette dépense, nous aurions payé les bons émis sur 1880 avec ces 150 millions, et ainsi de suite, et nous aurions pu émettre d'autres bons pour le second tiers, dont les échéances auraient pris la suite des bons du premier tiers.

Je dois dire, — je crois que c'est une parenthèse qu'il est nécessaire que j'ouvre, — je dois dire que les fonds ont été fournis au Trésor en partie par le public, en partie par la caisse des dépôts et consignations, sur les fonds des caisses d'épargne. Nous avons demandé au public de nous prendre les premiers bons au taux de 5 p. 100 ; il y a eu une telle affluence de demandes que j'ai été obligé d'abaisser immédiatement le taux à 4 1/2 p. 100, afin qu'on ne vînt pas nous apporter des capitaux trop considérables. A 4 1/2 p. 100, les demandes sont encore arrivées, et dans des proportions telles, que j'ai été obligé d'abaisser encore le taux d'intérêt. A 4 p. 100, les demandes se sont un peu ralenties, mais il n'y a pas de jour où l'on ne vienne souscrire à ce taux de 4 p. 100 des sommes quelquefois peu importantes, mais quelquefois aussi assez fortes. Le produit n'est cependant pas très-considérable pour le Trésor, et, afin d'alimenter nos caisses, afin de fournir aux demandes du département de la guerre, nous aurions peut-être été obligés de relever de 4 à 4 1/4 p. 100 le taux de l'intérêt, lorsqu'il s'est produit un phénomène qui, avec tant d'autres, atteste la richesse de notre pays et sa puissance financière : ce phénomène, c'est l'augmentation considérable, et sans précédent chez nous, des dépôts des caisses d'épargne. Les caisses d'épargne, vous le savez, versent leurs fonds à la caisse des dépôts et consignations. Comme la caisse des dépôts est obligée de servir des intérêts aux caisses d'épargne, elle est bien obligée, de son côté, de faire valoir les fonds.

Elle les verse donc en compte courant au Trésor, et ce compte courant est productif d'un intérêt de 4 p. 100 au profit de la caisse des dépôts.

Le compte courant du Trésor a grossi dans une proportion tellement considérable, que la dette flottante aurait été surchargée des intérêts qu'il y aurait eu lieu de payer. Le Trésor eût été, d'ailleurs, si on avait continué, trop riche d'argent, et son compte de dépôt à la Banque de France aurait été démesurément élevé. Il y avait donc un ou plutôt deux partis à prendre. Le premier parti à prendre était de demander à la caisse des dépôts d'acheter des valeurs permanentes, de retirer son

argent du compte du Trésor, et de l'employer dans un placement définitif. Quelles étoient ces valeurs que la caisse des dépôts devait acheter?

La caisse des dépôts fait ordinairement ses placements en rente. Mais
des placements en rente, pour employer des fonds qui peuvent être re-
demandés du jour au lendemain, présentent des inconvénients qui ont
été très-sensibles après la crise de 1870 et 1871.

Lorsque la caisse des dépôts a voulu faire, à cette époque, son bilan
en ce qui concernait les fonds des caisses d'épargne, elle a trouvé que
si elle comptait ses rentes au cours de la Bourse, son actif était inférieur à ce qu'elle devait aux caisses d'épargne.

C'est d'ailleurs un inconvénient qui s'est produit toutes les fois que
des fonds de caisses d'épargne ont été placés en rentes sur l'État sur
une grande échelle. On l'a vu en Angleterre comme en France. J'ai dû
porter, dès 1873, mon attention sur ce point. C'est alors que j'ai demandé à la caisse des dépôts de prendre, en échange de ses rentes, des
annuités à longs termes qui ont été créées par le Trésor en vue de la
conversion de l'emprunt Morgan.

La caisse des dépôts a reçu ces annuités et a versé en échange au Trésor des rentes qu'elle possédait et qui ont été offertes moyennant une
soulte aux porteurs de l'emprunt Morgan; vous savez que cette soulte
a constitué un profit pour le premier compte de liquidation.

C'était un excellent placement pour la caisse des dépôts que des annuités du Trésor; mais le Trésor n'en avait plus à lui offrir lorsque le
compte courant s'est accru, comme je l'ai dit, dans des proportions inconnues jusqu'alors.

C'est à ce moment que j'ai remis à la caisse des dépôts, non plus des
annuités à 39 ans, mais des obligations à court terme, c'est-à-dire des
bons du Trésor à cinq ou six ans d'échéance.

La caisse des dépôts s'est donc trouvée prendre, pour opérer le placement des fonds de caisses d'épargne, ces fameux bons du compte de
liquidation.

La caisse des dépôts a pris une première fois 100 millions pour alléger son compte courant au Trésor. Mais le compte courant, à peine allégé,
s'est reformé et a dépassé de nouveau 100 millions. La caisse des dépôts
a encore souscrit des bons pour une somme nouvelle. Sur 483 *millions*
de bons à long terme, que nous pouvons appeler également *de petites
obligations à court terme*, la moitié se trouve à la caisse des dépôts qui,
pour ce placement, reçoit comme intérêt des bons le même intérêt qu'elle
recevait auparavant sur son compte courant, c'est-à-dire 4 p. 100; et
c'est ainsi que j'ai pu maintenir le taux de 4 p. 100 et m'alimenter
suffisamment à ce taux pour ne pas être obligé de le baisser.

Il est avantageux, messieurs, de poursuivre ce système; sur les 500
millions pour lesquels j'ai l'autorisation de créer des bons à long terme

ou, si l'on veut, des obligations à court terme, je pense que je pourrai, au fur et à mesure que les comptes courants de la caisse des dépôts augmenteront, remettre à la caisse ces obligations à court terme pour transformer son compte courant.

Si ces obligations à court terme devaient être réellement assignées sur le budget, elles seraient éteintes dans un temps assez rapproché ; mais si elles ne doivent pas être remboursées sur les budgets, il n'en est pas moins bon qu'elles existent pour nous laisser la faculté, la possibilité de faire des amortissements au fur et à mesure des échéances. C'est une manière de poser à chaque échéance la question de savoir si on amortira et combien on amortira.

Nous ne voulons pas abandonner cet espoir qu'indiquait tout à l'heure l'honorable M. Varroy, d'amortir dans un délai plus ou moins court les bons du Trésor à long terme.

Je crois qu'en portant à 1 milliard la portion du compte de liquidation qui sera représentée par des bons, nous aurons là une réserve dans laquelle nous pourrons faire mouvoir notre amortissement avec plus ou moins de force, suivant les facultés qui resteront aux budgets de l'avenir.

Il ne reste plus qu'à décider ce que nous croirons devoir faire pour les 500 derniers millions de ressources à créer plus tard pour faire face aux crédits qui ne sont point ouverts.

C'est au moment où les questions relatives au compte de liquidation se posent devant nous que nous avons dû étudier la nécessité d'introduire dans le budget des charges nouvelles par suite du rachat des compagnies que vous savez ; et que nous avons dû chercher comment, dans l'avenir, le budget pourrait supporter des charges nouvelles par suite du développement de certains travaux publics ; M. Varroy a expliqué tout à l'heure la solution à laquelle nous nous sommes arrêtés : nous consacrons chaque année une somme considérable pour remboursement à la Banque de France ; nous consacrons chaque année une somme toujours plus forte aux intérêts des bons du compte de liquidation ; cet ensemble de crédits ouverts au budget sert à payer des intérêts d'emprunts, et à amortir des emprunts, constitue donc la dotation d'un emprunt à court terme avec un gros amortissement, ou la dotation d'un emprunt plus fort avec plus d'intérêts à servir et moins d'amortissement.

En d'autres termes, nous pouvons transformer une partie de ces réserves qui constituaient des fonds d'amortissement en fonds d'intérêts et nous procurer par l'allongement de l'amortissement des capitaux beaucoup plus considérables. C'est ce que nous avons entrepris sur une échelle restreinte dans le budget de 1879, c'est ce que nous avons été obligés de faire pour pouvoir faire entrer dans le budget la charge de 25 millions que nous discutons en ce moment.

Le problème que nous avons eu à résoudre était celui-ci : étant donné que nous avons à notre disposition un crédit de 150 à 170 millions, — si vous le voulez j'aborderai plus tard la question qui a été soulevée par l'honorable M. Varroy, relativement à l'abaissement de la réserve de 170 à 150 millions, — nous pouvons, en appliquant une somme moins forte à l'amortissement, nous procurer un capital plus élevé. Nous l'avons fait pour le rachat des compagnies secondaires, nous l'avons fait pour les 25 millions et il en est résulté que notre dotation d'amortissement ayant été réduite d'autant, nous sommes obligés de prévoir un délai plus allongé pour amortir ce qui reste du compte de liquidation.

Ce système, dans lequel nous sommes entrés, est donc dans une mesure que nous aurons à apprécier et dans une quotité qui *devra être déterminée* chaque année, le système de la consolidation du compte de liquidation, ce qui ne veut pas dire une consolidation *immédiate* du compte total, de 1 milliard 500 millions de francs ; nous nous *réservons* une somme de 1 milliard sur laquelle nous effectuerons le plus grand nombre possible de remboursements, et nous ne consoliderons d'abord que ce que j'appellerai les crédits futurs : seulement c'est bien par des consolidations successives que nous pourrons nous procurer les ressources qui seront jugées nécessaires pour entreprendre des travaux publics.

Est-ce là faire des travaux sur les plus values, comme on l'a dit ? Point du tout. C'est faire des travaux en transformant un crédit ouvert pour des intérêts ; c'est rejeter, je le reconnais, sur l'avenir une partie des charges de notre situation actuelle ; mais, comme en même temps que nous rejetons sur l'avenir une somme plus ou moins considérable de charges, nous dotons le pays d'instruments qui serviront à l'avenir. (Très-bien ! à gauche), je crois que nous sommes justifiés et que nous faisons une opération utile et conçue raisonnablement. Mais, pour les raisonnements de cette nature et pour les combinaisons de cet ordre, il est nécessaire de garder une juste mesure. Il est évident qu'une opération comme celle dont je parle, si elle était poussée à l'extrème, deviendrait absurde, et qu'elle n'est acceptable qu'à la condition *d'être* maintenue dans une mesure raisonnable. (Vive approbation à gauche.)

Cette mesure, saurons-nous la garder ? Je m'aperçois bien que c'est parce qu'on craint que cette mesure ne soit pas gardée que quelques inquiétudes se sont manifestées. (Oui ! oui ! à droite.)

Je ne crois pas pourtant que ces inquiétudes soient aussi grandes que nous pourrions nous l'imaginer à entendre certains discours et à suivre certaines discussions qui ont lieu en dehors de cette Chambre. Et la preuve, c'est que, quoique l'attention du public ait été maintes fois de-

puis plusieurs mois appelée sur le danger d'opérations qui seraient
excessives, jamais le crédit public n'a été été, je puis le dire, aussi
extraordinairement élevé qu'à présent. (Adhésions à gauche.) Cette inquiétude ne se manifeste nulle part. Tout le monde sait que dans des
entreprises de ce genre on pourrait manquer de mesure, mais personne
ne nous en croit capables, puisque nous retrouvons aujourd'hui le crédit de l'Etat à un taux qui était inconnu depuis vingt ans, et qui, je
crois, n'a même jamais été atteint depuis 1854.

Ces inquiétudes, il ne faut donc pas les exagérer. Cependant, c'est
mon devoir de les éprouver; c'est ce que je fais, et je crois qu'un ministre des finances ne doit pas être trop optimiste.

Autant il serait dangereux d'être pessimiste, — je crois que ce serait
un grand danger d'être pessimiste, parce qu'on ne ferait pas ce qu'il
faut faire, — autant il serait absurde d'être optimiste à outrance; sans
être optimiste, on peut se laisser aller jusqu'où il faut aller, et sans
être pessimiste, on peut prendre des précautions.

Je suis d'accord avec l'honorable M. Chesnelong sur ce point : que
des précautions doivent être prises et que la notion du budget n'est pas
dans les esprits aussi claire qu'elle devrait l'être.

Il est certain que ce n'est pas une invention puérile que l'invention
du budget préalable. On a cru que le seul moyen d'avoir des finances
ordonnées, c'était de prévoir à l'avance les recettes et les dépenses, de
manière à savoir à l'avance où on allait. Mais le budget préalable serait détruit si, au cours de l'exercice et au lendemain du jour où on s'est
donné bien de la peine pour balancer les recettes et les dépenses du
budget, l'équilibre en était rompu par des propositions incessantes de
dépenses.

Pour ma part, je l'avoue, je regrette profondément que l'initiative
parlementaire s'exerce en matière de crédits. (Vive approbation sur un
grand nombre de bancs.)

(*Un sénateur à droite.* Vous avez parfaitement raison. — *Un autre sénateur à droite.* En Angleterre, il ne s'exerce pas en cette matière.)

Je crois que c'est un très-grand malheur. Je ne voudrais mettre aucun
obstacle à l'exercice du droit d'initiative parlementaire; mais, comme
on vient de me le faire remarquer de ce côté de l'Assemblé (à droite),
il y a des pays très-libres, très-parlementaires, où cette initiative ne
s'exerce pas en matière de crédits.

En Angleterre, par exemple, les précédents ont établi d'une manière
formelle que l'initiative n'appartient pas aux membres du parlement en
fait de crédits. Il en est de même pour les grandes colonies anglaises,
qui ont, elles, des constitutions écrites dans lesquelles on a inséré des
dispositions formelles à cet égard.

Chez nous, cette restriction ne peut pas être créée de la même façon,

mais il est impossible que l'esprit des Chambres ne soit pas frappé des
inconvénients que je signale, et, ce que nous ne pouvons faire, ni par la
Constitution, ni par la loi, il faut espérer qu'un jour les Chambres le
feront elles-mêmes par voie de règlement.

Nous avons donc un danger contre lequel nous devons nous défendre.
Je demande à tous les membres du Sénat, de même qu'à tous les membres de la Chambre des députés, de m'aider à résister à cette tendance
qui conduit à faire les budgets au jour le jour, car ce n'est vraiment
pas la peine des budgets préalables, si, après que le budget préalable
est voté, on le modifie en cours d'exercice et sans plan arrêté ; c'est donc
qu'on ne veut plus savoir où l'on va !

Je suis donc d'accord avec l'honorable M. Chesnelong sur ce point, que
nous devons résister avec beaucoup de fermeté aux entraînements de la
dépense, mais je crois ne pas trop m'avancer en constatant ici une situation nouvelle des esprits qui se révèle petit à petit et qui s'accentue
tous les jours à la suite de certains votes qui ont été obtenus, de certaines propositions qui ont été produites dans nos Assemblées.

On fait en ce moment des réflexions très-sérieuses et qui ne peuvent
manquer de se traduire très-prochainement dans les faits. Les Chambres
m'aideront, je l'espère, et nous résisterons ensemble à des entraînements qui détruiraient nos finances.

Si ces entraînements ne nous mettent pas dans la situation difficile à
laquelle l'honorable M. Chesnelong faisait allusion, nous nous trouvons
en présence d'un budget qui contient encore pour 1879 une dotation
d'amortissement de 86 millions. Il n'y a pas beaucoup de budgets qui en
contiennent de pareille. C'est là une situation que j'ai le droit d'appeler
favorable, 86 millions formant un écart sur lequel on peut fonder des
opérations très-sérieuses.

Nos finances ne sont, à mon avis, en aucune façon menacées, puisque
nous pouvons dire qu'une dotation d'amortissement aussi considérable
existe dans notre budget sans que son existence soit niée par personne.

Mais il y a un plan de travaux publics ; mais ce plan de travaux publics absorbera les 86 millions, et au-delà. Il y a à faire une dépense de
4 milliards, plus 420 millions, et bien d'autres millions encore, dont
parlait tout à l'heure l'honorable M. Chesnelong.

Je réponds que, du moins, c'est un plan. Et c'est toujours moins dangereux que s'il n'y avait pas de plan du tout ; car si on venait tous les
jours, sans l'avoir bien étudiée à l'avance, vous demander d'entreprendre telle ou telle opération, ne sachant pas où vous iriez, vous iriez
peut-être beaucoup plus loin que vous ne voudriez.

Si, au contraire, un plan vous est soumis, plan que vous discuterez et
dans lequel vous verrez que les chiffres sont moins élevés que vous ne
le pensez, parce que ceux qu'on a articulés devant vous renferment

beaucoup de doubles emplois, alors vous pourrez l'apprécier et en prendre ce que vous jugerez bon.

Ce plan vous fera certainement dépenser beaucoup d'argent, mais il ne faut pas additionner légèrement les gros chiffres; il y a, dans les travaux dont on parle bien des travaux qui sont déjà entamés; et sur les kilomètres de chemins de fer dont il a été question, il y en a beaucoup qui sont d'ores et déjà déclarés d'utilité publique. Mais, je le reconnais, ce plan vous fera dépenser, si on l'exécute, beaucoup d'argent; mais, cet argent, nous ne le dépenserons que dans la mesure dans laquelle nous l'aurons à notre disposition, et on ne pourra pas nous le faire dépenser plus vite qu'il ne faudra.

Lorsqu'il a été question de ces grandes dépenses, j'ai dû m'en préoccuper, non-seulement au point de vue du budget, mais aussi au point de vue du pays. Nous ne pouvons pas demander aux pays des ressources trop considérables qui épuiseraient les capitaux. Nous ne pouvons pas entreprendre des travaux qui rehausseraient d'une façon extraordinaire tous les prix et qui nous mettraient, après que les travaux auraient été achevés, dans une situation difficile et dangereuse. Non, nous ne devons faire de grandes dépenses qu'avec une certaine mesure, tant au point de vue des intérêts économiques du pays, de la circulation et des capitaux qu'au point de vue du budget et de l'équilibre entre les ressources et les dépenses. Mais vous avez remarqué que c'est justement parce que les compagnies de chemin de fer subissent un temps d'arrêt naturel dans leurs dépenses, qu'il s'agit de mettre de nouvelles dépenses aux lieu et place de celles-là, et je ne pense pas que, dans aucun cas, nous puissions demander aux épargnes plus de capitaux et aux chantiers plus de travaux qu'il n'en a été demandé pendant les douze ou quinze ans qui viennent de s'écouler; de sorte qu'au point de vue économique, au point de vue de la circulation, comme au point de vue des capitaux, nous n'avons rien à craindre, tandis que, d'un autre côté, au point de vue du budget, nous mesurerons l'activité à donner aux travaux sur les ressources que nous aurons en main, que nous puiserons dans les réserves dont j'ai parlé. (Très-bien! à gauche.)

Si la situation est envisagée de cette façon, il ne reste plus à examiner qu'une question que je juge avec vous très-importante, mais qui n'est en quelque sorte qu'un détail : c'est la question de méthode. M. Chesnelong a conclu, ce me semble, en faveur de tout ce que nous avons proposé, sauf en ce qui concerne la méthode. Il faut, dit-il, se décharger sur les compagnies. De quoi? des capitaux? Non; nous ne pourrions pas, après avoir acheté un certain nombre de lignes à un prix qui n'est assurément pas le prix commercial, les revendre à ce prix surélevé à des compagnies qui ne peuvent, elles, les acheter qu'à un prix commercial. Par conséquent, il y a autre chose à dire, que de dire sim-

plement que les compagnies s'en chargeront. Quelque sorte de concessions que vous proposiez aux compagnies, il est clair, puisqu'il s'agit de
réseaux moins productifs que les réseaux exploités aujourd'hui, que
l'Etat devra consentir à être grevé d'une charge, et cette charge, nous
chercherons à l'échelonner dans nos budgets selon nos ressources.

Devions-nous l'insérer dans nos budgets au titre des subventions?
Devions-nous l'y insérer au titre de garantie d'intérêt, ou bien au titre
des rentes par suite de la création d'un capital qui aurait servi à payer
les travaux? Voilà les trois modes de procéder. Si nous adoptions le dernier, qui est de construire, c'est un mode de subvention pour les compagnies qui en deviendront concessionnaires. Irons-nous jusqu'à construire absolument tous les chemins de fer, sans que les compagnies y
concourent pour rien? Cela dépendra de la nature des lignes entreprises.

Certaines lignes pourront être concédées sous la réserve que la compagnie prendra à sa charge une partie importante du capital d'établissement; d'autres, avec la condition de supporter la dépense d'un capital
beaucoup moindre; quelques-unes peut-être ne seront concédées qu'à la
condition qu'aucun capital ne pourra être mis à la charge des compagnies. Mais si, au lieu de cela, nous concédons les lignes avec une garantie d'intérêt, croyez-vous que cette garantie ne pèsera pas sur le
budget?

Cela entrera dans notre compte de garantie d'intérêt comme une dépense effective, et au-dessous de laquelle on ne descendra jamais; ce serait, par conséquent, une charge fixe qui, au point de vue de nos budgets,
agirait exactement comme des rentes. Nous pouvons, en faisant un sacrifice aujourd'hui, arriver à quelque chose comme le déversoir dont parlait
l'honorable M. Buffet, le déversoir, c'est-à-dire l'association entre les
bonnes et les mauvaises lignes du réseau. Mais ce déversoir, nous le
retrouvons dans l'association qui est constituée par le budget, dans cet
omnium que nous créons des ressources de l'Etat et des ressources des
compagnies. Si nous ne grevons pas de charges nouvelles le compte de
garantie d'intérêt, cet ancien compte de garantie ira en diminuant, et
nous retrouverons, par la diminution de cet ancien compte de garantie,
la compensation d'une partie des charges permanentes que nous aurons
imposées à notre budget en nous chargeant du capital des mauvaises
lignes. D'une façon comme de l'autre, vous ne pouvez pas faire que les
compagnies se chargent gratuitement de dépenses improductives, et
vous serez bien obligés de vous en charger vous-mêmes! La combinaison n'importe pas beaucoup!

Dans tous les cas, vous aurez à supporter les charges que les compagnies ne pourront pas supporter. Vous les supporterez dans les limites

de vos ressources, en vous arrêtant lorsque vous ne pourrez pas faire davantage.

Je ne crois donc pas qu'il y ait lieu de nous inquiéter de notre situation financière, à la condition que j'ai indiquée de résister aux entraînement irréfléchis, et je compte sur vous pour m'aider à y résister énergiquement. (Approbation.)

Je reviens donc purement et simplement à la loi spéciale qui vous est soumise en ce moment. Etant donné que notre situation financière est réellement bonne, que nous avons devant nous une réserve d'amortissement, facile à employer, si vous le croyez utile, à certains travaux de chemins de fer, nous devons nous demander simplement ce que nous avons à faire pour payer aujourd'hui les créanciers de l'Etat, les créanciers que vous avez créés par la loi de rachat.

Ces créanciers de l'Etat, l'honorable M. Chesnelong ne vous dit pas qu'il ne faille pas les payer, il ne vous demande pas d'en ajourner le payement, mais il vous prie d'ajourner la solution définitive.

Il me dit à moi, ministre des finances : Payez avec l'argent qui est dans votre caisse, et nous vous rembourserons cela un de ces jours. (Rires à gauche. — C'est cela! — Très-bien!)

(*M. Chesnelong.* Mais j'ai ajouté : hâtez-vous!)

Evidemment, il faudrait que nous nous hâtions de rentrer dans cet argent si nous étions à découvert! et vous voulez que sur les ressources de la dette flottante nous ayons aujourd'hui à payer les créanciers de l'Etat, sauf à attendre que cette dette flottante soit remboursée par une combinaison que vous espérez imaginer avec les compagnies!

Mais c'est la chose du monde la plus dangereuse!

Nous avons une dette flottante considérable, vous le savez bien. Notre découvert du Trésor est d'environ 800 millions, que la dette flottante sert à balancer. Mais en outre, et ainsi que l'a fait remarquer l'honorable M. Buffet dans son premier discours, la combinaison nouvelle au moyen de laquelle je vous propose d'amortir le compte de liquidation, c'est encore une dette flottante.

C'est une seconde dette flottante. De sorte que nous avons aujourd'hui une première dette flottante, et même une seconde dette flottante qu'on m'a reprochée; et M. Chesnelong voudrait en ajouter une troisième qui serait encore bien plus dangereuse et qu'on pourrait me reprocher avec beaucoup plus de raison.

Etes-vous donc sûr qu'il ne se passera aucun événement fâcheux entre l'époque de l'émission de votre troisième dette flottante et le remboursement au moyen d'une combinaison définitive? Je sais que vous espérez que le délai sera court, mais je n'en sais rien, et vous placez le Trésor dans une situation qui, certainement, pourrait faire plus de tort au crédit public que ces inquiétudes dont vous parliez tout à l'heure et qui ne sont, en réalité, dans l'esprit de personne.

Je vous demande donc de ne pas me mettre dans une semblable situation.

Est-ce à dire que je serai demain obligé quand même de créer des ressources ? Est-ce à dire que je n'emploierai pas les fonds qui sont versés dans les caisses du Trésor avec tant d'abondance par le public et que je ne ferai pas les payements sur les fonds de la dette flottante, sauf à rembourser plus tard par l'émission des titres définitifs ?

Je ferai certainement ce que je pourrai pour faire face aux payements en économisant la dépense des intérêts. Je reculerai autant que possible l'époque de l'opération définitive, mais à la condition de n'y pas être obligé. Le faire si on le peut ou parce qu'on y est obligé, c'est bien différent. Peut-être ne ferai-je pas l'opération définitive à une autre époque que celle que M. Chesnelong a en vue, mais au moins s'il survenait tels événements qui me forçassent la main, ou si je trouvais de tels prix qu'il serait imprudent de ne pas en profiter, je pourrais au moins me liquider, terminer l'affaire ; mais la laisser suspendue, la laisser obligatoirement en l'air, je crois que ce serait un danger considérable pour le Trésor et le crédit public.

Voilà pourquoi, n'ayant pas les mêmes inquiétudes que l'honorable M. Chesnelong, et n'ayant aucune raison de les avoir, je pense qu'il y a lieu de satisfaire des créanciers qui sont aujourd'hui, de par la loi, les créanciers de l'État.

Je demande en conséquence au Sénat de ne pas prononcer le renvoi, de ne pas laisser le Trésor en l'air, de ne pas créer une troisième dette flottante et d'adopter le projet de loi qui lui est soumis. (Applaudissements à gauche. — M. le ministre descendant de la tribune reçoit les félicitations de ses collègues.)

LOI RELATIVE AU RACHAT DE DIVERS CHEMINS DE FER DE L'OUEST
DITS DES CHARENTES, NANTAIS, ETC.

Portant : 1° Incorporation de divers chemins de fer d'intérêt local dans le réseau d'intérêt général; 2° approbation de conventions passées entre le ministre des travaux publics et diverses compagnies de chemins de fer.

Le Sénat et la Chambre des députés ont adopté, le Président de la République promulgue la loi dont la teneur suit :

Art. 1er. — Sont et demeurent incorporés au réseau des chemins de fer d'intérêt général les chemins de fer d'intérêt local ci-après dénommés

Compagnie des Charentes. — 1° De Bordeaux à la Sauve ; 2° de Confolens à Excideuil.

Compagnie d'Orléans à Rouen. — 3° D'Orléans à Chartres ; 4° de Chartres à Saint-Georges (limite de l'Eure) ; 5° de Chartres à Auneau ; 6° de Chartres à Brou ; 7° de Patay à Nogent-le-Rotrou ; 8° de Brou à Savigny, vers Saint-Calais ; 9° de la limite du département de l'Eure à Rouen ; 10° d'Evreux-Ville à Evreux-Navarre, avec raccordement à la gare de l'Ouest.

Compagnie de Poitiers à Saumur. — 11° De Neuville à Saumur.

Compagnie de Maine-et-Loire et Nantes. — 12° De Montreuil-Bellay à Angers ; 13° de Faye à Chalonnes.

Compagnie des chemins nantais. — 14° De Nantes à Machecoul, avec raccordement de la gare de la Prairie-au-Duc avec la gare de la Compagnie d'Orléans à Nantes ; 15° de Sainte-Pazanne à Paimbœuf ; 16° de Saint-Hilaire à Pornic ; 17° de Machecoul à la Roche-sur-Yon, avec embranchement sur Croix-de-Vie.

Il sera statué, par décret rendu en conseil d'État, sur l'indemnité ou sur les dédommagements qui pourront être dus aux départements.

Art. 2. — Sont approuvées les conventions provisoires annexées à la présente loi passées entre le ministre des travaux publics et les compagnies de chemins de fer ci-après désignées, savoir :

Le 31 mars 1877, avec la compagnie des Charentes.

Le 22 mai 1877, avec la compagnie de la Vendée.

Le 21 avril 1877, avec la compagnie de Bressuire à Poitiers.

Le 26 avril 1877, avec la compagnie de Saint-Nazaire au Croizic.

Le 26 avril 1877, avec la compagnie d'Orléans à Châlons.

Le 16 avril 1877, avec la compagnie de Clermont à Tulle.

Le 12 juin 1877, avec le syndic de la faillite de la compagnie d'Orléans à Rouen.

Le 31 mars 1877, avec la compagnie de Poitiers à Saumur.

Le 19 avril 1877, avec la compagnie de Maine-et-Loire et Nantes.

Le 26 avril 1877, avec la compagnie des chemins de fer nantais.

Cette approbation est donnée sous les réserves contenues aux articles 5 et 6 ci-après.

Art. 3. Une loi de finances créera les ressources à l'aide desquelles il sera pourvu :

1° Au payement, en capital et intérêts, de la partie du prix de rachat exigible pour les dépenses, arrêtées à la date du 30 juin 1877, dont le montant se trouvera fixé par les sentences arbitrales ;

2° Au payement des travaux dont l'achèvement a été réservé par les conventions aux compagnies rachetées ;

3° Au payement de certains travaux que le ministre des travaux publics, par suite des conventions, sera autorisé à faire exécuter directe ment sur les lignes rachetées.

Art. 4. — En attendant qu'il soit statué sur les bases définitives du régime auquel seront soumis les chemins de fer dont l'article 2 de la présente loi règle la reprise par l'Etat, le ministre des travaux publics assurera l'exploitation provisoire de ces lignes, à l'aide de tels moyens qu'il jugera le moins onéreux pour le Trésor.

Des décrets détermineront les conditions dans lesquelles s'effectueront les recettes et les dépenses de l'exploitation provisoire, ainsi que le mode suivant lequel elles seront justifiées.

La loi de finances prévue à l'article 3 ci-dessus créera également les ressources à l'aide desquelles il serait fait face à l'insuffisance éventuelle des produits de l'exploitation des lignes dont il s'agit.

Art. 5. — Les concessionnaires actuels continueront l'exploitation de ces mêmes lignes jusqu'au jour où le ministre des travaux publics sera en mesure, par les moyens prévus à l'article ci-dessus, de les décharger de cette obligation, sans que cet état transitoire puisse être prolongé plus de six mois après la promulgation de la présente loi.

Art. 6. — Lors de la remise des lignes à l'État, après ratification définitive des conventions et des sentences par les assemblées générales d'actionnaires ou par les syndics de faillite dûment autorisés, le ministre des travaux publics retiendra, sur le prix de vente, la somme jugée nécessaire pour garantir l'État, laquelle ne sera payée qu'après la production d'un procès-verbal de remise constatant que l'État est effectivement entré en possession de toutes les livraisons prévues, et dans les conditions stipulées par les sentences arbitrales.

Art. 7. — L'enregistrement des conventions annexées à la présente loi et des sentences arbitrales prévues dans ces conventions ne donnera lieu qu'à la perception du droit fixe de trois francs (3 fr.).

La présente loi, délibérée et adoptée par le Sénat et par la Chambre des députés, sera exécutée comme loi de l'État.

Fait à Versailles, le 18 mai 1878.

Maréchal DE MAC-MAHON,
duc DE MAGENTA.

Par le Président de la République :
Le ministre des travaux publics, C. DE FREYCINET.

Deux décrets réglant : l'un, l'exploitation provisoire de ces lignes; l'autre, l'administration financière de cette exploitation, se trouvent dans le *Journal officiel* du 27 mai 1878.

LOI DU 11 JUIN 1878 RELATIVE AU 3 P. 0/0 AMORTISSABLE

Portant : 1° création de la dette amortissable par annuités ; 2° ouverture au ministre des travaux publics d'un crédit de 331,000,000 francs, pour le rachat des chemins de fer ; 3° autorisation pour le ministre des finances d'émettre pour la même somme de rentes 3 0/0 amortissables et de convertir les obligations pour travaux publics.

Le Sénat et la Chambre des députés ont adopté,
Le Président de la République promulgue la loi dont la teneur suit :

TITRE Iᵉʳ.

Art. 1ᵉʳ. — Il est institué au grand-livre de la dette publique une section spécialement consacrée à la dette amortissable par annuités.

Art. 2. — Seront inscrites à la section du grand-livre de la dette publique, instituée par l'article 1ᵉʳ, les rentes 3 0/0 amortissables en 75 ans, dont la création et la négociation font l'objet de la présente loi ou seront autorisées par des lois ultérieures.

Art. 3. — Tous les priviléges et immunités attachés aux rentes sur l'État sont assurés aux rentes 3 0/0 amortissables.

Ces rentes sont insaisissables, conformément aux dispositions des lois des 8 nivôse an VI et 22 floréal an VII, et pourront être affectées aux remplois et placements spécifiés par l'art. 29 de la loi du 26 septembre 1871.

Tout déposant de caisse d'épargne dont le crédit sera de somme suffisante pour acheter 15 fr. au moins de rente 3 0/0 amortissable, pourra faire opérer cet achat, sans frais, par les soins de l'administration de la caisse d'épargne.

Art. 4. — Le taux de l'époque des émissions, la nature, la forme et le mode de transfert des titres, le mode et les époques d'amortissement et de payement des arrérages, ainsi que toutes autres conditions applicables à la dette amortissable par annuités, seront déterminés par décrets.

TITRE II.

Art. 5. — Il est ouvert au ministre des travaux publics sur l'exercice 1878 :

1° Un crédit de deux cent soixante-dix millions de francs (270,000,000 francs) applicable au payement, en capital et intérêts à cinq pour cent (5 0/0), du prix de rachat des chemins de fer désignés dans le tableau A.

2° Un crédit de soixante millions de francs (60,000,000 fr.), destiné, conformément au tableau B, aux travaux dont l'achèvement est réservé aux compagnies rachetées, et qui ne sont pas compris dans le rachat, et à ceux que le ministre des travaux publics fera directement exécuter sur les lignes rachetées;

3° Un crédit de un million de francs (1,000,000), destiné à faire face à l'insuffisance éventuelle des produits de l'exploitation provisoire des lignes dont il s'agit.

Sur le prix des travaux dont l'achèvement est réservé à la compagnie des chemins de fer de la Vendée, prix indiqué dans le tableau B susmentionné, il sera prélevé, au profit du Trésor, une somme égale à celle qu'il aura avancée pour la continuation des travaux desdits chemins, par imputation sur le compte spécial du séquestre administratif des chemins de fer.

Ces différents crédits seront classés dans la 2° section bis (Dépenses sur ressources extraordinaires), sous les titres et numéros de chapitres ci-après :

Chap. 46. — Rachat des lignes de chemins de fer... 270.000.000

Chap. 47. — Remboursement aux compagnies rachetées des frais d'achèvement des lignes et liquidation du compte spécial du séquestre administratif............ 42.000.000

Chap. 48. — Travaux d'achèvement par l'État des lignes rachetées......... .... 18.000.000

Chap. 49. — Insuffisance éventuelle des produits de l'exploitation provisoire des chemins de fer par l'État. 1.000.000

Total des crédits ouverts......... 331.000.000

Art. 6. — Les portions de crédits qui n'auront pas été consommées à la fin de l'exercice seront reportés à l'exercice suivant, en conservant leur affectation primitive. Les ressources correspondantes seront également reportées audit exercice.

Art. 7. — Le ministre des finances est autorisé à inscrire au grand-livre de la dette publique (section de la dette amortissable par annuités), et à aliéner la somme de rentes nécessaire pour produire, déduction faite des frais matériels de l'opération, et du premier trimestre d'arrérages à échoir en 1878, des frais d'escompte et de négociation, le capital de 331 millions mentionné dans l'article 4 ci-dessus.

TITRE III.

Art. 8. — Les obligations pour travaux publics dont la création a été autorisée par les articles 7 à 9 de la loi du 29 décembre 1876, seront, à l'avenir, remplacées par des rentes 3 0/0 amortissables, conformément au titre Ier de la présente loi.

A cet effet, le ministre des finances est autorisé à négocier, sous forme de rentes 3 0/0 amortissables, la portion de ces mêmes obligations restant à émettre pour 1877.

Le ministre des finances est également autorisé à inscrire au grand-livre de la dette publique (section de la dette amortissable) et à aliéner la somme de rentes nécessaire pour produire le capital de 69,523,182 fr., dont l'émission, sous forme d'obligations, est prévue au budget de l'exercice 1878.

La présente loi, délibérée et adoptée par le Sénat et par la Chambre des députés, sera exécutée comme loi de l'État.

Fait à Versailles, le 14 juin 1878.

Maréchal de MAC-MAHON,
duc de Magenta.

Par le Président de la République,
Le ministre des finances : Léon Say.

Suivent deux tableaux annexes indiquant la longueur des lignes, le prix de rachat au 1er juillet 1878, le montant des crédits accordés sur l'exercice 1878, l'état estimatif des travaux à faire. Voyez le *Journal Officiel* du 12 juin 1878.

LES EXPOSITIONS ANTÉRIEURES A CELLE DE 1878 ET LE PROGRÈS INDUSTRIEL.

C'est en 1798 que la première Exposition de l'industrie a été offerte à la curiosité des Parisiens. Une baraque installée dans la cour du Louvre, et à peine remplie d'articles dont la nomenclature tenait dans un catalogue de vingt-quatre pages, vingt médailles d'argent et une seule médaille d'or promise au manufacturier « qui aurait porté le coup le plus funeste à l'industrie anglaise », voilà le commencement modeste d'une institution qui a pris aujourd'hui des proportions si colossales. Entre la barque des temps préhistoriques creusée dans un tronc d'arbre, qui se voit au musée de Saint-Germain, et un de nos gigantesques steamers transatlantiques, la distance n'est pas plus grande. Seulement, il a fallu des milliers d'années et peut-être de siècles pour mettre le *Pereire* ou le *Canada* à la place de la barque primitive, tandis qu'il a suffi de quatre-vingts ans pour faire sortir de la cabane de la cour du Louvre les deux immenses palais escortés de quelques centaines d'annexes, pavillons, chalets, serres, cascades, parcs, improvisés des hauteurs du Trocadéro à l'Ecole-Militaire et jusqu'aux Invalides. C'est que dans ce court espace de quatre-vingts ans il s'est produit des changements qui auraient suffi autrefois à l'activité de bien des siècles.

En dépit des philosophes, qui considéraient la science uniquement comme un luxe de l'esprit, on l'a employée à pourvoir aux nécessités du corps. Malgré les protestations de ces partisans de la science pour la science, qui gémissaient de la voir s'abaisser jusqu'à être utile, on l'a appliquée à l'industrie, et chacun sait quelle merveilleuse végétation d'inventions de tous genres est sortie de cette association féconde : le matériel de la civilisation en a été renouvelé. On prétend, à la vérité, que le monde n'en est devenu ni plus heureux ni meilleur ; il faut convenir cependant que, dans la saison où nous sommes, un chaud vêtement de laine ou de soie remplace sans désavantage la feuille de vigne de nos premiers parents ou la peau de bête non tannée dont nos ancêtres des deux sexes étaient obligés de se contenter avant l'invention du tissage de la toile, de la flanelle et du velours. Il faut convenir aussi que nous sommes plus agréablement et plus confortablement logés que les Hottentots, les Esquimaux ou les Lapons. Quant à la nourriture, les visiteurs de l'annexe consacrée aux animaux gras sur l'esplanade des Invalides seront d'avis certainement que l'élève du bétail amélioré fournit une alimentation plus substantielle, plus saine et plus assurée que la recherche des racines, la cueillette des fruits, ou même la chasse à l'homme non amélioré. Nous nous permettons encore *de douter* que les adversaires les plus radicaux de l'industrialisme aiment *mieux* aller à pied que de monter en wagon, et qu'ils n'aient jamais cédé à *la* tentation de poser devant l'objectif d'un photographe. Sans doute, le progrès industriel n'est pas une panacée, et il n'est pas à désirer qu'il le soit. Nous nous sentirions profondément humiliés si le bonheur nous était distribué mécaniquement comme l'eau et le gaz, à la seule condition de payer régulièrement notre abonnement ; mais, sans être une panacée, le progrès industriel fournit à un nombre croissant de créatures humaines les éléments d'un bien-être plus complet, et c'est quelque chose si ce n'est pas tout !

Qu'il contribue encore à propager les lumières, et même les bons sentiments parmi les hommes, cela ne saurait guère être contesté. Sans la presse mécanique, il ne pourrait pas être question des publications à bon marché, et les connaissances les plus élémentaires demeureraient hors de la portée du grand nombre. Sans tout cet ensemble de progrès qui ont multiplié les relations internationales en nous intéressant à la prospérité de nos clients du dehors, quelles que soient leur race ou leur couleur, ne continuerions-nous pas à considérer l'étranger comme un ennemi ? S'il est vrai que le commerce ne suffit pas pour transformer tous les peuples et tous les hommes en frères ; si les amis de la paix se sont un peu trop pressés en s'imaginant que le mouvement croissant des importations et des exportations, sans parler du transit, allait emporter toutes les haines nationales et les remplacer par une tendresse mutuelle et perpétuelle, il n'en est pas moins certain que la guerre est devenue de moins en moins populaire parmi les classes qui vivent de l'industrie et du commerce. Le jour, malheureusement encore éloigné, où elles seront sérieusement appelées à donner leur avis sur des entreprises dont elles supportent tous les frais, les guerres deviendront plus rares. Il y aura, sans doute, toujours des Bulgares à délivrer; mais, dans l'ère de progrès où nous sommes, on finira bien par découvrir quelque moyen plus économique, et même plus efficace, de venir en aide aux nations sœurs et de faire le bonheur des peuples frères.

En attendant, il est bon que l'industrie étale ses œuvres à tous les regards. Les classes dirigeantes d'autrefois attestaient leur puissance aux yeux de la foule en accumulant les palais et les temples; elles élevaient des pyramides colossales pour y loger une seule de leurs momies. L'industrie a mieux à faire qu'à loger des momies; elle travaille pour tout le monde, et le plus humble ouvrier, en entrant dans ses palais, se trouve chez lui. Il a contribué pour sa part à la création des merveilles qui y sont entassées et qu'aucun privilége, aucune loi divine ou humaine ne réserve plus à l'usage exclusif d'une caste. Il peut, lui aussi, aspirer aux jouissances qu'elles procurent; il a travaillé pour lui-même en travaillant pour les autres, et les fêtes de l'industrie sont les siennes.

Ce que ces fêtes sont devenues depuis le hangar de la cour du Louvre, nous n'avons pas besoin de le rappeler. D'abord, et pendant toute la période où le régime prohibitif est demeuré le maître, les Expositions ont été exclusivement nationales. En 1849, des esprits téméraires avaient proposé d'admettre les produits étrangers à l'Exposition de Paris; mais on démontra aisément au ministre du commerce que cette proeosition subversive ne pouvait avoir été suggérée que par des ennemis du travail national, et il n'y fut pas donné suite. L'Angleterre recueillit et réalisa en 1851, on sait avec quel succès, cette conception française; à dater de ce moment, les Expositions, devenues universelles, ont acquis toute l'utilité et toute l'importance qu'elles pouvaient avoir en présentant dans leur enceinte un spécimen de plus en plus complet de l'industrie et de la civilisation des différentes parties de notre globe. La plus brillante a été, sans contredit, celle de 1867; la statistique comparée des Expositions nous montre qu'elle occupe un point culminant qui n'a plus été atteint dans les Expositions suivantes de Vienne et de Philadelphie :

		Nombre des Exposants.	Nombre des visiteurs.	Nombre de jours.
Londres	1851	13.917	6.039.195	141
Paris........	1855	23.954	5.162.330	200
Londres......	1862	28.653	6.211.103	171
Paris........	1867	50.226	10.200.000	210
Vienne.	1873	42.584	7.254.687	186
Philadelphie..	1876		9.857.625	159

Il convient de remarquer que l'Exposition de Vienne a malheureusement été visitée par un hôte qui n'avait pas été convié à la fête : le choléra; quant à l'Exposition de Philadelphie, elle n'était pas précisément à la portée des visiteurs d'Europe. Elle a cependant presque atteint le nombre des visiteurs de 1867; elle l'a même dépassé si l'on tient compte de sa durée moindre : en moyenne, elle a eu 61,938 visiteurs par jour, tandis que l'Exposition de 1867 n'en avait eu que 47,619, et elle est arrivée un jour au chiffre énorme de 274,913 visiteurs, dépassant de plus de 100,000 le plus gros chiffre de 1867. (*Débats*.)

G. DE MOLINARI.

STATISTIQUE DU SALON DE 1878 (1).

Le Salon ouvert le 25 mai dernier est le 7e de la république actuelle, le 54e du siècle dernier, le 59e depuis 1793.

La première page du livret le désigne toujours comme la « 95e » exposition officielle depuis l'année 1673. Cette erreur a été assez réfutée ici pour qu'il n'y ait plus lieu d'y revenir (2).

Le livret, assez volumineux (c—464 pages), contient en tête, sous le titre « Documents, » la distribution des récompenses du 11 août 1877 et la liste des artistes récompensés vivant au 1er avril 1878. Le système typographique a été complètement modifié, mais sans grand bonheur; le romain s'est changé en italiques, les italiques en romain, la justification large est devenue un texte compacte et serré, le caractère lui-même a pris un aspect presque microscopique. On ne se douterait guère que ce volume sort de l'imprimerie nationale.

***

Le catalogue contient, comme les années précédentes, sept divisions, comprenant 4,985 numéros, ainsi répartis entre 3,648 artistes :

	OUVRAGES	ARTISTES
Tableaux.	2230	1694
Dessins, pastels, aquarelles, porcelaines, etc.	1757	1196
Sculpture.	645	480
Gravure en médailles et sur pierres fines.	40	37
Architecture.	56	48
Gravures.	231	173
Lithographies.	26	20
Total.	4985	3648

---

(1) Pour les Salons antérieurs, voir le *Journal des Economistes*, livraisons de mai 1874, p. 295, de mai 1875, p. 326, de mai 1876, p. 282, de mai 1877, p. 301.

(2) *Journal des Economistes*, mai 1875, p. 326 : « Une grave erreur officielle. »

Si l'on tient compte des noms qui figurent dans plusieurs divisions, le chiffre réel peut se réduire à 3,429 artistes, si l'on en soustrait les 219 faisant double ou même triple emploi, à savoir : 168 dans les dessins, 14 dans la sculpture, 2 dans l'architecture, 35 dans la gravure.

Comparé aux six derniers Salons républicains, et même à tous les Salons antérieurs, celui de cette année continue à les dépasser, au seul point de vue numérique, il va sans dire. En effet, sans parler des trois Salons exceptionnels de 1848, qui fut une Exposition libre (5,180 n°s), de 1855, notre première Exposition universelle (5,128 n°s) et de 1870, le dernier de l'empire (5,434 n°s), dix seulement ont dépassé le chiffre de 3,000 numéros. Voici les dates et les chiffres de ces quinze Salons sont tout à fait copieux :

Années.	Œuvres.	Années.	Œuvres.	Années.	Œuvres.
1831	3211	1861	4099	1869	4230
1833	3318	1864	3473	1874	3657
1850	3923	1865	3549	1875	3828
1857	3474	1866	3338	1876	4033
1859	3857	1868	4213	1877	4616

Comparé seulement aux six derniers Salons, celui de 1878 présente avec eux les différences suivantes pour chacun des genres :

Années	1872	1873	1874	1875	1876	1877	1878
Peinture et dessins......	1536	1491	2628	2827	3029	3554	3987
Sculpture et médailles...	334	419	633	666	666	673	685
Architecture...........	55	43	104	105	76	83	56
Gravure et lithographie.	142	189	292	264	262	306	257
Total..........	2067	2142	3657	3862	4033	4616	4985

Différence en plus :

        Sur le Salon de 1877 ...   369 ouvrages.

        Sur le Salon de 1872 ...   2918   —

Total des sept Salons ou des sept années : 25,362 ouvrages exposés. Moyenne annuelle : 3,627.

*
* *

Les 3,648 artistes de 1878 présentent les variétés suivantes, comme sexe et comme origine.

Pris en bloc :

        Hommes......... 2919 } = 3648

        Femmes.........   729

        Paris........... 1124

        Province......... 2078 } = 3648

        Etrangers   446

Pris en détail :

	Peinture.	Sculpture.	Archi-tecture.	Gravure.	TOTAL.
Hommes.......	2201	486	48	184	2919
Dames.........	215	12	»	2	229
Demoiselles....	474	19	»	7	500
Français.......	2513	459	46	179	3197
Naturalisés.....	4	»	»	1	5
Etrangers......	373	58	2	13	446
Paris..........	870	152	19	83	1124
Départements ..	1643	307	27	16	2073

Les 446 étrangers appartiennent à vingt-quatre pays ou nationalités ainsi classés par importance :

Pays.	Artistes.	Pays.	Artistes.	Pays.	Artistes.
Italie........	80	Autriche	18	Turquie.....	3
Etats-Unis. ..	70	Suède-Norv..	17	Pérou	2
Belgique	58	Pologne.	15	Mexique....	2
Suisse.......	40	Hollande....	13	Portugal....	2
Gr.-Bretagne.	38	Danemark...	6	Grèce.......	2
Russie	24	Chili........	5	Venezuela...	1
Espagne,....	23	Brésil.......	3	Bulgarie....	1
Allemagne ..	19	Colon. angl..	3	Egypte.....	1

Total... 446

L'Alsace-Lorraine est représentée par 73 artistes; — la Savoie et les Alpes-Maritimes par 10; — l'Algérie par 11; — la Corse par un seul.

Le portrait, plus que jamais, envahit la peinture, les dessins et la sculpture; là est même la seule et vraie cause de ce nombre toujours croissant des ouvrages, on pourrait presque dire des articles, envoyés annuellement au Palais de l'Industrie. Et notons que, depuis deux ans, chaque artiste ne peut exposer plus de deux ouvrages par genre, que beaucoup ont été refusés, et que, par des considérations spéciales, les sujets militaires ont été exclus de la présente Exposition.

Plus encore que devant, force noms, particules et titres aristocratiques et princiers, à se croire, pour certaines pages du livret, en pleine lecture de l'*Annuaire de la noblesse*.

EDMOND RENAUDIN.

SOCIÉTÉ D'ÉCONOMIE POLITIQUE

RÉUNION DU 5 JUIN 1878.

SOMMAIRE : Communications diverses ; — congrès convoqués à Paris ; — congrès de l'Association française pour l'avancement des sciences ; — des voies de transports ; — de la Propriété littéraire ; — de l'Impôt ; — des Brevets d'invention ; — des Institutions de prévoyance ; — Association pour la défense des réformes douanières.

OUVRAGES PRÉSENTÉS.

M. Frédéric Passy, membre de l'Institut, a présidé cette réunion, à laquelle avaient été invités : M. Mauro Macchi, député au Parlement italien ; M. Broch, ancien ministre de Norvége, délégué à l'Exposition ; M. A. de Vasconcellos, chef de division au ministère des travaux publics, délégué du Portugal à l'Exposition ; M. Liégeois, professeur de droit administratif à la faculté de Nancy ; M. Faure, agrégé, récemment nommé chargé du cours d'économie politique à la faculté de Douai ; M. Dreyfus, rédacteur de *l'Union libérale* de Tours.

En l'absence de M. Joseph Garnier, retenu chez lui par une indisposition, M. A. Courtois, questeur, remplissant les fonctions de secrétaire général, présente au nom de M. Robyns une publication belge mentionnée plus loin.

M. le comte Foucher de Careil, sénateur de Seine-et-Marne, présente le rapport fait au Sénat au nom d'une commission chargée d'étudier les voies et moyens d'achever en France les chemins de fer d'intérêt général.

M. FRÉDÉRIC PASSY, président, rappelle à la Société que le Congrès annuel de l'Association française pour l'avancement des sciences se tiendra cette année, par exception, à Paris, du 22 au 30 août.

La section d'économie politique, dont M. F. Passy est le président pour 1878, s'occupe, indépendamment des questions économiques proprement dites, des questions de pédagogie, d'instruction et de morale, pour lesquelles il sera probablement formé une sous-section. Les personnes qui auraient l'intention de prendre part aux discussions sont priées de faire connaître, le plus tôt possible, au secrétariat (1), les questions sur lesquelles

---

(1) Rue de Rennes, 76.

elles auraient l'intention de présenter des mémoires ou de faire
des communications; le programme de la session devant être,
selon l'usage, dressé dans son ensemble dès les premiers jours
de juillet.

M. WILSON, député d'Indre-et-Loire, annonce la formation d'un
Congrès international devant siéger au Trocadéro et s'occuper des
questions de voies de transport.

M. LEVASSEUR, membre de l'Académie des sciences morales et
politiques, annonce la formation d'un Congrès international de démographie, c'est-à-dire de statistique humaine.

M. JULES CLÈRE, membre du Comité de la Société des gens de
lettres, annonce la réunion, à partir du 11 juin, au palais du Trocadéro, d'un Congrès littéraire international. Ce Congrès, qui durera jusqu'à la fin du mois, a pour objet spécial la reconnaissance
et la protection de la propriété littéraire internationale.

M. HENRY FOULD, négociant, annonce la formation d'une association libre-échangiste d'industriels et de commerçants, qui éprouvent le besoin de se liguer pour résister aux envahissements du
protectionnisme.

M. LIMOUSIN annonce la tenue d'un Congrès sur l'impôt, dans
lequel devront être traitées les principales questions des réformes
fiscales.

M. LYON-CAEN, professeur agrégé à l'École de droit de Paris,
entretient aussi la réunion de la préparation d'un Congrès sur les
brevets d'invention, au point de vue international.

M. DE MALARCE, rappelant ce qui a été dit par M. Joseph Garnier
dans le *Journal des Économistes* d'avril dernier au sujet du Congrès
scientifique international des Institutions de Prévoyance, fait
connaître à la Société d'économie politique l'état actuel des travaux préparatoires de ce Congrès, qui va avoir lieu du 1er au
7 juillet prochain.

Ce Congrès se caractérise peut-être en ceci que les promoteurs
n'ont pas eu seulement pour but de donner lieu à une réunion
d'hommes occupés des mêmes études scientifiques et des mêmes
œuvres d'intérêt social; mais lorsque sur la proposition de
M. de Malarce, le 6 mai 1876, il y a deux ans, le Conseil d'administration de la Société des institutions de Prévoyance de
France, sous la présidence de M. Hippolyte Passy, décida le Congrès, il voulut surtout avoir une occasion de rallier dans un ensemble de travaux approfondis les hommes d'État, les savants et
les administrateurs les plus compétents des divers pays d'Europe

et d'Amérique (la plupart déjà membres de la Société des institutions de Prévoyance de France), en les invitant à faire des mémoires historiques, administratifs ou statistiques sur les Institutions de Prévoyance de leur ressort, de manière que chaque Institution dans chaque pays soit signalée, et avec la plus grande autorité possible.

Ce projet, qui au début pouvait paraître difficile, est aujourd'hui pleinement réalisé; la plupart de ces travaux sont déjà prêts, et même envoyés à Paris, et l'ensemble de ces travaux, œuvre sans précédent par son universalité et l'autorité de ses auteurs, formera ainsi un inventaire presque complet des expériences de tous les peuples civilisés, au point de vue de ces Institutions de Prévoyance, qui sont les organes sociaux caractéristiques de notre époque.

Ces mémoires, destinés à être plus tard publiés, seront d'abord communiqués au Congrès par des résumés, dont la lecture occupera la première partie de chacune des séances. Sur ces résumés, les membres du Congrès pourront présenter leurs observations et échanger leurs vues pratiques.

Après ces diverses communications, l'Exposition devient le sujet de la conversation générale. Nous en donnerons les principaux traits dans le prochain numéro.

OUVRAGES PRÉSENTÉS.

Annuaire statistique de la Belgique, 8e année, 1877 (1).

Rapport sur les voies et moyens nécessaires pour achever le réseau des chemins de fer d'intérêt général, par M. le marquis d'ANDIGNÉ (2).

BIBLIOGRAPHIE

HISTOIRE FINANCIÈRE DE L'ÉGYPTE DEPUIS SAÏD-PACHA (1854-1876).
Paris, Guillaumin, 1878. Un vol. in-8°.

Il fut un temps, qui n'est pas loin de nous encore, où l'Europe se croyait tellement riche qu'elle jetait ses capitaux d'épargne à droite et à gauche, hors de chez elle, selon le vent qui soufflait sur la girouette des monuments où les courtiers d'argent s'assemblent. On en prêtait à qui en voulait, dans l'Orient; du côté des Indes occidentales, on en prêtait même à de petits Etats, qui ne se doutaient pas qu'ils avaient besoin d'ouvrir des emprunts en Angleterre ou en France, mais à qui

(1) Bruxelles, Callewaert, 1878, in-8 de XLIV-364 p.
(2) Versailles, 1878, Mouillot, in-4 de 104 p.

de hardis entremetteurs avaient offert de se charger de l'affaire, en leur déclarant que rien ne donnait plus de considération à une république hispano-américaine quelconque, inscrite à l'*Almanach de Gotha*, que d'avoir une dette cotée aux grandes Bourses de l'ancien continent.

Nous avions certainement l'occasion d'employer chez nous notre argent, mais on parlait aux petits capitalistes d'un revenu de 10, de 12, de 15 0/0, et comment veut-on que les petits capitalistes résistent à cet appât? Ce n'est que lorsqu'on a beaucoup d'économies de côté que l'on met de la prudence à les faire valoir; tant que l'épargne est chétive, elle risque le tout pour le tout, dans l'espoir de sortir plus vite de sa médiocrité. Les prospectus étaient, d'ailleurs, si beaux et même si rassurants! Et il y avait tant de gens pour qui, en effet, un emprunt oriental ou occidental était une bonne affaire, quoi qu'il arrivât : les entrepreneurs de l'emprunt, d'abord, et ses apologistes à tant la page, puis les industriels qui placent des chemins de fer, des frégates cuirassées, voire tout simplement des ameublements et de la pommade, là où il se trouve un sultan, un pacha ou un général guatémalien ayant des fonds à remuer qui viennent de leur tomber du ciel.

Notre argent s'en alla donc voyager et, durant quelques mois au moins, nous en reçûmes la rente. Mais quel désenchantement lorsque nous apprîmes que, après deux ou trois paiements d'intérêts, il n'y en avait plus à attendre, et que le capital lui-même était devenu plus ou moins insaisissable! Il y a eu des nuances dans la légèreté immatérielle des phénomènes d'évaporation dont nos épargnes ont été atteintes, mais dans l'ensemble leur sort a fini par être infiniment trop cruel pour ceux d'entre nous qui avaient gardé leurs titres avec une constance naïve. Il faut les plaindre, mais qu'ils s'en prennent d'abord à eux-mêmes de leur malheur. Celui qui joue n'a pas le droit d'exiger que la fortune ne s'occupe que de lui, et la bonne moitié des souscripteurs de tous ces emprunts exotiques n'étaient pas autre chose que des joueurs.

Il va de soi que nous ne disculpons pas pour cela les Etats et les chefs d'Etats divers qui n'ont pas tenu leurs engagements. Leur conduite a été absolument coupable, mais il était à prévoir qu'elle le serait un jour ou l'autre, et il n'y avait d'incertitude que sur le moment où elle le deviendrait. Ils n'ont pas sur le juste et l'injuste les mêmes idées que nous, ils sont loin de comprendre aussi bien les vérités principales de l'économie politique, et ils ignorent à peu près complètement à quelles conditions s'établit un crédit durable. Tout est pour eux-mêmes, comme pour leurs peuples à demi-barbares encore, une occasion de jouissance immédiate. On leur envoie des écus sur la foi de la richesse naturelle du pays et des développements qu'elle va prendre; ils les dépensent selon que le leur conseille leur fantaisie, et il n'en est rien de plus pour leur conscience d'à présent. C'est plus tard qu'ils seront d'autres hommes.

Si récriminer servait à quelque chose, nous pourrions entrer pour notre part dans les plaintes des intérêts compromis à la fois par le sans-gêne de nos débiteurs et notre propre aveuglement, mais à quoi bon? Mieux vaut tirer le meilleur parti possible de la situation, c'est-à-dire sauver le plus d'épaves qu'il se pourra de notre naufrage. Or est-il bien sûr que nous fassions encore là ce qu'il faut? Lorsqu'on a affaire à un débiteur embarrassé, que ce soit de sa faute ou non, user d'une extrême rigueur à son égard, c'est le punir, mais c'est se punir aussi soi-même, surtout si l'on va jusqu'à le réduire à l'impossibilité définitive de réaliser des ressources pour nous donner la moindre satisfaction.

En ce moment, c'est de l'Egypte qu'il s'agit. Eh bien, il est hors de doute que l'Egypte possède une certaine richesse et qu'elle a un avenir devant elle. On l'a aidée à se ruiner en lui consentant des prêts dont elle n'avait pas besoin et qu'elle devait inévitablement gaspiller; il faut l'aider à s'enrichir, ou du moins à rétablir ses affaires en lui remettant tout ce qu'il n'est plus possible qu'elle nous rende, et en travaillant avec elle à donner une solide assiette à celles de nos créances dont elle peut faire le service. Comme dans toutes les liquidations, les titres ne sont plus que par exception dans les mains des porteurs primitifs; pourquoi se laisser étourdir par les cris des derniers acquéreurs? On sait bien que ce sont le plus souvent ceux qui font le plus de bruit, quoiqu'ils aient le moins de revendications à exercer équitablement. Notre intérêt est de transiger avec les nécessités de la situation; d'autant plus qu'il n'est nullement impossible de trouver des combinaisons qui peu à peu nous fassent recevoir de notre argent à peu près tout ce qu'il nous aurait valu, si nous l'avions employé sans lui demander d'être trop productif.

Nous aurions voulu connaître dès à présent ce qu'en pense l'auteur de l'*Histoire financière de l'Egypte, depuis Saïd-Pacha*; malheureusement il ne nous donne que la première partie de son ouvrage, qui ne va que jusqu'en 1876 et ne parle pas encore des voies et moyens de la liquidation : du moins de ceux qu'il recommanderait dans sa parfaite connaissance des questions à résoudre et dans sa juste appréciation de l'utilité d'une entente entre le khédive et ses créanciers. Mais, pour n'être pas arrivé à ses conclusions, ce livre n'en est pas moins d'une lecture très-utile. Avant de nous montrer comment l'Egypte pourra sortir de sa gêne, qui est devenue la nôtre, il nous fait voir avec la dernière clarté comment elle y est arrivée si vite, lorsque rien ne l'obligeait à quitter le chemin paisible de sa vie journalière d'autrefois.

Méhémet-Ali, le fondateur de l'Egypte moderne, grâce aux germes de civilisation que l'expédition de Bonaparte avait déposés sur les bords

du Nil, était mort sans avoir emprunté une piastre à personne. Ibrahim-
Pacha non plus Abbas-Pacha, de farouche mémoire, avait administré
avec ordre et économie.

C'est à un prince indulgent et facile, Saïd-Pacha, que l'Egypte devra
d'avoir connu ses premiers emprunts. La prodigalité de ses fantaisies
fut excessive; mais qu'il lui soit beaucoup pardonné par les juges sévères de l'Europe, pour le mérite qu'il aura eu d'accueillir les projets de
M. de Lesseps et d'aider le canal de Suez à naître. S'il avait su que, le
jour où il signait le firman de concession, il signait aussi la déchéance
du pouvoir absolu de sa dynastie en la mettant en tutelle, il n'aurait
sans doute pas cédé à l'envie d'être célèbre dans l'histoire; mais le
temps fait son œuvre et se sert de toutes les bonnes volontés qu'il rencontre. Il n'était pas, d'ailleurs, interdit à Saïd-Pacha et à ses successeurs de se mettre en garde contre les séductions de l'or et du luxe,
lorsqu'ils laissaient pénétrer chez eux les machines de nos ingénieurs.

En 1862, Saïd-Pacha avait absolument besoin d'une quarantaine de
millions pour payer ce qu'il avait de dettes criardes; les banquiers lui
offrirent davantage s'il voulait, et il accepta de leur emprunter 60 millions, commissions et pots de vin compris, en s'engageant à payer en
trente ans près de 208 millions pour la peine. L'Egypte commençait
alors à récolter beaucoup de coton, et ce coton tranquillisait les prêteurs, qui n'avaient qu'à toucher 7 ou 8 annuités pour rentrer dans
leurs avances réelles. Telle est la première des opérations financières du
gouvernement du Caire.

Saïd-Pacha mourut au commencement de 1863. Pour bien commencer
son règne, Ismaïl-Pacha fit publier le dernier budget de son prédécesseur et l'état des dettes de la vice-royauté. Le déficit du budget était de
13,750,000 fr., et les dettes se montaient à 279 millions, indépendamment de 89 millions d'actions souscrites pour la construction du canal.
Saïd-Pacha s'était endetté de plus de 30 millions par an. Ismaïl, au contraire, dans sa vie privée, s'était fait une très-bonne réputation de pro-
priétaire-faisant valoir. Pour qu'il n'y eût plus de confusion entre les
revenus de l'Etat et ceux du prince, le nouveau maître de l'Egypte se fit
lui-même sa part. Elle était large, car la liste civile prenait 17 millions
et demi, mais dans l'Orient c'était un prélèvement qui n'avait rien d'excessif. En définitive, sur les 279 millions de la dette, il y en avait 198
de réglés, ceux des annuités de l'emprunt de 1862, et il n'y en avait que
81 millions à découvert. Le coton était en pleine prospérité; rien de
plus facile, par conséquent, que de se débarrasser de cette dette flottante. Mais le pouvoir est une rude épreuve pour la sagesse des califes
de notre époque. Très-peu de temps après avoir affiché son beau programme de réformes, Ismaïl-Pacha s'était engagé dans une querelle
avec le canal de Suez dont il dut payer les frais, et dans des acquisitions

de terres, des constructions de fabriques, des achats de machines agricoles et industrielles que chacun s'empressa autour de lui d'imiter, et
qui obligèrent la dette égyptienne de se charger d'un nouvel emprunt
de 125 millions à 12.70 0/0 d'intérêts et d'amortissement.

Le coton cependant semblait toujours en état de fournir à tout, et il
rendait même aisé d'asseoir quelques impôts sur les terres; mais le domaine du prince était devenu insatiable d'agrandissements, et à la folie
des exploitations et des machines n'avait pas tardé à se joindre celle
des kiosques et des palais. Celui de Gizeh coûta 30 millions, pour rivaliser de son mieux avec les Pyramides. Les mémoires se payaient encore,
mais non plus les employés du gouvernement, et les dettes criardes
furent bientôt plus bruyantes et plus exigeantes que jamais. L'intérêt
des emprunts était servi, mais par artifice, au moyen de bons du
Trésor, c'est-à-dire d'émissions de la dette flottante, toujours
consolidée et toujours à consolider encore. Nouveaux emprunts,
mais que cette fois les prêteurs s'arrangeaient pour se rendre
démesurément favorables. Le vice-roi ne reçut plus en espèces que la
moitié de ce qu'il demandait; le reste devait être payé en fournitures
de chemins de fer. Ainsi contractent les fils de famille quand ils commencent à négocier dans les arrière-boutiques des marchands de bric-à-
brac. Le malheur est que le public fit le récalcitrant et que les banquiers ne purent placer les titres nouveaux garantis cette fois par la
Daïra, c'est-à-dire par le domaine privé d'Ismaïl. Il fallut alors recourir
aux sous-traitants et aux placeurs de papier sur gages. Le crédit du
vice-roi y perdit 19 ou 20 0/0, et l'on n'était qu'en 1866.

Mais nous ne faisons pas l'histoire de la dette égyptienne; nous ne
dressons même pas la liste de ses emprunts successifs et de ses soi-
disant mouvements de trésorerie. Il n'était plus question dès-lors de la
gloire des Sully et des Colbert, accommodée à l'orientale. Tout au plus
de temps en temps surgit un projet d'unification des dettes de l'Egypte,
mais trop de gens tantôt s'en mêlèrent, et tantôt beaucoup trop peu. On
a vu échouer des négociations fort avancées parce que d'autres négociations mystérieuses, parties du harem, s'étaient tout à coup jetées à la
traverse. Au surplus, qu'eût-on pu faire de sérieux, dès qu'il était devenu certain qu'il n'y avait pas plus de gouvernement moderne au
Caire que du temps du sultan Saladin et que tout le progrès des temps
se réduisait à exploiter avec une certaine habileté le plaisir qu'éprouvent les banquiers à placer des emprunts, moyennant courtage et commission, sur ce qui se découvre toujours de crédulité et d'avidité au sein
des foules.

Ce n'était pas la faute du coton d'Egypte si tout allait de mal en pis.
Il avait fait son devoir; il continuait à être très-productif sous la main
laborieuse des fellahs, mais il ne pouvait plus se vendre le même prix,

depuis que la guerre d'Amérique était finie, et ce fut même la chute
subite de sa valeur vénale qui acheva de mettre en déconfiture la fortune du khédive. Le sucre ne put qu'amortir le poids de la chute. Les
dettes passeront, le sucre et le coton d'Egypte ne passeront pas, et,
malgré nous, nous éprouvons quelque sentiment d'indulgence pour le
gouvernement d'Egypte qui a fait des dettes, mais qui a fait aussi du
coton et du sucre Les dettes, ils ne les aurait pas contractées sans notre
aide et sans l'appétit des intermédiaires ; le coton et le sucre, il ne demandait pas mieux que de leur devoir à eux seuls sa vraie richesse, et,
si l'autorité irresponsable l'a perdu, c'était à l'Europe et aux maîtres
qu'elle avait alors de lui conseiller d'en faire un meilleur usage.

Aux fêtes de l'inauguration du canal de Suez, le mal était presque
incurable. Lui a-t-on parlé un instant le langage de la raison, au milieu
des feux d'artifice ? Lui avait-on à Paris, en 1867, aux fêtes de l'Exposition, tout en admirant les collections de Mariette-Bey, recommandé
d'emprunter avec un peu plus de sagesse ? Il y fallait, sans doute beaucoup de ménagements, mais la France sait l'art de parler à demi-mot et
l'Egypte, qui n'ignore pas qu'elle ne lui a jamais fait de mal, l'aurait
écoutée plus volontiers qu'une autre puissance. Par malheur l'Empire
n'exhortait personne à la vertu, ou du moins ne prêchait pas d'exemple,
et, s'il y a eu autour d'Ismaïl-Pacha des conseillers de désordre, il n'en
manquait pas chez nous auprès de l'arbitre de nos destinées.

L'Egypte en est arrivée à devoir environ deux milliards, sur la caisse
de l'Etat ou sur celle du khédive, mais le canal de Suez existe, la traite
des esclaves est au moins gênée entre le Nil et la mer Rouge, les routes
latérales du Nil sont maintenant jalonnées jusque vers les grands lacs
du cœur de l'Afrique, et le long du bas du Nil la culture n'a jamais été
aussi riche. Il y a donc des compensations pour le mal, et pour la dette
même il y a des moyens assurés d'extinction, si les créanciers ne s'unissent pas en syndicat à la seule fin d'étrangler leur débiteur. Le mieux
serait probablement de faire une sorte d'opération du visa sur toute cette
dette, de la réduire à ce qu'elle a d'essentiel et de la consolider à un
taux d'intérêt très-bas, mais que l'Egypte puisse régulièrement payer,
en attendant qu'elle soit capable de l'amortir. Il est bien entendu, du
reste, que, sans vouloir faire de l'Egypte une colonie internationale, l'Europe a le droit de lui demander des garanties contre le retour des dilapidations et des folies de ces quinze dernières années.

P. B.

Les Convulsions de Paris. T. Ier. Les prisons pendant la Commune,
par M. Maxime du Camp. 1 vol. in-8, de 552 p. Paris, Hachette, 1878.

L'examen attentif du fonctionnement régulier et précis de l'administration parisienne a d'abord inspiré à l'auteur de Paris, ses organes, ses

fonctions et sa vie, une grande admiration pour cette gardienne paternelle du bien-être et de la sécurité des citoyens paisibles; puis, le spectacle de la perturbation effroyable résultant de la suspension de cette douce et nécessaire surveillance dès qu'un « mouvement populaire » vient à en suspendre l'action, — tout en lui laissant une mélancolique pitié pour le malfaiteur isolé, livré à la misère et à l'ignorance, qui retombe, inconscient, dans la fange originelle des instincts bas et mauvais, — a rempli l'écrivain d'une insurmontable horreur pour les sectaires qui n'hésitent pas à livrer la ville à ces bouleversements dans l'espoir de réaliser leurs absurdes chimères et leurs désirs pervers.

La publication de la grande monographie parisienne de M. Du Camp a été traversée par l'insurrection ; il a été le témoin navré de l'incendie de Paris, son attention a été forcément absorbée dès lors par ces crises qui viennent ravager les monuments et les institutions qu'il étudiait, et il a entrepris d'en écrire les annales en historien indigné, mais juste et serein. Il est entré dans la bataille puissamment armé de sa dialectique rigoureuse, de sa précision arithmétique, de son ironie impassible, de son style prodigieusement coloré, — au point d'évoquer les morts et de les mettre, tout vivants, au côté du lecteur, frémissant à leur contact.

En M. Maxime du Camp, l'homme n'a pas changé. Son style, comme son cœur, est resté le même, mais sans qu'il l'ait voulu, les événements ont modifié la direction de ses pensées. Le dernier chapitre du dernier volume de *Paris* (1), « le Parisien », a été le premier engagement du combat social où il s'est jeté. Depuis, les *Souvenirs de l'année* 1848, l'*Attentat Fieschi* et le présent volume ont été conçus dans le même esprit.

Les relations administratives de M. Du Camp, ses recherches antérieures, l'ont conduit à commencer la série des épisodes de la Commune par l'histoire des prisons à ce moment troublé. Et cette histoire est celle du plus lamentable crime de l'insurrection : le massacre des otages.

Certaines pages des livres d'écrou peuvent être encartées dans le martyrologe. Quelles que puissent être les convictions intimes de chacun, il est impossible de ne pas se sentir ému jusqu'au fond des entrailles en lisant la passion de Mgr Darboy, du président Bonjean, traînés de geôle en geôle, de station en station. Au milieu de ce sang répandu où l'on piétine tout le temps, au milieu de ces tueries réciproques, affreuses, au milieu de ces drames au dénouement d'une monotonie hideuse : la mort, — celle des victimes, celle des assassins, — c'est un repos pour le cœur, de trouver le touchant héroïsme d'humbles geoliers, de gens dont la profession est poursuivie encore aujourd'hui par la malveillance imbécile du vulgaire, le gardien Pinet, le sous-brigadier Braquond,

_____

(1) Voir la bibliographie de cet ouvrage dans le *Journal des Economistes* (3ᵉ série), t. XXXIII, p. 484 (mars 1874).

risquant leur vie avec simplicité pour sauver du massacre le plus grand nombre des otages et y réussissant. Avec sa délicate bonté, l'auteur, compatissant même à certains coupables, a voulu laisser dans notre souvenir quelque chose de fortifiant au milieu de ces abominations, et il a ouvert les portes de l'histoire à ces héros inconnus.

CHARLES BOISSAY.

HISTOIRE DE MES ASCENSIONS, récit de vingt-quatre voyages aériens (1868-1877), précédé de simples notions sur les ballons et la navigation aérienne. par M. GASTON TISSANDIER. 1 vol. gr. in-8, de 356 p., illustré de nombreuses gravures dessinées par Albert Tissandier. Paris, Dreyfous, 1878.

L'auteur de ce beau livre, avant de l'écrire, l'a vécu. Il n'aurait pas eu cette occasion de nous faire apprécier ses éminentes qualités d'écrivain, s'il n'avait eu d'abord l'intrépide habileté de l'aéronaute et aussi l'esprit d'observation et de recherche patient et vigilant de l'homme d'étude.

En neuf années l'auteur a fait vingt-deux ascensions, accompagné la plupart du temps par son frère M. Albert Tissandier, l'artiste aéronaute, dont les magnifiques paysages célestes, les vues prises en ballon, ont créé un genre artistique nouveau, puissamment original, où il est resté sans imitateur.

Les deux voyages aériens, complétant les deux douzaines, ont été exécutés par M. Albert Tissandier, en l'absence de son frère : le premier, quand il franchit les lignes prussiennes en sortant de Paris assiégé, pour aller rejoindre M. Gaston Tissandier, déjà parvenu en province par la même voie ; le second, quand il accompagna les braves officiers qui faillirent être tués par la chute de leur ballon près de Montreuil, pendant une expérience de reconnaissance militaire. Ce dernier récit : celui de la dramatique ascension du 8 décembre 1875, n'avait jamais été publié, et ces quelques pages inédites, sobrement et nettement rédigées, prouvent que M. Albert Tissandier, qui manie si bien le crayon, sait aussi tenir une plume.—Comme les dessins fins et délicats illustrant un autre livre de son frère (les Poussières de l'air) prouvant que M. Gaston Tissandier, qui manie si bien la plume, sait aussi tenir le crayon.

Le récit de plusieurs des ascensions de ce dernier est également inédit. La narration est toujours simple et brève. Dans ses vingt-deux voyages, le savant a passé par toutes les péripéties, a ressenti toutes les émotions. Il a sillonné les nuages, traversé la neige, plané sur la mer, plongé dans les hautes régions qu'atteint seul le vierge Himalaya. Il a fait la plus longue ascension aérostatique encore exécutée, il a survécu

à Crocé et à Sivel, morts à ses côtés d'une mort jusqu'alors inconnue : la
raréfaction de l'air, au sein d'un air pur.

Après de semblables aventures, le reste ne lui semble pas digne d'être
raconté..... et nous le regrettons. Si un récit académique exclut l'anecdote, elle est bien venue dans un livre élégant, et nous nous rappelons
la bonne grâce et la verve avec lesquelles l'aéronaute avait raconté les
petits bonheurs et les petites misères de ses campagnes entre ciel et
terre dans ses premiers livres, les *Voyages aériens* et *En Ballon !*

Charles Boissay.

L'histoire des romains, par M. Victor Duruy. Nouvelle édition gr. in-8.
Paris, Hachette, 1878.

La librairie Hachette, d'ailleurs coutumière du fait, publie une très-
belle, on pourrait dire une splendide édition, de l'*Histoire des Romains*,
de M. Victor Duruy, ancien ministre de l'instruction publique.

Nous souhaitons une heureuse chance à cette nouvelle édition, et nous
sommes convaincus qu'elle ne lui fera point défaut. Ce livre est un monument. Venu après les Beaufort, les Michelet, les Niebuhr, les Cornwall
Lewis, les Mommsen, les Ampère, M. Duruy a pu profiter de leur érudition, parfois aventureuse, et à l'aide d'une critique, à la fois sagace et
pénétrante, fixer les origines de l'ancienne Rome, si controversées et
dans lesquelles la fiction s'est si longtemps mêlée à la vérité. Dans ses
derniers volumes, ceux qui concernent l'Empire romain, on pourra, sans
doute, regretter une tendance visible, trop visible à absoudre des hommes et des choses, qui ne comportent pas d'absolution. Mais dans les
premiers, ceux qui ont trait à la royauté et à la République romaine, on
ne pourra que louer un grand savoir, une belle ordonnance et un heureux style.

Nous n'avons sous les yeux que les premières livraisons de l'édition
nouvelle, qui sont consacrées à la géographie de l'ancienne Italie. C'est
un morceau vraiment écrit d'une façon magistrale, où M. Duruy se
montre l'émule de Michelet, qui a eu l'honneur, le premier en France,
de comprendre que la connaissance de la géographie d'un pays est nécessaire à l'intelligence de son histoire. Souventes fois, on a depuis
exagéré, faussé la pensée du maître, et, à force de tout vouloir expliquer
par la *race* et le *milieu*, on a presque fini par bannir de l'histoire,
l'homme, son sujet et son objet, l'homme avec ses passions et son libre
arbitre. De très-grands esprits, tels que Platon et Aristote, Hippocrate
dans l'Antiquité, Montesquieu et Cuvier, chez les modernes, ont contribué au succès de cette théorie fataliste. Elle n'en est pas moins une
grosse erreur, une erreur fort dangereuse, et nous qui n'avons jamais
manqué de la combattre de front, chaque fois que nous l'avons ren-

contrée sur notre chemin, nous savons un gré particulier à M. Duruy de cette déclaration, qui se lit à la première page de son livre, à savoir que si la géographie *explique bien une partie de l'histoire, elle ne l'explique jamais tout entière.* « Les hommes font le reste » ajoute-t-il excellemment, « et selon qu'ils mettent en leur conduite de la sagesse ou de la folie, ils tournent à bien ou à mal l'œuvre de la nature ».

A.-F. DE FONTPERTUIS.

ESTADISTICA COMERCIAL DE LA REPUBLICA DE CHILE, ANO DE 1876. (Statistique commerciale de la République du Chili pendant l'année 1876. Un vol. in-4°. Valparaiso.

Ce tableau du commerce extérieur du Chili pour 1876 est fait avec soin, bien établi, bien étudié et bien imprimé ; il fait grand honneur à M. Carmona, directeur du bureau qui a rédigé ce volume, et auteur du rapport intéressant qui en occupe les premières pages.

Ce document officiel présente un intérêt exceptionnel. En effet, l'année 1876 a été pour le Chili une année de crise et une année de changement de politique commerciale dans le sens protectionniste. On peut étudier dans les chiffres fournis dans ce volume les effets de l'un et de l'autre fléau.

En 1876, les importations du Chili se sont élevées en tout à 39,215,445 piastres et les exportations à 41,647,257 ; les premières donnant sur l'année précédente une diminution de 4,782,369 piastres et les secondes, une augmentation de 1,653,009 piastres. Si nous considérons seulement le commerce spécial, nous trouvons une importation de 35,291,041 piastres contre une exportation de 37,771,139 piastres, soit pour la première une diminution de 2,846,459 piastres et pour la seconde, une augmentation de 1,843,547 piastres.

Ces chiffres montrent que le commerce a obéi, comme toujours, aux injonctions de la crise et travaillé à rétablir l'équilibre gravement compromis entre les importations et les exportations.

Les causes de la crise, on le sait, étaient : une mauvaise récolte, la baisse, en Europe, du prix de l'argent et du cuivre, l'excès *de la spé*culation, notamment dans les mines de Caracoles et *dans le* commerce des salpêtres du Pérou, et enfin une gestion imprévoyante des finances publiques pendant la dernière présidence.

Lorsque nous étudions, dans le volume qui nous occupe, le mouvement commercial de 1876, nous trouvons que le pays ne s'est pas autant appauvri qu'on aurait pu le croire après les plaintes qui s'étaient élevées. En examinant article par article la consommation intérieure, on trouve qu'elle n'a pas fléchi à beaucoup près autant qu'on l'aurait pensé, ou même qu'elle a augmenté, notamment pour divers articles de luxe, les vins par exemple, et même pour ceux que consomment surtout les pauvres, comme les tissus de coton. La diminution porte plutôt sur des articles où elle atteste soit un déplacement d'industrie, comme les minerais d'argent, soit une réduction des dépenses du Trésor, comme les rails et autres objets destinés aux chemins de fer. En somme il est visible que les sources de la richesse du pays n'ont pas été sensiblement atteintes.

Mais il en est tout autrement de la situation financière de l'Etat. En 1876, les fonds des emprunts contractés à Londres et qui, depuis quelques années, faisaient face au service de la dette se trouvant épuisés sans qu'il eût été pris aucune mesure, afin de pourvoir à ce besoin, le change qui, dans les mauvais jours, allait à 43 1/2 pence par piastre, arriva au taux de 34 pences, ce qui imposa à l'Etat un sacrifice proportionnel à la différence de ces deux taux. Il faut ajouter que cette circonstance profita au commerce d'exportation et lui offrit une prime importante, 40 p. 0/0 environ, qui venait compenser la baisse des prix.

Le pire a été le parti pris vers cette époque par le gouvernement de chercher un remède à la gêne du trésor dans une politique protectionniste, qui lui a fait élever les droits d'entrée sur plusieurs articles. N'en examinons qu'un seul, les sucres. En 1876, l'importation des sucres a diminué de 44.67 p. 0/0 et les droits perçus par le fisc ont diminué de 535,442 piastres pendant que la consommation augmentait. Le fisc a perdu cette somme au moment même où son budget présentait un déficit, dont une grande partie aurait été couverte s'il n'avait pas élevé le droit sur les sucres !

Il est vrai que tout le monde ne perd pas à cet état de choses, puisqu'il y a des industries protégées. Les banques de circulation, de leur côté, n'ont pas perdu, lorsque la hausse du change a fait exporter plus de 8 millions de piastres, 40 millions de francs de monnaie métallique, parce qu'en même temps la somme de leurs billets en circulation s'élevait de 4 millions de piastres, chiffre de 1871, à 9 millions en 1876. Mais la situation du trésor public, telle que l'avait faite le gouvernement qui a précédé celui d'aujourd'hui, n'en est pas moins difficile et dangereuse à bien des égards.

Nous ne suivrons pas l'auteur de l'introduction placée en tête de ce volume dans les développements, fort intéressants d'ailleurs, auxquels il se livre pour étudier en détail les faits qui se rapportent à chaque article important d'importation ou d'exportation et au commerce de chacune des nations qui font des échanges avec le Chili. Nous craindrions de fatiguer l'attention de nos lecteurs, habitués à étudier et à discuter des chiffres beaucoup plus considérables que ceux qu'on peut rencontrer dans la statistique commerciale d'un Etat de 2 millions d'habitants. Mais nous désirerions beaucoup rencontrer dans nos documents officiels des études aussi intelligentes et aussi consciencieuses que celles que l'on constate dans l'introduction de M. Carmona.

Ce volume mérite à bien des titres l'attention des personnes qui se livrent à l'étude de la statistique considérée comme science, autant que de celles qui se contentent de collectionner des faits et des chiffres. Il mérite l'attention plus spéciale encore des savants et des hommes d'Etat Sud-américains et surtout des Chiliens qui y trouveront une multitude de renseignements instructifs et d'un grand intérêt.

COURCELLE-SENEUIL.

ETUDE SUR LE VOTE DES LOIS DE FINANCES EN ANGLETERRE ET AUX ÉTATS-UNIS, par M. GEORGES LOUIS, secrétaire du Comité de législation étrangère, professeur à l'Ecole des sciences politiques. Paris, Cotillon, 1877, Broch. in-8.

L'art. 8 des lois constitutionnelles de 1875, lequel porte que les lois de finances doivent être en premier lieu présentées à la Chambre des députés et votées par elle, a donné lieu, dès la première année de la mise en vigueur de la Constitution, à une vive controverse sur les pouvoirs des deux chambres en matière de budgets. De part et d'autre de nombreux arguments ont été produits : pour soutenir que la Chambre des députés a un droit supérieur on a, notamment, invoqué la constitution anglaise ; pour faire reconnaître au Sénat des droits égaux, on s'est, en revanche, appuyé sur la Constitution des Etats-Unis. L'étude que M. Georges-Louis a consacrée à la législation budgétaire de l'Angleterre et des Etats-Unis ne peut donc manquer d'offrir un très-vif intérêt. Elle émane, du reste, d'un publiciste connaissant parfaitement les législations aussi bien que les institutions étrangères.

En Angleterre, le pouvoir réside en réalité dans la Chambre des communes ; aussi les lois de finances (bien différentes de celles qui pour nous constituent le budget, car le vote doit porter seulement sur les dépenses dont la quotité est variable, et sur les taxes destinées à équilibrer le budget, mais nullement sur les recettes et les dépenses des fonds consolidés) sont-elles toujours portées en premier lieu devant la Chambre des communes ; après avoir subi l'épreuve des trois lectures elles sont transmises à la Chambre des lords qui les retourne ensuite à l'autre Chambre, son pouvoir se bornant à les accepter dans leur ensemble ou à les rejeter en bloc. Le passage du bill d'appropriation devant les lords n'est qu'une simple formalité ; lord Brougham observe que la Chambre haute n'a jamais renoncé au droit d'initiative et d'amendement en matière de budget, mais il ajoute qu'en fait elle ne le revendique jamais. Aussi n'est-ce pas le bill d'appropriation qui a donné lieu à des conflits entre les deux Chambres ; les difficultés se sont élevées à propos des *money bills*, c'est-à-dire des divers bills relatifs aux impôts. Mais les Communes ont toujours refusé de reconnaître implicitement la constitutionalité des amendements introduite par la Chambre haute; elles ont toujours considéré comme rejeté tout bill amendé et en ont, en conséquence, discuté et voté un autre comme si le précédent n'existait plus.

Aux Etats-Unis il en est tout autrement : les pouvoirs sont organisés dans un esprit de défiance réciproque ; ils ne relèvent pas les uns des autres, ils sont indépendants, tandis qu'en Angleterre l'une des deux Chambres est omnipotente. D'après la Constitution, toute loi d'impôt doit prendre naissance dans la Chambre des représentants, mais le Sénat a le droit de l'amender; il n'est à aucun point de vue lié par les votes de la Chambre des représentants. S'il n'a pas la priorité en matière financière, il a un droit de révision si absolu que le privilége des représentants est à peu 'près illusoire. En cas de désaccord, chacune des deux Chambres nomme cinq commissaires qui entrent en *conférence* et s'efforcent de trouver les éléments d'un accord. Si leurs conclusions sont repoussées, on nomme un nouvelle commission, et ainsi de suite, jusqu'à ce que l'entente soit établie. Ajoutons que le Sénat usant largement de la faculté d'amender les lois budgétaires, l'antagonisme entre les deux Chambres subsiste à l'état permanent. Aussi M. Louis n'hésite-t-il pas à accorder la préférence à la législation anglaise. Le système américain offre certaines garanties, mais il rend les conflits inévitables : à ce titre il semble dangereux. Il y aurait peut-être intérêt à s'en écarter, à la condition de soumettre la prérogative des députés aux mêmes restrictions qu'Angleterre, ou de décider tout au moins que les votes purement budgétaires ne devront jamais porter atteinte ni aux institutions ni aux lois existantes, ni à l'assiette des impôts antérieurement établis.

Ce qui fait le mérite du mémoire de M. G. Louis, c'est qu'il n'est ni un travail de circonstance ni un plaidoyer; d'ailleurs l'auteur a soin d'avertir qu'on ne saurait chercher dans les lois anglaises ou américaines des arguments d'analogie, notre Constitution ne ressemblant ni à celle des Etats-Unis ni à celle de l'Angleterre. C'est une solide et substantielle étude; c'est une œuvre scientifique d'une réelle valeur que nous sommes heureux de faire connaître aux lecteurs du *Journal des Economistes*.

Joseph Lefort.

CHRONIQUE

SOMMAIRE : Le Congrès des puissances à Berlin. — Les attentats contre l'Empereur d'Allemagne. — Mesures projetées contre le socialisme. — Désordre moral et détresse à Constantinople. — Ajournement des Chambres françaises. — Interpellations et difficultés finales. — Le protectionnisme dans les Chambres. — Ajournement du traité entre la France et l'Italie. — Lois relatives aux chemins de fer rachetés et au nouveau fonds amortissable. — Décrets relatifs à l'exploitation des chemins rachetés. — Le centenaire de Voltaire. — Un train pillé en Espagne. — La famine en Chine.

La raison a pris le dessus dans les affaires d'Orient. La mission de M. Schouvaloff à Londres a été le contre-pied de celle du général Ignatieff, l'an dernier. Celui-ci avait tout brouillé; celui-là a travaillé à calmer les passions, à préparer les voies à un congrès des puissances, dont les représentants ont été aussitôt convoqués et se trouvent en ce moment réunis à Berlin, où ils sont arrivés le 11 et ont tenu leur première séance le 13.

Les représentants des diverses puissances qui sont, pour la plupart, les ministres des affaires étrangères assistés des ambassadeurs à Berlin, se sont rendus à ce congrès pénétrés des sentiments de paix qui animent l'Europe entière (1). On peut donc espérer qu'ils arriveront à conclure quelque arrangement un peu durable; le gouvernement turc n'offre pas grande résistance et la Russie en est arrivée probablement à comprendre quelle a fait, en 1877, acte de barbarie au premier chef.

On a pu craindre un moment que le second attentat commis à si courte distance contre la personne de l'empereur Guillaume nuisît à la formation du Congrès de Berlin; mais il n'en a rien été, et il semble bien qu'il y a là un symptôme de bonnes dispositions du « leader » de l'Allemagne.

(1) Russie : le prince Gortchakoff, chancelier de l'Empire, accompagné du baron Jomini et du baron Fredericks; le comte Schouvaloff, ambassadeur en Angleterre, et M. d'Oubril, ambassadeur en Allemagne. — Angleterre : le comte de Beaconsfield, premier lord de la Trésorerie; le marquis de Salisbury, secrétaire d'État pour les affaires étrangères, et lord Odo Russell, ambassadeur en Allemagne. — Autriche-Hongrie : le comte Andrassy, ministre des affaires étrangères; le comte Karoly, ambassadeur en Allemagne, et le baron d'Haymerle, ambassadeur en Italie. — Allemagne : le prince de Bismarck, chancelier de l'empire, et M. de Bulow, ministre d'État. — France : M. Waddington, ministre des affaires étrangères, et le comte de Saint-Vallier, ambassadeur en Allemagne. — Italie : le comte de Curti, ministre des affaires étrangères, et le comte de Launay, ambassadeur en Allemagne. — Turquie : Sadyq'Pacha, ancien premier ministre, et Carathéodori Effendi, mustéchar ou sous-secrétaire d'État aux affaires étrangères.

Il faut remarquer que son pouvoir dictatorial baisse sensiblement sous la pression de l'opinion publique; on a pu en juger par l'échec parlementaire très-accentué qu'a subi le ministère qu'il conduit. Celui-ci avait eu l'idée, peu neuve d'ailleurs, de rendre le parti populaire, dit socialiste, responsable du premier attentat et de présenter au Reichstag un projet de loi censément contre la propagande socialiste et restrictif des libertés publiques. Ce projet a été rejeté par 250 voix contre 57; vote d'autant plus significatif que le gouvernement, les débats l'ont montré, attachait la plus grande importance à sa demande. M. de Moltke a donné comme dans les grandes occasions, mais en vain, car au vote se sont trouvés réunis nationaux-libéraux, progressistes, ultramontains et socialistes. M. de Moltke, qui n'est pas aussi fort en science sociale qu'en stratégie, n'a dit que des choses fort vulgaires, et il n'a pu persuader à la majorité du Reichstag que l'ordre public, social ou moral fût en péril par la tentative d'un assassin, cet assassin fût-il socialiste. Peut-être que le Reichstag, aussi bien que M. de Moltke, a le sentiment de ne pas se rendre compte de ce qu'il faut entendre par le socialisme allemand enchevêtré dans la politique de résistance suscitée par les prétentions autoritaires de M. de Bismarck.

Après l'attentat d'Hœdel, le gouvernement avait eu le bon esprit de ne pas dissoudre le Reichstag, et s'était borné à clore la session pour éviter toute complication nouvelle. Il n'a pas eu la même prudence après l'attentat de Nobiling, car il vient de prononcer la dissolution.

— Le gouvernement turc est dans un état pitoyable. Le sultan défait la nuit ce qu'il a fait le jour au gré de la sultane ou de l'ambassadeur qui jouit d'une faveur éphémère. Les ministres sont changés sans raison et sans prudence. La situation autorise tous les complots, et c'est ainsi que Ali-Suavi a pu rêver, suivi de quelques centaines de softas, la réinstallation de Mourad et entreprendre cette sanglante échauffourée dans laquelle il a trouvé la mort.

L'insurrection s'est produite en Roumélie, dirigée autant contre le gouvernement turc que contre la principauté bulgare projetée. Les insurgés sont presque tous des Slaves musulmans ou catholiques, des Albanais et des Grecs. Ils comptent peu de vrais Turcs dans leurs rangs. La tentative d'Ali-Suavi, pour détrôner le sultan, se rattachait à ce mouvement, car presque tous les conjurés étaient des émigrés. Un grand nombre d'arrestations ont été opérées, entre autres celles d'un certain nombre de notables de Philippopoli.

A Constantinople, la situation des affaires et celle de la population sont tout-à-fait déplorables, par suite de la dépréciation du papier-monnaie, résultat naturel des circonstances, et variant d'un jour à l'autre, d'un quartier à l'autre, d'un magasin à l'autre..

Presque tous les corps de métier se mettent en grève. Toutes les constructions ont cessé. Les ouvriers ne demandent ni augmentation de salaire, ni diminution de travail. Ils voudraient seulement que leur salaire fût proportionné au cours des monnaies. C'est aussi rationnel que peu facile ; d'où la misère et le mécontentement de tout ce pauvre monde victime des grands politiques.

— Les Chambres françaises se sont ajournées du 11 juin au 28 octobre.

Elles ont voté avant de se séparer trois lois importantes : celle relative au nouveau fonds trois pour cent amortissable destiné à faire face aux dépenses des voies de communication; celle relative à la retraite des militaires; celle relative aux impôts directs qui va permettre le travail annuel des conseils généraux.

A propos de ces lois et des interpellations relatives à Voltaire et à la date de la future élection du tiers du Sénat, la majorité s'est accentuée en faveur du ministère sagement et habilement conduit par M. Dufaure.

C'est un symptôme qui, rapproché de la réunion du Congrès à Berlin et de l'affluence internationale qu'on remarque à l'Exposition, permet d'espérer la tranquillité générale des esprits en France et en Europe.

Dans l'intervalle, la commission des finances continuera à travailler; à la rentrée tout sera prêt pour la discussion du budget de 1879 qui s'est trouvée ajournée par celle du budget de 1878, ajournée elle-même par les événements du 16 mai.

Ce qui doit encore continuer jusqu'à la fin de ce mois, c'est l'enquête commencée par la commission du tarif général, qui n'aura pas été sans profit pour MM. les 33 de cette commission et pour la Chambre elle-même, fort travaillée par les protectionnistes dont l'exigence va *crescendo*, à en juger par les dépositions que publie le *Journal officiel* et celles qui ont été recueillies par la commission d'enquête du Sénat, nommée pour faire une besogne politique, et qui s'est donné une mission protectionniste.

Ces manifestations ont surexcité les intérêts libre-échangistes qui se groupent et s'apprêtent à la résistance.

Le renouvellement du traité avec l'Italie a été l'objet d'un rapport et d'une discussion à la Chambre des députés et d'un vote d'ajournement demandant de nouvelles négociations. Il y a, dans le rapport de M. Berlet et dans ce vote, un sentiment d'embarras qui disparaîtra peut-être à la rentrée. A cet effet, nous engageons MM. les députés et les sénateurs aussi à lire la célèbre pétition que Bastiat adressait à la Chambre de 1847 « au nom des marchands de chandelles » et autres.

— Nous reproduisons le texte de deux lois promulguées à quelques jours de distance.

La première a nécessité trois décrets : l'un pour organiser l'administration provisoire des lignes rachetées, tant au point de vue de l'exploitation que de la continuation des travaux; le deuxième pour déterminer les règles à suivre dans le service financier de l'exploitation; le troisième pour nommer les neuf membres du conseil d'administration des chemins de l'Etat.

Ils sont précédés d'un rapport de M. de Freycinet, ministre des travaux publics, dans lequel il est dit que « l'État n'interviendra, ainsi qu'il le fait du reste vis-à-vis des chemins de fer concédés, que pour contrôler, approuver les marches des trains, homologuer les tarifs, assurer l'application des lois et règlements. Pour bien marquer cette dernière partie de son rôle, nous avons tenu à laisser subsister dans toute son intégrité l'organisation du service de contrôle tel qu'il fonctionne sur les autres réseaux. Le public trouvera donc sur les lignes provisoirement exploitées par l'État les mêmes garanties et la même protection, à l'égard du personnel exploitant, que si ces lignes n'avaient pas changé de mains. Il pourra, en toutes circonstances, recourir à la même autorité et défendre ses droits dans les mêmes formes et suivant les mêmes règles que sur l'universalité du réseau français. »

Voilà qui est bien dit. Espérons que dans la pratique l'administration suivra les inspirations du ministre.

— Le centenaire de Voltaire a été célébré avec un grand éclat littéraire à Paris, avec enthousiasme dans plusieurs villes de France et de l'Europe, non pourtant sans opposition. On a rappelé à cette occasion les défauts et les qualités de ce grand homme, mais comme, tout compté, celles-ci ont grandement fait progresser l'esprit de liberté et de tolérance, la postérité le met au nombre des génies bienfaisants qui honorent le plus l'humanité.

— L'Espagne nous fournit un fait incroyable d'insécurité qui nous reporte au commencement du siècle.

Le 5 courant, une bande de voleurs a arrêté et pillé le train venant de Madrid, à une petite distance de Barcelone. Cette bande se composait d'une vingtaine d'hommes parfaitement armés et convenablement vêtus. Ils ont enlevé à quatorze voyageurs leurs montres et leur argent; mais le temps leur a manqué pour dévaliser les autres voyageurs, qui étaient une soixantaine environ, un coup de feu parti par hasard leur ayant fait croire qu'ils étaient surpris. On a su depuis que le coup de feu a été tiré par un des voleurs qui avait été chargé de garder, revolver en main, le mécanicien, afin de l'empêcher de remettre le train en marche, pendant que se compagnons procédaient au vol.

Afin d'éviter le renouvellement de faits de cette nature, l'autorité a décidé que le train express serait désormais escorté !

— La famine qui sévissait l'an dernier dans l'Inde, désole l'empire Chinois. Dans la province de Shan-Si, la moitié des habitants environ meurt de faim, et l'on s'y entretue pour s'arracher la nourriture.

Dix steamers chargés de riz sont récemment arrivés à Thian-Tsin, lieu célèbre par le traité conclu en juin 1859 entre la Chine d'une part, et de l'autre, les Etats-Unis, la Russie, l'Angleterre et la France. Malheureusement les voies de communication sont insuffisantes, et les secours n'arrivent que trop tardivement. On sait que le chemin de fer de Woosung, ouvert il y a douze mois environ, et qui, pendant cet espace de temps avait transporté 187,876 passagers et couvert au delà de ses dépenses, a été fermé par le gouvernement.

D'après une dépêche adressée au *Daily News* par son correspondant de Pékin, on peut estimer à 5 millions le chiffre de la population qui souffre de la famine dans la seule province de Shan-Si. Il n'est pas inutile de remarquer que les premières victimes du fléau, et les plus nombreuses, se sont rencontrées parmi les fumeurs d'opium, que l'énervement de leur constitution a laissés presque sans *défense*. Une foule considérable afflue tous les jours à la capitale Thaï-Youan, où la mortalité quotidienne s'élève à 400 personnes. La plupart meurent de privations; quelques-uns, des excès qui suivent une trop longue abstinence; d'autres ont péri par le froid ou dévorés par les loups qui s'aventurent jusqu'à l'intérieur de la cité. On calcule que la province de Shan-Si a perdu, depuis le commencement de l'hiver, de 2 à 300,000 individus. Une égale détresse règne dans les districts méridionaux de la province de Pé-Tchéli.

Paris, 14 juin 1878.

Jph G.

Le Gérant : PAUL BRISSOT-THIVARS.

Paris. — Typ. A. Parent, rue M.-le-Prince, 29-31.

TABLE

DES MATIÈRES DU TOME DEUXIÈME

QUATRIÈME SÉRIE

Nº 4. — *Avril* 1878.

Pages

N° 5. — Mai 1878.

Nº 6. — *Juin* 1878.

FIN DE LA TABLE DES MATIÈRES DU TOME LI, IVᵉ SÉRIE.

Typ. A. PARENT, rue Monsieur-le-Prince, 29-31.

DERNIÈRES PUBLICATIONS

Les houilles du Nord et du Pas-de-Calais et l'approfondissement de la Seine, M. JULES MARMOTTAN. Br. in-8. Prix.

Feuilles éparses, par M⁰ VALENTINE DE SELLON. 1 vol. in-18. Prix.

Resoconto di 160 branche popolari italiane e movimento cooperativo in Ita all'estevo del 1875, 76-77, per il professore FRANCESCO VIGANO. 1 vol. in-4.
7 f

Les Banques de France et de Belgique, leurs opérations en 1877, par M. PAUL B°. in-8. (*Extrait du journal des Economistes, n° mai 1878*). Prix. 0 f

Histoire du Commerce de Marseille, pendant vingt ans (1855-1874), par M. Oc TEISSIER, archiviste de la ville de Marseille. 1 vol. in-4. Prix. 1

Mélanges philosophiques, par M. DUPONT-WHITE. 1 vol. in-8.

Frédéric Bastiat. Sa vie, ses écrits et ses idées économiques, par M. PASCAL DU Brochure in-18.

Statistique internationale des grandes villes, 2° section. Statistique des fina tome 1°r, rédigé par JOSEPH MOROSI, directeur du bureau de statistique de la de Budapest, 1 vol. in-8. Prix. 1

Histoire financière de l'Egypte, depuis Saïd-Pacha, 1854-1876. In-18. Prix.

Les caisses de secours et de prévoyance des ouvriers mineurs en Europe, par GÉO SALOMON, ingénieur civil des mines. 1 vol. in-8. Prix.

Dialogue avec un législateur sur la réorganisation des chemins de fer. Prix. 0

Le mouvement de la dette publique et le 3 0/0 amortissable, par HENRI CERNU articles publiés dans le *Siècle*. Br. in-18. Prix.

La question des chemins de fer et les commissions régionales, par ALBERT CAZEN Br. in-18. Prix. 0 fi

Le Bon sens dans les doctrines morales et politiques ou Appréciation de la mét expérimentale à la philosophie, à la morale, à l'économie politique et à la polit par M. AMBROISE CLÉMENT. 2 vol. in-8. Prix. 1

Introduction à l'étude de l'économie politique, cours public professé à Lyon pen l'hiver 1864-1865 sous les auspices de la Chambre de commerce, par M. H. METH, professeur à l'Université de Genève. Deuxième édition revue et augme avec un appendice sur le Socialisme de la chaire. 1 vol. in-8. Prix. 7 f

Exposition universelle et l'uniformité des mesures. Quelques mots sur les mes monétaires, par M. LÉON, ingénieur en chef des ponts et chaussées. 1 vol. Prix.

Les grands travaux publics. Les projets du ministre des travaux publics et du ministre des finances, par M. ALFRED NEYMARCK. Deuxième édition. Broch. Prix.

Annuaire des finances russes, 6° année. 1 vol. in-8. Prix. 1

De la démocratie dans ses rapports avec l'économie politique, par M. MA 1 vol. in-8. Prix. 7 fr

Traité théorique et pratique de statistique, par MAURICE BLOCK. 1 vol. in-8. Prix.

Manuel pratique pour l'organisation et le fonctionnement des Sociétés coopéra de production dans leurs diverses formes, par M. SCHULZE-DELITZSCH. — 2° pa Agriculture, précédée d'une lettre aux cultivateurs français, par M. BENJ RAMPAL. 1 vol. in-18. Prix.

Etudes sur le régime financier de la France avant la révolution de 1789, par M. VUITRY, de l'Institut. Les impôts romains dans la Gaule du V° au X° siècle régime financier de la monarchie féodale aux XI°, XII° et XIII° siècle. 1 vol. g in-8°. Prix.

Economie rurale de la France depuis 1789, par M. LÉONCE DE LAVERGNE, membr l'Institut, 4° édition revue et augmentée. 1 vol in-18. Prix. 3 fr

Traité élémentaire d'économie politique, par M. H. ROZY, professeur à la Facul droit de Toulouse. 1 vol. in-18. Prix.

Développement de la Constitution anglaise depuis les temps les plus rec jusqu'à nos jours, par M. EDWARD A. FREEMAN. Traduit de l'anglais et pré une introduction, par M. ALEXANDRE DEHAYE. 1 vol. in-18. Prix. 3 f

Maire du Budget, exercice 1877, par M. FÉLIX GERMAIN. 1 vol. in-8. Prix. 7 f

générale de l'État, par M. BLUNTSCHLI, docteur en droit, professeur ordin cité de Heidelberg, traduit de l'allemand et précédé d'une préface RIEDMATTEN, docteur en droit, avocat à la Cour de Paris. 1 v. i
8

LE JOURNAL DES ÉCONOMISTES

REVUE DE LA SCIENCE ÉCONOMIQUE ET DE LA STATISTIQUE

Paraît le 15 de chaque mois par livraisons de dix à douze feuilles (160 à 192 pages), format grand in-8, dit grand raisin, renfermant la matière d'un volume in-8 ordinaire.

Chaque Trimestre forme un volume et l'Année entière 4 beaux volumes.

CONDITIONS DE L'ABONNEMENT :

36 francs par an et 19 francs pour six mois pour toute la France et l'Algérie.

35 francs par an et 20 fr. pour six mois pour : *Allemagne, Autriche, Belgique, Danemark, Espagne, Grande-Bretagne, Finlande, Grèce, Hongrie. Italie, Luxembourg. Malte, Monténégro, Norwége, Pays-Bas, Portugal,* y compris *Madère* et *les Açores, Roumanie, Russie, Serbie, Suède, Suisse, Turquie, Egypte, Tanger, Tunis.*

40 francs par an et 21 pour six mois pour : *États-Unis, Canada, Colonies françaises (Guadeloupe. Martinique, Guyane, Sénégal, Ile de la Réunion, Cochinchine, Établissement français dans l'Inde).*

42 francs par an et 22 francs pour six mois pour : *Chine, Confédération argentine, Cuba, Haïti, Indes-Orientales, Mexique, Nouvelle-Grenade, Paraguay, Uruguay, Vénézuéla.*

46 francs par an et 24 francs pour six mois pour : *Australie, Bolivie, Brésil, Chili, Équateur, Pérou, États de l'Amérique du Centre : Costa-Rica, Guatemala, Honduras, Nicaragua, San-Salvador.*

Pour s'abonner, envoyer un mandat sur la poste ou sur une maison de Paris.

Les abonnements partent de janvier ou de juillet.

On ne fait pas d'abonnement pour moins de six mois.

Chaque numéro séparément, 3 francs 50.

COLLECTIONS ET TABLES :

Le prix de la 1ʳᵉ série, comprenant les 12 années de 1842 à 1853 inclus, et formant 37 volumes grand in-8, est de 366 francs.

Le prix de la 2ᵉ série, comprenant les 12 années de 1854 à 1865 inclus, et formant 48 volumes grand in-8, est de 432 francs.

Le prix de la 3ᵉ série, comprenant les 12 années de 1866 à 1877 inclus, et formant 48 volumes grand in-8, est de 432 francs.

Le prix total de la Collection, formant, à la fin de 1877, 132 volumes gr. in-8, est donc de 1230 fr.

La Collection forme, à elle seule, une *Bibliothèque* facile à consulter à l'aide de Tables analytiques et détaillées.

La librairie GUILLAUMIN ne possède plus qu'un très-petit nombre de Collections complètes de chacune des deux séries, qui se vendent séparément.

ON TROUVE A LA LIBRAIRIE GUILLAUMIN ET Cⁱᵉ

Les TRAITÉS GÉNÉRAUX, les TRAITÉS ÉLÉMENTAIRES et les ouvrages de théorie relatifs l'Économie sociale ou politique ou industrielle;

Les TRAITÉS SPÉCIAUX, les MONOGRAPHIES et un grand nombre d'Écrits sur les divers questions relatives à l'ÉCONOMIE POLITIQUE ou SOCIALE, à la STATISTIQUE, au FINANCES à la POPULATION, au PAUPÉRISME, à l'ESCLAVAGE, à l'ÉMIGRATION, au COMMERCE aux DOUANES, aux TARIFS, au CALCUL, à la COMPTABILITÉ, aux CHANGES, au DROIT DES GENS, au DROIT ADMINISTRATIF, au DROIT COMMERCIAL et au DROIT INDUSTRIEL

Les DOCUMENTS STATISTIQUES et autres : Tableaux de douane, Enquêtes, Tarifs, etc.

Paris. — Typ. A. PARENT, rue Monsieur-le-Prince, 29

Lightning Source UK Ltd.
Milton Keynes UK
UKHW02f2148290818
328006UK00014B/1530/P